《中国大学出版社概览（2006—2010）》编辑委员会

主　任：王明舟　魏小波
副主任：刘　军　林　丽
委　员：（按姓氏笔画为序）

于广云	于付恩	于良春	马　来	马小泉	云　峰	支文军	方红星	王　平
王　凯	王　星	王　焰	王　锋	王凤廷	王旭明	王明舟	王海东	邓晓益
代根兴	冯　建	左　健	田　高	田敬诚	刘　军	刘　权	刘　臣	刘文超
刘东风	吕建生	孙克强	庄智象	朱杰人	朴秀豪	毕克成	毕研林	江建中
祁　军	米加德	许恒金	阮海洪	阳　晓	何林夏	吴长安	宋立道	张　辉
张云鹏	张传开	张伯瑜	张建初	张家道	张德生	张黎明	李　飞	李永强
李传敢	李克明	李恩普	李新田	李锦飞	杜荣根	杨　欢	杨　哲	杨　耕
杨立敏	杨志坚	汪春林	沈红宇	苏雨恒	邱少华	陆小新	陆银道	陈守权
陈庆辉	周义军	周永坤	周玉波	周安平	宗俊峰	岳凤翔	所广一	林　全
林　丽	范　军	金英伟	俞人豪	战　俊	洛　秦	胡　越	胡开祥	胡方明
贺圣遂	贺耀敏	赵军生	郝　运	郝　勇	郝诗仙	徐义雄	徐华东	殷忠民
袁　钟	袁林新	郭纯生	郭爱民	郭蜀燕	高经纬	高树军	崔　明	常春喜
康建中	戚德祥	曹增节	梁　志	章育良	章梓茂	黄　磊	傅　强	傅朝荣
傅新生	富　明	彭志斌	蒋东明	蒋智威	韩　伟	韩建民	韩树民	窦瀚修
雷　鸣	鲍观明	熊　瑜	熊诗平	蔡　翔	蔡剑峰	魏小波		

主　编：王明舟
副主编：魏小波　岳凤翔　张黎明

《中国大学出版社概览（2006—2010）》编辑部

主　任：魏小波　岳凤翔　张黎明
成　员：吕福兰　王海云　范丽环　张锁平　浑燕珍　陈　健

GENERAL SURVEY OF CHINESE UNIVERSITY PRESSES

中国大学出版社概览

2006—2010

中国大学出版社协会 编

北京大学出版社
PEKING UNIVERSITY PRESS

图书在版编目（CIP）数据

中国大学出版社概览：2006—2010. / 中国大学出版社协会编 .—— 北京：北京大学出版社，2015.6
ISBN 978-7-301-25330-4

Ⅰ. ①中… Ⅱ. ①中… Ⅲ. ①高等学校－出版社－概况－中国－ 2006 ～ 2010 Ⅳ. ① G239.22

中国版本图书馆 CIP 数据核字 (2015) 第 001302 号

书　　名	中国大学出版社概览（2006—2010）
著作责任者	中国大学出版社协会　编
责任编辑	陈　健
标准书号	ISBN 978-7-301-25330-4
出版发行	北京大学出版社
地　　址	北京市海淀区成府路205号　100871
网　　址	http://www.pup.cn　新浪微博：@北京大学出版社
电子信箱	zpup@pup.cn
电　　话	邮购部 62752015　发行部 62750672　编辑部 62752032
印　刷　者	北京中科印刷有限公司
经　销　者	新华书店
	787毫米×1092毫米　16开本　51.5印张　彩插18　1375千字
	2015年6月第1版　2015年6月第1次印刷
定　　价	300.00元

未经许可，不得以任何方式复制或抄袭本书之部分或全部内容。
版权所有，侵权必究
举报电话：010-62752024　电子信箱：fd@pup.pku.edu.cn
图书如有印装质量问题，请与出版部联系，电话：010-62756370

2008年7月8日，新闻出版总署柳斌杰署长到清华大学出版社视察工作

2006年3月21日，时任新闻出版总署副署长柳斌杰视察南京大学出版社

2009年10月14日，新闻出版总署柳斌杰署长出席上海交通大学出版社在法兰克福书展举行的江泽民学术著作英文版全球首发式

2010年7月19日，新闻出版总署柳斌杰署长、邬书林副署长到西安交通大学出版社考察指导工作

中国大学出版社概览
照片、题词

2006年11月28日，新闻出版总署龙新民署长到北京大学出版社视察工作

2010年6月10日，邬书林副署长出席清华大学出版社成立三十周年庆祝大会

2008年4月11日,新闻出版总署副署长、国家版权局副局长阎晓宏到西南师范大学出版社指导工作

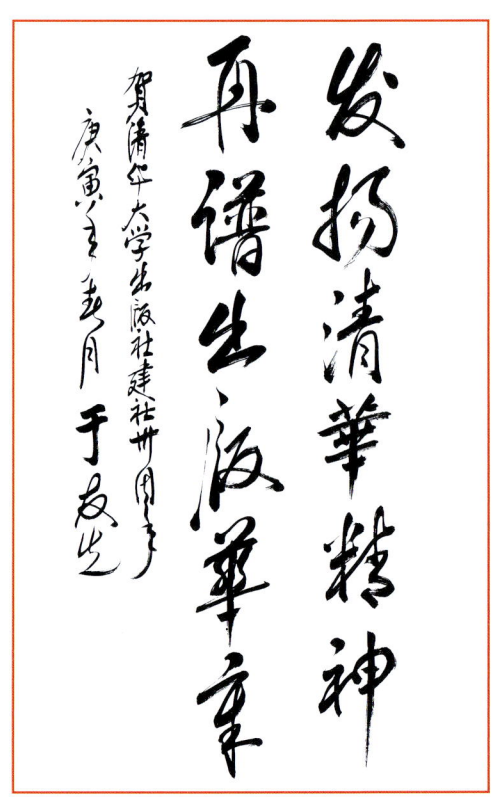

2010年春,中国出版工作者协会主席于友先为清华大学出版社建社30周年题词

2008年1月24日，时任教育部副部长袁贵仁到教育科学出版社视察工作

2009年11月28日，教育部副部长郝平参加外研社30周年社庆

2008年8月16日，上海市市长韩正到复旦大学出版社展台考察

2006年3月30日，全国人大教科文卫委员会副主任陈难先等视察西南师范大学出版社

2010年9月19日,工业和信息化部党组成员、办公厅主任刘利华到西北工业大学出版社考察

2010年11月4日,中共甘肃省委宣传部部长励小捷和兰州大学党委书记王寒松为兰州大学出版社有限责任公司成立揭牌

2007年9月2日,第六次全国高校出版社工作会议代表合影

2007年9月4日,中国大学出版社协会成立二十周年庆祝大会

2008年12月10日,高校出版社纪念改革开放三十周年座谈会

2006年11月4日,第19届全国大学出版社图书订货会开幕式

2006年8月15日,中国大学出版社协会向西藏大学捐赠图书仪式

2010年11月13日，第23届全国大学出版社图书订货会开幕式暨向江西革命老区捐赠图书仪式

2008年11月14日，全国大学出版社向安徽革命老区、贫困地区学校捐赠图书仪式

2008年11月13日，全国大学出版社社长会议暨第六届中国大学出版社协会第一次理事大会

2006年8月7日，中国出版工作者协会、中国大学出版社协会、中国大学版协装帧艺术工作委员会在松潘红军长征纪念碑园立"纪念红军长征胜利70周年"纪念碑

编 辑 说 明

一、《中国大学出版社概览(2006—2010)》(以下简称《概览》),接续1955~1991年卷、1992~1996年卷和1997~2005年卷,是中国大学出版社协会编纂的记录我国大学出版社(含教育部直属出版社,下同)在此期间改革发展、业绩成就和基本情况的大型资料性工具书。

二、《概览》的主要内容

(一)照片、题词:收录党和国家领导人、行业及主管部门领导视察大学出版社、出席大学出版社活动的照片、题词,以及大学版协组织的全国大学出版社重大活动的照片。

(二)重要工作会议:主要收录教育部主持召开的大学出版社全国性重要会议及领导讲话、协会组织召开的重要会议等。

(三)高校出版社体制改革:收录教育部、新闻出版总署制定的有关政策文件、领导的有关重要讲话、召开的重要会议、综述等。

(四)协会重要工作、活动:收录中国大学出版社协会的重要工作,协会及协会各工作委员会组织的大学出版社全国性重要会议、活动。

(五)出版社改革发展概况:介绍各大学出版社的状况、特色、工作和改革发展成就,每社一篇。

(六)附录:通过大量实际资料和统计数据,反映此期间大学版协及全国大学出版社的状况、工作、发展和成绩。

(七)宣传彩页:一些出版社通过宣传彩页反映自身的发展新貌,介绍自己的优质品牌出版物。

三、《概览》的编辑体例

1.《概览》所指"大学出版社",包括中国大学出版社协会所有114家出版单位,其中大学出版社105家、教育部直属出版社4家、省教育厅所属出版社2家、军队院校出版社3家。

2. 每部分内容的安排,均按材料发生、产生时间的先后顺序排列。

3.《概览》的"出版社发展概况"及附录的"出版单位和个人获奖情况""获奖图书书目""出版社统计数据""全国大学出版社名录"中出版社的顺序,以及"宣传彩页"的顺序,均依照协会惯例,按先大区(华北、东北、华东、中南、西南、西北)、部直属,再城市,再音序(英文字母)的顺序排列。

4.《概览》中收录的文件、讲话、会议、活动材料,皆为当时发表、刊载过的,本次收录尊重原貌,除格式需要不做其他修改;登载的各出版社资料、数据、宣传彩页,均来自各社的报送,参考协会掌握的历年统计材料、数据,经审阅、编辑后使用。

对大学出版社发展之路的几点思考(代序)

徐维凡

最近,中国大学出版社协会在着手组编出版《中国大学出版社概览(2006—2010)》一书。得知这一消息我为之振奋。这是回顾"十一五"期间大学出版社发展历程,立足当前、总结经验、前瞻未来,进一步探索高校出版社发展方向的一个好载体。笔者愿意根据个人近几年的经历,就大学出版社发展走过的道路谈些粗浅认识和体会。

大学出版社自成立至今走过了不平凡的发展道路,取得的成绩令人瞩目。大学出版社坚持正确的办社方向和办社宗旨,坚持为教育事业改革发展服务,传播先进文化,传递知识信息,促进教书育人,为培养和造就德智体美全面发展的社会主义建设者和接班人,提高全民族的科学文化素质和思想道德素质提供精神动力和智力支持,为繁荣我国哲学社会科学研究和推动自然科学进步作出了应有的贡献。我们高兴地看到,"十一五"的五年里,高校出版社继续稳步前进,如期完成了转企改制,发展质量不断提高,创新能力进一步增强,出版物结构进一步优化,出版了一大批各级各类教材和一大批原创性高质量的学术著作,多种出版物在国家出版物评奖中获奖,对外交流中表现优异,为我国文化实施"走出去"战略作出了重要贡献。应该说,"十一五"的事实再次充分证明,高校出版社走出了一条发展质量好、成长持续性强的具有中国特色的高校出版社发展之路。

高校出版社之所以取得如此成绩,其经验引起了出版业界的关注。尽管各社所走的道路和发展状况不同,对各自发展经历的概括和表述多种多样,但是在各社成功的背后,有着共同的规律性。经过多年的历史积淀,其脉络日益清晰,出版界同行曾从多角度作出了总结。这对我们做好当前和今后的出版工作很有启示。根据我的体会,至少有如下几点:

一是坚持大学出版社办社宗旨。大学出版社将自己的办社宗旨定位在为学校教学科研服务,为学术积累、学科建设、人才培养服务。这是大学出版社区别于其他社会出版社的根本属性,是大学出版社和它的主办者共同奉行的准则,也是经过大学出版社长期发展实践反复验证的道理。按照这一宗旨,一方面,学校作为主办者在出版导向、领导班子、重大决策以及出版资源等方面给予多方面指导和支持;另一方面,出版社背靠学校,植根深厚的学术沃土,以学校专家队伍和学科为依托,放眼全局,在教材出版、学术出版以及专业出版等领域大展宏图,取得优异成绩。大学出版社的特点和优势是坚持正确办社宗旨的必然结果。坚持它就抓住了大学社的生命线,坚持它才能找到安身立命之本,把握大学社持续发展的本质所在,因而也才能在任何情况和任何挑战面前不犹豫动摇、不迷失方向。今天,在转企改制后新的体制环境下,出版业正在按照文化企业发展规律,推进建立现代企业制度,在这个过程中,对大学社而言,其办社宗旨不仅不能削弱、不能放弃,而且应继续坚守并发扬光大。最近,我们非常高兴地看到,许多学校中的校社关系,并没有出现人们所担心的因转企改制而疏远的问题,反而更加密切。如,一些高校党政主要领导和分管领导对出版社的发展给予特殊的关心,在纷繁复杂的行政和学术事务中,挤时间专门研究出版社发展问题,并表示要运用学校的影响力为出版社的发展助力,解决转企后的继续深化改革、加快发展问题。这一做法很值得学习和提倡。

二是坚持走"专、精、特"的道路。大学社在坚持办社宗旨的基础上,十分重视对自身的精准定位,即按出版社所在学校的特色、领域等决定其发展战略,有所为有所不为。认准的东西就排除干扰,矢志不移地坚持下去,直至实现目标。如综合性大学出版社不因其学科综合的背景就什么都想做,而是深入思考在综合基础上如何突出专业特色。多科、专科性大学出版社的专业化也不是自然而然、与生俱来的,是在所属专业领域中竭尽全力挖掘特色的结果。比如,在教材开发方面,密切跟踪教育发展的动态,以敏锐的感觉,及时捕捉各级各类教育发展的先机,准确反映教育教学的新需要,深化、细化、拓展选题,不断推出高水平的起引领作用的教材。再如,在实施精品战略方面,大学社将培育品牌作为带动出版社整个产品水平和质量的杠杆,千方百计使教材系列、学术专著、大众读物等成为精品,在市场面前站稳脚跟,赢得了读者信任,取得了双效益。这一经验,在当前日益激烈的竞争面前,更值得珍视。

三是坚持解放思想、转变观念。观念是行动的先导,有了观念的大转变,才有出版业的大发展。在2012年6月中央召开的全国文化体制改革工作表彰大会上,中央领导同志强调,解放思想,形成一系列新的文化发展理念,并落实到文化建设的实践中,是十年来文化体制改革取得重要进展的一条宝贵经验。大学出版社的发展历程充分印证了这一点。许多大学出版社之所以有今天的发展,都得益于以解放思想为先导,努力从一切不利于出版社科学发展的观念束缚中解放出来,在没有条件、缺少经验的情况下,敢想敢做,硬是闯出了一条新路。当前,大学社的发展仍需要继续坚持解放思想。在新的市场环境下,遇到的问题很多,甚至是前所未有的困难,高校出版人首先在观念上要转变,要正视新的情况,既看到严峻的形势和挑战,有危机感,也要看到危机中蕴藏的发展机遇。在困难面前既不怨天尤人,也不能无所作为、甘于边缘化,要积极进取、迎难而上,开辟新的发展空间。

四是坚持改革创新。"十一五"期间,高校出版社发展中最为引人注目的变化是转企改制。按照中央的部署,到2010年大学出版社已基本完成体制改革,成为面向市场的经营主体。这是高校出版社发展进程中的一件大事,将会对我国大学出版社的发展产生重大而深远的影响。改革是出版业发展的动力。出版社转为企业,只是在改革道路上迈出了第一步。出版业转企改制是一场深刻革命。作为一个企业,它的发展达到一定规模,上到一定高度之际,要想有所突破,继续往上走,面临的难度会更大,比启动创业期要付出更艰苦的努力。出版社再上新台阶,最大的动力源泉就是改革创新。近几年,有的大学社转企改制后,在集团化、跨地区合资重组方面进行了尝试,取得了一些成功的经验。我们也看到,近年来,有的大学社按照"三改一加强"的要求,开始积极寻求与高校出版社以外的出版单位的合作,争取互利共赢。我想,这样的改革探索只要符合现代文化企业发展的规律,符合行业主管部门的有关规定和要求,就应该予以鼓励。

五是坚持从高校出版社实际出发。大学出版社发展的思路和举措应建立在大学社实际的基础上。如建立现代企业制度,从企业规模上看,出版社的人数多则几百人、近千人,少则几十人,这一现实就决定了大学出版社在深化体制改革、建立现代企业制度时应探索一条独特的,符合自身实际和特点的现实路径。再如,发展学术出版和专业出版是出版业的趋势和方向,是调整出版物结构的必然要求。但发展学术出版的一个最大问题在于能否得到资金的有力支持。学术出版离开教材提供的物质基础,就无法在学术出版上持续发展。这是我国的国情决定的发展环境和背景,因而,那些怀抱高远理想,将学术出版视为最高使命的大学出版社,依然要在教材、学术著作和社会大众读物三者之间,使教材占较大比例。这是一个现实的选择,只有打牢基础,才能积累实力和创造条件,最终实现出版物结构的优化。再如,出版业转型、数字出版是必然的趋势。近一时期,一些出版业内专家热烈探讨"大数据"时代的出版问题,有的同行认为,在当代科技日新月异、迅猛发展的新形势下,出版的内涵和外延正在发生深刻的变化,出版业是继续做内容提供商还是顺应趋势做信息服务商,这是对出版的定位和发展方向提出的巨大挑战。面对这样的挑战,我们既不能惊慌失措,也不能无动于衷、无所作为。要积极适应新的需要,跟上出版数字化前进的步伐。但是,我们也要充分意识到,对于作为一个个单体的大学出版社而言,与实力强大的出版集团相比有着更多困难,因而更不可能一蹴而就,只能采取稳扎稳打的方式,在动态中捕捉机会,将出版数字化的基础一步步夯实,将基点一步步抬高,逐步积累经验、汇聚人才,直至瓜熟蒂落,水到渠成。

应该说,得益于工作岗位上的经历,我有幸见证了大学出版社的繁荣发展。当前,大学出版社整体上保持着良好的发展态势,部分优秀的大学出版社处在出版业界的前列。在已经达到的基点上,如何飞得更高?这是高校出版人的梦想和共同面临的课题。经过改革开放以来三十多年的发展,大学出版社有了坚实的工作基础和较好的物质条件,其中最可贵的是高校出版人昂扬的精神面貌和长期积累的丰富经验。我们有理由相信,经过高校出版人的共同努力,一定会在迎接新的挑战中迎来大学出版社新的繁荣发展。

目录

重要工作会议

第六次全国高校出版社工作会议在北京召开 …………………………………………… (2)
 全面贯彻科学发展观　积极推进出版体制改革　实现高校出版社更好
  更快发展 ……………………………………………………………… 李卫红 (4)
 深化改革　加快发展　改善服务　强化管理　促进高校出版业的更大
  发展 …………………………………………………………………… 邬书林 (16)
 加大改革力度　加快发展步伐　完善管理制度　在新的历史起点上促进
  高校出版社的繁荣健康发展 ………………………………………… 张小影 (23)
 第六次全国高等学校出版社工作会议总结 ……………………………… 杨　光 (26)
中国大学出版社协会成立20周年庆祝大会在北京召开 ……………………………… (32)
 教育部社会科学司司长杨光的讲话 ……………………………………………… (33)
 回顾历史、总结经验、展望未来
  ——开辟大学出版事业的辉煌明天 ………………………………… 李家强 (35)
 中国出版工作者协会常务副主席谢明清的讲话 ………………………………… (39)
 和谐的团体　精神的家园 …………………………………………… 贺圣遂 (40)
 大学版协的历史回顾与传统精神 …………………………………… 高旭华 (41)
中国大学出版社协会在北京举办大型座谈会隆重纪念改革开放三十周年 ………… (44)
 盛会　盛业　盛情
  ——写在高校出版社纪念改革开放30周年座谈会召开之际 …… 曹　巍 (45)
 解放思想　更新观念　推进高校出版社更好更快发展 …………… 杨　光 (48)
 回顾历史　总结经验　再创辉煌 …………………………………… 吴尚之 (52)
 在中国大学版协纪念改革开放30周年大会上的讲话 ……………… 王明舟 (54)

高校出版社体制改革

高校出版体制改革试点工作会议在北京召开 …………………………………… (62)
  统一思想，坚定信心，积极推进高校出版体制改革试点工作 ………… 李卫红 (63)
  深化改革　促进高校出版业的更大发展 …………………………………… 邬书林 (70)
第二次高校出版社体制改革工作会议在北京召开 ………………………………… (75)
  深入学习实践科学发展观　大力推进高校出版社体制改革 ………… 李卫红 (76)
  坚持与时俱进　打赢改革攻坚战 …………………………………………… 邬书林 (84)
  解读国办[2008]114号文件有关政策 ………………………………… 高书生 (93)
  解读《高校出版社转制工作规程》 ………………………………………… 徐维凡 (100)
第三次高校出版社体制改革座谈会在北京召开 …………………………………… (104)
  加大力度　积极稳妥　全面推进高校出版社体制改革 …………………… 吴尚之 (106)
高校出版社体制改革纪实 …………………………………………………………… 魏小波 (111)

政策性文件

教育部　新闻出版总署关于印发《高等学校出版体制改革工作实施方案》的通知
 （教社科[2007]5号）……………………………………………………………… (130)
教育部　新闻出版总署关于高校出版社体制改革试点工作的若干意见
 （教社科[2007]6号）……………………………………………………………… (133)
教育部　新闻出版总署关于进一步推进高校出版社改革与发展的意见
 （教社科[2008]6号）……………………………………………………………… (135)
教育部办公厅关于高校出版社转制工作有关规程的通知（教社科厅函[2009]3号） … (138)
教育部　新闻出版总署关于开展第二批高校出版社体制改革工作的通知
 （教社科函[2008]17号）………………………………………………………… (141)
教育部社会科学司关于转发《关于中央级经营性文化事业单位转制中资产和财务管理
 问题的通知》的通知（教社科司函[2009]133号）……………………………… (142)

协会重要工作、活动

中国大学出版社协会 ………………………………………………………………… (152)
协会综合工作 ………………………………………………………………………… (155)
 中国大学出版社协会2006年工作总结报告 …………………………………… (155)
 中国大学出版社协会召开2006年大学出版社社长会议 ……………………… (158)
 中国大学出版社协会召开第五届第五次常务理事会议 ……………………… (159)
 中国大学出版社协会召开第五届第六次常务理事会议 ……………………… (160)
 中国大学出版社协会召开第五届第五次理事大会暨社长大会 ……………… (161)
 中国大学出版社协会2007年工作总结报告 …………………………………… (162)
 第五届大学版协理事长办公会扩大会议在北京召开 ………………………… (165)

2008年全国高校出版社社长会议暨第六届中国大学出版社协会第一次
　　理事大会召开 （166）
王明舟理事长在2008年全国高校出版社社长会议暨第六届中国大学出版社
　　协会第一次理事大会上的讲话 （167）
中国大学出版社协会召开第六届常务理事会第一次会议 （171）
中国大学出版社协会召开第六届第一次理事长办公会议 （172）
2009年全国高校出版社社长会议暨第六届中国大学出版社协会第二次
　　理事大会召开 （173）
中国大学出版社协会第六届第三次常务理事会议召开 （174）
中国大学出版社协会2009年度工作总结报告 （174）
中国大学出版社协会第六届第四次常务理事会议召开 （179）
2010年中国大学出版社协会全体理事大会召开 （180）
中国大学出版社协会2010年度工作报告 （182）

出版社建设、发展研讨 （188）
2006年大学出版论坛"青岛论剑" （188）
大学出版社与高校图书馆论坛在青岛举行 （188）
2007年"社店合作论坛"探讨出版发行和谐发展 （189）
"大学出版社与高校图书馆座谈会"在昆明召开 （190）
第21届全国大学出版社图书订货会大学出版论坛在合肥举行 （191）
第21届全国大学出版社图书订货会社馆合作论坛在合肥举办 （193）
第22届全国大学出版社图书订货会大学出版论坛在厦门召开 （194）
第23届全国大学出版社图书订货会大学出版论坛聚焦数字出版 （195）

出版工作 （197）
2004年至2006年教育部直属和在京大学出版社图书质量专项检查工作综述 （197）
2006年全国大学出版社图书质量管理工作研讨会综述 （199）

营销工作 （203）
第19届全国大学出版社图书订货会综述 （203）
第20届全国大学出版社图书订货会综述 （206）
第21届全国大学出版社图书订货会综述 （208）
第22届全国大学出版社图书订货会侧记 （211）
第23届全国大学出版社图书订货会综述 （214）
历届全国大学出版社图书订货会一览表 （217）
第三届全国大学出版社营销论坛在银川举行 （218）
第三届全国大学出版社营销论坛建设和谐高校教材市场倡议书 （219）

对外交流 （221）
中国大学版协代表团2006年赴美参展考察散记 （221）
中国大学出版社协会代表团参加第十届中日韩三国大学版协研讨会 （224）
第十一届中日韩大学出版社研讨会在杭州市召开 （226）
中国大学出版社代表团考察俄罗斯、芬兰大学出版业 （227）

中国大学出版社协会代表团访问台湾 …………………………………………………… (228)
　　中国大学出版社协会代表团赴韩国参加第12届中韩日三国大学版协研讨会并
　　　观摩2008首尔国际书展 ……………………………………………………………… (229)
　　中国大学出版社协会代表团2008年参加法兰克福书展报告 ………………………… (230)
　　大学版协组团赴美参加2010年美国图书博览会(BEA)考察报告 …………………… (231)
　　中国大学出版社协会代表团出访澳大利亚、新西兰情况报告 ………………………… (234)

维权工作 …………………………………………………………………………………… (237)
　　中国大学出版社协会开展维权工作情况 ………………………………………………… (237)
　　第六届大学版协维权工作委员会工作规划 ……………………………………………… (238)

数字、电子音像出版 ……………………………………………………………………… (240)
　　2007年全国大学数字出版工作研讨会纪实 …………………………………………… (240)
　　2010年高校出版社数字出版研讨会会议纪要 ………………………………………… (242)

装帧设计 …………………………………………………………………………………… (244)
　　第七届中国大学装帧工作会议总结 ……………………………………………………… (244)
　　"感悟长征,深入创作考察活动"策划人语 …………………………………………… (247)

代办站工作 ………………………………………………………………………………… (249)
　　2006年全国高校图书代办站大会在青岛召开 ………………………………………… (249)
　　　魏小波处长在2006年全国高校图书代办站大会上的讲话 ………………………… (250)
　　　彭松建常务副理事长在2006年全国高校图书代办站大会上的讲话 ……………… (252)
　　　贺耀敏副理事长在2006年全国高校图书代办站大会上的讲话 …………………… (253)
　　高校出版社图书代办站2006年工作报告 ……………………………………………… (255)
　　中国大学出版社协会关于表彰优秀高校图书代办站的决定 …………………………… (258)
　　高校图书代办站工作委员会扩大会议纪要 ……………………………………………… (259)
　　全国高校出版社图书代办站大会在昆明举行 …………………………………………… (261)
　　　教育部社科司出版管理处处长魏小波的讲话 ………………………………………… (262)
　　　大学版协常务副理事长彭松建的讲话 ………………………………………………… (264)
　　　大学版协副理事长、大学版协代办站工作委员会主任贺耀敏的讲话 ……………… (265)
　　　大学版协副秘书长、代办站服务中心主任岳凤翔的报告 …………………………… (268)
　　2008年全国高校图书代办站工作研讨会在山西召开 ………………………………… (274)
　　2009年全国高校出版社教材巡展总结座谈会在贵阳召开 …………………………… (278)
　　全国高校图书代办站站长工作会议在北京召开 ………………………………………… (279)
　　　教育部社科司出版管理处魏小波处长的讲话 ………………………………………… (280)
　　　中国大学出版社协会王明舟理事长的讲话 …………………………………………… (283)
　　　高校出版社图书代办站2008年、2009年工作报告 ………………………………… (286)
　　中国大学出版社协会表彰2008年、2009年全国高校出版社教材巡展优质服务
　　　代办站的决定 …………………………………………………………………………… (291)
　　　2008年、2009年全国高校出版社教材巡展优质服务代办站名单 ………………… (291)
　　2010年全国高校出版社教材巡展总结座谈会在西安召开 …………………………… (292)

中国高校教材图书网 (295)

中国高校教材图书网2006年工作情况 (295)
中国高校教材图书网2007年工作情况 (298)
中国高校教材图书网2008年工作情况 (301)
中国高校教材图书网2009年工作情况 (304)
中国高校教材图书网2010年工作情况 (307)
中国高校教材图书网在服务大学出版中实现价值和发展 (310)

宣传信息工作 (312)

《现代出版》杂志介绍 (312)
《现代出版》(《大学出版》)2006—2010年总目 (313)
《大学出版信息》工作介绍 (325)
《高校教材图书征订目录》座谈会纪要 (325)

公益活动 (327)

大学出版社向西藏大学捐赠图书仪式在西藏大学举行 (327)
教育部社科司、中国大学出版社协会关于表彰2006年度捐赠图书单位的决定 (327)
教育部社科司、中国大学出版社协会关于表彰2007年度捐赠图书单位的决定 (328)
大学版协组织大学出版界积极开展抗震救灾募捐活动 (329)
  通过中国大学出版社协会向灾区捐款明细表(共532万元) (330)
大学出版社向安徽革命老区、贫困地区学校捐赠图书 (332)
教育部社科司、中国大学出版社协会关于表彰2008年度捐赠图书单位的决定 (333)
中国大学出版社协会被评为全国新闻出版行业抗震救灾先进集体 (334)
教育部社科司、中国大学出版社协会关于表彰2009年度捐赠图书单位的决定 (334)
教育部社科司、中国大学出版社协会关于表彰2010年度捐赠图书单位的决定 (335)
教育部社科司、中国大学出版社协会关于表彰向玉树地震灾区捐款单位的决定 (336)

评奖评优 (337)

第七届全国高校出版社优秀畅销书奖举行颁奖仪式 (337)
第八届全国高校出版社优秀畅销书评选结果揭晓 (338)
中国大学出版社协会关于颁发"首届高校出版人荣誉奖"的决定 (339)
高校出版人荣誉奖获奖人员名单 (340)
中国大学出版社协会关于表彰首届高校出版人物奖获奖人员的决定 (341)
中国大学出版社协会关于表彰中国大学出版社图书奖获奖图书的决定 (342)
首届高校出版人物奖获奖人员名单 (343)
授予高校出版人物奖人员名单 (343)

培训工作 (345)

第三届全国大学出版社发行骨干业务培训班在上海举办 (345)
全国大学出版社编辑部主任、骨干编辑培训班在杭州举办 (346)
全国大学出版社编辑培训班在上海举办 (347)

出版社发展概况

北京大学出版社	(350)
北京大学医学出版社	(352)
北京工业大学出版社	(354)
北京航空航天大学出版社	(356)
北京理工大学出版社	(359)
北京师范大学出版社	(362)
北京体育大学出版社	(367)
北京邮电大学出版社	(369)
北京语言大学出版社	(370)
北京交通大学出版社	(375)
对外经济贸易大学出版社	(376)
北京旅游教育出版社	(378)
清华大学出版社	(379)
首都经济贸易大学出版社	(382)
首都师范大学出版社	(383)
外语教学与研究出版社	(385)
中国农业大学出版社	(390)
中国人民大学出版社	(392)
中国人民公安大学出版社	(396)
中国协和医科大学出版社	(398)
中国政法大学出版社	(400)
中央广播电视大学出版社	(402)
中央民族大学出版社	(406)
中央音乐学院出版社	(408)
人民教育出版社	(409)
教育科学出版社	(411)
天津大学出版社	(414)
南开大学出版社	(417)
河北大学出版社	(419)
内蒙古大学出版社	(421)
大连海事大学出版社	(424)
大连理工大学出版社	(425)
东北财经大学出版社	(428)
辽宁师范大学出版社	(430)
东北大学出版社	(433)
辽宁大学出版社	(435)
东北师范大学出版社	(438)

吉林大学出版社 …… (440)
延边大学出版社 …… (442)
东北林业大学出版社 …… (445)
哈尔滨工程大学出版社 …… (447)
哈尔滨工业大学出版社 …… (449)
黑龙江大学出版社 …… (450)
山东大学出版社 …… (452)
中国海洋大学出版社 …… (453)
中国石油大学出版社 …… (457)
中国科学技术大学出版社 …… (460)
合肥工业大学出版社 …… (463)
安徽师范大学出版社 …… (466)
东南大学出版社 …… (469)
南京大学出版社 …… (471)
南京师范大学出版社 …… (475)
河海大学出版社 …… (480)
中国矿业大学出版社 …… (482)
苏州大学出版社 …… (484)
江苏大学出版社 …… (488)
复旦大学出版社 …… (492)
同济大学出版社 …… (497)
东华大学出版社 …… (500)
华东理工大学出版社 …… (502)
华东师范大学出版社 …… (503)
立信会计出版社 …… (508)
上海财经大学出版社 …… (511)
上海大学出版社 …… (514)
上海交通大学出版社 …… (515)
上海外语教育出版社 …… (520)
上海浦江教育出版社(原上海中医药大学出版社) …… (525)
上海音乐学院出版社 …… (527)
第二军医大学出版社 …… (528)
浙江大学出版社 …… (530)
浙江工商大学出版社 …… (535)
厦门大学出版社 …… (537)
河南大学出版社 …… (540)
郑州大学出版社 …… (543)
武汉大学出版社 …… (544)
武汉理工大学出版社 …… (546)

华中科技大学出版社 …………………………………………………………… (551)
华中师范大学出版社 …………………………………………………………… (553)
中国地质大学出版社 …………………………………………………………… (556)
湖南大学出版社 ………………………………………………………………… (559)
湖南师范大学出版社 …………………………………………………………… (561)
中南大学出版社 ………………………………………………………………… (564)
湘潭大学出版社 ………………………………………………………………… (567)
广西师范大学出版社 …………………………………………………………… (568)
中山大学出版社 ………………………………………………………………… (572)
暨南大学出版社 ………………………………………………………………… (573)
华南理工大学出版社 …………………………………………………………… (575)
广东高等教育出版社 …………………………………………………………… (578)
汕头大学出版社 ………………………………………………………………… (579)
电子科技大学出版社 …………………………………………………………… (581)
四川大学出版社 ………………………………………………………………… (583)
西南财经大学出版社 …………………………………………………………… (586)
西南交通大学出版社 …………………………………………………………… (588)
西南师范大学出版社 …………………………………………………………… (590)
重庆大学出版社 ………………………………………………………………… (595)
云南大学出版社 ………………………………………………………………… (599)
陕西师范大学出版总社 ………………………………………………………… (601)
西安交通大学出版社 …………………………………………………………… (604)
西安电子科技大学出版社 ……………………………………………………… (605)
西北大学出版社 ………………………………………………………………… (607)
西北工业大学出版社 …………………………………………………………… (610)
西北农林科技大学出版社 ……………………………………………………… (613)
第四军医大学出版社 …………………………………………………………… (614)
兰州大学出版社 ………………………………………………………………… (617)
新疆大学出版社 ………………………………………………………………… (619)

附　录

历届全国高等学校出版社工作会议简介 ………………………………………… (622)
大学版协工作机构和制度 ………………………………………………………… (627)
　　中国大学出版社协会章程 ……………………………………………………… (627)
　　第六届中国大学出版社协会工作规程 ………………………………………… (631)
　　第六届中国大学出版社协会领导班子成员名单 ……………………………… (635)
　　历届大学版协领导班子成员、常务理事名单 ………………………………… (636)
大学版协工作大事记 ……………………………………………………………… (639)

获奖出版单位和个人 ……………………………………………………………… (650)
 中国出版政府奖先进出版单位奖 ………………………………………………… (650)
 全国百佳图书出版单位 …………………………………………………………… (650)
 中宣部全国宣传文化系统"四个一批"人才 ……………………………………… (651)
 中国出版政府奖优秀出版人物奖 ………………………………………………… (651)
 全国新闻出版行业领军人才 ……………………………………………………… (652)
 在改革开放中为出版事业作出突出贡献的从业人员 …………………………… (652)
 中国百名优秀出版企业家 ………………………………………………………… (652)
 百名有突出贡献的新闻出版专业技术人员 ……………………………………… (653)
 首届高校出版人物奖获奖名单 …………………………………………………… (653)

获奖图书书目 ……………………………………………………………………… (654)
 中国出版政府奖 …………………………………………………………………… (654)
 中华优秀出版物奖 ………………………………………………………………… (659)
 第七届全国高校出版社优秀畅销书奖 …………………………………………… (666)
 第八届全国高校出版社优秀畅销书奖 …………………………………………… (678)
 第八届全国高校出版社优秀畅销书抗震救灾图书特别奖 ……………………… (694)
 首届中国大学出版社图书奖暨第九届优秀畅销书奖 …………………………… (696)

出版社统计数据 …………………………………………………………………… (712)
 2010年全国高校出版社基本情况表 ……………………………………………… (712)
 出版社图书出版情况表 …………………………………………………………… (739)
 出版社国家重点图书出版情况表 ………………………………………………… (753)
 出版社电子出版物出版情况表 …………………………………………………… (756)
 出版社音像出版物出版情况表 …………………………………………………… (763)
 出版社版权贸易情况表 …………………………………………………………… (769)
 出版社经营情况统计表 …………………………………………………………… (784)

全国大学出版社名录 ……………………………………………………………… (798)

全国高校出版社图书代办站名录 ………………………………………………… (803)

后　记 …………………………………………………………………………… (807)

宣传彩页

1. 北京大学出版社
2. 北京大学医学出版社
3. 对外经济贸易大学出版社
4. 清华大学出版社
5. 教育科学出版社
6. 大连理工大学出版社
7. 东北财经大学出版社

8. 东北师范大学出版社
9. 南京大学出版社
10. 南京师范大学出版社
11. 厦门大学出版社
12. 上海交通大学出版社
13. 上海外语教育出版社
14. 浙江大学出版社
15. 中国科学技术大学出版社
16. 中国石油大学出版社
17. 广东高等教育出版社.
18. 广西师范大学出版社
19. 华中师范大学出版社
20. 武汉大学出版社
21. 重庆大学出版社
22. 陕西师范大学出版总社
23. 西安电子科技大学出版社
24. 西北工业大学出版社

重要工作会议

◎ 第六次全国高校出版社工作会议在北京召开
    全面贯彻科学发展观　积极推进出版体制改革　实现高校出版社更好更快发展
    深化改革　加快发展　改善服务　强化管理　促进高校出版业的更大发展
    加大改革力度　加快发展步伐　完善管理制度　在新的历史起点上促进高校出版社的繁荣健康发展
    第六次全国高等学校出版社工作会议总结

◎ 中国大学出版社协会成立20周年庆祝大会在北京召开
    教育部社会科学司司长杨光的讲话
    回顾历史、总结经验、展望未来
        ——开辟大学出版事业的辉煌明天
    中国出版工作者协会常务副主席谢明清的讲话
    和谐的团体　精神的家园
    大学版协的历史回顾与传统精神

◎ 中国大学出版社协会在北京举办大型座谈会隆重纪念改革开放三十周年
    盛会　盛业　盛情
        ——写在高校出版社纪念改革开放30周年座谈会召开之际
    解放思想　更新观念　推进高校出版社更好更快发展
    回顾历史　总结经验　再创辉煌
    在中国大学版协纪念改革开放30周年大会上的讲话

第六次全国高校出版社工作会议在北京召开

教育部和新闻出版总署于2007年9月2日至4日在北京联合召开了"第六次全国高校出版社工作会议"。会议以邓小平理论和"三个代表"重要思想为指导，深入贯彻落实科学发展观，回顾总结了第五次全国高校出版社工作会议以来，高校出版社取得的主要成绩和经验，分析研究了新形势下高校出版社面临的新情况和新问题，明确了今后一个时期高校出版社的发展目标和主要任务。教育部李卫红副部长、新闻出版总署邬书林副署长和中宣部出版局张小影局长出席会议并作了重要讲话。北京大学等25所高校领导、清华大学出版社等102家高校出版社社长和教育部直属出版单位负责人参加了会议。中国人民大学等6所高校领导和清华大学出版社等9家出版社社长向大会介绍了各自的发展思路和成功经验。会议期间，展示了近100家高校出版社近年来出版的近1000种精品出版物。

会议认为，胡锦涛总书记6月25日在中央党校省部级干部进修班发表的重要讲话，高瞻远瞩、内容丰富、思想深刻、富于创新，对于继续解放思想、坚持改革开放、推动科学发展、促进社会和谐，全面建设小康社会、开创中国特色社会主义事业新局面具有十分重大的意义。胡锦涛同志在讲话中指出，加强社会主义文化建设是不断满足人民群众日益增长的精神文化需求的需要，是全面实施党和国家发展战略的需要。我们要更加自觉、更加主动地推动文化大发展大繁荣，更好地保障人民群众的文化权益。高校出版社作为出版业的一支重要方面军，肩负的责任重大。要抓住机遇，深化改革，加快发展，改善服务，强化管理，促进高校出版工作更好更快地发展，以优异的成绩迎接党的十七大胜利召开。

会议充分肯定了高校出版社近五年来发展的主要成绩：一是规模不断壮大，实力不断增强，已发展成为中国出版业的生力军。目前我国有高校出版社102家，占全国574家的17%；2006年98家高校出版社的销售码洋114亿元，占全国图书纯销售码洋的22%；在全国各出版集团及大社名社资产利润率排名前10名中，有5家是高校出版社；净资产利润率排名前10名中，有5家是高校出版社；在京大社名社与2005年总资产环比增长率排名前14位中，有高校出版社5家。二是教材和学术著作出版成果丰硕，已成为我国高校教材以及专业出版领域的主力军。五年多来，高校出版社出版的高等教育、基础教育、职业教育、继续教育教材达到67400多种，其中新出版的大学教材品种占全国总量的75%，基本覆盖了我国高等教育的本科专业；新出版的学术著作21000多种，涉及大型学术文化建设的原创性工程、科研创新成果、优秀传统文化的挖掘整理、有价值的人文社会科学、自然科学和工程技术的普及读物等。三是充分发挥自身优势，特色、品牌逐步形成。四是不断深化内部改革，为体制改革奠定了基础。五是积极实施"走出去"战略，国际合作业绩突出。六是高度重视队伍建设，形成了一支讲政治、懂经营、善管理的出版队伍。

会议总结了近五年多来高校出版社发展中积累的经验，主要有五点：坚持宗旨，准确定位是高校出版社健康发展的首要条件；狠抓导向，严格管理是高校出版社健康发展的重要保障；发挥优势、突出特色是高校出版社健康发展的有效途径；深化改革、不断创新是高校出版社健康发展的动力源泉；队伍建设、人才培养是高校出版社健康发展的重要支撑。会议认为，这些经验是今后高校出版社持续健康发展的宝贵财富。同时,还应清醒地认识到,高校出版社的整体发展还不平衡,在体制改革、加强管理和队伍建设等方面要进一步加大力度,以迎接新形势下面临的新挑战,抓住机遇,实现更好更快的发展。

会议提出了"十一五"时期高校出版社的发展目标和主要任务:通过改革,建设中国特色高校出版体系,形成企业体制与事业体制既有明确分工又相互促进,"大而强"的集团化高校出版社与"专精特"的高校出版社并存互补的多层次出版格局;形成一批有较高知名度和较强影响力的高校出版社品牌,形成系列化、多层次、多学科、多媒体的高校出版社品牌产品群,全面提升高校出版社为教学科研服务的能力与水平;向现代内容产业进军,加快数字化、网络化出版进程,尽快实现高校出版社由传统出版向现代出版的转型,努力为各级各类教育教学提供更多的优质教育资源,构建为教学科研服务的资源平台和现代出版服务体系,建设导向正确、结构合理、技术先进、管理有序、社会效益和经济效益俱佳的现代高校出版业。为了达到这样的目标,高校出版社必须认真落实《国家教育事业发展"十一五"规划纲要》和《新闻出版业"十一五"发展规划》,实现高校出版社又好又快发展;积极参与和推动现代内容产业发展,大力发展数字出版,努力提供各类优质教育教学资源;积极推进出版社体制改革,务求取得实质性进展和新的突破;加强规范化管理,促进和保障高校出版社健康、持续、高质量发展;进一步加强国际交流,大力实施"走出去"战略,为提升我国教育和文化的国际竞争力、国际影响力发挥重要作用;注重队伍建设和人才培养,建设高素质的高校出版队伍。

会议要求,高校出版社要认清形势,把握难得的发展机遇,解放思想,更新观念,树立新的文化发展观,创新发展理念,创新体制机制,创新内容,创新传播手段,解放和发展出版生产力,在以下八个方面率先做好工作:在把握导向上,率先建立多出好书、不出坏书的保障机制;在内容生产上,率先优化结构,打造品牌,提升自身核心竞争力;在深化改革上,率先加大力度,加快进度,取得实质性进展;在新技术应用上,率先加快数字化、网络化进程,尽快实现传统出版向现代出版的转型;在经营管理上,率先转变增长方式,进一步提高高校出版社经营管理的层次和水平;在队伍建设上,率先建立激励机制,培养一流出版队伍;在文化服务上,率先推动全民阅读,为在全社会构建公共文化服务体系做出贡献;在出版"走出去"上,率先通过参与国际竞争,大力弘扬中华优秀文化,让中华文化更多地走向世界。

会议强调,各高校和出版社的领导要从建设社会主义先进文化,构建社会主义和谐社会,弘扬社会主义核心价值观,促进教育和学术发展,解放和发展出版生产力的高度,充分认识新时期、新阶段高校出版社所肩负的重要责任,正确处理好坚持方向和促进发展、深化改革和保持稳定、面向市场和服务教育,以及出精品成果和培育优秀人才等四个方面的关系,密切关注我国教育事业和出版业发展的新形势,用新的视野和新的思路,加强对高校出版社工作的组织领导,采取切实有力的措施,保障和促进高校出版社持续健康发展。

与会代表在认真听取了中国人民大学、复旦大学、大连理工大学、苏州大学、东北财经大学和西安交通大学六所高校的校领导和北京大学出版社、清华大学出版社、外语教学与研究出版社、北京语言大学出版社、华东师范大学出版社、上海外语教育出版社、广西师范大学出版社、中国矿业大学出版社和重庆大学出版社九家高校出版社负责人的经验介绍,并分组进行了讨论。大家表示,通过学习有关领导讲话和兄弟院校出版社的经验,开阔了视野,启发了思路,坚定了信心,增强了新形势下做好高校出版工作的责任感和使命感。特别对当前开展的出版体制改革工作,进一步认清了形势,提高了认识,明确了任务,增强了紧迫感。许多同志表示,要努力学习和借鉴第一批高校出版社体制改革试点经验,做好体制改革的各项准备。

会议对《教育部 新闻出版总署关于进一步推进高校出版社改革发展的意见(征求意见稿)》进行了认真的讨论,提出了修改意见和建议。代表们认为,在当前形势下,为推动高校出版工作持续健康发展,制定一份文件是适时的、必要的,文件征求意见稿对在新形势下高校出版社的性质、地位、作用与指导思想进行了全面阐述,提出了新时期推进高校出版社健康发展,深化高校出版社体制改革,完善高校出版社管理,加强高校出版社队伍建设的各项任务,对于推进高校出版工作具有指导意义。同时大家对文件中关于高校出版社发展、改革和管理内容以及文字表述等提出了中肯的意见和建议。

会议还听取了新闻出版总署出版管理司有关负责同志关于当前图书出版工作在发展、改革、管理方面的要求,强调高校出版工作要积极为迎接党的十七大营造良好氛围;要坚定不移推进出版体制改革;要增强大局意识、责任意识和把关意识,进一步加强出版管理工作。

会议指出,当前和今后一个时期,推进高校出版社改革与发展的目标和任务已经明确,关键在落实。要牢牢把握出版工作的正确方向,坚持用辨证观点和创新精神分析和处理改革与发展中的重大问题,为实现高校出版社更好更快的发展而奋斗,为我国教育事业和出版业的发展作出新的贡献。

全面贯彻科学发展观 积极推进出版体制改革 实现高校出版社更好更快发展

教育部副部长　　李卫红

今天,新闻出版总署和教育部在这里联合召开第六次全国高校出版社工作会议。来自全国部分高校的主管校领导,102家高校出版社社长,教育部4家直属出版社领导参加了今天的会议。首先,我代表教育部向各位代表表示热烈的欢迎,向多年来为教育出版事业付出辛勤劳动,做出优异成绩的同志们表示衷心的感谢。

我们这次会议的召开正逢党的十七大即将胜利召开之际。6月25日,胡锦涛同志在中央党校发表的重要讲话,高瞻远瞩、内容丰富、思想深刻、富于创新,对于继续解放思想、坚持改革开放、推动科学发展、促进社会和谐、夺取全面建设小康社会、开创中国特色社会主义事业新局面具有十分重大的意义。胡锦涛同志在讲话中指出,加强社会主义文化建设是不断满足人民群众日益增长的精神文化需求的需要,是全面实施党和国家发展战略的需要。我们必须更加自觉、更加主动地推动文化大发展大繁荣,更好地保障人民群众的文化权益。高校出版界作为出版业的一支重要方面军,肩负的责任重大。我们要紧密结合高校出版社工作实际,认真学习、深刻领会胡锦涛同志的重要讲话精神,振奋精神,扎实努力,把高校出版工作做得更好,以优异的成绩迎接党的十七大胜利召开。

我们这次会议的主要任务是,以邓小平理论和"三个代表"重要思想为指导,深入贯彻落实科学发展观,回顾、总结第五次高校出版社工作会议以来,高校出版社取得的主要成绩、基本经验以及存在的主要问题,分析研究新形势下高校出版社面临的新情况和新问题,明确今后一个时期做好高校出版社工作的指导原则、发展目标和主要任务,进一步深化改革,完善管理,促进高校出版社更好更快地发展。

今天,新闻出版总署副署长邬书林和中宣部出版局局长张小影同志出席了会议,他们将发表讲话,我先讲三点意见。

一、第五次工作会议以来高校出版社工作回顾

(一) 2001年第五次全国高校出版社工作会议以来,高校出版社积极进取,开拓创新,按照会议确定的目标开展工作,取得了很大成绩。概括起来,有以下几个方面

1. 教材出版成果丰硕,学术出版和大众出版效益显著,品牌建设取得可喜进展。

五年多来,高校出版社抓住我国高等教育快速发展、高校学科调整、教学改革的历史机遇,大力实施精品教材战略,为教育特别是高等教育的改革和发展提供优质服务,使高校教材逐步实现了多品种、多媒体、系列化、立体化,推动了高校教学内容的更新、传统学科的改造和新兴学科、交叉学科的建立,推进了高等教育的改革与发展。大批教材列入国家级规划和省级精品项目,承担国家级规划教材的数量从"十五"期间的400多种增加到"十一五"期间的3000多种。大批优秀教材获得国家级优秀教学成果奖和省级精品教材奖。2001年至2006年,高校出版社出版包括高等职业教育、成人教育教材在内的高等教育教材47000多种,基本满足了我国高等教育的教学需要,成为名副其实的高校教材出版主力军,有力地支持了我国高等教育的繁荣与发展。

五年多来,高校出版社一手抓创新,一手抓传承,出版学术著作21000多种,获得国家图书奖等各类国家级奖项100多种。入选"十一五"国家重点图书出版规划项目400多项,在承担项目最多的出版社中,高校出版社占到一半。获得国家级奖项的图书中,有《中国马克思主义理论的丰碑》等学习和研究邓小平理论、"三个代表"重要思想和科学发展观的著作和读物;有《中国佛教哲学要义》等反映我国学者,特别是高校学者高水平最新基础科研成果的学术著作;有《中国劳动力流动与"三农"问题》等一批紧密结合国家经济建设和社会发展各领域需要的科研创新成果;有《十三经注疏》等重要的古代文化典籍;有《人文社会科学是什么》等面向大众的人文社会科学、自然科学和技术科学普及读物。被誉为新中国学术文化建设原创性大型标志性工程的《中国思想家评传丛书》等优秀学术图书在这期间陆续出版完成。高校出版社主动服务社会,服务全民族素质的提高,还出版了大量适应社会需要的大众读物。这些图书的出版,促进了我国马克思主义理论研究,哲学社会科学、自然科学和工程技术研究,以及相关行业和领域先进生产力的发展,系统研究和挖掘、整理了优秀传统文化,热情宣传科学精神、传播科学思想、倡导科学方法,产生了很好的社会效益和经济效益。

五年多来,高校出版社更加注重特色化发展和品牌建设,取得了长足进步。一些大社继续做强做大,快速发展。外语教学与研究出版社和上海外语教育出版社的外语图书,清华大学出版社的计算机图书,北京师范大学出版社和华东师范大学出版社的基础教育教材都在各自的领域中遥遥领先或占有重要位置。中小型的高校出版社按"专精特"的目标在特色化、专业化道路上稳健发展。北京大学医学出版社、北京语言大学出版社、北京航空航天大学出版社、东北财经大学出版社、中国矿业大学出版社等,充分利用和发挥专业资源优势,明确"专业教育出版"定位,以专业特色求发展,在各自的专业领域创出了自己的品牌,实现了稳定、高效、可持续的发展。

2. 经济效益稳定增长,产业特征逐步显现。

五年多来,高校出版社的经营规模不断扩大,经济效益稳定增长,出版产业特征逐步显现。

高校出版社的经济增长速度高于全国GDP的增长速度,年销售收入增长速度高于全国出版业销售收入增长速度。2006年高校出版社的图书生产码洋124亿元,销售码洋114亿元,销售实洋74亿元,销售收入66亿元,分别比2001年增长82%、95%、105%、106%,销售收入增长率高于生产码洋增长率,实现了较好的经济效益。2001年至2006年,高校出版社共上缴学校利润16亿元,对所在高校的发展起到重要支撑作用。从经济效益的角度来说,高校出版社已成为最优秀的高校校办产业之一,有的出版社已成为所在高校的重要经济支柱。部分高校出版社在全国出版业发展中也名列前茅,据统计,2004年,外语教学与研究出版社、上海外语教育出版社、清华大学出版社、北京师范大学出版社就已进入全国出版社总资产和净资产排名前20名;2006年12家高校出版社年销售收入超过亿元,其中6家进入全国出版社销售收入前20名。高校出版社的图书结构更加优化,增长方式开始转变,发展质量不断提高,已经成为我国出版业中整体发展最为迅速、规模实力和影响力上升最快的一支力量,为提升我国出版业的整体质量和效益水平发挥了重要作用。

3. 内部改革不断深化,为体制改革奠定基础。

五年多来,高校出版社积极探索内部机制改革,向改革要效益,劳动、人事、分配和社会保障制度改革进一步深化。高校出版社在实践中探索出多种形式的用人机制,基本实现了全员聘用,按需设岗,促进了人员的合理、有序流动。多数出版社建立了以岗位工资和绩效工资为主要内容的社内分配制度,收入分配向优秀人才和关键岗位倾斜。通过内部改革,出版社内部组织结构、人员结构更加合理,人才配置不断优化,运行机制更加灵活,企业活力不断增强,获得了发展的强大动力。高校出版社在用人、用工和考核等各方面的内部管理机制已经基本企业化,作为事业单位的高校出版社,绝大部分实际上已经在按企业经营运作,为高校出版社参加当前的文化体制改革奠定了良好基础,准备了充分条件。

4. 发挥自身优势,国际合作业绩突出。

五年多来,高校出版社引进图书13000多种,其中翻译和影印国外最新优秀教材5000多种,优秀学术著作3000多种,促进和带动了我国高校的教材建设,对高校教学和科研水平的提高起到了积极作用。高校出版社充分发挥高校在汉语教学和中华文化研究方面的优势,积极参与实施"走出去"战略,加大投入,通过多种渠道,以多种模式,深层次、多层面地开展国际合作与交流,在扭转我国版权贸易严重逆差方面开展了卓有成效的工作。2001年以来,高校出版社输出版权2000多种,其中教材1000多种,学术著作270多种。在国家"中国图书对外推广计划"首批28家成员单位中,高校出版社有5家。复旦大学出版社、北京大学出版社在版权输出品种上稳居全行业前列。清华大学出版社与国外出版社合作,每年在欧美国家同步出版发行数十种外文版图书。北京语言大学出版社,重点研发适应不同国家和地区、不同年龄、不同类型学习者需求的汉语教材,取得了可喜的成绩。外语教学与研究出版社的《汉语900句》以14个语种出版,在50个国家发行,成为我国出版"走出去"取得突破的标志之一。

(二)经过五年多的发展,高校出版社抓住机遇,深化改革,整体实力和竞争力显著增强,办社特色更加突出,积累了许多宝贵的经验。概括起来,这些经验有以下五个方面

1. 坚持宗旨,准确定位,是出版社健康发展的首要条件。

这些年来,高校出版社之所以能在日趋激烈的市场竞争中不但站稳脚跟,而且发展得越来越快、越来越好,最根本的一条,就是坚定不移地坚持了为教学科研服务的办社宗旨。高校出版社无论体制怎么改,机制怎么变,都是为了更好地为教学科研和学科建设服务,更好地为培养人

才服务,为社会服务,这是办好高校出版社的根本。很多发展很好的高校出版社的实践表明,只有坚持为教学科研和学科建设服务,为培养人才服务,为社会服务,才能真正实现出版社社会效益和经济效益的统一。离开教育教学,高校出版社就会成为无源之水、无本之木,很难健康发展。

2. 狠抓导向,严格管理,是出版社健康发展的重要保障。

高校出版社的产品是精神文化产品,它所具有的特殊属性,要求我们必须保持高度的社会责任感,牢牢把握出版物的正确导向。正反两方面的经验表明,只有狠抓导向,自觉严格地遵守国家有关出版工作的法规,制订并严格执行管理制度,不断增强全员的政治意识、大局意识、责任意识和质量意识,从各个环节加强管理,才能确保我们提供给读者的是内容质量、编校质量、印装质量合格的产品,才能真正体现高校出版社的品位和形象,才能使高校出版社不受干扰地健康发展。

3. 发挥优势、突出特色,是出版社健康发展的有效途径。

高校出版社与所在的大学有着天然的密切联系。大学既是出版社的服务对象,又蕴藏着丰厚的出版资源。学校无论大小,都有自己的优势和特色,只要出版社能结合自身的实际,按照社会和市场的需求,把这些资源、优势和特色利用好、发挥好,并将其转化为出版社的优势,同时积极吸纳社会优质资源,就能形成自己的特色和品牌,形成高校出版社的比较优势,形成较强的发展后劲,为高校出版社的发展开辟广阔的道路。

4. 深化改革、不断创新,是出版社健康发展的动力源泉。

根据发展的要求不断深化改革和创新机制,是高校出版社发展的一条十分宝贵的经验。高校出版社的发展表明,只有坚持改革,高校出版社才能生存,才能健康快速发展。高校出版社改革原有的事业单位管理机制,实行企业化管理,大胆创新,顺应了建设社会主义市场经济的时代要求,走出了一条独具中国特色的高校出版社发展之路。在新形势下,高校出版社更需要进一步深化体制改革,只有以体制改革为契机,不断进行机制创新、出版创新,才能增强和提高自己的综合实力和核心竞争力,在日益激烈的市场竞争中立于不败之地。

5. 队伍建设、人才培养,是出版社健康发展的重要支撑。

实践表明,选好一个社长、配好一个班子、建好一支队伍,是办好出版社的关键。社长在出版社发展中起着特别重要的作用。选择好社长非常重要,让经过实践考验、工作称职的社长保持稳定的任期,是高校出版社保持持续健康发展的关键,而频繁更换社长,对出版社的发展是不利的。有了好的社长,还需要配备一个年龄结构、专业结构合理,团结协作、开拓创新的领导班子,同时还要着力建设好一支高素质的出版队伍,注重人才培养,善于创造条件、提供机会,让优秀人才脱颖而出。这样,才能使出版社持续健康、快速发展。

(三) 在肯定成绩、总结经验的同时,我们也应当清醒地看到高校出版社的工作还存在一些不容忽视的问题。这些问题主要表现在以下四个方面

1. 整体实力有待进一步提升。

我们应该看到,高校出版社整体发展还不平衡,发展快、实力强的社还是少数,一些出版社的实力和影响与所在高校的地位不相称。从整体上讲,高校出版社的经营规模还不够大,市场竞争和抗击风险的实力还不够强。高校出版社数量占全国出版社总量的17.6%,而销售收入占全行业销售收入的比重与之相比还有不小的差距。科技创新能力不足,产品科技含量不高,数字化产品很少,增长方式离可持续发展的要求也还有较大距离。

2. 体制问题制约了高校出版社的发展。

"事业单位企业化管理"的体制在特定的历史条件下对高校出版社的发展起过积极作用。但是,随着市场经济的发展、出版业格局的变化,以及出版产业的不断壮大,这种体制在出版社究竟是"事业"还是"企业"的问题上定位模糊,制约了高校出版社的进一步发展,尤其是制约了能够做强做大的出版社的发展。

3. 管理工作需要进一步加强。

个别学校没有很好地履行主办单位职责,对出版社的发展规划、内容把关、队伍建设等方面的管理,存在缺位和不到位的问题。有的学校忽视出版社的可持续发展,片面要求出版社多交利润。有的出版社把关意识不强,导致出现政治导向不好或内容存在严重错误的出版物;有的出版社的经营管理水平还不够高,管理信息化程度还比较低;有的出版社内部管理制度不健全,制度执行不力;图书质量有待提高,质量管理工作有待进一步加强。

4. 人才和队伍建设相对滞后。

高校出版社队伍的整体素质还不能适应发展的需要。从业人员特别是年轻编辑缺乏系统培训。优秀的领军人物和有影响力的名社长、名编辑不多,高级管理层的职业化程度不高,在一定程度上影响了高校出版社的健康发展。数字信息技术人才缺乏,滞后于数字出版快速发展的要求,也需要引起足够重视。

以上这些问题,从各个方面影响着高校出版社能否持续健康发展,我们必须高度重视,认真解决。

二、高校出版社面临的机遇与挑战

(一)"十一五"时期,高校出版社面临极为难得的历史发展机遇

1. 我国经济社会和文化教育的大发展,为高校出版社提供了广阔的发展空间。

我国社会政治稳定,国民经济一直保持着快速平稳的发展势头,人民生活水平不断提高。这为包括高校出版社在内的我国出版业的繁荣发展提供了重要的物质基础和发展前提。随着经济建设和社会的全面进步,人民群众对精神文化产品和服务的需求越来越旺盛,文化在推动经济发展和提升综合国力方面发挥的作用越来越突出。满足人民群众的精神生活需求,积累、传承和普及先进文化,以先进文化来促进和推动经济发展与社会进步,需要导向正确、内容丰富、各具特色、互为补充的各类出版物,需要一大批有深度有分量的理论学术专著,需要知识性、实用性、可读性强的各类普及读物。"十一五"时期,教育要优先发展,要努力办好让人民群众满意的教育,需要各类优质精品教材,需要一大批面向教师、面向学生、面向社会的各类优秀读物和多媒体出版物,需要提供为教育教学和学习服务的各类优质资源。所有这些都为高校出版社的发展提供了广阔的空间。

2. 深化出版发行体制改革,进一步解放和发展出版生产力,为高校出版社发展注入新的活力。

党中央、国务院对出版发行体制改革高度重视,制定并出台了一系列有利于改革发展的优惠政策。2006年新闻出版总署下发了深化出版发行体制改革工作的实施方案,今年教育部、新闻出版总署又共同制订了高校出版体制改革工作的实施方案,并于4月份召开了高校出版体制改革试点工作会议,19家高校出版社成为首批高校出版社体制改革的试点单位。高校出版社体制改革的工作,正在积极、稳妥地向前推进。出版发行体制改革的不断深化,将有力地促进出版生产力的解放和发展,有力地促进市场主体的重塑和出版经济活力的增强,有力地促进高校出

版社在中国特色大学出版社的发展道路上迈出新的步伐,有力地促进一批高校出版社在新的出版市场格局中提高实力、脱颖而出。这些都将为高校出版社的进一步繁荣发展注入强大的生机与活力。

3. 网络通信和数字信息等高新技术的迅猛发展,为高校出版社开辟了新的发展天地。

以网络技术、数字技术为代表的信息技术发展日新月异,促使出版资源的相互转化更加便捷,标志着一个新的数字出版时代正在到来。互联网、手机等网络通信工具的出现,为出版传播提供了更为方便的阅读载体,越来越多的读者已经开始习惯使用数字阅读的方式,数字化出版物正在走入寻常百姓家。人民群众特别是青年学生对以内容原创和信息增值为特点的数字出版的需求快速增长。高校出版社的内容资源十分丰富,数字出版物则具有种类多、存储量大、携带方便、资源占用少的特点,两者的结合,将会极大地促进出版物的全面升级和出版社的快速发展,为高校出版社的发展打开新的思路,也将成为高校出版社新的经济增长点。

(二)在面临这些难得的历史机遇的同时,高校出版社也面临很多严峻的挑战

1. 我国文化、教育、科技发展的新形势、新要求对高校出版社的挑战。

"十一五"期间,国家提出了建设经济强国、教育强国、科技强国和文化强国的目标。出版作为与教育科学文化结合十分紧密的行业,承担着进一步繁荣社会主义文化、支持教育和科技发展的重要任务。但现在高校出版社面对国内国外出版产业激烈竞争的严峻态势,总体经济实力还不强,产业规模还不大,创新能力还有待进一步提升。高校出版社的发展现状离我国文化产业和教育科技发展的要求还有较大的距离。尤其是我国教育的优先发展,对出版物的内容质量和媒体形式,对优质教学资源的开发与利用,对建立现代教学服务体系等都提出了新的任务和要求,这些也成为我国高校出版社继续发展面临的挑战。

2. 新闻出版体制改革对高校出版社的挑战。

"十五"期间,我国新闻出版业的体制改革工作积极稳妥推进,已经取得了初步的成效。各省陆续成立的出版集团和发行集团,以及先行进入改革试点的出版社,通过对现有体制进行改革,充分依靠市场配置资源,从而大大提升自己的经营能力和市场竞争能力,率先成为文化市场中的竞争主体。高校出版社的体制改革工作刚刚进入起步阶段,如何积极稳妥地推进体制改革工作,如何在转制的过程中建立起科学合理的法人治理结构,如何积极探索转变机制、加强生产经营管理和高新科技应用,重塑市场主体,提高两个效益等,成为高校出版社必须解决的紧迫问题。高校出版社如果跟不上出版体制改革的步伐,就会受到体制的制约丧失发展的主动权,就无法有效开发各种资源,实现更好更快的发展。能否在出版业体制改革中乘势而上,是高校出版社面临的又一个严峻挑战。

3. 现代内容产业快速发展对高校出版社的挑战。

随着信息、网络等技术的高速发展,各种媒体的界限越来越模糊,相互融合的速度也越来越快,以高科技为主要手段和特征的现代内容产业的发展方兴未艾。由新技术引发的媒体形态多元化、媒介形态多样化等传播模式的改变,使得基于数字和网络等技术的出版方式变革初露端倪,预示着我们正处在出版业大变革的前夜。各种媒体都在积极向现代内容产业进军。相对而言,高校出版社对这场变革的反应还不快速及时,不少出版社还在犹豫观望。新技术对出版的载体形态、运作方式、存储手段、传播方式、销售业态和阅读方式等提出了全新的发展要求。我们必须充分认识到,现代内容产业的发展和各种媒体的融合是不可逆转的发展趋势,如果不积极适应这种发展趋势,不抓住机遇做出转变,就要被边缘化,乃至被淘汰。如何适应现代内容产

业的发展,是高校出版社必须面对的一个严峻挑战。

三、"十一五"时期高校出版社工作的指导原则、发展目标和主要任务

我们要紧紧抓住上面所讲的难得机遇,积极应对面临的严峻挑战,"十一五"时期的高校出版社工作必须有明确的指导原则和发展目标。

高校出版社工作在"十一五"时期的指导原则,是以邓小平理论和"三个代表"重要思想为指导,深入贯彻落实科学发展观,继续解放思想,按照建设社会主义和谐社会的基本要求,服务教育,服务社会,满足人民群众不断增长的精神文化需求,深化体制改革,转变增长方式,增强自主创新能力,全面提升核心竞争力与文化影响力,使高校出版社成为我国教育事业特别是高等教育事业的重要支撑和推动力量,成为发展先进出版生产力的重要方面军,为教育优先发展与和谐文化建设做出应有的贡献。

"十一五"时期高校出版社工作的发展目标,是通过改革建设中国特色高校出版体系,形成企业体制与事业体制既有明确分工又相互促进,"大而强"的集团化高校出版社与"专精特"的高校出版社并存互补的多层次出版格局;形成一批有较高知名度和较强影响力的高校出版社品牌,形成系列化、多层次、多学科、多媒体的高校出版社品牌产品群,全面提升高校出版社为教育科研服务的能力与水平;向现代内容产业进军,大力发展数字出版,打造数字化出版社,推进高校出版社由传统向现代的业态转变,努力提供各类优质教育教学资源,构建为教学科研服务的资源平台和现代出版服务体系,建设导向正确、结构合理、技术先进、管理有序、社会效益和经济效益俱佳的现代高校出版业。

根据上述指导原则,为了实现我们的发展目标,我们把"十一五"时期高校出版社工作的主要任务确定为以下六个方面:

(一)认真落实《国家教育事业发展"十一五"规划纲要》和《新闻出版业"十一五"发展规划》,实现高校出版社又好又快发展

"十一五"时期既是我国教育事业深化改革、提高质量、持续发展的时期,也是我国出版业深化改革、迎接挑战、走向现代出版业的关键时期。教育部和新闻出版总署分别制定了《国家教育事业发展"十一五"规划纲要》和《新闻出版业"十一五"发展规划》,提出了"十一五"期间教育事业和出版业发展的指导思想、基本原则、主要目标和主要任务。高校出版社要认真学习、全面贯彻实施这两个文件,以科学发展观统领全局,实现高校出版社持续健康、又好又快的发展。

高校出版社要充分利用自身的优势,与高校的教学科研建立紧密结合、良性互动的机制,参与到学校的教学改革、学科建设和课程建设当中,掌握教学科研的最新需求,及时将新知识、新理论充实到教材当中。要继续加强精品教材建设,使纸质教材、电子教材和网络教材有机结合,实现教材建设的立体化和多样化,继续提高教材和各类出版物的质量,创建教材和各类出版物的品牌。"十一五"期间,高校出版社要按照全面实施高等学校教学质量与教学改革工程的要求,做好"十一五"国家级规划教材的出版工作;要积极支持以马克思主义为指导的中国特色中国风格中国气派的哲学社会科学学科体系和教材体系建设;要按照深入推进高校哲学社会科学繁荣计划的要求,大力支持以重大攻关课题为重点的科研项目,做好课题成果的出版和推广工作;积极支持国家创新工程,为切实提高高校科学创新能力和服务能力做出贡献。高校出版社要精心组织实施以《"十一五"国家重点图书出版规划》为代表的国家重大出版工程,以国家重点工程和重大课题、重点图书的出版带动高校出版社的发展。

（二）积极参与和推动现代内容产业发展，大力发展数字出版，努力提供各类优质教育教学资源

新闻出版总署在《新闻出版业"十一五"发展规划》中，把大力推动内容产业的发展作为"十一五"时期的"第一发展战略"，应当引起我们的高度重视。内容产业的提出大大拓展了对新闻出版业的原有认识，将新闻出版业带入了一个新领域，也给高校出版社指出了新的发展方向。

内容产业是一个以数字化为技术手段和主要特征，通过数字化手段和方式向需求者提供各方面内容资源与内容服务的新型产业。高校出版社依托高校，有充足的人才资源、智力资源、知识资源、教学资源和学术资源，积累了可以再次或多次利用的大量优质资源，对于发展内容产业来说具有难得的资源优势。高校出版社要充分利用自己的资源优势，借助数字技术进行内容研发，深度开发和综合利用自身具有的大量信息和知识资源，按照"一种信息，多种产品"，按需出版、个性出版、即时出版、远程出版等复合出版方式和传播方式开辟市场，形成不断增值的产业链，开创新的发展空间。

"内容"是内容产业的核心，高校出版社要发展的是以教育教学内容为核心、面向教育、服务教育的内容产业。这就要求高校出版社为教育教学提供优质的内容资源和内容服务，这也是发展现代教育的迫切需求。高校出版社要转变观念，由单一的教材提供商转变为面向教师和学生的内容提供商和内容服务商，要大力研发各类优质教育资源、学术资源、学习资源，积极构建为教育教学服务的资源平台及现代出版服务体系，要积极探索，使自己成为相关教育学术资源的集成者、运营者、服务者，为教师、学生及全社会提供可以远程使用、个性化使用的综合性、系统性服务，为教学和科研提供及时有效的服务与支持。

高校出版社还要高度重视数字出版，加快数字技术在出版中的运用，用数字技术改造传统出版的生产模式、传播方式，推进产业升级，延长产业链，拓展新型出版物和出版服务领域，有条件有实力的出版社要按照内容产业的要求打造数字化出版社，提升自身的实力和竞争力。

（三）积极推进出版社体制改革，务求取得实质进展和新的突破

推进出版发行体制改革是当前出版工作重中之重的任务，是推进高校出版社发展的重要举措。各高校要增强改革的自觉性，坚定不移、积极稳妥、合法有序、务求实效地推进出版社的体制改革。要通过改革，逐步建立符合社会主义市场经济规律和社会主义精神文明建设要求的高校出版体制，以体制改革为契机，促进高校出版社更好更快地发展。

关于高校出版社体制改革的整体部署，教育部和新闻出版总署共同制订了《关于高等学校出版体制改革工作实施方案》和《关于高等学校出版社体制改革试点工作的若干意见》，这两个文件确定了高校出版社体制改革的指导思想、工作原则，以及改革步骤。根据高校出版社的实际情况，高校出版社的体制分为两类，即企业体制和事业体制，多数高校出版社要转为出版企业，少数可实行新的事业体制。确定转制为企业的出版社要按照"创新体制、转换机制、面向市场、增强活力"的要求，完成由事业单位向企业的体制转换，成为真正的自我发展、自主经营、自负盈亏、自我约束的市场竞争主体，按照现代企业制度的要求，建立和完善出版社的法人治理结构，建立产权清晰、权责明确、管理科学的现代出版企业。实行新事业体制的高校出版社，学校要按照"增加投入、转换机制、增强活力、改善服务"的要求，加大对这类出版社的扶持力度，出版社要根据国家有关规定，明确自身的定位和经营范围，按照事业体制的要求规范运行。

高校出版社体制改革的实施采取试点先行、逐步推开的办法。列入改革试点工作的学校要按照《方案》和《意见》的要求，落实本校的改革方案，要在完善学校管理体制、坚持正确导向、规

范资产管理、建立法人治理结构、调动职工积极性等方面探索新的做法与经验;在建立市场竞争主体,增强实力与竞争力,提高规模效益方面有所突破;在认真学习文化体制改革试点单位的成功经验,以资产、资源与业务为纽带开展多种形式的合作,积极推动高校出版社走联合之路,加快产业发展,提高高校出版产业集中度方面有所进展。试点单位的转制工作争取在2007年年底以前全部完成。试点学校要解放思想,大胆探索,规范操作,为高校出版社体制改革工作的全面推开提供经验,探索成功之路。未列入改革试点的出版社,要主动地关注改革,了解试点单位的改革经验。试点工作完成后,高校出版社体制改革的整体工作将根据中央的部署进行。

(四)加强规范化管理,促进和保障高校出版社健康、持续、高质量发展

新时期对高校出版社加强管理,其核心和重点在"规范"二字上。首先,要继续加强作为主办单位和投资主体的高校对出版社规范化管理。高校出版社无论是转为企业还是实行新的事业体制,主办单位都是其所属的高校。高校必须按照国家的方针政策,规范对高校出版社的管理,继续切实履行好主办单位的职责。必须充分考虑出版的意识形态特点,充分考虑社会主义精神文明建设的需要。体制变了,出版社的社会主义意识形态属性没有变。高校出版社必须始终坚持正确的出版方向和导向,牢固树立政治意识、大局意识和责任意识,加强科学化和规范化管理。要继续保证出版社坚持正确的办社方向和办社宗旨,为出版社的发展掌好舵、把好关。高校要监督出版社贯彻执行党的路线、方针和政策,遵守国家的法律和有关规定,掌控出版社的重大事项决策权、资产配置控制权、主要领导干部任免权以及对出版物内容的审核把关,指导出版社实现社会效益和经济效益的最佳结合。高校要从出版社长远发展考虑,为出版社的改革发展营造一个良好的校内政策环境,为出版社可持续发展留下足够的发展资金,做到放水养鱼,不能竭泽而渔,更不能挪用出版社的建设和发展资金。其次,要加强高校出版社自身的规范化建设和规范化管理,这既是形势的要求,也是高校出版社进一步发展的需要。高校出版社既要遵守社会主义市场经济活动的运行规则,也要遵守社会主义出版活动的规范,要依法建立科学、民主的决策程序和有效的激励与约束机制,坚持在守法、合规的前提下参与竞争。高校出版企业必须按照国家的方针政策规范自身的管理,包括资产管理、人事管理、经营管理、收益管理、分配管理等。高校出版社要继续运用信息化的现代管理手段改造优化出版社的管理流程,尤其要加强选题管理、质量管理、运营管理和财务管理等。

(五)进一步加强国际交流,大力实施"走出去"战略,为提升我国教育和文化的国际竞争力、国际影响力发挥重要作用

"十一五"期间,高校出版社要从提高中华文化的国际影响力和国际竞争力的战略高度,进一步加强国际交流,大力实施"走出去"战略。要以国际汉文化圈和西方主流文化市场为重点,继续推进出版物走出去、版权走出去、出版业务走出去,努力提高我国高校出版社的国际竞争力和国际影响力。要通过图书贸易、版权贸易与合作、合资联营等方式大力推进高校出版社输出版权和出版物,力求"十一五"期间在版权贸易上取得较大突破,缩小版权贸易逆差,优化版权交易结构,扩大我国高校出版物在国际市场的份额。

随着我国国际影响力的提升,对外汉语教学受到许多国家的欢迎,越来越多的外国人希望了解中国社会,了解中国经济政治文化,了解中国学术,了解中国历史。高校出版社要有眼光、有魄力、有举措,瞄准海外市场,参与国际交流与国际竞争,准确把握和充分发掘外国人学习中国语言文化和了解中国社会发展变化的市场需求,利用有利的资源优势,积极参与"出版物对外推广工程",组织创作、翻译、出版一批关于介绍当代中国社会发展,介绍中国历史文化,介绍当

代中国自然科学、哲学社会科学前沿成果的高质量出版物,把我国优秀的学术文化、语言文化通过出版物的形式传播出去,扩大国际交流,拓展海外文化市场。支持和鼓励有竞争实力的高校出版社在境外设立出版机构,创办各种媒体,开展出版活动,提升我国高校出版社在国际汉文化圈和西方主流文化市场中的影响力。

(六)注重队伍建设和人才培养,建设高素质的高校出版队伍

"十一五"时期,我们要加强高校出版社的队伍建设和人才培养,以此带动高校出版社的发展。我们要做好三方面的工作:一要建立有效的人才培养机制。要建立优秀出版人才培养机制和高校出版从业人员准入退出机制,实施新时期高校出版社队伍建设和人才培养工程。要按照现代出版业发展趋势的要求,努力培养和造就一大批有能力有经验的复合型出版专业人才和职业化的出版管理人才。高校出版社必须加强人力资源建设,逐步配套、完善各项人力资源管理制度,继续加强经营管理、专业技术和版权贸易等方面的专业人才队伍的引进和培养工作。从高校出版社的长远发展考虑,选择条件优越的高校建设出版人才培养基地,利用高校的资源优势,着力培养一批优秀的现代出版人才。条件好的出版社还要注意培养国际型出版专业人才,在必要时选送优秀员工去国外深造。要加强对出版理论、出版实务的研究,有条件的高校出版社要利用高校的优势,与高校的相关院系合作,共同开展相关的研究,共同培养出版人才。二要重视培养领军人物和业务骨干。杰出的领军人物是出版社成功的关键,他们可以带领高校出版社在新的出版变革形势下开拓创新,寻求新的发展。要培养一批讲政治、懂学术、精业务、有出版企业经营管理能力和市场运作能力、敬业精神强的高层次职业出版人和高校出版业的领军人物。要提倡、鼓励和支持一批中青年业务骨干进行业务专业水平和学历层次上的再深造。要继续重视和加强对社长、总编辑及业务骨干的岗位培训和新知识、新技术、新技能的培训,着力建设一支高水平的业务骨干队伍。三要抓好领导班子的建设。高校一定要选拔政治责任心强、业务素质好、遵纪守法、懂经营、会管理,具有团结协作、开拓创新精神的同志担任出版社社长。同时还要特别重视出版社领导班子的配备和建设。在对出版社社长和领导班子的任用、考核和评价等方面,学校要结合出版行业特点,建立科学规范的业绩考评机制,确保称职的社长有较长的任期,保持出版社领导班子的稳定性,以利于出版社社长和班子成员更好地发挥作用。

四、认清形势、统一思想,促进高校出版社更好更快发展

同志们,新时期、新阶段高校出版社在深化改革、加快发展和加强管理等方面都面临着艰巨的任务。高校和出版社的领导都要从建设社会主义先进文化、构建社会主义和谐社会、弘扬社会主义核心价值观、促进教育和学术发展、解放和发展出版生产力的高度,来认识高校出版社完成这些任务的重要性。各主办高校要密切关注我国教育事业和出版业发展的新形势,用新的视野和新的思路,加强对高校出版社工作的组织领导,采取切实有力的措施,保障和促进高校出版社持续健康发展。为了切实完成好高校出版社"十一五"期间面临的发展、改革和管理等方面的任务,我希望高校领导和高校出版社的社长在出版工作中不断总结,特别要正确处理好以下四个方面的关系。

(一)正确处理好坚持方向和促进发展的关系

"十一五"时期是高校出版社重要的战略发展期,发展始终是高校出版社的第一要务。我们要按照中央领导的要求,加快改革和发展,壮大主体,做强主业,加快产业发展。要深刻认识加快发展是形势的要求,无论是国际形势还是国内形势,无论是出版形势还是教育形势,都要求我们有发展的紧迫感、责任感。要不满足现状、抓住机遇、迎接挑战、知难而进、开拓进取,努力开创高校出版社工作的新局面。同时,我们所要求的发展,又是和中国特色社会主义经济、政治、文化和社会建设要求相适应的发展,是高校出版社的健康持续、又好又快的发展。这就要求我们,促进发展始终不忘坚持正确的政治方向和思想导向,始终注意处理好坚持方向与促进发展的关系。只有坚持正确的方向才能保证发展是健康的可持续的发展,才能实现发展的目的。同时,也只有按照形势的要求加快发展、促进发展,才能使坚持方向落在实处,不使坚持方向流于空谈。因此,我们必须深刻领会胡锦涛同志关于坚定不移地坚持解放思想,坚定不移地推进改革开放,坚定不移地促进科学发展、社会和谐,坚定不移地为全面建设小康社会而奋斗的重要讲话精神,正确处理文化意识形态属性和文化产业属性的关系,牢牢把握社会主义先进文化的前进方向,努力发挥好我们高校出版社的独特优势,为构建社会主义核心价值观服务,为我国教育事业的改革发展和实施科教兴国战略服务,为全面推进素质教育服务。只有每个高校出版社都坚持了自己的办社方向,都明确了自己的发展目标和定位,同时以高校出版工作者高度的使命感、责任感,积极应对出版业态转变的挑战,大胆开拓创新,才能乘势而上、办出特色、打造品牌,实现高校出版社又好又快的发展。

(二) 正确处理好深化改革和保持稳定的关系

目前我们正在按照中央的整体部署,推进高校出版社的体制改革,同样也在推进高校出版社运行机制的创新。现行的"事业单位企业化管理"的体制,严重阻碍了高校出版社的发展,阻碍出版社成为自我发展的主体,阻碍出版社做强做大。通过体制改革绝大多数高校出版社将转制为出版企业,这是加快高校出版社发展的重大举措。为此,必须要加大力度,加快进度,推进出版体制改革。但是深化出版体制改革,必将会打破过去的一些常规作法与不合时宜的规则,这就要特别注意处理好改革、发展和保持稳定的关系。改革是发展的主要动力,稳定是改革发展的前提和保证,两者是内在统一的有机整体。我们要看到,出版体制改革势在必行,改革是出版业发展的必由之路,不改革就没有出路。无论改革中遇到什么困难和问题,改革的决心、信心不能动摇,要迎难而上,知难而进,坚定不移地把出版体制改革引向深入。另一方面,保持稳定也具有重大的现实意义,没有稳定,改革就没有基础,没有稳定,改革也无法健康进行。出版体制改革任务艰巨,工作难度大,为了在稳定中推进改革,我们要做到以下几项工作:一是用中央确定的文化体制改革的大政方针统一干部和职工的思想,做好干部职工的政治思想工作;二是协调校内外各方,妥善处理好各种利益关系,化解矛盾,切实解决好改革中可能出现的各种问题,学校要帮助出版社解决体制改革中的重点和难点问题;三是严格准确地执行改革的政策,政策允许做的,要用足政策,政策不允许做的,绝不越雷池一步。由于转企是一个复杂的系统工程,因此,改革的步子一定既要积极又要稳妥,必须坚持区别对待、分类指导、试点先行、循序渐进的方针,坚持实事求是、因校制宜、因社制宜、整体推进和特色发展相结合的原则,不搞一刀切。我们要充分认识,在稳定中谋发展才能真正实现发展,在改革和发展中求稳定才是真正的稳定。只有正确处理好改革发展和保持稳定的关系,才能保证改革工作顺利进行,通过改革促进发展。

(三) 正确处理好面向市场和服务教育的关系

完成转制的高校出版社,作为市场主体,参与市场竞争是必然的趋势和要求。如何处理好面向市场与服务教育的关系,是我们高校出版社在深化改革过程中必须处理好的一个重要问题。在社会主义市场经济条件下,出版社作为独立的市场主体,必须面向市场,根据市场需求尤其是服务对象的需求来开发自己的产品,通过市场来检验我们所开发的产品是否符合读者的需要。但面向市场,不是说只要市场上需要的我们都去策划和出版,因为人们的需求是多样的,市场上既有健康的、高雅的需求,也有不是很健康甚至低俗的需求,我们不能为了面向市场而迎合这类需求,出版与高校出版社办社宗旨不符、与高校品牌形象不相称的出版物。大多数高校出版社要通过改革转成企业,但其办社的宗旨没有变,服务于高校教学和科研的任务没有变。高校出版社所面向的是一个特殊的市场,这就是服务于中国教育的改革与发展。近年来,在中央关于教育优先发展战略的指引下,我国的整个教育事业尤其是高等教育事业获得了巨大的发展,这给以服务于高等教育以至整个大教育为己任的高校出版社提供了巨大的发展机遇和市场空间。高校出版社必须认真研究教育市场的需求规律和特点,加强对教育市场的调研,把握教育产品的需求趋势,加大为教育服务的研发力度,在服务教育中获得商机。抓住发展教育和服务教育这个巨大的商机,反过来促进我国教育的发展和改革,在面向市场和服务教育之间达到有机统一。

(四) 正确处理好出精品成果和培育优秀人才的关系

高校出版社无论怎样改革与发展,出精品、出上品,始终是出版工作的永恒主题和最高要求。但是,精品成果是需要优秀出版人才来策划和编辑出版的。没有一流的编辑家和出版家,自然也不可能有一流的出版精品。因此,出精品成果与培养优秀人才是一种互为因果的关系,有了优秀人才,才可能出精品成果,而精品成果一定是出于优秀人才之手。高校本来就是培养优秀人才的地方,所以我们高校出版社也一定要重视优秀人才的培养。只有出版社有了一支优秀的编辑出版队伍,才能保证优秀的出版物源源不断得以面世;只有既拥有一支优秀的人才队伍,又有一批支撑持续发展的精品成果,出版社才能有发展的潜力和后劲。对于一个出版社来说,名品与名编辑都是宝贵的资产,我们一定要树立这样一种观念,出版社是靠品牌来树形象的,靠名书来立社的,而名书是要靠优秀人才来打造的,名编辑也是要靠名书来立身的。一个出版社只有有了一批名书和名编辑,才会在出版业脱颖而出,才能在出版领域具有稳固的地位。因此,在高校出版社改革与发展的过程中,必须处理好出精品成果和培育优秀人才的关系。我们还应看到,这一问题在当前数字化出版方兴未艾、内容产业迅速发展的新形势下,变得更加重要和紧迫了。随着出版由传统出版向现代出版的转变,精品成果的概念正在拓展和深化,它正由单纯的"精品书"转化和扩大为包括一切数字化形式的精品产品和精品服务。相应地,优秀出版人才的概念也在发生变化。为了向内容产业进军,发展现代出版,我们需要一大批既懂教育又懂出版,既懂内容创意又懂现代技术的现代出版人才。没有一大批这样的人才,我们就无法适应出版发展的要求,就难以形成现代的出版精品。因此,我们要通过引进和培养优秀人才来支持精品成果的出版,同时又通过打造精品成果来培养和锻炼现代优秀出版人才。在出版精品成果和培养优秀人才之间形成相互促进、相互推动、良性互动的关系。总之,人才的问题十分重要,也十分迫切。通过培育精品来培养人才是一条现实的途径,这对高校出版社如何在激烈的市场竞争中取胜,如何实现更好更快的发展,有十分重要的意义。

同志们!当前高校出版社的发展面临着极为难得的大好机遇。通过召开这次高校出版社工作会议,我们在总结"十五"期间高校出版社成绩与经验的基础上,进一步统一思想、理清思路,明确今后一个时期高校出版社改革发展的任务与目标,一定会使高校出版社的发展出现新的局面、迈上新的台阶。让我们高举邓小平理论和"三个代表"重要思想的伟大旗帜,深入贯彻落实科学发展观,认清形势,坚定信心,扎实工作,乘势而上,以高度的使命感、责任感和紧迫感,加强领导,抢抓机遇,积极推进高校出版社的体制改革和机制创新,为实现高校出版社更好更快的发展而奋斗,以优异的成绩迎接党的十七大胜利召开!

深化改革 加快发展 改善服务 强化管理
促进高校出版业的更大发展

新闻出版总署副署长 邬书林

在全党和全国人民认真学习贯彻胡锦涛总书记6月25日在中央党校的重要讲话,统一思想,努力工作,迎接党的十七大召开的时候,第六次全国高校出版社工作会议今天召开了。改革开放以来,高校出版工作取得了长足进步,成绩巨大,发展势头喜人。当前,我国出版业正面临新形势、新机遇,按照胡锦涛总书记6月25日重要讲话精神,站在新的历史起点上,研究如何深化改革、加快发展、改善服务、强化管理,着力推进出版事业全面繁荣和出版产业健康发展,是出版行业的重要任务。在这样的大背景下,召开第六次全国高校出版社工作会议,时机重要,意义重大。这次会议将讨论《关于进一步推进高校出版社改革发展的意见》,意见从明确高校出版社的地位作用、指导思想和任务,推进高校出版社的健康发展,深化高校出版体制改革,完善高校出版社的管理工作,加强高校出版社的队伍建设等五个方面,对下一步高校出版社的发展提出了很好的意见。希望通过这次会议修改后,能使其成为统一思想、推进工作、促进改革发展的一个好文件。这次会议除了全国高校出版社的社长参加外,还专门请部分大学主管校长参加会议。管理部门、主管主办部门以及出版单位汇聚一起,共同谋划如何进一步实现高校出版业发展的新跨越,相信这次会议将有力地推进高校出版社的更大发展。请允许我代表新闻出版总署、代表斌杰同志,向到会的中宣部、教育部领导和各高校校长、各高校出版单位的社长们表示敬意和感谢。

利用这次机会,我就高校出版工作谈一些意见和想法,主要讲三个方面,供同志们参考。

一、高校出版社的发展成绩巨大,发展态势喜人

高校出版社是我国社会主义出版事业的重要组成部分。改革开放以来,伴随着我国经济和社会各项事业的发展,与全国出版业一样,高校出版也进入了一个快速发展时期。经过近30年的发展,我国高校出版社办社的指导思想、办社宗旨和目标任务更加明确,出版实力不断增强,出版质量不断提高,出版改革不断推进,出版队伍不断壮大,各方面工作都取得了积极进展。

(一)出版宗旨和任务更加明确,符合实际的发展模式基本形成

高校出版社的重要性来源于高校的重要性,高校出版社的优势来源于高校的优势。多年来,在高校出版社发展的实践中,一代又一代高校领导和出版社负责人不懈探索,反复实践,对如何办好高校出版社在理论和实践上都取得了积极成果,办社的指导思想、宗旨和任务更加明确,发展理念更加科学。从总体上看,高校出版社在以下几个方面有了重要的进展和成绩,一是绝大多数高校出版社认真执行党和国家在出版方面的方针政策,在坚持正确的出版方向和出版导向上把握得好。二是坚持高校出版社的学术出版特色,一大批高校出版社自觉地把高校出版融入高校工作之中,自觉为高校教材建设服务,为科研服务,努力反映高校的创新成果,承担起知识传播和文化传承的任务。同时,立足高校,面向社会,推进知识的传承和传播,为国家经济社会发展和文化繁荣服务,许多高校出版社成为连接社会和大学的桥梁。三是出现了名校办名

社的可喜局面,带动了整个高校出版社的发展。多年来,一些重点高校的出版社利用自己学校的品牌与学科优势,以学术为本,积极组织标志性的骨干出版工程,占领学术出版的制高点,形成优势,形成特色,形成品牌,并以品牌特色优势带动自身快速发展。我们有了像北京大学出版社、清华大学出版社、外语教学与研究出版社、中国人民大学出版社、北京师范大学出版社、复旦大学出版社、武汉大学出版社、南京大学出版社、广西师范大学出版社、华东师范大学出版社等一批在全国有影响的高校出版社,并带动了相当一批高校出版社按照这样的出版理念发展,推进了高校出版社的发展。

(二)规模不断壮大,实力逐步增强,高校出版成为中国出版的生力军

改革开放近30年,是高校出版业大发展的时期。一大批高校出版社抓住机遇,努力创新机制,加快发展,出版的规模和实力有了明显的增长。从出版社数量看,高校出版社发展迅速,高校出版社已从改革开放初期的2家发展到现在的102家,如果加上部队院校出版社和教育部直属出版社,已经达到111家;从出版质量上看,高校出版社成绩显著,高校出版社图书重版重印率达62%,超过了全国平均重版重印率45%近17个百分点;从经营状况看,高校出版社成绩喜人,2006年98家高校出版社的销售码洋达到了114元,占全国出版社数量17%的高校出版社,销售码洋已经达到全国图书纯销售码洋的22%。总署图书司开展的一项课题研究报告表明,在全国各出版集团及大社名社资产利润率排名前10名中,教育系统出版社占了8家,其中5家是高校出版社;净资产利润率排名前10名中,教育系统出版社占了7家,其中5家是高校出版社;在京大社名社与2005年总资产环比增长率排名前14位中,教育系统占了8家,其中高校出版社占了5家,而且都排列在前10名的位置。这些数据清楚地表明,高校出版社的发展是健康的、快速的。我很赞同教育部领导的评价,高校出版社已经成为我国出版业中整体发展最为迅速、规模和影响力上升最快的一支力量,为提升我国出版业的整体质量和效益水平发挥了重要作用。

(三)学术出版日益受到重视,出版了一大批反映当代和优秀文化传统的出版物

传播好古今中外优秀的思想成果,推动我国经济和社会发展,是出版工作最重要的职责。在这方面,高校出版社取得了积极进展和成绩。目前,北京大学出版社、清华大学出版社等一批高校出版社出版的专业图书已在全国的图书市场形成重要影响。清华大学出版社的计算机图书已得到读者的广泛认同,人民大学出版社的经济类、管理类图书在中国图书市场有重要影响,外语教学与研究出版社、上海外语教育出版社的外语类图书占据全国相当大的市场份额,北京大学出版社、中国政法大学出版社的法律类图书无论在品种还是品位上都受到各界称道,以北京大学出版社的《十三经注疏》、复旦大学出版社的《中国文学史》《中国思想史》《中国人口史》、南京大学出版社的《中国思想家评传》、苏州大学出版社的《中国丝绸通史》为代表的一批有影响的图书反映了当今时代的学术成果,传承了中华文明。还有相当数量的高校出版社努力走"小而精""小而特""小而活""小而优"的道路,他们正在创出自己特有的风格、特有的专业特色、特有的品牌图书以及在品牌图书基础上形成的出版社品牌。如这次介绍经验的中国矿业大学出版社长期以来坚持"小而专""小而特",走专业化生存之路,把自身发展与学校学科优势相结合,始终用"煤矿"特色打造专业出版品牌,走出了特色兴社之路。再如,北京大学医学出版社的医学图书,无论在单本利润率方面,还是在整体国际影响方面,都取得了非常好的成绩。还有,出版汽车图书为主要特色的北京理工大学出版社已经跻身于"全国汽车图书五强出版社"行列。据不完全统计,最近五年多来,高校出版社出版的高等教育、基础教育、职业教育、继续教育教材达到67400多种,其中新出版的大学教材品种占全国总量的75%,基本覆盖了我国高等教育的本

科专业;新出版的学术著作21000多种,从科研创新成果到优秀传统文化的挖掘整理,从大型学术文化建设的原创性工程到大量有价值的人文社会科学、自然科学和技术科学的普及读物,都充分说明高校出版社已经成为中国专业出版领域中的主力军。

(四)出版改革稳步推进,符合我国高校实际的出版体制正在积极探索之中

第五次全国高校出版社工作会议以来,各高校出版社根据自己的情况和特点,努力开拓创新,走出了自己的改革发展之路。从五年多来的实践可以看到,高校出版社在改革的道路上已经取得了可喜的进展,尤其是内部机制的改革取得了明显的进展。在用人制度、分配制度、劳动保障制度等三项制度的改革上,高校出版社在20世纪就已经迈出了重要的步伐。他们充分发挥依托高校办出版社的优势,借鉴国外著名大学出版社发展的经验,重视经营管理,积极推进改革与发展,探索适合我国高校出版事业发展的管理体制和运行机制,很多高校出版社在三项制度的改革中已经取得了比较成熟的经验,为这一轮的文化体制改革准备了条件和基础,值得好好总结。今年3月,根据《中共中央国务院关于深化文化体制改革的若干意见》和全国文化体制改革工作会议的要求,教育部和新闻出版总署共同制定了《教育部 新闻出版总署关于高等学校出版体制改革工作实施方案》,方案明确了改革的原则、任务、步骤、组织领导,提出了改革的配套措施,明确了第一批"18+1"的试点单位。4月,召开了高校出版体制改革试点工作会议,对改革试点工作提出明确要求。从几个月来的情况看,高校出版社的改革试点工作进展顺利,大多数试点出版社转企改制工作取得了积极进展,运行较好,发展态势喜人。其他高校出版单位也主动申请要求加入第一批试点单位。这些都充分说明高校出版社在改革问题上认识在深化,步子在加快,力度在加大。

(五)高校的人才优势得到发挥,形成一支讲政治、懂经营、善管理的出版队伍

高校出版社拥有一流的人才资源,他们思维敏锐、头脑活跃、有激情、有干劲、朝气蓬勃,理应成为出版业创新发展的先锋。出版行业作为一种以创新为灵魂的内容产业,人才问题至关重要。只有建设一支高素质的人才队伍,出版行业才能真正具备核心竞争力。在人才的培养、选拔、储备的问题上,高校出版社一向走在中国出版业的前列。根据教育部社科司2006年的统计数据,高校出版社中员工的学历层次远高于中央部委和地方出版社,具有副高以上专业职称的比例达到18.59%,具有博士、硕士学历的达到了23.35%,具有本科以上学历的则达到全部员工的65.37%,人才队伍发展潜力是很大的;与此同时,高校出版社年龄结构也显示出了极大的优势,年龄在40岁以下的员工占了总数的62.93%,41岁到50岁的占了24.02%,应该说具有很强的发展后劲。在这支队伍中,已经出现了一批政治理论水准高、出版业务素质好、经营管理能力强、学术研究功底深的领军人物,这对于高校出版社乃至对于中国出版业的发展都是一笔宝贵的财富。

总之,经过多年的改革、发展,高校出版社在各方面都取得了长足进步,为下一步的更大发展打下了良好的基础。高校出版大有可为,大有作为。

二、正确分析判断形势,进一步提高认识,切实增强做好高校出版工作的紧迫感和使命感

高校出版社的发展成就巨大,发展态势令人鼓舞,但是,越是发展形势好,我们越要保持清醒的头脑、看到存在的问题,越要充分认识前进道路上将会遇到的困难和障碍。为了促进高校出版社的进一步健康发展,我们一定要准确分析形势,对高校出版社目前存在的问题要有足够的估计、清醒的认识。

（一）对进一步强化管理工作中的薄弱环节要高度重视

这里首先要强调的是,高校出版社在总体上管理规范、发展健康。同时,我们也要清醒地看到,在管理工作中还存在着不可忽视的薄弱环节,如少数高校出版社在导向问题上的险情仍时有发生,少数高校社买卖书号现象查而不绝等,这些都值得我们认真思考和对待。具体讲有三个方面的情况值得我们重视。一是随着一些高校出版社规模不断扩大,出书面广、量大,对一些涉及敏感问题和背景不清楚组织的出书要高度重视,要加强与有关管理部门的沟通,防止出版阵地被人利用。二是少数高校出版社内容不认真履行重大选题备案制度,图书出版后产生了负面影响。三是少数高校出版社缺乏选题策划能力,出书主要靠收费出版和与工作室合作,有的甚至放弃终审终校权,实际上从事的就是买卖书号的活动,出版社基本被"空壳化"。

（二）对高校出版社发展不平衡的状况要高度重视

高校出版单位数量多,发展快,但发展并不平衡。我们在看到相当一批数量的高校出版社取得长足发展的同时,也要看到在高校出版社中两极分化现象十分严重。发展势头强劲的社已经跻身于强社名社的行列,但也有相当数量的社发展缓慢,处境艰难,无论是出版资源的积累还是经济实力、运作机制都存在着明显的差距,基本上还是处在生存线、温饱线上挣扎的境地。根据2006年对高校出版社销售情况的调查,销售码洋在1000万元以内的高校社占总数的6.1%,在1000万～3000万元之间的也占有21.4%。此外,即使那些已经进入良性循环的高校社同样有一个进一步做大做强的问题。和国外著名大学的出版社比,我们在"大"和"强"上都存在较大差距。对此,我们一定要有清醒的认识。

（三）对出版物质量不高和结构上的不合理要有清醒的认识

近年来,优化出版物结构问题已受到关注和重视。优化出版物结构工作也取得了一些进展,情况在向好的方向发展,但是还没有能从根本上扭转图书结构上失衡的现状。我们对我国出版业存在的结构性问题要有足够的估计。要注意以下两个问题。第一是学术著作出版没有形成良好运行机制,相当多的出版社出版学术著作标准不严,质量不高,学术著作的收入在高校出版中的份额还不高。现在,我国很多出版社还存在"学术著作一定要亏损"的认识误区。其实,自20世纪60年代以来,学术出版已经成为国外出版业中读者最稳定、利润率最高的领域。而我国的所谓学术出版中有相当一部分是自费出版,这些书其实没有真正的学术创新,作者花钱出书,戴上"学术"的帽子,去评奖、评职称,满足个人的各种需求。这种出版社在美国被称作"虚荣出版商"。严肃的出版商是要给每一部学术著作书稿进行严格的评审后才去出版。没有严格的学术出版秩序和科学精神、科学态度,出版业很难在社会中提高地位,出版业也难以做强做大。第二是一些学科的教材出版低水平重复的问题。现在一些高校出版社出版的教材雷同太多,有的甚至连书名都无法区别开来。还有一些图书每年更换新书号,书名几乎不变又重新出版了一本"新书"。这就导致了目前在高校教材问题上的低水平重复出版现象。这些书内容几乎没有创新,有的质量还赶不上已出版的图书。希望高校出版社重视这个问题。

三、抓住机遇,深化改革,以扎实工作推动高校出版社的更大发展

党中央、国务院高度重视出版工作,重视出版发行体制改革工作,我国出版业面临着良好的发展环境。高校出版社要认清形势,把握难得的发展机遇,解放思想,更新观念,树立新的文化发展观,创新体制机制,解放和发展出版生产力,争取高校出版社的更大发展。希望高校出版单位能在以下八个"率先"上下工夫。

（一）在把握导向上，率先建立多出好书、不出坏书的保障机制

出版导向是出版工作的生命线。导向正确，出版工作全盘皆活；导向错误，处处被动。坚持把握正确的出版导向，要常抓不懈。高校出版工作，一刻也不能放松对导向和方向的把握，要自觉坚持为人民服务、为社会主义服务，自觉地坚持先进文化的前进方向。要坚持马克思主义在意识形态领域的指导地位，为构建社会主义核心价值体系服务。要进一步发挥好出版功能，更好地满足人民群众日益增长的多方面、多层次、多样性的精神文化需求。在确保良好的社会效益的前提下，争取更大更好的经济效益，以更多更好的出版物占领市场，赢得更多读者，实现社会效益与经济效益的有机统一。要坚持正确的出版导向，关键是建立一套行之有效、常抓不懈的管理制度。一是校领导、社领导要高度重视，经常讲，反复抓，抓反复。二是要抓好编辑队伍，统一思想，达成共识。三是要建立内容把关制度。出版计划、选题报批、书号管理、编辑加工、质量检查等出版流程要规范化，形成制度。没有制度保证，导向就成为空话。四是要加强学习，及时了解中央精神和有关管理部门的有关提示。总之，出版单位要守土有责，增强把关意识，也拜托各高校领导能够经常关心、指导和督促自己的出版社把握好导向。

（二）在内容生产上，率先优化结构，打造品牌，提升自身核心竞争力

出版业是内容服务业。文化产业的根本在内容，做大做强的关键也是内容，内容产业体现的是一个国家的软实力。说一千道一万，出版要发展内容产业就是要多出有影响的精品图书，占领市场，赢得读者，获取利润，争取出版业又好又快地发展。当前，我以为有几个关键问题需要我们认真研究。首先，要建立出好书、出学术著作能赢利的良性运行的机制。我们只有形成出版学术著作在赢得学者和社会赞同的同时，也有经济效益的局面，才能在市场经济条件下吸引更多出版单位和学者投身学术出版工作，这样出版社才能做大做强。国内一些改革较早和管理规范的出版社，已在理论和实践上比较好地回答了这个问题。像北医出版社、广西师大出版社、化工出版社都在这方面有很好的业绩和经验。其次，要使专业出版成为高校出版社的核心竞争力。图书出版从专业化、特色化到品牌化的确立，是一个环环相扣的链条，专业化是特色化的基础，特色化是专业化的深入发展，品牌化是专业化、特色化发展的必然结果。要通过实施精品战略，推动一批高校出版社形成拥有更多自主知识产权的知名品牌。当每个高校出版社都形成了各自的品牌、特色，我想整个高校出版业就会是一个大繁荣大发展的局面，高校出版在全国出版业中的地位会更高。再次，要改变一些高校出版社主要在中小学教辅领域里花大力气打拼的状况，把大力气用到自身擅长的专业出版上来。一些高校出版社依托高校教育资源做好教辅无可厚非，但是我们不希望100多家高校出版社都来做教辅。要努力去开发反映我国当代科研、教学最新进展的原创性选题，把当代中国思想创新、科学发现的成果反映出来，传播开去。

（三）在深化改革上，率先加大力度，加快进度，取得实质性进展

高校出版体制改革是一项政治性、政策性都很强的工作，我们要按照中央的要求和统一部署，加大力度，加快进度，有领导、有计划、有步骤地推进，争取取得实质性进展。高校出版体制改革有其自身的出版特点和规律，涉及面广，差异性大，情况较为复杂，不可能用一个标准、一个模式来解决所有问题。要在教育部和新闻出版总署的统一领导和部署下，按照高校出版体制改革试点工作会议的要求，根据各个高校的不同情况，进一步健全相关的领导体制、工作机制和管理制度，科学谋划改革进程，合理安排改革任务，深入落实改革措施。根据经营性文化企业和公益性文化事业单位两类体制改革模式，绝大多数高校出版社要转为由高校出资的完全的出版企业。转为出版企业后，就必须真正按照现代企业制度的要求，建立和完善出版社的法人治理结

构,建立产权清晰、权责明确、管理科学的现代出版企业,真正成为自主经营、自负盈亏、自我约束、自我发展的市场主体。保留事业体制的公益性高校出版社则要明确自身的定位和经营范围,按照为公共服务的要求去运行。这里的关键在于,无论是转企改制还是保留事业单位的出版社,都要通过这一轮改革,建立起符合精神文明建设要求,适应社会主义市场经济,反映出版规律的运行机制和治理结构。要坚持高校出版社以学术出版为主的方向,善于运用高校的资源、优势和学术著作出版政策,促进高校出版社的发展。属于新闻出版总署职责范围的事情,我们一定积极做好服务工作。对改革到位的出版单位,我们将在出版资源的优先配置、出版范围的适度调整、网络出版的扶植发展、重大出版工程项目的立项审批上给予支持和优先考虑。

(四)在新技术应用上,率先加快数字化、网络化进程,尽快实现传统出版向现代出版的转型

一部出版史就是出版技术手段、载体形式不断发展、不断进步的历史。每一次技术革命都对出版业产生巨大影响,使知识和信息传播速度加快,出版对社会的影响增强。当前,数字出版、网络出版已成为出版业的发展方向和不可阻挡的国际潮流,在对传统出版业产生很大冲击、形成巨大挑战的同时,也在更大范围、更广领域拓展出版业的生存空间和服务领域,推动出版业在更高层次上发展。特别值得关注的是,当前在世界范围内,出版数字化、网络化正在带动传统出版业向数字出版业的转型,数字出版的数量不仅快速增长,其利润贡献率也越来越大。今年5月美国出版商协会公布的一份调查报告显示,面向高校出版的数字化教育读物,由于获取便利、价格便宜,用户急剧增多,加之还从图书生产、库存、运输等诸多出版环节降低了出版社和书店的成本,成为出版商数字化开拓的热土;而在专业出版领域,十多年数字化辛苦耕耘,出版者已经有了可观的收获,爱思维尔等一大批专业出版公司的专业出版品种已转为数字产品,其实现的收入都已过半。通过数字化,不仅进一步巩固和提高了自己的品牌优势和核心竞争力,更重要的是探寻到了可行的盈利模式,进而进一步加大了对出版数字化的力度,使得数字化程度更高,影响更大,利润也将大幅增加。今年以来,国际上一些大型传媒集团的并购风潮表明,数字出版日益成为未来竞争的重要领域。汤姆森集团出售学习集团转而并购路透集团,新闻集团收购道·琼斯公司,都有这方面的考虑。数字出版在国外已经不是认识的问题,而是正在成为现实。在我国,虽然一些出版单位在数字出版方面也正在进行着积极的探索,但总的看来,出版单位的认识还不到位,发展也还处于初始阶段。当前,要抓紧做好如下工作:第一,用数字技术提高出版社的管理水平,积极推进ERP系统应用,使出版社管理建立在数字化基础之上;第二,把有条件的重点出版物数字化,争取传统出版和数字出版的双丰收;第三,逐步完成整个出版社数字化进展,建立与教学科研相衔接的数字出版平台,使数字出版与教学、科研成为一个完整的整体,在更好地为教学科研、读者服务的同时,争取出版业的更大发展。大学出版社开展数字化在内容、人才、品牌方面具有独特优势,学生群体又是数字化阅读习惯相当高的群体。希望大学出版社以时不我待的使命感、更加开阔的思路、更加务实的做法,在全国出版界率先加快数字化、网络化建设进程,努力缩小我们和发达国家的差距,不要等到国外已经整合完了再去追赶。

(五)在经营管理上,率先转变增长方式,进一步提高高校出版社经营管理的层次和水平

管理出效益,管理也是生产力,这是许多出版单位的经验所证明了的。创办时期条件相近的出版社,经过多年的发展,发展结果却完全不一样,这是经营管理的差异所带来的结果,高校出版社也不例外。因此,面对改革发展的新形势,面对信息技术革命的机遇和挑战,传统的粗放式增长方式变得日益难以为继,转变增长方式势在必行。我们一定要解放思想,转变经营思路和管理理念,面向市场,积极转变增长方式。一是通过当前整个出版业进一步深化出版体制改

革的机遇,加快推进转企改制工作,真正按照出版的规律办事,按照市场的规律运营,善于运用资本运作等现代经营方式,提高经营水平;二是优化产品结构,千方百计提高单品种效益,实现从数量增长到效益增长的转变;三是顺应发展形势,积极拓展新的出版领域,实现现有单一的纸介质传统出版物向多媒体、数字化的现代出版物转变;四是要建立和完善各项内部管理制度,实现规范管理、科学管理,并切实把这些管理制度落实到出版的各个环节,保证产品质量,保证正确的出版导向以及出版物的高品位和高质量。

(六)在队伍建设上,率先建立激励机制,培养一流出版队伍

人是生产关系中最活跃的因素,也是出版事业发展的决定力量。建设一支高素质的一流出版队伍,对高校出版业发展实现新的跨越至关重要。出版业是智力密集型行业,出版的核心竞争力在于智慧,在于人才。要努力在更大规模上建设一支政治强、业务精、懂经营、会管理,具有良好的职业精神和职业道德,适应高校出版业快速发展要求的出版队伍。希望高校领导能高度重视高校出版社主要负责人的选拔、任用,使高校出版社的发展有人才方面的保证,为高校出版社更好更快发展增添活力和动力。

(七)在文化服务上,率先推动全民阅读,为在全社会构建公共文化服务体系做出贡献

出版工作要自觉地融入国家和社会发展之中,善于从宏观上把握趋势,善于从国家和社会发展的需要中找到自己工作的切入点和着力点。在大力发展出版产业的同时,国家高度重视公共文化服务体系建设。当前有两项涉及全局的工作,出版界要主动服务,积极参与,一是构建学习型社会,倡导全民阅读,二是建设农家书屋。高校出版社要发挥我们特有的优势,充分利用优质资源,落实十六大提出的构建学习型社会的宏伟规划,出版更多的优质图书,积极倡导全民阅读,在全民族形成良好的学习氛围。高校出版社在全民阅读活动中,应该在积极倡导科学精神、传播科学普及知识等方面发挥更大的作用,以优质的图书出版,努力为全民阅读服务。根据《国家"十一五"时期文化发展规划纲要》的部署,新闻出版总署等八部委3月13日正式印发《农家书屋工程实施意见》,计划从2007年开始在全国范围内实施"农家书屋"工程。《意见》指出,要充分发挥新闻出版在社会主义新农村建设中的重要作用,切实解决广大农民群众"买书难、借书难、看书难"的问题,从提高农民文化素质入手,促进新时期农村经济社会协调发展,努力满足广大农村群众最基本的精神文化需求和日益增长的多层次、多方面文化消费需要。"农家书屋"工程的全面推开,对于出版社来说,其实也是一次机遇。中国有近十亿的农民,农村图书市场十分广阔,通过"农家书屋"工程,可以培养潜在的读者,广大的农村读者群的形成对出版将是一种具有深远意义的反哺。希望高校出版社关心"农家书屋"工程建设,在为建设社会主义新农村、为建设创新型国家、为构建公共文化服务体系中贡献我们高校出版人的力量。

(八)在出版"走出去"上,率先通过参与国际竞争,大力弘扬中华优秀文化,让中华文化更多地走向世界

加快高校出版社的发展,要善于运用国际国内两个市场。随着我国经济的持续发展和出版实力的不断增强,推动中华文化走出去,扩大中华文化的影响,让中华文化走向世界,是当代中国出版业的一个重要的使命。走出去要取得实效,要抓好以下几点:第一要求真务实,关键要有好书。在世界各国的文化交流中,一个民族主要是通过思想家、科学家实实在在的科技、文化创新成果去影响其他民族。只有你的思想创新和科学创新在促进本国发展的过程中,对其他国家有借鉴意义,人家才会主动吸收接纳。中国是一个具有5000年文明史的大国,作为出版人,我们有责任、有义务把中华民族的灿烂文化介绍给世界,把当代中国在全面建设小康社会的过程中

创造出的思想创新、科学发现、技术进步、管理经验介绍给世界,让世界了解中国。如果中国长期没有高质量的学术图书、学术文章在世界上产生影响,我们就有失去话语权的危险。第二要重视版权贸易的工作。高校出版社有较多的机会、渠道去了解国际上各种文化教育交流的动态,掌握国外教育、文化和科技发展的最新动态,有条件做好我国优秀图书的版权输出工作。高校出版社要积极参加国际书展的参展工作,特别是法兰克福书展和北京国际图书博览会。第三要主动参与重要工程。要主动参与"中国图书对外推广计划""中华图书特殊贡献奖"等工程,努力扩大中国图书的国际影响。要利用"对外汉语推广计划",拓展汉语教材的国际市场。这个方面,许多高校社已经取得了良好的业绩,希望高校出版社在"走出去"战略的实施中能够发挥更大的作用。

同志们,即将召开的党的十七大,是我们党和国家政治生活中的一件大事,举世关注。做好迎接十七大、宣传十七大的工作,是当前出版战线的头等大事。胡锦涛同志在中央党校发表重要讲话指出,加强社会主义文化建设是不断满足人民群众日益增长的精神文化需求的需要,是全面实施党和国家发展战略的需要。我们必须更加自觉、更加主动地推动文化大发展大繁荣,更好地保障人民群众的文化权益。要大力推进文化创新,全面推进文化体制改革,最大限度地焕发广大文化工作者勇于创新的积极性,使全社会的文化创造活力充分释放、文化创新成果不断涌现,使当代中华文化更加多姿多彩、更具吸引力和感染力。这就对当代中国出版人提出了更高的要求,高校出版人的责任更是重大,我们要加倍努力,抓住历史的机遇,深化改革,加快发展,改善服务,强化管理,促进高校出版业更好更快地发展。

加大改革力度　加快发展步伐　完善管理制度
在新的历史起点上促进高校出版社的繁荣健康发展

中宣部新闻出版局局长　　张小影

刚才,李卫红副部长和邬书林副署长分别做了一个十分重要而全面的报告,不仅对近几年的高校出版工作作了认真的回顾总结,也对下一阶段的改革发展管理工作提出了明确的要求。我完全赞成,并代表中宣部出版局表态,将全力支持大家的工作,做好相关的协调和服务。

借此机会,谈谈对当前出版工作面临形势的思考和对高校出版工作的建议。不当之处,请大家批评指正。

一、深刻认识新形势下出版工作的重要地位和作用,紧紧抓住难得的发展机遇

当前,国际国内形势发生了深刻变化,对包括出版在内的文化建设提出了新的更高要求,出版业面临的发展机遇前所未有,面临的挑战也前所未有。

(一)文化作为软实力,在综合国力中的战略地位进一步凸显,我国将迎来文化建设的新高潮

从国内看,文化是凝聚民族力量、实现民族振兴的旗帜和灵魂。文化在全面建设小康社会、构建社会主义和谐社会中发挥着重要作用,是精神动力、智力支撑和思想保证。进一步推动文化大发展大繁荣,是实施党和国家发展战略、推动经济社会全面协调可持续发展的迫切需要,是

满足人民群众日益增长的文化需求、保障人民文化权益的迫切需要。从国际看,随着经济全球化、政治多极化、文化多样化的格局进一步形成,文化与经济、政治相互交融,文化软实力已经成为综合国力竞争的重要组成部分。实现中华文化的大发展大繁荣,是抵御西方文化渗透、维护国家文化安全的迫切需要,是扩大中华文化世界影响力、提升我国综合国力的迫切需要。

党的十六大以来,以胡锦涛为总书记的党中央高度重视文化建设,做出了一系列战略部署,包括制定《国家文化发展规划纲要》、深化文化体制改革、发展文化产业、建设公共文化服务体系、实施文化"走出去"战略,等等,有力地促进了文化的繁荣发展,扩大了中华文化的影响力。不久前,总书记在中央党校发表的重要讲话中,从建设中国特色社会主义事业的总体布局出发,再次向全党发出号召,要"更加自觉更加主动地推动文化大发展大繁荣"。很快,我们党就要召开十七大,将会对加强文化建设做出进一步部署。可以说,我国的文化建设正站在一个新的历史起点上,文化建设新高潮的序幕已经拉开。

(二) 加快出版业的改革发展,对于繁荣社会主义文化具有重要意义

出版是文化的重要载体和传播渠道,是文化繁荣发展的重要标志,也是推动文化繁荣发展的重要条件。伴随文化作为软实力战略地位的确立,出版工作在中国特色社会主义文化建设中,势必承担更加重要的任务、发挥更加重要的作用。出版业的快速发展势在必行,这是时代和人民赋予出版工作者的历史使命。

出版业的改革发展是文化建设的重要组成部分。随着文化建设的进一步加快,需要出版业提供更多传承和弘扬中华民族优秀文化、反映当代中国经济文化科技建设成果、体现社会主义核心价值体系要求的优秀产品;需要出版业不断增强出版产品和服务的传播速度和覆盖能力;需要出版业进一步壮大实力、增强竞争能力,为提升国家综合国力做出贡献。我们要从推进文化建设的战略高度充分认识新形势下繁荣发展出版业的极端重要性,进一步增强加快出版改革发展的责任感、使命感和紧迫感。

(三) 当前出版业发展的有利条件很多,要紧紧抓住战略机遇期乘势而上

中央强调,21世纪头二十年,是我国加快经济社会发展难得的战略机遇期。我认为,也是文化和出版业发展的战略机遇期。当前,国家的发展正处在历史最好时期,实现出版业快速发展的有利条件很多。经济繁荣、政治稳定、民族团结、社会和谐,为出版业的发展提供了可靠的政治保证和雄厚的物质基础;我们党大力推进理论创新,为出版工作提供了强大的思想武器;人民群众的文化需求日趋旺盛,参与文化创新的热情很高,为出版业提供了巨大的生产能力和消费市场;文化体制改革不断深化,为进一步解放出版生产力提供了有利的体制环境;新技术的迅速发展和应用,为出版业创新内容、形式、载体和业态提供了技术条件和发展空间。同时,改革开放以来,我们在深化出版改革、加快发展出版事业和出版产业、加强出版管理等方面,积累了许多有益的经验,这些都是我们下一阶段实现出版业又好又快发展的基础。出版战线要牢牢抓住发展的战略机遇期,高校出版社更应该抓住这个战略机遇期,乘势而上。

二、高校出版社要进一步深化改革、加快发展、完善管理,自觉履行职责,为促进文化大发展大繁荣做出更大贡献

在我国出版领域,高校出版社地位和作用非同一般,对出版事业和出版产业的繁荣发展具有举足轻重的影响。作为我国社会主义教育工作和出版工作的重要组成部分,高校出版社已经成为实施科教兴国战略、发展科技教育事业特别是高等教育教学科研的重要推动力量,成为传播先进文化、传递知识信息的重要渠道,成为培养和造就"四有"新人的重要精神家园,在建设中

国特色社会主义伟大事业中具有不可替代的作用。面对新形势新要求,高校出版社如何进一步履行好自己的职责、做出更大的贡献,需要我们大家认真思考和回答。针对高校出版社的实际情况,我感到,当前要特别注意加强以下几个方面的工作:

(一) 要始终坚持正确的出版导向,以传播社会主义先进文化为己任

导向是出版工作的灵魂。在导向问题上,不允许有丝毫的含糊和动摇。高校出版社的产品直接关系教书育人,坚持正确出版导向,更是第一位的政治任务。要牢固树立政治意识、大局意识、责任意识,把导向的要求贯穿于高校出版改革发展的全过程,落实到编辑出版印刷发行各个环节。在任何时候、任何情况下,都必须从思想上、行动上与党中央保持高度一致,坚持马克思主义指导地位,以建设社会主义核心价值体系、传播社会主义先进文化为己任,自觉服从服务于全党全国工作大局,致力于培养社会主义事业可靠接班人和各类有用人才。

(二) 要始终坚持把社会效益放在首位,不断探索社会效益和经济效益相结合的有效途径

随着文化体制改革的不断深化,近几年,高校出版社发展很快,从数量看,已超过百家,可谓"五分天下有其一";从规模看,每年出版各类出版物七万余种,总产值过百亿元,其中年产值超过亿元的高校出版社有二十多家。高校出版社在出版产业中的地位作用进一步凸现。这是非常可喜的。但必须强调,高校出版社是重要的宣传文化阵地,在为发展出版产业做贡献的同时,要自觉承担起弘扬主流意识形态、传承中华民族优秀文化、维护国家文化安全的基本职责。检验高校出版社改革发展的成效,除了要看我们的经济规模是否扩大、经济实力是否增加,还要看我们在文化积累和文化建设方面的贡献如何,看我们在推动教学改革、学科建设、课程建设和人才培养中发挥的作用如何,比如,实施了多少示范性重点工程,推出了多少标志性产品,出版了多少有价值的学术著作,出版了多少反映新知识新理论的教材,等等。这正是党和人民赋予高校出版社的神圣使命。我们一定要正确处理社会效益和经济效益的关系,始终把社会效益放在首位,既坚持正确出版导向,又遵循市场经济规律,多出有利于繁荣学术文化的精品力作,多出群众喜闻乐见的优秀读物,不断扩大市场覆盖面,努力实现社会效益经济效益双丰收。

(三) 要进一步创新发展思路,创新体制机制,创新内容形式,创新传播手段和业态结构,不断增强高校出版社的整体实力

从全国范围看,我国出版业通过深化改革,创新体制机制,出版生产力进一步得到解放,整体实力和竞争力明显增强,但是,实事求是地说,目前出版业的发展现状与我国经济社会的发展要求相比,与人民群众不断增长的精神文化需求相比,与综合国力竞争对文化软实力的要求相比,与中华文化在世界上的地位相比,还有较大差距。我们提供的出版产品和出版服务,数量不够多,质量不够高,内容和形式还不够丰富,在国内的覆盖面还不够广泛,在国际市场上的影响力和竞争力还很有限。我国要从一个出版大国变为出版强国,还有很长的路要走。

加大改革力度,加快发展步伐,既是中央对整个出版业的要求,更是高校出版社自身生存和发展的需要。目前地方出版社的改革进展很快,发展速度也很快,中央部委出版社也已经启动改革,发展势头不错。相比之下,高校出版社在改革和发展方面还需要加大力度加快速度。一要在创新发展理念上下工夫。也就是在进一步解放思想上下工夫。解放思想是总开关,发展理念决定发展思路,没有正确的发展理念,难以实现高校出版社的又好又快发展。二要在创新体制机制上下工夫。改革是发展的动力。高校出版社能否有大的突破,取决于体制机制创新的力度和速度。当然,高校出版社的体制模式和发展模式要结合自己的特点,但这绝不是放慢改革发展步伐的理由,更不是不改革的理由。目前,教育部和总署已经开始在高校出版社中进行体

制改革试点,要尽快往前推进,并及时总结经验加以推广。三要在创新内容上下工夫。文化的生命力在于创新。内容创新在文化创新中处于核心地位,出版业是内容产业,加大内容创新尤为重要。高校是国家创新体系的重要组成部分,高校出版社在促进内容创新方面有着得天独厚的条件,要主动适应国家经济社会发展的需要,主动适应高等教育发展的需要,不断把科技教育和学术文化发展的丰硕成果转化为出版内容,奉献给广大读者。四要在创新传播手段上下工夫。出版业的发展,一靠改革,二靠科技。当前,以数字化、网络化为代表的现代信息技术突飞猛进,既带来数字经济、网络经济等崭新的经济形态,又带来数字文化、网络文化等崭新的文化形态,也促生了数字出版、网络出版等崭新的产品形态和传播手段。在信息社会,传播能力决定一个国家文化的影响力和意识形态的话语权,大学是我国科技发展和创新的重要力量,高校出版社一定要充分利用好这些资源和优势,促进出版与科技的融合,用先进技术来传播先进文化,扩大先进文化的影响力。希望通过这些创新,能在高校出版社中尽快出现更多的有活力、有竞争力的知名品牌。

(四)要始终坚持"谁主管谁负责"的原则,不断强化管理,促进高校出版繁荣健康发展

科学有效的管理,是高校出版社加快改革发展的基础和保证。对高校出版社的管理是多层次多角度的,包括国家法律层面、政府行政管理部门、主管主办部门和出版社内部的管理等。因为今天有不少高校领导与会,在此我想强调一下主管主办单位的管理问题。对宣传思想文化阵地和传播渠道的管理原则,是实行"谁主管谁负责"和"属地管理"。作为主管主办部门,学校对出版社的改革、发展和管理负有直接的领导、检查、监督、指导、把关责任,一定要切实把管导向、管干部、管资产的要求落到实处,做到守土有责,守土负责,守土尽责。要建立长效管理机制,引导和督促出版社贯彻执行党的路线方针政策,自觉遵守国家的法律法规和党的宣传纪律,自觉恪守出版职业道德,建立健全内部管理制度,坚持正确的办社宗旨和办社方向。要选派政治坚定、作风正派、熟悉出版业务的在职同志,担任所属出版社的主要负责人,确保出版权掌握在忠诚于马克思主义、忠诚于党的出版事业的人手中。学校要定期研究所属出版社的工作,支持出版社的改革和发展,提供必要的人才和物质保障,使出版社的发展健康有序。只有高校出版社有了更好更快的发展,才能为学校的教学和科研提供更多更大的支持。

在全面推进中国特色社会主义事业的进程中,出版工作的地位作用很重要,出版战线的社会责任很大,出版业面临的机遇很好。相信在教育部和总署的精心指导下,在各高校的直接领导下,在全体同志的努力下,高校出版社一定能够为我国的文化建设、为出版业的繁荣发展作出更大的贡献。

第六次全国高等学校出版社工作会议总结

教育部社会科学司司长　　杨光

同志们,这次会议今天就要结束了,根据会议的安排,由我来做总结。

这次会议得到了中宣部的关心和指导,得到了全体与会同志大力支持、积极参与。教育部和新闻出版总署对这次会议非常重视,会前我们一起进行了调查研究,做了较长时间的准备工

作。就像大家刚才发言中讲的一样,这次会议是在关键时期开的一次重要的会议,经过大家共同努力,我们的会议达到了预期的目的。但是,我们达到预期的目的也是暂时的,只是在这个阶段,我们还有很多问题需要进一步深入地思考和研究。两天会议达到预期的目的,开得很好。但是,我们对一些问题还有许多言犹未尽之处。我们这样的会是五年开一次,这一次是拖了一年,六年开一次。这五六年时间不算长,但是变化却是很大。大家想一想,近五六年来国家经济、社会、文化方方面面的变化日新月异、翻天覆地。虽说五年才开一次会,却是很需要很必要,需要总结一下,需要展望一下,对有关工作大家一起讨论做出安排。这个会很有必要,就是我们现在正面临着一个重要的历史机遇期,文化体制改革在不断地加快步伐,在不断地深入。在这个过程中,全国出版业的改革方兴未艾,势头很快、很猛,高校出版社的改革试点工作也已经启动。所以说,在这种大形势、大背景下,我们不得不思考我们的大学出版之路该怎么走。当然,国外大学出版社它们也有一个模式,那我们是不是照它们学呢?我们中国特色的大学出版之路到底怎么走呢?我们再扩大一点,我们的教育出版之路又怎么走呢?现在确实摆在我们面前啊!非常迫切,非常重要。大家很关心这个问题,这是一个重大问题,这是一件大事,所以我们开这个会。大家在一起聚一下,议一下,探讨一下。当然我们应该说这只是一个开始,我希望我们进行一些深入的思考,到底应该怎么办,等一下还要讲到这个问题。

我们这个会应该是强调了发展、管理和改革的主题,昨天的三个报告三个讲话围绕的主题,总结了我们五年来的发展历史,对我们大家所取得的成绩和贡献给予充分的肯定。应该说我们高校出版领域广大的从业人员,特别是我们在座的各位同志都作出了很大的努力和贡献。同时,也对我们面临的形势进行了分析,对我们今后一个时期高校出版社发展的指导思想、方针、原则、主要任务都做出了部署和安排,应该说昨天三个讲话很全面、很清楚、很有针对性和指导性。

另外,我们这次会议进行了大会交流和小组讨论。应该说,我们交流得很好,讲得都非常好,内容丰富,而且气氛热烈,讨论也很深入,特别是大家提出了很多很好的意见和建议,提出了很多我们需要认真思考和研究解决的问题。这是非常有价值的,有启发性的,充分体现了在座的各位同志确实具有责任感、使命感和一种积极进取的精神。我想我们这次会议应该说是一个肯定成绩、增强信心的会议,是一个分析形势发展、明确任务的会议,也是一个交流经验、相互借鉴的会议,也是一个思考定位、筹划未来的会议。总的来讲,我们的会还是成功的,现在我受部领导的委托,讲几点意见:

首先我讲一下这次会议的收获,主要有以下几个方面:

第一,增强了新形势之下做好高校出版工作的责任感、使命感和紧迫感。胡锦涛同志"6·25"讲话明确指出加强社会主义文化建设是不断满足人民群众日益增长的文化需求的需要,是全面实施党和国家发展战略的需要,我们必须更加自觉更加主动地来推动文化的繁荣和发展,更好地来保障人民群众的文化权益。所以说,在整个文化的繁荣和发展过程当中,我们出版业特别是高校出版业,肩负了重要的使命和责任。在这次会议上,几位领导昨天的讲话都对全面贯彻科学发展观,积极推进出版体制改革,实现高校出版社的更好更快的发展方面做出了重大的部署,提出了明确的要求。在讨论交流的时候,大家也都谈到了。

第二,深入总结五年来高校出版社发展的经验,坚定我们继续发展继续前进的信心。昨天,李卫红同志谈了四个方面成绩、五点经验。邬书林同志对我们取得的成绩和经验做了五个方面的概括。张小影同志也谈了很好的意见。我们出版社的同志们结合各自的实际,取得的成绩和经验进行了深入的总结和交流。这些经验应该说是非常丰富和全面,在这里我就不一一陈述了,大家听了以后相互学习和借鉴。我在这里强调一下我自己的体会。改革开放近三十年来,高校出版社获得了长足的发展,这个具体的数据昨天大家都讲到了。那么我们应该说有一条重要的经验,就是我们高校出版、教育出版它是伴随着我们国家的改革开放,伴随着我们教育事业的不断发展而发展壮大起来。我个人体会,教育事业如果简单地讲我们三十年教育其实就做了两件事,一个是基本实现了义务教育普及,这是一个巨大的历史性成就,怎么估计它都不会过分,十三亿人口的发展中国家基本实现义务教育并且还在不断地提高、不断地完善,这在中国历史上的意义怎么说都不会过分;再一个就是高等教育实现了跨越式的发展,这是第二个巨大成就,这主要是我们近十年即1998年、1999年以后高等教育跨越式的发展,现在高校的毛入学率我们对外公布22%,实际上已经超过了23%,现在是2300万在校大学生,世界规模第一。我们现在的在校大学生的数量是印度的两倍,八年前印度是我们的两倍,这是数量为优,虽然质量还需要提高,但基本质量还是能保证的。这两个历史性的成就告诉我们,国家好、教育好,我们的出版事业也才能好,大家说是不是这样。昨天华中师大社的社长说从1997年统计到现在出版社主要经营指标增加了五倍,那么我们的招生,1998年是108万,现在是540万,正好是5倍,它不是一个巧合,是随着我们整个高等教育事业的发展,我们大学出版才发展起来的,当然还与大家的努力,抓住机遇趁势而上是密不可分的,是大家努力和贡献的结果。但是以后高等教育进入了一个稳定规模、提高质量的这么一个阶段,我们大学出版社还能不能有这么快的发展速度,这是需要认真研究的一个问题。就是说高校出版社的发展是伴随着我们高等教育跨越式发展而发展起来的。所以说对大学出版社来说:优势在大学、特色在大学、品牌在大学、根本在大学。昨天有的同志谈得特别好,说大学是母体,学校是老板,如果离开了大学就是社会上一般的出版社,那么你这个优势和特色将来就很难办,这一点头脑要清醒。如果我们国家不好了,我们的事业出问题了,那我们的教育就出大问题,我们的出版业就更不用提了,是不是这个道理,确实是这个道理。所以说我们改革也好、发展也好、规划未来也好,学校和出版社的关系这是核心的一条,这是一条重要的经验。

第三,我们这次会议还对高校出版社面临的新的形势、新的机遇、新的挑战进行了深入分析。我们的紧迫感确实是来自于我们对形势的判断和认识,几位领导的讲话都谈到了这个问题,我在这里也谈一谈感想,供大家参考,可能不一定对。机遇和挑战都是前所未有,对我们的国家和民族来说,对我们的各项事业来说,对高校出版业来说都不例外。就机遇而言,首先,我们现在进入了一个科学发展、构建和谐社会的新阶段,我们国家经济发展也进入了一个新的阶段,这和二三十年前我们的经济在崩溃的边缘,我们的温饱没有解决的时候有很大的不同,这是一个大的背景;其次,进入了人民群众精神文化需求日益增长的一个新阶段;第三,社会主义文化进入了大繁荣大发展的新阶段;第四,进入了一个中国文化"走出去"的新阶段。所以说,这是一个大的形势、大的背景。过去我们常讲文化这件事情,我们是文化产业、出版业或者文化事业,我们是双重属性。农业社会里面,文化是少数人享用的奢侈品;在工业社会里,文化和经济是分离的,是相互作用相互影响的;而在经济社会里,文化和经济是融合的。所以说在这种情况下,经济高潮过后必然是文化高潮,其实这样说还不全面,实际上经济高潮和文化高潮它是一体的、并行的、整体推进的,这就是现代社会的一个特点。说文化怎么成产业了?过去我们不是这么提的,文化怎么成产业了呢?文化是文化啊,怎么又成企业呢?现代社会就是到了这么一个阶段,在知识经济的情况下,在信息化时代,文化和经济就是融合的,这和过去有很大的不同。

说到这个文化产业，第三产业比重越来越大，它里面有无限商机，过去我们都是不能想象的。所以说对文化产业来说，这个强大的需求提供了动力，也提供了无限广阔的发展空间。我们的出版业，我们的高校出版，也就是说遇到了难得的历史机遇。据悉正在修改的"十七大"报告（今年秋季马上就要开"十七大"了，"十七大"报告正在征求意见修改的过程当中），文化这一块在报告里面是浓墨重彩，分量很重。我们过去讲经济建设、政治建设，现在加上文化建设、社会建设，四个建设，四位一体，从这个意义来说绝对是一个历史发展机遇，但是能不能抓住这个机遇，那就是另外一回事了。就挑战而言，我自己也有点体会，在文化体制改革的大形势、大背景下，我们现在面临着巨大的挑战和压力，高校出版社面临着巨大压力，形势逼人，不进则退。我自己体会有"三个方面""六个化"。

第一，企业化和集团化。这个文化产业怎么变成企业了，这个变化是非常深刻的，而且不仅是企业，而且是集团，从分散到集群，重组兼并，这个压力是非常之大的。

第二，市场化和国际化。现在讲的是两个市场，国内市场和国际市场，包括融资体系的市场化，等等。这些大的变化，这个集团化和国际化是密切关联的，你不搞大的集团，将来中国的文化、中国的出版，在社会上是没有人跟你对话的，特别像大的传媒集团，它是不跟你对话的，没有实力怎么对话，对话靠的是实力啊。所以，就中国整体来讲，它需要大的传播集团来参与国际竞争、国际对话。只有这样，我们的文化才能走出去，才能适应我们和平发展的需要。那么，我们高校出版在这里面位置如何？能不能有所作为呢？

第三，数字化和网络化，就是高新技术的应用。数字化、网络化这也是个挑战，现在的技术在出版方面的比重占得越来越大，出版方式和业态变化都很大，这些都不说了。

总的来说，这个挑战从大的方面来讲，我感觉还不只是说我们怎么搞，只是转企，经济上做一些调整，这只是第一步，或者这只是一个手段，问题多得很，挑战也很严峻。我们不仅要考虑近期和中期，而且要考虑长远，人无远虑，必有近忧，再过五年我们要再开会的话，我们大学出版社的销售额和比重是不是还像今天这么大，我没有把握！要靠我们大家一起共同努力。我们这次会议应该说确实有很大的收获。另外一个方面就是大家对我们的征求意见稿进行了讨论，提出了很好的修改建议，也提出了许多需要研究的问题。所以我想我们将和新闻出版总署的同志们一起对提出的建议和意见认真研究，把我们的文件修改好以后尽快地下发。

下面我想讲第二个问题，就是关于贯彻落实会议精神的几点建议。这次会议精神是十分明确的，关键在落实。

第一，要进一步统一思想，提高认识。首先，还是要解决认识问题，昨天的三个讲话也强调了这方面，我想补充谈三点意见。一个就是要坚持方向意识，要不断地提高高校出版工作是党和国家意识形态工作重要组成部分的这个认识，始终坚持正确的指导思想和正确的政治方向。胡锦涛总书记在六中全会的闭幕讲话里明确地指出，意识形态工作是党的一项重要的工作，经济工作搞不好要出大问题，意识形态工作搞不好也要出大问题，所以说我们现在应该清醒地认识到，我国意识形态总体形势是好的，但是，并不风平浪静。表面上或者有时候我们觉得好像是风平浪静的，但实际上在下边是暗流汹涌，各种非马克思主义思潮在一个时期里面是有所增长，思想里面的噪音和杂音时有出现。各种思想观念现在非常活跃，虽然并没有对我们的大局产生实质上的影响，但是这些噪音和杂音在一定范围、一定程度上引起了思想的混乱，对我们高校的教学、科研，对我们的教师和学生都形成了一定的影响和冲击。所以我们一定要充分认识到这一点，比如说现在新自由主义、民主社会主义、历史虚无主义、反思改革论等，有些非马克思主义的思潮披着合理的外衣,似乎是很有道理等,它背后有很多东西。所以我们搞出版的,如果不注意的话,就可能会出一些不应该出的问题。我们出版社经营的是精神产品,或者大多是精神产品,大多是具有意识形态的属性,担负着重要的社会责任,要在宏观上思考,要在大局下行动,所以不出事是底线,最低最低的要求。实际上我们高校出版要坚持以社会主义核心价值体系来引领社会,这才是我们的责任,才是我们的基本要求,这个我就不再多说了,这是第一点。要有方向的意识,不仅我们出版社的领导、学校的领导要强化这个意识,要绷紧这根弦,而且我们每一个员工、每一个编辑也都要有这样的一种认识。

第二,要坚持辩证的观点。昨天卫红同志讲了四个关系,我想她讲的就是这个辩证的观点,邬书林同志讲了八个率先,张小影同志讲了社会效益和经济效益,我想这都是要大家辩证地来看问题。因为现在我们很多事情确实都是相悖的,因为既是事业又是产业,我们出版社又是具有双重属性,既是高等学校的一个组成部门,又是科研的一个延伸,还是一个面向市场的主体。你说是不是,确实有辩证的地方,确实有矛盾的地方,你把握不好,你不能辩证地来看待问题、处理问题,就会出现困惑,困惑是小事,关键是在实践上可能会出问题。比如说在理清发展思路、规划设计未来的时候,我们要坚持辩证的观点和思想方法,要坚定不移地解放思想、改革开放,走中国特色的大学出版繁荣发展之路。我个人觉得我们要建立一个大传播的理念。对于高校出版,从着眼发展来说,着眼未来来说,要服务于终生教育体系和学习型社会的建设,在这方面我们是大有可为的。如果我们还想搞大,你还想出点教辅,还想搞点这个教材。当然,我们可以,也要继续发展,但是真正的发展空间在哪里?就在终身教育和学习型社会。对于我们教育系统来说,继续教育、终身教育、学习型社会,这里面有无限空间,这个我就不再展开讲了。在坚持办学宗旨,突出优质特色的时候,要坚持辩证的观点,这就涉及数量和质量、社会效益和经济效益。对于转企的出版社来说,要处理好双重身份。刚才说了,你还有大学的理想、大学的精神,文化人、出版人的崇高追求与市场运作之间的这种关系,怎么平衡好?既要立足教育、依从学校,又要面向市场、开拓发展;既要为发展学术、培养人才服务,为学校的建设发展服务,又要为社会发展服务,还要去闯市场。这里面不能没有一点悖论的地方,就说我们现在,其实这个也很正常,比如,我们现在讲中国特色的社会主义市场经济,社会主义的理想和市场经济的规则没有平衡,这是问题,是很大的一个问题。有人说了,说社会主义的理想和市场经济的法则是相悖的,是悖论,是无解,你要么回去,要么就是西化。实际上我们的改革和发展,我们中国特色社会主义,我个人理解,最终就是要解决好这个问题。效率、公平都在这里面,解决不好就失败,解决好就是中国特色,闯出一条自己的路,这延伸到我们各行各业、方方面面。我们出版社就面临一个很大的问题,所以我们要坚持辩证的观点,实事求是、从实际出发,要平衡好我们的理想和市场,平衡好我们的学术特色和优势以及我们在市场经济的环境中怎么样能够做好。

第三,要坚持创新精神。我们现在面临的挑战十分严峻,任务艰巨,工作繁重,在发展的道路上需要解决的难题也很多,所以说我们要有良好的精神状态。去迎接挑战要有创新的精神,要创新发展思路、创新机制体制、创新业务形式、传播手段等,刚才几位领导都讲了,我就不再重复了,我想在这里强调几点。

(1) 就是要做好教材和学术著作的出版,坚持高校出版社的办学宗旨。不是说我们要创新,我们的办社宗旨就不坚持,那不是的,还要坚持。刚才有人说了,大学出版社出教材,到底应该出多少。其实我个人觉得,大学的教材、本科生的教材、研究生的教材,得由大学出版社来出,特别是好教材更应该由大学出版社来出。如果我们大学生的、研究生的教材都是别的出版社出的,我们大学出版社都没有出,或者是大部分好教材都是由别的出版社出的,我们大学出版社就不是脸上无光的问题了。为什么呢?因为教材的更新、教学的改革、教师的接触和教材作者的联系,我们大学出版社是得天独厚的,实际是应该直接参与里面的,所以我们大学出版社要为建设有中国特色、中国风格、中国气派的学科体系和教材体系来服务来做出贡献,所以我们要为教学科研服务。还有学术著作,学术著作到底赔钱还是赚钱,有的可能会赔钱,有的可能会赔得少一点,有的可能略微赚一点,这都有可能,看是什么著作。我的想法主要就是说要为教学科研服务的这个宗旨,也是我们的特色和优势,也是我们的贡献,这个方面我想再强调一下。

(2)按照科学发展观的要求不断提高发展质量,而且尽快地、提早地定位。出版社面临改革的形势要及早地定位,要及早地明确发展目标、发展规划,要早做打算,要优化内部结构,要采用现代技术,推动传统的出版形式向现代出版形式的转换。有的出版社具有多种出版权,高校出版社可以探索整合出版资源,优势互补,提高学校出版产业的集中度。总之,要进一步坚持解放思想,坚持改革开放,积极探索。通过改革来加快我们高校出版社的发展,增强我们的实力,不至于在改革的大潮过去以后,水落石出,结果出不来了。

(3)要按照中央的部署积极、稳妥地推动高校出版的体制改革。关于高校出版的体制改革,已经有了一个整体部署、一个方案、一个意见,我就不展开了,现在这"18+1"正在进行,今年年底之前全部完成转制工作。试点学校要解放思想、大胆探索、规范操作,为高校出版体制改革工作的全面推开来提供经验、探索成功之路。我们将鼓励和支持试点的高校出版社跨地区、跨媒体经营,在条件成熟的基础上进行联合兼并重组,提高出版社的竞争实力,未列入改革试点的出版社要主动地关注改革,了解改革经验。未列入改革试点的出版社也要改革,以改革促发展。有些出版社虽然尚未列入试点单位,但要根据规范经营资产管理的要求,启动出版社清产核资等体制改革方面的有关程序,继续做好这方面的工作。出版社的体制改革是大势所趋,所以说我们所有的同志都要有紧迫感,当然,也要实事求是、有序推行,按照"试点先行,逐步推开"的原则,我们将适时地总结试点经验,适时地启动新一轮的体制改革。

(4)要进一步加强规范管理。促进高校出版社又好又快地发展,要规范管理,这里我要讲两点,其实你们都讲过了。其一,就学校与出版社来讲,高校是出版社的主办单位,我个人理解高校是主办单位,就是出资单位,高校是事实法人。当然,出版社也是法人,资产管理增值保值这个担子是压在学校的,不是大学出版社的。高校是出版社的主办单位,主办单位的职责是明确的,其实很简单,就三件事,一个是管住方向,再一个是选好当家人,最后一个是确保国有资产增值保值。要掌控出版社、做好这三件事,负起这三个责任,就必须掌控出版社的决策权。其二,就出版社内部来讲,必须高度重视管理中的薄弱环节,建立健全内部管理机制,严格遵守国家有关法律法规和政策,遵守各项出版管理规定,依法从事出版活动。

下面是关于会议精神的贯彻落实。简单地讲,第一,我们回去要认真地传达贯彻这次会议的精神,要以卫红同志、书林同志、小影同志的讲话作为这次传达的主要内容,根据大家的意见,这三个讲话我们会尽快地整理好,然后下发。第二,要尽快地汇报,争取支持,要向学校的主要领导做一次汇报,争取有关重大问题达成共识。因为这关系到学校到底怎么定位、怎么发展、想怎么样、怎么规划,这是一个比较大的问题,当前的形势怎么样,要让学校的主要领导知道,学校要认真地研究这个事情。第三,要正式地传达和落实,要向全体职工及时传达会议的精神,领导班子要首先传达好、学习好,通过传达这次会议的精神,让我们出版社的全体员工都能够增强大局意识、增强忧患意识、增强紧迫感,调动大家的积极性,把工作做好。第四,要结合实际,因为我们每个学校情况不一样,不同地区、不同类型的学校、不同规模的出版社都有很大的区别,各地、各校、各社都要因校制宜、因社制宜,结合自身实际来选择,突破改革发展的这个路径,推动整体工作。

同志们,最后,我代表李卫红副部长,向中宣部、新闻出版总署等有关部门的同志们多年来对高校出版工作给予的大力支持和帮助表示衷心的感谢,向出席会议的全体同志为高校出版工作付出的心血和辛勤劳动表示诚挚的谢意,向大学版协对这次会议的支持表示衷心的谢意!

中国大学出版社协会成立20周年庆祝大会在北京召开

中国大学出版社协会成立至今,已走过20年的历程。2007年9月4日下午,大学版协在北京国谊宾馆召开大会,隆重纪念中国大学出版社协会成立20周年。教育部、新闻出版总署、中国出版工作者协会的领导,大学版协各会员单位的领导,协会的老领导、老同志,行业新闻媒体的记者朋友,出席大会。

教育部社会科学司司长杨光在庆祝大会上讲话,代表教育部社会科学司向大学版协表示祝贺。他充分肯定了中国大学出版社协会20年来在密切党和政府与高校出版工作者的联系,促进我国高校出版社健康快速发展的过程中发挥的重要作用和作出的积极贡献。他希望大学版协面对新形势、新任务,按照政府对协会提出的"提供服务,反映诉求,规范行为"的新要求,在四个方面充分发挥应有作用:一、要充分发挥党和政府联系广大高校出版工作者的桥梁和纽带作用;二、要进一步发挥高校出版社公共服务平台的作用;三、要充分发挥高校出版学术理论研究阵地的作用;四、要充分发挥依法维护高校出版业和从业人员合法权益的作用。

中国出版工作者协会常务副主席谢明清、复旦大学出版社社长贺圣遂、中国大学出版社协会前常务副理事长高旭华先后发表了热情洋溢的讲话,分别代表中国版协、大学出版社和协会老同志,向大学版协成立20周年表示祝贺。

大学版协理事长李家强在主题为"回顾历史、总结经验、展望未来——开辟大学出版事业的辉煌明天"的讲话中,把大学版协的发展和取得的成绩,归结为得益于上级领导机关对大学版协工作给予的极大关心、指导和支持,各个会员单位的积极支持和帮助,大学版协的规范建设和扎实工作,一代一代大学出版人、一代一代从事大学版协工作同志的共同努力。他表示:出版体制改革和第六次全国大学出版社工作会议,又给大学出版社带来了新的发展机遇和发展动力,必将开启大学出版社发展的又一个崭新阶段。大学版协将努力发挥出更大作用,为大学出版事业做出更大贡献。

教育部社会科学司司长杨光的讲话

尊敬的谢主席、各位老同志、各位社长、各位来宾,同志们、朋友们:

今天,教育部和新闻出版总署联合召开的第六次全国高校出版社工作会议刚刚结束,我们又在这里共庆中国大学出版社协会成立20周年。首先,我代表教育部社会科学司,向为协会的创立、发展默默耕耘、无私奉献的老同志表示崇高的敬意,向辛勤工作在第一线的协会的全体同志表示亲切的问候,向长期以来关心支持中国大学出版社协会发展的同志们、朋友们,表示衷心的感谢!

中国大学出版社协会是国家一级协会,是全国性的大学出版社的社会团体。中国大学出版社协会已经走过了20年的光荣历程。20年来,中国大学出版社协会始终高举邓小平理论和"三个代表"重要思想的伟大旗帜,贯彻落实科学发展观,紧紧围绕中国高校出版社改革发展的要求,团结全国广大高校出版工作者,认真贯彻党的出版方针政策,深入开展出版发行理论研究,积极组织国际交流,大力开拓高校出版物市场,积极开展优秀图书评奖活动,切实加强行业自律,尽力维护高校出版社的权益,努力提高从业人员素质,主动向老少边穷地区捐赠教材与图书。中国大学出版社协会对于密切党和政府与高校出版工作者的联系,促进我国高校出版社的健康快速发展,发挥了重要的作用,作出了积极的贡献,在全国出版领域产生了重要的影响,已成为我国出版业的重要组成部分。

随着社会主义市场经济体制的逐步建立和政府行政管理体制改革的不断深化,党和政府更加重视培育和发展社会组织,鼓励和支持社会组织依法发挥作用,这为社会团体加快发展营造了良好的环境,提供了广阔的空间。中国大学出版社协会作为全国高校出版社的社会团体,拥有一批经验丰富的老同志和造诣精深的专家,拥有较深的理论研究积累和广泛的群众基础,完全能够在中国高校出版社发展进程中大显身手、大有作为。

面对新形势、新任务,中国大学出版社协会责任更加重大,任务更加艰巨,使命更加光荣。按照新时期政府对协会提出的"提供服务,反映诉求,规范行为"的新要求,我在此提几点建议,与大家共勉。

第一,要充分发挥党和政府联系广大高校出版工作者的桥梁和纽带作用。中国大学出版社协会是全国高校出版社的社会团体,是党和政府密切联系高校出版工作者的桥梁和纽带。这个根本性质,决定了协会的发展方向和工作重点,就是要坚持党和政府的中心工作服务,大力宣传党的出版方针政策,努力把党和政府的决策与号召转化为高校出版工作者的实际行动。为了充分发挥协会的作用,根据政府职能转变的要求,我部将把适宜于协会行使的职能委托或转移给协会来做,今后在研究高校出版社发展的重大政策与措施时,也将更主动地听取和征求协会的意见和建议。大学版协要努力适应新形势的要求,改进工作方式,积极向政府有关部门反映会员的诉求,代表高校出版社提出改革、发展、管理、建设等方面的意见和建议,积极参与相关法规、产业政策的研究与制定,促进高校出版社的改革与发展。

第二,要进一步发挥高校出版社公共服务平台的作用。二十多年来的发展实践证明了大学版协是为全国高校出版社服务的公共服务平台。中国大学出版社协会要代表高校出版社的利益,切实为高校出版社服务,利用这个平台,为高校出版工作者服务,倾听他们的呼声,反映他们的愿望,集中他们的智慧;掌握出版行业动态,收集信息,办好我国唯一的反映高校出版社改革发展的刊物《大学出版》以及大学版协内部信息资料《大学出版信息》,探索高校出版社的发展规律,向业内外展示高校出版社的成果与进展,促进高校出版社健康发展;共同研讨发展大计和具有共性的问题,相互交流和借鉴工作经验;组织人才、技术、管理、法规等培训,帮助会员单位提高素质,增强创新能力,改善经营管理;团结协作,增强高校出版社的竞争力和话语权,追求整体进步,树立高校出版社的整体形象,显示整体实力,形成巨大影响力;受政府委托或根据市场和行业发展的需要举办订货会和研讨会等,为高校出版社开拓市场创造条件;积极组织高校出版社开拓国际市场,将高校出版社优秀的高质量出版物,传播出去,扩大国际交流,拓展海外文化市场。特别是在当前深化出版体制改革,新的出版格局逐渐形成的形势下,大学版协应从高校出版社共同利益出发,探讨以业务、资源与资金为纽带的新联合、整合方式,充分利用现有的"中国高校教材图书网",推进高校出版社在营销方面的合作与联合。

第三,要充分发挥高校出版学术理论研究阵地的作用。出版学术理论研究作为中国大学出版社协会的重要工作,应该加强。要紧紧围绕我国高校出版社发展的实际需要,找准课题,组织攻关。当前,我国高校出版业正处于重要的发展阶段,面临着一系列重大而紧迫的新课题。总的讲,可以概括为"七个适应":即高校出版社如何适应全面建设小康社会、构建社会主义和谐社会、实现中华民族伟大复兴的要求;适应社会主义市场经济体制不断完善、社会主义市场经济不断发展的要求;适应广大人民群众不断增长的精神文化生活需要的要求;适应科学技术发展日新月异尤其是数字技术快速发展的要求;适应国内相关行业和国际同类行业激烈竞争的要求;适应抵制西方敌对势力对我西化、分化和渗透,维护国家文化安全的要求;适应高校出版社自身发展客观规律的要求。希望中国大学出版社协会解放思想,实事求是,与时俱进,围绕这些课题,发挥高校重学术研究的传统,发扬理论研究优势,为我国出版业发展提供更加有力的理论支撑。

第四,要充分发挥依法维护高校出版业和从业人员合法权益的作用。中国大学出版社协会是高校出版单位自愿组成的社会团体,代表高校出版业和从业人员的利益,赢得了出版单位和从业人员的信任支持。协会要切实维护高校出版业的合法权益,在广泛调研的基础上,积极向党和政府建言献策,为高校出版业争取良好的舆论环境、政策环境和法律环境。大学版协要强化为会员服务的意识,依法维护高校出版单位和广大从业人员的合法权益。大学版协在这方面已做了卓有成效的工作,今后大学版协的维权工作要充分发挥版协的整体作用,通过版协的力量形成群力,加大反侵权盗版的力度,同时通过严谨、规范的操作尽可能堵住漏洞,避免权益被侵犯,更加切实有效地维护自身的权益。

第五,要发挥好高校出版社和高校出版从业人员自教自律组织的作用。加强行业自律,不仅是高校出版社健康发展的必然要求,也是协会开拓发展空间、提高行业威信、树立社会形象的重要途径,是当前协会推进职能转变的重要突破口。大学版协要研究在易出现问题的地方和环节建立自律公约,明确惩戒措施。要逐步实现高校出版业内自律工作的制度化、规范化、长期化。还要通过举办座谈会、培训班等多种形式,大力宣传自律公约,使之深入人心,成为出版社和从业人员的行为规范。要认真借鉴国内外的成熟经验,积极探索行业自律工作的新途径、新方式、新手段,努力提高高校出版社自我教育、自我约束、自我管理、自我发展的能力。

中国大学出版社协会走过了二十年的发展历程,成绩斐然,展望未来,大有可为。让我们紧密团结在以胡锦涛同志为总书记的党中央周围,高举邓小平理论和"三个代表"重要思想的伟大旗帜,深入贯彻落实科学发展观,开拓进取,扎实工作,为加快高校出版社的发展,促进社会主义和谐社会的建设,作出新的更大的贡献!

回顾历史、总结经验、展望未来
——开辟大学出版事业的辉煌明天

中国大学出版社协会理事长　　李家强

尊敬的各位领导、各位来宾,同志们、朋友们:

大家好!

中国大学出版社协会成立至今,已走过20年的历程。今天,我们在这里召开大会,隆重纪念中国大学出版社协会成立20周年。首先,我代表中国大学出版社协会,向光临大会的中宣部、新闻出版总署、教育部、民政部、中国出版工作者协会的领导,大学版协各会员单位的领导,协会的老领导、老同志,各新闻媒体的记者朋友,表示热烈的欢迎和衷心的感谢!

在协会成立20周年之际,我们欢聚一堂,庆贺大学版协20华诞,回顾历史、总结经验、展望未来,对我们进一步做好协会工作,开辟大学出版事业的辉煌明天,具有重要的意义。

中国大学出版社协会诞生于全国大学出版社体系初步形成,走向巩固提高、蓬勃发展的1987年。大学出版社从1979年开始恢复和兴建,到1986年已经发展到66家,已具有相当的规模,出版社的建设和工作也取得了一定成绩。1986年7月中宣部、国家教委和国家出版局组织召开的第一次全国大学出版社工作会议,明确了大学出版社的性质、作用、任务等问题,印发了《高等学校出版社若干问题的暂行规定》,标志着大学出版社体系的初步形成,同时也为大学出版社的进一步发展指出了方向,提出了更高的要求。中国大学出版社协会正是在这样的历史条件下,为适应政府主管部门更好地管理大学出版社、指导大学出版社工作,适应大学出版社共同的工作和发展需要而成立的。

中国大学出版社协会是全国大学出版社(含教育部直属出版社)的行业性、群众性组织。大学版协成立至今,始终坚持以马列主义、毛泽东思想、邓小平理论、"三个代表"重要思想为指导,全面落实科学发展观,贯彻执行党和国家的"科教兴国"发展战略和教育、出版方针、政策,以服务为宗旨,努力做好政府主管部门的助手、出版社与政府主管部门之间的纽带和桥梁,努力团结和组织全体大学出版社,共同研究出版工作,开展出版业务,进行对外交流,维护会员单位的权益,促进了大学出版社间的团结与协作,推动了大学出版事业的发展。

大学版协始终把自己的首要作用定位为纽带、桥梁和助手,积极组织和推动全国大学出版社学习党和国家的教育方针和出版方针,协助中宣部、教育部、新闻出版总署贯彻、落实党和国家的改革、发展规划和要求。

20年来,大学版协对新闻出版总署和教育部分期分批举办的高校出版社的社长、总编辑培训班,总是从人力、物力和其他资源方面给予支持和协助,除了大学版协的理事长、副理事长到培训班讲课外,还协助政府组织培训班的学员参观访问一些大学出版社,做好服务工作;1992年和1995年,先后两次协助国家教委进行大学出版社的评估试点工作,评估工作对国家教委全面掌握大学出版社的总体情况、更好地指导管理高校出版社工作意义重大;2002年8月,配合教育部社政司在青岛举行了部属高校出版社内部三项制度改革研讨会,推动三项制度改革的贯彻落实;近些年,在每年的大学出版社图书订货会期间都组织全国大学出版社社长大会,请教育部社科司领导传达精神、作出指示、指导工作。为切实落实新闻出版总署的国家重点图书出版规划,2005年8月大学版协在北京组织召开了全国大学出版社"十一五"选题规划研讨会,进行研讨交流。2003年,大学版协协助政府组织各大学出版社积极投入抗击"非典"的斗争,出版抗击"非典"和防治"非典"的图书和电子出版物,大力捐款捐物,受到党和政府的表彰,被民政部评为抗击"非典"先进全国社团组织。

大学版协还注意研究、听取大学出版社发展过程中存在的共同性问题和呼声,提出解决问题的意见和办法,及时向上级主管部门反映。多次协助上级主管部门进行专题调研,协调解决大学出版社发展过程中出现的各种问题。特别是近年来针对大学出版社体制改革和财税改革,大学版协积极协助中宣部、教育部、新闻出版总署进行大学出版社专题调研,多次组织座谈会和研讨会倾听、汇集各社的意见和建议,保证了财税改革的顺利进行,促进了大学社全面转企改制的思想和方案准备以及试点工作的顺利进行。

大学版协注重发挥协会的团体和平台作用,努力团结和组织全体大学出版社,共同研究出版工作、开展出版业务,开展了大量工作和活动。

为推动各大学出版社的建设、工作与发展,大学版协多年来在大学出版社发展战略、编辑和选题策划、图书营销和物流、经营管理、财务工作、办公室工作、电子音像出版、数字出版、网络建设、装帧设计、维护权益、代办站工作等方面,组织了大量的研讨和交流。特别是在中国加入WTO前的2000年和进入新世纪的2001年,大学版协先后两次在北京组织召开了社长参加的战略发展研讨会,研究我国出版产业面临的新挑战和可能带来的机遇,以及大学出版社的发展战略、模式和办社思路,明确了大学出版社要根据各社所处学校环境和发展阶段采取不同的发展模式,大社大而强、中社中而特、小社小而专的特色发展思路。有些研讨会,如三年一届的"全国大学出版社营销论坛",已办出品牌。

为适应出版业发展对各种出版人才的需求,大学版协按计划举办各种类型的培训活动,先后举办过编辑、出版、发行、财务、行政管理人员的业务培训,通过培训使出版社的各类人员在思想认识和业务水平上都有明显提高,推动了出版社人才队伍建设。

为促进各大学出版社的图书发行,大学版协从1989年起开始举办全国大学出版社图书订货会,至今已成功举办了19届。一年一度的大学图书订货会,其功能已由早期的以看样订货为主,逐渐演变为展示大学出版业出版成就、推出新版教材图书、开发发行市场、建立销售渠道、交流出版发行信息、研讨出版问题的综合性舞台,在业内形成了一定的影响力。为了解决高校教材、学术著作发行难的问题,1993年5月,成立了由大学版协领导的"高等学校出版社图书代办站服务中心",至今已在全国建站八十余家,整体发行码洋超过10亿元,形成了具有一定规模和实力的高校教材图书发行网络,改善了教材图书发行渠道不畅的状况。

为加强信息化建设,推动大学出版社的联合协作,2002年8月,全国大学出版社公共门户网站"中国高校教材图书网"开通运行。中国高校教材图书网是集信息发布、电子政务、电子商务多功能于一体的网络平台,已经成为展示大学出版社整体形象和风貌的窗口,出版物和信息的发布中心,教育部社科司对全国高校出版社管理的电子政务中心,以及以大学出版社图书零售为主的电子商务平台。截至2007年8月16日教材网开通五周年,网站总访问量达到16197715（1620万）人次,在线书目104259条(包括所有大学出版社的在销图书),共发布各类信息19918条,已经成为独具特色的知名品牌网站。

为加强信息沟通、业务交流和学术研究,1994年大学版协创办了面向国内外公开发行的专业期刊《大学出版》杂志,到目前已出刊54期,以高水平、有特色的文章受到领导的重视和业界的欢迎。协会不定期编发的内部信息资料《大学出版信息》,至今已印发383期。协会还几年一卷地编辑出版《中国大学出版社概览》,它是全面记录和反映大学出版社发展足迹和成就的大型工具书,具有积累和保存资料、了解和研究大学出版社发展历程的重要作用。

为检阅大学出版社的出版成果,促进图书精品化战略的实施和图书质量的不断提高,大学版协组织开展了多项评奖活动,两年一次有计划地进行"全国大学出版社优秀畅销书奖"和"中国大学出版社书籍装帧设计奖",有力地推动了图书质量和装帧设计水平的显著提高。大学版协组织的装帧设计人员"走长征路"学习采风活动,受到了各界的好评。

为响应图书出版"走出去"战略,了解和借鉴国外出版业先进经验,加强与海外出版社的版权贸易,大学版协多次组织会员单位参加法兰克福、美国、东京等国际书展,参加中国台湾、香港书展,访问国外著名大学出版社,进行交流;与日本、韩国大学版协每年举办中日韩三国大学出版社研讨会,与美国大学版协进行不定期研讨交流。近年来,在加强中国大学出版社与国外著名出版社图书版权贸易方面,尤其是学术著作和高校教材的引进和输出方面,大学版协做了大量卓有成效的工作。版权贸易,对外交流与合作,扩大了我国大学出版社及其图书的国际影响,学术著作和高校教材的引进和输出取得迅猛发展,2006年,全国大学出版社引进版权3139项,输出版权522项,比1987年有了数倍的增长。

为加强行业自律和自身规范、维护大学出版社合法权益,2003年大学版协增设了维权工作委员会,2005年8月在北京举行了以"出版社专有出版权及合同文本与操作"为主题的首届全国大学出版社维权工作大会。

大学版协还积极组织大学出版社开展社会公益活动,多次配合教育部向边远、贫困地区学校捐赠图书,数次组织向革命老区、贫困地区学校和在大学出版社图书订货会上向当地学校捐赠图书,各出版社积极踊跃参与,捐赠了大量优质图书,支援了这些地区的教育工作,也树立了大学出版社的良好形象。

作为教育部主管、建立在高校和教育行政部门、以出版高校教材学术著作为主要任务的出版单位,全国大学出版社在中国大学出版社协会的平台上,团结协作,相互学习、支持,共同研讨发展大计和思路,相互交流和借鉴工作经验,在大学版协的组织下一起开展学习、培训、研讨、交流、营销等方面的大型活动,增强了大学出版社的竞争力和影响力,树立了大学出版社的整体形象,也使各出版社得到了发展进步,造就了大学出版业的辉煌。

今天,中国大学出版社协会会员单位已从1987年建会时的81家发展到108家,其中属于综合类的30家,文科类的19家,理工类的44家,师范类的11家,教育部直属出版社4家,今年又有4家新批建的大学出版社加入我们的行列;大学出版业已从建会时的体系初步形成,走向了蓬勃发展的新阶段,2006年全国108家大学出版社共出书71681种,与1987年全国81家大学出版社出书8893种相比,增长了近10倍,出书总码洋达到173.22亿元人民币,销售码洋162.20亿元人民币,销售收入超过93亿元,实现利润逾18亿元。全国大学出版社已经形成布局基本合理、出版物学科齐全、图书和电子音像数字立体化出版、经营管理更加科学规范的新格局。大学出版业已成为国家出版事业和高等教育事业的重要组成部分,出版业的一支重要方面军。

回顾和总结大学版协的发展,如果说我们起到了应有作用,取得了一定成绩,那么应该说主要得益于以下几个方面:

首先是得益于上级领导机关对大学版协工作给予的极大关心、指导和支持。中宣部、教育部、新闻出版总署等上级领导机关一贯重视和支持大学出版社的建设、改革和发展,重视作为大学出版社行业组织的大学出版社协会的建设,指导协会积极发挥桥梁、纽带作用。教育部社科司是大学版协的上级业务主管机关,教育部社科司及其出版管理处的领导十分关心、直接指导大学版协的工作。中宣部出版局、新闻出版总署和中国出版工作者协会等上级领导部门的领导同志也都十分关注大学版协的工作,他们在把握方向、实施政策和工作安排等方面都给予了多方面的指导和有力的支持。民政部和教育部办公厅等社团管理机构,也十分关心和支持大学版协的工作。所有这一切,为我们工作的顺利开展提供了有力支持和保障。

其次是得益于各个会员单位的积极支持和帮助。大学版协不是大学出版社的领导机构,而是行业性的服务机构,学习、研究和服务是大学版协的职能,为各个会员单位和为发展大学出版事业服务是大学版协的宗旨。因此大学版协开展各项工作,都尽可能听取各常务理事单位、会员单位的意见和建议,尽可能地反映大学出版社的整体意志和要求;每次重要活动和重要工作都是大家共同参加,而且很多会议和活动是由我们的会员单位直接承办的。正是各会员单位的鼎力支持、群策群力,才使大学版协不仅很好履行了自己的使命、有效开展了工作,而且成了全国大学出版社沟通感情、相互学习、合作发展的团结和谐的大家庭。

再次是得益于大学版协的规范建设和扎实工作。大学版协自组建之日至今,一直注重依法规范建会,协会制定有《中国大学出版社协会章程》和《中国大学出版社协会工作规程》,并根据形势的发展和会员单位的需求适时进行修订,保证了大学版协的遵章守法办事、规范有序工作。协会一贯注重围绕党和政府的中心工作、结合大学出版社发展的实际,扎实、务实、积极地开展各项工作,追求实效,绝不搞花架子和形式主义,我们的大学出版社图书订货会多年来一直坚持不搞开幕式、不送礼、不旅游的"三不主义"就是典型的一例,受到了各大学出版社、上级领导机关、社会各界的一致好评。我们认为,务实规范,工作才有实效和实绩,才能获得大家的支持,各大学出版社也才需要大学版协这个"家"。

大学版协的工作能够取得今天的成绩,协会能够得到不断的进步和发展,还得益于一代一代大学出版人、一代一代从事大学版协工作同志的共同努力。协会的老领导、老同志以他们的开拓意识、敬业精神和出色工作,开启了我们的事业,打下了良好的发展基础。

在此,我要代表大学版协和全国大学出版社,向中宣部、教育部、新闻出版总署、民政部等上级领导机关多年来对大学版协工作和全国大学出版社的极大关怀、指导和支持,表示衷心的感谢!代表大学版协和全国大学出版社,向大学版协的老领导、老同志对协会工作和大学出版事业作出的杰出贡献表示衷心的感谢,向他们致以崇高的敬意!代表大学版协向全体会员单位领导和员工对协会工作的一贯积极参与和支持表示衷心的感谢!还要代表大学版协和全国大学出版社,向长期以来一直关心和支持我们的业内各大媒体,表示衷心的感谢!

各位领导,同志们,在大学出版业发展的每一个重要阶段,中宣部、教育部、新闻出版总署都会主持召开全国大学出版社工作会议,为大学出版社的建设、改革和发展明确方向、制定方针、规划模式。刚刚闭幕的第六次全国大学出版社工作会议,又是在出版体制改革的重要时刻,是一次非常重要、非常及时的会议。这次会议全面总结了第五次全国大学出版社工作会议以来大学出版社的工作,深刻分析了当前大学出版社面临的机遇和挑战,明确制定了"十一五"时期大学出版社工作的指导原则、发展目标和主要任务,提出了"认清形势、统一思想、促进高校出版社更好更快发展"的新要求。大学出版社在过去三十年,经历了创建兴办、巩固提高、蓬勃发展几个重要阶段;目前,出版体制改革和第六次全国大学出版社工作会议,又给大学出版业带来了新的发展机遇和发展动力,必将开启大学出版社发展的又一个崭新阶段。

为认真学习、全面贯彻落实第六次全国大学出版社工作会议精神,中国大学出版社协会应该按照国务院办公厅2007年5月13日发出的《关于加快推进行业协会商会改革和发展的若干意见》(国办发〔2007〕36号)的精神和规定,按照上级领导机关的要求,努力加强自身建设,充分发挥好自己的作用。我们要进一步强化大学版协的行业性质和市场化定位,进一步加强服务、拓展服务功能。作为行业组织机构,要适应新的现代出版企业制度,建立出版产业背景下的工作机制,使协会的建设和工作与大学出版业的发展协调一致,更有效地开展各种有利于大学出版社建设、经营和发展的活动,解决大学出版社在实际工作中遇到的矛盾和困难,维护大学出版社的利益和权益,代表行业向政府反映共同的诉求,切实起到出版社与政府间的桥梁、纽带和行业组织的作用。

大学版协将团结和组织大学出版社抓住改革发展的大好机遇,以邓小平理论和"三个代表"重要思想为指导,全面贯彻落实科学发展观,与时俱进,积极投身出版体制改革,实现战略转型,争取新的更好更快的发展。相信在上级领导机关的关怀和指导下,在全国大学出版社的共同参与和支持下,通过我们的不懈努力,大学版协的工作一定会做得更好,发挥出更大作用,为大学出版事业作出更大贡献!

中国出版工作者协会常务副主席谢明清的讲话

尊敬的杨司长,尊敬的各位领导、各位同仁:

在中国大学出版社协会成立二十周年之际,我代表中国出版工作者协会向大学版协表示热烈祝贺!向长期从事大学版协工作,并作出重要贡献的老领导、老同志表示由衷的感谢和慰问!

刚才李家强同志的讲话使我深深地感受到:中国大学出版社协会自成立以来,在中宣部、教育部和新闻出版总署的领导下,始终不渝地坚持正确方向,站在理论与实践相结合的高度,以服务为宗旨,高瞻远瞩、锲而不舍地开展了大量开拓性的工作。特别是在贯彻科教兴国发展战略和教育出版方针政策,努力做好政府与主管部门的助手,团结和组织全体大学出版社共同研究出版工作、开展出版业务、进行对外交流、维护会员单位的合法权益方面,成绩显著,为业界同仁所称颂。

中国大学版协二十年来所积累的工作经验,以及所体现的与时俱进的精神、朴实严谨的作风、淡泊名利的品德,是我们出版行业各个社团、组织共同的精神财富,作为中国出版工作者协会,我们将结合我们的工作实际,努力学习、认真借鉴,以实际行动来感谢中国大学出版社协会对我们工作的大力支持和热情帮助。

前不久,国务院办公厅下发了《关于加快推进行业协会商会改革和发展的若干意见》。我们在学习领会这个文件的时候,大家认为:这是迄今为止政府管理部门最高层次对行业协会发展和改革提出的意见,十分重要,要认真学习。在《意见》中,要求各社会团体、组织以邓小平理论和"三个代表"重要思想为指导,全面贯彻落实科学发展观,在发挥桥梁纽带作用、加强行业自律、履行服务宗旨、开拓国内外市场方面要做出新的努力,取得新的进展,获得新的成果。这是党和政府对新时期行业协会工作提出的更高要求。面对新形势、新任务,我们要进一步增强政治意识、大局意识、使命意识,按照政府主管部门的要求和部署,努力加强思想建设、组织建设和业务建设,不断提高我们的工作能力和服务水平。我们协会之间要进一步团结协作、互相支持。

中国出版工作者协会和中国大学出版社协会之间,在协作和互相支持方面合作是很有成效的。远的不说,就说今年以来,我们相互协作、开展的工作,我认为是很有成绩的。我们两个版协的装帧委员会,历时十年,行程三万多公里,走了一百多个点,把二万五千里长征路走完,今年出版了图文并茂的《感悟长征》画册。这个工作,我认为在出版界是一个标志性的工作。另外我们两个协会还正在合作举办中青年编辑技能大赛,参加的编辑有300余人,同时还要颁发中华优秀出版物的各种奖项,包括图书奖、新媒体奖和论文奖。这个工作也得到了大学版协的支持。第三个是中国版协受新闻出版总署委托即将进行政府奖的装帧奖评奖工作,我们会继续和大学版协合作做好这项工作。要做好政府主管部门赋予我们的使命和各项工作,需要中国版协和大学版协共同完成,所以我们要进一步团结合作、互相支持,以良好的精神状态,认真做好行业协会的各项工作,以实际行动来迎接党的"十七大"胜利召开。

最后,我衷心祝愿中国大学出版社协会在教育部和新闻出版总署的领导下,为开拓协会工作新局面作出新的努力,为我国教育和出版事业的繁荣、发展写出新的篇章!

谢谢大家!

和谐的团体　精神的家园

复旦大学出版社社长　　贺圣遂

尊敬的各位领导、各位前辈、各位朋友:

大家好。今天我们欢聚一堂,共同庆祝中国大学出版社协会成立二十周年,这是中国出版界和中国大学出版界的一件盛事。二十年来,乘着改革开放的东风,伴随中国书业的繁盛,中国大学出版社协会带领大学出版社创造了世界大学出版的奇迹,实现了为大学教学科研服务和推动学术进步的目标,为中国出版业增添了一道靓丽的光彩。

中国大学出版协会是我们共同的家园,为我们共同的事业的发展和进步发挥了很大的作用。首先它是政府与各大学出版社联结的纽带。通过大学版协,中央和地方各级政府领导部门能够及时了解、获知全国各大学出版社的需要、愿望与困惑,并为大学出版社的健康、稳定和持久发展提供了全面、周到和富有针对性的政策支持;各大学出版社将发展过程中获得的进步、取得的成绩、遇到的问题,也因为大学版协的努力,得到上级领导的重视、表彰和帮助。大学版协真正起到了联通上下、服务会员的纽带作用。

中国大学出版社协会是团体内部交流、相互融通的平台,是和谐的团体。二十年来,早期的大学出版社会员在大学版协的支持和帮助下一步步发展壮大,新近的大学出版社会员在大学版协的关心和爱护下发生着日新月异的可喜变化。此外,大学版协还筹办了全国性的订货会、高校出版社出版物的各项评比、大学出版工作的各种研讨、论坛等一系列活动,通过这些活动,全国各大学出版社得以相互交流、切磋,取长补短,联系更加密切、交流更加充分、进步也更加迅速。针对中国大学出版社的特色,大学版协促成了许多符合大学出版社运作特点的规章制度,为大学出版社的顺利发展铺平了道路。

中国大学出版社协会也是中国大陆出版业与海外出版业沟通的桥梁。大学版协组织的出国考察项目,使众多的大学出版人走出国门,放眼世界,开阔了视野,吸取了经验,增长了才干;中日韩大学出版论坛的创设,为东亚三国大学出版界提供了持续对话的机制,使三个国家的大学出版人相互启迪、共同进步、不断发展;海峡两岸三地的出版交流,不仅密切了大陆大学出版社与港澳台出版业的联系与合作,更使血脉相连身处两岸三地的华夏儿女的心凝聚在一起。在全世界范围内看,中国的大学出版社有着浓郁的中国特色,其迅速成长和超常规发展的过程堪称奇迹。大学版协在对外宣传中国大学出版社运作特点、经营成效方面做了很多有益的工作,使国外出版业同行对中国大学出版社有了越来越多、越来越全面的认识。我们希望大学版协进一步加强与海外出版社,尤其是欧美出版社的交流与合作。欧美出版社,特别是欧美的大学出版社,历史较长,在学术出版方面积累了丰富的经验,创造了令人瞩目的成绩,汲取欧美出版社在学术著作出版方面的经验,对推动我国大学出版社的全面发展是非常有意义的。

二十年的光阴,中国大学出版社协会与中国大学出版社一道见证了中国出版业的辉煌,谱写了华丽篇章。在大学版协的努力和支持下,大学出版社不断取得进步,开创了令人羡慕的精彩事业。在此,我们衷心地祝愿走过二十年光辉历程的中国大学出版社协会,在未来的日子里走得更精彩!大学版协一定能够协助指导我们认真切实解决好当下出版社的改制任务及各项新形势、新条件下的新任务,为繁荣建设中国的大学出版起到更多的推进作用。也特别感谢版协各届领导对于复旦社的各项支持和指导,同时衷心感谢各成员单位、兄弟出版社对于我们的友谊和支持。再次敬谢!

大学版协的历史回顾与传统精神

中国大学出版社协会前常务副理事长　　高旭华

尊敬的各位领导,尊敬的各位朋友,同志们:

很荣幸参加这次庆典大会。在此,我代表协会老同志衷心祝贺中国大学出版社协会成立20周年。

20年来,特别是近几年来,在上级领导的关心、支持下,在协会全体成员的共同努力下,大学版协在推动我国高校出版事业方面发挥了不可替代、不可或缺的作用,可喜可贺。作为一个老同志,此时此刻我的心情有两种,一种是欣慰之情,一种是追昔之情。中国有句老话,叫做"抚今追昔",恰恰符合我此时的心情。看到今天版协所取得的出色成绩,当然内心感到欣慰、高兴,但又不免回忆过去,浮想联翩。借此机会,我想讲两个问题,一个是大学版协20来年,特别是近15年来,我所经历、了解的过程;第二个是我们大学版协多年以来形成的传统精神。

第一个问题,我想讲一讲我们协会经历了哪些过程。我是1999年卸任的,我想从1987年协会成立到1999年这十几年,协会的发展过程大体可以分为三个阶段。

第一个阶段,叫做前期阶段。协会最初成立时,叫做"大学出版协会",是在各个地区协会的基础上形成、建立起来的。1985年的前后,华北、华东等各个地区自发地建立起了大学出版社的协会组织,也没有经过谁批准。各地协会组织成立以后,各自开展了许多活动。在这些活动中我想举两件值得记忆的事情。一件是华东地区在上海的同济大学举办了一个书市,叫做华东地区大学出版社书市。上海市委书记江泽民同志参观了这个书市,而且题了词,叫做"立足高校,面向社会,搞好大学出版工作"。虽然江泽民同志在当时是上海市的第一书记,但我想这不仅是对上海和华东地区大学出版社的重视,而且应该说是对我们大学出版的重视。第二件事情,是1986年第一次大学出版社工作会议之后,北京地区大学版协受教育部的委托,召集全国大学出版社以团体的形式参加了9月开幕的第一届北京国际图书博览会,当时全国66家大学出版社,有60家参加了,展出了1000种书,我们还一起印了书目,这是我们第一次集体在国际博览会上亮相,也是我们面向世界的一种体现,受到了各界的重视。当时的国务院副总理兼国家教委主任李鹏同志亲自到大学出版社展台参观,给予了赞许,我们还留下了照片。所以说,我们虽然是各个地区的版协,是分散的,但是我们做的事情,有些还是很有特色、很有水平的。由于我们大学出版社作为群体开展和参加许多活动,已经形成一种群体的力量了,而且1986年召开了第一次大学出版社工作会议,这一切对我们大学出版协会的形成、建立,起到了一个促生的作用,自然而然地就要求我们成立大学出版社协会,可以叫做应运而生。

第二个阶段,叫做始创阶段。这一阶段时间不长,大致从1987年6月到1991年。1987年要成立大学版协,最初碰到的主要问题,是要找一个挂靠单位,而且是办一级协会还是二级协会,一级协会能不能办成?我们多次去找中国版协、新闻出版署和教育部,最后我们挂靠到中国教育协会,属于二级协会。我们叫大学出版社协会,没有"中国"两个字,虽然是二级协会,但是实际相当于一级协会独立地开展工作,发挥独立的作用。到1991年,经过教育部和我们协会的共同努力,民政部批准,在第三次大学出版社工作会议之后,协会冠上了"中国"的字样。大学出版社协会的性质,经请示,希望办成一个松散性、学术性、研讨性的协会,性质跟中国教育协会差不多。从1987年到1991年间,我们开展的活动主要是根据朱开轩同志讲话的精神,以研究问题为主,围绕大学出版社当时关心的热点、难点、焦点开展研讨活动,包括经验交流。当时的热点问题,现在回忆起来,主要是"三座大山":一个是竞争压力的"大山",在强手如林的情况下,大学出版社如何在图书市场上抢占一席之地;第二个是经济压力"大山",一方面要上缴利润,一方面是自己要生存发展;第三个是内部压力"大山",内部的管理、分配等方面矛盾很多,机制的建设有待形成和完善。因此我们就研讨出版社如何办出自己的特色来,求得生存和发展;如何在两个效益中求得发展,增加经济实力;如何建立与责权利相结合的一种管理制度、责任制度来。与此同时,我们在1989年也办了订货会,带有经营性的活动也开展了起来。

第三个阶段,叫做转型阶段,大致是从1992年到1999年。从国家来说,国家从计划经济体制转向为市场经济体制,是一个大的转型;从我们协会来看,从松散性、学术性的定位逐步转向成行业性的协会,也是个转型,我们协会的转型是与国家形势、国家政策相适应的。我们的各出版社也处在转型当中,主要是三个转型:一个是出版社切实地转向生产经营型;二是编辑从坐等书稿的文字编辑逐步转向策划编辑,从学者型转为复合型;三是发行工作从单纯的卖书发书转为营销。这些转型都是与市场经济相适应的。我们协会为了这些转型开展了很多活动,如开策划编辑会,开发行工作会,举办订货会。此外协会也做了一些独立性、开创性的工作,如自己出版《全国大学出版社概览》,创办《大学出版》期刊等。我们还协助教委对大学出版社开展了评估工作。

  协会这十几年的发展历程和我们所做的工作,说明我们大学版协之所以有今天,是多方面努力的结果。首先是主管部门给予的指导和关怀,其次是我们各个出版社对协会工作的支持,再有就是有一帮热心出版事业和协会工作的人的操办。当然,归根结底是时代的需要,是实践的发展,没有国家的改革开放,没有大学出版社队伍的兴旺,也就不可能有大学版协组织的成立。为此,我们协会要回报社会,回报实践,为大家服务,搞好版协的工作。从我自己来看,在版协工作的这么多年,确实感到很愉快、很欣慰。我这些年做了一些微薄贡献,但也有一些遗憾。遗憾在有些工作没有抓住机遇办好,主要有以下几项工作:一个是精品库,本来版协有条件把这些样书集中起来,特别把获奖的书集中起来,建立一个精品库保存起来,需要委托一个图书馆,当时也已经有了眉目,但是由于人事的变化,教育部发了一个文件说出版社不用给版协发样书了,这样我们就办不成了。还有一件事情,是版协准备办一个类似于"邹韬奋"奖的优秀编辑奖项目,以教育家、出版家、教育部副部长叶圣陶命名,后来因为人事变化和其他原因给耽搁下来了。另一件事情,利用暑假期间组织退休的老同志疗养、搞点研究,在研究的基础上,能不能写出大学出版的发展史,这个事情需要出版社在经费上给予支持,有些出版社不大同意,所以也耽搁下来了。也许我提出的这些问题是梦想,当然我希望将来这些梦想能够成真。

  第二个问题,谈谈大学版协的传统精神。我从事大学版协工作十几年,回顾协会的建设和发展,我感到我们还是培育、形成了一种协会精神,这种精神不简单是一种经验的总结,而是理论与实践结合的总结,是富有个性、让人感悟得到、有历史积淀并且文字凝练的总结。我想这种精神概括起来就是一个"协"字,它包含协助、协力和协商三个层面。

  第一是"协助"。在发展大学出版事业当中,我们不是主体,出版社是主体,主管部门作为指挥部门也是一个主体,我们只能算是助手作用,或者叫做绿叶作用、配角精神。这种协助具体来说是服务精神,就是服务职能,为大局服务,为贯彻党的出版方针服务,为高校出版社服务。

  第二是"协力"。我们大学出版社要同心协力,形成一种合力,这种合力又大于个数的简单相加。版协之所以能整合大学出版社形成合力,关键在同心上。同心才能协力,我们大学出版社有很多同心的地方,有很多的共同点,比如说我们同样地在为教学科研服务,有一个共同的方针,共同的服务对象——为教师、为学生服务,共同的一个图书市场——教育图书市场,我们还有一个共同的"婆婆"——教育部主管部门,而且是一个开明的好"婆婆"。正是由于我们有许多共通点,所以我们有共同的目标,共同的思想,共同的利益,我们才能协力。协力体现在许多方面,比如我们每年的共同的团体经营性活动——订货会,图书订货会已经成为我们大学出版社的大型盛会,它是多功能的,这个订货会也体现了我们大学出版社的实力,它的整合力、凝聚力;还有我们大学出版之间的互相协作、支援,我们一些老社就曾经支援过新疆大学出版社。版协的特点,它是个群众性的组织,自愿参加活动,不能靠行政手段,这就要求我们要靠办实事、求实效,而不是靠下一个文件、靠行政的办法,来吸引大家来协作,形成一种力量。

  第三是"协商"。版协是群众组织,必须要民主办会,大家的事情大家办。我想这一点要从这么几个方面来把握:一个我们不是简单地行使民主集中制,更不能实行行政的办法,协会有个民主集中制,也是委员会制,但是这种民主集中制不是简单地靠服从多数和投票解决问题,选举领导成员是要靠投票的,但商量问题、决定问题的时候,我们对多数要服从,对少数要尊重,大家商量来取得共识、形成行动。第二个协商是解决矛盾的最好方法,一百多家出版社既有合作的一面,也有竞争的一面,对竞争中产生的矛盾,通过协商、沟通是可以化解的。第三条是在协商当中我们增进了感情,毛主席在党委会的工作方法里面讲到过这么一句话,就是在领导班子当中,支援、谅解、友谊比什么都重要。这一点我深有体会,支持、谅解,友情、友谊,核心的就是友谊,有了友谊,彼此间就能相互谅解、支持,办了错事,也可以相互弥补。我想就是一句话:协商出智慧,协商出办法,协商出友谊,协商出团结。

归纳这"三协",头一个协,是我们的根本宗旨;第二个协,是我们的根本特征;第三个协,是我们的根本工作方法。

我今天提出这个"协"字精神,只是抛砖引玉,目的是希望引起同志们的讨论,研究我们版协多年来有一种什么精神,什么传统作风,总结概括出适合我们自身特点、内涵丰富、文字又简练的我们版协的精神来。这种精神来自于实践,又会推动实践,在这种精神的引领下,推动我们大学出版社工作的发展,同时又要与时俱进,使我们版协的精神进一步得到弘扬,内涵不断得到充实。

最后感谢领导和同志们对我们的关心和厚爱。我想借用并化改白居易《长恨歌》末尾的两句话"天长地久有时尽,此恨绵绵无绝期",来表达我对大学出版社、大学版协、大学出版事业,以及对大家的感情,就是我们合作共事有时尽,友好情意无尽期——此"情"绵绵无绝期啊!

中国大学出版社协会在北京举办大型座谈会 隆重纪念改革开放三十周年

高校出版社伴随着国家改革开放的步伐,不断改革、创新,由小到大,由弱到强,赢得了巨大的发展。2008年12月10日,中国大学出版社协会在北京举办大型座谈会,全国百余家高校出版社聚集一堂,隆重纪念改革开放三十周年,回顾、总结高校出版业的发展历程,畅想、规划美好的前景和未来。教育部社会科学司杨光司长、徐维凡副司长,新闻出版总署出版管理司吴尚之司长等领导出席会议并发表讲话。杨司长、吴司长在讲话中充分肯定了全国高校出版社与时俱进、开拓创新所取得的成就,要求高校出版社努力学习邓小平理论和"三个代表"重要思想,全面贯彻科学发展观,深化体制改革和机制创新,为教育事业、出版事业和社会作出更大贡献。徐副司长对当前高校出版社体制改革工作中的重要问题进行了阐述,提出了指导性意见。

在纪念大会上,大学版协理事长、北京大学出版社社长王明舟讲话,全面、系统地回顾、介绍了高校出版社改革、发展三十年的成就和经验。他指出:"中国大学出版业近三十年来的健康快速发展,不是无源之水、无本之木,而是有着深厚的社会经济基础和改革开放的巨大推动力。"他把这个原因总结为四点:一、经济社会大环境造就了我国大学出版业的健康快速发展;二、体制改革和机制创新为大学出版业健康快速发展提供了强大动力;三、人才和人力资源是大学出版业健康快速发展的决定性因素;四、党和政府的扶持与支持是推动大学出版业健康快速发展的根本保证。

在纪念活动中,大学版协举行了"首届高校出版人荣誉奖"颁奖仪式。大学版协副理事长兼秘书长、对外经济贸易大学出版社社长刘军宣读了《中国大学出版社协会关于颁发"首届高校出版人荣誉奖"的决定》，对42位在大学出版社改革发展中作出突出贡献、现已离任的高校出版社社长、总编辑进行了表彰。

座谈会上，中国人民大学出版社、华东师范大学出版社、清华大学出版社、外语教学与研究出版社、武汉大学出版社、北京语言大学出版社、东北财经大学出版社、教育科学出版社的社长做了大会发言，介绍了他们各自出版社的改革、发展情况和经验。

许多出版社带来近年出版的优质、品牌图书，在纪念活动中进行了展示。

盛会 盛业 盛情
——写在高校出版社纪念改革开放30周年座谈会召开之际

曹 巍

12月的北京，寒风料峭，京城的第一场瑞雪带来了冬的祝福，也迎来了中国大学出版社纪念改革开放30周年喜庆的日子。12月10日，高校出版社纪念改革开放30周年座谈会在北京隆重召开。来自全国大学出版社的近百位代表和数十位为大学出版事业作出贡献的老同志齐聚一堂，共同见证改革开放30年来大学出版事业的累累硕果，追忆和总结大学出版人共同走过的创业和改革之路。教育部社科司司长杨光、新闻出版总署出版管理司司长吴尚之参加了座谈会。

一、总结发展道路　坚定改革信心

教育部社科司司长杨光首先发表了讲话。他肯定了改革开放以来我国大学出版社所取得的辉煌成就，认为大学出版人抓住了教育事业快速发展、建立社会主义市场经济和文化体制改革的大好机遇，取得了骄人的业绩，值得大书特书，值得认真总结。他从高校出版社服务高校的教学科研、促进高等教育事业的改革和发展、积极探索内部机制改革和创新、推动中国出版"走出去"、品牌建设和人才队伍建设等几个方面，概括了改革开放以来高校出版社取得的成绩。在谈到高校出版社发展机遇时，他指出，党和国家高度重视文化建设，对文化教育事业的投入比例也在不断扩大，正在研究制订的《国家中长期教育改革和发展规划纲要》将会对未来12年教育改革和发展做出全面规划和部署，为高校出版社服务教育改革与发展提供了机遇。他要求高校出版社加快推进体制改革工作，通过改革形成巨大的发展动力，同时，也要在网络和数字信息技术方面先行一步，尽快实现产业升级。他最后分析了当前高校出版社发展过程中需要注意的问题和面临的挑战，明确提出了下一步的发展思路。他希望高校出版工作者进一步解放思想，提高认识，改革创新，优化产业结构，认真研究新形势下出版业发展趋势和出版业发展新模式，开创具有中国特色的社会主义高校出版发展之路。

新闻出版总署出版管理司司长吴尚之从高校出版社把握导向、繁荣出版、深化改革、产业发展等几个方面，高度评价了改革开放30年来高校出版社所取得的巨大成就。他从五个方面总结了30年来高校出版社发展历程和改革的基本经验，强调高校出版社必须处理好出版业意识形态属性与产业属性的关系，经济效益和社会效益的关系，改革、发展和管理的关系，发展的速度、规模与质量和效益之间的关系,校社之间的关系。他指出,高校出版社30年来发展的重要启示表现为:必须始终坚持正确的出版方向;坚持围绕大学、服务大学、服务教学和科研的办社宗旨;坚持科学发展观;坚持解放思想、深化改革;坚持文化创新和出版创新;坚持人才和队伍建设。他希望各出版社负责同志认真落实中央关于进一步深化文化体制改革的精神,勇敢面对挑战,做好明年的出版工作。

二、30年改革路 30载出版情

中国的大学出版社成立于改革开放之初,从创办之初的艰难起步到今天,大学出版人改革探索的步伐从未停止过。事业单位企业化管理模式、社长负责制、项目负责人制等都是最早发端于大学出版社的。经过30年的不懈探索,大学出版人逐步走出了一条适合中国大学出版社发展的独特道路,整体上已经形成学科门类齐全、地域布局广泛的高校出版体系,在中国出版业中占据重要的位置。这其中蕴含了几代大学出版人的理想和追求,正是他们追逐梦想的执着,才铸就了大学出版事业的辉煌。为了更好地展示改革开放30年来中国大学出版社取得的成就,中国大学版协理事长、北京大学出版社社长王明舟代表大学版协做了重点发言。会议还特别安排中国人民大学出版社、东北财经大学出版社、北京语言大学出版社、华东师范大学出版社等八家不同类型的大学出版社的社长进行专题发言。社长们的精彩发言,赢得了与会同仁的一致好评。

大学版协理事长王明舟从改革开放以来大学出版社的创立和大学出版业体系的形成、大学出版业的健康快速发展、大学出版社新转型阶段几个方面,全面回顾和总结了中国大学出版社30年来所走过的艰难创业发展之路和取得的巨大成就。结合大学出版社30年发展历程,他讲了几点深切体会,认为中国大学出版业之所以健康快速发展主要得益于经济社会大环境、得益于体制改革和机制创新、得益于人才和人力资源、得益于党和政府的扶持与支持。他表示,在几代中国大学出版人奠定的基础上,大学出版人一定能够抓住机遇,克服困难,再创辉煌。

中国人民大学出版社社长贺耀敏认为,人大出版社的发展历程折射出中国大学出版社由小到大、改革发展和壮大的过程。他从中国大学出版事业异军突起、大学出版与改革开放相互扶助发展、大学出版肩负的特殊使命和发挥的特殊功能几个方面,论述了30年来大学出版事业已成为我国出版事业重要组成部分和生力军。在文化出版事业大发展大繁荣背景下,大学出版社事业面临蓬勃发展的历史机遇,他呼吁大学出版社应加强多种形式的协作与联合,提升大学出版产业总体方阵的竞争优势;坚守大学出版的崇高追求,坚定大学出版事业的理想与追求;紧密追踪科学技术前沿,促进传统出版向现代出版的转型。他相信在改革、发展创新的时代精神召唤下,当代大学出版人一定会作出新的更大的贡献。

东北财经大学出版社社长方红星结合东财大出版社不断突破、准确定位、最终走上专精特发展道路的历程,谈了自己对出版社坚持改革创新、坚持特色发展之路的深切感悟。他认为,在文化体制改革新形势下,当务之急是要进一步强化专精特的发展思路,进一步优化图书结构,大力拓展其他介质媒体出版业务,进一步理顺体制机制。展望未来,他强调专业型、中小型出版社唯有创出特色,形成专长,才能充分发挥自身优势,找到自己的生存空间和发展道路。针对日益严峻的出版形势,他提出了一些积极的应对策略。

北京语言大学出版社社长戚德祥深刻阐释了汉语教材推广对落实国家"走出去"战略的重要意义。他重点介绍了北语社积极探索新形势下汉语教材国际推广的途径和方法。他从构建立体化发展体系、研发适合"走出去"的立体化精品、版权输出与管理立体化、搭建立体化营销渠道、实施网络出版和网络汉语教育几个方面,全面论述了北语社构建立体化发展体系、实现图书"走出去"的总体规划。

华东师范大学出版社社长朱杰人首先回顾了中国大学出版 30 年从无到有,从孱弱青涩到蓬勃发展的历程。他以国外著名大学出版社致力于学术传播与教育发展的办社目标为例,指出学术出版应是中国大学出版社永恒的追求。他认为,30 年来中国大学出版社始终坚持社会效益第一的办社宗旨,坚持把出版高水平的学术著作当做出版社的精神追求和品牌目标。他从中国大学出版社鲜明的中国化特性、主动融入市场、国家对其政策扶植等几个方面,分析了中国大学出版社快速成长的原因,并提出当前大学出版社改革发展中需要特别重视的体制问题、政策问题和所得利润如何回归本业等问题。

清华大学出版社社长宗俊峰结合清华大学出版社 28 年的发展历程,提出了建设世界著名大学出版社的发展思路。他认为,建设世界著名大学出版社必须知己知彼,准确定位;必须发挥自身优势,办出特色;必须以改革创新的精神努力实现跨越式发展;必须以开放的心态参与国际交流与竞争。他以清华大学出版社坚持学术为本、坚持出版物质量、坚持创新打造"清华版"图书的实例,指出在激烈的出版市场竞争中,中国大学出版社应重点考虑如何做到坚持学术为本,如何在激烈的出版竞争中稳立潮头,实现社会效益和经济效益的最大化的双重目标。这对全球大学出版社都是一种挑战。

外语教学与研究出版社社长于春迟从改革开放以来外研社的发展变化、发展经验和下一步发展规划三个方面回顾和总结了外研社由小变大、由弱变强、由慢变快的发展过程。他将这种发展归结为实现规模化发展、深化内部竞争机制和管理体制改革、积极实施"走出去"工程、积极投身社会公益事业四个方面。他强调,坚持正确的出版导向,制定正确的发展策略和规划,处理好改革、发展和稳定的关系是外研社持续快速发展的关键。他指出,大力实施精品战略、努力实施信息管理化工程和人力资源优化工程、积极开拓新业务是下一步工作的着力点。

武汉大学出版社社长陈庆辉从市场化程度、经营方式、管理体制等方面入手,论述了以大学教材出版为生存和发展之本的大学出版社目前所面临的严峻挑战。他认为,随着社会出版集团向大学教材出版领域的进军,大学教材早已不是大学出版社的一统天下。在大众出版领域、数字化网络出版方面,大学社显得力不从心。大学出版人对此要有清醒的认识,要意识到大学出版社在国家文化战略和产业发展战略中肩负的重要使命。他结合武大出版社的特点,阐述了在教材出版、学术出版、大众出版、产业发展几个方面所作的积极努力。

教育科学出版社社长所广一以"改革、创新、发展"为题介绍了教育科学出版社的成长之路。他从树立先进出版理念和优化出版物结构、实施精品战略和打造教育品牌、实施人才强社战略、加强管理、实施"走出去"战略等六个方面,总结了教科社的发展现状与出版特色。他还从坚持科学发展观、积极推进出版发行体制改革、实施精品战略和人才强社战略等 10 个方面为出版社的未来发展规划了前景蓝图。

三、记录成长年轮　留住真情梦想

为纪念改革开放 30 周年,大学版协做了一系列准备工作。由大学版协组稿、北京大学出版社编辑出版、全国 100 余家大学出版社共同参与的大型纪念画册《高校出版社改革开放三十年》,在教育部主管部门和大学版协的悉心组织下,用了短短两个多月的时间就得以出版。这本装帧精美、内容丰富的画册记录了大学出版社成长的轨迹,展示了当代大学出版人的风采。本次座谈会另外一项重要议程就是举行"首届高校出版人荣誉奖"颁奖典礼。大学版协秘书长刘军宣读了中国大学出版社协会向原北京大学出版社社长麻子英等42位已经离开大学出版社社长和总编辑岗位、为大学出版事业作出过突出贡献的老同志表彰的决定,并举行了隆重的颁奖仪式。十几位年过花甲的老社长激动地上台领奖,他们是中国大学出版社的创建者,也是大学出版改革发展的见证人。会议期间,大学版协还组织了优秀图书展示活动,与会代表带来了各自出版社的精品图书现场展示,这些图书集中反映了近年来大学出版社实施精品发展战略的成绩。参展图书中西南师大出版社的《域外汉籍珍本文库》、北师大出版社的《中华艺术通史》、南京师大出版社的《中国思想家评传》、北大出版社的《经济学原理》、厦大出版社的《中国稀见史料》、北医出版社的医学教材和专著、人民大学出版社的经济学类图书等都代表了当代大学出版的最高水平,它们也是大学出版社服务高校、服务教育、服务社会的最好诠释。

30年春华秋实,30年日新月异。大学出版人一路走来,有艰辛、有困惑、有挫折、也有喜悦。历经风雨而又缔造辉煌的30年,有太多的东西值得回顾和总结。30年来,大学出版人以执著探索的精神坚持改革创新,向市场要效益,向管理要效益,服务大学、服务社会、回馈社会成为一代代大学出版人的不懈追求。在文化体制改革急速推进、出版业态深刻变化的新形势下,中国的大学出版社也遇到了前所未有的机遇与挑战,大学出版任重道远。"风雨多经人不老,关山初度路犹长",我们相信,经过市场洗礼的大学出版人会在今后的发展中不断调整发展战略,谱写更加绚烂动人的大学出版的华彩乐章。

解放思想　更新观念　推进高校出版社更好更快发展

教育部社会科学司司长　　杨光

今天,我们高校出版社的同仁们欢聚一堂,共同纪念高校出版社改革30年。我代表教育部社科司向大会的召开表示热烈的祝贺,向大家并通过你们向长期耕耘在高校出版工作第一线的同志们表示诚挚的问候,向在高校出版事业中做出突出成绩和获得"首届高校出版人荣誉奖"的同志们表示衷心的祝贺,向长期以来关心和帮助高校出版事业发展的有关部门和社会各界朋友们表示由衷的感谢!

今年是改革开放30周年。30年来,高校出版事业伴随着我国改革开放的脚步,走过了不平凡的发展道路。按照中央的部署,全国各条战线都在结合各自的实际纪念这个重要的日子。之所以要隆重纪念改革开放30年,我想原因主要有两点:

第一,辛亥革命、新中国成立和改革开放的伟大实践这三件事是近百年来中国最具重大意义的历史性事件。这三次革命改变了中国,影响了世界。改革开放30年,在中华民族发展史上意义重大,其价值与作用怎么估计都不过分。

第二,纪念改革开放30周年,需要肯定成绩,总结经验,也需要发现不足,找出问题和解决思路。刚才王明舟同志代表大学版协回顾了30年来高校出版社的发展历程和经验,讲得很好。30年来,高校出版社走出了一条中国特色的大学出版发展道路,在服务高校、服务高等教育、服务社会方面作出了突出的贡献,中国的大学出版在世界上也是独树一帜的,骄人业绩值得大书特书,认真总结。高校出版社大多是在改革开放之后成立的,新闻出版总署给予了大力支持和指导,特别是高校出版社锐意进取,不断努力,从小到大,从大到强,取得了令人瞩目的成绩。我想借此机会谈几点感想。

1. 高校出版人及时抓住了教育事业快速发展、建立社会主义市场经济以及文化体制改革的大好机遇,发展迅猛,规模迅速扩大,实力显著增强。高校出版社由改革开放之初的2家发展到现在的103家,销售收入、利润总额等在我国出版业中都占到相当的比重。2007年有6家高校出版社进入全国出版社销售收入前20名,其他高校出版社都有很好的表现,发展的规模、质量、水平都不断提高。

2. 高校出版社自觉地将高校出版融入高校教学科研之中,以促进思想文化创造和推动科技创新为己任,出版了一大批高水平的教材和学术著作。在课程改革和学科建设中大力实施精品战略,使各级各类教材逐步实现了多品种、系列化、多媒体、立体化,推动了教学内容的更新、传统学科的改造和新兴学科、交叉学科的建立,促进了教育事业的改革与发展。30年来高校出版社坚持正确的办社宗旨,为高等教育事业的改革和发展,为高校的教学科研、人才培养、服务社会作出了重要贡献。

3. 高校出版社积极探索内部机制创新,劳动、人事、分配和社会保障制度等项改革不断深化。高校出版社从建社开始,就改革了事业单位管理机制,实行企业化管理,在实践中探索出多种形式的用人机制,基本实现了全员聘用,按需设岗,促进了人员的合理、有序流动。多数出版社建立了以岗位工资和绩效工资为主要内容的社内分配制度,收入分配向优秀人才和关键岗位倾斜。通过机制创新,出版社内部组织结构、人员结构更加合理,运行机制更加灵活,创新活力不断增强,也为高校出版社进行体制改革创造了条件。去年,19家高校出版社率先进入第一批体制改革试点行列。一年来,他们积极探索、大胆实践,取得了阶段性成果。通过体制改革,出版社的经营自主权更大了,市场意识更强了,市场化程度更高了;极大地激发了出版社的生机与活力,充分调动了职工的积极性、主动性和创造性,进一步提高了发展质量,加快了发展步伐。

4. 高校出版社在推动中国出版"走出去"、扩大中华文化的国际影响力方面发挥了重要作用。30年来,尤其是近些年,高校出版社充分发挥高校在汉语教学和文化研究方面的优势,积极参与实施"走出去"战略,通过多种渠道,以多种模式,深层次、多层面地开展国际交流与合作,在扭转我国版权贸易严重逆差方面做出了卓有成效的工作。在国家"中国图书对外推广计划"首批28家成员单位中,高校出版社有5家。复旦大学出版社、北京大学出版社在版权输出品种上稳居全行业前列。清华大学出版社每年在欧美国家同步出版发行数十种外文版图书。北京语言大学出版社重点研发适应不同国家和地区、不同年龄、不同类型学习者需求的汉语教材,取得了可喜的成绩。外语教学与研究出版社的《汉语900句》出版14个语种,在50个国家发行,成为我国出版"走出去"取得突破的标志之一。

5. 高校出版社以品牌建设促发展,积累了丰富经验。北京大学出版社、清华大学出版社、中国人民大学出版社、外语教学与研究出版社等一批在全国有影响的高校出版社,利用所在学校的品牌与学科优势,积极组织标志性的骨干出版工程,占领学术出版的制高点,以此形成了优势、特色和品牌;再如北京大学医学出版社、北京语言大学出版社、东北财经大学出版社、中国传媒大学出版社等中小型出版社,按照"专精特优"的发展目标,充分利用和发挥自身的专业资源优势,在各自的专业领域创出了自己的品牌。以上这些大型的或中小型的高校出版社,依靠优势、特色和品牌,不仅促进了自身的发展,还带动相当一批高校出版社按照这样的办社理念实现了自身可持续发展。

6. 高校出版社十分重视自身的队伍建设,培养了一大批有能力有经验的复合型出版专业人才和职业化的出版管理人才。2007年高校出版社的人员情况统计表明,高校出版社的员工学历层次远高于社会出版社,大学本科学历以上的有6737人,占总人数的67%,高级职称以上的有1829人,占总人数的18%,40岁以下的有6269人,占总人数的62%,人才队伍发展潜力很大,具有很强的发展后劲。在这支队伍中,已经出现了一批思想政治素质高、出版业务素质好、经营管理能力强、学术研究功底深的领军人物,已经成为高校出版社提升核心竞争力的宝贵财富。

全面回顾高校出版社的30年,我们完全有理由说,高校出版社改革发展的30年,是坚持改革创新、不断进取、团结奋进并取得辉煌成绩的30年,高校出版社已经成为推动我国教育事业发展的重要力量,已经成为我国出版业,乃至整个国家文化事业、文化产业中的一支充满朝气、蓬勃向上的生力军。

当前,高校出版社面临新的发展机遇,主要表现为以下几个方面:

第一,从宏观形势看,党的十七大做出了推动社会主义文化大发展大繁荣,兴起社会主义文化建设新高潮,提高国家文化软实力的战略部署。党和国家高度重视文化建设,加大对公益性文化事业的投入,加强社区和乡村文化建设,实施重点出版工程、农家书屋工程、惠及民族地区的东风工程以及全民阅读工程等,这一系列重大举措的实施,都为高校出版社提供了前所未有的发展机遇。此外,国家为抵御国际经济环境对我国的不利影响,实施了积极的财政政策和适度宽松的货币政策,决定到2010年底投资4万亿元拉动内需,并推出了扩大内需促进经济增长的十项措施,其中用于医疗卫生、文化教育事业的投资也很大,国家加大对文化教育事业的投入,拉动内需所形成的精神文化购买力,出版物市场空间的加大,必将为高校出版社提供新的发展机遇。

第二,为了适应全面建设小康社会的新要求,适应国内外发展的新形势,适应人民群众对教育的新期盼,教育部在中央领导下正在研究制订《国家中长期教育改革和发展规划纲要》。《规划纲要》将从我国现代化建设的总体战略出发,对未来12年教育改革和发展做出全面规划和部署。对教育规模、结构、质量以及分阶段和分地区的目标提出具体要求。这也为高校出版社服务于国家的教育改革与发展提供了机遇。

第三,随着我国出版体制改革的不断深入,高校出版社的体制改革已经进入全面推进阶段。通过体制改革,建立法人治理结构,按照现代企业制度运行,必将使高校出版社焕发出强大的生机与活力,为高校出版社提供巨大的发展动力。

第四,网络与数字信息技术的迅猛发展,促进了新闻出版业产品结构的调整、生产方式的转变和产业结构的升级。利用高新技术改造传统出版业,促使其实现产业升级,为高校出版社提供了新的发展空间和新的增长点。

同时,我们也要清醒地看到,当前高校出版社的发展也面临着一些不容忽视的问题与挑战。主要表现为以下几点:

1. 有些高校出版社对转制的认识不够,准备也不足,还需要进一步解放思想,从根本上转变观念,以适应高校出版社的进一步发展。

2. 部分高校出版社过分地依赖教材,制约了今后的发展。随着国家对中小学教材供应政策的调整,中小学教材的政府采购和循环使用,使中小学教材供应总量大幅度减少,在很大程度上对出版此类教材的高校出版社带来压力;另外,各级各类大中专教材在高校出版社中占有相当大的比重,而目前高等教育正处于稳定和控制规模阶段,大中专教材扩展空间有限,市场已经饱和。这些都要求高校出版社及时调整、优化产品结构,在学术出版和专业出版方面寻找出路,探索出适合自身发展的独特模式。

3. 各地出版发行集团的建立,跨地区、跨行业的兼并、重组,上市融资,上下游的贯通,产业链的延伸,使我们的高校出版社面临行业资源竞争、市场空间挤压等方面的严峻挑战。

4. 产业升级问题。随着数字技术的快速发展,各种媒体相互融合的速度越来越快,对传统出版业产生了巨大冲击。与传统出版相比,数字出版虽然不受纸张价格上涨的影响,能够满足短版书和绝版书的供应,但是,迄今为止,我们的高校出版社尚未寻找出数字出版的成功盈利模式,数字出版的产业链尚未形成。

面对当前的新形势新情况,高校出版界的同志们都在认真思考和积极探索,谋求在新的变化了的环境下如何实现高校出版业的可持续发展。这里,我也借此机会谈几点建议。

第一,要以科学发展观为指导,推进高校出版业的繁荣和发展。用科学发展观指导高校出版社的发展,必须准确把握高校出版社发展所面临的新形势和新任务,以及人民群众的新要求和新期待,进一步增强以科学发展观统领高校出版社发展的责任感和紧迫感。这就要求高校出版社按照科学发展观来衡量我们的发展是否科学,还存在哪些不符合科学发展观的问题。例如,我们高校出版社在出版物品种、结构和质量等方面与高等教育事业提高质量的要求,与建设人力资源强国的要求,与人民群众日益增长的精神文化需求,与提高国家文化软实力、增强中华文化的国际影响力和竞争力等方面的要求相比较,还存在诸多不相适应。这就迫切要求我们必须以科学发展观指导高校出版社的建设,加快发展步伐。我们要特别在调整和优化出版物结构,在出版内容和形式创新,在特色、精品和品牌建设,在转变增长方式、提高发展质量等方面下工夫,努力实现从粗放型数量扩张型增长方式向质量型效益型科技型增长方式的转变。我们需要培育一批具有雄厚实力、跨地区、跨媒体,有较强竞争力和品牌影响力的大型高校出版集团,也需要培育一批向专、精、特方向发展,在某一图书领域占有较高市场份额和具有较强竞争力的中小型专业出版企业。实现这一目标,我们还要付出巨大的努力。

第二,要进一步解放思想,更新观念,扎扎实实地推进高校出版社的体制改革。按照中央对出版体制改革的部署,今明两年要基本完成高校出版社的转制工作。当前高校出版社体制改革已经由试点进入全面推进阶段,我们要借鉴首批高校出版社体制改革的试点经验,把体制改革工作抓紧抓好。通过体制改革形成科学有效的高校出版管理体制,形成充满活力与竞争力的微观运行机制,使高校出版社真正成为自主经营、自我发展、自负盈亏、自我约束的市场主体。高校出版社是我国出版高校教材、学术著作的重要基地,承担着服务教育、服务社会、传播文明、传递知识信息、繁荣学术、培育人才的社会职责,在高校出版社体制改革中,既要充分考虑出版社的企业属性,又要坚持四个"有利于"的原则:即有利于高等教育事业的发展,适应高等学校改革发展的需要;有利于促进高校人才培养、科学研究和社会服务三大功能的实现;有利于高校出版社更好地坚持办社宗旨,做强做大,使之更具有活力和竞争力;有利于解放和发展高校出版生产力,调动出版单位人员的积极性和创造性。同时高校出版社还具有意识形态属性,必须把社会效益放在首位,实现社会效益和经济效益的最佳结合。高校出版社在转制工作中,要切实做好清产核资、建立和完善法人治理结构、妥善安置员工、资产监管、规范对学校的投资回报、处理好校社关系等方面的工作。此外,随着出版集团和出版单位上市等出版体制改革的深入进行,有的学校和出版社提出在出版社完成转制后,能否在体制上继续深化改革,进行融资和股份多元化的改革,以壮大自身实力和竞争力;有的学校希望将本校出版社与同类专业出版社进行重组;

有的出版集团希望入股高校出版社等。高校出版社股权多元化和重组等对高校出版社来说是个新问题,要加强研究,科学决策。我们在体制改革中应当解放思想,大胆探索,但在实际操作中一定要了解相关的政策,如当前出版社融资只限于国有资本,非公有资本是不能进入出版领域的,同时,出版社资本结构发生变化时一定要经过报批。高校出版社体制改革是一项政治性、政策性和原则性很强的工作,我们要按照中央的统一部署,进一步解放思想,积极探索,勇于实践,切实做好高校出版社体制改革的各项工作。

第三,要积极主动地参与实施科技兴业战略。随着科学技术的日新月异,数字技术在出版业中的广泛应用,已经成为出版业的发展方向和不可阻挡的潮流。对此,高校出版社要有清醒的认识,要加大力度推进科技创新,善于应用数字技术改造传统出版业的生产、管理和传播方式;充分利用自身在内容、人才、品牌方面所具有的独特优势,借助数字技术进行内容拓展和深度开发;综合利用自身所拥有的信息和知识资源,建立与教学科研相衔接的数字出版平台;按照"一种信息,多种产品"、按需出版、个性出版、即时出版、远程出版等复合出版方式和传播方式开辟市场,形成不断增值的产业链,尽快实现传统出版向数字化出版方向的转变,使高校出版社在更大范围、更广领域拓展发展空间和服务领域,推动高校出版社向更高层次发展。

第四,要建设一支适应新形势的高水平的出版队伍,为高校出版社更好更快发展提供人力资源保障。出版业是知识密集型行业,人力资源是第一资源,高素质的人才是高校出版社兴旺发达的保证。在科学技术迅速发展的今天,高校出版社要在激烈的市场竞争中取胜,就必须注重队伍素质的不断提高,建立有效的人才培养机制,按照现代出版业发展的要求,逐步配套、完善各项人力资源管理制度,加强人力资源建设和人才培养,努力造就和培养一大批与现代出版业发展要求相适应的出版专业人才,为新时期高校出版社更好更快的发展提供人力资源保障。

同志们,过去30年是高校出版社激情澎湃的30年,也是不断改革创新、不断发展的30年。全面回顾历史,深刻分析现实,展望未来发展,我们的眼界更加开阔,信心也更加坚定。让我们高举邓小平理论和"三个代表"重要思想的旗帜,深入贯彻落实科学发展观,站在时代的新起点上,以高度的使命感、责任感和紧迫感,开创具有中国特色社会主义的高校出版发展道路。我们坚信,在新的征途上,高校出版社的同志们一定能够再创辉煌,高校出版社的明天一定会更加美好!

回顾历史　总结经验　再创辉煌

新闻出版总署出版管理司司长　吴尚之

今天,高校出版系统的同志们汇聚在一起,隆重纪念高校出版改革30周年,回顾和总结中国高校出版社的发展历程和取得的成绩,这是一次具有非常重要意义的大会。首先,我代表新闻出版总署出版管理司向为高校出版事业作出突出贡献的老同志,向长期以来为高校出版事业发展、为中国出版事业繁荣作出贡献的同志们表示崇高的敬意!

刚才,明舟同志把高校出版改革30年的发展历程作了简要的回顾和全面的总结,讲得非常好!杨光司长代表教育部作了重要讲话,提出的意见非常到位!我想利用这个难得的机会,结合高校出版社改革开放30年的发展历程和取得的成绩,谈几点体会,供大家参考。

一、高校出版社在把握导向、繁荣出版、深化改革、产业发展等诸多方面走在全国出版业的前列

1. 高校出版社发展30年,历史辉煌,成就显著。经过30年的持续发展,高校出版成绩显著,这主要体现在以下三个方面:一是在把握导向、服务教育、服务读者、推出精品力作和繁荣出版事业方面成绩显著;二是在高等教育出版方面成绩显著,特别是在国家"十一五"规划、"十五"规划、"九五"规划、"八五"规划,以及国家重点出版物方面,高等学校出版社项目分量之重、水平之高是显而易见的;三是在我国历届图书奖、政府奖获奖作品、重要出版物方面,高校出版社居于全国出版业首位。所以,在繁荣中国出版、服务教育事业方面高校出版社是一支重要的力量。

2. 高校出版产业的发展在全国出版业中处于领先地位。改革开放30年来,高校出版社由2家发展成103家,规模扩大了,产业发展了,在出版规模的总量、总资产、销售收入、利润总额等方面位于我国出版业前列。出版总量占全国出版总量的1/5,其他指标占将近1/4,所以,高校出版在中国出版产业中占有举足轻重的地位。

3. 高校出版社的改革走在全国出版业的前列。103家中,第一批改革试点单位是19家,第二批62家,加上我们前两年批的直接就是企业的出版社,到现在为止有86家转企改制,占到大学出版社的82.5%,在全国出版业中确实是走在前列。高校出版社的改革受到了中央领导同志的高度重视,最近有关领导同志对全国高校出版社的改革分别做出了批示。改革确实给高校出版业带来了很大的变化。

4. 高校出版社的管理水平、队伍素质整体上属一流水平。整体来说这30年高等学校出版社管理规范、制度健全、机制灵活、队伍素质高。

以上四个方面,我认为高校出版社都居于全国出版业领先地位。这一评价是客观的,也是在座的各位老同志和新进这个行业的新同志共同努力和推进的结果。

二、30年来高校出版社发展历程和改革的基本经验

30年来高校出版社发展历程和改革的基本经验我认为有以下五个方面:

1. 必须处理好出版业意识形态属性与产业属性之间的关系。改革开放30年以来,我们对出版业这两个属性的关系在不同阶段有着不同的认识。高等学校出版社是教育事业的重要组成部分,也是意识形态和文化工作的重要组成部分,这一点是毫无疑问的。随着改革开放的深入推进,我们逐步认识到出版业的这两个属性同样重要。这些年来,我们在注重出版业意识形态、文化功能的同时,对于出版业产业属性的认识也在逐步加深。

2. 必须处理好经济效益和社会效益的关系。我们的教育是育人的事业,使命光荣,责任重大。30年来,我们积累了许多经验,也有一些出版社走过弯路。因为我们的出版社拥有两个属性,所以必须处理好这两个关系。没有社会效益,我们的出版就丧失了方向,功能也得不到发挥;没有经济效益,社会效益也难以发挥。

3. 必须处理好改革、发展和管理的关系。这三者关系的处理一定要把握好,过去是这样,以后也是这样。目前我们正处在深化出版体制改革中,处在推进产业发展之中。处理好这三者的关系,是我国出版业改革开放30年以来之所以持续快速发展的基本经验。所以,只讲管理,不讲改革、不讲发展是不行的。管理不是目的,凡是发展好的、改革到位的,它的管理也很到位。

4. 必须处理好发展的速度、规模与质量和效益之间的关系。在30年的发展历程中有着重要的经验,就是要坚持科学发展。所以现在要回到质量和效益的发展思路上来。当然,质量、规模与效益和速度之间的关系是辩证统一的,没有规模、没有速度,也就没有效益。

5. 必须处理好校社之间的关系。出版社必须紧紧依靠学校,这是我们得天独厚的地方。高等学校是我们高校出版社发展的重要资源,校社之间的关系处理得好,对我们出版社的发展很重要。凡是发展较快、较好的出版社,校社关系都处理得比较好。只有学校的重视和支持,我们的改革才能顺畅。

三、高校出版社30年来发展的重要启示

经过30年的发展,高校出版社取得了令世人瞩目的成绩,同时也给我们带来了许多重要启示,主要表现为以下几点:第一,必须始终坚持正确的出版方向,这是所有出版社必须始终把握的几个重要原则之一。第二,必须始终坚持围绕大学、服务大学、服务教学和科研的办社宗旨。第三,必须始终坚持科学发展观。第四,必须始终坚持解放思想、深化改革。我们的高校出版社大部分很早就走进市场,很早就进行了内部三项制度改革,因为我们没有别的优势。经过这几年的发展证明,凡是改革早、进入市场早的出版社,都成为发展速度较快的出版社。靠行政垄断和行政资源是不行的,所以,我们一定要始终坚持解放思想和深化改革,解放思想和深化改革是永无止境的。第五,必须始终坚持文化创新和出版创新。我们出版业是文化的核心部分,没有创新就没有出版。第六,必须始终坚持人才和队伍建设。我们高校出版社得天独厚,很多社长都是教授、博导,我们有这方面的人才优势,但是搞出版还要有管理优势、市场优势和经营人才。所以,我们在人才培育方面,不仅需要高学历的编辑人才,还要大力培育管理人才、经营人才和科技人才。

30年来,我国的高校出版社由原来的2家变成103家,规模逐步加大,出版实力大为增强。我们回顾30年,总结30年,把30年历程的精华部分提炼出来,指导未来。值此辞旧迎新之际,我希望今天到会的出版社的负责同志根据中央关于进一步深化文化体制改革的精神,积极应对金融危机,勇敢地面对挑战,做好明年的出版工作。

在中国大学版协纪念改革开放30周年大会上的讲话

中国大学出版社协会理事长　　王明舟

今年,是我国改革开放30周年。今天,中国大学出版社协会举行纪念大会,隆重庆祝我国改革开放30年来所取得的辉煌成就。从1978年12月胜利召开的中国共产党第十一届三中全会到2008年,我们已经走过了整整30年改革开放的辉煌历程。我国大学出版业也经历了30年从无到有、从小到大、从弱到强的快速健康发展的历程。回顾我国大学出版业兴旺壮大的发展历程,我们会获得许许多多的有益启迪和经验。

一、大学出版社的创立和大学出版业体系的形成(1978—1995年)

回顾我国大学出版业发展历史,我们可以追溯到1899年成立的南洋公学译书院(上海交通大学)和1902年京师大学堂(北京大学前身)设立的编书处和译书局,已经开始从事有关大学教科书和学术著作的出版活动。可以说,在100多年之前,我国已经开始了大学出版活动的尝试。

1978年我国改革开放大潮初起之时中国人民大学出版社恢复了建制,随后的1979年、1980

年两年,北京大学出版社、外语教学与研究出版社、上海外语教育出版社、清华大学出版社、复旦大学出版社、华中科技大学出版社、北京师范大学出版社等7家大学出版社相继成立,华东师范大学出版社恢复建制。1981—1982年,武汉大学出版社、中央广播电视大学出版社先后成立。从1978年开始的三四年时间里,11家大学出版社出现于我国的出版行业,这11家大学出版社成为大学出版业园地里的第一批"报春花"。到1986年年底,全国共有大学出版社73家。这个数量占同年全国出版单位总数的16.3%。

到1986年年底,我国基本上完成了大学出版社的初创,数目达到73家的大学出版社基本上涵盖了我国各种类型的高等院校,如综合性大学、理工农医类大学、人文社科类大学和师范类大学等。从地域分布来看,也几乎覆盖了全国各个主要地区。

在大学出版业初创阶段,政府的宏观管理和扶植支持政策发挥了巨大的作用。其中最突出的事例是1986年7月,在中共中央宣传部指导下,由国家教委和国家出版局在内蒙古呼和浩特市联合召开了第一次全国高等学校出版工作会议。这次会议是大学出版事业发展历史上一次具有深远历史意义和现实意义的重要会议,这次会议是我国大学出版社发展史上制度建设的里程碑。这次会议制定了《高等学校出版社工作若干问题的暂行规定》。这个《暂行规定》是我国大学出版业发展的纲领性文件,它解决和明确规定了我国大学出版社的定位、性质、任务和发展方针。《暂行规定》明确规定大学出版社实行为人民服务和为社会主义服务的"二为"方针和"双百"方针;《暂行规定》将高校出版社的办社宗旨明确为:为教学和科研服务,为社会主义物质文明和精神文明服务。高校出版社的任务是把出版发行教材、教学参考书以及教学用书放在首位,把出版学术著作作为首要任务,立足本校,面向全国,以社会效益为最高原则,坚持质量第一,力争有较好的经济效益。《暂行规定》的若干内容随着改革开放的深入推进也有若干的修订、补充和完善,但是,《暂行规定》确定的基本原则和基本精神一直指导着30年来各大学出版社的发展和前进。《暂行规定》的出台及其贯彻落实,标志着我国大学出版业初创的成功,也标志着我国大学出版业的宏观管理制度建设有了良好的开端。

和任何事物发展的规律一样,初创之时的开端,只是万里长征的第一步,还有待成熟,有待形成体系,有待形成较大的生产力和影响力。我国大学出版业的发展历程也正是如此。我国大学出版业体系形成有三个主要标志:一是经营运行机制的形成与成熟,二是组织管理体制的形成与成熟,三是对大学出版的任务的认识深化,管理团队的形成和成熟。

回顾中国大学出版30年的历程,有必要先来观察大学出版社经营运行机制的变迁。1986年《暂行规定》将大学出版社的经营运行机制定位为学术性事业单位,应该说这种定位与母体的事业单位定位是一致的。然而,作为出版单位,大学出版社不直接从事教学科研活动,而是从事为大学教学科研服务的文化生产和文化经营活动。进行文化生产和文化经营活动完全套用教学科研单位的运行方式和运行机制显然是不适宜的,也不能适应文化市场发展的要求。因此,从初创时期开始,大学出版社也就具有经营运行机制改革的要求,就有创新内部运行机制的冲动。在大学出版业发展初创时期,各个大学出版社边学习,边出书,边进行内部制度建设,边探索经营运行机制的变革。1988年国家教委召开了第二次大学出版社工作会议。在这次会议上提出了大学出版社逐步实现从生产型向生产经营型的转变,从学术性事业单位向事业单位企业化管理方式的转变。这种向企业化管理方式的转变工作是大学出版社的微观经营体制改革,各大学出版社管理层逐渐学习企业化管理的内容,不少大学出版社从分配制度改革入手,在分配管理上打破大锅饭的平均主义倾向,实行收入与效益挂钩、多劳多得的分配体制;与此同时,在人事管理体制上打破铁饭碗的用工制度,实现以任务定岗位,以岗位需要录用人员,竞聘上岗,逐渐做到人员能进能出,干部能上能下,管理骨干轮岗等一套新的人力资源管理制度;在经营运行机制上进行了承包制和岗位责任制等试验工作。上述经营运行机制改革在当时的发展阶段推动了大学出版社的发展和内部经营运行机制的形成。

在组织管理体制上推行社长负责制。1986年的《暂行规定》提出了学校领导下的社长负责制的问题,然而,社长负责制的具体内容和实施办法当时尚未完善,经过近10年的摸索和实验,到了1995年,国家教委专门制定了《高等学校出版社社长负责制暂行办法》,明确规定了高校出版社一律实行社长负责制,社长是出版社的法定代表人,对出版社的各项工作实行统一领导,全面负责。《社长负责制暂行办法》是大学出版业体系形成的标志性文件,理清了大学出版社内部组织管理体制中的党政一把手之间的关系,也理顺了大学出版社内部社长与总编辑的职责分工以及管理层多把手之间的关系。社长负责制全面推行,对全国大学出版社组织管理体制的形成起到了积极推动的作用。

从1987年到1995年,大学出版社从73家增加到100家,年出书品种达17000余种,是1986年出书品种的5.4倍,其中新书10000余种,是1986年的4.3倍;总印数近3亿册,比1986年增加了36倍,发行码洋30亿元,比1986年有成倍的增长。

然而,我们也必须清楚地看到,在我国大学出版业体系形成的过程中,也是有些波折的。1991—1993年这段时间里,由于有些大学出版社出版了倾向不良的图书,20多家大学出版社受到上级有关部门的查处或批评,其中部分大学出版社开展整顿工作。在教育和整顿过程中,大学出版社管理团队对大学出版社的办社方针、任务和宗旨等的认识有了较大提高。经过十多年经营管理实践的历练,大学出版社管理团队逐渐成熟。

在这个阶段的1987年11月,大学出版社的社团组织——中国大学出版社协会宣告成立。中国大学出版社协会是我国大学出版界的全国性、专业性、行业性和群众性的社会团体,是在国家民政部注册登记的全国一级社团组织。大学版协是联系政府与大学出版社的纽带和桥梁,是协助政府加强对大学出版社管理的助手。

1994年大学版协申请主办了自己的学术刊物《大学出版》,刊物以探索中国高校出版业发展规律、研究高校出版改革发展过程中遇到的各种问题和难点、推动高校出版业健康发展为使命,成为大学出版社交流研讨的重要平台,对大学出版业的发展起了积极的促进作用。

二、大学出版业的快速健康发展(1996—2007年)

目前,我国共有大学出版社103家,占全国出版社总数582家的17.7%。2007年,全国大学出版社出书品种达80280种,出版总码洋187.73亿元,销售总码洋168.38亿元。在我国整个出版行业中,大学出版单位数量、出书品种、生产总码洋和销售总码洋等重要指标都占有一定的比重。大学出版业自己与自己比较,与1995年比,2007年大学出版业的各项经济指标都有几倍的增长。1996年以来的10年间,是大学出版业快速健康发展的新阶段。在这个阶段中,大学出版业的发展有以下几个特色。

第一,大学出版业的出版生产力有了较大增长。在100多家大学出版社中间,出现了一批出书总码洋超过1亿元的出版社(21家),同时有近10家的出书总码洋超过5亿元,其中外语教学与研究出版社和北京师范大学出版社出书总码洋超10亿元,成为全国出版行业的一道亮丽的风景线。2004年,外语教学与研究出版社、上海外语教育出版社、清华大学出版社、北京师范大学出版社进入全国出版行业总资产和净资产排名前20位。同时,也有一批大学出版社坚持专业化发展道路,形成了具有很大影响的品牌特色。如北京大学医学出版社、北京语言大学出版社、中国矿业大学出版社等。在此阶段,高校出版社的图书结构更加优化,增长方式开始转变,发展质量不断提高,已成为我国出版业发展最为迅速、规模实力和影响力上升最快的力量,为提升我国出版业的整体质量和效益发挥了极其重要的作用。

第二,大学出版社的图书质量有较大提高,出版了一大批具有重要影响和文化传承价值的精品出版物和标志性出版物。获全国各项优秀出版物奖项的出版社和获奖图书增多,大学出版业的社会效益和社会影响力明显增长。在国家级各类大奖如国家图书奖、中国图书奖、"五个一"工程奖、中国出版政府奖等奖项中,许多大学出版社屡屡获奖,共获奖项近200个。此外,一批大学出版社承担了国家重点出版规划中数量众多的重点出版项目,如北京大学出版社、清华大学出版社、中国人民大学出版社和广西师范大学出版社等所承担的重点出版工程项目数量居全国各出版社前列,形成了一批有特色优势和品牌优势的大学出版社,如北京大学出版社、复旦大学出版社、中国人民大学出版社和广西师范大学出版社等的人文社科学术品牌,清华大学出版社的信息技术图书品牌,外研社和上海外教社的外语图书品牌等。

第三,许多大学出版社不仅在国内出版物市场上有一定的品牌优势,而且在对外交流和国际合作方面也走在全国的前列。中国人民大学出版社、北京大学出版社和清华大学出版社等多年来在引进国外版权方面一直居全国出版业的前列,在实施走出去战略、向海外输出版权、开展国际出版合作方面,复旦大学出版社、北京语言大学出版社、北京大学出版社、外研社和中国人民大学出版社等也走在全国的前列,成为国务院新闻办和新闻出版总署主持的"中国图书对外推广计划"中的重要成员单位。中国大学版协十多年来一直组织和支持召开中、日、韩三国大学出版社协会交流与研讨,向国外介绍我国大学出版社的骄人业绩和快速发展状况,令国外大学出版界同行羡慕不已。

第四,在这个阶段中主管部门进一步加大了对大学出版社的指导和扶植力度,制定了一系列鼓励和支持大学出版社快速发展的规范性文件,如《关于高等院校出版社加强管理、深化改革的若干意见》《高等学校出版社评估工作暂行办法》《高等学校出版社总编辑岗位规范》《关于加强图书质量管理的意见》等。这些文件和几次高校出版社工作会议,进一步规范了大学出版社的出版行为,有力地推动了大学出版业整体业绩的提升和影响力的扩大。

三、大学出版社新转型阶段(2007—)

2007年,我国的大学出版社进入到一个新的转型阶段。这个转型阶段的标志就是政府管理部门制定了高校出版社体制改革方案。年初,教育部和新闻出版总署制定了《关于高等学校出版体制改革工作实施方案》和《关于高等学校出版社体制改革试点工作的若干意见》,明确规定了体制改革工作的指导思想、工作原则、实施步骤及各项相关政策,为全面推进大学出版社从事业单位转制为企业单位奠定了基础。

2007年,为了贯彻有关大学出版社体制改革工作文件精神,教育部和新闻出版总署联合召开了高等学校出版社体制改革试点工作会议和第六次全国高等学校出版社工作会议。这两次会议对未来大学出版社改革和发展进行了动员和部署,特别是确定了清华大学出版社等18家出版社转制为企业和东北林业大学出版社实行新的事业单位体制的试点工作,简称为"18+1"改革试点。2008年,大学出版社体制改革工作全面铺开,再次确定62家大学出版社启动转企改制工作。至此,大学出版社的体制改革工作已在绝大多数大学出版社中稳步开展,推进速度明显快于中央其他部委出版单位。

出版生产力方面,数字出版、网上在线阅读、按需印刷及手机出版等数字传播技术日渐与出版发行各个环节相结合,融入编辑、出版和发行等主要的出版操作环节。数字化出版将带动编辑工作的转型与突破,这预示着出版生产力将有新的突破和新发展,因而要求出版行业管理层和从业人员尽快了解和学习数字化传播技术,并开创出有实际运营作用的商业模式和盈利模式。

30年来,我国大学出版社经历了从小到大,从不成熟到逐渐成熟的一个发展过程。在这个发展过程中,经历了激烈的出版物市场竞争的洗礼,也经历了管理体制的改革和经营机制的创新,高校出版社实力不断增强,出版质量不断提高,出版规模不断扩大,经济效益稳步增长,品牌影响初步形成,探索出了一条不同于国外大学出版社发展的模式,闯出了一条具有中国特色的大学出版社发展道路。

四、我们的几点体会

中国大学出版业近30年来的健康快速发展,不是无源之水,无本之木,而是有着深厚的社会经济基础和改革开放的巨大推动力。

第一点体会,经济社会大环境造就了我国大学出版业的健康快速发展。

美国大学出版业起源于19世纪,成长于20世纪50—60年代,然而美国大学出版业始终没有形成较大的规模,其原因在于美国经济社会大环境和文化出版环境不利于美国大学出版业开辟更大的天地。然而,中国情况不同,产生于20世纪70年代末80年代初的中国大学出版业却有千载难逢的机遇。1978年党的十一届三中全会决定实行改革开放的战略方针,以经济建设为中心,全面开展社会主义经济建设。经济建设自然地要求发展文化教育事业,这为中国大学出版社的诞生和发展创造了良好的环境。特别是在此时,我国刚刚遭受"文化大革命"的破坏,教育事业和文化出版事业百废待兴,当时全国出现的"书荒",要求出版界提供尽可能多的图书,以适应广大人民群众特别是青少年的文化需求。

在30年来改革开放不断深化的过程中,文化教育事业日渐兴旺发达,进入20世纪90年代中期经济建设需要大批高学历人才,催生了我国教育事业特别是高等教育的大发展,高校在校就读的大学生和研究生人数迅速增加,为出版物开辟了广阔的市场。从大学录取人数迅速增加的轨迹,不难发现大学出版业快速发展的良好环境和背景。1977年我国恢复高考,当年全国录取的大学生人数为27.3万人,到2007年,大学录取人数达到260万人,已是30年前的近十倍。2007年高校在校学生人数达2500万人,高等院校的毛入学率达到23%左右。人们不难理解,大学在校学生人数如此迅速增加,为大学出版业的发展提供了庞大的读者群体,为大学出版业快速发展提供了良好的大环境和难得的机遇。

第二点体会,体制改革和机制创新为大学出版业健康快速发展提供了强大动力。

30年来,我国大学出版业快速发展始终伴随着管理体制和经营机制的改革与创新,受惠于党和国家的一系列改革开放的方针政策。大学出版社的成立恰逢改革开放的年代,党和国家一系列改革开放政策阳光照耀着大学出版业,指引着大学出版社的管理体制改革和经营机制创新。在上级领导部门的指导下,我国大学出版业30年来大体经历了两轮体制与机制的改革和创新。第一轮是从单纯的事业单位转变为事业单位企业化管理;第二轮体制改革是从事业单位企业化管理改制为企业单位。改革的目标是要让大学出版社成为适应市场经济要求的独立的经营主体——完全的企业法人。然而,改革涉及大学出版社的投资主体——出资人的控制权,又涉及文化教育系统的某些特殊性和特殊要求,还涉及出版社内部人、财、物的管理权限,经营运行机制以及社会保障等诸多方面,因此,要理顺诸多方面的利益关系,要提高人们对改革的认识水平和承受能力。这些都是需要有一个时间过程,有一个逐步摸索积累经验的过程,有培养和造就有能力驾驭改革力度和进程的人才。所以,大学出版社体制改革采取分类指导,逐步推进,分期分批的原则,适合我国国情以及各大学出版社社情,是有利于大学出版业健康向上发展的。

第三点体会,人才和人力资源是大学出版业健康快速发展的决定性因素。

大学出版业30年来快速健康发展的情况说明,体制和机制的问题明确之后,人才资源和人力资源则是发展和可持续发展的决定性因素。大学出版业,是进行文化生产和文化经营的产业。文化产业的一个特点就是对人才资源和人力资源的要求高。从事文化产业的人才和人力资源应具有较为丰富的文化科学知识和较强的认识以及把握文化市场的能力。大学出版社一个显著特点是它存在于进行知识传播和知识创新又有较强科研团队的高等院校之内。高等院校人才济济,大学出版社不乏硕士、博士等高素质人才,队伍素质显著高于行业平均水平,这是大学出版社能够健康快速发展的重要保证。

第四点体会,党和政府的扶植与支持是推动大学出版业健康快速发展的根本保证。

30年来,党和政府一直积极扶植和支持大学出版业的创业和发展,并为此制定了一系列有利于大学出版业发展的方针政策。

第一,科学考察,全面布局。我国幅员辽阔,高校数量众多,究竟在哪些大学设立出版社为宜,哪些大学具备办出版社的条件,这些都要进行科学考察,掌握标准,又要合理布局。30年来,上级领导部门始终严格掌握政策,既批准在全国一大批重点高校设立出版社,也批准在一些条件具备的省、市、区的大学设立出版社,既批准在一些中心城市的大学设立出版社,也批准在一些条件具备的边远地区和少数民族地区的大学设立出版社。

第二,在大学出版社初创起步发展阶段,中央和地方政府在税收政策上给予大学出版社一定的扶植和支持。从20世纪80年代至21世纪初,实行大学出版社在一定期限内免交企业所得税和部分返还增值税的优惠政策,进入21世纪之后,对于实施转企改制的大学出版社实行退还或免交企业所得税的优惠政策。地处西部地区或经济特区的大学出版社也享受到当地的税收优惠政策。如此种种,都是党和政府对大学出版社的扶植和支持。

大学出版业的快速发展为全国出版业的大发展作出了贡献,为全国文化繁荣和国家文化软实力的累积贡献了力量,更为我国教育事业的发展与提高提供了有力支撑。同志们,改革开放30年了,大学出版业已有了快速发展,在我国出版界可谓异军突起,成绩卓著。然而,我们把30年放进历史的长河中进行考察,也许今天大学出版业的发展还只是一个起步阶段,是未来更大发展的必要准备。从文化繁荣和国家文化软实力累积来观察,大学出版业的贡献还是很不够的,但是,我们毕竟已奠定了坚实的基础。

回首过去,我们充满自豪;展望未来,我们信心百倍。有党和政府的指导与支持,有几代中国大学出版人艰苦创业奠定的基础,中国大学出版人一定能抓住机遇,克服困难,再创辉煌!

高校出版社体制改革

◎ 高校出版体制改革试点工作会议在北京召开
  统一思想，坚定信心，积极推进高校出版体制改革试点工作
  深化改革　促进高校出版业的更大发展
◎ 第二次高校出版社体制改革工作会议在北京召开
  深入学习实践科学发展观　大力推进高校出版社体制改革
  坚持与时俱进　打赢改革攻坚战
  解读国办［2008］114号文件有关政策
  解读《高校出版社转制工作规程》
◎ 第三次高校出版社体制改革座谈会在北京召开
  加大力度　积极稳妥　全面推进高校出版社体制改革
◎ 高校出版社体制改革纪实

高校出版体制改革试点工作会议在北京召开

2007年4月22日至23日,教育部与新闻出版总署在北京联合召开了"高校出版体制改革试点工作会议"。教育部李卫红副部长和新闻出版总署邬书林副署长出席会议,并作重要讲话。中宣部改革办高书生副巡视员出席了会议。清华大学等19家列入首批高校出版体制改革试点工作的高等学校的主管校领导和出版社社长参加了会议。

会议指出,进行文化体制改革是中央针对国际国内形势做出的一项关系全局的战略决策。按照中央的总体部署,新闻出版总署提出了深化出版发行体制改革的总体思路和具体任务,将高校出版社体制改革试点工作列为工作重点之一。高校出版是我国出版业中的主要组成部分,高校出版体制改革是我国出版发行体制改革的重要方面,必须加大力度,加快进度,深化改革,推进高校出版业又快又好地发展。高校出版社要自觉做出版体制改革的推动力量,成为出版业繁荣发展的中坚,为服务和促进出版体制改革作出贡献。

会议要求,各试点高校要增强高校出版体制改革工作的责任感和使命感,把对高校出版体制改革的认识统一到十六大以来中央的一系列重要精神上来,坚定信念,增强信心,切实把推进高校出版体制改革试点工作抓紧抓好,抓出成效。

会议强调,高校试点出版单位要始终坚持正确的政治方向,认真贯彻党的路线、方针和政策,坚持正确的办社方向和宗旨,把握出版导向,服务中心大局。

会议指出,高校出版社体制改革的目标是:要形成科学有效的高校出版管理体制;形成充满活力与竞争力的微观运行机制;培育一批具有雄厚实力、较强竞争力和品牌影响力的大型高校出版企业和一批向"专、精、特"方向发展,在某一图书领域占有较高市场份额和较强影响力的中小型专业出版企业;培育少量服务意识强、服务质量高、按照新机制运行的高校出版事业单位。高校出版社体制改革的原则是要坚持有利于高等教育事业的发展,有利于促进高校人才培养、科学研究和服务社会三大功能的实现,有利于高校出版单位更好地坚持办社宗旨,有利于解放和发展高校出版生产力;坚持区别对待,分类指导,结合中央关于出版发行体制改革的要求和高校出版社发展的现状,合理确定出版单位的改革模式。

会议指出,在出版社转制为企业后,高校仍要履行主办单位的职责,要通过有效的管理方式,掌控出版单位重大事项的决策权、资产配置的控制权、对主要领导干部的任免权和出版物内容的终审权。学校要保证出版单位正确的政治方向;保证国有资产的保值增值,加强对出版单位国有资产的监管;保证出版队伍的高要求高素质,加强对出版单位主要干部的管理。出版社转企要严格执行国家规定的明确的工作程序规范,积极探索符合高校出版社发展的有效的法人治理结构。

会议要求各试点高校要加强对高校出版体制改革试点工作的领导,重点做好以下四方面的工作:一是学校要成立出版体制改革领导小组,指导学校出版社体制改革工作。二是加强学习,掌握政策,准确把握有关政策,提高指导改革、推进改革的本领。三是制定好本单位的试点工作实施方案并组织落实好。四是把握导向,稳妥推进。

统一思想，坚定信心，积极推进高校出版体制改革试点工作

教育部副部长　　李卫红

今天，教育部和新闻出版总署联合召开高校出版体制改革试点工作会议。我们很高兴新闻出版总署邬书林副署长和中宣部有关部门的负责同志莅会指导。教育部党组高度重视高校出版体制改革工作，曾召开部长办公会专门听取汇报，进行讨论。我们还会同新闻出版总署共同深入调查研究，多次召开座谈会，征求高等学校校领导和出版社社长的意见。

这次会议是在全党全国深入学习党的十六届六中全会精神、全国文化体制改革工作取得阶段性成果的形势下召开的。参加今天会议的是列入首批高校出版体制改革试点工作的学校的主管校领导和高校出版社、期刊社负责人。这次会议的主要任务是认真学习贯彻《中共中央、国务院关于深化文化体制改革的若干意见》的精神，按照《教育部、新闻出版总署关于高校出版体制改革工作实施方案》的要求，统一思想，提高认识，明确任务，对首批高校出版体制改革试点工作作出部署。会上，新闻出版总署邬书林副署长还要讲话，大家要认真学习，领会精神，切实加以贯彻。下面，我讲三点意见。

一、统一思想，提高认识，增强高校出版体制改革工作的责任感和使命感

（一）进行高校出版体制改革是大势所趋，势在必行

深化文化体制改革，加强社会主义先进文化建设，是党中央作出的一项重大战略部署。当今世界，文化与经济和政治相互交融、不可分割，文化作为一种软实力，在综合国力竞争中的地位和作用越来越突出，对经济建设、政治建设和社会建设的影响越来越大，文化实力和竞争力已成为国家实力和竞争力的有机组成部分。党的十六大以来，以胡锦涛同志为总书记的党中央高度重视文化和文化建设，把努力建设先进文化与努力发展先进生产力一样，作为我国实现社会主义现代化的战略任务。文化繁荣和文化作用的发挥与文化体制密切相关，要发展先进文化，提高文化生产力，增强文化产业和文化事业的整体实力和竞争力，就需要推进文化体制改革。中央强调要根据社会主义精神文明建设特点和规律，适应社会主义市场经济发展的要求，不断推进和深化文化体制改革，进一步革除制约文化发展的体制性障碍，形成富有活力的文化管理体制和文化产品生产经营机制；通过文化体制改革形成一批大型文化企业集团，增强我国文化产业的总体实力和竞争力，激发文化企业的活力，调动广大文化工作者的积极性，创造更多更好的适应人民群众需求的优秀文化产品。

在中央的高度重视和关心指导下，文化体制改革正在深入推进。2005年印发的《中共中央、国务院关于深化文化体制改革的若干意见》(即14号文件)是全面推进文化体制改革，加快发展文化事业和文化产业，繁荣社会主义文化的纲领性文件。2006年3月，中央召开了全国文化体制改革工作会议。会上，李长春同志、刘云山同志、陈至立同志发表了重要讲话。会议总结了文化体制改革试点工作的经验，对深化文化体制改革工作进行了全面的部署。在2006年12月全国宣传部长会议上，李长春同志强调指出，2007年文化体制改革要"加大力度，加快进度，取得实质性进展"。在中央的重视和推动下，文化体制改革呈现出不断深化的态势。

我国的出版业是我国社会主义文化事业的重要组成部分,出版体制改革是文化体制改革的重要组成部分,出版体制改革能否顺利推进并取得成果,关系到文化体制改革的全局。作为我国出版界的一支重要力量,高校出版单位是出版体制改革乃至文化体制改革的一支重要力量和组成部分,肩负着重要任务。根据中央的部署,从2006年开始,新闻出版总署会同教育部制定高校出版单位体制改革试点方案。今年,国家新闻出版总署将把指导、推动一批高校出版社完成转制试点工作,作为2007年的主要任务之一。

把高校出版单位列入体制改革的试点,推进高校出版体制改革,体现了中央对高校出版单位的重视与期望,从中也可看出高校出版单位在完成中央关于推进文化体制改革的部署中担负着重要责任。高校出版单位能否积极地参与体制改革,在实践中探索出适合高校出版单位的体制,这不仅关系到出版单位自身的持续发展,也关系到文化体制改革的成败。所以我们高校从事出版工作的同志,要认清文化体制改革的大局,深刻领会中央关于推进文化体制改革的决策和部署,充分认识高校出版试点单位的任务,以高度的政治责任感和紧迫感,承担起光荣的使命,积极地投入到高校出版单位的体制改革中去。

(二)进行高校出版体制改革,是高校出版单位自身进一步发展的内在要求

从高校出版单位发展历史看,进行体制改革是实现高校出版事业发展的必由之路。经过20多年的改革开放,我国出版业包括高校出版单位生存和发展的经济基础、体制环境、社会条件都发生了深刻的变化。在社会主义市场经济条件下,高校出版单位同其他出版单位一样,其产业特征逐步显现,以市场为导向、创新体制、转换机制、面向市场、增强活力的要求越来越高。从高校出版单位现状看,进行体制改革是必然选择。高校出版单位长期以来实行"事业单位,企业化管理"的体制,这种体制在历史上产生过积极作用,促进了高校出版社的发展。但是,随着社会主义市场经济的发展,这种体制对高校出版社也带来了一些新的问题。一是定位不准,角色模糊。虽是事业单位,承担为教学科研服务、推进教育事业发展的任务,但不能享受政府资金的支持,基本上依靠市场运营取得经济上的回报,以支撑出版事业的发展;虽然实行企业化管理,承担企业的责任,但并不享受企业的权利,没有真正形成自主经营、自负盈亏、自我约束、自我发展的机制,缺乏企业灵活的运行机制。二是内部管理不够规范。如产权关系不明晰、责权不明确,没有实行完全的成本核算,没有完全按照企业来进行约束、规范和考核,以及在发展方面缺乏学校利益与出版社发展的统筹考虑。目前的体制不能使高校出版单位成为能够自主经营、自我发展的新型市场主体,在参与越来越激烈的市场竞争方面也存在不足,影响和制约着高校出版单位的发展与壮大。只有通过体制改革,才能使高校出版单位真正成为市场竞争的主体,才能使其进一步焕发活力,增强竞争力。

近一个时期,教育部正在抓高校产业规范化建设工作,从目前高校规范企业管理的要求来看,出版社也要适应这种要求。所以,无论是从目前国家对文化体制改革的总体部署和要求,还是从目前高校规范企业管理的要求来看,"事业单位,企业化管理"的体制模式确实需要改革,使之更适应社会主义市场经济和发展先进文化、提高文化生产力的需要。

(三)进行高校出版体制改革,必须克服不合时宜的思想障碍

对于体制改革问题,目前一些高校和出版单位的同志在思想上还有一些顾虑。如有的单位对中央进行出版体制改革的有关精神研究得不够,理解得不深,对体制改革的紧迫性认识不足,缺乏动力;有的单位满足于现状,担心改革会引发新的矛盾,不愿意或者不敢通过市场竞争来解决本身的生存和发展问题;有的单位片面理解改革的方向,认为改革的唯一目标就是追求经济

利益的最大化;也有的学校担心体制改革后不能保证出版单位继续为学校的教学、科研服务等。这些顾虑不能说没有原因,就现阶段来讲,大家有这样那样的想法是可以理解的。但对于我们试点单位来说,对体制改革问题要有正确的看法,要用科学发展观来指导我们今天的改革、指导我们今天的实践。在高校出版体制改革问题上,不仅要看本单位的小环境,更要看整个出版业的大环境;不仅要看当前,而且要看长远;不仅要有具体的权宜之计,更要有根本的解决之道;不仅看到目前的困难,更要看到发展的趋势和前景。所以,高校出版单位不仅不能回避体制改革,而且应该通过积极推进体制改革来实现进一步的发展。我们要端正改革的指导思想,探讨改革的有效步骤,进一步统一思想,把对高校出版体制改革的认识统一到十六大以来中央的一系列重要决策部署精神上来,坚定信念,增强信心,克服畏难情绪和观望态度,切实把高校出版体制改革试点工作抓紧抓好,抓出成效。

二、明确目标、突出重点,积极推进高校出版体制改革试点工作

按照中央的部署,高校出版体制改革于 2006 年列入日程,教育部会同新闻出版总署集中力量抓了制订方案工作。为了使方案充分反映高校出版单位的实际和高校出版发展的规律,我部会同新闻出版总署做了充分的调研,集中听取了高校主管出版单位的校领导以及高校出版社社长对转制的意见和建议,比较深入地研究了转制中的一些重要问题。同时,调研组还委托有关专家研究分析了国外著名大学出版社体制机制的情况。通过调查研究,基本掌握了高校出版体制的现状和面临的问题,汇集了高校关于出版体制改革的思路和措施。在这个基础上,拟定了《教育部、新闻出版总署关于高校出版体制改革工作实施方案》,这个方案今年初已经中央文化体制改革领导小组办公室批准同意。

高校出版体制改革是一项政治性、政策性都很强的工作,需要周密准备,精心实施。考虑到《实施方案》内容比较原则的情况,为积极稳妥地推进这一工作,新闻出版总署和教育部认为有必要从高校的实际和高校出版社的特点出发,在《实施方案》的基础上对高校出版单位体制改革试点中的重要问题及基本操作规程作出具体细致的规定,使试点工作有所遵循,得以平稳顺利地推进。为此,新闻出版总署和教育部决定在《实施方案》基础上,研究制定进一步细化的指导意见,即《关于高校出版社体制改革试点工作的若干意见》。在制定《若干意见》的过程中,我们多次征求有关高校及出版社和有关方面意见,目前已经形成了文件的征求意见稿,今天也拿到这个会议上,请大家发表意见,我们将根据大家的意见加以修改完善,使文件更加符合实际,更具有可操作性。

《实施方案》和《若干意见》这两个前后衔接的文件,根据中央关于文化体制改革的精神和部署,结合高校实际,对高校体制改革的目标、思路、政策措施作出明确的规定。我们要认真贯彻中央 14 号文件精神,按照上述两个文件的要求,积极稳妥、扎实有效地推进高校出版体制改革。

(一)高校出版体制改革的指导思想、原则要求和目标任务

高校出版体制改革必须坚持以邓小平理论和"三个代表"重要思想为指导,全面落实科学发展观,以发展为主题,以改革为动力,以体制机制创新为重点,坚持把社会效益放在首位,努力实现社会效益和经济效益的统一。

高校出版单位体制改革要坚持"四个有利于",即有利于高等教育事业的发展,适应高等学校改革发展的需要;有利于促进高校人才培养、科学研究和服务社会三大功能的实现;有利于高校出版单位更好地坚持办社办刊宗旨,做强做大,使之更具有活力和竞争力;有利于解放和发展高校出版生产力,调动出版单位人员的积极性和创造性。这四个有利于是我们总的原则。

高校出版体制改革要坚持区别对待,分类指导。高等学校的出版单位包括出版社、学报、学术期刊和大众期刊,虽然都是学校的出版单位,但它们的定位、性质和功能不同,企业化程度和市场化程度不同,主办学校对它们的要求也不尽相同。因此。高校出版单位的体制不能搞"一刀切",必须区别对待,分类指导。根据中央关于文化体制改革的有关精神和各类高校出版单位的实际状况,我们将高校出版单位的体制模式确定为两类:第一类为企业体制,主要是指能够出版多类别、多层次、多媒体的出版物,依靠市场配置资源,市场化程度较高、经营能力较强、有能力参与出版物市场竞争的出版社和面向市场、面向大众的科普类、教辅类、文摘类期刊。第二类为事业体制,主要是指国防类、民族类等仅出版面向校内或特定行业所需要的出版物,基本上难以靠市场配置资源,不参与市场竞争的少数高校出版社,以及高校学报和学术性期刊。

高校出版体制改革要坚持试点先行、逐步推开的工作方式。出版体制改革是一项开创性的工作。我们既要敢于探索,勇于实践,又要慎重稳妥,规范操作。通过试点,摸清体制改革的重点、难点,找到解决问题的办法,进一步完善高校出版体制改革的思路,探索可行的途径,在及时总结试点单位成功经验的基础上逐步推进高校出版单位的体制改革。

高校出版单位体制改革的目标是:通过体制改革,形成科学有效的高校出版管理体制;形成充满活力与竞争力的微观运行机制;培育一批具有雄厚实力、较强竞争力和品牌影响力的大型高校出版企业和一批向"专、精、特"方向发展,在某一图书领域占有较高市场份额和具有较强影响力的中小型专业出版企业;培育少量服务意识强、服务质量高、按照新机制运行的高校出版事业单位。

(二) 高校出版体制改革试点单位所在学校的工作重点

1. 学校要继续履行作为高校出版社主办单位的职责。

按照国家有关规定,出版单位无论将来注册为企业法人还是事业法人,必须有主办单位和主管部门。这是我国出版管理的特殊要求。学校对于出版社这样的具有意识形态属性的文化出版单位。必须认真履行主办单位的职责,在出版单位转为企业后,要通过有效的管理方式,掌控出版单位重大事项的决策权、资产配置的控制权、对主要领导干部的任免权和出版物内容的终审权。在这四项重大权力的掌控方面,学校要切实负起责任。转制后,学校对出版单位绝不是放手不管,该放的放,该管的还是要管好,一定要避免出现由于管理不到位而导致给国家、学校和出版单位造成损失的现象。学校作为主办单位的主要职责有三点:

一是保证出版单位正确的政治方向,确保出版物内容与导向的正确。学校要保证出版单位贯彻党的路线、方针和政策,遵守国家的法律和有关规定。尤其是在改革发展的关键时期,学校更要为出版单位的发展管好方向,把好关。学校要牢记自身肩负的政治责任和领导责任,指导出版单位建立和完善各项制度,加强对出版物选题的管理和出版物内容的审核把关,建立相应的问责制度。

二是加强对出版单位国有资产的监管,保证国有资产的保值增值。目前各高校正在按照教育部的要求,进行产业规范化建设,相继成立了学校管理国有资产的机构,即资产经营有限公司(简称资产公司)。根据高校产业规范化建设的要求,高校的企业全部划入资产公司进行管理,学校所有经营性资产也划转到高校资产公司,资产公司代表学校成为高校企业的出资人。按照这一规定,原为事业性质的高校出版单位转制为企业法人后,其经营性资产划归到资产公司进行管理,目前暂未组建资产公司的高校,学校仍可作为高校出版社的出资人。待资产公司成立后,再将高校出版社的资产划转到资产公司。

上述新情况涉及学校、资产公司和出版单位三者之间在资产管理和运营上的责权划分问题。考虑到高校出版单位的特殊性，与学校的其他企业应有所不同。学校要通过资产管理委员会加强对出版单位资产的管理，保证国有资产的保值增值。凡是涉及重大事项决策、重要干部任免、重要事项安排、大额度资金的使用，即"三重一大"等经营管理中的重大问题，必须依照审批权限和程序，由学校资产管理委员会集体决策，并由参与决策的人承担相应的责任。这里特别强调了资产管理委员会代表学校所担负的职责必须履行到位，不能成立了资产公司，就将主办单位的职责全部或大部分授权资产公司来履行。资产公司是以出资人的身份，代管出版单位的经营性资产，资产的日常运营则由出版单位具体负责。

三是加强对出版单位主要干部的管理。按照出版业发展的规律，管理好高校出版单位的主要干部，这是由社会主义出版的性质和高校的特点决定的。高校出版单位转为企业后，其主要负责人应由学校组织部门根据干部考核、聘任的权限和程序，充分考虑高校出版单位的特点与要求选定，按照企业聘任经营者的程序进行聘任。党管干部、党管人才是中国特色社会主义的重要内容，我们一定要坚持这一条，选那些政治强、业务精、作风正的人。高校出版社的主要负责人对出版社的改革和发展负有重要责任，学校一定要选政治责任心强，业务素质好，遵纪守法、善经营、会管理的人来担任；高校出版单位的主要管理岗位具有很强的专业性，与学校一般的教学、科研、管理岗位有所不同，应按照出版管理的有关规定、资产经营责任制的要求和符合企业管理规律的业绩考核方式来进行考核和日常管理。

2. 出版单位转企的工作重点。

转制为企业的出版单位及其所在高校要切实贯彻"创新体制、转换机制、面向市场、壮大实力"的方针，将出版单位转变成能自主经营、自负盈亏、自我发展、自我监督的市场竞争主体。

转制工作是一项政策性很强的工作，要严格执行国家规定的明确的工作程序。按照有关要求，出版单位的转制主要应做好三方面的工作：第一，清产核资、资产评估、产权登记等资产处置工作。没有界定清晰的产权，就不可能有明确的责任制，国有资产的保值增值就不能落在实处。因此，凡列入试点的出版单位都要严格按照国家有关规定来进行清产核资、资产评估和产权登记工作。目前，有的试点单位已做完了清产核资、资产评估和产权登记工作，有的单位仅进行了部分资产的清产核资，这项工作要抓紧进行。在资产处置过程中，要坚决防止国有资产的流失。第二，人员安置工作。改革中最重要、最关键、最敏感的问题是人员问题。出版单位的员工是单位的重要人力资源和宝贵财富，关系到出版单位能否持续发展和学校的稳定。各试点单位要妥善处理人员安置问题，转制的高校可以按照"老人老办法，新人新办法"的原则，由各高校制定具体的实施办法，做好深入细致的思想政治工作，予以妥善安置。在去年召开的全国文化体制改革工作会上，李长春同志在部署这项工作时专门提到这个问题，就是要做好人的工作。人的工作重要的是做好思想政治工作，要以人为本，深入细致地做好老同志、老职工的工作，关心他们的切身利益，耐心细致地做好各方面的工作。第三，建立现代企业制度。改革最重要的目标就是要建立现代企业制度，学校要建立以股东会、董事会、监事会"三会"为代表的出版企业的法人治理结构，形成各负其责、协调运转、有效制衡、机制灵活的管理体系。在出版单位仅是学校独资的情况下，不设股东会，由资产管理委员会行使股东会职权。学校要建立科学、民主的决策程序和有效的激励、监督、约束机制，保证出版企业健康持续地发展。学校在组建出版企业的董事会时一定要充分考虑出版单位意识形态和产业的双重属性，董事会的组成人员应有相关方面的优势和专长。各试点学校也可根据学校与出版单位的发展实际，探索有效的企业制度与发展模式。

高校出版单位转企后,应更好地坚持为教学科研服务的办社办刊宗旨。转企后,出版单位不仅承担学校国有资产保值增值的任务,还必须承担为学校教学、科研服务的责任。对于这个问题,我想强调两点:第一,出版单位资产在划归资产公司管理后,资产公司在管理出版单位的经营性资产时,要坚持出版单位资金用于出版活动与为教学、科研服务的原则,将资产与资金的使用全部用于出版活动,支持教材的研究与开发以及学术著作的出版,而不能挪作他用。资产公司不能把出版社资金做抵押,或拆借给其他亏损企业,抽肥补瘦。要十分明确我们进行的是文化体制改革,它是有自己的特定要求的,这些规定是非常具体的。第二,所在高校是其出版单位的投资方和唯一股东,高校出版单位的发展依托了学校的各种教育、教学、科研的优质资源,借助了学校的有形和无形资产,因此,出版单位将一部分收益上缴所在高校,作为投资回报,这是理所当然的。但目前有的学校在让出版单位上缴利润的方式和数额上存在着随意性,这种随意性不利于出版单位的发展,在试点改革中要重视这个问题,还是要规范行事。学校应使出版单位上缴利润的方式和数额进一步规范化,既要考虑学校的发展需要,也要考虑出版单位的实际情况,有的学校提出"放水养鱼",这值得提倡。学校的出版单位发展壮大了,就能更好地履行为教学科研服务的办社宗旨,多出精品,更好地为教学、科研,为培养人才发挥应有的作用。学校可考虑与出版单位的经营者签订经营目标责任书,根据出版单位的实际状况和发展需要,确定合理的投资回报率。特别需要提到的是,不能因为出版单位转为企业而单纯强调经济效益,更不能因为追逐高额回报而发生出版导向错误和质量低劣等问题。

3. 出版单位实行事业体制的工作重点。

实行新的事业体制的高校出版单位,要切实贯彻"增加投入、转换机制、增强活力、改善服务"的方针,根据国家有关规定,进一步明确自身的定位和经营范围,按照事业体制的新要求规范运行。少数高校出版社虽然保留了事业体制,但与原来的体制会有很大的不同。国家正在研究对保留为事业体制的出版单位的发展政策,国家出版行政部门也在研究相关政策。当前,试点单位所在高校要重点做好以下三项工作:

一是学校要根据事业单位的特点建立有效的经费保障机制、完善的管理运行机制和科学的业绩考评机制。

二是要加大内部改革的力度。改革内部人事、收入分配和社会保障制度,依法参加社会保险,保障职工的合法权益;改革用人制度,采用全员聘用、岗位工资、业绩考核、项目负责制和岗位目标责任制;改革管理制度,要建立健全财务管理制度,加强财务管理,严格经济核算,降低运营成本。

三是要最大限度地提高为高校教学科研服务的水平。积极出版本校以及相关行业所需的教材和学术著作,为学校及行业的发展作出贡献。

三、加强领导,稳步推进,确保高校出版体制改革试点工作顺利进行

当前,出版体制改革的方向已经明确,任务已经确定,下一步就是扎扎实实地抓好落实、抓出成效。高校出版体制改革试点工作任务重、要求高。我们有决心和各试点高校共同努力,保证试点工作的顺利进行。我着重强调以下几个方面的工作:

(一) 高度重视,加强领导

高校出版体制改革涉及面广,是一项复杂的系统工程。作为出版体制改革的重要组成部分,高校出版体制改革关系到出版业的可持续发展,关系到整个文化体制改革的大局,高校党政领导一定要高度重视,务求保证试点工作顺利进行。目前,高校出版体制改革试点工作已经纳入全国出版体制改革整体部署之中,部里专门成立了出版体制改革领导小组,加强对试点工作的宏观指导,社科司负责具体工作的实施。社科司要对列入试点工作的出版单位进行跟踪调查,及时掌握改革进展情况,会同新闻出版总署有关部门,切实加强对试点工作的指导,帮助试点单位解决试点中出现的问题,并适时召开试点工作经验交流会,推动试点工作的不断深化。各试点学校党政主要领导要高度重视这项工作,学校要成立出版体制改革领导小组,由主管出版社的校领导牵头组织,指导学校出版体制改革,争取和协调学校相关部门妥善解决转制工作中出现的各类问题。

(二) 加强学习,掌握政策

各高校要加强对有关文化体制改革重要文件的学习,组织出版单位认真学习中央 14 号文件、全国文化体制改革工作会议精神,通过学习,进一步统一思想,更新观念,提高对加快文化体制改革重要性和紧迫性的认识,努力把握社会主义精神文明建设的特点和规律,以及社会主义出版事业的规律;通过学习,深入全面领会中央精神,准确把握有关政策,提高指导改革、推进改革的本领。

(三) 抓紧制定本单位的试点工作实施方案

制定科学、合理的实施方案,是顺利推进出版体制改革工作的重要前提。教育部和新闻出版总署制定的《实施方案》和《若干意见》是各校进行改革的重要政策依据。各试点高校要根据这两个文件的要求,立足本校实际,制订本单位的实施方案。制订方案时要注意两点:一是要符合中央 14 号文件精神以及新闻出版总署、教育部制定的《实施方案》和《若干意见》的要求;二是要充分考虑出版单位的实际情况和发展目标,具有针对性和可操作性,做到任务明确,重点突出。请各试点高校将实施方案报我部,经教育部出版体制改革领导小组与新闻出版总署出版发行改革领导小组审核后再实施。

(四) 把握导向,稳妥推进

高校出版单位无论是企业体制还是事业体制,都是社会主义思想文化阵地,都必须坚持为人民服务、为社会主义服务的方向。要牢牢把握正确的出版导向,这是必须坚持的原则。在试点工作中尤其需要着重强调。试点单位在导向和政治上出现问题,就会干扰体制改革试点工作的大局,影响体制改革的进程。因此,各出版单位在转制工作中一定要切实增强政治意识、大局意识和责任意识,必须把社会效益放在首位,实现社会效益和经济效益的有机统一。各试点高校要准确把握改革政策,对改革中的重大问题要及时请示汇报,重大改革措施要按规定报批。要注意将高校出版体制改革与学校的劳动、人事、分配等方面的改革相协调,与高校企业规范化建设工作相一致,及时解决改革中出现的各种问题。各试点高校对出版体制改革既要慎重稳妥,也要积极推进,我们不硬性规定各试点学校完成转制的统一时间表,但希望各校能自己确定一个时间表。

(五) 正确处理改革与发展的关系

改革本身不是目的,而是为了更好更快地发展。要把深化出版体制改革与加快出版业发展有机结合起来,通过改革使出版单位形成科学有效的宏观管理体制和富有效率的微观运行机制,提高出版企业的市场竞争力,通过改革促进发展,不能因为改革而延误发展。各有关高校应将高校出版体制改革工作与学校"十一五"发展规划的制定结合起来,精心谋划,周密部署。与此同时,我们要通过发展来解决改革过程中遇到的问题,从而使改革和发展有机结合,相互促进。

(六)积极争取鼓励改革试点的相关政策

协调解决转制过程中出现的各种问题。在转制工作中,教育部将继续会同有关部门进行协调,落实给予试点单位的各项优惠政策,为试点出版单位提供政策支持创造宽松的外部环境。由于存在属地管理的情况,部里也会加强与相关省市主管部门之间的联系和协调,使进入试点并具备条件的出版单位都能享受到国家相关的优惠政策。

同志们,高校出版体制改革试点是一项艰苦、复杂的系统工程,需要我们做大量耐心细致的工作。对于试点工作中涉及的一些深层次矛盾和问题,还需要我们深入调查研究,积极探索实践。我们务必清醒地认识到全面深化文化体制改革是贯彻落实科学发展观、构建社会主义和谐社会的一件大事。参与试点的学校及其出版单位承担了为我国高校出版健康持续快速发展探索成功道路的重任,使命光荣,任务艰巨,时间紧迫。希望同志们锐意进取,勇于实践,不负众望,不辱使命,确保高校出版单位体制改革试点工作的顺利进行,实现预期的目标。

深化改革 促进高校出版业的更大发展

新闻出版总署副署长 邬书林

一、要充分认识推进高校出版体制改革的重要意义

高校出版是我国出版业中的重要组成部分,高校出版体制改革是我国出版发行体制改革的重要方面。高校出版体制改革的成效如何,对整个出版发行体制改革有着重要影响。

第一,高校出版社是我国出版业中的重要组成部分,是中坚力量。高校出版业改革的重要性,来源于高校出版社在整个出版工作当中的地位。改革开放以来,高校出版社已经发展成为我国出版业中一支朝气蓬勃的生力军。从出版社的数量看,高校出版社从改革开放初期的2家发展到现在的105家,占全国570多家出版社的近五分之一;从出版产值看,2004年,高校出版社总产值已达到60亿元,占全国总产值的13.5%;销售收入达51.1亿元,占全国出版业的18.3%;在销售收入前50名的出版社中,高校出版社有9家,在前10名的出版社中高校出版社有3家。2006年在京出版社销售收入超过2亿元的16家出版社中,高等学校出版社占5家,占31.25%。从出版队伍看,高校出版社成长了一大批懂经营善管理的出版人才。从内容创新角度看,高校出版社不仅出版了一大批服务高校教学的教材和学术著作,解决了我国高校教材出版难的问题,还出版了一批反映当代中国思想创新、科学发现和技术进步的专业学术著作,在扩大对外交流合作方面也作出了积极贡献。

我们在充分肯定高校出版社取得巨大进步和长足发展的同时,要清醒地看到,首先有体制机制的束缚和制约,高校出版社也积累了一些困难和问题,发展后劲不足,进一步做大做强面临许多体制机制上的障碍,等等。解决这些困难和问题,必须解放思想,真抓实干,推动高校出版社深化改革。

第二,高校出版社体制改革是中央交给我们的任务。深化文化体制改革是中央作出的重大决策,是宣传文化领域当前面临的重要任务。党的十六大明确提出文化体制改革的奋斗目标和重大任务,十六届三中、四中、五中、六中全会进一步提出了文化体制改革的总体要求、基本原则、工作重点和方针政策。中央十分重视文化体制改革。在2003年启动试点工作的基础上，于2005年颁发了《中共中央、国务院关于深化文化体制改革的若干意见》，2006年3月中央又召开了深化文化体制改革的工作会议。中共中央政治局常委李长春同志在会上提出，深化文化体制改革是以胡锦涛同志为总书记的党中央在科学判断国际国内形势，全面把握当今世界文化发展趋势，深刻分析我国基本国情和战略任务的基础上，继经济体制改革、政治体制改革、教育体制改革、科技体制改革、卫生体制改革之后作出的又一项关系全局的重大决策。2006年7月，新闻出版总署印发了《关于深化出版发行体制改革的实施方案》。去年年底，中央文化体制改革领导小组召开会议，会上明确提出，由教育部和新闻出版总署负责高等学校的出版体制改革。今年3月，教育部、新闻出版总署印发了《关于高等学校出版体制改革的实施方案》，明确了当前高校出版体制改革的原则、目标、任务和具体措施。作为整个出版发行体制改革的重要组成部分，高校出版体制改革既有复杂性、艰巨性的特点，又面临难得的机遇和有利条件。我们必须按照中央关于深化文化体制改革的一系列重要方针、政策，进一步坚定改革的信念，增强改革的信心，扎实有效地把这项改革推向深入。

第三，推进高校出版体制改革已具备良好的条件和基础。20多年来，我国高校出版社的影响日益扩大，事业产业不断壮大，一条关键的经验在于坚持改革，不断探索、创新。我国高校出版社大多数是改革开放之后建立的，在建立之初，就注意借鉴经济和其他领域的经验，注意用改革来促进发展。从党的十四大开始，一批高校出版社充分依托高校办出版社的优势，研究借鉴国外著名大学出版社的经验，重视经营管理，积极推进高校出版社的改革和发展，努力探索适合我国高校出版社事业发展的管理机制和运行机制。特别是1996年以后，一批高校出版社适应新形势，积极探索符合建立社会主义市场经济规律和社会主义精神文明建设要求的高校出版管理体制和运行机制，取得了很重要的经验。目前，首批18家进行试点的出版社大多数经济运行良好，导向正确，发展态势喜人。总的看，高校出版社转企改制具备了相当好的基础。高校出版社的大多数员工已按新的用工制度运行，绝大部分实行了聘任制，"三险两金"已经建立和交纳，这方面的负担也比较轻。随着我国经济和社会发展逐步转型，并建立在创新基础之上，随着我国高等学校的快速发展，随着教学、科研、生产技术的进步，高校出版社的繁荣发展具备了更丰富的内容资源和重要条件，我们完全有条件、有能力通过深化改革、创新体制机制，促进高校出版业的又好又快发展。

二、加大力度，加快进度，深化改革，推进高校出版业的更大发展

高校出版社在整个出版业当中举足轻重，高校出版社的体制改革对整个出版业体制改革具有重要意义，深化高校出版社的体制改革既是中央的要求，也是行业自身发展的要求。只有通过深化改革才能突破制约出版业发展的体制性机制性障碍，进一步解放出版生产力，推动高校出版业的更大发展。

高校出版体制改革与一般出版业的体制改革相比，既有共性也有特殊性，既要遵循一般出版社改革的普遍规律，又要解决改革发展中面临的特殊问题。要研究借鉴一般出版社改革的经验，认真学习国外著名大学出版社的经验，从我国高校出版社的实际出发，深化高校出版业的改革。为此，提出加强以下五个方面的工作：

第一，认真学习贯彻中央有关文件精神，增强加快高校出版体制改革的自觉性。

要进一步学习党的十六大以来中央关于文化体制改革的一系列重要方针政策，学习《中共中央国务院关于深化文化体制改革的若干意见》，深刻领会中央关于文化体制改革的精神实质，切实把思想和行动都统一到中央的战略部署上来,不断增强改革的自觉性、坚定性和主动性。要通过学习,充分认识到深化出版发行体制改革是全面落实科学发展观和构建社会主义和谐社会的需要,是推动新闻出版业繁荣发展、不断满足人民群众日益增长的精神文化需求的需要,是增强我国综合国力、维护国家文化战略安全的需要,是推动中华文化走向世界的需要。要把转变观念、提高认识贯穿于高校出版社改革发展的全过程,高举改革的旗帜,坚定不移地走改革之路,发扬与时俱进、敢为人先的进取精神,看准一项就扎扎实实地推进一项改革措施,以改革的观念研究新的问题,以改革的措施开创发展的新局面。

第二,明确高校出版体制改革的指导思想、原则要求和目标任务。

高校出版体制改革要以邓小平理论和"三个代表"重要思想为指导,全面落实科学发展观,牢牢把握先进文化的前进方向,遵循社会主义精神文明建设的特点和规律,适应社会主义市场经济发展的要求,以发展为主题,以改革为动力,以体制机制创新为重点,解放和发展出版生产力,坚持把社会效益放在首位,努力实现社会效益和经济效益的统一,促进高校出版业的全面繁荣和快速发展。

高校出版体制改革要有利于高等教育事业的发展;有利于促进高校学科建设和人才队伍的培养;有利于促进高校出版单位的发展,更好地坚持办社办刊宗旨,使其更具有活力和竞争力;有利于解放和发展生产力,调动出版单位人员的积极性和创造性。

高校出版体制改革要根据出版单位的实际情况区别对待、分类指导、试点先行、逐步推开,有组织、分步骤地组织实施。高校出版单位转制为企业的,要贯彻"创新体制、转换机制、面向市场、壮大实力"的方针;保留事业体制的,要贯彻"增加投入、转换机制、增强活力、改善服务"的方针。

高校出版体制改革的目标是:通过改革,形成科学有效的高校出版管理体制;形成充满活力与竞争力的微观运行机制;培育一批具有雄厚实力、较强竞争力和品牌影响力的大型高校出版企业和一批向"专、精、特、新"方向发展,在某一领域占有较高市场份额和具有较强影响力的中小型专业出版企业;培育少量服务意识强、服务质量高、按照新机制运行的高校出版事业单位。

第三,要抓紧完成转企改制工作,重塑市场主体,争取改革取得实质性进展。中共中央政治局委员、书记处书记、中宣部部长刘云山同志在全国深化文化体制改革工作会议上明确提出,要以经营性文化单位的转企改制为重点,着力培育新型文化市场主体。离开市场主体,市场经济就无从谈起,离开文化企业,文化产业的发展也无从说起。必须坚持以市场为导向,贯彻"创新体制、转换机制、面向市场、壮大实力"的原则,有计划有步骤地推进经营性国有文化单位的转企改制,推动国有文化单位进行公司制改造和股份制改造,形成一批有实力、有活力的国有或国有控股的文化企业。教育部和新闻出版总署关于高等学校出版体制改革的实施方案中,也明确提出了高校出版体制改革的目标、原则、任务和步骤,当前的工作重点就是要按照实施方案的要求,实实在在地把各项工作落到实处。一是要认真总结经验,加强典型示范。文化体制改革的试点工作中,一些出版单位在许多方面进行了积极的探索和创新,积累了很多有益的经验,我们要认真总结和推广他们的经验,善于发现新鲜经验,运用多种形式积极加以推广。要把总结试点经验与深入学习中央文件精神结合起来,与积极开展本单位的改革实践结合起来,与不断进行理论创新结合起来,推动改革向深度和广度发展。近期,新闻出版总署正在着手研究制定出版发行体制改革的转制工作规程,包括清产核资、工商登记,目的就是要使改革的成功经验得到推广,改革的工作流程得到规范。二是要完善治理结构,健全运行机制。改革过程中,高校出版单位有的要转为企业,有的要保留事业体制。不管实行什么性质的体制,都要探索建立符合社会主义市场经济规律和社会主义精神文明建设要求的高校出版管理体制和运行机制,探索建立符合高校出版内在规律和行业实际的微观运行机制,重点和关键是要完善法人治理结构。三是学习国外经验,提高管理水平。要从各个出版社的实际出发,切实把体制机制创新和制度规章、工作程序落到实处,努力提高出版社的经营水平。当今世界许多著名出版社和国内改革试点搞得好的出版单位都有办社的崇高理念,影响社会,感召学者。有前瞻性的战略发展规划指导长远发展,有科学的管理制度规范企业的运行,有一套遵循出版规律的财务预算、成本控制、书刊定价、员工管理制度。我们讲体制机制的改革创新,就是要从中国的实际出发,从高校的实际出发,积极借鉴、研究世界和我们国家自己的经验,建立起实实在在的符合出版规律的运行制度,来保证出版社的发展。

第四,要把体制机制创新和内容创新同步规划,着力创建有影响的出版品牌。出版业作为内容产业,最重要的功能是多出书、出好书,内容创新是高校出版业生存发展的生命线,必须把内容创新与体制改革同步考虑、同步规划,以改革促进创新,促进发展,通过改革培养一批知名的大学出版社。进入新世纪以来,党中央、国务院作出了一系列重大战略部署,推进创新型国家的建设,高校出版社要自觉落实国家的这些重大战略决策,在及时反映科技创新成果、努力传播科技创新知识等方面努力工作,同时要很好地抓好出版业自身的创新,在为建设创新型国家的服务过程当中实现我们自身的繁荣发展。高校出版业要努力成为各行各业自主创新的加工整理者,成为专业信息的有效传播者,加快建立相对完善的有中国特色的科技文献出版体系,积极反映当代中国人民的思想创新、科学发现、技术进步和管理经验,要依托我国的著名高校,立足全面建设小康社会的伟大实践,充分发掘和利用民族文化的丰厚资源,借助国际文化生产的新形态,在内容创新上进行独特的富有创意的开拓,着力培养一批有国际影响的名牌出版社,出版一批有国际影响的著名图书。

第五,要把体制改革和创新同新技术的运用同步考虑、同步规划,加快数字出版的进程。当今世界,随着互联网络、数字技术、电子信息等高新科技的发展,科学技术进步已经成为现代出版业发展的强大引擎,世界出版业正在发生着革命性的变化,不仅仅是出版载体日新月异,出版的生产流程、组织形式、传播方式、运营模式等出版业态都发生着深刻的变化,数字出版、网络出版、手机出版、电子商务、物流配送等各种新型的出版业态代表着出版业的发展方向和未来。这些新型的出版业态丰富了出版业、出版物的生存形式,同时也为传统出版开拓了更大的市场空间,开创了更大的发展前景。有条件的高校出版社要制订规划,把自己已形成影响、有发展前景的重要出版门类和产品逐步转向基于数字出版和基于数字运行的基础之上。高校出版业的改革和发展必须建立在科技创新的强大基础之上,依靠科技创新的支撑,认真总结和研究、大力推进数字出版,引领出版业的同步发展。如果出版业的发展不能建立在科技创新的基础之上,并有所跨越,我们的出版业发展就会有被世界出版业落得更远的危险。

三、坚持方向,加强领导,扎实工作,确保高校出版业改革落到实处

国务委员陈至立同志在全国文化体制改革工作会议上强调,要认真学习、深刻领会,切实把思想统一到中央关于文化体制改革的重大战略部署上来,不断提高对文化体制改革重要性的认识,进一步增强加快文化体制改革的责任感、紧迫感和使命感。

高校出版业体制改革是一项政治性、政策性很强的工作,中央十分重视,社会各界非常关注,我们责任重大。要充分认识高校出版体制改革的重要性、紧迫性,充分认识改革的复杂性、

艰巨性,按照中央的统一部署,加强领导、扎实工作,把问题想得更细一点、更深一些、更实一些,切实做到积极稳妥地推进高校出版体制改革。

第一,要牢牢把握出版导向,确保高校出版体制改革的正确方向。文化体制改革事关党和国家的工作大局,事关文化安全和社会稳定,高校出版体制改革要妥善处理好文化意识形态的属性和产业属性的关系,在全面推进体制和机制的创新中,一刻也不能放松对导向和方向的把握。要努力为构建社会主义核心价值体系服务,发挥好出版功能,进一步巩固马克思主义在意识形态的指导地位,更好地满足人民群众日益增长的多方面、多层次、多样性的精神文化需求。要牢牢把握社会主义先进文化的前进方向,始终把社会效益放在首位。出版导向是出版工作的生命,把握正确的出版导向这一条无论什么时候都不能改变。越是深化改革,越要牢牢绷紧出版导向这根弦。出版单位不管是企业性质,还是事业性质,都是社会主义的思想文化阵地,都要大力发展先进文化,支持健康有益文化,努力改造落后文化,坚决抵制腐朽文化,要在确保良好社会效益的前提下争取更大的经济效益,以更多更好的出版物占领市场,赢得读者,实现两个效益的统一。

第二,要抓紧制订切实可行的改革方案,在校党委的统一领导下稳步扎实地推进高校出版改革。高校出版体制改革有自身的特点和规律,涉及面广,差异性大,情况较为复杂,不可能用一个标准、一个模式来解决。各试点单位要在学好文件,深刻领会中央精神的基础上,借鉴其他出版单位的经验,结合自身的实际,抓紧制订切实可行的改革方案。要注意把改革的总体目标和阶段性目标有机统一起来,注意工作方法,使其具有较强的科学性、可行性和操作性。出版社要主动向校党委汇报改革进展,争取校党委的关心、支持和领导。也请各高校的党委把出版体制改革列入高校党委的重要议事日程,加强调查研究,加强统筹规划,加强指导。

第三,要落实各项配套政策,为高校出版体制改革提供宽松的经济环境。要抓好各项改革配套政策的落实,为高校出版社的改革创造良好的政策环境。要做好现有各项政策的衔接和落实工作。一要认真落实国办2003年105号文件和其他有关文件,积极争取财政税务部门的理解和支持,用足、用活、用好各项优惠政策,确保改革平稳进行。二是要积极争取新的优惠政策,要与时俱进,随着改革的深入,随着整个事业单位的改革和方方面面改革的配套进行,随着新情况新问题的出现,积极争取新的配套政策。三是属于新闻出版总署业务范围内的事情,我们一定主动积极做好各项服务工作。对转企改制到位的出版单位,总署将在资源上给予充分的支持。主要有:在调整出版范围,发展网络出版、音像出版、重大出版工程等项目上优先考虑、支持改革的试点单位,在书号等日常管理上也主动向试点单位倾斜。四是处理好高等学校出版社对高校的贡献和高校支持出版社发展的关系。我们这次会议要讨论高校出版体制改革试点的若干意见,特别是其中的第12条、第13条,是认真研究、兼顾双方利益的通盘考虑。希望通过讨论,能达成共识,实实在在落到实处。刚才卫红同志讲到这个问题时强调的两条,我完全赞同,不再重复。

第四,要深入细致地做好思想工作,切实保持高校出版业发展的良好态势。高校出版体制改革是一项复杂的工程,政治性、政策性都很强,必须按照中央的要求统一部署,有领导、有计划、有步骤地进行,要在教育部的统一部署下,在相关部门的支持下,适应新阶段工作的特点和要求,进一步建立健全相关的领导体制、工作机制和管理制度,科学地谋划改革进程,合理地安排改革任务,深入落实贯彻改革措施。要注重落实统筹兼顾,加强与有关部门的沟通和协调,既要及时向高等院校请示、报告,又要细致地考虑劳动、人事、分配方面的问题,切忌因考虑不周而影响改革进程。在改革过程中，要认真吸取群众意见，尊重基层的首创精神，充分调动广大群众参与改革的积极性，激发全体员工的创造力。要把改革的力度与高校出版社干部职工的承受程度结合起来，维护好大多数群众的基本利益。要特别注意妥善解决转企改制过程中职工的社会保障和分流安置工作，绝不能以损害职工的基本利益作为改革的代价。要深入细致地做好思想工作，善于运用改革的实际经验和成效，引导高校出版社的干部职工认识到，改革是高校出版社发展的必由之路，使广大职工明白，改革最终符合他们的根本利益和长远利益，使改革获得最广泛可靠的群众基础和力量源泉。

同志们，高校是知识创新的重要源泉，高校出版资源十分丰富，高校出版社人才济济，高校出版事业大有可为，高校出版体制改革对我国整个出版发行体制改革具有十分重要的意义。现在，中央的大政方针已定，教育部和有关部门的部署也十分明确，希望列入试点的高校出版单位进一步解放思想，开拓创新，深化改革，加快发展，为我国出版业的繁荣发展作出新的贡献。

第二次高校出版社体制改革工作会议在北京召开

2008年11月24日至25日，教育部与新闻出版总署在北京联合召开了"第二次高校出版体制改革工作会议"。教育部李卫红副部长、新闻出版总署邬书林副署长和中宣部改革办张晓虎主任出席会议，并作重要讲话。武汉大学校领导和清华大学出版社社长分别介绍了出版社体制改革的情况。中宣部改革办高书生副主任解读了114号文件精神。北京语言大学等62所列入第二批高校出版体制改革工作的高等学校的主管校领导和出版社社长参加了会议。

会议总结了试点高校出版社体制改革取得的成绩与经验。会议认为，在教育部和新闻出版总署的部署和指导下，在各试点高校的积极努力下，体制改革试点工作在探索中稳步推进，取得了阶段性成果，19家试点单位根据教育部和新闻出版总署关于转制工作的要求，不同程度地完成了清产核资、资产评估和产权登记，注册有限责任公司，建立现代企业法人治理结构，妥善安置人员，改革内部管理机制，制定和完善企业规章制度等工作。通过体制改革，高校出版社创建了新体制，转换了机制，增强了实力与竞争力，并享受到了优惠的经济政策和出版政策。

会议认为，首批体制改革试点工作为我们全面推进高校出版社体制改革提供了宝贵的经验，主要经验有四点：一是提高认识。学校与出版社领导都要提高对体制改革重要性紧迫性的认识，在推进体制改革方面要与中央保持一致。二是加强领导。学校要切实加强对出版社转制工作的领导，成立专门的机构，及时协调校内外有关部门妥善解决资产、机构、人员等问题，为体制改革顺利进行提供组织保证。三是制定切实可行的方案。学校要按照体制改革的精神和学校的实际制定切实可行的体制改革实施方案。四是规范转制。学校及出版社要依法而行，按章办事，严格按照有关文件要求和实施方案精心组织改革，为体制改革顺利进行提供质量保证。

会议指出，进行文化体制改革是中央针对国际国内形势做出的一项关系全局的战略决策。按照中央的总体部署，新闻出版总署提出了深化出版发行体制改革的总体思路和具体任务，将高校出版社体制改革工作列为工作重点之一。高校出版社是我国出版业中的主要组成部分，高校出版社的体制改革是我国出版发行体制改革的重要方面，必须要加大力度，加快进度，深化改革,推进高校出版业又好又快地发展。高校出版社要自觉做出版体制改革的推动力量,成为出版业繁荣发展的中坚,为服务和促进出版体制改革作出贡献。

会议要求,各高校要把高校出版社体制改革放到党和国家的总体战略部署中加以认识,增强改革的自觉性;要把高校出版体制改革放在整个出版体制改革的大局下加以认识,增强改革的责任感;要把高校出版社体制改革放到现代科学技术发展的大背景下加以认识,增强改革的紧迫感;要把高校出版体制改革放到世界大学出版社发展的背景下加以认识,增强改革的信心。坚定信念,增强信心,切实把推进高校出版体制改革工作抓紧抓好,抓出成效。

会议强调,高校出版社要始终坚持正确的政治方向,认真贯彻党的路线、方针和政策,坚持正确的办社方向和宗旨,把握出版导向,服务中心大局。

会议指出,高校出版社体制改革的目标是,要形成科学有效的高校出版管理体制;形成充满活力与竞争力的微观运行机制;培育一批具有雄厚实力、较强竞争力和品牌影响力的大型高校出版企业和一批向"专、精、特"方向发展,在某一图书领域占有较高市场份额和较强影响力的中小型专业出版企业。高校出版社体制改革的原则是要坚持有利于高等教育事业的发展,有利于促进高校人才培养、科学研究和服务社会三大功能的实现,有利于高校出版单位更好地坚持办社宗旨,有利于解放和发展高校出版生产力。

会议指出,在出版社转制为企业后,高校仍要履行主办单位的职责,要通过有效的管理方式,掌控好"四权",做好"三保证":即掌控好出版社重大事项的决策权、资产配置的控制权、对主要领导干部的任免权和出版物内容的终审权;保证出版社正确的政治方向,保证国有资产的保值增值,保证出版队伍的高要求高素质。出版社转制要严格执行国家规定的明确的工作程序规范,积极探索符合高校出版社发展的有效的法人治理结构。

会议要求各高校加强对高校出版体制改革工作的领导,重点做好以下六方面的工作:一是要加强对出版社体制改革工作的领导;二是要加强对出版社体制改革方案制定和实施的指导;三是要加强学习,把握规律,掌握政策,提高指导改革、推进改革的本领;四是要坚持正确导向,稳妥推进体制改革;五是要正确处理改革与发展的关系,通过体制改革促进出版社的发展,用发展的成绩体现体制改革的效果;六是要积极争取落实鼓励改革的相关政策。

深入学习实践科学发展观　大力推进高校出版社体制改革

教育部副部长　　李卫红

尊敬的邬署长,尊敬的张主任,各位会议代表:

高校出版社第一批体制改革试点工作自去年 4 月启动以来,按照中央的部署正在积极稳妥地推进。今年 4 月,中央召开了第三次全国文化体制改革工作会议,提出了要加大力度,加快进度,推动文化体制改革取得新的实质性进展。今年 6 月 17 号,李长春同志在有关高校出版社体制改革报道上批示:现已不是试点阶段,步伐可大些。这一批示体现了中央领导对高校出版社体制改革的高度关注和给予的厚望,我们这个会议就是在这个背景下召开的。

会议的主要任务是,深入学习贯彻党的"十七大"和全国文化体制改革工作会议精神,总结交流高校出版社体制改革试点经验,分析面临的形势和任务,安排部署当前和今后一个时期推动高校出版社体制改革的工作,使高校出版社体制改革在面上推开,向纵深发展。为推进高校出版社的发展,促进高校出版业的繁荣提供良好的体制环境。

中宣部、新闻出版总署高度重视这次会议,会前联合召开了首批试点高校出版社体制改革座谈会,总结交流了体制改革的做法和经验,先后在北京、上海、南京、长沙、长春等地召开六次高校出版社体制改革座谈会,全面调研了有关的情况,为这次会议奠定了很好的基础。

今天,新闻出版总署副署长邬书林同志和中央文化体制改革和发展办公室的张晓虎主任出席会议并将作重要讲话,这对做好新形势下高校出版社工作,特别是高校出版社体制改革工作具有重要的指导意义,我们要认真学习领会。下面,我代表教育部就推进高校出版社体制改革工作讲几点意见。

一、认真总结高校出版社体制改革试点工作的成功经验

按照中央文化体制改革的整体部署,高校出版社第一批体制改革试点工作启动一年多来,在我部和新闻出版总署的部署和指导下,在各试点高校的积极努力下,体制改革试点工作在探索中稳步推进,取得了阶段性成果,19家试点单位都按照转制工作的要求,不同程度地完成了清产核资、资产评估和产权登记,注册有限责任公司,建立现代企业法人治理结构,妥善安置人员,改革内部管理机制,制定和完善企业规章制度等工作。清华大学出版社、北京师范大学出版社、中央广播电视大学出版社、东南大学出版社、大连理工大学出版社、中山大学出版社、上海财经大学出版社、武汉大学出版社、华中科技大学出版社和天津大学出版社等10家出版社对现有资产特别是固定资产、在销出版物、库存出版物和应收账款进行了全面清理、核实,并通过有资质的审计事务所的全面财务审计,完成了清产核资,资产评估。部分出版社获得了财政部颁发的企业国有资产产权登记证,实现了国有资产的授权经营。19家试点单位全部完成了企业法人登记注册,其中清华大学出版社、大连理工大学出版社、武汉大学出版社和华中科技大学出版社四家完成了有限责任公司注册。19家高校出版社建立了以董事会、监事会和职工代表大会"三会"为基础的高校出版社法人治理结构,形成了各负其责、协调运转、有效制衡、机制灵活的管理体制。

总的看来,高校出版社首批体制改革试点取得了明显成效,主要表现在:

第一,创建了新体制。转制后的出版社建立了现代企业法人治理结构,新体制的建立使责任主体明确,董事会和出版社经营者都明确了法定职责和权限,各负其责。学校作为出资人,以投入的全部资产对出版社承担有限责任,依法享受股东权益,取得经营收益;学校不干预出版社日常经营活动,给出版社更大的经营自主权。出版社实行独立核算、自主经营、自负盈亏,独立承担经济和民事责任。社长对董事会负责,行使公司法规定的职权。新体制的建立使出版社经营自主权增加了,企业化运作能力增强了,市场化程度提高了,展现出很强的生机与活力。

第二,建立了新机制。19家出版社在进行体制改革的同时,积极进行内部机制创新,推进了人事、劳动、分配"三项制度"改革,进一步调动了职工的积极性。在人事制度上进行了较大的改革,使人员结构发生了较大变化。出版社转制后,基本上不再接受学校事业编制的职工,而是根据出版社发展的需要面向社会招聘。19家出版社人员结构发生了较大变化:2007年和2005年相比,事业编制人数减少10%;非事业编制人数增加29%,占出版社人员总数的比例增加了19%。在用工制度上实行全员聘任制和劳动合同制,按需聘用。试点单位基本实行了全员聘任制,以岗定职,以职定薪。所有员工,打破身份界限,无论是事业编制,还是企业编制都实行企劳动合同制,以这个形式确定岗位、责任和待遇,一视同仁,激发了全体员工的积极性和创造性,使企业更加充满生机与活力。在分配制度上实行企业的薪酬制度。试点出版社有的将工资总额同利润挂钩,把员工业绩直接同出版社经营效益结合起来;有的将事业编制人员工资与学校脱钩,按照统一的工资体系,不分编制,同岗同酬,同工同酬,按劳按贡献取酬,极大地调动了广大员工的工作积极性,体现了"多劳多得、兼顾效率与公平"的原则。

第三,增强了经济实力。试点高校出版社经过转制,进一步明确了发展目标与定位,优化了出版物结构,激发了活力,提高了竞争力,加快了发展步伐,增进了规模效益。19家试点单位出版物品种有较大幅度增长,2007年比2006年出书品种增长12.28%,重印率不断提高,已达到64.7%;平均总资产增长率连续两年保持在13%以上,平均净资产收益率保持在近20%左右;各项生产指标都有很快增长,2007年与2005年相比,生产码洋增长19%,销售收入增长12%,税前纯利润增长39%。19家单位的主要经营指标占百家高校出版社的一半以上,总码洋占57%,销售收入占56%,税前纯利润占66%。

第四,享受到了出版体制改革的优惠经济政策和出版政策。目前,北京、上海、大连、武汉、广西的15家试点高校出版社不同程度地享受了企业所得税免缴的优惠政策,使出版社增强了实力,积累了资金。新闻出版总署对体制改革试点的出版社给予了政策倾斜,在书号、音像、电子、网络出版方面给予了积极的支持,为出版社加快多媒体、立体化建设步伐创造了有利条件。

首批体制改革试点工作为我们全面推进高校出版社体制改革提供了宝贵经验,这些经验概括起来有以下四点:

一是提高对体制改革重要性紧迫性的认识是前提。学校党政领导在认识上与中央关于文化体制改革的精神和部署保持一致,解放思想、更新观念,努力破除影响出版社体制改革的思想障碍,并积极向广大员工宣讲中央的精神,使大家都能理解、支持和参与体制改革,为体制改革顺利进行做好了思想上的充分准备。

二是对出版社体制改革强有力的领导是关键。学校要切实加强对出版社转制工作的领导,成立专门的机构,及时协调校内外有关部门妥善解决资产、机构、人员等问题,为体制改革顺利进行提供了组织保证。

三是制定切实可行的体制改革实施方案是基础。各校在充分调研的基础上,制定符合本校出版社自身发展的实施方案,明确了改革的重点、难点,提出解决制约出版社改革发展问题的思路与措施,为体制改革顺利进行提出了路径和时间表。

四是严格规范转制是保障。转制是一项政策性、规范性很强的工作,学校及出版社依法而行,按章办事,严格按照有关文件要求和实施方案精心组织改革,为体制改革顺利进行提供了质量保证。

高校出版社首批体制改革试点取得了可喜的成绩,但也存在一些不容忽视的问题,主要有三点:一是有的学校对这项工作重视不够。有的学校由于工作头绪多,不能及时落实出版社体制改革的任务。二是部分出版社在完成体制改革任务时不够全面彻底。有的出版社没有进行完全的清产核资等,有的出版社由于及时享受到了企业所得税免缴的政策,且自身企业化程度也较高,在体制改革中缺乏紧迫性,工作推进较为缓慢。三是在个别地区改革的优惠经济政策没有落实。这些问题尽管是个别的,也应引起足够的重视,我们要采取措施,进一步加以解决。

二、解放思想,提高认识,增强深化高校出版社体制改革的自觉性和坚定性

通过深化文化体制改革来促进社会主义文化的繁荣和发展,是党中央深刻总结改革开放以来我国文化体制改革和文化发展的经验,根据国内外现实状况,审时度势,在新时期提出的一项重大战略举措。我们必须站在战略和全局的高度加以认识,进一步解放思想,增强深化出版体制改革的自觉性和坚定性。

(一)要把高校出版社体制改革放到党和国家的总体战略部署中加以认识,增强改革的自觉性

党的十七大深刻阐述了文化建设的极端重要性,提出了进一步深化文化体制改革的任务。十七大之后,党中央、国务院对文化体制改革做出了新的部署,提出了新的要求,中央领导同志就文化体制改革发表了一系列重要讲话和重要指示。今年4月中央召开的第三次全国文化体制改革工作会议强调解放思想、转变观念、深化改革是推动文化大发展和大繁荣的强大动力,是提高国家文化软实力的强大杠杆;要认真总结文化体制改革的成功经验,加大力度,加快进度,紧紧抓住重要领域和关键环节,全面推进体制机制创新,着力解决制约文化发展的深层次矛盾和问题,解放和发展文化生产力,推动文化体制改革在面上展开、向纵深发展;必须把培养市场主体作为当前文化体制改革的重中之重,全力推进、力争取得大的突破;加快推进经营性国有文化单位的转企改制,建立现代企业制度;鼓励通过联合重组形成一批有特色的专业出版集团公司;会议还特别提出高校出版社的转企改制今年一定要有大的突破。可以说,中央关于推进文化体制改革的目标和工作步骤都已经明确,既有宏观的战略部署,又有具体细致的安排,我们要统一思想,提高认识,坚定不移地按照中央的要求,更加自觉地参与到高校出版社体制改革中来。

(二)要把高校出版体制改革放在整个出版体制改革的大局下加以认识,增强改革的责任感

新闻出版领域体制改革是文化体制改革的重点。按照文化体制改革整体部署,我国出版业正在积极推进体制改革。根据新闻出版总署提供的数据,从2003年全国文化体制改革试点工作以来,全国有17家出版集团完成转企改制,79家音像出版社、184家图书出版社改制到位。我国出版业可以分为三大块:中央部委所属出版社、地方出版社和高校出版社。目前,地方出版社的集团化建设和转企改制工作已走在前面,中央部委所属出版社改革也在启动,从2007年开始,清华大学出版社等19家首批高校出版社转制试点工作积极有序地顺利进行。目前我们正在推动的高校出版社第二批转制工作已经提上日程。我国高校出版社总量占全国出版社总量近1/5,总资产、销售额、销售收入、利润总额等在我国出版业总量中都达到近1/4的规模,在我国出版业中占有重要地位,因此,高校出版社的体制改革如果不能与整个出版体制改革同步进行,就会在出版业全局中处于被动状态。从这个意义上来说,高校出版社转制既是中央的要求,也是高校出版社自身进一步发展的内在需要。从已经转制出版社的发展状况看,转制促进了发展,事实再次证明,早改早主动,早改早受益。只有通过转制,使高校出版社真正成为市场竞争的主体,才能使他们焕发活力,增强竞争力,突破产业发展的体制性、机制性障碍,进一步解放和发展出版生产力。目前,高校出版社体制改革已经纳入我国出版发行体制改革的整体部署,时间表已确定,要在明年末全部完成,这项改革能否顺利完成已经关系到整个出版发行体制改革战略部署能否全面展开。因此,我们要有全局意识和紧迫感,积极投身于高校出版社体制改革。

(三)要把高校出版社体制改革放到现代科学技术发展的大背景下加以认识,增强改革的紧迫感

随着信息、网络等技术的高速发展,各种媒体的界限越来越模糊,相互融合的速度也越来越快,内容集成、内容提供和内容服务成为现代出版业的核心业务,这就要求高校出版社为教育教

学提供优质的内容资源和内容服务,这也是发展现代教育的迫切需求。高校出版社要大力研发各类优质教育资源、学术资源、学习资源,积极构建为教育教学服务的资源平台及现代出版服务体系,要积极探索,使自己成为相关教育学术资源的集成者、运营者、服务者,为教师、学生及全社会提供可以远程使用、个性化使用的综合性、系统性服务,为教学和科研提供及时有效的支持。这些变化和过去我们所熟悉的出版业务相比,是一场革命性变革。过去高校出版社出版纸质教材,不需要很大的投入,技术要求较为一般。但随着多媒体技术、互联网技术在教学和科研中的运用,出版社需要高新技术的支撑,需要有懂得数据集成技术和服务的高技术人才,这是集技术密集、资金密集和人才密集于一体的新型出版传播。在这种情况下如果不能遵循市场规律,运用市场手段运作,还安于现状,固守过去事业单位体制,就不可能在激烈的竞争中生存,更谈不上发展。只有转制才能使高校出版社成为市场竞争主体,也才可能考虑通过资本运作、联合、重组等现代市场运作方式,吸纳资金、技术和人才,以应对网络化、信息化给高校出版社所带来的挑战,才能更好地为提高高等教育质量服务、为高等教育的改革和发展服务,也才能从中找到自身的生存和发展空间。

(四) 要把高校出版体制改革放到世界大学出版社发展的背景下加以认识,增强改革的信心

把我国高校出版业的发展放到世界大学出版社的背景下加以审视,会进一步打开我们的视野。今年1月份我带队到美国几所有代表性的大学出版社进行了考察,同时对美国大学出版社的整体状况进行了调研分析。美国大学出版社成立以来一直定位为非营利组织,类似于我们的事业单位,专注于学术出版,所以,美国大学出版社的教材比例很低,所占份额很少。在美国图书市场上,近100家大学出版社的总销售额不足出版行业销售额的1%,在美国规模较大的出版社中没有一家大学出版社。在市场运作能力方面,美国大学出版社在销售渠道、市场推广能力、对图书零售的影响等方面都较弱。中国大学出版社在出版规模、出版实力、出版业的影响、整体市场运作能力等方面在出版业都占据重要地位,这与美国大学出版社形成了鲜明对比。这首先得益于我们大学出版社从一开始就以出版高校教材以及学术著作为己任,用较大的力量和资金投入来从事教材的开发和推广,以企业化的运作方式来经营出版产品,面向市场、积极参与市场竞争,从而走出了一条具有中国特色的高校出版社发展之路。中国高校出版社在借鉴美国大学出版社注重学术著作出版的经验的同时,要扬长避短,更加关注市场,真正成为市场竞争主体。这就要求我国高校出版社必须加大改革力度,加快转制步伐,从而增强自身的实力和竞争力,实现可持续发展。

三、明确目标,突出重点,全面落实高校出版社体制改革的各项任务

按照中央关于出版体制改革的部署,要在两年内基本完成高校出版社的转制工作。当前高校出版社体制改革已由试点阶段步入全面推进的新阶段。教育部和新闻出版总署为积极稳妥地推进高校出版社的体制改革工作,进行了多次联合调研和宣传,先后召开了六次座谈会,有72所高校的校领导和社长参加了座谈,邬书林同志亲自出席了南京和长春的座谈会。我在北京也召开了校领导的专题会议。许多高校审时度势,结合本校实际,自愿申请参加第二批体制改革,目前申请进入第二批体制改革工作的高校共有62所。今天我们召开这个会就是要部署和启动第二批体制改革工作。参加第二批体制改革的高校,要按照我部和新闻出版总署制定的高校出版社体制改革两个文件的精神,借鉴首批体制改革试点单位的经验,把体制改革工作抓紧抓好。在此,我强调以下几个问题:

第一,进一步明确高校出版社体制改革的工作目标。高校出版社体制改革的目标是:高举中国特色社会主义伟大旗帜,深入贯彻落实科学发展观,以党的十七大以及全国文化体制改革工作会议精神为指导,大力推进高校出版社的体制改革。通过体制改革,形成科学有效的高校出版管理体制,形成充满活力与竞争力的微观运行机制,使出版社真正成为自主经营、自我发展、自负盈亏、自我约束的市场主体;培育一批具有雄厚实力,跨地区、跨媒体,有较强竞争力和品牌影响力的大型高校出版集团公司和一批向"专、精、特"方向发展,在某一图书领域占有较高市场份额和具有较强影响力的中小型专业出版企业。

第二,进一步明确高校出版社体制改革必须遵循的原则。高校出版社是我国出版高校教材、学术著作的重要出版基地,承担着服务教育、服务社会、传播先进文化、传递知识信息、繁荣学术、培育人才的社会责任。高校出版社体制改革要充分考虑其性质与功能,坚持四个"有利于"的原则,即有利于高等教育事业的发展,适应高等学校改革发展的需要;有利于促进高校人才培养、科学研究和服务社会三大功能的实现;有利于高校出版社更好地坚持办社宗旨,做强做大,使之更具有活力和竞争力;有利于解放和发展高校出版生产力,调动出版单位人员的积极性和创造性。同时,高校出版社具有意识形态属性,必须把社会效益放在首位,考虑到对出版社社会效益和经济效益的双重要求,学校在出版社转制过程中,对其制度设计要有别于学校的其他企业。

第三,进一步明确高校出版社体制改革的任务。高校出版社体制改革的主要任务在《关于高校出版社体制改革试点工作的若干意见》中已经明确。我们在总结首批试点出版社体制改革经验与做法的基础上,为大家提供了具有操作性的《高校出版社转制工作规程》,会上提交讨论,并将根据大家的意见和建议修改完善后,印发各校参考执行。我们要按照文件的有关要求,认真全面地完成转制的任务:包括完成清产核资、财务审计和资产评估;登记产权;建立法人治理结构;安排好出版社员工;注册出版社有限责任公司;制定和完善企业的规章制度等。

第四,切实解决好转制中的一些具体问题。根据首批试点单位的经验,遇到的问题主要有以下八个方面:

一是关于清产核资工作。清产核资是出版社转制的基础性工作。各校及出版社要按照国家相关法律法规及国资委有关文件精神和相关程序,参照教育部关于高校高科技企业的规范管理要求,进行清产核资。在这项工作中要注意,保证国有资产不得流失;要摸清出版社的资产情况,掌握划转投入出版社国有资产的数量;要彻底清库核账,按照规定核销不良资产,为出版社的轻装上阵,加快改革发展奠定基础。通过清产核资,出版社与主办学校要做到产权清晰,责权明确,学校负责监管国有资产的保值增值,负责考核国有经营性资产的效益和增值情况,出版社承担国有资产的保值增值责任。

二是关于建立和完善法人治理结构。建立符合现代企业制度的法人治理结构是出版社转制的重要内容。学校在转制中要明确股东会、董事会、监事会和经理层的职责,形成各负其责、协调运转、有效制衡、机制灵活的出版社法人治理结构。高校在建立出版社的法人治理结构时,要充分考虑出版社不同于其他校办企业,具有意识形态和产业的双重属性的特性,遵循党的领导与现代企业制度相结合的原则,确保学校对出版社的领导和出版导向的正确,确保对重大事项、重大投资、重要干部管理等问题的掌控权;董事会的组成人员应有助于出版社的建设与发展,有助于实现学校对出版社发展目标的要求;要体现保证出版社健康持续发展的科学、民主的决策程序和有效的激励、监督、约束机制。

三是关于职工安置。人员安置问题是体制改革中最重要、最敏感的问题,也是保证出版社体制改革顺利进行的关键。各校要结合出版社的实际情况,按照"老人老办法,新人新办法"的原则和《劳动法》及我国劳动和社会保障的有关规定,提出妥善安置人员的方案。积极做好全社职工安置和劳动关系的调整,建立新型的劳动关系。各校要积极协调校内有关部门,提出解决现有事业编制人员转制后的工作安排和待遇问题的方案。转制后,对现有事业编制人员要按企业用工制度,与出版社依法签订劳动合同,不再享受学校的工资福利待遇,改按企业的工资福利标准执行;退休后由学校负责按学校事业编制人员进行管理。对出版社非事业编制的人员,要按国家有关规定参加医疗、失业、养老、工伤等社会保险。当前,事业单位人事制度改革试点工作正在进行,也请各学校及出版社结合人事制度改革的相关政策,妥善做出安排。

四是关于出版社资产的监管。出版社的资产是国有资产,是学校的资产。目前各试点单位的资产管理有两种情况:一种是由学校资产公司进行管理,另一种是目前暂未组建资产公司的学校仍由学校管理。体制改革工作推开以后,这两种情况仍会同时存在。考虑到高校出版社的特殊性,与学校的其他企业应有所不同,在此需要强调的是,学校资产管理委员会要加强对出版社资产的监管,要继续承担国有资产保值增值的责任;出版社资产划归资产公司管理后,资产公司要保证出版资金的安全与合理使用,要坚持出版社资金为教学、科研服务的原则,将资产与资金的使用全部用于出版活动,支持教材的研究与开发以及学术著作的出版,而不得挪作他用,也不得把出版社资金做抵押,或拆借给其他亏损企业。

五是关于学校的投资回报。学校是出版社的投资方,高校出版社的发展借助了学校的有形资产和无形资产,依托了学校的各种教育、教学、科研和人才的优质资源,因此,出版社将一部分收益上缴所在高校作为投资回报,这是无可非议的。出版社转制后,经营行为和回报学校都需要进一步规范。我们希望学校能从有利出版社发展、有利于出版社支持学校学科建设和人才培养、有利于出版社推动文化建设的角度出发,合理制定出版社上缴利润的比例。学校应根据出版社的实际状况和发展需要,确定合理的投资回报率,可考虑与出版社的经营者签订经营目标责任书。在高校出版社转企改制过程中,建议学校充分考虑出版社发展的实际,与国家给予的相关优惠政策相衔接,也给予相应的优惠政策支持。

六是关于高校出版社转制过程中保持班子相对稳定。高校出版社的体制改革是一项十分复杂、工作量巨大的系统工作,需要一个强有力、相对稳定的工作班子处理体制改革中的复杂问题,同时,体制改革工作与正常的生产经营活动又交织在一起,因此,班子的相对稳定十分重要。希望参加出版体制改革工作的高校能通盘考虑学校的干部队伍建设,尽可能地在出版社体制改革过程中保持出版社班子的相对稳定,使高校出版社体制改革工作能按照预定方案顺利进行。

七是关于转制后的校社关系。出版社转为企业后,与其他校办产业不同的是它不能脱离学校,按照国家出版管理的规定,学校仍是其主办单位。作为主办单位,学校与转制后出版社的关系应有四个不变:即主办单位的职责不变;对出版社重大事项、重大投资的决策和重要干部任免的权利不变;享受出资人的权益不变;坚持出版社为教学科研服务的办社宗旨不变。出版社转制后,学校应更好地支持出版社的发展,学校相关部门不要因出版社的转制对其疏远淡化,要帮助出版社解决发展中的问题,使出版社能转制顺利、健康发展。

八是关于融资、股份制改造。目前高校出版社的体制改革处于转制阶段,我部和总署制定的有关政策和措施都是针对此阶段的。随着出版集团和社会出版单位上市等出版体制改革的深入进行,有的学校和出版社提出在出版社完成转制后,能在体制上继续深化改革,进行融资和股份多元化的改革,以壮大自身实力和竞争力;有的学校希望将本校出版社与同类专业出版社进行重组;有的出版集团希望入股高校出版社。高校出版社股权多元化和重组对高校出版社来说是个新问题,我们允许在体制改革中解放思想,大胆探索,但在实际操作中一定要了解相关的政策,如当前出版社融资只限于国有资本,非公资本是不能进入出版领域的,同时,出版社资本结构发生变化时一定要经过报批。我们也将对这些新情况进行对策性研究。

以上八个问题,希望出版社转制的学校给予高度重视。

四、加强领导,攻坚克难,大力推进高校出版社的体制改革

高校出版社的改革是一项政治性、政策性、原则性很强的工作,中央非常重视,各高校高度关注。我们首批试点的出版单位已经突破了一些改革中的难点,创造了有益的经验,在进一步推进体制改革工作中,我们还会遇到新的情况和问题,需要我们在工作中去不断探索、在实践中找到解决问题的办法。作为出版社的主办学校在出版社体制改革方面承担着重要的职责和任务,要增强深化改革、攻坚克难的决心与信心,有效地推进出版社的体制改革。这里,对参加第二批高校出版社体制改革的高校提出几点要求:

(一)要加强对出版社体制改革工作的领导

高校出版社的体制改革不仅仅是出版社自身的工作,也是高校全局中非常重要的一环,涉及高校教学、科研、资产管理和人事管理等方方面面。从首批试点进展情况看,凡是党政主要领导高度重视的学校,出版社改革工作进展就比较顺利,遇到的困难能迎刃而解;凡是党政主要领导重视不够的学校,出版社体制改革进程就相对滞后。学校一定要将出版社体制改革工作纳入工作日程,加强统一领导和指挥,学校党政主要领导要亲自关心出版社的体制改革工作,应成立由主管出版社的校领导牵头的出版社体制改革领导小组,指导学校出版社体制改革,协调学校相关部门妥善解决转制工作中出现的各类问题,特别要在清产核资、建立法人治理结构、人员安置等重要环节上加强协调,加强指导。

(二)要加强对出版社体制改革方案制定和实施的指导

教育部和新闻出版总署制定的《关于高校出版体制改革的实施方案》和《关于高校出版社体制改革试点工作的若干意见》是各校进行改革的重要依据。各高校要根据这两个文件的要求,结合本校实际,制订本校出版社体制改革的实施方案。制订方案,一是在指导思想、方针原则、主要任务方面要符合中央14号文件精神和以上两个文件的要求;二是要充分考虑本校出版社的实际情况和发展目标,具有针对性和可操作性,做到任务明确,重点突出,特别是要提出解决影响和制约出版社发展突出问题的有效措施;三是要提出体制改革的时间表,将各项工作细化,明确要求和进度。请各高校于12月底前将实施方案报我部。各校的实施方案经我部与新闻出版总署审核同意后才可落实,各校要加强领导,抓紧落实。

(三)要加强学习,把握规律,掌握政策

各高校要加强对有关文化体制改革重要文件的学习,特别要组织出版社认真学习中央14号文件、国办发114号文件和全国文化体制改革工作会议精神,通过学习,进一步解放思想,更新观念,提高对加快出版体制改革重要性和紧迫性的认识;努力把握社会主义精神文明建设的特点和规律,社会主义出版事业发展的规律,高校出版社建设发展的规律;全面领会中央精神,准确把握有关政策,增强领导高校出版社体制改革的自觉性和主动性,提高推进体制改革的本领。

(四)要坚持正确导向,稳妥推进体制改革

高校出版社转制后,其性质和宗旨保持不变,作为文化企业必须坚持为人民服务、为社会主义服务的方向,为教学科研服务的办社宗旨,坚持正确的出版导向。要做到在出版导向和出版内容上不能出现问题,否则就会影响体制改革的整体进程,干扰体制改革工作的大局。各校在出版社转制工作中一定要切实增强政治意识、大局意识和责任意识,必须把社会效益放在首位,实现社会效益和经济效益的有机统一。各高校要注意准确把握改革政策,对改革中的重大问题要及时请示汇报,重大改革措施要按规定报批。要注意将高校出版体制改革与学校的劳动、人事、分配等方面的改革相协调,与高校企业规范化建设工作相一致,及时解决改革中出现的各种问题。

(五) 要正确处理改革与发展的关系

出版体制改革的终极目的是为了更好地推动发展。进行体制改革的高校必须紧紧围绕发展这个主题,坚持用改革的办法解决制约出版社发展中的问题,通过创新体制,转变发展方式、加快发展步伐,实现出版社又好又快的发展。通过体制改革,进一步明确出版社在新的出版形势和格局下的市场定位和发展目标。学校要指导出版社进一步落实和调整"十一五"规划确定的任务与目标,在新的高度、新的视角下调整出版社的发展战略,要在内容形式和传播手段创新、利用高新技术带动发展、做好重大工程项目、落实"走出去"战略方面多下工夫。通过体制改革促进出版社的发展,用发展的成绩体现体制改革的效果。

(六) 要积极争取落实鼓励改革的相关政策

在推动出版体制改革的过程中,国家为转制出版社提供了一些优惠政策,既有经济方面的免缴所得税的优惠政策,又有资源配置方面书号、多种媒体出版权的优惠政策,还有人力资源安排方面"老人老办法,新人新办法"的优惠政策,这些优惠政策无疑为出版社的发展提供了强有力的支持。在体制改革中学校要积极协调,努力争取这些优惠政策的落实。由于优惠政策的落实涉及方方面面,各地执行政策情况不尽相同,给优惠政策的落实带来一些差异,教育部将积极会同新闻出版总署与有关部门协商,争取优惠政策的完整兑现。

同志们,2008年是高校出版社体制改革大力推进的一年,有党中央的高度重视,有中宣部、新闻出版总署和教育部的正确领导,有高校党政及出版社的共同努力,我们有决心有信心出色地完成好体制改革的重任。让我们以高度的政治责任感和良好的精神状态,求真务实、扎实工作,推动高校出版社更好更快地发展,为社会主义文化的大发展大繁荣作出更大的贡献。

坚持与时俱进　打赢改革攻坚战

新闻出版总署副署长　　邬书林

尊敬的李部长,张主任,同志们:

今天教育部和新闻出版总署联合在这里召开第二批高校出版社体制改革工作会议,我谨代表新闻出版总署对会议的召开表示热烈祝贺。

这次会议是深入学习实践科学发展观,认真贯彻全国文化体制改革工作会议精神的一次十分重要的会议,会议将按照中央关于文化体制改革工作的新部署和新要求,总结首批高校出版社体制改革试点工作经验,进一步深化对高校出版社体制改革紧迫性和重要性的认识,加快推动高校出版体制改革的步伐,使高校出版社真正成为社会主义市场经济条件下传播先进文化,适应市场经济运作规律,具有完善法人治理结构的现代出版企业。刚才卫红同志代表教育部讲了十分重要的意见,希望大家认真学习,深刻领会,抓好落实。新闻出版总署对高校出版社体制改革工作十分重视,始终把推动高校出版社体制改革工作作为整个出版改革的一项重点工作。下面,我就继续深化高校出版体制改革问题讲几点意见,供大家研究参考。

一、认清形势,统一思想,进一步提高对高校出版体制改革工作重要性和紧迫性的认识

(一) 全国出版体制改革工作顺利推进,取得明显成效

分析了解全国出版改革现状,准确把握出版改革发展趋势,有利于我们统一思想,提高对改革工作的认识。全国出版体制改革作为整个文化体制改革的重要组成部分,自2003年开展改革试点工作以来,按照中央的统一部署和要求,经过积极探索,扎实工作,改革的力度不断加大,改革的进度不断加快,体制机制发生重要转变,改革在许多方面取得实质性突破和重大进展。

1. 一大批出版发行单位成功转制为企业,转企改制工作有了积极进展。目前,全国已经完成或正在进行转企改制的图书出版单位(包括副牌社)共有184家,约占全国经营性出版单位的三分之一。全国有上千种经营性报刊转企改制,40多家报业集团实现事企分开,面向市场经营。全国363家音像出版单位中,实现转企改制的达到79家。

与此同时,集团化建设取得显著成效。在2003年开始的文化体制改革试点中,有8家报社报业集团、7家出版集团和6家发行集团共21家出版发行单位进行改革试点。随着改革进程的不断推进,在21家试点集团进行转企改制的同时,带动了一大批出版发行单位的集团化建设。到目前已建成49家报业集团、24家出版集团公司、24家发行集团公司、2家期刊集团公司。一大批转企改制的出版发行集团公司运行良好,在出版发行市场上发挥了主力军作用。

2. 转制后的出版发行单位增强了活力,富有效率的运行机制初步形成。转制后的出版发行单位改变了以往"事业单位企业化管理"的体制,改变了过去不适应发展的管理、经营、用人、激励等机制,增强了活力,提高了竞争力。通过转企改制,确立了出版发行企业的市场主体地位,明确了其出资人及出资人的权益,出版发行企业的自主权大为增强;通过政策调整,具体落实了"老人老办法、新人新办法"的劳动人事、社会保障政策,职工身份发生变化,观念也随之转变,大大增强了工作积极性和主动性;按照建立现代企业制度的要求,进一步建立完善了出版发行企业的法人治理结构和资本运行机制,使得管理更加规范、决策更加科学,企业的实力和竞争力都得到了很大提升。

3. 转制后的出版发行企业产品和资本结构不断优化,产业结构调整发生可喜变化。转制后的出版企业图书选题进一步优化,新书出版品种增速放缓,图书重版率有了显著提高。有关的调研显示,24家出版集团重印书品种增长明显比新书品种增长要快;出版集团图书平均重印率为51.47%,高出行业平均重印率7个百分点,转企改制的19家高校出版社2007年图书平均重印率更是高达64%。

在产品结构得以优化的同时,出版发行单位的资本结构不断实现优化,产业结构也发生了可喜变化。主要表现在:一是出版发行业投融资体制改革取得突破。上海新华传媒股份有限公司、四川新华文轩连锁股份有限公司以及辽宁出版传媒股份有限公司、安徽时代传媒有限公司成功实现了上市,还有一批出版发行企业正在积极筹划上市融资。二是出版发行企业兼并重组迈出新步伐。图书出版方面,江西出版集团与中国宋庆龄基金会联合重组成立了中国和平出版社有限公司,吉林出版集团和中华工商联合出版社的重组合作也顺利完成。发行方面,江苏新

华发行集团已与海南新华书店联合重组,成立了海南凤凰新华发行有限责任公司。这些都标志着出版发行企业打破行政区划、进行跨地区战略重组取得重大突破。

4. 改革促进了发展,大大解放和发展了生产力,出版发行单位的经济效益明显提高。以图书出版和发行企业为例,2007年17家已经完成转企改制出版集团的总资产、净资产、销售收入、利润总额等四项重要指标与集团成立之初相比,有了大幅度增长,其中上海世纪出版集团的四项指标与1999年相比分别增长242.95%、306.33%、177.01%和87.93%,与改革进展不大的单位形成鲜明对比。第一批高校出版社改革试点的19家出版单位平均总资产增长率连续三年保持在13%以上,2007年的平均净资产收益率达20%。由于改制到位,与2003年相比,江苏新华发行集团2007年总资产增长38%,销售额增长29%;浙江新华书店集团2007年总资产增长95%,销售额增长29%;四川新华发行集团2007年总资产比2004年增长130%。

5. 公益性事业单位改革稳步推进,新闻出版公共服务体系建设正在顺利进行。党报、党刊以及人民出版社、民族出版社、盲文出版社等以"增加投入、转换机制、增强活力、改善服务"为重点的改革正在稳步推进。图书出版方面,人民出版社、民族出版社等公益性出版单位正在制定改革方案,即将进入实质性的改革阶段;发行方面,农家书屋和社区书屋建设工程全面启动,全国已累计建成农家书屋2万多个、社区书屋4万多个。另外,国家出版基金已经正式设立,重点资助国家重点出版工程和服务人民的公益性项目。新疆、西藏新闻出版工作和民族语言文字出版得到扶持。全民阅读活动连续几年深入开展,对促进出版发行业改革发展发挥了积极作用。

6. 政企分开、管办分离工作基本完成,出版行政体制改革工作卓有成效。目前除了西藏等个别地区外,绝大部分省级新闻出版行政部门已同集团或总社分家,做到政企分开、管办分离,实现了由管直属单位向管社会转变、由办出版向管出版转变。新闻出版部门认真贯彻施行行政许可法,推进行政审批制度改革,取消和调整了一批新闻出版行政审批事项,设立了面向社会的新闻出版行政审批受理中心,受到业界好评。完善法律法规体系建设,全面履行政府职能,着力于宏观调控和加强社会管理,努力建设新闻出版公共服务体系。

(二)高校出版社体制改革试点有重要突破性进展,取得阶段性成果

在全国出版体制改革工作顺利推进的进程中,高校出版社体制改革表现突出。首批高校出版社体制改革试点工作于2007年年初正式启动。去年4月,教育部和新闻出版总署联合召开了第一次高校出版体制改革试点工作会议,积极推进高校出版社体制改革的试点工作。在教育部和总署的指导和推动下,在各高校的有力领导和大力支持下,高校出版体制改革工作正在积极、稳妥、有效地实施。首批19家试点高校出版社体制改革取得了阶段性成果,更坚定了我们深化高校出版体制改革的信心和决心,也为下一步高校出版体制改革积累了宝贵经验。

1. 体制改革已经取得了阶段性成果。全国出版体制改革实践证明,改革是推动出版产业发展的重要动力,哪里有改革,哪里就有新发展和新局面。首批高校出版单位体制改革试点已经在实践层面取得了阶段性成果。一是在一定程度上理顺了出版社与学校的关系。多数出版单位完成了清产核资,明确了出版社的出资人以及出资人的权益,建立了以董事会、监事会以及职代会为基础的法人治理结构,做到所有权与经营权分离,产权结构更加清晰。通过转企改革,确定了高校出版社的市场主体地位,学校授予出版社经营权,出版社承担国有资产保值增值的责任,其经营自主权大大增加。二是出版单位的管理体制与运行机制正逐步转变为现代企业制度。试点高校出版社按照现代企业的要求规范管理,创新内部机制。多数出版社在组织结构、劳动人事、绩效考核、薪酬体系等微观运行机制上进行了改革,通过签订全员劳动合同,社内人

员几种身份变为一种身份,职工身份发生变化,观念也随之转变,职工同工同酬,充分调动了员工的积极性和主动性,工作效率和工作效益明显提高。三是转企改制以后,高校出版单位市场意识更强,出书结构日趋合理,出版社的活力得到进一步激发。目前试点高校出版社发展态势喜人。从图书结构来看,19家高校出版社出书品种增速明显放缓,2006年出书品种比2005年增长14.54%,而2007年与2006年相比仅增长12.28%。图书重印率显著提高,2006年重印率为63.8%,2007年重印率则达到64.7%(远高于2006年全国图书平均重印率44.32%),有些出版社的重印书规模甚至远远大于新书规模,体现了良好的效益。在今年突发的抗震救灾工作中,高校出版社总体表现很好,不仅出版了一批抗震救灾的优秀图书,而且高校出版社积极捐款捐物,在《爱的奉献》晚会上中国大学出版社协会组织捐款532万元,外研社还捐款200多万元,赢得社会广泛好评。四是资产总量稳步上升,经营实力明显增强。通过转企改制,出版企业的经营效益明显提高。从首批试点高校出版社经营情况来看,总资产方面,2006年和2007年各出版社都保持了一定的增长,19家转制试点单位的平均总资产增长率连续3年保持在13%以上。净资产收益率方面,2006年和2007年出版社平均净资产收益率呈增长的趋势,保持在近20%左右并呈增长趋势,体现出了较强的盈利能力。资产负债率方面,2006年和2007年出版社平均资产负债率保持在30%左右,整体呈现减少趋势。

2. 试点改革积累了有益经验。首批高校出版社体制改革试点工作,对于进一步深化高校出版社体制改革具有积极的指导作用。首批试点高校出版社体制改革的有益经验有如下几点:一是要积极争取学校领导对出版社体制改革的重视和领导。学校是出版社的主办单位,其对出版社体制改革的理解、支持极为重要。在转企过程中,学校领导通过协调校内外有关部门妥善解决资产、机构、人员等问题,可使出版社的改革顺利进行,对出版社改制后的可持续发展也至关重要。二是要制定切实可行的体制改革实施方案。要在充分调研的基础上,精心设计,制定出适合自身发展的体制改革实施方案,提出解决制约出版社改革发展问题的思路与措施。三是统一思想,提高认识。出版社主要领导对体制改革工作要有正确、统一的认识,要树立政治意识、大局意识、责任意识,要解放思想、更新观念、不断探索、勇于创新、推进改革。同时还要认真做好宣传工作和员工的思想工作,得到广大员工对体制改革的理解、支持和积极参与。四是要按要求严格规范转制工作。要按照有关文件要求和转企实施方案精心组织改革,规范有限责任公司的建立、出版社的制度建设和出版社的企业行为,建立和完善符合市场要求的体制、机制,增强出版社的核心竞争力。

(三)加快推进高校出版社体制改革的条件已经成熟

中央领导同志对当前高校出版社体制改革工作有明确的批示,指出"现已不是试点,步伐可大些"。虽然现在改革的任务重、时间紧,但正如中央领导同志所言,加快推进高校出版社体制改革已经具备了良好的条件和基础。主要体现在以下几点:

1. 试点工作取得经验形成示范。列入首批试点的19所高校出版社具有一定的代表性,其中既有实力雄厚、竞争力较强、企业化程度高的出版社,也有规模不大、企业化程度较低的中小型出版社;涵盖了综合类、理工类、文科类和师范类的高校出版社;涉及华北、华东、华中和东北地区的高校出版社。通过转企改制,首批19家改革试点的高校出版社理顺了出版社和学校的关系,产权结构更加清晰,建立了现代企业制度,完善了法人治理结构,大大提高了经营决策的科学性,出版社经营状况、资产构成和营运能力都明显增强,员工的积极性、创造力也进一步得到激发。这19家高校出版社改革的成功实践,为我们进一步深化高校出版体制改革起到了很好的典型示范和带动作用。

2. 五次座谈会统一思想达成共识。今年以来,新闻出版总署和教育部围绕高校出版社体制改革工作先后在长沙、北京、南京、上海、长春等地召开了五次区域范围的座谈会,在传达中央要求的同时,使大家就改革问题达成共识,把思想很好地统一到了中央的要求上来。大家深刻地认识到,高校出版社体制改革,对出版社具有破茧重生、更新生命的意义;只有改革才有希望,不改革就没有发展。在目前文化体制全面改革的新形势下,改制是高校出版社修炼内功、获得更大发展的良好机遇,只有体制机制创新了,高校出版社才能积极参与市场竞争,更好地为学校的教学、科研服务,才能在提升国家软实力上发挥出更大的作用。在座的高校和高校出版社纷纷明确表态,积极报名加入到了第二批高校出版社体制改革试点之中。

3. 高校出版社改革没有体制性障碍。高校出版社大多数是改革开放后建立的,与市场经济的进程几乎同行,在建社之初就注意借鉴经济和其他领域的经验,研究借鉴国外著名大学出版社发展的经验,重视经营管理,努力探索适合我国高校出版事业发展的管理体制和运行机制,注意推进高校出版社走改革和发展的新路。大多数高校出版社员工已按新的用工制度运行,"三险两金"已经建立和缴纳,高校出版社较好的企业化运行基础,使其深化体制改革具备了相当的基础和条件,转企改制的成本较低,基本不存在什么障碍。

4. 改革可以使高校出版社赢得更大发展空间。高校出版社具有依托高校办出版社的优势,高校出版社的改革发展具备了更丰富的内容资源和加快发展的重要条件,通过改革促进发展的空间十分广阔。在当前文化体制改革全面推开的新形势下,改制使高校出版社获得了更大发展的良好机遇。一年来,改革试点高校出版社的码洋占百家高校出版社总码洋的57%,销售收入占百家高校出版社销售收入的56%。实践证明,高校出版社要赢得更大发展空间,就必须深化改革。

二、解放思想,转变观念,切实推进高校出版社体制改革工作步伐

深化文化体制改革是中央作出的重大决策,是出版领域当前面临的重要任务。党的十七大从全面建设小康社会的新要求和各族人民对文化发展的新期待出发,站在推动社会主义文化大发展大繁荣的高度,对深化文化体制改革做出新的部署,提出新的要求。中央领导同志十分关心和重视文化体制改革工作。胡锦涛总书记今年1月在全国宣传思想工作会议上强调,要"深化文化体制改革,进一步提高文化发展活力"。李长春同志今年对深化文化体制改革工作多次做出批示。5月23日,长春同志批示,"要加快中央部门所属出版单位改革步伐"。6月17日,长春同志针对高校出版社改革问题明确批示:"现已不是试点阶段,步伐可大些。"

(一) 认真贯彻落实全国文化体制改革工作会议精神

今年4月份召开的全国文化体制改革工作会议,是在文化领域全面贯彻落实党的十七大精神、全方位推进文化体制改革工作、大力推动社会主义文化大发展大繁荣的一次十分重要的会议。关于文化体制改革的指导思想、原则要求和目标任务,中央文件和领导同志的讲话已有十分明确的要求。今年1月和4月,刘云山同志分别出席全国出版工作会议和全国文化体制改革工作会议,对包括高校出版单位在内的出版体制改革工作提出明确要求,指出"地方一般性出版社要在'十一五'期间完成转企改制任务,部委出版社、高校出版社的转企改制今年一定要有大的突破,鼓励通过联合重组形成一批有特色的专业出版集团公司。"刘延东同志在全国文化体制改革工作会议上要求:"要紧密结合实际,明确改革重点和进度要求,细化目标任务和实施步骤,使改革既有明确的路线图,又有具体的时间表。"

认真贯彻落实全国文化体制改革工作会议精神的关键是要加大力度,加快进度,扎实推进,务求实效。新阶段的主要目标是:按照党的十七大和全国宣传思想工作会议精神,以邓小平理论和"三个代表"重要思想为指导,高举中国特色社会主义伟大旗帜,深入学习实践科学发展观,全面推进新闻出版领域体制改革。通过三年的努力,政府职能根本转变,形成调控有力、监管到位、依法行政、服务人民的宏观管理体制;基本完成经营性新闻出版单位转企改制工作,相当一批出版单位建立起现代企业制度,初步形成有效率、有活力、有竞争力的微观运行机制;跨地区、跨行业的战略重组打开局面,融资渠道畅通,培育一批全国性的新型市场主体和战略投资者,国有资本的主导作用得到发挥;公益性新闻出版单位活力增强,以政府为主导,以公益性单位为主体的新闻出版公共服务体系基本建立,基层群众的读书难、看报难问题得以解决;流通领域改革深化,以统一配送、连锁经营、网络管理、电子商务为特征的新业态更加完善,基本形成统一开放、竞争有序、健康繁荣的大流通、大市场。

(二) 切实推进高校出版社体制改革工作

高校出版社在我国出版业中具有举足轻重的地位。深化高校出版社体制改革是贯彻落实中央文化体制改革重大决策的重要任务,也是行业自身发展的要求。只有通过深化改革,才能突破制约出版业发展的体制性、机制性障碍,进一步解放和发展出版生产力,推动高校出版业取得更大发展。切实推进高校出版社体制改革工作,需要明确以下几点:

1. 高校出版社在我国出版业的改革发展中具有十分重要的地位,高校出版是我国社会主义文化出版事业的重要组成部分,对推动出版业的繁荣发展肩负重要的使命。从出版社数量看,我国高校出版社从改革开放之初的 2 家发展到现在的 103 家,占到我国 579 家出版单位的近五分之一;高校出版社年出书品种已达 8 万多种,占到我国出版业总品种的 30%;从出版产值看,2007 年高校出版社总产值 187 亿元、销售码洋 168 亿元,分别占到我国出版业总产值的 32%、34%;从出版队伍看,高校出版社培养了一大批懂经营、善管理的出版人才,并为全国出版界输送了一批优秀人才;从内容创新角度看,高校出版社不仅出版了一大批服务高校教学的教材,解决了我国高校教材出版难问题,还出版了一大批反映当代中国思想创新、科学发现、技术进步的专业学术著作,在扩大对外交流合作方面也作出重要贡献。在充分肯定高校出版工作取得巨大成绩和长足发展的同时也要看到,受现有体制机制的束缚和制约,高校出版社也存在着一些困难和问题,进一步做大做强将会面临更多的困难。解决这些困难和问题,必须解放思想,真抓实干,推动高校出版社深化改革。

2. 做好高校出版社体制改革工作对整个出版体制改革意义重大。深化高校出版社体制改革,是贯彻落实中央文化体制改革重大决策的具体体现。高校出版社在整个出版业中的重要地位,决定着高校出版体制改革对推动整个出版体制改革具有重要意义。目前,首批试点高校出版社体制改革取得阶段性成果,我们需要及时总结经验,继续推进改革,选择一批条件成熟的高校出版社继续深入改革。高校出版社体制改革作为当前出版体制改革的重点领域,其改革成效如何,对整个出版体制改革有重要的影响,出版体制改革能否顺利推进并取得成果,又关系到文化体制改革的全局。做好高校出版社体制改革工作,必将推动整个出版体制改革工作的顺利推进。

3. 高校出版社要作改革的表率。高校出版社体制改革是整个出版领域改革的重要组成部分,受到中央领导同志的高度重视和业界的广泛关注,面临着难得的机遇和有利条件。我们要按照中央关于文化体制改革工作的总体部署,进一步坚定改革的信念,增强对改革重要性、紧迫性的认识,扎实有效地把这项工作推向深入。推进高校出版社体制改革,体现了中央对高校出版社的重视与期望,从中也可看出高校出版社在完成中央关于推进文化体制改革的部署中担负着重要责任。高校出版社能否积极地参与体制改革,在实践中探索出适合高校出版社的体制,这不仅关系到出版社自身的持续发展,也关系到整个出版业的长远发展。高校出版社要树立起危机意识,认清文化体制改革的大局,深刻领会中央关于推进文化体制改革的决策和部署,充分认识高校出版单位改革的任务,以高度的政治责任感和紧迫感,承担起光荣的使命,积极地投入到高校出版社的体制改革中去。

三、明确目标,突出重点,认真做好第二批高校出版社体制改革工作

按照全国文化体制改革工作会议的部署,要在继续推动高校出版社的改革方面,争取有更大的突破,使更多的高校出版社通过转企改制走向市场,成为有活力、有实力、有竞争力的市场主体。在当前,文化体制改革的路线图和时间表都已确定,认真做好第二批高校出版社体制改革工作,就是要按照中央的部署,进一步解放思想,切实转变观念,全面推进高校出版社的各项改革工作。

(一) 加强学习,提高认识,进一步增强做好第二批高校出版社体制改革工作的紧迫感和责任感

要进一步学习党的十六大以来中央关于文化体制改革的一系列重要方针政策,特别是要深入学习党的十七大关于文化建设和文化体制改革的精神,深入学习《中共中央国务院关于深化文化体制改革的若干意见》,深刻领会中央关于文化体制改革的精神实质,更加自觉地肩负起推进文化体制改革和发展的历史重任,切实把思想和行动都统一到中央的战略部署上来,不断增强改革的紧迫感和责任感,增强改革的自觉性和主动性。要通过学习,充分认识深化高校出版社体制改革,进一步解放和发展出版生产力,是加强文化建设,促进文化与经济、政治、社会建设协调发展的迫切需要;是推动文化大发展大繁荣,不断满足人民群众日益增长的精神文化需求的迫切需要;是加强社会主义核心价值体系建设,增强党的执政能力的迫切需要;是推动中华文化"走出去",不断提升国家文化软实力的迫切需要。要把转变观念、提高认识贯穿于高校出版社改革发展的全过程,高举改革的旗帜,坚定不移地走改革之路,发扬与时俱进、敢为人先的进取精神,看准一项就扎扎实实地推进一项改革措施,以改革的精神研究发展中遇到的新问题,以改革的措施开创发展的新局面。要充分认识到,高校出版社体制改革虽然取得了积极进展,但和中央提出的文化体制改革的目标任务相比,改革只是取得了阶段性成果。特别是当前影响改革的因素依然存在,并且改革正进入攻坚阶段,既需要在整体上推进,也需要向深度拓展,而改革越是深入,难度越是加大,这就需要我们进一步增强做好第二批高校出版社体制改革工作的紧迫感和责任感。

(二) 明确目标,积极推进,确保体制改革工作平稳有序进行

中央关于高校出版社体制改革的要求十分明确,《教育部新闻出版总署关于高等学校出版体制改革工作实施方案》也对经营性高校出版社转企改制工作做出具体部署。柳斌杰同志在全国文化体制改革工作会议上提出,要尽快推出第二批改制的高校出版单位名单,争取在今明两年内高校出版单位基本完成转企改制工作。当前的重要工作就是按照《实施方案》的要求,把各项改革工作落到实处。

一是要认真总结经验,加强典型示范作用。要注意研究第一批高校出版社改革试点工作取得的成功经验,把总结试点经验与深入学习中央文件精神结合起来,与积极开展本单位改革实

践结合起来,推动改革向深度和广度发展;注意研究地方出版集团、中央部委出版单位改革发展的成功经验,善于发现和总结新鲜经验,运用多种形式及时加以推广;注意研究借鉴世界各国出版业发展的经验,从中国的实际出发,建立起实实在在的高校出版社运行制度,保证出版社的健康繁荣发展。

二是要健全运行机制,建立完善的法人治理结构。在改革过程中,高校出版单位绝大多数要转制为企业。转企改制的出版单位,都要探索建立符合社会主义市场经济规律和社会主义精神文明建设要求的高校出版管理体制,探索建立符合高校出版内在规律和行业实际的微观运行机制,重点和关键点是要健全完善的法人治理结构。要从各个出版社的实际出发,切实把体制机制创新落实到具体规章制度和工作程序上,用崇高理念影响社会、感召学者,用前瞻性战略规划指导长远发展,用科学管理制度规范企业运行,努力提高经营管理水平。

三是要拓宽融资渠道,加快培育战略投资者。要加大政策扶持力度,从出版资源配置、上市融资、跨地区经营等方面对完成转企改制的高校出版社予以政策倾斜。要在深化改革的基础上,着眼于产业发展的长远目标,在重塑市场主体上狠下工夫,经过三到五年的努力,在高校出版单位中真正形成一批主业突出、实力雄厚、具有较强竞争力的大型专业出版集团和一批富有活力的"专、精、特、新"专业出版单位。

(三) 抓住重点,推动创新,把体制机制创新与内容、科技创新同步规划

高校出版社体制改革要把体制机制创新与内容创新、科技创新同步规划。通过转企改制,提高内容创新的能力,使高校出版社的发展在内容、科技创新的基础上实现新的跨越,为中国文化软实力的提高和社会的发展进步,作出自己应有的贡献。

1. 要把体制机制创新与内容创新同步考虑、同步规划。出版业作为内容产业,最重要的功能是多出书、出好书。出版业能否服务社会的根本标志是看有没有反映时代精神的精品力作。衡量一个国家出版业的发展水平如何,不仅要看这个国家出版业的产业规模,更要看其能否及时出版反映当代经济、政治、科技发展水平的重要出版物。健康向上出版物产品的极大丰富,是出版业大发展大繁荣的突出标志。深化改革、创新体制机制,就是要通过出版更多更好的出版物,努力把当代中国的科学发现、技术进步、管理经验等反映好、传播好,推动经济发展和社会进步;要通过出版更多更好的出版物,努力把博大精深的中华文化传播到世界,促进世界不同文明之间的交流与合作,推动人类文明共同繁荣进步;要通过出版更多更好的出版物,及时把国外先进科学技术和管理经验引进来,更好地吸收人类文明的一切优秀成果,为我国现代化建设服务。

2. 要把体制机制创新与出版业的科技创新同步考虑、同步规划。当前,数字技术的广泛应用正在对世界出版业的发展产生深刻而巨大的影响,出版的载体形式、传播方式、运营模式、生产流程、管理手段等不断创新,数字出版、在线出版、电子商务、物流配送等新型业态不断涌现。近两年来,世界大型出版集团的并购潮流风起云涌,最重要的出发点在于对数字出版主导权的争夺。面对新形势,我国出版业的大发展必须建立在科技创新的坚实基础之上,用科技创新来支撑和引领现代出版产业的蓬勃发展。如果我国出版业的发展不能建立在科技创新的基础之上,传统出版业就有被淘汰的危险;如果我国出版业的发展不能在科技创新的基础上提高行业整体科技应用水平,就有被社会整体发展边缘化的危险;如果我国出版业的发展不能在科技创新的基础上有所跨越,就有与世界出版业差距越来越大的危险。要推动和鼓励转企改制后的出版发行单位特别是大型出版发行集团,加快出版内容的数字化转型,尽快推出一批有示范意义的单位,引导更多的出版单位向数字化进军。

四、加强领导,扎实工作,确保高校出版社体制改革各项任务落到实处

高校出版体制改革是一项政治性、政策性很强的工作,中央十分重视,社会各界非常关注,我们的责任重大。要充分认识高校出版体制改革的重要性、紧迫性,充分认识改革的复杂性、艰巨性,按照中央的统一部署,加强领导,扎实工作,把问题想的更细一些,更深一些,更实一些,切实做到积极稳妥地推进高校出版体制改革。

(一) 把握导向,确保改革工作健康发展

文化体制改革事关党和国家工作大局,事关国家文化安全和社会政治稳定。高校出版体制改革要妥善处理文化的意识形态属性和产业属性的关系,在全面推进体制机制创新的过程中,一刻也不能放松对导向和方向的把握,要努力为构建社会主义核心价值体系服务,发挥好出版功能。要进一步巩固马克思主义在意识形态领域的指导地位,更好地满足人民群众日益增长的多方面、多层次、多样性的精神文化需求。要牢牢把握社会主义先进文化的前进方向,始终把社会效益放在首位。出版导向是出版工作的生命,把握正确的出版导向这一条无论什么时候都不能改变,越是深化改革,越是要牢牢绷紧出版导向这根弦。高校出版单位,不管是企业体制,还是事业体制,都是社会主义思想文化阵地,都要牢牢把握社会主义先进文化的前进方向,始终把社会效益摆在第一位。

(二) 加强领导,把改革工作摆上重要议事日程

首批试点高校出版社在改制中取得的积极成果,是与学校领导的高度重视和有力领导分不开的。深化高校出版社体制改革,需要继续加强学校对高校出版社改制的领导,把改革工作摆上重要议事日程。

1. 高校要继续履行主办单位的职责。高校出版社转企改制之后,仍然由所属高校继续履行主办单位的职责。因此,主办高校不能因出版社转制而放松作为出版社主办单位的职责。

2. 要为高校出版社的改革创造条件,扫清障碍。高校出版社体制改革,离不开所属高校的领导与支持。转制过程中的诸多障碍,都需要学校领导的大力解决,诸多关系都需要学校领导去协调。总之,学校领导能够为高校出版社的改制工作创造条件,扫清障碍。

3. 改制后的高校出版社将会更有力地促进大学科研的发展。高校出版社的发展离不开学校。一些高校出版社能够取得今天的成就,是与其背靠学校的优势是分不开的。改制后的高校出版社必将反哺学校,更有力地促进学校科研事业的发展。

(三) 采取措施,保证改革工作顺利推进

对于高校出版社,我们要进一步加大改革力度,进一步理顺与学校的关系,明确出资人以及出资人权益,不断增强企业自身的自主权,逐步建立科学的管理、经营以及人事制度等微观运行机制,进一步完善法人治理结构,使得高校出版社的管理更加规范,决策更加科学,生产更加有序。在目前整个出版体制改革实现上市破冰、投融资取得重大突破以及跨地区兼并重组迈出新步伐的情况下,我们也注意到了不少转制后实力较强的高校出版社,由于进一步做大做强的需要,表现出了希望能够实现产权多元化、跨地区兼并重组以及对人力资本实行期权激励等迫切需求。随着改革的稳步推进,这些阻碍高校出版业继续发展壮大的新问题新情况需要我们进一步研究,并争取获得突破。

(四) 用好政策,为改革工作提供保障

各高校出版社要切实充分利用好已有的各项有利配套政策,为转企改制的顺利推进提供坚实的保障。就目前来看,高校出版社可以享受的配套政策主要来自以下几个方面:

1. 各项优惠政策。这些政策既包括《国务院办公厅关于印发文化体制改革试点经营性文化事业单位转制为企业和支持文化企业发展两个规定的通知》(国办发[2008]114号)中的有关优惠政策,也包括教育部和新闻出版总署共同制定的《高等学校出版体制改革工作实施方案》中明确规定的转制高校出版社所享受的优惠政策,包括降低企业所得税的税率;学校与出版单位确定的投资回报率必须根据出版单位发展的状况和需要;高校出版单位转企中人员安置可以按照"老人老办法、新人新办法"的原则,原有属于学校事业编制的人员退休后,由学校负责管理,与学校其他离退休职工享受同等待遇;转制为企业的出版单位还将优先配置出版资源。

2. 出版资源配置。对转制到位的出版单位,新闻出版总署将在配置出版资源方面给予支持和优先考虑。目前,总署对书号管理工作进行了改革,将充分运用新技术手段,提升管理水平,提高服务质量和工作效率。从2009年起将全面实行书号网上实名申领政策。在刊号配置方面,总署将对转制到位的出版单位给予支持和优先考虑,以切实落实社刊工程。在网络出版权方面,总署也会支持并优先考虑转制到位的出版单位,切实推进高校出版社的多媒体建设进程,实现传统出版向数字出版的顺利转型。在出版企业经营范围调整问题,总署将会在与国家工商管理部门的协调下,向各地工商部门提出出版企业经营范围登记的可操作意见,重新调整转企后的出版范围以达到更加适应市场需求的目的。最后,政府相关行政部门也将会加大宏观调控,通过政策扶持营造良好的市场竞争氛围,还作为市场主体的高校出版社一个公平竞争、统一和谐的图书市场环境。

3. 税收协调。关于财税优惠政策落实问题,国办发[2008]114号文件将改革试点单位享受财税优惠政策的期限明确为2009年1月1日至2013年12月31日。现在5年改革试点期即将结束,国家有关部门已制定一个新文件,以继续延长财税政策的优惠期限,以确保改革的进一步推动。114号文件对105号文件及其他相关文件进行了完善和补充,将更有利于出版单位的发展。也希望广大高校出版社用足用好改革的配套政策。

同志们,2008年是贯彻落实党的十七大精神的重要一年,也是纪念改革开放30周年的重要一年。我们一定要牢牢树立科学发展观,在十七大、全国宣传思想工作会议、全国文化体制改革工作会议以及全国出版工作会议精神的指引下,充分借鉴其他出版社的改制经验,借鉴首批试点高校出版社的改制经验,继续解放思想,真抓实干,通过积极推动高校出版社的体制改革来增强竞争力,壮大实力,为做大做强高校出版业、推动新闻出版业的大发展大繁荣、兴起社会主义文化建设新高潮作出新的更大贡献!

解读国办[2008]114号文件有关政策

中宣部改革办副主任　高书生

非常高兴今天借这次会议的机会,给大家介绍国办[2003]105号文的执行情况和国办[2008]114号文件出台的大背景和主要特点及内容。

首先强调114号文件是2003年105号文件的延续和修订,为了有助于大家理解114号文件,我们先说一下105号文件执行的基本情况。到目前为止,全国享受到105号文件的单位有

238家,这238家单位中都有一些相应的成员单位或者叫做子公司,这样整个享受到优惠政策的大概是2000多家,我们对这2000多家做了一个行业和地区的结构分析,新闻出版领域享受到的财税优惠政策数量最多,大概1516家,这是纳税单位。广电次之,461家。演艺最少,56家。

从出版领域来看,省一级出版社享受到政策的最多,有386家,中央有30家,高校最少。从地区分布来看,105号文件财税优惠政策使用最好的地区是北京市,2004到2007年,共给文化单位免征所得税一项是18.7亿元。105号文件到今年年底结束,我们预计北京市能够享受105号文件的单位所享受到的企业所得税免税额将会突破20亿。北京为什么高,一个原因是中央在京单位,包括文化、广电、新闻出版等,都在这里面,所以数额大一些。第二是浙江省,2004年到2007年大概10个亿。广东是5.4亿,四川3.5亿,安徽3.4亿,江苏是3.1亿,湖南2.9亿。根据这些数据,我们最后就得出一个结论,就是早改早受益,凡是得到优惠政策期限长的,减免税额多的单位,必定是转企改制工作启动早,行动快的单位。2003年中央确定的35家试点单位,他们享受政策最长,比如说福建新华发行集团,从2004年5月到2008年8月,整个免税额1.5亿元。四川实际上最主要的是新华发行集团,它们享受的免税额,江苏也是江苏发行集团和江苏演艺集团。安徽和湖南是2006年以后才享受105号文件的优惠,但是数额2006、2007年两年就达到了3亿左右,为什么数额比较大,就是因为安徽出版、安徽发行以及湖南的出版,包括它的广电报业等,享受政策单位数量比较大,所以说后来居上。

第二个特点,凡是政策落实好的行业,必定是改革中走在前列的行业,特别是新闻出版行业,我们享受的政策,单位最多,数额也最大。

凡是政策落实好的地区,必然是改革工作开展得较为深入的地区,包括北京、浙江、广东。早改早受益并不是一句空话,云山同志也反复说,105号文件是真金白银,装到口袋里面的全是实实在在的利益。正是由于105号文件在执行过程中对推动文化体制改革,特别是推动经营性文化事业单位的转制发挥了非常重要的作用,所以从去年的11月份开始,中央领导就明确提出,要对105号文件进行延期和修订。真正的修订工作是今年2月份启动的,会同财政部、税务总局以及相关国务院的职能部门进行了修订工作。首先到广东和湖南等一些地方,对105号文件税收政策执行情况进行了调研评估,在这个基础上,拿出了一个105号文件延期和修订的初步意见。6月份开始,我们就集中了人员,对105号文件逐字逐条进行修订,最主要的是根据文化体制改革实践当中出现的新情况,和文化体制改革所面临的新形势,结合国家税法的修订情况,对105号文件进行修订。8月份中央文化体制改革领导小组第五次会议对修订稿进行了专题的审议,9月份提交到国办,国办又进行了征求意见,今年10月份,114号文件正式发布,大概过程是这样的过程。

我简单介绍一下114号文件出台的大背景。为什么105号文件能够延期和修订,背景应该说是跟党的十七大有密切联系的。十七大结束之后,有的同志说十七大也没有专门讲文化体制改革,我们理解实际上十七大对文化体制改革的要求更高了,高到了从大发展大繁荣的角度去推动文化体制改革。特别是在学习实践科学发展观过程中,我们进一步领会到了中央为什么会修订105号文件,所以我介绍第一个背景,用科学发展观来审视当前文化发展中存在的突出问题,只有理解这些突出问题,我们才会对114号文件的条款表述有一个大概了解。第二个大背景介绍一下文化产业发展的三大趋势。我们114号文件当中讲到的促进文化企业的一些政策,为什么提出这些政策,和发展的趋势是相合拍的。

从科学发展观的角度看文化发展,当前存在着三个突出问题。第一个突出问题是文化建设与经济建设的不同步。十七大提出中国特色社会主义事业的总体格局是四位一体,经济、政治、文化和社会,但是从这几年的现实情况来看,文化建设同经济建设不同步非常突出,表现在我们国家实际上存在着一条腿长一条腿短的问题。经济建设这条腿还可以,到2007年我们国家GDP达到25万亿,成为世界上第四大经济体,但是在经济发展的过程中,文化建设并没有实现同步,集中地体现在以文化为核心的国家软实力没有得到同步的增长。从2004年起,我们有了文化产业统计,这还不是文化产业的全部统计,但是从这个不完全统计当中可以意识到,我们的文化建设和经济建设的不同步这样的事实。2004年我们全国的文化产业增加值占GDP比例是2.15%,2007年我们还没有拿到数据,但是也不会超过3%,增加值大概在6000亿左右。尽管文化产业这几年增长速度比较快,但是以文化为核心的国家软实力跟经济增长来比的话,差距是非常大的。主要原因是什么?第一个原因在于文化是一个软指标,从地方的党委和政府来讲,文化说起来重要,做起来就常常会忘掉。我们高校出版社也是文化的一支重要的力量,是不是我们的高校出版社就在学校当中占据了很重要的位置,我看未必。第二个原因就是两张皮。宣传文化单位总是被认为是宣传文化部门的事情,文化产业的发展总是被看做是宣传文化单位的事情,而政府部门往往不会投入很大的精力去关注它。这使得我们在制定政策、做规划的时候遇到非常大的问题,就是两张皮的现象非常严重。尽管我们在修订105号过程中,特别是制定114号文件的时候,国务院非常重视,但是我们调研的时候,有些政府部门对文化建设不太关注。大家都热衷于文化搭台、经济唱戏,文化永远是搭台的角色,而不可能是舞台上的主角,这是一个突出的问题。第二个突出问题是不适应,就是我们现在文化资源行政化配置方式同社会主义市场经济体制不相适应。从全球来看,中国的文化资源是最丰富的,特别是媒体资源。我们有579家出版社,有2000张报纸,9000种杂志,3000个电视频道,在全球都找不到。但是,这些资源全是分散的,分散就必然形不成规模,就产生不了实力。比如全国出版产业产值五六百亿,抵不过国外一家大的出版商。我们自己跟自己比还不错,但是放在全球的角度来讲,差距非常大。为什么会造成这种结局呢,一个是地区的风俗,第二是行业的壁垒。最近我们正在做中央部委出版社改革的方案,非常明显。一个部门肯定有一个出版社,有的有一张报纸,还有的有杂志,这些资源全是分散在不同的部门,这样的一种体制,这样的一种资源配置方式,肯定是和社会主义市场经济体制不相适应的,下一步我们重点要解决过去的这种行政化配置方式带来的地区风俗和行业壁垒。要打破,要促进我们的文化产业有一个跨越式的发展。第三个突出问题是不匹配,就是我们现在的文化同我们国家日益提升的国际地位不匹配。集中表现在两个方面:一是我们舆论的影响力在世界上还很小,今年的拉萨事件就充分证明这点,国外的媒体一边倒,已经到了不顾事实真相,但是我们的声音出不去。二是文化贸易逆差非常严重,就是文化产品和服务进出口,进口多,出口少,所以我们看电影是美国大片,看动画片是日本的,看电视剧是韩国的。再过多少年之后,我们看着美国大片、日本动画片、韩国的网络游戏长大的这些青年一代,这些人的精神家园到底在哪里,我们不得不画一个问号。所以我们现在推动文化体制改革实际上要解决这些突出的问题。114号文件也好,105号文件也好,是为了配合文化体制改革。

三个趋势,我们国家文化产业发展时间非常短,从十五届五中全会正式提出发展文化产业,到十六大作出部署,短短的几年时间,但是从将来看或者是现在我们可以预测的未来看,至少有三大趋势需要把握。第一个趋势,文化产业的发展正在从自发阶段转向自觉阶段。过去老是说文化产业发展我愿意干就干点什么,然后小富即满,这个不行,两个事情我们正在做,第一件事情我们从今年开始,正在按照十七大精神和中央领导批示,做骨干文化企业的培育计划。大约我们想用五年左右的时间,在全国培育一百家左右的骨干文化企业,让它们成为文化领域的战略投资者。出版社肯定是有的,包括新闻媒体、电影、影视制作、新华书店系统、电影院线和演出剧场的连锁经营,我们大概要培育100家左右,现在正在遴选,遴选的主要依据就是我们从去年开始,文化企业的30强,首先从强的里面去选择。第二件事,我们明年开始要集中主要的力量,来做全国文化产业的总体规划,特别是文化产业的布局,明年做完以后,争取纳入到国民经济和社会发展总体规划当中去,这样使得大家就有一个参照,到底应该发展什么,我们鼓励发展什么,能够使你的发展同全国的文化产业总体布局相一致,这是第一个趋势。第二个趋势就是文化资源的大调整和大整合。这种大调整大整合现在已经出现,这种大调整大整合,不是以人的意志为转移,主要是依靠资本的力量推动,三股力量在推动着资源的调整和整合。第一,先行改革的单位,由于体制问题解决之后,发展的内在动力比过去足了,为了扩大规模,必然会走扩张之路,特别是上市公司。现在已经出现了一些上市公司实现联合的趋向,我们现在正在协调。还有一种中央部委出版社还没改,地方的出版集团已经跟中央部委出版社开始接洽,谈合作,这种整合在我们先行改革单位积极性非常高。第二股力量是非宣传文化系统的国有资本。比如说中信国安整合我们的有线电视网络,还有一些资本进入到我们的电影院线,也是实现一种整合。第三股力量就是我们高度关注的外资。结果就是这样,你不整别人,就会被别人整掉。第三个趋势就是行业界限越来越模糊,而产业出现了一种融合的趋势。过去我们总是说这是出版的,这是广电的,这是文化的。这几年发展的情况来讲,特别是随着传播技术的不断发展,这种行业的界限越来越模糊了。比如动漫,到底属于过去的哪个行业。2005年我们牵头做动漫产业支持政策,我有一个强烈感受,说新闻出版的也是,说广电的也是,说文化的也是,但也都不是,为什么,是一种新的业态。新业态出现越多,界限越模糊,产业趋势就越明显。我们的114号文件就是要有助于或者说顺应了文化产业这样发展的趋势,以此来推动文化体制改革,特别是转制以后的文化发展。

最后介绍第三个问题,114号文件。114号文件跟105号文件一样,实际上包括两项政策,也就是两个规定,第一个规定就是执行转制的,就是经营性文化事业单位转制为企业的规定,第二个规定是促进文化企业发展的。支持转制的文件内容比较多,一共有三十条,促进企业发展的只有十五条。不管三十条也好,十五条也好,凡是看过的人都说114号文件没有一句废话,全是实实在在的政策。这需要说明的是,支持转制的规定是面向企业,支持企业发展的规定是面向全社会,面向不同所有制类型的文化企业,这是两个政策。所以第一个政策需要有名单,第二个政策是普惠制。他们共同点就是114号文件执行期限和105号文件也是5年。

政策内容我们要充分把握,114号文件有三个显著特点。第一个特点,114号文件是集大成的文件。什么是集大成呢,就是它把业内业外的主要政策都集合在这个文件当中,将经济领域中一些好的政策,社会领域改革中一些好的政策全集中到这个政策当中去。第二个特点就是把文化体制改革当中的成功经验吸收到这个文件中,破解文化体制改革的难题。文化体制改革从2003年6月份进行试点,到现在五年多的时间,在改革过程中我们也遇到了很多的难点问题,这些难点问题一开始大家都没有什么更多的感受,因为你要不改的话永远没有难题,但是在改的过程中碰到了难题,我们的行业,我们的地方就出台了一些好的政策,这些好的政策经过实践检验,对于推动文化体制改革有利,所以我们就把好的政策和成功的经验吸收到文件当中去。第三个特点就是扶持转制以后企业发展的力度更大。尽管企业的政策只有十五条,但是每条政策都有它实实在在的实际意义。对于推动文化企业的发展,特别是转制以后的文化企业发展,应该说非常有利。

有的人就说了,114号文件文号特别。114是查号台,电话号码。凡是在改革当中遇到的难点问题,都可以在114号文件当中找到相应的破解难题的政策规定。下面介绍一下政策内容。从五年实践看,文化体制改革当中遇到的难题主要有四个。

第一个难题就是国有文化资产管理,这个问题在高校当中不突出,不能说不存在,但是不突出。为什么,因为按照事业单位管理条例,事业单位可以做出资人,但是在全社会就不是这样了,不像高校。所以我们从2003年就开始,改革试点一启动,我们就意识到这个问题了,中宣部改革办就研究。2004年、2005年先后两次调研,2006年跟财政部、中编办、国资委组成联合调查组共同调研,2006年各个部委出台一个专门政策,213号文。这个文是经国务院常务会议通过的,这个文件当中最核心的有两点,第一点明确国有文化资产的监管职责由财政部门履行,这是我们转制当中的第一句话第一条,国有文化资产的监管职责由财政部门履行。好多人看完这个政策以后觉得乱,一会儿是财政部门,一会儿是国资委,一会儿又是主管部门。但是从这个文件发布之后,国有文化企业,或者转制当中的一些国有资产监管是由财政部门履行,这是非常明确的。第二点赋予了党委宣传部门新的职责,就是负责国有文化资产重大事项变动的审查把关。我们在2001年17号文件中提出资源配置的权力,但是一直没有落到实处,213号文已经明确,这次114号文重申,党委宣传部门负责重大国有文化资产变动事项的审查把关。国有资产一共有五条,剩下的就不多说了,跟我们关系不大,包括脱钩,脱钩是指党政机关。比如说财政部下面有两家出版社,一个是经科,一个是财经出版社,他们要转成企业必须跟财政脱钩,这个是114号文件当中明确的。

第二个难题是原划拨土地的出资。新华书店系统,包括剧场,一些党报集团,这个问题比较突出。原来土地都是划拨性质的,现在如果转成企业,就必须得土地变现,原来划拨土地要变为经营用地,这个过程中有些地方一定要让我们的改革单位缴纳土地出让金,而这个土地出让金的数额非常大,因为我们占的地盘全是好地盘,新华书店在城市里面占的黄金地段非常多,而且面积特别大,所以说缴纳土地出让金非常大,使我们改革单位的成本增加很多。内蒙古、安徽、河南等一些地方,在发行集团转制过程中,经当地省一级政府批准,就是把土地经评估以后,不再缴纳土地出让金,而是直接转为国家资本,114号文件就把这个政策吸收进来,而且是经过国土资源部正式征求国土资源部意见,国土资源部也提出了一些修改意见,我们根据这个修改意见又进行了修改。所以有的人说这里面没有国土资源部,我们没有写,因为105号文件起草的时候没有国土资源部,114号文件起草单位还是维持原来的,由中宣部牵头会同一些部门,中央和国务院的一些部门来起草。但是在国办正式发文之前,正式征求了国务院法制办、国务院国资委和国土资源部的意见,他们都提出了一些相应的修改意见。国办经与我们协商,最后吸收了他们的意见,所以114号文件尽管是国办发,但是上面有一句话是经国务院批准,所以法律效力还是非常高的。

第三个难题是退休待遇差。这个问题是我们转制单位遇到的一个最最棘手的问题。因为我们国家的养老,实际上是实行双轨制度,一轨是机关事业单位,另外一轨是企业,而机关事业单位现在总体还没有改革方案,企业1983年就开始改,改完以后企业的养老金水平要远远低于机关事业单位。这有客观原因,就是1993年以后,机关事业单位工资增长的速度非常快,特别是1998年以后,年年涨。而机关事业单位的养老金、退休金计发办法和企业有很大的区别,因为没改,还是按照退休上个月的工资一定比例计发,工资基数比较大,所以出现的待遇差就非常大,过去是差一半,现在可能差一倍都不止。比如企业养老金是2000元,机关事业单位是4000元,甚至更高。这是我们在转制过程中遇到的一个最最头疼的问题。这几年改革当中,有一些地区进行了一些探索,比如说上海市、重庆市、湖南省、河南省进行了探索,但是非常艰难,很难突破。因为虽然机关事业单位没有改革,但是企业是一个统一制度。经营性文化事业单位转为企业,劳动保障部门说你只能入企业这轨,不能留在事业这轨,但是上海、重庆、湖南、河南这几个省,因为省委省政府比较重视,就留了一个口子,原来事业编制的人可以继续按照事业办法缴纳养老金,到退休的时候按照事业办法计发养老金。河南采取了另一种办法,工资待遇实际上变成了档案工资,每次事业单位调资的时候是空转,实际上拿到的钱和事业单位的钱不一样,但是退休的时候还是按照事业单位的退休办法办理退休手续。我们与中编办沟通以后,事业单位养老改革在五个地区试点,上海、重庆、山西、广东、浙江,从明年开始,这个范围要扩大十个省以上。预计三年左右时间将在全国全面推开。事业单位养老保险指的什么,有两点需要把握。第一是事业单位的养老保险范围是保留事业体制的这些单位,包括我们文化口上的文化馆、图书馆、博物馆,纯粹是公益性,也包括在座的中小学和大学,覆盖的范围是这样的群体。第二是现在的试点方案,完全是和企业接轨的,或者叫并轨,将来我们退休以后事业单位的养老金,跟企业的计发办法完全一样,水平有差异,但计发一样,就三部分,一是上一年度工资一定的比例,二是你个人账户的积累额,然后再除以一个系数,三是由于我们在改革过程中相当一批人改制前参加工作,改制后才退休的人,这些人劳动保障部门叫中人,中人要发一个过渡性养老金,这部分各地是不一样的。我们企业的养老金和事业单位完全不一样,事业单位很简单,退休前那个月,你领多少钱,然后给你发一定的比例就可以了,但是从中编办在五个地方推行的养老保险,也是按照企业的养老保险办法,执行这样的政策。这样的情况下,我们也感觉到消除了我们改革过程中的一个难题。我开玩笑说,现在给你保留事业身份,只有一个心理安慰作用。养老如果这个政策能实现的话,那没有差别。

但是尽管如此,我们在这次114号文件当中加了一句话,各地做好社会保障政策衔接的同时,结合本地实际,采取切实可行的措施,解决好企业与事业单位的退休待遇差问题,就是关于中人的方面,讲了这样一句话,实际上给地方一个探索空间。为了解决我们退休待遇差,原来105号文件当中,允许建企业年金,企业工资总额4%以内可以进成本,这次增加了一项,补充医疗保险,在工资总额4%以内的,也可以进工资成本。

第四个难题是职工合法权益保障的问题。文化体制改革不同于经济体制改革,区别就是文化体制改革不走减员增效之路。2003年改革试点一开始,中央领导就明确提出,不走减员增效之路,而且不允许一个人下岗。就是文化体制改革推行五年多的时间,为什么没有出现像科研院所转制的时候出现那么多的群体性事件,最主要的是我们把握的比较平稳,不走减员增效。上海新华发行集团,改制过程中创造了一条宝贵经验,经验有两条:第一,旗帜鲜明地提出,改制不是为了走人,而是为了留人。第二,把原来国有企业实行职工下岗分流方案,改成职工权益保障方案,并且从转让的49%的股权收入当中,拿出2亿来作为职工权益保障资金。所以说在短短两年时间,完成了三步产权改革,从国有独资到国有多元,从国有多元转化为混合多元,吸收了非公有资本,再从混合多元走到了上市。2006年年底实现了借壳上市,就是现在的新华传媒。我们就吸收了上海新华发行这样一条经验,在转制文件当中明确提出,转制企业要切实维护职工的合法权益,并且给了一个职工权益保障资金的来源,主要有两点:第一,经评估净资产可以提留一部分,比如安徽出版集团就从评估以后净资产当中拿出8000万作为职工的权益保障资金。我现在不花,比如以后事业发展需要,我不需要这个人,要跟他解除劳动关系,给他发经济补偿金,不像过去买断,买断是你不走人我也给你钱。你在这好好干我凭什么给你钱。第二,国有产权收入当中优先支付,净资产不足的,财政部门可以给予一次性补助,这些钱干什么用,两个用途:一是离法定退休年龄不足5年的原事业编制的人员可以提前离岗,离岗期间的基本待遇和缴纳各项社会保险费用可以从这些资金当中出。二是分流人员经济补偿金可以从这里面出。老说改革成本,如果说有改革成本的话,这几个来源,这几项资金的来源,可以作为支付改革成本。

这是我讲的第一个方面内容,就是我们在破解改革难题上,都有一些政策规定,凡是国家有统一政策的,我们出台统一政策,比如国有资产管理,原划拨土地的处置,还有保障职工合法权益,这是统一政策。凡是不适宜出台统一政策,或者出台统一政策条件不成熟的,我们也提出了一些原则和方向,因为转制文件我不可能一条一条给大家说,我只是把核心的东西告诉大家。

企业的文件当中,我们有三条需要大家把握的。第一条就是非常明确地提出,中央财政和有条件的地方财政,要安排文化产业发展专项资金,这个专项资金主要是通过贴息、补助、奖励的方式来促进文化企业的发展。这个政策105号文件有,只是试点地区有,这次114号文件当中,提出了中央财政要建立。财政部已经提出,未来几年,专项资金规模会非常大,大概30亿元到40亿元左右,如果都用于贴息贷款,大家一算除以我们的贷款利率,就是可以带动的银行贷款数额,甚至可以达到上千亿。据我们统计,地方财政现在全国有17个省已经建立了文化产业发展专项资金,少的是五千万,多的是上亿。比如说北京市,每年是五个亿,山东省现在有七个试点地区,每个试点地区加到一起,不算省里资金已经超过2亿,所以文化产业发展的势头比较好。如果这些钱都用贴息贷款,带动的全国在几十亿,甚至再过几年达到上百亿的专项资金,那么推动文化产业发展,应该说力度是非常大的。第二条就是解决融资难。这个政策当中,跟上次105号文件相比,最大的一个亮点就是把融资问题提的比较多。今年开始我们也是根据中央领导批示,正在起草关于文化产业发展的指导性意见,大概15个部门参加,我们114文件就是把研究过程中好的政策吸收进去,主要的有三个特点。第一个特点是设立文化产业投资基金,这个规模大约是在200亿左右,完全是按照市场化运作。全国现在有十多家,最早的一家是在天津的渤海产业投资基金,它也是200亿,拿这个钱做什么,就是文化领域战略投资者,对重点领域的文化企业进行股权投资,推动文化企业跨地区、跨行业的经营,以及并购重组,切实维护国家的文化安全。所以这次114号文件关于融资的,我们国家最新的金融工具都用进来,一会儿说上市的创业板,鼓励文化企业进入创业板融资。第二个特点是鼓励文化企业使用银行贷款,特别是发行企业债券进行融资。而且明确中央财政和地方财政可以给予一定的贴息。比如下一步我们跟国家开发银行已经谈过几次了,五年内大概要给我们宣传文化系统文化企业300亿左右中长期贷款,中央财政和地方财政要贴息。主要用于我们的一些基础设施的建设,比如说新华书店的系统区域中心建设,比如说有线网络区域整合,还有电影院线的建设,以及剧场连锁经营。真正地让大家感觉到,我们是在发展文化产业,不是小打小闹。还有为了解决融资难的问题,我们提出来对中小文化企业,主要采取担保和再担保的方式,来解决他们的贷款难问题。第三个特点是鼓励条件成熟的上市,可以IPO,也可以实行战略重组,比如安徽出版就是战略重组,这是一个典范。还有已经上市的,我们现在正在推动跨地区、跨行业发展。现在已经上市的加上安徽有14家,香港有两家,我们内地有12家,这12家我们都要让它们成为战略投资者,实现跨地区和跨行业并购重组。还有一个渠道,创业板现在没出来,一旦创业板出来,我们就鼓励优质的成长性非常好的中小企业进入创业板融资。第三条就是鼓励技术创新。因为文化产业是一个技术含量非常高的行业,这次我们在114号文件当中,专门有一条,鼓励我们的文化企业进入高新技术领域,如果被认定为高新技术企业,可以享受到15%的企业所得税,面上25%,同时税法当中有一条,文化企业开发新技术新产品新工艺,它的研制开发费用可以在税前加以扣除,实际上也是给你税收的优惠政策。我们想借这样一个政策,能够真正地推动我们的文化企业大胆地采用一些高新技术,来创新文化的业态,来发展我们的传播技术,建立一种覆盖广泛的,传接便捷的一种文化传播体系。

今天下午我就跟文化、广电、新闻出版的科技部门会谈,讨论文化产业当中,到底哪些属于高新技术,然后我们与财政部门研究制定认定的标准。最后需要介绍的是我们现在正在做的工作,就是要出一个落实114号文件税收政策的细则。105号文件之后出了财税1号2号文,我们114号文件也要出相应细则,这个细则正在跟财政部门共同商定。在座的各位比较关心的是你们怎么享受这个政策,我看我表这么一个态,只要你们完成改制了,享受政策没问题,程序怎么办,我们跟税务部门谈完之后,出了细则以后是不是还按105号文件程序再商量。到时候跟我们社科司一起,包括总署一起,认定已经转制了,我们就发一个名单,可以享受114号文件规定的政策。昨天署长讲的政策非常重要,114号文件也好,105号文件也好,政策不仅仅限于税收,这里面需要了解的政策,需要研究的政策非常多。我们调研过程中也发现,好多地方没政策要政策,有了政策不研究政策,还在那嚷没政策,很可悲。所以我们要用足用好政策,一要不折不扣落实114号文件,二要创造性执行114号文件,文件当中没有统一政策的,要结合本地实际出台更优惠的政策,推动文化体制改革,推动文化产业的发展。

解读《高校出版社转制工作规程》

教育部社会科学司副司长　　徐维凡

尊敬的各位校领导,各位社长:

在这次会议上将征求大家对《高校出版社转制工作规程》的意见。受会议委托,我将对这个规程做一个说明。这次会议我们将启动第二批高校出版社体制改革工作,相对首批改革试点,我们又有了一个可供遵循的规程。昨天开幕式上,我们三个部的部领导的讲话,从整个宏观角度,对第二批体制改革工作提出非常明确的要求。今天上午中宣部体改办高主任对114号文件的介绍,还有武汉大学校领导、清华大学出版社领导,从首批体制改革经验角度,对规程也是做了一个解读。我简明扼要地介绍一下《规程》。

《规程》依据的文件主要有四个。两个是中央、国务院颁发的:《中共中央国务院关于深化文化体制改革的若干意见》(中发[2005]14号)、《国务院办公厅关于印发文化体制改革中经营性文化事业单位转制为企业和支持文化企业发展两个规定的通知》(国办发[2008]114号)。这两个文件从宏观上提出了体制改革的重要精神和重大政策。两个是教育部和新闻出版总署发的:《教育部　新闻出版总署关于高校出版体制改革的实施方案》(教社科[2007]5号)、《教育部新闻出版总署关于高校出版社体制改革试点工作的若干意见》(教社科[2007]6号)。这两个文件结合高校以及出版社的实际情况明确了高校出版社体制改革的指导思想、方法步骤、政策措施。这四份文件,是我们制定转制规程基本的依据,也建议大家能够在工作当中,在下一步转制过程当中,遇到一些情况的时候,可以回过头来温习一下前面提到的四个文件。

下面我就介绍一下规程当中的九项内容。规程写得已很清楚,进行介绍和说明是为给大家加深一点印象。

第一项是学校要成立出版社体制改革领导小组。成立领导小组,这是基于首批试点经验。昨天李部长专门强调了,在首批体制改革当中,对体制改革的强有力领导是保证改革顺利进行的关键,因此在转制规程当中,第一条就是要求学校成立领导小组,这是因为在转制过程当中,要涉及资产清理、监管、人员安置和待遇等方方面面的工作,仅靠出版社出面协调难度很大,甚至几乎办不到。因此学校要成立由学校主要负责人挂帅的出版社转制领导小组,领导小组的任务主要是负责研究制定转制方案,领导转制工作,协调校内有关部门,支持出版社的转制,并且解决转制中的重大问题,确保出版社转制规范有序。

第二项是制订转制方案。转制方案实际上是通过制订一个详细的方案,对整个出版社的转制工作作出一个详细的规划,是顺利推动转制的基础。制订方案的时候,希望各高校能够认真分析本校出版社发展当中的主要问题,找出来制约和发展当中的主要矛盾,理顺出版社发展当中主要关系,形成有利于出版社发展的新体制。转制方案制订当中,规程实际上用了八个分号最后一个句号,提出九层意思,我们可以归纳为六方面的内容:一是学校体制改革领导小组组成及其任务,转制方案要把这个首先明确下来。二是关于出版社的基本现状,包括规模、经营情况、队伍的情况,等等。三是要提出转制指导思想、目标、发展方向。要提出转制实施步骤及进度安排,还有出版社的领导管理体制、法人治理结构安排、资产的管理、出版社出资方式和资金来源,转制中涉及劳动人事关系和社会保障的处理原则等项内容。四是转制以后,企业的名称、出版社有限责任公司的章程。五是转制以后发展思路、发展规划、发展目标和定位。和前面第三个方面还不一样,主要是谈一点更长一点的发展思路、规划、战略,等等。六是其他需要说明的情况,比如说转制当中存在的问题,以及遇到的困难,需要有关部门给予支持的事项,等等。

第三项是清产核资、财务审计和资产评估。这项工作对于转制来说是一项非常重要的基础性工作,学校要高度重视,要委派学校的资产管理部门帮助出版社做好这项工作。高校出版社转制方案经过批准以后,我们就要按照国家的有关规定,进行清产核资、财务审计和资产评估,合理界定产权归属,在清产核资当中,特别要注意的是严禁低价处置和私分国有资产,防止国有资产流失。清产核资对高校出版社来讲是一个新的问题,但是对整个高校来说,这项工作我们是有经验可以借鉴的。因为教育部从2005年开始,就对高校的科技产业进行规范化管理,规范化的建设工作,而且在2005年有一个2号文件,专门就高校科技产业规范化管理问题提出了一个指导性意见。这方面工作对社科司来讲,我们比较外行,不大清楚整个清产核资、财务审计和资产评估的整个过程和细节,以及其中的问题,但是我想这个问题,因为高校确实在科技产业规范化建设方面,已经迈出非常重要步伐,积累很多的经验。而且在座很多校领导和社长注意到了,有一本专门的书——《高校产业改革改制指南》,是由教育部科技发展中心和中国高校校办产业协会编的,西南交通大学出版社出版的,这里面对高校企业科技产业清产核资、财务审计、资产评估等提供了翔实资料,因此在进行清产核资、财务审计和资产评估当中,希望大家多学习一下这方面的有关资料。

这三项在规程当中提出了五条,我强调这样几点,一个是清产核资工作是采取分级管理,中央部委所属高校出版社的清产核资,比如这里面重要事项报主管部门,而且由主管部门报财政部审批。各省行政部门主管的出版社清产核资工作,最后报省财政厅审批,清产核资的程序按照省里有关部门规定的程序报批。整个清产核资的程序是比较复杂一些,就是因为现在出版社的资产是国有资产,是由学校非经营性资产转为经营性资产,因此报批程序显得比较严密,也比较复杂一些。

具体的清产核资当中,按照国家有关规定清产核资,我们各个学校要制定清产核资的工作方案,开展清产核资的工作。《规程》里明确了清产核资的内容,包括财务清理、财产清查、损益认定、资产核实等项。清产核资范围,包括高校出版社本部和投资控股的企业,都属于清产核资的范围。清产核资的结果经上级有关部门确认以后,就从清产核资的基准日起,两年内有效,在有效期内实施转制,就可以不再另行组织清产核资。

关于财务审计,要按照财政部关于企事业单位的财务资产管理的规定,由主办单位委托具备资质的会计师事务所进行财务审计,在新发现的资产盘亏、毁损、报废、坏账等资产损失,都应该由中介机构出具专项审计报告,转制单位提出意见,报上级有关部门批准。

资产评估,按照国有资产评估管理的有关规定,由主办单位聘请有资格的资产评估机构,对资产进行整体评估,这里面需要明确的是,前面的财务审计和这里资产评估所聘请的有关专业机构不能委托同一家,通过资产评估,要确定其净资产的数额,把它作为出版社转制依据,对高校出版社资产评估必须一次性完成,不能将整体资产分拆评估,这也是一个很重要的技术性要求。

清产核资、财务审计、资产评估结果获准批复,这三项的结果必须在单位内部进行公示,然后由主管单位对结果进行审核,出具审核意见,并且连同公司有关材料,按有关程序进行核准批复。再有一项是办理产权登记手续,整个清产核资结果得到批复以后,按照国有资产产权登记有关规定,到有关管理部门办理产权登记手续,以取得出版社资产产权登记证明文件,这是规程里的第三项,清产核资、财务审计、资产评估。

第四项是关于人员安置和劳动关系的调整。这项工作是体制改革中职工关注的问题,是重大的必须慎重处理好的难题。昨天李部长讲话当中也专门强调了这一点。各学校要结合出版社的实际,按照我国劳动和社会保障的有关规定和"老人老办法、新人新办法"的原则,认真深入细致地做好这项工作。这里面主要包括两项内容,一个是制定人员安置方案。为做好全社职工安置工作,各校要积极协调校内有关部门,提出解决现有事业编制人员转制后的工作安排和待遇问题的方案,而且《规程》中还提出要制定人员安置实施细则,并需要经过职工代表大会审议通过,进行公示,学校审定。我们与会代表有的提出,经过职工代表大会通过,这个法理不太充分,这个问题提得很好,这是讨论稿,事后我们可以就这个问题做深入一步的调研,把这个问题进一步明确下来。转制以后,对现有事业编制人员,按照企业用工制度,与出版社依法签订劳动合同,不再享受学校工资福利待遇,按企业的工资福利标准执行,退休以后由学校负责,按学校事业编制人员进行管理,对出版社非事业编制人员,要按照国家有关规定,参加医疗、失业、养老、工伤等保险。特别需要注意的是,当前事业单位人事制度改革试点工作正在进行,高主任也介绍了这方面的情况,五个省市正在试点,今后学校人事制度也要进行改革,我们想请学校结合人事制度改革相关政策,特别是根据人事制度改革的进展情况,妥善作出安排。目前高校出版社首批体制改革试点过程当中,还没有出现校内人员分流,提前离岗等情况,我们第二批转制过程当中如遇到新情况的时候,希望我们能够妥善处理。第二是关于建立新型劳动关系。出版社转制以后,继续留用人员,依法重新签订劳动合同,执行企业工资制度。第一批试点出版社这方面有一些成功做法,大家可以关注一下,这里不多做介绍了。

第五项是关于资产管理。资产管理,学校是出版社主办单位,是出资人。转制阶段,出版社是国有独资的,因为学校是出版社唯一出资人。首批试点学校,资产管理方面有两种情况,一种是学校资产经营有限公司作为出版社出资人,就是学校建立资产经营公司,它作为出版社出资人。第二是没有资产经营有限公司的,由学校作为出版社出资人,无论是否有资产经营公司,需要强调的,学校资产管理委员会都要负责管理与监督出版社的资产。

在调研当中,有的学校提出是否可以对出版社进行国有股权多元化改造,这是前进一步了,进行下一阶段思考的问题,对这个问题昨天李部长讲话当中也谈到了,高校出版社股权多元化和重组,对高校出版社体制改革来说是新问题,我们允许在体制改革当中解放思想、大胆探索,但是实际运作中一定要了解和运用好相关的政策,国发【2005】10号文和国办发【2005】19号文件,都收入到蓝皮本汇编当中。出版社融资只限于国有资本,非公资本是不能进入出版领域的,同时,出版社资本结构发生变化时一定要经过报批。我们教育部有关司局正对这些新情况新问题进行对策性研究,将会同有关部门对这个问题提出指导性意见。高校出版社资本结构变更、主管主办单位变更等事项须由主管部门报新闻出版总署审批。

第六项是建立法人治理结构。高校出版社转制以后,要建立现代企业法人治理结构。高校出版社法人治理结构要确保学校对出版社的领导和出版社导向的正确,要根据《公司法》制定出版社的章程,明确出版社的决策、执行监督机构,依据法定程序设立董事会、监事会,从试点出版单位经验看,董事长由主管校领导兼任对出版社发展比较有利,所以规程也把这条写进去了。

第七项是注销事业法人与进行企业登记。高校出版社完成转制以后,要按照国办发114号文件,进行企业法人注册登记,根据现在情况看,绝大多数的高校出版社建立初期就已经注册了企业法人,转制以后应该按照程序,到有关部门注册有限责任公司。

第八项是完善内部管理制度,高校出版社转制完成以后,按照现代企业制度要求,结合出版行业特色,制定全面科学的内部管理规章制度,形成现代公司的管理体系,保证出版社管理的规范、科学、高效。这个规程里面有六项制度,希望大家认真研究,结合本出版社实际,制定出各项具体的规章制度。

第九项是完成转制后需要向教育部备案有关材料,各高校完成转制后,应向教育部报备案。报告当中应该包括这样的内容:清产核资的情况,产权登记证和企业法人营业执照复印件,法人治理结构的情况,公司章程、人员安置方案,学校给予出版社转制的政策支持,以及责权分明的新型校社关系,等等。

以上对《规程》中九项内容做了一个说明。这个规程主要是基于第一批改革试点经验,第一批改革试点整体上进展很顺利,遇到的大的问题和困难不是太多,因此就在这个基础上制订了实施方案。下一步第二批转制,我们工作面更大,遇到的情况会更复杂,希望大家在结合本校实际,推进体制改革过程当中,能够认真研究问题,按照这个《规程》,把我们转制工作做好。这个转制工作规程的目的是给大家提供工作方便,作为执行参考办理的程序,大家在工作当中如果感到《规程》有哪些需要进一步完善,希望大家及时提出来,这个《规程》也希望听取大家意见以后修改完善,最后印发给各个学校,供大家在工作当中参考执行。以上情况介绍到这里,如果哪些问题介绍不准确,我们最后由吴司长再说一下,以吴司长讲的为准,谢谢大家。

第三次高校出版社体制改革座谈会在北京召开

2009年8月26日,教育部社会科学司和新闻出版总署出版管理司、产业发展司在京联合召开了高校出版社体制改革座谈会。会议的主要任务是学习传达8月14日至16日召开的全国文化体制改革经验交流会议精神(以下简称"8·14会议"),贯彻落实新闻出版总署《关于进一步推进新闻出版体制改革的指导意见》(新出产业[2009]298号),通报高校出版社体制改革进展情况,交流各校出版社体制改革的思路与措施,全面推进高校出版社体制改革。新闻出版总署出版管理司吴尚之司长、产业发展司张亮副巡视员分别到会讲话,新闻出版总署出版管理司朱启会副司长作会议总结,教育部社会科学司徐维凡副司长主持会议。参加会议的有未启动体制改革的11家高校图书出版社和14家音像、电子出版社的主管校领导和社长。

座谈会传达了"8·14会议"精神。"8·14会议"强调,当前文化体制改革已进入攻坚克难的关键阶段,迫切要求我们在已有工作基础上,抓住关键环节和重点领域,加大力度,加快进度,在解决和制约文化建设科学发展的一些深层次矛盾和问题上实现突破,推动文化体制改革向纵深发展。这次会议对出版业以改革新突破推动产业新发展提出六项任务:突出重点,全面推进经营性新闻出版单位转制工作;深化出版企业产权制度改革,加快建立现代企业制度,推进联合重组和资源整合,培育骨干企业和战略投资者,打造出版传媒业"航空母舰";引导和规范非公有资本有序进入新闻出版业,解放和发展新兴生产力;深化流通体制改革,开辟融资渠道,构建统一开放、竞争有序、健康繁荣的现代出版物市场体系;大力推动新闻出版产业"走出去",提高我国新闻出版的国际影响力;坚持深化行政体制改革,切实转变政府职能,建设服务性政府。大家一致认为,"8·14会议"精神对指导高校出版社体制改革具有重大意义,一定要进一步学习领会,付诸行动,高质量如期完成文化体制改革的各项任务。

座谈会认为,按照中央的部署,在新闻出版总署和教育部的支持和推动下,高校出版社体制改革正在顺利进行。103家高校出版社实际上已分成三批在进行转企改制工作,19家首批试点出版社有10家已基本完成转企改制任务;第二批62家出版社(含1家音像出版社),已有60家正在开展清产核资等基础性工作;第三批18家高校出版社,已有10家出版社报送了体制改革实施方案;近两年成立的5家高校出版社已在建设现代企业制度。大多数与图书出版社合署的音像出版社已一并进行了转企改制工作。少数独立设置的音像出版社和电子出版社也已进入转制工作程序。

与会的25所高校校领导畅谈了对出版社体制改革的认识,介绍了本校出版社体制改革的思路和已做的工作。各位社长就体制改革操作层面的问题和有关改革政策进行了讨论。高校音像、电子出版社介绍了单一载体给发展带来的特殊困难以及意见和建议。与会人员一致表示,通过此次会议,深入学习了中央关于出版体制改革的精神,进一步认清了形势,解决了认识上的困惑,进一步明确了高校出版社体制改革的目的、任务、要求以及改革的路线图和时间表,增强了责任感和紧迫感。

座谈会要求,各高校要切实履行主办单位的职责,在体制改革中加强组织领导,解决好在转制过程中出现的各种问题。要进一步解放思想,更新观念,破除阻碍体制改革的各种障碍,大力推进出版社转企改制。要认真学习《教育部 新闻出版总署关于高校出版社体制改革的若干意见》(教社科[2007]6号)精神,按照高校出版社转制工作规程和工作流程的要求完成转企改制任务。《高校出版社转制工作有关规程》(教社科厅函[2009]3号)提出了转企改制必须要做的工作:如完成清产核资、财务审计和资产评估;登记产权;建立法人治理结构;人员安置;注册出版社有限责任公司;制定和完善企业的规章制度等。《教育部直属高校出版社转制工作流程及要求》(教社科司函[2009]133号)提出了转企改制各环节的工作程序,给部直属高校出版社提供了一个教育部内工作流程的路线图,可引导出版社去完成转企改制的各项任务。它不仅明确了转企改制各环节的任务,而且提供了给行政部门的请示报告范本,以供各校照此办理,使上报工作简洁明了,效率高。省属高校可参照《流程》,结合本省情况完成转制工作。会议要求,与会的校领导会后要抓紧时间制定本校出版社转制工作方案,于9月20日之前,经主管部门同意后报送教育部。

座谈会强调,在转企改制中需要注意以下四点:第一,要进一步处理好改革、发展与管理的关系,以改革促发展,谋划好未来的发展思路和前景,通过改革壮大实力,进一步提高管理水平,为改革发展创造良好环境。第二,严格遵守行政审批的规定,凡需要进行行政审批的事项,一定要按照规定的程序经过审批后才可实施,如出版社更名为有限责任公司、在转制中拟引入外部资本等,需经新闻出版总署批准。第三,严格按照程序完成转企改制任务。不因某个环节出现障碍而停止工作,也不因提前享受到优惠政策,而中断转制工作,要切实完成转企改制的各项任务,不给今后发展留下隐患。第四,依靠地方政府,完成体制改革任务。这次与会的高校大多数是各省教育行政部门主管的高校,各校要依靠属地党委宣传部、教育厅和新闻出版局开展工作,及时汇报体制改革进展情况及遇到的问题,争取工作上的支持。高校出版社体制改革是一个系统工程,涉及面宽,新情况多,各高校要加强工作协调,调动各方力量推进体制改革顺利进行。

座谈会期间,新闻出版总署出版管理司还就贯彻落实新闻出版总署《关于促进我国音像业健康有序发展的若干意见》(新出政发[2009]5号)中提出的"做强做优""整合重组""停办退出"一批音像企业的体制改革问题,听取了部分独立设置的教育音像出版社社长的意见。通过座谈,大家对音像出版体制改革须同出版资源整合、产业结构及产业布局调整结合起来,鼓励和支持教育、农业、科技等专业领域的音像出版单位整合重组,成立集团公司有了明确的认识。一些社长表示,落实5号文件精神,我们要依靠主管主办单位的领导,按照中央的部署,吃透音像出版社体制改革的精神,积极参与教育音像出版社体制改革;希望通过宏观调控手段,按照优势互补、以资本为纽带,以市场配置资源的方式,将规模较小的教育音像出版社整合为教育音像出版集团,使教育音像出版有更好的发展环境和前景。

加大力度 积极稳妥 全面推进高校出版社体制改革

新闻出版总署出版管理司司长 吴尚之

各位校领导,各位出版社的负责同志:

这次会议的主要内容是学习落实全国文化体制改革经验交流会议的精神,推进高校出版体制改革工作。上午出版社的同志和校长们都发表了很好的意见,对于中央文件的精神理解比较透彻,态度非常明确,认识也比较深刻。按照会议安排,下面我谈五个方面情况。

一、传达全国文化体制改革经验交流会的有关精神

今年以来,中央连续召开了两次文化体制改革重要会议。第一次是5月21日,在京召开中央各部门各单位出版体制改革工作会议。这次会议是中央各部门各单位出版体制改革方案出台后,召开的一次重要的改革工作会议。第二次是8月14日到16日,在南京召开了全国文化体制改革经验交流会。参会人员包括各地分管文化体制改革的省委省政府负责同志、中央宣传、文化、新闻出版、广电部门的负责同志以及各地宣传、文化、新闻出版、广电系统部分单位和企业的代表,共计500多人。会议一方面是经验交流,更重要的是对下一步出版体制做出了进一步的部署,提出了明确的要求。

这次会议首先学习和传达了中央领导同志重要批示精神。中央领导同志指出,党的十六大以来,文化体制改革深入推进,文化生产力得到进一步释放,文化建设的活力显著增强。公益性文化事业在保障人民基本文化权益方面的作用日益突出。经营性文化产业占国民经济比重明显增大,国际竞争力逐步增强,文化市场日益繁荣,精品力作不断涌现。文化体制改革取得的丰硕成果充分证明,中央关于文化体制改革的决策部署完全正确,顺应时代发展要求,顺应各族人民过上更好生活的新期待,顺应文化建设的内在规律和发展趋势,是促进文化大发展大繁荣的强大动力,是推动经济社会发展的新引擎。

中央领导同志强调,当前文化体制改革已进入攻坚克难关键阶段,迫切要求我们在已有工作基础上抓住关键环节和重点领域,加大力度,加快进度,在解决影响和制约文化科学发展的一些深层次矛盾和问题上实现重点突破,推动文化体制改革向深层发展。当前要创新公共文化服务运行机制,加快构建覆盖城乡的公共文化服务体系,加快国有经营性文化单位转企改制步伐,着力培育合格的文化市场主体,着力培养骨干文化企业和文化领域战略投资者,切实增强国有文化企业的整体实力和竞争力。大力推进文化领域资源整合,进一步增强文化建设整体实力和发展后劲,加快构建有利于科技与文化产业相结合的体制机制,大力发展新兴文化产业。积极创新文化走出去的模式,不断增强中华文化的国际影响力和竞争力。各级党委政府要深入学习实践科学发展观,树立新的文化发展理念,将文化体制改革摆在更加突出的位置,抓紧抓好,抓出成效。

这次会议对下一阶段八项重点工作任务提出要求,作出部署。我重点传达涉及新闻出版体制改革方面的几项任务。

1. 要加快推进出版体制改革,推动我国出版业又好又快发展。出版发行业在近年文化体制

改革中一直走在前面,但改革发展任务仍然艰巨,要着眼于提高出版发行业的发展质量和水平,进一步深入出版发行体制改革,推动我国由出版大国向出版强国迈进。关于出版发行体制改革的重点,一是率先完成全行业的转企改制。现在地方出版发行单位大都转为企业,高校出版社已分两批转制,各单位出版体制改革已经启动,完成全系统实行出版经营性单位转企改制。各部门按照已有方案抓紧组织实施,确保地方出版发行单位和高校出版社今年年底前完成任务。中央各部门各单位出版社明年年底前全部转制为企业。二是打造一批主业突出,竞争力强的出版发行公司,要把出版业做强做大。三是积极推动产业升级,以数字出版为代表的新兴业态迅速发展,对传统产业形成强大的冲击,所以要把发展新业态,推动产业升级作为战略重点,实现由传统出版产业向现代出版产业转变,赢得更加广阔的市场空间。

2. 要切实抓好新闻媒体的改革,推动我国传播能力的提高。要抓好宣传与经营业务两分开。突出抓好非时政类报刊和重点新闻网站转企改制,抓紧制定推动非时政类报刊改革的实施意见,明确相关分类标准,积极推动文化、艺术、生活、科普类等非时政类报刊转企改制。

3. 要继续深化公益性文化事业单位改革,积极创新公共文化服务运行机制。这次中央专门针对中央各部委的148家发了文件,明确了民族出版社、中国盲文出版社、人民出版社、中国藏学出版社四家是公益性事业单位,其他所有出版社都要争取改制,所以这次改革力度是比较大的。中央对各部委出版社改革的方案进行了研究,非常慎重。公益性出版社也存在一个改革问题,就是对员工也要实行聘任制、岗位责任制。对公益性事业单位的改革,不是国家掏钱把人都养起来,旱涝保收,已经改变了这种拨款体制,而是采取项目制,项目投入,不是人员包干。中央也在加大力度推进公益性事业单位的改革。

4. 要大力推进产业发展和结构调整,进一步增强我国文化产业的发展后劲和整体实力。出版单位改革不是目的,改革以后如何发展是我们的主要任务,包括实施重大项目战略,形成新的文化品牌,实施走出去战略。

5. 要继续推进文化市场执法改革,促进政府职能转变。我们现在地市以下综合执法基本上统一为一个执法机构,文化、广电、新闻、出版、体育基本都合并了,还要进行行政综合执法改革。

柳斌杰同志在会上做了专题报告,就深入新闻出版体制改革谈了三方面的意见,总结了我们这几年的经验,对下一步出版改革提出了六项具体的任务。其中首要的任务,就是经营性单位加快转企改制。出版社转企改制涉及地方、高校、中央三大块。他特别指出,对于2009年底前未完成转制的地方和高校出版社,对于2010年底前没有完成的中央出版社将予以注销,遗留问题主管单位负责。此外图书出版单位所属报刊、音像、电子网络出版改制工作,也要随着图书出版社转企改制一并进行。

这次在南京召开的文化体制改革经验交流会,既是出版体制改革方面的经验交流,也是一次分析形势、坚定信心、振奋精神的会,还是一次理清思路、明确任务、开拓创新的会议。希望各位校领导和出版社的同志,把这次会议的精神原原本本地回去做汇报和传达,有关会议的详细报道,《人民日报》《光明日报》《新闻出版报》都有,大家一定要好好学习,深刻领会这次会议的精神。

二、全国出版体制改革的进展情况

近年来,我国出版体制改革在四个方面有了重要突破:

第一个突破,在建设成熟市场主体上有了重要的突破。相对于经济体制,我国出版业体制已经落后,已经不适应社会主义市场经济发展的需要,所以现在改革的重要突破就是如何使出版单位转企改制成为市场的真正主体。

2003年以来,在转企改制方面,印刷业首先突破。印刷业原来也是国有的,有的还是事业的。然后是全国发行业的转企改制,发行业全国原来基本都是事业性质——新华书店。到目前为止,发行业已经全面完成了转企改制任务。像河南省去年全省一两万人从事业编制变成企业人。就出版业而言,到2009年7月底,全国580家图书出版社中,已经有308家已经完成或者正在完成转企改制工作,其中地方268家出版社中,有182家完成了或正在完善转企改制。高校103家有86家进入了第一批、第二批转企改制名单。中央在京出版单位182家,到7月份为止已有40家完成转企改制。全国有553家出版社是明确要转企改制的,还有27家民族地区或少数民族文字出版社正在分类。

在新闻出版产业集团化建设方面,也有重要进展。目前全国成立了26家出版集团、24家发行集团、3家期刊集团、49家报业集团。

第二个突破,在公共文化服务建设方面有了重要的突破。我们实施的"东风工程"、少数民族出版工程、农家书屋出版工程,都取得了重要突破。农家书屋建设列入了中央和国务院重大工程建设,全国62万个行政村,每一个都要建一个农家书屋,目前已经建了9万个,每个农家书屋要配1500册图书、100种音像制品和30种报刊,满足基层农民的文化需求。同时,这也是我们出版发展的一个空间。公益性出版单位的改革,已经破题了,包括人民出版社、民族出版社它们的改革方案也做了两次。

第三个突破,出版投融资体制取得重大突破,企业股份制改造、上市融资、跨地区重组取得重要进展。这在以前也是不可想象的,出版业还能上市,原来担心文化安全问题。现在这几年的改革也正在摸索,上市融资国有资本控股,文化安全是有保障的。2008年辽宁出版集团率先A股上市,紧接着安徽也上市,现在还有江苏、湖南一批正在积极准备上市。股份制改造在1999年就开始了,就是上海世纪出版集团,这是我们国家第一家实行股份制企业改造的一个出版集团,真正引入各种资本,股份制改造。

跨地区经营,跨行业经营,确实有了重要进展。吉林出版集团与北京的中华工商联合出版社,江西出版集团与北京的中国和平出版社。在发行方面,2008年就有一个重要的突破,就是江苏发行集团跨地区重组海南的新华书店。现在跨省之间的兼并、联合、重组都在推进。

第四个突破,就是出版行政管理体制改革的突破。出版改革首先是出版行政管理体制的改革,新闻出版总署2003年率先将所属出版社脱钩,商务、中华、人民、人民文学、人民美术这些国字号的出版社全部与总署脱钩,组成中国出版集团。几万人的印刷企业组成中国印刷集团,划归国资委,新华书店总店也跟总署脱钩,成立新华书店总公司,在中国出版集团里面。到目前为止,全国出版行政管理部门所属的企事业单位基本上都脱钩了。真正脱钩为出版改革铺平了一条道路,原来又是办出版,又是管出版,转企改制无从谈起。

三、高校出版体制改革取得的显著成效

高校出版体制改革已经进行了第一批、第二批,尤其是第一批启动比较早。

第一个方面成效就是转制后的出版单位增强了活力。初步建立了与社会主义市场经济相适应,与我国出版产业发展的要求相适应的运行机制和管理体制。大学出版社跟地方不一样,大学社绝大部分是新体制的人,少量的是事业编制的人。在一个社里,两种体制是影响职工积极性的。新体制进来的职工,他们的贡献和劳动在有的单位、有的部门没有得到相应的报酬,待遇很不一样。没改革的时候,出版社的自主经营权得不到保障,而且没有形成有效的机制去制

约人为的干预。主办单位想要多少钱就要多少钱。有一家出版社,今年主办单位让交1500万,明年你要交2000万,出版社哪有那么多钱交?有的出版社一年给学校交两千万还不够,每年增加五百万,这增加的根据在哪里,你没有一分钱投入,出版社怎么发展。所以转企改制既要保证投资方的权益,也要保证经营方出版社的发展,形成有效的机制。人员积极性的调动,企业的竞争活力,改革前后确实是不一样。

第二,转企改制后,两个效益显著增强。据我们了解,第一批转企改制高校出版社经济实力明显增强。从2006年起,第一批转制单位,总资产增长率连续三年在13%以上,平均净资产收益率保持在20%左右,体现了改制以后出版单位较强的盈利能力。尽管有些出版单位有一些环节还没有完成,但是整体经营意识、经营理念、体制都已经变了,这就是出版单位转制以后带来的效益。

第三,转制以后,在一定程度上理顺了出版社与学校的关系,明确了出资人的地位和权益。建立了董事会、监事会和职工代表大会为基础的法人治理结构,产权结构更加清晰,通过转企改制,确立了高校出版社的市场主体地位,其经营自主权大大增强。转企改制就是要在体制机制上发生重大变化,才叫做改革,不是换汤不换药。改革要做到两点,一是不可逆,不能说过一段时间又返回来,在体制上就不可逆。二是要可核查,在检查每一个环节时,能看到你的改革的标志。比如说有一些重要的标志,产权登记、清产核资以后,产权登记明晰了没有。比如事业单位法人注销了没有,企业进行工商登记了没有,人员加入社会保险了没有,这些都是重要的标志。我们现在建立了个数据库,对全国580家出版社,每一家出版社的资产状况、人员状况、主管单位基础数据都建立起来了,你改革到哪一步,我们建立了一个地图,点到哪一个省,哪一个出版社改革到哪一步,一目了然。当然改革也是个过程,不能把这些标准等同于全部改革。

四、第三批高校出版社改革全面完成的有利条件

高校出版社就剩下10多家未启动转制了,能不能完成,有没有条件。我们认为至少有这样三个方面的有利条件:

第一,中央高度关注和重视文化体制和出版体制改革工作。现在提时间表、路线图、责任书,三个都已经十分明确。时间表,地方和高校出版改革2009年年底前全面完成,中央在京出版社2010年年底前也必须完成。路线图就是怎么改,也已经很明确,就是转企改制,改成现代企业制度。中央重视改革,有关改革的政策就有可能逐步到位。原来第一批、第二批在产权登记和一些具体问题上,政策落实问题上遇到一些障碍,现在推动起来跟以前不一样了。改革的优惠政策有很多,有的好落实,有的落实起来在地方还是有难度的。所以中央重视督导就不一样了。

第二,全国出版界对改革的认识进一步深化。推进改革的积极性进一步提高,已经形成了深化和推进出版改革的良好氛围。改革要有一个氛围,我们今天来的出版单位,你们的难度比起第一批,比起去年比起前年搞改革的,难度显然是不一样的。出版界已经形成了改革的良好氛围,一个方面大家认识到要推动文化与经济政治社会协调发展,充分发挥市场在文化资源配置的积极作用,满足群众增长的精神文化需求,努力提升国家文化软实力,积极应对国际金融危机带来的挑战,等等,都迫切需要深化文化体制改革。我们在座的很多校长都是专家,有的还专门写文化的论著。现在国家的发展不能只是一条腿,经济固然是重要的,国家的整体实力的提高和发展,文化是另一条腿。我们都知道,美国的文化产业出口的价值产值远远高于它的航空、电子出口产值。它的一个电影拷贝卖出来,有的几个亿,有的几十个亿。

经济危机以后,我国文化产业逆势而上。2008年,全国图书印数首次达到70亿册,图书的定价金额、图书的印数、印张均有两位数增长,图书总定价近800个亿。2009年上半年也保持了增长,有的地方增长比较快,所以说金融危机中间,文化逆势而上的现象,历史上有,这次也同样。1929年美国金融危机,电影业发展起来了。2008年我国新兴媒体数字出版是560个亿,2009年年底估计能达到750个亿。

国家整体实力的提高,竞争实力的提高,都需要文化进行体制改革。现在有些出版单位还是事业体制,就想在国外兼并人家的出版社,都是行不通的,因为你无权处置你的资产,你怎么能兼并国外出版社的资产呢?另一方面,从出版单位长远发展而言,早改早主动,早改早受益,晚改就被动,确实也是这样。大家看看安徽出版集团,三年三大步,总资产、流动资产,还有它的出版效益,这几年就是跟改革前不一样。

第三,改革的配套政策更加明细,国家对改革支持力度进一步加大。各位校长指导和领导出版社的改革,请你们认真学习114号文件以及配套的税收、财政政策,还可以借鉴地方的改革文件学习落实。这个配套政策有28项。这次中央部委出版社的改革,你现在改,明年退休的还算老人,按事业的待遇拿钱。五年以后,到2015年,给你补齐。还有包括出版社现在占有的资产、土地,作为国家资本金划入出版社。这次这些政策都写得很明确。

五、加快推进第三批高校出版单位转企改制工作

按照中央的要求和部署,认清形势,明确任务,确保2009年年底前,全面完成高校出版社转企改制任务。为此,提以下六个方面的要求:

第一,要进一步解放思想、更新观念,把思想和认识统一到中央的决策部署上来。要增强做好第三批高校出版社改革的紧迫感和责任感。尽管大家是第三批,要说解放思想的问题,应该少一些,难度应该小一些。但是也不尽然,出版改革中,有的人对拿社保还不能接受,转变观念思想解放的问题相当突出。高校出版社中这类问题也有,要进一步解放思想。所以我们要把第三批高校出版体制改革工作加紧推进,校领导、社领导要先解放思想、更新观念,真正从发展教育事业,发展出版事业的高度,从国家文化发展大局的高度来理解。

第二,要进一步调动各方面的积极性,特别是紧紧依靠群众,调动职工群众的积极性,做好深入细致的思想工作,充分尊重群众的首创精神。改革中要把群众的工作做好。我们首先要吃透政策,其次让出版社人员学好政策。上午有的校长谈得很专业很细致,但也有的没有钻研过。我们把所有的文件拿起来研究,到底有多少配套政策,这些政策怎么操作,这些空间留得这么大,怎么把别人的方法借鉴过来为我所用。因为全国这么大,有的话留了空间,你操作起来比较灵活。所以自己先吃透这些文件,组织职工反复学习,要给大家讲解。大家回去要做好群众工作,把所有的文件原原本本拿给职工看,组织职工学,他们的办法比我们还多,职工的思想工作做不好,改革难以推进。

第三,要突出重点,抓住中心环节,在体制创新上下工夫,把转企改制作为当前体制改革的首要任务。要突出重点,抓住中心环节,就是要在体制创新上下工夫,就是要首先抓好转企改制这一环节,这是中心环节,也是首要任务。你转企改制的工作推不动,下面的改革没法深入,股份制改造、上市融资、联合重组都无从谈起,身份都不对。所以要请大家抓紧制定和上报各出版单位转企改制方案,9月20日前必须上报总署,有的差不多了,回去修改完善一下,有的恐怕还不够。

第四,要积极协调和落实相关配套政策,为改革提供有力保障。这一条很重要,总署产业发展司、出版管理司和教育部社科司都很重视,我们在积极进行协调。最近协调比原来顺利一些了,一些工作包括注册、登记比较顺利了,速度也比较快。请校长们、出版社社长们,在地方争取地方新闻出版局和地方宣传部的支持,让他们来协调税收、财政政策,以及社保方面的政策。因为加入社保是属地社保,我们要争取今年把转制方案报上来,争取明年享受优惠政策,就只剩下五年了,改革好的单位我们全力支持,鼓励这些单位做好做强。国家有那么多政策,总署有配套政策,也支持大家改革。大家一定要吃透精神,争取地方党委、政府的支持和协调。过不久还要与改革进展缓慢的地方签订责任书。责任书包括地方局对完成改革任务的出版社给予协调落实政策配套措施。

第五,要切实加强对出版改革工作的领导。改革进展如何,力度如何,效果如何,关键在组织领导。各高校要继续履行好主办单位的职责,为出版社改革创造有利条件。校领导要精心组织,加强领导,协调解决好改革中遇到的难题,为出版社改革创造有利条件,给予更多的支持。

第六,要进一步处理好改革、发展与管理的关系。必须以改革求发展,谋划好发展的思路,设计好发展的蓝图,策划好发展的项目。改革不是目的,要通过改革壮大实力,增强出版社的竞争力。通过发展巩固我们改革的成效,所以大家在谋划改革的时候,出版社的发展也要纳入改制方案。同时要进一步提高管理水平,加强管理,为改革发展创造良好的环境。

高校出版社体制改革纪实

教育部社会科学司出版管理处原处长　　魏小波

2010年底,高校出版社按照中央文化体制改革的要求和部署,基本上完成了体制改革的任务。文化体制改革是"十一五"时期中央的重大决策,也是高校出版社改革发展的一项重要任务。高校出版社顺应改革大潮,在改革中不断探索具有中国特色的高校出版社的体制机制。在总结高校出版社"十一五"发展历程时,回顾推进其体制改革和取得的成果是很有必要的,对高校出版社今后的深化改革也是十分有意义的。本人作为教育部出版管理部门的一名工作人员,经历了高校出版社体制改革的全过程,参加了高校出版社体制改革的主要决策工作,参与了高校出版社体制改革全部文件的制定工作,伴随高校出版社共同走过了体制改革的每一步。在写此纪实之前,本人又重新翻阅了当时的各种记录和文档,力求准确、如实地反映高校出版社体制改革的历程。

一、建立内涵式发展的出版集团和高等教育出版社重组高校出版社的改革探索

21世纪初,为应对我国加入世界贸易组织和市场经济体制初步建立的新环境,中央颁布了关于在新闻出版广播影视业改革发展的两个文件:2001年8月发布了《中共中央办公厅 国务院办公厅关于印发〈中央宣传部、国家广电总局、新闻出版总署关于深化新闻出版广播影视业改革的若干意见〉的通知》(中办发[2001]17号),2002年7月发布了《中共中央办公厅 国务院办公厅关于印发〈中央宣传部、新闻出版总署关于进一步加强和改进出版工作的若干意见〉的通知》(中办发[2002]16号)。文件提出了改革的指导思想、方针原则、总体要求、基本格局、改革的主线和重点;提出要深化出版业改革,积极推进集团化建设,重点培育大型出版集团和发行集团的目标,并提出基础较好、特色鲜明的出版单位可组建一批专业集团;要求集团以资产为纽带进行

体制创新,建立和完善法人治理结构,强化决策、投资、管理和资源配置功能;未组建集团的单位,要向"专、精、特、新"方向发展,积极参与市场竞争。新闻出版总署根据两个两办文件精神,按照分类指导的原则,在发展中国出版集团和各省出版集团的同时,提出建立内涵式发展的专业出版集团试点的思路。内涵式发展的专业出版集团是指在出版社现有的基础上,通过自我扩张、自我裂变、自我再造,用品牌优势和综合实力形成核心竞争力和规模效益,实现跨越式发展的出版集团。

两办文件颁布后,教育部党组高度重视,责成原社会科学研究与思想政治工作司(以下简称社政司)提出高校出版社和直属出版社改革的方案。社政司按照部党组的要求,认真学习两办文件,进行广泛的调研,分别召开了高校出版社社长及其主管校长和部直属社社长的座谈会。社政司汇总各种不同的意见,归纳为两种改革方案:方案一是组建两大集团:由高等教育出版社和人民教育出版社组建中国教育出版集团,由教育部直属高校出版社组建中国高校出版集团,这两个集团建起后,资产和产值都将名列前茅;方案二是建设和发展内涵式发展的专业出版集团,做实做强。其时,中国人民大学出版社和外语教学与研究出版社已在探索建立内涵式发展出版集团之路,并提出初步方案。经过进一步的研究和论证,大家认为高教社和人教社自身主业突出实力强,各自特色鲜明优势强,以自身为基础发展即可做大做强;各高校出版社并不是市场主体,有各自的主办单位,决策者不是出版社而是学校,从管理体制上来看,很难组建成以资产为纽带的集团。根据大家的意见,社政司提出了以组建内涵式出版集团为主的改革报告。2003年2月21日,部党组召开专题会议,专门听取了社政司"关于高校出版社和教育部直属出版社改革发展问题的汇报",会议分析了高校出版社和部直属出版社面临着我国刚刚加入世界贸易组织,市场经济体制初步建立的新环境和整个出版业积极改革、调整结构、组建集团的新形势,以及在新形势下高校出版社和部直属出版社如何应对发展的新策略;研究了我部具备条件的高校出版社和部直属出版社组建专业出版集团的思路,决定向新闻出版总署提出鼓励并支持一些出版社走内涵发展专业出版集团的报告。按照部里的工作部署,我部向新闻出版总署报送了《教育部关于申请将高等教育出版社等8家出版社列入国家出版业改革试点单位的函》(教社政函[2003]6号),将高等教育出版社、人民教育出版社、外语教学与研究出版社、中国人民大学出版社、清华大学出版社、北京大学出版社、北京师范大学出版社和上海外语教育出版社申请列入国家出版业改革试点单位。部里认为这些出版社改革思路正确清晰,主业突出,品牌名优,有较强的实力和竞争力,有较高的市场占有率。新闻出版总署在经过广泛调研和充分论证后,决定在在京的近300家出版社中选定11家进行内涵式发展专业出版集团的试点。这11家出版社中有5家属于教育部直属出版社和高校出版社,它们是:高等教育出版社、人民教育出版社、外语教学与研究出版社、中国人民大学出版社和清华大学出版社。新闻出版总署要求这些出版社必须按照现代企业制度的模式做出规划,制定组建集团的实施方案。方案通过后,才可作为内涵式发展的专业出版集团开展试点工作。2家直属出版社和3家大学出版社的主办学校按照新闻出版总署的要求,认真思考,周密策划,制定了组建出版集团的实施方案。它们的方案注重管理体制的改革和运行机制的创新,提出了按照现代企业制度要求建立管理模式,规范国有资产授权经营,对社内外资源进行优化配置与业务重组,将编辑业务单位与经营性单位分开等一系列改革设想,保证将在国家政策允许范围内,规范有序地推进改革试点工作,并分别向部里报送了报告。我部先后向新闻出版总署报送了《教育部关于报送〈中国人民大学关于上报组建专业出版集团实施方案的报告〉的函》(教社政函[2003]40号)、《教育部关于报送〈人民教育出版社走内涵扩张式发展道路的实施方案〉的函》(教社政函[2003]41号)、《教育部关于报送〈高等教育出版社关于组建出版集团实施方案的请示〉的函》(教社政函[2003]42号)、《教育部关于报送〈清华大学关于组建清华大学出版集团实施方案〉的函》(教社政函[2003]43号)。

在一些高校出版社争取内涵式发展的专业出版集团试点的同时,少数高校出版社也在探索着与高等教育出版社联合重组的改革。高等教育出版社根据中办发[2001]17号提出的"以兼并重组和合作联营的方式组建出版集团"和中办发[2002]16号文件提出的"选择有基础的出版单位组建专业性出版集团"的精神,提出在优化资源配置的基础上,与部分教育部直属重点高校出版社进行重组的改革试点。2002年8月高教社开始着手筹划与约十所大学重组所属大学出版社事宜。经过共同研究、论证和筹划,高等教育出版社与中山大学、天津大学、吉林大学在自愿的基础上,民主协商,达成一致,分别向教育部提交了关于增加高等教育出版社作为中山大学出版社、天津大学出版社和吉林大学出版社主办单位的报告。我部向新闻出版总署报送了《教育部关于增加高等教育出版社作为天津大学出版社主办单位的函》(教社政函[2003]34号)、《教育部关于增加高等教育出版社作为中山大学出版社主办单位的函》(教社政函[2003]35号)、《教育部关于增加高等教育出版社作为吉林大学出版社主办单位的函》(教社政函[2003]39号)。2003年4月18日,高教社在人民大会堂举办了与中山大学、天津大学和吉林大学签订重组协议的签字仪式,教育部、新闻出版总署、中宣部出版局的领导出席了签字仪式。高等教育出版社与三所大学同意以资产为纽带,重组大学出版社,通过建立明晰的产权关系向现代企业制度转变。重组后的大学出版社以主办大学为依托,立足本校的优势学科、区域优势和所属地区的高等学校,充分挖掘学校的出版资源;整合符合三家高校出版社发展方向的市场资源,面向全国,为经济和社会发展、文化教育进步服务,在实现社会效益和经济效益最佳结合的基础上,主要出版高等学校教学需要的教材、教学参考书、工具书和学术著作;推动本校的教学工作和学科建设,优先为所在大学教师出版教材和学术著作,以提升所在大学的学术水平和提高教师队伍的素质。高等教育出版社作为主办单位之一,将按照《出版管理条例》和主管部门的要求,履行主办单位的职责;在对三家大学出版社分别进行资产评估后,高等教育出版社将分别注入资金,占重组后大学出版社股权的51%;高等教育出版社与所在大学共同设立"某某大学出版社董事会",作为该大学出版社经营管理的最高权力机构。教育部认为高等教育出版社与中山大学、天津大学和吉林大学是在自愿、协商一致的基础上,以资本和业务为纽带,以明确产权关系和经营责任为基础,以国有资产的保值增值为目的,以建立和完善法人治理结构为手段的实质性的重组联合,有利于各出版社的共同发展,互惠双赢,做强做大,可以进行探索试验。

以上两项改革因党的十六大之后启动了实质性的体制改革而未再进行,但内涵式发展出版集团的构想和出版社之间的重组探索为之后出版社的改革提供了实践的基础。

二、按照党的十六大关于文化体制改革的精神开展高校出版社体制改革大调研

党的十六大确立了全面建设小康社会的奋斗目标,做出了根据社会主义精神文明建设特点和规律,适应社会主义市场经济发展要求,推进文化体制改革的重要部署。党的十六大以后,开始了以体制机制创新为重点的真正的文化体制改革。2003年6月下旬,中央召开了全国文化体制改革试点工作会议,会议分析了文化体制改革的形势,明确了文化体制改革的指导思想、政策和措施,确定了文化体制改革的试点单位,以及不同试点单位的改革重点。7月,中共中央办公厅、国务院办公厅印发了《中共中央宣传部、文化部、国家广电总局、新闻出版总署关于文化体制改革试点工作的意见》(中办发[2003]21号)。文件在文化体制改革试点单位的主要任务中明

确提出改革的目标:文化企事业单位的改革大体可分为两大类,一类是公益性文化事业单位的改革,一类是经营性文化企业单位的改革。文件指出,党报、党刊、电台、电视台等重要新闻媒体和重要出版社是重要思想文化阵地,实行国有事业体制,享受扶持政策;其余出版社都应是经营性的文化企业。文件确定了35个文化体制改革试点地区和单位名单。随后,国务院办公厅印发了《文化体制改革试点中支持文化产业发展和经营性文化事业单位转制为企业的两个规定的通知》(国办发[2003]105号),文件出台了多项优惠政策,其中在财政税收方面规定"对转制企业免征企业所得税",执行期限为2004年1月1日至2008年12月31日。

21号文件确定的试点单位基本上是新闻出版、广播影视和文化系统内的单位,其中没有高校出版社。教育部认为高校出版社的体制改革如何定性和推进是关系到我国高校出版社发展的大事,高校出版社的定位和管理体制有别于其他出版社,对于改革必须认真对待,加强调研,慎重推进。高校出版社认为应借势发展,参加到文化体制改革试点中,争取全面享受国家给予体制改革试点单位的优惠经济政策,以弥补当年取消的校办企业所得税减免政策所带来的损失。社政司就高校出版社体制改革的问题与中宣部出版局和新闻出版总署图书出版管理司的负责同志进行了认真的研究和分析。为宣传中央文化体制改革精神,了解高校对出版体制改革的意向,准确确定高校出版社体制改革的重大问题,决定组成三部委联合调研组对高校出版社进行广泛深入的调研。2004年10月向所有的高校出版社所在高校发出了关于体制问题的书面函调。2005年3月17日至4月底,调研组在北京、上海、江苏、湖北和辽宁进行了实地调研,召开片会,并在中国大学出版社协会财税研讨会期间,在北京召开了部分京外高校出版社社长座谈会(包括陕西、湖南、广东、黑龙江、吉林、四川、重庆和天津的部分高校出版社社长)。调研组深入高校,采取召开座谈会、考察出版社、听取汇报、访谈等多种方式,针对高校出版社在改革、发展、管理中遇到的问题进行了全面深入的专题调研,期间共召开了13次座谈会,有13个省市的52家高校出版社社长和23位主管校长参加了座谈,听取了上海市新闻出版局、湖北省新闻出版局领导对高校出版社改革发展的意见和建议。研究分析了国外著名大学出版社的体制机制,以及大学出版社与学校、国家关系的情况,形成了近3万字的调研报告。这次调研,使得高校出版社和学校领导进一步了解了中央关于文化体制改革的精神,为推进高校出版社的体制改革奠定了基础,也使得有关部门对高校出版社有了全面深入的了解,特别是对高校出版社的体制现状、发展现状、改革态度有了进一步的了解。这次调研了解了以下情况:

1. 关于高校出版社的体制状况。当时有高校出版社98家,因为在出版社成立之时,没有严格要求出版社必须进行法人登记,因此,高校出版社的法人性质是多样性的。高校出版社中登记事业法人的有13家,企业法人的有57家,双法人的有16家,未登记任何法人的有12家。可以看出,在转制之前具有企业法人资格的高校出版社已占到了74%。

2. 关于高校出版社对体制改革的意见。调研结果对高校出版社的体制归纳起来提出了如下三种意见:一是认为高校出版社体制应分为经营性的文化企业和公益性的文化事业单位两种。一部分出版社具备社会需求旺盛的出版资源,且出版社的企业化程度高、市场运作能力强、其出版物可面向社会读者,可以走经营性的文化企业之路;一部分出版社,特别是专业面窄、出书范围狭小、非经营性亏损较大的出版社,如民族文字出版量较大的民族院校出版社、专门为国防建设服务的院校出版社可以走公益性文化事业单位之路。二是认为高校出版社都应实行公益性事业单位体制。国家对出版社的发展目标应分类确定,应将高校出版社的发展目标定位为学术性出版的事业单位。全国高校出版社实行公益性事业单位,企业化运作的体制。三是认为高校出版社的体制应为非营利组织性质。高校出版社设在高校内,在学校领导下,其办社宗旨是服务教学、繁荣学术,在此前提下,服务社会。因此,高校出版社不能按照企业的要求,单纯追求利润的最大化,还要承担推进民族文化繁荣的任务,承担为教学科研服务的任务。高校出版社虽是经营性的单位,但具有较强的公益性,不能简单地把高校出版社转为企业。高校出版社绝大多数属微利单位,一些出版社还有亏损。建议在公益性事业单位和经营性企业之间增加一种模式,即非营利组织性质。

3. 关于高校出版社的企业化程度。21世纪初,高校出版社发展状况良好,企业化程度较高,发展速度较快,出版能力、经营能力明显提高,经济效益有较大幅度增长。高校出版社2004年比2001年新书品种增加51%;总码洋增加50%;销售码洋增加58%;销售收入增加50%;上缴学校经费增加22%,上缴国家税收增加6.2倍。单体高校出版社2004年的销售收入情况:5亿元以上的1家,5亿元以下至2亿元的4家,2亿元以下至1亿元的5家,1亿元以下至5000万元的12家,5000万元以下至3000万元的13家,3000万元以下至2000万元的18家,2000万元以下至1000万元的27家,1000万元以下的18家。

4. 关于高校出版社人事及用工制度。高校出版社基本实现了全员聘任。大多数出版社参加了相关社会保险。有的出版社较早在社会上招聘需要的人员。高校出版社中事业编制人员比例已逐渐减小,2001年事业编制人数占63%,2004年则占43%,降低了二十个百分点。有的出版社事业编制的人员已少于非事业编制人员。

5. 关于学校对高校出版社体制改革的态度。从调查表反映的意见来看,各出版社及其主办学校都很关心出版单位的体制改革,关心中央和国家对出版体制改革的政策和举措。绝大多数学校取慎重态度,希望尽量多了解改革的进展情况,少数学校鉴于本校出版社已在进行改革的探索,经营性强、市场化程度高的实际,提出了愿意进行改革的试点。

这次调研结果,反映了高校出版社有进行体制改革的基础与条件。

三、按照中央精神制定高校出版社体制改革文件

2005年底,在总结十六大以来我国文化体制改革试点经验的基础上,中共中央、国务院出台了《中共中央 国务院关于深化文化体制改革的若干意见》(中发[2005]14号)。这是继农村经济、城市经济、国有企业、科技体制、教育体制改革决定之后的又一个重要的历史性文献,既是对十六大以来文化体制改革实践的充分肯定和深化,又是对马克思主义文化发展观的丰富和创新。14号文件明确提出"发展公益性文化事业要以政府为主导,增加投入、转换机制、增强活力、改善服务,实现和保障广大人民群众的基本文化权益。发展经营性文化产业要创新体制、转化机制、面向市场、壮大实力,满足人民群众多方面、多层次、多样性的精神文化需求"。"坚持区别对待、分类指导、循序渐进、逐步推开。根据文化领域不同行业、单位的性质和特点,考虑不同地区经济文化发展的不平衡性,坚持试点先行,从点到面,有组织有领导、分阶段分步骤地将改革逐步推开,引向深入"。文件对进一步推进文化事业单位改革和深化文化企业改革做出了新的部署。

新闻出版总署在2005年年底召开的新闻出版局长会议上提出,2006年将把一部分基础好、具备条件的高校出版社列入2006年体制改革扩大试点的范围内。至此,高校出版单位体制改革工作开始列入我国出版体制改革的工作日程之中。中央文化体制改革领导小组办公室在制定出版体制改革部署时,采取分类指导,逐步推进的方法。将出版社分为三大类:中央部委直属出版社、地方出版社和高校出版社(军队出版社除外)。这三类出版社有各自的特点和发展规

律,在体制改革方面也有其共性的方面。全国 98 家高校出版社分别隶属于 8 个国务院部委和 18 个省、自治区、直辖市教育厅(局)。中央文化体制改革领导小组办公室确定高校出版社的体制改革由教育部统筹领导。2006 年 1 月,教育部对部分司局进行了调整,将原来的社政司分为社会科学司和思政司。社会科学司(以下简称"社科司")负责出版管理职能,承担起了指导高校出版社体制改革的重任。

教育部高度重视文化体制改革和高校出版社的体制改革,社科司领导多次与中宣部和新闻出版总署有关部门领导进行研究,决定按照中央精神制定高校出版社体制改革的指导性文件,以指导高校出版社的体制改革工作。2006 年 4 月 17 日,中宣部、教育部和新闻出版总署联合成立了《高校出版体制改革实施方案》(以下简称《方案》)起草小组。起草小组由中宣部出版局、新闻出版总署出版管理司、教育部社科司相关负责人任正副组长,组员由社科司和出版管理司、出版社领导和专家共同组成,开始了研究和制定《方案》的工作。为制定好《方案》,指导高校出版社的体制改革,起草小组认真研究了三部委的调研报告,就高校出版社体制改革问题召开了多次社长研讨会、专家论证会和主管校长专题座谈会。主管副部长李卫红分别于 6 月 21 日、22 日亲自召开了拟列入试点的学校领导座谈会,北京大学、北京大学医学部、清华大学、中国人民大学、北京师范大学、北京外国语大学、北京航空航天大学、中央广播电视大学、中央民族大学、上海外国语大学、华东师范大学、上海财经大学、浙江大学、东南大学、大连理工大学、武汉大学、华中科技大学和广西师范大学等学校的主管校长参加了会议,校领导们在座谈会上畅所欲言,明确表达了将学校出版社转制为企业的意向和建议。杨光司长专门拜访了中央文化体制改革试点工作领导小组办公室有关负责同志,就高校出版社体制改革问题进行了沟通。起草小组走访了教育部科技发展中心、部分高校校办企业,了解了高校产业改革的形势与动态,阅研了高校科技产业改革改制的相关文件。在以上工作的基础上提出了《方案》的征求意见稿。

2006 年 7 月 29 日,教育部部长办公会专题讨论了高校出版社体制改革问题。会议认为,高校出版体制改革是文化体制改革的重要组成部分。教育部一是要认真贯彻落实中央关于文化体制改革的精神,服从和服务于文化体制改革的大局,本着"方向要坚持,态度要积极,步子要稳妥"的方针,积极慎重地推进高校出版单位体制改革。二是要认真学习,联系实际,深入调研,做好文化体制改革各方面的充分准备。深刻领会中央关于文化体制改革的一系列指示精神和各项方针政策,提高认识,统一思想,准确把握高校出版单位的特点和规律,通过科学的制度安排和切实可行的措施,确保高校出版单位顺利转制并得到更快更好地发展。三是采取"区别对待,分类指导,试点先行,逐步推开"的方式推进改革。四是统筹规划,全面安排,周密组织,精心实施。高校出版单位体制改革是一个系统工程,要注重体制改革各项政策的协调配套和切实落实。要着眼于保证学校对其出版单位的领导,保证正确的出版导向和出书质量。会议审定通过了拟向中央文化体制改革领导小组办公室报送的《教育部 新闻出版总署关于高校出版体制改革工作实施方案》的报告。"7·29 会议"确定了高校出版社体制改革的大政方针,吹响了高校出版社体制改革进军的号角。

在高校出版社体制改革的过程中,我们一共制定了四个文件:《教育部 新闻出版总署关于高校出版体制改革工作实施方案》(教社科[2007]5 号)、《教育部 新闻出版总署关于高校出版社体制改革试点工作的若干意见》(教社科[2007]6 号)、《教育部办公厅关于高校出版社转制工作有关规程的通知》(教社科厅函[2009]3 号)、《关于转发〈关于中央级经营性文化事业单位转制中资产和财务管理问题的通知〉的通知》(教社科司函[2009]133 号,即教育部直属高校出版社转制工作流程及要求)。

5号文件是高校出版单位体制改革的总体文件,制定这个文件时,要求包括高校出版社和高校期刊的体制改革。文件明确了高校出版社体制改革的原则必须坚持"四个有利于":即有利于高等教育事业的发展,有利于促进高校学科建设和师资队伍的培养,有利于高校出版单位更好地坚持办社办刊宗旨,有利于调动出版单位人员的积极性和创造性,使其更具有活力和竞争力。改革的目标是既培育大而强的高校出版社,又发展小而特的专业性的高校出版社。体制模式分为两类:第一类企业。将能够出版多类别、多层次、多媒体教材,满足全民教育、社会教育需求,依靠市场配置资源,市场化程度较高、经营能力较强、有能力参与出版物市场竞争的出版社和面向市场、面向大众的科普类、教辅类、文摘类期刊转制为企业。第二类事业体制。将国防工业院校、民族院校等仅出版面向校内和特定行业所需出版物,基本上不依靠市场配置资源,不参与市场竞争的少数高校出版社,以及高校学报、学术性期刊和校报实行事业体制。提出将清华大学出版社等17家出版社和《英语学习》等3家杂志列为第一批转企试点;将东北林业大学出版社列为第一批保留事业单位体制的试点。文件还明确了转制为企业和保留事业体制的出版单位的改革任务;试点先行、逐步推进的改革步骤;出版社转制后的管理体制和法人治理结构;以及配套的改革政策:免缴企业所得税、妥善处理上缴学校利润、"老人老办法、新人新办法"的人员安置办法。

6号文件是一个进一步细化的关于高校出版社体制改革的指导意见。新闻出版总署在推进出版单位体制改革时,将图书出版单位和期刊出版单位的体制改革分步进行,先图书出版单位,后期刊出版单位。考虑到新闻出版总署体制改革的整体部署以及5号文件内容比较原则的情况,为积极稳妥地推进高校出版社的体制改革,教育部和新闻出版总署从高校的实际和高校出版社的特点出发,在5号文件的基础上,对高校出版单位体制改革试点中的重要问题及基本操作规程做出具体细致的规定,使试点工作有所遵循,得以平稳顺利地推进。

3号文件是根据教育部的有关规定,在总结首批试点出版社体制改革经验与做法的基础上,制定的具有操作性的文件。文件具体表述了全面完成转制任务的要求;包括完成清产核资、财务审计和资产评估;登记产权;建立法人治理结构;安排好出版社员工;注册出版社有限责任公司;制定和完善企业的规章制度等。

133号文件是教育部社科司与财务司和科技发展中心共同制定的。这个文件一是转发财政部《关于中央级经营性文化事业单位转制中资产和财务管理问题的通知》,即财政部对出版社转制中资产管理的要求。二是明确和提出对教育部直属高校出版社清产核资、财务审计、资产评估、产权登记、改制、更名、工商注册登记的整个转制工作流程及要求。这个文件是更具体的操作文件,是教育部直属高校出版社转制工作流程及要求,提出了体制改革各环节的工作程序,给部直属高校出版社提供了一个教育部内工作流程的路线图,可引导出版社去完成体制改革的各项任务。它不仅明确了体制改革各环节的任务,而且为学校提供了给各行政部门的请示报告范本,以供各校照此办理,使上报工作简洁明了效率高。其他高校出版社可参照执行。

这四个文件在高校出版社转制中起到了指导性作用,起到了统一认识、统一步伐、统一要求的作用。

四、高校出版社分三批进行体制改革

高校出版体制改革按照区别对待、分类指导、试点先行、逐步推开的原则,有组织、分步骤地推进。在最初设计的时候就是分三批进行的。

第一批先行试点。教育部确定高校出版单位试点的原则有三:一是设在中央文化体制改革首批试点地区的高校出版单位,这是因有推进改革的外部环境;二是出版单位及其主办高校有纳入试点的要求,改革提倡自愿不强求;三是出版单位具备改革试点的基础与条件。在高校出版社体制改革大调研期间,一些高校出版社就提出申请希望先行试点。为确定试点单位,李卫红副部长亲自召开了相关学校领导座谈会,前面已介绍过。各校领导明确表示了对进入试点的态度。最后教育部确定了体制改革试点的高校出版社有:清华大学出版社、外语教学与研究出版社、中国人民大学出版社、中央广播电视大学出版社、北京大学出版社、北京大学医学出版社、北京师范大学出版社、北京航空航天大学出版社、华东师范大学出版社、浙江大学出版社、东南大学出版社、大连理工大学出版社、广西师范大学出版社、中山大学出版社、上海财经大学出版社、武汉大学出版社、华中科技大学出版社和天津大学出版社等18家。在确定了试点单位之后,中国人民公安大学又报送了将中国人民公安大学出版社列入试点的申请,这就是后来大家说的试点单位"18+1"。第一批转企试点的高校期刊或期刊社有:北京外国语大学《英语学习》、中山大学《家庭医生》、广西师范大学杂志社(共3家)。第一批保留事业体制试点的高校出版社:东北林业大学出版社。最终,新闻出版总署批准了19家高校出版社列入转企改制的试点。

2007年4月22日—23日,教育部与新闻出版总署在北京联合召开了"高校出版体制改革试点工作会议"。教育部李卫红副部长和新闻出版总署邬书林副署长出席会议,并作重要讲话。中宣部改革办高书生副巡视员出席了会议。清华大学等19家高校出版社的主管校领导和社长参加了会议。会议要求各试点高校要增强高校出版体制改革工作的责任感和使命感,把对高校出版体制改革的认识统一到十六大以来中央的一系列重要精神上来,坚定信念,增强信心,切实把推进高校出版体制改革试点工作抓紧抓好,抓出成效。会议还要求各试点高校要加强对高校出版体制改革试点工作的领导,重点做好四方面的工作:一是学校要成立出版体制改革领导小组,指导学校出版社体制改革工作。二是加强学习,掌握政策,准确把握有关政策,提高指导改革、推进改革的本领。三是制定好本单位的试点工作实施方案并组织落实好。四是把握导向,稳妥推进。会议强调在出版社转制为企业后,高校仍要履行主办单位的职责,要通过有效的管理方式,掌控出版单位重大事项的决策权、资产配置的控制权、对主要领导干部的任免权和出版物内容的终审;学校要保证出版单位正确的政治方向;保证国有资产的保值增值,加强对出版单位国有资产的监管;保证出版队伍的高要求高素质,加强对出版单位主要干部的管理。会议要求出版社转制要严格执行国家规定的工作程序规范进行,积极探索符合高校出版社发展的有效的法人治理结构。会后,高校出版社的体制改革进入实施阶段。

试点的19家出版社按照5号、6号文件的要求开展了转制工作。而期刊的转制工作因需纳入期刊体制改革整体工作之中而暂停。首批试点的高校出版社在转制内容、转制程序、协调相关关系方面进行了探索,陆续进行了以下工作的探索和落实:(1)明确高校出版社的出资人是学校或受学校委托的学校资产经营有限公司,并按国家有关规定明确出资人及出版社的权益。(2)进行清产核资,财务审计,资产评估,授权经营,做到产权清晰、责权明确。(3)提出法人治理结构模式,成立董事会、监事会和职代会。董事会由与出版社建设与发展有关的部门负责人组成,代表学校对出版社进行管理。(4)注册有限责任公司。(5)落实"老人老办法,新人新办法"的人员安置政策,协调校内有关部门,对现有事业编制人员,采取转企后按企业用工制度,退休后回到学校,与同级教职员工同等待遇的政策;对现有事业编制以外人员的社会保险等险项进行明确并达到要求。

第二批高校出版社体制改革工作稳步推进。2008年4月中央召开了第三次全国文化体制改革工作会议,会议提出大力推进文化体制改革的要求和对出版体制改革的总体部署。新闻出版总署将高校出版社体制改革作为2008年出版业改革的重点加以推进。在推进试点工作取得进展的同时,教育部与新闻出版总署启动了第二批高校出版社体制改革工作。为积极稳妥地推进第二批高校出版社体制改革工作,全面了解有关高校及其出版社对出版单位体制改革的认识和相关准备工作的情况,社科司与新闻出版总署出版管理司对未列入试点的高校出版社及其学校就体制改革的意向与思考再次进行了广泛的调研。4月8日、4月18日、6月5日、6月18日和7月4日,两司分别在长沙、北京、南京、上海和长春召开了高校出版社体制改革座谈会;李卫红副部长于10月22日在京亲自主持了座谈会;邬书林副署长亲自参加了南京和长春的座谈会。中南地区、华北地区、华东地区、西北地区、东北地区和西南地区的79所高校主管出版社的校领导及出版社社长参加了调研。在座谈会上,所有与会的校领导都阐明了本校领导班子对高校出版社体制改革的认识、思考和措施。主要有两种情况:一是大多数学校采取积极应对的态度,希望马上能够参与到体制改革的行列中,这些学校及出版社对改革有较清醒的认识,市场化运作较强,企业化管理基础较好,对进一步体制改革没有实质性的障碍;部分出版社已进行了体制改革的准备工作,按程序着手进行清产核资等工作;二是少数学校希望能再观察一段时间,主要想进一步了解体制改革能给出版社带来什么发展机遇和相关政策的落实,希望能了解试点学校在出版社体制改革中校社关系的重建、人员安置方面"老人老办法,新人新办法"政策的执行程度和结果。这次的调研,宣传了首批试点高校出版社转制的情况和取得的成效,同时进一步宣传了中央关于文化体制改革的重要精神。

2008年11月24—25日,教育部与新闻出版总署在北京联合召开了"第二次高校出版体制改革工作会议"。教育部李卫红副部长、新闻出版总署邬书林副署长和中宣部改革办张晓虎主任出席会议,并作重要讲话。中宣部体改办高书生副主任宣讲了2008年10月12日刚刚颁发的《国务院办公厅关于印发文化体制改革中经营性文化事业单位转制为企业和支持文化企业发展两个规定的通知》(国办发〔2008〕114号)精神。徐维凡副司长解读了《高校出版社体制改革工作规程》。武汉大学黄进副校长和清华大学出版社宗俊峰社长分别介绍了出版社体制改革的情况。北京语言大学等61所列入第二批高校出版体制改革工作的高等学校的主管校领导和出版社社长参加了会议。会议总结了试点高校出版社体制改革取得的成绩与经验,部署了第二批高校出版社的体制改革工作。会议认为,在教育部和新闻出版总署的部署和指导下,在各试点高校的积极努力下,体制改革试点工作在探索中稳步推进,取得了阶段性成果,19家试点单位根据教育部和新闻出版总署关于转制工作的要求,不同程度地完成了清产核资、资产评估和产权登记,注册有限责任公司,建立现代企业法人治理结构,妥善安置人员,改革内部管理机制,制定和完善企业规章制度等工作。通过体制改革,高校出版社创建了新体制,转换了机制,增强了实力与竞争力,并享受到了优惠的经济政策和出版政策。

会后,与会高校积极行动,全力制定出版社转制的实施方案,并向教育部报送了开展体制改革的申请报告。教育部于2009年1月初向新闻出版总署报送了《教育部关于报送北京语言大学出版社等54所高校出版社体制改革实施方案的函》(教社科函〔2009〕4号)。这54所高校是:北京语言大学、北京交通大学、北京邮电大学、中国政法大学、中国传媒大学、中国农业大学、对外经济贸易大学、东北师范大学、复旦大学、上海交通大学、上海外国语大学、同济大学、华东理工大学、南京大学、河海大学、中国矿业大学、合肥工业大学、厦门大学、山东大学、中国海洋大学、武汉理工大学、中国地质大学、华中师范大学、华南理工大学、湖南大学、中南大学、西安交通大学、西安电子科技大学、陕西师范大学、兰州大学、电子科技大学、西南交通大学、西南财经大学、重庆大学、西南大学、哈尔滨工业大学、哈尔滨工程大学、西北工业大学、北京第二外国语大学、首都经济贸易大学、河北大学、大连海事大学、辽宁师范大学、东北财经大学、延边大学、上海立信会计学院、上海大学、苏州大学、南京师范大学、安徽大学、河南大学、暨南大学、西北大学和云南大学。随后，又报送了四川大学、北京体育大学、北京理工大学、中国石油大学、东北大学、陕西师范大学和西南大学等7所大学关于出版社的转制方案。

在第二批高校出版社转制工作启动后，为有效地推进转制工作，教育部印发了《教育部办公厅关于高校出版社转制工作有关规程的通知》（教社科厅函[2009]3号）和《关于转发〈关于中央级经营性文化事业单位转制中资产和财务管理问题的通知〉的通知》（教社科司函[2009]133号）。

第三批高校出版社体制改革工作启动，高校出版社体制改革工作全面推进。2009年8月14日至16日全国文化体制改革经验交流会召开。新闻出版总署颁发《关于进一步推进新闻出版体制改革的指导意见》（新出产业[2009]298号），根据《意见》要求，除国家指定的包括民族、盲文、人民、藏学等几家出版社外，所有出版社需在2010年前完成转制，其中要求，所有地方和高等院校经营性图书、音像制品和电子出版物出版单位须在2009年底前完成转制。

8月26日，社科司和新闻出版总署出版管理司、产业发展司在京联合召开了"高校出版社体制改革座谈会"，启动了第三批高校出版社的转制。会议学习传达了全国文化体制改革经验交流会精神，通报了高校出版社体制改革的进展情况，交流了各校对出版社体制改革的思考与意向。教育部社科司徐维凡副司长主持会议，新闻出版总署出版管理司吴尚之司长、产业发展司张亮副巡视员到会讲话，朱启会副司长作会议总结。参加会议的有18家高校图书出版社和14家独立设置的音像、电子出版社的主管校领导及其社长。座谈会在分析了高校出版社转制的整体情况后，强调在转制中需要注意四点：第一，要进一步处理好改革、发展与管理的关系，以改革促发展，谋划好未来的发展思路和前景，通过改革壮大实力，进一步提高管理水平，为改革发展创造良好环境。第二，严格遵守行政审批的规定，凡需要进行行政审批的事项，一定要按照规定的程序经过审批后才可实施，如出版社更名为有限责任公司、在转制中拟引入外部资本等，需经新闻出版总署批准。第三，严格按照程序完成体制改革任务。不因某个环节出现障碍而停止工作，也不因提前享受到优惠政策而中断转制工作，要切实完成体制改革的各项任务，不给今后发展留下隐患。第四，依靠地方政府，完成体制改革任务。

座谈会期间，朱启会副司长还就贯彻落实新闻出版总署《关于促进我国音像业健康有序发展的若干意见》（新出政发[2009]5号）中提出的"做强做优""整合重组""停办退出"一批音像出版企业的体制改革问题，听取了部分独立设置的教育音像出版社社长的意见。通过座谈，大家对音像出版体制改革须同图书出版资源整合、产业结构及产业布局调整结合起来，鼓励和支持教育、农业、科技等专业领域的音像出版单位整合重组，成立集团公司有了明确的认识。一些社长表示，落实5号文件精神，要依靠主管主办单位的领导，按照中央的部署，吃透音像出版社体制改革的精神，积极参与教育音像出版社体制改革；希望通过宏观调控手段，按照优势互补、以资本为纽带，以市场配置资源的方式，将规模较小的教育音像出版社整合为教育音像出版集团，使教育音像出版有更好的发展环境和前景。

中央音乐学院、南开大学、东北林业大学、东华大学、西北农林科技大学、北京工业大学、首都师范大学、中国协和医科大学、中央民族大学、内蒙古大学、辽宁大学、上海中医药大学、上海音乐学院、中国美术学院、郑州大学、汕头大学、湖南师范大学、新疆大学等18家图书出版社和北京环球音像出版社、华南理工大学音像教材出版社、北京电影学院音像出版社、天津外语音像出版社、西安外语音像教材出版社、山东农业大学电子音像出版社、哈尔滨商业大学音像教材出版社、广西工学院电子音像出版社、四川师范大学电子出版社、北京北大方正电子出版社、北京北大青鸟电子出版社、清华同方光盘电子出版社、清华大学中国学术期刊(光盘版)电子杂志社和北京艺术与科学电子出版社等14家独立设置的高校音像、电子出版社的社长和主管校领导参加了会议。

在高校出版社体制改革中,教育部和新闻出版总署制定指导性文件,召开工作会议调查研究,加强改革过程指导。98家高校出版社的体制改革分三批进行:第一批19家试点先行,第二批61家,第三批18家,大多数与图书出版社合署经营的音像出版社和电子出版社一并进行了转制工作。部分学校根据发展的需要和优化资源配置、优势互补的原则,在转制中将音像电子出版社撤销,将音像电子出版权转移到图书出版社内。在转制过程中,因各地各校各社情况的差异,以及政府部门职能转移的影响,98家出版社完成转制的时间并不是按照启动批次的顺序完成的。在高校出版社转制期间,新闻出版总署于2007年批建了江苏大学出版社、贵州大学出版社、湘潭大学出版社和黑龙江大学出版社,于2008年批建了浙江工商大学出版社,于2010年批建了安徽师范大学出版社。这6家高校出版社都是按照有限公司批建的。

五、高校出版社体制改革中一些重大问题的协调处理

高校出版社进行体制改革的过程也是对一些问题不断理清思路,提高认识,统一认识的过程。我们本着实事求是和立足发展的原则,加强调研,妥善解决,推进改革。

1. 关于高校出版社的体制模式。

性质决定体制。在文化体制改革启动时确定出版社的性质事关重大,关系到高校出版社体制改革的目标与任务。改革初期的大调研中,各高校及出版社按照国家在文化体制改革中对出版单位提出的改革方向,参照国外大学出版社的体制情况,借鉴我国医疗行业存在的非营利单位的体制现状,提出了高校出版社体制的三种模式:第一,经营性企业。出版社按照现代企业制度的要求,建立产权清晰、权责明确、管理科学的企业制度;建立企业或公司法人治理结构,与学校的关系以资产和业务为纽带;出版社面向市场,成为真正市场主体,做到自主经营,自负盈亏,自我发展,自我约束,在市场竞争中发展壮大。第二,公益性事业单位。对主要承担公益性任务的出版单位实行事业体制。按照国家规定的出版范围,自主开展相关出版业务,出版为本校及所在行业服务的出版物。学校全额出资,人员由学校科学核定,管理层按照学校事业单位的办法考察任命。出版社的经营和服务活动可依法取得收入,在完成规定任务的基础上,可以开展相关的经营活动,但服务和经营收入主要用于出版社自身的发展。出版活动中的非经营性亏损由下达任务的单位承担。出版社要适应市场经济环境,深化内部改革,增强自身发展活力,提高服务水平。第三,非营利性学术出版社。出版社按照非营利组织制度建设和发展,开展具有公益属性的业务活动;有特定的出版和经营范围,只能出版为高等教育服务的教材和学术著作;学校全资投入;学校对出版社管理者的管理等同于学校教学科研部门人员;出版社的盈利只能用于自身的扩大再生产,不能用于分配,也不能以分红形式上缴给出资人,但如果有经营利润可以适当上缴一定比例。在业务上要把经营性活动和公益性活动严格划分,对经营性活动参照经营性出版社的相关政策执行。

就这三种体制模式,管理部门与专家和一些出版社社长进行了认真的讨论分析,最后大家否定了非营利性学术出版社。这是因为在我国,非营利性机构是有严格限制的,如非营利性科研机构就要求其主要从事应用基础研究或向社会提供公共服务,并无法得到相应经济回报;在经费支持和审批方面也是严格的,确需国家支持的国务院部门所属非营利性科研机构,须经科技部、中编办、财政部、国税总局批准,才能按照非营利性机构运行和管理,才可得到国家财政给予的经常性经费补助;在投资回报方面,任何机构和个人不得以任何方式从非营利性科研机构获取投资回报;非营利性科研机构向社会提供有偿服务的收入按国家规定留给单位的部分必须全部用于自身发展。大家还认为将高校出版社定为非营利性学术出版社将影响其今后的发展:一是高校出版社出版的学术性著作仅占出版物总量的10%,从出版物的结构来看,不能定性为学术性出版社,如定为学术出版社,一些大众化、实用性的图书出版将受到限制。二是高校出版社已经成为学校教学科研的经济支柱,客观上成为学校的创收单位,即使不把出版社当成创收单位的学校也不可能将出版社作为非营利性单位给予全部资金的支持。三是按照非营利性机构的要求,学校作为出资人既不能抽回投入到出版社的任何资金,也不得以任何方式从出版社获取投资回报。从出版社与学校的经济关系来看,学校是不可能接受非营利组织的制度安排。四是出版社不能将利润用于职工工资、奖金、福利,更不能作为上缴学校后用于改善学校职工的福利待遇,只能用于再生产的投入。经过分析,学校和出版社都不可能接受将高校出版社作为非营利性出版社的改革结果。因此,否定了高校出版社定性为非营利性学术出版社的意见。

关于事业体制的定位。在教育部5号文件中,以及高校出版社体制改革试点中都安排了事业体制的改革试点。随着出版体制改革的深入,新闻出版总署对各类出版社进行了明确的定性,在新闻出版总署616号文件中明确提出只有人民、民族、盲文、藏文出版社能保留事业体制,其余出版社必须转制为企业。且通过改革试点,高校出版社很难按照事业体制进行改革。因此,高校出版社最终定性为经营性出版社,全部按照企业进行了转制。

2. 关于高校出版社出资人问题。

明确出版社的出资人是中央提出的转制中必须解决的重大问题,如中央和国务院部委所属的出版社在转制时都进一步明确了出资人是财政部。

高校出版社启动转制的时候,正值教育部积极发展、规范管理高校科技产业之时。届时,教育部出台了《教育部关于积极发展、规范管理高校科技产业的指导意见》(教技发[2005]2号)。文件提出"建立新型的高校产业管理体制。改革高校以事业单位法人的身份直接办企业的体制,重新确立国有经营性资产的责任主体。高校要依法组建国有独资性质的资产经营有限公司或从现有校办企业中选择一个产权清晰、管理规范的独资企业(以下称高校资产公司),由其代表学校持有对企业投资所形成的股权。高校以投入到高校资产公司的财产承担有限责任。各高校要在2006年底前组建高校资产公司并完成资产划转。"高校出版社既然定性为企业了,从学校的管理分类来讲就划归到高校产业管理之列了。

社科司在制定高校出版社体制改革的文件时,全面考虑了国家对出版社管理的规定和高校产业管理的情况,在教社科[2007]6号文件中关于出版社的出资人时是这样提的:"高等学校要加强对所属出版社国有资产的监控和管理。学校或学校资产经营有限公司(以下简称资产公司)是高校出版社的出资人,要确保国有资产的保值增值。"这种表述表明学校可以根据自身的情况来确定出资人,可以是学校,也可以是资产公司。这种表述得到了绝大多数学校和出版社的认可。在体制改革试点期间,出资人问题并没有被尖锐地提出来,有三个原因:一是试点中将清华大学出版社的体制改革作为典型,清华大学出版社转制后成立了清华大学出版社有限公司,学校将清华大学出版社有限公司与清华控股有限公司并列作为代表学校对经营性资产管理的出资人。我们积极宣传和推广学校将文化企业与其他企业分别管理的模式,希望能成为高校出版社体制改革的新创举。二是完成转制的试点出版社没有出现出资人矛盾的问题。三是出资人难以确定的出版社届时还未完成转制,矛盾还未凸现。第二批高校出版社体制改革启动后,恰逢部科技发展中心进一步加大高校科技企业的规范化管理,强调企业的出资人必须是学校资产公司。科技发展中心也向社科司提出转为企业后的出版社出资人必须是资产公司。而在转制中,出版社出资人的确定却出现了较为复杂的情况,有的是理解上的问题,有的是实际差距造成的认识差距,当时反映的问题主要有以下四点:一是各校资产公司的情况差异性较大,组建时间长短不同,规模大小不一,并不是所有资产公司都能承担起出资人的职责。理工类院校,产业发展规模较大,资产公司组建时间较长,已能代表学校发挥出资人的作用;而师范类和文科类院校产业发展规模较小,资产公司组建时间较短,在一些学校,出版社是学校唯一的产业,有的学校组建资产公司与出版社转制同时进行,有的学校甚至没有组建资产公司或者刚提到议事日程,还不能代表学校承担出资人的作用。二是有的出版社对资产公司作为出资人有思想障碍。他们提出出资人与主办单位职责的划分及二者的关系应如何处理。他们认为,我国对出版单位一直实施主管主办制度,资产公司不能取代学校作为出版社的主办单位。出版社在成立时,都明确了学校是主办单位,主办单位的主要职责就是管导向、管干部、管国有资产。在近三十年的发展中,各高校在不断完善这种管理体制,保证了出版社健康持续的发展。三是资产经营公司代表学校所投资企业的经营状况及经济效益好劣差异大,高校出版社普遍经营状况良好,资产优质,在高校产业中属优质企业,出版社担心资产经营公司会将出版社的资金挪用或拆借给其他企业。四是担忧资产经营公司没有管理出版社的经验。资产经营公司的主要职责是保证学校投入到企业的国有资产的保值增值,资产经营公司关注更多的是企业的经营行为和经济效益,担忧对出版社仅用经济效益来衡量,而忽略出版社的意识形态属性和为教学科研服务的公益性。社科司就出版社转制中出资人问题,广泛听取了学校和出版社的意见,向部领导作了专题报告,与部科技发展发展中心进行了专门的沟通,咨询了新闻出版总署有关部门,在总结试点工作的基础上,制定了《教育部办公厅关于高校出版社转制工作有关规程的通知》(教社科厅函[2009]3号)。该文件提出"建立科学有效的管理模式。高校是其出版社的主办方。出版社的资产按照经营性资产管理办法进行管理与监督。学校资产经营公司是出版社的出资人;明确不成立资产经营公司并在教育部备案的学校,学校是出资人。"该文件的表述强调了出版社的出资人是资产公司,体现了当时教育部管理科技产业的管理原则与办法,以及对所有企业管理政策的一致性。对于各校资产经营公司的差异性和一些出版社的担忧之事,社科司都向相关学校和出版社进行了积极的解释。为了能在中央规定的时间表内完成转制工作,在具体操作中采取了较为灵活的处理办法,在出资人确定的问题上基本上是尊重学校的意见。在转制过程中,一些学校仍将学校作为出版社的出资人,部科技中心在批复学校关于出版社最后的改制报告中都明确要求,学校将持有的本校出版社有限公司的全部股权相对应的净资产无偿划转至学校资产经营公司,划转完成后,学校资产经营公司为出版社有限公司的唯一股东。在出版社的转制中,出资人问题是争论最大的问题,就是因为其涉及学校的管理体制,涉及对出版社管理的变化问题。在今后高校出版社的改革发展中,这种管理体制还是需要不断磨合和完善。但是转制后的高校出版社要进一步深化体制改革,如引入战略投资者、兼并重组其他出版社,出资人不能是事业法人的学校,而必须是代表学校出资的资产公司。

3. 关于高校出版社法人治理结构问题。

高校出版社法人治理结构的构架是基于两个基本的要求:一是高校出版社的转制与高校科技产业规范同步进行,要符合教育部的要求。教育部在教技发[2005]2号第12条要求"各高校要在2006年底前完成除高校资产公司以外的所有全资企业的公司制改造"。因此高校出版社体制改革的目标定为有限责任公司。二是符合出版体制改革的要求。由于在设计高校出版社体制改革时就明确了体改后的出版社出资人是学校一人公司,因此出版社的改革不涉及投资主体多元化和成立股份制公司问题。高校出版社转制后,都相继注册了有限责任公司,建立了公司法人治理结构。学校在建立出版社的法人治理结构时,都明确了须确保学校对出版社的领导和出版导向的正确,并根据《公司法》制定高校出版社(公司)章程,明确高校出版社的决策、执行、监督机构,依据法定程序设立董事会、监事会。从试点高校出版社来看,各校按照《公司法》的要求和标准格式制定了《章程》,设立董事会、监事会,因是一人公司而不设股东会。学校根据对出版社的管理经验,一般安排由主管出版社的校领导兼任转制后出版社董事会的董事长。

在第二批出版社转制工作启动后,恰逢三部委印发《中共中央纪委　教育部　监察部关于加强高等学校反腐倡廉建设的意见》(教监[2008]15号)。其中第九条要求"学校党政领导班子成员应集中精力做好本职工作,除因工作需要、经批准在学校设立的高校资产公司兼职外,一律不得在校内外其他经济实体中兼职。确需在高校资产公司兼职的,须经党委(常委)会集体研究决定,并报上级主管部门批准和上级纪检监察部门备案。"15号文件的出台主要是为加强高校反腐倡廉建设,但对高校出版社转制后的法人治理结构也提出了新要求,即学校领导不能在出版社董事会兼职。

高校出版社转制后,注册有限公司,建立公司法人治理结构。截止到2011年10月,104家高校出版社注册有限责任公司的有83家,注册全民所有制企业的有8家。成立有限公司的83家高校出版社中:设立董事会的有78家;不设董事会,仅设执行董事的出版社有2家;不设立董事会的有3家。各校因校因社制宜地确定了董事会的董事长,董事长的兼任情况是多样的:(1)主管校领导兼任董事长。基本上是主管出版社或主管资产经营公司的校领导兼任董事长。(2)社长兼董事长。(3)原社长任董事长。(4)学校资产经营公司老总兼任董事长。(5)学校其他职能处室领导,如统战部长、财务处长、国资处长、产业处长等兼任董事长。董事会成员的构成由学校有关部门,如宣传部、教务处、财务处、资产处、科研处等和出版社负责人组成。各校根据出版社的规模确定董事会的人数,最多的11人,最少的3人。

高校出版社的法人治理结构如何科学合理,既遵守《公司法》和教育部的有关制度,又符合高校出版社的发展规律,这都需要通过实践来检验和完善。社科司曾在2011年3月初召开了高校出版社法人治理结构研讨会,社长们提出了需要探讨与实践的问题:(1)董事长人选。从高校出版社的任务和在学校的地位看,董事长的人选最好由主管校领导担任。社长们建议,考虑到高校出版社具有意识形态属性的特点,希望社科司能在部里协调争取主管校领导担任董事长的政策,可提出按照教监[2008]15号规定提出相应的要求。同时,大家分析了社长兼任董事长二位一体模式的利弊,认为虽然这种模式使得所有者与经营者变为一体,不符合现代企业制度,但在过渡时期这种模式可提高工作效率,有利于出版社的发展。(2)董事会的构成。一种意见赞成相关部门人员组成董事会。认为董事会成员由业务联系较为密切的处室人员组成,有利于协调学校各部门的关系,使出版社的工作得到学校各部门的重视;有利于出版社出版学校需要的教材和专著,支持和服务于学校建设;可以避免出版社因决策失误给企业带来不利影响,在一定程度上减少经营层的决策风险。学校职能部门人员作为董事会成员参与出版社的重大事项的决策过程,有利于投资者了解企业的实际情况。另一种意见不赞成相关人员进董事会。认为董事会绝大多数成员对出版政策不了解,对出版工作不熟悉,讨论问题时往往从各职能部门的立场出发,而不是从实际经营需要出发处理出版社提交的议题,并对出版社提交董事会议定的事不能及时决策,议而不决。(3)关于职责和权限。社长们认为,高校出版社转制完成后形成的校内对出版社的管理层级太多,且责权不清。从主管主办制度来看,学校是出版社的主办方;从学校对经营性资产管理来看,资产经营公司是出版社的出资人;按照现代企业制度要求来看,出版社必须设立董事会。这种学校、资产经营公司、董事会的管理体制比此前实行的主管校长领导体制的模式层级增加了,且各层级的责、权不清。希望教育部能结合高校出版社的特点,提出建立董事会工作机制、决策机制和决策事项范围(如"三重一大")的指导性意见,明确各层级的管理职责和权限。(4)建议教育部加强对高校出版社实践公司法人治理结构的指导。希望教育部加强指导,指导学校在建立和完善法人治理结构时,既考虑主管主办制度的落实也研究出版社市场主体的确立;鉴于各社改革发展的阶段不同,规模大小的不同,董事会的构成、人数和董事长的确定也不要强求一致。对于小型高校出版社可以不设立董事会,由分管校领导直接代表主办单位管理出版社;针对高校出版社公司法人治理结构运行情况,以及学校整体仍是事业单位管理的现状,出版社难以做到完全意义的市场主体,建议教育部依据《公司法》等相关法规,进一步研究完善高校出版社法人治理结构的有关文件,明确资产所有者、决策层与经营层的责任与权力。

4. 关于高校出版社事业编制问题。

在转制中协调解决出版社事业编制的问题是我们工作中消耗精力最大的问题。我们在2006年制定高校出版社体制改革人员安置政策时,研究了文化战线和教育战线有关体制改革的政策,当时文化战线并没有现成的可参照的政策,而高校科技产业的改革政策却有涉及人员安置的内容。教技发[2005]2号第17条提出"高校企业依照国家有关法律法规自主用人。改制过程中,高校可按照'老人老办法,新人新办法'的原则,稳妥处理高校企业的人事关系。"第27条提出"要在学校和产业之间建立开放的人员流动机制,实行双向流动。今后高校可根据实际需要向企业委派技术骨干和主要管理人员,这部分人员仍可保留学校事业编制。"我们在5号文件中沿用了这个政策。也正是有了这个政策,使得高校出版社的转制工作得以顺利进行。

为了全面推进文化体制改革,国务院在国办发[2003]105号相关政策实施到期后,又出台了《国务院办公厅关于印发文化体制改革中经营性文化事业单位转制为企业和支持文化企业发展两个规定的通知》(国办发[2008]114号)。为了落实114号文件精神,财政部、国税总局和中宣部印发了《关于转制文化企业名单及认定问题的通知》(财税[2009]105号)。105号文件中的第四款要求转制文化企业在向主管税务机关申请办理减免税手续时,必须提供五项备案材料:(1)新闻出版总署转制方案批复函;(2)企业工商营业执照;(3)整体转制前已进行事业单位法人登记的,需提供注销事业单位法人的证明;(4)同级机构编制管理机关核销事业编制的证明;(5)同在职职工签订劳动合同、按企业办法参加社会保险制度的证明。这五项材料缺一不可,否则就不能享受优惠经济政策。

减免税新办法的出台,给已经落实这个政策的学校和出版社带来了新问题。出版社难以接受核销出版社人员的事业编制。高校出版社"老人老办法,新人新办法"的政策,也与其发生了矛盾。社科司高度重视这个问题,就如何落实国办发[2008]114号文件,妥善处理出版社事业编制问题做了大量的调研工作,分别走访了中宣部体改办、中编办、教育部人事司和高校人事管理部门。从各方面反馈的信息集中为以下六点:一是中央对落实优惠经济政策加大了管理力度。对文化企业的转制要做到"可核查,不可逆",即对财税105号文件提到的五项备案材料可以核查,都要有证明材料,且转制后不能再退回到原态;114号文件出台后,国家财政部门加强了对享受优惠经济政策单位的条件审查,与落实国办发[2003]105号文件相比,要求更加严格了。二是高校出版社事业编制的来源及处理方式与中央部委出版社和地方出版社是不同的。中央编办表示:(1)编制部门从未核拨过事业编制的单位,也无法核销事业编制。高校出版社的事业编制不是直接从中编办核拨的,不在中编办的直接管理范畴之内。(2)中编办表示一些学校提出学校出具核销事业编制的证明是不可行的,财税部门不认可;中编办核销编制后再退回学校也是不可行的。三是高校出版社的事业编制比例已大幅降低。据2010年9月统计,高校出版社人员11772人,其中占用事业编制的有3632人,仅占全体人员的30%;各社事业编制人员占到出版社总人数10%～60%不等,出版社的领导班子成员基本上都是事业编制人员;而高校出版社自转制启动后,学校已不再给出版社事业编制。四是高校其他企业的人员身份并没因其改制或上市而被核销。在高校科技企业中仍然有事业编制人员,学校根据工作需要会在学校和公司之间对事业编制人员进行工作调动。如清华大学为加强企业管理,维护学校声誉,保证股东利益,按照有关法律法规和程序对清华控股及其所属部分骨干企业(如上市公司同方股份、紫光股份和诚志股份)派出少数事业编制教师担任董事长、副董事长、董事、监事召集人、监事、总裁(总经理)、副总裁(副总经理)等高管人员。五是主管部门给予学校管理干部较大的权限。教育部没有对各校使用事业编制问题进行规定,也不具体规定哪些编制用于哪个部门。学校可以自主决定如何使用事业编制,以及事业编制的人员在何部门工作。在学校里编制是不跟人走的。六是学校教学科研与企业人员管理上的流动制度。一些高校人事处负责人介绍,为保证学校对校企的掌控,企业的高管和骨干是学校的事业编制人员。校内干部管理有流动制度,岗位定期轮换,出版社虽然转为企业了,但仍是作为学校的一个部门进行管理。学校对转制后的出版社仍保留社内人员事业编制。从各方了解的情况来看,核销出版社的事业编制不仅在认识上难以统一,且在操作层面上也有不好运作之处。

就核销事业编制问题,社科司与新闻出版总署多次沟通。2010年2月22日,社科司发函给新闻出版总署产业发展司,说明了以下两点:一是国家各级编制管理机构没有给高校出版社直接核拨过事业编制。出版社的事业编制额度是国家编制机构核拨给学校的,学校再分配给出版社的。学校可自主决定事业编制在本校各部门的分配、使用及调整。在出版社转制后,事业编制也只能由学校收回,而不能直接到中编办核销。二是高校出版社事业编制人员基本来自学校各教学科研岗位,将定期轮岗,在教学科研岗位之间调换,一些骨干也是教学科研的骨干,承担着培养研究生的任务,核销事业编制后不利于学校的教学科研。出版社转制后,学校作为出版社的主办单位,仍然对出版社的主要负责人按照学校干部管理办法进行管理,学校也会根据学校和出版社建设的需要派遣事业编制人员到出版社工作。此类情况在学校办的科技类企业(包括上市公司)中普遍存在。全部核销事业编制涉及高校出版社的持续发展和骨干力量的稳定。4月27日,我司再一次致函总署,提出对高校出版社事业编制的处理建议,希望总署协调相关部门,请中央体改办认定在出版社转制后,学校将出版社的事业编制收回,用于其他需要的岗位,而不进行核销。对高校出版社的人员安置提出妥当的意见。恳请总署协调有关部门,提出高校出版社事业编制问题的解决意见及高校出版社完成转制的标准。当时建议:(1)继续执行总署和我部联合下发的《高等学校出版体制改革工作实施方案》(教社科[2007]5号)中提出的:"学校可采取高校科技产业的相关政策,按照'老人老办法、新人新办法'的原则,稳妥处理高校出版社的人事关系"的人员安置政策。(2)由学校收回出版社的事业编制,请中央体改办认定视同核销事业编制。(3)根据高校的实际情况,允许学校向出版社派出高管人员,允许少量的事业编制人员在学校和出版社之间的双向流动。

为了不影响各出版社转制工作的进行,不因事业编制的核销问题给出版社带来慌乱和不稳定的因素,社科司在协调工作中并没有向出版社随时通报情况。经过8个多月的协调,没有达到预期的效果。社科司于2010年8月27日召开了在京部分出版社通气会,向出版社通报了调研的情况以及结果,并于2010年底北京地区高校出版社协会的年会上向所有在京出版社通报了相关情况。

5. 关于转制后享受企业所得税减免政策问题。

在出版体制改革中,能享有所得税减免的优惠政策,这也是一些高校出版社,特别是强社大社积极参与改革的动力。在高校出版社首批试点期间,国务院印发了国办发[2003]105号,文件明确规定"对转制企业免征企业所得税"。2007年1月22日,北京市委宣传部给市财政局、市国税局、市地税局发文,通知了经中央文化体制改革试点工作领导小组办公室审定的中央在京经营性文化事业单位转制为企业的第三批名单,此名单包括北京大学出版社、北京大学音像出版社、北京培文教育文化有限公司、北京大学医学出版社、中国人民大学出版社、中央广播电视大学出版社、北京师范大学出版社、清华大学出版社、清华大学音像出版社、外语教学与研究出版社、北京外语音像出版社、北京航空航天大学出版社、《单片机与嵌入式系统应用》杂志社和中国人民公安大学出版社。要求各出版单位按规定办理相应减免税手续。北京市财政局在落实政策中还将政策放宽,将转制出版社所得税减免政策向前延伸,将2003年以后所缴税款全部予以退还。京外的试点高校出版社:大连理工大学出版社、武汉大学出版社、华中科技大学出版社和广西师范大学出版社都享受到了第一期的优惠政策。

国办105号文件执行到2008年12月31日。2008年10月12日国务院又颁发了国办发[2008]114号。114号文明确规定"经营性文化事业单位转制为企业后,免征企业所得税。"与105号文件不同的是,114号文件强调了出版社必须转制到位后才可享受免征企业所得税的优惠政策。根据114号文件,三部委出台的财税[2009]105号明确提出了享受相关税收优惠政策的转制文化企业应同时符合的五个条件(上节已述)。由于高校出版社在转制中人员安置采取的"老人老办法,新人新办法"的政策,以及全部核销事业编制存在的障碍,使得部分省市的高校出版社没能享受到减免税的优惠政策。至2011年底,仅在北京市(第一批试点出版社)、上海市、重庆市、江苏省、安徽省、河北省、河南省、陕西省、辽宁省、湖北省(部分)和广西壮族自治区的高校出版社中落实了减免税的优惠政策。

以上5个问题是在高校出版社体制改革中花较大精力和较多时间研究的问题,是在当时形势和政策下处理的情况。这些问题将会随着高校出版社的改革发展和国家各方面改革的深入得到更为妥善的解决。

六、体制改革促进了高校出版社的发展

改革是发展的动力。通过体制改革,高校出版社进一步明确了走"专、精、特、优"的发展方向,坚定了为教育发展、人才培养、学术繁荣、文化传承、社会建设服务的办社宗旨。体制改革促进了高校出版社"十一五"时期持续稳定的发展。"十一五"时期,高校出版社提高发展质量,增强创新能力,优化出版物结构,积极主动地为我国教育事业的发展和国家社会经济发展服务,为建设文化强国服务。"十一五"时期,高校出版社根据教育事业发展需要和教育改革需求,出版了10.3万种高等教育、基础教育、职业教育和社会教育方面的教材和教学用书,特别是紧密结合高校学科建设、课程改革、教材建设,积极出版高校教材,承担了"十一五"国家级规划教材3756种。高校出版社积极组织出版学术著作27842种,这些学术著作都是原创的精品力作,重点是研究和解决我国经济建设、政治建设、文化建设、社会建设中重大问题的学术著作,我国哲学社会科学及自然科学研究最新成果的研究著作。多种出版物在国家出版物评奖中获奖,得到社会和业界的好评与赞誉。

通过体制改革,提升了实力和竞争力,保持了较快的发展态势,"十一五"时期整体经营状况良好。"十一五"末比"十五"末,高校出版社出版图书品种增长57.71%(2005年55585种,2010年87661种);生产码洋增长47%(2005年120.2亿元,2010年176.7亿元);销售收入增长39%(2005年57.41亿元,2010年79.85亿元)。2010年,高校出版社生产码洋超过1亿元的有41家,超过5亿元的有8家,超过10亿元的有3家;销售收入超过1亿元的有22家。高校出版社在"十一五"期间共向学校上缴投资回报16.7181亿元,用于支持学校的学科建设、学术研究、人才培养。根据《2010年新闻出版产业分析报告》的综合分析,在2010年全国出版社经济规模综合评价(反映出版社竞争力的指标)前10名中,外语教学与研究出版社和北京师范大学出版社分别名列第4位与第9位,在全国单体出版社竞争力最强的10个出版社中高校出版社占据两位。

高校出版社的体制改革从整个出版业来讲启动较早,在改革过程中探索前进,既按照中央的改革精神和部署推进,又遵循了高校出版的规律与要求,于2010年底基本完成了体制改革的任务,做到了以改革促发展,以改革促繁荣。本人认为,不管现在以及将来,对高校出版社的体制改革有何种评价,不能否认的有三点:一是为全国出版体制改革提供了经验。在落实中央文化体制改革的部署中,高校出版社敢立改革潮头勇当改革的先行者,率先进行改革,带头推进改革,不仅对出版战线的体制改革作出了贡献,而且对高校随之而来的事业单位的体制改革提供了经验。二是高校出版社按照现代企业制度的要求,研究并初建了新的公司法人治理结构,为在市场经济体制下发展奠定了良好的组织基础。三是通过体制改革大多数高校出版社享受到了免缴企业所得税的优惠经济政策,为持续发展积累了资金。在党的"十八"之前,2012年9月26日,中央召开了"全国文化体制改革工作表彰大会",全面回顾文化体制改革不平凡的历程,系统总结文化体制改革发展取得的历史性成就,在全国文化系统内表彰了32个先进地区,296个先进单位,198名先进个人。大学出版社榜上有名,北京大学出版社荣膺先进单位,北京师范大学出版社杨耕社长、中国人民大学出版社贺耀敏社长获得先进个人。对他们的表彰,代表了中央对全国高校出版社体制改革和健康发展的充分肯定。改革是手段,发展是目的。在新形势下,高校出版社仍会不断深化体制改革和机制创新,以适应我国文化改革发展和建设文化强国的需要。衷心祝愿我国高校出版社不断发展壮大,成为我国重要的文化产业力量。

政策性文件

◎ 教育部　新闻出版总署关于印发《高等学校出版体制改革工作实施方案》的通知(教社科〔2007〕5号)
◎ 教育部　新闻出版总署关于高校出版社体制改革试点工作的若干意见(教社科〔2007〕6号)
◎ 教育部　新闻出版总署关于进一步推进高校出版社改革与发展的意见(教社科〔2008〕6号)
◎ 教育部办公厅关于高校出版社转制工作有关规程的通知(教社科厅函〔2009〕3号)
◎ 教育部　新闻出版总署关于开展第二批高校出版社体制改革工作的通知(教社科函〔2008〕17号)
◎ 教育部社会科学司关于转发《关于中央级经营性文化事业单位转制中资产和财务管理问题的通知》的通知(教社科司函〔2009〕133号)

教育部　新闻出版总署关于印发《高等学校出版体制改革工作实施方案》的通知

教社科〔2007〕5号

有关省、自治区、直辖市教育厅(教委),有关部门(单位)教育司(局),有关高等学校:

根据《中共中央　国务院关于深化文化体制改革的若干意见》(中发〔2005〕14号)精神和全国文化体制改革工作会议的要求,教育部和新闻出版总署制定了《高等学校出版体制改革工作实施方案》(以下简称《实施方案》),并报经中宣部原则同意,现印发给你们。

请按《中共中央　国务院关于深化文化体制改革的若干意见》和《实施方案》的要求,认真制订所属高校出版单位的改革方案,精心组织实施,积极稳妥地推进改革试点工作。

请有关高校出版单位的主管、主办部门将制订的体制改革实施方案及有关进展情况及时报送教育部(社会科学司)。

附件:高等学校出版体制改革工作实施方案

教育部办公厅

二○○七年一月二十五日

高等学校出版体制改革工作实施方案

按照《中共中央　国务院关于深化文化体制改革的若干意见》(中发〔2005〕14号)精神,结合高校出版单位的发展实际,提出高校出版体制改革工作实施方案。

一、高校出版体制改革的原则

高校出版体制改革要全面贯彻中发〔2005〕14号文件精神,遵循社会主义精神文明建设的特点和规律,适应社会主义市场经济发展的要求,妥善处理文化的意识形态和产业属性的关系。坚持社会主义先进文化的前进方向,坚持为人民服务、为社会主义服务。坚持把社会效益放在首位,努力实现社会效益和经济效益的统一。

高校出版体制改革要有利于高等教育事业的发展,有利于促进高校学科建设和人才队伍的培养;有利于高校出版单位的发展,更好地坚持办社办刊宗旨,使其更具有活力和竞争力;有利于解放和发展生产力,调动出版单位人员的积极性和创造性。

高校出版体制改革要根据出版单位的实际情况区别对待、分类指导、试点先行、逐步推开,有组织、分步骤地组织实施。高校出版体制改革的总体方案由教育部和新闻出版总署共同制订,报中央文化体制改革领导小组办公室同意。

二、高校出版单位体制的类别

高校出版单位是指高等学校主办的出版社、学报、各类期刊和校报。鉴于高校出版单位为高校教学科研服务定位所具有的差异性,以及发展规模、发展水平的不均衡性等因素,高校出版单位体制模式分为两类:第一类企业。将能够出版多类别、多层次、多媒体教材,满足全民教育、社会教育需求,依靠市场配置资源,市场化程度较高、经营能力较强、有能力参与出版物市场竞争的出版社和面向市场、面向大众的科普类、教辅类、文摘类期刊转制为企业。第二类事业体制。将国防工业院校、民族院校等仅出版面向校内和特定行业所需出版物,基本上不依靠市场配置资源,不参与市场竞争的少数高校出版社,以及高校学报、学术性期刊和校报实行事业体制。

三、高校出版单位体制改革的任务

高校出版单位转制为企业的,要切实贯彻"创新体制、转换机制、面向市场、壮大实力"的方针。学校要按照现代企业制度的要求,建立和完善出版单位的法人治理结构,建设产权清晰、权责明确、管理科学的现代出版企业;要对出版单位进行清产核资,资产评估,产权登记,以及资产授权经营,确保国有资产的保值增值;要确认出版单位的出资人身份,明确出资人权利,建立资产经营责任制。出版单位要提高发展质量,增强竞争力;要实行企业财务、税收、社会保障和劳动人事制度;要建立适应市场需求、调控有力的经营管理模式;要切实做好劳动人事、社会保障的政策衔接,按照新人新办法、老人老办法的原则妥善处理转制中的人事问题。

高校出版单位保留事业体制的,要切实贯彻"增加投入、转换机制、增强活力、改善服务"的方针。学校对这类出版单位要加大扶持力度,对非经营性亏损要给予补贴。出版单位的盈利只能用于出版单位自身的发展。出版单位要根据国家有关规定,进一步明确自身的定位和经营范围;按照事业体制的新要求进行规范运行;积极推进人事、收入分配和社会保障制度改革;全面推行全员聘用制度和岗位目标责任制;做好社会保障的政策衔接,保障职工的合法权益;合理配置人才资源,促进各类人才有序流动;建立健全财务管理制度,加强经济核算,降低运营成本。

四、高校出版单位体制改革的步骤

第一步先行试点。确定高校出版单位试点的原则为:设在中央文化体制改革首批试点地区的高校出版单位;出版单位及其主办高校有纳入试点的要求;出版单位具备改革试点的基础与条件。

第一批转企试点的高校出版社有:清华大学出版社、外语教学与研究出版社、中国人民大学出版社、中央广播电视大学出版社、北京大学出版社、北京大学医学出版社、北京师范大学出版社、北京航空航天大学出版社、华东师范大学出版社、浙江大学出版社、东南大学出版社、大连理工大学出版社、广西师范大学出版社、中山大学出版社、上海财经大学出版社、武汉大学出版社、华中科技大学出版社和天津大学出版社(共18家)。

第一批转企试点的高校期刊或期刊社有:北京外国语大学《英语学习》、中山大学《家庭医生》、广西师范大学杂志社(共3家)。

第一批保留事业体制试点的高校出版社:东北林业大学出版社。

第二步总结经验,扩大试点。按照中央的部署,总结第一批试点经验,立足高校出版单位发展的实际,选择具备改革条件的出版社和部分期刊列入第二批改革试点单位。

第三步全面推开。待时机成熟后,将高校出版单位体制改革全面推开。

五、建立适应高校出版单位转企实际的管理体制和法人治理结构

高校是所属出版单位的主办单位,高校出版单位转制为企业后,学校仍履行主办单位的

职责。

高校出版单位是全民所有制企业或国有独资公司,学校或学校资产经营有限公司作为出资人,其资产由学校资产管理委员会进行管理与监督。

学校要完善出版单位的法人治理结构。学校须将转制为企业的高校出版社与一般企业(包括高科技企业)区别对待,在工商登记时可保留原名称不变。学校要按照现代企业制度的要求,确立出版企业的资产授权经营关系,建立健全法人治理结构,根据高校出版单位的特点组成董事会和监事会。在出版单位仅是学校独资的情况下,学校不设股东会,由学校资产管理委员会行使股东会职权。学校可以授权董事会行使股东会的部分职权,决定出版单位的重大事项,董事会要保证出版单位正确的政治方向和办社宗旨,确保出版物内容与导向的正确和国有资产的保值增值。学校要坚持党管干部的原则,出版单位的主要负责人由学校组织部门考核后,董事会聘任。

六、高校出版单位体制改革的配套政策

高校出版单位列为转制试点后,可以享受《国务院办公厅关于印发文化体制改革试点中支持文化产业发展和经营性文化事业单位转制为企业的两个规定的通知》(国办发〔2003〕105号)中的有关优惠政策。此外,鉴于高校出版单位的特殊情况,还需逐步解决以下四个问题:

1. 关于高校出版单位缴纳企业所得税的问题。为能彻底解决高校出版单位税赋过重的问题,教育部和新闻出版总署将会同有关部门协商解决,降低企业所得税的税率。

2. 关于高校出版单位向学校上缴利润的问题。学校作为出版单位的投资者,要根据出版单位发展的状况和需要,与出版单位确定合理的投资回报率。学校要指导出版社进行完全的成本核算。

3. 关于高校出版社转企中人员安置的问题。学校可采取高校科技产业的相关政策,按照"老人老办法、新人新办法"的原则,稳妥处理高校出版社的人事关系。出版单位转企后,要依照国家有关法律法规自主用人,原有属学校事业编制的人员退休后,由学校负责管理,与学校其他离退休职工享受同等待遇。

4. 关于出版资源配置的问题。新闻出版总署将根据发展的需要,对转制为企业的出版单位优先配置出版资源。

七、高校出版体制改革的组织领导

高校出版体制改革在教育部和新闻出版总署的领导下进行。教育部成立出版体制改革领导小组,领导高校出版单位的体制改革工作。高校出版单位的主管主办单位负责其体制改革的具体实施。教育部和新闻出版总署共同制订高校出版单位体制改革整体方案,报中央文化体制改革工作领导小组办公室同意后实施。各主管部门和主办单位按照整体方案确定的出版体制模式归类归位,提出改革的实施方案,报教育部出版体制改革领导小组和新闻出版总署出版发行改革领导小组审核后实施。列入改革试点的京外高校出版单位的体制改革工作应纳入属地出版体制改革的整体工作中。

教育部 新闻出版总署关于高校出版社体制改革试点工作的若干意见

教社科〔2007〕6号

有关省、自治区、直辖市教育厅(教委)、有关部门(单位)教育司(局),有关高等学校:

根据《中共中央 国务院关于深化文化体制改革的若干意见》(中发〔2005〕14号)以及《新闻出版总署关于深化出版发行体制改革工作实施方案》(新出办〔2006〕616号)和《教育部新闻出版总署关于印发〈高校出版体制改革工作实施方案〉的通知》(教社科〔2007〕5号)的精神,为进一步深化出版体制改革,加快推进高校出版社规范转制,促进教育事业和出版事业繁荣发展,对高校出版社的体制改革试点工作提出如下意见:

一、积极推进高校出版社的体制改革工作

1. 高校出版社体制改革是全国出版体制改革工作的重要组成部分。各高等学校要增强改革的自觉性,坚定不移,积极稳妥,合法有序,务求实效地推进出版社的体制改革。要通过改革试点工作,逐步建立符合社会主义市场经济规律和社会主义精神文明建设要求的高校出版体制。要按照现代企业制度的要求,加快出版社的公司制改造,建立和完善符合教育规律、出版规律和市场规律的运行模式,解放和发展生产力。要充分发挥高等学校和所属出版社两方面的积极性,大胆探索,兼顾各方,稳步推进,以体制改革为契机,促进高校出版社的更大发展。

二、明确高等学校对转制出版社的职责

2. 高等学校要切实履行主办单位职责。高校出版社转制为企业后,仍由所在高等学校主办。高等学校要认真履行主办单位的职责,加强对所属出版社的领导,保证其坚持正确的政治导向,坚持正确的办社方向,坚持为教学科研服务,为发展科技、经济、文化服务的办社宗旨;要指导所属出版社建立和完善各项制度,加强对出版物选题的管理和出版物内容的审核把关,并建立相应的问责制度。

3. 高等学校要加强对所属出版社国有资产的监控和管理。学校或学校资产经营有限公司(以下简称资产公司)是高校出版社的出资人,要确保国有资产的保值增值。学校要明确资产管理委员会、资产公司和出版社经营班子各自的职责和权限,凡是涉及"三重一大"等经营管理中的重大问题,必须依照审批权限和程序,由资产管理委员会集体决策。

4. 高等学校要高度重视所属出版社领导班子的建设。高校出版社的主要负责人仍应由学校组织部门根据干部考核、聘任的权限和程序,充分考虑高校出版社的特点和要求选定,按照企业聘任经营者的程序进行聘任。学校应选拔政治责任心强,思想素质高,熟悉出版工作,遵纪守法,善经营、会管理的人担任高校出版社的主要负责人,并保持相对稳定。学校应依照国家出版管理的有关规定、资产经营责任制的要求,合理制定对高校出版社主要负责人的任用、考核和激励办法,充分调动他们的积极性。

三、规范高校出版社的转制工作

5. 进行清产核资。清产核资是高校出版社转制过程中重要的基础性工作,必须严格按照国家的有关规定,进行资产清查和评估、审计,防止国有资产流失。清产核资结果上报国家有关部门批准。

6. 办理产权登记手续。清产核资结果批复后,按照国家国有资产产权登记的有关规定,到有关管理部门办理产权登记手续,以取得企业资产的产权登记证明文件。

7. 依法组建独立法人的出版企业。高校出版社应以通过产权登记的国有资产作为企业法人资产,注册国有独资性质的有限责任公司,真正成为独立核算、自主经营、自负盈亏、照章纳税,能够独立承担民事责任的法人实体。

8. 建立规范的法人治理结构。转制后的高校出版社应按照现代企业制度的要求,建立规范的法人治理结构。高校出版社依法设立董事会和监事会,按照《公司法》行使其职权。

9. 建立适应企业运行的干部管理制度。高校出版社的董事会、监事会成员由学校选定,通过资产公司委派。高校出版社的主要负责人由学校组织部门向出版社董事会提出任职建议,由董事会聘任。其他高级管理人员由出版社主要负责人提名,通过相应的干部任前考核程序后,由董事会聘任。

10. 制定和完善企业的规章制度。高校出版社转企后,要按照现代企业的管理模式,制定公司《章程》;加强企业内部管理,建立和完善企业财务、税收、劳动人事、社会保障等一整套内部管理制度;对企业的投资、借贷、担保、大额资金调用等重大事项的决策权限和程序,要有明确的规定,以规避企业的经营风险。

四、妥善解决出版社转制中的相关问题

11. 做好人员安置工作。高校出版社员工是高校出版社的重要资源和财富,要处理好转企改制中人员的安置问题。高校出版社的事业编制人员,应按照"老人老办法,新人新办法"的原则,由各高等学校制订具体的实施办法,做好深入细致的思想政治工作,妥善解决人员安置问题。

12. 合理确定上缴利润的比例,保证出资人的投资回报。高校出版社的出资人,有权依法获得投资收益。出资人应根据出版社的规模、效益以及企业长远发展所需的资金、积累等实际情况,确定合理的投资回报。

13. 高校出版社要继续为学科发展和学术繁荣作贡献。高等学校的学术、人才优势和社会影响力,是高校出版社稳定发展的基础和依托,高校出版社转制后,应当继续为学校的学科发展和学术繁荣作贡献。

五、制定和落实优惠政策

14. 落实税收优惠等政策。按照《国务院办公厅关于印发文化体制改革试点中支持文化产业发展和经营性文化事业单位转制为企业的两个规定的通知》(国办发〔2003〕105号)和《财政部 海关总署 国家税务总局关于文化体制改革中经营性文化事业单位转制后企业的若干政策问题的通知》等文件要求,试点单位享受相关的税收优惠等政策。

15. 优先配置出版资源。新闻出版总署对试点出版社,在配置书号、调整出版范围等方面给予支持;对其重大出版工程项目给予重点支持;对其联合、重组、并购和跨地区经营等方面给予支持;对于成功实施转制的出版社,可以增加其在图书出版单位等级评估中的权重。

16. 考虑到高等学校的公益性以及高校出版社为教学科研服务的特点,新闻出版总署和教育部将会同有关部门进行协商,积极争取免除高校出版企业的所得税或适当降低所得税的税率。

教育部
新闻出版总署
二〇〇七年六月一日

教育部　新闻出版总署关于进一步推进
高校出版社改革与发展的意见

教社科〔2008〕6号

有关省、自治区、直辖市教育厅(教委)、新闻出版局,有关高等学校:

为贯彻落实党的十七大关于推动社会主义文化大发展大繁荣的精神,充分发挥高校出版社在科教兴国战略中的重要作用,提高高校出版社的整体实力与竞争力,开创高校出版社工作新局面,现就进一步推进高校出版社的改革与发展提出如下意见:

一、明确高校出版社的定位、指导思想和主要任务

1. 高校出版社是我国社会主义教育事业和出版事业的重要组成部分,是先进文化生产力的重要方面军,是建设社会主义精神文明的重要阵地,是实现科教兴国战略、推动高等教育事业发展的重要力量。高校出版社在传播先进文化,传递知识信息,促进教书育人,培养和造就德智体美全面发展的社会主义建设者和接班人等方面具有重要的作用。

2. 高校出版社要高举中国特色社会主义伟大旗帜,以邓小平理论和"三个代表"重要思想为指导,深入贯彻落实科学发展观,坚持为人民服务,为社会主义服务的方向,坚持百花齐放、百家争鸣的方针,坚持解放思想,实事求是,与时俱进,坚持服务教育、服务社会、繁荣学术、培育人才的办社宗旨,坚持把社会效益放在首位,实现社会效益和经济效益统一的原则,坚持依托高校、面向市场,坚持深化改革、开拓创新,坚持突出主业、科学发展。

3. 高校出版社要努力承担积累传承文化,推动社会发展进步的历史责任。要做好高等教育、基础教育、职业教育和继续教育等需要的各类教材和教学用书的出版工作,在出版物数量、出版物质量、出版物结构和出版物载体等各方面满足各级各类学校教育教学的需要。要出版研究和解决我国经济建设、政治建设、文化建设、社会建设中重大问题的学术著作,促进我国哲学社会科学及自然科学研究的繁荣和发展。要以出版高质量的教材和学术著作,推进高等学校的教学科研和学科建设,提高高等学校学术水平和教师队伍素质,促进高等学校人才培养、科学研究和社会服务等功能的实现,为提高全民族思想道德素质和科学文化素质提供更多的精神产品。

二、推进高校出版社健康发展

4. 建设符合我国教育事业发展需要的学科门类齐全、地域布局合理、具备多种出版权、协调发展的具有中国特色的高校出版体系,逐步形成多层次的高校出版格局。努力创建国际知名、国内一流的高校出版社,这类出版社应具有一定数量的原创性、奠基性、前沿性并在国内外有较大影响的一流出版物,拥有一流的作者和编辑队伍,具备一流的综合出版能力和雄厚的经济实力,具有一流的现代化出版手段和一流的社会服务水平,建有科学高效的运行机制和管理体系。建设一批拥有自主知识产权的知名品牌、有一定市场竞争力和国际影响力、大而强的出版企业;建设一批专业特色强,学术水平高,在相关专业出版领域中有较大影响的小而精的专业出版企业。

5. 制订高校出版社的发展规划。各高校要按照我国高校出版社的发展格局和本校的发展规划,对本校出版社进行准确、科学的定位,确定发展目标、发展思路和措施。各高校都要将出版社建设成与本校办学水平相匹配的高校出版社。具有多种出版权的高校可整合出版资源,优势互补,形成相对优势,提高出版产业集中度。各高校出版社要转变发展方式,创新发展机制,增强发展动力,提高发展质量,做到既有较快的增长速度,又注重提高增长的质量和效益,提高人均产值和人均效益;根据市场化、产业化和社会化的要求,进一步优化出版社内部机构,优化产品结构;全面提高综合实力、市场竞争能力和抗风险能力,提升高校出版产业水平。

6. 增强高校出版社的自主创新能力,形成优秀原创出版物生产的长效机制。高校出版社要大力提高原始创新能力、集成创新能力和引进消化吸收再创新能力。要牢固树立"发挥优势、突出特色、塑造品牌"的出版理念,规划和实施"品牌工程",形成系列化、多层次、多学科、多媒体、有一定市场竞争力的精品出版物群;形成反映各出版社特色和优势的精品系列,树立高校出版社的整体品牌形象;通过品牌的培育和制作,形成精品生产的长效机制。

7. 推进高校出版社的数字化和网络化进程。高校出版社要积极利用数字技术改造传统出版的生产、管理和传播方式,积极参与建设数字出版综合业务平台。重视新型媒体的开发和应用,推动传统出版形式与现代出版形式的互动融合,鼓励以互联网、移动通讯网和数字电视为载体的图书、音像制品、电子出版物和期刊等数字产品的开发、制作、出版和销售。鼓励开展基于网络的多种出版发行活动。

8. 拓展高校出版社的国际交流。高校出版社要大力实施"走出去"战略,不断加大对外出版交流,扩大自主版权的输出,推广我国优秀的传统文化和高水平的学术研究成果;要采取多种形式,积极组织创作、翻译、出版一批国际市场需要的高质量出版物,占领和拓展海外市场;要积极稳妥地引进我国教育需要的各类教材和教学用书,以及国外先进科学文化等方面的出版物。支持和鼓励有竞争实力的高校出版社在境外设立出版机构,开展出版活动。

9. 营造高校出版社健康发展的良好环境。要合理配置高校出版资源,允许和鼓励出版资源向专业特色突出、市场化程度高、综合实力强的高校出版社集中和流动。积极支持信誉良好、经济实力强的高校出版社跨地区、跨媒体经营,通过联合、兼并、重组等提高高校出版产业的集中度。研究和解决影响高校出版社发展中出现的问题,会同有关部门制定符合高校出版社发展实际的经济政策,为高校出版社创造良好的经济发展环境。高校要建立有利于高校出版社发展的体制模式,为其创造宽松的发展环境,在人力、物力和财力等方面给予必要的支持。各高校应将出版社的经济收益主要用于出版社的自身建设和再生产,以及教材、学术著作的出版补贴。进一步加强中国大学出版社协会的建设,充分发挥其桥梁与纽带的作用,提高其服务和协调的能力,促进高校出版社的整体发展。

三、深化高校出版社体制改革

10. 明确体制改革的总体要求。高校出版社的体制改革要有利于坚持办社宗旨,有利于发挥高校出版工作者的积极性,有利于高校出版社增强活力、壮大实力、提高竞争力。高校出版社的体制改革要符合高校出版社的发展规律,着力解决制约发展的深层次矛盾和问题,全面推进体制机制创新,解放和发展文化生产力,推动形成有利于出精品、出人才、出效益的出版发展环境。

11. 建设具有中国特色的高校出版体制。高校出版社的体制以企业体制为主,极少数高校出版社可以保留事业体制。转为企业的出版社要创新体制,转换机制,面向市场,增强活力,出版多类别、多层次、多媒体教材,满足学习型社会和终身教育需求,不断提高经营能力和市场竞争力。极少数实行事业体制的出版社要在确保学校扶持基础上,根据国家有关规定规范运营,转换机制,增强活力,改善服务,出版面向校内和特定行业所需出版物。

12. 规范高校出版社的转制。转制为企业的高校出版社是国有一人独资公司。高校是其出版社的主办方。学校或学校资产经营有限公司是出版社的出资人,出版社的资产由学校资产管理委员会进行管理与监督。学校要按照现代企业制度的要求,进一步完善产权制度,明确出资人权利,建立资产经营责任制;切实加强对出版社经营方向、资产配置、重大决策、重要干部的管理和监督;要确保国有资产安全,防止国有资产流失。转制为企业的高校出版社要建立科学合理的法人治理结构,采用适应市场需求、调控有力的经营管理模式,实行企业财务、税收、社会保障和劳动人事制度,成为自主经营、自负盈亏、自我约束、自我发展的市场主体。一些实力和竞争力较强的高校出版社可逐步建立以内涵式发展为主的专业出版集团。

13. 深化高校出版社内部改革。进一步推进出版社劳动人事、收入分配和社会保障等方面的改革。高校出版社须实行全员聘用(聘任)制度,按需设岗,公开招聘,择优聘用,严格考核。出版社须与受聘人员签订聘任合同。高校要积极探索和大胆尝试符合出版行业规律和高校出版社发展特点的薪酬制度和激励机制,要结合本校的实际及出版社的经济效益,确定出版社主要领导的薪酬;按照效率优先、兼顾公平和生产要素参与分配的原则,确定以岗位绩效工资为主要内容的出版社整体的工资制度和分配方式。

四、完善高校出版社管理

14. 建立健全主管主办负责制和属地管理相结合的高校出版管理体制。遵循党委领导、政府管理、行业自律、企事业单位依法运营的原则,进一步完善主管主办责任制和属地管理相结合的管理体制。教育部负责对高校出版社进行宏观指导和宏观管理。新闻出版总署对高校出版社实施行业管理和市场监管。高等学校承担主办单位的管理职责。

15. 加强对高校出版社的管理和指导。各地新闻出版行政部门对本行政区域内高校出版社履行属地管理职责,要把对高校出版社的管理纳入到出版行政管理的范围。各省(区、市)教育行政部门要对高校出版社加强指导和监督;随时掌握和研究高校出版社出版物的总量、结构、质量和效益,督促出版社优化结构,提高质量,增加效益;要定期研究高校出版动向,引导高校出版社健康发展;要协调和配合学校、属地出版行政部门加强对高校出版社的管理。

16. 明确高校对其出版社的管理职责。高校要督促出版社认真贯彻执行党的路线、方针和政策,遵守国家的法律和有关规定,保证出版社坚持正确的办社宗旨和出版导向。学校应选拔政治责任心强,思想素质高,熟悉出版工作,遵纪守法,善经营、会管理的人担任高校出版社的主要负责人,并保持相对稳定。学校要通过有效的管理方式,掌控出版社重大事项的决策权、资产配置的控制权、对主要领导干部的任免权和出版物内容的终审权,切实负起国有资产保值增值的监管责任。

17. 建立健全高校出版社内部管理机制,提高管理水平。高校出版社必须严格遵守国家有关法律法规和政策,遵守各项出版管理规定,依法从事出版活动;要建立和完善各项内部管理制度,并把各项管理规定落实到出版的各个环节,保证正确的出版导向、出版物的高品位和高质量;要提高出版社出版管理的自动化水平和能力,掌握现代科学技术,运用现代信息技术成果,加快高校出版社管理的数字化和网络化进程。

五、加强高校出版社队伍建设

18. 建立合格的高校出版社队伍。高校出版社队伍是我国社会主义先进文化的重要建设者之一。高校出版社要适应出版业快速发展的要求,不断提高高校出版从业人员的业务水平。高校出版社队伍要牢固树立政治意识、大局意识和责任意识,不断增强政治敏锐性,提高政治鉴别力,自觉树立马克思主义新闻出版观、良好的职业精神和职业道德。

19. 建立高校出版从业者准入、退出制度。高校出版社的主要负责人必须参加新闻出版行政部门组织的岗位培训，持证上岗；一般从业人员应具备国家规定的新闻出版职业资格条件。对失职渎职、违规违纪、造成重大经济损失的人员要坚决予以清理。

20. 建立健全高校出版社队伍建设机制。高校要切实重视出版社领导班子的建设，组建一个各有所长、凝聚力强、善于科学决策、团结协作的领导班子；要在高校出版社中探索和逐步实行职业经理人制度，确保高校出版社领导的专业性、职业性和稳定性；要建立出版社人才选拔培养的机制，为出版社培养更多优秀的高级复合型管理人才。加强高校出版人力资源能力建设，实施人才培养工程，加强出版社经营管理、专业技术和版权贸易等各方面专业人才队伍的建设，努力建设一支高水平、高素质的职业化出版队伍，为高校出版社可持续发展提供有力的保障。

教育部

新闻出版总署

二〇〇八年十二月二十九日

教育部办公厅关于高校出版社转制工作有关规程的通知

教社科厅函〔2009〕3号

有关高等学校：

为积极稳妥地推进高校出版社的转制工作，促进高校出版社发展，根据改革试点单位的实践，经商新闻出版总署同意，特提出转制工作的规程如下，供高校出版社转制时参照办理。

一、学校成立出版社转制领导小组

学校应成立由学校主要负责人挂帅的出版社转制领导小组。领导小组主要负责研究制订本校出版社的转制方案，领导出版社的转制工作，协调校内有关部门支持出版社的转制，解决转制中的重大问题，确保出版社的转制规范有序。

二、制订转制方案

根据《教育部 新闻出版总署关于印发〈高等学校出版体制改革工作实施方案〉的通知》(教社科〔2007〕5号)的精神，学校须制订转制实施方案。方案中需明确的主要内容应有：学校体制改革领导小组的组成及任务；出版社的基本现状；转制的指导思想、目标及发展方向，转制实施步骤及进度安排；出版社的领导管理体制，法人治理结构；国有资产的管理与经营，出版社的出资方式和资金来源；转制中涉及的社会保障和劳动人事关系的处理原则；转制后企业的名称，出版社有限(责任)公司的《章程》；出版社的发展规划(含产业发展规划、出版规划等)；其他需要说明的情况，如转制中存在的问题与遇到的困难，需要有关部门支持的事项等。

各高校出版社的转制实施方案需经主管部门同意后，报教育部和新闻出版总署审批。

三、清产核资、财务审计和资产评估

高校出版社转制方案经批准后，应按照国家有关规定，进行清产核资、财务审计和资产评估,合理界定产权归属。高校出版社的财务审计和资产评估,不得委托同一家中介机构。具体程序与要求可参考《高校产业改革改制指南》(西南交通大学出版社2005年版)。

1. 清产核资。转制高校出版社应按照国家有关规定,制定清产核资工作方案,开展清产核资工作。清产核资工作包括账务清理、财产清查、损益认定、资产核实等方面内容。清产核资的范围应当包括高校出版社本部和投资控股企业。

清产核资结果经上级有关部门确认后,自清产核资基准日起2年内有效,在有效期内实施转制可不再另行组织清产核资。

2. 财务审计。按财政部关于企事业单位财务、资产管理的规定,由主办单位委托具备资质的会计师事务所进行财务审计。

转制前潜亏挂账、财产清查过程中新发现的资产盘亏(减盘盈)、毁损、报废、坏账等资产损失及按国家有关规定计提的各项资产减值准备,应由中介机构出具专项审计报告,转制单位提出意见,报上级有关管理部门批准。

3. 资产评估。按国有资产评估管理有关规定,由主办单位聘请有资格的资产评估机构对资产进行整体评估,确定其净资产数额,作为出版社转制的依据。对高校出版社资产评估,必须一次完成,不得将整体资产分拆评估。

4. 清产核资、财务审计、资产评估结果的核准批复。清产核资、财务审计和资产评估结果必须在单位内部进行公示,公示完成后由主管单位对评估结果进行审核,出具审核意见,连同公示的有关材料,按有关程序进行核准批复。

5. 办理产权登记手续。清产核资结果批复后,按照国家国有资产产权登记的有关规定,到有关管理部门办理产权登记手续,以取得企业资产的产权登记证明文件。

四、人员安置和劳动关系调整

高校出版社转制中涉及的人员安置和劳动关系调整,要严格按照《国务院办公厅关于印发文化体制改革中经营性文化事业单位转制为企业和支持文化企业发展两个规定的通知》(国办发〔2008〕114号)精神,根据"老人老办法、新人新办法"的原则,做好职工安置和劳动关系的调整方案,方案应符合《劳动法》及劳动和社会保障的有关规定,维护好职工的合法权益。

1. 制订人员安置方案实施细则。根据《劳动法》和企事业单位转制调整劳动关系操作办法等有关文件精神,由高校出版社制定《人员安置实施细则》,并需在职工中公示,学校审定。

2. 建立新型劳动关系。出版社转制后,继续留用人员依法重新签订劳动合同,执行企业工资制度。

五、资产管理

建立科学有效的管理模式。高校是其出版社的主办方。出版社的资产按照经营性资产管理办法进行管理与监督。学校资产经营公司是出版社的出资人;明确不成立资产经营公司并在教育部备案的学校,学校是出资人。

六、建立法人治理结构

高校出版社转制后,要建立现代企业法人治理结构。高校出版社的法人治理结构要确保学校对出版社的领导和出版导向的正确。要根据《公司法》制定高校出版社(公司)章程,明确高校出版社的决策、执行、监督机构。依据法定程序设立董事会、监事会。根据《中共中央纪委 教育部 监察部关于加强高等学校反腐倡廉建设的意见》(教监〔2008〕15号)的精神,校领导不宜兼任董事长。董事会聘请社长。转制后高校出版社社长人选须符合新闻出版总署的有关要求。

七、注销事业法人与进行企业登记

高校出版社转制成企业后,要按照国办发〔2008〕114号文件精神,进行企业法人注册登记。

1. 办理事业法人注销登记。高校出版社转制后,要向事业登记管理机关申请办理事业法人注销登记,事业法人注销登记的程序包括申请、受理、审查、核准、收缴证书和印章、公告。

2. 进行出版许可证变更。转制高校出版社涉及新闻出版行政许可或前置审批事项变更等,由主管部门报新闻出版总署审批,持新闻出版总署的批复文件,到省市新闻出版局办理出版许可证变更事宜。

3. 办理企业工商注册登记。转制高校出版社按照相关法律法规和有关规定,注册有限责任公司。

4. 办理产权等项变更登记。转制高校出版社的主办学校向国有资产管理部门或属地财政部门申办产权登记或变更产权登记。

八、完善内部管理制度

高校出版社转制完成后,须按照现代企业制度并结合出版行业特点,制定全面、科学的高校出版社内部管理规章制度,形成现代公司管理体系,保证高校出版社管理的规范、科学、高效。

1. 制定高校出版社公司治理的规章制度。包括《公司章程》《重要会议制度》《董事会议事规则》《监事会工作制度》《监事会议事规则》《社长工作细则》等,促进企业治理规范化,确保科学决策。

2. 建立出版物内容管理制度。建立《编辑委员会会议制度》,将编辑委员会作为加强出版导向管理,研究重大出版工作和战略规划,解决出版工作中出现的重大难题的重要组织;建立《选题管理制度》《合作出版管理制度》《编校质量管理制度》等,规范出版工作,强化对出版物内容和质量管理,确保企业正确导向。

3. 制定人力资源管理制度。制定《企业劳动管理制度》《企业岗位管理制度》《干部竞聘上岗实施办法》《员工双向选择、竞聘上岗实施办法》《岗位薪酬绩效管理制度》《职工奖励福利制度》《企业内部提前退岗、待岗职工管理办法》等,建立现代人力资源管理体系。

4. 制定财务管理制度。建立《企业财务管理制度》《资产管理制度》《全面预算管理制度》《内部审计管理制度》《企业成本管理制度》等财务制度,强化财务管理。

5. 建立职工代表大会制度。制订《职工代表大会工作制度》《工会会议制度》等,确定职工参与高校出版社重大决策的程序,保障职工权益。

6. 建立党风廉政建设制度。高校出版社转制后,要制订《高校出版社社务公开实施办法》《党风廉政建设责任制实施办法》《出版社领导干部报告个人重大事项的规定》等,建立健全教育、制度和监督并重的预防腐败体系,加强对党员领导干部的监督,加大反腐倡廉防治力度,确保出版社健康发展。

九、完成转制需向教育部备案的材料

各高校完成出版社的转制工作后,要向我部报送转制完成的工作报告,将实施转制过程中的有关材料报我部社会科学司备案,报告应包括清产核资情况,产权登记证和企业法人营业执照复印件,法人治理结构情况,公司章程,人员安置方案,学校对出版社转制给予的政策支持,责权分明的新型的校社关系等。

教育部办公厅

二〇〇九年一月十六日

教育部 新闻出版总署关于开展第二批高校出版社体制改革工作的通知

教社科函〔2008〕17号

有关省、直辖市教育厅(教委),有关部门教育司(局),教育部直属高等学校:

为落实中央关于文化体制改革的整体部署,大力推进高校出版社体制改革,促进高校出版社又好又快的发展,教育部和新闻出版总署决定启动第二批高校出版社体制改革工作。现将有关事项通知如下:

1. 被列入第二批高校出版社体制改革工作的有北京语言大学等62所高等学校(名单见附件)。

2. 各校要高度重视出版社的体制改革工作,应成立指导出版社体制改革的领导小组,结合本校实际情况制订出版社的体制改革方案,有效地解决制约出版社发展中存在的主要问题。

3. 各校要按照《教育部新闻出版总署关于印发〈高等学校出版体制改革工作实施方案〉的通知》(教社科〔2007〕5号)、《教育部新闻出版总署关于高校出版社体制改革试点工作的若干意见》(教社科〔2007〕6号)的精神,认真组织好出版社的体制改革工作。

4. 请各校于2008年12月31日前将本校出版社体制改革方案报教育部社会科学司。

第二批高校出版社体制改革学校名单(共62家)

北京语言大学、北京交通大学、北京邮电大学、对外经济贸易大学、中国传媒大学、中央广播电视大学、中国农业大学、中国政法大学、北京体育大学、北京理工大学、北京第二外国语学院、首都经济贸易大学、河北大学、吉林大学、东北师范大学、东北大学、辽宁师范大学、东北财经大学、大连海事大学、哈尔滨工程大学、哈尔滨工业大学、延边大学、复旦大学、同济大学、华东理工大学、上海交通大学、上海外国语大学、上海立信会计学院、上海大学、南京大学、河海大学、南京师范大学、苏州大学、中国矿业大学、合肥工业大学、中国科学技术大学、安徽大学、山东大学、中国海洋大学、中国石油大学、厦门大学、华南理工大学、暨南大学、中国地质大学(武汉)、华中师范大学、武汉理工大学、中南大学、湖南大学、河南大学、陕西师范大学、西安交通大学、西安电子科技大学、西北大学、西北工业大学、兰州大学、四川大学、电子科技大学、西南财经大学、西南交通大学、西南大学、重庆大学、云南大学。

教育部

新闻出版总署

二〇〇八年十二月三日

教育部社会科学司关于转发《关于中央级经营性文化事业单位转制中资产和财务管理问题的通知》的通知

教社科司函〔2009〕133号

有关部直属高等学校：

为加强和规范中央级经营性文化事业单位转制过程中资产和财务管理工作，近期财政部印发了《关于中央级经营性文化事业单位转制中资产和财务管理问题的通知》（财教〔2009〕126号）（以下简称《通知》）。现将《通知》（附件一）转发给你们，请遵照执行。为落实《通知》的要求，切实推进和规范高校出版社转制工作，我司会同我部财务司和科技发展中心拟定了教育部直属高校出版社转制工作流程及要求（附件二），请一并遵照执行。

附件：

一、《关于中央级经营性文化事业单位转制中资产和财务管理问题的通知》

二、教育部直属高校出版社转制工作流程及要求

教育部社会科学司

二〇〇九年七月十七日

教育部直属高校出版社转制工作流程及要求

为落实财政部《关于中央级经营性文化事业单位转制中资产和财务管理问题的通知》（财教〔2009〕126号）要求，切实推进和规范部直属高校出版社转制工作，现提出转制工作流程及要求如下：

一、关于转制方案的制订与批复

主办学校制定的高校出版社的转制方案，需报教育部社会科学司审核同意后，以教育部函报新闻出版总署审批，新闻出版总署批复后，教育部社会科学司将批复转发至学校。

二、关于清产核资

根据《国有企业清产核资办法》（国资委令第1号）、《国有企业清产核资工作规程》〔国资评价（2003）73号〕和《关于印发国有企业清产核资资金核实工作规程的通知》〔国资评价（2003）74号〕规定，学校向教育部财务司提出清产核资立项申请。财务司审核后，由财务司转报财政部教科文司批复清产核资立项申请后，财务司将批复转发至各高校，学校即可组织开展清产核资工作，并按规定将清产核资结果（含清产核资工作报告、清产核资报表、专项财务审计报告及有关备查材料）上报教育部财务司，财务司审核后以教育部名义报财政部批复，财政部批复后，教育部财务司将批复转发至各高校。出版社根据批复进行相应账务处理、核销不良资产等。同时，出版社依照《企业会计制度》或《企业会计准则》，编制企业会计报表，并聘请中介机构进行转制

财务审计。

三、关于资产评估

根据新闻出版总署批复的转制文件,由学校委托资产评估机构对出版社整体资产进行评估。资产评估机构出具资产评估报告书、评估说明、评估明细表。学校向教育部财务司提出资产评估备案申请,由财务司审核后,以教育部名义予以备案。

四、关于改制审批

出版社清产核资结果批复和资产评估备案后,学校向教育部科技发展中心报送出版社改制为有限责任公司的申请报告,由科技发展中心以部函批复。对于已组建资产公司的部属高校,学校在改制申请报告中应明确说明在改制完成后要通过学校对资产公司增资的方式或者无偿划转的方式将出版社有限责任公司的出资人由学校变更为学校资产公司。

五、关于产权登记

出版社完成上述转制基础工作后,应及时办理出版社事业法人注销登记。学校向教育部财务司提出出版社国有资产占有产权登记或变动产权登记申请,由财务司审核后报送财政部教科文司办理产权登记手续。

六、关于出版社更名

按照新闻出版总署转制的批复文件和《出版管理条例》更名的要求,学校按照国家有关出版许可证更名的程序要求,报送出版社更名申请。

七、关于工商注册登记

出版社持新闻出版总署批准转制的批件和批复更名的批件、教育部批准出版社改制为有限责任公司的批件以及工商管理部门要求提供的有关文件,进行出版社改制为有限责任公司的工商注册登记(或工商变更登记)。

八、关于转制完成的备案工作

出版社转制工作完成后,各高校需向教育部社会科学司报送转制完成的工作报告,包括清产核资结果批复、资产评估备案、产权登记证和企业法人营业执照复印件、法人治理结构情况、公司章程、人员安置方案以及需要报告的其他相关情况。

附件:转制有关工作流程需要的范本

《×××大学关于×××大学出版社清产核资立项的请示》
《×××大学关于×××大学出版社国有资产评估项目备案的请示》
《×××大学关于申请办理×××大学出版社国有资产占有登记的请示》
《×××大学关于申请办理×××大学出版社(新名称)国有资产变动产权登记的请示》
《×××大学关于申请办理×××大学出版社改制的请示》

关于＊＊＊＊大学出版社清产核资立项的请示

＊＊大学函[2009]＊＊号

教育部财务司:

根据新闻出版总署《关于同意＊＊＊＊＊＊＊＊的复函》(新出产业[＊＊＊＊]＊＊＊号)要求,按照《国有企业清产核资办法》(国资委令第1号)和《国务院国有资产监督管理委员会关于印发国有企业清产核资工作规程的通知》(国资评价[2003]73号)规定,我校拟对＊＊＊＊大学出版社开展清产核资工作。

一、＊＊＊＊大学出版社基本情况

二、开展清产核资工作的原因

三、清产核资基准日

＊＊＊＊年＊＊月＊＊日

四、清产核资工作范围

清产核资工作范围为＊＊＊＊大学出版社及其下属企业:＊＊＊＊、＊＊＊＊、＊＊＊＊。

五、清产核资工作组织方式及时间安排

1. 清产核资工作组织机构

2. 清产核资工作时间安排

六、清产核资中介机构

经我校清产核资工作领导小组研究决定,拟聘请具有资质的会计师事务所有限责任公司(中介机构全称)为此次清产核资中介机构。

妥否,请示。

＊＊＊＊大学(盖章)

＊＊＊＊年＊＊月＊＊日

附件:

1. 新闻出版总署同意转制实施方案的批件《关于同意＊＊＊＊＊＊＊＊的复函》(新出产业[＊＊＊＊]＊＊＊号)

2. 出版社转制方案

3. 拟进行清产核资的企业明细表(出版社如有下属企业)

4. ＊＊会计师事务所有限责任公司资质材料(营业执照、执业证书)

5. 股东会决议(如清产核资的企业中包括出版社控股的股份制公司)

××××大学关于申请办理××××大学出版社国有资产评估项目备案的请示

教育部财务司:

××××大学出版社(下称出版社)系我校所属事业单位,成立于××××年。根据《中共中央、国务院关于深化文化体制改革的若干意见》(中发[2005]14号)、《教育部新闻出版总署关于高校出版社体制改革试点工作的若干意见》(教社科[2007]6号)、新闻出版总署《关于同意＊＊＊＊＊＊＊＊的复函》(新出产业[××××]×××号),我校拟将出版社转制为××××大学出版社有限责任公司。

为此,我校已委托×××中介机构对出版社整体资产进行了评估,评估基准日为××××年××月××日,净资产评估值为××××万元。

根据国家国有资产管理的有关规定,现申请办理××××大学出版社国有资产评估备案手续。

妥否,请批复。

附件:

1. 新闻出版总署同意转制实施方案的批件《关于同意＊＊＊＊＊＊＊＊的复函》(新出产业[××××]×××号)复印件
2. 《国有资产评估项目备案表》(一式三份)
3. ××××大学出版社资产评估报告书、评估明细表、评估说明

××××大学
二○××年××月××日

××××大学关于申请办理××××大学出版社(新名称)国有资产占有产权登记的请示

××××[××××]×××号

教育部财务司:

××××大学出版社(下称出版社)系我校所属事业单位,成立于××××年。根据《中共中央、国务院关于深化文化体制改革的若干意见》(中发[2005]14号)、《教育部　新闻出版总署关于高校出版社体制改革试点工作的若干意见》(教社科[2007]6号)以及新闻出版总署同意转制实施方案的批件《关于同意＊＊＊＊＊＊＊＊的复函》(新出产业[××××]×××号)同意,我校拟将出版社进行体制改革。转制后出版社注册资本为×××万元,名称变更为××××。

根据国家国有资产产权管理的有关规定,现申请办理××××(新名称)国有资产占有产权登记手续。

××××大学
二○××年××月××日

附件:

1. 新闻出版总署同意转制实施方案的批件
2. 《企业国有资产占有产权登记表》(一式三份)
3. 《企业名称预先核准通知书》复印件
4. 企业章程
5. 《事业单位社团法人登记证》复印件
6. 《验资报告》
7. 《国有资产评估项目备案表》复印件

××××大学关于申请办理××××大学出版社(新名称)国有资产变动产权登记的请示

××××[××××]×××号

教育部财务司:

　　××××大学出版社(新名称)(下称出版社)系我校出资企业,成立于××××年,注册资本为××××万元。根据教育部科技发展中心《　　》(教技发中心函【××××】×××号)同意,我校拟将出版社全部净资产无偿划转到我校资产经营公司——××××有限公司。划转完成后出版社(新名称)注册资本由××××万元增至××××万元(注册资本增加的来源要说清楚。如出版社不增资的话,此条可不要。),出资人由××××大学变为××××有限公司。

　　根据国家国有资产产权管理的有关规定,现申请办理××××大学出版社(新名称)国有资产变动产权登记手续。

　　特此申请。

××××大学

二○××年××月××日

附件:

1. 教育部科技发展中心《　　》(教技发中心函【××××】×××号)
2. 《企业国有资产变动产权登记表》(一式三份)
3. 出版社(新名称)《企业国有资产产权登记证》或《企业国有资产占有产权登记表》复印件(没有产权证)
4. 出版社(新名称)《企业法人营业执照》副本复印件
5. 修改后的企业章程
6. 资产经营公司《企业法人营业执照》副本复印件
7. 资产经营公司《企业国有资产产权登记证》或《企业国有资产占有产权登记表》复印件(没有产权的)
8. 《验资报告》
9. 《国有资产评估项目备案表》复印件
10. 资产经营公司上一年度审计报告
11. 出版社(新名称)上一年度审计报告
12. 提供保证、定金或设置抵押、留置,以及被司法机关冻结的相关文件

资产经营公司是否增资

一、视科技发展中心的批复再定

二、可以包括出版社以外的其他校办企业共同划转时一并办理

××××大学关于××××大学出版社改制的请示

教育部：

  ××××大学出版社是由××××大学投资设立的全民所有制企业,创办于××年,法定代表人××,出版社经营范围：　　　。

  按照《教育部　新闻出版总署关于高校出版社体制改革试点工作的若干意见》(教社科[2007]6号),经学校研究,现拟将××××大学出版社由全民所有制企业改制为××××有限责任公司,改制方案(附件1)要点如下：

  一、××××大学出版社经评估备案的资产总额为＿＿＿＿万元,负债总额为＿＿＿＿万元,所有者权益为＿＿＿＿万元,归出资单位＿＿＿＿大学所有,评估备案表见附件2。

  二、××××大学以上述经评估备案的＿＿＿＿万元作为出版社改制后公司的注册资本,改制后的企业注册资本为万元(净资产超出部分列作企业资本公积或直接上缴学校),改制后更名为"××××大学出版社有限责任公司",公司名称预核准见附件3。

  三、××××大学出版社有限责任公司章程草案详见附件4。

  四、××××大学出版社有限责任公司经营范围：

  五、原××××大学出版社人员安置。

  六、改制前××××大学出版社的债权、债务由改制后的公司承继。

  七、此次改制完成后,我校决定将持有的××××大学出版社有限责任公司股权相对应的净资产无偿划转至××××大学资产公司(或我校决定将以持有的××××大学出版社有限公司股权相对应的净资产对××××大学资产公司进行增资)。

  以上如无不妥,请予批准为盼。

附件：

1. ××××大学出版社改制方案
2. ××××大学出版社评估备案表
3. 公司名称预核准
4. ××××大学出版社有限责任公司章程草案

××××大学
年　月　日

附件：

大学出版社改制方案

一、改制目的及必要性

  为建立适应社会主义市场经济要求、符合现代出版规律的管理体制和运行机制,使出版社成为承担有限责任、自主经营的市场主体,更好地承担传播先进文化、服务学校教学科研和国有资产保值增值的功能,按照中央有关文件精神、《教育部　新闻出版总署关于高校出版社体制改革试点工作的若干意见》(教社科[2007]6号)以及新闻出版总署同意转制实施方案的批件《关于同意＊＊＊＊＊＊＊的复函》(新出产业[××××]×××号),结合我校的发展实际,特提出以下改制方案。

二、改制企业基本情况

1．企业简况

(1) 企业名称：

(2) 企业住所：

(3) 法定代表人：

(4) 经营范围：

(5) 注册资本：

(6) 主办单位或实际投资人：

(7) 成立日期：

(8) 经济性质：全民所有制

2．职工情况

现有职工人,其中事业编制人,企业编制人(其中学校企业编制人)。

三、改制企业近三年的经营状况

1．社会效益

2．2006年至2008年经济指标完成情况(单位:万元)

项目

2006年

2007年

2008年

营业收入

  营业成本

  营业税金及附加

  其他业务利润(退税)

  管理费用

  财务费用

  投资收益

  营业外收入

  营业外支出

  利润

四、资产处置方案

五、改制范围、形式和内容

1．改制范围

本次改制范围包括大学出版社的整体资产。

2．改制形式：改制为一人有限责任公司,由作为唯一出资人。

3．改制后的公司名称：

4. 住所：

5. 法定代表人：

6. 改制后公司的注册资本和出资人

（1）注册资本：

（2）出资人：

7. 改制后公司的法人治理结构

（1）股东会。

（2）董事会是公司的最高执行机构，其成员人，由非职工代表担任，经股东委派产生。董事会设董事长一人，由股东任免。董事会设执行董事1人，经学校组织部门考察并向董事会推荐，由董事会聘任，担任总经理（社长）。由执行董事担任公司法定代表人。董事会对股东负责，行使《公司法》和《公司章程》规定的职权。

（3）监事会是公司的监督机构，其成员为人，由股东委派人、职代会选举的职工代表一人组成。监事会设主席一名，由股东任免。监事会对股东负责，行使《公司法》和《公司章程》规定的职权。

（4）总经理（社长）：对董事会负责，行使《公司法》和《公司章程》规定的职权。

（5）内部管理机构设置由总经理（社长）拟订，董事会决定。

六、改制后公司的经营范围

公司的经营范围：

七、改制后原企业的债权、债务落实情况

改制前企业的债权、债务由改制后的公司承继和承担。

八、改制后原企业职工的安置方案

（1）人事管理实行"老人老办法，新人新办法"的原则。原学校事业编制人员，保留事业编制身份不变，在出版社工作期间与出版社签订聘用合同。职工的工资、奖金、津贴由公司自行确定发放，学校负责其档案工资管理。公司按规定向学校缴纳养老、失业等保险金。职工的住房、退休、子女入学、专业技术聘任等按事业编制人员政策执行。

（2）学校委派到出版社工作的事业编制人员，在改制时本人要求回教学、科研、管理岗位工作的，学校给予一次竞争上岗的机会。改制后公司原学校事业编制人员可按学校有关规定参加教学、科研、管理等岗位的竞争上岗。

（3）企业编制职工改制后，其工资、奖金、津贴、福利、医疗都由公司根据效益确定，并在改制时按照国家规定为职工办理养老、失业、生育、医疗、住房公积金独立账户。

（4）在改制过程中，对未能上岗而分流出来的职工，可上交学校人才交流中心管理，待岗期间的费用由公司承担。校内退养人员，在办理正式退休手续之前的退养费用由公司支付。其余情况仍按学校有关规定执行。

（5）企业编制的职工在改制过程中，未能竞争上岗但又未满合同期的，作为内部下岗或待岗处理。待合同期满时，不再续签用工合同。

（6）按有关规定与学校人事部门协商解决其他历史遗留问题。

九、改制后公司的经营方针

通过改制试点，按照现代企业制度的要求，建立和完善符合高校出版社内在规律和行业实

际的运行模式,解放和发展生产力,积极在市场竞争中壮大实力,并充分发挥高校学术、人才优势和社会影响力,继续为学校学科发展和学术繁荣作贡献。

十、有关政策

1. 改制前企业的各类许可证由改制后的公司继续沿用。
2. 资产评估基准日至改制后公司设立日期间的损益由改制企业承担或享有。

协会重要工作、活动

◎ 中国大学出版社协会
◎ 协会综合工作
◎ 出版社建设、发展研讨
◎ 出版工作
◎ 营销工作
◎ 对外交流
◎ 维权工作
◎ 数字、电子音像出版
◎ 装帧设计
◎ 代办站工作
◎ 中国高校教材图书网
◎ 宣传信息工作
◎ 公益活动
◎ 评奖评优
◎ 培训工作

中国大学出版社协会

一、中国大学出版社协会的基本情况

中国大学出版社协会(以下简称"大学版协")成立于1987年6月,是中国大学出版界的全国性、专业性、行业性和群众性的社会团体,是由教育部主管、在民政部注册登记的全国一级社团组织。

大学版协的宗旨和指导思想,是以马列主义、毛泽东思想、邓小平理论、"三个代表"重要思想和科学发展观为指导,贯彻执行"科教兴国"发展战略和教育工作、出版工作的方针,遵守社会道德风尚,开展大学出版方面的学术研究,探索建设有中国特色社会主义大学出版体系的规律,推动国际交流,依法维护本行业会员单位的权益,为繁荣我国科学、教育和文化出版事业作出贡献。

截止到2010年底,大学版协有会员单位113家,其中隶属大学的出版社106家,隶属省教育厅的出版社2家,教育部直属出版社4家,其他出版单位1家(中国人民大学书报资料中心)。

二、大学版协积极开展活动,发挥应有作用

大学版协始终把自己的工作定位在做好政府主管部门的助手、出版社与政府主管部门之间的纽带和桥梁、全国大学出版社交流协作、共同发展的平台上,努力团结和组织全体大学出版社,共同研究出版工作、开展出版发行业务、进行对外交流、维护会员单位的权益,促进了大学出版社间的团结与协作,推动了大学出版事业的发展。

近年来,在教育部、民政部和新闻出版总署的指导下,大学版协认真贯彻落实"第六次全国高校出版社工作会议"精神,围绕中心工作,针对大学出版社发展需求,组织开展了多项工作和活动。

1. 组织成员单位认真学习研讨党中央有关文化体制改革的精神,推动大学出版社转企改制工作。从2004年至今,在教育部社科司指导下,大学版协多次协助上级政府机关,组织全国大学出版社的领导成员学习党中央有关文化体制改革的文件、研讨转制工作方案、交流转制工作经验,协助教育部社科司进行大学出版社转制和发展的调研,还通过各种机会和形式组织座谈、研讨和交流,为大学出版社体制改革工作的顺利进行做了大量工作。

2. 组织学习国家政策法规,推进大学出版社改革管理、经营机制,保证健康、快速、持续发展。针对大学出版社转企改制后面临的新形势、新课题,大学版协近几年多次举办论坛、座谈会,通过中国高校教材图书网和《大学出版》杂志阵地,研讨转企改制后大学出版社的创新、发展问题;每年还分别组织编辑、经管、财税、发行、代办站、装帧设计和对外合作等方面的研讨会,学习方针政策、交流工作经验、探讨运作方法,促进出版社进一步适应市场、贴近市场。

3. 组织研讨交流,做好、落实好"十一五"选题规划。在"十一五"规划起始阶段,大学版协组织了各出版社社长、总编辑参加的全国大学出版社"十一五"选题规划研讨会,请新闻出版总署和教育部领导介绍国家对"十一五"选题规划的要求,交流制定规划的经验和思路。近两年,又通过各种活动形式促进各社规划的落实。目前,大学版协正积极关注国家对"十二五"选题规

划的部署,努力协助各大学出版社制定好规划。

4. 每年一次举办全国大学出版社图书订货会。全国大学出版社图书订货会是展示全国大学出版社出版成果、交流研讨图书出版发行工作、推动大学出版社的图书销售的重要活动,自1989年起已经连续成功举办23届,受到了业界的广泛关注和好评,成为全国图书订货会的一个品牌。

5. 加强图书质量管理,举办全国大学出版社优秀图书评选活动。大学版协一直协助教育部社科司开展对中小学教材、教辅的质量检查工作;还坚持两年一次举办全国高校出版社优秀畅销书评选活动,从2009年开始又增加了优秀教材奖、优秀学术著作奖和高校优秀出版人物的评奖,对出版社优化选题结构、提高图书质量、出版双效益优质图书,起到了积极促进作用。

6. 组织业务培训,培养人才,推动大学出版社持续发展。大学版协针对广大出版社人才培养的需要,结合从业资格的要求,与新闻出版总署教育培训中心和上海分中心合作,举办了多次全国大学出版社编辑、发行等方面的培训班,大大提升了各出版社业务人员的思想水平和业务能力。

7. 积极开展对外交流工作。按照新闻出版总署倡导的"走出去"战略,大学版协有针对性地开展了对外交流、版权贸易等方面的工作。协会每年都组织会员单位出席法兰克福书展,多次组团参加中日韩三国大学出版社研讨会,几次组团到我国台湾地区进行考察与交流,与美国大学出版社协会也有交流合作。开展对外交流,使大学出版社人员开阔了眼界,学到了新经验,提高了素质,转让和购买版权,扩大了我国大学出版业的对外影响,促进了大学出版社的发展。

8. 举办全国高校出版社教材巡展。自2008年起,大学版协已经连续三年举办由高校图书代办站承办的全国性的高校出版社教材巡展,涉及20多个省、自治区、直辖市,70余家出版社,以及多所高等院校。教材巡展方便了大学出版社的教材图书发行,推动了代办站的市场化转型和业务开展,也满足了高等院校选订教材、课前到书的需要。

9. 联合协作,加强维权工作力度。面对我国出版市场规则尚不完善、图书盗版猖獗、出版社利益频受损害,维护权益难度大的现实和广大会员单位的呼声,大学版协专门成立了维权工作委员会,探讨提高维权意识、维护大学出版社权益的策略和方法,并于2006年召开了以"出版社专有出版权及合同文本与操作"为主题的全国大学出版社维权工作会议,组织编制了一整套合同文本范本提供给各出版社参考,还召开全国大学出版社反盗版工作研讨会,筹办全国大学出版社反盗版信息系统。

10. 重视和加强对数字出版的探索。针对数字出版快速发展、大学出版社现状和亟待解决的问题,大学版协近年来组织了多次座谈、研讨,探讨传统出版资源与网络技术相结合、建好网络出版平台、整合高校出版资源、为高校提供全方位的立体教材、使数字出版成为新的增长点等方面的问题,提高了大学出版社对数字出版的认识,推动了大学出版社的数字出版工作。

11. 努力发挥中国高校教材图书网的作用。中国高校教材图书网在教育部指导下建立于2002年,作为全国大学出版社的公共门户网站,教材网努力宣传党和国家的出版方针政策,利用信息平台,对大学出版社重点工作和优秀图书进行全方位宣传;利用电子政务平台即社科司出版管理系统,为上级领导机关服务;利用电子商务平台,满足读者购书需求,为大学社开辟图书网络销售渠道。目前教材网已经成为知名品牌网站,力争在大学出版社改制面对各种集团激烈市场竞争、寻求联合联盟的过程中,打造成全国大学出版社整体形象宣传、整合图书资源、联合营销发行的综合媒介和联系纽带。

12. 组织会员单位积极从事公益事业。大学版协和各大学出版社把为国分忧、支持各地教育事业发展作为自己的社会责任,受教育部委托、应各地要求,每年都向老少边穷地区捐赠图书。近年来先后向西藏、新疆、云南、陕西、四川、安徽、江西等省区的学校捐赠了大量图书。在2008年汶川大地震、2010年玉树大地震发生后,大学版协在第一时间组织动员各大学出版社向灾区捐款,通过大学版协的捐款都达数百万元;还组织大学出版社向灾区学校捐赠学习用书,受到了上级领导机关和受赠地区、学校的赞扬。

三、大学版协建设和内部管理制度情况

大学版协的机构分为全体理事会、常务理事会、秘书处、理事长四个层面,现有理事(会员)单位113个,常务理事单位38个(约占理事单位总数的1/3),理事长1人,副理事长15人,秘书长1人(副理事长兼)、副秘书长7人;设置有秘书处、培训工作委员会、编辑工作委员会、发行工作委员会、经营管理工作委员会、对外合作工作委员会、代办站工作委员会、书籍装帧设计工作委员会、《大学出版》编委会、中国高校教材图书网管理委员会、维权工作委员会、音像出版工作委员会、数字出版工作委员会、大学出版发展研究会等工作部门;办有门户网站"中国高校教材图书网"、协会刊物《现代出版》(原《大学出版》)杂志、高校教材发行体"全国高校图书代办站服务中心"等。

为规范有序开展工作,大学版协制定有《中国大学出版社协会章程》《中国大学出版社协会工作规程》。每届常务理事会都制定有五年工作规划,每年都发布年度工作要点。

大学版协每年召开一次全体理事大会,报告和安排协会工作;每年召开两次常务理事会,三至四次理事长办公会,研究协会工作。

四、在未来大学出版事业发展中发挥更大作用

中国大学出版社协会要继续加强建设、增强服务,争取在未来大学出版事业发展中发挥更大作用。

1. 进一步发挥政府主管部门助手、出版社与政府主管部门之间纽带和桥梁的作用。作为宣传舆论领域的协会,在新的历史时期,大学版协要更加注重协助党和政府引导会员单位坚持正确的舆论导向和出版方向,加强情况沟通,化解各种矛盾;加强对大学出版发展的调研,总结成功经验,找出制约发展的瓶颈和问题,反映协会成员单位的发展需求,为管理部门制定政策提供依据。

2. 进一步发挥行业组织、群众团体的功能。随着我国社会主义市场经济的建立和完善、政府职能的转变和出版业市场化的转型,大学版协要努力更新观念和职能,真正建成全国大学出版社团结协作、共同发展的组织,依靠全体会员单位的共同声音和力量,使发展得到更好的政策环境和舆论环境,使合法权益得到更好的维护,使整体实力和竞争力得到更大的提高。

3. 进一步发挥协会特色和作用。大学版协要大力强化协会集体协商机制,强化协会对各会员单位的服务,充分调动、发挥各会员单位的积极性和创造性;要积极开展各种务实有效的活动,促进全国大学出版社的交流和经验借鉴,推动各会员单位的发展;要加强行业自律和协调,优化选题结构,突出大学社特点,推动行业形成和谐有序的发展结构。

4. 进一步加强版协工作的规范化、制度化建设。做好版协年检、年审和财务管理工作,根据形势和环境的变化,修订、完善、充实协会各项制度。

中国大学出版社协会将立足学校、面向社会、放眼世界,在中宣部、教育部和新闻出版总署的指导下,努力为开创大学出版事业的新局面作出应有的贡献。

中国大学出版社协会 2006 年工作总结报告

2006年,中国大学出版社协会在教育部的指导下,努力学习和贯彻党的十六大和十六届五中、六中全会精神,努力实践"三个代表"重要思想和科学发展观,协助政府有关部门、帮助大学出版社做好各项工作。

按照协会本年度的工作要点和工作安排,大学版协秘书处和各个工作委员会卓有成效地组织了学习、研讨、出访、交流等各项工作,求真务实,不断努力开拓,为增强大学出版业的实力和竞争力,推进大学社的改革与发展做了大量的工作。

一、继续协助中宣部、新闻出版总署和教育部对全国大学出版社改革和发展做好调研协调工作

按照中央的部署,高校出版体制改革于2006年列入日程,教育部、新闻出版总署要开展制订大学出版社体制改革工作方案和抓试点单位工作。为充分反映大学出版单位的实际和愿望、建议,大学版协按照上级领导机关的部署和要求,积极配合、协助组织有关高校出版单位,保证了李卫红副部长主持的清华大学出版社等试点单位出版社主管校长座谈会的成功召开,保证了教育部、新闻出版社总署主管部门领导先后在西南地区、华中地区、东南地区、东北地区和北京召开的体制改革调研座谈会的顺利进行;还聘请大学出版社的专家协助上级领导机关开展调研,参与分析、起草有关文件;协会还注意听取和搜集大学出版社的改革意见建议和情况动态,及时反映诉求和好的做法,为促进大学出版社做好高校出版体制改革工作和改革方案的制定发挥了应有作用。

二、协助教育部社科司做好教育部直属和在京大学出版社图书质量专项检查工作

自2004年以来,新闻出版总署连续3年部署了图书质量检查工作。按照上级的要求,2006年进行的是关于"教辅读物和地图类图书质量专项检查"。教育部社科司作为主管部门,对所主管的18家在京大学出版社的图书质量检查非常重视,组织了图书质量专项检查工作领导小组,大学版协作为政府的助手,协助具体检查的实施,并且组织了相关学科的专家组,负责对18家大学社的54种图书进行了认真检查评审,结果是54种图书均为合格品,在编校方面也存在一些差错和问题。

三、组织召开全国大学出版社图书出版质量管理工作研讨会,推动各大学出版社的图书出版质量进一步提高

7月27—30日,大学版协在北京召开了全国大学出版社图书出版质量管理工作研讨会。新闻出版总署图书司副司长王英利和处长于青、教育部社科司出版管理处处长魏小波、大学版协理事长李家强等领导出席会议。这次研讨会共有80多家出版社98人出席,其中清华社、人大社、外研社、复旦社、武大社、重大社等12家大学社向会议提交了论文。研讨会就图书出版质量

管理工作展开了深入交流和热烈研讨,就大学社应进一步全面加强图书出版质量管理工作达成共识。这次研讨会获得出版界的广泛好评,《新闻出版报》作了专门报道,还辟专版发表了这次研讨会的部分论文。

四、组织大学社向西藏大学、安徽蚌埠学院捐赠图书

受教育部社科司的委托,2006年组织全国大学出版社向西藏大学和安徽蚌埠学院捐赠图书。全国69家大学出版社、教育部直属出版社共捐赠图书16504种,103351册,总码洋2223518元。其中捐赠给西藏大学8002种,55390册,码洋为125437元;捐赠给蚌埠学院8502种,47961册,码洋为1018081元。这次捐赠活动得到了各大学社的高度重视和大力支持,大家积极选择优质适用图书,出色地完成了此次捐赠工作。2005年华东地区大学出版社曾组织过向西藏大学捐赠图书。

今年8月15日,中国大学出版社协会向西藏大学捐赠图书仪式在西藏大学举行,教育部社科司出版管理处处长魏小波、大学版协理事长李家强和24家出版社领导应邀赴拉萨出席了捐赠仪式。大学版协向全国大学社的善举表示衷心感谢。

五、继续组织大学出版社美编开展图书装帧评奖工作和走长征路、学习长征精神

从1998年以来,大学版协和中国版协配合,由大学版协装帧艺术工作委员会每两年一次组织图书装帧设计评奖和业务知识专题讲座工作。与此同时,该委员会有计划有组织地安排参会美术编辑走长征路、学习长征精神的教育和采风活动。这项长达10年共5次走长征路的活动,得到了总署老领导宋木文、于友先和现任总署署长龙新民的关心和支持。《新闻出版报》对每次评奖和走长征路的活动都有专题报道。今年正值长征胜利70周年,第六届中国大学装帧工作会议和中国大学书刊装帧艺术评奖活动8月7—10日在成都举行,并再次组织美术编辑重走长征路,学习长征精神,到革命圣地采风。中国出版工作者协会将大学版协装帧艺术工作委员会组织长征路活动专题向中宣部报告。

六、协助教育部有关部门做好远程教学光盘的政府采购方案制订和推广工作

大学版协秘书处受教育部政府采购中心委托,参与教育部2005—2006年度农村中小学现代远程教育工程教学光盘政府采购工作实施方案的起草工作,积极协助教育部政府采购中心了解大学社的电子、音像出版物的出版情况,努力向各有关大学电子、音像出版社(部)介绍政府采购的政策和方案。据初步统计,2006年已有6家大学社推出的116种电子、音像出版物被政府采购,总计码洋达1亿元。

七、开展国际交流,安排有关的出访研讨和交流活动

大学版协组织部分大学社的领导和骨干先后参加了"美国国际图书博览会""中、日、韩三国大学出版社协会工作研讨会"和"德国法兰克福书展"等交流活动。4月应智利大学的邀请,部分大学出版社领导与智利、巴西等国的出版界同行进行有关大学出版业工作交流。

5月,由14家大学出版社28位代表组成的中国大学版协代表团赴美,参加美国国际图书博览会,并到全美学术出版社、霍普金斯大学出版社和媒体集团三家出版社作访问交流。

8月,由20家大学社26人组成的中国大学出版社协会代表团赴日本京都,出席了中日韩三国大学版协研讨会。今年恰逢中日韩大学版协研讨会举办10周年,研讨会的主题就定为"过去10年中日韩三国大学出版社的交流回顾和今后展望"和"大学出版社学术出版的国际交流",有120多位中、日、韩三国大学出版社的代表参加。华中师范大学出版社社长范军以《中国大学出版社的基本状况与发展趋势》、北京大学出版社总编辑张黎明以《发展版权贸易,树立国际品牌》

为题,在研讨会上发表了讲演,受到与会者的热烈欢迎。

10月,大学版协组织由13家大学社40余人组成的中国大学出版社代表团赴欧洲,参加了第58届法兰克福书展,并访问法国樱桃时光出版社、德国迪尔出版社,进行参观、交流。代表团成员普遍感到收益颇丰。

大学版协秘书处和对外工作委员会继续做好有关大学社选派编辑到美国多米尼肯大学就读MBA硕士研究生的联系工作,2006年共向美国多米尼肯大学派4位留学生。

八、积极筹办第十九届全国大学出版社图书订货会

自今年年初,大学版协发行工作委员会就开始积极而有效地筹备第19届全国大学出版社图书订货会。这次订货会是大学版协第一次和地方政府(青岛市政府)合作举办。地方政府对本次订货会出谋划策、大力支持,我们又要保持大学出版社订货会的特色,双方协调工作多,合作良好。

订货会现在已经拉开大幕,本届订货会共有108家大学出版社、教育部直属出版社及两家大学音像出版社参展,参展图书、电子音像出版物5万多种。和过去一样,今年仍广泛邀请国有和民营书店、高校图书代办站、高校图书馆等书业的朋友参会,看样订货、沟通交流。订货会期间要举办大学出版发行论坛,请有关人士前来做专题讲座。我国大学出版社正处于发展的关键时期,本届图书订货会也是大学出版社落实"十一五"规划第一年的一次盛会,它将展示大学出版社在"十一五"起步之年及近年来的出版、发展成果,促进大学出版社教材图书的发行,具有重要的现实意义。

九、举办第七届全国高校出版社优秀畅销书评选

大学版协主办的第七届全国高校出版社优秀畅销书评选,在教育部社科司指导下,按照坚持正确导向,内容、编校质量、销量综合考评,公平、公正的原则,经过初评、复评和终审,已产生最终结果,94家出版社的328种图书荣获优秀畅销书奖,其中一等奖167种,二等奖161种。本届评奖参加出版社97家,参评图书499种(第五届243种,第六届377),比以前各届有大幅度提高,反映了各社的高度重视和参与积极性,也在一定程度上反映出这个奖项进一步得到大家的认可。

十、《中国大学出版社概览》编辑工作取得较大进展

由大学版协负责组织的《中国大学出版社概览(1997~2005)》的资料收集、审核与编辑工作取得了一定的进展,目前已有75家大学社将有关资料发给版协,尚有33家出版社没有交材料。协会希望各出版社充分重视、大力支持,使《概览》的编辑出版工作尽早完成。

十一、组织评选优秀高校图书代办站

适应改革发展形势的需要,为推动全国代办站改革体制、联合协作、做大做强、快速发展,大学版协代办站工作委员会2006年组织开展了评选优秀高校图书代办站工作,对在近几年工作中坚持"服务高校、服务高校出版社"宗旨,改革创新、勤奋工作、守法经营、业绩显著的代办站授予"优秀代办站"称号,给予表彰,20家代办站获此荣誉。

十二、进一步发挥《大学出版》杂志和中国高校教材图书网的信息交流作用

本年度《大学出版》杂志所刊登的论文更具有针对性和指导性,传播了大学改革和发展的新信息,对大学出版业的改革和发展有一定的推动作用。

2006年,教材网在信息宣传、电子政务、电子商务三大方面都有新的进展。按照教育部社科司和大学版协的要求,教材网更加注重强化大学出版社门户网站的功能,突出大学出版社工作

和出版信息宣传这一特色,加强国家政策法规、协会和大学社重要资讯的传递和积累,做好教育部社科司出版管理系统政务平台的服务。另外,网上零售为大学出版社的图书销售开辟了一条新途径,销售量也在逐年提高。作为大学出版社的宣传窗口,教材网对协会组织的各项重大活动都做了及时的专题性或专栏报道,本届订货会教材网与前几届一样派出报道组进行全程现场跟踪报道。

总之,一年来,在教育部社科司和社团办的指导下,大学版协和各个工作委员会、各位常务理事和理事做了大量的工作,取得较好成效。我们将不断总结经验,提高服务意识和工作水平,在党的十六大和十六届六中全会精神的指导下,进一步加强对图书市场新动态的了解,进一步开展大学出版业改革和发展战略的研讨,进一步做好大学版协的各项工作,为各会员单位服好务,进一步推动大学出版业向前发展。

中国大学出版社协会召开 2006 年大学出版社社长会议

2006 年 11 月 3 日下午,中国大学出版社协会在青岛国际会展中心召开了大学出版社社长会议。参加会议的主要领导有中宣部出版局李达,教育部社科司副司长徐维凡,教育部社科司出版管理处处长魏小波,大学版协理事长李家强,大学版协常务副理事长彭松建,大学版协副理事长张天蔚,大学版协秘书长刘军。会议由大学版协理事长李家强主持。

大学版协秘书长刘军代表大学版协向各位社长汇报了大学版协 2006 年工作情况和 2007 年工作规划,随后,教育部社科司副司长徐维凡就近一年来社科司的工作作了重要讲话。他首先代表社科司对订货会的召开表示祝贺,并从三个方面介绍了社科司一年来所做的主要工作。第一,关于人文社会科学科研工作。教育部启动实施了"高校哲学社会科学繁荣计划",出台了一系列繁荣发展哲学社会科学的政策和措施。徐副司长从六个方面总结了"十五"期间高校哲学社会科学研究工作取得的明显进展,并提出"十一五"期间高校哲学社会科学研究工作应抓好以下五方面工作:一是强化质量观念,显著提高高校哲学社会科学的创新能力;二是全面增强高校哲学社会科学的社会功能,积极参与马克思主义理论研究和建设工程;三是突出工作重点,成为提高高校社科研究质量的有力助手;四是深化科研体制改革,为推进高校社科研究提供制度保证;五是采取切实有力措施,推进高校哲学社会科学研究迈上一个新台阶。第二,高校思想政治理论课建设的有关情况。中央对高校思想政治理论课高度重视,采取了一些重大举措。一是学科建设,建立了马克思主义理论一级学科;二是加强教材建设,统一思想,统一步调,按照要求,统一行动;三是抓教学方法改革;四是加强领导,强化管理。第三,高校出版工作。今年出版界最重要的工作是体制改革,教育部党组对高校出版单位体制改革工作非常重视,要求我们深入调研,部领导专门召开会议,听取汇报,进行认真的讨论。按照中央的部署,在总结文化体制改革试点经验的基础上,将有新的一批出版社进入文化体制改革试点。其中,若干大学出版社也列入改革试点单位。关于发展问题,徐副司长着重强调了高校出版社面临的新情况、新问题,并提出要用创新的态度着力解决以下三个问题:一是制约出版行业持续健康快速发展的普遍性问题,二是高校出版社的特殊性问题,三是高校出版社的个性问题。

徐副司长最后强调了强化管理、确保发展的重要性,他要求出版工作者应将坚持正确的出版物导向放在第一位,必须做到守土有责、守土尽责。

教育部社科司出版管理处处长魏小波从改革和管理的角度通报了出版管理处2006年所做的工作和2007年工作计划。她指出,2006年主要做了以下三方面工作:第一,落实中央文化体制改革精神。司领导亲自带队对中南、西南、华东、东北地区和北京的高校出版单位进行调研,广泛听取了多方面意见,在调研基础上,对高校出版社体制改革情况进行了多次论证与研究;请专家一起将大学出版社的整体改革情况向部领导作了汇报,提出了《关于高校出版体制改革的报告》,受到了部领导的高度关注;根据中央有关深化文化体制改革文件,结合高校出版社发展实际,拟就了《教育部　新闻出版总署关于高校出版体制改革工作的实施方案》。第二,加强高校出版管理。主要做了六方面的工作:确保正确的出版导向;加强质量管理;加强选题管理;加强书号管理;加强对出版社统计工作的管理;加强对社领导干部的岗位培训。第三,与高校出版社发展有关的其他一些工作。主要包括落实两个规划、名刊工程建设、治理商业贿赂等有关工作,以及组织大学版协向老少边穷地区捐赠图书等。魏处长还向与会社长介绍了2007年社科司出版管理工作的要点:一是落实《教育部　新闻出版总署关于高校出版体制改革工作的实施方案》;二是会同新闻出版总署召开全国高校出版工作会议;三是继续落实高校哲学社会科学名刊工程计划;四是加强出版管理;五是加强队伍建设,落实出版专业技术人员职业资格制度。

会议的第四项议程是由大学版协副理事长张天蔚通报第七届全国高校出版社优秀畅销书评奖结果。大学版协常务副理事长彭松建还通报了大学出版社捐赠图书情况。与会领导向获奖和捐书单位颁发了奖牌奖状。

中国大学出版社协会召开第五届第五次常务理事会议

2006年11月3日上午,中国大学出版社协会在青岛市府新大厦召开了第五次常务理事会。会议由大学版协理事长、清华大学出版社社长李家强主持。

大学版协副理事长、上海交通大学出版社社长张天蔚就本届订货会的先期准备、参展单位、参展图书、活动议程等整体情况向与会各常务理事作了详尽的介绍。大学版协秘书长、对外经贸大学出版社社长刘军汇报总结了2006年大学版协的主要工作:一是协助中宣部、新闻出版总署和教育部对全国大学出版社改革和发展所做的工作;二是协助教育部社科司做好图书质量管理工作;三是组织评奖和赠书活动;四是积极开展国际交流;五是组织编辑《中国大学出版社概览(1997～2005)》,进一步办好和发挥《大学出版》杂志和中国高校教材图书网的信息交流作用等日常工作;六是积极筹办第19届全国大学出版社图书订货会。刘军秘书长表示,大学版协将不断总结经验,提高服务意识和工作水平,切实起到桥梁和纽带的作用。

大学版协理事长李家强分三个方面对2007年大学版协的工作进行了规划。他说,大学版协在2007年要努力学习和贯彻党的十六大和十六届六中全会精神,组织协会会员单位认真学习"三个代表"重要思想,全面落实科学发展观,切实提高大学出版人的思想和管理水平。要有计划地开展调研、交流、研讨和对外工作,解放思想,实事求是,推动大学出版业的整体发展和竞争力的提升。2007年工作主要分以下三部分：第一，重点工作。一是协助中宣部、新闻出版总署和教育部贯彻落实中央有关出版改革的方针政策，协助做好大学出版社体制改革工作，推动大学出版社的改革、发展、管理、创新；二是实施数字化战略，研讨大学社数字化出版工作，推进数字化出版。第二，业务工作。一是加强质量管理工作，实施出版物精品战略；二是实施"走出去"战略，有计划组织针对性的出访交流活动，开展版权贸易，加大向国外推广优秀出版物的力度；三是实施人才战略，做好高级编辑系列的职务(职称)评审工作。第三，日常工作。一是研讨出版物市场新变化，做好发行工作，办好第20届大学出版社图书订货会；二是组织2007年大学版协成立20周年有关纪念活动；三是继续做好大学版协的其他工作，办好《大学出版》杂志，做好图书代办站和高校教材图书网，继续做好维权工作，做好年检、年审和财务管理工作。

与会常务理事单位一致通过了大学版协关于2007年的工作方案。

教育部社科司出版管理处处长魏小波在讲话中首先肯定了大学版协一年来在协助政府部门工作、推进各理事单位发展方面的不懈努力和卓有成效的工作成绩。她赞扬大学版协的工作扎实有效，起到了助手和桥梁、纽带作用，并表示赞成大学版协2007年的工作规划。魏处长重点阐释了大学出版社的体制改革问题。她指出，当前大学出版社的体制改革正在按照中央的部署进行，她从转企范围、投资主体、现代企业制度建立、办社宗旨、人员身份转换几个方面，明确了当前出版体制改革的方向和主要目标。她强调，教育部党组高度重视大学出版社体制改革工作，并将其列入明年工作的重点，社科司将认真做好高校出版单位体制改革的调研和实施工作，积极稳妥地推进改革。

中国大学出版社协会召开第五届第六次常务理事会议

2007年11月10日上午，中国大学出版社协会在昆明召开了第五届第六次常务理事会议。大学版协领导、版协常务理事及秘书处工作人员参加了此次会议，教育部社科司出版管理处处长魏小波、副处长林丽出席了会议。会议由大学版协理事长李家强主持。本次常务理事会主要讨论了四个方面的工作。第一，大学版协副理事长张天蔚通报了第20届大学社图书订货会的筹备情况和主要议程。第二，大学版协秘书长刘军汇报大学版协2007年的主要工作。刘军社长从大学版协协助上级领导机关做好高校出版社体制改革试点的有关准备工作、业务研讨交流、大学版协成立20周年纪念活动、落实"走出去"战略等几个方面全面总结了2007年大学版协工作。第三，审议并通过了大学版协理事长李家强所做的大学版协2008年重点工作方案。第四，研究了大学版协其他方面工作。与会人员就如何加强中美大学出版社协会间的交流与合作、积极争取国家重点出版项目以及国家出版基金等问题进行了热烈的讨论。会议还听取了常务副理事长彭松建关于大学版协2007年财务收支情况的汇报。最后，魏小波处长对大学版协2007年工作作了简要总结。她认为，大学版协2007年所做的工作是卓有成效的，这些工作对推进大学出版社的改革创新起到了积极的推动作用。她强调大学版协要认真做好明年的换届改选工作，这对大学版协进一步发挥引领组织的作用非常重要。

中国大学出版社协会召开第五届
第五次理事大会暨社长大会

2007年11月10日下午,中国大学出版社协会第五届第五次理事大会暨社长大会在昆明国际会展中心召开。教育部社科司副司长徐维凡、社科司出版管理处处长魏小波、大学版协理事长李家强、常务副理事长彭松建,副理事长张天蔚、贺耀敏、陈国弟,秘书长刘军等领导出席会议。全国大学出版社社长100余人参加了大会。会议由大学版协理事长李家强主持。会议有五个议题:一是听取徐维凡副司长有关大学出版工作的报告;二是魏小波处长报告出版管理处2007年主要工作和2008年的工作重点;三是刘军秘书长汇报大学版协2007年工作;四是李家强理事长介绍大学版协2008年工作要点;五是彭松建常务副理事长介绍大学出版社为老少边穷地区赠书情况。

大会首先听取了徐维凡副司长的报告。徐副司长在讲话中指出,此次会议是在党的十七大圆满成功的新形势下召开的,十七大对加强文化建设、提高文化软实力以及推动社会主义文化大发展、大繁荣作出了全面的部署,这是对包括出版界在内的整个文化界提出的期望和要求。高校出版社作为我国出版业一支重要的方面军,也要积极行动起来,认真学习和贯彻落实十七大精神,用十七大精神武装头脑、指导实践、推动工作。大学社应站在时代的新起点上,站在我国经济发展的全局上,认真研究如何贯彻党的十七大精神,在已有的基础上提出新的发展思路,为推进社会主义文化大发展、大繁荣作出新的贡献。随后,徐副司长对"第六次全国大学出版社工作会议"作了具体介绍,他要求各大学出版社要认真学习和领会教育部、新闻出版总署领导讲话的内容和精神,落实会议提出的各项工作任务。他从三个方面对高校出版社下一步发展提出明确要求:(1)精心谋划发展。要积极推进大学出版业形成"大而强"的出版集团和"专而特"的出版社并存互补的格局,提高出版机构的规模化、集约化程度。从利润率、经济规模等指标上来看,近年来大学出版社的发展走在全国出版业的前列,但整体发展不平衡。在新的出版形势下,大学社如何形成集团化和做好"小而特"是个全新的课题。与社会上的出版社不同,大学社作为独特类型的出版社,有着诸多不可逾越的限制和制约,它既要遵循高等教育发展的规律,又要从自身实际出发,找到适合本社特点的发展之路。(2)积极推进转制创新。解放思想、深化改革是出版社发展的必由之路,目前大学出版社的转制工作已经正式启动,一些试点出版社的转制方案开始实施,大家要对转制工作的复杂性和艰巨性有充分的准备,切不可疏忽大意。通过试点单位一段时间的实践,总结转制过程中好的经验和存在的问题,为下一步全面推进大学社转制做准备。(3)积极推动数字化出版。对数字出版的发展趋势大学社已普遍达成共识,但在实践上,由于目前数字出版投入大、营利模式不清晰等原因,一些出版社行动较滞后。对势在必行的数字出版,大学社应有紧迫感,有条件的可先起步,积极探索出版的数字化之路,争取走在全国出版业的前面。

魏小波处长向大会汇报了2007年社科司出版管理处的主要工作和2008年的工作重点。她从三个方面总结了2007年出版管理处的工作:(1)抓好重点工作。2007年成功召开了"大学出版社转企改制试点工作会议"和"第六次全国高校出版社工作会议",下发了"高校出版社体制改革试点实施方案"等三个文件,并积极帮助各试点单位做好转企改制的协调和落实工作。(2)为大学出版社的转制争取相关优惠政策。在争取增值税返还工作以及电子、音像、网络出版权的申报方面做了大量工作。(3)日常工作管理。魏处长还从四个方面通报了2008年的工作重点:(1)学习贯彻落实党的十七大精神,以此指导大学出版社的发展。(2)进一步推进高校出版社体制改革工作。(3)组织专家组重点研究大学出版社的发展战略问题。(4)进一步做好选题、书号、质量、培训等服务管理工作。

刘军秘书长从六个方面向大会汇报了大学版协2007年的主要工作:(1)协助上级领导机关做好高校出版社体制改革试点的有关准备工作。(2)做好大学出版的业务研讨交流工作。(3)举办纪念中国大学出版社协会成立20周年活动。(4)开展对外交流,进一步落实"走出去"战略。(5)组织向老少边穷地区捐赠图书。(6)大学版协各机构工作取得了较好成效。

李家强理事长向大会介绍了大学版协2008年的工作要点。他指出,2008年大学版协要努力学习、贯彻和落实党的十七大精神,全面落实科学发展观,切实提高大学出版人的思想和管理水平,有计划地开展调研、交流、研讨和对外工作,推动大学出版业的整体发展。他从三个方面介绍了2008年的工作要点。重点工作:(1)协助中宣部、新闻出版总署和教育部贯彻落实中央有关出版改革的方针政策;(2)认真贯彻落实第六次全国高校出版社工作会议精神;(3)做好第五届大学版协的换届工作;(4)研讨数字出版问题,促进数字出版工作。业务工作:(1)加强出版物质量管理工作,推进精品战略的实施;(2)组织做好优秀教材和学术著作的评奖工作;(3)有针对性地组织出访交流活动,开展版权贸易,拓展向国外推广优秀出版物的渠道。日常工作:(1)办好第21届大学出版社图书订货会;(2)加强对大学版协各分支机构的协调和管理工作;(3)进一步做好年检、年审和财务管理工作。

彭松建常务副理事长向大会介绍了全国大学出版社向老少边穷地区捐赠图书情况,宣读了表彰决定。他指出,2007年共有100家大学出版社向贵州、新疆等地5所院校捐赠图书3万余种,码洋共计400多万元,这些捐赠有力地支持了老少边穷地区的教育发展,受到当地政府和学校的欢迎。大会还向捐赠图书的出版社颁发了荣誉证书。对新建的湘潭大学出版社、江苏大学出版社、贵州大学出版社、黑龙江大学出版社,大会提议向它们表示热烈祝贺,欢迎它们加入大学版协这个大家庭。

中国大学出版社协会2007年工作总结报告

2007年,中国大学出版社协会在教育部社科司的指导下,努力学习和贯彻党的十六届六中全会精神,贯彻"三个代表"的重要思想,落实科学发展观,按照本协会2007年工作要点的安排,有计划有组织地开展以下几项工作,并取得了较好的成效。

一、协助上级领导机关做好高校出版社体制改革试点的有关准备工作

2007年是中宣部、新闻出版总署和教育部部署高校出版社体制改革试点工作的关键的一年。大学版协先后三次协助教育部社科司和中国版协等单位组织召开部分高校出版社体制改革试点工作座谈会和研讨会,即:2006年11月24—27日在广西桂林召开的部分大学出版社体制改革试点研讨会;2007年1月21—25日在海南三亚市召开的部分大学出版社转企座谈会;2007年3月9—12日大学版协组织部分大学出版社领导参加了中国版协在北京召开的出版社转企改制政策座谈会。

新闻出版总署副署长邬书林、教育部副部长李卫红、教育部社科司司长杨光、副司长徐维凡、中宣部改革办副巡视员高书生等领导同志分别出席有关会议,并作了重要讲话,介绍和宣导了中央关于深化文化体制改革的精神。参加上述会议的部分高校出版社负责同志认真学习了新闻出版总署《关于深化出版发行体制改革工作实施方案》、教育部、新闻出版总署《关于高校出版体制改革试点工作的若干意见》等文件,进一步领会、理解了上级有关文件的精神。参会负责同志主动反映大学出版社转企过程中存在的问题,为做好大学出版社转企工作积极献言献策,对高校出版社体制改革试点工作提出了许多有益的建议。

2007年9月2—3日教育部在北京召开了第六次全国高校出版社工作会议,本次会议对全国大学出版业的改革和发展必将起到进一步的推动作用。为办好此次会议,大学版协积极协助领导机关做了大量的工作。

二、做好大学出版业务的研讨和交流工作

按照2007年工作要点的安排,大学版协组织了有关出版业务方面的研讨交流工作。

1. 数字化出版研讨交流

5月12—13日,大学版协召开了全国大学出版社数字化出版工作研讨会,共有50多家出版社,80多位代表出席了研讨会。这次研讨会邀请了新闻出版总署音像电子网络出版司司长王国庆、教育部社科司副司长徐维凡等领导出席并作了重要讲话。中国出版发行研究所研究员张立、德国施普林格公司全球编辑项目总协调员汉斯科奇和高教社副总编辑吴向等中外专家就中外数字化出版业发展现状和未来发展趋势以及数字出版技术演进问题进行了介绍和研讨。出席会议的代表认为这次研讨会开得很及时,大家认为,要实现从传统出版到内容集成制作的信息服务的转变,就要从发展理念、数字化出版投入和数字化出版物的营销等方面做工作,力争成为数字化出版的主体。

2. 出版物营销研讨交流

7月21—22日,大学版协在宁夏回族自治区的银川市召开全国大学出版社营销论坛,共有70多家出版社及高校图书代办站110多位代表出席了研讨会。中国出版发行研究所研究员刘拥军应邀作了专题报告。这次研讨会以专家报告、大会交流等形式,围绕"渠道建设与客户管理"的主题,针对高校教材发行市场的低价倾销、恶意窜货、拖欠书款等问题,进行了深入研讨。为规范市场运作,保障各方面的权益,大会通过了《建设和谐高校教材图书市场倡议书》。

3. 大学出版社发行工作对策的研讨

4月8日,大学版协发行工作委员会在昆明召开大学出版社发行工作对策研讨会。到会的各位发行工作委员会的成员就大学出版社发行工作面临的新形势和新问题进行了分析,研究发行工作的对策及其他相关的工作。

4月26日大学版协在重庆召开高校图书代办站工作委员会扩大会议,研讨了代办站如何适应新的经营环境,转变经营方式,走"联合经营和联合采购"路子的问题。

4. 各地区大学版协积极主动开展工作

今年以来各地区大学版协开展了多项业务交流活动和图书评奖等工作,对出版社的交流与发展起到了积极的促进作用。

三、隆重纪念中国大学出版社协会成立20周年

9月4日,在北京国谊宾馆召开中国大学出版社协会成立20周年庆祝大会。教育部社科司、新闻出版总署图书司和中国出版工作者协会的领导同志出席了大会,并作了重要讲话。教育部社科司司长杨光等领导的讲话,进一步明确了大学版协的定位、性质和作用,提出了今后工作任务和努力方向。大学版协理事长李家强作了"回顾历史、总结经验、展望未来、开辟大学出版事业辉煌明天"的主题讲话;中国版协常务副主席谢明清、复旦大学出版社社长贺圣遂、大学版协老同志高旭华先后作了热情洋溢的发言。大家充分肯定了大学版协20年来所取得的成绩和经验。

四、开展对外交流,进一步落实"走出去战略"

在实施"走出去战略"、开展对外交流方面,有关大学出版社积极开展对外合作和版权贸易,许多常务理事单位和理事单位选派骨干编辑参加法兰克福书展、北京国际书展等对外交流活动,向海外国外输出版权,继续做好向国外选派培训人员的工作。

第一,8月27—29日,在浙江省杭州市召开了第十一次中日韩三国大学出版社研讨会,中日韩三国大学出版社代表共80多人出席了研究会。大学版协理事长李家强主持研讨会,浙江大学出版社常务副社长傅强和北京大学医学出版社社长陆银道先后就中国大学出版社体制改革和经营管理问题作了主题演讲。日本、韩国等大学出版社的有关代表也在会上作了发言。中、日、韩三国大学出版社的代表就共同关心的大学出版社管理体制演变以及出版物市场的新变化进行深入研讨。

第二,2007年8月29日,中国大学出版社协会与美国大学版协共同召开了中美大学出版社学术出版论坛,大学版协理事长李家强以及北大、人大、复旦、华东师大、广西师大等单位领导出席并作了发言。10月8—19日大学版协应邀组织部分大学出版社领导访问了俄罗斯莫斯科大学、芬兰赫尔辛基大学出版社等单位,与访问单位举办了研讨会。李家强理事长介绍了中国大学出版业的发展情况,芬兰科技协会、出版协会、赫尔辛基大学出版社的负责人及芬兰前驻华大使文化参赞分别介绍了北欧出版业发展状况,双方就各自关心的交流与合作、进行版权贸易等问题进行了研讨,取得了较好的成效。

第三,部分大学出版社代表随同中国版协组织赴台参加台北和高雄两市的祖国大陆图书展览会。在台期间,常务副理事长彭松建、重庆大学出版社社长张鸽盛和浙江大学出版社总编辑徐有智等就祖国大陆大学出版社发展的回顾与展望、大学出版社的使命等课题在海峡两岸学术出版研讨会上作了发言。三位先生的发言引起了台湾出版界同行和台湾出版发行方面的专家学者极大兴趣,两岸出版界同仁就学术出版课题展开了广泛而又热烈的讨论。

五、向老少边穷地区捐赠图书工作

2007年,大学版协受教育部社科司的委托,继续组织全国大学出版社和教育部直属出版社向西部有关单位捐赠图书。2007年共有100家大学出版社向贵州省台江县民族中学、新疆财经学院、新疆塔里木大学、江西省井冈山大学以及吉林省白城师范学院等单位捐赠图书共31073种,183944册,码洋4218258元。2007年的捐赠图书活动受到了各大学出版社社长的高度重视和大力支持,促使捐书赠书工作得以顺利而有成效地完成。接受赠送图书的五所院校的领导和师生非常感谢各大学出版社的宝贵支持和大力援助,他们分别向大学版协致信表达感激之情。

六、大学版协相关单位工作也取得较好成效

大学版协秘书处的同志努力工作,主动配合大学版协领导和上级领导机关开展各项有益工作,较好地完成了民政部和教育部社团管理机构的年检和财务审计工作。

大学版协秘书处组织了《中国大学出版社概览(1997～2005)》的编辑工作,广西师范大学出版社积极配合,高标准高质量地出版了这本概览,受到各方面的好评。

大学教材图书网站继续发挥桥梁纽带作用,及时准确地刊发各大学出版社的新书信息和大学版协相关活动的信息,较好地完成了教育部社科司出版管理处交办的各大学出版社经营管理状况的资料数据收集和整理工作,及时发布上级领导机构的相关重要信息,发挥上传下达信息传输作用。

《大学出版》杂志及时刊登高校出版社体制改革试点工作相关信息,传达上级领导机构有关改革试点工作的精神,反映相关高校出版社体制改革试点的诉求;对于大学出版文化理念展开探讨,交流各大学出版社的办社经验。该杂志的工作受到大家的好评。

第五届大学版协理事长办公会扩大会议在北京召开

2008年8月31日,第五届大学版协理事长办公会扩大会议在北京外研社国际会议中心召开。大学版协理事长、副理事长、秘书长、副秘书长和各大区大学版协理事长及其代表、教育部社科司出版管理处魏小波处长、林丽副处长共24人出席。会议由第五届大学版协理事长李家强主持。

李家强理事长报告了第六届大学版协换届的前期准备工作。根据2007年11月大学版协理事长办公会、常务理事会的决定,第六届大学版协的换届工作方案及前期准备工作由大学版协秘书处负责,按照《中国大学出版社协会章程》的规定,在教育部社科司指导下,秘书处于2008年2月15日向教育部社科司报送了第六届大学版协的换届工作方案,教育部社科司3月7日批复同意此换届方案。按照换届方案,3月份进行了大学版协会员登记,截至4月10日,第六届大学版协会员登记113家。5月份开始,各大区大学版协负责推选本地区的常务理事,本项工作6月份结束,推选出新一届常务理事单位38家。在教育部社科司指导下,大学版协秘书处在广泛征求理事单位意见的基础上,提出了新一届大学版协领导班子的产生办法,提交本次会议讨论。

与会同志充分肯定了秘书处对第六届大学版协换届的前期准备工作,赞赏全体会员单位的积极参与。会议经过认真讨论,一致通过了新一届大学版协领导班子的产生办法:

1. 拟定2008年9月下旬召开第六届大学版协常务理事会,选举产生大学版协新一届理事长、副理事长。选举采取票决制。

2. 第六届大学版协领导班子由以下人数构成:理事长1人、副理事长15人,其中:华北地区6人,东北地区1人,华东地区3人,中南地区2人,西南地区1人,西北地区1人,教育部社科司派1人。

3. 新当选的大学版协理事长主持召开第六届大学版协第一次理事长办公会,确定副理事长的工作分工、协会各个机构的负责人,提议并确定秘书长和副秘书长。

林丽副处长介绍了纪念改革开放30周年活动准备工作情况,纪念活动拟请教育部、新闻出

版总署领导到会讲话,大学出版社代表进行大会交流,出版大学出版社改革发展30年纪念册,举办大学出版社出版物精品展。大会还将为大学出版事业作出突出贡献的老领导、调离社领导颁发"高校出版人荣誉奖"。她希望各大学出版社充分重视和积极参与这项意义重大的活动。

最后,教育部社科司魏小波处长讲话。她表示,教育部社科司非常重视大学版协的换届工作,尤其是在当前大学出版社改革体制、快速发展的重要时期,做好这项工作,对于大学版协承上启下,继续发挥政府助手和桥梁、纽带作用,团结全国大学出版社,推动大学出版业的更好更快发展,具有重要意义。魏处长还通报了社科司下半年在大学出版社方面的六项重要工作:(1)举办好全国大学出版社纪念改革开放30周年活动;(2)扎实推进大学出版社的体制改革;(3)配合新闻出版总署做好大学出版社的等级评估工作;(4)10月下旬将举办第11期大学出版社社长、总编岗位培训班;(5)对在京的大学出版社图书质量检查工作进行总结;(6)圆满完成大学版协的换届工作。

本次会议得到了外语教学与研究出版社的大力支持,为会议提供了方便的条件和很好的服务,在此我们表示衷心的感谢。

2008年全国高校出版社社长会议暨第六届中国大学出版社协会第一次理事大会召开

2008年11月13日,全国高校出版社社长会议暨第六届中国大学出版社协会第一次理事大会在安徽国际会展中心召开。全国一百多家大学出版社的社长参加了大会。教育部社科司出版管理处处长魏小波、副处长林丽,新闻出版总署图书发行司发行处处长吕晓清参加了本次会议。大学版协副理事长兼秘书长、对外经贸大学出版社社长刘军主持会议。

魏小波处长首先发表了讲话,她向与会理事表达了徐维凡副司长对大会圆满成功的祝愿。她从六个方面总结了出版管理处2008年的出版管理工作:(1)推进高校出版社体制改革。主要包括推进首批高校出版社改革试点工作,广泛调研非试点出版社对体制改革的意向和思路,积极做好第二批出版社改制的准备工作,与直属出版社共同探讨了相关体制改革工作、提出了改革思路等4项工作。(2)加强高校出版社的出版管理。主要包括加强选题管理、书号管理、质量管理和队伍建设工作。(3)组织高校出版社开展改革开放30周年纪念活动。出版了《高校出版社改革开放30周年》纪念册;委托大学版协组织召开高校出版社改革开放30周年座谈会。(4)为出版社做好奥运期间工作创造条件。(5)组织并依靠大学版协向部分贫困地区捐赠教材。(6)加强高校期刊建设。

接着,魏小波处长从三个方面通报了2009年出版管理工作要点。一是按照中央关于文化体制改革的部署和要求推进出版社体制改革工作。具体工作有:召开"第二次高校出版社体制改革工作会议";启动第二批高校出版社体制改革工作;争取在明年完成两批高校出版社的体制改革工作;开展高校出版社深化体制改革的对策性研究。二是贯彻落实科学发展观,促进高校出版社的发展。要密切关注全国出版业改革发展形势,着力把握高校出版社的发展规律,与高校出版社的领导共同探索、创新高校出版社的发展理念,转变高校出版社的发展方式,破解高校出版社发展的难题,解决好高校出版社在新的起点上实现什么样的发展和怎样发展这一重要问题。具体为:(1) 按照中央精神尽快完成高校出版社的体制改革任务。(2) 探索更加科学的发展方式。(3) 认真落实"十一五"国家重点图书、重点音像电子规划中的项目和国家"十一五"规划教材的出版任务。(4) 开展高校出版社发展战略研究。三是加强高校出版社出版管理。继续加强选题管理、书号管理、质量管理和出版队伍建设,配合新闻出版总署搞好高校出版社的等级评估工作。

新当选的第六届大学版协理事长、北京大学出版社社长王明舟受上届版协理事长李家强的委托,汇报了第五届版协所做的主要工作。受本届常务理事会的委托报告了第六届版协2009年工作计划。

大会还举行了第八届全国高校出版社优秀畅销书和抗震救灾图书特别奖的颁奖仪式;宣读了教育部社科司和大学版协对捐赠图书单位的表彰决定。

大学版协副秘书长岳凤翔代表发行工作委员会介绍了第21届大学图书订货会的情况。

王明舟理事长在2008年全国高校出版社社长会议暨第六届中国大学出版社协会第一次理事大会上的讲话

尊敬的魏小波处长,吕晓清处长,尊敬的各位理事:

大家好!

首先,感谢各位理事对我们的信任和支持,使我们能有为大家服务的机会,还要感谢大学版协历届领导和工作人员的辛勤工作,为我们这届创造了一个很好的工作条件和基础,更要感谢教育部、新闻出版总署对大学版协工作的热情支持与指导。在这里,我们要特别感谢清华大学出版社、中国人民大学出版社、北京师范大学出版社,他们无私地为大学版协工作的开展长期提供了良好的条件。有政府管理部门的热情支持与指导,有各位理事单位的支持与信任,有历届版协积累的经验与奠定的坚实基础,我们这届大学版协有信心把工作开展好,有信心为大家服好务。也请各理事对我们的工作给予监督。

受上届版协理事长家强同志和本届版协常务理事会的委托,下面我简要地向各位理事汇报第五届版协主要工作和第六届版协2009年工作计划。

一、第五届大学版协主要工作

第五届中国大学出版社协会于2003年9月23日进行换届,至2008年11月为止,已经走过了五年有余的工作历程。五年来,第五届大学版协领导班子在民政部的领导下,在教育部社科司的指导下,开展了学习、研讨、举办图书订货会以及出访等多项工作。

(一) 协助政府,组织本协会成员单位认真学习研讨党中央有关文化体制改革的精神,推动大学出版社转制试点工作

从2004年至2008年,在教育部社科司出版管理处的指导下,大学版协年年多次组织全国各有关大学出版社的主要领导成员学习邓小平理论、"三个代表"重要思想和科学发展观、党中央有关文化体制改革的文件。2004年春季,为了从思想上做好大学出版社体制改革的动员准备工

作,在党中央刚刚发布有关文件之后,大学版协就在北京举办了部分社长参加的学习文件研讨会,商讨转制工作方案以及各项准备工作。参加学习和研讨的大学版协成员单位的领导同志清醒地认识到:转制既是机遇又是挑战,转制涉及大学出版社未来的发展和成长,因而要积极创造条件,争取较早地进入转制试点单位行列,为未来发展创造更大的空间。

2006年和2007年,大学版协协助教育部社科司做好大学出版社转制和发展的调研工作,分别于2006年11月、2007年1月和3月,在广西师范大学出版社、海南三亚市以及在北京多次举办部分大学出版社体制改革研讨会。总署副署长邬书林、教育部副部长李卫红、教育部社科司司长杨光、副司长徐维凡、中宣部改革办副巡视员高书生等领导同志分别出席有关研讨会,并作了重要讲话,介绍和宣传了中央关于深化大学出版社体制改革的精神。

(二)学习国家法律法规,改革经营运行机制,推进大学出版社健康快速发展

五年来,大学版协组织编辑、经管、发行、代办站、装帧艺术和对外合作等相关工作委员会分别多次举办研讨会,学习国家有关出版发行的方针政策,国家对出版业财税管理有关法规以及其他管理规章。例如,2004年经管工作委员会于5月底召开了经营责任制暨财税工作研讨会,针对国家有关校办企业交纳企业所得税新规定,请有关专家作专题讲课,请总署相关司局负责人作专题报告并解答问题,参会人员达199人,认真学习税法和相关财务管理文件。这种针对性很强的研讨会,务实解决运行机制问题,收到了很好的效果。

(三)组织总编辑和编辑骨干进行研讨,做好"十一五"选题规划

大学版协编辑工作委员会于2005年8月底在外研社国际会议中心组织召开全国大学出版社"十一五"选题规划研讨会。新闻出版总署副署长邬书林、原副署长桂晓风和教育部社科司副司长徐维凡等领导同志到会讲话并作报告,分别介绍了国家对"十一五"选题规划的要求,介绍了全国高校教材建设情况和教育部的要求,10多家大学出版社领导交流了制定"十一五"选题规划的经验和思路。这次研讨会对各大学出版社做好"十一五"选题规划有一定的指导意义。

(四)组织发行业务骨干培训和积极办好历届全国大学出版社图书订货会

五年来,大学版协发行工作委员会年年举办全国大学出版社发行业务骨干培训班,对各社的发行部门负责人和业务骨干进行培训。培训采取请专家讲课、行业领导介绍图书市场管理法规及有关政策、各社进行经验交流等方式进行。这些培训大大提升了各社发行业务骨干的水平和能力,从而更好地把握图书市场热点及发展趋势。这些培训有利于推动全国大学出版社发行业务扩展,增强大学出版发行业整体实力。

五年来,大学版协发行工作委员会举办了五届全国大学出版社图书订货会。大学版协图书订货会是大学出版界的嘉年华,是大学出版界展示整体实力的盛会。订货会年年举办,年年有改进,年年有特色。大学版协图书订货会从最初的单纯看样订货扩展到图书批发商、销售商现采现编,大大提高了采购订货的准确性和工作效率;订货会从最初只有图书批发商、销售商进场扩展到邀请全国各大学教材科负责人、图书馆负责人、任课教师以及相关大学教务部门领导进场具体地了解、观摩教材、教学参考用书的实况,极大地方便了大学教师选教材和使用教材,为大学图书馆与出版社之间面对面的交流提供了极大的方便。

大学版协图书订货会年年邀请有关专家进场举办专题讲座。这些讲座紧扣当年全国出版发行业的实际情况,介绍政策,交流信息,开阔视野,促使大学出版社管理人员了解全国出版发行的整体发展及相关信息。

在大学版协图书订货会期间,大学版协还协助教育部社科司举办全国大学出版社社长大

会,由教育部社科司领导和大学版协领导讲话做报告,既有当年工作的总结,又有第二年工作的部署,因此订货会也成为大学出版界的年会。

由于大学版协图书订货会具有明显特色和多种功能,因而常办常新,持续不断,在全国出版发行界创造了订货会品牌,成为全国三大订货会之一。

(五) 协助政府做好图书质量抽检工作,加强图书质量管理和举办全国大学出版社优秀畅销书的评选活动

五年来,大学版协协助教育部社科司组织有关专家,开展对中小学教材、教辅的质量检查工作,对在京各相关大学出版社的有关教材、教辅进行编校、内容和印刷等方面的质量检查工作,强化质量意识,增强质量管理。

第五届大学版协举办了两次全国高校出版社优秀畅销书评选工作。在教育部社科司的指导下,按照坚持正确导向,内容、编校质量、销量综合考评,公平、公正的原则,组织专家对各社申报图书开展质量大检查,经初评、复评和终审等三级评选,最后产生评选结果。2006年有94家出版社328种图书荣获优秀畅销书奖,2008年有101家出版社413种图书荣获优秀畅销书奖。

(六) 开展对外交流,开阔眼界、增长见识,提高素质

五年来,大学版协组织了多次出访活动,主要是组织各社领导和业务骨干参加法兰克福国际书展、中日韩三国大学出版社研讨会和对我国台湾地区出版业的考察与交流。大学版协组织出访活动,与出访目的地的有关出版社联络,开展口对口面对面交流与考察,请专家讲课,实地了解国外海外出版业务发展状况,寻找开展对外版权贸易的机会。每次出访活动的过程中,有关大学出版社都能与对口的国外海外出版公司开展相应的版权贸易,向外转让版权,扩大我国大学出版业对外的影响,也弘扬了中华文化。大学出版社人员参加出访活动,开阔了眼界,增长了见识,有利于提高人员素质。

(七) 组织大学出版社向老少边穷地区和灾区捐款捐赠图书

2008年5月12日,我国四川汶川地区发生8级强烈地震。在获悉发生大地震的第一时间,大学版协领导就向地处灾区的有关大学出版社发出慰问电,随后组织动员各大学出版社向灾区捐款,不到一天时间,全国大学出版社便捐款852万元人民币,并由李家强理事长参加了全国文化界的赈灾大会,向全国人民汇报了大学出版社对灾区人民的关爱。同时又有几十家大学出版社赶编赶印了40多种抗震救灾的图书送往灾区,有些大学出版社领导还多次赴灾区开展救助活动,如华东师范大学出版社社长朱杰人就是其中的突出代表。

这5年受教育部社科司委托,大学版协每年都组织大学出版社向老少边穷地区捐书活动,主要对西藏、云南、陕西、四川、安徽等省区开展了捐赠图书工作。

(八) 组织大学出版社美编开展走长征路,发扬长征精神活动

从1998年的10年来,大学版协装帧艺术工作委员会每两年一次举办美术编辑走长征路,发扬长征精神的教育采风活动。这一活动受到了上级领导机关和领导同志的关心和重视。总署老领导宋木文、于友先以及中国版协领导谢明清、刘波等同志都多次指示做好走长征路的工作,谢、刘两位领导还亲自参加了走长征路活动。

(九) 代办站、教材网和《大学出版》杂志都有效地开展了工作,取得了新的进展

(十) 大学版协秘书处努力做好统筹协调等组织工作

大学版协秘书处在理事长、常务副理事长的领导下,统一筹划大学版协各工作委员会的各项活动,协调版协与国家民政部、教育部等领导部门的工作关系,做好每年的年检审计工作、证

照的领发及其检查工作。

二、第六届大学版协 2009 年工作计划

2009 年,大学版协要继续在教育部、新闻出版总署的指导下,努力学习、贯彻和落实党的十七大精神,以马克思主义、毛泽东思想、邓小平理论和"三个代表"重要思想为指导,全面落实科学发展观,切实提高大学出版人的思想和管理水平。在历届版协卓有成效的工作基础上,大力强化协会集体协商机制,强化协会对各理事单位的服务功能,充分调动、发挥各理事单位的积极性和创造性,把协会的工作提升到一个新的高度。加强协会与相关部门的沟通与交流,充分发挥行业协会的桥梁与纽带作用,努力为大学出版的健康发展争取良好的政策环境和舆论环境,维护各理事单位的合理权益,促进各理事单位的发展,提高大学出版的整体实力和竞争力。

2009 年,大学版协计划开展以下三方面的工作。

(一) 充分发挥协会的桥梁和纽带作用,积极协助政府管理部门的工作

协助中宣部、新闻出版总署、教育部贯彻落实中央有关出版体制改革的精神,总结大学社成功转制的经验,全面推动大学出版社的改革与发展。2009 年,版协计划举办 1~2 次体制改革研讨会,探讨新形势下大学出版的未来之路。

认真贯彻落实"第六次全国高校出版社工作会议"精神,结合深入、广泛总结改革开放三十年来大学出版从无到有、从小到大、从弱到强的发展历程,研究总结大学出版社在经营管理、精品战略、特色发展的成功经验。

协助教育部社科司进一步加强出版物质量管理工作,强化自律意识,优化选题结构,突出大学社特点,扎扎实实推进精品战略的实施。2009 年版协计划结合"优秀畅销书奖"评审过程中发现的问题和近年来质量抽查中发现的问题,举办一次成员单位负责质量工作的负责人工作会议,讨论制定行之有效的质量保障体系,切实解决大学出版中普遍存在的质量问题。

加强与行业管理部门的交流与沟通,反映协会成员单位的发展需求,积极为成员单位的进一步发展争取政策支持。

(二) 继续开展并加强大学版协多年来已形成制度的常规工作

积极推进大学出版社优秀出版物评审工作,争取在 2009 年内,将现有的单一的"优秀畅销书奖"评审改为:优秀学术著作、优秀教材、优秀读物等几个层面的评奖,促进大学出版社在知识传播、文化积累、社会服务等各方面的积极性和自觉性,通过规范、合理、公平、公正的评选,进一步增强社会认可度,扩大大学出版物的品牌和市场影响力。

坚持上届版协有针对性组织对外交流活动、开展版权贸易的成功做法,继续拓展版权贸易渠道,向海外推出更多的优秀出版物。

继续办好第 22 届大学出版社图书订货会,谨慎探讨与销售商的合作模式,适应形势的要求,使订货会发挥更大的功能。

加强版协工作的规范化、制度化建设,做好版协年检、年审和财务管理工作。根据形势和环境的变化,修订、完善、充实版协各项制度,适时启动《章程》修订工作,争取在第二次理事会上通过相关文件。

(三) 结合出版业发展面临的形势变化,版协计划有针对性地开展一些新的工作

面对地方出版集团化趋势,版协要积极推动大学出版社之间的多种形式的合作,重点研讨大学出版社在数字化网络出版方面的相关问题,进一步促进数字化网络出版工作,探讨新形势下大学出版社整体资源优势综合利用的模式,强化新形势下大学出版的竞争力和影响力。

加强版协各工作机构和地区版协的工作,秘书处对版协各类活动进行协调和管理。通过各类活动,增强理事单位的交流,促进大学出版整体工作的发展。

借鉴学习国内外行业协会成功的经验,在主要原材料价格不断上涨、成本日益上升的环境下,充分发挥协会组织的优势,协会与有关供应商就材料价格等进行集体洽商,为各理事单位争取较为合理的优惠空间。

加强对大学出版发展的深入研究。版协将组织业内专家对不同规模、不同形态、处于不同发展阶段的大学出版社进行分类调研,通过对比分析,总结出大学出版社成功发展的经验,找出制约大学出版社发展的瓶颈和问题,为各成员单位制定发展战略提供建议,同时,也为行业管理部门制定扶持大学出版的政策提供依据。

充分发挥已经离任的老一辈大学出版人的作用,特别是在质量保障、人才培养、调查研究等方面的工作中,充分利用老同志在长期工作中积累的经验。他们的经验是我们今天一笔非常宝贵的财富,使用好这笔财富,将对我们目前的工作和发展带来事半功倍的效果。

昨天下午的常务理事会和今天上午的理事长办公会,对明年的版协工作提出了很多很好的建议。上午的理事长办公会议,确定了理事长办公会成员的工作分工,决定了秘书处和版协内设各工作委员会负责人名单,并责成各工作委员会尽快提出明年工作计划。秘书处汇总整理后,大家的建议和各工作委员会的工作计划,将明年工作计划提交各理事单位。下面我代表理事长办公会,宣读秘书处和内设各工作委员会组成:

秘书处由刘军副理事长兼任秘书长,毕研林、汪春林、左健、郝诗仙、周安平、雷鸣、岳凤翔任副秘书长;贺圣遂、杨耕负责编辑工作委员会的工作;刘军、宗俊峰负责发行工作委员会的工作;陆银道、陈庆辉负责经营管理工作委员会的工作;于春迟、朱杰人负责对外合作工作委员会的工作;贺耀敏负责代办站工作委员会和中国高校教材图书网管理委员会的工作;杨耕、庄智象负责《大学出版》编委会的工作;贾国祥负责书籍装帧设计工作委员会的工作;陈国弟负责维权工作委员会的工作;何林夏负责培训工作委员会的工作;林全负责音像出版工作委员会的工作;宗俊峰、林全负责数字出版工作委员会的工作;王明舟、周蔚华负责大学出版发展研究会的工作。

各位理事,今天的大学出版面临着空前的机遇和挑战,尽管前方的征途充满坎坷,但我们坚信,经过三十年艰苦发展历程考验的大学出版人,一定能战胜种种困难,创造大学出版新的辉煌!

中国大学出版社协会召开第六届常务理事会第一次会议

2008年11月12日下午,中国大学出版社协会在安徽省合肥市安徽省人大会议中心召开了中国大学出版社协会第六届常务理事会第一次会议。本次会议应到代表39位,实到36位。会议由第五届大学版协理事长李家强同志主持。第五届大学版协秘书长刘军同志向会议通报了大学版协换届筹备工作及选举办法,会议一致通过了大学版协的换届方案和选举办法。第五届大学版协常务副理事长彭松建同志向会议通报了大学版协2008年的财务工作情况。教育部社科司出版管理处魏小波处长出席会议并做了重要讲话。

按照大学版协换届方案和选举办法,参加会议的常务理事投票选举产生了第六届中国大学出版社协会领导班子。之后,第六届中国大学出版社协会理事长王明舟同志主持常务理事会,讨论了第六届中国大学出版社协会机构设置和工作计划。

新一届大学版协领导班子成员名单:

理 事 长:王明舟(北京大学出版社社长)

副理事长:(15人,排名不分先后)

    魏小波(教育部社科司出版管理处处长)
    宗俊峰(清华大学出版社社长)
    贺耀敏(中国人民大学出版社社长)
    杨　耕(北京师范大学出版社社长)
    于春迟(外语教学与研究出版社社长)
    陆银道(北京大学医学出版社社长)
    刘　军(对外经济贸易大学出版社社长)
    贾国祥(东北师范大学出版社社长)
    贺圣遂(复旦大学出版社社长)
    庄智象(上海外语教育出版社社长)
    朱杰人(华东师范大学出版社社长)
    陈庆辉(武汉大学出版社社长)
    何林夏(广西师范大学出版社社长)
    陈国弟(四川大学出版社社长)
    林　全(西安交通大学出版社社长)

中国大学出版社协会召开第六届第一次理事长办公会议

2008年11月13日上午,中国大学出版社协会在安徽省合肥市安徽省人大会议中心召开了第六届中国大学出版社协会第一次理事长办公会议。大学版协理事长、副理事长、秘书处人员出席了会议。会议由大学版协理事长王明舟主持。王明舟理事长提名并经会议讨论确定了第六届中国大学出版社协会秘书长和副秘书长。

秘 书 长:刘　军(对外经济贸易大学出版社社长)

副秘书长:毕研林(中国大学出版社协会)

    汪春林(中国农业大学出版社社长)
    左　健(南京大学出版社社长)
    郝诗仙(中国科学技术大学出版社社长)
    周安平(西南师范大学出版社社长)
    雷　鸣(湖南大学出版社社长)
    岳凤翔(中国大学出版社协会)

会议确定了第六届大学版协机构设置和负责人。

机构名称	机构负责人
秘书处	刘　军
培训工作委员会	何林夏
编辑工作委员会	贺圣遂　杨　耕
发行工作委员会	刘　军　宗俊峰
经营管理工作委员会	陆银道　陈庆辉
对外合作工作委员会	于春迟　朱杰人
代办站工作委员会	贺耀敏
书籍装帧设计工作委员会	贾国祥
《大学出版》编委会	杨　耕　庄智象
中国高校教材图书网管理委员会	贺耀敏
维权工作委员会	陈国弟
音像出版工作委员会	林　全
数字出版工作委员会	宗俊峰　林　全
大学出版发展研究会	王明舟　周蔚华

教育部社科司魏小波处长出席会议并做了重要讲话。

本次会议对大学版协2009年的工作要点进行了深入的讨论,并提出了许多很好的建议。

2009年全国高校出版社社长会议暨第六届中国大学出版社协会第二次理事大会召开

2009年10月30日下午,"2009年全国高校出版社社长会议暨第六届中国大学出版社协会第二次理事大会"在厦门国际会议中心三楼报告厅举行。会议由中国大学出版社协会理事长王明舟主持。教育部社会科学司副司长徐维凡、教育部社会科学司出版管理处处长魏小波就大学社普遍关心的转企改制等重要发展问题发表讲话;大学版协对在2009年参与公益捐助的95家大学社进行了表彰;大学版协副理事长兼秘书长刘军对《中国大学出版社协会章程》的修订案作了说明,大会一致通过了修改后的《中国大学出版社协会章程》;他还作了大学版协2009年工作总结和2010年工作要点汇报。

徐维凡副司长提出了大学社当前需要关注的三大问题:一、高校出版社转企改制工作还应加快进度,大学社领导对这个问题不可掉以轻心;二、高校出版社在现有体制内虽然不可能像其他市场主体那样进行横向联合或者兼并重组,但仍可走出自己的道路,相信产权制度的改革问题在未来将会得到合理解决;三、在数字出版领域,高校出版社首先应该把握好自己的优势,即学术为本,教材为先。

魏小波处长在讲话中首先对社科司出版管理处2009年的工作进行了总结,这包括进一步推进高校体制改革、加强大学出版管理以及进行"名刊工程"的评选工作。值得一提的是,出版管理处对"书号实名申领管理办法"所提出的几条修改意见,充分体现了出版管理处对于高校出版社的服务意识。魏小波表示,出版管理处2010年的工作重点之一,仍是推动高校出版社完成体制改革工作,并将开展对于非教育部所属高校出版社的改制工作进行摸底。

时近年终岁尾,大学出版社的转企改制工作已经进行到一个关键的时刻,而相关主管部门对于这一问题的反复强调,除了表明政府对于推动文化体制改革的坚定信心之外,也从一个层面反映了这一工作任务的艰巨。

中国大学出版社协会第六届第三次常务理事会议召开

2009年10月29日上午,中国大学出版社协会第六届第三次常务理事会议在厦门驿缘宾馆召开,大学版协理事长、副理事长、常务理事、秘书长、副秘书长26人参加会议,教育部社科司出版管理处魏小波处长和刘影秋同志出席。

会议由王明舟理事长主持。按照会议议程,刘军副理事长兼秘书长向各位常务理事报告了大学版协2009年工作总结和2010年工作要点,请大会审议。他还通报了第22届全国大学出版社图书订货会情况。

经审议,会议一致通过了大学版协2009年工作总结和2010年工作要点。

中国大学出版社协会2009年度工作总结报告

尊敬的各位领导、第六届中国大学出版社协会各位理事:

大家下午好!

我代表第六届中国大学出版社协会向各位理事作工作报告,共分三个部分:

一、通过第六届中国大学出版社协会章程修改意见;

二、报告第六届中国大学出版社协会2009年度的工作;

三、报告第六届中国大学出版社协会2010年度的工作要点。

一、通过第六届中国大学出版社协会章程修改意见和第六届中国大学出版社协会工作规程修改意见

按照大学版协章程的规定和第六届中国大学出版社协会第一次理事长办公会议和第一次常务理事会议所确定的工作计划,大学版协秘书处对第五届大学版协章程和工作规程提出了修改意见。2008年12月召开的第六届大学版协第二次常务理事会,审议通过了第六届中国大学出版社协会章程修改意见和第六届中国大学出版社协会工作规程修改意见(附件:大学版协章程、工作规程修改意见)。以上修改意见提交理事大会通过。

二、第六届中国大学出版社协会2009年度的工作

（一）协助政府，组织本协会成员单位认真学习研讨党中央有关文化体制改革的文件精神，推动大学出版社改制试点工作；并努力发挥协会的桥梁纽带作用，及时向政府领导机关反映大学社的愿望和诉求

举办的大型活动有：

1. 组织召开纪念改革开放30周年座谈会。

纪念改革开放30周年，是党和国家政治生活中的一件大事，也是贯彻落实党的十七大精神的重要举措。中国大学出版社协会受教育部社科司的委托，于2008年12月在北京组织召开了纪念改革开放30周年座谈会。

本次会议全面贯彻落实党的十七大精神，高举中国特色社会主义的伟大旗帜，以邓小平理论和"三个代表"重要思想为指导，深入贯彻落实科学发展观，回顾了改革开放以来中国高校出版业的改革发展历程，总结交流了高校出版社发展壮大的宝贵经验，展示了高校出版社取得的丰硕成果，深入探讨了新形势下高校出版社的发展思路。

高校出版社代表作了大会交流，并展示了高校出版社取得的丰硕成果和精品出版物。北京大学出版社为大会专门出版了《高校出版社改革开放三十年》纪念册。大会对大学出版业发展作出突出贡献的现已离任的老社长、老总编进行了表彰并颁发了获奖证书及奖杯。

2. 组织召开教育部直属高校出版社体制改革工作研讨会。

为更加全面深入地了解政府有关部门对高校出版社体制改革的有关政策，进一步明确高校出版社转企改制的流程，更好地解决高校出版社在转企改制过程中所遇到的困难和问题，推进我国高校出版社的体制改革，经教育部社科司同意，中国大学出版社协会于2009年7月在北京召开了"教育部直属高校出版社体制改革工作研讨会"。六十多家教育部直属大学出版社的社长（社领导）、各大区大学版协的理事长等七十余人参加了会议。

魏小波处长在会上介绍了高校出版社体制改革的进展情况和社科司所做的工作，分析体制改革中遇到的困难和问题，对直属高校出版社的转企改制工作提出了要求。

研讨会上，与会同志集中学习了《财政部关于中央级经营性文化事业单位转制中资产和财务管理问题的通知》（财教[2009]126号），教育部财务司迟玉收副处长对这个文件作了解读，并解答了与会同志提出的问题。

新闻出版总署出版管理司王志成处长在会上介绍了全国出版体制改革的整体进展情况，并与大家交流，听取意见，回答了问题。

王明舟理事长指出，上级主管部门对大学出版社的改制有政策、有规程、有时间表，又通过这次研讨会直接给予指导，对大学出版社的转企改制工作是切实的帮助和推动。

通过这次会议，各直属大学出版社的领导进一步明确了高校出版体制改革的精神、要求和工作流程，增强了做好转企改制工作、完成转企改制任务的信心。

（二）举办中国大学出版社图书奖和高校出版人物奖评奖活动（进行专项报告）

为进一步提高高校出版社的图书质量，更好地为教学科研服务，为社会服务，总结经验、多出精品；为了表彰和奖励在高校出版改革和发展中作出突出贡献的版协会员单位工作人员，弘扬奉献精神，树立表率，多出人才，中国大学出版社协会从2009年开始举办中国大学出版社图书奖和高校出版人物奖评奖活动。图书奖下设优秀教材奖、优秀学术著作奖和优秀畅销书奖三个奖项。本奖项设立一等奖、二等奖两个奖项，评奖活动每两年举办一次。

本次评奖活动在教育部社科司的指导下,由中国大学出版社协会主办。评奖工作坚持以邓小平理论和"三个代表"重要思想为指导,坚持科学发展观,努力提高其科学性、权威性,发挥正确的导向和示范作用,使之有利于多出精品,多出人才。目前,共有90多家出版社参加了本次评选活动。上报参评图书共1350种,其中:教材721种、学术著作366种、畅销书263种。上报参评高校出版人物奖46人。大学版协邀请中宣部、教育部、新闻出版总署有关领导和专家及部门代表组成评审委员会,负责中国大学出版社图书奖首届优秀教材奖的评选工作。评审委员会下设评奖办公室,负责评奖的组织协调工作,办公室设在中国大学出版社协会。本次评奖优秀学术著作奖不限数量,优秀教材奖和优秀畅销书奖各不超过200种,到目前为止,图书的初评工作已接近尾声,最终评选结果计划今年年底前全部完成。

(三)举办第22届全国大学出版社图书订货会(进行专项报告)

由中国大学出版社协会主办,大学版协发行工作委员会承办的全国大学出版社图书订货会在宣传贯彻党和国家的出版方针,展示大学出版社的出版成果,交流研讨图书出版发行工作,推动大学出版社的图书销售,促进大学出版社的改革与发展方面已取得了很好的效果。同时,订货会也为全国书业与大学出版社提供了一个高校教材图书交易平台,促进了出版发行工作的改革和发展,为繁荣图书市场、发展高等教育事业和"科教兴国"作出了贡献,因此受到了业界的广泛关注和好评。

为使"第22届全国高校出版社图书订货会"能够办出特色,取得更好的效果,大学版协做了大量的前期准备工作,理事长亲自带队到厦门考察,秘书处与大学版协发行工作委员会的有关同志先后四次到厦门落实具体事宜。大学版协发行工作委员会于4月28日和8月18日在北京召开了两次发行工作委员会会议,充分讨论并制定了本届订货会的实施方案。本实施方案已报教育部社科司批准(教社科司函[2009]92号),新闻出版总署印刷发行管理司同意。本届订货会由中国大学出版社协会主办,大学版协发行工作委员会承办,厦门大学出版社、外图(厦门)文化传播有限公司协办。本届订货会的特点是与第五届海峡两岸图书交易会在同一地点同期举办,这有利于扩大本届订货会的规模,提高订货会的影响力。本届订货会得到了福建省和厦门市政府有关部门的大力支持。

(四)全国高校出版社教材巡展

2009全国高校出版社教材巡展在全国18个省、自治区、直辖市举办,近40家代办站参与承办,70余家出版社参加巡展,涉及各地多所高等院校。各地代办站准备工作充分细致,各大学出版社广泛参与,各高等院校热情支持,使教材巡展活动圆满举行,取得了显著效果。教材巡展是在出版业市场化和高校教材供应形势转变的背景下,一个较好的高校教材宣传、推广、发行方式。2009年全国高校出版社教材巡展活动,得到了出版社、代办站、大中专院校的充分肯定。教材巡展活动已经成为沟通社、站、校三方的重要纽带。

今年7月"全国高校出版社教材巡展"总结座谈会在贵州省贵阳市召开。来自全国各大学出版社、高校图书代办站、高等院校的90余位代表出席了会议。会议总结交流了2009年全国高校出版社教材巡展工作,充分肯定了教材巡展活动的平台作用,并就如何进一步做好教材巡展的各项工作进行了深入探讨,提出了许多宝贵的意见和建议。

(五)进一步做好《高校教材图书征订目录》工作

进一步做好书目的各项工作,2009年5月《高校教材图书征订目录》座谈会在山西大同召开,来自全国各大学出版社和高校图书代办站的40余位代表出席了会议,通过总结工作,交流经验,大家一致认为:做好《高校教材图书征订目录》的各项工作,需要各方面的努力,共同维护好这个品牌;要整合资源,大学社要联合发展,整合信息,整体提高,才能守住阵地。

(六) 积极开展外事工作

按照第六届大学版协理事长办公会议确定的工作计划和大学版协2009年的工作要点,今年,对外合作委员会与大学版协秘书处有针对性地开展了交流合作、版权贸易、拓展向国外推广优秀出版物渠道等方面的工作。组织了第61届法兰克福书展。初步确定了中日韩三国大学出版社出版工作研讨会的组织形式,与台湾大学出版界达成了开展交流、研讨的意向。同美国大学出版协会进一步探讨了互访交流合作等意向。

(七) 加强维权工作力度

大学版协维权工作委员会于4月25日在山东大学出版社召开工作会议。本次会议是大学版协换届后新一届维权委员会召开的第一次工作会议。大学版协副理事长、维权工作委员会主任陈国弟主持,副主任刘臣、董晋骞及委员近20人出席。代表委员会提出了《第六届大学版协维权工作委员会工作规划及2009年工作计划(讨论稿)》。会议经过认真研究、讨论,确定了委员会五年工作规划和2009年工作计划,还深入分析了全国大学出版社当前的维权态势,特别是转企改制中的出版社权益维护问题。

会议提出,今年大学版协维权工作委员会的工作重点,一是就维护权益、反盗版问题开展市场调研,在深入了解市场情况和国内外反盗版经验的基础上,提出报告;二是筹办全国大学出版社反盗版信息系统,以便大学出版社及时沟通、协作,共同应对侵权事件,避免或尽可能减少损失;三是在适当的时候召开全国大学出版社反盗版工作研讨会,并结合大会征集各社维权、打盗版案例和经验材料,相互交流、借鉴。

(八) 做好培训工作

2009年4月26日,大学版协培训工作委员会工作会议在济南召开。培训工作委员会根据当前出版形势和《第六届大学版协5年工作规划及2009年工作计划》《2009年新闻出版工作要点》等文件精神,制订大学版协培训工作委员会五年规划及2009年工作计划。

大学版协培训工作委员会开展培训工作,要结合广大出版社人才培养和从业资格的实际需求,以按需施教、务求实效为原则,有针对性地分层次、分类别地开展内容丰富、形式灵活的培训,确保培训质量。大学版协培训工作委员会开展培训工作的目标是:培养出版社各方面的优秀专业技术人才和领军人才,推动出版社人才队伍不断扩大、员工整体素质明显提高、人才队伍结构与产业结构相适应、人才队伍建设与出版社的业务发展共同提升,从而增强出版社的综合竞争力和持续发展能力。

(九) 数字出版工作

随着科学技术的发展,数字出版已成为国际出版业的发展方向,当前,我国高校数字出版工作还处于起步阶段,为加快实施我国高校出版业数字化发展战略,进一步规范数字出版秩序,保护出版者的合法权益,推动我国高校数字出版工作的进程,今年以来大学版协数字出版委员会组织了若干次座谈会。针对我国高校出版社数字出版的现状和亟待解决的问题,主要探讨研究了传统出版资源与网络技术相结合、建好网络出版平台、整合高校出版资源、为读者提供全方位的立体教材、为高校提供全方位的立体教材、使数字出版成为高校出版社的新增长点等方面的问题。拟定在适当的时候召开全国高校出版社数字出版研讨会。

（十）中国高校教材图书网的工作

中国高校教材图书网作为大学出版社的公共门户网站，经过不断的努力和发展，已经成为知名品牌网站。在今年中国出版科学研究所举办的全国出版社网站排名中，以较高的用户访问量和用户忠诚度等综合评分，排在全国出版服务类网站的第5位。2009年，教材网继续努力为全国大学出版社服务，利用信息平台，根据大学出版社各个时期工作重点，积极开展全方位宣传，如配合大学社改制工作开设"大学出版社体制改革"专栏；全程报道了2009年全国高校出版社教材巡展；为高校教材征订目录制作网络版，扩大了各社教材的宣传力度；全程跟踪报道全国大学出版社图书订货会，成为大学社订货会的第一媒体；利用电子政务平台即社科司出版管理系统，完成了年度大学出版社及电子音像出版社的出版及经营情况各项数据的统计分析工作，这些数据资料为上级领导和主管部门对高校出版社、电子音像出版社的管理、决策提供了重要依据；利用电子商务平台，满足读者购书需求，为大学社开辟了一条图书销售渠道。在信息资讯、电子政务、电子商务三大功能方面发挥了应有的作用。

（十一）向贫困地区捐赠图书

受教育部社科司的委托，中国大学出版社协会今年组织全国大学出版社、教育部直属出版社向贵州凯里学院、陕西省宜君县人民政府捐赠了图书。共有95家大学出版社、教育部直属出版社捐赠图书7478种，46349册，码洋为1022018.27元。

各大学出版社积极响应教育部社科司和大学版协的号召，高度重视，反映了各社为国分忧、为国家教育事业多作贡献的高尚精神。

（十二）日常管理工作

大学版协秘书处的同志努力工作，主动配合大学版协领导和上级领导机关开展各项有益工作，较好地完成了民政部和教育部社团管理机构的年检、审核、财务审计工作和第六届大学版协更换法人工作，初步完成了第六届大学版协各分支机构的变更登记工作。

三、第六届中国大学出版社协会2010年度工作要点（经第六届中国大学出版社协会第三次常务理事会通过）

2010年，中国大学出版社协会要进一步深入学习、贯彻落实科学发展观，锐意进取，开拓创新，有计划地开展调研、交流、研讨和对外工作，解放思想，实事求是，切实提高大学出版人的思想和管理水平，推动大学出版业的整体发展和竞争力的提升。

2010年工作主要分以下三部分：

（一）重点工作

（1）协助中宣部、新闻出版总署和教育部贯彻落实中央有关出版改革的方针政策，推动大学出版社的改革与发展。上半年组织召开一次转企工作经验交流会议，讨论转企过程中遇到的具有共性的问题，探讨解决之道。

（2）发挥协会平台作用，通过组织研讨、交流等活动，促进大学出版社圆满完成"十一五"计划，设计、规划好"十二五"计划，推动大学出版业的持续健康发展。

（3）认真贯彻落实"第六次全国高校出版社工作会议"精神，研究总结经营管理、调整图书结构和实施精品战略的经验，并做好交流与推广工作。下半年召开一次经营管理工作研讨会，探讨新的体制机制下加快大学出版社发展的相关问题。

（4）研讨大学出版社的数字化和网络出版问题，进一步促进数字化网络出版工作。上半年组织召开一次全国高校出版社数字出版研讨会,探讨研究我国高校出版社数字出版与网络出版工作。

(二)业务工作

(1)加强出版物质量管理工作,优化选题,推进精品战略的实施。结合优秀教材、优秀学术著作和优秀畅销书评奖工作中发现的图书质量问题,组织一次图书编校质量专题研讨会,总结大学社在提高出版物质量方面的成功经验,分析历年来质量抽查和评奖工作中发现的问题,进一步改进工作,以促进出版物质量管理,建立有效的保障体系。在适当的时候,举办一期培训班。

(2)加强大学出版社协作维权工作。召开一次全国大学出版社维权反盗版大会,并积极尝试构建全国大学社联合维权体系。

(3)探讨研究我国高校出版社加强合作、加强联合以及集团化的模式。

(4)有针对性地组织出访交流活动,开展版权贸易,拓展向国外推广优秀出版物的渠道。

(三)日常工作

(1)办好第23届大学出版社图书订货会。

(2)加强对各分支机构的工作协调和管理。

(3)做好年检、年审和财务管理工作。

中国大学出版社协会第六届第四次常务理事会议召开

为总结、研究、安排协会工作,继理事长办公会之后,2010年11月12日上午,中国大学出版社协会第六届第四次常务理事会在南昌怡和假日酒店召开。协会常务理事、理事长、副理事长、秘书长、副秘书长参加会议,教育部社科司出版管理处魏小波处长、林丽副处长出席会议。会议由王明舟理事长主持。

会上,刘军副理事长兼秘书长宣读、说明了秘书处拟定的《大学版协2010年工作总结报告》和《大学版协2011年工作要点》,王明舟理事长报告了大学版协2010年度财务工作情况,一并交由全体常务理事审议。与会常务理事充分肯定了协会在2010年围绕中心工作和大学出版社发展需要开展的工作及在大学社改革、发展中发挥的应有作用,认为2011年工作安排重点突出,针对性强,财务情况清楚、良好。经过讨论、审议,会议以举手表决的方式一致通过了以上三个报告。

岳凤翔副秘书长就《教育部社科司、中国大学出版社协会关于表彰2010年度捐赠图书单位的决定》《教育部社科司、中国大学出版社协会关于表彰向玉树地震灾区捐款单位的决定》作了说明。

毕研林副秘书长通报了即将开幕的第23届全国大学出版社图书订货会的准备和安排情况。

会议还讨论、决定了人事调整。协会原副理事长陈国弟同志因年龄原因不再担任四川大学出版社社长,提出辞去副理事长职务。会议感谢陈国弟同志多年来为协会工作和全国大学出版业发展所做的大量工作和贡献,根据协会章程的规定,常务理事会接受了他的辞呈。根据协会理事长产生办法,经协会西南地区常务理事单位酝酿推荐,常务理事会讨论、审议,一致通过增补西南师范大学出版社社长周安平同志为大学版协副理事长,并接替协会维权工作委员会主任工作。

2010年中国大学出版社协会全体理事大会召开

2010年11月13日下午,2010年中国大学出版社协会全体理事大会在江西南昌国际展览中心主馆第三会议室召开。来自全国一百多家大学出版社的百余位社长、总编辑参加了大会。教育部社会科学司副司长徐维凡,社科司出版管理处处长魏小波,新闻出版总署出版管理司图书处处长洪勇刚等出席了会议,中国大学出版社协会理事长王明舟主持会议。

中国大学出版社协会副理事长兼秘书长刘军首先作了大学版协2010年工作报告。2010年,大学版协在教育部、新闻出版总署、民政部的关怀、指导下,在全体会员单位的支持和共同努力下,围绕中心工作和大学出版社发展的需要,开展了大量行之有效的工作:(1)认真学习、贯彻党中央有关文化体制改革与发展的精神,协助政府推动大学出版社的改制和发展;(2)全国大学出版社图书奖、高校出版人物奖评选结果揭晓;(3)举办"第八届大学出版社图书封面、装帧设计评奖";(4)向青海玉树藏族自治州玉树县捐款;(5)向老少边穷地区捐赠图书;(6)举办全国大学出版社编辑培训班;(7)《大学出版》更名《现代出版》重新出刊;(8)积极开展外事工作;(9)举办第23届中国大学出版社图书订货会;(10)高校图书代办站召开工作会议、举办教材巡展;(11)《高校教材图书征订目录》功能和作用不断增强;(12)全国高校教材图书网出色发挥门户网站作用;(13)加强维权工作力度;(14)协会的日常管理工作;(15)各地区大学版协积极开展各项工作和活动。

刘军介绍了《大学版协2011年工作要点》。2011年度,中国大学出版社协会要会同全体会员单位进一步深入学习、贯彻党的十七大和十七届五中全会精神,全面落实科学发展观,推动大学出版业的产业创新,深化体制改革,制定好"十二五"规划并力争好的开端,保证大学出版业整体持续又好又快发展。主要有三方面:(1)重点工作:推动大学出版社切实做好体制改革工作,赢得更大发展;组织全国大学出版社认真总结"十一五"规划时期的经验,科学、细致地制定好"十二五"规划;促进大学出版社在新的体制机制下强化经营管理,多出精品图书,取得新的发展。(2)业务工作:加强出版物质量管理,优化选题,推进精品战略的实施;针对大学出版社转企改制之后的新情况和建设、发展需要,下半年召开一次经营管理工作研讨会,交流经验和思路;研讨大学出版社的数字化和网络出版问题,进一步促进数字化网络出版工作;继续加强大学出版界维权力度;召开第四届全国大学出版社营销论坛,办好第24届大学出版社图书订货会;继续有针对性地开展培训工作;探讨研究我国高校出版社加强合作、加强联合以及集团化的模式;有针对性地组织出访交流活动,开展版权贸易,拓展向国外推广优秀出版物的渠道;举办"2011

年全国高校出版社教材巡展"活动,适时召开全国高校图书代办站大会;继续办好协会刊物《现代出版》、门户网站,编发好《大学出版信息》;继续开展向老少边穷地区捐赠图书等公益活动;加强对大学版协各工作委员会和各大区大学版协工作的支持。(3)日常工作:加强对各分支机构的工作协调和管理;做好年鉴、年审和财务管理工作。

中国大学出版社协会副理事长宗俊峰就本届订货会的情况向全体理事作了通报。本届订货会在南昌举办,得到了江西省南昌市党政领导机关主管部门以及出版发行界、教育界单位朋友的大力支持,江西高校出版社作为协办单位对本届订货会的成功举办给予了多方面支持,他代表协会和全体会员单位表示衷心的感谢。

王明舟理事长从协会会务费用收支情况、协会日常支出、业务活动收费与支出、其他项目支出等方面,向大会作了版协2010年财务工作报告;宣读了《教育部社科司、中国大学出版社协会关于表彰向玉树地震灾区捐款单位的决定》和《教育部社科司、中国大学出版社协会关于表彰2010年度捐赠图书单位的决定》,主席台各位领导向受表彰单位颁发了证书。

徐维凡副司长在会上发表了重要讲话。他指出,在学习贯彻十七届五中全会精神的大背景下,全国大学出版社应深刻认识当前高校出版业发展当中面临的新形势、新问题,从教育界和新闻出版业发展的大局下,全面准确地理解中央关于推进新闻出版体制改革和发展的战略部署;应加强对新闻出版业发展特点和发展趋势的研究,深刻把握出版的本质、内涵、发展趋势、发展途径和具体问题;应振奋精神、付诸行动,在实践当中探索大学出版社新的发展道路。

魏小波处长向大会汇报了社科司在2010年推进高校出版社改革、促进高校出版社发展、加强出版社管理三方面的工作情况。她说,今年是高校出版社改革的决胜年,社科司按照中央的部署,稳步推进高校出版社的体制改革;规范转制、协调关系、落实政策、完成转制。一是协调解决转制中的各种问题;二是汇总转制情况;三是研究高校出版社在转企改制和深化体制改革下的新动态;四是调研高校出版社转制中产生的共性问题,努力解决重点问题。在促进高校出版社发展方面,一是推动数字出版,推动高校出版社发展方式的转变;二是组织研究高校出版的战略发展,并在北京、上海等地实地调研和研讨;三是比较分析了高校出版社"十五"与"十一五"期间的发展情况、态势;四是按照新闻出版总署关于"十二五"国家重点图书电子音像出版物出版规划的要求,组织在京的大学出版社申报了图书项目230种,音像制品51种,电子出版物13种。在加强高校出版社管理方面,继续加强选题管理、书号管理、质量管理、基金管理、队伍建设工作和年度核验工作。2011年,社科司的工作思路主要是:继续推动高校出版社的体制改革、完成转制,研究分析高校出版社转企改制之后遇到的新情况、新问题;促进高校出版社持续稳定地发展;进一步做好管理工作,把好选题关;举办第14期社长总编培训班。

洪勇刚处长作了发言。他说,大学出版社作为我国出版业中的重要力量,不仅对我国的学科建设和出版发展是不可或缺的,同时在规范出版风气、树立出版形象方面发挥了重大作用。

中国大学出版社协会 2010 年度工作报告

2010年,中国大学出版社协会在教育部、新闻出版总署、民政部的关怀、指导下,在全体会员单位的支持和共同努力下,围绕中心工作和大学出版社发展的需要,开展了大量行之有效的工作。

一、认真学习、贯彻党中央有关文化体制改革与发展的精神,协助政府推动大学出版社的改制和发展

1. 配合社科司推动大学社改制工作。

出版体制改革是今年的一项重要工作和复杂工程,大学版协始终把协助政府和各出版社落实好这项工作作为自己工作的中心和重点。今年,大学版协多次组织座谈会等活动,促进出版社的学习、交流和经验的相互借鉴,积极稳妥地推进高校出版社的体制改革。今年8月,配合教育部社科司进行了高校出版社目前在职人员事业编制情况的调查了解,给各高校出版社发函,为各高校出版社真实准确地填报《高校出版社在职人员的事业编制情况调查表》做了大量工作,使这项工作得以顺利进行。

2. 组织召开高校出版社数字出版研讨会。

为推进高校出版社数字出版工作,提升高校出版社出版科技含量,更好地为教育、教学、科研服务,今年7月,大学版协受教育部社科司委托,在长春市组织召开了高校出版社数字出版研讨会。教育部社会科学司副司长徐维凡、新闻出版总署科技与数字出版司副司长寇晓伟、东北师范大学副校长刘益春、吉林省新闻出版局副局长迟学智出席会议。30多位高校出版社领导参加会议。大学版协理事长王明舟、副理事长宗俊峰分别主持会议。

徐维凡副司长和寇晓伟副司长在会上作了重要讲话。北京语言大学出版社、外语教学与研究出版社、北京大学医学出版社、华东师范大学出版社、清华大学出版社、西安交通大学出版社的领导介绍了本社数字出版的做法与经验。与会社长就数字出版工作进行了交流。

会议认为,时值我国文化产业快速发展、出版体制改革不断深化、高校出版社转企改制即将完成的重要时机,高校出版社要科学谋划新形势下的发展和转型问题,认真思考借助信息技术、数字技术进行数字化转型,努力提升高校出版产业水平。会议向各高校出版社提出要高度重视、积极参与数字出版:第一,要进一步提高对数字出版紧迫性的认识,切实转变观念。各社领导要重视数字出版工作,将数字出版列入发展战略中,因社制宜,积极参与,寻求最佳出版形式。第二,要加强调研和学习,做好基础性工作。要认真学习研究数字出版这一新的发展业态,充分利用大学人才优势和智力优势,研究探索数字化环境下高校出版的新途径、新模式。要立足于本社实际,将内容资源数字化,建立适应数字化环境的出版流程、发行渠道。第三,要认真思考,整体推进。面对出版业规模化、集团化趋势,大学版协将认真思考、积极应对,研究集团化背景下高校出版的发展问题,积极推进数字化整体进程,整合出版资源,集合多社优势,以数字出版为契机促进联合发展。

二、中国大学出版社图书奖、高校出版人物奖评选结果揭晓

中国大学出版社协会主办的"2009年度中国大学出版社图书奖"和"首届高校出版人物奖"评奖活动,在教育部社科司指导下于今年7月圆满完成。评奖活动得到了全国大学出版社、教育部直属出版社的积极响应、踊跃参与。依据《中国大学出版社图书奖评奖办法(试行)》《中国大学出版社首届高校出版人物奖评奖办法(试行)》,本着客观、公正的原则和严肃、认真的态度,经过评审专家组初评、复评和评审委员会终审,在广泛听取意见的基础上,最终从87家大学出版社参评的1354种图书中,评出获奖图书551种(一等奖252种,二等奖299种),其中优秀教材奖255种,学术著作奖168种,优秀畅销书奖128种;从47家大学出版社申报参评的48人中,评出荣获"首届中国大学出版社高校出版人物奖"的同志20人;并经评审委员会讨论决定,对2008年12月31日仍在岗、获得过韬奋出版奖、中国出版政府奖优秀出版人物奖、全国百佳出版工作者奖的21人,一并授予"中国大学出版社高校出版人物"称号。

本届获奖图书主旋律突出、导向鲜明、内容丰富、形式多样,体现了较高的思想、学术和质量水平,是作者和大学出版工作者辛勤劳动创造的集中体现,是我国高校出版社近年来实施精品图书工程的最新成果,是社会效益和经济效益兼备的精品图书的集中展示。

获得首届高校出版人物奖的41位同志,认真学习和实践邓小平理论和"三个代表"重要思想,贯彻落实科学发展观,认真执行党的各项方针政策,模范遵守职业道德准则,诚信服务,无私奉献,在业界有良好的声誉。他们爱岗敬业、勤奋学习,坚持正确导向,在出版、发行、出版研究、出版管理、读者服务、版权贸易等领域,取得了显著的成绩,为出版业的改革和发展作出了突出贡献。评选结果已在《现代出版》2010年9月号(总第69期)、2010年10月11日的《中国新闻出版报》刊登报道,并登载在中国高校教材图书网上。

三、举办"第八届大学出版社图书封面、装帧设计评奖"

为检验和展示大学出版社图书产品封面设计、装帧设计的艺术水平和新的成绩,探索图书封面设计、装帧设计在以高科技为先导的全新创作时期的设计模式和设计理念,提高大学出版社图书产品的影响力,今年大学版协装帧艺术工作委员会组织、东北师范大学出版社协办,举行了"第八届大学出版社图书封面、装帧设计评奖"活动。

按照本届评奖活动的宗旨和评审理念,图书封面设计奖和图书装帧设计奖分别由不同专业的评审委员进行评选。经过评审委员会的初评、终评,最后从各出版社报送的211种作品中,评出装帧设计奖40个,其中一等奖16个,二等奖14个,三等奖9个;封面设计奖78个,其中一等奖25个,二等奖38个,三等奖15个。近日即可将荣誉证书以特快专递的形式寄发给各获奖出版社,同时在中国高校教材图书网上公布。

四、向青海玉树藏族自治州玉树县捐款

今年4月14日,青海省玉树藏族自治州玉树县发生了7.1级强烈地震,造成重大人员伤亡和巨大财产损失。灾区人民的安危,牵动着每个大学出版人的心。按照中央领导和新闻出版总署的倡议,中国大学出版社协会组织全国大学出版社向玉树灾区紧急捐款,通过大学版协捐款的出版社共84家,捐款总数额367.9万元。其中:北京大学出版社、清华大学出版社和教育科学出版社各捐款50万元、广西师范大学出版社捐款20万元、华东师范大学出版社捐款15万元、复旦大学出版社、浙江大学出版社捐款10万元。还有出版社通过教育部、中国红十字基金会捐了款,其中:高等教育出版社、人民教育出版社各通过教育部、中国红十字基金会捐款400万元,北京师范大学出版社通过教育部捐款200万元,中国人民大学出版社、外研社各通过教育部捐款

60万元,语文出版社通过教育部捐款50万元,上海外语教育出版社通过中国红十字基金会捐款60万元。除此之外,在抗震救灾过程中,不少出版社还通过各种形式、其他渠道捐款、捐物、捐赠图书。大学出版社的善举受到了上级有关部门的好评和灾区人民的赞扬,大学版协也对各大学出版社、教育部直属出版社表示高度评价和衷心感谢。

五、向老少边穷地区捐赠图书

大学出版社十分重视并积极开展公益活动。今年,受教育部社科司的委托,大学版协组织全国大学出版社、教育部直属出版社向四川省洪雅县教育科技局、井冈山大学、新疆喀什地区教育局、新疆洛浦县委等老少边穷地区和革命老区捐赠了图书。共有103家大学出版社、教育部直属出版社捐赠图书14087种,111142册,码洋为2549798.65元。

各出版社本着高度的社会责任感和拳拳爱心,高度重视、大力支持和积极参与捐赠图书活动,选择优质、适用图书,又快又好地完成了这项工作。

全国大学出版社的图书捐赠,得到了有关政府部门和院校广大师生的好评。今年的四个受赠地区和单位分别给协会发来感谢信,都给予了很高评价,对各大学出版社表示衷心感谢。教育部、大学版协将对捐赠图书的出版社颁发奖状给予表彰。

六、全国大学出版社编辑培训班

8月15至21日,由中国大学出版社协会主办,大学版协培训工作委员会、编辑工作委员会与新闻出版总署教育培训中心上海分中心合作承办的全国大学出版社编辑培训班在上海举办。来自全国大学出版社的50名骨干编辑参加了培训。大学版协副理事长何林夏出席开班仪式并讲话。

大学版协高度重视大学出版社的人才培养和培训工作,年初王明舟理事长主持会议提出协会要帮助出版社搞好编辑队伍建设;4月下旬培训工作委员会在成都召开工作会议,专门研究了今年的全国大学出版社培训工作;这次培训班,大学版协副理事长庄智象、贺圣遂又亲往培训班给学员上课。

培训班针对大学出版社的现状和发展趋势策划课程,内容具有很强的针对性和实用性,课程安排科学、系统。授课教师有大学出版社的资深专家、出版研究所的高级专家、全国著名的语言文字专家等。参加培训的学员普遍感觉收获很大,感到通过学习专业知识得到了系统的梳理和提升,从授课老师身上学到了老一代出版人的敬业精神和职业态度,也搭建了与其他出版社编辑的交流平台。

七、《大学出版》更名《现代出版》重新出刊

因工作需要,经国家新闻出版总署批准,原《大学出版》杂志更名为《现代出版》重新出刊。《现代出版》由教育部主管,中国大学出版社协会主办,承办单位由北京师范大学出版社转为中国传媒大学出版社,在编辑委员会的领导下,设主编、执行主编各一名,分别由中国传媒大学出版社社长蔡翔和原河南大学出版社社长王刘纯担任。

刊物刊载的主要内容为国家关于出版产业的法律、规章、制度;相关学科有创见的研究成果;数字出版技术及制作、管理、设计、教学等方面的应用文章;具有典型意义的案例;代表出版产业发展方向的综合评论;图书评介以及相关动态信息等。读者对象为出版产业及相关行业的从业人员、科研、教学、生产、行政管理及大中专院校学生。目标是成为宣传、展示我国出版业特别是大学出版社和大学出版人形象,促进社与社之间、出版人之间交流学习的平台,打造为专业性强、特色鲜明的出版传媒类品牌刊物。首期刊物已于2010年9月10日正式亮

相,获得了好评。

《现代出版》将立足时代前沿,密切联系出版实践,注重对出版界重大的政策理论问题进行解读剖析,关注出版业最新的研究成果和发展趋势,以促进出版界的学术交流,弘扬现代出版文化,展示当代出版人特别是大学出版人的风貌。力争在最短的时间内将刊物办成出版传媒类的核心期刊,为现代出版业的发展发挥自己最大的能量。

八、积极开展外事工作

按照大学版协确定的工作计划,今年,对外合作委员会与大学版协秘书处有针对性地开展了对外交流合作、版权贸易、拓展向国外推广优秀出版物渠道等方面的工作。

1. 组团参加美国书展。

今年5月,大学版协组织部分大学出版社数字出版有关负责同志参加了在美国纽约举办的EBA图书博览会。代表团由大学版协副理事长、清华大学出版社社长宗俊峰任团长,大学版协副理事长、西安交通大学出版社社长林全和北京航空航天大学出版社社长张德生任副团长,大学版协副秘书长毕研林任领队。

大学版协代表团在美除参加书展外,还重点考察了国际著名出版机构的数字出版和网络出版情况,与夏威夷大学出版社、哥伦比亚大学出版社、培生出版集团举办了研讨会,开展了有关数字出版的研讨和交流活动;考察了常青文化集团、天普书原书店等多家书店,了解国外图书市场和华文出版物销售情况。

代表团成员通过此次活动,进一步了解了美国出版业,尤其是美国数字出版的发展情况,开阔了视野,增加了切身体验。

2. 组团出席法兰克福书展。

10月份,大学版协组织代表团参加了在德国举办的第62届法兰克福书展。代表团由旅游教育出版社社长刘权任团长,中国海洋大学出版社社长杨立敏、人大书报资料中心党委书记李明霞任副团长。参展期间,大学版协代表团与德、法等国知名出版社举行了研讨会,就双方关心的文化交流、教材建设及版权贸易等方面的问题进行了研讨和业务交流,并考察了有关物流与出版的先进技术与管理模式。通过书展和考察交流,大家对国际出版业的情况有了更加全面地了解,增强了发展我国大学出版事业、提升大学出版业竞争力的信心。

为搞好今年的出访活动,大学版协做了大量的前期准备工作。在团长的领导下,全团同志服从安排,遵守纪律,团结互助,顾全大局,表现出了中国大学出版人的良好精神风貌。在大家的共同努力下,圆满地完成了出访任务。

九、举办第23届全国大学出版社图书订货会

由中国大学出版社协会主办,大学版协发行工作委员会承办的全国大学出版社图书订货会在宣传贯彻党和国家的出版方针,展示大学出版社的出版成果,交流研讨图书出版发行工作,推动大学出版社的图书销售,促进大学出版社的改革与发展方面已取得了很好的效果。同时,订货会也为全国书业与大学出版社提供了一个高校教材图书交易平台,促进了出版社发行工作,为繁荣图书市场,发展高等教育事业和"科教兴国"作出了贡献。

为使第23届全国高校出版社图书订货会办出特色,取得更好的效果,大学版协做了大量的前期准备工作,王明舟理事长、宗俊峰副理事长、刘军副理事长带队到江西南昌考察,大学版协秘书处和发行工作委员会的有关同志先后四次到南昌落实具体事宜。大学版协发行工作委员会7月30日在北京召开了发行工作委员会会议,讨论并制定了本届订货会的实施方案。本届订

货会由江西高校出版社协办,得到了江西高校出版社和江西省、南昌市政府和有关部门的大力支持(本届订货会情况还要进行专项报告)。

十、高校图书代办站召开工作会议、举办教材巡展

今年是大学出版社转企改制的关键性一年,为使代办站适应新的形势,进一步做好大学社的教材图书发行工作,大学版协代办站工作委员会1月7日在京组织召开了"全国高校出版社图书代办站站长工作会议",教育部社科司出版管理处处长魏小波、大学版协理事长王明舟出席并讲话,大学版协副理事长、代办站工作委员会主任贺耀敏主持会议。会议总结了2009年高校图书代办站工作,提出了今后的工作思路,对2010年的工作做了全面、细致的部署;还讨论通过了《关于高校出版社图书代办站体制改革机制建设的意见》《2010年全国高校出版社教材巡展活动方案》《关于设立大学出版社院校代表的意见》,设立了高校图书代办站服务中心各大区工作委员会,表彰了2008、2009年度全国高校出版社教材巡展先进单位。

4月至6月,第三届全国高校出版社教材巡展活动在北京、山西、广东等19个省市自治区举办。近40家代办站参与承办,70余家出版社参加巡展,涉及各地多所高等院校。各地代办站准备工作更加充分细致,各大学出版社广泛参与,各高等院校热情支持,新版、品牌教材进校园,出版社和高校师生面对面,为高校师生提供了了解、选择、征订教材,提出意见、建议的机会,促进了出版社教材的发行和建设,取得了很好的效果。

巡展活动结束后,大学版协代办站工作委员会6月20日在西安组织召开了"2010年全国高校出版社教材巡展总结座谈会"。大学出版社、高校图书代办站、高等院校的100余位代表出席会议,一起总结2010年全国高校出版社教材巡展工作,深入研讨代办站与出版社协作的途径和方式。大学版协副理事长兼秘书长刘军出席会议并讲话。大学版协副秘书长、全国高校图书代办站服务中心主任岳凤翔主持会议并对巡展工作做了总结。

此后,7月27日代办站工作委员会又在承德市召开工作会议,对全国高校出版社教材巡展工作进行进一步总结、评估,提出改进办法,研究新的思路;还就加强代办站队伍建设,进一步优化布局、增强活力和整体实力等问题进行了深入探讨,提出了具体办法。

十一、《高校教材图书征订目录》功能和作用不断增强

由教育部(原国家教委)、新闻出版总署(原国家出版局)1986[003]、[009]号文件批准,中国大学出版社协会所属高校出版社图书代办站服务中心编印的《高校教材图书征订目录》,自1989年以来,在全国大学出版社和高校出版社图书代办站的共同努力下,为促进大学出版社教材图书的宣传推广和发行,在服务高等院校的教学、科研中,发挥着越来越重要的作用,已经成为高校师生、书店、经销商了解、征订大学出版社教材图书的工具,成为大学社教材图书发行的重要渠道,全国大学出版社教材共同推广和形象整体宣传的品牌。

《书目》去年5月在山西大同市,今年6月在陕西西安市先后召开座谈会,就在信息发达、教材图书征订渠道多元化、出版社转企改制的形势下,使《书目》发挥更大作用,进一步办好《书目》听取出版社的意见。针对出版社发展的新形势、新需要,现在《书目》注重发挥大学出版社教材整体宣传、联合征订平台的作用,不断增强功能,加强宣传推广,春、秋两季各印发7000余套,制作光盘12000多张,在中国高校教材图书网发布可以查询、订购的网络版,免费发送到全国各大中专院校的教材图书供应部门和院系,发送给代办站、新华书店等经销商,供大中专院校选订教材,受到大中专院校教材供应部门和师生的欢迎。

十二、中国高校教材图书网出色发挥门户网站作用

中国高校教材图书网作为全国大学出版社的公共门户网站,注重发挥门户网站的特色,始终把及时、全面地聚焦全国大学出版社信息资讯,助推大学出版业的工作和发展作为工作重点;注重发挥门户网站的综合平台作用,力争在大学社改制、面对各种集团的激烈市场竞争、寻求联合联盟的过程中,把教材网打造成全国大学出版社整体形象宣传、图书资源整合、联合营销发行的综合媒介和联系纽带;立足电子商务,面向市场,争取做强做大。

今年,中国高校教材图书网经过不断的努力,在信息宣传、电子政务、电子商务方面又做出了新的成绩,有了新的发展。一是紧跟形势,发挥现代网络媒体作用,配合协会和各大学社推动各项工作的开展。针对大学社体制改革工作,开设了"大学出版社体制改革"专栏,对大学社的改制工作和在改制过程中普遍关心的问题进行全面报道;根据总署提出的"把数字出版打造成新闻出版支柱产业"这一工作重点,开辟了"数字出版"专栏,对国内外数字出版的前沿问题和发展趋势进行重点报道;为宣传大学社的整体形象,开设了"首届大学社图书奖、人物奖"专栏,重点宣传获奖人物及获奖图书;在大学社订货会上作为协会自己的重要媒体,全程跟踪报道、宣传全国大学出版社图书订货会。二是全方位、多视角对各大学出版社图书进行宣传推介,根据各社图书宣传需要,开设专版、专栏宣传各社重点图书;跟踪报道了2010年全国高校出版社教材巡展活动;为加大《高校教材征订目录》的宣传力度,制作了目录网络版;在本届订货会期间推出了"名优出版社教材推展"活动,各社踊跃参展,收到了较好的效果。三是保证了社科司对大学出版社电子办公系统的正常有效运行;完成了年度大学出版社及电子音像出版社的出版及经营情况各项数据的统计分析工作,这些数据资料为上级领导和主管部门对高校出版社、电子音像出版社的管理、决策提供了重要依据。四是电子商务平台,满足了读者购书需求,为大学社开辟了一条图书销售渠道。目前,教材网的总访问量已突破2567万人次。

十三、加强维权工作力度

原新华书店总店北京发行所,简称京所,现在更名为新华出版物流通有限公司,长期经营不善,现已经濒临破产。据悉该公司拖欠大学出版社巨额书款数年不予结算,为维护大学出版社的合法权益,大学版协决定就此事件开展维权工作,今年8月,大学版协向各大学出版社发出通知,要求上报欠款情况。到目前为止,共上报57家出版社,欠款金额共49626980.13元。为减少大学出版社的损失,大学版协准备代表授权大学出版社向新华出版物流通有限公司追缴欠款。

十四、协会的日常管理工作

大学版协秘书处的同志努力工作,主动配合大学版协领导和上级领导机关开展各项有益工作,较好地完成了民政部和教育部社团管理机构的年检、审核、财务审计工作和第六届大学版协更换法人工作,初步完成了第六届大学版协各分支机构的变更登记工作。

十五、各地区大学版协积极开展各项工作和活动

除协会组织开展的各项工作和活动,全国各大区大学版协、专业和地区出版社群体也针对各自地区或专业特点、根据出版社工作需要,开展了研讨交流、图书评奖、联合营销等许多丰富多彩的工作和活动。这些工作和活动,有力地促进了各地区、专业出版社的发展,也极大地丰富了大学版协的工作,是对协会工作的有力支持。

出版社建设、发展研讨

2006年大学出版论坛"青岛论剑"

11月4日上午,"2006年大学出版论坛"在青岛国际会展中心举行。中国大学出版社协会常务副理事长彭松建主持。青岛市新华书店集团总经理袁淑琴、中国图书商报社社长兼总编辑孙月沐分别以《社店携手开拓大学出版物的市场空间》和《当前出版运营的新向度》为题,与来自全国的百家大学出版社社长、同仁分享了自己的感悟。

青岛市店总经理袁淑琴介绍了青岛书业市场之后,提出"社店携手开拓大学出版物市场空间"的论题。一是教材教育市场仍有可扩展的空间。特别是以高职高专为对象的应用性、操作型教材,以小学生为读者群体的国学启蒙类素质教育图书等仍较短缺。二是卖场对图书采购日趋冷静,压缩同类书、跟风书,择优采购质量高的原创图书,同时也将对图书采购采取"细分市场"策略,明年考虑专门举办地方版图书采购订货会。三是社店联手做好营销创意。袁淑琴呼吁建立社店高层的定期"零距离沟通",彼此交换对市场宏观发展、可持续发展的思路和信息。

中国图书商报社社长兼总编辑孙月沐作了《当前出版运营的新向度》的报告,对中国出版社当前的业务背景与今后的运作趋势提出了自己的见解。孙月沐认为,华文出版已形成中国大陆为主体,港澳台地区、海外华文圈共同发展的格局。创意产业蓬勃兴起,书业向专业化与泛化两个层面发展。图书业的盘整期并未结束,而且有着"拉长"的趋势。以互联网为代表的数字出版,对出版业带来较大的冲击。

孙月沐提出,对于知识产权的管理、作者资源的管理、品牌的经营管理、跨媒体资源的管理、信息与资讯资源的管理、传播媒介资源的管理等,各出版社的重视程度和实施力度相对落后。孙月沐强调,对上述资源的开掘、管理、运营,能够为出版社的未来格局、持续发展提供新的巨大增长空间。

大学出版社与高校图书馆论坛在青岛举行

2006年11月4日下午,由中国大学出版社协会主办的"大学出版社与高校图书馆论坛"在青岛国际会展中心举行,众多来自高校图书馆、大学出版社和图书馆馆配公司的代表以及其他相关人士参加了此次论坛。论坛由大学版协副理事长、广西师范大学出版社社长肖启明主持。

中国图书馆学会高校分会秘书长朱强在论坛中作了题为《高校图书馆文献集中采购工作谈》的主题报告。他在报告中详细阐释了高校图书馆文献资源集中采购的重要性和必要性,同时也介绍了图书馆集中采购工作的方式方法和近几年高校图书馆分会在这一工作中采取的改进措施,将《普通高等学校图书馆文献集中采购工作指南》中的主体内容向与会代表作了简单介绍。

山东大学图书馆副馆长姜宝良及安徽大学图书馆馆长陶新民结合本馆的实情,谈了有关高校图书馆近年来的发展情况以及他们在文献集中采购工作中的体会。与现场的图书馆代表分享了他们在图书馆资源建设方面的经验和心得。

北京师范大学出版社社长赖德胜作为高校出版社代表在会上作了主题为《馆社共赢局面的建设与维护》的发言。报告中,赖德胜充分肯定了图书馆团购在图书市场中的重要地位及其今后的发展潜力,表达了出版界对图书馆采购工作的重视与配合。他期望今后馆社之间能更加深入交流,共谋发展,实现共赢。同时,这一期望也代表了论坛现场各方代表的心声。

论坛在热烈、有序的氛围中圆满结束。通过此次论坛,大学出版社与图书馆达成共识:高校图书馆文献资源建设关系学校科研的大局,应当制定和完善规章制度,规范供应商选择的办法和程序,建立和落实监督机制,在新的形势下,把图书馆采购工作推向一个新的台阶,从而实现出版社与图书馆的共同发展。

2007年"社店合作论坛"探讨出版发行和谐发展

出版社和书店作为出版发行产业链的上下游,彼此间关系始终伴随着一系列竞相打折、恶意拖欠账款和三角债等问题。2007年11月11日,第20届全国大学出版社图书订货会"社店合作论坛"在云南昆明国际会展中心拉开帷幕,如何构建出版发行的和谐产业链成为本届论坛的焦点。

在这场由大学版协与云南省新华书店集团联合举办的以"合作·创新·共赢"为主题的论坛上,云南新华书店集团董事长、总经理王世钧作了《社店合作构建和谐产业链》的演讲。她指出,社店合作的最佳体现是"联手打造品牌的合作之路"。她认为,社店可以通过协同营销、信息交流、合作出版、代理销售等方式来进行合作。她说:整个出版发行产业链之间是相互衔接、相互依存、和谐共生的。出版物价值的形成和实现,是一个完整的流程,也是上下游之间相互服务的过程。各环节以相互的增值服务,促进整个产业链价值的不断提升。因此,社店合作必须站在行业生存和发展的高度,要牢固树立起"唇亡齿寒"的思想。社店之间要互谅互信、互帮互助,共同做好市场开拓工作,共享市场资源,共同抵御来自政策和市场的冲击。作为新华书店,我们要在强化服务意识、拓展发行市场上狠下工夫,力争做到市场最大化,使服务终端满意;而作为上游的出版社则要做好对发行机构的服务工作,及时满足新华书店的需求,保证图书的质量和数量。双方在合作的基础上创新,在创新的基础上共赢。只有做好了这些,社店才有可能携手构建和谐的产业链。

中国大学出版社协会副理事长肖启明以《上下游通力协作,共建社店和谐新局面》为题作了演讲,他以今年台湾金石堂之例,建议用制度来规范社店关系。他说,社店要通力合作,探索优化社店关系的有效途径。对于如何做,他指出,必须搭建有效的信息共享平台,这是实现社店合作的基本保证;必须进入契约经济时代,提高社店双方依法办事的自觉性;必须大力加强制度建设,建立行业规范标准,完善监管和激励机制,营造社店合作的刚性环境;必须改革图书交易结算方式,从根本上实现社店良性合作。他说,社店双方不是敌人,而是荣辱与共利益攸关的战友。面对日益严峻的出版局面,唯有互相扶持,携手共进,才能构建社店和谐发展的新局面。

肖启明提出应建立出版行业的退出机制来进行社店关系的优化管理:"对于退货率居高不下、长期恶意欠款的书店应设立惩罚淘汰机制。"

据了解,整个出版产业链的理性顺畅及上下游共享信息平台已成为全行业的共识。在提高社店各自竞争力的前提下,充分利用数字高新技术,构建畅通的信息网络,使得社店信息对接,将是整个产业链良性发展的未来。

中国出版科学研究所理论研究室主任刘拥军、方正阿帕比技术有限公司助理总经理赫思佳出席了论坛,并分别做了大学出版社图书出版、数字出版情况的年度报告。论坛由中国大学出版社协会常务副理事长彭松建主持。

"大学出版社与高校图书馆座谈会"在昆明召开

2007年11月11日下午两点,由大学版协、《教材周刊》和儒林书业联合主办,《社科新书目报》和《出版人》杂志协办的"大学出版社与高校图书馆座谈会"在昆明国际会展中心如期召开。此次会议主题为"服务高校教学质量 做好图书馆配工作"。来自全国50余家大学出版社的社长及相关负责人、60多个高校图书馆的馆长及相关负责人以及大学版协的相关领导会聚一堂,共同就近年来图书馆配工作中存在的问题,大学出版社、图书馆及馆配公司三方如何配合、共同促进高校教学质量等问题展开了详细而又深入的交流和探讨。

中国高校图书馆协会副理事长、首都师范大学图书馆馆长胡越,大学版协发行工作委员会委员、哈尔滨工程大学出版社社长罗东明,高等教育出版社教学服务中心副主任、《教材周刊》主编张佳女士,安徽儒林图书有限责任公司副董事长刘登义与会并做了重点发言。云南大学图书馆馆长万永林、云南财经大学图书馆馆长于克信、安徽大学图书馆馆长汪继南等在会上分别谈了各自的采购方向、重点和方式;北京大学出版社营销中心主任张涛、重庆大学出版社副社长柏子康、华东师范大学出版社副社长缪宏才等代表出版社发表了对高校图书馆配工作的认识,并表达了大学社和图书馆进行诚信合作、双方共赢的友好愿望。大学版协副理事长、上海交通大学出版社总编辑张天蔚主持了座谈会。

会议在热烈的气氛中进行。胡越在发言中指出,为促进高校教学质量提高,近五年来,教育部对本科教育进行了教学评估,高校图书馆藏书标准是其中一项重要的评估指标,这一要求客观上刺激了高校图书馆购书数量。为此,全国各高校围绕购书目标数量进行了大规模采购,但是经过几年的发展,大家应该看到,这个"恶补"的阶段已过,下一步高校图书馆的采购应重点进行学科文献建设、特色学科文献建设及补充文献建设,以满足学校基本教学、科学研究及培养人才的需要。为了达到这一目标,他在发言中表示,希望图书馆的相关政策更加完善。罗东明社长则从近年来大学社与图书馆合作中存在的问题以及高等教育发展的方向着眼,重点就大学社与图书馆的合作方式做了发言,他希望大学社与高校图书馆的合作方式更加灵活、深入,建议图书馆加强兼容性,对同种内容的书分层次多次采购,并且要建立风险预期机制和风险防范机制。张佳表示,《教材周刊》自创刊以来就以为高等教育服务、为高校教学改革服务为目标,不仅过去十分愿意为广大教育界、出版界的人士服务,而且在未来也将一如既往地为大家服务,希望大家与《教材周刊》探讨问题、交流心得、达成共识、形成合力,同心同德为我国的高等教育献力。她还介绍,为了为大家提供更有效及时的交流平台,高等教育出版社还开发了一个专门面向我国高校和出版社的专业性网站——喜阅网。这个网站主要架构有两大块,一是资讯中心,二是教材图书搜索。其中教材图书搜索是喜阅网的一大特点,主要是为高校教材科、教师及学生选教材服务。由于2007年各个出版社以及高校专家和教师的大力支持和配合,目前喜阅网的教材图书库存已有近5万册,已经加工的教材图书数量已有2万册,希望用2~3年时间将其打造成教材图书品种全、数量多、信息全的网站。安徽儒林图书有限公司副董事长刘登义也表示,希望今后和大学社、图书馆保持密切合作,互利互赢。

最后,代表们还就会议主题展开了自由讨论。大家认为,这次座谈会在大学社面临体制改革、高校图书馆面临数字化建设等背景下举行,无疑是一场"及时雨",必将促进大学社与高校图书馆的沟通、合作与交流,我们也可以期待,在大家相互加强交流的过程中,大学社与图书馆也必将更好地发挥为高校教学和科研服务的职能。

第21届全国大学出版社图书订货会大学出版论坛在合肥举行

第21届全国大学出版社订货会大学出版论坛于2008年11月14日上午在安徽国际会展中心报告厅举行。中国人民大学出版社总编辑周蔚华、安徽新华传媒股份有限公司董事长倪志敏、中国出版研究所理论研究室主任刘拥军、北京方正阿帕比技术有限公司助理总经理赫思佳分别做主题报告,对大学出版和中国出版业的关键话题进行深入探讨。论坛由彭松建同志主持。

周蔚华在《从美国大学出版社面临的困境看中国大学社发展的方向》的主题演讲中,结合考察美国大学出版社的情况,分析了中国大学社的发展趋势。认为,由于中美大学社之间成长和发展的环境不同,办社目的和定位有所差异,进行市场化运作的时间和水平不同等,中美大学社既有一些共同点,也存在很大差异。共同点在于:都是大学不可分割的有机组成部分,不能脱离学校而独立存在;都为本校的教学、科研和人才培养服务,同时承担传播知识、传承文化的重任;都注重学术质量和品牌意识,把学术出版作为重要任务;都面临着共同的难题,如怎样应对数字化带来的挑战、如何应对市场对学术的冲击、在学术和市场之间寻求平衡,等等。差异在于:在出版范围方面,美国大学社的教材比例很低,所占份额很少,而教材产品(包括高校教材和中小学教材)是中国大学社的主体和核心,是中国大学社的立社之本;在出版规模方面,美国大学社在美国图书市场上所占份额极小,大学社的总销售额不足行业销售额的1%,而中国大学社生产能力极强,有若干家大学社年出版新书能力超过1000种,大学社的总销售额占全国图书总销售额的比例在20%左右;在美国规模较大的出版社中,没有一家大学社,而中国出版社销售前20名中,有6家大学社;在市场运作能力方面,美国大学社在销售渠道、市场推广能力、对图书零售卖场的影响等方面都较弱,而中国部分大学社在社均盈利能力、人均利润、单品种利润、对销售渠道的影响等方面与商业出版社相比毫不逊色,甚至更强;在与学校财产关系方面,美国大学社大多能够从学校得到财政补贴,中国大学社没有从学校中得到资金补贴,大多数大学社要向所在学校上缴部分利润,其中,一些大学社上缴利润的数额相当可观。周蔚华认为,美国大学社的很多经验和教训值得我们借鉴,但中国大学社的改革和发展不能照搬美国大学社的发展道路。经过30多年的不断摸索和总结,中国的大学社探索出一条有中国特色的独特的发展道路,我们必须进一步发挥这些特色,进一步保持这些优势,通过不断进行体制和机制改革,促进中国大学社的持续健康发展。

安徽新华传媒股份有限公司董事长倪志敏在题为《创新——出版产业成长的必由之路》演讲中,对安徽省新华书店的现代企业历程进行了系统回顾。他指出,面对市场剧变的办法是以变应变。近年来,安徽省店着力于制度创新,旨在构建现代企业制度,最终成为文化战略投资者。其中,渠道终端一体化、连锁经营、全面财务管理、建立农村混业经营为主的新华书店便民店等,是其中的关键词。他认为,制度是企业的根本,制度不上去,企业发展不可能持续,而产权又是根本制度所在。安徽新华传媒股份有限公司正在积极谋求改制上市,打造市场主体,建立市场化评价体系,抢占资本制高点。他还认为,面对文化市场的巨大潜力需求,要进行体制改革,解放文化生产力,在提升国家软实力的同时,也获得市场机遇。

中国出版研究所理论研究室主任刘拥军发布了《2008大学出版业图书出版年度报告》。这份报告包括总量规模及各类大学社的盈利来源、大学出版排行榜和大学出版的四大增长点三部分。在我国出版板块中,大学出版具有特殊的性质,它与中央部委出版社、地方出版社共同构成为我国出版业的三大基本板块。大学社与地方社不同,地方社有着区域性的市场优势;它与中央部委出版社也不同,中央部委出版社有着得天独厚的行业优势,而大学出版的唯一优势就是大学。就大多数大学社而言,要做强不做大,压缩品种,突出特色,在专业市场上形成绝对优势,成为中国专业出版的重要板块。有条件的大学社应加快转企改制进程,加快与社会同类出版资源的融合,创新体制机制,成为社会化出版的一部分。

报告认为,今后大学出版业的生长方向包括:(1)延伸产业链条,为教育终端提供多元产品服务,特别是网络化的数字产品服务,丰富出版物形态,扩大盈利点。(2)一些新型学科、前沿学科将成为高校进一步发展的必然选择,大学社要抢占学科制高点,完成盈利模式转型。(3)全面进入小康社会,必然带来文化和知识的全面发展,大众图书市场将趋于活跃,大学社要成为大众图书的重要提供者。(4)先进的、国际水平的科学与文化成果将不断涌现,大学社有着得天独厚的优势,要在各专业领域、各学术高地,打造大学社品牌,成为可持续发展的利器。

北京方正阿帕比技术有限公司助理总经理赫思佳发布了《2008大学出版社数字出版情况年度报告》,报告分为北美大学出版社数字出版的热潮、中国大学出版社的数字出版和方正阿帕比(Apabi)全新数字出版解决方案三个部分。据报告介绍,北美的大学社正经历前所未有的挑战。学者们的学术出版不再完全依赖出版社,他们开始通过Blog、POD、邮件列表服务器等去共享他们的作品、思想、资料、看法和评论。他们也更趋向于从网上获取知识信息。商业出版社开始大举侵占学术出版领域;学术出版也展现出新趋势,从付费阅读到open access(开放获取),从同僚评论到个人出版,从单个作者到协作创作,从单一的文字到多媒体内容。

这份报告显示,大学社是全国出版社中较早开展数字出版业务的。目前,开展数字出版业务的大学社已有90多家,占到全国大学社90%以上,其中60%的出版社开始初步实现数字出版的同步发行。而2006—2007年,大学社应用方正阿帕比技术发行的电子书总量约360万册,总销售额约2210万,已表现出巨大的市场发展潜力。

本次大学出版论坛由中国大学出版社协会主办,《中国新闻出版报》、北京方正阿帕比技术有限公司、安徽新华传媒股份有限公司协办。

第21届全国大学出版社图书订货会社馆合作论坛在合肥举办

2008年11月14日下午2点,由中国大学出版社协会发行工作委员会、安徽儒林图书有限公司联合主办的"社馆合作论坛"在安徽国际会展中心报告厅举行,就近年来颇受业界关注的图书馆馆配话题展开了大学出版社、馆配商以及高校图书馆的三方对话。活动的协办方有《中国图书商报》《新华书目报》等六家书业媒体,来自全国各地的高校出版社、图书馆以及馆配商的代表参与了这次活动。论坛由大学版协副秘书长岳凤翔主持。

论坛的主题发言人共有四位,分别从各自所处行业的立场发表了自己的专题演讲。北京邮电大学出版社社长代根兴的报告题为《文献信息学视野下的馆、社、店工作》,就当前图书馆、大学出版社和图书经销商共同面临的网络阅读、数字出版所带来的挑战,提出了自己的解决之道。他认为,读者是馆、社、店赖以生存的基础,其阅读行为的变化从根本上影响着馆、社、店的发展,"读者第一,用户至上"应该成为馆、社、店共同的服务理念。他还认为,馆、社、店应该在数字出版上加强合作,面对数字出版,图书馆要发挥自己在技术方面的优势,出版社也不能够一味等待。安徽儒林公司董事长余伯成作了《馆配服务助推社馆发展》的报告,同业界分享了该公司在馆配业务上的拓展及今后计划。他认为,馆配在书业开创了一个新业态,最早从事馆配业务的都是民营书商,那时以新华书店为代表的主渠道不做馆配业务。关于馆配市场的未来,余伯成认为,一是要跟上游出版商合作,开发个性化的、为图书馆量身定做的图书产品;二是耕深细作图书馆的后续服务,比如为图书馆定期进行消菌杀毒。中国人民大学图书馆馆长倪宁则就当下图书馆建设问题作了《关于人文社科文献资源建设的思考》的报告,他呼吁高校出版社和高校图书馆认识和重视人文社科文献建设的重要性,还对高校出版社今后图书出版工作提出了富于启发性的意见。河南高校图工委秘书长、郑州大学图书馆副馆长崔波则从馆社互利共赢的角度,论述了图书馆、出版社和馆配商之间的关系,探讨了图书馆与馆配商之间互利共赢的可能性。

目前我国图书馆馆配年码洋可以达到50亿元人民币,占整个图书市场近1/10的份额,馆配业务竞争程度在最近几年日趋激烈。大学图书订货会将馆配作为一个常规性议题,无论对于高校出版社、馆配商还是图书馆采购人员,都是一次难得的对话机会,相信对于今后馆配市场的健康有序发展、对于高校图书馆建设、对于大学出版社做好图书出版工作,必定会产生积极的影响。

第22届全国大学出版社图书订货会
大学出版论坛在厦门召开

中国大学出版社协会于2009年10月29日下午在厦门国际会议中心三楼报告厅,主办了以"改革·创新·发展"为主题的"大学出版论坛"。本次论坛由中国大学出版社协会副理事长、复旦大学出版社社长贺圣遂主持,邀请了中国大学出版社协会副理事长、中国人民大学出版社社长贺耀敏,厦门对外图书交流中心总经理张叔言,北京北大方正电子有限公司出版业务部总经理刘长明主讲。三位主讲人分别就大学出版社转制面临的发展机遇和挑战提出了自己的真知灼见。论坛吸引了出版业界同仁、经销商代表、媒体等近百人前来参与。

贺圣遂在开场白中表示:众所周知,2009年全国大学出版社转企改制正在全面推进,其成果和意义是大家期待的。中国的大学出版走出了一条有中国特色的道路,中国的大学出版与世界上其他国家大学出版相比,尤为出色。有人担心中国的大学出版会否偏离为教学、科研出版服务的宗旨。从目前来看,中国大学出版的发展是顺畅的。转企后将会有怎样的影响成为业界关注的焦点,也引起了社会上广泛的讨论。值此大学出版社图书订货会之际,正是一个业内交流看法的好机会,分享同仁们在转企改制、对外交流、数字发展等方面经验,以促进国内大学出版社的发展。

贺耀敏随后发言。他从大学出版要加快改革与发展的步伐,大学出版社要更新观念,早改早主动,晚改就被动,不改没出路等方面阐述了自己对于大学改制的思考和看法。大学出版社伴随高等教育事业的发展,走过了辉煌的历程,在我国出版业发挥着重要作用。现在的改革进程已经超越了设想,如此深刻的改革空前绝后,也给我们提供了机遇和挑战。这样的改革形势给大学出版社改革提出了全新的任务和要求。同时,改制后将要出现的新格局要求大学出版社思考自己的发展途径、定位和作用。格局变化越来越快,出版产业间并购联合日益凸显,产生一批大型集团,势必为大学出版社带来严峻挑战。出版技术数字化、网络化对传统出版的冲击越来越明显。资本力量在狭窄的出版界发挥着日渐清晰的影响与作用。大学出版社要在做大做强一批、整合重组一批和停办退出一批中间找到自己的位置,就要借鉴经验,思考自己的应对措施。不仅要认真遵循现代企业发展的规律、学习借鉴其他企业的经验,还要遵循国际出版发展的规律、学习国外成功出版业案例,紧密结合自身实际,探讨一条做大做强的路子。在国内外激烈竞争、产业高新技术迅速发展和集团化的冲击下,大学出版社更要加快改革,才能赢得更大的发展空间和多赢机会。大学出版社自身相对落后的机制也需要改革的到来,克服不必要的顾虑,从出版社本身到员工的顾虑,都需要继续做工作。坚持特色和品牌是大学出版社的核心竞争力,"专、经、特、新"是大学出版社发展模式的必然之选。加强大学出版社多种形式的合作、联合,资源互补,走双赢、多赢道路,也是提升整体实力的有效途径。

在贺耀敏副理事长精彩的演讲之后,张叔言从流通领域运作方面给大学社提出了宝贵意见。他具体介绍了两岸图书交流的点点滴滴。从最开始大陆图书进入台湾到现在2亿码洋的成绩,再到他对大陆图书在台湾20亿市场的估计,无不让人感慨。台湾地区文化素质相对较高,大学比较多，人口又少，这都是大陆大学出版社图书能在台受到欢迎的客观原因。台湾图书在大陆图书馆很有市场。特别是利用海峡两岸图书交易会的机会，促进两岸出版业交流。他给大学出版社提出了重视终端销售，挖掘销售潜力，以保持发展势头的建议。

北京北大方正电子有限公司出版业务部总经理刘长明以题为"创新数字出版技术，探索新运营模式"发言，为参会者介绍了北大方正近年在数字出版、移动阅读方面的开发工作。他借助生动的 PPT 演示文稿，从数字技术撬动传统出版讲起，通过讲解方正全流程的数字出版概念，重点介绍方正数字出版运营解决方案。无论是 B2B/B2C 业务的开展，还是番薯网、"中华数字书苑"的开发，都可以看做是为中国出版吹响了进军号。特别是 3G 时代背景下，移动阅读、网络专业信息平台、在线学习平台等新潮产品形态更是引起了在场听众的强烈兴趣，纷纷提出问题，现场气氛十分热烈。

本次"大学出版论坛"在一片热烈而和谐的气氛中取得了圆满成功。关于大学出版社改制的讨论还将继续，关于出版产业协调传承文化的社会使命与创造经济效益的关系的思考还将继续，第 22 届全国大学出版社图书订货会也将因今天的论坛而在出版人的心中留下浓重的一笔。

第 23 届全国大学出版社图书订货会大学出版论坛聚焦数字出版

2010 年 11 月 12 日下午，中国大学出版社协会在江西南昌国际展览中心主馆第三会议室举办了主题为"数字出版：趋势与方略"的论坛活动，在大学版协副理事长、西安交通大学出版社社长林全的主持下，大学版协副理事长、清华大学出版社社长宗俊峰，江西省出版集团数字出版中心主任蒋宏，《中国新闻出版报》社社长姜军，以及北京方正阿帕比技术有限公司副总经理彭云飞依次作了主题发言，并与论坛现场的来宾进行了精彩的互动。

在《面向教育领域，探索大学社数字出版之路》的主题演讲中，宗俊峰社长探讨了国内外数字出版趋势和今后发展的前景，并以清华大学出版社文泉书局数字出版平台项目为例阐释了大学社联合开拓数字出版领域的理念。宗俊峰认为，传统出版与数字出版的竞合时代即将来临。传统出版和数字出版是相辅相成的，两者是机制的整合、媒体的整合。大学出版社可利用资源优势，联合打造内容、运营、服务和综合的平台。在平台建设方面，致力于数字出版产品形态的创新。他说："主要是基于跨平台传播和多媒体表现形式的电子书的形态，基于学术著作内容的数据库产品形态，基于教材的网络教学资源、教学数据库的产品形态，基于学校科研学术成果的机构知识库的产品形态以及基于学校课程的课程资源库的形态。"

蒋宏的演讲题目为《新媒体、新技术下的数字出版》，在他看来，传统出版社作为内容提供商在同技术提供商、平台运营商的竞争中明显处于弱势，而今后出版社要在数字出版方面取得发展，就必须进行横向联合。他认为，出版社应联合发展，以解决运营能力差的问题，同时要让赢利模式多样化，而不是仅仅用网络来推动纸质产品的销售。对于出版社而言，目前比较好的选择是与技术渠道厂商开展深度有效的合作，同时加强数字出版需要的内容产业建设，由编辑体验变成用户体验。

姜军的演讲题目为《迎接主动出版时代的到来》，提出了主动出版的理念。他说，主动出版是对读者需求的精准服务，为读者提供丰富立体化的资源，而不只是对图书的简单翻版；主动出版是对内容的深度开发，需要在海量的信息当中组合，多姿多彩且兼具各种信息和服务；主动出版也是发挥内容优势的取胜之道，传统出版单位不是简单的内容发布者，而是知识产品的生产者和创造者，逐渐由内容为王发展为产品为王。因此，数字技术真正革命性的意义在于无论是对内容的整合、重组，对作者、编者和读者密切的互动，还是对个性化的定制阅读产品以及阅读、体验购买的一体化都提供了无限的可能性，实际上数字出版给传统出版提供了一个突破出版的历史性契机，使读者多方面的需求得到满足，阅读变得更有趣和生动，而不仅仅是被动地接受。

最后，彭云飞在《大学出版社数字出版盈利模式的探讨》的发言中，通过一系列的市场调查与数据分析，为大学社的数字出版提供三个可操作性强又能赢利的商业模式：一是出版社自主建立运营平台；二是出版社发挥内容优势，选择具有技术和渠道优势的合作伙伴共同完成制作、发行等工作；三是出版社自主建立数据库。

大学版协每年都会在全国大学出版社图书订货会期间举办论坛活动，每年都会聚焦一个书业话题。今年以数字出版作为论坛主题，一方面显示了行业对这个话题的关注程度之高；另一方面也表明了大学社群体对于联合发展数字出版的迫切要求。

2004年至2006年教育部直属和在京大学出版社图书质量专项检查工作综述

自2004年以来,新闻出版总署连续3年开展了图书质量检查工作。2004年进行的是关于"教材教辅类图书质量专项检查",2005年进行的是关于"少年儿童图书质量专项检查",2006年进行的是关于"教辅读物和地图类图书质量专项检查"。对于新闻出版总署关于图书质量检查的部署,教育部系统积极行动,认真配合,圆满地完成了这三次质量检查工作。

一、主管部门重视,组织机构保障

教育部社科司作为主管部门,对所主管的19家在京大学出版社的质量检查工作非常重视,每年的质检工作都是由社科司出版管理处直接领导部署,中国大学出版社协会协助社科司负责落实此项工作。组成了教育部直属和在京出版社质量专项检查工作领导小组,具体组织实施相关工作。对于质检工作,19家出版社的领导同样非常重视,积极响应,认真对待,保证了质检工作顺利进行。

二、专家到位,工作落实

这三年每次的质检工作都组成了相关学科的专家组,负责图书评审工作。评审工作的原则是专业性、权威性、公正性。评审组的成员都是具有高级职称的资深专业人士。在评审工作中,每位专家工作严肃认真,一丝不苟,严格按照《出版管理条例》和《图书质量管理规定》的要求审查图书。对于审查结果都是经过初评、复评而慎重确定的,既科学严谨,又客观公正,保证了评审工作的质量。

三、关于图书质检工作的基本情况

三年来,三次图书质检工作的基本情况是这样的:

2004年,在教材教辅类图书质量专项检查工作中,对9家出版社的28种教辅图书分门别类进行了评审。这9家出版社是人教社、高教社、北大社、清华社、北师大社、教科社、语文社、外研社、北邮社。

2005年,在少年儿童图书质量专项检查中,对8家出版社的23种少儿类图书进行了评审。这8家社是人教社、北大社、清华社、人大社、北师大社、教科社、外研社、中央音院社。

2006年,在教辅读物和地图类图书质量专项检查工作中,对18家出版社的54种图书进行了评审。这18家出版社是:人教社、高教社、教科社、北大社、清华社、人大社、北师大社、外研社、语文社、农大社、政法社、北大医学社、传媒大学社、北邮社、北语社、北交大学社、外经贸、广播电大社。

三年来三次质检工作共抽查图书105种,这105种图书科目不同,文理兼有;从少儿类到高教类,层次品种多样。从整体上看,图书质量是好的。

1. 内容方面

在政治质量方面,这些图书均合格,符合《出版管理条例》第二十六、二十七条的规定,未发现违背党的方针、政策的政治性错误。在内容质量方面,教辅类图书均符合各科课程教学标准,适合教学需要;少儿类图书思想健康、积极向上,内容丰富,融思想性、知识性、科学性、趣味性于一体,语言生动、通俗简洁,符合少年儿童的心理特征,适合相应年龄段儿童的认知能力,有助于少年儿童的健康成长;高教类教材编写质量上乘,内容体系、知识结构均经过教学实践检验,适合相关学科教学要求,具有严谨的科学性和较高的学术水平。这些教材有的是北京市高等教育精品教材立项项目,有的是普通高等教育"十五"国家级规划教材,有的是教育部人才培养模式改革和开放教育试点教材等。

2. 编校方面

三年来所抽查的105种图书在编校质量方面绝大部分是合格的,但也有极个别的不合格。2004年抽查的28种图书,合格以上的25种,不合格3种;2005年抽查的23种图书,均合格;2006年抽查的54种图书,均合格。

3. 设计方面

三年来所抽查的105种图书,在整体设计上都是合格的。图书的整体外观与图书的内容相协调,封面、扉页、插图等设计格调健康,版式统一,字体、字号编排合理,各类图书的设计都是独具特色的。少儿图书的设计新颖、图文并茂、风格多样、色彩鲜亮,有的书为方便读者使用还附有光盘;高校教材的封面设计简洁、朴素,主题突出;开本设计大多采用了当今流行的异型16开本,具有时代感;基础教育教材教辅类读物的封面设计,色调明快,图案活泼,充分注意了中小学生的年龄特点。从总体上看,所抽查图书的整体设计充分表达和体现了内容的需要,封面、扉页、插图的设计富有强烈的时代感,给人以美的感受。

4. 印制方面

抽查的这些图书外观整洁,无明显脏污、残缺;使用的纸张质量都很好,纤维组织均匀,无掉毛、掉粉、条痕、斑点等纸病现象;印刷墨色均匀,文字清晰完整,无重影、缺笔、断划、糊字、坏字现象;装订平服、牢固,书脊平直、无褶皱,封面与书芯粘贴牢固,无空泡、折角、破损。

综上所述,从整体上评价,这些图书的内容、编校、设计、印制质量符合国家的有关规定和标准。

在这三次质检工作中,被抽查的图书在整体上虽然属于合格范围内,但是在编校方面还存在一些差错和问题。

四、差错原因及改进建议

通过对检查结果的综合分析,这些图书的问题主要出现在编校质量上面,差错产生在编辑和校对的工作环节当中。从这些差错本身所反映出来的问题,说明了编辑的工作仍然需要加强,须臾不可放松。要不断加强编校人员的责任意识教育,将图书质量的工作作为出版社的头等大事来抓。

从教育部主管部门来说,应加大对所属出版社的监管力度,督促各出版社以质量专项检查为契机,建立和健全相关的质检机构,完善图书质量管理制度,加强图书出版流程中各个环节相互衔接的管理,切实将三审三校工作落实到实处,强化职工的责任意识和图书质量意识,进一步提高各类图书的整体质量。

2006年全国大学出版社图书质量管理工作研讨会综述

为了更好地贯彻落实新闻出版总署《图书质量管理规定》，进一步建立健全图书质量管理机制，规范图书出版秩序，提高大学出版社图书质量管理水平，增强质量意识，保护消费者的合法权益，由大学版协主办、北京时代圣典科技有限公司协办的2006年全国大学出版社图书质量管理工作研讨会于7月27日在北京召开。7月的北京，骄阳似火，来自全国60多家出版社的90多位代表参加了此次会议。新闻出版总署图书司副司长王英利、质检处处长于青，教育部社科司出版管理处处长魏小波出席会议并发表了讲话。会议由大学版协理事长、清华大学出版社社长李家强主持。

一、质量：出版社的生命线

图书质量是关系到出版社生死攸关的大问题，如何强化图书质量意识，如何加强和提高图书出版过程中的全程质量控制，成为会议的一个重要议题。

新闻出版总署图书司副司长王英利针对当前图书质量管理工作中存在的问题作了重要讲话。他高度评价了大学出版社在我国出版业中所占的重要地位，指出大学出版社是一个发展非常迅速的群体，已成为我国图书出版领域发展最快、最有活力的出版力量，是目前我国教育出版和专业出版领域中核心和基本的出版力量，在我国学术、社科出版方面占有突出的位置。他从图书编校和内容质量两个方面阐释了加强图书质量管理的重要性。他说，自1994年以来，新闻出版总署已进行了13次图书质量专项检查，图书质量合格率处于不断上升状态，总署明年的一项重要工作就是下大力气抓图书质量管理。他着重分析了当前我国出版业图书内容质量和出版导向整体情况，指出目前一些图书出版中存在的主要问题，主要包括：热衷炒作一些内幕且内容失实的图书、民族宗教问题图书、格调低下反映阴暗面的文艺类图书、调侃戏说中国古代历史人物的图书、学术出版物中涉及政治问题和敏感问题的图书及引进版社科类图书等图书出版中存在的一些问题。他还分析了当前图书出版中存在的低俗化、娱乐化倾向，强调在当前发展改革任务重、出版产业面临结构重大调整的情况下，大力发展出版产业，前提就是不要出问题，作为监管部门对出版社的管理不能放松。在谈到监管措施时，他借用龙新民署长的讲话，要求出版单位坚守三条底线，即坚决防止有严重政治问题、坚决防止引起社会强烈不满、坚决防止引起国际社会关注的侵权盗版出版物流入图书市场。最后，他提出了三点希望和要求：一是对敏感性、政治性选题的把关不能放松；二是要抓好出版导向，要服从国家政治经济发展的大局；三是要履行重大选题备案制度。

教育部社科司出版处处长魏小波就大学出版社质量管理中存在的问题作了专题报告。她结合具体实例，分别从政治观点、民族宗教、引进版图书、敏感问题图书等几个方面对近几年大学出版社在出版导向和图书内容质量方面存在的问题进行了通报，并分析了造成这些问题的主要原因：(1) 三审把关的责任问题；(2) 没有严格按照出版程序要求，单纯追求速度和规模；(3) 出版质量保障机制不健全；(4) 出版社对新进编辑的业务培训不到位；(5) 个别责任编辑责任心不强；(6) 政治思想和水平原因。她说，尽管是个别少量图书出现问题，但这些图书给社会和所在学校带来了很大的负面影响;同时,也影响了出版社自身的发展,影响了大学出版社整体的发展,希望引起高度重视。之后,魏小波处长传达了教育部社科司对图书质量管理工作的构想。她说,社科司出版处是在新闻出版总署指导下进行图书出版监管工作的,从2003年开始,进行了4次图书质量专项检查工作,下一步要加大监管力度,通过建立保证正确导向的选题管理机制、杜绝问题的监督机制、科学发展的调节机制、职责明确的责任机制,使监管工作更为有力。她要求出版社在提高图书质量工作中做到"三落实",切实提高全员图书质量意识,建立健全图书质量规章制度。

新闻出版总署图书司于青处长就"有关图书质量检查的几个问题"作了专题讲话。她从图书质量保障的意义、图书质量检查的程序、质量检查中常见的问题、抓图书质量是政府的一项长期工作四个方面阐释了加大图书质量管理的重要意义。她首先阐述了图书质量检查工作在政府部门工作中的重要位置及新闻出版总署下大力气抓图书质量管理的决心,详细介绍了新闻出版总署对《图书质量管理规定》的修订情况和基本修订内容。于青处长还列举了教材教辅、地图类图书和辞书类图书在质量检查中常见的问题,分析了产生这些问题的主要原因,希望大家提高认识,树立质量就是图书生命的观念,切实做到完善制度,落实责任,工作到位。她表示,图书质量检查是新闻出版行政管理部门的一项重要执法工作,是出版产业化过程中不可或缺的一个环节,为维护读者权益,对图书质量的检查工作将常抓不懈。

二、交流:完善制度 贵在落实

针对当前出版社图书质量管理中已有的经验和存在的问题,结合出版社在质量检查工作中的实践,先后有复旦大学出版社、外语教学与研究出版社、东北师范大学出版社、清华大学出版社、西安交通大学出版社、武汉大学出版社、重庆大学出版社7家出版社代表登台发言,他们的发言引起了与会者的共鸣。

复旦大学出版社社长贺圣遂从提高选题质量、规范编校流程、严格实施监管三个方面论述了复旦社在强化责任意识、实施全程监管工作中所作的努力和取得的成效。他说,图书质量首先取决于选题质量,图书的结构优化、选题优化十分重要,应优先开发具有原创性的高水准学术专著和具有先进水平的优秀教材。确保正确的政治导向是确保选题质量的一项重要内容,决不能让导向有问题的书通过我们的手流向市场。他还结合具体实例就规范编校流程、新编辑培训、编辑的创造性培养、三审制落实等问题发表了颇有见地的演讲。外研社质检主任雷航以"质量就是生命"为题汇报了外研社图书质量管理工作。她特别强调了出版社领导对质量工作的重视程度及奖罚严明的措施制度,她说,外研社目前8个事业部都设有质量管理员,形成了科学、严密、有效的管理网络和机构,此外,根据出版社年轻编辑较多和图书特点的情况,提出了"五审制",并对编辑有计划地进行培训,加大了科学化管理和创新的力度。在不违反国标原则的基础上,他们还自行拟定一些科学合理的标准,取得了较好的效果,保证了出版物的质量。东北师范大学出版社社长贾国祥从建立选题论证制度、严把图书质量关和印刷关、建立质量保障机制几方面论述了确定选题策划方向、培养优秀策划人才、执行三审制和终检制、珍惜出版资源和声誉的重要性。清华大学出版社副总编胡苏薇从对新版《图书质量管理规定》的认识和清华大学出版社图书质量管理实践两个方面作了发言。她认为新版《规定》突出的是一种法制精神,无论是增加法律依据、突出可操作性,还是加大处罚力度,都体现了市场经济条件下政府监管工作的新思路。她结合清华社质检工作将其总结为三个"关键",即重视质量,领导是关键;控制质量,制度是关键;落实质量,执行检查是关键。西安交通大学出版社社长林全以"保证图书质量的点点滴滴"为题,通过大量例证介绍了西安交大社在选题的政治把关、引进版图书质量管理、图书编校印刷质量方面所采取的一些措施和办法。武汉大学出版社副总编刘爱松结合武大社多年质量管理工作的实践,从坚持选题三级论证和集体决策及重大选题备案制度、坚持三审三校一通读和付型样检查及成书质量评估制度、建立高素质编校队伍是确保图书质量的重要环节三个方面阐释了加强图书质量管理的重要意义。重庆大学出版社副总编饶帮华分别从对选题策划过程、选题实施过程、编校过程、印装过程四方面的质量控制,阐述了重大社在强化过程质量控制方面的基本做法和取得的成绩。

7位代表的发言,体现出大学出版社近年来在图书质量管理工作中所作的探索,反映了出版工作者对质量管理工作重要性认识的提高,代表们深刻认识到图书质量是关系到出版社生死存亡的大问题,同时也提出了质检工作中存在的新情况新问题。他们的发言或生动幽默,或理性翔实,无不透射出大学出版人对图书质量重要性问题的冷静思考和探索,显示了出版社对抓好图书质量的决心和恒心。

三、共识:严字当头 一抓到底

29日下午,在领导讲话、代表发言的基础上,会议分4个小组分别进行了专题研讨。北京大学出版社副总编辑段晓青、华东师大副社长范剑华、大连理工大学出版社质管办主任刘新锋、广东高等教育出版社总编辑杨哲分别代表4个小组向大会扼要汇报了几天来学习讨论的情况。他们一致认为这次会议召开得恰逢其时,收获很大。上级主管领导的讲话明确了当前出版导向和出版物发展的总体趋势,大家获得了许多重要信息,也为各社图书质量管理敲响了警钟。4位组长集思广益,提出了以下几个值得出版人关注和研究的问题:(1)提高图书质量要从观念、制度、队伍建设入手,领导首先要高度重视,要建立一套严格的图书质量保障制度,思想认识要到位,责任要明确;(2)质量关口要前移,提高图书质量的首要任务是严格内容把关,一定要按程序办事,严格执行三审三校制度,重大选题要上报;(3)认真解决当前图书质量中出现的新情况新问题,如出版物的数量与质量、应急稿件的处理、电子稿带来的编校问题、对设立的分社分公司的图书质量监控、校对人员的培训,等等。此外,他们对复、终审书稿时对书稿科学性问题重视不够、校对人员青黄不接现状提出了各自的看法,并对搞好质量管理工作提出了中肯的建议:一是希望领导高度重视,出版社应选择高素质、高水平的同志去抓质检;二是希望大学版协定期举办图书质量管理工作会议,希望各社领导能亲自到会倾听意见;三是希望会议多增加一些可操作性内容,便于相互交流与提高。

大学版协常务副理事长彭松建就几天来会议情况作了总结发言。他首先肯定了此次研讨会的收获和召开的必要性,深刻分析了在当前出版改革新形势下召开这次研讨会的重要意义。他说,在全国大学出版业改革新形势下召开的这次研讨会十分必要和及时,当前新的出版条件总括来讲为"四新":一是体制新。在当前出版体制改革的条件下,相当多的出版社建立工作室和分社分公司,在这种情况下,如何保证图书质量成为出版社工作的重中之重。二是作者新。越来越多的"新生代"作者走上了著作界舞台,他们吸收了国内外新的理论和观念,知识结构新,写作手段新,当然,其中也夹杂一些不和谐、不符合中国国情的观念,这一点值得我们注意。三是编辑新。各出版社近几年都新进了一大批80年代后期出生的年轻编辑,他们学历高、反应快,但也存在政治导向不明确、责任心不够强等问题,加大对年轻编辑的培养和教育力度是一个大问题。四是出版手段新。在高科技条件下,编辑程序、出版手段都出现了一些新问题,各社应积极应对,作一些有益的探索。在新的出版条件下召开的这次研讨会还有一个目的,那就是为明年可能进行的全国图书质量大检查作一个总动员。最后,他指出好的图书质量是管出来的,对质量工作丝毫不能放松,希望各社领导务必高度重视,一定要严字当头。

三天的会期,代表们讨论和领会主管领导讲话精神,相互交流质量管理工作的经验与体会,对图书质量工作的重要性有了更加深刻的理解和认识。大家普遍认为这是一次及时而又非常重要的会议,它将在提高大学出版社图书质量管理、实施出版精品战略方面产生重要的影响。

 营销工作

第19届全国大学出版社图书订货会综述

金秋的海滨城市——青岛,风和日丽,书香飘逸。2006年11月3—5日,第19届全国大学出版社图书订货会暨大学出版论坛在青岛国际会展中心成功举行。

本届订货会规模宏大,中心会场占用展位面积达9000m^2,设有252个展位,其中大学社展位227个,创历史新高。参展单位共有123家,其中大学出版社108家,山东省地方出版社5家,高校教材图书网站等数家。为搞好本届订货会,全国各参展单位都作了充分的准备,赶制了一批新书参会。据统计,本届订货会展示样书近5万种,其中新书与重版书占50%,教材30%,学术专著15%,电子出版物5%。为了更好地展示各社今年以来的出版成果,交流营销经验,许多社在展位布置方面作了大量的投入,特装设计,琳琅满目。会议期间评出了北京师范大学出版社等十佳优秀展位和十佳优秀广告语。为使代表们舒适、安全地参加会议,大会专门安排了府新大厦、邮电部疗养院、齐海大酒店、花园大酒店、胜利油田管理局青岛疗养院等五家星级宾馆接待大会代表,每天都有专车接送。

本届订货会在展示出版成果、进行图书订货的同时,还举办了多项活动,深入学习与贯彻党的十六届六中全会精神,进行出版改革研讨、专家专题报告和信息交流等,主要有:大学版协理事长会议;大学版协常务理事会议;大学出版社社长会议;大学出版论坛;大学出版社与高校图书馆论坛;全国高校出版社图书代办站全体大会,等等。在本届订货会正式开展的4日上午,在青岛国际会展中心豪华而又宽敞的水晶大厅举行简短而又隆重的开幕仪式,教育部社科司、新闻出版总署发行司、中宣部出版局图书处和山东省、青岛市有关部门的领导出席开幕式,共同祝贺大学出版界的这一年度盛会。各类活动受到了业内媒体的广泛关注,北京、上海及青岛等十多家媒体派出记者进行跟踪报道。《中国新闻出版报》《新华书目报》《教材周刊》为本届订货会出版专题会刊。中国高校教材图书网派出报道组,对订货会盛况作图文并茂的全方位即时报道,组委会《快讯》也及时报道了会议各项活动。

本届图书订货会是在我们进一步学习、贯彻党的十六届六中全会精神,以科学发展观和构建社会主义和谐社会思想为指针,落实好"十一五"发展规划的新形势下召开的。大学版协副理事长张天蔚概括了本届订货会的特点和新的亮点:(1) 第一次在风景秀丽的青岛市举办大学订货会;(2) 本届会议增加了两个承办单位:一是青岛市新闻出版局,由政府部门出面一起承办,是大学会历史上的第一次;二是青岛时空会展有限公司的介入,实现会展社会化;(3) 青岛市新华书店的直接参与,实现出版人、卖书人、读书人互动,尤其是在主会场由新华书店设立图书零售区,并在青岛书城开展全国大学出版社优秀出版物大联展,直接面向青岛市广大读者,推进了出版社与读者的直接交流,这在大学会办会历史上也是一个首创;(4) 本届订货会除中国海洋大学出版社、山东大学出版社、中国石油大学出版社作为协办单位之外,安徽儒林图书有限公司

也作为协办单位,组织了全国三百多家高校图书馆采购人员与会;(5)本届订货会活动丰富多彩,除了按照惯例举办大学出版社社长会议及高校出版社图书代办站会议外,还组织与会代表参观著名的海尔集团等。和历次订货会一样,本届订货会继续发扬了"不送礼品,不组织旅游和午餐不上酒"的"三不"优良会风。所有这些使得本届订货会更加精彩纷呈。

11月3日上午,中国大学出版社协会在青岛市府新大厦召开了第五次常务理事会。会议由大学版协理事长李家强主持。大学版协副理事长张天蔚就本届订货会的先期准备、参展单位、参展图书、活动议程等整体情况向与会各常务理事作了详尽的介绍。大学版协秘书长、对外经贸大学出版社社长刘军汇报总结了2006年大学版协的主要工作。李家强分重点工作、业务工作、日常工作等三个方面对2007年大学版协的工作进行了规划。与会常务理事单位一致通过了大学版协关于2007年的工作方案。教育部社科司出版管理处处长魏小波在讲话中肯定了大学版协一年来在协助政府部门工作、推进各理事单位发展方面的不懈努力和卓有成效的工作成绩。她赞扬大学版协的工作扎实有效,起到了助手和桥梁、纽带作用,并表示赞成大学版协2007年的工作规划。魏处长重点阐释了大学出版社的体制改革问题,指出,当前大学出版社的体制改革正在按照中央的部署进行,从转企范围、投资主体、现代企业制度建立、办社宗旨、人员身份转换几个方面,明确了当前出版体制改革的方向和主要目标。她强调,教育部党组高度重视大学出版社体制改革工作,并将其列入明年工作的重点,社科司将认真做好高校出版单位体制改革的调研和实施工作,积极稳妥地推进改革。

11月3日下午,中国大学出版社协会在青岛国际会展中心召开了大学出版社社长会议。教育部社科司副司长徐维凡就近一年来社科司的工作做了重要讲话。他首先代表社科司对订货会的召开表示祝贺,并从三个方面介绍了社科司一年来所做的主要工作。(1)关于人文社会科学科研工作。教育部启动实施了"高校哲学社会科学繁荣计划",出台了一系列繁荣发展哲学社会科学的政策和措施。徐副司长从六个方面总结了"十五"期间高校哲学社会科学研究工作取得的明显进展,并提出"十一五"期间高校哲学社会科学研究工作应抓好以下五方面工作:一是强化质量观念,显著提高高校哲学社会科学的创新能力。二是全面增强高校哲学社会科学的社会功能,积极参与马克思主义理论研究和建设工程。三是突出工作重点,成为提高高校社科研究质量的有力助手。四是深化科研体制改革,为推进高校社科研究提供制度保证。五是采取切实有力措施,推进高校哲学社会科学研究迈上一个新台阶。(2)高校思想政治理论课建设的有关情况。中央对高校思想政治理论课高度重视,采取了一些重大举措。一是学科建设,建立了马克思主义理论一级学科;二是加强教材建设,统一思想,统一步调,按照要求,统一行动;三是抓教学方法改革;四是加强领导,强化管理。(3)高校出版工作。今年出版界最重要的工作是体制改革,教育部党组对高校出版单位体制改革工作非常重视,要求我们深入调研,部领导专门召开会议,听取汇报,进行认真的讨论。按照中央的部署,在总结文化体制改革试点经验的基础上,将有新的一批出版社进入文化体制改革试点。其中,若干大学出版社也列入改革试点单位。关于发展问题,徐副司长着重强调了高校出版社面临的新情况、新问题,并提出要用创新的态度着力解决以下三个问题:一是制约出版行业持续健康快速发展的普遍性问题,二是高校出版社的特殊性问题,三是高校出版社的个性问题。徐副司长最后强调了强化管理、确保发展的重要性,他要求出版工作者应将坚持正确的出版导向放在第一位,必须做到守土有责、守土尽责。

教育部社科司出版管理处处长魏小波从改革和管理的角度通报了出版管理处2006年所做的工作和2007年工作计划。她指出,2006年主要做了以下三方面工作:(1)落实中央文化体制改革精神。(2) 加强高校出版管理。(3) 与高校出版社发展有关的其他一些工作。魏处长还向与会社长介绍了 2007 年社科司出版管理工作的要点：一是落实《教育部 新闻出版总署关于高校出版体制改革工作的实施方案》；二是会同新闻出版总署召开全国高校出版工作会议；三是继续落实高校哲学社会科学名刊工程计划；四是加强出版管理；五是加强队伍建设，落实出版专业技术人员职业资格制度。

大学社长会议上还由大学版协副理事长张天蔚通报了第七届全国高校出版社优秀畅销书评奖结果。大学版协常务副理事长彭松建通报了大学出版社捐赠图书情况。由与会领导向获奖和捐书单位颁发了奖牌奖状。

11 月 4 日上午，"2006 年大学出版论坛"在青岛国际会展中心举行。青岛市新华书店集团总经理袁淑琴、《中国图书商报》社社长兼总编辑孙月沐分别就"社店互动"和"出版新向度"，与来自全国的百家大学出版社社长分享了自己的感悟。

11 月 4 日下午，由大学版协主办的"大学出版社与高校图书馆论坛"在青岛国际会展中心会议厅召开，来自出版社、图书馆等方面的代表近百人参加了会议。会议由广西师范大学出版社社长肖启明主持，中国图书馆学会高校分会秘书长朱强、山东大学图书馆负责人、安徽大学图书馆负责人及北京师范大学出版社社长赖德胜分别发言。图书馆代表的发言既提到了高校图书馆文献资源集中采购工作的理论依据及具体操作程序，又分析了图书馆采购与招、投标的几种形式，同时还明确了图书馆对标的价格的态度。提到对图书馆未来建设的想法，他们表示，要加大经典性著作和基础性著作的采购量，同时指出要把图书馆工作和学科建设结合起来，并把图书馆的工作提升到人性化服务的高度。作为大学出版社的代表，赖德胜社长通过对当今图书馆态势的分析，指出图书馆市场将来若干年仍会稳中有升，图书馆采购将会实现从数量到质量的渐变。通过此次论坛，大学出版社与图书馆达成共识：高校图书馆文献资源建设关系学校科研的大局，应当制定和完善规章制度，规范供应商选择的办法和程序，建立和落实监督机制，在新的形势下，把图书馆采购工作推向一个新的台阶，从而实现出版社与图书馆的共同发展。

11 月 4 日下午，由大学版协主办，《新华书目报》、北京时代圣典科技有限公司及安徽儒林图书有限责任公司协办的"大学出版社与高校图书馆论坛"在青岛国际会展中心举行，众多来自高校图书馆、大学出版社和图书馆馆配公司的代表以及其他相关人士参加了此次论坛。

11 月 4 日晚，大学版协发行工作委员会在邮电部青岛疗养院召开工作会议，发行委在青岛的全体委员参加了会议，会议由大学版协副理事长兼发行委主任张天蔚主持。会议着重交流了本届图书订货会的会务、业务、宣传、安全等各项工作的进展情况，委员们对本届订货会的会场、食宿表示满意，对儒林书业集团组织的全国图书馆的现场采购活动，以及会议期间各项论坛活动的如期举行表示认可，并对中国高校教材图书网以及《快讯》的报道进行了肯定。委员们也注意到了本届订货会存在的个别问题，对于进一步提高办会水平、探讨订货会办会模式创新等问题作了初步探讨。大学出版社图书订货会已举办了 19 届，对推进我国大学出版社的建设与发展起着积极的作用。随着文化体制改革的深入及经济形势的发展，大学出版社要对转型时期的图书订货会提出新的创意，谋求新的突破。会议初步确定了 2007 年发行委工作的要点，如召开营销论坛、举办营销人员培训活动；选择一些经济发达、高校集中、书店实力较强的城市试办书展；深入高校开展图书营销活动，推进校园文化建设等。

书香青岛，再创辉煌。展望未来，豪情满怀：祝愿我国大学出版社的队伍更加宏大，我国大学出版事业更加兴旺发达。

第20届全国大学出版社图书订货会综述

在党的十七大精神鼓舞下,在出版体制改革不断深入、大学出版事业蓬勃发展的大好形势下,第20届全国大学出版社图书订货会(以下简称本届大学会)于2007年11月10日至12日在春城昆明举行。全国大学出版社图书订货会,从1989年伊始,年年举行,迄今已是第20届了,经过近二十年的发展,大学会有了凝聚力、影响力、吸引力,显示了强大的生命力,不仅凸显了我国出版业生力军雄壮坚强的实力和朝气蓬勃的活力,而且也打造了一个响亮的展会品牌,创出了鲜明的市场特色。

一、重要的文化营销活动

本届大学会是在举世瞩目的党的十七大圆满成功召开的形势下举行的。党的十七大号召要兴起社会主义文化建设新高潮,激发全民族文化创造活力,提高国际文化软实力,让人民共享文化发展成果。本届大学会就是大学版协根据十七大精神紧锣密鼓筹划的一项重要文化营销活动。以做好本职工作的实际行动学习贯彻好十七大精神,成为大家的共识。本届大学会的口号是:"贯彻科学发展观,建设社会主义和谐文化;深化出版体制改革,推动大学出版事业发展。"本届大学会主会场设在昆明国际会展中心,主会场占用展场面积达9000平方米,设有220个国际标准展位。参展单位共有114家,其中大学出版社108家,音像出版社3家,高校教材图书网站等单位3家。令人欣喜的是今年新批准设立的4家大学出版社(江苏大学社、贵州大学社、湘潭大学社、黑龙江大学社)作为我们大学版协大家庭的新成员全部亮相大学会,他们都带来了赶制出来的第一批样书与大家见面交流。各地书店、图书馆和教材使用单位的代表,参会热情很高,表现出对大学会的高度重视和寄予的厚望。图书馆代表参会仍然是这次订货会的一大热点,安徽儒林图书公司将本届大学会看作年度重大活动,组织了100多个高校图书馆的160位代表入会观摩与采购,昆明新知书店各组织了上百名图书馆代表参加订货会,中国教育图书进出口公司带领60多家高校图书馆与会采购。本届大学会的一个新的亮点是有一批全国高等院校教务处或教材科的代表参加订货会。云南省新华书店集团借订货会在昆明举办之机,组织下属地州县书店的业务人员参会,选订大学版图书。经有关各方面的共同努力,切实增强了大学社订货会的订货功能,为大学社进一步开拓出版物营销通路,扩大图书订货量,更好地扩大终端用户,打造宽广的营销平台,创造出更多的商机。各个大学出版社都高度重视本届订货会,各参展单位精心挑选新书、好书、品牌书到会展示。据统计,在3.4万种参展征订样书中,今年新书有1.9万种,历年再版书有1.5万种;各类教材教参有1.6万种,学术著作有近7000种,一般图书为7000多种,各类电子音像出版物4000余种。展示丰富的出版成果,树立各社的品牌形象,是大学社参加订货会的主要目的。许多社在展位布置方面一如既往做了相当投入,特装设计各出高招,充满特色。据统计,有63个参展单位租用了2个以上的展位,其中北大、人大、武大、北师大等社各拥有6个展位,清华、浙大、东北师大、东北财大、北邮、高教、西安交大、广西师大、华中科大等9社拥有4个展位。云南省新华书店集团借大学社订货会移师昆明举办之机,在昆明书城、滇池书城等所辖大书城举办全国大学出版社优秀出版物展销活动,店面外拉起大红横幅,店堂里悬挂彩色活动标志,书架上集中陈列大学社优秀出版物,营造了浓郁的文化氛围;昆明新知图书城为迎接大学会,举行了"全国大学出版社图书联展活动",活动期间书城内设专区将大学出版社的图书集中摆放,同时进行图书促销活动,扩大了大学社在昆明的知名度,有力地烘托了订货会的气氛。

二、大学出版人的年度峰会

每年定期举办的大学会已经成为中国大学出版界的年度峰会。大学出版社在改革中前进,在创新中发展,今年教育部会同新闻出版总署先后召开了两次重要的工作会议,一是4月的高校出版社体制改革试点工作会议;二是9月的第六次全国高校出版社工作会议,大学社的体制改革试点工作已经进入实质性操作阶段。不少高等院校和大学社正在酝酿进入第二批大学社改制行列这一重大课题。在大学会期间,还举行了全国大学出版社社长大会,教育部社会科学司副司长徐维凡同志专程到会作重要讲话,社科司出版管理处介绍与布置相关的工作事宜。今年又适逢中国大学出版社协会成立20周年,在各大学社的大力支持下,大学版协全年的活动丰富多样、富有成效,受到各方面的高度评价。在大学会期间,大学版协举行了两个重要的工作会议,即大学版协理事长办公会和大学版协常务理事会,回顾总结年度工作情况,分析大学社发展过程中亟需解决的共性问题,研究大学版协如何更好地为会员单位服务,讨论决定明年的工作安排。秉承大学出版社图书订货会高品位、学术性的传统风格,本届大学会精心设计了大学出版论坛。11月11日上午的首场重要活动是由大学版协与云南省新华书店集团联合举办的"合作·创新·共赢"为主题的社店合作论坛,大学版协副理事长、广西师大出版社社长肖启明与云南省新华书店集团董事长兼总经理王世钧介绍面对图书市场竞争激烈,整合变局深入发展背景下大学出版社与新华书店各自的应对思路与合作共赢策略。中国出版科学研究所理论研究室主任刘拥军、方正阿帕比技术有限公司助理总经理赫思佳分别在论坛上做了大学出版社图书出版、数字出版情况的年度报告。在大学会期间还召开了高校出版社图书代办站大会,总结20年发展经验,研究加强代办站建设与规范的新举措,推动代办站工作跨上新的台阶。高校图书馆高度重视大学出版社的出版物。大学会是为大家零距离了解大学社的新书与重点书,了解最新出版动态的大好时机,安徽儒林图书公司等图书馆服务商做了大量的会前组织与筹备工作,使大学会成为各家图书馆重要的采购平台,为了加强信息交流与沟通,让大学社与图书馆的服务对接得更好,大学会安排了大型专题座谈会——"大学出版社与高校图书馆座谈会"。此次会议主题为"服务高校教学质量 做好图书馆配工作"。来自全国50余家大学出版社的社长及相关负责人、60多个高校图书馆的馆长及相关负责人以及大学版协的相关领导会聚一堂,共同就近年来图书馆配工作中存在的问题,大学出版社、图书馆及馆配公司三方如何配合、共同促进高校教学质量等问题展开了详细而又深入的交流和探讨。

三、中国出版界的品牌展会

经过多年的精心打造和培育,大学社订货会已经形成了自己独特的风格和鲜明的品牌。大学会由大学版协主办,大学版协发行委承办,办会地的大学社协办(今年云南大学社作了很大贡献)。大学会组织专门的会务班子,制定周密的工作预案,实行精细化管理,规范化操作。办会模式与展馆设施都有了重大变化,采用国际标准展位设施,进驻一流国际会展中心设展,办会规模稳定在高位上运行。精心选择优秀的社会会展服务机构参与会务,提升了会务服务水平。大学社订货会已经成为中国出版界的一个品牌展会。一位资深书业媒体人表示:"大学出版越来越在全国出版界中发挥举足轻重的作用,我们也越来越关注大学出版,关注大学出版的品牌订货会——大学社订货会。"中国书业各大媒体纷纷聚焦大学出版社,调集精兵强将,派出采访团组,精心编制采编计划与版面安排,对本届订货会进行连续报道,仅北京各个媒体来滇采访记者就多达30余人。《中国新闻出版报》从2000年至今,已连续8年推出"大学社订货会"专刊,多角度多层次浓墨重彩设置热门话题。《中国图书商报》的订货会专刊共有12个版面,"大学版协20年:从行业协会转型看大学社发展""挑战发行,我们忙并快乐着""大学社开社际合作新路"等文章,读来让人欲罢不能。《中华读书报》已连续多年出大学会专刊,本届订货会该报特为大学会推出12个整版的特刊,10多位大学出版人畅谈大学出版,多位知名学者畅谈高校教材建设。《出版商务周报》的大学出版专刊共有16版,通过大学社社长与业内资深人士的专文全面而又深刻地剖析了市场化与学术出版的辩证关系,使人耳目一新。《大学出版》《新华书目报》《教材周刊》《出版人》等报刊也都有精心策划的精彩版面。全国高校出版社的公共门户网站——中国高校教材图书网,自2002年以来,已连续五年对大学出版社图书订货会进行了独家全程报道,取得了很好的反响。今年,教材网派出报道组,深入展会,全程进行现场报道。教材网已经成为展示大学出版社整体形象,发布订货会最新动态的一个重要平台。树立企业形象,展示品牌特色是参展单位的一个着力点。11月10日下午,大会组委会宣传组在第20届大学订货会展馆现场,通过对各个参展单位展位体现出的出版理念、风格特色、设计创意和语言冲击力等标准的综合评议,评选出了10家最佳展位和8家最佳广告语获奖单位。武汉大学出版社、云南大学出版社、北京大学出版社、东北财经大学出版社、国防科工委高校出版社、四川高校出版社联盟、北京邮电大学出版社、上海交通大学出版社、西安交通大学出版社和浙江大学出版社等荣获最佳展位奖。云南大学出版社、广西师范大学出版社、中国人民大学出版社、华东师范大学出版社、华中师范大学出版社、南京大学出版社、北京师范大学出版社和北京理工大学出版社等8家出版社荣获最佳广告语奖。

  本届大学会《快讯》有篇署名贺词"20届大学会礼赞",这样写道:"二十年,在历史的长河中是如此的短暂;二十年,在改革的进程中是那么的精彩。二十年,这是人生青春活力的加油站;二十年,这是事业走向辉煌的里程碑。二十届大学会,正值峥嵘岁月,这事业中最壮观的日子,是出版人的盛大节日;二十届大学会,如同青春年华,这生命中最美好的时光,是嘉年华的快乐活动。大学出版人啊,肩负着传播先进文化的使命,承担着发展生产力的重任;大学出版人啊,要踏出时代的节拍,奏响新世纪的乐章。今天啊,我们要为二十届大学会的胜利召开而纵情欢呼;我们要为二十届大学会的圆满成功而深深祝福!"

第21届全国大学出版社图书订货会综述

  2008年11月12日至15日,大学出版人相聚在包拯故乡安徽合肥,第21届全国大学出版社订货会拉开了帷幕。中国改革开放已走过30年的发展历程,全国大学出版社也随着国家的前进步伐而逐步壮大,此次订货会的召开有着特殊的意义。目前,全国正值学习与实践科学发展观,积极推进出版体制改革,第二批高校出版社改制之际,借助订货会这一平台,大学出版人会聚一堂,探讨改制过程中遇到的问题与解决办法,关注和评估金融危机多米诺骨牌效应影响下的出版业发展。在此次订货会上,围绕改制和发展,大学版协召开了一系列工作会和研讨会。

11月12日,召开了中国大学版协第六届常务理事会第一次会议。会议由第五届大学版协理事长李家强主持。第五届大学版协秘书长刘军同志向会议通报了大学版协换届筹备工作及选举办法,会议一致通过了大学版协的换届方案和选举办法。教育部社科司出版管理处魏小波处长出席会议并做了重要讲话。第五届大学版协常务副理事长彭松建同志向会议通报了大学版协2008年的财务工作情况。按照大学版协换届方案和选举办法,参会常务理事投票选举北京大学出版社社长王明舟为第六届中国大学出版社协会理事长,选举魏小波等其他14位出版社社长为副理事长。会议还讨论了大学出版社协会的机构设置和工作计划。

11月13日,全国高校出版社社长会议暨第六届中国大学出版社第一次理事大会召开。来自全国一百多家大学出版社的百余位社长参加了大会。教育部社科司出版管理处处长魏小波首先发表了讲话。她从六个方面总结了出版管理处2008年的出版管理工作:(1)推进高校出版社体制改革。主要包括推进首批高校出版社改革试点工作;广泛调研非试点出版社对体制改革的意向和思路,积极做好第二批出版社改制的准备工作、与直属出版社共同探讨了相关体制改革工作,提出了改革思路等4项工作。(2)加强高校出版社的出版管理。主要包括加强选题管理、书号管理、质量管理和队伍建设工作。(3)组织高校出版社开展改革开放30周年纪念活动。出版了《高校出版社改革开放30周年》纪念册;委托大学版协组织召开高校出版社改革开放30周年座谈会。(4)为出版社做好奥运期间工作创造条件。(5)组织并依靠大学版协向部分贫困地区捐赠教材。(6)加强高校期刊建设。

魏小波处长从三个方面通报了2009年出版管理工作要点。一是按照中央关于文化体制改革的部署和要求推进出版社体制改革工作。具体工作有:召开"第二次高校出版社体制改革工作会议";启动第二批高校出版社体制改革工作;争取在明年完成两批高校出版社的体制改革工作;开展高校出版社深化体制改革的对策性研究。二是贯彻落实科学发展观,促进高校出版社的发展。密切关注全国出版业改革发展形势,着力把握高校出版社的发展规律,与高校出版社的领导共同探索、创新高校出版社的发展理念,转变高校出版社的发展方式,破解高校出版社的发展难题,解决好高校出版社在新的起点上实现什么样的发展和怎样发展这一重要问题。三是加强高校出版社出版管理。继续加强选题管理、书号管理、质量管理和出版队伍建设,配合新闻出版总署搞好高校出版社的等级评估工作。

新当选的第六届大学版协理事长、北京大学出版社社长王明舟受上届版协理事长李家强的委托,汇报了第五届版协所做的主要工作。他还受本届常务理事会的委托报告了第六届版协2009年工作计划。2009年,大学版协要继续在教育部、新闻出版总署的指导下,在历届版协卓有成效的工作基础上,大力强化协会集体协商机制和服务功能,力争将协会功能提升到一个新高度。主要是积极推动大学出版社之间的多种形式合作,重点研讨数字化网络出版方面的相关问题,探讨新形势下大学出版社整体资源优势综合利用的模式,强化新形势下大学出版的竞争力和影响力,加强对大学出版发展的深入研究,充分发挥老一辈大学出版人的作用。

11月14日上午,中国人民大学出版社总编辑周蔚华、安徽新华传媒股份有限公司董事长倪志敏、中国出版研究所理论研究室主任刘拥军、北京方正阿帕比技术有限公司助理总经理赫思佳分别做主题报告,对大学出版和中国出版业的关键话题进行深入探讨。周蔚华在《从美国大学出版社面临的困境看中国大学社发展的方向》的主题演讲中,结合考察美国大学出版社的情况,分析了中国大学社的发展趋势。周蔚华认为,美国大学社的很多经验和教训值得我们借鉴,但中国大学社的改革和发展不能照搬美国大学社的发展道路。经过30多年的不断摸索和总结,中国的大学社探索出一条有中国特色的独特的发展道路,我们必须进一步发挥这些特色,进一步保持这些优势,通过不断进行体制和机制改革,促进中国大学社的持续健康发展。安徽新华传媒股份有限公司董事长倪志敏在题为《创新——出版产业成长的必由之路》演讲中,对安徽省新华书店的现代企业历程进行了系统回顾。他指出,面对市场剧变的办法不是以不变应万变,而是以变应变。中国出版研究所理论研究室主任刘拥军发布了《2008大学出版业图书出版年度报告》。这份报告包括总量规模及各类大学社的盈利来源、大学出版排行榜和大学出版的四大增长点三部分。就大多数大学社而言,要做强不做大,压缩品种,突出特色,在专业市场上形成绝对优势,成为中国专业出版的重要板块。有条件的大学社应加快转企改制进程,加快与社会同类出版资源的融合,创新体制机制,成为社会化出版的一部分。报告认为,今后大学出版业的发展方向包括:(1)延伸产业链条,为教育终端提供多元产品服务,特别是网络化的数字产品服务,丰富出版物形态,扩大盈利点。(2)一些新型学科、前沿学科将成为高校进一步发展的必然选择,大学社要抢占学科制高点,完成盈利模式转型。(3)全面进入小康社会,必然带来文化和知识的全面发展,大众图书市场将趋于活跃,大学社要成为大众图书的重要提供者。(4)先进的、国际水平的科学与文化成果将不断涌现,大学社有着得天独厚的优势,要在各专业领域、各学术高地,打造大学社品牌,成为可持续发展的利基。北京方正阿帕比技术有限公司助理总经理赫思佳发布了《2008大学出版社数字出版情况年度报告》。

11月14日下午,由中国大学出版社协会发行工作委员会、安徽儒林图书有限公司主办的"社馆合作论坛",就近年来颇受业界关注的图书馆馆配话题展开了大学出版社、馆配商以及高校图书馆的三方对话。北京邮电大学出版社社长代根兴就当前图书馆、大学出版社和图书经销商共同面临的网络阅读、数字出版所带来的挑战,提出了自己的解决之道;安徽儒林公司董事长余伯成同业界分享了该公司在馆配业务上的拓展及今后计划;中国人民大学图书馆馆长倪宁则就当下图书馆建设问题作了发言,对高校出版社今后图书出版工作提出了富于启发性的意见;最后一位发言的河南省高校图工委秘书长崔波,从自身多年来的工作实践出发,探讨了图书馆与馆配商之间互利共赢的可能性。

本次订货会共有108家出版社参展,参会书店1000多家,图书品种近五万种。订货会呈现出五大亮点:

1. 依托优势,坚持学术。

高品位、学术性一直是大学出版社图书的一大特征,坚持以原创性学术著作与一流教材为出版方向已逐步成为支撑大学出版社发展的增长点。一幅幅广告语展示了大学出版人对文化的坚守与执著。"蕴大学精神 铸学术精品"(厦门大学出版社),"传播知识创新成果 培育科学文明素养"(中国科学技术大学出版社),"教材为先 学术为本"(西南财经大学出版社)。大学出版人也带来了在社会影响和市场效益方面获得较大成就的累累硕果:北京大学出版社的《实说冯友兰》《中国崛起之路》,中国人民大学出版社的《时机:反向思考战胜经济周期》《成思危论风险投资》,复旦大学出版社的《上海图书馆未刊古籍稿本》,上海交通大学出版社的《中国学会史丛书》,北京师范大学出版社的《美丽的粉本遗产——张大千仕女册》《京师教育译丛》,重庆大学出版社的《中国经济改革30年丛书》等。这些图书充分展示了大学出版社依托大学的品牌,成为人才、知识、信息的汇集之地,根据自身优势走专业化发展的道路。

2. 战略联盟,破除壁垒。

订货会上引人注目的是两大联盟的亮相。上海、西安、北京和西南四大交通大学出版社以交大联盟的形式亮相,四川高校出版社再次携手,这种联盟不只是形象的联合展示,而且深入到策划选题和营销渠道等多个方面。面对激烈的市场竞争,为最大限度地提高盈利能力,合作共赢成为本次订货会的主题。

3. 重视馆配,营销创新。

随着公共财政的发展、职业技术教育的繁荣、高等院校的扩招以及中小学校图书馆建设的推进,各级各类图书馆纷纷加大采购量,国内图书馆配市场得到空前发展。据统计,目前国内每年的图书馆采购量需求约 50 亿人民币,其中院校图书馆占 30 亿,公共图书馆及专业图书馆有 20 亿。本次订货会中大学版协向大学图书馆、全国高校教务处、教材科发出邀请。安徽新华传媒股份有限公司组织各省、地、市书店和图书馆到会团购。此外,安徽儒林图书有限公司还邀请全国各地主要馆配商到会,组织上千家图书馆客户参会,进行订货、采购。

4. 图书捐赠,坚持公益。

11 月 14 日,在大学版协的组织下,全国大学出版人向安徽革命老区、贫困地区学校捐赠 1.1 万余册优质新版图书,折合码洋超过 35 万元。十多年来,大学社已向全国 11 个省捐赠大量优秀图书。魏小波处长认为,作为全国出版业中的重要方面军,大学出版社以为教育事业发展服务为宗旨,以出版高校教材、学术著作和教育图书为己任,向老少边穷地区捐赠图书、支援这些地区教育事业的发展,是大学社的社会功能之一,更是大学社长期坚持的公益性活动。

5. 优秀畅销书评选。

大会进行了第八届全国高校出版社优秀畅销书和抗震救灾图书特别奖的颁奖仪式。北京大学出版社、清华大学出版社等 101 家出版社的 413 种图书榜上有名,其中 225 种图书获得优秀畅销书一等奖,188 种图书获得优秀畅销书二等奖。这次评奖的参评图书共有 590 种,获奖率为 70%。为鼓励和表彰大学出版社在出版抗震救灾图书方面作出的突出贡献,今年举办的第八届全国高校出版社优秀畅销书奖活动中增设了"抗震救灾图书特别奖",31 家出版社的 43 种图书荣获这个奖项。

当前中国大学出版社的改革已经全面启动,下一步如何发展是大家普遍关心的问题。新一届大学版协在 2009 年工作规划中明确提出要强化大学版协的功能与作用,尤其是增设了大学出版发展研究会,这充分说明大学版协对新形势下大学出版社体制机制改革中如何发展的重视程度。大学出版社的发展正处在一个十字路口,我们相信,在全体大学出版界同仁的共同努力下,大学出版社一定能找到一条适合中国国情的发展之路。

第 22 届全国大学出版社图书订货会侧记

李子木　冯　威

由中国大学出版社协会主办、大学版协发行工作委员会承办的第 22 届全国大学出版社图书订货会,2009 年 10 月 29—31 日在福建省厦门市厦门国际会展中心举行。本届订货会有全国百余家大学出版社、教育部直属出版社及福建省地方出版社,上千家国有、民营书店、高校图书代办站、大学书店、大学图书馆参加。大学出版社作为一支正处于上升阶段的出版队伍,其订货会越来越成为业界关注的焦点。

本届大学出版社图书订货会展示品种包括数万种各学科门类、各层次的高水平、高质量教材、学术著作、工具书和大众读物以及音像、电子出版物,其中新版图书2万种以上。据主办方介绍,本届订货会的参展图书品种大幅增长,订货码洋超过亿元。全国大学出版社带来的新书、在销书、音像制品、电子出版物数万种,教材和学术著作占60%以上。

众所周知,大学出版社转制工作目前正处冲刺阶段,并将于今年年底前收官。届时,我国80%的大学出版社将转制为企业,真正"下海"。于是,改革成为本次大学出版社图书订货会上最热门的词汇。

一、不断进步的订货会品牌

随着出版业改革的深化,处在出版改革前沿的发行领域的变革更是一马当先。中国大学版协副理事长兼秘书长、对外经贸大学出版社社长刘军表示,近年来,大学出版社图书订货会顺应了出版领域改革发展的需要,从最初的以营销活动为主体,逐渐演变成一个具有图书展示、看样订货、工作研究、学术研讨、经验交流、信息沟通等综合功能的大型专业图书订货会,为宣传贯彻党和国家的出版、教育方针,展示大学出版社出版成果,推动大学出版社图书销售,交流研讨图书出版发行工作,促进大学出版社的改革和发展发挥了积极作用,受到了业界的普遍关注和好评。

坚持党和国家关于出版发行工作的方针、政策,坚持为教学和科研工作服务,立足学校面向社会,把社会效益放在首位,是历届全国大学出版社图书订货会的指导思想;展示、交流、服务、发展是历届订货会始终坚持的宗旨和基本要求。本届订货会所展示的图书、音像电子出版物,格调高雅清新,内容健康丰富,装帧设计精美,显示了大学出版社图书的高层次、高品位、高质量。刘军说:"这不仅较好地满足了国内国际市场对图书更高层次的需求,也为大学出版社树立了良好的形象,向社会展示了自己的水平和实力,充分反映了大学出版社贯彻党的出版发行方针、为高校师生服务和为教学科研服务的成果。正因为如此,参展的图书品种一届比一届多,订货码洋也由开始的1000多万元发展到超过亿元,取得了社会效益和经济效益的双丰收。"

20多年来,全国大学出版社图书订货会每届都获得圆满成功,已经成为大学出版社的一个响亮的展会品牌。通过图书订货会,大学出版社增强了市场竞争意识。各大学出版社以高校学科齐全、学术水平高、师资力量强的独特优势为依托,不断推出涉及最新学科建设的教材和工具书,竞相出版自己的特色图书,形成了一定的系列和规模。各门类、各层次的特色教材层出不穷,精品读物和名牌图书在订货会上竞放异彩,充分反映了大学出版社面向市场,讲求多层次、高品位、高质量的深刻变化。

二、大书小书落玉盘

大学出版社是我国学术出版的主力军,然而在大学出版社图书订货会上,我们发现,大学出版社引以为傲的并非仅仅是学术出版,在这里智慧以更加多彩的形式呈现在世人面前。

"上有天堂,下有书房"。对一个文人来说,一个自己架构的书房就犹如天堂般美好。要了解一个学者,进入他的书房,就好像是进入了他的内心世界。《历史在这里沉思——我的书房"沉思斋"》一书就是对叶永烈的书房、读书生活、写作采访背后的故事进行全方位扫描。叶永烈的书房具有与众不同的特色,他不仅拥有两个书房,而且还拥有一个用私家游泳池改建的藏书室,收藏了5万册图书。叶永烈的创作"大本营"规模庞大,他把自己的书房取名为"沉思斋",即"历史在这里沉思"。据出版方上海交通大学出版社介绍,该书是重点策划的《名人书房系列》的第一本,其他几本也在陆续出版中。这套《名人书房系列》不仅在于满足读者对名人的了解,更重要的是弘扬一种打造书房的全民意识,倡导阅读明智的高雅乐趣。

重庆大学出版社出版的心理惊悚自传小说《疯狂》在订货会现场引起疯狂的关注。这是中国引进的第一本躁郁症患者亲身讲述的自传小说,作者玛雅·郝芭琪是普利策提名的畅销书作家、屡获殊荣的记者,在美国众多大学教授写作和文学。她的作品被翻译成十几种文字,在全球几十个国家畅销不衰。一方面是事业的极度成功,一方面是不堪其扰的心理疾病,正是这样强烈的冲击和反差使得玛雅·郝芭琪和她的《疯狂》备受关注。目前《疯狂》全球销量超过100万册,入选美国"普利策奖"。

复旦大学出版社依托复旦大学深厚的学术背景,近年来一直以出版原创性学术著作为特色。在本次订货会上,他们带来的《结交一言重,相期千里至——一个中国学者眼中的中美建交30年》从一个中国学者的视角,阐述、评析了20世纪70年代以来,中美两国间从相互敌视到互相接触,最终实现关系正常化并历经曲折发展至今的风雨历程,是一本以通俗手法写就的有相当学术价值的读物。而《老舍之死口述实录》以"田野作业"的方式,采访了老舍的家人、朋友、"8·23"事件的亲历者等数以百计的历史在场者,为读者奉献了了解这段历史的第一手资料,是历史大叙事以外的一个另类文本。

当然,如果要评选大学出版社图书订货会的现场明星,则非中国人民大学出版社的《饶宗颐二十世纪学术文集》一书莫属。该书共14卷20大册,近1200万字,涉及儒学、道学、佛学、诗、词、文、史、目录、考古、敦煌学、音律、书法、绘画、甲骨文等,在很多领域都达到了国际汉学界的前沿。饶宗颐先生是我国当代著名的历史学家、考古学家、文学家、经学家、书画家与翻译家,他博涉儒学、道学、佛学、敦煌学等诸多领域,饶宗颐先生以20世纪的新资料和新方法为向导,走出了一条国学研究的新路子。饶宗颐在其学术活动的70年中,一直置身于每个时代潮流的最前列,《饶宗颐二十世纪学术文集》无疑是确立中国学术自尊心的一个辉煌典范。

三、特色和品牌是大学社核心竞争力

10月29日,中国大学出版社协会主办的以"改革·创新·发展"为主题的"大学出版论坛"。中国大学出版社协会副理事长、中国人民大学出版社社长贺耀敏在主题发言中表示,大学出版社伴随高等教育事业的发展,走过了辉煌的历程,在我国出版业发挥着重要作用。现在的改革进程已经超越了我们的设想,如此深刻的改革空前绝后,也给我们提供了机遇和挑战。这样的改革形势给大学出版社改革提出了全新的任务和要求。同时,改制后将要出现的新格局又要求大学出版社思考自己的发展途径、定位和作用。格局变化越来越快,出版产业间并购联合日益凸显,产生一批大型集团势必给大学社带来严峻挑战。出版技术数字化、网络化对传统出版的冲击越来越明显。资本力量在狭窄的出版界发挥着日渐清晰的影响与作用。大学出版社要在"做大做强一批、整合重组一批和停办退出一批"中间找到自己的位置,就要借鉴经验,思考自己的应对措施。贺耀敏说:"我们不仅要认真遵循现代企业发展的规律、学习借鉴其他企业的经验,还要遵循国际出版发展的规律、学习国外成功出版业案例,紧密结合自身实际,探讨一条做大做强的路子。"

贺耀敏认为,在国内外激烈竞争、产业高新技术迅速发展和集团化的冲击下,大学出版社更要加快改革,才能赢得更大的发展空间和多赢机会。大学出版社自身相对落后的机制也需要改革的到来,克服不必要的顾虑,从出版社本身到员工的顾虑,都需要继续做工作。坚持特色和品牌是大学出版社的核心竞争力,"专、经、特、新"是大学出版社发展模式的必然之选。加强大学出版社多种形式的合作、联合,资源互补,走双赢、多赢道路,是提升整体实力的有效途径。

四、寻找理性发展之路

与会者表示,当前,我国经济社会发展的新形势对大学出版社提出了新的更高的要求。大学出版社要认真贯彻中央的精神,深入推进出版体制改革,主动适应改革开放不断深入扩大、教育事业蓬勃发展和人民群众精神文化需求日益增长的需要,以高度的责任感和使命感,深化改革,锐意创新,强化管理,通过扎实的工作,为教育战线和全社会奉献更多的优质精神产品,为繁荣教育事业和出版事业作出新的更大的贡献。

一些业内人士也表示,中国的大学出版社正处于"第三次创业"的关键时期,中国出版的集团化大趋势,使中国的大学出版社感受到了巨大的压力;国内外资本运作的手段和方式越来越丰富和多样化,希望转制能给大学出版社带来新的动力和活力,让大学出版社的生产力得到进一步的解放。

中国的出版改革给今天的大学出版社提出了全新的研究课题,比如如何应对改制带来的变化?如何应对公司化管理的新挑战?如何抓住数字出版的机遇?这些问题暂时还没有完美的答案。至会议结束,有关话题还在被人们热烈地讨论着。我们唯一可以确信的是:中国的大学出版社正从孱弱青涩到蓬勃发展壮大,成为中国出版业不容忽视的一支重要力量。我们相信,在正确的出版政策的指引下,中国的大学出版社一定会找到一条适合自身的理性发展之路。

第23届全国大学出版社图书订货会综述

由中国大学出版社协会主办、大学版协发行工作委员会承办的第23届全国大学出版社图书订货会于11月11至14日在南昌举行。全国百余家大学出版社、教育部直属出版社参展,数百家国有、民营书店、高校图书代办站、大学书店、大学图书馆参加。

一、第23届全国大学出版社图书订货会隆重开幕

锣鼓喧天,红旗招展,2010年11月13日上午九点半,南昌国际展览中心东广场大红的舞台上,第23届全国大学出版社图书订货会开幕式隆重举行。在大学出版体制改革关键性的一年,同时又是"十一五"规划完成、"十二五"规划即将开启的重要年份,第23届全国大学出版社图书订货会被赋予了更多的含义,获得了更多的关注。开幕式由中国大学出版社协会理事长王明舟主持。中国出版工作者协会主席于友先,教育部社会科学司副司长徐维凡,江西省新闻出版局党组书记、局长黄鹤,江西省新闻出版局党组副书记、副局长池红,江西高校出版社社长邱少华等亲临开幕式现场。中国大学出版社协会副理事长宗俊峰代表全国大学出版社向江西革命老区捐赠参展图书。

每年一届的全国大学出版社图书订货会,在教育部和新闻出版总署的关心指导下,在举办所在地党政机关、教育和新闻出版主管部门、社会团体的支持下,每一届都获得了圆满成功,已成为大学出版社响亮的展会品牌。中国大学出版社协会副理事长、秘书长刘军介绍,今年的大学出版社图书订货会将展示和汇报大学出版社"十一五"出版成果,推动大学出版社数字化出版进程,为大学出版社拓展发行渠道搭建平台;同时,将通过论坛营造订货会学术氛围;为支援老区建设,还将组织举办大学出版社参展样书的捐赠活动。

今年,是大学出版"十一五"规划完成、"十二五"规划即将开启的重要年份,本届全国大学出版社图书订货会透露出了不同寻常的信息。"本届图书订货会正是全国高校出版社展示汇报'十一五'规划出版成果、谋划'十二五'发展大计和推动产业化、市场化建设的一次盛会,意义重大。"徐维凡说。在致辞中,徐维凡同时为大学出版"十二五"规划的总体思路作出部署,他希望大学出版深化出版体制改革,积极推进出版产业创新,同时,要担负高校出版社所承担的社会责任,向教育事业、向全社会奉献更多优秀精神产品。

多年来,大学出版社向学校和社会奉献了大量各学科、多层次的高品位、高质量的教材、学术著作和社会读物,"始终把出版的社会效益放在第一位,把推动国家教育事业的责任感放在第一位",王明舟表示。

每年,大学出版社都根据各地的需要,向老少边穷地区及受灾地区捐赠图书,支援他们的教育教学。今年,为了表达大学出版人的心意,参加本届订货会的大学出版社决定将参展样书捐赠出来,为江西革命老区的建设和教育事业贡献一份微薄之力。本届开幕式上,宗俊峰代表全国大学出版社向江西革命老区赠予参展图书。

池红表示,大学会在江西举办,给江西出版界提供了难得的学习和交流的机会。江西出版界将以此为契机,加强与各大学出版社的交流与合作,学习各大学社的经验和做法,实现江西新闻出版业的更大发展。

在锣鼓齐鸣、礼花满天中,于友先主席正式宣布:"第23届全国大学出版社图书订货会开幕!"图书订货会帷幕拉开后,人们涌进图书订货会宽敞大厅,掀起了一股订货热潮。

二、打响大学出版社图书订货会品牌

到目前为止,全国大学出版社图书订货已成功举办23届,已经成为大学出版社的一个响亮的展会品牌。通过图书订货会,大学出版社增强了市场竞争意识。各大学出版社以高校学科齐全、学术水平高、师资力量强的独特优势为依托,不断推出涉及最新学科建设的教材和工具书,竞相出版自己的特色图书,形成了一定的系列和规模。各门类、各层次的特色教材层出不穷,精品读物和名牌图书在订货会上竞放异彩,充分反映了大学出版社面向市场,讲求多层次、高品位、高质量的深刻变化。

本届大学社订货会所展示的图书,教材和学术著作占60%以上,双效益图书占总数的30%以上。大学出版社出版规模不断扩大,出版物结构更加完善合理,图书质量日趋提高,显示了大学出版社图书的高层次、高品位、高质量。这不仅较好地满足了国内国际市场对图书更高层次的需求,也为大学出版社树立了良好的形象。

党的十七大提出深化文化体制改革、发展文化产业、鼓励文化创新的新的更高要求,为出版业的发展指明了前进方向;党和国家推动的出版体制改革,为大学出版社的发展带来了新的机遇。中国大学版协副理事长、清华大学出版社社长宗俊峰表示,我国大学出版业正处于改革发展的关键时期,本届图书订货会正是大学出版社全面贯彻科学发展观和建设和谐文化的要求,努力完成"十一五"规划和推动出版产业化建设的一次盛会,也是展示大学出版社近年来的出版、发展成果的一次盛会,具有重要的现实意义。

在"十一五"规划期间,通过调整结构、优化选题,大学出版社出书品种稳步上升,面貌更新,已经形成布局基本合理、出版物学科齐全、图书和电子音像数字立体化出版、经营管理更加科学规范的新格局,为进一步更好更快地发展打下了坚实基础。本届订货会正是大学出版社探索市场机制、进一步开发和建立市场化的发行渠道的一个新的舞台。宗俊峰说,大学出版社图书订货会一直以来都具有高品位、学术性的特色,本届大学社订货会将"数字出版"定为大学出版论坛的主题,广邀业界领导、专家、出版社代表、数字出版技术提供商、出版发行商共同探讨数字出版的发展趋势。

为展示大学出版社图书订货会的品牌魅力,本次展会组委会还主持评选出了十佳展位和最佳广告语,共有北京大学出版社、清华大学出版社、江西高校出版社、吉林大学出版社、华中科技大学出版社等10家出版单位和"行健不息、创新超越"(清华大学出版社)、"百年复旦、一流出版"(复旦大学出版社)、"学术沃土、思想摇篮"(中国人民大学出版社)等13条广告语获奖。

三、结构更加合理 关注数字热点

秉承大学出版社图书订货会高品位、学术性的一贯特色,在此届订货会期间,大学社订货会更加关注当前的热点问题,举办的主题为"数字出版:趋势与方略"的论坛吸引了前来参加订货会的各方代表。

在《面向教育领域,探索大学社数字出版之路》的主题演讲中,大学版协副理事长、清华大学出版社社长宗俊峰探讨了国内外数字出版趋势和今后发展的前景,并以清华大学出版社文泉书局数字出版平台项目为例阐释了大学社联合开拓数字出版领域的理念。江西省出版集团数字出版中心主任蒋宏的演讲题目为《新媒体、新技术下的数字出版》,在他看来,传统出版社作为内容提供商,在与技术提供商、平台运营商的竞争中明显处于弱势,而今后出版社要在数字出版方面取得发展,就必须进行横向联合。《新闻出版报》社社长姜军则在演讲中倡议迎接主动出版时代的到来,提出传统出版社应认真研究网络时代的读者特征和读者需求,主动开发相应的数字出版产品与之对接。

大学版协每年都会在全国大学出版社图书订货会期间举办论坛活动,每年都会聚焦一个书业话题。今年以数字出版作为论坛主题,一方面显示了行业对这个话题的高度关注,另一方面也表明了大学社群体对于联合发展数字出版的迫切要求。

四、寻找理性发展之路

2010年11月13日下午,2010年中国大学出版社协会全体理事大会在江西南昌国际展览中心主馆第三会议室召开。来自全国一百多家大学出版社的百余位社长、总编辑参加了大会。教育部社会科学司副司长徐维凡,社科司出版管理处处长魏小波,新闻出版总署出版管理司图书处处长洪勇刚等出席了会议,中国大学出版社协会理事长王明舟主持会议。

中国大学出版社协会副理事长兼秘书长刘军首先作了大学版协2010年工作报告。2010年,大学版协在教育部、新闻出版总署、民政部的关怀、指导下,在全体会员单位的支持和共同努力下,围绕中心工作和大学出版社发展的需要,开展了大量行之有效的工作。刘军还介绍了《大学版协2011年工作要点》。

会上,王明舟理事长宣读了《教育部社科司、中国大学出版社协会关于表彰向玉树地震灾区捐款单位的决定》和《教育部社科司、中国大学出版社协会关于表彰2010年度捐赠图书单位的决定》,主席台各位领导向受表彰单位颁发了证书。

徐维凡副司长在会上发表了重要讲话。他指出,在学习贯彻十七届五中全会精神的大背景下,全国大学出版社应深刻认识当前高校出版业发展当中面临的新形势、新问题,从教育界和新闻出版业发展的大局下,全面准确地理解中央关于推进新闻出版体制改革和发展的战略部署;应加强对新闻出版业发展特点和发展趋势的研究,深刻把握出版的本质、内涵、发展趋势、发展途径和具体问题;应振奋精神、付诸行动,在实践当中探索大学出版社新的发展道路。

魏小波处长向大会汇报了社科司在2010年推进高校出版社改革、促进高校出版社发展、加强出版社管理三方面的工作情况。

洪勇刚处长在讲话中指出，大学出版社作为我国出版业中的重要力量，不仅对我国的学科建设和出版发展是不可或缺的，同时在规范出版风气、树立出版形象方面发挥了重大作用。

众多与会者表示，当前我国经济社会发展的新形势对大学出版社提出了新的更高的要求。大学出版社要认真贯彻中央的精神，深入推进出版体制改革，主动适应改革开放不断深入扩大、教育事业蓬勃发展和人民群众精神文化需求日益增长的需要，为教育战线和全社会奉献更多的优质精神产品，为繁荣教育事业和出版事业作出新的更大的贡献。

一些业内人士也表示，中国的大学出版社正处于"第三次创业"的关键时期，中国出版的集团化大趋势，使中国的大学出版社感受到了巨大的压力；国内外资本运作的手段和方式越来越丰富和多样化，希望转制能给大学出版社带来新的动力和活力。

历届全国大学出版社图书订货会一览表

届次	时间	地点	参会社数	参会书店	图书品种	订货金额
第1届	1989.3	武汉	47	78	8000种	350万元
第2届	1990.3	成都	80	120	近万种	1000多万元
第3届	1991.4	厦门	70	160	近万种	1000多万元
第4届	1992.3	桂林	98	147	1万多种	2500多万元
第5届	1993.2	西安	98	192	1万多种	3500万元
第6届	1994.3	桂林	91	200	1万多种	4000多万元
第7届	1995.2	杭州	94	168	1万多种	5000多万元
第8届	1996.3	成都	100	300	1万多种	1亿元
第9届	1997.3	广州	98	200	1.5万种	1.1亿元
第10届	1997.12	西安	101	237	近2万种	1.35亿元
第11届	1998.12	郑州	107	238	2.3万种	1.55亿元
第12届	1999.12	郑州	106	249	2.5万种	1.56亿元
第13届	2000.11	广州	103	500	3万种	1.6亿元
第14届	2001.11	大连	104	600	3万种	1.7亿元
第15届	2002.12	成都	107	700	3万种	1.7亿元
第16届	2003.11	广州	106	800	3万多种	2.5亿元
第17届	2004.11	武汉	108	800	3万多种	2.6亿元
第18届	2005.11	西安	108	1100	4万多种	不再统计
第19届	2006.11	青岛	108	800	近5万种	不再统计
第20届	2007.11	昆明	108	800	近5万种	不再统计
第21届	2008.11	合肥	108	1000	近5万种	不再统计
第22届	2009.10	厦门	107	1000	近5万种	不再统计
第23届	2010.11	南昌	107	1000	近5万种	不再统计

第三届全国大学出版社营销论坛在银川举行

第三届全国大学出版社营销论坛于2007年7月21—22日,在宁夏回族自治区首府银川市举行。全国64家大学出版社与高校出版社图书代办站的110多名代表参加了营销论坛。大学版协秘书长刘军主持开幕式,大学版协常务副理事长彭松建、副理事长张天蔚、陈国弟等到会并作了讲话。本届营销论坛得到了宁夏回族自治区新闻出版局、宁夏大学和宁夏新华书店领导的重视与支持,自治区新闻出版局副局长黄洪乾、宁夏大学副校长王燕昌、宁夏新华书店总经理李海舟等出席了开幕式,并致辞祝贺。

全国大学出版社营销论坛是全国大学出版社学习营销理论、分析市场形势、研讨交流营销工作的一项重要活动,本届的主题是"渠道建设与客户管理"。

论坛上有领导讲话、专家报告、大会交流、小组讨论,还有论文交流,内容丰富、学术气氛浓厚。宁夏新华书店总经理李海舟作了题为《加强合作,互利共赢,携手开创宁夏图书发行的美好明天》的专题报告,介绍、分析了宁夏图书市场的情况,呼吁社店"加强合作,互利共赢,共创和谐书业"。中国出版科学研究所理论研究室主任刘拥军研究员作了题为《营销渠道的管理与创新》的学术讲座,以市场营销前沿理论和案例分析,给与会代表上了精彩的一课。西安交通大学出版社社长林全以《注重品牌意识,构筑差异化营销模式》、广西师范大学出版社营销部经理廖世明以《出版营销的动态方略》、高等教育出版社营销中心主任钱煤军以《重构渠道关系 共建诚信发行》、外语教学与研究出版社营销中心主任周洋以《从大英市场谈营销渠道》、东北师范大学出版社副总编辑杨明宝以《浅谈教辅图书区域营销的本土化》、上海外语教育出版社发行部主任吴树明以《浅谈图书发行渠道的建设与管理》、重庆大学出版社副社长柏子康以《客户关系与营销》、南京大学出版社发行部副主任司增斌以《中小型大学出版社的渠道建设》为题,介绍了各社在渠道建设和客户管理方面的新举措、新经验、新理念。分组讨论更是气氛热烈,大家交流经验,提出了许多建设性意见。论坛共收到书面交流论文30多篇,围绕"渠道建设与客户管理"的主题畅所欲言,各抒己见。通过研讨、交流和学习,大家普遍对建立市场化的营销机制、规范有效的销售渠道和高素质的营销队伍等问题,进一步提高了认识,学到了许多新经验。

针对近年来高校教材发行市场出现的低价倾销、恶意窜货、严重拖欠书款,甚至盗版、商业贿赂等问题,为规范高校教材供应链各环节的运作,保障各方面的合法权益,进一步做好高校教材出版和供应工作,与会代表一致通过了《建设和谐高校教材图书市场倡议书》,呼吁:一、作为高校教材产业链源头的高校出版社,要严格自律,努力加强自身建设与管理;二、作为中间环节的教材经销单位,要按照国家法律法规、行业规则和社店协约,规范经营,保证信誉;三、希望作为终端用户的各高校,选择信誉良好的教材图书供应商。这份倡议势必会对高校教材市场的规范和良性发展起到积极推动作用。

第三届全国大学出版社营销论坛
建设和谐高校教材市场倡议书

2007 年 7 月 22 日

各大学出版社、经销商朋友、高校领导和老师们：

2007 年 7 月 21—22 日，第三届全国大学出版社营销论坛在银川市举办，研讨发行渠道建设和客户管理问题。与会各大学出版社（含教育部直属出版社）认为，近年来，高校教材的出版发行在快速发展的同时，也出现了一些问题，如低价倾销、恶意窜货、严重拖欠书款，甚至出现了盗版、商业贿赂等现象，导致部分高校教材不能保质保量供应到位，严重影响了高校的正常教学秩序和教育质量。因此，为规范高校教材供应链各环节的运作，保障各方面的合法权益，共同建设依法经营、规范有序、顺畅运转、互利共赢的和谐高校教材市场，作为高校教材产业链的成员，我们发出以下倡议：

一、作为高校教材产业链源头的大学出版社，要严格自律，努力加强自身建设和管理

1. 在提高出版物的内容和质量上下工夫，努力为高校提供优质、适用的各类教材，在市场竞争中以产品质量和服务取胜，杜绝不正当竞争。

2. 按照市场规律和出版社自身特色建立发行渠道，选择实力强、信誉好的正规经销商进行合作，与经销商制定信用协议，形成互信互惠、相对稳定的供销关系，以保证规范经营，规避和减少风险。

3. 不断完善销售服务体系，主动加强与经销商的沟通，介绍出版特色、图书品种及供销政策、行销方式，合理、按时发货，为经销商解决图书销售中的实际困难。

二、作为中间环节的教材经销单位，要按照国家法律法规、行业规则和社店协约，规范经营，保证信誉

1. 依法经营，建立健全合法资质和企业机制，在经营活动中严格遵守法律法规和出版发行行业市场规则，不低价倾销、不窜货、不盗版，共同维护教材供应市场的健康、良好秩序。

2. 注重诚信，不拖欠书款，通过完善经营管理体系，保证自身经营和资金的正常运转及书款的按约如期支付，也保障自己的合理利润空间。

3. 高等学校出版社图书代办站作为高校教材发行的重要渠道，要继续保持和加强与大学出版社的协作关系，坚持办站宗旨，做好服务工作，依照市场规律，积极拓展业务，与大学出版社共同努力，保证"课前到书、人手一册"。

三、希望作为终端用户的各高等院校，选择信誉良好的教材供应商

1. 在教材采购和招标工作中注意对经销商的资质、诚信、规模、服务水平和持续经营能力等方面进行综合考察，选择本地区具备合法资质及良好信誉的教材经销商供货，避免因采购环节出现问题而影响教学工作；确定正常合理的采购价格，以确保经销商合法规范经营并向学校提供优质服务，摒弃低于经销成本价格竞标的经销商，避免出版社因此无法对其正常供货而影响教学。

2. 为保障教材出版产业链的畅通,希望各高校能够专款专用,按期支付书款,以保证出版社教材的按计划生产、经销商资金的正常运转和优质服务。

3. 加强保护知识产权的宣传教育,抵制盗版教材进入校园,希望广大学生都能使用正版教材学习。

建设高校教材市场的良好秩序,促进高校教材出版产业链的和谐发展,需要出版社、经销商、学校等各个环节共同树立规范意识,相互配合,一起努力。感谢广大高校师生和经销商朋友多年来对我们工作的大力支持,同时希望对我们的倡议予以充分理解和响应,让我们携手营造和维护和谐的教学环境和市场环境。全国大学出版社将以更优质的教材和服务来回报大家的支持与信任!

中国大学版协代表团 2006 年赴美参展考察散记

2006 年 5 月 19 日,美国国际图书博览会——BEA(Book Exposition America)在华盛顿会议中心拉开帷幕。为期 4 天的书展吸引了来自 90 多个国家的 2000 多个参展商和出版商。美国图书博览会至今已走过 105 个年头,它涵盖了世界上大量英文类书籍的精华,是美国图书界最大的盛事,也是全球最重要的版权和图书贸易活动之一。

为了贯彻国家和新闻出版总署"走出去"战略,进一步加强国际交流与合作,促进我国高等教育出版事业的发展与繁荣,根据大学版协 2006 年工作要点,大学版协组织了由大学版协常务副秘书长毕研林带队、浙江大学出版社社长蔡袁强为团长的中国大学版协代表团于 5 月 16 日赴美参展考察交流。代表团由清华大学出版社、北京师范大学出版社、中央广播电视大学出版社、中国政法大学出版社、北京理工大学出版社、辽宁大学出版社、中国石油大学出版社、湖南大学出版社、华南理工大学出版社、西安电子科技大学出版社、上海财经大学出版社、东南大学出版社、浙江大学出版社和华中科技大学出版社 14 家大学出版社的 28 位代表组成。访美期间,团员们考察观摩了美国及其他国家著名出版社图书出版情况,并与三家出版社进行了座谈和交流,参观了几所世界知名大学,完成了预期的出访任务。面对美国图书和文化的冲击,感受中美文化的差异与融通,目睹英语作为国际语言的强势地位和全球对其出版物的需求日益上升的现实,团员们思考着中国书业在走向世界过程中存在的潜在机遇和面临的种种问题。

一、交流协作发展　共谋合作愿景

此行主要目的是参加美国 2006 年 BEA 书展,并考察美国以出版学术著作和大学教材为主业的出版社在办社宗旨、管理政策、税收状况、人员结构、版权贸易等方面的情况,重点探讨中美大学出版社在高校教材方面合作交流的可行性。赴美之前,大学版协秘书处做了大量的准备工作,提前与美国几家出版社预约座谈事宜。由于大学版协前期工作到位,展会期间,代表团在翻译的陪同下,依次参观了几个重要展厅,并与全美学术出版社、霍普金斯大学出版社和媒体集团三家出版社就双方共同面临和关心的问题进行了广泛的交流与探讨。

代表团交流的第一家是全美学术出版社。该社负责发行业务的市场部经理 Ann G. Merchant 女士同代表团成员就科技图书发行、网络出版冲击、版权贸易等问题进行了交流。她介绍说,全美学术出版社是以科技类图书出版为主营业务的学术出版社,科技图书利润非常低,为此,美国政府每年给出版社一定的经费支持,还有一些基金会、公司的发起人、股东进行投资,出版社是独立经营,保持平衡发展。出版社共有 65 位全职员工,其余 1400 多位员工都是聘用和兼职的。该社属于中型出版社,相当于哈佛大学出版社和普林斯顿大学出版社的规模。在谈到发行业务时,她说:出版社的发行人员大多不是全职雇员,发行员的薪金是根据发行量多少来提成的,该社只有两三个人负责发行业务管理,其余全部外聘。她认为网络出版对传统出版的确有一定影响,该社的许多科技图书都放在网站上,通过PDF版面格式让大家免费阅读。我们拜访的第二家出版社是在美国大学出版社中排名第6位的约翰·霍普金斯大学出版社。该社创办于1876年,是美国大学出版社中唯一连续运转时间最长的大学出版社,在美国大学出版社历史上具有十分重要的地位。该社版权经理Kathy Alexander女士详细介绍了霍普金斯大学出版社的一些情况。她说:学术出版一直是该社义不容辞的责任,但同时该社也出版了科学、人文大众读物等其他类别的图书,多元化使得该社能够比较稳定地向前发展,而有的出版社因为太专业了,很难坚持下去。近年来,电子出版物的发展对传统出版产生了一定影响,也引起了该社的注意。该社现有正式员工约150人,其余均为外聘和兼职,出版社是独立经营的,不必向学校上缴利润。我们拜访的最后一家出版社是媒体集团出版公司,该集团负责人Scott Andrew Mendel是芝加哥大学的教授,他表示对中国的学术方面著作和赢利图书都很感兴趣,希望加强了解和合作。他说在美国大多数教授都愿意将自己的著作放到大学出版社出版,尽管这些书很多不赢利,甚至亏损,但只要有学术含量的著作出版社仍愿意出版,如斯坦福大学的一位知名教授,他出版了30本专业图书,基本上都是供专业人士阅读,均不赢利,只是在近期才出版了一本推广民主思想的赢利图书。

在谈到对中国大学出版社的印象时,大部分被访者表示对我们大学出版社发展的具体状况不甚了解,他们对中国大学出版社的认识仅限于书目单,但有一点是一致的,美国出版社同行对中国大学出版社的发展情况和出版物表现出浓厚的兴趣,他们希望进一步加强中美大学出版社间的合作与交流。

二、英语出版物唱主角　网络化促出版变革

每年一度的美国书展是全美年度最大的图书博览会,它吸引了世界各地众多的出版商和参展商。从20世纪90年代开始,中国出版界便组织展团赴美参展,今年外文局的展台是中国在美国图书博览会上唯一的大型展台,重点展示了汉语教学、中国文化和2008年北京奥运等主题的新书约500种。展会期间,中国出版工作者协会与美国出版商协会、英国出版商协会共同主办"中国在国际出版界的地位和作用"的会议,就中国出版市场的潜力、打击盗版的力度、如何使中国图书市场在国际经济中更具有吸引力等几方面内容交换了彼此的看法。展会上,我们看到英语作为国际语言的强势地位日益明显、全球对英语出版物的需求正在不断上升的趋势,相比之下,我们也清楚地看到汉语读物在国际上通行程度还很低的现状,与英语这一强势语言相比,汉语在世界各大语言中还处于弱势,中国对外汉语推广之路障碍重重,"走出去"战略任重而道远。

从本届书展情况看,除了近年来世界书业面临的共同问题外,本届书展也显露出当今和未来出版业的一些发展状况:一是新的网络时代正在改变传统出版的模式,给出版业带来了前所未有的机遇和挑战。新的网络时代使得众多出版商和书商对出版业未来的发展和变革感到焦虑和不安。针对处于转型时期的出版业面临大众阅读时间减少和出版技术扩张的现实,本届书展组织了专题研讨会,对当今最值得关注的出版新问题进行交流和探讨,他们中有走在前列的网络巨人谷歌和亚马逊,这些网络领军者通过网络升级项目给购买网站图书的读者提供浏览在线内容等多项服务。二是图书出版与电影电视的联系更加密切。同中国一样,在知名电影电视放映前后,图书开始紧张造势,从这类图书出版中我们不难发现,视觉大于内容、形式大于学问的大众浅阅读的流行特性。2006年1月,美国电影《断背山》公映时,小说《断背山》亦同步发行,平装本图书首印10万册,精装本首印17000册,销售成绩很好;紧随其后的商业性惊悚小说《达·芬奇密码》也与电影同步上市,两者相得益彰,成为美国电影界和书界的一大热点话题。

三是童书显身手,开本多变化。本届书展的儿童书占很大比重,这些儿童书出版机构以各种形式推介自己的主打品种,图书配置光盘、玩具、游戏卡、真人秀等,推介手法不一而足,许多出版商采取赠书、赠礼品或让读者参与的形式,进一步宣传图书内容,童书在装帧设计和开本的形式上也越发灵活多样。

三、名校名师名流　求真严谨自由

为了进一步加深对美国高等教育的认识和了解,代表团专程参观了世界著名学府——斯坦福大学、哈佛大学和麻省理工学院。参观大学的活动使得团员们对美国的高等教育和世界一流综合性大学有了真切的感性认识,对大学的内涵和外延有了更深层次的思考。

1. 大学的追求与文化。位于加利福尼亚州斯坦福市的斯坦福大学和位于马萨诸塞州坎布里奇的哈佛大学、麻省理工学院是美国、也是世界上十分著名而古老的高等学府,尽管3所学校在专业设置上有所不同,但它们追求自由的学术气氛和严谨的科学态度是一致的。流连于美丽如斯的校园,欣赏或庄重或奇丽的建筑风格,看到来自世界各地不同肤色和民族的学子们在这里愉快地学习和生活,团员们感慨不已。参观过程中,知名学府培育出的累累硕果令人赞佩:这里曾培养了众多的诺贝尔奖得主和对世界有重大影响的杰出人物,仅以哈佛大学为例,共有40名诺贝尔奖获得者、34名普利策奖获得者和7位美国总统。这3所大学还拥有世界上一流的商科、法学、医科、电子工程、宇宙科学和生物工程等顶尖级学院和科研机构、重点实验室。在这里,大家真切体会到"大学者,非大楼也,大师之谓也"这句话的真实含义。短时间的参观,了解的只是表面的、感性的东西,美国大学在经营管理模式、教学体制、课程设置、办学理念等更深层次的内容有待于进一步的了解和认识。短暂的参观活动已让我们感受到著名大学和谐、宽松的氛围,少了浮躁与喧嚣,多了理性与宁静,它也引发了我们更多的思考:大学出版社如何服务于大学的教学和科研,如何通过出版高品质的学术书提升所在大学的影响力,这应该是大学出版社义不容辞的职责,也是办好大学出版社的题中之意。

2. 学以致用,互动双赢。从斯坦福大学出来,我们参观了位于旧金山市南端的世界著名的硅谷地带。在这块不足1500平方英里的狭长谷地上,每年所创造的国民经济总产值可以与韩国持平,在世界所有独立的经济体中名列第11位,它就是美国硅谷——惠普、IBM、英特尔、仙童、苹果、施乐、雅虎、网景、亚马逊等一大批全球明星企业诞生的地方。值得关注的是,斯坦福大学与硅谷企业的双向互动关系。据介绍,斯坦福大学与硅谷中的许多大公司有着千丝万缕的联系,这些公司中的许多高层管理人员和研发人员都毕业于斯坦福大学,他们在研发中遇到难题时,往往回到大学实验室作进一步研究,有的管理者本身也是斯坦福大学的兼职教授。斯坦福大学的一些科研成果有的直接拿到这些公司进行开发推广,大学与硅谷中的公司互动双赢,这也是产学研一体化的一个最好标本。大学的发展推进和带动了所在地区的发展,大学的辐射力绵延、造福于周边地区,推动引领了周边城市文化和经济的发展,斯坦福大学与硅谷就是这种互动现象的最好诠释,这也是值得国人借鉴的地方。

四、团结协调一致　展现出版人风采

本次书展的代表团成员来自理工、师范、法律、综合等不同类型的大学出版社,不同专业背景的团员们带着对美国图书和世界书业了解的热望,进行了紧张愉快的交流活动。不论在书展期间,还是参观之余,团员们抓紧一切机会相互交流各自出版社在编辑、发行、管理等诸多方面的情况,交流对美国图书业和美国文化的感受。展会期间,团员们主动与美国同行交流出版业务,不少团员收集了大量的展会资料和外版图书,认真参观和揣摩著名出版社的图书及发展动

态,积极探讨与国外出版社进一步合作的可能性。在美期间,团员们互相团结,相互关照,几位副团长、副秘书长和组长各司其职,为了搞好活动,他们积极为大家服务,切实发挥了带头作用。行程中,由于时差和气候因素,有的团员身体不适,中途病倒,其他团员纷纷拿出自备药,对其关怀备至。值得一提的是,回国时,由于飞机发生机械故障,原定航班临时取消,只能有一部分团员按时归国,其余暂留国外。团员们互相谦让,主动请求次日返程,执意让他人先走。特别是大学版协常务副秘书长毕研林老师在身体不适的情况下坚持第二批走,许多男同志坚持让女同志和老同志先走,在"走还是留"这一问题上表现出的互谦互让、团结一致的精神,充分体现了大学出版社这一团队的整体素质和精神面貌。旅途中,经常会遇到一些需要协调和相互帮助的事情,团队中总有一些人会主动站出来,争先恐后地为大家做事,如搬运大件行李、办理登机手续等。中国政法大学出版社的尹树东、彭晔老师,北京师范大学出版社的付荆军、金虬老师等都是值得一提的优秀同志。大家互相帮助,顾全大局,才使得大学版协代表团如期圆满地完成了这次出访任务。

初夏的美国,阳光灿烂而不炙热。加州的阳光,波士顿的蓝天白云,映在人们脸上,也沉入每个人的心中。返程路上,团员们回味着难忘的美国之行,谈论着中美文化的差异和全球化带来的诸多问题,深感作为从事文化积累与传播的出版人责任之重大,感到肩上担子的分量。如何扩大中国文化的影响力,使之更快地走出国门、走向世界,如何更好地吸收美国先进的科学技术与文化理念,如何尽快提升我国国民素质的整体水平,是值得每一位出版人认真思考的问题,也是此行的最大收获。

中国大学出版社协会代表团参加
第十届中日韩三国大学版协研讨会

以大学版协常务副理事长彭松建为团长,由北京大学出版社、浙江大学出版社等20家大学出版社社长等26人组成的中国大学出版社协会代表团,2006年8月23—30日,赴日本参加了第十届中日韩三国大学版协研讨会,并走访东京大学出版社。

一、走过十年历程　交流不断深化

今年恰逢中日韩三国大学版协研讨会举办十周年,因此三国的大学出版社格外重视,会议的主题之一也设定为"过去10年中日韩三国大学出版社的交流回顾和今后展望",气氛十分热烈。

1997年,经过中日韩三国大学出版社协会领导的协商,第一届三国大学出版社研讨会8月在日本诹访市举行,三国交流合作机制开始启动。此后按照日、中、韩的顺序轮流承办,每年交流,相互之间的沟通不断增进,理解不断加深,关系不断加强。十年来,三国研讨会研讨过"东亚汉字圈的未来和大学出版社的作用""大学出版社经营管理的改善""大学出版社的社会作用""大学的变化和大学出版社的作用""大学出版社怎样利用好互联网""教育改革和大学出版社的对策""大学出版社的学术出版""大学出版社学术出版的国际交流"等共同关心的热点话题,由于三国大学出版社有许多文化、出版、经营的共同点,很多思想理念、操作方法可以相互借鉴,因此这些交流对各自的出版社建设、业务开展和出版社发展,起到了积极的促进作用。

本届研讨会在京都大学芝兰会馆举行,中日韩三国大学出版社一百二十多人出席。日本大学出版社协会理事长山口雅己、韩国大学出版社协会理事长南好贞、中国大学出版社协会常务副理事长彭松建在开幕仪式上先后致辞。山口雅己说:"通过过去九次三国研讨会,我们对各国大学的出版活动有了共同的认识和理解。怎么把交流成功与相互的实际利益联系起来,也应是大学出版社协会的目标。"南好贞说:"进入21世纪以后,世界经济环境发生了巨大的变化,以市场的开放和产品的世界化为特征的这次巨变正在消除消费市场的国界。出版物市场也不例外,世界级品牌以宣传开路即将席卷整个市场。……在这样一个重要时刻,我们召开第十届韩日中大学出版社国际研讨会,这次大会将成为我们回顾过去、准备未来的契机。"彭松建常务副理事长在致辞中说:"三国大学出版社研讨会,促进了相互交流,增进了解,建立友谊,对中日韩三国大学出版社的未来发展也是有意义的。"他指出:"作为大学出版社的发展,也要与时俱进,对本身的管理体制进行改革,以适应图书市场竞争的要求。这是时代进步的要求,也是大学教育发展的需要。近10年来,中国大学出版社大力开展与国外出版机构的版权贸易、合作出版等有益活动,积累了不少经验,取得了较好的效益。这次三国大学出版社的朋友一起就有关对外版权贸易的问题进行交流和研讨,一定会有所收获。"三国大学版协领导都表达了进一步加强合作的良好愿望。

为了进一步加强合作、互通信息、资源共享,振兴大学出版事业,在本届研讨会上,三国大学出版社协会签署了《中、日、韩大学出版社协会合作协议书》。可以说是在十年交流合作后,又开启了面向未来和发展的合作新阶段。

围绕"过去10年三国大学出版社交流回顾和今后展望"的主题,日本东海大学出版社三浦义博以《抓住变化,进行交流》、韩国首尔大学出版社出版部课长李圭一以《韩日中三国大学出版社十年交流的回顾与展望》、中国华中师范大学出版社社长范军以《中国大学出版社的基本状况与发展趋势》为题,先后发表演讲,热情回顾了三国大学出版社交流的历史,介绍了交流给各自国家大学出版社带来的收益,描绘了大学出版事业的更好发展前景。

二、加强国际合作　促进版权贸易

目前韩国有大学出版社74家,日本有33家,我们中国最多,达到108家(协会会员),三国的大学出版社在各自国家出版格局中都占有很重要的地位。作为东亚汉字文化圈的重要国家,三国大学出版社不仅十分重视彼此的研讨交流,而且一直努力推动彼此间的版权贸易,把它视为推动国家文化交流、赢得出版事业发展的形式。

本届研讨会的另一个主题,就是"大学出版社学术出版的国际交流"。日本东京大学出版社竹中英俊以《学术出版的国际交流》、韩国梨花女子大学出版社社长金蓉淑以《韩国大学出版社的对外活动与国际交流》、中国北京大学出版社总编辑张黎明以《发展版权贸易,树立国际品牌》为题发表了演讲。竹中英俊阐述了学术出版的国际交流的基础、种类,介绍了东京大学出版社的国际版权贸易情况,他说:"要使出版社持续发展,仅仅依靠一国国民、一国国家内的自足这种构想是不够的。文化交流超越国民和国家是一种必然,那么,具体表现文化的出版也必然超越国民和国家";"我呼吁三国大学出版社协会和各个大学出版社以此为契机,争做学术出版国际交流的媒介和先驱。"金蓉淑全面介绍了韩国大学出版社国际交流和版权贸易情况,她以北京国际图书博览会为例说,韩国出版社在1986年第一届时,达成版权协议97件;而到2004年第十一届时猛增到8250件,2005年第十二届达到9240件,在短短12年间增加了一百倍。她希望三国继续努力加强出版交流,"三国大学出版社也可以共同策划出版学术方面或文化方面的图书"。张黎明总编辑介绍了北京大学出版社的版权贸易情况,阐发了国际版权交流理念。他说,"北京大学出版社近20年向海外输出版权500多种,引进版权1600多种";"北京大学出版社在版权贸易和对外交往中,赢得了外商的信任,也赢得了效益";"新时期的中国出版业更广泛、更深入地融入国际出版业的竞争中去。北大出版社将进一步更新观念,更积极主动地开展版权贸易,探索最直接的'走出去'之路,使北大版图书真正地走向世界"。

在历届三国大学出版社研讨会上,各国大学社总要带来一些各自的新版图书展示交流,寻求异国出版意向。今年的研讨会,三国代表带来图书数百种,摆放在会场大厅里展示,许多书很快就被有出版意向的异国出版社预定、取走。各国文化、艺术和现代科技方面的图书,最具吸引力。

在日本期间,中国大学出版社协会代表团还专程访问了东京大学出版社,作参观、交流,讨论的重点也是版权贸易和合作出版。东京大学出版社总编辑还特别提起他们与中国北京大学出版社合作出版的《大学出版的日子》一书,这是一次国际合作、"走出去"的有益尝试。

会议期间,召开了三国团长会,商讨三国大学出版社协会进一步加强合作的问题。中日韩三国团长先后发言,充分肯定了十年来通过研讨会等形式进行交流,给三国大学出版业带来的积极推动和对增进三国同行友谊发挥的作用,同意继续推进这种交流。同时认为,今后的交流应该在形式、内容上有所创新,使交流活动更务实、更有新意和吸引力,为三国大学出版事业的发展发挥更大作用。会上中国大学出版社协会介绍了明年三国研讨会的准备情况,明年8月下旬中国大学出版社将在杭州西子湖畔迎接日韩两国同行。

第十一届中日韩大学出版社研讨会在杭州市召开

2007年8月27—28日,第十一届中日韩三国大学出版社研讨会在杭州市召开,中国大学出版社代表团43人、日本大学出版社代表团8人、韩国大学出版社代表团27人出席研讨会,代表们围绕共同关心的大学出版社管理体制演变以及出版物市场的新变化进行了深入研讨。会议由浙江大学出版社承办。

研讨会正式开幕前,召开了小型的中日韩三国大学出版社代表团团长会,对会议召开的问题及进一步加强交流交换并达成一致意见。

三国代表团团长在研讨会上分别致辞。中国大学出版社代表团团长、中国大学出版社协会理事长李家强首先讲话,代表中国大学出版社协会和各大学出版社向到会的日本、韩国大学出版社的朋友们表示热烈欢迎。他指出:"随着改革开放深入开展,中国大学出版界的出书数量、出版总产值、出版物质量和效益都有了较大的提高,……在中国大学出版业快速发展时期,我们来共同探讨出版社的管理体制改革,是具有重要的现实意义和深远影响的。……我相信中国大学出版社的代表将会从这次研讨交流中进行学习,获得较好的效果。"

日本大学出版社代表团团长、日本大学出版社协会理事长山口雅己和韩国大学出版社代表团团长、韩国大学出版社协会理事长南好贞在致辞中,对中国大学出版社协会和承办的浙江大学出版社表示感谢,都认为这次研讨会的主题很有意义,一定会取得研讨的积极成果。

这次研讨会的主题有两个,分别是"大学出版社的管理体制"和"大学出版社的财务税收管理",中国、日本、韩国大学出版社的六位代表在会上就两个主题作了演讲。演讲人和题目分别是,第一主题:浙江大学出版社常务副社长傅强《中国高校出版社体制改革的基本情况》,日本东海大学出版社编集课长三浦义博《日本大学出版社的管理体制》,韩国梨花女子大学出版社出版部课长金惠莲《大学出版社的组织与管理体制的分析》;第二主题:北京大学医学出版社社长陆银道《大学出版社应借助财税管理提升经营管理水平》,日本东京大学出版社后藤健介课长《日本大学出版社的财务和税务——以出版规划的经济设计和税收制度为中心》,韩国首尔大学出版社出版部课长《大学出版社和企业会计》。各国代表介绍、交流了各自大学出版社的管理体制情况和管理办法,各自在财务、财税制度方面的情况和操作方法,有出版社的独到经验,还有精彩的见解分析,并解答了代表们的提问,进行了互动交流,收到了良好的效果。

研讨会期间,三国代表会上演讲学习,会后还利用各种机会洽谈合作意向,交流工作经验,加深了三国大学出版人的了解和友谊。

中国大学出版社代表团考察俄罗斯、芬兰大学出版业

2007年10月中旬,由中国大学出版社协会理事长李家强为团长的中国大学出版社代表团,受俄罗斯、芬兰大学出版界的邀请,分别考察了俄罗斯和芬兰大学出版业。

代表团到达莫斯科,当地已进入深秋,尽管略带寒意,但莫斯科金色的秋天还是展现靓丽的景色,欢迎远方的客人。首先,代表团参观了莫斯科大学。莫斯科大学是俄罗斯规模最大、历史最悠久的综合性高等学校,其在国际上的影响和地位给代表团留下深刻的印象。接着,代表团对俄罗斯大学出版业、科技出版业、文化出版业进行了实地考察,并参观了当地的一些书店,对俄罗斯大学出版业有了一定的了解,并探讨与俄罗斯在出版方面进一步合作的方式和途径。代表团还组织参观了莫斯科红场和列宁墓,瞻仰了伟大的革命导师列宁的遗容,更加深刻理解了"十月革命一声炮响"的伟大历史意义。代表团还领略了俄罗斯享誉世界的文学和艺术。在普希金、托尔斯泰、高尔基、肖洛霍夫等伟大作家雕像前,大家更加感受到《战争与和平》《静静的顿河》《母亲》《我的童年》等俄罗斯经典文学作品给世界人民带来的深刻影响。代表团同时也感受到当今俄罗斯人"慢节奏"的耐性,亲历了莫斯科"大堵车"的情景。

在芬兰,悠悠飘下的2007年第一场瑞雪,欢迎中国大学出版社访问团的到来。在中芬合作中心负责人引导下,代表团参观了赫尔辛基大学。赫尔辛基大学是芬兰最大的高校,它坐落在素有"浪漫的海女儿"之称的赫尔辛基市中心,其秀丽古雅的建筑、充裕的藏书、完备的专业、杰出的成就以及悠久的历史,驰名北欧。赫尔辛基大学与世界许多著名大学都建立了学术合作关系。随着中芬两国政治、文化关系的发展,赫尔辛基大学开设了汉语专业并颁发汉语硕士学位。芬兰科技出版界和大学出版界,听说中国大学出版社代表团是由中国内地十几所一流著名高校的出版社社长组成,非常重视这次交流的机会。芬兰科技学会代表、文学学会代表、赫尔辛基大学出版社社长、前芬兰驻中国大使馆文化参赞参加了会面与交流,他们分别介绍了芬兰的历史、

芬兰科技出版史及大学出版社的隶属、性质和主要出版方向。他们对中国的政治、文化、科技、经济有着浓厚的兴趣，并展示了他们出版的芬兰语版中国传统文化名著《孙子兵法》和《古文观止》。他们对中国的发展感到欣慰和震撼，将更加重视中芬两国的文化交流，尤其是两国大学出版界、科技出版界及传统文化出版方面的交流与合作。

中国代表团团长、大学版协理事长李家强代表全团，首先感谢赫尔辛基大学、芬兰科技界、大学出版界的热情接待，并向东道主介绍了中国大学出版社近年发展概况和取得的辉煌成就，并表示中国大学出版界愿意充实两国文化、科技出版合作的内涵，将在一个更高的水平上加强两国大学出版界的合作。最后双方就感兴趣的话题展开了互相交流，双方都表示，中国大学出版社访问芬兰一定会成为中芬大学出版界交流合作的一个新起点。

中国大学出版社协会代表团访问台湾

为加强两岸出版界交流，促进版权贸易，应五南图书出版公司的邀请，以大学版协常务副理事长彭松建为团长的中国大学出版社协会代表团，于2008年1月21日赴台湾，出席两岸大学出版社与学术传播研讨会，并进行访问交流。中国人民大学出版社、辽宁大学出版社、延边大学出版社、南京大学出版社、厦门大学出版社、湖南大学出版社、广西师范大学出版社、重庆大学出版社、西安交通大学出版社的社长、社领导等12人参加。

2008年两岸大学出版社与学术传播研讨会于1月23日举行。五南图书出版公司董事长杨荣川、台湾图书出版事业协会理事长陈恩泉、台北市出版商业同业公会理事长彭诚晃、台湾图书发行协进会秘书长张丰荣出席并先后致辞，热烈欢迎大陆大学出版社同仁，期待通过学术交流促进两岸大学出版业的发展；彭松建常务副理事长代表大陆大学出版社代表团致辞，感谢五南图书出版公司的邀请，希望不断加强两岸大学出版界的交流合作。研讨会上，中国大学出版社协会常务副理事长彭松建发表了题为《中国与欧美大学出版业发展比较分析》的演讲，大学版协副秘书长岳凤翔代中国人民大学出版社副社长孟超发表了题为《学术著作的选题策划和版权贸易》的演讲，广西师范大学出版社副总编辑孙杰远发表了题为《学术著作市场营销策划与发行渠道》的演讲，台湾大学出版中心主任陈雪华发表了题为《大学出版社的经营策略》的演讲，台湾交通大学出版中心负责人郭冠麟发表了题为《大学出版社的行销》的演讲；南京大学出版社社长左健、辽宁大学出版社社长董晋骞、五南图书出版公司总编辑庞君豪也就"高品质的出版策略""两岸学术出版交流"等问题发表了意见。研讨深入，气氛热烈，两岸大学出版界同仁都感到通过研讨、交流，对大学出版社的学术出版有了进一步的认识，从出版理念、选题策划、市场营销等各方面取得了很大收获。

在台期间，中国大学出版社协会代表团还走访了五南文化事业机构，进行观摩座谈；到台北著名的诚品书店，以及重庆路书店街的商务印书馆、天龙书店、金石堂等多家书店，作了考察；重庆大学出版社、广西师范大学出版社等单位与五南图书出版公司进行洽谈，在一些项目上达成了合作意向。

中国大学出版社协会代表团赴韩国参加第 12 届中韩日三国大学版协研讨会并观摩 2008 首尔国际书展

以大学版协副理事长张天蔚为团长、由 9 家大学出版社同志组成的中国大学出版社协会代表团一行 14 人，2008 年 5 月 13—20 日，赴韩国参加了第 12 届中韩日三国大学版协研讨会，并出席、观摩 2008 首尔国际书展。

5 月 14 日上午，2008 首尔国际书展在 COEX 会展中心开幕。首尔国际书展创办于 1995 年，是韩国规模最大的国际性书展，今年首次设立主宾国即选定中国，中国的出版社成为展会的重要角色。中国展区占地 600 多平方米，有近 100 家出版社参展，其中有北京大学出版社、高等教育出版社。代表团出席了书展的开幕式和主宾国中国展区开幕式，参观了解韩国及其他国家参展出版社的出版情况，进一步感受到世界文化的多元性和出版业的快速发展，感受到各国出版交流的重要意义。

第 12 届中韩日三国大学版协研讨会 5 月 16 日在韩国光州市举行。研讨会开幕时，会议主持人、韩国大学出版社协会秘书长提议，与会的三国同仁首先向中国四川大地震的遇难者默哀一分钟。中国大学出版社协会副理事长张天蔚、日本大学出版社协会理事长山口雅己、韩国大学出版社协会副理事长李丙德先后致辞。日本和韩国的理事长在致辞时，都表达了对中国大地震的慰问、对死难者的哀悼，表达了对北京奥运会的支持。张天蔚副理事长对韩日同仁的友好情谊表示感谢，他代表中国大学出版社协会对三国研讨会给予了积极肯定，表示"中韩日三国大学出版界的交流研讨活动，对促进我们三国大学出版界之间的交流、合作，推动各自出版社的发展，增进三国同行的感情和友谊，起到了积极的作用，并且已经成为我们中国大学出版社吸取国际先进出版理念和成功经验的重要渠道。"他代表中国代表团对韩国大学出版社协会为筹备这次研讨会所作出的努力和贡献表示衷心感谢。

本次研讨会，设立了"大学出版社学术出版的市场地位和发展战略""各国大学出版社间的版权交流"两个主题。就第一个主题，日本京都大学出版社铃木哲也以《作为新型学术交流的核心——大学出版社的存在意义和发展战略》、中国同济大学出版社张平官常务副总编以《注重学术著作的选题策划和推广》、韩国梨花女子大学出版社社长崔敏淑以《韩国大学出版社的地位和出版现状》为题发表演讲；围绕第二个主题，日本东京电机大学出版社植村八潮以《各国著作权法中涉及教育的限制性规定的比较分析及数字、网络社会方面的课题》、中国高等教育出版社林梅以《加强国际交流，努力出版精品学术著作》、韩国成均馆大学出版社孙好钟以《韩、中、日版权管理实况分析》为题，先后发表演讲。他们结合本国、本社出版的实际和自己深入的理论思考，就大学出版社的学术著作出版、国际版权交流，介绍了各自出版社的经验，发表了精彩的见解，并解答了代表们的提问，进行互动交流，受到与会代表的欢迎，收到了很好的研讨效果。

研讨会期间，进行了三国大学出版社优秀出版物展示，三国代表相互观摩图书，洽谈版权合作意向，加深了彼此的了解。

三国初步商定，明年的中日韩三国大学出版社协会研讨会准备于 7 月东京国际书展前后在日本举行。

中国大学出版社协会代表团 2008 年
参加法兰克福书展报告

在德国举办的每年一届的法兰克福国际图书博览会(法兰克福书展),是全球规模最大最重要的图书展览、交易盛会,也是我们大学出版人展示自己风采、了解世界书业、开展版权贸易的最佳舞台,因此大学版协顺应大学出版社的需要,几乎每年都组织代表团出席法兰克福书展。每次到访欧洲,都非常珍惜机会,除了参加法兰克福书展,还组织到当地的大学和教育出版社访问交流,到书店、物流企业等单位观摩学习,使大学出版社在进一步了解国际出版业情况,开展版权贸易、开拓国际市场的同时,也能更多地了解和学习西欧发达国家出版业的先进理念、技术与管理模式。

2008 年 10 月 11 日上午 10 时 30 分,来自全国 8 所大学出版社的 19 位同志齐聚北京国际机场三号航站楼,组成中国大学出版社协会 2008 年赴法兰克福参展团。全体人员在团长、中国大学出版社协会副理事长林全同志带领下,开始了本次赴欧洲参展考察的行程。经过 10 多个小时的飞行,于北京时间 10 月 12 日 1 时 30 分(当地时间 10 月 11 日 19 时 30 分)抵达法国首都巴黎戴高乐国际机场。

10 月 13 日下午,在团长带领下,全团人员驱车前往法国大众媒体出版集团总部,按计划对该集团进行访问。林全团长首先简要介绍了我国大学版协和大学出版业的情况,并谈了本次访问需要了解和交流的相关事项。大众媒体出版集团总经理米龙先生介绍了集团的情况,该集团包含策划编辑、印刷出版和网络媒体等机构,总部设在巴黎,由于房价和成本等原因,其他机构都设在距巴黎几百公里之外的城市。该集团主要经营期刊和网络媒体,与政府保持着良好的关系,一些公共政策和法规等内容不定期通过他们的期刊发表,另外还经营企业宣传和广告业务,图书出版占很小一部分比例。米龙先生介绍完情况后,林全团长和团员们就自己关心的问题进行提问和交谈,双方在友好热烈的气氛中进行了广泛的交流。访问结束时,林团长向大众媒体出版集团赠送了礼品。

10 月 16 日,全团一行抵达法兰克福,在小雨中代表团参加了著名的法兰克福书展。书展的规模很大,全球各大出版集团汇聚一堂,使人如入书海,目不暇接。代表团与国外几个大的出版集团就所关心的问题进行了认真的交流,每位团员根据自己关心的热点进行参观、考察和交流。大家领略到了世界出版业的发展趋势和最新印刷装帧技术。看着规模庞大、民族特色鲜明的中国展台,使我们感受到了我国出版业的日益强大。除此之外,我国还有其他部门组成的代表团参加书展,国内的一些出版社派出了专门的版权贸易人员与国外公司进行实质性交流。我们看到,第 8 号欧美馆门庭若市,参观的人员比较集中,反映出世界出版核心还在欧美。另外,这次国内的一些代表团也在关注中小发达国家的出版业,力图淘出有益的选题。大家在意犹未尽中结束了参观。作为出版人,大家深感自己任务的艰巨和使命的重大。

全体人员在整个参展行程中,一路安全、顺利,圆满完成了任务,达到了预定的目的。

大学版协组团赴美参加2010年美国图书博览会(BEA)考察报告

美国图书博览会(Book Exposition of America,简称 BEA)是全美最大的年度书展,也是世界上最重要的版权贸易博览会之一。按照大学版协2010年的工作要点(经教育部社科司同意)的计划安排,大学版协今年5月份(5月15日至28日)组织部分大学出版社有关负责同志参加了本届图书博览会。

本次出访团由北大、清华、北航、北理工、中国农大、中国人民公安大学、东北师大、东华大学、上海交大、厦门大学、西安交大11家大学出版社的18人组成。大学版协副理事长、清华大学出版社社长宗俊峰任团长,大学版协副理事长、西安交通大学出版社林全社长和北京航空航天大学出版社张德生社长任副团长。大学版协秘书处毕研林担任领队。

出访期间大学版协代表团重点考察了国际著名出版机构的数字出版和网络出版情况,开展了卓有成效的有关数字出版的研讨及交流活动。

一、开展出版研讨及交流活动

(一)夏威夷大学出版社(UNIVERSITY OF HAWAII PRESS)

大学版协代表团与夏威夷大学出版社出版工作研讨会在夏威夷 Royal Garden 酒店会议室召开,夏威夷大学出版社代表 Mr. Henry Resorces(夏威夷大学教授,出版社总裁)出席会议并致欢迎辞。宗俊峰团长介绍了中国大学出版社的总体情况和此次来访目的。双方就所关心的教材出版、网络出版及版权交流与合作等方面的问题进行了研讨交流。Henry 教授介绍了夏威夷大学出版社的运营情况,他讲到:在美国,网络销售比其他渠道销售更好。如果作品发表在网络上,假定自己打印出来,可能会更贵。网络配合纸介质出版效果很好,如果图书内容是在网上免费登载,纸质书就会卖得更好。他们每年都会买来很多学者的作品,卖给图书馆等部门,然后再给作者付款。他介绍说,在过去10到15年,还没有哪个美国的出版社能把数字出版做得很成功。并说,夏威夷大学出版社与中国的出版社曾有过很多合作,希望以后还要进一步加强与中国大学出版社的联系与合作。

(二)哥伦比亚大学出版社(COLUMBIA UNIVERSITY PRESS)

大学版协代表团与哥伦比亚大学出版社交流研讨会在美国纽约会展中心举行。哥伦比亚大学出版社 Brad Hebel 先生作为代表出席会议。

本次交流研讨会采取问答方式进行。

问:美国大学出版协会是否可以在数字出版方面搭建一个合作平台,以便资源共享和节约开发成本?

答:美国大学出版协会每年召开一次年会,有过这样的探讨和想法,但是难度较大,还是倾向自己完成。美国大学版协可以牵头与合作方谈判,取得一个较低价格。

问:您认为新型阅读器 ipad 的出现和不断改进是否是数字出版对传统出版威胁的开始?

答:ipad 阅读器的诞生,以它强大的功能和方便时尚的模式,受到年轻人的追捧,它在改变着人们的阅读模式,它的出现和普及对传统出版物造成的威胁将逐渐显现,在未来2～5年将非常明显。

问:数字出版物是否与纸质出版物同步出版?如果同步,会否影响纸质出版物的销量?
答:是同步出版,目前尚不造成影响。
问:目前美国大学出版社之间是否有共同打造的数字出版平台?
答:有共同销售平台,但由于出版社之间的特性,出版这块平台是独自建设。
问:能否举一数字出版物对纸质出版物正面影响的案例?
答:年轻人通常在阅读数字出版物的片段引起兴趣后购买纸质书。
问:数字出版物的稿酬与纸质出版物的是否相同?
答:相同。
问:数字出版发行的过程是自主完成还是与其他公司合作?
答:前期编辑成PDF。目前后期出版平台借助其他公司完成。

交流在非常友好的气氛中进行,会谈结束后,宗俊峰团长对Brad Hebel先生的热情接待表示了谢意。

(三) 培生出版集团(PEARSON EDUCATION)

大学版协代表团与培生出版集团网络教育数字出版研讨会在美国纽约会展中心举行。培生出版集团Lucy Petermark女士出席会议,她向我们介绍了培生出版集团开展网络教育的情况。

培生出版集团1994年起开始研究网络教育,所建立的网络教育平台(CourseCompass)是目前最成功的网络教育平台,已发展成了一个教学管理系统(现又在开发新的系统),主要有以下功能:测评并提高学员学习效果,实现基于课堂、网络辅助的教与学活动,实现远程教育、支持终身继续教育,发挥网络优势,通过采用混合课程,完美结合面授学习与在线学习优势,利用信息化技术提高教学机构竞争力、提高报考率,利用一个平台框架,集成课程与学习管理功能,集成教学机构学生信息、安全性及认证协议,提供管理教学机构数字化资源和教学内容的平台框架。培生提供教学资源,教师和学生可注册成会员,每学期缴纳一定的费用。

教师可利用这个平台进行课程设计备课和教学,学生可在线学习,答疑解惑。主要赢利模式是销售CourseCompass网络项目的图书,利用BlackBoard技术,结合网络课程与数字化资源为高等学校提供教学服务。在CourseCompass平台上,每门课程都会给学生提供一本配套的电子书,与学生的课本一致。CourseCompass网络教学项目的图书都带有学生卡,只要购买了图书,就可以凭卡上的账号进入CourseCompass系统。

教育平台的使用非常方便,教师只需半小时就可以利用平台上所提供的教学资源创建一门课程。教师如果选用了Pearson旗下的课本作为教材,即可获得进入CourseCompass的账号,进入系统。

Pearson在策划选题时,编辑首先会综合考虑网络的使用情况,通常是一套教材既出版图书,也出版网络教学的版本。

培生出版集团建立的网络教育平台已成为了可以支持百万用户的在线学习系统,拥有2800多家机构和1000多万终端用户。

目前Blackboard公司已进入中国,与赛尔公司合资成立了北京赛尔毕博信息技术有限公(Cerbibo)在中国推广Blackboard产品。人大、北大、中山大学等学校采用了这个平台。Lucy Petermark女士表示要进一步加强与中国高校出版社的联系与合作。

二、考察图书市场

（一）常青文化集团（EVERGREEN PUBLISHING & STATIONARY BOOKS）

常青文化集团是一家出版和销售华文图书的公司，集团负责人、美国华文出版协会会长刘冰先生和天普书原书店包承吉先生热情接待了大学版协代表团，并与我们进行了座谈交流。

宗俊峰团长介绍了国内大学出版社的总体情况，并谈到国内大学出版社以出版学术著作和教材类图书为主。常青文化集团主要出版在美国工作和学习使用的图书，主要介绍来到美国如何找工作、怎样移民、怎样融入美国等。还介绍了一般情况下，家庭种菜、种花的书很好卖。再就是教科书，因为大陆移民来的孩子还要学习，更适合学习国内的图书和教材。他们说特别需要中国内地的教科书（这方面以前跟清华、北大等许多出版社都有过很多联系），为此还在加州办了一届国内大学出版社图书展。刘冰先生希望能与中国大学出版社进行多方面合作，为华文走向世界多作贡献。

（二）天普书原书店（SY TEMPLE CITI BOOK STORE）

天普书原书店在旧金山和洛杉矶地区是比较大的华文图书销售书店，清华大学出版社、北京大学出版社等许多大学出版社的图书这里都有销售。大学版协代表团重点考察了天普书原书店，书店包承吉先生热情接待了我们，向我们介绍了书店的经营情况，他谈道：由于经济不景气，华文图书市场受到了较大的影响，不过，一些专业性很强的书籍还是销售不错，特别是一些翻译的专业性书籍。他表示，对于中国出版者而言，如果对美国华文图书市场有一定的了解，还是有所作为的。

宗俊峰团长表示，北美华文图书市场值得关注，希望能加强与华裔出版及发行业者的沟通与联系，并能有更多的交流与合作机会。

当地华人报纸《国际日报》5月20日以"中国大学出版社代表团参观天普书原书店"为题报道了考察情况。

大学版协代表团在夏威夷、旧金山、洛杉矶和纽约等地还专门考察了当地的多家华文和外文书店，并参观了夏威夷大学和加州大学洛杉矶分校等。通过考察，大家对美国的图书销售市场有了较全面的了解。

三、参加美国2010年BEA书展

2010年美国书展（BEA）5月25日在美国纽约会展中心拉开帷幕，书展设展位数量500个。据悉，有2～3万名书商、分销商、营销专家、编辑、代理商、1000名作家和1500名参展商参加本次书展，有数千种最新版图书和电子图书参展。本次书展为所有参加BEA的出版商及其产品的宣传提供了契机，也为众多展商提供了了解和拓展合作领域的平台。

大学版协代表团参加本届图书博览会，除了解图书市场最新动态外，更主要的工作是考察和了解国际数字出版的现状和发展动态。

本届美国书展举办了多个全新主题的研讨会、论坛活动等。其中，国际数字出版论坛再次成为本年度美国书展重锤之举。通过参加研讨会、论坛和对国外数字出版单位的实际考察，我们对国际数字出版现状和发展动态有了进一步的了解。国外书业的经营、管理理念及先进的投融资模式值得我们学习和借鉴。

为使本次参展和考察活动取得更好的效果，使每位团员都有更大的收益，大学版协秘书处和大学版协数字出版工作委员会做了大量准备工作，对整个行程均进行了精心安排，为出访的顺利进行创造了良好条件。本次出访活动在宗俊峰团长的领导下，全团同志遵守纪律，团结互助,顾全大局,表现出了中国大学出版人的良好精神风貌。在大家的共同努力下,圆满地完成了本次出访任务。

通过此次活动,代表团全体成员对美国出版业的发展情况,尤其是对美国数字出版的总体情况有了较为全面的了解,开阔了视野、增加了切身体验,收获很大。大家一致认为,我们应当很好地学习和总结国外出版界的数字出版经营模式和经营理念,为进一步促进和发展我国高校出版社的数字化、网络化出版工作多作贡献。大家建议今后大学版协要多组织这样的活动。

中国大学出版社协会代表团出访澳大利亚、新西兰情况报告

为深入了解澳大利亚、新西兰出版业,特别是教育出版的情况,促进大学出版社的对外交流和版权贸易,中国大学出版社协会组织代表团于2010年11月22日至12月2日出访澳大利亚、新西兰。代表团由13个出版社的13位同志组成,大学版协副理事长兼秘书长刘军任团长,大学版协副理事长陈庆辉、北京航空航天大学出版社社长张德生任副团长,大学版协副秘书长汪春林任秘书长,副秘书长毕研林为领队。

一、访问情况

大学版协高度重视这次出访,行前通过中介机构多方联系,对访问的内容和行程做了周密的安排。主要做了以下三个方面的访问交流和考察。

(一)出席、观摩了第37届墨尔本国际图书博览会(ANZAAB澳大利亚1472书展)

11月24日,代表团来到书展考察、观摩。此次书展于11月23至25日在澳大利亚墨尔本墨尔文大会堂举行,主题是"古典书籍与文献",有约四十家出版商参展,以澳大利亚本国为主,也有一个专门开设的亚洲展位,但没有出版商专程出席。书展的业务方向重在交流和交易,图书和文献的内容多为反映澳大利亚早期自然、地理、人文的,也有不少早期出版物的展示。亚洲展位的图书涉及多国和地区,日本、香港地区的稍多,中国的有商务印书馆等四五家出版社的几种文物考古方面图书。主办方对中国大学出版社代表团的到来非常高兴,热情地送上书展手册,介绍书展情况,各参展商也纷纷与中国同行进行交流。

(二)走访高校和出版机构

11月26日上午,代表团在新西兰,访问惠灵顿维多利亚大学教育学院,与杜克院长、负责对外交流的凯若琳女士就高校教材建设、使用及双方合作进行了座谈和探讨。杜克院长对中国大学出版社协会代表团到澳、新首站就访问维多利亚大学感到高兴,表示欢迎和感谢。他在听了刘军团长对中国大学出版社的介绍和我们此访的目的后,愉快地介绍了新西兰高等教育、维多利亚大学教学与教材使用的情况,并就中国代表团的提问一一作答。新西兰是个小国,人口仅有450万,政府主办的大学有7所,维多利亚大学是其中之一。新西兰的高校教学没有中国意义上的由政府审定、统一使用的教材,课程使用什么教材往往由任课教师来定;鼓励用老师自己的,也可以用其他人的著作,再在基础教材外指定一个参考书目,组成授课的"讲义"。没有统一的教材,也就没有专业的教材出版,新西兰的每个大学都有一个出版社,但出的主要是新西兰文

化介绍、传记、小说等方面的书(教师、学者们的学术著作主要在美、英等大的英语国家的出版社出版)。

11月30日下午,代表团在悉尼,访问澳大利亚出版业理事会,与杰克秘书长及他的助理戴尔曼女士进行座谈,听取了澳大利亚出版业运行和管理、数字出版现状和趋势、版权保护等方面的情况。杰克秘书长用他仅会的一句中国话"你好"欢迎中国大学出版社协会代表团的来访。澳大利亚出版业理事会是包括图书、报刊等所有出版物在内的出版业与读者之间的纽带性机构,负责两方的信息、意见沟通,受理、解决读者的投诉,对澳大利亚的出版业十分了解。杰克秘书长详细介绍了澳大利亚出版业的情况,回答了中国代表团提出的问题。澳大利亚对出版社实行登记制,不需要审批,因此出版社很多且流动性很大,政府也难以统计具体数量。大学出版社只有少数大学有,出版教科书很少,更多的是出版能够卖到市场上的地理、艺术、文艺作品等图书,原因一是澳大利亚教育教材市场非常小,光出教材难以维持生存;二与新西兰一样,由于是英语国家,所以澳大利亚教授、学者撰写的著作、教材很多都拿到美、英等大国去出版,同时澳大利亚学校使用教材也往往直接选用美、英等国的,政府对学校使用教材没有统一的规定。对于数字出版问题,杰克秘书长说澳大利亚还处于起步阶段,大部分网络、数字阅读的内容还都是从纸书转化而来。他认为随着科技的发展会自然地促进这一趋势,数字出版的使用和发展空间会越来越大。最后,刘军团长、张德生副团长代表中国大学出版社向澳大利亚出版业理事会赠送了纪念品,双方表达了加强交流、寻求合作的共同意愿。

(三) 考察书店

书店是了解当地图书结构、出版状况的一个有效途径,因此大学版协代表团把考察书店作为了此次行程的重要项目之一。11月23日,代表团在墨尔本考察了澳大利亚连锁书店DYMOCKS BOOK STORE之一的经济与技术管理学院书店;11月28日,代表团在奥克兰考察了新西兰NZ连锁书店WHITCOULLS;11月30日,代表团在悉尼考察综合书店ABBEY'S BOOKSHOP。

总体上看,澳、新两国书店很多,可以看出他们国民阅读的热情很高,图书市场还是很大(虽然很多图书不是他们本国出版社出版的);图书以地理风光介绍和小说、传记等文学艺术类为主,反映了其国民的阅读取向。我们考察的几家书店,店面规模都较大,图书品种很多,墨尔本经济与技术管理学院书店是一个专业店,主要是学术图书和教材;其他两个是综合性店,以大众图书为主,也有部分学术和教材类图书,尤其是看到了我们北京大学出版社、北京语言大学出版社和外研社出版的汉语教学用书和英汉辞典,可见随着中国的发展和对外交流的扩大,汉语学习方面的图书在打进国外市场中可以充当排头兵和重要角色。

二、访问收获

对于这次访问,代表团成员的一个共同感受是"收获很大,不虚此行"。访问的收获归纳起来主要有以下三个方面。

(一) 增进了对澳、新两国出版业和书展情况的了解

大学版协这次组织代表团出访澳大利亚、新西兰的主要目的,是为贯彻新闻出版总署倡导的"走出去"战略,了解澳、新两国出版业特别是大学出版业的情况,了解澳大利亚书展的情况,为今后我们的大学出版社与澳、新两国出版社的交流、合作找到方向和方式。从访问的结果看,基本达到了预期。在版权合作上,了解了澳、新两国学校教材使用和出版业教材图书出版的基本情况,使大学版协今后可以有针对性地,以辞典、语言学习、文化艺术等类型图书为主,为大学

出版社开展对澳、新两国的图书出口,开展与澳、新两国的版权贸易提供建议。在国际书展上,初步了解了澳大利亚举办国际书展的形式、内容和规模,有利于探讨今后大学出版社参与其书展的可能性及方式。

(二)沟通了与澳、新两国出版界的关系

大学版协代表团访问澳大利亚、新西兰,所到之处都受到了热情的欢迎和接待,感受到澳、新出版界对增进交流、合作的良好愿望。澳、新两国虽然人口不多、市场和出版规模不大,但作为发达国家,其出版经验和管理理念对我们有学习、借鉴的意义;作为与中国友好交往的重要国家,对其图书输出和双方出版交流有助于我国文化影响力的提升,推动国家间友好关系的发展。通过这次访问,大学版协初步与澳、新两国的高等教育、出版机构建立起联系,开启了今后大学出版社与两国交流的窗口。

(三)学到了有益的经验和做法

1. 坚持学术品位,面向市场出版。上面提到澳、新两国都有大学出版社,这些大学的出版社作为学校设立的出版单位,都是把高品位的学术出版当做首要任务;这些大学的出版社同时又是出版企业,要自负盈亏、生存发展,因此针对他们国家教材出版弱和学术出版国际化的实际,非常注重传记小说、文化艺术、科学普及方面的面向大众的社会出版,因此杰克秘书长介绍说:在澳大利亚的众多出版社中,"混"得最好的倒是几家大学出版社。这对企业化以后的我国大学出版社的生存发展、经营模式,有着借鉴的意义。

2. 注重国际化,扩大影响力。这包括两个方面:一方面是学术出版,虽然我们没有澳、新"英语国家"的"优势",但中国的文化和经济国际影响力更大,这些年发展迅猛,学术成就也全球瞩目,因此我们的学术出版应该学习澳、新两国学术出版的精髓,起点要高,视野要宽,瞄准国际,既是扩大我国软实力、推动国际交流的需要,也可以开拓国际市场。另一方面是国际书展,这次出席墨尔本国际图书博览会后,代表团成员普遍感到在澳大利亚日本出版物的品种数量和影响要高于中国,我们甚至还逊于我们的香港地区,因此加大"走出去"的步伐,更积极地参与国际出版盛会,以此增进国际交流、推广中国文化、拓展国际市场,是我们不应忽视的。

3. 加强行业自律,增强社会责任感。澳大利亚的出版社很多,但政府并不直接管理,而是依靠出版业理事会等社会组织形成行业自律,共同制定规则,遵守规则,出版业理事会负责组织、协调、监督各出版社的出版、经营,甚至处理出版社违规和读者投诉的行为。在我国,近年来政府也一直致力于加强行业协会的作用,但我们在发挥政府与出版社桥梁、纽带作用上,在做好行业维护权益上,下的工夫比较大,而在行业自律方面发挥作用不够,政府和会员单位没有赋予我们像澳大利亚出版业理事会这样的"权利",一般是号召多,行动难。澳大利亚有关行业协会的做法和经验,值得大学版协思考和借鉴。大学版协将结合中国的实际认真研究行业自律问题,争取在大学出版业的健康、快速发展中起到更大的作用。

中国大学出版社协会开展维权工作情况

为适应新形势下大学出版社发展的需要，更好维护全国大学出版社的权益，提高维权意识，以共同的步调和力量做好维权工作，在教育部社科司指导下，2005年起大学版协成立了维权工作委员会（在未完成申请注册前作为秘书处的一个机构开展工作）。大学版协依托维权工作委员会，研究分析大学出版社面临的维权态势，制定委员会及大学社近期和长期维权工作计划。

大学出版社的维权工作几乎涉及出版社出版、经营的各个方面，策划、组稿、编辑、设计、印刷、宣传、营销、供货、退书，以及音像和电子出版等，在协议和操作的环节上都存在着被侵权的问题。在出版转制、出版发行市场改革和不断变化的情况下，市场规则不完善、法规不健全、执法力度欠缺、地方保护严重、图书盗版、无信誉退货等现象时有发生，使出版社的名誉、利益、经济受到极大损害，维护自身权益难度又非常大，往往耗时长、人力物力财力投入大，又难有好的效果。面对这种情况，大学版协把维权工作的原则定位为对内加强自身规范和行业自律，对外反侵权反盗版。做维权工作，一靠国家、靠政府，靠国家的政策、政令、法规的支持；二靠宣传，通过宣传使我们业内懂得维权，使全社会参与抵制侵权和支持维权；三靠自律自助，通过行业的纪律、约束、承诺等做到不侵权，通过严谨、规范的操作尽可能堵住漏洞，避免权益被侵犯，通过我们的组织力量形成群力，更加切实有效地维护自身权益。

问题复杂，要做的事情很多。协会首先把维权工作工作重点放在增强大学出版社的依法维权意识、规范我们自身的工作、加强反侵权的相互协作支持上：一是编辑印制一本相关政策法规集，为各大学出版社学习和查询提供帮助；二是起草一系列合同参考文本，使各大学出版社能够科学、严谨、规范地进行协议操作；三是集各社的典型案例，出版一本案例集，给大学出版社提供经验和借鉴，也给政府主管部门制定政策提供情况、资料，以利于健全相关法规、规范市场秩序。还对建立大学出版社法律援助机制、维权网络协作系统、借助律师事务所进行维权等设想，做了深入研讨。

在2009年济南全国书市期间，维权工作委员会于4月25日在山东大学出版社召开工作会议。本次会议是大学版协换届后新一届维权工作委员会召开的第一次工作会议。大学版协副理事长、维权工作委员会主任陈国弟主持，副主任刘臣、董晋骞及委员近20人出席。委员会秘书长岳凤翔介绍了新一届维权工作委员会的组成情况，汇报了一年来维权工作委员会开展工作的情况，代表委员会提出了《第六届大学版协维权工作委员会工作规划及2009年工作计划（讨论稿）》。会议经过认真研究、讨论，确定了委员会五年工作规划和2009年工作计划，还深入分析了全国大学出版社当前的维权态势，特别是转企改制中的出版社权益维护问题。

会议认为，全国大学出版社当前面临的维权态势依然严峻，侵权盗版屡禁不止，手段翻新，甚至出现了机构盗版,靠出版社自身打盗版、抓盗版难度很大,收效甚微。针对这种现状和维护权益需要,会议认为,作为行业协会和出版社,我们没有执法权,也投入不起巨大的打盗版所需人力、物力、财力,所以应把工作重点放在进行反盗版宣传上;积极向政府部门反映有关情况,指出问题的严重性,提出我们的意见、建议,呼吁和推动政府主管部门有效打击盗版侵权行为;向发行单位发出呼吁,并通过一些相应措施,制约和杜绝渠道发行盗版书;向高校师生进行广泛的维护知识产权、不使用盗版书宣传,从根子上铲除盗版书生存的土壤。会议提出,今年大学版协维权工作委员会的工作重点,一是就维护权益、反盗版问题开展市场调研,在深入了解市场情况和国内外反盗版经验的基础上,提出报告;二是筹办全国大学出版社反盗版信息系统,以便大学出版社及时沟通、协作,共同应对侵权事件,避免或尽可能减少损失;三是在适当的时候召开全国大学出版社反盗版工作研讨会,并结合大会征集各社维权、打盗版案例和经验材料,相互交流、借鉴。

维权工作委员会每年召开工作会议,分析维权形势,研究安排工作,并及时提供给教育部主管部门,作为指导大学出版社工作的参考依据;提供给各出版社,在经营中加以注意和防范。

大学版协于2005年成立维权工作委员会自以来,在教育部社科司和国家版权局版权管理司的指导下,积极、务实地开展工作,在组织上搭建起了全国大学出版社联合维护权益的平台,形成了大学出版社维护权益的整体影响,推动了大学出版社在版权、维权方面的学习、交流,增强了大学社的版权观念和维权意识,为全国大学出版社的权益维护、促进大学出版社的健康发展发挥了应有作用。

第六届大学版协维权工作委员会工作规划

大学版协维权工作委员会将在教育部、新闻出版总署主管部门指导、大学版协领导下,以邓小平理论和"三个代表"重要思想为指导,全面落实科学发展观,开展全国大学出版社维权工作。维权工作委员会根据当前出版形势和《第六届大学版协5年工作规划》,制订大学版协维权工作委员会五年规划。

一、形势与任务

出版体制改革的不断深入、大学出版事业的快速发展,给大学出版社权益维护提出了更高的要求。维权工作委员会要针对大学出版社市场化和持续发展的需要,提出维权工作思路,协调整体维权行动,组织维权工作研讨、经验交流会议和维权活动。开展维权活动,要与新闻出版总署和教育部有关部门配合,充分利用全国大学出版社的资源优势,结合广大出版社遇到的实际问题和迫切需要,务求实效。

二、具体实施方案

1. 每年定期召开委员会工作会议,分析大学出版社面临的市场形势和维权态势,给全国大学出版社提出可供参考的意见和建议。

2. 开展调研,向政府主管部门反映图书市场侵权问题和我们的呼声,提出我们维护出版社权益和市场秩序的建议。

3. 构建全国大学出版社维权信息体系,在中国高校教材图书网建立维权信息平台,交流、沟通信息,聘请有关法律工作者(律师)做法律咨询。
4. 在本届内举办两次全国大学出版社维权工作研讨会议,适时组织维权干部人员培训。
5. 组织会员单位开展与国外的维权交流。
6. 根据需要有针对性地开展其他维权活动。

2007年全国大学数字出版工作研讨会纪实

在我国数字出版蓬勃兴起的形势下,2007年全国大学数字出版工作会议于5月12日至13日在北京隆重召开。这次会议由大学版协主办,新闻出版总署音像电子网络出版司王国庆司长、教育部社科司徐维凡副司长、出版管理处魏小波处长、林丽副处长等领导参加了会议。会议由中国版协副主席、大学版协理事长李家强主持。到会领导与国内外专家的报告从不同层次与侧面探讨发展数字出版的焦点问题,他们的报告受到了与会近百位大学出版社领导和数字出版负责人的欢迎与好评。

王国庆司长在报告中肯定了新形势下大学出版业积极投身创新发展,认真学习探索、借鉴国内外成功经验的发展思路。他从三个方面系统分析我国数字出版的发展趋势、现状、发展策略。他指出,一定要认识到以数字出版为核心的现代出版业发展是大势所趋。新型媒体涌现、重大技术变革、媒体间界限的融合、互联网的发展,出版物划分格局逐渐打破和互联网的发展都对传统出版带来深刻的影响。国际上数字出版催生了新的媒体集团,其中包括从技术服务延伸内容产品服务的网络传媒公司,更有诸如施普林格(Springer)、新闻集团向新技术领域的进军,传统传播向数字出版与传播的转型,新型的媒体已通过摸索寻求到了一个成功的经营与发展模式。内容产业是永恒的产业,出版行业始终是要以技术变革为基础,发挥出版的社会功能,应积极主动投入技术变革。大学出版应紧跟新技术的发展,满足需求的多样化、分众化,充分发挥专业优势,挖掘发展潜力,探索新的商业模式与生存基础。

目前我国政府已将数字化作为"十一五"发展的重点,采取了一定的加强数字出版的措施。胡锦涛总书记在主持中共中央政治局就世界网络技术发展和中国网络文化建设与管理问题集体学习时指出,要提高网络文化产品和服务的供给能力,提高网络文化产业的规模化、专业化水平,把博大精深的中华文化作为网络文化的重要源泉,推动中国优秀文化产品的数字化、网络化,加强高品位文化信息的传播,努力形成一批具有中国气派、体现时代精神、品位高雅的网络文化品牌。2006年国家出台的三个发展纲要,都强化了传统出版产业转变、数字内容产业发展,总署"十一五"发展规划更是一个全方位的数字出版战略,规划出了文化发展的重要内容,就是要以发展数字内容、数字化生产、网络传播为重点,逐渐缩短与发达国家的差距。目前发展数字出版产业已经具备了良好条件,国民经济的发展、科技教育的进步、文化消费需求的激增,为产业发展提供了沃土,可喜的是我国网络学术出版已取得显著成效,目前学术期刊网络出版率已经达到93%。

最后他强调,加快数字出版的发展需要深化改革,创新体制,克服传统的体制与机制障碍,要分析借鉴国外新技术企业的体制优势。2007年总署还将出台一系列的出版发行体制的新举措,探索合理的商业模式;抓好重点数字出版工程(其中8项"十一五"规划项目),抓好数字出版工程,该工程涉及教育类图书、学术图书数据库、数字化传播等项目。进一步完善行业政策,提高政府的资助力度,加大对动漫、数字印刷、文化创新方面的投入。实施"走出去"战略,扩大中国文化的影响力。

中国出版科学研究所张立研究员的数字产业报告向大家展示了全面的研究成果,报告从分类、历史沿革、产业特点、发展趋势,系统分析了出版印刷发展的自然规律,数字出版的产业特点:资本的高度集中与技术先导,数字出版的发展将大大促进出版产业链的重组与更新。

Springer 全球编辑项目总协调汉斯科奇先生,系统介绍了 Springer 集团的数字出版的架构、原则与具体实施措施。全球第一的科技出版机构 Springer 集团,历经 165 年,近 12 年的数字出版收效卓著,已实现了全球化的多文种的数字化在线图书期刊同步出版,年复合出版学术专著 3000 余种,期刊 1250 余种。在线出版平台 SpringerLink 强大的数据库搜索引擎、回溯服务,Online First 在线优先与 OpenAccess 公开访问等新出版模式的创建,实现了高效的数字出版资源整合与深度开发,构建了成功的学术出版赢利模式,巩固了市场优势和行业地位。方正阿帕比公司介绍了方正发展数字出版的新思路与技术服务的措施。

高等教育出版社吴向副总编应邀介绍了高教社的数字出版总体情况。他认为首先从理念上明确数字出版不等同于电子书出版,数字出版要为阅读者提供新的服务功能,是我们已经进入数字化内容服务时代的迫切需要,对于阅读者需要提供个性化、主动服务;对于出版者,要从做图书到做内容。数字出版的基础性工作主要是内容结构化、元数据标注、制订国家出版物内容结构标准和元数据标准、建设内容管理平台。将各类资源按照结构化的思想和统一的标准汇集起来,为资源共享、集成服务提供强有力的支持,面对市场的变化能够提供灵活衍生服务产品;建设一个集成的、综合的生产平台,有利于生产效率的提高和生产成本的降低。高教社主要从图书自动排版、网站发布、电子书、在线学习——图书、参考文献/文献链接/引用查询服务、按需印刷、定制出版等方面入手开展数字出版的应用。高教社正在制订高教社的内容结构标准和元数据标准,并参与"国家精品课程集成项目"建设,承担科技部"中国出版物内容结构标准和元数据标准研究"课题。完善了数字出版业务流程,其内容管理平台已于 2007 年 4 月 18 日上线,对已出版的图书和音像电子出版物开始拆分、标注。高教社的报告不仅为大家开阔了视野,也供了宝贵的发展经验。

北京大学出版社、华东师范大学、广西师大出版社、西安交通大学出版社、清华大学出版社集中汇报了大学社在转型中发挥专业优势、发展数字出版的发展情况。清华大学出版社信息中心曹迪忠主任特别介绍了清华社数字化企业升级的整体实施方案。通过信息化提高出版流程的数字化程度,实现涉及企业管理的理念、模式、资金运作方式、生产组织形式、营销等诸多方面的数字化企业再造与升级。根据出版业务流程有计划分步骤地实施数字化系统改造与升级,主要包括办公自动化系统(内部信息的实时交流,消灭信息孤岛)、电子商务网站(实现产品的数字推广与营销)、经销商管理与服务网站(用技术手段规范管理,实现经营风险的有效监控)。针对出版社业务流程的数字化内部系统:编务系统、出版系统、纸张管理系统、发行系统、财务系统。通过企业升级,突出整合出版资源,面向数字化的信息消费需求,拓展出版的业务范围,赢得出版发展空间。

出版的数字化发展战略成为大学出版人关注的焦点。令人欣慰的是目前传统出版业已不再徘徊于是否发展数字出版的选择之中,大家更务实地研究与分析数字化的发展战略和解决方案。从出版产业进步的战略高度来探索数字出版的内涵,逐步认识到未来的出版将是以新一代无线通信技术、网络技术、数据库技术为支撑,以智能化计算机为载体的信息服务,表现为无时无处不在的信息检索、发布、消费、交流。未来的数字出版对我们出版业来说挑战大于机遇,产业链的变革需要我们深刻研究。

国际大型出版集团通过互联网业务的拓展,成为数字新出版的主体,实现从传统出版到内容集成制作的信息服务企业的角色转变。目前我国出版业迫切需要提高出版内容管理能力,实现内容数字化与数字出版流程,拓展建立信息服务资源网络平台,迎接数字化时代挑战。大学出版社要从发展理念、策略、具体实施等方面,加强数字出版的投入,发挥自身的专业优势与资源优势,实现从出版企业转变为信息内容提供与服务企业的新飞跃,从而强化主流出版的整体优势,提升大学出版水平,跟上国际出版、国际信息业发展的步伐,培养参与国际出版大市场的竞争能力。

2010年高校出版社数字出版研讨会会议纪要

2010年7月16日至19日,中国大学出版社协会在吉林省长春市召开了高校出版社数字出版研讨会。教育部社会科学司副司长徐维凡、新闻出版总署科技与数字出版司副司长寇晓伟、东北师范大学副校长刘益春、吉林省新闻出版局副局长迟学智出席会议。30多位高校出版社领导出席会议。会议由中国大学出版社协会理事长、北京大学出版社社长王明舟主持。

徐维凡副司长和寇晓伟副司长在会上作了重要讲话。北京语言大学出版社、外语教学与研究出版社、北京大学医学出版社、华东师范大学出版社、清华大学出版社、西安交通大学出版社领导介绍了本社数字出版的做法与经验,以及国外大学出版社数字出版状况。与会社长就数字出版工作进行了大会交流。新加坡电子书系统集团公司总经理张健介绍了数字出版的最新技术和发展动态。与会代表认为,通过此次会议,认清了数字出版形势和技术发展的趋势,交流了数字出版的经验,明确了数字出版发展的思路,坚定了数字出版的信心。

会议认为,数字出版是一个新兴领域,是一种新的出版形态。近几年,数字出版在我国得到快速的发展,成为出版领域新的战略支点和经济增长点。国家高度重视现代技术在出版领域的运用和给其带来的发展效益。我国在加快新闻出版业发展方式转变中也突出了数字出版,强调:一是要继续发展图书、报纸、期刊等纸介质传统出版产业,积极采用新技术和现代生产方式改造传统的创作、生产和传播模式;二是要大力发展数字出版等非纸介质战略性新兴出版产业,积极发展数字出版、网络出版、手机出版等以数字化内容、数字化生产和数字化传输为主要特征的新兴业态。会议认为数字出版是一个朝阳产业、绿色产业,代表了21世纪出版业发展的方向和潮流,是推动我国出版产业健康可持续发展的新的经济增长点。

会议认为,近年来,高校出版社始终关注并积极参与数字出版的发展,各社都采取了一些办法,进行了一些尝试,绝大多数出版社在各自出版物的数字化整理、数据库建设、网络平台的建设方面做了大量工作。会议充分肯定了会议交流的几家出版社数字出版的做法与经验,这些出版社根据高校出版社的特点、发展需要和市场需求,因社制宜地积极开展了卓有成效的数字出版工作。有的出版社积极搭建网络出版资源平台和网络出版技术平台,建立网上电子商务系统,建设网络出版队伍,建立全球推广出版网站,实现了纸载体印刷型出版物向网络出版物的转型,实现了向数字出版的转型;有的出版社已实现了数字出版的多种形式:实现了在线词典、在线教育、在线学术出版、试题库产品、协同翻译、网络教材、手机词典、手机英语教程的数字产品;有的出版社充分发挥专业出版社的特点,将其专业出版资源建立起数字出版平台,并作为教育网的基本平台,获得增值服务;有的出版社积极做好数字出版的准备工作,明晰与作者之间数字版权的权利义务关系,培养数字出版版权意识,培训数字版本的保存和数字出版编辑知识,整合数字内容;有的出版社以精品教材作为切入点,将各个层次的教材进行碎片化、结构化,以知识体系为框架,将相关资源统合起来,形成可以提供全方位多维度教学服务的资源库;有的出版社打好数字出版的两个基础,一是建立 ERP 系统,做到流程管理数字化,即出版流程管理系统、图书资源管理系统、网站及网络发行系统、办公自动化系统和财务、发行管理系统数字化,二是建立 CMS 系统,做到内容资源管理数字化;有的出版社提出依托综合大学的学科优势,突出高校教材和学术著作的出版特色,强化教育功能,办出在国内外有一定影响的教育出版平台,为有意参与的高校出版社提供数字出版平台。会议代表认为这些出版社在数字出版大潮来临之时,能够审时度势,积极应对,在机构、人员、制度、技术和管理方面进行调整、充实和完善,为高校出版社在实现和开拓数字出版方面提供了可资借鉴的经验。

　　会议分析了高校出版社的数字出版方面还存在一定的差距:认识有待提高,有的出版社在数字出版形势之下危机感不强,认为对纸质出版物不会带来太大的冲击;数字出版占出版社的比重小,内容单一,形式比较简单;数字出版的管理运营模式有待探索和确定;数字内容存在局限性,品种数量有限,同质化趋向明显;与终端设备生产厂商、著作权人之间的利益分配机制有待探索。

　　会议认为,时值我国文化产业快速发展,出版体制改革不断深化,高校出版社转企改制即将完成的重要时机,高校出版社要科学谋划新形势下的发展和转型问题,认真思考借助信息技术、数字技术,进行数字化转型,努力提升高校出版产业水平。会议向各社提出要高度重视、积极参与数字出版:第一,要进一步提高对数字出版的认识,切实转变观念。要客观分析形势,转变观念,提高对数字出版紧迫性的认识。各高校出版社领导要切实重视数字出版工作,将数字出版列入高校出版社发展战略中,因社制宜,积极参与,寻求最佳出版形式。第二,要加强调研和学习,做好基础性工作。要认真学习研究数字出版这一新的发展业态,充分利用大学人才优势和智力优势,研究探索数字化环境下高校出版的新途径、新模式。要立足于本社的实际,将本社内容资源数字化,建立适应数字化环境的出版流程、发行渠道。第三,要认真思考,整体推进。面对出版业规模化、集团化趋势,大学版协将认真思考、积极应对,研究集团化背景下高校出版的发展问题,积极推进数字化整体进程,整合出版资源,集合多社优势,以数字出版为契机促进联合发展。

第七届中国大学装帧工作会议总结

中国大学版协装帧工作委员会理论部

由中国大学出版社协会主办、中国大学版协装帧艺术工作委员会组织的"第七届中国大学装帧工作会议"于2008年5月30日至6月6日在贵阳举行。来自全国大学出版社、大学学报、大学艺术院系的86位美术编辑、装帧工作者、装帧设计专业教师出席了会议。中国大学出版社协会常务副理事长彭松建、中国出版工作者协会常务副主席刘波和办公室主任陈宝贵、贵州省新闻出版局和贵州出版工作者协会的领导同志出席了本届会议。贵州装帧艺术委员会和美术编辑代表应邀参加了这次会议。

第七届中国大学装帧工作会议审议通过了《第三届中国大学版协装帧艺术工作委员会章程(草案)》、《中国大学书刊装帧艺术评奖和"十佳最美图书奖"评奖细则(草案)》,制订了《书籍、学报、教学三位一体的中国大学装帧理论体系实施方案》和《中国大学装帧工作规范管理四项原则》。

会议期间,大学版协常务副理事长彭松建同志作了《坚持中国大学书籍装帧艺术品位 弘扬传统文化精神》的工作报告,大学版协装帧艺术工作委员会常务副主任、北京大学出版社艺术总监林胜利作了《中国书籍装帧后现代文化批评》的学术报告,大学版协装帧艺术工作委员会副主任、《广州美术学院学报》主编谭天教授作了《书籍、学报、教学三位一体的大学装帧体系规划》的学术报告,大学版协装帧艺术工作委员会副主任、东北师范大学人文学院院长王帆教授作了《中国大学装帧前沿性理论探索》的学术报告。

中国大学版协装帧艺术工作委员会根据图书装帧的市场调研情况,对全国百家大学出版社作了"装帧等级评估"。排名前十位出版社是:广西师范大学出版社、北京大学出版社、北京师范大学出版社、复旦大学出版社、清华大学出版社、华东师范大学出版社、上海大学出版社、南京大学出版社、中山大学出版社、东北财经大学出版社。

彭松建同志表扬了大学装帧工作委员会十年来取得的成绩,重申了教育部主管部门对全国大学出版装帧提出的希望:一、全国高校出版社和学报的领导同志要充分认识装帧在出版中的重要作用,了解装帧在出版中的软价值关系,尊重装帧工作的特点和规律,使装帧有效地为出版事业服务。二、大学版协为进一步提升高校出版社的装帧水平,要进一步总结经验,扎扎实实地做好评奖工作,使装帧工作在业内形成品牌。三、高校装帧工作要在理论创新和理论探索上作出努力,出版社要出书、出人、出理念,形成我们大学出版社装帧艺术新的观点、新的理论,形成大学出版社的装帧特色,向世界一流大学出版社的目标迈进。

彭松建同志在会议上进一步指出:"坚持装帧艺术的文化定位与主流走向,抵制低俗,是我们出版行业始终要坚持的大方向。大学是育人的,大学出版社的书是直接面对受教育者的,所以大学社的装帧艺术显得更重要。大学装帧艺术工作委员会为中国装帧事业做了很多的工作。这几年,大学装帧的提高是非常大的,这些成绩是大学装帧委员会努力工作的结果,希望今后为中国出版事业的发展作出更多的贡献。"

会议期间,举办了第七届中国大学书刊装帧艺术评奖活动。评奖工作委员会成员由中国大学出版社协会、中国出版工作者协会、中国美术家协会、广州美术学院、中国版协书籍装帧艺术工作委员会、中国美协插图装帧艺术委员会、艺术院系的学者、编辑、出版、发行、新闻界的代表共同组成,评委出席人数11人,评奖导向以尊重艺术、崇尚高雅、坚持主流文化取向与市场审视效应相结合的原则,评奖过程在尊重原创、尊重艺术的评判原则下公证、透明地进行。大学版协装帧工作委员会副主任、中央民族大学宣传部副部长赵秀琴同志任评奖工作监委。第七届中国大学书刊装帧评奖委员会主任王祚同志主持评奖工作。参加本届评奖的图书969件、学报102件,参评单位176家(含学报),评奖侧重学术专著、教材类图书和学报刊物,评出"十佳最美图书奖"10件、金奖9件、银奖18件、铜奖32件,总获奖数69件,约占送评总数的6.5%。中国大学版协向获奖者颁发了获奖凭证。

会议期间,大学版协装帧工作委员会副主任、中国人民公安大学出版社警监冯纪伟同志率领81名与会代表,圆满完成了第五次大规模的"感悟长征——出版人深入生活创作考察"活动。考察路线是从黎平县洪州镇到瓮安县江界河,途经锦屏、天柱、三穗、镇远、施秉、黄平、余庆、瓮安、剑河等14个县,沿中央红军、红二方面军长征路行进1200余里。美术编辑们在长征路上考察长征遗迹,收集红军史料,深入革命老区体验生活,开展社会调查。在黎平一中召开侗族学生座谈会,为该校图书馆赠送800余册图书。在黔东南少数民族地区的山岗小学做苗族学生调查,并为该校捐赠500余册图书,帮他们建立了图书馆。

第七届中国大学装帧工作会议的另一个议题是"回顾与展望——构建中国大学出版装帧理论体系,促进中国大学装帧群体的团结与进步,从21世纪装帧工作的战略角度上把握中国大学装帧艺术的文化定位与主流走向,为创建世界一流大学的装帧目标而努力奋斗。"

回顾过去,20世纪80年代,大学出版社的装帧水平远远落在地方出版社的后面。90年代初,大学出版社开始重视装帧工作。1997年,在中国版协和中国大学版协领导下,中国大学装帧艺术工作委员会成立,促成了中国大学装帧群体的形成,"首届中国大学装帧工作会议"在北京中央党校召开,会议以"推进中国大学书刊装帧发展"为主题。1998年,中国大学装帧艺术委员会提出"大学装帧走出低谷计划"。1999年,"第二届中国大学装帧工作会议"在桂林广西师范大学召开,会议以"建设中国大学书籍装帧艺术风格"为主题。2000年,"第三届中国大学装帧工作会议"在上海复旦大学、上海交通大学、华东师范大学联合召开,"全国百家大学出版社装帧艺术成果展"在上海滩面向社会公开展出。那一刻,大学装帧从低谷中崛起。2001年业界出现"大学装帧"一词。2002年,"第四届中国大学装帧工作会议"在昆明云南艺术学院召开,会议提出"建构中国大学书籍、学报、教学三位一体的理论"。2003年,中国大学装帧艺术工作委员会从中国版协回归中国大学版协。从此,大学装帧进入高速提升阶段,形成大学装帧独立风格。2004年,"第五届中国大学装帧工作会议"在长沙中南大学出版社召开,会议以"建设中国装帧艺术的文化品格,坚持高雅、抵制低俗"为主题。2006年,"感悟长征——第六届中国大学书籍装帧工作会议"在成都召开,会议以"纪念长征70周年,大学装帧群体出版《感悟长征——出版人深入生活考察十年纪实》一书"为主题。2007年,在首届中国出版政府奖装帧设计奖评选上,大学出版社获奖数额与地方出版社获奖持平。2008年,"第七届中国大学书籍装帧工作会议"在贵阳召开,会议以"回顾与展望,建构中国大学出版装帧理念"为主题。从这组数字上看,中国大学装帧发展的历程是一步一个脚印走过来的,中国大学装帧群体十年来所取得的成果为业界瞩目。

回顾过去,中国装帧艺术带着多元文化冲撞后的迷茫走进21世纪。这一时期中国装帧艺术的设计风格偏误在复制、模仿、平庸、无序的多元性设计怪圈里。林胜利同志在《中国书籍装帧后现代文化批评》的学术报告中指出:"在东西方文化冲撞下,90年中后期,日本装帧流行风在中国装帧界形成了气候。日本装帧以唯制作、拼材料、琐碎美的设计风格掩饰着日本文化中的模仿、拿来主义的审美心态,日本装帧侵蚀着中国装帧的主流文化。90年代末,中国装帧走向后现代设计的疯狂阶段。后现代设计以肆无忌惮的游戏性设计语言扭曲着中国装帧的主流文化,以追求猎奇、刺激、模糊的审美心态,以拼接、复制、挪用等手法模糊创作的主体意义,他颠覆了审美与审丑之间的界限。日本设计风与后现代设计风对中国装帧文化造成了巨大的破坏。这一时期,一些出版商为了追求利润,设计者迎合社会上一些低俗人群的趣味,制作了一些内容庸俗、格调低下的装帧设计作品。面对中国装帧界的低俗设计风气,大学装帧群体不能等闲视之,要坚决抵制。"

大学版协装帧艺术工作委员会副主任、复旦大学美编室主任孙曙同志进一步指出:"面对当今装帧界的不良之风,大学装帧群体就是要坚定不移地抵制低级、庸俗的设计倾向。图书的装帧设计如同脸面,那些低级、庸俗装帧的杂志、报刊和图书已经直接影响到我们国家出版物的形象。装帧要洗脸,要把一切有伤我们国家脸面的出版物清洗干净。"

面对这种现象,与会代表认为,当今困惑中国大学装帧艺术发展的最大障碍是低俗倾向,开展学术批评是指导中国大学装帧抵制低俗、坚持主流文化的唯一途径。

展望未来,中国大学版协装帧艺术工作委员会明确以"规范行业管理、规范行业准则、规范行业道德、规范行业纪律"四项规定,作为指导新时期中国大学装帧工作的基本原则。认为行业管理的内涵是由"行业进步与行业协会的自身进步"两层意义组成,规范行业协会管理是规范行业管理的核心。大学装帧群体的凝聚力是与行业协会的自律连在一起的。大学装帧艺术工作委员会的行业准则有着管理严格、程序严谨、纪律严明的规定。比如:《中国大学书刊装帧艺术评奖细则》第五条规定:评奖工作委员会成员由办事公正、专业知识精深并具有高级职称的专家、学者、教授组成,本委员会成员不能担任评奖委员会评委,评委的装帧作品不能参加评奖等自律条款。

彭松建同志说:"大学装帧委员会有人才、有理念、有凝聚力,有一套很细的行业管理办法。他们始终按规则办事,按原则评奖,评奖是有程式的,程式设ABCD四层。所以我们的装帧作品一届比一届有进步,一届比一届有特色,这个特色是中国大学的文化品位,是中国大学出版社的装帧精品。希望大学装帧委员会继续努力,在行业规范化管理上探索出一些经验来。"云南艺术学院教授王胜华评委说:"大学版协装帧评奖不是自己评自己,在评奖委员会11名评委中,大学版协方面只占1个名额,这足以说明大学装帧评委会评出的奖让人心服。"

大学装帧面对改革,委员会肩负着义不容辞的责任。因此,行业自律与委员会自身改革的力度决定了中国大学装帧事业发展的程度。委员会大力奖掖新生力量,培养有实践经验的专业装帧工作者和从事装帧理论研究与装帧教育的年轻人进入委员会工作,使中国大学装帧事业充满朝气。林胜利同志说:"当今中国的大学装帧艺术一半在夕阳的辉煌里,一半在初起的朝阳中,初起的朝阳虽显几分嫩弱,但不消几时,它将如火如荼。中国大学装帧的希望寄托在初起的朝阳里。委员会不是老爷车,他是常维新的,要让年轻人站在我们的肩上向上攀进。委员会的责任是坚定不移地推进改革,培养年轻人,让中国大学装帧艺术薪火相传,再创辉煌。"

在第七届大学装帧工作会议上,大学装帧工作委员会对"书籍、学报、教学三位一体的大学装帧体系理论"做了规划,认为这是构建中国大学装帧进步的新理念。这个理念的形成,是大学装帧群体多年来理论与实践探索的结果。来自大学出版社、学报、院系的代表对这个规划提出了实施构想,认为它是21世纪中国大学装帧理论发展的新阶段。

回望过去,大学版协装帧艺术工作委员会带领大学装帧群体走过的道路,是创建世界一流大学装帧的必由之路。展望未来,中国大学装帧瞄准世界一流。对此,中国版协装帧工作委员会主任张守义先生说:"保持住中国大学装帧发展的势头,保护好大学装帧群体的创业精神,主管部门再加大一点支持力度,快则六七年,慢则十年,中国必将有几家大学出版社的装帧率先进入世界一流的行列。"

第七届中国大学装帧工作会议的召开,标志着中国大学装帧走向成熟。同时,也预示着未来十年,大学装帧面临新的变革与困惑。中国大学装帧任重道远。

"感悟长征,深入创作考察活动"策划人语

中国大学版协装帧工作委员会常务副主任、中国版协装帧工作委员会副主任　　林胜利

由中国大学出版社协会、中国出版工作者协会主办,中国大学版协装帧工作委员会组织的"感悟长征,深入生活创作考察"活动,从1997年开始到2006年结束,历时十年。

十年里,在中国出版工作者协会原副主席、中国大学版协原理事长彭松建同志指导下,大学版协装帧工作委员会先后组织237人42次走进长征路,在红一、红二、红四方面军和红25军的长征路上行程62400里,足迹遍及福建、江西、湖南、广东、广西、贵州、重庆、云南、四川、青海、甘肃、宁夏、陕西、河南14个省(自治区)的210多个县。

十年里,"感悟长征"活动总策划林胜利,领队冯纪伟、杨德有、葛占基、谭天、孙曙、赵秀琴和组委会成员廖幸玲、王祚、方楚娟、李葆芬、丁沙铃、刘桂湘、常雪影、张建荣、易红卫、张明、潘群、李夏凌、孙超英、冀贵收等同志组织大学装帧群体和感悟长征小分队在长征路上追寻红军历史,深入社会调查,访问当地群众,采集创作素材。

中国版协主席于友先同志高度重视这项活动并给予全方位的支持,中国版协常务副主席卢玉忆同志赴桂北为感悟长征考察队做行前报告,中国版协常务副主席谢明清同志和办公室主任陈宝贵同志四次随队长征,翻雪山过草地,在长征路上考察16600里。中国大学版协理事长李家强同志对这项活动也给予了支持与帮助。

在长征路上,中国大学出版社协会、中国出版工作者协会、中国大学版协装帧工作委员会向毛儿盖上八寨中心校、松潘县藏文中学、黎平县一中、从江县山岗小学和广西、湖南、云南等贫困地区的少数民族学校捐赠图书共11000余册。

2006年8月7日,中国大学出版社协会、中国出版工作者协会、中国大学版协装帧工作委员会在松潘县元宝山下的红军长征纪念碑园联合建立了"纪念红军长征胜利70周年纪念碑",种

植了"感悟长征纪念树"。

长征精神是中华民族珍贵的文化遗产,是人类历史上的精神丰碑,她展现了对于理想事业无所畏惧的执着追求和面对国家民族危难时刻坚定不移的斗志。"感悟长征,深入生活创作考察"活动,就是要学习红军长征开拓进取、追求理想的精神,树立出版人深入生活、追求原创的精神,以弘扬中华民族优秀的传统文化,倡导中国书籍装帧文化的优秀品格。

作为文化产业范畴的出版装帧,正处在文化与经济相互交汇的新时期。如何把握中国书籍装帧文化的主流走向,抵制低俗、引导书籍装帧艺术健康发展,是当下装帧工作面临的课题。新闻出版工作者不仅肩负着弘扬中华民族文化的责任,同时还承担着把中华民族优秀的文化精神传承下去的使命。我们把"感悟长征"活动,作为"践行出版人社会主义荣辱观教育"的实践过程,以"从实践中来,到实践中去"的理论指导书籍装帧工作者尊重生活、尊重艺术,为出版工作创建精神文明的愿景,为社会主义创造文明和谐的文化空间。装帧设计工作者必须与时俱进,构建具有中国特色和民族精神的装帧理论体系,创作出代表中华民族文化精华的作品,在经济价值与文化价值的交汇中,坚持积极进步的审美意识,追求健康向上的书籍文化品格。

"读万卷书,行万里路"是中华民族优秀的文化传统,它告诉人们一个真理——知识源于生活,生活创造文化。于是,中国大学版协装帧工作委员会选择了到艰苦的地方去体验生活,带领大学出版社的美术编辑、装帧设计者们走进长征路,进行创作考察。

在长征路,我们看到生活的原本和人生的价值,我们感受到心灵的震撼和精神的升华,我们得到去伪存真、实事求是的思想。面对老区人民纯真、质朴的脸,聆听他们直白的语言,品读壮怀激烈的长征岁月,历史的足迹从未如此清晰深刻。当我们置身这片红色的大地,那土地震撼心灵,激发着队员们的创作灵感与冲动。

"感悟长征"活动是以"深入下去,再深入下去"的方式,在红军长征经过的230多个点上挖掘长征留下的文化遗存和精神内涵。对红军长征路上的一些重要地段,我们组织多支小分队反复深入进去,以获得长征路上的第一手信息。"从实践中来,到实践中去"是磨砺我们的精神之路。到社会中去,到群众中去,到农民中去,到荒僻的乡村中去挖掘原汁原味的素材,采集原景原貌的资料,是装帧工作者们体验生活、验证生活的创作源泉。

走进长征路的腹地,那里乡野偏僻,道路崎岖。我们虽然借助现代化的交通工具、通信设施,如果没有锲而不舍的勇气和承受艰难困苦的毅力,走进它的深处仍然不是一件说到就能做到的事。十年里,我们经历了万千的曲折与磨难,我们顶着台风走上长征路,寒冬翻越大雪山,盛夏踏过白雪茫茫的草地,风雨里行进大渡河,深夜访俄界,夜闯华家岭……在这些惊心动魄的日子里,我们遇到了多少艰难险阻,从最初的畏惧到后来的从容。十年里,我们承受了心理与体力的挑战,勇敢与怯弱的抉择,激情与淡定的过程。

长征是生命极地的冲锋号,长征是燃烧精神的纪念碑。当我们走完长征路的时候,回首这难忘的岁月,它已变成了我们的经历。这经历,教会了我们观察生活,认识创作。

为了让更多的出版人感悟长征精神,中国大学版协和中国版协将考察成果结集成《感悟长征——出版人深入生活考察十年纪实》一书,以此促进新时期的出版工作者树立贴近实际、贴近生活、贴近群众的出版作风,把积极健康的图书送给读者。该书的出版,必将为中华民族伟大复兴的壮丽图景,献上大学出版灿烂辉煌的一页。

代办站工作

2006年全国高校图书代办站大会在青岛召开

2006年11月4日下午,中国大学出版社协会在青岛国际会展中心召开全国高等学校出版社图书代办站大会,听取教育部社科司、大学版协领导的报告,总结全国代办站工作,表彰优秀高校图书代办站。教育部社科司出版管理处处长魏小波,大学版协常务副理事长彭松建,大学版协副理事长、代办站工作委员会主任贺耀敏,大学版协代办站工作委员会副主任王明舟,大学版协代办站工作委员会常务副主任、代办站服务中心主任岳凤翔出席会议,七十余家代办站的站长及主管单位领导等与会,贺耀敏副理事长主持会议。

会议首先由岳凤翔同志报告代办站工作,他向各代办站汇报了全国代办站2005年及今年建设、工作和发展情况,汇报了今年评选优秀代办站的工作情况,提出2007年及今后代办站建设和发展的意见。对代办站今后的建设和发展,报告提出,一是代办站能以教育部门领导下的高校教材图书发行正规、重要渠道的形象立身于世,赢得更大的高校市场;二是能在新的历史时期、新的市场条件下,寻求和确立我们新的市场定位,以联合协作形成的整体实力面对市场、参与竞争,增强市场竞争力和抗风险能力,实现做大做强、共同发展。

为推动全国代办站改革体制、优化机制,激励工作出色的代办站做大做强,带动全国代办站健康快速发展,今年大学版协进行了新一次评选优秀代办站工作。王明舟副主任宣读了《中国大学出版社协会关于表彰优秀高校图书代办站的决定》。在热烈的气氛中,教育部和大学版协领导向获得"优秀代办站"称号的20家代办站颁发了奖牌。

颁发奖牌仪式后,魏小波处长、彭松建常务副理事长、贺耀敏副理事长先后发表讲话。

魏小波处长对获得全国优秀图书代办站称号的20家图书代办站表示祝贺,对全国代办站的整体工作给予了充分肯定,同时对代办站的建设和发展提出了三点希望:(1)希望我们的站长认真学习掌握政策;(2)希望代办站坚持宗旨,做好服务;(3)希望代办站增强实力,提高竞争力。魏处长指出,社科司对代办站的联合发展是寄予厚望的,希望通过我们的不断探索,找到适合代办站在市场经济体制下发展的经营体制,将代办站整体建设成一支具有一定实力和竞争力、具备现代管理手段、占有更大发行市场份额的高校教材发行的重要渠道。

彭松建常务副理事长代表大学版协和李家强理事长向这次评出的20家优秀代办站表示祝贺。他对代办站工作提出了三点意见:(1)与时俱进,不断改革发展;(2)守法经营,做强做大;(3)联合经营,分批推进。他说,代办站的联合经营是个大方向,八十几家代办站同时一起联合如果不可能,我们可以分期分批联合,一批一批来,一个地方一个地方来,愿意联合的先联合起来,逐步推进,最终形成整体的联合。

贺耀敏副理事长在讲话中指出,代办站建立19年来取得了辉煌的成绩,做了很多很好的工作,对我国高等教育的发展作出了积极贡献,也为大学出版社20年来的健康快速发展作出了积极贡献。他对代办站的发展提出了三点意见:(1)要积极探索建立与市场经济相适应、与高等教育发展相适应、与新闻出版体制和发行体制改革相适应的经营模式和管理模式;(2)要紧紧跟上我国新闻出版体制和发行体制改革的步伐,探讨建立与改革相适应的体制、机制;(3)要进一步规范经营,要按照市场经济的基本要求、按照相关法律法规办事。他说,订货会这几天,教育部社科司的领导给我们带来了很多新的精神和指示,大学版协也有很多新的做法和新的思路,这对我们做好今年和明年的工作都有重要的指导意义和帮助。希望明年我们再相聚的时候,能够听到大家更好的消息,更好的业绩。(以上所有讲话专发,见后)

会上,大学版协向各代办站下发了《关于贯彻教育部办公厅〈关于加强各类高等学校教材和图书采购管理工作的通知〉的通知》,要求各代办站认真贯彻执行。

魏小波处长在2006年全国高校图书代办站大会上的讲话

我很高兴能参加全国优秀高校图书代办站表彰大会。参加这个会,我的心情是很激动的。自从高校图书代办站成立以来,我是看着代办站建立、改革、发展、壮大起来的,现在代办站系统不管在数量上,还是从布局上,在全国发行高校教材方面,都是比较强大的。

刚才岳凤翔同志把代办站2006年的工作做了全面的总结,尤其是在新形势下,图书代办站怎样继续坚持宗旨适应图书市场,适应高校教学改革、教材改革的发展形势,做好我们的工作,做强我们的代办站,提了非常好的工作意见,我完全赞同,另外彭松建、贺耀敏理事长也对代办站的工作提出了重要的意见,我也十分赞同。

我主要谈两个意思,一是对获得全国优秀图书代办站的20家图书代办站表示祝贺;二是提出几点希望,也是社科司对代办站今后发展的几点希望。

第一,表示祝贺。刚才王明舟社长宣读了大学版协表彰优秀图书代办站的决定,我觉得决定非常好。我想这些获得表彰的代办站有两点可以给予充分肯定和应该继续坚持:

1. 长期坚持办站宗旨。代办站办得如何,最关键的是看它是否坚持了办站宗旨。坚持办站宗旨需要满足三个需要:一是满足我们高校教材课前到书的需要;二是满足高校教学科研发展的需要,把我们大学出版社的教材、专著及时地送到教学科研单位;三是满足大学出版社发行教材的需要,我们图书代办站办站的初衷就是把大学教材及时地送到学校的师生手中。所以,坚持办站宗旨就是要坚持满足这三个方面的需要。获得表彰的代办站在这方面都有突出的表现,并有成功的经验。

2. 具有坚持改革创新精神。听了对获奖优秀代办站的介绍,我的一个突出感觉就是这些代办站具有改革、创新精神,能够适应社会主义市场经济的发展,能够以锐意改革的精神不断做强做大,不断增强自己的实力和竞争力,这一点正是我们在评选优秀图书代办站时重点考虑的。

高校图书代办站是在教育部和新闻出版总署的关心和指导下,尤其在中国大学出版社协会的直接指导下,不断健康发展,中国大学出版社协会做了大量的工作,不断地指导和组织代办站的改革发展,评选优秀图书代办站是一个很好的机制。这几年,中国大学出版社协会一共评选了两次优秀图书代办站,通过评优工作,评出了代办站建设和发展方向,评出了我们的干劲,树立了好的榜样,而且激励了我们代办站整体的发展,推动了我们事业的发展,所以应该给评优工作予以肯定。通过这两次评优活动,中国大学出版社协会和高校图书代办站服务中心的激励机制在不断健全,评选标准和评奖方式已经形成了一定的规范,评选优秀代办站这种激励制度应该作为图书代办站建设工作的重要形式保留下来。

第二,高校图书代办站已经有近二十年的发展历史,这二十年的发展给我们奠定了一个良好的基础,而且现在高等教育的快速发展和大学出版社的持续健康发展为图书代办站今后的飞跃或者说新的发展奠定了基础,营造了一个很好的发展环境,在此,我对我们图书代办站提出三点建议,也是三点希望。

一是站长要认真学习掌握政策。政策是我们发展、改革、进步的保证,当前出版发行领域正处于深化改革的阶段,自从我国加入世贸组织,到今年我国的出版分销领域已经全部放开,对国外的出版发行强势媒体、国内的民营发行机构已经全部放开了,因此我们面临着一个全面放开的市场环境,在这个环境中,国家也在不断颁布一些法律规章制度,我们站长应该认真学习领会和贯彻这些国家和地方有关出版、发行方面的政策法规,特别要注意学习在新的形势下,政府颁布的新的政策法规,做到依法存在、合法经营。今年6月教育部颁布了《关于加强高校教材和图书采购管理的通知》,这个通知大家一定要认真学习,掌握精神,这是当前国家在治理商业贿赂行动中教育部很重要的工作,教育部把高校教材采购方面的工作作为治理的重点,文件就是在治理的基础上进行颁布的。对此我强调三点:一是图书代办站一定要有图书批发销售的资质;二是在经销活动中,不能账外暗中给私人回扣;三是文件废止了原来国家教委[87教材图书002号]文。这个文件是贯彻《关于高等学校发行工作的通知》的实施意见,经过二十年的发展,原来的文件精神跟现在的文件精神有相悖的情况,且在执行过程中出现了一些问题,为了规范高校教材的采购工作,这个文件被新文件废止了。图书代办站过去依据这个文件制定的关于教材销售、供应方面的规章制度,要依据《关于加强高校教材和图书采购管理的通知》要求重新修订,完善我们图书代办站的教材销售规章制度。在治理商业贿赂工作中,我们必须了解商业领域的有关规定。对在教材图书流通市场领域中的代办站来讲,对一些商业领域的法律应当了解,比如中华人民共和国《反不正当竞争法》、国家工商行政管理局的《关于禁止商业贿赂的暂行规定》。我们要对商业行为中的违法行为有所了解,而且决不能涉足,不允许这些行为在我们代办站的工作中出现。

二是坚持宗旨,做好服务。坚持为高校的教学科研服务、为高校出版社服务,这个宗旨是代办站的立站之本、发展之精,这个宗旨在任何时候都不能动摇。代办站的工作也要坚持社会效益第一的原则,在发行教材中决不能涉足盗版教材和非法出版物。值得欣慰的是在这一方面代办站是做得比较好的。

三是增强实力,提高竞争力。现在,高校教材发行已经全部放开,很多民营书店也在发行教材,高校教材发行市场中可谓群雄竞争,因此高校图书代办站要不断提高自己的实力,提高自己的竞争力。第一方面,要增加发行教材的数量与规模。代办站的发行码洋在2005年是11个亿,而我们大学出版社的发行码洋在2005年已经到120个亿了,图书代办站的发行码洋占的比例不到十分之一。在图书代办站的建站初期,教育部是把代办站发展和大学出版社的发展作为一个整体来看的,因此我们希望图书代办站能发行更多的高校出版社的教材,发行更多的高校教材,发行高校需要的教材。第二方面,要采用现代化的计算机和网络手段来改进传统的发行方式、销售管理方式,利用高校教材图书网来提高我们发行和销售的效率和提高经营管理水平。第三方面,要不断地创新机制、加强合作,提高代办站整体实力。从社科司的角度,我们鼓励代办站体制的多样化。目前已经做到了体制的多样化,也反映了我们代办站在改革中是勇于创新体制的,但不管代办站采取什么样的体制都要按照规范来做;另外代办站服务中心要充分利用代办站站点多、发行覆盖面广、业务相同的资源,采用先进的经营方式,比如说探索连锁经营方式、集约化的发展,把我们代办站的整体做强做大。社科司对代办站的联合发展是寄予厚望的,希望通过我们的不断探索,找到适合代办站在市场经济体制下发展的经营体制。

明年是图书代办站成立二十周年,我们希望大学出版社协会、图书代办站服务中心和各图书代办站,能够认真总结经验,确定我们今后的发展目标,探索将图书代办站整体建设成一支具有一定实力和竞争力、具备现代管理手段、占有更大发行市场份额的高校教材发行的重要渠道。

彭松建常务副理事长在2006年全国高校图书代办站大会上的讲话

刚才魏处长关于代办站的讲话,值得我们很好地体会,很好地学习。在这里,我首先代表大学版协、代表李家强理事长向这次评出的20家优秀代办站表示祝贺。我主要讲三个方面的意思:

一、与时俱进,不断改革发展

今年6月教育部颁布的《关于加强高校教材和图书采购管理的通知》,把1987年的002号文件废止了,这是经济发展的必然趋势。随着市场经济的发展,政府管理的加强,不断会有新的文件出来,我们要适应这种状况。我们代办站是在计划经济向市场经济过渡历史条件下诞生的,随着市场经济的发展而发展,随着市场经济的变化而变化。没有市场经济就没有图书代办站,当然政府也对代办站的建立和发展起了很大作用。我对此是深有体会的:当年高校教材没人卖,新华书店不干,大学出版社的教材到不了学生手中。当时大学版协只好组织图书代办站帮助大学出版社推广教材。当年自考教材没有人编写,没人出版、没人做,而大学出版社做了。随着形势的发展,大家都来抢高校教材的市场,现在有两千多万大学生,高校教材的市场空间很大。最近新的精神是有利于书业的。六中全会提到要建立和谐社会,对教育、文化来说就是要与经济发展的快速步伐相协调,国家会加大对文化教育的投资,这对出版业来讲是有好处的。最近有一个报道说,教育经费要增长到国民生产总值的4%,政府可能会投入更多的资金到教育、文化中来。农村要在每村建立一个图书室,城里每个社区要建立社区图书馆。中央如果已经下了决心,各地都要积极响应,我们大家是有许多事情可以做的。

二、守法经营,做强做大

商业贿赂是一个时代的产物。不是说因为有商业贿赂我们就不做图书发行了。我们要做一个守法工作者,没有必要做那些见不得阳光的事情,刚才魏处长已经就此提醒过我们。我们代办站总的来说不错,没有出大问题,这是好事。大家都在守法经营,作为大学版协,我们会协助政府、帮助代办站进一步加强自身建设,做好工作。代办站要发展,要做大做强,守法经营也是基本、唯一的途径。靠做盗版、给回扣等不法手段,可能得逞一时,不会成就一世。代办站要真正取得健康、快速、持续发展,就一定要遵纪守法,在加强服务和经营上多想办法、下工夫。

三、联合经营,分批推进

代办站的联合经营是个大方向。八十几家代办站同时一起联合如果不可能,我们可以分期分批联合。联合有高级联合和初级联合。我一直提倡校园图书市场,大学市场有很多销售点,我们很多代办站也在里面,各个高校的销售点可以联合一下。我希望我们高校图书代办站的联合可以一批一批来,一个地方一个地方,愿意联合的先联合起来,逐步推进,最终形成整体的联合。在联合的时候,我希望大家要尽可能地利用政府和学校资源,利用领导资源。一定要和当地的领导部门,不管是新闻出版局,还是教育厅、学校、你们的领导,沟通和协调好。我们要协助政府,也要争取它的领导。所以希望代办站搞联合企业的时候,能够分批分次地来,能够和当地的领导部门搞好关系,大家一起做好。

最后,我代表大学版协,向辛勤劳动在各地的代办站的同志们问好,谢谢各位!

贺耀敏副理事长在2006年全国高校图书代办站大会上的讲话

每年一次的代办站工作会议是我们大家交流信息、讨论问题、研究发展的重要机会。借这个机会,我想谈几点感想。

首先,我们要客观、公正地评价代办站的历史作用和重要地位,给它一个真正科学和一个正确的评价。特别是对于我们所有代办站站长来讲,这是十分重要的。我认为,19年来代办站在促进我国高等教育的大发展、促进大学出版社的大发展、保障高等学校教材的供应等方面,都发挥了不可替代的作用。

第一,代办站为我国高等教育的发展作出了积极的贡献。代办站建立19年来取得了辉煌的成绩,在座的各位站长大家都是姓"代"的,都为代办站的大发展做了很多很好的工作。正像彭松建常务副理事长讲的那样,早在20年前人们还不关注高校教材发行这个市场的时候,我们代办站的各位站长特别是那些代办站的前辈们,就为高等学校的教材发行做了大量的工作,组织方方面面的力量,为学校众多学科的教学服务,很好地解决了教材供应问题,这个工作应当说做得相当好。这些年我国高等教育发展很快,在教材供应方面没有出现大的脱节,从一定意义上也要归功于代办站的积极作用。

第二,代办站为大学出版社的健康快速发展作出了积极的贡献。就我国整个出版界来讲,高校出版社应该来说是发展得最好的一个方阵,在我们这里成长出了一批十分优秀的出版社,这些出版社具有很大的发展潜力,具有极强的扩张性。特别是近10年来,我国出版业一个突出的特点,就是大学出版社的快速发展,可以说是"风景这边独好"。我们有理由相信,在未来的中国出版格局中,大学出版社仍然是十分看好的一个方阵。在以往大学出版社的发展过程中,代办站的确作出了很大的贡献,为大学出版社的快速发展提供了有力的支持,在今后大学出版社极具潜力和扩张的发展中,代办站仍然应该也可以作出更大的贡献。

第三,代办站为我国高校教材的系列化建设、高校教材的市场化建设作出了积极的贡献。

通过19年的艰苦奋斗和不懈努力,代办站已经形成一个重要的教材发行品牌,形成了一个比较系统的教材发行渠道。代办站与大学和广大教师的联系、与大学出版社的联系都十分密切,不仅及时地将教材信息传递到各个高校,而且也将各个高校的教材需要反馈到出版社,为教材供与求之间的及时沟通和联系做了大量的工作,因此,我们有理由也应该把代办站的工作做得更好。

所以我想我们首先要对代办站的发展有一个基本评价。刚才魏小波处长在讲话中对代办站给予了很高的评价,这就是对我们的肯定和鼓励。看不到这一点,我们就可能没有信心做好下一步工作。

其次,我们要深入研究代办站的发展问题。目前代办站在发展中面临着很多问题,许多在代办站工作的同志都有一些困惑,有的困惑来自于眼前的困难,包括经营中和政策上的现实困难,有的困惑可能是基于对中长期发展思路的不清晰,我觉得我们在这里研究和探讨这些困惑都是很有价值的,俗话讲,人无远虑必有近忧。对于一个企业来讲,也同样是如此。所以,我们必须要思考得远一点,把眼光放得远一点,这样才有利于代办站的长期发展。实际上,回顾这些年来代办站的发展步伐与大学出版社的发展步伐并没有保持同步,这就说明我们代办站存在着不足,我们需要做好工作。对此,我想提出三点意见。

第一,代办站要积极探索建立与市场经济相适应、与高等教育发展相适应、与新闻出版体制和发行体制改革相适应的经营模式和管理模式。这个问题十分重要,可以说攸关代办站的发展与壮大。过去十多年间,代办站是在市场经济的大环境中成长起来的,但同时代办站也借助了很多非市场化的因素在发展。现在,面对日益规范和完善的市场环境,代办站究竟应该如何应对这一局面?需要我们深入研究和探讨。说到底,代办站的发展要依靠市场经济,依靠代办站对市场的准确把握,依靠代办站比他人更加周到完善的服务。这不是说我们不需要靠政策支持,不需要靠长期建立起来的供销关系和人情关系,但更重要的是要靠你的市场意识、竞争意识和服务意识,只有这样才能做大做强。我国高等教育事业可能已经进入了一个持续发展的阶段,如果说前10年是高等教育快速增长的阶段,今后一段时期内高等教育的发展则可能比较平稳。但高等教育事业对于教材发行来说总是蕴涵着商机,比如职业教育则势必掀起一个大发展的时期,对于代办站来说,就看我们如何分析市场需求,如何应对市场的变化,来做好自己的工作。

第二,代办站要紧紧跟上我国新闻出版体制和发行体制改革的步伐,探讨建立与改革相适应的体制、机制。我认为当前新闻出版领域的体制改革是很深刻的,它涉及了与新闻出版和发行的方方面面。肯定也将涉及代办站的体制与机制,原有的代办站的体制机制与运行模式势必受到很大冲击,所以代办站要积极探索体制改革和机制创新。例如,可否积极探索推行股份制改革,尝试和推进代办站的整合、联合、协作的新路子。当今的中国图书发行市场,面临的市场分割形势依然十分严峻,各省市的发行集团都在进行改革,一些发行集团通过改革实际上垒高自己地区的门槛,造成了图书发行市场上严重的地区分割;一些部门和行业的图书发行机构也通过改革,加强了本部门的图书发行垄断。从市场经济发展的趋势来看,这些垄断总是要被打破的,但是需要时日。在目前这种格局下,代办站从总体上讲规模小、实力弱,处于被越来越边缘化的危险之中,代办站怎么样才能做大做强?在召开这个会议之前,很多同志曾经在一起讨论过代办站怎样走一条联合的道路。我们大家要不要联合?联合的模式究竟是什么样的?很值得研究。我想要走联合的道路,不外是这样几类,一类是以资产为纽带的联合,一类是以经营回报为纽带的联合,前者是实质性的联合,后者是环节上的联合。我们也可能创新出另外一种联合的方式。总之,我们要真正形成一股市场中的力量,一股有实力有优势的力量,否则就会在市场竞争中遇到很大的问题。经济学告诉我们,在市场竞争环境中,谁都不可避免地要面对各种各样的激烈竞争。人们经常讲:船大抗风浪,船小好调头。我们这些代办站都是小船,如果我们老是调头,原地打转,怎么发展? 在这个市场竞争的过程中,一定是大鱼吃小鱼,也就是说我们面临着被别人吃的大背景。怎样才能使自己不被吃掉? 那就是实现快鱼吃慢鱼,快鱼不一定是大鱼。怎样做才能成为快鱼? 对于我们来说就是挑战。体制改革和机制创新需要我们在实践中去探索。

第三,代办站要进一步规范经营,要按照市场经济的基本要求、按照相关法律法规办事。今天提出这个问题尤为重要。在过去很长一段时间,为了配合高等教育的发展,保证课前到书,教育部等部门给予代办站等部门许多政策上的支持和优惠,经过十多年的发展,教材市场日益完善,发行渠道不断增多,这些优惠政策都面临着取消的新情况。在这个过程中,我们要对自己的经营行为做必要的调整,这期间可能我们的客户不适应,可能原有的市场不适应,可能上下游都有一些不适应。但是规范经营对我们大家都是必要的,代办站的发展最根本的是如何适应市场经济,如何更好地满足需要。规范经营就是要守法经营、依法经营,把我们的事业做大。我想,从我们内心不应该有抵触情绪,我们应该把精力投入到怎么样使代办站健康发展上来,不要埋怨政府这时候开始关注我们,实际上早就应该关注我们。代办站不能是市场经济之外的一个部门,我们不能既希望具有行政的高度保护,又享有市场经济的利益。

代办站的工作是方方面面的,在座的各位站长都在第一线做了大量的工作,我们每年一次能开会聚一聚,交流一下信息,交换一下想法,很有意义。这几天,教育部社科司的领导给我们带来了很多新的精神和指示,大学版协也有很多新的做法和新的思路,这对我们做好今年和明年的工作都有重要的指导意义和帮助。希望明年我们再相聚的时候,能够听到大家更好的消息,更好的业绩。

高校出版社图书代办站2006年工作报告

中国大学出版社协会副秘书长、高校图书代办站服务中心主任　　岳凤翔

我受大学版协代办站工作委员会委托,向大家报告代办站工作。

一、近两年代办站的建设和工作情况

近两年,面对出版体制改革逐步深化、图书发行市场化进程加快、高校教材图书供应方式变化的新形势,以及市场竞争的加剧和市场竞争中"商业贿赂"等不正当手段的干扰,全国高校图书代办站总体上看能够及时适应形势的变化,探索新思路、学习好经验、跟进好方法;能够自警自律,按照国家有关法律法规和上级要求进行经营;能够从代办站"服务高等学校,服务高校出版社"的宗旨出发,积极努力地开展工作。代办站的建设不断增强,业务有所发展。

从数据上看,据报上材料的72家代办站《2005年综合报表》统计:2005年全国代办站从业人员1055人,其中有博士学历的1人,硕士18人,本科221人,大专493人,人员学历素质在提高;体制上具有独立法人资格、自主经营的代办站41家,股份制的8家,不少主管单位正逐步将

代办站放到后勤或产业集团等经营性单位,代办站企业化、市场化的机制在增强;使用计算机网络管理的已达到100%,配有专门网络信息员的46家,经营管理手段趋向现代化;全国代办站有书店53个,营业额1.82亿元,不少站开始开展或努力扩大图书馆配书业务,新的市场渠道和经营方式在发展;经营范围上,要书涉及所有大学出版社、教育部直属出版社;发书覆盖面达3921所大中专院校,比2004年的3147所又有提升,与全国大中专院校数量基本持平;发行量,码洋10.66亿元,比2004年的9.75亿元又有增长。

大学版协代办站工作委员会和代办站服务中心2005年对全国代办站重点做了三方面工作:(1)推动各代办站的体制改革、机制建设,使代办站进一步适应市场、贴近市场;(2)倡导各代办站依法建站、规范经营、加强管理,使代办站合法存在、守法经营;(3)促进代办站的业务开展,沟通与大学出版社的广泛业务联系,探索全国代办站合作经营模式。

今年,大学版协和代办站中心根据国家进一步规范高校教材图书发行市场、加大查处"商业贿赂"力度的新形势和代办站适应市场、赢得发展的需要,在继续推动代办站体制改革、机制建设的同时,特别对依法规范建设和经营提出了要求。为此,大学版协决定再次开展优秀代办站评选活动,通过这个活动表彰先进、树立榜样,总结经验、寻找方向;6月代办站工作委员会又在乌鲁木齐召开扩大会议,经过讨论研究,就当前代办站建设和经营情况、面临的问题,对今后的工作和发展提出了"适应形势、依法建站、守法经营、规范管理""更新体制、找准定位、发挥优势、联合协作"两点意见。

为加强代办站的组织建设,保持代办站的活力,大学版协和代办站中心本着总量控制、合理布局,吐故纳新、存优汰劣的原则,继续做好队伍调整工作。目前全国代办站数量为81家,分布在30个省市自治区的47个城市。

二、评选优秀代办站工作情况

上次评选优秀代办站是在2002年。近四年来,代办站工作又有了新的进步,各代办站情况也发生了许多变化。针对当前改革发展形势的需要,为推动全国代办站改革体制、优化机制,激励工作出色的代办站做大做强、带动全国代办站健康快速发展,也为保持"优秀代办站"称号的纯洁性,中国大学出版社协会决定2006年重新评选优秀高校图书代办站,对在近几年工作中坚持办站宗旨,改革创新、守法经营、勤奋工作、业绩显著的代办站给予表彰。

本次优秀高校图书代办站评选,在教育部社会科学司、新闻出版总署发行司指导下进行,由大学版协代办站工作委员会组织,代办站服务中心具体实施,并制订了《优秀高校图书代办站评选办法》,优秀代办站条件根据国家出版发行政策法规和代办站有关文件、结合代办站的工作、发展实际制订,力求具体、明确。

为保证评选出真正优秀,有说服力、榜样性的代办站,评选在各站自我申报的基础上,又广泛听取其他代办站和有关各方面的意见。代办站服务中心于5至8月,向所有大学出版社、教育部直属出版社,部分出版高校教材图书的中央和地方出版社,代办站所在省市自治区新闻出版局,教育厅,有关大专院校教务处、教材科等发出信函,以函调的形式征询对各代办站守法经营、服务态度、业务范围、经营规模、回款信誉等方面的意见,得到了许多可供参考的信息;函调信也征询各单位对代办站整体的意见和建议,回复中的不少意见、建议对代办站的建设、工作和发展十分有益。服务中心对部分代办站进行了实地考察,了解情况。

经对各站自己申报材料、函调材料、了解考察等多方面情况的综合、比较,按照优秀代办站的条件,拿出初选名单;最后经过大学版协代办站工作委员会主任办公会的审查、研究,确定了最终结果。新的优秀高校图书代办站产生后,2002年评出的优秀高校图书代办站自动失效(本次未再评上的不再是优秀高校图书代办站)。

这次优秀代办站评选活动,得到了广大代办站的积极参与,不论是否评上,但从代办站的工作中可以看出他们付出的努力和艰辛,看到他们取得的进步,参评本身就是一种积极进取精神的表现。相信这次评选优秀代办站活动,一定会起到树立榜样、带动全局的作用,促进全国代办站的发展。

三、对代办站下一步工作的想法

代办站从1987年诞生,如今即将迎来20岁。20岁能称作"生日"还是"华诞",是大家都很关心的问题。我想代办站能以一个新的面貌,献给我们20年的"华诞"。那么应有一个怎样的新面貌?

我的想法,一是代办站真能以教育部门领导下的高校教材图书发行正规、重要渠道的形象立身于世,赢得更大的高校市场。近几年,我们遇到了前所未有的困难和挑战,这来自于多方加入的激烈市场竞争,甚至不法"竞争",来自于我们一些代办站计划经济性体制和机制的束缚,也有我们自身工作的原因。作为教育部、新闻出版总署发文建立的高校教材图书发行体,代办站被寄予厚望,也肩负使命和形象的双重重任。政府主管部门一直关心着代办站的工作和发展。教育部社科司经常了解和听取代办站的情况,出版管理处魏小波处长每次大会都亲临指导;新闻出版总署也关注着代办站,希望通过研究拿出办法,促进代办站发挥主渠道、正规渠道的作用,健康快速发展。因此,我们除了要积极融入市场、参与竞争,更应以优良的服务和信誉、守法规范的经营,树立起我们正规渠道的良好形象。我认为,全国代办站汇聚起来的良好形象和影响,肯定能使我们最终赢得市场,得到大的发展。

这次会议将中国大学出版社协会印发的《关于贯彻教育部办公厅〈关于加强各类高等学校教材和图书采购管理工作的通知〉的通知》发给各代办站,一方面要求各代办站坚决执行教育部的规定和要求,另一方面也希望代办站通过贯彻《通知》精神,在业内树立更好的形象。代办站应该做执行国家政策、政府要求的模范。

二是能在新的历史时期、新的市场条件下,寻求和确立我们新的市场定位。这个定位,应该是一个完全市场化、以发行高校教材图书为特色的经营联合体。在图书发行市场进一步放开、出版体制改革进程加快的大环境下,代办站只有建立和形成适应市场竞争、贴近读者的市场化体制和机制,才能赢得这样一个市场地位;只有发挥我们的优势——即建立在高校领域里、与大专院校和大学出版社有着紧密的联系,保持我们的特色——即"服务高等院校、服务高校出版社",以发行高校教材图书为主要任务,才能突显这样一个市场地位;只有充分利用我们有组织、有政府主管部门直接关怀指导的有利条件,以联合发行、连锁经营或其他更好形式实现真正意义上的联合经营,才能巩固和发展这样一个市场地位。以公司化、规模化、集约化,再加上现代网络手段进行经营,以整体实力面对市场、参与竞争,代办站才能够增强市场竞争力和抗风险能力,实现做大做强、共同发展。

大学版协、代办站服务中心将积极推动代办站寻求最好的联合经营模式;也希望全国代办站都积极参与,群策群力,拿出有利于调动全国代办站积极性、有利于全国代办站整体发展的,具有可行性和操作性的各种方案来,经过讨论,形成我们大家以至上级主管部门、高等学校和大学出版社的共同理念,形成一个共同的改革方案,来进一步推动全国高校图书代办站的改革和健康快速发展。

中国大学出版社协会关于表彰
优秀高校图书代办站的决定

(2006.10.30)

按照党和国家的出版发行方针政策,在教育部、新闻出版总署主管部门指导下,全国高等学校出版社图书代办站的建设不断加强、业务不断发展,已成为高校教材图书发行的一支重要力量。近年来,面对高校教材图书发行形式的转变和激烈的市场竞争,各高校图书代办站坚持"服务高校、服务高校出版社"的办站宗旨,加强管理,改善经营,诚信守法,热情服务,勤奋工作,开拓进取,为保证"课前到书"、满足教学科研工作的需要、发展高等教育事业作出了贡献,得到高校领导和广大师生的好评。

2002年结合全国代办站评估,进行了优秀代办站评选。四年来代办站工作又有了新的进步,取得了新的发展。针对当前改革发展形势的需要,为推动全国代办站改革体制、联合发展、做大做强,激励工作出色的代办站快速发展、其他代办站奋发努力,中国大学出版社协会决定2006年再次评选优秀高校图书代办站,对在近几年工作中坚持宗旨、改革创新、勤奋工作、守法经营、业绩显著的优秀代办站给予表彰。

在统计了解各代办站建设、工作状况,广泛听取意见的基础上,经过严格认真的审核、评选,中国大学出版社协会决定对20家高校图书代办站进行表彰,授予"优秀代办站"称号。它们是(按大区、地区、音序排列):

中国人民大学高校图书代办站
中国人民公安大学出版社高校图书代办站
天津大学出版社高校图书代办站
河北省教育图书发行部高校图书代办站
内蒙古大学出版社图书代办站
东北财经大学出版社高校图书代办站
上海申联文献信息技术有限公司高校图书代办站
南京河海大学高校图书代办站
江西高校出版社图书代办站
中国科技大学高校图书代办站
安徽师范大学高校图书代办站
三明高等教育书店(三明学院)高校图书代办站
河南省黄河教育图书供应社高校图书代办站
武汉大学出版社高校图书代办站
中南财经政法大学高校图书代办站
广西高校图书代办站
贵州商业高等专科学校高校图书代办站

重庆大学出版社高校图书代办站
四川大学高校图书代办站
乌鲁木齐科技图书有限公司高校图书代办站

大学版协希望受到表彰的代办站再接再厉、继续开拓、做大做强,在今后的工作中取得更大成绩;全国高校图书代办站应以这些优秀代办站为榜样,促进机制转换,加强制度建设,提高经营管理水平,努力开创代办站工作的新局面,赢得快速的发展。通过这次评优,切实树立榜样、带动全局,促进全国高校图书代办站在新形势下深化体制改革,加强机制建设,形成联合协作经营,实现健康快速发展,为高等教育事业和出版事业作出更大贡献。

高校图书代办站工作委员会扩大会议纪要

2007年4月26日,大学版协高校图书代办站工作委员会扩大会议在重庆召开。部分代办站工作委员会委员及20多家代办站站长或代表参加会议。会议就代办站面临的经营环境、经营方式的改变,代办站如何适应新形势,"走联合经营、联合采购"的路子等问题,进行了研讨。会议通过研讨,对代办站当前经营中普遍存在的问题,下一步的应对措施,达成了初步的共识。大学版协副秘书长、代办站服务中心主任岳凤翔主持会议。

一、面临经营环境的改变,代办站如何面对挑战与机遇

岳凤翔首先讲话。他通报了全国代办站2006年的总体经营业务、体制建设等情况及站工委的工作情况。对于代办站如何应对经营环境改变的挑战与机遇,他从三个方面提出了解决的对策:

第一,代办站应建立符合市场经济规律、适应市场情况的发行机制和体系。面对部分高校把教材科划归出版社或后勤集团,教材供应社会化的步骤明显加快,教材科由教学服务性机构部分转向经营性机构的新形势,代办站应该加快市场化的步伐,积极针对变化开展业务、谋求发展。

第二,建立社、站、校一体化的经营模式。代办站作为高校教材发行的主渠道,如何保持我们的主渠道地位,争取更大的发展空间?首先应发挥代办站与大学出版社之间亲密的合作与联系优势。大学出版社是代办站的主要供货方,相当一部分大学社已经发展成为高校教材出版的大社,代办站应积极争取大学出版社的支持,大学版协与代办站服务中心将积极争取教育部、新闻出版总署主管部门领导的政策支持,主动协调大学出版社与代办站的业务合作,为代办站的整体发展创造空间与机会。其次,代办站要发挥熟悉高校、身在高校、紧贴高校的优势。代办站应转变经营观念、拓宽业务领域、强化服务手段,尤其在服务出版社新教材推广、服务高校选用教材、协助出版社组织选题等方面加强工作,与学校教材供应单位建立适应新形势的业务合作。代办站应改变单一的供书服务,应在教材选用、教材建设方面加强与学校的联系与服务,真正成为出版社与学校之间的桥梁。

第三,应加强代办站之间的联合协作。在激烈的市场竞争中,要增强竞争能力、减少经营成本、降低经营风险,就要发挥我们的组织优势,走"联合经营,联合采购"的路子,这是代办站真正

做大做强的出路。当前,代办站尤其中小代办站,发展中普遍存在的规模小、拿货难、折扣高、无账期等问题,不少站希望服务中心成立公司解决困境,但目前中心成立公司存在经营资质、资金两个关键瓶颈,大学版协与中心作为社会团体,不具备经营机制与条件,同时要建立这样一个公司,也需要大量的资金,条件还不具备。但是不是无所作为,我们可以考虑以实力强、规模大、进货条件好的核心代办站为基础,按照大的区域划分,以大站带动小站,在优势互补、利益共享的基础上,采取自愿加入、联合采购、联合经营的形式,实现地区性的初步联合采购、协作经营。代办站差异大、情况复杂,以某些代办站为核心的全国一盘棋的联合操作很难实行。目前,部分代办站在积极探索相互联合的方式,这种探索是积极的、有益的,中心将积极支持。代办站在联合采购中遇到的一些问题,比如,一些大社实行区域化的市场管理,代办站联合采购必然带来与出版社区域化市场管理之间的冲突,中心将积极协调,与大学出版社一起寻求好的解决办法。联合经营有各种形式与方法,大家应积极探索,提出好的可行的思路来。

二、总结经验,摆明问题,面对激烈的竞争,探索新的经营方式

郑州大学出版社骆玉安副社长介绍了郑大代办站的情况。郑州大学把教材科划归出版社,同时开办大学书店,形成了代办站、教材科、书店的统一经营与管理,学校成立教材管理中心、教材供应中心,把教材建设、管理与供应分开。这代表了学校教材管理与供应分开的趋势。

兰州大学出版社骆小丰副社长、厦门大学出版社于力副社长、河南黄河教育图书供应社高校图书代办站魏景风副站长认为,新华书店采取压低折扣的手段,要重新占领高校教材供应市场,有的地区在高校教材招标中以低于码洋75%的折扣招标,甚至个别经销商恶意抢占市场,把折扣压低至70%。新华书店之所以可以采取这种亏本的价格竞标,除了其整体资金实力外,在进货折扣上,也低于代办站3%～5%的折扣点。代办站面对这种恶劣的竞争环境,单靠自身的实力,已经很难经营。

四川大学高校图书代办站重点介绍了他们创办大学书店的成功经验。目前他们已经成功开办5家大学书店,通过开办校园书店,拉近了与教师、学生的距离,教师在书店可以及时看到新版教材,方便选用教材;结合学校课程设置情况,主动与教师联系,为出版社组织教材选题和新教材推广,建立了出版社与教师之间教材出版与选用的联系;同时,大学书店向读者提供出版信息、补订教材等提供方便,提高了服务水平。而教材销售也带动一般图书销售,带来可观的经济效益。

重庆大学出版社高校图书代办站、厦门大学出版社高校图书代办站也就开办大学书店的经验、好处、趋势及各自的具体做法进行了经验交流。广西高校图书代办站的成功经验,为代办站的业务转型提供了一个成功的案例。近年来,他们逐步从以物流为主的配书服务,转向为出版社提供具有高附加值的教材推广和为出版社组织教材选题,通过服务,提高了市场竞争能力与利润率。

中国人民公安大学出版社高校图书代办站认为,代办站联合经营提出很多年,但进展不大,主要原因是没有找到一个具有实质内容的可操作的思路。北京理工高校图书代办站认为,代办站发展到今天,已经走到一个关键的时期,代办站"联合经营,联合采购"是做大做强的必由之路。代办站单打独斗的经营方式使代办站面临很多经营上的困难,除了代办站自身应该走市场化的路子外,全国代办站作为一个整体,应该有实质性的联合,大学版协与代办站服务中心应该发挥作用,代办站自愿结合、自行结合可以,但版协与中心要起领导与协调的作用。

河北省教育图书发行部高校图书代办站、西安交通大学出版社高校图书代办站认为,代办站发展到今天不容易,倡议大家一起谋划,群策群力,通过"联合经营"等形式把代办站巩固好、发展好。

其他一些与会的代办站,也都介绍了自己的经营情况,发表了建设性意见。

全国高校出版社图书代办站大会在昆明举行

在高校图书代办站成立20周年之际,全国高校出版社图书代办站大会于2007年11月9日在云南省昆明市举行。教育部社科司出版管理处处长魏小波、中国大学出版社协会常务副理事长彭松建、副理事长贺耀敏、副理事长张天蔚、副秘书长岳凤翔以及全国高校图书代办站的负责人出席大会,一起回顾、总结代办站20年的发展历程和经验,商讨代办站今后建设、发展的思路、办法。大会由张天蔚副理事长主持。

作为大学出版社和代办站的上级主管单位领导,教育部社科司出版管理处处长魏小波对高校代办站的工作一直非常支持,每年都要参加代办站大会。她在讲话中代表教育部社科司对代办站20年来的工作给予了高度肯定,对代办站今后的发展提出了指导性意见,希望高校图书代办站抓住机遇,坚持办站宗旨,进一步改革体制和创新机制,不断增强市场意识,将高校图书代办站整体建设成一支具有一定经济实力、市场竞争力和抗风险能力、具备现代管理手段、占有更大发行市场份额的高校教材发行的重要渠道。

彭松建常务副理事长在讲话中代表大学版协,充分肯定了代办站20年取得的巨大的进步、发展和成就,希望代办站与时俱进,适应市场经济的新形势,做好渠道、开发巩固好自己的终端客户,积累资金、总结经验,通过改革、联合协作和更优质的服务,取得更好更快的发展。

贺耀敏副理事长在《加强代办站的合作与联合,推动代办站进一步发展》的讲话中指出,走过20年风雨历程的高校图书代办站,成绩十分突出,很好地配合了高校教材的供应,为大学出版社的健康发展作出了积极贡献。对于代办站今后的发展,他认为合作与联合非常重要,建议通过制度设计来构建高校图书代办站的合作与联合。

大学版协副秘书长、全国高校图书代办站服务中心主任岳凤翔作了题为《继往开来,改革创新,开创代办站发展的新局面》的代办站工作报告。他总结了代办站自1987年创立至今的20年发展历程及成就、经验,提出了代办站新时期建设和发展的思路。(以上四个讲话另专发)

为进一步规范代办站的建设,加强代办站的联合协作,会议提交了《高等学校出版社图书代办站章程》(讨论稿)和《构建代办站区域性联合经营的发展模式》(征求意见稿),请各代办站同志讨论,听取意见。在热烈的讨论中,代表们对代办站今后的发展提出了许多很好的意见和建议。

11月8日下午,在昆明召开了大学版协高校图书代办站工作委员会会议,研究了代办站当前工作、代办站大会议程、准备提交大会的两个讨论文件等有关事宜。

教育部社科司出版管理处处长魏小波的讲话

各位站长,大家好!

在举国上下学习贯彻落实党的十七大精神的热潮中,我们迎来了高校出版社图书代办站建站二十周年喜庆的日子。首先,我代表教育部社会科学司对中国大学出版社协会、高校出版社图书代办站服务中心、各高校出版社图书代办站表示热烈的祝贺,向工作在高校教材和学术著作发行销售第一线的代办站的所有工作人员表示亲切的慰问。

刚才,岳凤翔主任介绍了代办站二十年的发展历程,取得的成绩与经验,以及今后发展的思路,提出了发展的新理念与新举措。彭松建副理事长对代办站的发展也谈了很好的意见。我非常同意,也感到很振奋。下面我主要讲两点:

一、充分肯定代办站的定位

二十年奋斗、二十年发展,高校出版社图书代办站从小到大,由弱到强,已成为我国较大的高校教材发行网络:具有了一定的规模,有81家代办站,分布在30个省、自治区、直辖市的47个城市;占领了一定的教材市场,覆盖了近4000所大中专院校;成为我国高校出版体系的一个重要组成部分,代办站的主要业务就是发行高校出版社出版的教材和学术著作,其经营范围涉及所有的高校出版社,特别是在计划经济向市场经济转轨的初期,代办站更是为高校出版社解难,为发行短版教材作出了积极的贡献,代办站中心长年编制的春秋两季教材目录为出版社宣传、推销教材起到了积极的作用;成为体制多样化、制度较健全、管理较严格、队伍素质较高、机制较灵活,具有丰富经验的教材发行销售经营实体。

高校出版社图书代办站创建于发行业改革的初期,发展于激烈的市场竞争之中。代办站能形成今天的发展规模和社会影响,离不开我们在座人员的脚踏实地,艰苦奋斗,锐意改革,勇于奉献;离不开教育部和新闻出版总署有关部门的指导与扶持,在出版发行改革的关键时刻,教育部有关司局和总署发行司的领导都会对代办站的发展及时指明方向,并采取相应的措施给予支持,当然,随着政府职能的转变,支持的方式也从直接的领导变为宏观和间接的指导;离不开中国大学出版社协会的领导,协会高度重视代办站的建设,每年都召开代办站站长会,研究代办站发展中的共同问题,协调解决遇到的各种困难。在代办站的建设发展上,大学版协和代办站服务中心做了卓有成效的工作,如推动代办站的体制改革、机制建设,使代办站进一步适应市场、贴近市场;帮助代办站依法建站、合法经营、规范管理;促进代办站的业务开展,沟通与高校出版社的广泛业务联系,探索全国代办站合作经营模式;评选优秀代办站,优化代办站结构,等等。

二、代办站发展的建议

党的十七大提出大力推动文化大发展大繁荣,并对文化建设提出一系列新思想、新观点、新论断和新要求。我们代办站是文化建设的一支力量,一定要认真学习贯彻落实党的十七大精神。我们要全面理解深刻领会十七大报告的精神,深刻领会报告对教育改革发展和文化发展的重要论述,深刻领会"优先发展教育,建设人力资源强国"和"大力推动文化大发展大繁荣"的重要精神。我们要把思想和行动统一到十七大精神上,把智慧和力量凝聚到落实党的十七大提出的重大战略部署和各项重大任务上来。

1. 坚持办站宗旨。按照十七大提出的"积极发展出版业,坚持正确导向"的要求,坚持为高校教学科研服务,为高校"课前到书"服务,为高校师生服务的办站宗旨,这是我们的立站之本。实践证明,凡是发展快的,实力较强的站都是因为坚持了这个宗旨。坚持办站宗旨,就要认真学习党的教育和出版方针政策,全面掌握国内出版业,特别是发行业的动态,全面掌握高校教育、教学、教材改革的现状;坚持办站宗旨,就要克服困难,开拓进取,热情服务,紧密联系出版社与学校,为其搭建供需直面的桥梁;坚持办站宗旨,就要以改革的精神应对形势的变化,近几年,代办站生存和发展的环境发生了很大的变化,特别是两个环节的变化影响最大:高校购买教材和管理教材的方式发生很大变化,高校教材发行领域全面放开,使代办站面临激烈竞争的局面。我们要研究新形势对我们的挑战和应对措施,不管形势如何变,市场环境如何变,对于代办站来说,应万变不离其宗,要在适应市场经济的环境下,坚持办站宗旨。

2. 坚持体制改革和机制创新。按照十七大提出的"推动体制机制创新,解放和发展文化生产力"的要求,积极进行体制改革和机制创新的探索与实践。目前81个代办站的体制已是多样化的了,这种多样化的发展符合我国出版发行体制的改革。在出版业,发行领域是最早全面放开的,政府允许发行部门完全企业化运作,鼓励实行股份制和连锁经营,按照现代企业制度来规范;也最早允许各种所有制单位进入发行领域。这种开放式的政策在出版领域是没有的。面临如此激烈的竞争,代办站的确要考虑采取什么样的体制,来增强活力,激发发展的动力。目前高校出版社在进行体制改革的试点工作,绝大多数出版社都要转为企业。对于代办站来说,它的职能就是销售,本身就在市场环境中,在图书的流通领域里,因此代办站都应进行企业的规范,依法经营。这也是代办站在越来越完善的市场经济条件下生存与发展的必要条件。目前代办站的管理体制不尽相同,各站应结合实际思考什么样的体制更适合自身的发展。大学版协也应组织对代办站体制问题进行研究和总结。体制决定机制,如按企业运作,就要采取企业的运行机制。

3. 坚持技术改革。按照十七大"运用高新技术创新文化生产方式"的要求,充分利用计算机和网络手段来改进传统的征订、发行方式和销售管理方式,利用中国高校教材图书网来提高我们发行、销售教材的效率,提高经营管理水平。

4. 不断增强实力与竞争力,探索联合发展,提高整体实力的有效途径。进一步扩大代办站的经营规模,增加发行教材的数量,按照市场经济的规则,诚信经营,积极拓展教材供应的渠道,为高校提供高校出版社和其他出版社出版的教材;要不断地创新机制、加强合作,提高代办站整体实力。代办站服务中心应研究如何充分利用代办站站点多、发行覆盖面广、业务相同的资源,采用先进的经营方式,比如说探索连锁经营方式、集约化的发展,把我们代办站的整体做强做大。

在总结代办站发展二十年发展历程,规划下一步发展的时候,大学版协提交会议讨论《高等学校出版社图书代办站章程》,这个《章程》挺全面,对代办站建设和发展,规范代办站经营行为都是有益的。代办站在发展初期,原国家教委发过多个文件,指导代办站的发展,但现在政府职能转换,能靠市场机制解决的问题,靠市场解决,所以政府不能再下发相关文件。希望大家能认真讨论,结合发展实际,以及可行性进行讨论和完善。通过《章程》的讨论制订统一认识,为今后的工作与发展奠定基础。

我们希望中国大学出版社协会、高校图书代办站服务中心和各图书代办站,能够认真总结经验,确定我们今后的发展目标,探索将高校图书代办站整体建设成一支具有一定经济实力、市场竞争力和抗风险能力、具备现代管理手段、占有更大发行市场份额的高校教材发行的重要渠道。

谢谢大家！

大学版协常务副理事长彭松建的讲话

各位代表,大家好:

我首先代表大学版协理事长李家强同志,代表中国大学出版社协会,热烈祝贺高校图书代办站成立二十周年,也感谢各个代办站对大学出版社发展的支持和帮助,在大学出版社发展的业绩中间有我们各个代办站所作出的巨大贡献。第二要感谢教育部、新闻出版总署各级领导对我们代办站工作的指导、支持和帮助,特别感谢教育部社科司出版管理处魏小波处长,她长期以来,一直是在热情地支持、指导代办站的工作;新闻出版总署也是支持我们的,总署发行司的几任司长,现在的范司长,每次见面都会谈到我们的代办站,他们十分关心代办站的工作。在代办站成立二十周年的时候,我们还要感谢前任常务副理事长高旭华同志、代办站服务中心主任甄一民同志和现任的岳凤翔主任,他们为代办站的发展倾注了很多心血,付出了很多辛劳。

我完全同意刚才岳凤翔副秘书长的讲话和对工作部署的意见。下面我主要讲五个方面的意思。

第一,代办站已经取得了巨大的进步、发展和成就。

我估算了一下,我们全国代办站的市场份额在8%～15%之间。过去我们计算过,我们高校教材大概80个亿,现在发展了也是100～120个亿的样子,代办站现在已经做到11多个亿。所以应该说,我们还是取得了很大的市场份额,大家的工作还是很有成效的。所以从这一点上说起来,我们要有信心,不要悲观。我们在市场上还是有一定份额,有一定地位的,我们自己心里要清楚。

第二,代办站要与时俱进,适应市场经济的新形势。

我们代办站要适应新的形势,形势逼人。代办站以前是事业单位,现在要转企,为什么？这是我们国家大的经济体制要求我们这么做,要顺着这个路子往下发展才能进步,才有前途。我很高兴代办站现在已有五十个建成企业法人单位,应该说这是不小的进步,因为市场经济规则要求企业成为企业法人,要求股份制,要求按照现代企业来运作,如果不按照这个办,就要吃亏。我们要朝这个方向去发展,去前进。岳副秘书长谈到联合采购、联合经营的问题,大学版协也一直在讨论这个问题。为什么还没有做起来？这需要时间,需要成熟。中国的历史现状是从农业经济发展到市场经济的,我们的许多观念还没有完全发展到市场机制的轨道上来,采用股份制,股权结构清晰、责权明确,经营的好坏与出资比例相结合,出资多的人受益多、风险也多,出资少的人受益少、风险也相对减少。搞联合会有一定难度,这是我自己的经验。所以我们要联合经营,要联合采购,就要把股权结构搞好,同时,我们也要转变观念,要按照市场经济股权结构的观念来指导我们的工作,所以要联合起来需要转变观念,要按照市场的规则来运作,需要时间,我们大家要慢慢成长起来、成熟起来。我们要与时俱进、体制改革,按照公司制运作,按照现代企业运作。这条路早走晚走都要走,还不如早点走慢慢锻炼,积累经验。

第三，我们要下工夫做好渠道，开发巩固好自己的终端客户，渠道为王。

现在我们代办站的现状是夹在中间，新华书店特别是省店，打出的旗号是"收复失地"，所谓收复失地，就是把高校教材收到省店来，有的省店老总跟我谈，说即使赔本也要做，教材赔本的钱我用别的图书补。他们说就是要把民营书店、代办站挤出这一块市场。事实上也是如此，近年来，一些新华书店原来发行几百万的教材，现在发展到几千万，占了我们的一些份额。另外民营书店也在做高校教材这一块。所以，现在我们代办站确实是竞争比较激烈，大家压力比较大。在这种竞争形势下，我们也不要灰心，要看到我们的有利条件：(1) 代办站大多数来自高校、来自教育机构。我们跟高校、学校老师、各个教育机构有天然的联系，我们有人脉的资源、有人脉的优势，这一点要充分利用。(2) 我们要利用现在建立起来的商业观念优势、服务优势。服务搞得好也是一个优势。在教材市场上，服务很重要。那些老师、教务长、教材科长都认为谁服务好就给谁做。这是一个趋势。

第四，我们要利用招投标的机会。前几年的高校教材招投标很不规范，我们也很着急，不断在呼吁。教育部发出一个文件，要搞招投标。我们各个院校都开始做，但是如何招投标，招投标有什么规则，应该怎么做，教育部并没有给一个很明确的运作规则，所以各地招投标出现了各种各样的情况。有些地方比较好，比如华东地区，而中西部地区做得比较差，一条就是压折扣。但是经过几年的变化，现在招投标慢慢规范了许多。其实招投标也是一个机会，需要采取积极的、主动的办法去做，不要以被动挨打的态度去做，机会来了就应积极去争取。我们要抓住机会，扩大我们的市场份额。

第五，我们要积累资金、总结经验。

我们代办站干了二十年了，有一点经验了，有一些办法了。经验要梳理一下，要总结一下。有很多好的经验，值得我们去总结，作为我们一个单位的财富。再有一个是要积累资金，积累时间。最近我去台湾考察，台湾现在出版业很不景气，相当多的出版企业靠贷款，依靠别人的都垮下来了，而靠自己资金、经验积累的民营出版社生长得很不错。看起来，我觉得要有经验、要有资金，资金雄厚了自己能够去发展，不用靠别人。这个很重要。我建议大家要积累经验，积累资金。

讲得不一定很全面、很准确，希望大家指正。

谢谢大家！

大学版协副理事长、大学版协代办站工作委员会主任贺耀敏的讲话

在代办站成立二十周年之际，我们召开这次大会，一是要庆祝代办站成立 20 周年，二是要研究代办站今后的发展。因此，这是一次非常重要的会议。借这个机会，我讲两个问题。

一、代办站的 20 年来工作与成绩的总结

代办站是我国图书发行业，特别是高校教材发行领域中一个十分重要的渠道。今年是代办站成立二十周年，这是值得庆祝的一件大事情。代办站过去二十年在我们大家的努力下，特别

是在各位站长的努力下,做了大量的工作,为我们国家高等教育事业的大发展,为大学出版社的大发展,为保障高校教材的及时供应,发挥了不可替代的重要作用。这个重要作用,是所有大学出版社十分了解、非常清楚的。现在各地的代办站,仍然是许多大学出版社在不同地区最主要的教材分销商和合作伙伴。从这个角度来看,大学出版社的发展确实离不开代办站,代办站的发展也离不开大学出版社。我完全赞同岳凤翔同志代表代办站工作委员会所作的报告,报告提出"继往开来,改革创新,开创代办站发展的新局面",这是我们大家的心愿。

党的十七大报告提出,要推动社会主义文化大发展大繁荣。并提出来一系列具体的要求和奋斗目标,这就为我国出版发行业今后的工作指明了发展方向和发展道路,确定了发展思路和发展战略。什么叫大发展大繁荣?我想那就说明以往我国的文化还没有出现大发展、大繁荣的局面,现在要推动文化的大发展、大繁荣。对我们来讲,一定要深刻理解和清醒认识这样一个大形势。代办站从总体上讲,发展应该说还不错,但是存在的问题也很多,许多潜在的问题在今后都会进一步凸现出来。我们怎么样在大发展、大繁荣的情况下,找到自己的产业和市场定位,确定我们的产业和企业性质,真正能够适应市场经济发展,能够做强做大,我觉得是个十分重要的问题。我认为,代办站都应该认真思考这个问题,我们希望并推动大家走合作与联合的道路,就是基于对未来发展形势的基本判断。但是近百家代办站是不是能够一条心走合作与联合的道路,实际上需要我们设计一个好的制度,有一个好的制度安排。只有大家真正能够走合作与联合的道路,我们才有可能在未来的发行市场份额上,有自己比较有利的地位。

回顾代办站20年的发展,可以清楚地看出我们走过了三个发展阶段。从初创时期那么小的规模、那么一点发行码洋,到2006年发行码洋达到了11.3亿,可以说出现了巨大的变化,形成蔚为壮观的规模,按照代办站目前一千多人计算,等于每一个人就是一百万码洋的发行业绩,这个量不小啊!所以我们要看到自己的成绩。我曾经概括了代办站三个方面的成就,第一,代办站为中国高等教育事业的发展作的贡献不可磨灭,不可低估。代办站在成立的20年间,在原来没有一个成型的教材发行体系的情况下,在人们还不关注教材发行的情况下,做了大量的工作,组织方方面面的力量为学校众多的学科和教学服务,很好地解决了高校教材的供应问题。没有代办站这么细致的工作,学生怎么能拿到自己需要的教材?

第二,代办站为我国大学出版社的快速健康发展作出了积极的贡献。回顾代办站走过的20多年,可以看出它与大学出版社的发展息息相关,大学出版社在全国出版社中应该说是发展比较好的一支队伍,虽然目前我们有许多大学出版社规模还很小,力量还很薄弱,市场还较狭窄,产品还显单一,但是从总体上来讲大学出版社应该说是"风景这边独好",这实际上与代办站这些年来做的大量工作是分不开的。我相信,每个大学出版社在总结自己工作的时候,都会给代办站以很高的评价,因为代办站是大学出版社能够顺利健康发展的一个很重要的支撑力量。也正是从这个意义上讲,大学出版社和代办站其实是天然的一家人,只是由于市场越来越混乱,我们之间的亲情才出现了变化,有的时候就成了"陌生人"了,一些大学社可能不太依靠代办站的力量,我想这可以通过我们彼此双方的工作和共同的努力来逐渐改善相互之间的关系、上下游的关系,只有通过市场经济的办法、通过彼此提高服务质量的办法,才能够改善和加强。

第三,代办站对我国高校教材的系列化建设和高校教材的市场化建设,都作出了积极的贡献。现在全国各地的一些新华发行集团等单位和企业,都来找出版社,要求承销教材,但是实际上许多大学出版社对他们还是不太有信心,过去他们更多地依赖传统店面销售的办法,与教师、学校之间没有那种密切的天然联系,所以感到他们现在还不能满足出版社的需要。而代办站则明显不同,你们与大学之间、特别是与广大教师之间的紧密联系,与大学出版社之间的紧密联系,是你们的天然的优势,代办站在教材发行方面可以也能够做得更好。

岳凤翔同志在报告中把代办站的成绩和经验总结了四个方面,并对代办站今后的工作提出了具体的目标和要求,我都完全同意。这次会议上大家对代办站有没有可能形成一种区域性或全国性的合作或者联合进行了深入研讨,一些同志希望倡导一些力量比较强的代办站努力多做一些工作,带动市场力量相对比较小的代办站共同发展,我觉得都很受启发,我们代办站工作委员会也会积极做一些协调和调研的工作。一些同志希望在目前的形式下,大学出版社应给予代办站一些折扣上的优惠,我想这也不是问题,关键是我们代办站和将要形成的这个联合体有没有市场信誉,这才是最根本的问题,有信誉,出版社就愿意与你合作,所以代办站要加强规范化建设,要使代办站成为一个良好的市场品牌,只有这样才能做强做大。

二、代办站要加强合作与联合,探索连锁经营的可能性

代办站作为我国发行体制中的一只不可忽视的力量,虽然目前代办站的规模没有达到足以威胁较大的发行集团的程度,但是这些发行集团则早就盯着我们代办站了,所以我们一定要对我国发行体制改革保持清醒的头脑。从目前我国发行体制改革的趋势来说,代办站面临着严峻的考验和挑战。结合党的十七大报告提出的文化大发展大繁荣的战略要求,联系代办站面临的严峻挑战,我认为代办站需要认真思考未来的发展,坚持走合作与联合的道路,不断探索连锁经营的可能性。为此,我认为要认真做好以下几个方面的工作。

第一,代办站要积极探索加快改革与发展的道路,把体制机制改革放到主要的位置,坚持以体制机制改革与创新解放生产力,发挥市场活力。只有这样,才能加快发展,做强做大。目前代办站不仅有规模上的问题、分散和混乱的问题,还有机制上的问题、体制上的问题,这就使我们代办站很难形成一个整体的力量,很难在市场竞争中形成强有力和一致的声音。在这种情况下,一是代办站从整体上需要有机制上的创新、体制上的创新,要大力推进体制机制改革,二是必须走合作与联合的道路,尽快克服小而散的局面,形成一种新的合力,只有这样才能争取较快的发展。实际上,长期困扰代办站发展的体制机制问题,本身也是阻碍合作与联合的重要因素,这些都必须有计划分步骤加以解决。目前作为独立市场主体的代办站只占一半左右,还有相当一部分代办站说不清是个什么体制。

第二,代办站要清醒认识我国图书发行格局的新变化,适应这种新变化,坚持走合作与联合的道路。目前,我国图书发行企业之间的并购、联合、重组,正在加速进行,代办站究竟怎样来面对这样一个变化越来越快的格局和形势,需要认真思考。我确信未来发行业的发展一定会使一大批现有的发行单位活不下去,那么代办站是不是要放弃自己多年经营的渠道?能不能保有安身立命的部分教材市场?需不需要按照市场经济规律和原则来运作?对于代办站来说,克服规模小、过于分散的局面,就必须走合作、联合甚至重组的路子,过于分散的局面如果不能得到很好的改变,下一步会面临更大的困难和威胁。

第三,代办站要严格按照市场经济的规律和要求来实现真正的合作与联合,不能靠行政的捏合和协会的包办代替。代办站的同志们有合作与联合的积极性,这很好,但是我想这种合作与联合不应是行政性的捏合,或者协会性的捏合,而应是按照市场经济规律和原则,根据你的投资和股份,组建了的联合体。我们可以探讨或者通过专家帮我们设计,什么样的一个制度模式最适合代办站的合作与联合,有些是松散性的合作,有些是紧密性的合作,也可以从松散性的联合逐步走到紧密性的联合,我们可以探索多种方式,不必一蹴而就。我们要认真地借鉴其他产业发展的特点,大胆地尝试。当然,我们也要看到代办站合作与联合还有许多障碍难以克服,例如代办站有一个天然的弱点,就是分散在全国各地,30个省市自治区都有,这种空间上的分布本身就使整体的合作与联合更加困难,这就更加需要我们进行制度设计和制度安排,更好地确保大家的利益。

第四,代办站的合作与联合有利于整体连锁经营水平和能力的提升,有利于教材营销渠道的稳固和扩展。代办站间的连锁经营可以是松散的,也可以是比较紧密的。比如,我们可以从集体采购开始,可以以保障回款来承诺,与一些大学出版社建立紧密型联系。对于这样一个连锁起来的平台,出版社会给予高度关注的。市场经济要讲人情,但更重要的要讲市场原则,你的规模太小,你就没有谈判基础;你的市场营销能力强,你就有谈判筹码。代办站的合作与联合有利于代办站整体走上规模经营的新路子。目前代办站基本上没有形成规模经营,我们的工作还都停留在比较传统的方式上,相对来讲我们的网点还比较少,这方面也是一个巨大的限制,我们从组织化的程度和规模经营的这个角度来看,还存在很多问题。

总之,在新形势下,代办站要在制度创新上、在改革发展上,进一步解放思想。大家在一起认真探讨和研究一下合作与联合的问题,真正把代办站分散的力量聚集在一起,把大家热烈的愿望变成实际的行动。特别是做好制度创新和制度安排,让大家都心悦诚服地接受。改变目前代办站相对比较混乱、相对比较分散、相对比较弱小、相对比较困难的局面,使代办站能够更加有规模、更加有实力、更加有市场竞争力,最终能够成为中国发行领域一个比较有品牌和实力的队伍。

谢谢大家!

大学版协副秘书长、代办站服务中心主任岳凤翔的报告

各位领导,各位站长,同志们:

大家好。今年是高校图书代办站成立20周年,此时此刻,我们相聚在四季如春的昆明,共同回顾代办站的发展历程,总结经验,规划未来,具有非常重要的意义。

一、代办站20年的发展历程

全国高校图书代办站自1987年创立,至今已走过了20年不平凡的发展历程。代办站20年的发展,大致可以分为三个阶段。

第一个是初创起步阶段,时间是1987年至1993年。

1987年,随着国家的改革开放、经济的复苏和振兴,高等教育事业和出版事业得到了很大发展。高等教育教学的发展和新学科建设,使高等院校对教材的需求量增加,又有了对多种学科教材的特殊需求;大学出版社已建立了六七十家,教材的出版数量、品种增长很快,而且为适应高校教学、科研需要,针对各种专业的"自编教材"、学术著作大量出版,在当时高校教材由新华书店统购发行的形式下,如何把大学出版社出版的教材特别是"自编教材"及时发行出去,如何保证高校的教学需求、"课前到书",就成了一个亟需解决的问题。高等学校出版社图书代办站正是适应这种需要,在教育部的直接关怀、指导,高等院校和大学出版社的支持下,应运而生的。

1986年11月8日,当时的国家教委发出了《关于高等学校出版社发行工作的通知》[86教

理材字003号],提出在清华大学出版社内设立高等学校出版社联合出版、发行服务中心,印发《高等学校出版社联合征订目录》,紧接着又于12日发出《关于高等学校出版社的教材发行工作的补充通知》[86教理材字009号],进一步明确了"各高等学校出版社出版的自编教材,凡属实行征订经销、季销和自销的图书,均可以由高等学校出版社联合编印征订目录或自编征订目录,向各高、中等专业学校和有关单位进行征订和发行",规定了高等学校出版社联合出版、发行服务中心可以发行教材图书。1987年2月26日,国家教委办公厅发出《关于贯彻〈高等学校出版社发行工作的通知〉的实施意见》[87教材图厅字002号],提出了"各大、中城市可以根据业务需要,建立高等学校出版社'教材图书发行服务中心',由当地高等学校出版社联合组建,或由有关高等院校教材科(组)联合举办,也可由其他承办此项业务的单位组建"。确定了可以由大学出版社、高校教材科承办,在各地建立教材代办发行站点。

1987年3月,联合中心在北京召开筹备会议,开始在全国设立高校图书代办站;到8月召开第一次工作会议时,已在全国设立代办站55个,由此形成了代办站的组织和队伍。

这一阶段在计划经济环境下,代办站依靠政策建立,依靠政策取得了部分高校教材的发行权;但同时,在当时新华书店一统高校教材发行的背景下,代办站拿到的仅仅是"自编教材"的发行权,发行难度很大,刚刚从事代办站工作的同志又缺乏发行经验。为打好开局,取得和拓展高校教材供应市场,按"课前到书,人手一册"的要求做好教材供应工作,代办站付出了艰辛的努力,通过努力也打开了局面,得到了发展。到1993年,全国高校图书代办站的数量已增至70家,当年的发行总码洋为2000多万元。

但是,国家经济体制由计划向市场的转变,图书发行市场民营书业的兴起,也给代办站"事业单位""不以赢利为目的"的定位提出了挑战,改革和规范代办站的管理机制、经营方式已势在必行。

第二个阶段是规范建设阶段,时间是1994至2001年。

为了使代办站适应形势发展的需要,适应市场经济和教材图书发行的规律,1993年5月19日,国家教委下发了《关于"高等学校出版社联合出版发行服务中心"停止活动的通知》[教备(1993)48号];1994年11月29日,国家教委办公厅发出了《关于同意成立"高校出版社图书代办站服务中心"的函》[教备厅(1994)23号],规定成立高校出版社图书代办站服务中心,"设在中国大学出版社协会之下与协会合署办公"。这是把代办站由政府主办转向市场、转向行业,使代办站按照市场经济规律规范建设和经营,以得到更好更快发展的举措。

1998年2月19日,当时的国家教委条装司、新闻出版署发行司联合下发了《关于印发〈关于加强高校图书代办站管理的意见〉的通知》[教备司(1998)18号],充分肯定了代办站建立以来的工作和贡献,明确规定了:"根据统筹规划、合理布局、统一管理的原则,高校图书代办站是全国书刊二级批发单位";"高校图书代办站要坚持为教学科研服务,努力做好教材、图书供应工作,保证'课前到书,人手一册'";"高校图书代办站是教育系统内部不以营利为目的,为大学出版社和大中专学校教材科、图书馆服务的事业单位。它的主要任务是承担大中专学校(包括成人院校)所使用的教材、学术著作及一般图书的发行代办业务"。这是一份根据当时的形势发展,深化图书发行改革、规范代办站建设和工作的重要文件,对代办站的建设、经营和此后发展产生了很大影响。

中国大学出版社协会、代办站服务中心根据这些文件的要求,开展了代办站的评估、调整工作,努力落实和推动代办站的规范化建设,协助代办站办理证照,要求代办站按照宗旨和市场经济规律进行经营。广大代办站在这一时期普遍实行的是"事业单位、企业化管理"的体制,自主经营、目标管理的机制。

规范建站、自主经营、贴近市场,调动了代办站的积极性和能动性,使代办站的业务得到了很快的发展。到2001年,全国代办站发展到83家,发行总码洋快速递增到6亿元。

第三个阶段是改革转型阶段,时间是2002年至今。

2002年党的十六大提出了文化体制改革的方针,我国的图书发行市场又随着中国加入WTO逐步放开,民营书业的大发展使高校教材供应渠道出现了多元化的格局,市场竞争更趋激烈,高校教材供应、采购方式也发生着巨大变化。

改革是大势所趋,在市场面前适者才能生存。为适应出版发行体制改革和图书发行市场化,与时俱进,取得发展,近年来上级领导机关和广大代办站一直在积极探索、推动改革。大学版协在2004年提出了《关于高校出版社图书代办站体制改革机制建设的意见》,推动代办站按照党和国家的要求,遵循社会主义市场经济规律,改革体制、创新机制,逐步建立现代企业制度。经过几年的努力,现在已有9家代办站建成股份制企业;不少主办、主管单位已将代办站放到后勤或产业集团、服务中心等经营性单位;尚未建立独立法人制度的代办站,大多也实行了自主经营、独立核算、目标管理的经营机制。总体上看,全国高校图书代办站企业化的体制在建立,市场化的机制在增强。我们还在积极寻求代办站在新的历史条件下的组织定位、市场定位,发挥代办站具有共同宗旨、任务、领域、组织的优势,形成凝聚力和合力;通过推动体制改革、更新机制,使各代办站都能在各自建制下充分履行职责、发挥作用、开展好业务。同时也一直在探索代办站联合经营、整体发展的思路和模式,力求使全国高校图书代办站最终在企业体制下,形成市场化、具有强大实力、在共同宗旨下联合、连锁经营的高校教材图书发行体系。

高校图书代办站在教育部、新闻出版总署主管部门指导,中国大学出版社协会领导下,积极适应形势的变化,探索新的经营思路,按照国家有关法律法规和上级要求进行经营,努力开展工作,建设和业务继续不断发展。目前,全国高校图书代办站有81家,分布在30个省、自治区、直辖市的47个城市;具有独立法人资格、自主经营的代办站50家,非法人单位、实行目标管理的22家;大多数代办站都具有工商执照、二级批发许可、税务登记的合法建站、经营的资质。在经营管理方面,使用计算机网络管理的已达到100%,经营管理手段趋向现代化;全国代办站有书店55个,经营方式趋向多样化;经营范围要书涉及所有大学出版社、教育部直属出版社,发书覆盖面达3921所大中专院校,与全国大中专院校数量基本持平;2006年发行码洋达到11.3亿元。我们还有了共同的业务信息、工作宣传的现代化窗口——中国高校教材图书网。

现在的高校图书代办站已经发展成为布局基本合理、具有相当规模和实力的全国性高校图书发行网络;成为大学出版事业的一个重要组成部分,高校教材发行领域与新华书店、民营书店并立的三大板块之一。

二、代办站20年的发展成就和经验

20年来,高校图书代办站在上级领导机关的关怀、支持、指导下,勤奋工作、改革创新、开拓进取,取得了巨大的成就,也积累了宝贵的经验。归纳起来,成就和经验主要是:

(一)始终坚持为高等院校服务、为高校出版社服务的宗旨,对高等教育和高校出版事业作出了自己的贡献

代办站建立之时,就确立了"为个高等院校和高校出版社服务"的宗旨,这个宗旨涵盖了代办站的定位、性质、任务和特点。20年来,代办站不论在计划经济的政策时代,还是逐步转型走

向市场、实行企业化经营,不论是在稳定、顺利的发展时期,还是在彷徨、探索的改革阶段,都始终很好地坚持了这个宗旨,把高等教育事业和出版事业放在首位,把服务、奉献放在首位,始终把代办站工作当做一个事业来做。

遵循着这个宗旨,20年来,代办站通过自己的勤奋的脚步,给高等教育事业、高校出版事业,乃至图书市场建设,都留下了深深的印迹,作出了令人瞩目的贡献。

代办站是1987年前后为扭转和解决当时高校教材采购、供应"渠道不畅""卖书难,买书难"的种种困境而建立起来的。代办站组建初期,各地的代办站同志不惧条件艰苦,不怕工作困难,一边学习和积累经验,一边努力开展工作,与大学出版社合作、配合,身背大学出版社样书,奔走各个高校,想方设法保证"课前到书"。在这之后的长期工作中,又不断地努力拓展高校市场,通过各种形式宣传、推介高校出版社教材图书,业务量逐年提高,服务越来越好。可以说,代办站的建立是对教材图书新华书店独家发行体制的一个突破,是对高校教材供应形式的一个创新;代办站通过20年的不懈努力,支持和促进了高校教育教学工作,支持和推动了大学出版社的快速发展。代办站也因此得到了政府和行业领导机关、大学出版社和高校的广泛认可、很高赞誉。

(二) 诚信守法经营、热情周到服务,起到了正规渠道的应有作用

代办站是教育部、新闻出版总署支持建立的,教育部社科司主管、大学版协领导下的行业组织,从一开始,我们就是一支肩负着党和政府重托的队伍,这种重托包括使命和形象的双重含义。

代办站的同志们深知我们的责任,在长期的工作中始终坚持守法诚信经营,热情周到服务,即使面对不法竞争,在利润缩减、经营困难的情况下,也绝不发行盗版书,绝不参与恶性竞争,也努力保证不拖欠书款,用自己的行动对建设规范和谐的发行市场作出了贡献,也树立了自己良好的形象,赢得了政府、出版社和高校的信任。代办站没有辜负上级领导机关对我们的信任和厚望。

(三) 与时俱进、开拓进取,在改革创新中不断发展

代办站走过的20年,正是国家改革开放、建设社会主义市场经济、推动出版发行体制改革的重要时期,也是教育、出版事业大发展的重要时期。这为代办站的发展带来机遇,也带来了转型、改革的新课题和阵痛。

但为了自己肩负的使命,代办站始终紧跟时代的步伐,按照党和国家的方针和上级领导的要求,及时适应形势,不断更新观念,勇于改革创新。我们不断探索建立符合市场经济规律的现代企业制度,更新体制;不断完善自己贴近市场、贴近读者的经营机制;不断根据高校教材供应方式和出版社发行方式的变化,调整自己的经营思路和方法,想方设法开展业务。

改革才能生存,创新才会发展,在20年里,代办站与时俱进、开拓进取,在改革、创新中赢得了发展。

(四) 紧密团结、相互协作,推动了代办站事业的整体发展

我们代办站组织有成员80余家,分布在全国各省市自治区的近50个城市,分属不同的主办、主管单位,体制形式不尽相同,各站的成立也有早晚之分。但在不算短的20年时间里,却始终紧密团结、相互支持,凝聚为一个整体,这是难能可贵的。紧密团结、相互支持已成为代办站的一个优良传统。

20年来,代办站像一个和谐融洽的大家庭,大家每年都会在大学版协、服务中心的平台上相聚在一起,一起总结工作成绩,相互交流工作经验,商讨共同的发展大计;在业务工作中,代办站

之间也常常合作开展活动,注重相互支持、配合。大家通过携手努力,共同推动了代办站事业的发展进步,今天的代办站,已经成为高校教材图书发行中的一支重要力量,发挥着不可替代的重要作用。

代办站走过的20年,是一步一个脚印艰苦奋斗的20年,是伴随着艰辛和欢乐不断进步的20年。20年的成就,将成为我们进一步发展的基础;20年的经验,将化为我们继续前进的动力。

三、代办站新时期的建设和发展

在回首代办站20年发展历程、总结发展成就的时候,我们也应该看到,代办站又走到了一个充满机遇和挑战的关口。

刚刚召开的党的十七次代表大会制定了"推动社会主义文化大发展大繁荣"的方针,明确了深化文化体制改革、发展文化产业、鼓励文化创新的新的发展目标;今年召开的第六次全国大学出版社工作会议明确制定了"十一五"时期大学出版社工作的发展目标和主要任务,提出了"认清形势、统一思想,促进高校出版社更好更快发展"的新要求。文化大发展大繁荣、高校出版社加快发展,对身为国家出版文化事业和高校出版事业组成部分的高校图书代办站,又带来了一个新的发展良机。

但同时,代办站建立于计划经济时代,近年来虽经改革和规范化建设,一些站实行的却仍然是"事业单位"体制,具有工商营业执照、税务执照、图书二级批发许可证,从事图书经营,却不是真正意义上的企业。这样一种体制状况,还在一定程度上束缚着代办站的创新和活力。在建制上,代办站介于国有新华书店和民营书店之间,带有国有性质又不像新华书店那样系统化、规模化;代办站服务中心与各站之间是一种行业管理关系,没有资金或经营的纽带,各代办站都分别隶属于各自的行政主管单位。这种历史形成的状况,给代办站进行组织管理、实施体制改革、开展经营联合,带来一定难度。

要赢得机遇、战胜挑战,代办站在今后的发展中应该以科学发展观为指导,深化体制改革,进一步更新机制,找准市场定位,实行联合协作,不断增强服务,以此跟上出版发行业快速发展的步伐,不负使命。

(一)要坚定不移地坚持代办站宗旨,打牢根基

为高等院校服务、为高校出版社服务的宗旨,是上级领导机关赋予高校图书代办站的光荣使命和责任,它体现了代办站的组织性质、存在依据和工作生命线。坚持这个宗旨,努力实践这个宗旨,是代办站以往取得发展的重要经验,也应该是我们代办站今后发展的坚实基础。

作为教育部门领导下的高校教材图书发行渠道,教育部、新闻出版总署发文建立的高校教材图书发行组织,为高等院校服务、为高校出版社服务也是上级领导机关对我们的基本要求。政府主管部门一直非常关心代办站的工作和发展,教育部社科司经常了解和听取代办站的情况,司领导、出版管理处领导每次大会都出席给予指导;新闻出版总署也希望通过研究拿出办法,促进代办站健康快速发展,发挥主渠道的作用,就是期望代办站能为高等教育和高校出版事业作出自己的贡献。我们代办站决不能辜负这个期望和要求。

(二)要努力加快和深化改革,增强活力

当前党和国家正在大力推进文化和出版体制改革。出版发行体制改革的实质,是要按照出版业发展的规律、市场经济的要求,形成具有活力、竞争力的经营机制。代办站要在今后的工作中切实履行宗旨,赢得更好更快的发展,就必须改变旧的体制,建立现代企业制度。

代办站体制改革对我们来说,是创新机制、完善管理、增强活力、壮大实力,从而更加贴近高

教事业、贴近图书市场的机遇,也是需要深入探索、认真面对的新课题,更是能否抓住机遇、赢得大发展的一个挑战。我们代办站应更新观念,与时俱进,建立与社会主义市场经济相适应的出版发行观,认识到面对图书市场竞争和新时期服务高等教育的需要,代办站与整个中国出版业一样,唯一出路是建立现代企业制度。更新体制后的高校图书代办站一定会赢得更大发展,更好地完成服务高校教学科研、服务高校出版社的使命。

(三) 要确立新的市场定位,赢得更好更快发展

市场在变化,形势在发展。建立了20年的代办站,也应该在新的历史时期、新的市场环境下,找准自己新的市场定位。明确了我们的市场位置,才可能更好更快地发展。我认为,代办站在现阶段的市场定位,应该是一个完全市场化、以发行高校教材图书为特色的经营联合体。

在图书发行市场进一步放开、出版体制改革进程加快的大环境下,确立这样一个市场地位,代办站必须坚持"服务高等院校,服务高校出版社"的宗旨(这应该是代办站的总定位);必须建立和形成适应市场竞争、贴近读者的企业化体制和市场机制;必须充分发挥我们建立在高校领域里、与高等院校和大学出版社有着紧密的联系的优势;必须保持我们以发行高校教材图书为主要任务的特色;必须充分利用我们有组织、有政府主管部门直接关怀指导的有利条件,以联合发行、连锁经营或其他更好形式实现真正意义上的联合经营。

积极探索各种行之有效的经营方式。应该积极转变观念、适应形势,把代办站建设成符合社会主义市场经济规律和高校教材供应特点的教材发行实体。靠行政手段执行任务取得市场的时代已经过去,现在的教材供应要遵循市场经济的发行规律,所以代办站要从体制改革和管理、经营机制更新入手,建立真正市场化的发行体系,只有真正地贴近市场、融入市场,按照市场规律经营,我们才可能在市场中赢得空间。

(四) 要推动联合协作,做大做强

近年来,各地新华书店纷纷成立发行集团,转为企业,联合、连锁经营,在开放式的教材发行市场背景下,新华书店也在将业务积极向高校教材图书发行领域渗透拓展;民营图书发行企业迅速介入高校教材图书市场,已经在高校教材图书市场里占有了相当大的份额。面对激烈的市场竞争,大家已经深刻体会到分散在全国各地的代办站单枪匹马地去竞争,已经备显势单力薄,代办站必须联合协作,以整体化、规模化、集约化的经营形式面对市场、参与竞争,才可能增强市场竞争力和抗风险能力,做大做强,共同发展。

大学版协、代办站服务中心一直支持和积极推动代办站联合协作经营,也一直在与广大代办站一起寻求合适的联合经营模式。我认为,当前,在构建以服务中心为平台的经营实体的条件不成熟的情况下,可以借助代办站的经营权,以代办站自发参与的形式,形成全国代办站的区域性经营联合。如何操作,还需要各代办站一起研究。我们还可以利用与大学出版社相互协作的关系,发挥代办站具有全国性发行网络、不小市场份额和良好信誉等优势,摸索与大学出版社联合经营的模式,甚至形成社、店、校三位一体的高校教材图书供应形式。

(五) 要进一步加强服务,靠服务赢得市场

在我们代办站的宗旨里,"服务"是一个核心的字眼。在以往的发展中,代办站之所以能够白手起家、迅速壮大,其中一个重要原因就是靠做好对高校、对出版社的服务。

今天,代办站要做大做强、加快发展,仍然需要发扬我们"服务"的传统精神。同时还要针对高校教材供应方式的转变,大学出版社发行教材图书的需要,增强服务的质量,拓展服务的内涵。我们可以通过服务中心编印的《高校教材征订目录》,加强对大学出版社教材图书的推介、

征订;可以通过代办站在全国各地的发行网络,把大学出版社的教材图书送进各地的高校巡展;可以通过代办站在全国各地的站点,帮助大学出版社设立院校代表;可以开设高校书店,提供灵活便利的教材供应,等等。依靠行之有效、热情周到的服务,一定会进一步贴近出版社、贴近高校师生,最终赢得市场。

高校图书代办站经过20年的建设和发展,已经站在了一个制高点上,但前面还有更高的山峰等待我们去攀登。让我们牢记宗旨,携手努力,继往开来,改革创新,开创代办站发展的新局面!

2008年全国高校图书代办站工作研讨会在山西召开

在大学版协代办站工作委员会领导下,由全国高校图书代办站服务中心主办、各地代办站承办的全国性的高校出版社教材巡展月活动于今年4、5月间举办。2008年7月31日至8月1日,全国高校出版社图书代办站工作研讨会在山西绵山召开。这次会议的议题:一是总结高校图书代办站在4、5月间举办的全国大学出版社教材巡展活动;二是商讨代办站设立大学出版社院校代表的方案。35家高校图书代办站的站长、负责人,28家大学出版社的主管发行社领导、发行主任等80余人出席会议,大学版协副秘书长、全国高校图书代办站服务中心主任岳凤翔主持会议。

教育部社会科学司、大学版协对这次会议都非常重视。社科司出版管理处魏小波处长充分肯定"全国大学出版社教材巡展"活动,认为这是一个非常好、有助于大学出版社和代办站共同发展的形式。大学版协常务副理事长彭松建,大学版协副理事长、代办站工作委员会主任贺耀敏也非常关心,希望通过这次会议认真总结经验,切实推动大学出版社和代办站的改革、发展。

一、关于"2008全国高校出版社教材巡展月"活动

1. 高校教材巡展月活动情况。

本次高校教材巡展活动的举办,是为了适应出版体制改革的形势,高校教材发行形式变化的需要,适应代办站市场定位转变的需要,适应广大大学出版社对渠道建设要求的需要。去年11月全国高校图书代办站工作会议提出这个动议以后,得到代办站的广泛认可。今年年初,在进一步听取代办站、出版社的意见之后,代办站服务中心制订了活动的总体方案。各代办站又根据各自地区的高校特点、自己的业务优势,分别制订了具体的巡展方案和操作计划。巡展活动的通知于3月份发到各高校出版社,得到了广大出版社的积极响应和支持。

举办全国性的高校出版社教材巡展,对代办站来说是第一次。大学版协和代办站服务中心采取了有能力、有条件地区的代办站先办起来,出版社自愿参加,社站之间自由选择的方式。在代办站和出版社的共同努力、有关高等院校的大力支持下,巡展于4月15日至5月15日,在北京、天津、内蒙古、吉林、安徽、福建、江西、湖南、广西、重庆、四川、贵州、陕西、新疆14个省、市、自治区成功举办,有30家代办站参与承办。河南、山西、甘肃等省区的代办站也做了积极准备,但由于一些原因未能举办,如河南因为巡展与郑州全国书市在同一个时间,为避免重复而临时取消。

在研讨会上,承办巡展活动的13个省区的代办站(有一家代办站未能到会),逐一汇报和介绍了各自举办活动的情况。

参加巡展的大学出版社外、教育部直属出版社61家,有些出版社同时参加了所有地区或几个地区的巡展活动。除高校出版社外,还有10余家中央和地方的出版社参加了巡展活动。在各地区的巡展活动中,出版社参与比较多的地区有:四川省35家,广西壮族自治区32家,江西省31家,贵州省28家,天津市26家,重庆市22家,新疆维吾尔自治区20家。

各承办代办站为办好这次巡展,努力联系和落实高校,安排场地、车辆和器材设备,准备教师信息反馈调查表和各种宣传材料,有些代办站事先印制了参展样书目录。在巡展过程中,各地代办站热情地接待参展出版社,周到地为前来看书选书的高校师生服务,不辞劳苦地努力工作。安徽师范大学代办站用了半个月时间,一天一所学校地进行教材展示;福建三家代办站协作,展会先后走进16所高等院校;江西三个代办站合作,在南昌、景德镇等地区的10所高校举办了展会;广西高校图书代办站集中在南宁、柳州、桂林的9所高校开设展示点,广泛邀请各高校老师参加;重庆大学出版社代办站争取到市政府的支持,把巡展纳入重庆市读书月活动中,各大学给予了场地、活动的大力支持;四川代办站抓住成都、绵阳等几个重点地区,在18所院校进行了巡展;贵州代办站分兵两路,在贵阳和地市州两条线同时展开;西安交大出版社代办站,把陕西全省高校划成11个片区,历时一个月,巡回办了12场展会,涵盖了陕西高校的95%。北京、天津的代办站采取的是在一所学校设展场、邀请各高校教师前往参加的方式,天津的三家代办站将展场设在了天津大学,其他几所大学都是开着大轿车送老师前来。湖南、新疆、内蒙古的代办站把出版社的参展样书汇集起来,新疆、内蒙古是进行集中展示,湖南则是有选择、有针对性地送到院系做推介。

在巡展所到的地市和高校,代办站都积极邀请有关领导出席、媒体到场,努力扩大巡展活动及大学出版社、代办站的影响。江西景德镇陶院代办站把巡展与学院建校50周年活动结合起来,四川高校图书代办站举办了社站的大型联谊活动,重大出版社代办站组织了座谈会、研讨会,丰富了巡展活动的内涵。

巡展直接涉及院校270余所,接待高校师生数万人,取得了宣传、推介、订货、交流的预期效果。

2. 巡展的效果和经验。

这次巡展是一次社、站、校,尤其是大学出版社与代办站的大规模的业务合作活动。近些年来,随着图书发行市场的放开,发行渠道的多元化和高校教材供应形式的变化,代办站的功能和业务形式从发展初期的带有行政性的代办,转变为市场化的发行行为,即参与市场的竞争,接受市场的选择。这就给代办站在新的市场经济背景下,坚持好自己的服务高校、服务高校出版社的宗旨,赢得自己的发展,提出了新的课题。在体制改革和教材发行形式变化的形势下,大学出版社也面临着市场开发、渠道建设的艰巨任务,尤其是中小型的出版社,自己难以建立直通各个高校的渠道。作为高等院校,同样也有着与教材集中见面,进行选择,直接与出版社见面,进行教材建设交流的愿望。

在座谈会上,代办站和出版社的同志对这次巡展活动从总体上给予了积极的评价,对这种教材推广的形式给予了一致的肯定。

出版社的同志普遍认为,巡展活动非常好,为大学出版社,特别是中小型社,提供了一个很好的社、站、校合作、沟通的平台,节省人力、物力、财力及许多繁复的工作。北大、清华等一些大型出版社的同志,也同样认为这是一个非常好的教材推广形式,特别是对于专业教材,从渠道上说对他们也是一个有益的补充。有的社领导说,社、站联合开展教材巡展,是迈出了大学出版社与高校图书代办站合作的战略性一步。出版社的同志普遍认为,大学版协主办,代办站承办,诚信度高,能够得到上下游的重视,学校多,费用低,因此受到了出版社的广泛欢迎。有的出版社同时参加了所有或几个地区的巡展,发行人员不够就派编辑去,发行和编辑人员回来普遍反映收获很大。出版社对教师反馈表也很满意,感到取得了第一手材料。

代办站的同志也普遍感到,巡展使代办站的服务水平上了一个新的层次,从简单的物流性"二传手",成为出版社发行的宣传推广伙伴和渠道建设伙伴,为代办站找到了"立足服务大学社,赢得发展"的新思路。

许多代办站还谈道,巡展除了增进、推动了站社校之间的业务合作,也加强了代办站间的协作,这次巡展在有两个以上代办站的省市区,都是几个站一起承办,研究方案,相互配合,共同举办,取得了很好的效果。

巡展还提升了代办站的知名度,推动了代办站的业务开展。过去有些高校并不知道和了解代办站,或者与代办站没有业务联系。通过巡展,这种情况产生了很大转变。巡展活动,各地区代办站充分利用政府、学校的资源和影响力,如重庆的巡展与重庆市的读书月活动结合,市政府发文,各高校十分重视;西安交大代办站请学校与各陕西高校联系,争取到了各高校领导和师生的支持。不少代办站谈到,巡展得到了高校的普遍欢迎和好评,高校师生对能够看到这么多教材、能够与出版社进行面对面交流非常满意;巡展之后,一些过去与代办站无业务联系的高校,主动与代办站建立关系;有的代办站在秋季教材征订中,中标率有所提高,订货量明显上升,尤其是参加巡展出版社的教材订货量都有提高。

3. 对今后进一步办好巡展活动的意见、建议。

首次全国大学出版社教材巡展活动虽然取得了成功,但由于是第一次,经验不足,准备仓促,也有很多方面和环节有待改进。与会的出版社和代办站同志在充分肯定这次巡展活动成绩的基础上,也纷纷对今后进一步办好这项活动建言献策。大家的意见、建议归纳起来主要是:

在组织方面,希望大学版协和代办站服务中心加强总的指导和协调,使社站在意愿上更多地达成共识,共同参与,相互支持;要逐步把巡展制度化,使社站双方都有充足的时间做好安排;应统一标识、标语,以利活动的整体组织和形成更大的影响。

在时间方面,不少社提出全国各地在同一个时间段办,出版社想多参加一些地方顾不过来,可以考虑在一个总的时间段里各地巡展的时间相互错开。

在形式上,为增强效果,巡展应增强针对性,各地代办站在院校编组、线路设计上,要根据特点尽量细分,以使各种规模和各类型的出版社、出版社的各类各层次教材,能够选择不同的方案参与巡展;出版社应根据各地代办站的具体方案,制定相应的参展计划,携带图书不宜过多,主要推出新版和重点教材。出版社一定要派出发行或编辑人员参与进来,介绍重点教材,与高校师生沟通交流。出版社还要保证样书赠送、信息回复等后续工作的落实。

二、关于"代办站设立大学出版社院校代表"的工作

本着高校图书代办站"为高等院校服务、为高校出版社服务"的宗旨,为进一步加强代办站与大学出版社的业务协作关系,进一步拓展高校教材供应市场,在这次研讨会上,大学版协代办站工作委员会、高校图书代办站服务中心提出了《关于代办站设立大学出版社院校代表的意见(讨论稿)》,听取与会代办站和出版社同志的意见。

由高校图书代办站代理设立大学出版社院校代表,是代办站、大学出版社双方合作,推动彼此业务发展的共同需要。高校图书代办站代理设立大学出版社院校代表,具有其他发行商无法比拟的优势:高校图书代办站与大学出版社同属教育部、大学版协系统,有着多年来形成的情感、信任、互助的基础;代办站与大学出版社和高等院校有着天然的联系、密切的关系,多数代办站就建立在高校、高校出版社、教育厅,向高等院校发行大学出版社的教材图书是代办站的主要任务;代办站有多年积累的发行大学教材图书的丰富经验,有优质服务的传统精神,有比较成熟的管理和经营办法。而高校教材的推广发行正是一些大学出版社的薄弱环节,多数出版社由于人力、物力、地域的原因不可能将教材的推广工作直接深入到各地大专院校。因此,由代办站代理设立大学出版社驻院校代表是一个互利共赢的选择。

院校代表可以受出版社的委托为该社教材进入当地大专院校提供服务;随时掌握当地各高校的专业开设状况以及各专业招生人数、学校的招生规模情况;深入了解学校教材的使用状况,包括各专业年教材使用量、教材购进渠道、教材主要版别、教材选用方式等;掌握各院系相关人员联系方式,包括各院、系主管教材的领导、骨干教师、主讲教师等;经常性地调查了解各专业骨干教师编写教材与参编计划、各专业教师希望组织开展何种类型的活动(如教材巡展、宣传推广会等)等情况,以及对所使用教材的反馈意见。协助出版社开发新选题及作者资源。代办站对以上情况要根据协议,及时地向出版社反馈。

会上,广西高校图书代办站、贵州商学院高校图书代办站,介绍了他们过去从事院校代表工作的做法和经验;清华大学出版社发行部介绍了开展院校代表的情况。

与会代办站和出版社的同志,普遍认为设立院校代表对教材进入校园、贴近师生,对重点教材的推广,是一种行之有效的非常好的形式;代办站代理大学出版社设置院校代表,是深化站社合作、使站社合作日常化的又一个重要步骤。大家从院校代表的功能定位、设置模式、合作形式、费用成本等方面,进行了深入研讨,提出了许多很好的建议。大家认为,院校代表的功能定位,应该是信息采集、产品推广和产品销售;设置模式不必一刀切,可以根据社站双方意愿和高校实际,采取出版社委托代办站招聘、管理,社站共同招聘、代办站管理,或出版社招聘委托代办站管理等形式,但不宜代办站业务人员兼任院校代表;合作形式,应根据出版社的教材特点、客户方向和代办站的业务长项、渠道优势,进行双向选择,协商确定;许多单位赞成使用项目制的形式。

会议最后,岳凤翔做了总结讲话。他说,举办全国大学出版社教材巡展活动,使代办站的服务迈上了一个新的层次,业务功能得到了进一步拓展,同时也为社站合作、共同发展开辟了一条新的路子。今年的巡展是一次可贵的尝试,也是一个良好的开端。大学版协和代办站服务中心将吸取各出版社、代办站的建议,认真总结经验,进一步完善办法,力争把这项活动办得更好更有实效。他说,代办站设立大学出版社院校代表的工作,是社站合作的又一个重要形式,将使社站合作日常化和更加深入,大学版协和代办站服务中心将根据出版社、代办站的意见,修订并提出方案,积极推动这项工作的开展。

岳凤翔代表大学版协和代办站服务中心,感谢代办站在巡展中付出的辛勤劳动,感谢大学出版社的支持和参与。

这次研讨会,代办站、大学出版社的同志围坐一堂,共同总结开展的巡展活动,商量继续办好这项活动的办法,一起研讨今后的发展大计,内容务实,气氛和谐,富有成效。大家相信,大学出版社和高校图书代办站发挥优势、合作互助,一定会互利双赢,取得更大的发展。

2009年全国高校出版社教材巡展总结座谈会在贵阳召开

2009年7月10日,"全国高校出版社教材巡展"总结座谈会在贵州省贵阳市召开。来自全国各大学出版社、高校图书代办站、高等院校的90余位代表出席了会议。会议的中心议题是:总结2009年全国高校出版社教材巡展工作,交流经验;进一步磋商"院校代表"工作;商讨其他有助于社站合作、推动出版社教材发行的办法和方式。大学出版社协会副秘书长、全国高校图书代办站服务中心主任岳凤翔主持会议。

岳凤翔首先对来参加此次座谈会的各位同志表示热烈欢迎,感谢贵州高校图书代办站和贵州大学出版社对本次会议的大力支持。他谈到,教育部社科司出版管理处魏小波处长、大学出版社协会王明舟理事长、贺耀敏副理事长对本次座谈会十分重视,希望把座谈会开好、总结好,把这个好的形式推动下去,并转达了他们对与会代表的亲切问候。接着,岳凤翔对2009年全国高校出版社教材巡展工作情况做了总结,今年的教材巡展于4月至6月在北京、天津、内蒙古等18个省区先后举办,有近70家中央和地方出版社参与。本届教材巡展为第二届,在总结去年经验,广泛听取各方意见和建议的基础上,从时间安排、巡展院校、活动方式、巡展经费及对外宣传等方面都有了进一步改进。各大学出版社广泛参与,前期准备工作更加充分细致,教材巡展活动在高校师生中受到普遍欢迎,取得了显著效果。他感谢各大学出版社、高校图书代办站、院校为此付出的努力。

各地承办巡展活动的代办站,北京世纪之光图书代办站站长乔争、天津商业大学图书代办站站长张守红、广西高校图书代办站站长成端显、西安交通大学出版社代办站站长王建安、三明学院高校图书代办站站长马腾、湖南大学出版社图书代办站站长廖湘岳、重庆大学高校图书代办站站长皮胜等十余位代表就2009年教材巡展活动情况做了工作汇报,交流了工作经验。

各出版社和院校的领导、代表们还就教材巡展、设置院校代表、教材出版及发行合作等问题展开了热烈讨论。北京航空航天大学出版社社长张德生、西北工业大学出版社社长李恩普、江西高校出版社副总编陈东林在发言中谈到,教材巡展活动加大了出版社的品牌宣传,同时也为出版社直接了解高校师生用书需求提供了平台,为出版社与院校之间搭建了一座沟通桥梁。北京大学出版社市场营销中心主任张涛、清华大学出版社发行部主任孙燕生谈到,通过教材巡展活动,提高了本版教材的市场占有率,促进了出版社的发行工作。西华师范大学教材中心主任何定谈到,教材巡展活动为高校师生选购教材提供了便利,为高校教学和科研提供了服务,加强了院校与出版社之间的联系。他还就如何把教材巡展活动进一步做细、做好,更加方便师生选购教材,以及赠送样书等问题提出了很好的建议。

座谈会上,来自全国各大学出版社、高校图书代办站以及院校的代表们,纷纷发言,现场气氛热烈。大家充分肯定了教材巡展活动的平台作用,并就如何进一步做好教材巡展的各项工作进行了深入探讨,提出了许多宝贵的意见和建议。

最后,岳凤翔做了总结发言。他谈到,2009年教材巡展活动达到了预期目的,取得了显著成效。在本次教材巡展活动中,出版社、代办站、院校做了大量工作,大家都对这种以巡展活动展示教材的形式给予了充分肯定。教材巡展活动已经成为沟通社、站、校三方的重要纽带。对于大家提出的巡展时间、巡展分类、出版社参与方式及样书等问题,我们将会在下一步工作中认真研究,尽快出台一个针对出版社和代办站的巡展活动规范细则,并列入代办站明年的工作计划中,把教材巡展活动长期健康地开展下去。

由中国大学出版社协会代办站工作委员会、高等学校出版社代办站服务中心主办,全国各地代办站联合承办的"2009年全国高校出版社教材巡展",在北京、天津、内蒙古、辽宁、吉林、陕西、甘肃、新疆、江苏、江西、安徽、福建、河南、湖南、四川、重庆、广西、贵州等18个省、自治区、直辖市举办,有近40家代办站参与承办,70余家出版社参加教材巡展,涉及各地多所高等院校。各地代办站准备工作充分细致,各大学出版社广泛参与,各高等院校热情支持,使教材巡展活动圆满举行,取得了显著效果。教材巡展是在出版业市场化和高校教材供应形式转变的背景下,一个较好的高校教材宣传、推广、发行方式。2009年全国高校出版社教材巡展活动,得到了出版社、代办站、大中专院校的充分肯定,已经成为沟通社、站、校三方的重要纽带。

全国高校图书代办站站长工作会议在北京召开

2010年1月7日,全国高校出版社图书代办站站长工作会议在北京召开。来自全国各高校图书代办站的70余位站长参加了会议。本次会议是在全国出版体制改革的背景下,在代办站工作蓬勃开展的形势下召开的。会议的主要内容是:一是总结2009年高校图书代办站工作,提出今后工作思路,确定2010年工作计划。二是讨论《关于高校出版社图书代办站体制改革机制建设的意见》《关于设立大学出版社院校代表的意见》,设立高校图书代办站服务中心各大区工作委员会。三是交流工作经验,探讨代办站工作新思路。四是表彰2008、2009年度全国高校出版社教材巡展先进单位。五是安排启动2010年度全国高校出版社教材巡展活动。

中国大学出版社协会副理事长、大学版协代办站工作委员会主任贺耀敏主持会议。教育部社科司出版管理处处长魏小波、中国大学出版社协会理事长王明舟出席会议并作重要讲话。中国大学出版社协会副秘书长、高校图书代办站服务中心主任岳凤翔做了工作报告,总结了高校代办站2009年工作,提出了今后工作思路,布置了2010年代办站工作。

新闻出版总署印刷发行司谭汶副司长带来了指导意见:一是对高校图书代办站的工作给予了充分肯定,希望代办站继续发挥好面向高校、针对性强的特色和连接高校、高校出版社的桥梁、平台作用;二是希望代办站加快体制改革,规范建设,加强管理,为出版和教育事业作出更大贡献。

与会同志对2009年代办站开展的各项工作给予了积极评价,并就如何进一步做好教材巡展、体制改革等各项工作进行了深入探讨,提出了宝贵意见和建议。

贺耀敏副理事长宣读了《中国大学出版社协会表彰2008年、2009年全国高校出版社教材巡展优质服务代办站的决定》,与会领导向获得表彰的先进单位颁发了奖牌和证书。

贺耀敏指出,这次会议对我们进一步了解出版业发展的状况和动态,总结工作经验、明确发展思路,更好地确定发展的定位,做好代办站的下一步工作,是一个很重要的会议。魏小波处长和王明舟理事长对代办站过去几年的工作给予了高度的肯定,从体制改革、机制改革、联合创新等方面提出了对代办站改革发展的希望和要求,具有十分重要的指导意义。贺耀敏说:"从大学版协的角度来讲,大学出版社是我们代办站所依托的最重要的资源,大学版协是我们所依托的最重要的组织,也是我们开展工作的一个极其重要的保障,所以魏小波处长和王明舟理事长对我们代办站工作的这种肯定使我们充满了信心。"对代办站下一步的工作,他说:"我们的工作也要紧紧围绕国家推进新闻出版体制改革大的背景来进行。代办站的工作跟整个新闻出版业发展的形势还存在差距,有些代办站在体制机制上还存在与市场经济不相适应的问题,还存在与我们进一步发展不相适应的问题,还有许许多多来自行政或者其他方面的限制,这些都束缚了我们发展的手脚。下一步的发展,我们要在这方面精心筹划,特别是要认真考虑在即将到来的'十二五'规划中,我们代办站有一个什么样的位置,从新闻出版总署发布的《关于进一步推动新闻出版产业发展的指导意见》提出的力争到'十二五'末实现新闻出版产业增加值比2006年翻两番看,我们代办站能不能也实现翻两番?通过什么使我们实现翻两番,我们是不是也要走联合、重组的道路,怎么样来联合?这些问题都值得我们认真思考。我们对这种严峻的形势要有充分的认识,努力改善我们的工作,在市场中间找到自己的位置,为高校出版社和高校服务,连接起这样一个桥梁,发挥我们的作用。我们希望代办站能有更大的发展,队伍不断壮大,有一个切实的发展,这是我们的目标。"

岳凤翔做了大会总结。他提出,全国高校图书代办站在新的一年里,要抓住机遇、精心策划、细致工作、周到服务,大力推动代办站与高校出版社和高校之间的交流与合作,携手共创高校出版社与代办站的美好明天。

教育部社科司出版管理处魏小波处长的讲话

各位站长:

大家上午好!

新年伊始,全国各代办站站长汇聚京城,共同商讨今后和今年工作的大计,我很高兴来参加这个会议。这个会议是在中央大力推进出版体制改革的形势下,由中国大学出版社协会组织召开的。刚才岳凤翔主任把近两年工作进行了总结,提出了下一步代办站改革发展的思路和举措,研究了新情况,解决了新问题,明确了新目标,会议开得很及时、很有意义。会前,岳凤翔主任到司里向徐司长汇报了工作,徐司长非常重视代办站的工作。我受徐司长的委托参加这次会议,了解代办站发展情况、代办站负责人的工作建议和发展想法。刚才岳凤翔同志的汇报总结是很全面的,这几年工作的思路是清晰的,提出的发展目标是明确的,工作要求也是很具体,我完全同意。刚才王明舟理事长对代办站如何在新形势下积极应对出版战线的改革,努力探索新的市场定位,坚持我们的办站宗旨,发挥代办站的特色,拓展新的市场,情况分析很到位,对改革发展提出了很好的意见,有高度,有新意。

近两年,在中国大学出版社协会的领导下,代办站积极应对出版体制改革、出版社企业化、图书发行全面市场化和高校教材供应方式的新变化,努力探索新的市场定位、发展思路和经营模式,坚持宗旨,发挥特色,拓展市场,提升影响,在组织建设、办站条件、管理水平、经营效绩方面取得了新的业绩和成绩。特别应该给予肯定的有三点,一是全国高校图书代办站整体在激烈的市场竞争中发展壮大,积累了许多成功的经验,已成为我国较大的高校教材发行网络,成为高校出版体系的主要组成部分,我们1200人的发行队伍成为高校教材发行队伍的一支重要力量;二是与时共进,努力拓展新的业务领域和新的营销、经营方式,不断增强实力和竞争力,为高校出版社的出版物寻找市场,为所有出版社出版的高校教材寻找市场,积极做好教材的发行销售工作,特别是近两年举办高校出版社教材巡展活动、出版社的院校代表工作,提高了代办站的影响力,开辟了新的宣传、营销模式;三是利用现代技术和科技手段,提升影响力和管理水平,充分利用了中国高校教材图书网这个平台,整合信息和营销资源,进行整体宣传和树立整体形象,促进代办站的业务开展。代办站全部采用计算机网络管理,提高了管理水平和工作效率。

高校出版社图书代办站在改革中发展,在发展中壮大,在探索中前进。高校出版社图书代办站既然是高校出版体系的主要组成部分、我国发行领域的一支重要力量,因此代办站的发展就要融入我国整体的出版改革发展中,融入高校出版社改革发展中。就此,我也想就这个会议的机会与大家共同探讨加快代办站发展的一些问题。

一、面对改革的新形势,以改革促发展

近两年,中央大力推进出版改革,出版业集团化、市场化、国际化、数字化进程取得显著成绩,特别是出版体制改革使出版业逐步形成了新的出版格局和市场格局。据新闻出版总署公布的数据,至去年底,全国已组建了26家省级出版集团公司,24家国有省级新华发行集团公司,30个省级新华书店系统已全面完成了转制工作。从全国来看,在出版业,发行是最早全面放开的,政府允许发行、营销环节完全企业化运作经营,按照现代企业制度建设,实行股份制和连锁经营;发行领域也是最早允许各种所有制单位进入的。这种开放式的政策在出版的其他领域是没有的。近期,新闻出版总署又出台了《关于进一步推动新闻出版产业发展的指导意见》,再次细化了非公有资本参与新闻出版产业的方式和渠道,提出"鼓励、支持和引导非公有资本以多种形式进入政策许可的领域;鼓励和支持非公有制文化企业从事印刷、发行等新闻出版产业的有关经营活动",并首次对非公有资本如何参与新闻出版产业进行了详细的表述,即引导和规范个体、私营资本投资组建的非公有制文化企业以内容提供、项目合作、作为国有出版企业一个部门等方式,有序参与科技、财经、教辅、音乐艺术、少儿读物等专业图书的出版活动。新的指导意见加大了出版改制的力度。我们代办站面对的不仅有大型发行集团,还将面对机制灵活、实力雄厚的非公有制文化企业的竞争与挑战。高校出版社体制改革正在按照中央的部署稳步推进,现在全国103家大学出版社,有5家是2007年以后建立的出版社,审批的时候就是企业的形式,所以不存在转企改制的问题,其余的98家都在按照中央和教育部的部署进行转企改制工作。转制后,高校出版社将从原事业单位企业化管理的模式转变为按照现代企业制度建立的生产主体。表面上看,高校出版社没有脱离学校,但从体制和机制上都将逐步发生质的变化,在运营上也将完全按照企业的要求进行。预计高校出版社的转企改制将在今年第二季度全部完成。高校产业的规范化管理也加大了力度,加快了进度,要求2009年高校要完成50%以上学校现有全资企业的改制任务,明确了"非改即撤"的原则。整个出版业体制改革和高校产业股份制改造的大背景给我们提出了适应形势发展,加快改革的要求。

目前的出版改革主要是体制改革。代办站在体制方面有两个特点:一个是体制的多样化,一个是管理的多样化。目前85家代办站,有三种情况:(1)具有独立法人资格、全民所有制性质的代办站有51家(其中企业法人、独立经营的29家;事业法人、独立经营的11家);(2)企业法人、民营性质的11家;(3)非法人、不独立的约30家。代办站的主办单位也有三种情况:(1)事业单位——主办单位是高校(出版社、教务处、产业后勤集团、图书馆);(2)政府机关——主办单位是教育行政部门(机关、服务公司);(3)企业——民营企业。代办站这种多样化、多元化的体制模式是在其发展过程中形成的。在出版社体制改革全面推进、出版发行业日趋融入市场经济、按照现代企业制度建设的过程中,代办站的体制与管理也应该有个明确的要求。代办站的任务虽然是服务于高校教材供应与销售,但作为其本身的性质与行为,则是企业性质的,应该按照企业规范,依法建设和经营。

大学版协提供给大会讨论的《关于高校出版社图书代办站体制改革机制建设的意见》,提出了代办站体制改革的要求和目标、程序和步骤,希望大家能认真讨论,结合发展实际以及可行性进行讨论,依靠大家的智慧和改革的决心来完善,并实施。我赞成《意见》对代办站体制的要求。关于体制改革主要有三点:一是要全部注册为企业法人。代办站应按照要求取得三证:二级批发许可证(出版行政部门)、工商营业执照、税务登记证,三证都有才是取得了合法身份;二是鼓励按照现代企业制度建设代办站,进行股份制改造;三是要掌握图书市场规则,按照发行销售的有关政策、规定和办法开展经营活动。还是那句老话:合法存在,依法经营。

二、坚持办站宗旨

坚持为高校教学科研服务、为高校"课前到书"服务、为高校师生服务的办站宗旨,这是我们的立站之本,也是发展之源。实践证明,凡是发展快的、实力较强的站都是因为坚持了这个宗旨。不管形势如何变,体制如何改,市场环境如何变,对于代办站来说,应万变不离其宗,要在适应市场经济的环境下,坚持办站宗旨。虽然办站宗旨在不同的时期有不同的内涵,但代办站要在发展的过程中,通过不同的方式来维护、坚持我们的办站宗旨。

在坚持办站宗旨方面,代办站要积极拓展业务范围,以高校教材供应销售为主,拓展到职业教育与成人教育。当前教育改革(高教、职教、基教)不断深化,今年是"十一五"和"十二五"对接的一年,今年将制定"十二五"规划,各级教育都将有新的改革举措,教材的出版从内容到形式都会有新的改革与变化,要积极了解和掌握教育、教学、教材改革的现状。

积极开拓新的营销方式,扩大代办站的影响。近两年,代办站服务中心开展的高校教材巡展活动开创了新的业务领域,产生了一定的效果,提升了代办站的营销能力,扩大了代办站的影响力,加强了出版社与学校终端读者的联系,特别是在推荐、宣传中小型出版社的教材方面,起到了积极的作用。大学版协、代办站中心注意总结经验,推广先进典型,更是促进了这一新鲜事物的成长。

三、勇于开拓,不断扩展发展空间,进一步做大做强

要适应市场经济环境,不断壮大自身规模。经过多年的发展,代办站整体具有了一定的规模,有85家代办站,分布在30个省、自治区、直辖市的49个城市;占领了一定的教材市场,覆盖了近4000所大中专院校。纵观代办站的发展,是在稳步地扩张和壮大,整体发展的速度还比较缓慢。放在整个出版环境下,代办站还是有发展空间的。代办站整体2008年发行码洋达到13亿。高校出版社及教育部直属社主要出版高校教材和学术著作,2008年的生产码洋达到217亿。对于代办站来说,还是有很大的发展空间。代办站具有发行、销售高校教材的基础、经验和很好的先天条件,了解学校使用、供应教材的办法和规律,要在高教、高职和中职的教材供应与销售方面多下工夫,开创多种发行渠道,提高我们的销售量,增强我们的实力。

四、进一步整合代办站的力量,优胜劣汰

从刚才介绍的情况上看,去年恢复和新建了 4 家代办站。从代办站运行的整体情况来看,绝大多数站办得有声有色,有活力,但还有的站不能正常工作,陷于瘫痪状态,对这样的站,大学版协、代办站中心应进行调研,了解原因,激发活力,实在办不下去的站要进行调整。代办站都有一定的覆盖范围,不能因为个别站的瘫痪而影响到学校的课前到书,也不能影响代办站已占有的市场。这些代办站存在的问题要引起我们的高度重视,总结代办站办得好的经验,促进代办站的整体发展。

五、希望中国大学出版社协会进一步加强对代办站的领导

充分发挥代办站服务中心的作用,帮助解决代办站在发展中遇到的一些问题,研究和指导代办站服务中心适应出版发行业改革的形势,形成良好的运行机制和持续发展的基础。代办站建站已经二十多年了,在建设和发展的过程中肯定会遇到一些新的情况和新的问题,有一些问题可以通过自身发展逐步解决,有一些问题希望大学版协给予一定指导支持,还有一些问题需要教育部来进行研究。一是充分发挥代办站服务中心的作用,二是研究探索代办站联合发展、提高整体实力的有效途径,研究如何充分利用代办站站点多、布局合理、发行覆盖面广的优势,资源共享、联合经营,提高代办站的经营规模和整体实力。刚才王明舟理事长和岳凤翔主任在这些方面讲得比较多,这些问题不仅我们的站长们在考虑,大学版协、代办站服务中心在考虑,实际上,在整个大学出版社改革发展的情况下,我们教育部社科司也在考虑大学社联合发展的问题。我们代办站在研究这些问题的时候也能够提供比较好的经验和思路,我们希望通过研究能够在实际运用中提供比较好的经验。

我们希望大学出版社协会、高校图书代办站服务中心和各图书代办站能够审时度势,勇于改革,创新机制,明确发展目标,将图书代办站整体建设成一个具有一定经济实力、市场竞争力和抗风险能力,具备现代管理手段、占有更大教材市场份额的高校教材发行的重要渠道。

谢谢大家!

中国大学出版社协会王明舟理事长的讲话

各位站长,各位代表:

大家上午好!很高兴参加高校出版社图书代办站站长会议,与各位站长和代办站同志见面、交流。我首先代表大学出版社协会,感谢各代办站对大学出版社工作的支持和帮助,可以说是代办站与大学出版社一起创造了高校出版事业的辉煌。记得在 2006 年青岛代办站会议上,贺耀敏社长讲过一段话,大意是要给代办站一个公正、客观的历史评价。我认为代办站对大学出版社的发展提供了强有力的支撑,至少是非常有力的补充。第二我要感谢教育部、新闻出版总署领导机关对代办站工作的关心和指导,特别感谢魏小波处长多年来一直热情地支持、指导代办站的工作;新闻出版总署也非常支持代办站的工作,印刷发行司谭汶副司长本来要来参加我们这个会,因为临时要主持全国订货会的一个活动没能来。第三我要代表中国大学出版社协会感谢以贺耀敏副理事长为主任的代办站工作委员会的卓越工作。刚才岳凤翔副秘书长的讲话完全代表了大学版协的意见,我完全赞成和同意。

这次代办站会议在出版发行体制改革、代办站工作蓬勃开展的时刻召开,总结经验、部署工作,很重要,也很有意义。在这里,我想谈三点意见。

第一点,代办站为高校出版事业和高等教育事业作出了很大贡献,取得了很大的成绩和发展。

全国高校图书代办站创立于1987年,至今已有20多年。在初创起步时期,正值国家的改革开放,经济、教育、出版事业的复苏和振兴,高等教育教学的发展和新学科建设,大学出版社教材的出版数量、品种增长很快,针对各种专业的"自编教材"、学术著作大量出版,代办站为把大学出版社出版的教材特别是"自编教材"及时发行出去,保证高校的教学需求、"课前到书",发挥了至关重要作用。在此后的工作中,代办站始终以"服务高校出版社、服务高校教学科研"为宗旨,努力做好教材图书的发行供应工作,业务量不断增长,在发行大学教材、保证课前到书方面起到了重要的作用,一直是大学出版社倚重的重要渠道。

在多年的发展中,根据形势的发展,大学版协一直十分重视代办站的规范建站、守法经营、贴近市场、联合协作。近年来,全国出版发行业体制改革深入开展,大学版协在2004年提出了"高校出版社图书代办站体制改革机制建设的意见",推动代办站按照党和国家的要求,遵循社会主义市场经济规律,改革体制、创新机制,建成适应市场的发行企业。在教育部、新闻出版总署指导下,在大学版协领导和支持下,在全国代办站共同努力下,目前代办站正逐步建立起企业化的体制,市场化的机制在增强。大学版协也一直鼓励代办站积极探索联合经营、整体发展的思路和模式,力求使全国高校图书代办站最终在共同宗旨下,形成企业化、市场化、具有强大实力、联合连锁经营的高校教材图书发行体系,以在市场化的高校出版中发挥更大作用。现在的高校图书代办站已经发展成布局基本合理、具有相当规模和一定实力的全国性高校教材图书发行网络,成为大学出版事业的一个重要的不可或缺的组成部分。

代办站得来不易、作用突出、成绩显著,我们应该扶持它、办好它。

第二点,大学出版社的市场化对渠道提出了更高要求,代办站在中间应该能够发挥更大的作用。

大学出版社正在全面转企改制,企业化的大学出版社更需要加强渠道建设、市场开发。面对转制带来的行业生态的重大变化,大学出版社的生存空间不可否认受到严重的挤压,教育出版、学术出版的作用将会越来越突显,在这种状态下代办站的作用将会越来越重要。大学出版社在体制改革的过程中如何应对集团化的挑战,大学出版社之间怎么能找到一种办法、形成一定形式的联盟或者同盟越来越显得紧迫,在这个过程中间,大学出版社之间的直接的集团化的工作将会比较艰难,但是我想,代办站有可能、有条件成为大学出版社联合组成同盟的一条纽带。全国代办站在大学版协代办站工作委员会和代办站服务中心的组织下,在这方面已经做出了有益的尝试:我们今天即将在这里表彰全国大学出版社教材巡展优质服务代办站,全国大学出版社教材巡展这项活动,就是适应大学出版社教材营销的需要、受到大学出版社广泛欢迎和积极参与的一种好的联合经营的活动。我想,在接下来的发展中,大学出版社之间形成联盟、同盟,甚至是更深层、更紧密的联合,高校图书代办站要发挥积极的作用。当然也不可否认,代办站也面临着机制创新、工作改进的问题,更重要的是,要在活动的组织中加强与各大学出版社的沟通。比如教材巡展,代办站搭好台是一个基本的保证,搭台以后的效果如何还要靠各出版社的精心设计、唱好戏。北大出版社积极参与了2009年的教材巡展活动,活动结束后我社做了总结,我社有些部门参加巡展非常积极,认为效果非常好,有的部门就认为效果不理想,我们深入分析这两种状态的原因,发现台子是个好台子,重要的还是出版社各部门的设计和组织存在着一定的差异。在2010年的教材巡展活动中,代办站要与出版社加强沟通、共同努力,我们精心地搭了一个台,也希望出版社精心地组织、精心地设计,在好台子上唱一出好戏,就会达到一个很好的演出效果。

在体制改革和教材发行形式变化的形势下,大学出版社也面临着市场开发、渠道建设的艰巨任务,中小型出版社限于人力、物力、财力,自己难以建立直通各个高校的渠道;一些大型出版社对于专业教材,也需要渠道的拓展和补充。代办站就是看准了这个需求,抓住了这个机遇,推出了全国性的教材巡展活动。这项活动举办两年来,各方都给予了积极的评价,对这种教材推广形式给予了一致的肯定。大学版协主办,代办站承办,诚信度高,能够得到上下游的重视,学校多,费用低,因此受到了出版社的广泛欢迎。对代办站来说,巡展也使代办站的服务水平上了一个新的层次,成为出版社发行的宣传推广伙伴和渠道建设伙伴,为代办站找到了"立足服务大学社赢得发展"的新思路。

现在代办站确实面临着激烈的市场竞争,工作难度很大。一方面我们面临着民营书商的竞争,同时我们也要看到随着出版体制的改革各新华书店正在逐步地回归早些年已经放弃的高校教材市场和馆配市场,有些省市已经呈现出咄咄逼人的态势。但我们也不要灰心,要看到我们的有利条件。我们有一个政府指导、协会领导下的组织,有一定的规模和全国性的网络布局,与大学出版社有一个很好的联系纽带——大学版协,有与高等院校、学校老师的天然联系,有"服务高校出版社、服务高校教学科研"的宗旨和特色,还有经过二十多年发展和探索积累的经验、树立的形象、形成的影响……这些都是我们代办站的优势,我们一定要充分利用好这些优势,把我们的工作做好。

我看到代办站还在积极准备实施为大学出版社代理院校代表,我想这一定会进一步拓宽和深化社站合作,使代办站在大学出版社的发展中发挥更大作用,同时也一定能推动代办站的更快发展。大学版协也会积极推动各大学出版社与代办站探索代理模式,希望大家能够在合作中共生共赢。

第三点,代办站要与时俱进,适应市场经济的新形势,加快改革步伐。

代办站虽然取得了很大的成绩和发展,但在发展中也存在亟待解决的问题,这就是要改革体制、更新机制、开拓创新,这样才能适应新的形势,发挥更大的作用,赢得更好更快的发展。

代办站的体制和机制要适应新的市场经济形势,这样才能进步,才有前途。市场经济规则要求企业成为企业法人,要求按照现代企业来运作,不这样办就会丧失竞争力,就要被挤出市场,这是大势所趋。代办站要探索建立与市场经济相适应,与高等教育发展相适应,与出版发行体制改革相适应的管理和经营模式。大学版协准备进一步提出《高校出版社图书代办站体制改革机制建设的意见》,推动代办站整体的企业化建设。

代办站还要积极地探索整合、联合的发展模式。在各省市普遍建立出版发行集团的形势下,代办站依然分散、个体的小规模经营,必然会失去优势和市场。全国代办站共同承办教材巡展是一种协作方式,也是向合作经营的努力,形成了整体的声音和力量,但是还不够,我们还要探讨更深层次、更紧密的联合方式,以应对各种各样的激烈竞争。

新一届大学版协非常关心代办站的工作,这次召开代办站站长工作会议,贺耀敏副理事长亲自主持,教育部社科司魏小波处长还要发表讲话,对大家今后的工作一定会有积极的指导作用。

我希望代办站的同志们努力学习，更新观念，加快改革，加强合作；希望代办站工作委员会和服务中心发挥组织和平台作用，促进代办站的建设和工作，推动代办站的改革和创新，积极探索代办站的联合协作模式。

大学版协将一如既往地继续推动代办站寻求最好的联合经营模式，积极推动大学出版社与代办站的合作，在大学出版社探索联合、联盟的实践中发挥代办站的积极作用。也希望全国代办站共同参与，群策群力，找到有利于调动全国代办站和各高校出版社积极性、有利于全国代办站和高校出版社整体发展的思路，经过广泛讨论，形成广大代办站和大学出版社的共同理念，切实推动全国高校图书代办站的改革创新和健康快速发展。

谢谢大家！

高校出版社图书代办站2008年、2009年工作报告

中国大学出版社协会副秘书长、高校图书代办站服务中心主任　　岳凤翔

各位领导、各位站长：

大家好！我受大学版协代办站工作委员会委托，向大家报告代办站近两年的工作。

一、工作和建设情况

近两年，面对出版体制改革全面推进、图书发行全面市场化的新形势和高校教材供应方式的新变化，全国高校出版社图书代办站在教育部、新闻出版总署主管部门关怀、指导下，在中国大学出版社协会的领导下，积极探索新的市场定位、发展思路和经营模式，坚持宗旨，发挥特色，努力加强代办站的建设和工作，通过务实有效的业务活动拓展市场、提升影响，在组织建设、办站条件、管理水平、经营效绩等方面取得了新的进步和成绩。

（一）代办站开展工作的情况

2008年、2009年，代办站开展了一系列工作和活动。

1. 通过会议和其他形式，组织引导代办站学习党和国家的出版发行方针政策，学习教育部、新闻出版总署有关文件精神，推动代办站更新观念、改革体制，倡导代办站规范建设、守法经营，促进代办站进一步贴近了市场，保持了持续健康的发展。

2. 召集各种会议，分析形势、总结经验、听取建议，寻求代办站在新的市场形势下的新定位，推动代办站的市场化转型和产业升级。

为构建代办站区域性联合经营的发展模式，在2007年11月于昆明召开的全国代办站大会上，服务中心提出《构建代办站区域性联合经营的发展模式（征求意见稿）》请大家讨论，得到了代办站的积极响应。区域性联合经营是在现有条件下代办站联合协作的一个可操作模式，也是全国代办站走向更广泛、深入合作的尝试。这项工作因为涉及多方面的参与，我们还在继续摸索、推动。

2008年7月，在山西绵山召开了全国代办站工作研讨会，高校图书代办站和大学出版社的同志一起，借总结2008年全国大学出版社教材巡展活动，对教材巡展、代办站设立大学出版社院校代表，以及其他有助于社站合作、共同发展的问题作了广泛、深入探讨。

2009年4月,在济南召开了大学版协代办站工作委员会工作会议。这是大学版协换届后新组建的代办站工作委员会召开的第一次会议,会议通报了第六届大学版协代办站工作委员会的组成情况,研讨了新形势下代办站的建设、发展问题以及2009年的重点工作。

2009年5月,在山西大同召开《高校教材图书征订目录》座谈会,总结工作,交流经验,听取各方建议,各大学出版社和高校图书代办站的代表就各方面共同努力,维护好这个品牌;发挥它教材图书信息平台作用,整合资源,联合发展,达成了共识。

2009年9月,在山西召开了代办站工作委员会代办站委员的工作会议,重点分析、研究在大学出版社转企改制、出版发行业全面市场化的背景下,代办站的机遇和发展思路,大家提出了许多建设性意见。

3. 根据高校教材供应方式、出版社发行方式的变化和代办站新时期市场定位的转移,调整经营思路,举办全国性的高校出版社教材巡展,发起代理大学社驻当地院校代表工作。

2008年4、5月间,在大学版协领导下,由大学版协代办站工作委员会和高校图书代办站服务中心主办、各地代办站承办的全国性的高校出版社教材巡展活动首次举办。在北京、天津、内蒙古、吉林、安徽、福建、江西、湖南、广西、重庆、四川、贵州、陕西、新疆14个省、市、自治区开展了巡展活动,参加巡展的大学出版社、教育部直属出版社有61家,直接涉及院校270余所,接待高校师生数万人,取得了宣传、推介、订货、交流的预期效果。在同年7月召开的总结座谈会上,大学出版社、高校图书代办站的同志都充分肯定了全国性教材巡展这种形式,同时对初次举办中发现的问题做了梳理、分析,提出了许多进一步办好巡展的建议。

借助2008年的经验和良好势头,经过认真筹备,2009全国高校出版社教材巡展于4—6月更大规模地展开,在北京、天津、内蒙古、辽宁、吉林、陕西、甘肃、新疆、江苏、江西、安徽、福建、河南、湖南、四川、重庆、广西、贵州等18个省、自治区、直辖市举办,有近30家代办站参与承办,70余家出版社参加巡展,涉及各地多所高等院校。各地代办站准备工作充分细致,各大学出版社广泛参与,各高等院校热情支持,使教材巡展活动圆满举行,取得了显著效果。同年7月,大学版协代办站工作委员会又在贵阳组织召开了"2009全国高校出版社教材巡展"总结座谈会,全国大学出版社、高校图书代办站以及高等院校的近百名代表坐在一起,总结巡展工作,交流经验,提出建议,并进一步商讨了社站合作的大计。

教材巡展是在出版业市场化和高校教材供应形式转变的背景下,一个较好的高校教材宣传、推广、发行方式。活动得到了出版社、代办站、大中专院校的充分肯定,已经成为沟通社、站、校三方的重要纽带,为社站合作、共同发展开辟了一条新路。举办全国大学出版社教材巡展活动,也使代办站的服务迈上了一个新的层次,业务功能得到了质的拓展,代办站从过去简单的教材图书发行"二传手"转变为出版社与高校的"助手",从单纯的发行商转变为发行商与推介商融合的新角色,同时也使自己赢得了上游出版社的更大支持和下游高校市场的更多份额。

4. 加强组织建设,本着总量控制、合理布局、吐故纳新、存优汰劣的原则,不断进行代办站的队伍和布局调整。两年里,又先后建立和恢复建立了4家代办站,新建了江苏大学出版社高校图书代办站、云南大学出版社高校图书代办站、郑州大学出版社高校图书代办站,恢复建立了延边大学高校图书代办站。组织建设,队伍调整,是保证代办站的整体实力和活力的重要基础性工作,今后我们还要加大这方面的工作力度。

5. 通过中国高校教材图书网、《高校教材征订目录》等平台和工具,整合信息和营销资源,树立整体形象,进行整体宣传,促进代办站的业务开展和事业发展。面对各省市的发行集团和激烈的市场竞争,我们在探索联合协作的同时,注重发挥现有综合平台的作用。代办站的建设、工作、活动信息都集中反映在教材网上,大型、重要活动还开设专栏及时、规模报道,有力地促进了代办站的形象宣传和工作开展。服务中心编印的《高校教材征订目录》,每年春秋两季,在每季印发的7000套中,除一半直发高校教材管理部门(教材科)和图书馆外,其余一半都是由代办站开展业务发出的,它是大学出版社教材图书推介、征订的综合媒介,也是代办站赖以沟通社校、体现与大学社紧密合作关系的重要平台。

(二) 全国代办站的建设和发展现状

根据各代办站2008、2009《年度综合报表》的不完全统计,截至2009年底,全国代办站的建设和发展现状数据是:

1. 代办站数量:85家(其中10家不能正常开展工作)。
2. 代办站分布:30个省、自治区、直辖市的49个城市。
3. 代办站归属:大学出版社41家;大学(教务处、产业后勤集团、图书馆)26家;教育厅(机关、服务公司)7家;股份制(民营)11家。
4. 代办站体制:具有独立法人资格、自主经营的51家(其中企业法人、独立经营29家,事业法人、独立经营11家,企业法人、民营性质11家);非法人、不独立的30家(约)。
5. 代办站证照(工商执照、税务登记证、二级批发许可):三证齐全的50家;一般发行权的13家;三证不齐的2家;无独立执照的11家。
6. 代办站从业人员:1200余人。
7. 计算机网络管理:已达到100%。
8. 代办站有书店:57个。
9. 经营服务范围:涉及所有大学出版社、教育部直属出版社;发书覆盖面达4000余所大中专院校。
10. 年发行码洋:没有确切统计出来。

从总体上看,代办站在各个方面继续取得进步。

(三) 取得的收获和经验

我想用三个词六个字概括代办站从近年来工作中取得的收获和经验,这就是:定位,携手,信心。

1. 定位。进入21世纪以来,代办站的管理体制发生了从政府到社团的变化,图书经营发生了从计划到市场的变化,面对这种变化,代办站曾经迷惘、彷徨,好像迷失了自己的市场位置。经过不断地摸索、尝试,代办站逐步从迷惘中走了出来,形成了在新的图书市场条件下代办站定位的共识,即现阶段的代办站,应该是一个完全市场化的、以大中专院校为服务对象、以发行高校出版社教材图书为主业的经营联合体。近两年,代办站在这个定位指导下,不等不靠,积极开展巡展等业务活动,市场化转型取得了初步成果,大家逐渐适应了市场化的机制和运作,看到了发展的前景。

2. 携手。新华书店、民营书店和高校图书代办站被看作全国教材发行的三大板块,各有特点和优势。我们的特色和优势在哪里,可以说出几条,其中重要的一条是我们有一个组织,是一个全国性的团体,这是新华书店和民营书店无法比拟的。这从我们能够组织全国性的教材巡展就能看出。举办高校出版社教材巡展,代办站全国一盘棋、携手一起办,资源互补、一个声音,在一定程度上形成了市场运作的大协作。在强化对上下游服务的基础上,横向联合的优势和成效显现了出来,代办站的同志感受到了携手合作形成的力量:代办站对学校终端和上游的服务能力与影响力提升了,知名度扩大了,经济效益也提高了。同时彰显了代办站的新形象,增进了代办站的团结,也让我们再一次看到了我们的组织优势,看到了联合运作、整体发展的方向。

3. 信心。近两年是代办站工作比较活跃的时期,代办站团结协作、强化服务、勤奋努力,开展了一系列扎实有效的活动,在与大学出版社和大中专院校的合作上、在市场的拓展上打开了局面。大家普遍感到代办站组织更具凝聚力,整体实力和影响力进一步提高,对代办站的发展和壮大有信心了。可以说,信心比暂时的成绩更宝贵,信心会带来大家对代办站事业的更大热情,会产生大家投入代办站工作的更大动力,它势必会成为代办站今后发展的强劲力量。

我感觉定位、携手、信心是值得我们珍惜的宝贵收获!

二、今后发展的思路及 2010 年工作计划

(一) 代办站下一步工作和发展的思路

在总结代办站发展成绩的时候,我们也应该看到,代办站的建设还不完全适应市场化的要求,工作还需要创新和加强,发展的步伐还应该加大。记得在纪念代办站成立二十周年的时候,我们曾提出"虽然我们已经站到了一个新的制高点上,但前面又是一个充满机遇和挑战的关口";今天看来,不论从我们承担的使命、我们自身的改革,还是我们面对的竞争市场,都是挑战和机遇并存,需要我们清醒认识、加倍努力。

为此,大学版协代办站工作委员会和代办站服务中心对代办站下一步的工作和发展,提出以下几点思路:

1. 坚持"为高校出版社服务、为高等院校服务"的宗旨,打牢根基。

"为高校出版社服务、为高等院校服务"的宗旨是代办站诞生伊始就已确立的,也是多年来代办站一贯坚持的。这个宗旨涵盖了代办站的性质、任务和特色,是我们立身之本。坚持和实践这个宗旨,代办站过去在高校教材图书的发行上作出了成绩和贡献,今后我们一定仍然能够通过它取得新的发展。

市场经济就是服务经济,服务可以产生竞争力,可以出效益。我们今后开展业务活动,仍然要牢固树立服务的理念,要坚持把优质的服务放在首位,要不断拓宽服务的层面,不断提高服务的层次,以此提高代办站的工作水平,提升代办站的市场价值。

2. 加快体制改革,加强机制建设,建立现代发行企业。

出版发行业体制改革,是党和国家作出的重要决策,党和政府出台了一系列文件、政策推动体制改革。当前,全国出版社体制改革全面展开、即将完成,国有书店已经全部转企。出版发行体制改革的实质,是要按照社会主义市场经济的要求、出版业发展的规律,建立出版发行企业,将出版发行从原有计划经济体制下的生产经营模式转到市场经济的轨道上来,实现健康快速发展。作为以高校教材图书发行为业务内容的高校图书代办站,不论从国家要求还是自身发展需要讲,都应该遵循市场经济规律,改革体制、创新机制。

近年来,上级领导机关和广大代办站一直在积极探索、推动改革。大学版协在 2004 年提出了《关于高校出版社图书代办站体制改革机制建设的意见》,推动代办站按照党和国家的要求,遵循市场经济规律,改革体制、创新机制,逐步建立现代企业制度。经过几年的努力,现在已有

11家代办站建成股份制企业;高校、教育厅主办的代办站不少已被放到后勤、产业集团或服务中心等经营性单位;大学出版社主办的代办站正在随着出版社的体制改革转制。但代办站的体制还没有整体转变,改制的步子也不很大,一些代办站内部还没有建立市场化的管理、经营、激励机制,体制、机制和观念的滞后,在市场竞争日趋激烈的今天,将会严重束缚代办站的创新、发展与活力。

这次会议,大学版协根据形势的发展,再次修订提出《关于高校出版社图书代办站体制改革机制建设的意见》,准备在广泛听取意见后正式发出,进一步推动代办站的体制改革、机制建设。

我们希望通过各方面的共同努力,使代办站都能尽快形成企业体制、建立市场机制,顺应形势,抓住机遇,规范建设,健康发展。

3. 努力开展市场化的务实的业务工作,赢得市场。

在市场经济环境中,业务的开展、市场的赢得,靠的是适应需求的实实在在的投入和工作。近两年,我们代办站在这方面做出了实践,也尝到了甜头,取得了一些经验。在今后一个阶段,我们仍然要发挥代办站有教育部和大学版协的领导、与大学出版社一体、扎根高等院校的组织优势,发挥八十多个站点分布在全国各地、与数千所院校有业务关系的网络优势,继续举办好全国高校出版社教材巡展,力求务实,根据形势的变化和出版社、高校的需要,不断地优化和创新,提高巡展的水平。要积极推动代办站与大学出版社合作开展"院校代表"的业务,将教材推广工作常态化、专业化。还要不断积极探索、推出其他各种行之有效的有利于社站合作、互利双赢的教材图书发行方式,以此赢得出版社和高校的信赖和支持,最终赢得市场。

4. 加强联合协作,形成更大的影响力和竞争力,做大做强。

面对激烈的多元化市场格局和一个个集团化的竞争对手,分散在全国各地单枪匹马的代办站,在市场上就备显势单力薄,代办站必须借助自己的组织和网络优势,联合协作,以整体化、规模化的经营面对市场、参与竞争,这样才能增强市场竞争力和抵御风险能力,做大做强,共同发展。

大学版协、代办站服务中心希望在全国代办站的共同参与、努力下,积极寻求联合经营模式。一步形成全国代办站的整体联合有难度,实现全国代办站以资产为纽带的联合有困难,那么现阶段,我们可以从简单到复杂、从局部到整体,探索各种可行的联合协作模式,逐步做起。这几年,全国代办站一起举办高校出版社教材巡展,就是一种协作;在举办巡展中,各地几个代办站一起组班子承办,也可以看作是一种联合;今年我们设置代办站中心的大区工作层面,其中含义之一,也是为了推动代办站的区域联合协作,为更大的全面的联合作出尝试和铺垫。

我想,经过不断的努力和摸索,代办站最终一定会形成完全市场化的以发行高校教材图书为特色的经营联合体。

让我们增强信心,携手努力,开创代办站发展的美好未来!

(二) 2010年代办站工作计划(略)

中国大学出版社协会表彰 2008 年、2009 年全国高校出版社教材巡展优质服务代办站的决定

(2010.1.7)

在中国大学出版社协会领导下,2008 年、2009 年,由大学版协代办站工作委员会、高校出版社图书代办站服务中心主办,全国各地代办站承办的全国高校出版社教材巡展活动,先后在北京、天津、内蒙古、辽宁、吉林、陕西、甘肃、新疆、江苏、江西、安徽、福建、河南、湖南、四川、重庆、广西、贵州等 18 个省、自治区、直辖市举办,70 余家出版社参加巡展,涉及各地数百所高等院校。

全国高校出版社教材巡展作为大学出版社与代办站大规模合作的业务活动,适应出版社体制改革和面向高校终端市场的需要,适应高等院校教材采购形式变化和选订优质教材的需要,也是代办站探索新的市场定位,发挥组织、网络、终端优势,积极拓展发行市场,提升服务层次和水平的举措,对代办站的联合协作、业务开展起到了推动作用。

各承办代办站为办好巡展,认真细致地策划巡展方案,努力联系、落实高校,安排场地、车辆和器材设备,准备参展样书目录、教师信息反馈调查表和各种宣传材料;在巡展过程中,不辞辛劳,热情地接待参展出版社,周到地为前来看书选书的师生服务;组织座谈会、研讨会、论坛等活动,丰富和深化了巡展的内涵,使巡展活动取得了宣传、推介、订货、交流的良好效果,得到了大学出版社、高等院校的充分肯定。

为此,大学版协决定对积极、成功承办 2008、2009 年全国高校出版社教材巡展的 26 家代办站给予表彰,颁发"2008 年、2009 年全国高校出版社教材巡展优质服务代办站"奖牌和奖状(获奖单位见《2008 年、2009 年全国高校出版社教材巡展优质服务代办站名单》)。

希望受到表彰的代办站再接再厉、不断进取,全国代办站群策群力、团结协作、共同努力,充分发挥代办站的特色和优势,把高校教材巡展活动办得更好,开展更多务实有效的工作,提高服务水平、提升服务层次,赢得更大的发展!

2008 年、2009 年全国高校出版社教材巡展优质服务代办站名单

(按大区为序)

中国人民大学出版社图书代办站
首都师范大学高校图书代办站
北京理工高校图书代办站
北京世纪之光高校图书代办站

天津大学出版社高校图书代办站
天津商业大学高校图书代办站
内蒙古大学出版社高校图书代办站
东北财经大学出版社图书代办站
吉林大学出版社书店高校图书代办站
苏州大学高校出版社图书代办站
安徽师范大学高校图书代办站
三明学院图书代办站
福建省福大高校出版社图书代办站
厦门大学出版社高校图书代办站
景德镇陶瓷学院高校出版社图书代办站
江西南大图书代办站
江西高校出版社图书代办站
河南省黄河教育图书供应社高校图书代办站
湖南大学高校出版社图书代办站
广西高校图书代办站(广西教苑图书有限公司)
重庆大学出版社高校图书代办站
四川高校图书代办站(成都阳光天健文化有限公司)
贵州高校图书代办站(贵州新知专业图书有限责任公司)
西安交通大学出版社高校图书代办站
甘肃沁园图书发行有限公司高校图书代办站
乌鲁木齐科技图书有限公司高校图书代办站

2010年全国高校出版社教材巡展总结座谈会在西安召开

6月20日,2010年全国高校出版社教材巡展总结座谈会在西安召开。来自全国各大学出版社、高校图书代办站、高等院校的100余位代表出席了会议。会议的主题是:认真总结2010年全国高校出版社教材巡展工作,深入研讨代办站与出版社协作的途径和方式,通过社站合作,促进大学出版社教材图书发行,推动代办站工作发展。大学出版社协会副秘书长、全国高校图书代办站服务中心主任岳凤翔主持会议并对2010年全国高校出版社教材巡展工作作了总结。大学版协副理事长兼秘书长、对外经贸大学出版社社长刘军出席会议并讲话。

岳凤翔首先对来参加此次座谈会的同志表示热烈欢迎,感谢西安交通大学出版社及图书代办站对本次会议的支持。他谈到,教育部社科司魏小波处长、大学版协王明舟理事长、贺耀敏副理事长在今年1月北京代办站大会上都充分肯定了前两届高校出版社教材巡展活动,也对这次会议寄予希望,希望能够通过座谈交流,总结经验,提出更好的改进工作的办法,使我们的大学出版社和代办站协作、发展得更好。

接着,岳凤翔对2010年全国高校出版社教材巡展总体情况作了汇报。今年教材巡展于4月至5月在北京、山西等19个省、自治区、直辖市举办,有近百家中央和地方出版社参与。本届教材巡展为第三届,在总结前两届教材巡展的基础上,吸纳各方面意见和建议,今年的巡展在启动时间、时间跨度、规范化、总体规模、活动形式等方面取得了新的进步和发展。各大学出版社、高校图书代办站广泛参与,前期准备更加充分细致,活动形式更加多样化,更加注重当地院校和当地特色,教材巡展活动在高校师生中受到普遍欢迎,取得了显著成效。他感谢各大学出版社、高校图书代办站、院校为此付出的努力。

中国人民大学出版社代办站副站长王泽武、吉林大学出版社代办站站长矫正、东北财经大学出版社代办站业务经理高扬、江西高校出版社代办站站长吴子明、福州大学高校图书代办站业务经理王开基、广西高校图书代办站市场推广经理陈务学、重庆大学出版社图书代办站业务经理李满祥、乌鲁木齐科技书店高校图书代办站站长马如意、西安交通大学出版社图书代办站站长王建安等十几位代表就2010年教材巡展活动情况做了汇报,交流了工作经验。大家都充分肯定了教材巡展活动的作用,不仅进一步强化了高校图书代办站服务高校、服务高校出版社的功能,为出版社和高校师生之间搭建了一座沟通的桥梁,树立了代办站的整体形象,还增强了代办站之间的团结协作。大家也赞扬了中国高校教材图书网在历届教材巡展活动中发挥的作用,希望今后进一步利用好这一高校出版社和代办站的门户网站,充分利用它网络媒体的辐射力、渗透力、影响力,推动大学出版社和代办站工作的开展。

座谈会上,来自全国各大学出版社、高校图书代办站以及院校的代表们,积极发言,现场气氛热烈。大家围绕社站合作,推动大学出版社教材图书发行和推动代办站的工作这个主题展开热烈探讨,并提出了很多宝贵的意见和建议。北京交通大学出版社社长郑光信谈到,教材巡展工作很有意义,对高效率推广教材、图书销售都起到了很好的作用,并提出今后要把巡展工作做得更加细致,可以分层次、分专业,更有针对性地组织教材巡展活动。北京邮电大学出版社社长代根兴谈到,代办站是一座沟通大学出版社和高校的桥梁,希望可以选择一种更好的机制吸引专业性强的中小型出版社参与到教材巡展活动中。西安交通大学出版社副社长张伟谈到,教材巡展活动是目前推广教材的最佳方式,它有规模、有效益,成本低。江西高校出版社副总编辑陈东林谈到,教材巡展中编辑加营销的模式,可以提高活动的效率。第四军医大学出版社副社长朱德强谈到,教材巡展不仅要推广教材,还应进一步拓展业务,如加强出版社与高校间的合作,为教材建设搭建平台共同策划出版教材。西安工业大学教务处教材科科长王春景谈到,教材巡展活动对教材选优、选新有很大作用,希望今后能有更多层次高的优秀教材、规划教材参与到教材巡展活动中。西安交通大学教材供应中心经理姚文庆谈到,对于中小型出版社而言可以利用自己的专业特色,多出有质量保证、利用程度高的教材,并在巡展中做好宣传工作,同样会受到高校师生们的欢迎,收到好的效益。

与会社站同志也从形式、效果等方面对进一步办好巡展提出了意见、建议。大家普遍认为,为使巡展活动保持吸引力,产生更好宣传、订货效果,代办站要根据当地高校市场、自身特点和出版社需求,把方案做精、做细、做出特色,要积极与出版社进行联系、沟通,要尽力做好巡展涉及院校的宣传、组织工作,要在巡展活动中周密组织、周到服务;出版社要充分重视、积极参与,要认真准备,精选图书、选派人员,参与人员要尽心尽责,展后要做好对高校的跟踪和服务,充分利用好这个平台。

大学版协副理事长刘军在讲话中充分肯定了代办站的教材巡展工作,他代表大学版协感谢三年多来代办站的同志为教材巡展工作付出的努力,也感谢他们取得的成绩。他从大学版协工作、大学出版社发展的角度指出,代办站举办全国性教材巡展活动是一个新生事物,是对大学出版社图书订货会的补充,他希望大家继续努力,把这个新生事物办得更好,把教材巡展活动进一步规范化,逐步与国际接轨,办成一个真正具有国际品位的教材巡展活动。

在2010年全国高校出版社教材巡展总结座谈会上,出版社、代办站、高校教务处教材科的同志坐在一起,就教材巡展、社站合作、更好地做好大学出版社教材发行、更好地为高校服务等问题进行了深入的探讨,也反映了大学出版社和代办站对合作发展的高度重视。大家充分肯定了教材巡展工作,并对巡展过程中的一些具体问题提出了很多好的建议,会对不断改进和优化教材巡展活动,使社、站和高校都能通过巡展取得最大社会效益和经济效益,产生积极促进作用。

中国高校教材图书网2006年工作情况

中国高校教材图书网在教育部社科司的指导、大学版协的领导、人大出版社的管理下,2006年基于现有定位,继续得到稳步发展。截至2006年12月31日总访问量已达14545393人次,日均访问量一万多人次,成为具有一定影响力和知名度的专业品牌网站,实现了建网初期确定的成为高校图书信息发布的平台、展示大学出版社整体形象和风貌的窗口的预定目标。2006年,教材网在信息宣传、电子政务、图书销售、广告收益几大方面都有了新的发展,在自身特色和品牌建设方面取得了可喜成效。

一、信息平台成为展示大学出版社整体形象和图书宣传的窗口

教材网是全国大学出版社的公共门户网站,以信息"全、新、快"著称,全面展示了大学出版社整体形象、出版营销动态和业界资讯,成为大学出版社对外宣传的窗口。

1. 教材图书品种全、更新快,突出书目信息"全、新、快"特色。

截至2006年年底,教材网共收录全国108家大学出版社、教育部直属出版社的图书目录97000余种,近一年来新增14000余种,不断更新、变化的图书品种及时动态地反映了大学社教材图书的出版情况,体现了教材网"高校教材总汇"的特色和优势,突出了在线书目"全、新、快"的特点;为配合图书宣传推介,《书评园地》《编辑荐书》《专家推荐》《教材论坛》等几大栏目办得有声有色,得到了普遍好评。

网站还配合各社做重点图书宣传,分别为上海大学出版社《清史纪事本末》、南京大学出版社《中国思想家评传丛书》、上海交通大学出版社《钱学森学术著作系列》以及人大社等多家社的重点图书开辟宣传专栏和重大活动专栏,并以多种网络动态形式展现,起到了很好的宣传效果。

为配合春秋两季教材征订,网站在线发布春秋两季《高校教材图书征订书目》,制作了网络电子版,用户可以上网下载征订书目,生成订单。这一做法在高校及经销商中很受欢迎。

教材网的书目信息全、新、快,吸引了很多固定人群。湖南某高校的老师打来电话联系订购时说,"学校让我们上这个网选教材,教材品种真是多,我很快就选好了,真是太方便了"。一些教材书店的人反映,由于教材网的书目比较全,他们会经常上教材网查询图书信息,有的说每天都要上去看一看。有些学生购买教材时,也会到教材网来选。正是教材网特有的图书信息吸引了大批的固定用户群体,使得访问量历年持续上升,成为同类教材网站中的知名品牌网站。

2. 信息平台突出"资料库"特色。

为了将教材网建成独具大学出版特色的信息平台,网站将"建成大学出版的信息资料库"作为一个重要目标,今年特别加强了这方面工作。网站设立了政策法规专栏,收录了近年来国务院、新闻出版总署、教育部、文化部、国家版权局、国家技术监督局、国家质量监督检验检疫总局有关新闻出版的政策法规;将近年来大学出版社的各类资料进行收集、整理、分类,建成完整的

信息资料库;设立了"大学出版社协会"专栏,收集保留了近几年来大学发展史中的重要资料;为业内重点刊物开辟专栏,创建"《大学出版》电子版库",收录了近3年来的刊物内容,保留了重点资讯材料。另外,由中国大学出版社协会负责组织编纂,反映中国大学出版社发展史和基本情况的大型资料性工具书《中国大学出版社概览(1997～2005)》的资料收集整理工作已经开始,这是一项非常庞大的系统工程,在资料收集整理工作中,网站数据库又为该书提供了大量的史实资料。目前,"信息资料库"已初步成为"集中国大学出版大全"的网络平台。

3. 栏目设置新颖独特,突出大学出版社自身特色。

教材网非常重视对各大学出版社的宣传,全方位、多视角地反映各社的出版动态,宣传各社的经营、管理、出版理念。特别是国务院今年出台《信息网络传播权条例》以后,为规避侵权风险,我们大幅度收缩转载面,仅保留新闻性、政策性文章转载,把重点放在采编和选载反映大学出版社工作文章上,既突出了特色,又形成了我们的专利,将"我用人"变成了"人用我"。为此网站今年进一步调整了栏目设置,调整、增设的《社长总编论坛》《出版人物志》《出版论坛》《书评园地》《编辑荐书》《专家推荐》等栏目,已经成为具有影响力的品牌栏目,备受各出版社及业界瞩目。

2006年增设了"社长总编论坛",社长总编在论坛中对业内热点问题发表各自的观点、看法,畅谈出版社的经营理念和发展战略目标。网站还不断捕捉业内关注的热点,根据热点设计专栏,先后推出了"大学出版社改制专栏""大学出版社十一五规划专栏""全国大学出版社营销论坛专辑""大学社图书出版质量管理工作研讨会专栏""大学出版社维权工作会议专辑""大学出版社向社会捐赠图书专栏""第10届中日韩大学出版社协会研讨会专栏"等,全面反映了大学出版社一段时期的工作重点和主要活动动态。新栏目推出后受到普遍欢迎,点击率不断增加。

教材网作为独家全程现场报道大学订货会的媒体,已连续四届推出订货会专版进行专题报道。作为历年的一项重点工作,在订货会期间,派前方报道组到现场进行采编,以丰富翔实的内容及现场照片,同步、动态地展示订货会的盛况,得到了业内人士的充分肯定。在订货会新闻发布会上,大学版协副理事长、发行工作委员会主任、上海交大社社长张天蔚对教材网在订货会的宣传报道工作给予了高度评价和赞扬,这些工作,对宣传、展示大学出版社的风貌,也对宣传教材网,起到了很好的作用。

教材网对业内的重大活动,如北京图书订货会、全国书市、北京国际书展、法兰克福国际书展等,都做了重点报道,较全面地反映了出版行业的重要信息。

二、电子政务系统成为教育部社科司对大学社管理的电子政务中心

教育部社科司出版管理系统是社科司对大学出版社管理的政务平台,为政府与大学社之间构建了规范、便捷的管理及信息交流平台。自2003年5月29日开通以来,各大学出版社已经通过这个系统完成了各年度年检数据的网上报送工作,出版选题计划实现了网上报批。教育部社科司委托教材网开发的音像、电子出版社管理系统2005年1月已投入使用,两年来,音像、电子出版社通过教材网完成了出版、经营情况年度数据的网上报送,以及选题网上报送、审批工作。

另外,具有重要意义、对了解和研究高校出版社的发展具有极高参考价值的《中国高校出版社发展报告》一书的数据统计、图表分析、制作光盘工作也是通过教材网完成的。

出版管理系统以它特有的平台为政府部门的管理和决策提供了具有重要价值的可靠依据。

三、网上售书稳中有升,为各社图书销售开辟新的途径

教材网的网上零售工作与网站开通同步启动,网上零售满足了读者网上购买大学出版社教材图书的需求,解决了部分读者购书难的问题,促进了出版社的图书销售工作。特别是 2004 年 6 月 1 日,新的网上零售系统改进后投入使用,网站与各大学出版社协同工作,缩短了订单处理时间,提高了工作效率;2005 年 9 月 15 日,根据读者需求,网站开通了网上购书在线支付系统,这些都进一步方便了读者网上购书,订单数量稳步增加。截至 2006 年 12 月 31 日,网上零售会员已达 28863 人,订单 20624 个(其中新的零售系统开通后是 12475 个订单),涉及 108 家大学出版社。

今年为了更加方便广大读者,又进一步修改和完善了在线订购程序,2006 年 1 月 1 日至 2006 年 12 月 31 日,在线订单 3308 个,订购图书总金额为 185785.20 元,订购图书总册数为 6288 册,涉及 108 家出版社的图书,实际收到读者汇款 66485.72 元,其中在线支付收款 15817.56 元。出版社实际发书总金额为 54426.85 元,实际邮费为 10362.9 元。

在网站和出版社的共同努力下,网上零售系统不仅满足了读者的购书需求,同时也为各大学出版社的图书销售开辟了一条新途径。

四、积极开拓市场,拓展网上图书宣传业务,努力增收

为了创收,我们想方设法积极拓展网上图书宣传业务,利用网络平台创造效益。我们积极开拓市场,把目光盯住非大学出版社,利用各种订货会宣传我们网站的专业特色和优势,并采取上门洽谈等方式吸引非大学社在我们网站做图书宣传。对于有意向的客户我们根据各社的不同要求和图书的不同特点,策划宣传方案,争取客户。经过努力,科学、人民邮电等出版社已经在我们网上做了付费图书宣传,收入达 26 万多元。今后我们会争取更多的出版社,创造更多的收益。

五、教材网存在和需要解决的问题

建网以来,教材网坚持办网方针和特色,按照教育部社科司"整体规划,分步实施"的原则,积极、主动地开展各项工作,目前已实现了信息宣传、电子政务、网上零售三大功能,社会知名度日益提高,影响力不断扩大,受到各方面的普遍重视。但一些问题也开始日益凸显,制约着网站的发展。

1. 成为具有独立经营资格的实体。

教材网的网上零售工作已取得初步成效,调动了各出版社的积极性,促进了各社的图书销售,密切了网站与各出版社的业务联系,为下一步网上批发打下了良好的基础。2004 年,在代办站工作会议上,就"代办站依托教材网联合征订、加快发展"这一专题进行了讨论,得到了大家的普遍认同。今年,网站将把代办站网上批发作为一项重点工作,积极落实。但是,网上图书批销需要网站成为具有独立企业资质和财务结算等功能的经营实体。网上有偿信息服务、广告业务、电子图书的开展等,也需要网站是独立的经营实体。

建网初期,教育部领导提出了教材网的商业化、市场化运作的发展目标,各大学出版社也希望教材网进行市场化运作,充分发挥应有的作用。教材网管委会第一次会议就正式提出了有关"网站建立现代企业管理制度,走市场化经营道路"的方案,后来又几次开会研究此问题。在网站持续发展、进一步做大做强的过程中,实现公司化改制,进行市场化运作,已成为一项急需解决的问题。

2. 开展电子图书销售业务。

近年来,新闻出版总署加大了对电子图书的扶持力度,出版社也进一步意识到电子图书出版的市场前景,加大对电子书的研发和营销,很多大学社希望教材网利用网络资源优势和电子商务平台开展电子图书的网上营销,协会领导也曾表示这是既可解决教材网生存发展、又能促进出版社图书发行的可行的办法。

教材网的主要读者对象是高校师生,这类人群文化层次较高,有丰富的上网经验,完全符合电子图书的读者定位。经过近几年的发展,教材网的社会影响和知名度不断提高,在高校师生中产生了一定的影响,已经具备了利用自身网络资源开展电子图书销售的条件。

开展电子图书销售,首先需要教育部、大学版协领导及管委会的支持,也需要大学出版社的积极配合。如可行,教材网将提出具体方案,提交教育部社科司、大学版协领导批准,管委会通过。

3. 加强信息员队伍建设。

教材网为全国大学出版社提供了一个宣传、管理、经营的平台,教育部社科司曾发文要求建立信息员队伍,各社按照要求普遍设立了信息员,社领导亲自抓,教材网工作人员与各社信息员共同努力,基本保证了网站工作的开展。目前各社信息员已为网站上传书目9万余条,提供了大量出版社动态消息,丰富了网上内容,较好地完成了社科司办公系统各项数据的上报工作,比较顺利地开展起网上零售工作。信息员是网站信息来源和业务开展的保证,此项工作得到了多数出版社的重视,但也有部分出版社重视不够,一些社不能及时上传、更新书目和提供信息,个别社不能按要求及时上报社科司办公系统的数据、材料,一些社处理订单、发书不及时,给网站和出版社都带来负面影响。原因主要是:(1)一些社对这项工作重视不够,社领导不抓不管;(2)一些社由于信息员变动,使工作受到影响,甚至中断;(3)一些社对信息员的工作安排和待遇没有明确,影响了信息员的工作积极性。希望能够继续通过"信息员培训"、全国大学出版社会议,由社科司和大学版协领导出席讲话,使各社加强认识,落实措施。

一年来,网站全体人员在人员少、任务重的情况下,脚踏实地勤奋工作,网站有了可喜的发展,知名度、影响力不断提高,得到了各方面的充分肯定,在2006年11月召开的全国大学出版社社长大会上,教育部社科司出版处魏小波处长、大学版协刘军秘书长在讲话和工作报告中对教材网的工作都给予了充分肯定。同时,也得到了大学出版社的普遍认可,称赞我们的网站办得有声有色。我们网上的一些内容也先后被一些网站、报刊所转载。

今后,我们要不断努力,积极探索新的利润增长点,为大学出版事业作出更大的贡献。

中国高校教材图书网 2007 年工作情况

中国高校教材图书网在教育部社科司、大学版协、人大出版社的领导管理下,2007年继续得到稳步发展。截至2007年12月31日,总访问量已达17240206人次,实现了建网初期确定的成为高校图书信息发布的平台、展示大学出版社整体形象和风貌的窗口的预定目标,已成为具有一定影响力和知名度的专业品牌网站。2007年,教材网在信息宣传、电子政务、图书销售、图书有偿宣传几大方面都有了新的发展,在自身特色和品牌建设方面取得了新的成效。

一、信息平台成为展示大学出版社整体形象及图书宣传的窗口

教材网是全国大学出版社的公共门户网站,以信息"全、新、快"著称,全面展示了大学出版社整体形象、出版营销动态和业界资讯,成为大学出版社对外宣传的窗口。

1. 教材图书品种全、更新快,突出书目信息"全、新、快"特色。

截至 2007 年底,教材网共收录全国 108 家大学出版社、教育部直属出版社的图书 107837 种,近一年来新增 6644 种,不断更新、变化的图书品种及时动态地反映了大学社教材图书的出版情况,基本涵盖了目前大学社教材和学术出版的品种,体现了教材网"高校出版社教材总汇"的特色和优势。同时,在教材图书信息和在线订购等书目板块中做到实时更新,突出了在线书目全、新、快的特点,突显了图书信息的资源优势。为配合图书宣传推介,《书评园地》《编辑荐书》《专家推荐》《教材论坛》等几大栏目办得有声有色,得到了普遍好评。

为配合大学出版社春秋两季的教材发行、征订,教材网延续往年做法,与高校图书代办站服务中心编发的《高校教材图书征订目录》互动,同步推出电子版,在线查询、订购,受到高校师生和经销商的欢迎,成为教材网的一大特色。

为了适应信息时代的新特点,教材网还不断拓展新的业务点,2007 年 4 月,教材网与北京方正阿帕比公司合作,实现了部分图书(20498 种)的在线翻阅。

2007 年,教材网进一步完善了图书分类,确保每本图书都可以通过多种分类方法及查询途径检索;在各图书板块的显要位置,都设置了图书查询索引条,读者可方便、快捷地查询到所需要的图书。我们还增设了在线图书销售排行榜,为读者订购图书提供参考。

网站还配合各社做重点图书宣传,为多家大学社的重点图书开辟宣传专栏和重大活动专栏,并以多种网络动态形式展现,起到了很好的宣传效果。

今年,教材网又开通了教育网专用通道(http://edu.sinobook.com.cn),高校师生可以通过教育网通道快捷地访问浏览,提高了访问速度。

根据教材网调查显示,在访问人员构成中,教师、学生分别占到总访问量的 21.01% 和 43.09%,他们形成了一个庞大的用户群体,一些教师、学生和学校教材科反映说,教材网已经成为他们了解教材信息,查询、选购图书的主要渠道。

一些教材书店的人反映,由于教材网的书目比较全,他们经常上教材网查询图书信息,有的每天都要上去看一看。正是教材网特有的图书信息吸引了大批的固定用户群体,使得访问量历年持续上升,成为同类教材网站中的知名品牌网站。

2. 栏目设置新颖独特,突出大学出版业的特色。

教材网非常重视对各大学出版社的宣传,全方位、多视角地反映各社的出版动态,宣传各社的经营、管理、出版理念。我们把重点放在采编和选载反映大学出版社形象和出版动态的文章上,既突出了大学出版社自身特色,又形成了我们的品牌。一些栏目,已经成为具有影响力的品牌栏目,备受各出版社及业界关注,一些内容经常被其他媒体转载。2007 年,七大板块共编辑发布各类文章及图书资讯 4139 篇,日均约 12 篇。

2007 年,在全面反映了大学出版社工作重点和主要出版动态的基础上,网站还不断捕捉业内关注的热点,根据热点设计专栏,先后推出了"大学出版社改制专栏""第三届大学出版社营销论坛专栏""中国大学出版社协会成立二十周年庆典专栏""第六次高校出版社工作会议专栏""全国出版社网站建设工作交流会专栏""大学出版社向社会捐赠图书专栏""第 20 届大学出

社图书订货会专栏"等。为了更好地做好信息宣传,还不断尝试各种网络展示手段。今年增设了首页动画栏目,页面形式生动活泼、简洁明快,形象地再现了大学出版界及各社的一些重大、重点活动,很多大学出版社纷纷向教材网提供信息,希望充分利用这一平台扩大自身宣传,教材网与各社之间形成了良好的互动关系。

教材网作为独家全程现场立体报道大学出版社图书订货会的媒体,已连续六年推出订货会专版进行专题报道。在订货会期间,派前方报道组到现场进行采编,以丰富翔实的内容及现场照片,同步、动态地展示订货会的盛况,得到了业内人士的普遍好评。这对宣传、展示大学出版社的风貌,也对宣传教材网,起到了很好的作用。在订货会新闻发布会上,大学版协副理事长张天蔚对教材网在订货会的宣传报道工作给予了高度评价和赞扬。

教材网还对业内重大活动,如北京图书订货会、全国书市、北京国际书展、法兰克福国际书展等,做了重点报道,及时全面地反映了出版行业的重要信息。

3. 信息平台突出"资料库"特色。

为了将教材网建成独具大学出版特色的信息平台,网站将"建成大学出版信息资料库"作为一个重要目标,今年特别加强了这方面工作。我们将近年来大学出版社的各类资料进行收集、整理、分类,建成完整的信息资料库;设立的政策法规专栏,收录了近年来国务院、新闻出版总署、教育部、文化部、国家版权局、国家技术监督局、国家质量监督检验检疫总局有关新闻出版的政策法规;设立的"大学出版社协会"专栏,收集保留了近几年来大学发展史中的重要资料;为业内重点刊物开辟专栏,创建"《大学出版》电子版库",收录了4年来的刊物内容。另外,由中国大学出版社协会负责组织编纂,反映中国大学出版社发展史和基本情况的大型资料性工具书《中国大学出版社概览(1997~2005)》于2007年出版,在资料收集整理工作中,网站数据库为《概览》编辑提供了大量资料。目前,"信息资料库"已初步成为"中国大学出版大全"的网络平台。

为了与"信息资料库"相配合,方便读者查询网上信息,教材网进一步完善了内容检索系统,用户可以通过文章标题、作者、时间等各个选项查询信息,确保了内容数据库的高效利用。

二、努力维护好电子政务管理平台

教育部社科司出版管理系统是社科司对主管大学出版社、电子音像出版社的电子政务平台,为政府与大学社之间构建了规范、便捷的管理及信息交流平台。各社通过本系统完成了各年度的年检数据上报工作。2007年,教育部要求2006年度相关图书及电子、音像社的年检数据直接报给教育部社科司,我们为教育部社科司完成了数据的分类、统计、分析等工作。同时,为了出版管理系统数据的延续性,我们将106家图书出版社、77家音像社、63家电子社的年检数据(人员、出版、经营情况)人工录入数据库中,保证了数据库的完整性和权威性。在2007年召开的第六次高校出版社工作会议中,这些数据为上级领导和主管部门对大学出版社、电子音像出版社的全面分析、决策提供了重要的帮助。

三、积极开展网上零售业务,打折售书,回馈读者

教材网的网上零售工作与网站开通同步启动,网上零售满足了读者网上购买大学出版社教材图书的需求,解决了部分读者购书难的问题,促进了出版社的图书销售工作。

2007年8月教材网开通五周年,为回馈广大读者长期以来对教材网的支持,教材网联合各大学出版社推出了"让利读者,优惠售书"活动。活动开展以来,受到读者的普遍好评,图书订购数量稳步上升。据8至9月份的图书订购数据显示,订购金额明显高于打折前,取得了较好的效果。截至2007年12月31日,网站取得零售订单1935个,订购总金额109252.83元,订购图书总

册数为3908册,销售总金额32874.8,网上零售会员已达31623人。

在网站和各出版社的共同努力下,网上零售系统不仅满足了读者的购书需求,同时也为各大学出版社的图书销售开辟了一条新途径。

四、积极开拓市场,拓展网上图书宣传业务,努力增收

我们利用网络平台,积极拓展网上图书有偿宣传业务,创造效益。我们把目光盯住非大学出版社,利用各种订货会及上门洽谈等方式宣传我们网站的专业特色和优势,吸引非大学社在我们网站做图书宣传。对于有意向的客户我们根据各社的不同要求和图书的不同特点,制定宣传策划方案,争取客户。经过努力,科学、人民邮电等出版社已经在我们网上做了付费图书宣传,截至今年年底,收入达32.53万元。

一年来,网站全体人员脚踏实地勤奋工作,网站有了可喜的发展,知名度、影响力不断提高,得到了各方面的充分肯定。在2007年11月召开的全国大学出版社社长大会上,教育部社科司出版管理处魏小波处长、大学版协张天蔚副理事长、刘军秘书长在讲话和工作报告中,都对教材网的工作给予了充分肯定。大学出版社也普遍称赞教材网办得有声有色。我们网的一些内容被其他一些网站、报刊转载。2007年12月,在全国出版社网站工作会议上,我们网站做了题为《打造中国高校教材专业特色网络平台》的经验介绍,得到了与会者的热烈反应。

今后,我们要不断努力,为大学出版事业及人大出版社作出更大贡献。

中国高校教材图书网2008年工作情况

2008年,中国高校教材图书网在教育部社科司、大学版协、人大出版社的领导、管理下,坚持正确的政治方向和舆论导向,在现有定位下,努力加强自身建设、做好工作,充分发挥网站的各项功能,全力拓展网站的知名度和影响力,使教材网继续得到稳步发展。截至2008年12月31日,总访问量已达20150884人次,在线书目141797种,注册会员34362人,注册经销商208家,已成为展示大学出版社整体形象和出版风貌的平台,具有一定影响力和知名度的专业品牌网站。

一年来,教材网在信息宣传、电子政务、电子商务几大方面都有了新的发展,在自身特色和品牌建设方面取得了新的成效。

一、资讯平台成为展示大学出版社整体形象及出版风貌的窗口

教材网是全国大学出版社的公共门户网站,我们注重突出大学出版特色,发挥门户网站的导向和窗口作用,全面、及时地为业界提供大学出版社信息资讯。2008年,我们通过自采自编和摘编各大媒体信息,全方位、多视角宣传国家出版大政方针,展示大学出版社整体形象和出版、营销动态,出版人物志、社长总编论坛、业界观察、发行论坛、经营管理等栏目已成为具有影响力的品牌栏目,备受关注,七大板块共编辑发布各类资讯及文章9286篇,平均每天25.5篇。

1. 及时反映大学社改制。

2008年是大学出版社体制改革全面推开的一年,在第一批19家改制试点工作的基础上,第二批62家大学出版社全部进入改制试点,网站对大学社体制改革给予了高度关注,在出版新闻、出版动态、简讯等栏目中对改制的进程和各社的最新动态都做了报道。网站还特设了"大学出版社体制改革"专栏,对改制工作做全面报道。

2. 全程报道大学订货会。

2008年11月,第21届大学出版社图书订货会在合肥召开,教材网作为独家报道网络媒体,推出了"第21届大学出版社图书订货会专题报道"专版,前方报道组现场全程跟踪报道,现场采编、即时发稿,发布稿件199篇,发布照片151张,报道组经常连夜编稿发稿,出色地完成了订货会报道任务,受到教育部、版协领导的好评。一些出版社及媒体纷纷发邮件、打电话称赞"教材网专版内容最快、最全、最细"。专版挂出期间,日访问量持续在1.2万人次以上。对订货会的出色报道也同时宣传了教材网自身,进一步提高了我们的知名度。

3. 关注行业热点,提供热点资讯。

2008年,教材网站对行业重点工作、热点问题密切关注,如数字出版、知识产权、农家书屋、订货会、书市、国际书展、图书博览会等,及时全面地进行报道,有些还开设专栏进行连续跟踪报道。2008年正值改革开放30周年,网站紧抓这一热点题材跟踪报道,开设了"书业改革开放30年"和"大学社纪念改革开放30年"专栏,回顾改革开放30年来中国出版界,特别是大学出版界的巨大变革,报道大学社举办纪念活动的情况,受到了普遍关注。

4. 配合大学版协重点工作开展宣传报道。

教材网配合大学版协的一系列活动开展了宣传报道工作。设立了"12届中韩日三国大学版协研讨会专栏""大学版协代表团赴台交流专栏""全国高校图书代办站工作研讨会专栏"等,并将业内专家的论文在网上发布,为业内人士提供了一个学术交流的平台。大学版协组织大学社开展的"2008高校教材全国巡展月""向革命老区和贫困地区捐赠图书"及"第八届全国高校出版社优秀畅销书评奖"等活动,教材网都做了详细报道,有力地支持了协会工作。

5. 对国家一些重大活动做到快速反应,及时报道。

2008年5月四川汶川发生强烈地震,各大学社积极投入到抗震救灾的行动中,积极捐款捐物,捐赠抗震救灾图书。教材网立即行动起来,开设了"书业抗震救灾""大学社爱心捐赠行动"专栏,对业界和大学社的抗震救灾活动进行全面及时的报道,宣传大学社在抗震救灾中的贡献。我们还与中国红十字扶贫开发服务中心及多家媒体联合开通了"红十字扶贫开发服务中心网上捐款平台"。2008年8月举世瞩目的北京奥运会召开,"奥运年·中国年"是重要出版元素之一,教材网积极配合大学社宣传奥运题材出版物,收到很好效果。

二、教材图书平台品种全、更新快,突出高校教材专业特色

教材网以书目信息"全、新、快"、独具专业特色著称,截至2008年年底,共收录全国108家大学出版社、教育部直属出版社的图书140761种,这是教材网的信息资源,也是备受关注的关键所在。

1. 加大图书更新力度,吸引更多的访问者。

为进一步加强这一特色,教材网2008年加大了图书数量和品种的更新速度,每天都有新书发布。为及时发布各社图书,网站编辑主动与各社联系征求书目,主动到各相关媒体采集书目,一年来新增书目35289种,创历年最高。不断更新、变化的图书品种,及时动态地反映了大学社教材图书的出版情况,体现了教材网"大学出版社高校教材总汇"的特色和优势。为配合图书宣传推介,书评园地、编辑荐书、专家推荐、教材论坛等几大栏目办得有声有色,得到了普遍好评。

2. 配合各社重点图书宣传。

为加大图书的宣传力度,吸引更多的访问者,2008年我们利用开设专栏、首页动画、活动图标等多种网络动态形式推介各社重点图书,如北理工社签约圣智学习出版公司、上海交大社《当代大学读本科学文化系列》、北大社教材体验活动、南京大学出版社《要做股市赢家》新书发布会等,都收到了很好的宣传效果。

3. 配合大学出版社春秋两季的教材发行、征订,发布电子版。

教材网延续往年做法,与高校图书代办站服务中心编发的《高校教材图书征订目录》互动,同步推出电子版,在线查询、订购,受到高校师生和经销商的普遍欢迎,也提升了教材网的点击率。

4. 不断完善网上功能,为读者查询和订购图书提供更人性化的服务。

随着网络的发展和客户要求的提高,不断完善网上各种功能,提供更人性化的页面和网络功能已成为我们日常工作的一部分。2008年我们与技术部门一起进一步完善了图书检索系统,确保每本图书在各个页面都可以通过多种分类方法及查询途径检索;在各图书板块显要位置,都设置了图书查询索引条,方便读者快捷地查询订购到所需要的图书。

经过不断努力,教材网在高校师生中的影响持续提升。据统计,教材网目前的访问人员构成,教师、学生分别占到总访问量的21.01%和43.08%,他们形成了教材网最庞大的用户群体。一些教师、学生和学校教材科反映说,教材网已经成为他们了解教材信息,查询、选购图书的主要渠道。一些教材书店的人反映,由于教材网的书目比较全、更新快,他们经常上教材网查询图书信息,有的每天都要上来看一看。

三、出版管理系统已经成为教育部管理和联系大学社的电子政务平台

教育部社科司出版管理系统是社科司对主管大学出版社、电子音像出版社的电子政务平台,为政府与大学社之间构建了规范、便捷的管理及信息交流渠道。

2008年,我们通过这套系统完成了2007年度图书、电子、音像出版社的人员、出版、经营情况的数据汇总工作。年度数据是直接报给教育部社科司的,为了做好统计分析工作,保持数据的完整性,我们先把原始数据按照项目一项项录入到出版管理系统中,对于有疑问和明显错误的数据,及时联系各社核实;对于未及时上报数据的出版社,我们一一打电话、发传真催报。经过耐心细致的工作,共有106家图书出版社、76家音像社、71家电子社完成数据上报工作。根据教育部的要求,我们按照图书、音像、电子社分别进行原始数据的汇总、归类、排序,并做成图表分析,圆满完成了任务,得到教育部社科司领导的表扬。

四、积极开展电子商务,努力创收

利用教材网平台开展电子商务创收,一直是我们探索和努力的重点,一年来,我们发挥优势,克服困难,使电子商务得到稳步发展。

1. 积极开展网上图书零售。

2008年,受图书市场不景气的影响,网上图书零售面临更大困难。在这种困境下,教材网全体人员团结协作,想方设法采取各种有效措施,使网上零售工作在困境中稳步增长。首先,我们加大了书目更新数量和速度,加大图书推介力度,大大提高了读者的访问率。2008年,新书快递、精品书摘、最新可供书目三个栏目的访问量比2007年增长了104506人次。

二是开展了一系列优惠售书,如"小团购"(对于订购同种图书数量10本以上的读者,与出版社协商后,给读者打折或者免邮费)、"教材网开通6周年打折促销"等活动,联合部分出版社

"让利读者,优惠售书",这些举措,在一定程度上增加了读者订购的积极性,推动了图书的销售。2008年图书零售码洋比2007年增长了24.67%。

2. 积极开展有偿宣传活动。

我们积极利用网络平台,拓展网上图书有偿宣传业务,创造收益。我们把目光盯住非大学出版社,利用各种订货会及上门洽谈等方式宣传我们网站的专业特色和优势,吸引非大学社在我们网站做图书宣传。对于有意向的客户我们根据各社的不同要求和图书的不同特点,制定宣传策划方案,争取客户。经过努力,科学、人民邮电等出版社已经连续几年在我们网上做了图书付费宣传。

3. 探索开辟数字图书销售业务。

我们已经与北大方正阿帕比数字技术有限公司商谈,准备和他们合作,在教材网开辟数字图书销售业务窗口,以此推动教材网的商业经营。

2008年,教材网全体人员脚踏实地勤奋工作,网站有了可喜的发展,知名度、影响力不断提高,得到了各方面的肯定。在2008年11月召开的全国大学出版社社长大会上,教育部社科司出版管理处魏小波处长、大学版协王明舟理事长在讲话和工作报告中,都对教材网的工作给予了充分肯定。大学出版社和业内人士也普遍称赞教材网办得有声有色。

今后,我们要不断努力,为全国大学出版社的改革发展助力,作出更大的贡献。

中国高校教材图书网2009年工作情况

2009年,中国高校教材图书网在教育部社科司、大学版协的指导下,在人大出版社的领导、管理下,坚持正确的舆论导向,努力搞好自身建设,积极做好各项工作,得到了稳步发展,影响力和知名度不断提升,已成为具有一定影响力和知名度的专业品牌网站。截至2009年12月31日,总访问量23215021人次,在线书目167916种,注册会员37284人,注册经销商228家。在2009年全国出版业网站年会上,中国高校教材图书网荣获全国出版服务类网站第五名。

在2009年,我们重点把握三个基本思路开展工作:一是找准定位,坚持和发挥全国大学出版社门户网站的特色,以此作为我们的资源和发展根基;二是注重发挥门户网站的综合平台作用,力争在大学社改制面对各种集团的激烈市场竞争、寻求联合联盟的过程中,把教材网打造成全国大学出版社整体形象宣传、图书资源整合、联合营销发行的综合媒介和联系纽带,以期成为其联合的平台;三是立足电子商务,形成自己的造血功能,争取做强做大。

一年来,教材网在信息宣传、电子政务、电子商务几大方面都有了新的发展,在自身特色和品牌建设方面取得了新的成效。

一、资讯平台成为展示大学出版社整体形象和出版风貌的窗口

教材网是全国大学出版社的公共门户网站。聚焦全国大学出版社及时、全面的信息资讯,助推大学出版业的工作和发展,是我们的工作重点。2009年,我们通过自采自编和摘编各大媒体信息,全方位、多视角宣传了党和国家的出版大政方针,宣传了大学出版社的出版、营销动态及业界资讯,七大板块共编辑发布各类资讯9234篇。出版人物志、社长总编论坛、业界观察、发行论坛、经营管理、市场观察等栏目已经成为具有影响力的品牌栏目,备受关注。其中,出版人物志47篇、社长总编论坛46篇、业界观察136篇、发行论坛118篇、经营管理86篇、市场观察98篇。

我们注重围绕大学出版社中心和重点工作进行宣传报道。

1. 把握大学社发展脉络,全面反映大学社改制工作。"改制"是2009年出版社的重点工作,大学社改制工作全面铺开,进入了关键时期。教材网对大学社体制改革给予了高度关注,在出版新闻、出版动态、业界观察等栏目中做了全面报道,还开设了"大学出版社体制改革"专栏,为大学社的体制改革提供舆论导向和可借鉴的经验做法,有力地支持了大学社的改制工作,得到各社的普遍关注。

2. 抓住大学出版发行工作重点,聚焦业内重要活动。如,今年年初,对2009年全国高校图书代办站工作会议及时进行全面报道,登发教育部魏小波处长、大学版协王明舟理事长、贺耀敏副理事长的重要讲话等;去年,配合"2009年全国高校出版社教材巡展季活动",特设专栏,历时半年,从前期的活动方案发布到巡展现场的跟踪报道以至后期的总结座谈会,成为巡展活动的信息平台和宣传窗口;5月,《高校教材图书征订目录》座谈会在大同召开,本网派编辑现场采编进行专题报道;6月,配合大学出版社图书奖和高校出版人物奖评选,推出"大学社图书奖人物奖专栏",突出报道及重点宣传了获奖人物和图书;11月,配合"全国大学出版社编辑部主任骨干编辑培训班",开设专栏,发布信息资料、讲课材料,得到参会人员和各大学社同志的欢迎。此外,还对行业热点问题,如数字出版、知识产权、农家书屋、北京订货会、全国书市、北京国际图书博览会、第61届法兰克福书展等,给予了密切关注、积极报道。

3. 全程报道全国大学出版社图书订货会。大学社图书订货会是全国大学出版社的一项重点工作,也是教材网发挥作用、进行自身宣传的好机会。为做好订货会的报道,网站工作人员从创意到实施方案都做了周密、细致的准备,对专版版面设计、栏目设置、具体内容等反复研究。订货会在厦门举行期间,网站组成前方报道组,作为独家全程跟踪报道的网络媒体全面报道大会盛况。共发布图、文信息264条(其中,现场采编文字稿件58篇、拍摄照片615张、发布118张),出色地完成了报道任务,受到教育部、版协领导和各出版社同志的好评。在全国大学出版社社长会上,大学版协领导在工作总结中对教材网给予了高度评价。专版推出期间,教材网的日访问量持续在1.2万人次以上,进一步提升了我们网站的知名度。

此外,网站还积极为各大学出版社服务,及时发布各社动态和重点活动信息,为各大学社提供了一个形象宣传、展示风采的平台。

二、教材图书平台信息全、新、快,突出高校教材专业特色

书目信息是教材网的重要信息资源,教材及学术著作品种的全、新、快是我们网站的特色。从网站的调查中了解到,有71.2%的读者是通过搜索图书访问本网的。截至2009年底,教材网共收录全国各大学出版社、教育部直属出版社及个别部委出版社的图书167916种。

教材图书信息是重要信息资源,也是教材网备受关注的关键所在。在维护中我们注意了:(1)加大图书更新力度,吸引更多的访问者。2009年加快了图书数量和品种的更新速度,保证每天都有新书发布,一年来新增书目品种27989种,创历年新高,配合图书宣传推介的书评园地、编辑荐书、专家推荐、教材论坛等几大栏目也办得有声有色。(2)配合各社重点图书推介活动做好图书宣传。2009年,我们利用开设专栏、首页动画、活动图标等多种网络动态形式推介各社重点图书,为上海交大社《钱学森》《当代大学读本》,浙江大学出版社《樊博头考研系列》,南京大学出版社《要做股市赢家》，北大社"教材体验活动"，北理工社高职教育签约圣智学习公司等各种宣传活动进行了报道。网站还为整体发布各社的最新书讯，开设了大学生就业指导、营销类、经管类、职场励志类等10个新的图书专栏。（3）继续与高校图书代办站服务中心编发的《高校教材图书征订目录》互动，同步推出电子版，以其在线、多种媒介和快捷检索的查询、订购优势，受到高校师生和经销商的普遍欢迎。（4）不断完善网上功能，为读者提供更加人性化的服务。如进一步完善了图书检索查询功能，增加了编辑功能和弹出窗口功能，更好地方便读者快捷查询、订购图书。

经过努力，教材网的访问量持续上升。一些教师、学生和学校教材科同志反映说，教材网已经成为他们了解教材信息，查询、选购图书的主要渠道。一些教材书店的人反映，由于教材网的书目比较全、更新快，他们经常上教材网查询图书信息，教材网成为他们依赖的信息库。

三、出版管理系统成为教育部管理大学社的电子政务平台

教材网的教育部社科司出版管理系统是社科司对主管大学出版社、电子音像出版社的电子政务平台。

2009年初社科司发文要求各出版社通过教材网上报2008年图书、音像、电子出版社的人员、出版、经营情况数据。为了保证数据的完整性和权威性，我们对各社上报的数据一一核对，发现不准确的数据及时与出版社核实。对于以纸质报送数据的出版社，我们一一录入系统。对于未上报数据的出版社，我们协助教育部出版管理处打电话、发传真催报。经过耐心细致的工作，共有108家图书出版社、76家音像社、71家电子社完成了调查数据的上报工作。数据上报完成后，我们又根据教育部的要求，对数据进行汇总、排序，并做成图表分析，圆满完成了任务，受到教育部领导的好评。

目前，出版管理系统不仅发挥了电子政务功能，还以其系统、全面的数据资料成为"全国大学出版社信息管理数据库"，为各级领导掌握大学社发展情况、研究、决策提供了重要依据。

四、积极开展电子商务，力争更多创收

利用教材网开展电子商务创收，一直是教材网探索的重点。一年来，我们发挥优势，克服困难，电子商务得到了稳步发展。

1. 积极开展网上图书零售。受经济不景气的影响，2009年网上图书零售面临很大困难。在各级领导的指导下，教材网同志团结协作，想方设法改进工作：加快了书目更新速度和加大图书推介力度，提高了读者订书的概率；开展了一系列宣传促销活动，抓住新学期、节假日等时机，联合各大学出版社先后推出了"新学期教材热卖会""小团购优惠售书""网站7周年庆让利售书"等十期优惠售书活动，订单数量明显增加；将"在线订购"页面调整为了教材网的第一访问页面，吸引读者订购图书，调整后"在线订购"访问量居高不下；加强了零售工作分析，及时调整策略，有针对性开展网上营销，第三季度根据分析报告，把营销重点放在学校和经销商客户上，争取到了梅州英才外语学校、邵阳市委党校的订单；热情服务，赢得客户的信任，争取固定客户，一些客户成为教材网的长期客户，每次订书都会直接委托本网工作人员下订单，今年共为个人读者提交订单30个，订购码洋4271.2元。另外，每逢节假日，本网都要给各大学出版社、代办站、经销商会员、零售会员发送贺信、电子贺卡，与他们保持了良好的联系。

2. 积极开展有偿宣传业务，创造收益。我们把目光盯住非大学出版社，利用各种订货会及上门洽谈等方式宣传我们网站的专业特色和优势，吸引非大学社在我们网站做图书宣传。对于有意向的出版社我们根据各社的不同需求和图书的不同特点，制定宣传策划方案，积极主动争

取。经过努力,科学、人民邮电等出版社已经连续几年在我们网上做了图书付费宣传,为网站创造了收益。

2009年,通过全体人员脚踏实地勤奋工作,教材网有了可喜的发展。虽然做了一些工作,取得了一些成绩,但我们在自身发展上还存在着许多不足,我们要向兄弟网站和部门学习,不断改进、提高,在新的一年里,发奋努力,争取为大学出版事业和人大出版社作出更大的贡献。

中国高校教材图书网 2010 年工作情况

2010年,中国高校教材图书网在教育部社科司、中国大学出版社协会指导下,在中国人民大学出版社领导、管理下,坚持正确的舆论导向,努力搞好自身建设,积极开展各项工作,较好地完成了工作任务,取得了新的发展。截至2010年12月31日,总访问量达到26673854人次,日均点击率近万人次,在线书目189554种,注册会员40516人,注册经销商234家。在2010年12月中国版协、中国出版科学研究院召开的全国出版业网站年会上,教材网以多年来在大学出版业发展中发挥的作用、作出的贡献,荣获"'十一五'突出成就网站奖"。

教材网在2010年,针对新的形势,遵照上级要求,始终坚持按照以下基本思路开展工作:一是找准定位,坚持和发挥全国大学出版社门户网站的特色,以此作为我们的资源和发展的根基,在服务大学出版业中实现价值、赢得发展;二是发挥门户网站作用,紧密配合教育部社科司、大学版协及全国大学出版社的核心工作、重大活动,把教材网打造成全国大学出版社整体形象宣传、图书资源整合、联合营销发行的综合媒介、联系纽带和工作平台;三是立足电子商务,积极开拓各种经营性业务,形成造血功能,力争做强做大。

一年来,教材网在信息宣传、电子政务、电子商务几大方面开展了大量工作,取得新的发展。

一、资讯平台成为大学出版社宣传整体形象、交流各项工作、推广教材图书、开展重大活动的重要窗口和平台

教材网上游连接百家大学出版社,下游连接全国高校图书代办站、国有民营书店和广大读者,及时、全面地发布大学出版界出版、发行信息是教材网的主要功能之一。2010年,教材网对业界重点工作、大学社重要活动、图书出版、教材推介、成功经验,以及高校图书代办站、教材经销商的相关信息等全方位、多视角地进行了报道、宣传,七大板块共编辑发布各类资讯11506篇,比2009年的9234篇增长19.74%。出版人物志、社长总编论坛、业界观察、营销论坛、经营管理、市场观察、编辑荐书、专家推荐等栏目已经成为品牌栏目。

教材网注重全国大学出版社专业网站的特色,2010年全力配合和推动教育部、大学版协和各大学社工作的开展;在大学社体制改革的关键年份,努力办好"大学出版社体制改革"专栏,全面反映大学社改制工作,对大学社普遍关心的问题进行深入报道,提供舆论导向和可借鉴的经验做法,有力地支持了大学社的改制工作;根据新闻出版总署提出的"把数字出版打造成新闻出版支柱产业"这一工作重点,开辟了"数字出版"专栏,对国内外数字出版的前沿问题和发展趋势进行重点报道;为宣传大学社的整体形象,在开设的"首届大学社图书奖、人物奖"专栏,配合大学版协对获奖名单进行了网上公示,重点宣传了获奖人物及获奖图书;在大学出版社联合发行工作中,对1月份的全国高校图书代办站工作会议进行了全面报道,配合"2010全国高校出版社教材巡展活动"开设了专栏,从前期的活动方案发布、到巡展现场的跟踪,以至后期的总结座谈会,历时半年给予报道、服务,成为巡展活动的工作、信息平台和宣传窗口;配合"全国大学出版社编辑培训班",开设专栏、发布信息资料、讲课材料,得到参会人员和各大学社同志的欢迎;开设专栏全程报道和服务第23届全国大学出版社图书订货会,订货会前几个月就开始配合协会发布通知、方案等文件信息,举行期间又组成报道组前往南昌,全程跟踪报道大会盛况,会后又组织了总结性报道,共发布图、文信息275条(现场采编文章63篇,照片997张,使用116张),及时、全面地报道了订货会,出色地完成了报道任务,受到教育部、版协领导和各出版社同志及业界的好评,教材网在专版推出期间的日访问量持续在1.2万人次以上,进一步提升了知名度。此外,2010年还对行业其他热点问题,如知识产权、农家书屋、北京订货会、全国书博会、北京国际图书博览会、第62届法兰克福书展等,给予了密切关注、积极报道;对各大学出版社的重要动态和重点活动,做了积极的宣传报道。

二、教材图书数据库信息全、新、快,高校教材专业特色突出

教材图书品种的全、新、快是教材网的特色。从问卷调查中了解到,有71.2%的读者是通过搜索图书访问教材网的。到2010年底,教材网在线书目近19万条,基本涵盖了目前全国大学社的在销教材、学术著作和社会读物。

教材图书信息是教材网的重要信息资源,也是教材网备受关注的关键所在。2010年,我们更加注重对数据库的优化和维护:(1)加大图书更新力度,吸引更多的访问者。2010年数据库新增书目23004种,在数据库图书数量不断扩大的情况下,我们更加注意品种的更新速度,保证新书及时上传发布。配合图书宣传推介的书评园地、编辑荐书、专家推荐、最新可供书目、音像资讯、推荐教材、教材论坛等几大栏目也办得有声有色。(2)配合各社重点图书推介活动做好图书宣传。2010年,我们利用开设专栏、首页动画、活动图标等多种网络动态形式推介各社重点图书。为上海交大社《钱学森》、人大社《中国美术》(四卷本)等图书,李瑞环《务实求理》英文版签约仪式、高教社与圣智共话数字时代教育出版新要求、外研社《牛津·外研社英汉汉英词典》全球同步首发、基础英语教育门户"新标准英语网"上线等活动,进行了重点报道。此外,配合西南师范大学出版社、清华大学出版社、华南理工大学出版社、西北工业大学出版社、教育科学出版社、北京大学出版社、黑龙江大学出版社等多家出版社做社庆宣传,为各大学出版社发布招聘信息,为上海交大出版社、浙江大学出版社、广西师大出版社等社的新书推介活动在专栏或首页动画中做重点宣传。还为整体发布各社的最新书讯开设了考试用书专栏,对热点图书按就业指导、职场励志、管理策略、营销策略、投资理财等九大类分别推出专栏宣传。(3)继续与高校图书代办站服务中心编发的《高校教材图书征订目录》互动,同步推出网络版,以在线、快捷的检索、查询、订购优势,受到高校师生和经销商的普遍欢迎。

经过努力,教材网的访问量持续上升。一些教师、学生和学校教材科反映说,教材网已经成为他们了解教材信息,查询、选购图书的主要渠道。一些教材书店的人反映,由于教材网的书目比较全、更新快,他们经常上教材网查询大学社图书信息,教材网已经成为他们依赖的信息库。

三、出版管理系统成为教育部管理大学社的电子政务平台

教材网的教育部社科司出版管理系统是社科司对主管大学出版社、电子音像出版社的电子政务平台。

2010年初社科司发文要求各出版社通过教材网上报2009年图书、音像、电子出版社的人员、出版、经营情况数据。为了保证数据的完整和无误,我们对各社上报的数据一一核对,不准确的及时与出版社核实;对于以纸质报送的数据,一一录入系统;对于未及时上报数据的出版社,通过电话、传真催报。经过耐心细致的工作,107家图书出版社、69家音像社、64家电子社如期完成了2009年度相关情况调查的数据上报工作。数据上报完成后,我们又根据教育部的要求,对数据进行汇总、排序,并做成图表对比,圆满完成了任务,受到教育部领导的表扬。

出版管理系统不仅发挥了电子政务功能,还以系统、全面的数据资料成为"全国大学出版社信息管理数据库",为领导机关掌握大学社发展情况,研究、决策提供了重要依据。

四、立足电子商务,积极开拓各种经营性业务

利用教材网开展电子商务创收,形成良性的经营机制,一直是教材网探索、努力的重点。一年来,我们发挥优势,克服困难,推出了"中国高校教材图书网2010年广告招商""名优出版社教材推展"等活动,取得了初步成效。

1. 推出"广告招商"活动,开拓广告市场。我们把重点放在非大学出版社,利用各种订货会、上门洽谈等方式宣传教材网的专业特色和优势,吸引他们在我们网站做图书宣传。对于有意向的出版社我们根据各社的不同需求和图书的不同特点,制定宣传策划方案,积极主动争取。经过努力,科学出版社、人民体育出版社做了图书付费宣传,中国劳动与社会保障出版社做了游标广告,其中科学等几家出版社已经连续几年投入了几十万的宣传费用,为教材网创造了收益。社会性的"广告招商"效果还不明显,今后主要扩大宣传,争取客户。

2. 开展有偿宣传服务。2010年10月策划、推出了"名优出版社教材推展活动"。网站全体工作人员齐心协力,想尽办法争取出版社参加;在内容上加大对交费出版社的宣传力度,在名社推荐、书讯、教材推展专栏中对参展出版社及图书进行重点宣传,赢得了出版社的认同,目前已有16家出版社参加了这项活动。教材推展活动期间,网站的访问量一直保持在高位,社会效益、经济效益获得了双赢。

3. 继续做好网上图书零售。大学社图书网上零售已开展几年,2010年,为进一步做好这项工作,网站人员团结协作,采取了一系列措施:一是加快书目更新速度、加强图书推介力度,提高读者订书的概率;二是抓住新学期、节假日等各种有利时机,联合各大学出版社,适时推出打折、热卖、优惠促销等活动,如"小团购优惠售书活动""开开心心过寒假 好书7折带回家""新学期教材饕餮盛宴""迎五一教材优惠季""暑期教材特惠季""8周年庆感恩回馈,购书折上折赠圣才学习卡"等活动;三是将"在线订购"页面调整为教材网的第一访问页面,吸引读者订购图书,调整后的"在线订购"访问量居高不下;四是加强了零售客户分析,及时调整策略,有针对性开展网上营销,如根据分析把营销重点放在了学校和经销商上,争取到了一些学校订单;五是热情服务,赢得客户的信任,争取固定客户,一些客户成为教材网的长期客户,每次订书都会直接委托本网工作人员下订单,今年共为个人读者提交订单22个。另外,每逢节假日,教材网都要给各大学出版社、代办站、经销商会员、零售会员发送贺信、电子贺卡,与他们保持了良好的关系。这些措施使订购数额明显增加,取得了一定成效。

4. 积极谋划与高校图书代办站的网上图书销售合作。为互利共赢、共同发展,发挥教材网多功能、专业化网络平台和代办站网点布局全、面对客户的优势,双方已经商定建立全国代办站系统区域图书网购平台,以教材网为技术支持、网络平台中心,与各地代办站合作(先从部分条件成熟的地区做起),开展图书销售业务。

2010年,通过全体人员脚踏实地的勤奋工作,教材网在大学出版业的工作和发展中发挥了自己的应有作用,教育部社科司和出版管理处领导多次对教材网的工作给予肯定和表扬;在去年11月召开的全国大学出版社社长大会上,大学版协领导在总结报告中对教材网的工作和作用给予了充分肯定和高度评价。教材网的知名度、影响力进一步提高,大学出版社和业界人士普遍称赞教材网办得有声有色;教材网的一些内容经常被其他网站、报刊转载;不少业界网站、IT公司在寻求与我们的数据库资源共享、业务合作;在2010年全国出版业网站评比中,教材网获得了最高奖项——"十一五"突出成就网站奖。

虽然取得了一些成绩,但我们清醒地知道我们还有许多不足,尤其面对出版业市场化、数字化的新形势,我们还有许多事情要做。在新的一年里,我们要学习兄弟部门的先进经验,发奋努力,开拓进取,更好地发挥自身的优势,在出版业市场化、数字化的浪潮中抓住机遇,争取为大学出版事业的发展作出更大的贡献。

中国高校教材图书网在服务大学出版中实现价值和发展

现在,无论在业界还是院校,无论是领导机关、业务单位还是师生,要了解党和国家对大学出版社的政策和要求,要了解中国大学出版社协会的工作和全国大学出版社的动态,要查询全国大学出版社的教材图书出版和供应信息,要订购大学出版社出版的图书,经常听到的一句话是:上中国高校教材图书网!

是的,中国高校教材图书网在教育部社科司主导、中国大学出版社协会指导、中国人民大学出版社的领导管理下,在全国大学出版社的支持和共同营造下,作为全国大学出版社的公共门户网站,在大学出版界整体信息宣传和形象展示,在以服务教育部为主的电子政务,在大学社教材图书查询和订购的电子商务方面,发挥着越来越大的作用,已经成为大学出版社共同进行图书宣传推广的平台、展示整体形象和风貌的窗口。截至2010年10月31日,中国高校教材图书网总访问量已经达到25760857人次,日均点击率近万人次,访问人群遍布全国31个省、市、自治区、港、澳、台地区及世界近百个国家,其中教师占21%、学生占43.08%,其余主要是大学出版社及相关的书店、代办站等经销商。在2009年全国出版业网站评比中,教材网以较高的用户访问量和用户忠诚度等综合得分,排名全国出版服务类网站第5位。

教材网的发展,得益于明确的定位:服务大学出版业。特别是国务院出台《信息网络传播权保护条例》以后和在大学出版社全面改制的形势下,为规避侵权风险,教材网大幅度收缩转载面,仅保留新闻性、政策性文章转载,把重点放在采编和选载反映大学出版社工作文章上,进一步调整了栏目设置,既突出了特色,又形成了自己的专利,将"我用人"变成了"人用我"。面对大学社改制及各种集团的激烈市场竞争,教材网注重发挥门户网站的综合平台优势,在全国大学出版社整体信息形象宣传、图书资源整合、联合营销发行等方面,把助推大学出版界的工作和发展作为工作重点。

近年来,中国高校教材图书网在服务大学出版社中又做出了新的努力,有了新的发展。

一是信息资讯凸显大学出版专业化、品牌化特色。

教材网上游连接百家大学出版社,下游连接全国高校图书代办站、国有民营书店和广大读者。发布及时、全面的出版、发行信息是网站的主要功能。在发布的信息中,既有最新图书出版情况,教材的推荐、评论,也有对出版社重要活动、出版动态、经营管理个案的报道,还有高校图书代办站、教材经销商的相关信息以及各社推广教材的成功举措。网站的信息平台全方位、多视角地展示了大学出版、发行的整体风貌,使读者足不出户即可获取大学出版界的最新信息。

书目信息"全、新、快"是中国高校教材图书网的一大特色。目前,在加强书目数据库建设的同时,突出了书目的时时动态更新。网站在线书目160000余条,品种基本涵盖了目前大学社的所有在销教材和学术著作。为配合大中专院校春秋两季教材征订,中国高校教材图书网从2005年起,已连续五年在线发布春秋两季《高校教材图书征订书目》网络版,现已被高校师生和经销商广泛使用。

教材网突出全国大学出版社专业网站的特色,对大学社普遍关心的热点问题,进行了全面、深入的报道,配合协会和各大学社推动各项工作的开展,也成为大学出版社业务和经验交流的平台。今年针对大学社体制改革工作,开设了"大学出版社体制改革"专栏,对大学社的改制工作和在改制过程中普遍关心的问题进行全面报道;根据总署提出的"把数字出版打造成新闻出版支柱产业"这一工作重点,开辟了"数字出版"专栏,对国内外数字出版的前沿问题和发展趋势进行重点报道;为宣传大学社的整体形象,开设了"首届大学社图书奖、人物奖"专栏,重点宣传获奖人物及获奖图书;在大学社订货会上作为协会自己的重要媒体,全程跟踪报道、宣传全国大学出版社图书订货会。还多视角对各大学出版社图书进行宣传推介,根据各社图书宣传需要,开设专版、专栏宣传各社重点图书;跟踪报道了2010年全国高校出版社教材巡展活动;在本届订货会期间推出了"名优出版社教材推展"活动。

二是电子政务凸显"全国大学出版社信息管理数据库"特色。

教育部社科司出版管理系统2003年在中国高校教材图书网开通,为教育主管部门与大学出版社之间构建了便捷、规范的管理及信息交流平台。各大学出版社通过该系统完成了出版社各年度的年检数据网上报送工作及年度出版计划的网上报批。2005年电子音像出版社网上报批系统投入使用。图书及电子音像出版社管理系统的全部投入使用,标志着中国高校教材图书网已经成为教育部社科司对所属图书、电子、音像出版社管理的电子政务中心。几年来,通过不断的建设和完善,出版管理系统不仅发挥了电子政务功能,还以其系统、全面的数据资料成为"全国大学出版社信息管理数据库",为领导机关了解、研究、决策提供了重要依据。出版管理系统正以其强大的功能为大学出版社的发展发挥着重要作用。

三是电子商务凸显教材、学术专著特色。

教材网的网上售书一直以教材、学术著作见长,在高校中享有一定的知名度。每到新学期,学校教材科、教师、学生纷纷来购书。根据这一特点,教材网联合各大学出版社推出了"新学期教材优惠热卖""小团购优惠售书"等活动,得到高校师生和广大读者的普遍欢迎。"买高校教材上中国高校教材图书网",已经成为高校师生购买教材、特别是短版教材和学术著作的一个重要选择途径。电子商务平台不仅满足了读者购书需求,也为大学社开辟了一条图书销售渠道。目前,零售兼批发的运营模式正在成为发展方向。

中国高校教材图书网力争更好地发挥自身优势,通过自己的网络平台功能、大学出版特色的优质的服务,在大学社改制面对各种集团的激烈市场竞争、寻求联合联盟的过程中,把教材网打造成全国大学出版社整体形象宣传、图书资源整合、联合营销发行的综合媒介和联系纽带。

宣传信息工作

《现代出版》杂志介绍

《现代出版》是由教育部主管,中国大学出版社协会、中国传媒大学出版社主办的刊物。为学术性、专业性的双月刊物,逢单月10日出版。主办单位中国大学出版社协会成立于1987年6月,是中国大学出版界的全国性、专业性、行业性和群众性的社会团体。现有会员单位108家大学出版社,其中属于综合类的30家,文科类的19家,理工类的44家,师范类的11家,教育部直属出版社4家,已形成了以出版高层次、高水平、高质量的人文科学、社会科学、自然科学、技术科学及管理科学方面的教材、学术著作和一般图书的学科门类齐全的大学出版社体系。

《现代出版》原名《大学出版》,该刊更名前由北京师范大学出版社出版发行,于2009年6月停刊。根据出版业改革发展的需要,为适应传统出版向现代出版的转型,引领我国大学出版业向市场化、产业化、专业化、国际化方向发展,全面深刻反映大学出版业状况,总结大学出版界的理论与学术研究成果,于2010年9月更名《现代出版》并复刊。

复刊后的刊物在全面分析、总结原刊经验,保留、改造原刊基础栏目的基础上,扩展作者队伍,创建特色栏目,贴近现代出版业前沿,从内容、形式等方面全面提升刊物质量,使之成为宣传、展示我国出版业特别是大学出版社和大学出版人形象,促进社与社之间、出版人之间交流学习的平台,努力将其打造为专业性强、特色鲜明的出版传媒类品牌刊物。

本刊刊载的内容主要为国家关于出版产业的法律、规章、制度;相关学科有创见的研究成果;数字出版技术及制作、管理、设计、教学等方面的应用文章;具有典型意义的案例;代表出版产业发展方向的综合评论;图书评介以及相关动态信息等。读者对象为出版产业及相关行业的从业人员、科研、教学、生产、行政管理及大中专院校学生。

本刊坚持党的基本路线,宣传党和国家发展出版产业的方针政策,弘扬中国现代出版特别是大学出版文化,反映改革发展动态,交流理论研究成果,服务现代大学出版事业,以传播国内外相关信息,推动我国现代出版产业与信息科学技术的发展为宗旨。

按照《现代出版》的宗旨和定位,其栏目相应地设有"特稿""理论前沿""经营与管理""编辑与策划""出版与文化""数字时代""版权研究""实践案例""海外出版""书人茶座""书海钩沉"等。

2009年9月复刊后,《现代出版》共编辑出版两期刊物。刊物均按照批准的办刊宗旨和业务范围内出版,无违背办刊宗旨、超出发行范围、在社会上公开征订发行等违规行为。刊物已刊发了新闻出版总署柳斌杰署长、邬书林副署长,新闻出版总署产业发展司,北京大学医学出版社陆银道社长、复旦大学出版社贺圣遂社长、西安交通大学出版社林全社长、中国人民大学出版社贺耀敏社长、华中师范大学出版社范军社长、苏州大学出版社原总编辑吴培华等知名人物的文章。刊物出版后已经获得了众多好评,在未来,《现代出版》将朝着中文核心期刊(CSSCI)的方向前进,并努力成为我国新闻传播学学科期刊中的佼佼者!

《现代出版》(《大学出版》)2006—2010 年总目

2006 年第 1 期

- 陈子善和他的《迪昔辰光格上海》 (张盈芳)
- 韦明铧和他的《二十四桥明月夜》 (童翠萍)
- 王稼句和他的《三生花草梦苏州》 (李海燕)
- 薛冰和他的《家住六朝烟水间》 (赵宗波)
- 勾勒江南名都的人文亮色——"城市文化丛书"印象 (徐雁)
- 全国师范大学出版社订货会在长沙召开 (何永禄)
- 在国际刑法领域推进国际法治与中国法治的互动 (张琼)
- 对新经济形势下医学编辑素质的思考 (白玲)
- 农大出版社能为建设社会主义新农村做什么 (王振华)
- 论中美版权侵权行为结构的差异 (周安平 陈庆)
- 欧美大学出版编辑工作实务 (张宏)
- 寻找教育智慧与出版智慧的交点——编辑"教育家成长"(北师大版)丛书感言 (倪花)
- 锁定目标读者——人大社《用脑拿订单:销售中的全脑博弈》全国路演营销策划 (陈晓晖)
- 出版社市场营销模式的选择 (曹胜玫)
- 论我国图书市场的价格战 (吴丽娜)
- 从源头保证理工类教材质量 (王魁葵 张树元)
- 美国大学教科书价格调查 (叶新 石曼芸 庞远燕)
- 中国大学版协代表团赴韩国出席第九届中韩日三国大学版协研讨会 (戴轩)
- 高校教材问题谈 (刘庆昌)
- 高校教材问题谈 (李彬)
- 高校教材问题谈 (严士健)
- 高校教材问题谈 (王霁)
- 高校教材问题谈 (童庆炳)
- 抢抓机遇 打造品牌 强化优势 促进发展——关于人大社"十一五"选题规划的若干思考 (周蔚华)
- 紧紧抓住教育出版资源建设不放松——制定"十一五"出版规划的思考之一 (张增顺)

2006 年第 2 期

- 中国版协第五届会员代表大会在京召开 (毕研林)

- 诗人注杜 诗心处处——韩成武先生等《点校〈杜律启蒙〉》 （李新）
- 出版产业研究的一部力作 （辛文）
- 英汉语言文化研究的新视野 （李夕聪）
- 民族精神与爱国主义的赞歌 （宋鸿忠）
- 强化责任意识 保证图书质量——教育部直属在京出版社2006年图书质量专项检查综述 （肖理）
- 中国大学版协代表团2006年赴美参展考察散记 （曹巍）
- 高校出版社网络出版发展初探 （李艺）
- 大学专业出版社中市场部的定位和功能 （曹霞）
- 北师大出版社隆重推出《当代中国心理学家文库》 （周雪梅）
- 弘扬中华优秀文化是出版人的历史使命——国家"十五"重点图书出版规划项目《中国丝绸通史》策划手记 （吴培华）
- 编译教育精品 打造未来英才——《教育大百科全书》编译出版手记 （周安平 任建成）
- 欧美大学出版社出版工作实务 （张宏）
- 关于高校教材建设的几点思考 （洪重光 魏秀云 刘军）
- 大学生人文素质类出版物建设的再思考 （江津）
- 重复出版是盲目多元化的产物 （王海涛）
- 对大学出版社出版创新的思考 （徐蕾）
- 优化配置出版资源 转变"十一五"期间教育出版经济增长模式 （李捷）
- 专业出版：中国大学出版社的重要职责 （范军）
- 深化出版体制改革 促进出版业的繁荣与发展 （庄智象）
- 坚守使命 继薪传火——访复旦大学出版社社长贺圣遂 （曹巍）
- 坚持科学发展观 实事求是谋发展——对广西师范大学出版社"十一五"发展规划的思考 （何林夏）
- 强化五种意识 实现五大转变——关于外研社"十一五"发展规划的几点思考 （李朋义）
- 试论封面设计中"点"的运用 （陈蔷）
- 书讯 《心碑——英雄任长霞》出版 （上海交大出版社供稿）

2006年第3期

- 十年甘苦磨一剑 铸就书山不朽文——写在《中华艺术通史》出版之际 （胡春木）
- "走出去"的尝试 国际交流的平台——中国大学出版社协会代表团参加第十届中日韩三国大学版协研讨会 （岳凤翔）
- 恪守职责 奉献精品——2006年全国大学出版社图书质量管理工作研讨会综述 （曹巍）
- 编辑素质修养再议 （李远毅）
- 试论新时期图书编辑的选稿 （郜云飞 刘万忠）
- 出版社人本管理方法的实施 （蔡卫红）
- 出版社两种体制并存下的人事管理探索 （王士臣）
- 一部规模最大的中国传统思想文化研究工程——写在《中国思想家评传丛书》200部全部出版之际 （左健）

- 网上书店与传统书店图书价格比较 （汪波）
- 欧美大学出版营销工作实务 （张宏）
- 撕碎、撕碎,撕碎之后是拼接——远程教育教材出版启示录 （何明星）
- 北京地区16所高校购买教材情况调研报告 （温才妃　于金英　高峰）
- 网络教育出版的现状及发展策略 （陈铭）
- 关于大学生利用网上科技文献的调查报告 （柴玉舟　刘婷婷）
- 让出版工作充满创造性的诗意和愉悦——访厦门大学出版社社长蒋东明 （曹巍）
- 深化出版体制改革 （曹巍）
- 抓住机遇　创新发展——关于华中科技大学出版社"十一五"发展规划的若干思考 （姜新祺）
- 顺应教育事业发展　推动创新社会建设——北京大学出版社"十一五"发展规划思考 （王明舟）

2006年第4期

- 校对人力资源的开发与整合 （岳永红）
- 新时期出版社人才管理探析 （陈露晓　田瑞华）
- 对21世纪图书编辑素质的再认识 （余心乐）
- 从编辑劳动三要素视角看编辑劳动的复杂性 （吴亮芳）
- 图书质量应该注意的几个问题——第七届全国高校出版社优秀畅销书奖参评图书质量分析 （岳凤翔）
- 山海情缘　大学出版——写在第19届全国大学出版社图书订货会召开之际 （曹巍）
- 全国大学出版社出版体制改革工作研讨会综述 （肖启明）
- 高校财经类专业教材出版探析 （刘东成）
- 西方经济学原版教材的引进及其策略 （郝凯　吴振信　郑春梅）
- 拿来主义与我国大学出版社发展走向探微 （张宏）
- 《中国高校哲学社会科学发展报告2006》出版 （罗雪群）
- 中小型大学出版社应加强对高校图书馆的营销服务 （杨军）
- 图书产品生命周期营销策略 （孙皓）
- 图书营销的新思路——逆向营销 （牛晓宏）
- 中国大学出版社协会2007年工作要点 （毕研林）
- 关于出版社预算工作的几点思考 （赵跃进）
- 出版企业核心竞争力辨析 （张其友）
- 教辅图书面临拐点 （曹巍）
- 抓住"三农"主题　实现跨越式发展——中国农业大学出版社"十一五"发展规划思考 （汪春林　丛晓红）
- 努力打造中而特的大学出版社——上海交通大学出版社"十一五"发展规划思考 （张天蔚）
- 抓住机遇　实现"十一五"创新发展 （李家强）

2007 年第 1 期

- 评《风雨历程》 （李英锐）
- 弘扬民族精神 重振中华雄风——《中华民族精神读本》评介 （王春光）
- 智慧的系统科学 独特的学术思想——评钱学森学术研究著作 （侯俊华）
- 对高校出版社图书印制成本与质量管理的认识 （任飞 王星）
- 论图书重印的基本运作模式 （万海刚）
- 大学出版与现代学术品格的形成 （何明星）
- 出版社与文化公司合作出版所涉及的著作权问题 （李涛 阳晓）
- 叩开管理学的第二个百年之门——"东方管理学派著系"出版手记 （刘子馨）
- 教育音像制品的转型关键在于人才 （何萌）
- 数字出版面临的问题与新的数字出版模式 （毕海滨）
- 从转制看我国出版业内部治理问题 （陈伟）
- 中小型大学出版社的生存危机与因应之道 （朱丽琴）
- 深化民族出版体制改革面临的问题及解决途径 （张志）
- 大学出版社国际化战略的思考 （史菲菲 张鸽盛）
- 对大学出版社体制改革方向的思考 （梁志）
- 外教社版权贸易之路 （庄智象）
- 寻求出版社的国际化发展 （赖德胜）
- 将汉语教材推广到世界 （戚德祥）
- 大学社在实施"走出去"发展战略方面具有产品、科研、客户和人才资源优势 （朱杰人）
- 突出三个注重 探索四个创新 实施五大战略——对外经济贸易大学出版社"十一五"发展规划的思考 （刘军）
- 在继承中求创新,在稳定中求发展——北京大学医学出版社"十一五"总体发展思路与具体实施方案 （陆银道）

2007 年第 2 期

- 编辑学研究的创新之作——评张积玉教授的《编辑学论稿》 （段建海）
- 复旦大学出版社"导师制"培养模式成效显著 （亦川）
- 外研人再上新台阶 （伊人）
- 2007 年全国大学数字出版工作研讨会纪实 （毕研林 丁岭）
- 出版社存货成本的控制 （张海燕）
- 对提高教辅图书质量的几点认识 （刘秀兰）
- 作为学术辅助机构的美国大学出版社 （汪江）
- 高校实践类教材应立足实用与创新 （毛润政）
- 对中国现代文学史教材编写的一些思考 （杨莉）
- 新形势下大学出版社学术著(译)作的出路 （宋俊果 汪春林 陆强）

- 图书寄销制存在的问题及规避措施 （张鸽盛 杨正伟）
- 数字出版对传统出版业务流程的影响 （吕志军）
- 出版社信息安全的管理机制研究 （王星 薛伟莲）
- 数字出版的探索与实践 （李家强 曹忠迪）
- 出版生态困境下我国大学出版社的对策 （武齐）
- 大学出版社的专业化与社会化经营 （许恒金 韩开）
- 大学理念的趋同与核心竞争力打造 （陈福郎）
- 文化乃出版之本 学术是出版命脉——访华中师范大学出版社社长范军 （曹巍 范军）
- 依托电大系统资源优势 全面开拓成人教育领域——中央广播电视大学出版社"十一五"发展规则思考 （钱辉镜 孙庆武）
- 在高校出版体制改革试点工作会议上的讲话 （李卫红）

2007 年第 3 期

- 增强质量意识 奉献优质图书——在京19家教育部主管出版社质量专项检查报告 （林丽）
- 电视图书的发展状况及畅销潜力 （李奉明 何绍仁）
- 项目负责制实施要点及分析 （周嘉硕）
- 成功策划出版精品图书的启示——以《中国民居建筑》为例 （赖淑华 范家巧）
- 国际出版集团的新媒体发展策略 （彭文波 赵晓芳）
- 强化终端客户的营销和服务——中小型出版社高校教材市场开发的利器 （杨军）
- 大学出版社进军馆配市场的优势 （潘锦晖）
- 关于出版企业加强图书库存管理策略的思考 （张其友）
- 高校出版社体制转型时期的出版社激励机制初探 （张煦）
- 论出版创新和大学出版的创新战略 （蔡翔）
- 回顾发展历程 开辟辉煌未来——在大学版协成立20周年庆祝大会上的讲话 （李家强）
- 加大改革力度 加快发展步伐 完善管理制度 在新的历史起点上促进高校出版社的繁荣健康发展 （张小影）
- 深化改革 加快发展 改善服务 强化管理 促进高校出版业的更大发展 （邬书林）
- 全面贯彻科学发展观 积极推进出版体制改革 实现高校出版社更好更快发展 （李卫红）

2007 年第 4 期

- 艺术学关键词的多维呈现——评《艺术学关键词》 （张洪玲）
- 农业推广学教材建设的里程碑——普通高等教育"十一五"国家级规划教材《农业推广学》 （高欣 高启杰）
- 召唤科学的生命——萨顿及其科学史 （潘新）
- 彩云之南 大学书香——第20届全国大学出版社图书订货会综述 （曹巍）
- 对我国著作权法中个别条款的思考 （景宏）
- 选题创新:图书整合出版 （高云松）

- 从企业价值链竞争看中央电大社的发展 （孙庆武）
- 美国大学出版社面临的困境及解决策略 （刘银娣）
- 论基础教育教科书 ISO9000 出版质量管理体系的基本内容 （张恰 孔凡哲）
- 好教材是磨出来的——北语社少数民族预科教材《大学汉语》出版记 （侯明 王远）
- 我国高校出版社网站教学资源建设现状与改良建议 （李长惠 宋坤）
- 大学英语立体化教材建设的理想与现实 （王扬帆）
- 联合协作 共谋破局 （杜永生）
- 继往开来 改革创新 开创代办站发展的新局面 （岳凤翔）
- 出版经济学：一个新兴学术领域的研究现状与未来走向 （吴赟）
- 中国大学出版社协会 2008 年工作要点(经第五届中国大学出版社协会第 6 次常务理事会议审议通过) （毕研林）
- 学术出版的策略选择 （朱杰人）
- 只有高起点 才能大发展——为《大学出版发展战略研究》序 （柳斌杰）

2008 年第 1 期

- 青岛的大学校长们——《青岛高校校长访谈录》评介 （张华）
- 走进真实的大千世界——写在《大风堂丛书》出版前 （李雪洁）
- 降低书刊印刷工价结算标准的探讨 （扈红杰）
- 信息化创作环境下编辑的作者意识探究 （王志锋 陈露晓）
- 特色栏目建设与综合性社科期刊的竞争优势 （孟大虎）
- 从人才培养看我国高校教材建设 （徐金娥 周婷 张鸽盛）
- 美国出版业的现状与发展趋势初探 （吕建生）
- 让史料复活 为文明存史——厦门大学出版社出版大型丛书《中国稀见史料》始末 （蒋东明 侯真平）
- 出版社的数据库营销 （郑丽芬）
- 中小型大学出版社面向图书馆的营销策略 （杨军 郭斌）
- 对高校教材和学术图书营销渠道构建的思考 （罗晓银 陈义望）
- 突显学术定位 打造业界品牌——《大学出版》杂志召开新一届编委会工作会议 （金平）
- 当前我国数字出版面临的困境 （何格夫）
- 数字出版引领出版产业升级 （田胜立）
- 略论发挥出版行业协会的自律作用 （范军）
- 推进大学出版又好又快发展——大学出版界热议新闻出版总署署长柳斌杰《只有高起点 才能大发展》一文 （曹巍）

2008 年第 2 期

- 北京话研究的精品之作 （陶虹）
- 《鸡鸣读书文丛》暨《开卷读书文丛》——白桦、董健、申赋渔、刘俊等 （赵宗波）

- 提升出版社实力对编辑的要求 （谢影）
- 学术著作的选题策划与版权贸易 （孟超）
- 施普林格数字出版发展模式探析 （丁岭）
- 对按需出版的探讨 （陈文革）
- 中小型出版社数字出版发展探究 （李俊 李远毅）
- 制约高校教材推广的几个因素及解决办法 （刘旭东）
- 信息时代美国的高校教材出版 （樊晓燕）
- 出版社应强化图书发行中的公共关系意识 （王黎）
- 对大学专业类出版社"走出去"的思考 （汪春林 宋俊果）
- 图书发行渠道的目标、矛盾以及管理对策 （谢桂生）
- 深水静流 不辱使命——访北京大学医学出版社社长陆银道 （曹巍）
- 大学出版面临六大转型 （刘拥军）
- 阅读的力量——朱永新、杨光、张颐武、徐雁、徐升国、潘际銮、李家强 （朱永新、杨光、张颐武、徐雁、徐升国、潘际銮、李家强）

2008 年第 3 期

- 中国大学版协代表团参加第 12 届中日韩大学版协研讨会 （岳凤翔）
- 中国"量化"美学的成功探索——评《儿童青少年审美心理与教育》 （卢旭 郑持军）
- 大学出版理论研究的重要成果——写在肖启明博士论文出版之前(代序) （马新国）
- 为教师专业化成长铺路搭桥——《当代西方教师译丛》评介 （栾学东）
- 引进和输出并举 努力出版精品学术著作 （林梅）
- 大学出版社在学术出版市场的定位和发展战略 （铃木哲也）
- 在学术出版市场上大学出版社的地位和发展战略 （张平官）
- 通过专业会议打造专业出版新形象 （罗佩珍 张丽娟）
- 订货会功能嬗变与出版社的经营对策分析——以北京图书订货会为例 （赵萍）
- 策划案例:我要做一本最好的书——华东师范大学出版社汶川地震诗钞出版历程 （朱华华）
- 提升出版社管理水平的几个环节 （单晓巍 高敬泉 石进英）
- 论编辑的压力管理 （邹岚萍）
- 巍巍交大 百年书香——张杰校长在上海交通大学学术出版基金工作会议上的讲话 （张杰）
- 安于淡泊 平以致远——访西南师范大学出版社社长周安平 （金平 佚鸥）
- 论企业家精神与现代出版企业成长——兼论外研社现象及其启示 （顾金亮）
- 实施企业信息化 提高出版行业竞争力 （陈铭）
- 出版学研究方法的现状与完善 （刘永红）
- 主流教材纵横谈 （孙晓天、郑国民、邵水潮、林红、朱杰人、张晶义、吕建生）

2008 年第 4 期

- 海峡两岸齐聚首 共议出版软实力——第四届海峡两岸出版研讨会综述 （卞卓舟）
- "转制背景下大学出版社发展研讨会"在上海交通大学出版社召开 （李广良）
- 提高图书质量 实现科学发展 （林丽）
- 论诚信在大学出版中的重要性 （罗月花）
- 教材图书市场的"柠檬"现象与社会评价机制的构建 （杨玲 薛捷）
- 新时期图书编校制作力量社会化的整合探究 （田瑞华 陈露晓）
- 高校社科学报实行互审制的构想 （胡敏中）
- 传统出版应如何应对网络出版冲击 （蒋秀芝）
- 出版社信息化管理探索——从厦门大学出版社自主研发"南强出版管理系统"说起 （施高翔）
- 策划出版《中国经济改革30年》丛书感言 （张鸽盛）
- 对新经济形式下出版社图书发行的几点思考 （林强庆）
- 论出版企业信用销售风险管理 （沈东山）
- 出版企业变更出版物发行折扣策略思考 （张其友）
- 大学出版社在文化体制改革中的应对措施 （何格夫）
- 高校出版社对母体大学的功能与作用 （韩建民）
- 华文出版提升我国文化软实力的途径分析 （张文彦）
- 文化软实力与文化硬实力 （聂震宁）
- 出版软实力与文化理性修炼 （郝振省）

2008 年第 5 期

- 全国高校图书代办站工作研讨会在山西召开 （戴轩）
- 生态社会主义如何可能？——《环境政治学译丛》（第二辑）评介 （尹凤桐）
- 听唱新翻杨柳枝——评《中华文化事典》 （雷平）
- 高校招生考试制度改革的理性审视——评《高考改革研究丛书》评介 （黄晓玫）
- 职业教育教材编写样式与态势分析 （陈爱丽）
- 北京地区出版行业协会状况研究 （王锦贵 裴永刚）
- 出版活动基本规律之我见 （王鹏涛）
- 面向高校教材零售的电子商务策略探讨 （张安超）
- 高水平大学出版社数字出版定位研究——兼论数字出版内涵 （金更达 袁亚春 傅强）
- 把握选题方向 加强精品意识——从《临床医师诊疗全书》的选题策划中得到的启示 （暴海燕 罗德刚 白玲 庄鸿娟）
- 构建数字媒体教材的新体系——从策划到出版 （王安琳）
- 书业深度营销探微 （凌子京）
- 呆死账形成的原因分析及预防对策探讨 （扈红杰）

- 大学教材营销策略研究 （何皓）
- 30年：高校出版实现历史性跨越 （曹巍）
- 试论大学出版的目标集中战略与长尾理论模式 （蔡翔）

2008年第6期

- 第6届大学版协召开理事长和常务理事办公室会议 （曹巍）
- 现代政治的法治建构——《法治政治论》 （祝清亮）
- 三国故里话出版——第21届全国大学出版社图书订货会综述 （杜丽娟）
- 健康类图书出版准入制探讨 （张慧）
- 立足"背景" 聚焦"发展" 放眼"未来"——兼评吴培华先生关于大学出版社改革和发展的几篇文章 （盛莉 刘一涛）
- 免费教科书政府采购中存在的主要问题与对策建议 （叶子）
- 论学术编辑与作者的有效交流 （宋媛）
- 出版企业在新形势下的市场营销策略 （张其友）
- 在改革开放中诞生 在市场经济中壮大 （于春迟）
- 成长的轨迹 发展的缩影 （方红星）
- 构建立体化发展体系 实现图书"走出去"立体化 （戚德祥）
- 对大学出版社体制改革中一些问题的思考 （朱杰人）
- 盛会 盛业 盛情——写在高校出版社纪念改革开放30周年座谈会召开之际 （曹巍）
- 教育音像与改革开放同行 （郭建忠）
- 在高校出版社纪念改革开放30周年座谈会上的报告 （王明舟）
- 解放思想 更新观念 推进高校出版社更好更快发展——在高校出版社纪念改革开放30周年座谈会上的讲话 （杨光）
- 回顾历史 总结经验 再创辉煌——在高校出版社纪念改革开放30周年座谈会上的讲话 （吴尚之）

2009年第1期

- 第二届中华优秀出版物奖揭晓 大学出版社获多项殊荣 （杜丽娟）
- 中国大学出版社协会被评为全国新闻出版行业抗震救灾先进集体
- 认清形势 攻坚克难 加快推进高校出版体制改革的步伐——第二次高校出版社体制改革工作会议综述 （曹巍）
- 中印文学关系研究的力作——简评王向远等著《佛心梵影——中国作家与印度文化》（景宏）
- 《名师工程》：打造"名师"的工程——解读《名师工程》丛书 （卢旭 郑持军）
- "那难忘的岁月仿佛是无言之美"——马嘶新作《林庚评传》读后 （唐曦）
- 我国图书发行集团资本经营的路径选择 （程旭 徐丽芳）
- 开拓大学出版社图书营销市场的新思路 （刘灿娇 黄立雄）

- 文章写作中容易发生的用词用字错误 （王庆成）
- 对高校教材出版的认识与思考 （岳昌庆）
- 现代出版业发展的重要基石 （吴赟）
- 人才是"壮大主体、做强主业"的原动力——解读柳斌杰署长在全国出版局长会议上的报告 （吴培华）
- 改革 创新 发展 （所广一）
- 走改革发展之路 建设世界著名大学出版社 （宗俊峰）
- 让大学出版社的发展更加辉煌 （贺耀敏）
- 以科学发展观为指导 深化高校出版社改革 促进高校出版又好又快发展——在第二次高校出版社体制改革工作会议上的讲话 （邬书林）
- 深入学习实践科学发展观 大力推进高校出版社体制改革——在第二次高校出版社体制改革工作会议上的讲话 （李卫红）

2009 年第 2 期

- 华东师范大学出版社为农民阅读量体裁衣
- 《英语重音动态研究》评介 （王超明）
- 改革开放：三十年文化的伟大旅程——《中国改革开放三十年文化发展史》荐读 （焦贵平）
- 教材策划成功要素刍议——以"高职高专计算机专业系列教材"为例 （睦蔚）
- 出版社环境建设与编辑人才成长 （邹岚萍）
- 试论项目运作制在出版业的运用 （王鹏涛）
- 论编辑装帧设计素质的养成 （陈露晓）
- 试论项目运作制在出版业的运用 （王鹏涛）
- 数字时代我国出版业版权资源开发利用状况思考 （邓志龙 黄孝章）
- 图书编辑选题创新的几点思考 （李桂福）
- 大学出版社大学教辅图书滞销成因分析 （杨军 蒋民昌）
- 大学教材营销系统中的院校代表 （孙忠）
- 试论以 VMI 模式管理图书库存 （金鑫）
- 对改制大学出版社校社关系的认识 （杜峥）
- 对创新大学出版社企业文化建设的思考 （雷金牛）
- 地方出版集团跨媒体出版结构战略初探——以陕西出版集团为例 （郝捷 陈黎）
- 提高认识 明确任务 推动发展 （庄智象）
- 略谈大学出版社转制的几个问题 （范军）
- 高校出版社应转制为真正的市场竞争主体 （周安平）
- 新机制下人才结构变化的特点及影响 （蒋东明）
- 当前高校出版社深化体制改革的几个问题 （蔡翔）
- 体制改革与面临的挑战 （王明舟）

2009 年第 3 期

- 关于《大学出版》杂志社变更的通知
- 为孩子创造最优质的"后天遗传"——评《新父母学校》 （路娜）
- "人生自古谁无死 留取丹心照汗青"——《中国思想家评传》简明读本评介 （巴哈尔古丽 吴笑兰 刘琦 刘健）
- 第六届大学版协第一次发行工作委员会在北京召开 （毕研林）
- 基于财产权的自由主义——评《自由的伦理》 （吕炳斌）
- 对高职高专教材选题策划的认识——以《现代机电专业英语》为例 （高振宇 杨承先）
- 出版社如何"走出去"刍议 （田秀玲）
- 编辑策划评估的效价准绳和把握尺度的深层思考 （李艳中）
- 第 22 届全国大学出版社图书订货会将在厦门举行 （大学版协秘书处）
- 版权产业与版权保护——国外版权产业法律规制述评 （尹树东）
- 北师大出版社丛书入选新闻出版总署 2009 年度——向青少年推荐的百种优秀图书 （赵月华）
- 大陆与台湾地区出版教育比较研究 （杜朋朋）
- 探索新机制 北京将建出版创意产业园
- 大学出版与专业化 （李水仙）
- 试论大学通识教材开发的有效途径 （江凌）
- 传统出版向网络出版转型策略研究 （王炜）
- 新出版业态下传统出版业如何生存 （王巧林）
- 教材出版开展服务竞争的策略分析 （李智慧）
- 大学出版社非教材图书产品营销策略探析 （何皓）
- 试论 21 世纪大学出版社转型的核心 （崔兰 杨爱东）
- 现代出版学研究刍议 （苗遂奇）

2010 年第 1 期

- 加强研究当前我国传媒业重大理论问题 （柳斌杰）
- 柳斌杰署长答中国传媒大学同学问
- 2009 年我国新闻出版产业发展状况 （新闻出版总署出版产业发展司）
- 后改制时代中国出版业面临的问题思考 （吴培华）
- 试论改制时代背景下的中小型专业出版社发展之路 （陆银道）
- 如何加快大学出版社的改革与发展 （贺耀敏）
- 国际化促出版业"凤凰涅槃" （林全）
- 高校教材退货率上升的原因及解决办法 （刘辉）
- 书业企业第三方物流发展和盈利策略初探 （何国军 郭云）

- 电子书产业发展状况及趋势 （张立　石昆）
- 国际视野 华文出版——香港"出版之门"网站特色分析 （田建平　王小艳）
- 如何成为一名优秀编辑——谈编辑的职业修养 （贺圣遂）
- 《百衲本二十四史序》前序 （张元济）
- 金融危机背景下我国财经期刊经营模式的转型问题——逆势上扬的《经济学人》杂志带来的启示 （黄玲）
- 关于"张悟本现象"的回眸和反思 （贺雄飞）
- 日本出版产业发展与现状 （孙洪军）
- 出版传媒业的经济性与文化性：对立冲突还是博弈均衡？——评吴赟著《文化与经济的博弈：出版经济学理论研究》 （王鹏涛）
- 三十年代的《现代出版界》 （范军）

2010 年第 2 期

- 传播中华文明　推动人类社会发展和文明进步 （邬书林）
- 当前出版产业的新变化及面临的新问题 （周蔚华　闫伟华）
- 理性看待数字出版 （蔡翔　周益）
- 大学出版社发展目标不能模糊 （蒋东明）
- 党报集团出版社价值观初探 （梁小建）
- 教材出版营销队伍建设的思考——浅议教材出版社院校代表的作用 （周传红）
- 策划编辑提升教材编写质量应该把好三道关 （潘晓丽　江春林）
- 数字出版：商业模式与发展路径 （刘成勇）
- 浅析中国印客的发展及困境 （房涛）
- 从 2009 年期刊网络传播特征看网络发行量认证 （于春生）
- 限制电子书大众消费市场发展的因素浅析 （熊妹）
- "改"，还是"不改" （刘庆楚）
- 多元文化背景下编辑的文化自觉 （戴庆瑄）
- 论组稿质量方面的几个问题——以高校教材为例 （刘清田）
- 中美高校经济学教材设计模式比较研究——以经典经济学教材为例 （李欢）
- 打造基于互联网的医学学习环境——北医出版社"立体化教材"计划 （陆银道　等）
- 美国大学教材的电子化变革趋势 （安小兰）
- "第十位缪斯"的使者——朱迪丝·琼斯的职业生涯 （易文翔　叶新）
- 我国海外版权保护：问题及路径选择 （刘大年）
- 一位社长眼中的大学出版——评《大学出版发展战略研究》 （赖德胜）

《大学出版信息》工作介绍

《大学出版信息》是中国大学出版社协会主办、大学版协宣传信息部编印的协会内部信息交流材料。《大学出版信息》自1987年大学版协成立起创办,至2010年底已印发400期。

作为大学版协内部信息交流材料,《大学出版信息》具有自己鲜明的特点。在内容上,针对性强,注重务实,以总结、反映协会和全国大学出版社的重要工作、活动、动态为主,也及时刊发上级领导机关对大学出版社的指导精神,以及大学出版社普遍关心、关注的热点问题。在形式上,根据工作和需要,每年刊发期数不受限制,每期刊印篇幅视内容含量而定,及时编发刊印时间不定期,灵活印发。

《大学出版信息》对协会内部交流情况、总结经验、积累资料,推动协会及各大学出版社工作,对上级领导机关了解大学出版社工作、指导大学版协和大学出版社工作,发挥了积极作用。多年来,特别是互联网时代之前,大学版协通过《大学出版信息》总结、报道协会举办的各项全国大学出版社参与的重要活动和工作,及时把情况和经验汇报、通报给各出版社;反映、介绍大学出版业改革发展中的先进经验、新思路、新理念,给各出版社以启发,供各出版社相互学习、借鉴。因为逐年记载了大学版协、大学出版界的几乎所有重要活动和工作,所以《大学出版信息》也就同时成为"大事记",为业界查索我们的工作和发展轨迹,为历卷《中国大学出版社概览》的编写,都提供了基本而翔实的资料。除了发给大学版协的各个会员单位,每期《大学出版信息》还报送给中宣部、教育部、新闻出版总署(现新闻出版广电总局)等上级主管部门,发送给中国出版协会及有关新闻单位,使上级主管部门及时了解大学版协和全国大学出版社的工作动态,更加有力地指导大学版协和大学出版社的工作。

在"十一五"的2006至2010年五年间,《大学出版信息》共印发了27期。对高校出版业体制改革的重要活动和精神,对协会的重要工作会议、纪念大学版协成立20周年大会、纪念改革开放30周年大型座谈会,以及协会组织的出版、营销、图书订货会、数字出版、参加法兰克福书展等外事活动、专业人员培训、权益维护、向老少边穷地区和地震灾区捐款捐物捐赠图书、优秀图书和出版人评奖、高校图书代办站、高校教材图书网等工作,都作了重点报道,有力地促进了协会和各出版社工作的开展。

《高校教材图书征订目录》座谈会纪要

2009年5月23日,《高校教材图书征订目录》座谈会在山西省大同市召开,会期一天。来自全国各大学出版社和高校图书代办站的40余位代表出席了会议,会议由中国大学出版社协会主办,大学版协代办站工作委员会组织。会议中心议题是:总结工作,交流经验,听取各方面建议,进一步办好《高校教材图书征订目录》(以下简称《书目》),在现在信息发达、教材图书征订渠道多元化、出版社转企改制更趋市场化的情况下,使《书目》发挥更大作用,真正成为高校师生不可或缺的了解、征订大学出版社教材图书的工具,成为大学出版社教材图书发行的重要渠道。

座谈会由中国大学出版社协会副秘书长、代办站服务中心主任岳凤翔主持。他转达了教育部社科司出版管理处魏小波处长,大学版协王明舟理事长,贺耀敏、刘军副理事长对大家的问候和对会议的期望。岳凤翔在会上做了《书目》工作汇报。汇报分三个部分:一、《书目》的创办和发展;二、《书目》的定位和特色;三、进一步办好《书目》的想法。他说,大学出版社的共同事业和共同期望,都需要我们把《书目》办得更好,使它真正成为大学出版社教材图书宣传、推广的桥梁和窗口。

中国大学出版社协会副理事长、广西师范大学出版社社长何林夏出席会议并讲话。他代表大学版协肯定《书目》在为高校教学科研和大学出版社教材图书发行方面作出的贡献,感谢全国大学出版社对《书目》的大力支持。他说,《书目》已经形成全国大学出版社教材图书宣传和整体形象体现的品牌。要进一步办好《书目》,今后特别要做好三方面的工作:一、要维护好这个品牌,发展好这个品牌。现在征订目录很多,我们要生存、发展,就是要做到别人不可替代,要做出自己的特色。形成一个品牌需要大量的人力、物力和精力,我们要格外珍惜它。二、要整合资源,守住阵地。现在各地都在办出版集团、发行集团,我们大学出版社因为一些因素难以这样,那么我们怎么整合、怎么联合发展呢?就是要通过整体宣传、发行,整合信息,整体提高,这样才能守住我们的阵地,而这在很大程度上是通过《书目》来体现的。三、要集思广益,共同努力。每个出版社的特点不一样,每个院校的情况不一样,每个代办站所服务的对象也不一样,随着形势的发展和变化,我们应该通过代办站所覆盖的大学,及时把各种信息反馈到《书目》编辑部或大学版协,使《书目》在内容、体例、分类上及时调整,进一步做好书目的各项工作。

座谈会上,许多同志作了发言。西安电子科技大学出版社社长梁家新、陕西师范大学出版社副社长雷永利、北京大学出版社副社长孙晔、中国人民大学出版社代办站站长侯桂仙、四川大学代办站冯莉、广西高校图书代办站站长成端显、西安交大图书代办站站长王建安、同济大学出版社市场部主任曾广钧、天津大学出版社营销部副主任付丽华、大同市新华书店经理乔红萍等,就做好《书目》工作提出了建议。

与会代表达成共识的建议归纳起来主要是:

1. 策划、编发针对图书馆馆配的"书目"。目前馆配已经成为一个大的市场,而缺少一个适应图书馆需求和采购的集中、大型的"书目",我们应该积极策划、出版适合图书馆所需图书的有纸质、光盘和网络版(带条码)的"馆配书目",这一定会受到大学出版社和高校图书馆的广泛欢迎。

2. 更改《书目》的名称。现在我们《书目》的内容已有许多中职中专条目,且已分册,为更准确地体现征订书目的内容,更方便中职中专学校的接受,可以将名称改作《全国大学(或"高校")出版社教材图书征订目录》《全国大学(或"高校")出版社馆配图书征订目录》。

3. 希望《书目》尽快做全。大家一致认可要使我们的《书目》充分发挥应有作用,就是要全国大学出版社积极参与,把各社的供应书目上全,从而增强它的不可替代性和大中专院校的信赖。

何林夏副理事长在总结讲话中指出,座谈会开得很好,让我们增强了进一步办好《书目》的信心。《书目》是我们大家的事情,办好它对大学出版社、大中专院校和代办站都有好处。全国大学出版社信息整合不但重要,而且可以做好,因为我们的条件已经非常成熟。

通过本次会议,大家交流了经验,提出了很好的意见建议,进一步明确了《书目》的方向,收到了预期效果。

大学出版社向西藏大学捐赠图书仪式在西藏大学举行

2006年8月15日,中国大学出版社协会向西藏大学捐赠图书仪式在西藏大学中心会议厅举行。教育部社会科学司出版管理处处长魏小波,西藏自治区教育厅副厅长旺堆,西藏自治区新闻出版局副局长刘立强,中国大学出版社协会理事长李家强、副理事长贾国祥,西藏大学校长房灵敏、副校长王启龙,以及中国大学出版社协会、清华大学出版社、东北师范大学出版社等24家出版社领导参加了捐赠图书仪式。

旺堆副厅长首先讲话,他说全国大学出版社向西藏大学捐赠图书,为西藏大学的图书资料建设作出了突出贡献;希望西藏大学充分发挥图书资料在学校教学科研工作中的文献信息服务作用,为实现西藏大学的发展目标提供有力的智力支持和信息保障。

房灵敏校长在讲话中说,教育部社会科学司、中国大学出版社协会协调全国大学出版社,在2005年、2006年先后向我校捐赠图书近10万册,总价值400万元,极大地丰富了我校的图书馆藏,丰富了教学科研资源。我们将充分利用好这些图书,努力提高教学科研水平,充分履行好培养人才、发展科技和服务社会的大学职能,努力为西藏的发展作出贡献。

李家强理事长说,大学出版社一贯把支持边疆和少数民族地区的教育事业作为义不容辞的责任,我们不仅要在图书资料建设、图书资源共享方面大力支持西藏大学,还要在学科建设、科研合作、人才培养等领域加强合作,共同推进祖国教育事业的发展。

魏小波处长说,大学出版社协会高度关注祖国教育事业的发展,关注老少边穷地区的教育,积极为老少边穷地区学校捐赠图书,支援当地教育事业的发展。希望西藏大学与内地大学在加强图书资源共享的同时,还要在其他领域加强交流与合作,实现共同发展。

捐赠图书仪式上,李家强代表全国大学出版社向西藏大学授捐赠牌,西藏大学向大学出版社协会回赠了书写着"四面八方伸援手,共托藏大攀高峰"的锦旗,向各捐赠图书的出版社颁发了图书捐赠荣誉证书。

教育部社科司、中国大学出版社协会
关于表彰2006年度捐赠图书单位的决定

受教育部社科司的委托,中国大学出版社协会2006年组织全国大学出版社(含教育部直属出版社)向西藏自治区西藏大学和安徽省蚌埠学院捐赠图书,工作圆满完成。共有69家大学出版社向这两所高校捐赠图书 16504 种,103351 册,码洋为 2223518 元。其中捐赠给西藏大学图书 8002 种,55390 册,码洋为 1205437 元;捐赠给蚌埠学院图书 8502 种,47961 册,码洋为 1018081 元。

西藏大学地处雪域高原,安徽省蚌埠学院是经济欠发达地区一所新建大学,都需要支持和帮助,希望获得部分捐赠图书,以改善和形成办学条件、加强学校建设。面对他们的困难和需要,各大学出版社积极响应教育部社科司和大学版协的号召,给予了高度重视和大力支持,以对社会、对国家教育事业的责任感,选择优质、适用、新版图书,及时发运到两所高校,很快完成了这项工作。2005 年华东地区大学出版社曾组织向西藏大学捐赠图书。

对大学出版社的图书捐赠义举,两校都给予了很高评价,给协会发来感谢信,对各出版社表示衷心感谢。西藏大学还在 8 月 15 日举办了隆重的大学出版社向西藏大学捐赠图书仪式,感谢今年全国大学出版社和去年华东地区大学出版社的图书捐赠。教育部社科司出版管理处处长魏小波及大学版协理事长李家强、副理事长贾国祥等 24 家出版社的领导应邀赴拉萨出席了捐赠仪式。捐赠图书仪式上,西藏大学向大学版协赠送了书写着"四面八方伸援手,共托藏大攀高峰"的锦旗,向各捐赠图书的出版社颁发了图书捐赠荣誉证书。

这次捐赠图书工作,得到了团中央所属中国光华科技基金会支持,为我们的捐赠图书单位办理捐赠免税票据。据了解,今年也有一些大学出版社通光华基金会等公益组织向西部地区和其他老少边穷地区捐赠了图书。

教育部社科司和大学版协赞赏和感谢各大学出版社积极参与捐书活动,并作出决定,对在今年向西藏大学和安徽蚌埠学院捐赠图书的出版社颁发奖状,给予表彰。

教育部社科司和大学版协希望各大学出版社本着为国分忧、为国家教育事业多作贡献的精神,今后继续积极从事、支持公益事业!

教育部社科司、中国大学出版社协会关于表彰 2007 年度捐赠图书单位的决定

受教育部社科司的委托,中国大学出版社协会 2007 年组织全国大学出版社(含教育部直属出版社)向新疆财经学院、新疆塔里木大学、吉林省白城师范学院、贵州省台江县民族中学和井冈山大学捐赠图书,工作圆满完成。共有 100 家大学出版社和部直属出版社向这五所院校捐赠图书共 31073 种,183944 册,码洋 4218258 元。

其中:新疆财经学院　　　　　　7651 种,42996 册,码洋 1003465 元
　　　新疆塔里木大学　　　　　　4012 种,26916 册,码洋 696382 元
　　　吉林省白城师范学院　　　　3975 种,29514 册,码洋 584033 元
　　　贵州省台江县民族中学　　　2281 种,21461 册,码洋 279843 元
　　　井冈山大学　　　　　　　　13154 种,63057 册,码洋 1654535 元

新疆财经学院、新疆塔里木大学地处西北边陲,经济欠发达,尤其新疆塔里木大学是王震将军于 1958 年亲手创办的,为南疆基层政权建设、农牧业生产发展和经济社会发展提供了有力的

人才支撑,被教育部袁贵仁副部长称赞为"全国高校中的一枝奇葩,沙漠中的一颗明珠"。吉林白城师范学院是吉林省西北部地区唯一一所本科高等院校,因地方经济发展水平较低,该校在改革和发展中面临很多困难。贵州台江县民族中学地处贵州省东南苗族侗族自治州中部,是少数民族居住县,由于历史、文化等原因,教育基础一直比较薄弱。井冈山大学地处革命老区,经济欠发达,学校办学经费比较紧张。

这5所院校都需要支持和帮助,希望获得部分捐赠图书,以改善办学条件、加强学校建设。面对他们的困难和需要,各大学出版社积极响应教育部社科司和大学版协的号召,给予了高度重视和大力支持,以对社会、对国家教育事业的责任感,选择优质、适用、新版图书,及时发运到5所院校,很快完成了这项工作。

对大学出版社的图书捐赠义举,5所院校都给予了很高评价,给协会发来感谢信,对各出版社表示衷心感谢。

这次捐赠图书工作,得到了团中央所属中国光华科技基金会的支持,为我们的捐赠图书单位办理了捐赠免税票据。据了解,今年也有一些大学出版社通过光华基金会等公益组织向西部地区和其他老少边穷地区捐赠了图书,参加了农家书屋公益活动。

教育部社科司和大学版协赞赏和感谢各大学出版社积极参与捐书活动,并作出决定,对在今年向吉林省白城师范学院、贵州省台江县民族中学、新疆财经学院、新疆塔里木大学和井冈山大学捐赠图书的出版社颁发荣誉证,给予表彰。

教育部社科司和大学版协希望各大学出版社本着为国分忧、为国家教育事业多作贡献的精神,今后继续积极从事、支持公益事业!

大学版协组织大学出版界积极开展抗震救灾募捐活动

2008年5月12日,四川汶川发生了新中国成立以来罕见的强烈地震,地震牵动着全国亿万人民的心,也牵动着大学出版人的心。灾情发生后,大学版协在第一时间发起了大学出版社为地震灾区募捐的活动,各大学出版社纷纷捐款,表达他们对灾区人民的真挚爱心。

参加这次募捐活动的大学出版社共有62家,他们中既有发展较快的出版社,也有规模较小的出版社,短短几天就筹集善款人民币532万元。其中,北京大学出版社、北京师范大学出版社、清华大学出版社各捐款60万元,中国人民大学出版社、上海外语教育出版社各捐款50万元,华东师范大学出版社、广西师范大学出版社各捐款30万元,北京大学医学出版社、中央广播电视大学出版社各捐款15万元,东北财经大学出版社、复旦大学出版社各捐款10万元,其余51家大学出版社也捐赠了数额不等的款项。外语教学与研究出版社和高等教育出版社通过其他渠道分别捐赠款项200万元和100万元,西南师范大学出版社捐赠60万元人民币和50万元的教育图书,还有许多大学出版社也通过其他渠道和方式向灾区捐款。

2008年5月18日晚在中央电视台举办的"《爱的奉献》——2008抗震救灾大型募捐活动"晚会上,大学版协理事长、清华大学出版社社长李家强代表所有大学出版人上台捐款,这些救灾款凝聚了大学出版人对灾区人民的浓浓爱心和亲情,大学出版人以实际行动帮助灾区群众共渡难关、重建家园。教育部社科司领导非常重视这次捐赠活动,对大学出版社的捐款行动给予了高度赞扬。以杯水之流,尽尺寸之能,相信全国人民的爱心,定会汇集成一股强大的爱的洪流,大学出版人愿与灾区人民一道战胜这场灾难,重建美好的家园,这也是我们所有大学出版人的心声。

通过中国大学出版社协会向灾区捐款明细表(共532万元)

2008年5月16日

一、华北地区(307.5万元)

单位名称	金额(万元)
北京大学出版社	60
北京大学医学出版社	15
北京工业大学出版社	3
北京航空航天大学出版社	3
北京理工大学出版社	2
北京师范大学出版社	60
北京邮电大学出版社	2
北京交通大学出版社	5
对外经济贸易大学出版社	5
旅游教育出版社	3
清华大学出版社	60
首都经济贸易大学出版社	3
首都师范大学出版社	2
中国传媒大学出版社	3
中国农业大学出版社	3
中国人民大学出版社	50
中国人民公安大学出版社	3
中国协和医科大学出版社	2.5
中国政法大学出版社	3
中央广播电视大学出版社	15
南开大学出版社	1.5
河北大学出版社	2
内蒙古大学出版社	1.5

二、东北地区(21万元)

单位名称	金额(万元)
东北财经大学出版社	10
东北师范大学出版社	5
吉林大学出版社	2

(续表)

单位名称	金额(万元)
哈尔滨工程大学出版社	2
哈尔滨工业大学出版社	2

三、华东地区(125万元)

单位名称	金额(万元)
山东大学出版社	1
中国海洋大学出版社	1
中国石油大学出版社	2
中国科学技术大学出版社	1
东南大学出版社	2
南京大学出版社	2
南京师范大学出版社	5
苏州大学出版社	5
复旦大学出版社	10
第二军医大学出版社	1
东华大学出版社	1
华东师范大学出版社	30
上海大学出版社	2
上海交通大学出版社	5
上海外语教育出版社	50
浙江大学出版社	5
厦门大学出版社	2

四、中南地区(61.5万元)

单位名称	金额(万元)
河南大学出版社	1
武汉大学出版社	5
武汉理工大学出版社	5
华中科技大学出版社	5
华中师范大学出版社	5
湖南大学出版社	1
广西师范大学出版社	30
中山大学出版社	6
广东高等教育出版社	1
汕头大学出版社	2.5

五、西南地区(3万元)

单位名称	金额(万元)
四川大学出版社	2
西南财经大学出版社	1

六、西北地区(14万元)

单位名称	金额(万元)
陕西师范大学出版社	5
西安交通大学出版社	3
西安电子科技大学出版社	2.5
西北大学出版社	1
西北工业大学出版社	2.5

大学出版社向安徽革命老区、贫困地区学校捐赠图书

2008年11月14日,第21届全国大学出版社订货会开幕的第一天,在大学版协的组织下,全国大学出版社向安徽革命老区、贫困地区学校捐赠1.4万余册优质新版图书,折合码洋超过35万元。十多年来,大学社已向全国11个省捐赠大量优秀图书。

大学版协刘军副理事长主持捐赠图书仪式并讲话。他说:"大学出版社始终把推动国家教育事业的责任感放在第一位,在教育部、新闻出版总署倡导下,每年都会根据各地的需要,积极、热情地向老少边穷地区、受灾地区捐赠图书,支援他们的教育教学。安徽具有光荣的革命传统。新中国建立以后,特别是改革开放30年来,安徽革命老区人民努力建设自己的家园,生活和教育事业得到了快速的发展。但是,由于地缘条件等原因,这些地区与东南沿海地区相比,还欠发达,生活和教育的发展,还亟需社会的支持和帮助。这次全国大学出版社、教育部直属出版社到合肥来举办图书订货会,大学出版人心中也挂念着安徽革命老区、贫困地区的孩子们,各出版社带来优质、适用、新版的图书,捐赠给六安、巢湖等革命老区的学校,表达我们的一份心意,贡献一点微薄之力,希望能对这些地区的教育事业有所帮助!"

教育部社会科学司出版管理处处长魏小波在捐赠仪式的讲话中说:"向老少边穷地区捐赠图书、支援这些地区教育事业的发展,是大学社的社会功能之一。"她表示,大学出版人高度重视安徽的教育事业发展,今年继向蚌埠学院、蚌埠经济技术职业学院捐赠品种齐全的高校教材、教辅和教育图书后,又向安徽革命老区、贫困地区学校捐赠教材和图书,"捐赠的图书虽然有限,但大学出版人所奉献的爱心是无限的"。

中共合肥市委常委、宣传部部长林存安在讲话中代表受赠学校表示了诚挚的谢意,他说"这充分体现了大学出版人对安徽贫困学生的拳拳关爱之心,殷殷期盼之情"。林存安对首次走进安徽的大学出版社图书订货会并不陌生,他认为,"大学出版社订货会已经成为出版界响亮的展会品牌",订货会的现场和各项活动的组织安排显示出了大学版协高质的办会经验,也充分展示了大学出版社的实力和水平。他祝愿大学出版社订货会在新一届领导班子的带领下,越办越好,"成为世界性的图书展会品牌"。

作为受赠学校的代表,安徽撮镇马桥小学校长郭为农向捐赠图书的大学出版社表示感谢,他表示:"书籍是人类进步的阶梯,在今后的教育教学工作中,我会认真带领全校师生,充分汲取社会各界给予的精神食粮,关注师生课余生活,竭力培养合格人才!"

新闻出版总署印刷发行管理司发行处处长吕晓清、合肥市及相关城市领导也出席了捐赠仪式。

教育部社科司、中国大学出版社协会
关于表彰2008年度捐赠图书单位的决定

在教育部主管部门倡导、大学版协组织下,大学出版社、教育部直属出版社积极、热情捐赠图书,支援革命老区、贫困地区、地震灾区的教育事业。仅从大学版协渠道,2008年就向江西井冈山大学、云南保山高等专科学校、安徽蚌埠经济技术职业学院、安徽六安等革命老区中小学,以及四川地震灾区的阿坝地区、都江堰市、理县等地中小学,捐赠图书28342种、211537册,折合码洋4404595.6元人民币。其中捐给:

井冈山大学13332种,63197册,码洋为1546820.95元;

云南保山高等专科学校4639种,20581册,码洋为504161.6元;

安徽蚌埠经济技术职业学院3968种,19622册,码洋为493145.5元;

安徽革命老区、贫困地区中小学2524种,14303册,码洋为352875.6元;

四川阿坝师范高等专科学校242种,23235册,码洋为541084元;

四川都江堰中小学1276种,36026册,码洋为475164元;

四川理县中小学2361种,34573册,码洋为491343.9元。

"5·12"汶川大地震给四川部分地区造成了灾难性破坏。阿坝师范高等专科学校作为阿坝州和震中地区唯一一所高校,昔日美丽的校园毁于一旦。了解到他们的困难后,大学出版社、教育部直属出版社同样伸出援助之手,以最快的速度,在开学前免费提供了所有师生的教学、学习用书。大学出版社还给四川地震灾区的都江堰、理县的中小学捐书,支援当地的学校重建。大学出版社不但从物质上支援灾区,从精神上更给予关心。大地震发生后,为安抚和帮助灾区人民抚平心灵创伤,帮助灾区人民战胜灾害、重建家园,宣传抗震救灾的伟大斗争和民族精神,31家出版社及时出版了40多种赈灾自救、心理指导、房屋修建等方面的图书,大部分图书都是无偿捐赠给灾区人民的。

面对革命老区、贫困地区、地震灾区的困难和需求,各大学出版社、教育部直属出版社总是选择优质、适用、新版的图书,及时发运到受捐地区和学校。对大学出版社、教育部直属出版社的图书捐赠善举,受赠地区政府及院校都给予了很高的评价,纷纷写来感谢信,对各出版社的爱心捐赠表示感谢。

今年捐赠图书工作,仍然得到团中央所属中国光华科技基金会的支持,为捐赠图书的出版社办理了捐赠免税票据。据了解,今年还有一些出版社通过中国光华科技基金会等公益组织和其他有关部门向四川灾区捐款、捐物、捐书。

教育部社科司和大学版协感谢各大学出版社、教育部直属出版社积极参与捐赠图书的社会公益活动,赞赏各出版社表现出的对社会和国家教育事业的高度责任感、济世为民的宽阔胸怀,并作出决定,对在今年向以上地区7所院校捐赠图书的出版社颁发荣誉证书,给予表彰。

教育部社科司和大学版协希望各出版社本着为国分忧、为教育事业多作贡献的精神,今后继续积极支持和从事公益活动。

中国大学出版社协会被评为
全国新闻出版行业抗震救灾先进集体

2008年12月1日,新闻出版总署下发了《关于表彰全国新闻出版行业抗震救灾先进集体和先进个人的决定》,并颁发了光荣册和奖状。中国大学出版社协会荣获全国新闻出版行业抗震救灾先进集体的称号,这是中国大学出版社共同的荣誉,也是大学出版人爱心的体现。

决定指出:2008年5月12日,四川汶川发生了新中国成立以来破坏性最强、波及范围最广、救灾难度最大的特大地震灾害。面对突如其来的灾害,全国新闻出版行业响应党中央号召,立即行动起来,积极投身伟大的抗震救灾斗争,涌现出一大批抗震救灾先进集体和先进个人。他们的突出表现,彰显了新闻出版行业与党和人民同心同德、共克时艰的政治本色,体现了新闻出版工作者大爱无疆、无私奉献的博大胸怀,展现了新闻出版业历经改革开放30年所取得的辉煌成绩和雄厚实力。新闻出版总署此次授予86个单位为"全国新闻出版行业抗震救灾先进集体",45名同志为"全国新闻出版行业抗震救灾先进个人"。

"5·12"汶川大地震牵动着大学出版人的心。灾难发生后,大学版协立即组织募捐活动,发挥了强有力的组织作用,短短几天,就有六十多家大学出版社共捐款532万元,还有许多大学出版社通过其他渠道和方式纷纷向灾区捐款捐物,并赶制了一批抗震救灾图书,捐赠了大批课本和文具,为灾区的教育重建奉献自己的力量。这次赈灾活动大学出版社积极参与,慷慨解囊,急灾区之所急,充分体现了大学出版社坚持服务教育、服务社会的办社宗旨。外语教学与研究出版社也被评为全国新闻出版行业抗震救灾先进集体。

教育部社科司、中国大学出版社协会
关于表彰2009年度捐赠图书单位的决定

受教育部社科司的委托,中国大学出版社协会2009年组织全国大学出版社、教育部直属出版社向贵州凯里学院、陕西省宜君县人民政府捐赠图书,工作现已经完成。共有95家大学出版社、教育部直属出版社捐赠图书7478种,46349册,码洋为1022018.27元。其中捐给:

贵州凯里学院5376种,29058册,码洋为719670.27元;

陕西省宜君县人民政府2102种,17291册,码洋为302348元。

凯里学院位于贵州省东南部的黔东南苗族侗族自治州,是自治州唯一的一所本科院校,学校走"办特色之校,育特质之才"的发展道路,艰苦奋斗办学,为这个少数民族地区的教育事业和经济发展作出了重要贡献;宜君县地处陕北黄土高原南缘,属国家扶贫开发工作重点县,县里也在努力发展中小学教育。他们由于都地处边远贫困山区,因此在学校经费和教学资源方面都有很大的困难,渴望获得一些图书,改善办学条件,加强学校建设。各大学出版社了解到他们的情况后,被他们艰苦办学的精神所感动,为他们面临的困难所焦心,积极响应教育部社科司和大学版协的号召,高度重视、大力支持,选择优质、适用、新版图书,及时发运到两地,很快完成了这次捐书工作。

对全国大学出版社的图书捐赠义举,凯里学院和宜君县人民政府都给予了很高评价,分别给协会发来感谢信,对各大学出版社表示衷心感谢。

这次捐赠图书工作,得到了中国光华科技基金会的支持,为我们的捐赠图书单位办理了捐赠免税票据。据了解,今年也有一些大学社通过光华基金会等公益组织向其他老少边穷地区捐赠图书,参加农家书屋等公益活动。

教育部社科司和大学版协赞赏和感谢各大学出版社积极参与捐书活动,高度评价大学社表现出的对社会、对国家教育事业的责任感,并作出决定,对在今年向贵州凯里学院和陕西宜君县捐赠图书的出版社颁发荣誉证,给予表彰。

教育部社科司和大学版协希望各大学出版社本着为国分忧、为国家教育事业多作贡献的精神,今后继续积极从事、支持公益事业!

教育部社科司、中国大学出版社协会
关于表彰 2010 年度捐赠图书单位的决定

中国大学出版社协会受教育部社科司的委托,2010 年组织全国大学出版社、教育部直属出版社向四川省洪雅县教育科技局、江西井冈山大学、新疆喀什地区教育局、新疆和田地区洛浦县委捐赠了图书。参加这次捐赠活动的共有 103 家出版社,捐赠图书 14087 种,111142 册,码洋为 2549798.65 元。其中捐给:

四川省洪雅县教育科技局 4173 种,31856 册,码洋为 659977.98 元;
江西井冈山大学 4137 种,19659 册,码洋为 551263.57 元;
新疆喀什地区教育局 2868 种,29791 册,码洋为 666338.95 元;
新疆和田地区洛浦县委 2909 种,29836 册,码洋为 672218.15 元。

洪雅县地处四川盆地西南边缘,经济欠发达;新疆喀什地区、洛浦县地处边疆,是少数民族聚居地,洛浦县作为国家贫困县,教育条件落后;井冈山是革命老区,井冈山大学是近年来发展起来的新大学。这些地区和院校教育经费和教学资源有很大困难,但他们都有着改善教育状况、培养好下一代的迫切愿望,渴望获得教材图书的捐助,以改善办学条件,加强学校建设。大学出版社、教育部直属出版社了解到他们的情况后,被他们艰苦办学的精神所感动,为他们面临的困难所焦心,积极响应教育部社科司和大学版协的号召,选择优质、适用、新版的图书,及时发运到当地,出色地完成了捐书工作。

对全国大学出版社的图书捐赠义举,这些地区和院校都给予了很高的评价,分别给协会发来感谢信,对各大学出版社、教育部直属出版社表示感谢。

这次捐赠图书工作,得到了中国光华科技基金会的支持,为我们的捐赠图书单位办理了捐赠免税票据。据了解,今年还有不少大学社通过光华基金会等公益组织向其他老少边穷地区捐赠图书、参加农家书屋等公益活动。

教育部社科司和大学版协赞赏和感谢各大学出版社、教育部直属出版社积极参与捐书活动,高度评价各出版社表现出的对社会、对国家教育事业的责任感,并作出决定,对在今年参与图书捐赠活动的出版社颁发荣誉证,给予表彰。

教育部社科司和大学版协希望各出版社本着为国分忧、为国家教育事业多作贡献的精神,今后继续积极从事、支持公益事业!

教育部社科司、中国大学出版社协会 关于表彰向玉树地震灾区捐款单位的决定

2010年4月14日,青海省玉树藏族自治州玉树县发生了7.1级强烈地震,造成重大人员伤亡和巨大财产损失。灾区人民的安危,牵动着每个大学出版人的心,各出版社立即行动起来,尽自己的力量捐款捐物,支援灾区人民,捐款总额在1597.9万元以上。

按照中央领导和新闻出版总署的倡议,中国大学出版社协会组织了全国大学出版社向玉树灾区的紧急捐款,通过大学版协捐款的出版社共84家,捐款总数额367.9万元。其中:北京大学出版社、清华大学出版社、教育科学出版社各捐款50万元,广西师范大学出版社捐款20万元,华东师范大学出版社捐款15万元,复旦大学出版社、浙江大学出版社各捐款10万元。

还有出版社通过教育部、中国红十字基金会捐款。其中:高等教育出版社、人民教育出版社各通过教育部、中国红十字基金会捐款400万元,北京师范大学出版社通过教育部捐款200万元,中国人民大学出版社、外语教学与研究出版社各通过教育部捐款60万元,语文出版社通过教育部捐款50万元,上海外语教育出版社通过中国红十字基金会捐款60万元。

除此之外,在抗震救灾过程中,不少出版社还通过各种形式、其他渠道捐款、捐物、捐赠图书。

大学出版社、教育部直属出版社的善举受到了政府领导机关的好评和灾区人民的赞扬,教育部社科司和大学版协也对各出版社表示高度评价和衷心感谢,并给予表彰。

第七届全国高校出版社优秀畅销书奖举行颁奖仪式

由中国大学出版社协会主办的第七届全国高校出版社优秀畅销书评奖,在教育部社会科学司指导下,在各大学出版社、教育部直属出版社积极参与下,经过认真、细致的评审,已经圆满完成。2006年11月3日,在青岛召开的全国大学出版社社长大会上举行了颁奖仪式,教育部社科司徐维凡副司长、出版管理处魏小波处长、中宣部出版局李达同志,大学版协李家强理事长、彭松建常务副理事长、刘军秘书长等向获奖单位颁发奖牌和奖状,张天蔚副理事长总结了评奖工作。97家出版社的328种图书荣获"优秀畅销书"奖,其中一等奖167种,二等奖161种。这次评奖的参评图书共有499种,获奖率65.73%。

大学版协对评奖工作非常重视,组成了由协会领导、各大区大学出版社协会负责人、评审专家组负责人,以及中国版协、中国编辑学会领导组成的评审委员会,领导评审工作。为保证评奖程序、评审结果科学合理、公平公正,大学版协把详细的《第七届全国高校出版社优秀畅销书奖评奖办法》发到了每个出版社;聘请了11家在京大学出版社的24位离退休老专家组成评审专家组;图书评审经过了初审、复审、终审。审评图书首先注重内容,把思想性、创新性作为首要因素,并对选题新颖、学术含量高、实用性强的给予优先考虑;按内容质量、编校质量、销售量三项指标综合考评。评奖数量上不封顶、下不设底,严格按照新闻出版总署《图书质量管理规定》及其附件《图书编校质量差错率计算方法》的标准和大学版协《评奖办法》的规定进行评审。

各大学出版社积极参与。本届评奖有97家出版社选送图书参加,比第五届、第六届的87家增加了10家。各社报送的参评图书499种726册,第五届是243种396册,第六届是377种450册,本届有大幅度提高。高教、人教、清华、北大、人大、外研、华东师大、广西师大、北师大等出版社选送图书较多。参评图书的大幅度增加,反映了各社的高度重视和参与协会活动的积极性,也在一定程度上反映出这个奖项进一步得到大家的认可。

这届优秀畅销书评奖,在一定程度上反映出两年来全国大学出版社紧贴高等教育教学科研需要和社会需求,多出好书、出双效益书的成果。主要表现在:(1)图书结构进一步优化,参评图书中教材、学术著作、工具书占到80%以上,还有不少社会大众读物;教辅、试题性图书数量减少。(2)从图书的内容看,社科类图书普遍具有积极的思想性和可读性,理工科技、外语类图书普遍具有前沿性和实用性,不少教材是国家项目、国家级重点教材。(3)装帧设计和印制质量有所提高,体现了大学出版社出版物的新形象。(4)从发行量上看,许多品种发行量很大,可见这些图书适应高校教学需要,受到师生的欢迎。

大学版协希望各大学出版社继续加强优质图书选题的开发,努力创立自己的品牌;继续抓好编校质量,把更多的精品图书奉献给社会;继续加强发行渠道的建设和宣传营销,造就更多的优秀畅销产品。

第八届全国高校出版社优秀畅销书评选结果揭晓

作为大学出版行业奖项、展示大学出版社社会和经济双效益优秀图书出版成果的评奖活动,第八届全国高校出版社优秀畅销书评奖活动经过半年多的评审,结果已经产生。北京大学出版社《经济学原理》、清华大学出版社《软件测试方法和技术》等101家出版社的413种图书榜上有名,其中225种图书获得优秀畅销书一等奖,188种图书获得优秀畅销书二等奖。这次评奖的参评图书共有590种,获奖率70%。

全国高校出版社优秀畅销书奖,是在教育部社科司指导下,中国大学出版社协会举办的两年一届的全国大学出版社优秀图书评奖活动。这项活动对全国大学出版社贯彻党中央、国务院对出版工作"加强管理、优化结构、提高质量"的精神,检阅全国大学出版社图书出版成果,树立图书品牌,提高图书质量,增进两个效益,起到了积极作用。

大学版协对这次评奖工作非常重视,组成了由协会领导、评审专家组负责人组成的评审委员会,领导评审工作。委员会还聘请了中国版协谢明清常务副主席、中国出版科学研究所郝振省所长参加。大学版协之外的领导同志参与评奖工作,是大学版协为使评奖更加公平、公正,更具社会影响力而采取的积极举措。为保证评奖活动的公正、扎实,本次扩大了评审专家组的规模,从京津地区的15家大学出版社聘请了30位离退休编审、副编审,兼顾各个学科门类。为保证医学类图书评奖的公正性,本次特别邀请了郑州大学出版社的两位专家,以邮递的方式参与初审审读工作。

图书评审经过了初审、复审、终审,初审在评审专家对每种图书内容、编校、印装质量审查的基础上,又进行了两轮专家组会评。审评图书首先注重内容,把思想性、创新性作为首要因素,对选题新颖、学术含量高、实用性强的给予优先考虑;按内容质量、编校质量、销售量三项指标综合考评。评奖数量上不封顶、下不设底,这次全国高校出版社优秀畅销书评奖,严格按照新闻出版总署《图书质量管理规定》及其附件《图书编校质量差错率计算方法》的标准的规定,依据国家《图书书名页标准》《出版物数字用法的规定》、中央台办和宣办《关于正确使用涉台宣传用语的意见》,又结合大学出版社图书实际,制定了《第八届全国大学出版社优秀畅销书奖图书审读检查办法》和《第八届全国大学出版社优秀畅销书奖编校质量检查的若干约定》,保证了评审的标准统一和合理、公正。

这届优秀畅销书评奖,在一定程度上反映出两年来全国大学出版社紧贴高等教育教学科研需要和全社会需要,多出好书、出双效益书的成果。主要表现在:图书结构进一步优化,参评图书中教材、学术著作、工具书占到80%以上,还有不少优秀社会读物,教辅、试题性图书不多;从图书的内容看,社科类图书普遍具有积极思想性和可读性,科技、外语类图书普遍具有前沿性和实用性,不少教材是国家项目、国家级重点教材;装帧设计和印制水平明显提高,体现了大学出版社出版物的新形象;许多品种发行量很大,可见这些图书适应高校教学需要,受到师生的欢迎。

"5·12"汶川大地震发生后,全国大学出版社一方面捐款捐书支援灾区,另一方面积极策划出版抗震救灾有关图书,宣传抗震救灾的伟大斗争和民族精神,帮助灾区人民康复心灵、战胜灾害、重建家园。为鼓励和表彰大学出版社在出版抗震救灾图书方面作出的突出贡献,今年举办的第八届全国高校出版社优秀畅销书奖活动中增设了"抗震救灾图书特别奖",31家出版社的43种图书荣获这个奖项。

第八届全国大学出版社优秀畅销书奖颁奖仪式,在11月13日的全国大学出版社社长大会上举行,由教育部社科司和大学版协颁奖、表彰。在第21届全国大学出版社图书订货会上,将设展柜,展示获奖图书;制作宣传册发放,宣传获奖图书。

相信全国高校出版社优秀畅销书评奖活动,一定会进一步推动出版社积极组织策划双效益选题,努力提高图书质量,为读者奉献更多精品图书。

中国大学出版社协会关于颁发"首届高校出版人荣誉奖"的决定

各高校出版社:

在举国上下隆重纪念改革开放三十周年之际,我国高校出版人也在总结高校出版社走过的30年发展历程。三十年来,高校出版社在改革中前进,在发展中壮大,涌现出许多励精图治、艰苦创业、勇于改革、奋发图强的社长和总编辑,他们致力于高校出版业的发展,作出了积极的贡献。为表彰三十年来在高校出版社改革发展中作出过突出贡献的、现已离任的高校出版社社长、总编辑,经教育部社会科学司同意,中国大学出版社协会决定颁发"首届高校出版人荣誉奖"。

经有关高校出版社和有关方面推荐,中国大学出版社协会确认,现将"首届高校出版人荣誉奖"颁发给北京大学麻子英等42位同志。

我们纪念改革开放三十周年,表彰优秀的高校出版人,必将激发广大的高校出版人为高校出版事业的繁荣发展锐意进取,努力拼搏,创造新成绩,开创新局面。

中国大学出版社协会
2008年10月19日

高校出版人荣誉奖获奖人员名单

单位	姓名	职务	任职时间	退休时间(含调离)
北京大学出版社	麻子英	社长	1983 至 1993	1995 年
	苏志中	总编	1986 至 1995	1995 年
	彭松建	社长	1993 至 2003	2003 年
清华大学出版社	王民阜	社长	1992 至 1998	2000 年
	张兆琪	总编	1992 至 1998	2002 年
	李家强	社长	1998 至 2008	2008 年
北京工业大学出版社	钟佐华	社长 总编	1987 至 1995	1995 年
北京航空航天大学出版社	许传安	社长	1985 至 1998	1999 年
	乔少杰	社长	1999 至 2008	
北京师范大学出版社	武静寰	常务副社长 副总编	1980 至 1988	1988 年
北京体育大学出版社	吴枫桐	社长 总编	1986 至 1998	1998 年
	杨再春	社长 总编	1997 至 2005	2005 年
外语教学与研究出版社	李朋义	社长	1993 至 2007	2007 年
对外经济贸易大学出版社	张锡叚	总编	1993 至 2000	2001 年
中国人民大学出版社	陈维雄	社长 总编	1955 至 1966 1978 至 1983	1983 年
	高旭华	常务副社长	1986 至 1990	1990 年
	王霁	社长 总编	1993 至 2002	2002 年
天津大学出版社	陈家修	总编	1998 至 2004	2005 年
	杨风和	社长 党支部书记	1998 至 2004	2008 年
东北师范大学出版社	于超	社长	1986 至 1993	1993 年
	郝景江	社长	1993 至 1999	1999 年
哈尔滨工业大学出版社	唐余勇	总编 党支部书记	1994 至 2006	2006 年
中国矿业大学出版社	解京选	社长 总编	1998 至 2007	2007 年
中国石油大学出版社	文章代	社长	1993 至 2005	2005 年
中国科学技术大学出版社	张泰永	社长 总编	1986 至 1999	2002 年
复旦大学出版社	高若海	总编	1995 至 2008	2008 年
上海交通大学出版社	施福升	社长	1985 至 1997	2001 年

(续表)

单位	姓名	职务	任职时间	退休时间(含调离)
华南理工大学出版社	杨昭茂	社长	1996 至 2003	2003 年
厦门大学出版社	陈天择	社长	1987 至 1999	1999 年
苏州大学出版社	陈少英	总编	1997 至 2003	2003 年
河南大学出版社	王刘纯	社长	1999 至 2006	2006 年
郑州大学出版社	谷振清	社长	1997 至 2004	2004 年
武汉大学出版社	牛太臣	社长 总编	1988 至 1996	1996 年
武汉大学出版社	熊玉莲	社长 书记	1994 至 2000	2000 年
广西师范大学出版社	肖启明	社长	1998 至 2008	2008 年
华中科技大学出版社	韦敏	社长	1998 至 2006	2008 年
重庆大学出版社	沈永思	常务副社长 社长	1984 至 1995	1995 年
西南师范大学出版社	宋乃庆	社长	1993 至 2003	2003 年
陕西师范大学出版社	朱永庚	总编	1988 至 1993	1996 年
西北大学出版社	符景垣	社长 总编	1983 至 1992	1992 年
西北工业大学出版社	张光慎	社长 总编	1985 至 1993	1993 年
西安电子科技大学出版社	吕继尧	社长 总编	1983 至 1995	1995 年

中国大学出版社协会
关于表彰首届高校出版人物奖获奖人员的决定

中国大学出版社协会主办的"中国大学出版社首届高校出版人物奖"评奖活动在教育部社科司的指导下已圆满结束。本届评奖活动有47家大学出版社参加,申报参评人员48人。专家评审组严格依据《中国大学出版社首届高校出版人物奖评奖办法(试行)》规范运作,本着客观、公正的原则和严肃、认真的态度,对申报参评人员进行了严格的资格审查。经过初评、复评和终评,在广泛征求意见的基础上,今年4月评审委员会报请中国大学出版社协会理事长办公会批准,最终确定中国人民大学出版社刘志等20人荣获"中国大学出版社首届高校出版人物奖"。

经评审委员会讨论决定并报理事长办公会批准,2008年12月31日仍在岗的、获得过国家三大奖(韬奋出版奖、中国出版政府奖优秀出版人物奖、全国百佳出版工作者奖)的清华大学出版社蔡鸿程等21人,本次一并授予"中国大学出版社首届高校出版人物奖"。

获得首届高校出版人物奖的41位同志,认真学习和实践邓小平理论和"三个代表"重要思想,贯彻落实科学发展观,认真执行党的各项方针政策,模范遵守职业道德准则,诚信服务,无私奉献,在业界有良好的声誉。他们爱岗敬业、勤奋学习,坚持正确导向,在出版、发行、出版研究、出版管理、读者服务、版权贸易等领域,取得了明显的社会效益和经济效益,为出版业的改革和发展作了出突出贡献。为表彰先进,树立表率,弘扬奉献精神,多出人才,中国大学出版社协会决定:

一、对获得"中国大学出版社首届高校出版人物奖"的获奖人员,颁发奖杯。

二、对获得"中国大学出版社首届高校出版人物奖"的获奖人员,颁发获奖证书。

三、在《现代出版》《大学出版信息》和高校图书教材网以及行业内其他媒体上进行宣传。

四、建议各会员单位对获奖者给予适当奖励。

中国大学出版社协会

2010 年 7 月 16 日

中国大学出版社协会
关于表彰中国大学出版社图书奖获奖图书的决定

中国大学出版社协会主办的"首届中国大学出版社图书奖"在教育部社科司的指导下已圆满结束。本届评奖活动有 87 家大学出版社参加,申报参评图书共 1354 种,专家评审组严格依据《中国大学出版社图书奖评奖办法(试行)》规范运作,本着客观、公正的原则和严肃、认真的态度,对申报参评图书进行了严格的资格审查和质量审读。经过初评、复评和终评,在广泛征求意见的基础上,今年 4 月评审委员会对评选结果进行了评定,并报理事长办公会批准,最终确定获奖图书 551 种,其中一等奖 252 种,二等奖 299 种。

本届获奖图书主旋律突出,导向鲜明,内容丰富,形式多样,体现了较高的质量和水平,是作者和出版工作者辛勤劳动创造的优秀作品的集中体现,是我国高校出版社近两年来实施精品图书工程的最新成果。为表彰先进,体现正确的政策导向,充分调动广大作者和出版工作者出版更多优秀作品,推动教材、学术著作建设,更好地为教学和科研服务,鼓励各会员单位多出社会效益和经济效益兼备的精品图书,中国大学出版社协会决定:

一、对获得"首届中国大学出版社图书奖"的出版社颁发奖牌。

二、对获得"首届中国大学出版社图书奖"的作者颁发获奖证书。

三、对获得"首届中国大学出版社图书奖"的编辑颁发获奖证书。

四、在《现代出版》《大学出版信息》和高校图书教材网等媒体上进行宣传。

五、建议各会员单位对获奖者给予适当奖励。

中国大学出版社协会希望各会员单位认真做好获奖图书的经验总结和宣传推广工作,在今后的工作中发扬成绩,再接再厉,进一步加强策划,优化选题,提高质量,增进效益,深入实施精品图书工程,为推动我国高校出版事业的发展和繁荣作出新的贡献。

中国大学出版社协会

2010 年 7 月 16 日

首届高校出版人物奖获奖人员名单

姓名	性别	单位	职务
于春迟	男	外语教学与研究出版社	社长
马小泉	男	河南大学出版社	社长
方红星	男	东北财经大学出版社	社长
王焰	女	华东师范大学出版社	副社长、副总编
左健	男	南京大学出版社	社长、总编
刘军	男	对外经济贸易大学出版社	社长
刘志	男	中国人民大学出版社	副社长、副总编
严凯	男	上海外语教育出版社	常务副总编
张天蔚	男	上海交通大学出版社	总编
张文定	男	北京大学出版社	副总编、副社长
张其友	男	北京师范大学出版社	常务副社长、分党委书记
张鸽盛	男	重庆大学出版社	社长
杜荣根	男	复旦大学出版社	总经理
汪春林	男	中国农业大学出版社	社长
陈福郎	男	厦门大学出版社	总编
周玉波	男	湖南师范大学出版社	社长
所广一	男	教育科学出版社	社长
林全	男	西安交通大学出版社	社长、总编
姜新祺	男	华中科技大学出版社	总编
施惟达	男	云南大学出版社	正处级调研员

授予高校出版人物奖人员名单

(1997—2009年获国家奖项)

姓名	单位	获奖年份	奖项
王建周	广西师范大学出版社	2002	全国百佳出版工作者
刘子贵	吉林大学出版社	1996	全国百佳出版工作者
刘爱松	武汉大学出版社	1998	全国百佳出版工作者
庄智象	上海外语教育出版社	2002	全国百佳出版工作者
何林夏	广西师范大学出版社	2008	中国出版政府奖优秀出版人物奖
吴艳玲	电子科技大学出版社	2005	全国百佳出版工作者

（续表）

姓名	单位	获奖年份	奖项
吴培华	苏州大学出版社	2008	韬奋出版奖
张增顺	高等教育出版社	2000	全国百佳出版工作者
陆银道	北京大学医学出版社	2002	全国百佳出版工作者
陈晓嘉	浙江大学出版社	2004	全国百佳出版工作者
周安平	西南师范大学出版社	2004	全国百佳出版工作者
周蔚华	中国人民大学出版社	2008	韬奋出版奖
罗时嘉	中国矿业大学出版社	2004	全国百佳出版工作者
范 军	华中师范大学出版社	2004	全国百佳出版工作者
段 维	华中师范大学出版社	2002	全国百佳出版工作者
贺圣遂	复旦大学出版社	2008	韬奋出版奖
郝诗仙	中国科学技术大学出版社	1999/2004	全国百佳出版工作者
莫久愚	内蒙古大学出版社	1997	全国百佳出版工作者
贾国祥	东北师范大学出版社	2000	全国百佳出版工作者
蔡剑峰	外语教学与研究出版社	2002	全国百佳出版工作者
蔡鸿程	清华大学出版社	2003	全国百佳出版工作者

第三届全国大学出版社发行骨干业务培训班在上海举办

面对出版体制改革的新形势,为使大学出版社的发行干部、发行骨干进一步适应市场化的图书营销工作,由大学版协主办,大学版协发行工作委员会、新闻出版总署教育培训中心上海分中心承办的第三届全国大学出版社发行骨干培训班,于2008年3月31日—4月4日在上海举行。来自全国50多家大学出版社及部分高校出版社图书代办站的近百名发行业务骨干参加培训。培训班安排业内专家、学者为学员传道、解惑,还邀请贺圣遂、朱杰人、庄智象、姜革文等社长、社领导给学员讲课,并组织学员在上海进行实地参观和交流。通过学习,学员进一步了解了图书市场现状和发展趋势,进一步掌握了客户管理、营销策略和技巧、相关法律法规,收到了预期的效果。

培训班3月31日在上海开幕。大学版协副理事长张天蔚,大学版协副秘书长岳凤翔,上海市新闻出版局副局长楼荣敏,新闻出版总署教育培训中心上海分中心、上海新闻出版教育培训中心主任周建平等出席开幕式并讲话。开幕式由新闻出版总署教育培训中心上海分中心副主任贾丽进主持。

在为期五天的培训中,北京开卷信息技术有限公司的总经理孙庆国对当前书业零售市场竞争格局与大学出版社市场表现作了深入的分析,指出市场化继续加速零售市场的增长与变化,畅销书还将继续引领市场;书业实战型培训专家三石以书展为平台,介绍了参展的一些营销策划与技巧、国内外展会案例的借鉴,并且配备了大量的书展图片,图文并茂,让学员领略了一次视觉的盛宴;广西师范大学出版社副社长姜革文则从竞争者、产品、区域、市场类型、营销节奏、营销方式六个方面来定位营销战略,进一步拓展了图书的销售渠道,他用实战案例来讲授知识,传授新的营销技巧;上海市新文汇律师事务所富敏荣律师对图书发行营销中所涉及的法律问题一一进行阐述,并现场诊断,为学员答疑。为使学员能在市场营销方面得到全方位提高,在学习期间,还组织学员到上海书城参观考察,上海书城总经理沈勇尧先生作了现场讲解;组织学员到上海数字世纪网络有限公司、上海书城及新华集团物流中心进行参观、交流。

这次培训比往届呈现出更多的亮点。首先,学员的整体素质普遍较高,学习态度非常认真,保证了培训的顺利进行和取得预期效果;其次,培训的课时安排更为紧凑,讲课内容更为丰富和实用,理论与实践结合,讲课和考察并行;此外,这次上课的地点设在上海师范大学会议中心,校园环境幽雅,能容纳上百人的会场设施齐全,为学员提供了更好的学习环境。

4月4日是这次培训班的最后一天,这天上午,复旦大学出版社社长贺圣遂、华东师范大学出版社社长朱杰人、上海外语教育出版社社长庄智象给全体学员作了精彩的讲演。他们既纵论国际国内出版发行市场大势,又分别介绍各自出版社的营销模式和实践,还就热点话题作了精妙的解答,赢得了学员的阵阵掌声,把这次培训推向高潮。这次培训得到了大学版协的高度重视,4日下午,专程赶到上海的大学版协理事长、清华大学出版社社长李家强出席结业典礼,作总结讲话,鼓励年轻的发行骨干们要努力为各自出版社及大学出版事业作出更大贡献。在欢快的乐曲声中,李家强与其他领导一起向学员颁发了结业证书。

全国大学出版社编辑部主任、骨干编辑培训班在杭州举办

为加强大学出版社编辑队伍建设、提高编辑人员业务能力,适应大学出版社体制改革的需要,进一步推动大学出版社的教材编辑、出版工作,中国大学出版社协会与新闻出版总署教育培训中心联合举办,大学版协培训工作委员会和编辑工作委员会承办的全国大学出版社编辑部主任、骨干编辑培训班,于2009年11月30日至12月3日在杭州浙江大学科技园举办。近六十家大学出版社、教育部直属出版社的编辑部主任、骨干编辑一百余人参加培训,并获得新闻出版总署教育培训中心颁发的业务培训证书。

本次培训班的培训主题是"教材的策划、组稿与编辑"。培训班针对大学出版社教材建设、教材出版的需要,请中国出版科学研究所理论研究室主任、研究员刘拥军,教育部社科司出版管理处处长魏小波,中国人民大学出版社总编辑周蔚华,北京航空航天大学出版社原社长许传安,浙江大学本科生院副院长、教学研究处处长陆国栋,苏州大学出版社总编辑吴培华,华东师范大学出版社副社长缪宏才等领导、专家,分别就国家教材出版政策、规定、形势及发展趋势,大学出版社教材出版状况、问题和要求,教材的开发、策划和组稿,教材的编辑和出版,高校教材使用和学校的期望、建议,教材的宣传与营销,教材的发行方式与特点等内容给学员讲了课。培训班还安排了大会交流,请北京大学出版社张冰、中国人民大学出版社罗海林、东北财经大学出版社孙小梅、上海外语教育出版社刘芯、浙江大学出版社樊晓燕、西安交通大学出版社任振国等同志介绍了教材策划、编辑方面的经验。学员们还到浙江大学出版社参观学习,徐有智总编辑介绍了浙大社的情况和经验。

教育部社科司出版管理处处长魏小波,新闻出版总署教育培训中心副主任段即克,大学版协副理事长、培训工作委员会主任何林夏,浙江大学出版社社长傅强等领导出席开班仪式并讲话,强调了培训学习的重要性,提出了要求和希望。大学版协副秘书长、培训工作委员会副主任兼秘书长岳凤翔主持开班仪式和培训。他在开班仪式上转达了王明舟理事长对培训班的重视和对大家的问候。

大学版协副理事长、编辑工作委员会主任贺圣遂出席结业式,并作《如何成为一名优秀编辑——谈编辑的职业修养》的讲座,鼓励大家立大志、做大事,成为优秀的编辑人才。

参加培训的编辑部主任、骨干编辑普遍感到通过学习进一步掌握了教材出版的政策、规定,了解了教材出版的形势和发展趋势,学习到许多先进的知识和有益的经验,收获很大。

本次培训班在杭州举办,得到了浙江大学出版社的大力支持和协助。

全国大学出版社编辑培训班在上海举办

2010年8月15至21日,由中国大学出版社协会主办,大学版协培训工作委员会、编辑工作委员会与新闻出版总署教育培训中心上海分中心合作承办的全国大学出版社编辑培训班在上海举办。来自全国15个省市25家大学出版社的49名优秀编辑参加了培训。大学版协副理事长、广西师范大学出版社社长何林夏,新闻出版总署教育培训中心上海分中心主任贾丽进出席开班仪式并讲话,大学版协副秘书长岳凤翔主持了开班仪式。何林夏副理事长转达了王明舟理事长对本次培训班的重视和对大家的问候。他说,在大学出版社转企改制的新形势下,面对大学社更好更快持续发展的需要,编辑队伍的建设、编辑人员思想和业务水平的提高就愈显重要;希望学员们通过学习努力提高思想和业务水平,为大学出版事业和各自出版社的发展作出更大贡献。他代表大学版协和大学出版社感谢教育培训中心上海分中心为大学社人才培养所做的杰出工作。

大学版协、上海教培中心高度重视这次培训,对培训内容多次进行沟通和协商,并做市场调研,了解大学出版社编辑培训需求和当前热点话题,针对大学出版社的现状和发展趋势策划课程,培训内容具有很强的针对性和实用性,课程安排系统,是一次对相关知识的全方位梳理。在教学方面,采用了大量的案例教学,使学员们在学习中不仅能够从理论上了解现在的行业发展情况,更能从前人的经验里得到收获。

授课教师有大学出版社的资深专家、出版研究所的高级专家、全国著名的语言文字专家等。出版科学研究所基础理论研究室主任刘拥军用大量数据直观地介绍、分析了教材图书市场的现状与发展趋势;苏州大学出版社总编辑、苏州大学出版研究所所长吴培华从教材图书市场细分及受众分析角度详解了大学出版社的市场前景;华东师范大学出版社副总编朱文秋对当今出版界最为前沿、最受瞩目的数字出版问题做了讲解;上海交通大学出版社总编辑张天蔚详细讲述了选题策划与特色定位;大学版协副理事长、上海外语教育出版社社长庄智象从市场营销的角度讲解了如何准确定位自己的选题和出版物;大学版协副理事长、复旦大学出版社董事长贺圣遂阐述了当代编辑在图书出版中的主体作用;著名语言学家、《咬文嚼字》主编郝铭鉴教授结合实际案例讲述了如何建立编辑的文字优势。每堂课后,都安排了授课老师与学员的问答交流。

通过各位专家、学者深入浅出、案例生动的教学以及师生互动式的交流,学员们对出版业的发展趋势有了进一步的了解,对自己的编辑工作业务有了更为深刻的掌握,使自己的专业知识更加丰厚。参加培训的学员普遍感觉收获很大,对这次培训评价很高,感到通过学习专业知识得到了系统的梳理和提升,从授课老师身上学到了老一代出版人的敬业精神和职业态度,也搭建了与其他出版社编辑的交流平台——培训一结束,本期培训班学员马上建立了QQ群。

为丰富培训形式、活跃学员生活,培训班还组织学员到2010年上海书展和世博会参观学习,组织了学员的讨论、交流。

在结业式上,上海教培中心对外合作部主任莫淑江对这次培训班做了总结。学员们珍惜这次难得的学习机会,态度认真,学习刻苦,全部获得了新闻出版总署教育培训中心上海分中心颁发的结业证书。

出版社发展概况

北京大学出版社

北京大学出版社1979年恢复建制初期,一无资金、二无资本积累、三无基本队伍和出版工作经验、四无基本办社条件,经过北大出版人三十余年的艰苦奋斗,北京大学出版社从"四无"社迅速发展成为在出版界、知识界具有重要影响的综合性大学出版社和中大型出版机构,出版能力、经营规模和资产规模都步入行业前5%左右,形成并保持了良好的品牌形象,显著改善和增强了基本办社条件和实力,出版领域不断拓展,出版结构不断优化。

"十一五"期间,在教育部和新闻出版总署的领导下,北京大学出版社充分利用北京大学的资源优势并广泛吸纳社会优质资源,出版了一批具有广泛影响的精品教材和学术研究著作,为推动和服务学科建设、课程改革、教学改革,繁荣学术研究做出了积极贡献,保持了良好的发展势头。"十一五"年均增长率近11%。截止到2010年,北京大学出版社已经具备年出版新书1700种左右,重印书2000余种的能力,出版产值7亿元左右,年收入3亿多元的经营规模,每年向学校上缴出版利润1760万。全社在职职工人数350人左右,其中,本科以上学历约占70%。总资产5.5亿元,净资产4.8亿元。出版物已覆盖人文科学、社会科学、自然科学各领域,并正在向工程技术领域稳步拓展。在文史哲、法学、经济管理、汉语教学等出版领域保持了比较明显的优势和特色。

"十一五"期间,北京大学出版社出版了一大批优秀图书,荣获了包括中国出版政府奖图书奖在内的多项国家级奖励,如:2006年,《中华文明史(共4册)》获第一届中国出版政府奖图书奖提名奖,《曹雪芹扎燕风筝图谱考工志》获第一届中国出版政府奖装帧设计奖;2010年,《废名集(共6卷)》获第二届中国出版政府奖图书奖,《科学的旅程(插图版)》获第二届中国出版政府奖图书奖提名奖。与此同时,出版了"十一五"国家级规划教材320项近400种,居于高校出版社前列,出版北京大学立项教材近百种,基本满足了学校绝大多数学科从本科生到研究生教学要求的教科书的出版,并满足了一定程度的社会需求;此外,北京大学出版社还承担了多项国家重点项目的出版工作,承担"十一五"国家重点出版规划项目17项,入选数量在全国单体出版社中名列前茅,进一步加强和延伸了北京大学出版社的品牌形象和品牌价值,坚持、充实和发展了北京大学出版社"为教学科研服务、为人才培养服务、为社会和经济发展服务"的出版理念。

"十一五"期间,北京大学出版社获得了多项荣誉:2006年度被北京市版权局评为"北京地区版权贸易十佳单位";2006年被中国生产力学会、中国经济日报协会评为"2006最具竞争力行业十强";2007年被国家版权局评为"2006年度全国图书版权输出先进出版单位";2007年被商务部、文化部、新闻出版总署等六部委认定为"2007—2008年度国家文化出口重点企业";2007年被国家语言文字工作委员会授予"全国语言文字工作先进集体"称号;2008年被北京市新闻出版局授予"北京市新闻出版版权创意成果奖(先进集体)"称号;2009年被国务院新闻办、新闻出版总署授予"中国图书对外推广计划特别奖";2009年被商务部、文化部、新闻出版总署等六部委认定为"2009—2010年度国家文化出口重点企业";2009年被新闻出版总署授予"全国百佳图书出版单位"称号;2009年被新闻出版总署评为法兰克福书展中国主宾国活动"优秀活动一等奖""版权输出先进二等奖";2010年被新闻出版总署评为第二届中国出版政府奖·先进出版单位。

2007年,北京大学出版社被列入大学出版社转企改制第一批试点单位。2010年12月正式注册为"北京大学出版社有限公司",初步完成改制工作,翻开了发展的新篇章。

"十一五"期间,出版社硬件实力不断增强。2008年年底,北京大学出版社在不借助学校及其他机构的资金支持,不影响正常生产经营的情况下,完成了在大兴区6万平方米建筑面积的现代印刷和物流基地建设,2010年实现了印刷厂顺利搬迁,出版社的仓储物流条件和办公条件显著改善,为下一步发展奠定了坚实的物质基础。

北京大学出版社在努力出版双效益图书、积极服务教学科研的同时,也时刻注意履行自己的社会责任,积极回报社会。2008年"汶川"地震发生后,出版社先后通过中国大学出版社协会向四川地震灾区捐款60万元,通过北京市红十字会向四川地震灾区捐款45804.45元。另外,全社职工个人自发向四川地震灾区捐款273036元。"十一五"期间,北京大学出版社累计向社会捐赠图书码洋约300万元。

回顾"十一五"的发展历程,展望"十二五",北京大学出版社将继续坚持"教材优先,学术为本,争创一流"的发展思路,不断开拓进取,努力成为有重要影响的优秀学术出版社、高等教育教材出版基地。

北京大学医学出版社

北京大学医学出版社(以下简称北医社)创建于1989年,前身为北京医科大学、中国协和医科大学联合出版社;1999年独立建社,更名为北京医科大学出版社;北京大学与北京医科大学两校合并后,于2002年8月经新闻出版总署批准更名为北京大学医学出版社。2010年底出版社改制完成,更名为北京大学医学出版社有限公司。出版者前缀为 ISBN 978-7-81034,978-7-81071及978-7-81116。社长陆银道,总编辑程伯基。2010年全社职工60名,出版图书684种,重印品种占70.91%,销售码洋1.1亿,净资产为10382.76万元,5年累计净利润8130万元,人均利润名列大学社前茅。北医社以"打造医学图书精品,服务人民健康事业"为理念,以"为社会主义服务、为人民健康服务、为医学教育/科研和医疗卫生服务"为办社宗旨,始终坚持社会效益第一,成为社会信誉度很高的出版社,赢得了作者、读者及出版社业内的认可。

2007年,北医社被纳入第一批国家文化体制改革的行列,出版社严格遵循国家改制的方针政策和步骤,完成了清产核资、资产评估、产权登记、工商注册,并于2010年底完成了改制工作。改制以后为了提高市场竞争力,北医社对内部组织结构做了整合,组建了临床、药学、基础、综合4个事业部,成立了教材出版中心、数字出版中心及编辑加工中心,各部门都建立了相应的目标责任制和考核评价指标,为出版社发展奠定了基础。在人员安排上本着高效精干的原则,加大了业务部门人员配备,职能部门人员尽可能精简。进一步完善激励机制,实行按劳分配,效益优先,鼓励多劳多得,充分调动员工的积极性。

优秀人员的储备是出版社发展的保证,我社本着"精引进,常培训"的原则,逐步引进了优秀社外人员和毕业生。目前出版社高级职称人员18人,中级职称人员26人,人员年龄结构和组织结构趋于合理。

5年来,北医社坚持正确的出版理念和科学发展观,把握正确的出版方向,全面落实"十一五"出版社发展规划。在"十一五"期间,在医学专著方面,出版社大力推出一批医学领域前沿学科的原创性著作,有16项选题,共150余种图书入选新闻出版总署"十一五"国家重点图书出版规划,有3项选题入选国家重大出版工程,2个项目获得国家出版基金资助。在引进国外优秀医学专著方面,北医社与爱思唯尔、威科医学、施普林格、麦格劳希尔、约翰·威利等多家国外知名图书出版集团保持长期的业务合作关系,5年间引进优秀医学专著200余种。在教材建设方面,配合国家医学教育改革,出版了以北京大学医学教材(长学制)、全国高等医学院校教材(五年制)为标志的多套教材,形成立足本校,辐射全国,全方位、多媒体、多层次立体式的格局。北医社有127种教材入选普通高等教育"十一五"国家级规划教材。此外,北医社将多年提倡的"教材优先、学术为本"的出版结构,逐步调整为教材、专著两翼并重。目前北医社教材与学术专著(译著)在出版品种上的比例基本持平。突显了学术专著出版在我社的重要地位。

目前,北医社在销品种已达1600余种,范围包括医学专著、译著、教材教辅、原版教材、考试书、工具书、图谱及科普读物。其中教材可供品种已达600余种,能满足各类医学院校不同专业、不同学制的需要。

2008年,北医社被新闻出版总署批准为互联网出版机构,开通了我社自主开发的网络出版平台——北大医学教育网,建立了具有北医特色的立体化教学模式。

5年来,北医社在医学专业出版上取得了各项优异成绩,2009年北医社被新闻出版总署评为国家一级出版社,荣获"全国百佳图书出版单位"称号。有47种图书获得国家级图书奖或协会图书奖,包括中华优秀出版物奖、"三个一百"原创出版工程入选图书、中国大学出版社图书奖、输出版/引进版优秀图书等。陆银道社长获得首届中国出版政府奖优秀出版人物和首届高校出版人物奖等多项荣誉。经过多年的努力,北医社已成为国内最具影响力的医学专业出版社之一。

北京工业大学出版社

2006年1月至2010年12月,是北京工业大学出版社的高速发展期,也是中国出版业改革发展的迅猛期。在这一时期中,出版社二次完成了社领导的新老交替,组成了由郝勇任社长兼总编辑的社领导班子,如期完成了出版社由事业单位向企业单位的改制转换,成立了北京工业大学出版社有限责任公司,使职工队伍总人数扩大到了60余人,实现了多年来的出版社大发展、大跃进之梦。

我们之所以把这一时期称之为高速发展,主要是由于下列指标的得以实现:

1. 发货码洋大增,回款逼近三千万,标志着北京工业大学出版社即将进入发展中的中型出版社行列。回望过去10年的发展,从2001年起,我们的发货码洋由1000万向3000万迈进是用了5年的时间(2001—2005年);由3000万向8000万迈进也是用了5年的时间(2006—2010年)。特别是近三年,出版社呈加速度发展:由3000万向4000万迈进也是用了两年的时间(2006—2007年);由4000万向5000万迈进是用了一年的时间(2008年);由5000万向6000万迈进也是用了一年的时间(2009年);2010年,则跃过7000万,最终实现了发货8000余万,同比增长率达到了35%,与此同时,当年实现回款2910万,逼近三千万。

2. 出版社的年出版的新书品种结束了多年来在100种左右的徘徊,借着改制的"东风",连年递增,翻了近两番。在2006—2010的5年中,出版社共计出版了966种图书,是上一个5年出书品种643种的1.5倍。以近三年的数据为例:2008年全年出版图书222种,其中新书146种;2009年,全年出版图书271种,其中新书206种,同比增长48%,重印图书80种,同比增长20%;2010年,全年出版图书463种,同比增长42%,其中新书383种,同比增长40%,重印图书80种,同比增长20%。

3. 图书生产的其他各项指标的大幅递增:

(1) 回款指标。回款由2002年的925万,上升到了2010年的2910万元。其中,上升的幅度尤以近三年更为突出。2009年的银行回款为2543万元,同比(与上一年比,后同)增长了10.42%;2010年的银行回款为2910万元,同比增长了14.47%,增长的幅度持续保持在10%以上。

(2) 固定资产和流动资产指标:在出版社高速发展的同时,出版社资产也实现了快速的增值:截止到2010年12月统计,出版社的固定资产与递延资产、无形资产合计已达155万元,流动资产则达到了2283万元。较上一个五年末(2005年)的固定资产59万翻了两番半,流动资产是原来1812万的1.26倍。

(3) 出版社的年实现利润由"十一五"初期的不足百万,达到了2010年的305万;同时,截至2010年底,出版社的库存码洋为4700万,应收货款为3460万,同比的增长幅度分别达到了33%和26%。

(4) 建社以来,出版社累计向学校上缴了850万元,其中,2009年上缴学校100万元;2010年上缴学校达150万元。2009—2010年两年累计上缴250万元,是2001—2008年的8年上缴之和的62.5%。

在高速发展的同时,出版社保持了政治意识强、把关严、稿件加工质量高等优良传统。在高速发展的5年里,出版社于2010年1月被评为"2009年度北京市新闻出版和出版工作先进集体";同时有一人次获得了"2009年度北京市新闻出版和出版工作先进工作者"的荣誉称号;又先后有17种图书荣获了省、市和行业的19种不同等级的奖项。例如:在2009年,出版社出版的《消失的村庄——北京60年的城乡变迁》和《超常人才教育丛书》被列入北京市重点图书及庆祝建国60周年重点图书,并得到了专项资助;在2009年5月北京市委宣传部等七家单位联合举办的"第四届北京市优秀科普作品奖"评选中出版社出版的《现代北京地理科普丛书》获最佳奖;又如,在2010年,出版社有四种书获中国大学出版社首届优秀学术著作一等奖,有两种书获优秀畅销书一等奖,两种书获二等奖,两种书获优秀教材一等奖,共11种图书获奖也是设立该奖项以来出版社获得最多的一次。另外,《主动赢得一切》这本书被评为"2010年全国十大心理励志图书之一";《影响孩子一生的36种好习惯》《培养孩子记忆力的50种方法》《培养孩子记忆力的50种方法》《曹雪芹胆大包天》这四本书被中国书刊发行行业协会评为"2010年度全行业优秀畅销书"。出版社输出版权的图书《维生素是毒还是药》,在2010中国出版工作者协会和中国出版科学研究所举办的第9届输出版、引进版优秀图书评选中获"输出版权优秀图书奖",成为出版社在输出版权工作上获奖的"零"的突破。

在2006—2010年里,出版社还圆满地完成了财务审计、清产核资、资产评估和工商申请等事项;如期实现了由事业单位向企业单位的身份转换与挂牌;建立、健全了作为现代企业生产与发展所必备的行政管理、编辑、发行、财务、出版、后勤服务、对外协作等方面的40项规章制度和薪酬体系;引进了新职工,为出版社的生产规模的扩大和可持续发展奠定了良好的软件和人力资源基础。

北京航空航天大学出版社

北京航空航天大学出版社(以下简称北航社)成立于1985年,现隶属于工信部主管。是一家以出版科技与教育图书为主,多学科、综合性并具有电子出版物出版权的中央级出版社。曾连续多年被新闻出版总署评为"全国良好出版社",有百余种图书获得省部级以上的奖励。近年来同美、英、韩等国家和台湾、香港地区开展了广泛的版权贸易,并在全国范围内拥有业界唯一的《单片机与嵌入式系统应用》杂志社。北航出版社是全国首批18家进入体制改革的高校出版社之一,已于2010年11月完成转企改制,注册成为北京航空航天大学出版社有限公司,建立了现代公司治理结构。"十一五"期间,伴随我国新闻出版业深化出版改革、宏观政策环境和管理体制不断完善,北航出版社不断发展,综合实力不断增强。

一、坚持正确出版导向,追求社会效益和经济效益的有机结合,转企改制收到实效

北航出版社以"为教育科研和人才培养服务、为科教兴国战略服务、传播知识繁荣学术"作为办社宗旨,坚持"立足本校,面向全国,服务社会"的办社方针,始终保持良好声誉,取得了较好的社会效益和经济效益。以出版高水平学术专著、理工类本科生、研究生教材和高职、培训教材为主要出版方向,形成了一定品牌特色和资源优势,并在此基础上开拓适应不同市场需求的多元化出版方向。面向未来,北航出版社坚持树立科学发展观,走"专、精、特、新",逐步做强壮大的发展道路,努力实现特色突出、效益良好、机制灵活的国内一流大学出版社的发展目标。

"十一五期间",先后为原科工委、北京市教委以及学校出版了一批精品图书,扩大了出版社的影响和声誉;完成国防科工委"十一五"重点教材建设的立项工作,作为国防科工委重点教材建设计划受理办公室,出色地完成了"十一五"重点教材建设300多种的立项工作,受到科工委有关领导的好评。同中航二集团进行合作,出版了大型科普图书《直升机的世界》,并在北航、西工大、南航等航空院校进行讲座和赠书活动,扩大了影响,受到社会的关注,取得了较好的效果。

通过转企改制,建立了公司治理结构,实行董事会领导下的社长负责制,成立由社长、总编辑、副社长、副总编、社长助理组成的社务委员会,对社内重大事项进行决策。并在五个方面进行了实质性的改革:(1)充分体现以人为本,人员身份统一,打破身份界限;(2)薪酬体系再造,实现严格意义上的同工同酬,调动了员工的积极性;(3)按照现代企业的要求进行机构调整,构建研发(策划)中心,由编辑与录排、校对和出版部构成的生产中心,由发行部门、市场推广、储运构成的营销中心以及管理服务中心,理顺了关系,提高了效率,增强了活力;(4)调整了出版结构,应对未来的发展,拓展了范围,突出了重点;(5)制订新的部门考核办法,倾力打造优秀团队,形成团队竞争力。改革带来了活力和变化,为后续几年的发展奠定了基础。

二、制定发展战略,图书板块合理布局健康发展,出版水平和质量稳步提升

"十一五期间",北航出版社进一步明确了四项基本发展战略。(1)品牌特色战略。坚持以单片机与嵌入式系统、航空航天类科技图书为优势品牌,重点发展、挖掘和创新品牌。(2)内涵发展战略。坚持以"内涵发展为主,'有所为,有所不为',追求图书单品种效益,进一步提升图书质量,适当拓展外延"的发展方针。将主要资源和力量集中在教育出版和专业出版领域,积极开拓大众领域。(3)机制创新战略。坚持不断改革、调整出版社组织管理体制和优化运行机制,加强成本效益核算,注重改革调整营销策略和手段,处理好局部与长远、个体和整体、速度与质

量的关系。(4)人才强社战略。采取多种措施做好引才、用才、育才、聚才。努力建好建强三支队伍:一是编辑队伍;二是发行营销队伍;;三是管理服务队伍,从而不断适应出版社加速发展的需要。

北航出版社明确了"专业化、出精品、有特色、追求创新"的主定位,在总结北航社多年发展积累和传统基础上,审视出版形势和发展变化,在图书结构方面确定了单片机与嵌入式系统、航空航天、高等教材、工业技术、人文社科、实用外语和教育培训等七个板块。在图书层次上,以出版高水平学术专著、理工类本科生、研究生教材为长线产品,拓展高职高专、培训教材,努力致力于创新品牌特色;在品牌资源上,保持单片机和嵌入式系统图书的传统品牌优势,使之能够始终占据细分市场的33%左右的市场份额;在增长速度上,重点抓以考研考试辅导书作为短线速效产品,已经创立了北航社考研考试品牌,出版的相关图书惠及中国各地累计超过300万名应试考生,带动了经济效益的增长。

北航社出版的《直升机的世界》,入选国家新闻出版总署"三个一百"原创图书,针对"5·12"大地震灾后重建工作编辑出版的《灾后心理危机研究》获得"第二届中华优秀出版物奖(图书类)抗震救灾特别奖"。2005年有第三届版权贸易获奖图书1种,第三届国防科技图书优秀奖4种。2007年有34种图书列入北京市精品教材立项;全年有3种图书被评为"全国优秀畅销书";1种图书获全国"引进版科技优秀图书奖";1种图书获北京市优秀德育研究成果二等奖。2008年获奖图书12种。2009年共有13种图书获得省部级图书奖,11种图书获得各种协会性质奖励,有10种图书入选"2009年北京高等教育精品教材目录"。2010年9种图书获得各种协会性质奖励。《单片机与嵌入式系统应用》杂志获工信部"中国科技核心期刊"。2011年有7种图书列入新闻出版总署"十二五"国家重点图书出版规划项目,1种图书《飞行器结构(第二版)》入选"十一五"国家级规划教材,被评为2011年普通高等教育精品教材。

三、深化内部体制机制改革,主动适应市场,出版社核心竞争力不断提高

在"十一五"期间至"十二五"初期,北航出版社明确了深化经营管理机制改革,加强运行成本控制;强健出版特色主体,提升已有品牌形象和市场占有率;加强宣传推广,进一步优化图书结构;改善营销机制和采取有效措施,建立更加适应市场变化的营销体系;加大力度引进人才,优化队伍素质,保证编校质量;大力推进和发展横向联合,整合内外资源扩大出版规模的基本发展思路,提高了出版社的综合竞争力。

自2005年起,经过五年发展,北航出版社累计出版图书2300多种,2005年发货码洋4440万元,2010年发货码洋9037万元,到"十二五"初期的2012年发货码洋达到1.58亿元。

在"十一五"末期,北航出版社从以下几个方面进一步深化内部运行机制改革,取得了明显成效。

强健出版特色主体,提升已有品牌形象和市场占有率。在保持高品质、高水平教材和学术专著以及嵌入式系统、单片机等的特色品牌基础上,主动培育创新特色产品,重点对理工类教材和单片机、嵌入式系统图书等两类支柱产品线进行深度开发,保持主线产品稳定增长。继续发展作为新的增长点的图书板块,完善优势资源图书产品线,提升品牌形象。

加强宣传推广,进一步优化图书结构,改善营销机制和采取有效措施,建立了更加适应市场变化的营销体系。树立全面市场观念,结合出版社的自身定位和现实基础,突出重点优化图书结构;创新工作模式,充分利用适应时代的各种媒介手段和载体,加强重点图书营销宣传和市场推广工作;积极探索,建立更加有效的营销体系。

深化经营管理机制改革,加强运行成本控制。进一步开展管理运行机制改革,重视制度建设,修订、调整和规范工作流程和要求,继续加强面向市场的部门工作协调,提高执行力;尝试预算管理,进一步严格成本控制,确保财务管理在经营过程中的监督和保障作用。

加大力度引进人才,优化队伍素质,保证编校质量。重视引进高素质高能力人才;建立规范、灵活、高效的用人机制,加强流程管理,把住质量关;重点抓好人员培训,形成一支"政治强、业务精、纪律严、作风正"的编辑队伍。

大力推进和发展横向联合,整合内外资源扩大出版规模,提高出版社核心竞争力。适应形势变化和出版业态发展,认真调研,统筹规划,充分扩展和利用社外资源,积极开展横向合作,建立综合策划资源平台,形成合力发挥作用。

加强信息化建设,探索数字出版转型工作模式。开展调研和分析,密切关注数字出版的发展变化。在基础设施、内容及其载体、出版流程、版权和赢利模式等各个方面做好充分的准备工作。从2010年开始推进了社内OA系统建设和网站改造,推进了杂志社网站建设和网络编辑系统以及网上期刊的建设,建设了新的出版管理信息系统。

努力营造和谐环境,积极建设和创新企业文化。切实抓好党的组织和党建工作,保证出版社工作正确的政治方向;以人为本、凝心聚力,逐步创新出版社企业文化建设,在物质文化、制度文化和精神文化三个层面,逐步形成全体员工认同并遵循的出版思想、价值观念、管理制度、行为规范、道德准则、经营理念、企业精神和发展目标。

北航出版社是一个中小型出版社,涉及出版的学科专业面具有一定的局限性。在未来发展中,将继续坚持科学发展观和正确的出版方向,坚持学术和教材出版为主体,准确及时反映我国高校教学和科研最新成果,为教育、教学、科研和科学普及服务;坚持特色发展,多出精品力作;坚持社会效益和经济效益有机统一,不断增强自我可持续发展能力,努力成为高校出版社的重要生力军,为社会主义文化大发展大繁荣作出自己的贡献。

北京理工大学出版社

北京理工大学出版社创建于1985年2月,是一家由工业和信息化部主管、北京理工大学主办,以出版科技图书为主、多学科、综合性的中央级出版社。

自成立以来,出版社始终坚持为社会主义先进文化服务,为高等学校的教学科研服务的宗旨,本着"立足本校,面向全国,服务社会"的办社方针,秉承"让我们一起成长"的出版理念,传播有益于科技、经济和社会发展的科学技术和文化知识,取得了较好的社会效益和经济效益,成为国内有重要影响的大学出版社,在国内图书市场上享有良好的声誉,先后被教育部、新闻出版总署等单位评为"全国教材管理工作先进集体""全国良好出版社""讲信誉、重服务出版社"。

建社20多年来,出版社依托学校丰富的学科资源,充分发挥学校的优势和特色,积极挖掘、整合校内校外出版资源,出版了一大批高质量的学术著作、大中专教材和大众读物,共计出版图书6000多种,图书选题涉及自然科学、人文社会科学等领域,理论与应用并重,普及与提高兼顾,以满足广大读者阅读需求。其中,在汽车与机械、工业设计、科学普及等图书领域形成了特色和优势,先后有《断裂动力学引论》《宽束电子光学》《基因组:人种自传23章》《再造一个地球——人类移民火星之路》等200多种图书获得国家级和部委级优秀图书奖,在国内图书市场上享有良好的声誉。

"十一五"期间,出版社进一步强化了改革意识、发展意识,明确了以改革促发展的工作思路,深入进行体制机制的改革和创新,加强队伍建设和制度建设,员工的素质和能力得到了较大的提升,为出版社实现可持续发展奠定了坚实的基础。出版社以"科学传播、文化传承"为己任,主动适应国家社会经济文化发展的需要,在深入调研的基础上,从2006年起逐步确立了"以职业教育出版和大众读物出版为先,以学术出版为本"、从教材专业社向综合社转型的发展战略,积极调整产品结构并取得了显著的成效,步入了快速发展的新阶段:十一五期间图书销售实现了年均27%的连续增长,2006年净销售码洋为5700多万元,2010年净销售码洋即达到了1.9亿元;职业教育和大众读物在出版社图书出版品种和净销售码洋中所占的比例均达到了80%以上。

作为高校出版机构,服务教学,服务科研,是出版社与生俱来不可动摇的历史使命。为保障出版社高端产品的出版能力,出版社每年均确保一定的资金用于学术著作的出版,从最初的每年投入几十万元,到如今的每年投入上百万元,学术出版已经成为出版社品牌构建的重要组成部分。2010年度,学术出版分社的正式成立,学术出版基金的正式设立,不仅体现出了出版社对其社会责任、历史使命的担当精神,同时也标志着"以学术出版为本"的可持续发展战略在出版社得到了切实、全面的实施。

2006年,出版社结合国家大力发展职业教育的文件精神,在市场调研和详细论证的基础上,决定将职业教育确定为重点出版领域,并提出按照专业化、系统化模式开发选题的工作思路。结合北京理工大学学科优势、出版社的编辑队伍和社会发展需求,从机电类、汽车类、设计类、管理类专业教材着手,全面进入高职高专教材的出版领域,目前已经拓展到电子、信息、自动化、经济、土建等专业领域,年销售码洋额超过1.2亿元。为提升职业教育产品的质量,出版社坚持国际化出版的理念,大力拓展国际出版合作。2008年,北京理工大学出版社与世界计算机行业协会、全球第一大职业教育出版机构圣智学习出版集团结成了战略合作伙伴关系,共同推动中国职业教育与国际先进的职业教育接轨。北京理工大学出版社在高等职业教育出版方面始终秉承着服务院校、确保质量、突出特色的精品战略,一系列优秀的职业教育产品形成了北京理工大学出版社鲜明的产品特色,赢得了高等职业院校师生的高度好评,使得出版社真正具备了拳头产品。

2008年,考虑到出版社的发展不仅仅要依托教育,更要面向市场,出版社决定全面启动大众类图书出版项目,努力培养出一支具备前沿的市场意识和开发能力的职业出版队伍。随着对市场规律不断地摸索和探求,现已逐步形成了原创动漫、少儿读物、经管励志、家庭教育、人文社科五个主要的出版方向。2006年,出版社的大众类图书品种尚不足50种,净销售码洋仅为300多万元,到2010年大众类图书的品种即达到了230多种,净销售码洋达到了4000多万元的规模,不仅出版了如《漫画史记》《童眼看世界》《美元的诡计》《100个速算谜题》等一系列年度畅销读物,也出版了诸如《周国平文集》《王小波全集》这样一批具有社会影响力的名家之作,并在动漫出版领域树立了自己的品牌,获得了新闻出版总署的动漫出版基金扶持。大众出版与教育出版一样,正日益成为北京理工大学出版社的支柱型出版领域。

至此,北京理工大学出版社以学术出版为主体,以教育出版和大众出版为两翼的出版格局得以构建,出版社进入了改革发展的快车道。坚持高品质服务于读者、坚持面向市场不仅给出版社带来了经济效益,更重要的是带来了巨大的社会效益,自2006年以来出版社就有《再造一个地球——人类移民火星之路》《工程图形学》等50多种图书分别获得中华优秀出版物奖图书提名奖、全国普通高等教育精品教材、北京高等教育精品教材、引进版优秀图书奖、输出版优秀图书奖、中国大学出版社图书奖优秀学术著作奖等国家级和省部级奖项,《迷宫趣话》被新闻出版总署列入"'三个一百'原创图书出版工程",《基因的故事》《再造一个地球——人类移民火星之路》入选新闻出版总署"2010年度大众喜爱的50种图书",向越南等国家和地区输出了《代代流传的教子故事》等数十种图书的版权。

建设一支强有力的出版团队,是出版社赖以生存和发展的重要条件,只有引进优秀的出版人才,给出版社注入新鲜血液才是出版社发展的必由之路。为此,出版社坚持人才强社战略。十一五期间,北京理工大学出版社累计引进了具有本科以上学历的职工40多人,重点引进了一批具有先进管理、编辑、营销经验的出版业人才,为出版社的发展注入了新鲜的血液和活力。此外,通过鼓励青年骨干职工在职深造、积极参加出版行业组织的岗位培训、出国考察交流等,使编辑和营销队伍均得到了切实的加强,为出版社持续、健康地发展奠定了坚实的基础。同时,出版社也加强了对原有员工素质和水平提高的帮助与扶持。对于老员工,出版社经过一系列培训、研讨,并派出职工参加业界组织的各类考察活动,使职工们对优秀出版社有了更多的了解和更为深刻的认识,职工对出版社的业务模式和努力方向更加明确,企业意识有了较大的增强,越来越多的职工认识到了只有靠自己的辛勤工作才能创造优良业绩并以此来获得自己相应的回报,绝大部分职工的工作热情、工作认真程度和业务素质都有了显著的提高。

出版行业竞争激烈,企业发展犹如逆水行舟,不进则退。想要出版社在激烈的竞争中保持自己的活力,求得自身生存和发展的空间,就必须以现代企业的发展规律来要求自己,向管理要效益。"十一五"期间,以转企改制为契机,出版社按照现代企业制度的要求,进一步加强了规章制度的建设,制订、修订了一系列规范、流程,使工作有章可循,减少因职工个人因素对企业造成不必要的损耗,保证了出版社运行规范、科学、高效。

同时,出版社始终致力于学习型组织的建设,在员工中树立起了团队学习的理念。员工们通过相互学习交流和知识经验共享,使个人学习变成团队学习,在团队内形成了良好的学习风气。在学习内容和形式的选择上,以学以致用推动发展为原则,力求学习内容实用化,学习形式灵活化,实现学习工作化,工作学习化,并通过有效载体,最大限度地把学习成果转化成现实工作业绩。

　　在市场环境下,依靠单个企业的力量,很难获取足够的发展资源。只有通过合作,构建共赢的目标,才能有效整合出版全过程的资源,形成稳定而可持续的发展。因此,出版社制定了在教育出版领域积极寻求长期的战略合作伙伴,着力推进资源整合、优势互补的发展策略。目前出版社已经在华南、华中、华东、西北和西南成立了五个教育出版分社,通过与战略合作伙伴的紧密合作,共同奠定了辐射全国的产品研发与营销布局。在大众出版领域,出版社同样推进了整合营销与出版优质资源的发展模式,与全国二十多个优质的出版机构和营销机构达成了战略合作。在强大的资源整合的基础上,构建一体化的发展平台,使得出版社的竞争实力迅速提升,不断取得新的发展。

　　"十一五"期间,通过深化改革,创新体制机制,创建以人为本、以诚信为核心的企业文化等一系列举措,出版社在社会影响、人才队伍建设、企业经营、产品转型等方面均取得了较为显著的成绩,并为在"十二五"期间的发展奠定了坚实的基础。在今后的发展中,出版社将继续坚持以科学发展观为指导,贯彻"加强管理、优化结构、提高质量"的十二字方针,进一步提升核心竞争力,加强品牌建设,实现跨越发展,为中国出版事业的大发展大繁荣作出新的贡献。

北京师范大学出版社

北京师范大学出版社(以下简称北师大出版社)成立于1980年,是以教育出版为主体、以专业出版和大众出版为两翼的综合性出版社。30多年来,北师大出版社始终坚持"传播科学真理,促进教育创新""弘扬中华文化,共享世界文明"的出版理念,出版图书万余种,发行量达15亿册,出口图书近千种,百余种图书获得国家级、省部级奖,积累了丰富的出版资源,形成了知名的图书品牌,在中国出版界、教育界、学术界享有盛誉。

2006—2010年即"十一五"时期是北京师范大学出版社改革和发展的关键时期。五年来,北师大出版社始终坚持以邓小平理论和"三个代表"重要思想为指导,全面贯彻落实科学发展观,在全国文化体制改革大潮中抓住机遇,解放思想,勇于实践,开拓创新,深化改革,取得了跨越式发展。特别是2007年,北师大出版社加快改革步伐,成为国家第一批转企改制试点单位,在完成资产评估、国有资产产权登记之后,正式注册为企业法人,完成了转企改制。同时,以转制后的北师大出版社为核心企业,北京师范大学组建了国内高校第一家以教育出版为核心业务,集图书、期刊、音像、电子、网络、印刷、合作办学、教育培训多介质产品于一体的现代出版集团,成员单位包括北京师范大学出版社(集团)有限公司、安徽大学出版社有限责任公司、北京师范大学音像电子出版社有限责任公司、北京京师普教文化传媒有限公司、北京京师启迪教育咨询有限公司、北京京师印务有限公司、《中国教师》杂志社、北京师范大学出版科学研究院,由此进入了出版社历史上最好的发展时期,取得了社会效益和经济效益的双丰收。

一、有效整合优势资源,实现企业集约发展

2007年,北师大出版社在转企之后实施的一项重大战略就是集团化运作,走规模化、集约化发展之路。几年来,通过资本运作、业务对接和市场化运作,集团各子公司之间业务互动、优势互补、相互支撑,已经形成了资源有效整合的文化产业格局,实现了集约发展,并在国家文化体制改革大潮中,锐意改革,积极探索,闯出了一条高校出版社改革与发展的新路:

1. 实现跨地区经营的突破。2010年,北师大出版集团与安徽大学正式签署了关于合资重组安徽大学出版社的协议,实现了国内高校出版社首次跨学校、跨地区经营,在一定意义上破解了高校出版社跨地区经营的难题,也迈出了北师大出版集团跨地区经营的第一步。新闻出版总署署长柳斌杰对此次合资重组作出批示:"这是高校出版社跨地区重组的突破,应予积极支持。北师大出版集团深化改革、加快发展,已经在高校强社中脱颖而出。这就再次证明,有改革就有大发展。"

2. 实现跨所有制经营的突破。2007年,北师大出版集团对北京京师印务有限公司进行了股份化改造和技术性改造,迈出了北师大出版集团跨所有制经营的第一步。合资重组后的京师印务公司2010年在中共中央直属机关、全国人大机关定点印刷采购项目中标,为国内高校印刷企业的首次中标,并成为首批获得绿色印刷认证的企业。目前,京师印务公司正在组建数字印刷基地,推进数字印刷在中国图书出版行业的发展和应用,完善按需出版的生产流程。2010年,北师大出版集团吸收民营资本,借鉴影视剧制播分离模式,控股成立了北京京师普教文化传媒有限公司,主营基础教育课程资源的策划、编辑、制作和发行,迈出了北师大出版集团跨所有制经营的重要一步。

3. 实现跨媒体经营的突破。2007年,北师大出版集团对北师大音像社进行了人员重组和技术性改造,迈出了北师大出版集团跨媒体经营的第一步。技术性改造所缺的资金通过出版集团注资1/3、向出版集团借款1/3、音像社自筹1/3来解决,充分调动了音像社的积极性和潜力。2009年,音像社取得了网络出版权,为出版集团进一步整合优质资源,拓展业务范围,创新盈利模式,规划数字出版奠定了坚实的基础。2010年,音像社成为国家重点支持的20家独立音像(电子)出版、制作企业之一,是唯一进入这一行列的高校音像出版社。

4. "产学研"一体化取得实质性进展。北师大出版科学研究院是新闻出版总署和北师大合作共建的国内高校第一家专门、独立的出版科学研究机构。研究院以"教学与科研并举,理论与实践相结合"为宗旨,培养编辑出版专业硕士和博士研究生200多名,承担了新闻出版总署和教育部《转企改制后大学出版企业发展研究》《教育编辑人员胜任力研究》等多项重要课题,并举办了包括"第一届台湾知名出版人高级研修班""首届大陆出版人赴台高级研修班"在内的一系列专业研修和培训课程,为新闻出版行业输送了一批较高层次的出版研究人才和专业出版人才,标志着北师大出版集团产学研"一体化"取得实质性进展。新闻出版总署为台湾研修班主办单位颁发了优秀组织奖,柳斌杰署长专门作出批示:"此次研修班办得很成功,台湾业界反响很好。希望认真总结经验,充分发挥北师大的优势,办好研究院,为海峡两岸的文化交流和培养现代出版高级人才作出新的贡献。"

二、经济规模不断扩大,经济效益大幅提高

"十一五"期间,北师大出版社通过体制改革与制度创新,经济规模不断扩大,销售码洋持续增长,营业收入持续增长,回款持续增长,资产总额持续增长,利润总额持续增长,净利率持续增长且大幅提高。2004年,出版社销售码洋仅为5.2亿;短短三年,2007年出版社销售码洋突破10亿,净利润增长2倍;2008年销售码洋达11.24亿,净利润增长10.1%;2009年销售码洋达12亿,净利润增长44.2%;2010年,销售码洋达12.2亿,资产总额从2007年的4.79亿元达到2010年的8.4亿,出色地实现了国有资产的绝对保值和快速增值。在这个过程中,出现了"一升两降"的可喜势头,销售码洋、营业收入、资产总额、利润总额、利润率不断提升,退货率和存货率不断下降,呈现出健康、稳步、良好的发展态势。据《2010年中国新闻出版统计资料》公布的数据,在全国取得有效样本的561家出版社中,北师大出版社综合出版能力排名第四,经济规模位居第三。

在竞争激烈、成本高、利润低、行业标准严的背景下,京师印务公司2007年成功扭亏为盈,2008年净利润增长351.4%,2009年净利润增长467.5%,2010年工业资产值同比增长15%,加工总产值同比增长9.38%,销售收入同比增长19.85%,已经稳步迈入北京大中型印刷企业行列;音像社2008年成功扭亏为盈,2009年净利润增长17.1%,2010年净利润增长21%;安徽大学出版社有限责任公司合资重组后焕发了活力,销售码洋从合资重组前的4700万元增长至2010年的1.47亿,销售收入同比增长224.2%,销售实洋同比增长112.9%,净利润同比增长168.8%,当年向出版集团上缴分红,已经稳步进入大学出版社前15强;京师普教文化传媒有限公司2010年成功遏制住主发教辅持续下滑的趋势,取得良好业绩。

三、社会影响不断扩大,社会效益大幅提升

在出色完成各项经济指标同时,北师大出版社的社会效益进一步彰显。2009年,出版社荣获"全国文化体制改革先进企业"称号,是唯一一家入选的高校出版社,同时荣获"全国百佳图书出版单位"称号,成为国家一级出版单位。2010年,"建设面向教育的数字化出版基地"项目获中国政府文化产业发展专项资金资助,资助额度1000万元,是全国获此殊荣的三家出版单位之一,标志着北师大出版社在中国出版界的地位得到提升。

北师大出版社在经济效益和社会效益上取得的显著成果引起中央领导的高度关注。2010年11月,中共中央政治局委员、中央书记处书记、中宣部部长刘云山同志就出版社成立30周年作出重要批示:"北师大出版社勇于改革,锐意创新,事业发展,实力增强,实现社会效益和经济效益双丰收。在出版社成立三十年之际,请转达我的祝贺,希望以建社三十年为新的起点,再接再厉,与时俱进,开创新局面,作出新贡献。"

2010年9月,袁贵仁部长在代表教育部为出版社成立30周年发来的贺信中指出:"北师大出版社站在国家文化体制改革的前沿,开拓创新,加快发展,赢得了经济效益和社会效益的双丰收,成为国内一流的现代教育出版机构和出版文化产业中的一支重要力量。"同月,柳斌杰署长在代表新闻出版总署发来的贺信中指出:"北师大出版社勇于实践,开拓创新,实现了高校出版社跨地区经营的破冰之旅,闯出了一条改革与发展的新路,在高校出版社中脱颖而出,成为导向正确、主业突出、实力雄厚、管理规范、运行高效、核心竞争力强的现代文化企业。"

北师大出版社的学术影响力也有了质的飞跃,"十一五"期间有多种图书获奖,获奖项目呈现出奖项层次高、奖项种类多、入选数量多的趋势,并被列入国家社会科学文库出版基地。其中,《中华艺术通史》《当代学者视野中的马克思主义哲学》获中国出版政府奖、中华优秀出版物奖双项大奖;《教育与发展——创新人才的心理学整合研究》获中华优秀出版物提名奖;《揭开儿童心理和行为之谜》《中国的经济转型和社会保障改革》《宝贝第一童话系列》《马克思主义哲学中国化》等入选"三个一百"原创出版工程;《先秦社会形态研究》等获郭沫若中国历史奖;《中国中小学生学习与心理发展状况报告》《保守主义的大学理想》《走向新师德》《中国转型期公共政策过程研究》等荣获北京市哲学社会科学优秀成果奖;《构建教育培训文化》《教育哲学》《儿童游戏通论》等获全国教育科学研究优秀成果奖。

此外,北师大出版社积极申报国家、北京市各类重点出版工程项目,并承担了国家出版基金资助项目、国家哲学社会科学成果文库、经典中国国际出版工程、北京市社科理论著作出版基金重点资助项目等多个项目。其中,《元代古籍整理》《时空社会学:理论和方法》等入选国家出版基金资助项目;《均衡与非均衡:中国宏观经济与转轨经济问题探索》等入选国家哲学社会科学成果文库;《先秦文学艺术思想通史》等获得国家社会科学基金后期资助;《中华艺术通史》等入选经典中国国际出版工程;《启功全集》《东方的崛起:关于中国式现代化的哲学反思》等入选北京市社科理论著作出版基金重点资助项目,充分展示出北师大出版社的学术影响力和社会辐射力。

四、图书结构转型完成,经济结构转型初见成效

"十一五"期间,北师大出版社加大力度、加快速度推进图书结构转型,在完善基础教育教材体系,提升助学读物水平的基础上,以"主干的教育科学(包括心理科学)和人文科学,精干的社会科学和自然科学"为定位,打造学术著作品牌,重点发展职业教育教材、高等教育教材,取得显著成效。

"十一五"期间,北师大出版社入选普通高等教育国家级规划教材的品种从"十五"期间的6种增加到114种,有了质的飞跃。2009年,出版社基础教育教材从11个品种扩展到16个品种;高校文科教材第一次进入全国前20名;在3500个图书动销品种中,高教教材、职教教材和学术著作占全部动销品种的56.6%。就品种而言,图书结构转型已经完成,这是出版社发展历程上的一个里程碑。

2010年,出版社图书出版总量达3372种,选题实施率达60%,重印率达64%,为出版社的可持续发展奠定了牢固的基础。其中,职教教材动销品种达763种,销售码洋达6100万,高职高专教材进入全国前5名;高校教材销售码洋破亿元大关,高校文科教材进入全国10强,理科教材第一次进入全国前15名。

在建构优质基础教育、职业教育和高等教育精品教材体系,并积极探索大众图书精品出版道路的同时,北师大社重点经营教育科学、人文科学学术著作精品,也取得了不俗的业绩。以《中国数学史大系》《中华艺术通史》《启功全集》等为代表的学术著作精品,受到学术界、理论界和读者的欢迎,并有多种图书入选国家重点出版工程或者获得国家级奖项。

从经济结构而言,除中小学教材、教辅外,其他种类图书码洋合计占比,从2008年的11.27%、2009年的12.2%,持续上升到2010年的16.64%。在总体经济规模不断提高的背景下,中小学教材教辅以外图书占比持续提升,说明出版社经济结构转型正不断推进,并初见成效。

五、体制改革成就瞩目,制度体系基本完善

"十一五"期间,尤其是2007年转企改制以来,北师大出版社针对原来存在的体制机制不畅、管理不善的状况,积极推进体制机制创新,加强制度建设,改变思路,锐意创新,对人事制度、分配制度、编辑体制、印制体制、营销体制、运营体制、管理体制进行了全方位改革,制度建设取得明显实效,制度体系进一步完善。

在人事制度改革方面,出台一系列涵盖上岗、转岗、待岗和下岗管理的各项规章制度,完成了定岗定编,分类分级管理。同时,重点解决人才结构不合理状况,推进干部队伍建设工作,高度重视人才队伍的培养和引进。通过业务培训、基层锻炼、在职学习、公开竞聘等多种方式,创建人才脱颖而出的机制;通过引进成熟人才,逐步充实人才储备,基本形成学历结构、年龄结构、学科结构合理的人才队伍。出版社具有大学本科以上学历人员的比例,从2003年不足45%增加至2010年的75%,硕士以上学历人员的比例,从2003年不足20%增加至2010年的40%。

在分配制度改革方面,实行新的绩效考核管理办法和绩效分配方案,核心是分社和事业部管理下的目标考核制。编辑、营销、行政岗位均按岗取酬、同岗同酬,不论什么学历、职称和"身份"的员工,只要达到岗位职责要求,薪酬均由工资+岗位津贴+绩效奖金三部分组成,解决了不同"身份"的员工在同一岗位上待遇不同的问题,从根本上改变了分配上的平均主义。同时,加大分配向一线员工尤其是向策划编辑和营销策划的倾斜力度,鼓励能者多劳,多劳多得,建立起与现代企业制度相适应的职责、任务、业绩和报酬相统一的激励机制。

在编辑体制改革方面,将原有编辑部门整合为高等教育分社、职业教育分社、基础教育分社、大众与少儿读物事业部,分社和事业部在营销方案、人员选用、产品印刷等方面具有较大自主权,是集相关类图书产、供、销于一体的利润中心。同时,对编辑实行策划编辑和文稿编辑的划分管理,发挥编辑潜力,增强自主创新能力。

在印制体制改革方面,以基础教育教材的印制管理体制改革为重点,以印制纸张的统一采购为先导,在保证基础教育教材印制质量、提高基础教育教材经济效益的基础上,在全国设置基础教育教材印制基地,加大印制管理力度,确保印制质量。同时,进一步加强重点图书的印制流程管理、印制成本管理和印制质量管理。

在营销体制改革方面,走上专业化营销和精细化营销之路,在分社和事业部分别成立各自的营销中心,功能定位重在营销;市场营销部剥离营销业务后,改组为营销管理部,功能定位重在管理,下设结算中心、客户服务中心、物流配送中心和读者服务中心四个部门,从而建立了纵向营销与横向管理相结合的营销体制,基本解决了长期困扰出版社的"编"与"发"的矛盾。

在运营体制改革方面,在全国出版行业中率先设立了专门的运营管理部,通过建构有效的运营管理平台,运用现代化的技术手段,在确保生产运营线顺畅的基础上,对出版社重大出版工程、重点图书、重点教材的生产流程全程监控,对一般图书的异常情况进行重点监控,实现生产运营管理的信息化、精细化和及时性,使出版社的生产线从潜到显、从模糊到清晰,使生产运营状态由自发到自觉、从不可控到可控。

在行政管理体制改革方面,大幅削减中层建制,进行简编定岗、减负增效,更重要的是,行政工作职能、工作方式和工作作风得以转变,管理部门剥离业务职能重在管理,管理职能从"管人"转变为"管事",以往层次不清、职责不明、因人设岗、条块分割的现象得到了根本的改变,管理效率得到切实提高,基本实现了从粗放式管理向精细化管理,从经验型管理向科学化管理的转变。

自2007年7月以来,出版社出台各种规章制度已高达200余项,覆盖到主要方面和基本层次。依制度治社的目标基本实现。

六、未来五年的发展定位

"十二五"期间,北师大出版社、出版集团将继续坚持以图书出版为主体,音像电子网络出版和印刷产业为两翼,以教育出版为主体,专业出版和大众出版为两翼的发展思路;继续坚持适时、适度进行跨地区经营,适时、适度进行跨所有制经营,适时、适度进行跨媒体经营,适时、适度进行多元化经营的发展定位。将继续坚持扩大生产规模、提高经济效益和改善员工生活相结合;继续坚持出版社、出版集团的企业属性、教育属性和文化属性,尊重市场规律、教育规律和出版规律,以优质教育资源的集成、开发、提供和服务为宗旨,以数字化出版为先导,以内涵发展为主、外延扩张为辅,出效益、出精品、出人才,使北师大出版集团成为特色鲜明、规模适度,有影响力、有竞争力、有引导力,国内一流、国际知名的现代文化企业。

北京体育大学出版社

北京体育大学出版社成立于1985年5月,是国家体育总局主管、北京体育大学主办的体育专业出版社。

建社二十多年来,北京体育大学出版社出版的图书和音像电子产品涉及现代体育运动、体育教育、体育学术专著、健身太极、养生保健、棋牌、实用武术、音乐和书法文化普及教育等九大板块,累计出版图书4000余种、音像电子产品500余部,先后有多种出版物获得全国优秀图书奖、优秀学术著作奖、优秀教材奖、哲学社会科学优秀成果奖和全国图书"金钥匙"奖等多个奖项,出版社被新闻出版总署评为良好出版社。

一、服务教学科研,实现"普及"与"提高"的最佳契合

近年来,出版社依托北京体育大学及全国其他体育院校的专业资源优势和人才优势,重点策划出版了《中国体育博士文丛》《创新团队文丛》《体育科研基金课题系列文丛》《中国体育科学学会文丛》《体育院校重点学科建设文丛》《高水平运动训练系列文丛》《体育运动新思维新方法文丛》《奥林匹克研究文丛》《运动教程系列》《体育教学法系列》《体育双语教程系列》等多个系列的高水平体育教材和学术专著。这些图书以其对体育的多侧面、广角度、深层次研究的学术价值及精良的印制与装帧,在我国体育教育界引起了很大反响,赢得了广大业内人士的好评,在市场上树立了独有的学术品牌价值。

二、突出体育特色,注重奥运文化传承

2008年北京奥运会印证了中国体育的辉煌,"无与伦比的"的、"历史上最好"的奥运会、残奥会为北京体育大学出版社带来了难得的发展机遇。宣传北京奥运、普及奥运知识、弘扬奥运文化是北京体育大学出版社近年来出版工作的重点。出版社遵从"我参与、我奉献、我快乐"的工作理念,积极参加与奥运有关的出版编辑工作,从北京奥运会的筹备阶段,一直延续到奥运会举办的整个过程。特别是从2005年开始,出版社主动承担北京奥组委的重点出版任务,先后出版了包括《第29届奥林匹克运动会竞赛项目通用知识读本》(套装书,共28册)、《北京奥运会工作人员读本》等200余种奥运图书和音像电子产品,成为出版奥运出版物最多的出版社。不仅出版数量多,而且质量好,在新闻出版总署向社会推荐的"迎奥运50种主题图书"中,北京体育大学出版社出版的《奥林匹克道德启示录》《奥林匹克品牌》等12种图书榜上有名。2007年8月,出版社出版的《第29届奥林匹克运动会竞赛项目通用知识读本》(套装书,共28册)、《北京奥运会场馆运行通用知识读本》《走进奥运赛场——第29届奥林匹克运动会竞赛项目培训教学片》(VCD)等6种出版物,经过有关专家学者严格的层层筛选,由北京奥组委赠送洛桑奥林匹克博物馆永久收藏。实现了北京体育大学出版社走向世界最高体育殿堂的梦想,使北京体育大学出版社的出版物永久珍藏在洛桑奥林匹克博物馆。

北京奥运会的成功饱含了北京体育大学出版社的奉献和付出,出色的工作成绩,得到了北京奥组委的高度赞扬,授予北京体育大学出版社"北京2008年奥运会、残奥会奥林匹克教育工作作出突出贡献"先进单位;北京奥组委新闻宣传部还向出版社颁发了"北京奥运会、残奥会新闻宣传贡献奖"。

北京奥运会闭幕后,出版社又承接了《北京2008年奥运会总结报告》《北京2008年残奥会

总结报告》《北京奥运会知识报告》和《北京奥运会成绩册》等大型文献的编辑和出版工作。面对高规格、高质量、高要求的编辑出版任务,出版社精心组织、精益求精、不辱使命,高标准地完成了文献的编辑出版任务。为北京奥运文化遗产的弘扬和传承作出了应有的贡献,受到北京奥运城市发展促进会的表彰和奖励。

三、坚持机制创新,大力开拓市场,力争再创佳绩

经过二十多年的发展,北京体育大学出版社从小到大,从不成熟到逐步成熟,不断发展壮大,已经具备了走向市场的各种条件和要素。

北京体育大学出版社牢固树立以市场为导向,以读者为根本的经营管理理念。作为内容生产服务商,从选题策划开始,到组稿、制作加工,一直到后期的宣传营销和读者反馈调查,出版社都必须从读者的角度出发,不断完善以质量为中心的出版管理体系,建立以效益最大化为目标的经营管理责任制,健全内部控制机制和考核制度,以实现出版社经济效益和社会效益的最大化。

改革创新是事物发展的基础,也是出版社可持续发展的不竭动力。随着出版业内外条件的不断发展变化,北京体育大学出版社必须坚持与时俱进,通过不断变革那些不适应甚至阻碍出版生产力发展的因素,代之以先进的和充满生机的管理制度。按照现代企业制度的要求,坚持体制创新和机制创新的根本要求,不断创造新的管理模式及其相应的方式和方法,完善各种管理规章制度,推行"扁平化"的管理机制,减少中间环节,加强岗位责任,提高工作效率,在简约化的机构条件下实现高质量的工作业绩,保持出版社的可持续发展,为社会主义文化事业大发展、大繁荣作出贡献。

北京邮电大学出版社

北京邮电大学出版社成立于1987年,是教育部主管的全国重点大学出版社。2011年12月23日,北京邮电大学出版社按照中央和新闻出版总署要求,完成转企改制任务,正式更名为"北京邮电大学出版社有限公司"(以下简称北京邮电大学出版社)经过二十多年的发展,北京邮电大学出版社已形成一定的生产规模和鲜明的出版特色,截至目前已累计出版各类教材专著2000多种,其中获奖图书上百种,信息通信等体现北京邮电大学出版社特色的专著、教材、普及类图书占总出版量的70%以上,逐步形成了以大学本科教材为主体,以研究生教材、应用性本科教材和高职高专教材为补充的出版架构,形成了高、中、低不同层次的教材系列,在信息与电子学科领域有着广泛影响。

"十一五"期间,北京邮电大学出版社获得北京高等教育精品教材立项项目21种;《基于"聚芯SoC"的嵌入式系统设计》一书获选新闻出版总署首届"三个一百"原创图书奖;有近90种教材被教育部评为"普通高等教育'十一五'国家级规划教材",其中,周炯槃教授的《通信原理(第3版)》、杨义先教授的《信息安全专业系列教材》、张筱华教授的《通信英语(第5版)》、纪越峰教授的《现代通信技术(第3版)》、顾畹仪教授的《光纤通信系统(修订版)》等在信息通信领域影响巨大。《光纤通信系统(修订版)》《数字电路与逻辑设计》(刘培植编著)和《信息光学理论与应用(第2版)》(王仕璠编著)等书先后被教育部评为"普通高等教育精品教材"。

2011年,在新闻出版总署公布的《"十二五"国家重点图书、音像、电子出版物出版规划》中,我社5个出版项目共33种图书名列其中,其中,王亚杰主编的《三网融合环境下新媒体产业发展研究丛书》(6册)、李欲晓主编的《互联网治理与法律研究丛书》(16册)、纪红主编的《未来无线通信网络》(4册)、邱雪松、谢东亮等编著的《物联网与泛在智能丛书》(6卷)、刘正荣主编的《中国特色网络文化建设与管理战略研究》(1卷)。2012年度国家出版基金评审结果揭晓,我社申报的图书项目《互联网治理与法律研究丛书》榜上有名。

面对激烈的竞争市场,北京邮电大学出版社坚持为学校教学科研服务,为教育行业服务,为信息产业服务,为社会读者服务的指导思想,将社会效益放在首位,走基于教育的专业出版之路:以教材出版为主,兼顾其他类型出版;以专业(学术)出版为主,适当发展大众出版;以信息通信学科出版为主,兼顾其他学科。在发展战略上,紧紧依靠学校的学科优势、师资(作者)优势、教学优势、成果优势,打造信息通信、信息科技专业品牌图书和精品教材;逐步实施"走出去"战略;充分运用现代技术,加快出版社自身的信息化;挖掘已有出版资源的价值,开展立体出版的尝试;发挥学校技术优势,探求数字出版的商业盈利模式;在保证质量的基础上,适度拓展规模;通过内外联合,实现合作共赢,争取将北京邮电大学出版社打造成信息科技领域最权威、最专业的大学出版社。

北京语言大学出版社

"十一五"时期,是北京语言大学出版社(简称北语社)自1985年成立以来发展最好的五年。五年来,北语社生产经营连年创造历史最好业绩,实现了跨越式发展的规划目标,在全国乃至世界的影响力迅速提升,得到了中宣部、国务院新闻办、新闻出版总署、教育部等上级部委的高度评价,得到了全国高校对外汉语教学单位和外语教学单位的充分认可,得到了少数民族地区教师的广泛赞誉。

一、从新生到崛起

"十一五"期间,北语社通过明确自身特色出版的主体战略,采取优化结构、理顺关系、改变战略、加强管理等措施,在调整中求发展、求效益,在调整中获得了新生,取得了辉煌的业绩,实现了跨越式发展。

1. 出版规模不断扩大。从2005年的540种增长到2010年的1074种,五年翻了一番,年平均增长率达20%。
2. 生产规模不断扩大。从2005年的8400万元增长到2010年的1.95亿元,五年增长了232%,年平均增长率超过26%。
3. 市场规模不断扩大。发行码洋净值从2005年的6500万元增长到2010年的1.7亿元,五年增长了262%,年平均增长率超过32%。
4. 资产规模不断扩大。2010年资产较2005年增长超过80%,年平均增长率超过16%。

经过五年的快速发展,北语社出版的汉语教材国内市场占有率达到80%,在海外,走进世界2000多所大学和1000余所中小学课堂;出版的少数民族汉语教材占除中小学汉语课本外的少数民族汉语教材市场份额的90%左右;英语出国考试类图书全国销量名列第六,小语种图书全国销量名列前十;电子音像出版物异军突起,年销售量在全国名列前茅;北美分社海外建立,扩大了海外拓展的规模,更使北语社成为全国第一家拥有海外资产的大学出版社。目前,北语社是国家一级出版单位,全国百佳图书出版单位中20家大学出版社之一,以卓越的海外拓展业绩成为中国出版"走出去"的明星单位。

二、从名不见经传到声名鹊起

这五年,北语社因发展迅速、"双效"显著而被评为全国百佳图书出版单位、国家文化出口重点企业、中国图书对外推广先进单位、中国新闻出版"走出去"先进单位、国家纳税信用A级企业、中国创意产业先进单位、全国十佳高校出版社、中国十大杰出贡献教育出版社、全国图书版权输出先进单位、全国少数民族双语教育先进单位、国家查处侵权盗版案件有功单位、北京市版权贸易十佳单位,等等。

北语社承担的国家重点项目越来越多,并有多种产品获得国家和行业奖励。"十一五"期间,北语社共承担国家出版基金项目、国家"三个一百"工程项目、国家文化出口重点项目、国家"十一五"普通高校重点教材项目、国家"十一五"重点图书规划项目、国家"十一五"重点电子音像出版项目、国家科技支撑计划项目等国家重点出版项目累计62个。《汉语乐园》多媒体荣获中国出版界最高奖项中国出版政府奖优秀电子出版物奖、中国文化艺术政府奖首届动漫奖入围奖和第三届中华优秀出版物(电子出版物)提名奖;《新实用汉语课本》《汉语乐园》《长城汉语》

《汉语会话301句》获得我国对外汉语教材界最高奖项,被国家汉办评为优秀国际汉语教材;北语社另有多部教材获得教育部普通高等教育精品教材奖,多部学术著作获得高等学校科学研究优秀成果奖,等等。

经过五年的发展,北语社由一个图书出版小社发展成为了一个集图书、期刊、音像、电子、网络等多种媒体出版于一身、发行码洋过亿元的出版强社,由一个名不见经传的小社发展成为了一个声名鹊起的专业强社。

三、"两大计划",夯实并提升对外汉语教材的专业优势地位

对外汉语教材出版是北语社的突出特色。近年来,北语社实施"汉语教材国际推广计划"和"汉语教材大学普及计划",不断研发新产品,维护老品牌,推进立体化出版,打造了一批享誉业界的对外汉语图书精品。

为实施"汉语教材国际推广计划",出版社投入1.4亿元资金用于对外汉语教材的研发出版,全面推出了15大系列包含50个产品线1000余种教材的汉语教材国际推广项目,有效满足了不同国家和地区、不同年龄、不同类型学习者的学习需求。《新概念汉语》由国务委员刘延东倡导、作序,是国家汉办主推的全球孔子学院通用对外汉语教材;《新实用汉语课本》被哈佛大学、斯坦福大学、牛津大学、柏林大学、莫斯科大学、早稻田大学等世界著名大学选为教材使用,成为国外大学使用最广泛的汉语教材;《汉语乐园》译成45个语种,被评为"最受海外欢迎的儿童汉语教材";《汉语教程》是版权输出后重印次数最多的对外汉语教材,等等。

北语社通过实施"汉语教材大学普及计划",与海内外众多高校达成战略合作协议,北语社成为名副其实的世界对外汉语教材出版基地。《发展汉语》是当今规模最大的普通高等教育国家级规划教材;《汉语会话301句》是世界销量第一的汉语教材;《对外汉语教材本科系列》是国内大学使用最广泛的对外汉语教材;《中国文化百题》是第一套针对中国文化教学的视频教材(DVD),等等。根据全国图书销量权威机构监测数据显示,目前全国销量排在前200名的来华留学汉语教材,有120~140种是北语社出版的汉语教材,前30名几乎都是北语社出版的。北语社以出版的对外汉语教材种类最多、使用范围最广、读者评价最高而成为中国对外汉语教材出版的领军人物。

四、中国少数民族汉语教材出版异军突起,成效显著

中国少数民族汉语教材出版是北语社的独特领域。五年时间里,北语社贯彻实施"汉语促西部发展计划",秉承"最大限度满足少数民族地区汉语教学需要,为提高少数民族汉语教学水平服务"的宗旨,充分发挥自身的汉语教学资源优势,不断推出符合民族汉语学习者需求的汉语教材,有效推动了新疆等地区少数民族汉语教学的发展。

北语社逐年增加对少数民族地区汉语教学工作的人力与财力投入,积极开展少数民族汉语教学研究、少数民族中小学汉语教师培训和少数民族汉语教材研发等工作,出版了以《大学汉语》为代表的本地化汉语教材600余种;承担了新疆教育厅《发展汉语》《学前专业汉语》等系列教材项目;创建了少数民族地区汉语教学资源体系。目前,北语社的少数民族汉语教材市场规模突破了1500万码洋,市场覆盖能力显著增强并在进一步扩大,有效促进了少数民族地区汉语教学的发展,得到了新疆等少数民族地区的广泛赞誉,北语社在少数民族地区树立了品牌。

五、"外语图书建设工程"使外语图书出版起死回生

"十一五"期间,北语社实施了"外语图书建设工程",通过明确外语图书出版方向、加大投入增加出版品种等方式,采取引进版权与自主开发相结合、研发教材与开发市场类图书相结合等

方式,扭转了外语图书发展的颓势,呈现出强劲的发展态势。截至目前,北语社形成了引进版教材、自主研发教材、考试类图书、工具书四大发展主线。创建了"新视线"引进版教材品牌、"新陆标"本土本科教材品牌、"新航标"本土高职高专教材品牌和"领跑者"考试类品牌和"北语多语种特色中小型词典"工具书品牌等。北语社与海内外众多高校建立起长期合作关系,英、日、韩、意、法等语种的教材已经进入国内200余所高校外语教学课堂,成为我国高等院校外语教材市场的主流产品。英语出国考试类图书销量名列全国市场排名第六名,日语出国考试类图书销量名列市场排名前五名,韩语出国考试类图书销量名列市场排名第四名,意大利语图书位列全国第二名,西班牙语图书位列全国第三名。2010年外语图书销售码洋突破1500万,较2005年增长了2.5倍。

六、电子音像出版经营创造奇迹

"十一五"期间,北语社经过不断的探索与实践,走出了一条符合自身特点的电子音像出版新路,实现了突破性发展,形成了教材配套音像产品(磁带、CD盘、MP3)、独立音像产品(DVD)、独立多媒体产品(CD-ROM、DVD-ROM)、汉语教学软件四大电子音像产品出版形式,填补了世界汉语教学资源的空白。八年时间里,我社围绕汉语教学和中国文化传播,出版独立电子音像产品(DVD)78种,独立多媒体产品(CD-ROM、DVD-ROM)159种,汉语教学软件产品5种,共有28个电子音像选题被列为国家和北京市重点电子音像出版项目。2010年,我社独立电子音像产品的销售码洋突破3000万元,销售收入达到1600万元,配套图书的音像产品销售码洋500多万元,销售收入350多万元,销售业绩在全国名列前茅,创造了中国电子音像出版的奇迹。

七、成为第一个真正实现网络出版的大学出版社

网络出版是北语社近年来的新兴领域,也是北语社立体化发展的一大主线。2008年6月,北语社成立网络出版与营销中心,启动了"网络出版工程",全面实施网络出版与网络营销。2007年12月,北语社建成的覆盖全球的电子商务系统,至此连年创造中国出版业网上本版书海外销售的最高纪录。2008年10月,《学汉语》杂志网络版正式出版,成为第一个实现网络出版的中国大学出版社。2010年底,网络出版与营销中心与电子音像事业部合并,更名为"数字出版与营销中心",其"汉语教学与文化资源平台"项目被国家科技部列入科技部"十二五"科技支撑计划课题,获得专项经费75万元,着力打造世界最大的汉语教学资源平台。而可用于IPAD和IPHONE的移动媒体产品目前也正在研发中,不久即将面世。北语社立足于自身产品特点和优势,融合数字技术,营造新的产品线和利润增长点,形成了传统出版和网络出版相互促进、比翼双飞的格局。

八、海外拓展开辟了中国图书"走出去"的特色领域

为响应国家"走出去"战略号召,北语社重点实施了海外拓展战略。通过广渠道、多模式、深层次、多层面地开展国际合作与交流,研发出版了一大批满足不同国家、不同层次、不同学习类型学习者需求的海外汉语教材;通过构建海外营销网络,卓有成效地将图书产品推向世界,开辟了中国图书"走出去"的特色领域。截至目前,北语社创建了覆盖33个国家拥有296家代理经销客户的海外营销网络和覆盖全球71个国家的网上电子商务系统,出版汉语教材3000余种,本版图书海外销售码洋年均5000万,累计版权输出1269种,版税收入1000余万元,连续多年版权输出排名全国第一,连续多年原版图书海外销售排名全国第一。凭借出色的业绩,北语社当选为"中国图书对外推广计划工作副主任单位",成为全国四家副主任之一,荣获了中国新闻出版"走出去"工作最高奖励——新闻出版"走出去"先进单位称号。除此之外,北语社还先后被评为

国家文化出口重点企业、中国图书对外推广先进单位、全国版权输出先进单位、版权贸易十佳单位等。

2010年,北语社北美分社在美国芝加哥启动登记注册工作,注册名为"Phoenix Tree Publishing Inc."。分社设立旨在扩大北语社在北美地区的市场领域,开展本土化汉语教材研发与营销,将海外汉语教材编辑出版、汉语培训及汉语教材营销融于一体,从而与国内形成犄角之势,互相促进。北语社旨在把分社打造成为我国汉语国际推广的桥头堡,使北语社成为当之无愧的国际型专业出版强社。北美分社的成立,标志着北语社汉语教材国际推广和中国文化传播又向前迈出了一步,北语社成为全国第一家拥有海外资产的大学出版社。

九、始终坚持为学校教学、科研和学科建设服务的思想

五年来,出版社在自身发展壮大的同时,始终坚持学校创办出版社的初衷,没有忘记为学校教学科研和学科建设服务的宗旨。五年来投入资金近4000万元,出版了北京语言大学教师撰写或参编的图书500余种,其中有一批质量高、市场好的精品教材,也有一批学术水平高、影响深远的学术著作,这些图书在一定程度上促进了学校教学科研成果的转化。另外,北语社除了向学校已上缴3000万元利润外,还通过积极为全国对外汉语教学单位搭建"学术交流平台、年轻教师学习提高平台、教材编写研发平台、教学资源服务平台",在全国分地区组织召开了"对外汉语教学模式与教材编写研讨会""对外汉语教学示范展示会""来华留学生预科教学与教材开发研讨会"和"品牌汉语教材使用培训班"等系列学术活动,累计共有500多所高校的8000余人次汉语教师参加。北语社还将少数民族汉语教师培训和少数民族汉语教材研发纳入发展主线,创建了少数民族地区汉语教学资源体系,培训了3000余名民族中小学教师。汉语教材国际推广、少数民族汉语普及、专业学术活动、培训青年教师、与汉语教学单位和地方教育部门开展战略合作等措施,将北京语言大学出版社的品牌根植于全国汉语教学界和外语教学界,根植于祖国的大江南北,扩大了学校的影响力,彰显了北京语言大学对外汉语教学核心基地的地位。

十、质量建设硕果累累

质量是企业的生命。近年来,北语社图书连续五年荣获北京市图书印制质量优质奖,多套图书荣获北京市印制质量大奖。北语社一贯坚持正确的出版方向,严把选题关和政治关,建立了一套严格的图书质量内控体系,实行选题三审、图书编辑流程六审分级责任制,设有专职图书内容质量监控机构和人员,月、季、年三级检查和考核,并定期进行图书质量专题培训。除此之外,北语社还建立了印制质量保障体系,对所有合作厂家和使用的原材料进行了统一规划和公开招标,选用的印装厂家全部为北京市大型优秀企业,选用纸张原材料全部为国内最著名企业的知名品牌;实行印前、印中、印后印制质量三级检查制度;聘请新闻出版总署印刷产品质量监督检测中心对成品图书的定期抽检;建立对印装厂家强制送检和年度考评制度等。这些措施使北语社实现了对图书印制质量的全流程监控和检查,有力地保障了图书印制质量长期处在业内领先水平。

十一、公益事业践行社会责任

企业发展离不开社会,回报社会是企业的责任。长期以来,北语社积极践行社会责任,大力开展公益事业。在新疆,北语社实施了"新疆助学计划",设立了"凤凰奖学金"。"新疆助学计划"主要包括三方面内容:一是每年在新疆15个地州市各资助20名家境贫寒、品学兼优的中小学生;二是每年向新疆15个地州市的15所民族中小学赠送千册以上图书;三是协助自治区教育厅和各地州市教育主管部门开展中小学教师汉语培训。"凤凰奖学金"主要用于奖励新疆高等学校少数民族预科学生和专本科学生。近八年,北语社累计向中国光华科技基金会捐赠图书2000万码洋以上,为少数民族地区免费培训教师2000余人次。在捐资助学、义务植树、抗震救灾等公益事业中积极发挥作用,贡献力量。北语社的公益之举推进了西部贫困地区的汉语教学,促进了民族团结,为维护祖国统一大业作出了应有的贡献。

十二、完成转企改制,迎接二次跨越式发展

"十一五"时期是我国新闻出版体制改革的重要时期,北语社按照教育部、新闻出版总署和学校的文件精神,于2008年年底启动了转企改制工作。因日常管理科学、规范、严格,转制前已基本按照现代企业制度要求建立起了良性的管理体制、运行机制和制度体系,所以转制工作进展得顺利高效。上报的转制工作实施方案和清产核资材料,均被新闻出版总署用作范本为全国出版社提供参考,受到总署和兄弟社的好评。转企改制后,北语社按照《公司法》和《公司章程》的规定,建立了现代企业规章制度和运行机制,形成了公司法人治理结构,明确了股东会、董事会、监事会、经理办公会及职工代表大会等机构的职责与权力。新的体制和机制将更加有利于打造市场主体,更加有利于增强企业核心竞争力和解放文化生产力,必将推动北语社实现更快更好的发展。

2010年4月,北语社与中央广播电视大学音像出版社签署战略合作协议,合作成立了"出版传媒中心"。两社的战略合作,是以资产为纽带、充分整合资源的实质性深度合作,是在转制背景下大学出版社之间进行合作的全新探索。

十三、发展展望

未来五年,北语社将以科学发展为主题,以体制改革为动力,以思路创新为重点,以队伍建设为根本,以科学管理为保证,进一步解放和发展出版生产力,调动全社员工的积极性和创造性,全面推进以质量为中心的出版管理制度、以效益为目标的经营管理制度和以人为本的企业文化,切实提高出版社的发展质量,扩大发展规模和提高发展效益。北语社将继续依托北京语言大学的学科优势和人才优势,广泛吸纳社会优质资源,把自身建设成为国际汉语教材研发出版基地、中国少数民族汉语教材研发出版基地、外向型立体化中国文化产品出版基地,形成外语多语种图书出版的优势板块,牢固确立北语社在语言教育类产品出版领域的优势地位,努力将北语社打造成为队伍精良、管理科学、机制灵活、效益显著、氛围和谐的国际一流专业出版社。

北京交通大学出版社

北京交通大学出版社有限责任公司(原北方交通大学出版社)成立于2001年,2005年8月增设音像出版权,2006年4月增设电子出版权,随即成立北京交通大学电子与音像出版社。

"十一五"期间,在教育部主管部门的领导和关怀下,在全社职工的共同努力下,出版社取得了长足的发展,取得了良好的经济效益和社会效益:有33种图书获全国高校出版社、全行业优秀畅销书等各种奖励;2010年出版新书与重印书的品种数量比5年前翻了一番,销售码洋是2005年的2.5倍。

一、坚持正确的出版导向

坚持选题申报制度和重大选题备案制度,严把选题内容质量关。严格按照新闻出版总署规定的范围出版图书,明确选题方向,确立了以计算机科学与技术、电子信息、交通运输、经济管理、电气工程、土木工程、外语为主要的出版方向。

二、坚持出版精品图书的战略

狠抓"十一五"国家级规划教材建设,对入选的42种选题,组织了一支经验丰富、责任心强的编辑队伍专门负责,在保证高质量的前提下,42种图书均按期出版,产生了很好的社会效益与经济效益。

注重北京市高等教育精品教材立项项目的建设。在"十一五"期间,出版社承担了北京市高等教育精品教材立项项目63项,有41种教材被评为北京高等教育精品教材。

另外,重视对已出版图书的不断耕耘、精心打造,通过再版和修订不断塑造精品图书。

三、坚持质量第一的方针

严把图书质量关,坚持"三审三校一通读"外加一次印前质检审读的制度,建立了较为完善的质量管理制度和奖惩制度,以及通畅的图书质量反馈机制。每年定期进行成品图书质量检查,认真落实新闻出版总署、教育部的图书质量专项检查。在近几年新闻出版总署、教育部进行的图书质量检查中,北京交通大学出版社图书质量全部合格。2011年7月在教育部对所属在京出版社的图书质量检查中,北京交通大学出版社以平均差错率万分之0.22的成绩位列第一,受到了教育部的表彰。

四、建立现代企业制度

按照现代企业制度的要求,建立和完善出版社的法人治理结构,建设产权清晰、权责明确、管理科学的现代出版企业。构建"以人为本、团结协作、积极向上"的企业文化氛围,在全员聘任、按需设岗、竞聘上岗的科学用人机制下,实行岗位目标责任制,量化考核指标,全面实行绩效管理,有效地激发了全社职工的工作热情和积极性。

五、加强信息化建设

随着生产和销售规模的不断扩大,对信息服务功能的需求日益提高,出版社及时对出版管理系统进行全面升级,基本实现"无纸化"办公,有效提升了工作效率。为了加强作者服务和读者服务,对门户网站进行了全面重建,服务水平大幅提升,用户体验显著提高。

"十二五"期间,出版社将以科学发展观为指导,坚持正确的出版导向,进一步深化体制改革和机制创新,积极参与国家重点出版规划项目,打造精品力作;加强教材研发工作,依靠北京交通大学学科优势,办出特色,使出版社成为更富活力和竞争力的新型现代出版企业。

对外经济贸易大学出版社

对外经济贸易大学出版社成立于1983年,经过近30年的建设和发展,对外经济贸易大学出版社在编辑、出版、发行能力和管理水平等综合实力方面取得了长足的进展,具有图书、电子、音像、数字等多元出版能力,高素质、专业化、富有开拓精神的编辑脱颖而出,发行网点遍布全国,现已发展成为一个规模适度、年出书500余种、出版物"专、精、特"、在广大读者中有着良好信誉和影响的大学出版社。

对外经济贸易大学出版社以国际经济贸易、商务外语、工商管理、法律及其他财经类专业教材、专著和培训、普及读物为核心产品,以精品图书为读者服务,传承先进文化,努力提高图书出版的社会与经济效益。尤其是对外经济贸易类图书形成了较好的品牌和特色,获得了较高的市场认可度。很多读者形成了"读经贸书,选外经贸社"的共识。

"十一五"期间出版社在校领导的正确指导下,在体制改革、生产经营、选题策划、服务学校等方面取得了较好的成绩。

1. 出版体制改革顺利完成。从2008年下半年起,根据中央精神和有关文件的要求,结合我校及出版社实际,在反复论证、认真研究的基础上,学校通过体制改革把"对外经济贸易大学出版社"由原来的事业单位转制为国有独资性质的现代出版企业,成立了董事会、监事会。改制后,对外经济贸易大学仍然是出版社的主办方,履行主办单位的职责。出版社以学校投入的全部国有经营性资产作为其法人资产,从事资产经营和管理,并向学校承担国有资产的保值增值责任。

2. 形成了完善的经营组织机构。对外经济贸易大学出版社设有办公室、总编室、财务室、印制部、储运部、市场营销部、读者服务部、电子音像编辑部、经管图书事业部、文法图书事业部、外语图书事业部、审读室、版权编辑部。此外,对外经济贸易大学出版社还设有相关的工作委员会,如

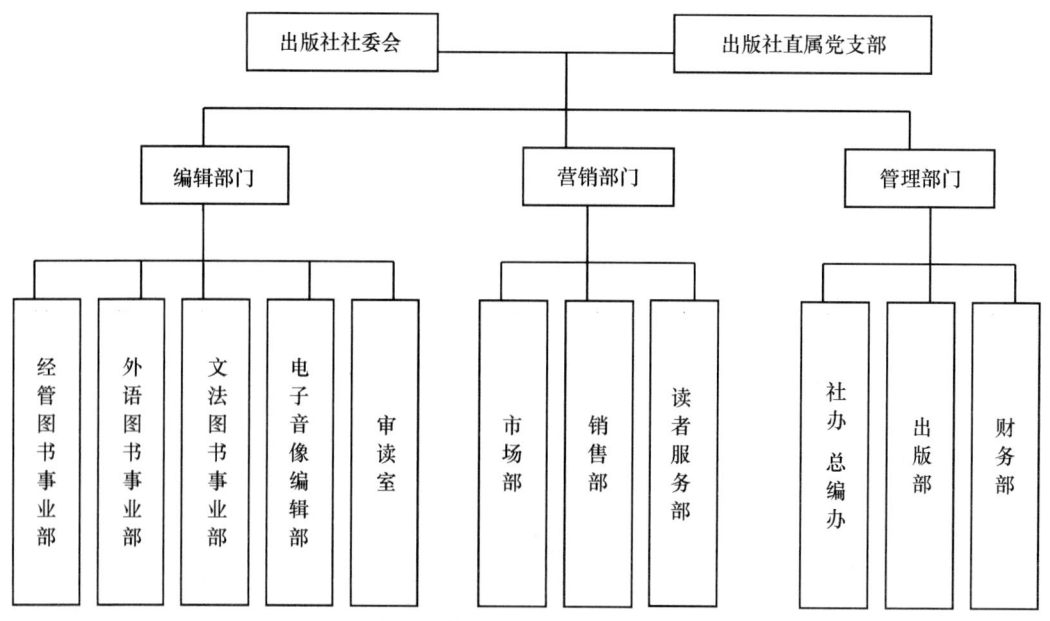

图1 对外经济贸易大学出版社组织结构图

社务委员会、选题委员会、质量管理委员会、营销工作委员会等。2007年成立首届职工大会。

3. 经营可持续稳健增长。"十一五"期间出版社的营业收入逐年稳步增长。截止到2010年12月31日,出版社净资产是建社的注册资本35万元的约101倍,相当于再造了100个初始出版社。

4. 图书生产稳步增长。"十一五"期间年出新书品种增长60%,实现了"日出一新书"。

5. 出版了一批精品教材与著作。诸如:《国际贸易》《中国对外贸易概论》《国际商法》《大学外贸英语》等国家级规划教材;《国际贸易理论与实务》《高级商务英语听说》等北京市高等教育精品教材立项项目。"十一五"期间有多部教材获省部级奖,10余种图书获得全国大学出版社优秀著作奖、优秀畅销书奖。

6. 出版了一些具有国内与国际影响的图书。诸如:《博鳌亚洲论坛报告》《跑好这一棒》《商务汉语系列教材》《国际经贸理论通鉴》等。其中《博鳌亚洲论坛报告》获得博鳌亚洲论坛的高度评价,具有较广泛的国际影响。

7. 已形成了以教材出版为主体、大众读物出版和学术出版为两翼的选题体系。产品结构,以对外经济贸易图书为核心,以商务外语、工商管理、法律图书为支柱,涵盖了研究生、本科和高职高专三个层次。

8. 对外经济贸易和商务英语类图书形成了较好的品牌和特色,获得了较高的市场认可度。这类图书诸多品种数次重印,如《国际贸易》(薛荣久)、《国际贸易实务》(黎孝先)、《世界贸易组织法教程》(沈四宝)、《中国对外贸易概论》(黄晓玲)、《大学外贸英语》(陈庆柏)、《新编外贸英语口语教程》(廖瑛)、《外贸英语函电》(徐美荣)等。

9. 获得了一批国家级、北京市精品或重点项目。入选"十一五"国家级规划教材29种。入选北京市高等教育精品教材立项项目共57个品种。成功获得"十二五"国家重点图书出版规划项目3个:中国开放型经济发展研究报告丛书、跨国公司发展史、国际商法经典案例丛书,共计30个品种。

10. 实施"资源外借"战略取得较好成效。原先校内作者占出版社图书作者的80%以上,近些年校外作者已占出版社图书作者的70%以上。

11. 数字化内容的积累与建设取得初步成效。每年与方正、书生、超星、汉王等信息技术公司开展了电子书的合作,年出版电子书200余种。

12. 以优质教材为学校教学服务,资助学校学术专著的出版,为学科建设服务。每年出版一批我校使用的教材,每年出版社出版学术著作约占图书总品种的20%,其中许多是我校作者的学术著作。

13. 获得3项国家社科基金新闻传播学的研究项目。如出版体制改革与管理研究项目(2006)、图书供应链管理模式的构建与应用(2007)、出版单位转企改制后的社会责任研究(2009)。

今后,对外经济贸易大学出版社将发展成为与学校地位相适应的、具有图书、电子、音像、数字等多元出版能力的、出版物"专、精、特"的、国内一流的财经教育强社。建成国内商科教材、专著的重要出版基地;进一步由教材出版商向教学资源服务商转型;拥有素质较高的编辑、营销、出版队伍和国内一流的著译者队伍;具有国内一流的办社条件、较坚实的综合实力以及良好的社会服务功能。并适应高等教育多媒体教学、电子网络化教学以及读者阅读习惯的变化,加强电子音像和数字出版建设,数字出版建设逐步从合作者、内容提供商向数字出版的经营者、生产者转变。

北京旅游教育出版社

　　北京旅游教育出版社有限责任公司隶属北京第二外国语学院,成立于 1987 年 11 月。我社自成立以来,借改革开放与出版行业大发展的东风,走出了一条自我发展、日渐壮大的奋斗与成功之路。24 年来,出版社充分利用学校的人才优势和学科优势,依托学校的重点专业,本着"为学校教学科研服务,为发展我国旅游事业服务"的宗旨,出版了一批既有经济效益,又有社会效益的优秀图书及大量的旅游类大中专教材、旅游行业岗位培训教材、外语图书、教学参考书、工具书、学术专著等,在行业内享有一定的声誉,逐渐形成为旅游教材与旅游学术著作的出版基地。特别是近年来,出版社在社领导的正确领导下,在全社职工的辛勤努力下,屡次在新书品种、销售码洋、销售实洋、回款等诸多方面,创造了建社以来的最高纪录。

　　在学院党委的正确领导与学院有关单位的大力支持下,我社的工作在"十一五"期间取得了较好的成绩。

　　1. 加强管理,完成了转企改制工作,使以市场为导向的观念更加完善。实行了全员合同制,树立了以市场为导向的观念,建立和完善了新的管理体制和运行机制。

　　2. 基本完成了产品结构性调整,实现了从以行政考试教材为主要产品向主要以市场需求为导向的产品结构转换。目前,我社旅游中等职业教育、旅游高等职业教育、旅游院校、旅游研究生教材体系日趋完善,是国内旅游教材体系最完备的出版社。

　　3. 与美国、英国、澳大利亚等国际著名出版机构合作,翻译出版了系列旅游理论学术著作,在业内产生了较大的影响。从新加坡、美国、英国、日本和我国台湾地区引进出版了大量旅游文化、旅游指南和一般外语图书,取得了良好的社会影响。

　　4. 创办了中国旅游教育网站,基本实现了办公自动化。获得音像出版权。

　　5. 社会效益与经济效益成果显著。成功地申请成为教育部职业教材出版基地,百余部教材成为教育部的推荐教材。

　　当然,"十一五"期间我们的工作也还存在着较大的不足,具体表现在:市场意识有待进一步强化,管理水平还应进一步提高,精品图书的选题亟待加强。

清华大学出版社

2006—2010年是我国新闻出版业深化出版改革、宏观政策环境和管理体制不断完善,两个效益不断提高的五年。2006—2010年也是清华大学出版社全面实行转企改制、快速发展的五年,这五年,在出版社30年的发展史上具有标志性的意义。

一、坚持正确的出版导向,处理好社会效益与经济效益的关系;国有资产保值增值水平进一步提高,企业实力进一步增强

"十一五"期间,清华大学出版社响应国家号召,紧随时代步伐,锐意改革,于2009年4月完成转企改制工作,正式由国有独资全民所有制企业转变为有限责任公司,初步建立了现代出版企业体制与运营机制,在大学出版社起到了表率作用。清华大学出版社实行董事会领导下的社长负责制,由社长、党委书记、总编辑、副社长、副总编辑组成社务委员会,下设"计算机与信息""理工""经管与人文社科""外语""音像电子与网络出版""职业教育"六个分社,有学术出版中心、期刊中心,基本实现了图书、期刊、音像电子和网络出版等多种媒体出版格局。清华大学出版社始终坚持为教学科研服务、为"科教兴国"战略服务、为提高全民族的科学文化素质服务的办社宗旨,在计算机与信息、理工、经管与人文社科、外语、职业教育等出版领域发展迅速,品牌特色凸显,呈现出良好的发展态势。清华大学出版社的综合实力和经营管理水平逐步提高,在大学出版社以及全国出版行业影响力不断扩大,是新闻出版总署审定的国家一级出版社,2007年获新闻出版总署"中国出版政府奖先进出版单位奖",2009年入选新闻出版总署"全国百佳图书出版单位"。

2010年,清华大学出版社年出版图书达6000余种,发货码洋9.4亿元,较"十五"末期(2005年)同比增长19.29%。清华大学出版社"十一五"期间各项经营指标增长较快,国有资产保值增值水平大幅度提高,企业实力进一步增强,体现出良好的企业发展潜力。

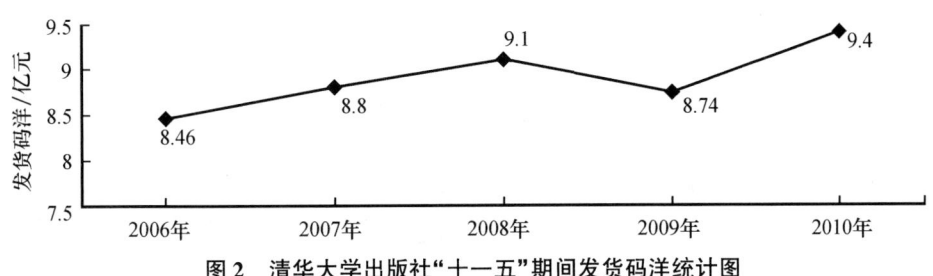

图2 清华大学出版社"十一五"期间发货码洋统计图

二、各图书板块发展健康,"走出去"成果显著;传统出版与数字出版共同发展的出版格局基本形成

"十一五"期间,清华大学出版社依托清华大学综合优势,实施精品工程,制定一系列质量保证措施,教材和学术专著出版水平与质量稳步提高。在此期间,清华版出版物荣获"第二届中国出版政府奖期刊提名奖""第一届中华优秀出版物图书奖""国家科学技术进步二等奖"等部委级以上奖励118项;承担了"十一五"国家重点出版项目18项、普通高等教育"十一五"国家级规划教材800多项;入选"三个一百"原创图书出版工程2项。在计算机与信息、理工、经管与人文社科、外语、职业教育等领域保持特色与优势的同时,高端学术著作出版步入国际化发展阶段。清华大学出版社不仅在海外版权引进方面成为多家国际教育和科技出版集团的重点合作伙伴,使出版物保持与国际水平同步,而且在推进我社走向世界方面多有建树。在"十一五"期间,我社与世界著名出版集团 Springer(施普林格)和 Cengage(圣智)签署战略合作协议,合作出版了英文版学术专著和教材近50种,创办了2种英文国际学术期刊。清华大学出版社的品牌和作者资源延伸至海外,培养了一支国际化的编辑和出版队伍。"十一五"期间,清华大学出版社入选"中国图书对外推广计划",荣获"中国图书对外推广计划特别奖",获得翻译资助14项,并有2个项目共6种图书入选"经典中国国际出版工程",并获得国家出版资助。

"十一五"期间,清华大学出版社数字出版平台建设初见成效,ERP系统基本上线,文泉书局门户网站开通运行,上线图书达几千种,教师服务网站正式开通,实现了样书推送、网上投稿等功能,为清华大学出版社"数字化"战略的实施打下了扎实的基础。

三、学术期刊发展迅速,初具期刊群雏形,国际影响力凸显

"十一五"期间,《清华大学学报 自然科学版(中文版)》被 Ei 等多家国内外检索机构收录,荣获"第二届中国出版政府奖期刊提名奖"等多种荣誉;《清华大学学报 自然科学版(英文版)》被 Ei、CA、CSA 等检索机构收录;《纳米研究》(英文版)、《建筑模拟》(英文版)均被 SCI 收录,其中《纳米研究》(英文版)2010年影响因子达5.07,在国内被SCI收录的期刊中居于领先地位,清华大学出版社英文学术期刊的国际影响力不断提高;《科技与出版》属于CSSCI来源期刊和北大中文核心期刊,名次逐年提升;《计算机教育》是国内计算机界唯一的教育类期刊,在计算机教育行业享有很好的声誉。清华大学出版社各类期刊,社会影响力与经济效益稳步提升,已初具期刊群雏形。

四、建立健全现代出版企业管理制度,实施"人才化"战略;优化经营环境,完善基础设施建设,为企业快速发展提供有力保障

改制后的清华大学出版社,创新管理体制,稳步推进管理机制改革,企业内部管理得到强化,"三项制度"得到落实。建立合理的薪酬体系,吸引优秀人才,鼓励竞争上岗,实行绩效考核,真正实现了人员能进能出、岗位能上能下、工资能增能减的新局面,使内部组织结构和人员结构更加合理,干部队伍更加年轻化,企业活力进一步增强,市场竞争力迅速提高。截至2010年底,我社共有员工384人,具有硕士以上学历的占29%,具有大学本科学历的占41%,合计具有大学本科以上学历的占70%。

"十一五"期间,清华大学出版社加强队伍建设,实施"人才化"战略,培养和引进了一批优秀的编辑、营销和管理人才,在我社实现历史性跨越的新时期,这支队伍经营意识强、结构合理、朝气蓬勃、充满活力,正在为一流大学出版社的建设发挥着重要作用。

"十一五"期间,清华大学出版社致力于改善经营环境,2010年清华大学出版社传媒生产基地在大兴区魏善庄镇龙海园工业区建成并投入使用,项目总投资1.5亿元,总建筑面积4万多平方米,极大地缓解了图书储运发货压力,确保了物流工作的正常运转,也为今后出版社的快速发展提供了有力的基础保障。

五、创新超越,科学发展,努力建设世界一流大学出版社

2010年,是清华大学出版社建社30周年,社领导班子组织全社员工举办系列纪念活动,回顾30年发展历史,总结发展规律与经验,凝练发展思路与理念,展望未来宏图与愿景。2010年6月,以"自强不息,创新超越"为主题的清华大学出版社30周年庆典,将系列活动推向高潮,新闻

出版总署署长柳斌杰为出版社成立30周年题词"办好出版阵地,传播先进文化",教育部、新闻出版总署、清华大学等相关领导的热情鼓励与殷切希望,极大地鼓舞了员工的士气,更加坚定了我们建设一流大学出版社的信心。

步入而立之年的清华大学出版社,历经从小到大、从弱到强的发展历程,总体经营规模和效益大幅度增长,正在逐步成长为具有知名品牌与核心竞争力的市场竞争主体。"十二五"期间,清华大学出版社确立总体发展目标:"依托清华大学综合优势,经过积累、传承、创新,要发展成为以服务于我国高等教育为主,多领域、综合性、多种出版形态协调发展的国内旗舰出版企业;成为传播先进文化、推动社会进步、彰显中华文化与科学技术影响力的重要力量,努力建成世界一流的大学出版社。"同时,实施"集团化"战略,依托清华大学综合优势,打造国际一流的出版企业。在内部资源整合、优化的基础上,并购外部资源,做大做强,形成集团;实施"数字化"战略,大力推动综合数字出版平台的建设,总体规划,分步实施,力争"十二五"期间完成基本建设,实现全品种图书数字化生产和销售;实施"品牌化"战略,实施精品工程,在各出版领域做精做专;重视内容资源、作者资源与营销渠道的建设和深度维护,建设以高水平大学为基础的高校教材出版基地。实施"国际化"战略,积极利用国际国内两个市场、两种资源,以新闻出版"走出去"工程为引领,扩展版权输出与海外合作出版的区域与范围;实施"人才化"战略,本着"规模与发展相适应,引进与培养并重,激励与约束促进成长"的人力资源建设思路,实现"人才强社",努力打造一支"结构合理、配置科学、队伍精干、效益良好"的人才队伍。

清华大学出版社将继续坚持正确的出版方向,发扬"自强不息,厚德载物"的清华精神,自觉地用科学发展观指导出版工作,不断提高教材和学术著作出版水平与质量,更好地服务教学科研,积极投身到新时期教育发展改革的大潮中,充当教育改革的中坚力量,出版更多更好更新的教材和学术著作。同时,围绕优化结构加快转变发展方式,抓紧构建出版内容、传播技术和产学研相结合的创新体系,为开创出版事业繁荣发展的新局面作出新的更大的贡献。

首都经济贸易大学出版社

首都经济贸易大学出版社自1987年成立以来,经过20余年的发展,现已成为在出版界具有良好声誉的经管类图书专业出版社。在激烈的市场竞争中出版社坚持走以精品图书打造知名度的道路,从图书选题入手,努力实施精品战略,严格质量标准,取得了显著的成效,有百余种图书在国家、上级主管部门和行业协会组织的评奖中获得各种奖项百余项,其中《中国当代中青年经济学家论著文库》(10种)荣获第十二届中国图书奖,《中国农业保险与农村社会保障制度研究》荣获第十三届中国图书奖。

作为一家高校出版社,出版社始终坚持为教学、科研服务的办社宗旨。以经济学、管理学两个一级学科为核心,目前已形成涵盖经济学、管理学、会计学、金融学、国际经济与贸易等近20个专业的教材出版体系。国内外一批学术造诣精深的专家、学者编写的高质量图书为众多读者所喜爱,产生了良好的社会影响,如《诺贝尔经济学奖获奖者学术精品自选集》等已蜚声国内出版界和学术界。目前可供图书近700种,多数图书拥有电子出版权和网络出版权,并配套出版了一些电子音像制品,形成了比较完整的产品线。

2006—2010年是出版社完成"十一五"规划的重要5年,在这5年中,出版社进一步完善了教材品种,实现了本科教材、高职高专教材及相关学科专著相结合的图书产品组合,使出版社的可供图书品种系统化、梯度化,提高了市场竞争能力。主要的图书品种包括:完善了以"高等院校经济与管理核心课经典系列教材"为核心,涵盖经济学、工商管理、房地产管理、会计学、金融学、国际经济与贸易、会展与旅游、行政管理、物流管理、市场营销、广告、人力资源管理、经济与贸易法律以及秘书学等本科专业教材的建设;形成了以"21世纪高职高专精品系列规划教材"为重要补充,涵盖市场营销、国际商务、会计学及商务英语等高职高专专业教材的建设;在教材建设的基础上,配合高校教师的教学和科研工作,出版了一系列的经济和管理专业的学术著作、知识读物,满足了读者深入阅读的需求。

在2006—2010期间,出版社共有四十几种图书获得北京市委宣传部、北京市新闻出版局、中国大学出版协会、中国书刊发行业协会等授予的各种奖项,承担北京市哲学社会科学理论著作出版基金资助项目十几项。

在多年的发展中,出版社牢固树立以服务为宗旨、以市场为导向、以员工为根本、以创新为动力、以务实为基点、以效益为目标的办社理念。2010年10月25日,首都经济贸易大学出版社实现转企改制,正式更名为北京首都经济贸易大学出版社有限责任公司。今后出版社将继续秉承其出版理念,将首都经济贸易大学出版社有限责任公司建设成为管理体制科学、员工素质一流、产品结构合理、比较优势显著的优秀的专业出版社。

首都师范大学出版社

首都师范大学出版社成立于1985年2月,是一家以出版高校教材、学术著作和各种教育类图书为主的市属高校出版社。其主管单位为北京市教育委员会,主办单位为首都师范大学。

建社二十多年来,首都师范大学出版社在北京市新闻出版局、北京市教委和首都师范大学的领导下,认真执行党和国家关于新闻出版方面的方针政策,严格遵守各项法律法规,立足于为首都师大教学科研服务,为北京市各级各类教育事业服务,为全国广大师生和读者服务,获得了良好的声誉。首都师范大学出版社曾两次荣获新闻出版总署颁发的"全国良好出版社"的光荣称号,多次获得"全国高校出版社教材出版先进单位""中国书刊发行行业双优单位"等光荣称号。

2009年8月,首都师范大学出版社开始实施转企改制,将出版社由事业法人转变为企业法人,建立现代企业制度和法人治理结构,把出版社改造为真正意义上的独立的市场主体,独立核算、自主经营,形成科学有效的管理体制和充满活力、竞争力的微观运行机制;进一步强化出版社为教学科研和人才培养服务、为社会主义文化事业服务的重要功能;不断提高出版社经营管理活动的科学性和有效性,力求社会效益和经济效益双丰收;坚持特色,优化结构,面向市场,开拓创新,把出版社办成管理体制科学、运行效率一流、产品结构合理、比较优势显著,资产利润率和人才创利水平位居国内出版社先进行列的、特色鲜明的专业出版社。

首都师范大学出版社重点打造以下几个板块:

教材板块层次化:在已有的思品、科学两部北京市基础教育教材基础上,拓展了三部素质教育、一部数学增补教材;从基础教育教材拓展出高师培训、对外汉语等大专教材及小学教师本科教育教材,形成层次化教材板块。代表性教材有2006年的《思想品德》《品德与生活》,2007年的《小学教师教育本科段教材》《高师岗前培训教材》等。

教辅板块精品化:精心规划、重点打造了四个项目,即"五三系列""作文系列""中考热点系列""小学奥数"。其中"中考热点系列"每年的销量约五万套。由于教辅板块走的是特色化、精品化路线,因而这四个产品在市场和读者中产生了突出的品牌效应,成为我社重要的经济支撑点。

社科板块:截至2009年底,我社出版了《北京社科名家文库》第一辑、第二辑、第三辑和纪念辑,共计40种。该套丛书集中反映北京社会科学界自20世纪80年代以来在学科建设上作出的重大贡献,展示了北京哲学社会科学的研究成果,是北京人文社科研究成果和特色的一次集中展示。自2008年6月起面世以来,逐渐形成规模,在社会上产生良好的影响,在学术界拥有了广泛的关注度和影响力。2009—2010年,我社完成"十一五"图书——《书林守望丛书》20册的出版,该丛书是21位著名老编辑人关于编辑经验和编辑体会的著述,是一项总结新中国成立以来老编辑人经验的文化工程,丛书作者都是新中国成立以来的老编辑、老出版家,是新中国文化出版事业的设计师,他们所积累的宝贵经验,是我们今天急需了解和继承的宝贵财富,该丛书的出版对社会主义文化的建设繁荣意义重大。

传统文化板块:《中国传统体育文化书系》,旨在面向世界、面向2008北京奥运,弘扬中华传统体育文化对奥林匹克运动的贡献,这一精品系列以新颖的视角、精良的制作,成为北京出版工程的重点项目,受到了市新闻出版局领导、市教委领导、中国奥组委领导的好评,同时市场上有良好的反馈。作为重点出版项目的《国学备览》出版工程,浩浩 12 卷,收录 81 部国学经典,图文并茂,配以注释光盘,是一部普及版中等规模的国学丛书。此外,继荣获中国图书奖的《西方哲学东渐史》之后的《中学西渐史丛书》,以及《成语文化书系》《汉字中国书系》《20 世纪中国美学史》等产品,都是由本领域权威学者主持、内容精致、装帧精良,受到学人、市场的称道。

2006 年至 2010 年,首都师范大学出版社有多部作品获奖:2006 年《邓小平发展理论与科学发展观》《文明的支点:科技发展与世界现代化的进程》获得北京市第二届出版物奖优秀图书奖;2007 年《中学西渐丛书》五卷、《20 世纪中国美学史研究丛书》六卷,获得新闻出版署第一届"三个一百"原创图书出版工程奖,《中学西渐丛书》获得第一届中国出版政府奖图书奖提名奖;2008 年《最新五年中考满分作文大全》《体态秘语:肢体语言手册》获得第八届全国高校出版社优秀畅销书奖;2009 年《月球密码》获得第四届北京市优秀科普作品奖优秀奖、中国大学出版社图书奖第九届优秀畅销书二等奖,《承续与超越——20 世纪中国美学与传统》获得中国大学出版社图书奖首届优秀学术著作奖二等奖;2009 年首都师范大学出版社获得 2009 年度北京市新闻出版和版权工作先进集体。

中国图书出版市场潜力巨大,市场竞争日趋激烈,为顺应出版市场需求,出版社加强领导班子建设,建立健全出版社的干部管理制度,强化效益管理,研究市场,梳理自身发展优势,拓展市场,总结经验教训,领导全社干部职工体验着社会效益和经济效益双丰收的喜悦。在未来的发展中,我们要走出校门,走出区域,以诚恳的态度,争取社会各方面的了解和支持,汲取方方面面的信息和资源发展和壮大自己,以严格有效的内部管理、运行机制,创造过硬的产品,铸造品牌,真正实现首都师范大学出版社和谐、稳定、持续地发展。

外语教学与研究出版社

一、概述

外语教学与研究出版社（以下简称外研社）和北京外语音像出版社均由北京外国语大学主办。经过"十一五"时期的发展，外研社每年出版5000多种出版物，其中新书1200多种；外研社还出版《外语教学与研究》《当代语言学》《英语学习》等十几种外语期刊。

围绕"面向全民外语教育，提供全面解决方案"这一发展宗旨，外研社的出版范围包括教材、教辅、辞书、学术、期刊、读物，出版形式包括图书、期刊、音像、电子和网络，产品覆盖幼儿、小学、中学、大学、研究生、成人教育、终身教育各层次读者群。

经过积极探索和不断发展，外研社迅速成长壮大，2010年外研社发行码洋达到20亿，成为全国规模最大的大学出版社、最大的外语出版机构。外研社的发展规模不断扩大、整体实力不断增强，这五年的业绩主要体现在以下六个方面：

（1）拥有了10个出版分社、10个独立法人单位、16个地方信息中心、1900多名员工；

（2）每年用40多种语言出版，每年出版5000多种图书，有500多种图书获国际和国内的优秀图书奖；

（3）销售码洋从13亿元增长到20亿元（2010年），每年增长超过1个亿；

（4）利润从1.6亿元增长到2亿元（2010年），保持稳步增长；

（5）总资产从8.2亿多元增长到16亿元（2010年），增长了近2倍；

（6）办公面积2万多平方米。外研社现在拥有一座投资1.2亿元、2万平方米的综合性、智能化出版大楼，以及一个投资3.5亿元、占地130亩，建筑面积近10万平方米的生产、物流基地和国际会议中心。

五年来，外研社受到中宣部、新闻出版总署、教育部等上级有关部门表彰：

（1）2007年，被评为"诚信经营优质服务出版单位"；

（2）2007年，被评为"全国语言文字工作先进集体"；

（3）2009年，被评为"北京市先进基层党组织"；

（4）2009年，入选"全国百佳图书出版单位"；

（5）2009年，被评为国家一级出版社。

在外语图书的各个细分市场上，外研社都位居前列。在教材市场上，外研社大学外语教材的市场占有率达到50%；在中小学英语教材市场也拥有超过3000万的学生用户。2009年，仅《新概念英语》《新标准英语》和《新视野大学英语》这三套图书的发行码洋就超过12亿。在一般外语类图书市场上，外研社的市场占有率达到26%，排名全国第一，超过第二名至第六名占有率的总和；德语、法语、俄语、西语等小语种图书市场占有率也稳居第一。

面对新的发展形势，外研社制订了新的战略发展规划。外研社将以出版为中心，以教育培训和信息服务为两翼，数字化出版，产学研结合，建设成为一个综合性的教育服务提供商。

二、出版特色

外研社始终坚持为社会主义服务的方向，为教学科研服务的宗旨，在实践中形成了自己的特色，出版了大批优秀图书、优质期刊和音像电子出版物。五年来，外研社共出版图书21439种，其中新版图书5542种,重印图书15897种。

2006—2010年图书出版情况统计见下表:

表1 2006—2010年出版图书统计   （单位:种）

年度	新版 小计	重印 小计	合计
2006	766	2753	3519
2007	972	3371	4343
2008	1274	3713	4987
2009	1306	3310	4616
2010	1224	2750	3974
合计	5542	15897	21439

2006年至2010年期间,外研社始终坚持党的出版方针,强化政治意识、大局意识、责任意识,注重精品图书建设,没有一本有政治问题的图书流入市场,没有一本有重大学术问题、知识问题的图书误导读者,同时出版了《李岚清教育访谈录(英文版、俄文版)》《季羡林全集》《莎士比亚全集》《现代汉语规范词典》《新世纪汉英词典》《快乐星球》和《汉语900句》等一大批高质量、受欢迎的优秀图书,不仅为外研社赢得了市场,也为外研社带来良好的社会影响。

五年来,外研社还出版了《英语学习》《外语教学与研究》《法语学习》《德语学习》《俄语学习》《外国文学》《中国俄语教学》《国际论坛》《当代语言学》《中国应用语言学》等期刊,在英语学习和教学科研领域引起较大反响,其中《英语学习》单期印量最高达13万册。

在编辑出版工作中,外研社全面正确地理解和贯彻党的出版方针,坚持"以教育出版为中心"的发展战略,出版的产品获得了各级各类奖项上百种。在外研社5年来推出的产品中,有《中国小学英语学习词典(英汉对照)》《五卷本英国文学史》等91种图书,《英语语音》《新世纪日本语教程》等11种音像制品,《蒙古族传统乐器》《汉语900句》和《朗文——新概念英语点读书》等3种电子出版物获奖。

三、社会责任

作为一家教育文化出版企业,外研社热心公益、心系教育、回馈社会,以普及我国外语教育和提高全民族的外语素质为己任,将推动全民教育、文化发展视为己任。

一方面,外研社特别注重学术研究和文化积累工作,出版了《当代国外语言学与应用语言学文库》《中国英语教育名家自选集》《全国高等学校外语教师丛书》《博雅双语名家名作》等大量学术专著、论文集和学术参考书,在读者中享有良好的声誉。外研社以高质量、多品种的外语教材和学术著作出版,推动了我国外语教学改革、课程建设和学科发展。

另一方面,外研社举办了众多的学术会议、培训和赛事活动,形成了很好的品牌形象,不仅推动了市场影响力,更对推动中国英语教学改革、营造全民学习氛围作出了积极的贡献。外研社在全国出版界中首开先河,组织社会培训活动,对各类英语教师进行大面积、广范围的培训研讨活动,举办"全国高校外语教师教育与发展系列研修班""歆语工程"中小学英语教师高级研修、"全国中等职业学校英语、语文教师教育与发展暑期研修班"等大型教师培训,连续多年培训大学英语教师9万人次,培训中小学英语教师20余万人次,总投入达1个多亿。外研社承办了数届中国英语教学国际研讨会、全国基础外语教育论坛、国际小学英语教学研讨会、全国职业教育国际合作高峰论坛等权威学术会议。

公益赛事体系也已成为深入人心的外研品牌。从 1997 年开始,每年一届的"外研杯"全国英语辩论赛在全国高校外语师生中扎下了根,刚刚结束的第十六届辩论赛覆盖全国近 500 所高校,影响了上百万大学生,受到了中央电视台、新华社、《人民日报》等媒体的密切关注。从 2002 年开始每年投资 300 万元举办"外研社杯全国英语演讲赛",每年有上千所大学的 1000 多万大学生直接或间接地参加这些比赛。外研社还组织开展了全国英语读后感大赛和新概念背诵大赛等赛事,成为英语学习者展示风采的舞台。

四、管理改革

"十一五"期间,外研社不断按照现代企业制度的要求对经营机制和管理体制进行改革创新。外研社将转企改制工作作为经营管理的重点,借鉴已经转制的文化试点单位的成功做法,对经营体制、管理机制等各方面进行了积极探索。例如,外研社积极推行模拟法人制,实施全面预算管理制度,对 10 个分社实行内部模拟法人的管理,设立分账户,推行责任会计制度,各分社单独核算,自负盈亏。在进行独立核算的同时,赋予 10 个分社以相应的人事、财务和行政管理权限,使之成为独立核算、相对自主的图书出版运行实体。2010 年,外研社改制工作全部完成,正式更名为"外语教学与研究出版社有限责任公司"。

外研社积极创新人才管理机制,形成了完整的绩效考核体系。外研社按照"干部能上能下、职工能进能出、收入能高能低、机构能设能撤"的原则进行改革,完全摒弃了事业单位人事制度,实行全员聘任制,以岗定职,以职定薪。自 2004 年开始,外研社开始全面实施绩效管理,明确了考核结果与干部、员工的绩效工资、业绩奖金发放、提升或聘任、培训需求的设定等工作挂钩,建立了一种基于绩效的企业文化。2008 年,外研社实施了以"绩效提升,员工发展"为主题的人力资源管理咨询项目,着力建立一种基于绩效的企业文化,努力创造"能者上、平者让、庸者下、劣者汰"的用人模式。2010 年,外研社人力资源部还与全球知名的人力资源咨询公司——美世公司合作,启动了外研社"健全职位平台,构建薪酬体系"咨询项目。经过近一年的调研、访谈、职位序列划分,逐步构建起一套较为完整的薪酬福利架构,实现"外部竞争性,内部公平性"的薪酬设计,使外研社人力资本综合实力得到有效提升。

为了加强信息化管理力度,外研社实施了"业务流程再造",上线 ERP 系统。2008 年 5 月,外研社 ERP 正式上线,成功运营,实现了财务和业务的集成一体化,大大提高了财务管理效率和效果。外研社 ERP 二期工程于 2010 年 8 月份成功上线试用。通过加强信息化建设工作,优化业务流程,强化 ERP 系统运行,实现外研社决策的数字支持,使外研社的管理内驱力得到更进一步的提升。

同时,外研社在营销方式上作出了几次大的调整。90 年代,外研社率先在全国各地建立信息中心,收集各地的市场信息和选题信息,承担了大型推广会议,用本土的方法开拓本地市场。2003 年,外研社实行了客户分级管理制度,通过加强对客户折扣的管理,完善了业务经理考核制度,一方面激发了渠道的积极性,同时也保证了发货和回款的秩序。2006 年,外研社又进行了大学教材发行招标工作。这次招标是大学英语教材发行改革的一次尝试,既降低了经营风险,规范了发行秩序,又维护了经销商利益,降低了出版社呆账坏账发生的风险。2006 年开始,外研社在全国各地建立了一支近 200 人的市场代表和驻店代表队伍,完善了营销网络,提升了营销能力。

五、国际合作

外研社是中国改革开放以来,最早同国际出版商合作的单位之一。外研社同国际 100 多家出版公司建立了合作关系,引进版权或合作编写、共同出版的图书品种多达3000余种。外研社已与牛津大学出版社、剑桥大学出版社、培生教育出版集团、麦克米伦公司、圣智集团、麦格劳希尔等一大批国际著名的出版公司成为重要的战略伙伴。在国家的"走出去"战略指引下,外研社着力提升自主品牌,注重汉语著作在海外的出版,与30多家国外出版公司签署了版权输出合同,并建立起了与海外客户直接沟通的渠道和平台。

"十一五"期间,外研社出版了《汉语900句》《汉语800字》《我和中国》《走遍中国》《汉字五千年》《中国文化读本》等一批受到海外学习者欢迎的汉语和中国文化基础教材和读物。外研社的国际合作道路,已由过去的单纯引进发展转为国内外双向合作,以及更高层次的输出项目。"引进来"和"走出去"将长期并重发展、相互促进。

2005年初,外研社提出了"对外汉语出版工程"规划,"走出去"出版战略实施取得进展。这个出版规划所涵盖的图书产品共分为15大系列,累计近2000个品种。计划每年投资一千万,10年陆续投资1个亿,在图书出版、汉语培训及网络信息服务领域积极探索汉语产业的国际化之路。

为更好地开拓国际市场,外研社积极探索新的国际合作模式,力争强强联合、合作共赢。外研社与圣智出版集团合作出版的《汉语900句》已经完成15种语言的出版,并在全球50个国家出版发行。外研社投资500万元,历时6年完成的《汉语世界》多媒体汉语教材,在法兰克福大学等德国多家大学已经开始使用。2008年,外研社出版的《中国文化读本》(多语种版)在奥运会期间也产生了较大影响。2010年春节之后,外研社策划制作的汉语教学电视系列节目《空中孔子课堂》在凤凰卫视欧洲台与海外观众见面,这是继孔子学院、孔子课堂、网络孔子学院和广播孔子学院之后开辟的又一条汉语国际推广新渠道。目前,外研社正以积极的姿态打造参与国际竞争的品牌产品,为提高中国文化的吸引力、影响力和创造力作出了贡献。外研社还紧扣"把中国介绍给世界""中国文化走出去"的时代趋势,以人文社科的不同学科,申报了数十个选题,全部得到了中宣部社科基金的认可和支持。

六、新业务情况

进入21世纪以来,传统出版产业面临着巨大挑战,外研社提出了新的战略目标:"以出版为中心,以教育培训和信息服务为两翼,数字化出版、产学研结合,成为综合发展的教育服务提供商"。2005年,外研社制定了外研社的"十一五发展规划"。其中关于"教育服务平台"的定位,无论是从信息资源的收集,还是从产品形式而言,都是对出版外延的拓宽。2007年,外研社聘请了IBM公司进行了业务转型的战略咨询,合作双方认真研讨了外研社新业务发展方向,并从企业能力和市场潜力两个维度对十几个具体业务方向进行了分析和评估,最后确定了幼儿教育、中小学课外教育等几个新业务方向。

外研社对自己作为教育服务提供商的具体定位是:作为外语教育专业出版社,外研社立足于"外语"和"教育",关注每一位用户的个性化需求,致力于"为每一位用户提供更多的教育服务",为0～99岁的外语学习者和外语使用者提供包括教材、教辅、工具书、阅读等各种出版产品和相关的测评、赛事、培训、咨询等涵盖线上与线下的、全方位、立体化的外语教育解决方案。外研社的宗旨是:用户需要什么,我们就提供什么。

明确方向后,外研社开始向教育培训领域进军。外研社全资子公司"北外在线"作为全方位网络教育服务商,连续六年荣获"全国十佳网络教育学院"称号,承担了北京外国语大学网络教育学院独家服务提供商的工作,为北外网络教育提供全方位的技术、教学内容的支持和服务。

外研社早教中心业务也顺利起步,乐奇乐思公司已成为早教领域的佼佼者。此外,外研社还建立起了新概念英语等级考试、剑桥儿童英语等级考试等权威测评标准,为搭建教学服务体系做出了有益的探索。

同时,外研社大力巩固了数字出版基础,外研社在采集数字化学术资源、开展数字出版研究方面做了大量工作,推出了基础英语学习试题库系统、国际汉语学习平台等一系列数字平台,并启动了"外研社双语工程""外研社双语读库"和"名著点读书"等项目。数字出版业务框架初步搭建,建设了悠游网、外语数字学习平台和数字资源库,8个语种的手机词典也已上市。同时,还开发了新一代阅读和学习工具"外研通"点读笔,推出了《新概念英语》《英语(新标准)》等300多本点读书。外研社"外研通"点读笔年销售量近13万支,点读书销售码洋近亿元,新的品牌享誉全国;外研社"协同翻译平台"已网罗全国1000位优秀译者,联合100所合作高校,建成10个翻译基地,完成了数千本经典翻译的"双语出版工程"。同时,外研社已开发了网络教材、试题库、师训平台、测试训练系统、作文智能评阅系统、国际语言文化交互平台及各种基于移动终端的应用等系列数字产品,形成了全方位数字产品体系。

未来五到十年,外研社将以出版为中心,以教育培训和信息服务为两翼,坚持走品牌发展之路,力争保持10%以上的年增长率,积极拓展新的出版领域和网络出版形式,将外研社打造成为具有外语语言优势和母语文化底蕴的、主导中国外语出版的国内一流出版社;并努力成为对外汉语和中国文化出版领域享有国际声誉的国际性出版机构。同时,为学习者的终身学习定制个性化解决方案,推动外研社实现从出版者向综合发展的教育服务提供商转型。

中国农业大学出版社

中国农业大学出版社成立于1985年,是教育部主管、中国农业大学主办的以出版农业类图书为主的出版社。我社始终秉持为农业教育、科研和农业生产服务的宗旨,走专业化发展道路,以农业领域的教育出版、学术出版和"三农"出版为中心任务,实现社会效益和经济效益的最佳结合。

"十一五"期间,我社的出书规模、质量都上了一个新台阶,产品规模不断扩大,图书结构趋于合理,经济效益稳步提高,专业特色和品牌效应日益显现,社会影响力显著提升。业已出版了一大批高质量、高水平的农业领域的专著、译著、教材和农业科技图书,目前已累计出版各类图书2500余种,在售图书近2000种,其中教育教材类710余种,农业科技类720余种,学术专著译著类140余种,大众生活类45种,且获奖图书数量和层次也在逐年提高。

一、基本概况

中国农业大学出版社现任社长汪春林。下设3个选题策划编辑部、生产部、发行部、总编室、财务室、办公室及农大书店等。截至2010年底,全社有职工56人,30人获得责任编辑资格。大学本科以上学历人员38人,其中具有研究生学历的19人;副高级及以上职称18人,中级职称16人;40岁以下31人,41～50岁19人,50岁以上6人。

二、图书出版情况

中国农业大学出版社的教育出版以高等农林院校本科教学用书和高职高专用书为主体,以研究生教育教材和中等农业职业教育教材为辅助,上下层次延伸,已成为农业教育教材出版的重要基地。5年来共计出版各类教材717种,其中本科教材445种、高职高专教材158种,其他教育层次教材114种。本科的农林院校基础课类、食品类、资源环境类、经济管理类、畜牧兽医类、农学类、农业工程类,高职高专的植物生产类、园林园艺类、制药类、畜牧兽医类、食品类、财经类等已逐步形成较为完整的体系,具有一定的品牌影响力。在已出版的高等教育教材中,普通高等教育"十一五"国家级规划教材有100余种。此外还有研究生教材、中央农广校教材、绿色证书教育教材、农业部岗位职业技能培训教材等。

学术出版以农业领域高水平专著译著和高新技术图书为重点,并成为农业学科重要的学术出版基地。出版了一批以《中外著名专家论中国农业》《真知灼见:透视中国农业2050年》和《猪病学》《兽药手册》等为代表的国内外农业技术领域权威经典的专著、译著140余种,其中译著约60种、专著80余种。

大众出版以服务"三农"科技推广图书和面向居民的"三物"(动物、植物和食物)生活图书为出版方向,也取得了显著成绩。5年来共计出版农业科技推广图书300余种,发行409.48万册,其中为"农家书屋"工程累计配书943种次,发行244万册。面向居民的生活类图书也有了良好开端,3年来共引进、开发和出版了45种图书,总计发行15.8万册。

三、重点项目及获奖情况

"十一五"时期,中国农业大学出版社在加大自主选题开发力度的同时,积极参与国家级和省部级等图书出版项目,并以此为着力点,加强质量管理,对编辑出版各个环节实行质量监控和把关,加大对图书质量奖惩力度,通过制度保障全面的质量管理措施能够坚定不移地得以实施。

中国农业大学出版社先后承担国家级和省部级重点图书项目多项,主要有:"十一五"国家重大出版工程项目2项100余种,"十一五"国家重点图书规划项目6项100余种,普通高等教育"十一五"国家级规划教材122种,教育部农林教指委"农林理科基础课教指委推荐示范教材"20余种,北京市精品教材20余种,这些项目大多已按计划完成。此外,以国家"973项目""863项目""科技支撑计划项目"为选题基础的《现代农业高新技术成果丛书》2009年获得国家出版基金立项资助,丛书共计50种图书,本项目的实施在一定程度上填补了我国有关学科重大研究项目出版领域的空白。这些图书项目的实施,极大地推动了中国农业大学出版社的发展,提高了社会影响力,为"十二五"期间中国农业大学出版社学术出版的发展奠定了坚实的基础,起到引领和推动作用。

中国农业大学出版社自成立起就立足于出版"三农"图书。2006年,有6项100多种图书获中宣部、农业部、新闻出版总署推荐的"三农优秀图书"。在国家实施的"农家书屋"工程中,中国农业大学出版社第一批有273种、第二批有27种图书被列入"农家书屋"推荐专供书目。2008年,在新闻出版总署组织专家评审的该项目的100种必备书目中,中国农业大学出版社的《"乡土·乡亲"三农科普丛书》(6种)、《农村劳动力转移职业技能培训教材》(14种)以及《农作物秸秆综合利用技术》和《食用菌》,共计22种入选。同时,还争取到把图书列入了各省市的"农家书屋"推荐书目中。截止到2010年12月,中国农业大学出版社的600多种在售"三农"科技图书已配至安徽、上海、甘肃、陕西、新疆、辽宁、黑龙江、吉林、山东、福建、广西、湖北、四川及山西等全国大多数省市和地区,为"农家书屋"工程作出了贡献。

几年来,中国农业大学出版社有多种图书和多人次获奖。《家畜兽医解剖学教程与彩色图谱(第3版)》一书荣获第二届"中国出版政府奖图书奖";10种图书被中国版协评为"引进版优秀科技图书奖",1种图书获得"优秀输出版权奖";6种图书被教育部评为"普通高等教育精品教材";2种图书获全行业优秀畅销书奖;9种图书获得"首届中国大学出版社图书奖",1种图书获"首届中国大学出版社封面设计奖",4种图书获大学版协评选的"优秀畅销书奖"。2006年中国农业大学出版社被新闻出版总署评为"服务社会主义新农村建设出版发行先进集体",汪春林社长同时被评为"服务社会主义新农村建设出版发行先进个人",2010年获"首届高校出版人物奖"称号;宋俊果荣获2009年度"推动版权输出引进的典型人物、优秀版权经理人"称号。

中国农业大学出版社将会继续以精益求精的专业精神和严谨求实的工作作风,把出版社办成服务农业教育、科研和生产的重要出版基地。

中国人民大学出版社

2006年至2010年"十一五"期间的五年,是中国人民大学出版社(以下简称人大出版社)深化改革、开拓创新、与时俱进、向现代企业制度迈进的五年。五年来,人大出版社贯彻落实党的十七大精神,按照"推动社会主义文化大发展大繁荣"的要求,坚持正确的办社宗旨和出版方向,坚持科学发展观,牢牢把握先进文化的前进方向,遵守国家各项出版管理规定,保持了快速、持续、健康的发展态势,取得了社会效益和经济效益双丰收,全社综合实力和创新能力大大增强。

一、以发展为要务,各项经济指标呈现良性发展态势

"十一五"期间,人大出版社始终坚持以发展为第一要务,全心全意谋发展,力促科学发展和良性发展。"十五"末的2005年,全社出书1588种,其中新书937种,重印书651种,总印数为1828万册,总印张400725千印张,印制总码洋5.16亿元。"十一五"末的2010年,全社出书2759种,增长了74%,年均增长14.80%,其中出版新书1641种,增长了76%,重印书1118种,增长了72%,总印数约为2073万册,增长了14%,总印张为455173千印张,增长了14%,印制码洋7.45亿元,增长了45%,年均增长9%。

"十一五"期间,人大出版社发货码洋和销售收入稳定增长,全社利润快速提高,资产总额成倍增长。"十五"末的2005年,人大出版社发货码洋5.07亿元,销售收入2.48亿元,实现利润5628万元,资产总额3.49亿元。"十一五"末的2010年,人大出版社发货码洋7.25亿元,增长了43%,年均增长8.6%;销售收入3.5亿元,增长了42%;实现利润6356万元,增长了13%;资产总额6.18亿元,增长了77%,年均增长15.40%。

二、以改革为动力,推动组织机构调整和管理体制创新

"十一五"期间,人大出版社转企改制工作进展顺利,完成了清产核资、资产评估等工作。2010年12月30日,中国人民大学出版社在工商注册为有限公司,名称变更为"中国人民大学出版社有限公司",注册金额增加到2亿元。改制过程中,我们切实完善企业财务、社会保障和劳动人事制度;建立适应市场需要、调控有力的经营管理模式;做好劳动人事、社会保障的政策衔接,按照"老人老办法、新人新办法"原则妥善处理转制中的人事问题,保证出版社的各项经营管理活动正常有序开展。

同时,人大出版社积极进行组织机构调整和管理体制创新,为出版社的持续、快速、健康发展挖掘原动力。在"十五"期间的事业部制基础上,2007年进一步进行了以选题策划和编辑业务为主体,以利润考核为核心,非独立核算的分社运营模式的有益探索,目前共组建11个出版分社(中心)。2008年成立了数字出版中心以加强数字出版工作;2009年在中国人民大学苏州校区成立了人大出版社华东出版分社并逐步开展工作;我们还成立了大众图书出版中心以探索畅销书的运营模式。印制出版部门、财务部、人力资源部、办公室等部门不断增强服务意识,管理更加制度化、规范化,形成了一系列标准化管理文件,管理水平不断提升。

发行公司经过长期积累,已经形成了较为合理的组织架构,锻炼和培养出了一支熟悉图书市场规律、市场意识和经营意识较强的年轻的营销队伍,建立了适应人大出版社产品特色、较为稳定、具有较强辐射能力的渠道网络。"十一五"期间,发行公司又再次整合,组建了本版营销中心、外版营销中心、物流配送中心、结算中心,并先后成立大客户部和广东、上海、湖南、江苏、辽

宁、山东、陕西等发行分公司,全国主要省市分公司和驻校、驻店代表体系进一步完善,图书发行和销售工作的重心进一步向终端市场和客户群靠拢,已经能够做到精细营销、及时反馈和提供专业支持服务。

三、以科技为支点,探索数字和多种媒体出版

"十一五"期间,人大出版社紧紧围绕规划战略制定的走"多媒体互动、产学研一体的发展道路"方针,加强和巩固图书、期刊、电子和音像出版物多种媒质产品共生,相互补充、共同发展的局面,充分发挥多媒体兼营的优势。《教学与研究》《中国人民大学学报》《经济理论与经济管理》杂志的社会影响力不断增强,被转载率逐年提高。音像出版社近年来加大出版规模和力度,先后与中央电视台、北京电视台、山东卫视等众多单位进行了成功合作,出版了"这里是北京系列""北京印象系列""企业管理系列""青少年教育系列"和法律、旅游系列众多音像制品,取得了较好的经济效益和社会效益。

"十一五"期间,为了应对数字出版的挑战,人大出版社以中国高校教材图书网、中国人文社科信息网、教研服务网为平台,积极进行互联网教学资源出版的探索。截至2010年,我们已经在比较成熟的学科、比较成熟的课程建立起900多门重点课程的教学资源库,完成了"十一五"制定的目标,为使用人大社教材的科研院所教师提供教学支持服务,向成为教育内容的集成者、供应商和服务商迈出了实质性的一步。同时,在一般图书数字出版领域,我们与中国移动手机阅读平台、北大方正等合作的电子书出版业务已步入轨道,我们的一部分图书已经可以通过手机媒体终端下载阅读。

四、以"走出去"为突破口,积极融入国际出版市场

人大出版社始终引领对外交流与合作的潮流,"十一五"期间,人大出社版权引进量和输出量均居全国前十名。近年来,我们加强了经典引进图书的最新版本更新,重新组合、精选了"当代世界学术名著",这套丛书被誉为当代版的"汉译世界名著",同时引进了《工商管理百科全书》《政治经济学百科全书》等权威工具书,出版社在引进版图书市场的优势竞争地位进一步彰显。

"十一五"期间,在国家"走出去"战略倡导下,人大出版社优秀图书"走出去"工作取得显著成绩,把《学哲学 用哲学》《论民主》《中国佛教文化》《中国图书出版产业发展报告》《国家清史编纂委员会图录丛刊》等大批优秀图书推向世界。2006年输出图书版权43种,2007年输出69种,2008年73种,2009年127种,2010年120种。

出版社"走出去"战略把众多有中国气派、中国特色、中国内容的优秀著作推向世界主流图书市场,得到国家重大项目的大力支持,2009年共有8个项目、2010年有6个项目入选"经典中国国际出版工程",是入选项目最多的出版社。人大出版社的努力也得到了新闻出版总署、国务院新闻办公室的肯定,2008年和2010年,我们都获得了"中国图书对外推广计划"单体社走出去成果第一名。

"十一五"期间,人大出版社与培生出版集团、麦格劳—希尔教育出版公司、波兰马尔沙维克出版社、韩国东亚大学出版部、英国剑桥大学出版社、美国哈佛大学商学院出版社等几十家知名出版社保持和加强密切联系,建立长期战略出版合作关系,进一步推动全方位、多层次的国际合作框架,为力争成为一家具有国际影响力的优秀出版社而不懈努力。

五、以人才为核心竞争力,走共谋、共同、共享发展之路

2010年底出版社共有员工513人;伴随出版社员工人数增长的是学历层次的提高和平均年

龄的下降。其中研究生总人数2010年底为128人，博士生为23人。全社的平均年龄从2000年的46岁，下降到2010年底的34岁，成为我国出版界平均年龄较低的出版社之一。

"十一五"期间，我们加强了人力资源的培育和开发工作，培养了一支懂管理的管理团队，培育了一支业务优秀的编辑队伍，发展了一支贴近市场的发行团队；加强中层管理人员的选拔培训工作，打破了企业编制和事业编制、干部和工人的身份界限，将一大批能力强、业绩优秀的年轻员工充实到管理岗位。招聘、培训等各项工作逐步规范化，充实和强化了人大出版社快速发展的人才库。

"十一五"期间，出版社企业文化建设也开展得有声有色，党、团、工会、职代会发挥各自的作用，围绕建设一支先进文化传播者的优秀团队这一目标，开展了各种丰富多彩的活动，使人大出版社初步形成团结奋进、健康向上的企业文化，彰显了企业的核心竞争力。

六、彰显出版特色，筑人文社科第一品牌

人大出版社"十一五"期间坚持"出教材学术精品，育人文社科英才"的办社理念，进一步深化和巩固精品战略，进一步凸显了与人民大学学科地位、学术地位和社会影响力相呼应的品牌形象，品牌建设工程成果显著。

1. 出版了一系列有重要社会影响力的领导人著作和探索中国特色社会主义、讴歌我们时代伟大进步的优秀理论著作，成为"十一五"的一大亮点。我社推出的李瑞环同志重要著作《学哲学 用哲学》《辩证法随谈》《务实求理》，李铁映同志重要著作《改革 开放 探索》《中国经济体制改革研究丛书》，以及成思危、高占祥、赵启正、吴建民系列著作，都产生了广泛的社会影响，其中《学哲学 用哲学》截至目前累计销售近80万套，《务实求理》销售近30万套。

2. 继续把教材建设作为立社之本、发展之源，紧紧跟踪学科前沿问题、学科重大攻关成果和学科调整趋势，系统研发学科配套教材，为高校提供深度教学支持服务，强化了自身作为全国高校文科教材出版中心的地位。"十一五"期间，361种教材被评为"'十一五'国家级规划教材"，38种教材被评为"普通高等教育精品教材"，104种教材获得北京市精品教材和北京市精品教材立项项目。我社的"21世纪系列教材"进一步充实完善，目前共出版了40多个学科系列700余种教材，是我国哲学社会科学高等教育领域规模最大、体系最全、内容最新的一套教材，成为引领中国高校文科教材建设的潮流典范。

3. 以"学术沃土，思想摇篮"为己任，出版了一系列彰显民族优秀文化传统、具有文化累积价值的重要文集、文献和追踪学术前沿、引领学术潮流的优秀学术著作和文库。"十一五"期间，我们出版了《饶宗颐二十世纪学术文集》《吴晗全集》《范曾诗文书画集》等大师、大家文集，出版了《康德著作全集》《罗兰·巴尔特文集》《列维—斯特劳斯文集》等国外大家学术文集，新推出了本土《当代中国人文大系》和引进《当代世界学术名著》两个问鼎学术的系列丛书，《法律科学文库》《中国经济问题研究丛书》《中国人民大学系列研究报告》等已有系列不断推出重量级新书，在社会上尤其是学术界产生了广泛的影响。

4. 以经济管理、人文社科为特色的一般图书贴近读者、贴近社会、贴近生活，在选题策划上有声有色，在销售上屡创佳绩，为我们在出版界和社会上赢得了品牌声誉和影响力。"十一五"期间，《毛泽东传（最新版）》《牛奶可乐经济学》《在平的世界中竞争》《30而励》、曹仁超"论势·论战·论性"三部曲等大众图书都获得了很好的经济效益和社会效益，成为我们的又一个亮点和增长点。

七、坚持出版理念，奖项荣誉硕果累累

出版社"十一五"期间坚持精品出版战略，追求一流，追求卓越，不仅赢得了读者、学界和社会的认可，也屡次摘得各项国家级奖项和荣誉，出版社的整体品牌形象进一步彰显，成为我们一笔巨大的无形资产。

我社2007年获得了首届中国出版政府奖先进出版单位奖，2009年获得首届"全国百佳图书出版单位"称号。2006年，《法律科学文库》(19种)以及《黄达书集》(与中国金融出版社共同出版)获首届"中华优秀出版物奖"；2007年，《知识产权基本问题研究》(吴汉东等著)、《开发性金融论纲》分获首届中国出版政府奖图书奖和提名奖；2008年，《物权法研究》(修订版)、《全球经济调整中的中国经济增长与宏观调控体系研究》(共7册)、《中国统一市场新论》入选新闻出版总署第二届"三个一百"原创出版工程，《中国经济问题研究丛书》(33册)和《康有为全集》(12卷)荣获第二届中华优秀出版物图书奖；2010年，《马克思主义经济学与西方经济学比较研究》(3卷)、《饶宗颐二十世纪学术文集》(14卷20册)分获第三届中华优秀出版物图书奖、提名奖；此外也获得了一百多项省部级出版物奖项。

同时，我社贺耀敏社长2008年入选中宣部和北京市出版宣传系统"四个一批"人才工程，2009年被评为"中国百名优秀出版企业家"，2010年当选全国新闻出版行业第二批领军人才，并荣获"第二届中国出版政府奖优秀出版人物奖"。

中国人民公安大学出版社

"十一五"时期,根据党和国家关于加快新闻出版改革的指示精神与新闻出版总署、教育部的要求,中国人民公安大学出版社在公安部、校党委的正确领导下,以科学发展观为统领,紧紧抓住出版体制改革这一契机,锐意进取,扎实工作,不断开拓创新,通过全社员工的努力,进一步提高了出版质量、管理水平和保障能力及经济效益,圆满完成了各项改革发展任务。2009年9月,中国人民公安大学出版社被新闻出版总署评为"国家一级出版单位",并授予"全国百佳图书出版单位"光荣称号,在综合素质评估上,进入全国570余家出版社前列。

"十一五"时期,中国人民公安大学出版社各项工作进展顺利,整体推进中有重点突破:各项规章制度不断建立健全,日常管理工作更加规范有序,考核激励机制初见成效,各部门尽职尽责,员工队伍的精神风貌保持良好,主要经营指标均超过以往。"十一五"时期,中国人民公安大学出版社共出版图书3465种,总印数1315万册,出版码洋40406万元。2009年实现产值过亿,提前实现了"十一五"规划确定的目标。五年中共出版新书1945种,重印书1529种,重印率33.87%,取得了良好的社会效益和经济效益。

一、以科学发展观为统领,坚持正确的出版方向

"十一五"时期,中国人民公安大学出版社始终把加强员工思想建设、坚持正确的出版方向放在第一位,坚定不移地贯彻执行党和国家的路线、方针、政策。通过召开全社学习会、党员学习会以及聘请专家讲课、参加短训班、自学等多种形式,组织全社人员认真学习科学发展观,使大家对科学发展观的精神实质有了深刻理解,对党和国家关于新闻出版工作的方针政策有了正确认识,进一步明确了高校出版社的性质、地位和任务,明确了出版工作者在新时期所肩负的神圣使命,从而使全社上下能够在行动上自觉地坚持出版工作的正确方向。在选题策划和编辑出版工作中,出版社严格遵守出版纪律,严格坚持专业分工和出书范围,不超范围出书,不出有政治导向问题、民族宗教问题、涉密问题及格调低下的图书,不搞协作出书或变相买卖书号,坚持出版纪律不动摇。

二、以出版体制改革为契机,坚持发展为第一要务,狠抓主业不放松,兼顾多元化发展道路

作为一个专业性较强的高校出版社,要想在激烈的市场竞争中站稳脚跟,求得生存和发展,就必须根据自身的实际情况,制定符合客观实际的经营发展战略。为此,中国人民公安大学出版社从自身具有的专业性、行业性特点入手,以"公安""法律"图书为突破口,确定并逐步扩大自身的优势,以公安类教材、业务图书为基本口粮,以法律、犯罪学、公安文艺图书为增长点,坚持走以特色求生存、求发展的兴社之路。

中国人民公安大学出版社的具体做法:一是围绕公安机关中心工作和队伍建设策划出版重大选题,主动服从服务于公安工作和公安队伍建设大局;二是继续突出教材的核心作用,形成中国人民公安大学出版社教材优势;三是强化品牌意识,争创市场畅销书;四是抓发行、抓市场、抓效益;五是积极拓展出版业务范围。"十一五"期间,中国人民公安大学出版社依托学校丰富的数字与网络资源,积极开拓数字出版和网络出版业务,争取在数字和网络出版方面取得突破。近年来,虽然全国电子音像出版整体处于结构调整和市场滑坡的双重压力之下,但在社务会的正确领导下,我们按照电子音像出版基本规律,积极谋划电子音像出版和市场图书出版的发展

思路,"十一五"后两年共出版电子音像出版物百余种。

三、加强队伍建设,促进企业文化

"十一五"时期,中国人民公安大学出版社制定了一系列选拔、培训人才的规章制度,建立健全了考核激励机制,明确了全社员工的岗位职责,完善了决策机制,为出版社的可持续发展建立了强有力的发展力量和后备力量。

"十一五"期间,中国人民公安大学出版社一方面从部门改革入手,对各分社实行独立核算,定岗定编定任务,"责权利"挂钩,"责权利"分明;另一方面,从用人机制上改进,实现竞聘上岗,全员考核,充分发挥员工的主观能动性,从而为创造价值打下牢固的基础。经过几年的探索,中国人民公安大学出版社基本建成了包括以社长负责制为中心的决策管理制度,以选题策划为中心的图书编辑管理制度,以质量管理为中心的各项目标管理制度,以财务管理为中心的经营管理制度,以营销工作为中心的发行储运管理制度的规章制度体系。

此外,中国人民公安大学出版社建立了完善的业务培训制度,员工素质不断提高。目前,绝大多数同志已参加过新闻出版总署、教育部举办的社长(总编辑)培训班、编辑部主任培训班、编辑培训班、电脑培训班、发行出版人员培训班、财会培训班等,并都取得了证书。一部分同志已经获得了全国出版专业职业资格中级和初级资格,很多员工积极报名参加全国出版专业职业资格中级和初级考试,队伍整体素质进一步得到提高,为搞好出版工作提供了人力资源的保障。

"十一五"期间,中国人民公安大学出版社大力加强企业文化建设,不断增强队伍的凝聚力。出版社开办的警察文化沙龙不以营利为目的,而是作为宣传公安文化的"窗口",作为发展公安文化的阵地和桥梁,为展示公安队伍的文化成果服务,为全国公安系统的文化建设提供一个交流、合作的平台。经过几年努力工作,警察文化沙龙在公安系统的知名度越来越高,并且得到广泛的好评。同时,我们还积极发挥工会的作用,开展政治思想教育和爱国主义教育活动及文体活动,提高员工的政治思想觉悟,增强凝聚力,缓解紧张工作带来的压力,使员工身心健康地工作。2009年,出版社合唱团在学校"爱国歌曲大家唱"比赛中,获得一等奖,并代表学校参加了公安部"庆祝新中国成立六十周年合唱比赛",再次荣获第一名。中国人民公安大学出版社代表队参加学校"协作"杯教职工乒乓球团体赛,获得团体第二名。在学校教职工秋季友谊登山活动中,中国人民公安大学出版社分工会获得了"优秀组织奖"。同时,出版社分工会还成立了女子葫芦丝队、书画组、摄影组等活动小组,通过举办讲座、组织参观活动等形式,丰富了员工的业余生活,提高了员工的个人素养,从而增强了员工的工作积极性和集体凝聚力。

今后,我们将继续努力,力争把出版社建设成特色鲜明、效益显著、基础雄厚、经营管理符合现代企业制度要求的优秀高校出版社。

中国协和医科大学出版社

中国协和医科大学出版社(以下简称协和医大出版社)由卫生部主管,隶属于中国医学科学院北京协和医学院,于1989年正式成立。中国协和医科大学出版社志在弘扬"协和"的科学精神、学术传统和道德风范,努力推出代表我国医学科学第一流水平的专著,为我国医学科学界顶尖人才及优秀学者服务,为培养中青年医学工作者服务,为提高全民健康水平服务,推动我国医药卫生事业的教学、科研、医疗工作的快速发展。

出版社立社的宗旨是以优秀的民族传统精神,组建具有活力的团队;以全球思维,把握医学发展脉搏;以创新精神,锻造协和文化财富;以现代企业思想,创造高效益的媒体;以专业品质,搭建高水平学术研究平台。

协和医大出版社秉承中国医学科学院及北京协和医学院优秀的学术传统,坚守学术创新和学术出版阵地,坚持社会公益事业与规范市场运作结合,坚持不断学术创新与满足读者需求结合,取得积极的社会效益,同时也保证经济效益逐年增长。出版社通过搭建高水平学术研究平台,承接国家重点出版工程多媒体《中华医学百科全书》,广邀全国顶级医学专家,召集数千参编人员,合力编研,积数十年之功,铸炼精品,力争做成医学领域的"国家名片"。

《中华医学百科全书》由吴阶平、巴德年、刘德培、侯云德、陈可冀、强伯勤、甄永苏、梁晓天、王世真、高守一等四十多位院士发起,并获得了温家宝总理和李克强副总理的批示与支持。在国务院及国家新闻出版总署、卫生部、财政部的指导和协调下,中国医学科学院作为牵头单位,组织国内各大高等医药院校和国家级医疗科研单位,集合医药卫生领域各学科著名学者,共同实施这项宏伟工程。

《中华医学百科全书》通过全面总结医药卫生领域基本理论、基本知识与最新进展,为医药卫生专业人员和其他相关专业人员提供医学知识的综合平台,即可以作为通用医学参考工具书。此外,兼具普及医学知识的功能,即又可作为医学高级科普书。

本出版工程汇集医药卫生领域各学科最优秀的学者,以保证其学术水平和权威性。其编者不仅仅局限于中国内地,还包括我国香港、澳门、台湾地区的著名医学学者以及国外杰出的华人医学科学家,这也突出了"中华"二字的内涵。

借助专用编写软件和网络平台,出版社建立包含文字、图片和视频的知识型数据库,从而奠定《中华医学百科全书》多媒体传播的基础,实现对知识的多途径利用,并为出版社由传统出版向跨媒体出版、数字化出版拓展奠定基础。

协和医大出版社多次荣获高校优秀出版社、全国良好出版社、卫生部"杰出科技著作突出贡献出版社"称号。并多次获得中国图书奖、国家图书奖、中华优秀出版物奖和中国人口文化奖等。《协和医生答疑丛书》荣获国家科学技术进步二等奖。

协和医大出版社始终以出版高品位、高质量的医学图书为己任,以"当医生要当好医生,当好医生就要读协和医书"的口号自我鞭策,铸造学术品牌,强化精品意识。近年来,出版社倾力打造的《国家执业医师资格考试》系列图书,如《医学生考试中常见错误与对策系列丛书》《职称考试复习题系列》《全国乡镇卫生院卫技人员培训》系列、《专科医师培训》系列等为广大医务人员掌握职业技能、获取职业资格起到了独有的作用,品牌既树,口碑相传。供医事管理部门制定政策参考的《国家卫生服务调查报告》系列、《中国公共卫生》系列、《中国人群死亡及其危险因素流行水平、趋势和分布》《中国卫生统计年鉴》系列、《中国医药卫生科技发展报告》系列等提供了我国医疗领域重要数据。

协和医大出版社出版的高质量、高层次的医学专著已渐成规模,如《协和呼吸病学》《协和血液病学》《临床肿瘤学进展》《中国人生理常数与健康状况调查报告》系列、《临床路径释义》系列、《胃肠急症学》《分子核医学》《干细胞与肿瘤》《临床医疗护理常规》系列、《各科临床禁忌》系列、《医师效率手册》系列、《高级医师案头丛书》《现代主治医生提高丛书》《协和医生答疑丛书》《外科手术学系列》《诊断治疗学系列》《护理学系列》《肿瘤学系列》《现代生物医学系列》等融权威性、指导性、实用性一炉,贡献于我国的学术积累和学科发展。

此外,为配合深化教育改革、医学课程改革、教学模式改革和填补国内一些医学科学的学科空白,出版社在医学教学建设上也屡有创新。先后推出"国家级规划教材"的护理学本科教材、中医基础学科分化教材、预防医学及公共卫生专业教材,并陆续推出临床医学及护理学"专升本"等系列教材。

出版社还与美国、英国、日本等国家和中国香港、台湾等地区开展了卓有成效的合作,并引进出版欧美著名医学院校的教材影印版,其中多种被教育部列为国外优秀生命科学教材推荐使用。

中国政法大学出版社

中国政法大学出版社成立于1985年,是由国家教育部主管、中国政法大学主办的专业法律图书出版机构,是全国普通高校中唯一的法律专业出版机构。其宗旨为中国的法律教育、法学研究服务。中国政法大学出版社全体员工在中国政法大学党委的领导下,在广大读者的支持下,勇于改革、锐意进取,曾多次荣获国家新闻出版总署良好出版社、国家教育部先进高校出版社等荣誉称号,2009年获国家新闻出版总署"全国百佳图书出版单位"。

出版社现设总编室、教材编辑部、综合编辑部、社科读物编辑部、考试读物编辑部、文稿编辑部、美术编辑部、培训考核部、国际版权部、财务部、生产部、出版部、教材推广部、发行部、图书物流部、行政办公室。现任社长兼总编辑李传敢,直属党支部书记尹树东。

一、坚决执行民主集中制,打造一个团结战斗的领导班子

社务委员会是中国政法大学出版社一个民主决策的平台,事关出版社发展的大事都必须经社务会集体讨论决定。年初每位社领导提交其所分管部门的年度工作计划,经社务会集体讨论研究批准后由其负责执行。对日常工作中出现的不同看法、不同意见,大家都放到桌面上讨论,意见不统一时,少数服从多数,个人可以保留意见,但社务会的决定必须坚决执行。多年来,出版社的领导班子将各种分歧都化解在正常的程序中,在中国政法大学院、部这个层面上,出版社领导班子是最过硬的团队,受到学校的一致好评。

二、建立健全各项规章制度,促进企业健康发展

制度建设是现代企业发展的保障。为了促进企业又快又好地发展,我们根据出版社的实际情况,制定了70余项管理制度,内容涵盖编辑工作、出版工作、发行工作、财务工作、行政工作五个方面。这些规章制度的施行,使出版社的发展走上了规范化、制度化的轨道。

三、加大市场图书的研发,拓展新的图书增长点

中国政法大学出版社在2002年以前一直是国家司法部主管,所以80%的图书选题都是针对国家司法系统的。之后,我们划归国家教育部主管,图书选题发生了重大变化,系统图书的选题锐减,客观上把我们推向了市场图书的新战场。这个变化对我们这样长期依靠系统生存的出版社是个极大的挑战,怎样完成由系统到市场的顺利转型是摆在我们面前的艰巨任务。社务委员会根据新情况,在反复调研的基础上,做了新的战略部署,制订了实事求是的发展规划,例如:(1)法学教材的营销工作从一类院校为主转到以二、三类院校为主,并相应地成立教材推广部,把以前忽视的招生数量较少的院校联成片,开辟了新的教材营销网络。(2)加大社科类学术著作的选题开发。(3)出版社以往的图书结构主要为各类法学教材和法学学术专著,品种较单一,尤其缺少法律实用读物,为此,我们专门设立了法律实用读物编辑部,加强法律实用读物的出版。

综上所述,经过这些年艰苦的努力,我们平稳地走出了系统图书的传统,踏上了以市场图书为导向的发展道路。

四、加强职业培训,全面提高员工素质

在国家新闻出版总署、教育部、中国政法大学党委的领导下,我们严格按照"事转企"各项文件精神办事,顺利地完成了人员分流、清产核资、资产评估等基础性工作,转企工作完成后,建立

了全新的企业经营机制,大批的新鲜血液注入出版社。怎样让新员工尽快入行,打造一支思想业务过硬的出版队伍,是中国政法大学出版社重要的任务。我们的具体做法如下:

(1)强化入职教育,由社领导向新员工讲解:大学出版社的性质;坚持正确的出版方向;出版行业的职业道德;严把出版物的政治关;本社的发展史;出版社的主要规章制度;出版社的主要工作程序等。由办公室主任讲解必须遵守的各项劳动纪律,各项福利待遇的办理程序。财务部主任讲解必须熟知的基本财务规范。

(2)成立了专门的业务考核培训部门,具体负责各项业务考试的培训、命题、阅卷、归档。

(3)社长为全体编辑人员培训图书选题的开发和运作。

(4)总编辑为全体新编辑培训如何掌握编辑加工规范。

(5)主管发行的社领导负责培训发行业务的各项基本技能。

(6)出版社规定试用期满进行第一次考核;一年期满进行第二次考核;三年期满进行第三次考核,并以考核的优劣为据来评定业务等级。

五、探索新型营销模式,努力开创发行工作新局面

近年来,法律图书市场竞争日趋激烈,不断恶化的市场环境,对原有渠道带来巨大冲击。为了应对这种状况,我们主要做了以下工作:

(1)强化出版社的服务意识,积极发挥出版社的引导作用。我们除了原有市场模式下对渠道提供的及时周到服务外,还针对当前的特殊市场境遇给予专业书店和馆配商适当的营销建议和信心支持。积极引导书店转变经营思路,改变原来等人买书为送书上门,变被动销售为主动营销,促使现有渠道不断发展壮大。

(2)努力开发市场终端,强化社店合作。中国政法大学出版社的图书主要供各高等法学院校使用,我们通过教材推广和作者交流等形式与全国大多数院校的教师、学生、资料室、图书馆建立了紧密的联系,这是出版社耗费巨大人力、物力开发的宝贵人脉资源。我们与书店之间以资源共享、整合信息对接平台等多形式合作,实现社店共赢。

新时期,中国政法大学出版社将一如既往地坚持正确的出版方向,继续锐意进取,为我国的法律教育、法学研究、图书出版事业作出更大的贡献。

中央广播电视大学出版社

中央广播电视大学出版社有限公司是教育部主管、中央广播电视大学主办的综合性大学出版社。"十一五"时期,在新闻出版总署、教育部的关心指导下,在中央广播电视大学的直接领导下,中央广播电视大学出版社坚持以马克思列宁主义、毛泽东思想、邓小平理论和"三个代表"重要思想为指导,努力贯彻落实科学发展观,认真贯彻党和国家的出版方针和政策,遵守国家的出版法律、法规和各项管理规定,始终坚持正确的出版方向,坚决把社会效益和社会责任放在第一位,锐意改革,开拓进取,在各方面工作中都取得一定成绩,呈现出良好的发展态势。

一、认真贯彻落实党的出版方针政策,严格遵守国家法律法规

"十一五"时期,中央广播电视大学出版社领导班子团结、带领全社干部职工,认真贯彻落实党的出版方针政策,严格遵守国家法律法规。在具体工作中,中央广播电视大学出版社高度重视把好选题这一关,从源头上保证中央广播电视大学出版社的图书出版不偏离正确的政治方向。为此,中央广播电视大学出版社建立健全了选题的评审和审批流程,在实际工作中严格按照新闻出版总署核定的出书范围和"多出好书、不出坏书、少出平庸书"的要求组织图书选题,坚决排除那些不符合中央广播电视大学出版社出版范围、不符合全党全国工作大局、导向不良、格调不高的选题。中央广播电视大学出版社认真执行了国家出版法律、法规和有关管理规定,没有超范围出书、买卖书号和变相买卖书号的事件发生。

为了确保社会效益,本着"读者至上,质量第一"的原则,中央广播电视大学出版社把不断地提高出版物的质量,作为一项基本的、长期的、坚持不懈的工作目标。中央广播电视大学出版社以出版电大远程教育教材为主要特色。远程教育的一个显著特点是师生处于准分离状态,因此,远程教育教材既要便于学生自主学习,又要有很高的质量,特别是要把差错率控制到很低的水平。为了实现这一目标,中央广播电视大学出版社在教材出版过程中,一方面改革了教材出版的工作流程,使编辑人员能够尽可能早地介入到教材建设的过程中去,加强与教学部门和作者的交流,能够寓编辑思想于图书之中,能够将有关图书出版方面的规范、标准及时传递给作者,提高了交稿质量;另一方面,中央广播电视大学出版社进一步完善了图书质量管理的规章制度,如根据总署新修订的《图书质量管理规定》,中央广播电视大学出版社修订了本社的《图书质量管理办法》,并且能够按照该办法的要求严格执行选题论证制度、三审制度、三校一读制度、质量检查制度和责任追究制度。通过努力,中央广播电视大学出版社图书的内容质量、编校质量、设计质量和印装质量都有所提高。

二、不断加强领导班子建设、制度建设和队伍建设

在"十一五"期间,中央广播电视大学出版社高度重视和不断加强领导班子建设、制度建设和队伍建设,成效显著。

1. 领导班子建设。

根据工作需要,中央广播电视大学出版社对领导班子进行了充实,对领导班子成员分工进行了调整。新的领导班子在学校党委的领导下,团结一致,始终坚持正确的办社方向,以"三个代表"重要思想作为统领全局工作的指针。班子成员不仅注意加强政治思想学习,同时也全部参加了工商企业管理专业研究生课程的学习,从而提高了领导者的企业管理能力和出版业务管

理能力,为中央广播电视大学出版社的创新发展、科学决策提供了保障。

2. 制度建设。

"十一五"时期,为了通过转企转制建立一套符合中央广播电视大学出版社实际的、与现代企业制度相适应的运行机制和管理体制,并由此构筑企业的核心竞争力,使中央广播电视大学出版社的运行机制逐步与现代企业制度接轨,中央广播电视大学出版社在原有管理制度的基础上,进行了调整和充实,调整了编辑、出版、发行等业务部门的工作流程,改革了人力资源管理制度和薪酬体系,建立健全了多项规章制度,引入竞争机制,奖优罚劣,奖勤罚懒。"十一五"期间,中央广播电视大学出版社颁布实施了《中央广播电视大学出版社人力资源管理暂行规定》《中央广播电视大学出版社印刷装订质量标准》《中央广播电视大学出版社关于纸张采购的管理办法》《中央广播电视大学出版社编辑实用手册》《中央广播电视大学出版社员工手册》和《中央广播电视大学出版社纸张储存使用管理办法》等多项重要规章制度。这些管理制度基本上与中央广播电视大学出版社的发展需要相适应,取得了较好的效果。

3. 队伍建设。

为了切实做好职工队伍建设工作,对职工队伍建设进行统一规划和管理,中央广播电视大学出版社把人力资源管理工作从行政办公室业务中独立出来,并成立了人力资源部,使中央广播电视大学出版社的队伍建设工作有了组织保障。

与出版社的业务发展相适应,出版社提高了对引进人才水平的要求,新引进的编辑人员普遍具备硕士以上学位。中央广播电视大学出版社还要求所有新编辑参加新闻出版总署教育培训中心举办的新编辑培训班,努力学习业务知识。

同时,中央广播电视大学出版社要求各部门加强对所属职工的业务培训,要求职工们积极主动参加相关的行业技能学习,努力考取相关级别的任职资格证书;另外,各部门经常开展业务学习和交流,针对实际工作中带有普遍性的问题,举办专题讲座,使职工之间互相交流、互相学习,不断提高综合业务素质。

三、大力推进出版体制改革,科学制订发展规划

1. 转企转制工作。

在国家大力推动文化产业体制改革这一大背景下,中央广播电视大学出版社和其他出版社一样,同样也面临着广阔的发展机遇和新的挑战。

中央广播电视大学出版社领导班子按照中央关于文化产业体制改革的精神,带领全体职工,统一思想,提高认识,积极开展转企转制工作。中央广播电视大学出版社更名申请于2009年3月获得教育部和新闻出版总署批准,并于当年7月获得工商行政管理局批准。清产核资和财务审计工作已于2009年12月完成,清产核资结果上报教育部财务司。

在进行公司挂牌前相关程序准备工作的同时,出版社内部机构设置和运行机制的调整工作也同步进行。针对新的机构设置方案,在社内广泛地征求了意见,先后召开了6次座谈会,使其不断完善和丰富。公司注册后的相关职能部门和下属企业的运行机制也得到进一步的明确,转企转制工作基本完成,初步构建了公司化企业运行框架,并为将来进一步提高中央广播电视大学出版社的综合竞争能力打下了良好的基础。

2. 科学论证,制订了五年发展规划。

在"十一五"初期,中央广播电视大学出版社在认真研究出版行业面临的新形势、新情况的基础上,立足于自身的实际,经过充分的研讨和论证,制订了五年发展规划,进一步明确了自身

的发展定位,即:立足于远程教育,以服务电大教育为前提,拓展职业教育和成人教育,为构建终身学习体系和学习型社会提供种类丰富、便于自主学习、品质优秀的学习资源。在此基础上,提出了中央广播电视大学出版社的中期发展目标,即:经过五年的努力,打造远程教育出版行业的旗舰企业,成为成人教育、职业教育出版行业的知名企业,构建服务于终身教育、学习型社会的学习资源平台。具体目标是:

(1) 产值:平均每年增长15%。
(2) 种类:达到2000种(含电大学习资源1200种,社会图书800种)。
(3) 利税:平均每年增长10%。
(4) 优秀教材:达到100种以上。

为了实现这个目标,中央广播电视大学出版社又提出了"三大业务板块,五条产品线"的发展格局和"抓基本建设,抓业务布局,抓产品研发,抓市场营销,抓人才培养,抓信息化建设"的工作重点。三大业务板块即图书和电子出版物出版、数字出版(网络出版)、社会培训。五条产品线是指电大教学资源、远程教育学术著作、高职高专和中职中专教材、证书教育培训资源、大众图书。

四、坚持为电大教学和科研服务的办社宗旨

1. 兢兢业业,精益求精,努力为电大师生提供最优的教材。

出版配送电大教材,是中央广播电视大学出版社的光荣使命。电大教材出版任务十分繁重,为了保证电大教学工作的顺利进行,面对着交稿较晚、出版周期较短等困难,中央广播电视大学出版社充分发掘自身的潜力,不断加大对教材建设的投入。首先做到了优先保证教材经费到位;其次在人员安排方面,通过招聘、外聘等方式全面充实了编辑队伍和发行队伍,对于新编辑,由中央广播电视大学出版社最富经验的骨干编辑实行一对一的帮教。通过及早布局、精心安排、齐心协力,使中央广播电视大学出版社出版的新教材和教学参考书全部做到了课前到书,为电大的教学活动提供了教学资源上的保证。

中央广播电视大学出版社和学校有关部门积极配合,通过多种途径收集电大系统师生对现有教材的意见,对于那些使用面较广,反映情况较多的教材,立即着手修订、再版,使中央广播电视大学出版社出版的教材基本上能与国家的政策、法律保持同步,与学科的最新发展动态保持同步,与教学培养目标的需要保持同步。通过修订,还可以使教材的质量一步一步得到提高,并最终成为精品教材。有的教材使用一年就做了修订,有的教材五年间就做了两次修订。通过不断的修订、再版,中央广播电视大学出版社在远程开放教育教材出版领域赢得了良好的口碑。

2. 为部队、农村、弱势群体的求学者提供学习资源。

随着中央电大远程开放教育办学领域的进一步拓展,中央广播电视大学出版社也积极配合,做好教学支持服务工作,出版了多种特色教材:

(1) 中央电大八一学院、总参学院等部队专用版教材。教材直接发到部队基层,南至西沙群岛,北至西北边疆哨所,得到了中国人民解放军各总部及大军区领导和部队官兵的赞誉。

(2) "一村一名大学生计划"系列教材。2004年7月,教育部开始实施"一村一名大学生计划"。中央广播电视大学出版社配合学校落实这一艰巨而光荣的任务,实行低定价的优惠性、公益性政策,到2009年底,陆续完成了100多个多媒体教学包的编辑出版工作,并将其按时发行至农村基层学生手中。

(3) 中央电大残疾人教育学院系列教材。

(4) 支援西部农村教育,出版高性价比的经济版图书。

3. 大力宣传推广远程教育教学领域的优秀学术著作和各类文献。

中央广播电视大学出版社始终以服务于电大及远程开放教育为己任,对于各级电大及相关远程教育研究机构实施的研究课题给予了大力的支持。为了使远程开放教育的研究成果得以推广,中央广播电视大学出版社设立了专项出版基金,扶持优秀学术著作的出版,五年共出版远程开放教育领域的学术专著、论文集、课题研究报告约150种。

五、锐意进取,努力开拓,社会图书的出版工作有了突破性进展

"十一五"时期,中央广播电视大学出版社有计划、有步骤地进行社会图书的选题开发与策划,树立"大教育"的观念,为建设"学习型社会"服务,并且取得了明显的成效,总体出版规模迅速增长,呈现出多元化发展的格局。社会图书选题开发部门业务发展方向和选题开发思路从无序逐步走向优化,分工明确,产品线逐步清晰。更重要的是,社会图书选题的质量有了明显的提升,在取得一定经济效益的同时,也取得良好的社会效益。

凭借中央广播电视大学出版社在远程教育教材出版方面积累的丰富经验和良好的声誉,中央广播电视大学出版社在"十一五"时期加大了职业教育、继续教育和成人教育方面图书选题的开拓力度,取得了丰硕的成果。"十一五"时期,中央广播电视大学出版社在原有社会图书发展建设的基础上,继续保持和加强与教育部、人力资源和社会保障部、信息产业部、卫生部下属有关部门的合作,出版成人教育教材和岗位培训教材,与人力资源和社会保障部职业技能鉴定中心合作出版的多工种职业技能培训、鉴定系列教材,出版的图书品种接近200种,成为市场上职业技能培训与考证方面的主流教材,占有较高的市场份额。"专升本"系列教材、全科医师培训教材等也已成为品牌教材,在社会上具有一定的影响。2009年5月,中央广播电视大学出版社与北京博奥中成有限公司合作成立了"博奥教育资源研发中心",专门开发职业资格培训资源,当年开发18个品种,出版码洋达1000万元,发行码洋584万元。在中央广播电视大学出版社多方努力下,2009年中央广播电视大学出版社取得了"民族团结教育"系列之《民族理论常识》的出版权,该书在全国发行了数百万册,为宣传党的民族政策作出了积极的贡献。

为了做好高职高专教材开发工作,中央广播电视大学出版社组织力量以电话方式调查了24家已开办高职高专教育的省级电大,实地调研近10家。在充分调研的基础上形成了《电大系统高职高专教学资源共建共享策划方案》,并协助高职高专教指委协联办于2009年8月在哈尔滨召开了系统内高职高专院校教学改革研讨会。中央广播电视大学出版社的策划方案得到大部分院校领导的肯定,落实了相关教学资源的开发工作。

可以说,中央广播电视大学出版社社会选题出版工作在"十一五"时期已经初步打开了局面,为"十二五"时期的进一步改革发展奠定了良好的基础。

综上所述,在"十一五"期间,中央广播电视大学出版社坚持走内涵式发展的道路,逐步形成了以电大远程教育教材为核心业务,以职业教育、继续教育和成人教育教材为主要增值业务的出版特色。在"十二五"时期,中央广播电视大学出版社要继续坚持这一出版特色,完成好转企转制工作,努力练好内功,加强队伍建设,树立精品意识,严把质量关,提高服务品质,积极参与市场竞争,使中央广播电视大学出版社的经济增长方式由"粗放型"向"集约化"转变,力争把中央广播电视大学出版社建设成为中国远程教育、成人教育、职业教育教材和学术著作的重要出版阵地,成为思想文化战线上的有生力量。

中央民族大学出版社

一、基本情况

中央民族大学出版社(以下简称民大社)成立于1985年,与普通出版社相比,是一个规模不大,但有着鲜明特色、肩负着特殊使命的出版社。我们的定位是走"专、精、特"之路,并以为学校教学、科研服务,为民族教育事业服务为办社宗旨,重点出版面向少数民族地区的政治、经济、文化、语言文字、历史、民族宗教、少数民族风俗习惯及社会生活等方面有关的学术著作及民族院校教材、教参等。出版社现有汉、蒙古、藏、满、苗、土家、仫佬、朝鲜、鄂伦春、回等10个民族的职工36人(2010年12月)。其中事业编制人员26人,聘用人员10人。出版社下设三个编辑部、综合办公室、财务部、出版部、发行部、读者服务部等职能机构。出版社现有编辑20人,占职工总数的56%以上,其中编辑中有高级职称的13人,其他均有中级职称,并且全体编辑都有编辑资格证。这是一支长期形成的,非常难得的民族出版队伍。"十一五"期间,民大社共出版图书972种,其中新版图书827种,重印图书115种,引进版权9种,出版教材138种,民族类图书占出版图书的60%以上,出版图书中本校教师作者566人。中央民族大学出版社的主管部门为国家民族事务委员会,主办单位为中央民族大学。

二、坚持出版方向,发挥特色优势

"十一五"期间,民大社坚持正确的办社方向,把反映民族高等教育科研成果,弘扬少数民族优秀文化,维护祖国统一、民族团结,促进社会主义精神文明建设作为己任,组织、策划、出版了大批具有很好社会效益的学术专著、教材,民族类和各种社科类图书。

"十一五"期间,民大社先后组织出版了本校"985工程"的多项研究成果。如:中国少数民族语言文化教育边疆史地研究创新基地文库中的《中国边疆民族地区历史与地理研究丛书》(共19册),已出版《阿萨喇克其史》《万历武功录研究》《饮膳正要研究》《军机处满文准噶尔使者档译编》《中国近代边疆民族问题研究》《明代西海蒙古史研究》等;《中国当代民族问题战略研究哲学社会科学创新基地民族法理论探索丛书》,已出版《少数民族受教育权保护研究》《中国少数民族基本文化权利法律保障研究》《中国民族法制史论》《论民族区域自治权的源与流》等19册;《中国当代民族问题战略研究哲学社会科学创新基地民族发展与民族关系问题研究中心研究丛书》(共20册),《少数民族传统医学研究中心研究丛书》(共11册),已出版《中国少数民族药用植物学》《少数民族地区药用植物多糖的化学与药理》等;《中央民族大学民族理论与政策研究中心研究丛书》,已出版《大理白族喜洲商帮研究》《中国城市民族区研究》《城市化进程中的城市民族问题研究》等,《中国少数民族语言研究丛书》,已出版《勒期语研究》《中国无声调少数民族学习汉语声调语调的实验研究》等。另出版本校"211工程"多项研究成果。如《中国少数民族原始宗教经籍汇编·东巴经卷》《中国少数民族原始宗教经籍汇编·毕摩经卷》《中国少数民族语言话语材料丛书》(已出版6册)、《壮侗语民族历史文化研究》《中亚东干学研究》等。为庆祝建国60周年和西藏民族改革50周年,民大社组织出版了《中国民族学科发展60年丛书》和《西藏民族改革50年变迁》图书。《中国民族学科发展60年丛书》共10册,内容包括《中国少数民族语言研究60年》《中国民族法制60年》《中国民族史研究60年》《中国民族文学研究60年》等;《西藏民族改革50年变迁》图文并茂,从西藏经济、城乡面貌、农牧民生活、交通、旅游、教育及环境保护等多方面入手,为读者提供翔实的数据和真实的照片,让人们在领略神秘、独特的高原人文景观和壮丽、纯净风光的同时,更能通过人们生活中正在发生的前所未有的变化,读懂浮现在雪域高原人们脸上笑容中的幸福感。为充分宣传党的民族政策及改革开放以来民族工作,民大社组织出版了《直面民族问题》《宗教理论与宗教政策》《中国共产党民族工作理论与实践》《湖北民族工作30年》《改革开放30年与中国民族经济发展》《湘西民族民俗文化丛书》等图书,产生了良好的社会效益。

三、挖掘出版资源,促进出版社的发展

民大社依托民族高等院校学科建设、人才培养方面的优势出版资源,面向全国民族院校和广大民族地区,吸取丰富的民族教育与文化的养分,利用全国民族院校学科研究方面的优势,组成一支包括国内外著名专家学者在内的民族学科作者队伍,由此构筑了我社以出版民族学、民族史、民族语言文学、民族经济、民族艺术等教材和学术专著为主的图书出版优势和特色,促进了我社的稳固发展。"十一五"期间,民大社充分利用这些丰富的民族学科研究资源,组织策划、编辑出版了一大批学术专著和其他民族类图书,其中不少是出版社的品牌系列图书。如利用我校众多的民族学、民族史专家学者的科学研究成果资源,组织出版了一批高品位、高水平的学术专著,其中包括戴庆厦先生总主编的《中国少数民族语言研究丛书》、文日焕先生主编的《中国少数民族语言话语材料丛书》、金炳镐先生的《马克思主义民族理论发展》、耿世民先生的《回鹘文哈密本弥勒会见记研究》、白润生先生的《中国少数民族新闻传播通史》、徐中起先生的《中国少数民族文化权益保障研究》等。"十一五"期间,我社还组织出版了教育部国家级教材、北京市高等教育精品教材及我校特色教材及兄弟院校所用教材。如《中国民族理论新编》《民族理论通论》《中亚五国志》《民间文学教程》《舞蹈文化概论》《满族文化概论》《维吾尔十二木卡姆歌词研究》(维吾尔文)、《现代维吾尔语概论》(维吾尔文)、《蒙古族古典文学研究》(蒙古文)、《壮语基础教程》《基础和声》《民族声乐理论教程》等。其中有的已经形成出版社的品牌图书系列,如《中国新发现语言研究丛书》《人类学译丛》《土家族研究丛书》等,这些书系皆为相关学科领域最新或领先的成果,受到国内外相关研究机构和读者的欢迎。

四、树立质量意识、组织出版精品图书

五年来,民大社狠抓图书的选题、编校质量,有多部图书获奖。其中《民族关系理论通论》获教育部高等学校科学研究优秀成果三等奖;《牛街:一个城市回族社区的变迁研究》获北京市第十届哲学社会科学优秀成果一等奖;《明代班军制度研究——以京操班军为中心》《青海台吉乃尔蒙古人人生仪礼及其音乐研究》获北京市第十届哲学社会科学优秀成果二等奖;《苏联民族政策的多维审视》获国家民委社会科学优秀成果二等奖;《中国民族理论新编》获第八届全国高校出版社畅销书一等奖,等等。

"十一五"期间,民大社在版权贸易方面做了初步的尝试。2008年为迎接昆明国际人类学民族学大会的召开,出版社组织了一套《人类学民族学译丛》共8种。中国社科院民族研究所组织专家学者,从近年国外出版的有广泛影响的著作中择优翻译,并负责解决版权问题,民大社投资出版。这8种译著分别从美国、英国、西班牙引进,语种均为英语。全套书就人民、民族与国家、民族主义冲突、政治与人类学、少数民族群体文化与权利、民族与冲突、族性等问题进行了全面深入的探讨。

"十一五"期间,民大社的另一项重要工作是进行转企改制,并于2012年底正式注册改制为中央民族大学出版社有限责任公司。同时,为了适应转企改制,民大社还开发出版了不少大众化、市场化的图书。如组织策划了"农家书屋"《转移农村劳动力技能培训丛书》(11册),并与有影响、有信誉的文化公司加强了合作,推出了一批高质量的大众图书。

中央音乐学院出版社

中央音乐学院出版社是 2003 年 4 月经国家新闻出版总署正式批准、同年 12 月正式成立的，是隶属教育部的高等院校出版社。

在建社之初，经过认真的考虑、调查研究和吸收兄弟院校出版社的经验，确定了中央音乐学院出版社的办社方针，即结合中央音乐学院的特点，依托本院的优势，调动全国音乐领域老中青专家的积极性，充分挖掘各院校的创作与学术资源，实现教学、研究与出版的相互促进，开拓出音乐出版事业一片充满生机的沃土。根据中央音乐学院的专业特点，将办社主导思想定位为"小而特"，即小型而有特色。所谓"小"，即办社的规模小；所谓"特"就是中央音乐学院出版社出版的书籍，无论在内容、形式上还是在发行上都有别于其他出版社出版的书籍。同时，中央音乐学院出版社的书谱更要注重品质，无论是专业性或是普及性的出版物都应具有较高的学术质量和出版质量。即使是通俗性的图书，其在内容上也应经得起学术推敲。总之，我们努力的目标是使中央音乐学院出版社成为高等音乐院校向社会传播先进文化的重要途径。

中央音乐学院出版社已建社近十年。目前，出版社年出书量新书 100 余种，重印书 50 余种。经过几年的积累，我社的书谱中既有国内学者的论著，也有反映国外研究成果的译著；既有用于专业音乐教学的教科书，也有进行音乐普及教育的教材；既有中外经典名作，又有精心筛选的我国中青年作曲家的新作品。此外，2007 年我社出版了大型音乐丛书《马思聪全集》(8 卷 10 册)，这部全集由马思聪研究会发起，中央音乐学院出版社承办，历时三年完成的大部头作品，收录了马思聪的交响音乐、协奏曲、小提琴独奏、器乐曲、舞剧歌剧、合唱等作品以及文字图片等内容，为中国近现代音乐史研究作出了突出贡献。2010 年，我社出版了中央音乐学院周海宏教授的专著《音乐何须"懂"——面对审美困惑的思辨历程》，该书 2012 年荣获第八届中国文联文艺评奖著作类一等奖。同年，我社还出版了 Discourse in Music: Collected Essays of the Musicology Department Central Conservatory of Music，即《音乐学文集》第五集(英文版)，此书受到了美国学术界的广泛关注。2012 年 10 月，美国东北大学(Northeastern University)特针对该书的出版举办了有关中美音乐理论与方法的学术研讨会。特邀我社社长张伯瑜教授、总编辑俞人豪教授以及音乐学系教授赴美国参加会议。因此，中央音乐学院出版社不仅担当了国内音乐界交流的一个平台，更是让世界了解中国音乐界的一个窗口。

近年来中国在国际上的经济地位与文化软实力不断提升，文化进出口越加频繁，中国作为一个庞大的文化载体在国际上承载着越来越重要的作用。中央音乐学院作为中国艺术院校中唯一一所"211 工程"院校，其所承担的文化交流责任有目共睹。所以中央音乐学院出版社具有强劲的发展能力，不仅在高等音乐教育、社会音乐教育以及幼儿音乐教育中具有巨大的发展空间，更在国际学术出版业务上具有广阔的前景。中央音乐学院的特殊社会地位使中央音乐学院出版社自身发展拥有了先天的优势，而这一优势将随着自身的努力进一步加强。

人民教育出版社

人民教育出版社是教育部所属的一家大型专业出版社,主要从事基础教育教材和其他各级各类教材及教育图书的研究、编写、编辑、出版和发行。人民教育出版社成立于1950年12月1日,毛泽东同志题写了社名。首任社长兼总编辑是我国著名文学家、教育家、出版家叶圣陶先生。现任社长殷忠民,总编辑韦志榕。

为了加强基础教育课程和教材的研究工作,1983年经教育部批准,成立课程教材研究所,与人民教育出版社合署办公,邓小平同志题写了所名。近三十年来,课程教材研究所先后承担了几十项全国教育科学规划国家、教育部重点课题,对基础教育课程、教材和教法进行了深入、系统研究,为全面提升人教版教材和图书的质量提供了有力保障。

建社以来,人民教育出版社在教育部的领导下,主持或参与拟定了2000年以前历次中小学各科教学大纲;研究、编写、出版11套全国通用的中小学教材;累计出版各类出版物4万余种,发行量逾600亿册。

人民教育出版社现有在职员工1000余人,其中有硕士学位或同等学力以上的高学历人员约300人,有高级专业技术职务的人员约200人。作为我国中小学教材编写的"国家队"和"专业队",人民教育出版社编辑机构设置齐全,共有政治、语文、数学、外语等15个学科教材编辑部门。此外,还有文化教育室等7个图书编辑部门。人民教育出版社图书馆是全国中小学教材资料中心,藏有丰富的古今中外教材和其他教育文献。

为了适应市场经济发展和出版体制改革的需要,人民教育出版社围绕编写出版中小学教材的核心业务进行内涵式扩展,先后设立了多个社属企业。其中,人教教材中心主要承担人民教育出版社的出版和发行业务;人民教育电子音像出版社主要承担人教版电子音像和其他多媒体出版物的编辑、制作、出版和发行业务;人教云汉数媒科技有限公司主要承担数字出版业务,旗下的人教网(www.pep.com.cn)是我国知名的教育资源类门户网站,主要为广大师生、家长等提供教育教学资讯、网络资源等服务。

"十一五"期间,人民教育出版社转企改制重大战略任务顺利进行。根据中央有关出版体制改革的精神和要求,人民教育出版社在教育部和新闻出版总署的正确领导下,全社员工高举中国特色社会主义伟大旗帜,以邓小平理论和"三个代表"重要思想为指导,深入贯彻落实科学发展观,进一步转变观念,团结拼搏,积极奋进,以促进教育出版事业发展为宗旨,以中小学教材及相关配套资源出版为重点,全面实施以转企改制为中心的一系列改革措施,取得了较为突出的成绩,为可持续发展奠定了坚实基础。在较短的时间内,克服重重困难,动员全社力量,顺利完成了清产核资、财务审计、资产评估、社会保障和劳动人事制度改革等工作,理顺了业务流程,积极稳妥地完成由事业单位向企业的转变。2010年12月,中国教育出版传媒集团有限公司成立,人民教育出版社有限公司成为核心成员单位。

人民教育出版社始终将社会效益放在第一位。"十一五"时期共出版图书2万多个品种,其中新品种4000多个,出版电子音像产品5000多个品种,其中新品种1400多个;图书出版总印数由1.45亿册增长到1.85亿册,电子音像产品出版总量由1.2亿盒(片)增长到2.0亿盒(片)。这些出版物中,有的荣获中国出版政府奖、中华优秀出版物奖、"三个一百"原创出版工程图书奖、国家音像制品奖、国家电子出版物奖、国家期刊奖、莫必斯国际多媒体作品大奖赛大奖及部委级奖励。人民教育出版社还荣获"全国百佳图书出版单位""新闻出版行业抗震救灾先进集体"和中华慈善奖集体最高荣誉——"最具爱心内资企业"等称号。

"十一五"期间，人民教育出版社的经济总量和整体实力稳步增长。在市场竞争日趋激烈的情况下，人民教育出版社积极服务基础教育，努力做好教育出版，勇于承担社会责任。通过加大市场营销力度和提供高质量的教材培训、售后服务，人教版中小学教材全国市场占有率稳中有升；通过深度研发和多渠道宣传推广，职业教育教材市场占有率大幅攀升；通过积极开拓销售渠道和探索新型营销模式，电子音像产品销售收入和利润总额均实现了较大幅度的增长。"十一五"时期，人民教育出版社累计实现产值518.25亿元，主营业务收入108.9亿元，实现利润总额23.1亿元；到2010年底，资产总额达到45.23亿元，净资产达到38.21亿元。获得了社会效益和经济效益的双丰收，并且在制度建设、科研、管理、对外交流等各个方面都取得了重大成绩。

展望未来，人民教育出版社正在以新的步伐，按照既定的"十二五"目标向前迈进。在"十二五"期末，人民教育出版社将全面建立现代企业制度，形成事业发展的良好制度环境；建成以主流教材为核心的精品出版物研发生产基地；成为全方位服务教育、国内领先、国际知名的教育内容资源提供商和教学解决方案提供商；为促进我国教育出版事业的发展繁荣，为建设社会主义和谐社会作出更大的贡献。

教育科学出版社

教育科学出版社(以下简称教科社)是一家在国内外具有重要影响的教育科学专业出版社,由教育部主管、中国教育科学研究院主办,是财政部出资的具有独立法人资格的中央文化企业,与中央教育科学研究所音像社合署办公,拥有图书、电子、音像出版资质。自1980年成立以来,始终秉承"弘扬教育学术、繁荣教育研究;传播国内外先进教育理念,促进中国教育改革与发展"的出版理念,出版品种主要包括教育理论图书、教师教育用书、职业教育与成人教育用书、中小学教材、幼儿教育用书和中小学助学读物以及相关的电子、音像产品等。年出版图书两千余种,重印率达70%以上,数百种图书荣获国家图书奖、中华优秀出版物奖等国家级奖项。综合经济规模和年增长率在全国出版社中名列前茅,被业内权威机构认定为资产质量最优、教育学术品牌最好、最具成长性的出版社。

"十一五"期间,教科社坚持以科学发展观统揽全局,坚定不移地抓改革,求创新,促发展,始终把正确的出版导向放在首位,不断优化选题结构;坚持精品战略,树立教科品牌;坚持人才强社战略,着力提高全员素质;坚持战略布局,产业扩张,立体化经营;坚持以人为本,建设积极进取、求真务实的企业文化。教科社根据新的发展形势出台了一系列改革措施,社会效益和经济效益得到全面、大幅提升,出版定位更加明确,图书结构更加合理,综合竞争力显著增强,生产规模更加扩大,经济总量大幅增加,出版领域延伸至电子、音像,读者、作者、编者队伍稳步发展,数百种图书在全国各类重要图书奖评比中获奖,被誉为"教育理论图书出版的旗帜",荣获了"全国百佳图书出版单位"称号。到2011年,教科社生产和销售码洋近13亿元,资产总额6亿元,利润总额近6000万元,上缴国家税收近4000万元,综合经济规模和年增长率在全国出版社中名列前茅,实现了国有资产的保值增值。教科社连续多年被北京市评为"纳税信用A级企业",同时还被北京市海淀区国税局授予"纳税百强企业"称号。

回顾这一阶段的发展,我们主要做了以下几方面的工作。

一、转企改制,掀开教科社发展新篇章

按照中央出版体制改革要求,教科社从2009年4月开始,陆续完成了学习动员、制订转制方案、清产核资、核销事业编制、人员分流安置、加入北京市社保、注销事业法人、工商登记、签订劳动合同等一系列工作,从事业单位转制为全民所有制企业。

转制以来,按照现代企业制度建设的要求,开展了一系列卓有成效的工作,逐步建立起现代企业管理的制度体系和运行机制。

1. 制订中长期发展规划,明确销售收入逐年递增10%以上,综合竞争力进入全国出版社前六名的奋斗目标。

2. 完善领导集体"三重一大"决策程序和社务委员会议事规则,提高班子成员的政策水平和驾驭大局的能力,更好地带领企业科学发展。

3. 开展新一轮机构调整和全员聘任工作,组织机构进一步优化,各项工作流程进一步规范,建立了干部能上能下、职工能进能出、收入能增能减的现代企业人力资源管理机制。

4. 建设ERP系统,选题申报、图书发稿、设计印制、经济核算等功能实现上线运行,流程管理和内控机制更加完善。

5. 建立了全员绩效考核制度,考核重点从码洋、品种等规模指标,转变为销售收入和利润等效益指标,突出了以质量和品牌求发展的思路。

6. 完成对社本部和下属企业资产审计,提高了资产管理水平,强化了国有资产的经营管理责任,有效化解了资产经营和财务风险。

转制激发了职工工作的主动性、积极性,给教科社带来了新面貌、新发展。转制一年来,出版主业更加坚实,双效益稳步增长。

二、服务国家教育改革发展大局,倾力打造重点出版物

"十一五"期间,教科社出版主业快速发展,坚持正确出版方向,推进精品战略,以基础教育教材和教育理论图书出版为两大引擎,各大板块创新发展,出版物结构更加合理,市场占有率稳中有升,生产能力在全国出版社中位居前列。

为服务国家教育改革与发展的大局,教科社精心打造了一批有影响的出版物。如《共同的关注:素质教育系统调研》,是由教育部、中宣部、团中央等机构联袂打造的素质教育权威读本;《教育大国的崛起》等纪念改革开放30周年系列图书引起社会各界的广泛关注;为帮助广大青少年学习理解科学发展观,出版了《科学发展观青少年学习读本》;为回应人民群众教育疑问的年度系列图书《对话教育热点》,社会反响巨大;教育部师德楷模读本《生命与使命同行》,是一份教育系统"创先争优"活动和师德师风建设的生动教材;经教育部授权出版的《教育规划纲要》系列辅导读本,为贯彻落实《教育规划纲要》和全国教育工作会议精神作出了重要贡献;为庆祝中国共产党成立90周年,出版了30集文献电视片《开天辟地90年》,该片在全国各级电视台陆续播放,全国许多地区、战线把本片作为党史学习的重要教材;出版《党史颂歌》中小学读本,大力推动党史教育进学校、进课堂、进学生头脑。《国情教育报告系列丛书》、大型文献纪录片《伟业之魂》等一批标志性出版物,进一步凸显了教科社品牌和特色。《中国教育叙事研究丛书》等3种图书入选新闻出版总署第三届"三个一百"原创出版工程,获奖数量居全国教育社之首。

三、推进联合重组,走内涵与外延相结合的道路

在加强出版主业基础上,推进多元化联合重组,不断整合资源,走内涵和外延相结合的发展道路,实现跨部门、跨地区、跨所有制、跨媒体打造综合性大型出版传媒机构的目标。

为优化存量、做大增量,大力拓展产业格局。一是围绕中心、服务大局,充分依托教育部和中国教科院,进一步整合资源,拓展出版领域。二是加强与地方的合作,促进产学研相结合,开发新产品、新项目。三是加大资本运作力度,打造若干个新的经济实体,为推进数字出版和实施"走出去"战略架设产业运作平台。

教科社和山西新华书店集团、山西电教馆共同出资组建了山西华电教育传媒有限公司,在业界产生了重要影响和示范效应。2012年公司目标销售收入1亿元,其中教科社预计新增产品销售码洋4000万,相当于一个小型出版社的年产值。

教科社控股的日照教科印刷有限公司,投资近亿元,购买国外先进设备,建设厂房12000平方米,正式投入运营。公司定位高档印刷、古籍再造和按需印刷等业务。

为积极推进出版社转型和数字化发展,大力实施"走出去"战略,教科社与新加坡大众控股公司签署战略合作协议,共同组建合资公司,开发幼儿教育课程资源和电子教学平台,探索新兴业态,拓展国际市场,尤其是在东南亚地区开辟弘扬中华文化的新阵地。

四、加快技术改造,大力推进业态创新

为促进传统出版业务的转型,加快技术改造和产业升级,规划并实施数字出版工程,技术创

新取得新进展。

建设"教育科研成果专业数据库",该项目依托中国教育科学研究院及各省教育科研机构,整合历年教育规划课题和教育书刊资源,打造国内唯一、内容权威、数据海量的教育科研专业数据库平台。该项目已经被新闻出版总署批准为2012年度新闻出版改革发展项目库入库项目。

建设"基础教育课程资源库",开发电子书包。目前已与合作机构共同设计制作了电子书包测试产品,为电子书包的推广奠定了基础。

建设"幼儿教育数字出版工程",与新加坡大众控股公司合作开发幼儿教育电子教学平台,与中央电视台少儿频道合作打造"智慧树早教包"项目,打造基于定制的幼儿教育资源服务平台,打通上下游、线上线下互动的产业链。

推进传统电子音像业务技术改造,其中《数字化教学即时检测与评价系统》、大型纪录片《开天辟地90年》等项目已被北京市新闻出版局纳入"北京市出版工程",获得了政府采购、资金补贴等有关政策支持。

坚持改革、创新、发展,是推动出版社发展壮大的最基本经验。教科社发展的历史告诉我们,坚持发展第一要务,坚持不懈地把改革创新精神落实到出版工作中去,才能为推进产业发展注入强大动力。为了中国教育事业的繁荣,教育科学出版社将继续以"出精品、创一流"为己任,努力打造一个"立体化建构、全方位发展、跨媒体经营"的综合性大型教育传媒机构,为国内外先进教育理念与中国教育改革实践更好地融合架设平台,为中国教育改革与发展提供更有力的支持。

天津大学出版社

天津大学出版社(以下简称天大社)初创于1985年1月,是国家教育部直属重点大学出版社之一,2009年9月体制改革后变更为天津大学出版社有限责任公司。建社以来,天大社认真贯彻落实党和国家的出版方针、政策,以改革为动力,以发展为主题,以建设国内外知名高水平大学出版社为目标,坚持"质量立社、服务兴社、特色强社"的办社思路,以图书为主体,兼顾发展音像、电子、网络出版,现已形成了一主多管、综合发展的格局,累计出版图书4500余种,有力保证并促进了高等学校教材建设和教学科研工作。

一、体制改革

天大社在社长杨欢博士,书记、总编王志勇博士的领导下,为响应国家文化体制改革的号召,不断探索体制改革和机制创新,主动申请并成功列入全国首批18家大学出版社体制改革试点单位。在没有任何可借鉴改制经验的前提下,天大社不断探索和实践适合于我社实际情况的改制方式、方法,坚持在改革中创新、在创新中发展,积极稳妥、有序推进,通过体制的改革、机制的创新不断增强企业活力、壮大企业实力。

1. 改革旧有的事业化体制,建立产权清晰、权责明确的现代出版企业管理体制;明确天大社作为国有独资企业的企业属性,明确了天大社作为企业的责任和义务;建立健全包括董事会、监事会、职代会、经营领导班子等在内的法人治理结构;理顺了出版社与学校之间关于经营性国有资产管理与经营的关系,使资产运营有了相对的自主权。

2. 制定中远期战略发展规划,并细化到选题战略、人才战略、营销战略等操作战略层面;在改革中不断进行机制创新,进一步深化人事劳动分配机制、市场运行机制、管理运行机制的改革;明确了天大社"内涵式"成长与"外延式"发展相结合的发展路径;强调规模、结构、质量、效益协调发展。这些都为今后出版社的成长发展搭建了科学有效的平台。

3. 在人事劳动分配机制上,着重抓好劳动、人事、分配三项制度改革,实行竞争上岗制、全员聘用制、劳动合同制、聘期目标责任制等制度,明确岗位职责,量化指标,考核业绩,形成能进能出、能上能下、优胜劣汰的劳动人事机制;在管理运行机制上,组织结构由原来的集权式层级管理向分权式扁平化管理模式过渡、转变。

二、企业发展

2006—2010年天大社大力推动增长方式的转变,坚持"有所为、有所不为",强调规模、结构、质量、效益协调发展,继续坚持以理工教材为基础、以建筑建工类图书为特色的选题主方向的同时,创新发展思维,探求出版品种的新发展极。

1. 整合社内编辑资源,形成了理工、建筑、经管、高职四个专业的选题开发团队,并赋予相应的选题、人力、财务等自主权,强化各个团队专业化运作的能力和整体策划的能力,局部聚焦的选题战略充分执行,出版资源向重点选题开发方向倾斜,推动天大社选题结构从分散走向集中,走专业化道路、做深度文章。

2. 深度打造天大社建筑图书的品牌特色,在保持传统建筑设计类图书竞争优势的基础上,重点在建筑文化类图书出版方向上进行了深度的探索。五年间,天大社有多部建筑图书被评为国家级的优秀图书,《建筑中国六十年》系列图书入选"庆祝新中国成立60周年百种重点图书"。

3. 紧紧抓住国家大力发展高等职业教育的契机,围绕高等职业教育教学改革,全力开拓了高职高专教材出版方向。通过与高职高专教育指导委员会、国家示范性高等职业院校的深度合作,聚拢作者资源,探索教育教学改革新模式,开发了一大批具有职业教育特色的教指委推荐教材和示范校创新教材。

4. 通过多种投资合作模式,建设了北京、西安、武汉、大连、南京等多个分支机构,探索外延式发展模式。各分支机构的成立进一步扩大天大社选题开发的范围和视野,补充和增强了天大社内部所不具备的或比较弱项的选题开发能力和途径。

5. 天大社视图书质量为出版社生存的生命线。一方面建立选题的二级论证制度,保证选题的质量水平;另一方面成立专业化的文稿中心,并在书稿流程、审读把关、质量规范、奖惩制度、社内成书质检等方面制度化、规范化。

6. 面对蓬勃发展的数字出版产业,天大社对数字出版领域增加了资金和人员投入。建设完成出版社办公网和出版社官网两个网络平台;开通出版社官方博客、官方微博、豆瓣小站,对图书网络营销进行重点探索;经过两年的积淀和调研,2011年形成完整的建筑专业领域数字出版网站的规划和经营模式;启动了国家重点数字出版项目的申请,为我社数字出版产业发展筹措发展项目资金。

三、队伍建设

天大社现有职工125人,人才队伍建设工作是天大社的基础工作和重要工作之一,五年间,天大社的人才队伍建设水平不断提升。

1. 不断完善科学的用人机制和激励机制。将编辑队伍按照个人能力和特长分为策划编辑和文稿编辑,解放了编辑队伍的生产力;发行队伍分为营销与发行,各有分工、各有侧重;所有岗位都设置详细的考核和奖惩办法,激发了编辑队伍、营销队伍和行政队伍的活力。

2. 随着天大社事业的发展,天大社引进了一大批年轻同志充实到各个岗位,同时敢于起用年轻干部,通过公开竞聘、岗位调整、辞退等多种竞争与淘汰办法,尽可能地激发人才的创造力,使人尽其才、才尽其用。

3. 针对近年来新入社员工增多的情况,天大社每年至少开展一次新进员工的培训活动,并分批外派新员工参加新闻出版总署、天津市出版局或各出版协会组织的青年编辑培训班;对于储备人才,通过干部培训、参加高端讲座或论坛、岗位轮换、派出学习等各种方式,强化其能力的培养和提高;另外,还定期组织全社编辑职业技能大赛等活动,以此推动全社员工加强业务学习。

4. 通过党组织、党员的带动作用,深入开展学习实践科学发展观,持续不断创新性地开展基层党组织的创先争优活动,不断加强员工队伍思想品质、职业道德建设,大力弘扬爱岗敬业、乐于奉献、团结协作的精神。

四、经济社会效益

2006—2010年天大社在选题结构和方向上进行了大幅度的调整,在图书质量上不断加强管理力度,保证了经济效益和社会效益的双增长。"十一五"时期是天大社历史上发展速度最快的五年,五年间,天大社共出版图书2764种(2006年344种、2007年453种、2008年519种、2009年

664种、2010年为784种),年平均增长率达到42%,其中新书1673种、重印书1056种,总印数1042.06万册,总出书码洋41419.94万元。2009年天大社年生产规模超亿元大关,并保持持续增长,连续7年被评为天津市南开区明星企业。

在社会效益上,五年间,天大社1种图书获中华优秀出版物奖图书奖,1种图书获中华优秀出版物图书提名奖,1套图书成为"庆祝新中国成立60周年百种重点图书",4种图书获得中国建筑图书奖,1种图书进入"三个一百"原创出版工程,1种图书进入"十二五"国家重点图书出版规划,2种图书被评为全国精品教材,3种图书获全国高校优秀畅销书奖,50种图书被评为"十一五"规划教材,9种图书入选中国建筑图书奖向全国图书馆推荐书目,60余种图书被评为教育部本科和高职教育指导委员会推荐教材,15种图书获得天津市优秀出版物奖。此外,在履行社会责任上,天大社通过各种渠道,向社区、灾区、贫困地区和我校对口支援建设的学校等捐助近4万册图书,合计码洋120余万,受到了社会各界的好评。

南开大学出版社

南开大学出版社初创于1929年,1936年10月日本侵略中国华北时停办。1983年,经中华人民共和国国家教委和文化部批准,南开大学出版社恢复重建。数学大师陈省身先生、著名剧作家曹禺先生和教育家吴大猷先生等著名学者早年均曾任职于南开大学出版社。

南开大学出版社作为教育部直属的华北高校文科教材基地之一,出书范围包括社会科学、自然科学、文化艺术等诸多门类的教材、教参、学术专著、译著及工具书,其中以经济、管理、旅游、计算机、语言、历史、哲学、化学、生物、物理等学科图书为重点,是同时拥有图书、音像、电子出版物多项出版权的高校出版社之一。随着出书品种的不断增加,目前出版社每年出版新书和重印书450余种,并有多种图书荣获全国和市级奖励。

南开大学出版社现有策划编辑室、文稿编辑室、审校室、总编室、版权贸易部、电子音像部、出版部、市场营销部、人力资源部、财务科、办公室等十几个部门。同时,在大力实施人才工程、加强队伍建设的思想指导下,逐步培养了一支精干、高效、结构合理的编辑出版营销队伍。现有员工76人,其中具有硕士研究生以上学历的24人,大学本科以上学历的22人;具有高级职称者22人,中级职称者23人。

南开大学出版社始终将服务于教学科研和学科建设作为自己义不容辞的责任,始终把教材、教学参考书和学术著作的出版放在优先考虑和重点保证的地位。在南开社每年出版的图书中,教材、教学参考书和学术著作占到了80%以上。同时,重视教材的品牌建设,注重提高其系列化程度。现在,计算机等级考试教程系列、高等院校旅游专业教材系列、英语专业基础课教材系列等图书已成为我社的品牌图书,获得良好的社会效益和经济效益。

目前南开大学出版社正处于快速发展时期,"十一五"期间销售码洋、回款实洋、上缴税金、上缴学校利润、国有资产都大幅度增长。经过多年特别是近年来的不懈努力和着力建设,南开大学出版社已经步入跨越式发展的良性循环轨道,为"十二五"期间迈入高校出版大社、强社行列打下了坚实的基础。

精品化、品牌化是南开大学出版社赖以生存、发展的基石,也是出版社可持续发展的重要手段。为此,我们不断调整选题结构,大力实施精品战略和品牌战略,努力实现选题的系列化、板块化,开发并形成了若干独具特色的选题和选题群。

我社将南开大学的学科优势、作者队伍优势与图书市场相结合,注意跟踪高校课程改革和学科建设的发展,形成了我社的优势和特色,确立了以出版高校精品教材和优秀学术著作为重点的选题思路。从教材出版来看,我们近年来组织开发了旅游学、国际贸易、会计学、管理学、英语、日语、人文社科等多个系列的精品教材,其中包括国家和天津市"十一五""十二五"重点教材及高质量的本科生、研究生教材。这些教材一般都经过了多年教学实践,教学效果良好,其作者大多在该学科领域有较大影响,因此出版后有力推动了教学改革和学科建设,同时也为出版社创造了良好的社会效益和经济效益。近两年我们新开发了《高等院校法律专业本科精品教材》《高等院校翻译专业必读系列》《高等院校公共基础课优秀教材》《高等院校会展专业教材》《高等院校理工科公共基础课教材》《高等院校日语专科系列教材》等系列化、板块化精品教材一百多种,使我社近年来的选题出现了一个全新的面貌。

从学术著作的出版来看,"十一五"期间南开大学出版社出版了一大批优秀学术专著,尤其在古代文学、历史学、外语教学研究、旅游学研究等方面颇有建树。如罗宗强教授的《明代后期士人心态研究》(2006年),吴文俊院士、葛墨林院士的《陈省身与中国数学》(2007年),孙昌武教授、陈洪教授主编的《宗教思想史论集》(2008年),叶嘉莹教授、孙克强教授主编的《迦陵词(上、下)》(2009年),南炳文教授、庞乃明教授主编的《"盛世"下的潜藏危机——张居正改革研究》(2010年)等。这些著作都是反映各学科学术前沿研究水平的创造性成果,出版后社会反响很好。为使更多的优秀学术著作得以问世,我社还设立了"南开人文库",重点出版历史上南开名人的代表作或文集、目前活跃在科研前线的我校各学科领域学术带头人的著作,以及我校优秀博士论文及其他青年学人的精品力作。相信经过若干年的努力,文库必将在学术界、出版界产生良好的影响,也将为繁荣中国学术作出积极的贡献。

近年来,我社一方面立足于做精品、立品牌,另一方面非常重视进一步完善和提升已有的图书品牌。如经过数年的策划和积累,我社的旅游类图书已成为国内图书市场上的重要品牌。为了将这一品牌做大做强,我们在进一步完善已有本科教材系列、专科教材系列和教学辅导系列的基础上,又分别推出了一套《21世纪高等院校旅游专业引进教材系列》、一套《旅游学新视野丛书》、一套《旅游学理论方法与案例分析丛书》,使我社的旅游教材系列覆盖面更广、适应性更强。

目前,南开大学出版社已经制定了"十二五"发展规划,在巩固教材、学术著作出版规模的基础上,积极发展高品位的市场图书,稳健发展电子图书。在2013年建社三十周年之际,隆重推出"南开大学百年学术经典丛书",规划出书300种,在2019年南开大学建校100周年时出齐。

河北大学出版社

河北大学出版社是1989年4月20日经国家新闻出版署批准,1989年12月26日正式成立的河北省第一家高校出版社,由河北省教育厅主管,河北大学主办。

河北大学出版社设有党总支、办公室、财务室、编务室、图书事业编辑部、市场营销部、基础教育市场部、美编室、出版部、排版中心、校对室、储运室等部门。现有职工59人,其中事业编制职工22人,企业合同制职工37人,共有副高职以上人员9人,硕士以上学位11人。

一、牢记出版宗旨 把握正确的出版方向

河北大学出版社是集人文社科和理工多学科出版为一身的综合性出版单位。河北大学出版社得燕赵文化悠久历史之厚蕴,承河大几代学子"求是"之精神,在高等学府浓厚的学术氛围中,造就了河北大学出版社浓厚的文化底蕴和对社会人文的深切关注。多年来,我社在新闻出版总署、省委宣传部、省教育厅、省新闻出版局领导下,以邓小平理论和"三个代表"的重要思想为指导,始终坚持"为人民服务、为社会主义服务"的方针,坚持把社会效益放在第一位,力争实现社会效益与经济效益的统一。目前,出版社除具有传统图书出版功能外,已经向数字化出版迈进。自建社以来,累计出版各类高层次、高质量的学术专著、高校教材、工具书和高品位文史读物和普及类读物2100多种,获各种奖励128项。其中,具有原创性和独创性的图书曾获得第十一届、第十二届、第十三届、第十四届中国图书奖,另有81种图书获全国优秀畅销书奖、国家教委人文社科研究优秀成果奖、河北省社会科学优秀成果奖、河北优秀畅销书奖等各类省部级奖项。

河北大学出版社在大力开发国内市场的同时,还积极与境外出版机构合作,输出了《大江大河传记丛书》(6种)、《中外著名科技公司传记丛书》(2种)、《科学文化之旅丛书》(2种)、《原生态中国节丛书》(2种)等,引进了《欧洲大学史》(第一、二卷)、《增进能力秘诀丛书》《新丰田生产方式》等共计数十种版权图书,特别是《欧洲大学史》,是我社独家引进中文版权,国内教育史学界知名教授翻译,全面反映欧洲大学发展历程的一套国际教育史学界权威巨著,具有重大的学术价值,国内各大媒体对该书的出版进行了全方位的报道。

二、出版特色

河北大学出版社作为我省首家大学出版社,出版大中专教材和学术专著译著是我社的一个重要出版方向。作为高校出版社,河北大学出版社始终坚持为教学、科研服务,出版了大量学术著作和高校教材,为本校和本省的学科建设、学位点建设、科学研究作出了贡献。高校教材出版成为我社的一个特色,其中《大学语文》《大学文科数学》《大学体育》《思想道德修养》《马克思主义哲学原理》《信息技术基础》等教材已在全省各高校广泛使用,《文学批评学》《文学批评名篇选读》《教育社会心理学》被列为国家"九五""十五"规划教材。此外,我社还出版了大量的中小学教材教辅,特别是两个重点项目——中小学《信息技术》和新课标初中《语文》获得教育部立项通过,《语文》获教育部最终评审通过,为我社的长期发展奠定了坚实的基础。

在不断提高社会效益的同时,河北大学出版社也下大力气抓好经济效益,努力做到社会效益和经济效益的最佳结合。

三、五年改革发展历程和成就

根据《中共中央 国务院关于深化文化体制改革的若干意见》精神和《教育部 新闻出版总署关于高校出版体制改革的实施方案》以及河北省新闻出版局改革和发展领导工作小组提出的建议,我社专门成立了体制改革小组,无论是在指导思想、基本原则、政策理论以及实际工作运转等方面,都做好了积极充分的准备,顺利完成了转企改制工作,并于2009年11月23日正式成立河北大学出版社有限责任公司。改企后的出版社,重新确定了图书出版方向,对编辑部门和发行部门进行整合,优化组合,实行出版事业部制。出版事业部在出版社领导下,按照规定的出版范围和出版结构,以编辑业务和市场营销为主体,以责任为中心,按照责、权、利相统一的原则进行经营。

根据国家有关规定,出版社对企业编制人员和聘用制工作人员重新签订了劳动合同,理顺了出版社与职工之间的劳动关系,明确了出版社与职工之间的权利、责任和义务,并按照现代企业管理制度重新确定了企业合同人员的工资标准,为企业合同人员办理和补办了社会养老、医疗保险、大病统筹等五险手续,以保障职工们的合法权益,解除他们的后顾之忧,为进一步全面推行工资制度改革做了一些基础性工作。

河北大学出版社"十一五"期间共出版新书、再版及重印图书996种,出版总量为1824.2万册。其中:《避暑山庄》《华夏江河传记丛书》列入2008年度省新闻出版局冀版精品出版工程选题;《你不知道的奥运趣事》《国家大道——中国高速公路建设发展纪实》列入2008年度河北省委宣传部重点公益性选题;《新农村文化知识手册》等共15种图书2008年至2010年连续3年列入新闻出版总署农家书屋重点出版物。

十一五期间获奖情况(共7项):

1.《信息技术课程论》,获第七届全国高校出版社优秀畅销书奖

2.《紫金山天文台》,获国家图书馆文津图书奖

3.《欧洲大学史》第一卷《中世纪大学》,获2008年度引进版社科类优秀图书奖

4.《澜沧江怒江传》,获2008年度输出版优秀图书奖

5.《跟妈妈学会计(修订版)》,获2010年度全行业优秀畅销品种

6.《新农村文化知识手册》,获2009年度全行业优秀畅销品种

7.《过冬老鼠》,获新闻出版总署2010年(第七次)向全国青少年推荐的百种优秀图书

河北大学出版社将继续发挥高校出版社的特色和特长,为高校教学、科研和经济文化建设服务,挖掘燕赵传统文化并加强优秀出版物的出版,进一步加快改革步伐,努力探索市场化的道路,朝着"小而特、小而优、小而强"的目标努力奋进。

内蒙古大学出版社

"十一五"期间,内蒙古大学出版社在学校党委和行政的正确领导下,在自治区新闻出版局领导的关心和支持下,社领导班子带领全社同志以"三个代表"重要思想统领出版工作,认真学习和实践科学发展观;在图书出版工作中认真贯彻党和国家有关方针、政策、法律、法规和各项管理制度,在"坚持正确方向、服务教学科研、突出民族特色、体现学术品位"的办社理念指导下积极调整图书结构,有效利用出版资源,提高产品质量,实施精品战略;根据国家新闻出版总署和教育部关于大学出版社转企改制工作的安排,积极稳妥地推进转企改制工作。进一步完善内部管理制度,加强职业道德建设,增强市场竞争能力,使出版社各项工作均取得了较好成绩。

一、基本情况

出版社成立于1985年,由内蒙古大学主办、内蒙古自治区教育厅主管。出书范围是:蒙汉文大中专教材,蒙汉文地方课程中小学教材,蒙汉文自然科学和社会科学著作,综合性图书和中小学教育用书及工具书。现有员工40人,其中在编14人,聘用工26人。内设机构有:综合部、编务部、编辑部、出版部、发行部、财务部、审读室。总资产2800余万。

"十一五"期间,出版社始终坚持正确的政治导向,把社会效益放在首位;遵循市场经济规律、教育发展规律和图书出版规律,坚持"以蒙汉文大中专教材为主体、以蒙古学学术著作为特色"的图书出版结构。"十一五"期间,出版社共出版图书1668种,其中新书1036种(汉文827种,占80%;蒙古文209种,占20%),再版632种。在出书总量中:蒙汉文教材占41%,蒙汉文学术著作占30%,中小学教辅材料占20%,其他类占9%。以上数据说明,出版社图书结构的调整已取得预期成效。

"十一五"期间,出版社图书发行码洋一直稳定在5000万元左右,销售实洋3000万元左右。在区外市场,通过细化与各省新华书店及省级图书批销中心的业务合作,使业务关系更为紧密。在区内,实行了图书销售的项目管理,营销人员按照图书类别和地区进行责任分工,与图书策划责任人制度相配合,大大提高了图书的出版效率和经济效益。

"十一五"期间,出版社对图书印制进行了目标化管理,加强成本控制,加大成本核算力度;大印量图书的印制引入招标机制,经过一系列措施的实施,使印制成本大为降低,从而增加了图书的利润空间。

"十一五"期间,出版社有十种图书入选国家"十一五"重点图书出版规划;有十种蒙古文教材列入国家"十一五"规划教材;22种图书分别获得"内蒙古自治区哲学社会科学优秀成果首届政府奖获奖成果"一、二、三等奖;6种图书入选内蒙古自治区"五个一"工程优秀作品奖;4种图书获得内蒙古第二届政府出版奖(图书奖);1种图书获中国政府出版奖提名奖。

二、认真学习实践科学发展观,积极稳妥推进管理体制改革

自2007年以来,按照教育部和新闻出版总署的要求,出版社组织全体员工认真学习党中央、国务院有关文化体制改革的文件精神,统一认识。按照教育部《实施方案》《规程》的要求,学校于2009年4月成立了以学校主要领导牵头的出版社转制领导小组;制定了《内蒙古大学出版社体制改革方案》,以学校党委文件形式下发;并上报教育部和新闻出版总署批复同意;顺利完成清产核资、资产评估、资产评估备案、更名预核准、公司管理机构设置、高管聘任、企业工商登记

等工作。顺利完成出版社改制工作,为出版社的发展注入了新的生机与活力。

积极探索,努力建立和完善与现代企业制度相适应的管理体制和法人治理结构。在深入调研、讨论和充分征求意见的基础上,制定了《内蒙古大学出版社有限责任公司岗位设置、人员聘任及薪酬分配方案》《内蒙古大学出版社有限责任公司员工绩效考核办法》《内蒙古大学出版社有限责任公司事业部管理与分配办法》等一系列内部管理规章制度。在努力提升出版能力、适应市场需求的同时,加强流程管理,防范可能发生的各种风险。一是完善了编辑流程管理制度,严格合同和书稿档案管理,修订了出版合同,细化了相关的管理环节,出台了《出版工作流程管理的规定》《审读工作制度》,并以有力的措施将三审三校制度加以落实;二是健全了异地印刷管理制度,制订了《委印、委托发行管理制度》。

积极推进人事制度改革。出版社坚持公开招聘关键岗位的人员,对招聘新增人员一律采用合同制,试用三个月合格后正式录用签订合同,实行同工同酬,并为聘用职工办理了"五险",解除了聘用职工的后顾之忧。同时,加强用人管理,对不能完成相应职责的聘用工予以解聘,真正做到能进能出。进一步加强营销部、图书代办站、储运组的岗位目标管理责任制,把个人收入与劳动量和效益直接挂钩,更好地调动了员工积极性并在一定程度上降低了成本。财务管理水平有明显提高,初步具备企业财务管理能力,能为出版项目的决策提供成本核算及风险预测。

三、坚持正确导向,实施精品战略,服务自治区经济文化建设

充分发挥内蒙古地区高校和科研机构优势,积极配合自治区民族文化大区的建设,把蒙古学著作和能体现地区民族特色的学术著作的出版作为实施精品战略的重点。组织出版了一批有较高学术价值的精品图书。围绕蒙古学组织策划了《内蒙古珍宝》《内蒙古通史》《蒙古民族全史》(16种)、《蒙古及北方民族史史料学》《内蒙古大学民族学研究丛书》《蒙古史词典》《草原寻踪·内蒙古文物考古发现丛书》《蒙古民族通史》(蒙译本)等一系列具有民族特色的优秀重点选题和大型学术著作。截至"十一五"末,我社运作的重点出版项目有50个。其中,《内蒙古通史(蒙文版)》等17种图书列入自治区蒙古文图书重点出版五年规划(2009—2013年);《蒙古历史文献汉译丛书》《蒙古秘史词汇研究》《匈奴语研究》《江格尔民俗研究》《蒙古族传统物质文化保护与开发利用》《内蒙古外文历史文献丛书》等10种图书申报了国家"十二五"出版规划。

服务民族教育事业,做好蒙古文教材出版工作。作为少数民族地区的大学出版社,出版社多年来一直承担着自治区大中专院校蒙文教材的出版工作,蒙文教材的出版,由于品种多,发行量少,一直处于亏损状态,但出版社一直秉持为民族教育事业服务的理念,在没有民族文字出版补贴的情况下,坚持蒙古文教材的出版,"十一五"期间,出版蒙古文教材新书及重印书品种超过300种,为自治区及北方民族地区的民族教育事业作出了自己的贡献。

积极参加自治区"草原书屋"工程建设,自2008年以来,出版社本着出版为自治区经济、文化建设服务的宗旨,积极参加"草原书屋"工程的建设,我们按照农牧民"读得懂、用得上"的要求,开发了近30种"三农"类图书。《北方地区农民培训读本》(五种)、《农村牧区畜牧兽医教程》(七种)以及一批适应牧区群众要求的蒙医、蒙兽医的蒙文图书颇受读者欢迎,为满足农村牧区读者需求作出了贡献。

提高书籍装帧设计水平,狠抓印刷质量,使出版社出版图书的装帧印制质量明显提高。"十一五"期间,出版社出版的图书在印制质量上有所提高,图书开本、版式设计、封面装帧均有明显改进。

四、加强教材开发力度,服务教育事业

为了进一步实现大中专教材的出版主体地位,更好地对高校教材进行组织规划和调动教师编写教材的积极性,出版社按照专业分工组建了近20个编委会,重点策划和组织了一批自治区规划教材,其中出版了计算机专业教材25种;大学生文化素质教育教材18种;大学公共课教材16种;专业外语教材3种;工程图学类教材9种;写作系列教材7种;大学英语基础教程8种。师范类基础教材、文艺理论教材、职业技术学院基础教材40种。

中小学地方教材一直是出版社教材开发的重点之一。根据自治区课程改革形势,我们先后组织开发了《中、小学信息技术》《民族团结与法制教育》《科技制作》《工艺设计》《广告设计》《布艺设计》等,满足了自治区基础教育改革的要求,使出版社形成了初具规模的教材体系和选题积累。

集中力量开发了一批面向市场的教辅图书和学生用书。其中《达标作业——小学》(1—10册)、《同步训练——小学语文》等教辅图书得到市场认可。出版社开发的《中小学寒暑假作业》,发行码洋突破500万。

五、其他工作

努力争取各种类型的项目资助。"十一五"期间,出版社加强了选题立项工作,积极争取国家、自治区和其他有关部门的项目资助,配合自治区文化大区的建设,积极走出去,争取重要出版项目,与自治区党委宣传部、社科院等单位以及鄂尔多斯、呼伦贝尔等地达成出版协议,初步协议资助金额达到200余万元。

"十一五"期间,经过全社职工的辛勤努力,内蒙古大学出版社的工作取得了一定成绩。但是在图书市场竞争日益激烈的今天,作为一家地处边疆少数民族地区的大学出版社,面临着经营规模偏小、选题积累不足、策划能力薄弱、发行网络不健全等急需解决的问题;出版社体制改革的完成,也有助于我们建立现代企业制度,扩大企业自主权,增强企业竞争力,更好地参与市场竞争。因此,我们既要清醒地看到自己的不足与差距,扬长避短,更要把握改革带来的发展机遇,加快发展步伐,为自治区教育发展服务,为内蒙古地方经济和社会发展贡献我们的力量。

大连海事大学出版社

大连海事大学出版社成立于1986年11月,由中华人民共和国交通运输部主管,大连海事大学主办,为交通运输部所属唯一一家大学出版社。

建社二十余年来,在交通运输部、教育部、国家各级新闻出版管理部门和主办单位的正确领导下,大连海事大学出版社遵循为交通教育教学、科研服务的办社宗旨,以大连海事大学为依托,积极面向水运类大中专院校及水运企事业单位,发挥交通行业优势,逐步发展成为以远洋运输、航运管理、海事外语、海事法律和内河运输类图书为主体的特色鲜明的大学出版社,出版了一大批精品图书,被誉为"水运类优秀图书的源泉"。

"十一五"期间,大连海事大学出版社不断巩固"水运"出版特色和优势,先后出版了《全国内河船舶船员适任考试培训教材》《海船值班机工适任培训教材》《海船值班水手适任培训教材》《教育部高职高专教育教学改革试点专业教材》《航海类专业精品系列教材》《交通职业教育教学指导委员会推荐教材》《全国海船船员适任考试培训教材》《海船船员适任考试自学教材》《海上非自航船舶船员适任培训教材》《海船船员专业培训教材》《海船船员专业培训考试指南》《海船船员轮机工程专业适任评估教材》等系列教材,涵盖了水运教育的各个层次,较好地满足了大中专院校教学、企业职工培训和船员适任考试的需要。

在巩固"水运"出版特色和优势的基础上,大连海事大学出版社以大学外语类教材为重点,积极开发非水运类选题。《现代大学英语标准同步辅导(精读)》《新视野大学英语(读写教程)全程辅导》《大学英语四、六级考试教程》《英汉翻译高级教程》等教材的出版发行,满足了一些高校外语教学的需要,扩大了我社在高校外语界的影响力。

"十一五"期间,大连海事大学出版社坚持把社会效益放在首位,恪守办社宗旨。由出版社提议设立的大连海事大学学术著作出版基金,截至"十一五"末期已资助出版学术著作近90种,解决了高质量学术著作出版难的问题,推动了学校学术水平和教师队伍素质的提高。出版社因此连续8年被评为大连市学术著作资助出版和奖励工作先进单位。出版社还坚持每年资助出版校内教材10余种,保证了学校教学工作的正常进行,促进了教学质量的提高。出版社坚持从学校工作大局出发,对教材实施较低的定价标准,努力减轻学生负担。此外,大连海事大学出版社坚持从事社会公益事业,先后向阜新地区、中国光华科技基金会"书海工程"、贵州凯里学院等捐赠图书;在抗震救灾、抗旱救灾和各类扶贫活动中,出版社及全社员工能够慷慨解囊,奉献爱心。

"十一五"期间,大连海事大学出版社积极实施精品工程,努力提高图书质量。共出版国家重点图书规划项目1种;国家级规划教材27种;有20种图书荣获省部级优秀图书奖,6种图书荣获大学版协等评选的行业优秀图书奖。

"十一五"期间,大连海事大学出版社坚持对员工进行思想政治教育和业务培训,不断加强内部制度建设,积极改善办公条件,促进了出版社的可持续发展。

大连理工大学出版社

一、坚定信念,以积极的态度迎接改革

大连理工大学出版社在2004年开始着手改革,于2005年3月顺利转企改制为大连理工大学出版社有限公司,并按现代企业制度规范经营,成为首批大学出版社改革试点单位。也是全国大学出版社转企改制最早的一家,比高等学校出版社改革实施方案下达提前两年完成转企改制各项任务,在全国高校出版社中起到示范作用。

当听到中共中央宣传部、新闻出版总署、教育部等相关部委提出要在新闻出版界进行改革试点,大连理工大学出版社是改革试点单位之一的消息时,我们的心情是忐忑的,改什么?怎么改?改革能够带来什么?是我们心里最大的问号。但十一届三中全会以来,改革激发了全社会的活力,使中国发生了天翻地覆的变化是摆在我们面前的不争的事实。于是,社班子在各级领导的支持下统一认识、理清思路,积极营造良好的改革氛围,使大家逐步形成共识:"早改革、早发展,全面改革、全面发展,深化改革、加快发展";"改革激发活力,改革创造效益"。最终使大家明白改革符合我们的根本利益和长远利益,从而坚定改革的信念,自觉增强改革的责任感、紧迫感和使命感,热情支持改革,主动参与改革。思想的解放、认识的统一,使改革获得了广泛而可靠的群众基础和力量源泉。

二、抓住根本,以探索的精神实践改革

在改什么、如何改的问题上,我们通过学习和研究认识到,文化体制改革,就是要不断破除制约事业繁荣、产业发展的体制性障碍,建立与社会主义市场经济和社会主义精神文明建设相适应的新体制,我们的努力方向就是要着力在体制创新上下工夫,紧紧抓住制约和影响发展的重点难点问题去实践改革。

首先,我们按照《公司法》的要求,进行了内部组织结构的调整。建立了董事会、监事会、经营班子分权制衡,协调运转的现代企业管理体制。董事会是出版社的经营决策机构,要保证出版社的正确出版方向和办社宗旨,确保出版物内容与导向的正确和国有资产的保值增值。监事会对董事会及其成员、经营班子行使监督职能。社长在董事会的授权范围之内,经营管理出版社,处理出版社对内对外事务。为了确保职工参与出版社重大事项的决策及对出版社管理层的监督,维护职工权益,出版社董事会、监事会各设有一名职工代表董事和职工代表监事,两个代表均由职工大会民主选举产生。

通过对出版社法人治理结构的改革和完善,不但确保了出版社各位董事尽职尽责,依法行使权利,履行职责并承担义务,也加强了出版社董事会对出版社的领导与决策能力。

其次,参照当时国内公司制企业的通行做法,并结合实际情况,从制度建设入手,制定了一系列规范的管理制度。基本管理制度出台后,出版社以基本管理制度为依据,分别制定了出版社的人事、财务、薪酬、合同管理以及固定资产管理制度等具体的管理制度、工作条例、实施细则或暂行规定。一系列制度的出台,使各项管理更加规范和科学,为大连理工大学出版社的发展打下良好的基础。

三、快速发展,以丰厚的效益力挺改革

改革不是目的,而是促进发展的手段和动力。我们在推进改革中,始终把"坚持社会效益和

经济效益双丰收"作为检验改革成效的主要标准,坚持立足实际,不追求形式,努力谋求实质性效果。"十一五"以来,我们在改革中一直强调社会效益要重在确保坚持正确的出版导向,经济效益要重在确保国有资产的保值增值,并始终坚持"导向是命、创新是魂、内容为王"。我们认为,改革成果要经得起历史的检验,出版改革的真正成效是多出好书、培育人才。

事实证明,我们的改革道路是正确的。"十一五"以来,大连理工大学出版社越来越多的图书获得各级奖项,社会效益与经济效益显著提高。"十一五"以来,我社获得国家、省部级优秀出版物奖十余项;115种图书入选教育部"十一五"国家级规划教材,5个系列、30种图书列入新闻出版总署"十一五"国家重点图书出版规划,9种教材入选国家精品教材;两个系列丛书入选"十二五"国家重点图书出版规划;2009年、2011年两次获得国家出版基金资助。

改革以来,我社经济效益也一路走高,2006年至2011年,销售码洋、销售收入、税前利润、净资产额等指标大幅度提高,增长迅速。销售码洋从1.2亿元增长到2.9亿元,增长了1.7亿元,年增长率为12%;销售收入从6497万元增长到15000万元,增长8503万元,年增长率18%;利润从320万元增长到2500万元,增长2180万元,年增长率51%;企业净资产从2249万元增长到8632万元,增长6383万元,年增长率31%。

四、贯彻《决定》,以全会的精神引导改革

党的十七届六中全会审议通过的《中共中央关于深化文化体制改革、推动社会主义文化大发展大繁荣若干重大问题的决定》,对我国文化改革发展进行了战略部署,充分体现了我们党对所肩负的历史使命的深刻把握、对国内外形势的科学判断、对文化建设的高度自觉,是当前和今后一个时期指导我国文化改革发展的纲领性文件,更是我社在改革的道路上统一思想、凝聚力量、深化改革、加快发展的指针。

我们认为,在贯彻落实全会精神上,作为中小型的大学出版社,应以弘扬学术为根本,以服务于大教育为特色,打造核心竞争力;必须从大学理念出发,确定自己的发展战略和办社道路,这是科学的选择,也是现实的诉求。

在认真学习六中全会精神过程中,我们认为,必须走壮大出版主业的道路,出好书、造精品,以满足人民精神文化需求,要在专业化出版、规模化增长、大众化出版、国内外市场开发等四个方面,使我社完成由小生产方式向扩大再生产方式转变;由单一的市场增长向广义的市场和非市场增长方式转变;由单一主业增长向结构性增长方式转变;由单一的产品经营方式向资本运营的方式转变,培养高度的文化自觉和文化自信。

要实现文化大发展、大繁荣,首先要使我们自己的事业大发展、大繁荣,为此,我们开始寻找走向新境界的三个逻辑起点——理念、定位、战略。

理念——每个出版社都会有自己的理念体系,但我们强调这样一个理念:我们不只是在做出版,我们更是在做文化产业。因此,我们必须尊重文化产业的基本规则,比如"产品研发"、市场开发;比如注重创意、内容、人才、资本的关系等。

定位——基于主体进行定位,明确我们是谁? 我们的使命是啥? 基于品类进行定位,聚焦一两个细分市场做深做透,培育市场竞争能力;基于受众进行定位,明确我们擅长什么? 我们为谁而做?

战略——为实现我们的目标而划定制胜的路线图。

为了投入文化大发展、大繁荣的大潮,我社的战略选择是:依托教改实践,实施教育服务战略;坚持学术为本,实施精品出版战略;发挥学校优势,实施品牌推进战略;立足高等教育,实施目标市场战略;关注数字出版,实施适度创新战略。通过五大战略的实施,打造大工社的图书品格与特色,构筑大工社的核心竞争力,保证大工社的科学发展。

为了战略目标落地,我社的道路设计是:

第一,坚持特色和品牌,通过改革和发展不断增强大学出版社的核心竞争力。我们要发挥大连理工大学这个母体的最大优势,与教育教学、科学研究和学科建设紧密联系,打造自己的出版特色和品牌。坚持"主业突出,专精结合"的特色化发展思路。

第二,加强与兄弟大学出版社之间多种形式的协作、合作或联合,推动在出版各个环节上的联合与协作,共享出版资源及营销渠道,通过产业化、集团化的互补、互惠、互利的方式,走出一条双赢或多赢之路。

第三,改革不能淹没使命,要坚守大学出版的崇高追求,发挥深刻理解学术研究、传承文化的作用,推动中国文化的大发展大繁荣。大学出版社的这种社会责任和传统是一定要坚持和发扬的,大学出版社千万不要忘记了自己所依赖的文化母体——大学。它是一个不断产生思想、不断产生梦想的地方,与大学和研究机构的天然联系是我们从事出版工作的很大优势,也是其他出版社很难争取到的优势。

第四,要关注、跟踪出版业的"业界创新",对出版业已经出现和可能出现的技术创新、运营创新、市场创新等要保持高度的敏感。我们认为,目前正处于出版业革命性变革前夜,忽视业界创新,有可能给我们发展造成严重损失,甚至走上"不归路"。

第五,要结合"业界创新"探索内部管理体制机制创新,这是出版社在改革过程中提升"自组织能力"的核心手段。比如薪酬体系的设计、出版流程的规范、编辑队伍的成长机制、质量保证体系的完善等,都需要与时俱进。

东北财经大学出版社

"十一五"是我国出版产业发展的关键时期。东北财经大学出版社(以下简称东财出版社)借力国家出版产业发展政策,按照出版产业发展形势的要求,逐步建立现代企业制度,通过改革绩效考核制度激发企业内部活力,通过规范工作流程、完善管理制度提高企业市场竞争力。出版社坚持专业化的产品、专业化的管理和专业化的人才的发展格局,以集约化的出版方式,产品质量、产品结构与产品规模并重的方针,灵活有效的市场运作方式,出版了大量社会效益和经济效益俱佳的图书,成长为专业资源精深、品牌特色鲜明、社会影响力持久的专业出版社。

一、结合战略定位,制定发展模式

多年来,东财出版社始终坚持"财经专业教育出版"的战略定位和"专业性、开放式、国际化"的发展模式。这样的战略定位和发展模式更切合自身实际,并能够真正确保可持续发展,而不是一味地做大,丧失自己作为出版企业的核心竞争力。

东财社如何在出版业务中体现和执行"专业性"呢?其一,是立足财经领域,坚持专业化发展,致力于在细分市场上创立和拓展品牌;其二,作为专业出版机构,人员、运营、业务流程、工作质量都要力求专业、精到。"开放式"是整个发展模式的双翼,通过开放办社的思路,在开放的空间中寻找读者、作者等关键的出版资源,以及丰富图书结构、扩充图书品种、强化支持体系、拓展媒体介质等,加速了从依赖部委资源到自主开发选题这段阵痛期的过渡,坚持了出版社的特色强化和品牌树立。"国际化"是十几年以来一直坚持的模式,除了引进、输出版权和开展合作等业务层面上的国际化之外,还努力借鉴和吸收国际先进的专业教育出版运营方式和成功经验,在资源、市场和经营管理等多个方面开辟交流、合作与借鉴的渠道。

正是坚持了科学、合理的战略定位和发展模式,才有效地促进了出版社的图书产品从资源约束型向市场主导型的根本转变,使出版社真正走上了立足专业化的良性、稳定的发展道路。

二、优化产品结构,打造财经精品

近年来,东财出版社不断加强选题开发和市场开发,优化产品结构,以社会效益为先,努力形成一个以涵盖经济学、管理学门类下各学科专业、各种教育形式和教育层次的图书产品体系,以此为主干,带动财经学科的高水平学术著作以及面向实务界、满足终身学习需要的财经专业图书产品这两个侧翼,形成主辅分明而又互相促进的结构体系。

出版社不断加大新型高等教育教材、高端学术图书以及优质专业图书的选题开发力度。紧跟国内高校教育改革实践,目前已开发教学用书100多个系列,在售图书近2000个品种,面向研究生、本科、高职高专、中职等多个教育层次和全日制普通教育、职业技术教育、成人教育、远程教育、专业后续教育等多种教育形式覆盖全国大部分高校,跻身国内高质量财经教材出版单位的前列。

在引进版图书方面,注意外版项目本身的合理结构以及它与本版项目之间的契合程度。到2011年底,我社已与国际著名的出版集团达成版权项目近600项,版权引进也由最初的英美等国扩展到日本、韩国、加拿大、澳大利亚、阿根廷等国家以及我国台湾地区,成为国内引进版经管图书出版的强社之一。其中,关注全球经济热点的引进版学术丛书更是汇聚国外名家名著,16种图书先后入选2011年度和2012年度国家出版基金资助项目。

出版社每年投入大量资金出版财经学术著作,近几年平均每年出版三十左右种纯学术作品。策划组稿过程中,注重在内容上严把质量关,要求观点与成果具有原创性、前沿性,其中不少观点与成果填补了国内该领域研究的空白。在出版运作上成系列、上规模连续出版,也有力地支撑了专业品牌的形成和扩张。

在财经专业图书领域,出版了一系列畅销的财经培训用书和财经职场小说。其中,《小艾上班记》上市一年累计销量就达到10余万册,荣登当当网和卓越亚马逊网会计类图书畅销榜第一名,并荣耀当选"当当图书榜终身五星书"。

三、整合专业资源,探索数字化发展

作为较早采用信息技术的出版社,东财出版社一方面充分利用信息技术进行社务管理,推进计算机辅助办公、内部管理系统等的建设,以提高管理效率和管理质量;另一方面还积极拓展与信息技术相关的出版领域,大力发展数字出版,开拓网络出版。

2006年,基于局域网的管理信息系统完成升级改造,实现了选题、编务、出版、发行、财务、仓储等全程计算机网络化管理,可以及时掌握图书出版、发行、库存、收付款情况。出版社还自主开发了"人事管理系统""回款管理系统""退书管理系统""库存管理系统""图书进度管理系统"等应用程序,大大提高了相关环节和部门的工作质量和工作效率。

2006年,电子出版中心成立,至今已制作了以教学视频、操作示范、听力音频、助学软件、计算机程序源代码以及正在设计开发的自测题库等为主要内容的电子出版物共计150余种;2002年开始,出版社与北大方正Apabi系统合作,制作了2000多种电子图书在网络上流通,相当于一个中型图书馆,电子出版与纸介质出版形成了良好的互动局面。2012年4月,经新闻出版总署批准,出版社获准从事互联网出版业务。电子出版权和网络出版权的资质利于出版社以数字化、信息化等现代教育技术为手段,以网络信息化为载体,构建基于互联网的教学、管理、学习平台。

四、探索制度改革,提升企业活力

东财出版社在对市场化趋势准确把握的基础上,实施了经营管理体制、干部制度、人事制度、业绩考评和奖励制度等全方位的综合改革,改革涉及出版管理的各个环节,已经基本形成了科学合理、运转有效的竞争机制、激励机制和管理机制。近几年,在既有的制度框架下,又针对不断改进的战略目标和工作流程制定和完善了相应的实施细则,使各项制度更加灵活、高效和具有可操作性,实现了人力资源管理的科学化,绩效考核的动态化、程序化和规范化。

通过锻炼和业绩考评,出版社将一批有强烈责任感、敢于创新、勇挑重担的三十多岁的年轻人提拔到重要岗位,在出版社16个中层管理岗位上,三十多岁的年轻人有11人,实现了中层干部的年轻化和专业化;员工在工作中的积极性、自主性、创造性、团队精神都得到了有效提高,对自己的定位也更趋准确。整个集体呈现出一种进取、合作、应变、关注自身与企业共同发展的局面。

五、双效并重,业绩显著

在主要经济指标稳步增长的同时,出版社的社会效益也显著提升。2010年底,我社获首批"全国新闻出版行业文明单位"荣誉称号,成为入选的三家全国大学出版社之一,三家辽宁省新闻出版单位之一。2009年,在新闻出版总署组织的首次全国经营性图书出版单位等级评估中,被评为一级出版社,并被授予"全国百佳图书出版单位"荣誉称号。

2010年,我社图书获第三届中华优秀出版物奖(图书提名奖),是出版社第6次获此殊荣;百余种图书入选普通高等教育"十一五""十二五"国家级规划教材;多套图书先后入选"十一五""十二五"国家重点图书出版规划;五十多种图书入选国家级精品课程教材、普通高等教育精品教材;十余种图书荣获"引进版优秀图书奖""输出版优秀图书奖";五种图书获首届中国大学出版社图书奖;多种图书入选"全行业优秀畅销书奖";2010年、2011年先后有十七种图书入选国家及省级"农家书屋重点出版物推荐目录"。

辽宁师范大学出版社

辽宁师范大学出版社成立于1994年4月,由辽宁省教育厅主管,是一所立足于为教学科研服务、为师范教育服务、为基础教育服务的综合性高校出版社。主要出版高等院校所需要的高校教材、教学参考书、教学工具书;出版文化科技方面的图书以及为学前、小学、中学的教育服务的教学用书等。

初创至今,辽宁师范大学出版社(以下简称辽师大社)积极依托师范优势,发挥教育特色,以读者为本,以市场为导向,在挖掘产品生命力和品牌建设方面作了积极的努力和探索。在服务基础教育、拓展师范教育、发展教学科研等方面积累了丰厚的优势出版资源,不仅在出版业站稳脚跟,而且崭露头角,实现历史性的突破,取得了良好的社会效益和经济效益。2002年,程培杰董事长荣膺"辽宁省十佳出版工作者";2004年,出版社被授予辽宁省"文明单位"光荣称号;2007年,王星社长入选辽宁省宣传文化系统"四个一批"人才;2010年,王星社长入选全国新闻出版行业第二批领军人才。

"十一五"期间是我国进一步深化改革,扩大开放,加快经济发展,不断提高国际竞争力和综合实力的重要时期。辽师大社根据我国《新闻出版业"十一五"发展规划》,认真制定了《辽宁师范大学出版社"十一五"发展规划》,继续以"把握方向、服务教学、多出精品、创立品牌、突出效益"为主导思想,总体工作思路是:明确一个定位,做好两个推进,致力三项主业,强化四种意识。

一、明确一个定位

多年来,辽师大社积极依托教育部基础教育课程辽宁师范大学中心和辽宁师范大学学科优势的有利条件,形成了以出版基础教育教材及配套用书为主,兼顾高等教育教材、学术专著、教育培训系列用书,同时稳步向学前教育、社会教育等领域拓展的明晰的图书出版结构。

"十一五"期间,出版社继续强化"为教学科研服务、为师范教育服务、为基础教育、学前教育服务、为教师和学生服务"的办社宗旨,一如既往地做好教育出版的主业。作为辽宁省重要的基础教育教材、教辅研发与出版基地,辽师版教育图书多年来在市场上形成了较强的号召力,并打造了多个系列品牌。实践证明,只有在自己的优势领域里坚持不懈地努力耕耘,才能凸显特色,形成气候,从而打造自己在图书市场不可替代的品牌地位。所以,多年来辽师大社紧紧抓住教育出版资源建设不放松,做好做强教育出版的主业,积极致力于出版各高等院校所需要的高校教材、教学参考书、教学工具书,出版文化科技图书以及为学前、小学、中学教育服务的教学用书,实现社会效益和经济效益的双提升。

二、做好两个推进

1. 积极推进出版社转企改制相关工作。

作为第二批全国高校出版社体制改革单位,2009年2月27日辽师大社改制实施方案获得教育部、新闻出版总署和辽宁省文化体制改革工作领导小组办公室的同意批复,出版社转企改制工作正式启动。

辽师大社根据中央关于文化体制改革的基本精神和总体部署,以及教育部、新闻出版总署关于高校出版社转企改制工作的有关规程,积极推进本单位的转企改制工作。2009年12月7日,辽宁师范大学出版社有限责任公司正式挂牌,标志着辽师大社在改革发展的道路上又迈出了坚实一步。

2. 大力推进现代企业制度的建立与完善。

我们深知转企改制的完成并不等于转企改制工作就大功告成。近年来,出版社在过去建章立制、强化管理的基础上,大力推进现代企业的管理模式,在创新机制、增强活力、强化管理、不断提高综合实力上狠下工夫。

出版社加快转变内部经营机制,继续深化以劳动、人事和分配制度为核心的内部改革。进一步建立健全各部门的岗位责任制,完善相关生产流程和管理制度,建立了企业职工考评制度和激励制度以及现代企业管理模式的绩效考核办法和薪酬管理体系,建立了科学完善的图书质量考核监管流程,大力推行精细化管理,加强生产环节的重点部位控制,推行成本控制和节能降耗活动,提高决策的科学化、民主化、制度化、阳光化水平,保证内部管理的标准化、科学化和效率化。一系列举措更新了观念,转换了机制,促进了管理,提高了效率。严谨严肃的工作作风正在逐步形成,以成本效益为中心的企业文化已蔚然成风,为辽师大社的健康发展提供了坚实的保证。

三、致力三项主业

辽师大社始终将基础教育教材、基础教育教辅、综合类图书等作为重点发展板块,继续巩固传统优势,做好本版图书选题的维护与培育。

1. 完善基础教育教材出版,服务新课程改革。

教材建设是辽宁师范大学出版社立社之本,作为东三省仅有的两家拥有小学国标教材的出版社之一,"十一五"期间,出版社在保证原有教材成果基础上,下大力气狠抓教材的维护与研发,进一步做好教材配套的系列丛书的制作研发,使单个的品牌成为一个品牌体系。

首先,密切关注义务教育课程教材标准的修订和公布,洞察市场变化,积极做好教材培训、系统维护等,不遗余力地做好各种教材重审、修订工作,使本版教材更加契合基础教育实际。其次,确保教材市场稳步和拓展的基础上,坚持教材出版的发展思路,并时刻洞悉政策,抢占先机,不断争取新品种教材的开创与研发。目前,辽师大社拥有国标教材两套,共计20种,省版教材覆盖幼儿园、小学、初中等各个阶段,总数近200种,辽宁省内使用覆盖率达70%以上。

2. 优化教辅图书选题,打造教辅图书精品。

随着教材出版实力的不断增强,在业已形成的新课标教材出版成果的基础上,辽师大社从选题结构、图书种类等各方面作了相应的调整,出版了适应课程改革和教学要求的中小学教学辅助用书。

2006年借助辽宁省高中课改的契机,出版社研发了《高中新课程评价与检测》系列图书,从而完善了出版社系统教辅从小学、初中乃至高中各阶段的覆盖。重质量、重品牌、重信誉使辽师版教辅图书赢得了读者的认同,并已形成了辽师大社独特的品牌优势、资源优势和市场优势,更为我省基础教育的改革与发展作出了积极的贡献,奠定了辽师大社在出版行业的地位,实现社会效益和经济效益的双提升。

3. 努力挖掘市场资源,加大综合类图书的出版比重。

辽师大社在多年的发展历程中沉积了一些优秀的选题,尤其在不同层次的教材、专著出版上有了一定的积累。为了保证出版社的均衡发展,出版社力求扩大优势出版领域和特色图书的出版比重,紧紧抓住我们的优势学科。尤其重点开发大中专教材和师资培训等教育图书以及面向市场的综合类图书,并适当铺开,在多学科、多领域中寻找创新点,做出我们的特色。同时,继续对图书市场做深入的调研和细分,并时刻洞悉课程改革的相关政策,不跟风、不粗制滥造,抢占先机,努力研发符合市场需求、贴切读者的教辅书,开拓市场图书新品牌,加快辽师大社教辅图书的市场化、专业化、系列化。

四、强化四种意识

1. 质量意识。

在市场经济条件下,提高出版物的质量是实现社会效益和经济效益的根本途径。以基础教育教材、教辅出版为主要支撑的辽师大社多年来始终保持了一种警醒和审慎的态度坚守着质量第一的基本原则,图书质量得到了稳步提升。

"十一五"期间我社再接再厉,严抓图书质量管理,不断增强全员质量意识,建立与绩效考核互为补充的图书质量奖惩制度。将图书质量管理贯穿于图书选题策划、编辑校对、印刷装帧、营销物流、售后服务全过程,采取分级管理、层层把关、责任到人的管理方法,培养广大员工细处见品质、严中见精神的职业素养。对图书质量的不懈追求,使辽师版图书无论是使用反馈还是在省局和总署的质量抽检中均排在前列,在广大读者中建立了良好的口碑,也为我们今后的出版工作提供了必备的条件。

2. 品牌意识。

面对严峻的图书市场,树立品牌意识,实施品牌战略,是出版社向市场要生存、要效益、要发展的关键之举。出版社十多年的发展也打造了自己的优势领域,尤其在教育图书的研发中树立了自己的品牌与口碑。我们要继续秉持树口碑、立品牌的发展要求,在出版各环节牢固树立品牌意识,满足读者多样化的需求,多出精品,积聚优势,争取图书市场的主动权。

3. 人才意识。

人才是出版社最重要的资源,出版社进一步树立人才立社、人才强社的观念。通过深化机构和人事制度改革,建立了以品德、能力和业绩为重点的人才评价、选拔任用和激励机制,建立健全了吸引人才、培养人才和储备人才的保障机制。

今后发展中,出版社要完善各级各类专业技术人员、经营管理人员的人才梯队建设。不但培养出一批精通出版业务、熟悉现代企业运营,具有把握市场、参与竞争能力的管理人才,同时加快培养一支对图书调研、研发、选题策划等工作都游刃有余,在对书稿编写、体系结构和内容审核上具备较强的话语权的优秀编辑队伍。

4. 数字意识。

作为传统出版者,面对数字出版带来的冲击,辽宁师范大学出版社"十一五"规划的重点之一就是要主动出击,加大对数字出版的尝试,实现传统纸介质的单媒体向多媒体转变。

我们按照音像、电子、网络出版单位的标准积极增加出版社数字出版硬件建设及人才引进,于2010年正式向新闻出版总署递交了增设音像、电子、网络出版权的申请(申请已于2011年底获批)。同时,认真做好相关领域的出版规划,积极稳妥地开展数字出版业务,争取最快、最好地出版与本社教辅资源相配套、相吻合的全方位数字辅助出版物,在拓展和延伸出版物内容和形式方面打开全新的局面。

"十一五"期间,辽师大社坚持正确出版导向,全面落实科学发展观,以发展为主题,以改革为动力,积极推进出版体制改革,各项工作实现稳步发展。在未来的发展中,辽师大社作为自主经营、自我发展、自负盈亏、自我约束的市场主体,要进一步强化辽师版图书的优势门类,提升具有出版潜力的板块,在稳步发展的基础上,继续做强做大,努力把出版社建设成为一个有学术深度、品牌亮度、规模适度的先进高校出版社。

东北大学出版社

东北大学出版社成立于1985年8月16日,是由教育部主管、东北大学主办的综合出版机构,拥有图书、音像制品和电子出版物出版权。经营范围为图书出版,图书发行,音像制品出版、发行。地点位于辽宁省沈阳市东北大学院内。

东北大学出版社现设有第一研发部、第二研发部、编校质检部、营销部(书店)、设计制作部、总编室、社务部、财务部、储运部、音像出版社等部门。现有员工40人。有编辑25人,全部为本科以上学历,硕士以上学历有11人。副编审以上高级职称员工8人。编辑涉及的专业学科包括机械工程、信息科学与自动化、材料冶金、土木工程、工商管理、安全与环保、哲学与社会科学、理科及外语等。图书出版以理、工、文、管类高校教材、教辅和学术专著为特色。

东北大学出版社于2009年开始按教育部要求进行转制,经过清产核资和资产评估,于2010年完成转制,企业更名为东北大学出版社有限公司。

1. 坚持出版方向,践行办社宗旨。建社近30年来,东北大学出版社一贯坚持"为人民服务、为社会主义服务"的方向,立足大学主业出版,以"传承优秀文化,为高校教学、科研和学科建设服务"为宗旨,秉承东北大学"自强不息、知行合一"的校训,积极开发、策划优秀的文化产品,走专业化、精品化和特色化发展之路,创建以高等学校教材教辅出版为主体、以学术著作和实用技术图书出版为"两翼"的专业性出版社,着力自主创新,完善经营机制,切实提升出版社的市场竞争力和综合实力,服务于高校,服务于社会,为提高出版物的社会效益和经济效益而不懈努力。

2. 加强人才培养,树立良好学风。加强人才招聘和引进工作,发展壮大编辑和营销人员队伍,确立人才强社的理念,加强人员培训和锻炼,不断完善人才教育培训体系,着力培养出一批政治强、业务精、懂经营的管理人才;一批头脑灵、信息通、精策划、善组稿的编辑人才;一批观念新、思路宽、肯吃苦、善经营的营销人才;形成各类优秀人才脱颖而出、人尽其才的良好环境。"十一五"期间,有1人获得"辽宁省优秀中青年图书编辑"称号;在省、市举办的编辑业务知识竞赛中有2人次获奖;有4人次获得省优秀图书一等奖;3人次获得省优秀图书二等奖;在各种期刊和学术会议上发表论文30余篇。

3. 开发出版资源,扩大出版规模。一是在图书选题策划和开发工作中,立足大学出版特色和优势,注重开发本校的优势出版资源,充分发挥高校人才优势、学科优势、教材资源优势,为母校出版了一批高水平的学术著作和优秀教材、教辅。二是积极开展与其他院校的合作,不断开展合作项目,扩展合作领域,出版了大量的本、专科系列教材、规划教材等。三是面向社会,不断开发和扩大图书市场,针对市场需要,开发、策划实用技术类图书。"十一五"期间,东北大学出版社共出版大中专教材700多种,学术专著180多种,实用技术类图书近百种。

4. 加强质量管理,重视品牌建设。在图书开发、编辑、生产制作过程中,全面贯彻质量理念,按照国家有关规定,建立健全质量保障体系并严格执行,加强各环节质量控制,认真落实质量管理措施,始终将图书出版质量保持在较高的水平。

在保证图书质量的基础上,重视加强品牌建设。主要是通过组织特色选题、策划出版系列教材、研究成果文库等发挥大学出版社的优势,逐步树立出版内容方面的特色,通过提高和严格把握书稿编校质量和印刷装帧质量,以严谨、求实的扎实态度对待教材和专著的出版,维护自己的品牌。特别注意通过加强与省内高校(尤其是理工类高校)的联系和合作,开发系列出版项目。着力营造大学社的学术出版氛围,保持大学教材和学术专著出版特色。同时,还在出版社内部加强学风建设、作风建设和文化建设,强化全员精品意识和质量意识,通过图书产品以及对外联系和影响,形成出版社自身在做事原则、行为方式、出版风格、内容驾驭能力等方面的特色和优势,通过努力,树立稳健发展、质量可靠、学术严谨的企业形象。

5. 健全营销机制,开拓图书市场。面对竞争日益激烈的图书市场,有针对性地调整图书营销机构,扩大和培训营销人员队伍,健全营销体系,强化激励机制,开辟新的营销模式和渠道。同时注意面向市场,开发适销对路的图书产品。"十一五"期间,每年图书营销的码洋和利润均较上年有所提高,增加范围在 $15\% \sim 35\%$。

6. 加强制度建设,完善内部管理。"十一五"期间,在原有内部一系列规章制度的基础上,针对形势变化、政策变化以及为出版机构改制的需要,调整、补充、完善或重新制订了一系列管理规章制度,在加强管理、严格纪律、明确责任、规范员工行为、客观考核绩效、合理分配、激发人员积极性等方面发挥了越来越重要的作用。

在"十二五"期间,东北大学出版社将在已取得成绩的基础上继续不懈努力,坚持以人为本,转变观念,创新模式,提高质量,走内涵式发展道路,不断扩大经营规模。同时注意产品结构逐步优化,重点突出高校教材教辅的出版比重,立足高等教育,兼顾继续教育,优化图书结构,促进科学发展。继续依托学校的学术优势、人才优势和辽沈的地域优势,突出标志性、原创性和普及性,打造精品图书,扩大社会影响,通过不懈努力,树立稳健发展、质量可靠、学术严谨的企业形象,将自身打造成为让管理部门放心、广大读者满意、富有良知和社会责任感的出版企业。

辽宁大学出版社

辽宁大学出版社,成立于1985年2月,2009年12月完成转企改制,更名为辽宁大学出版社有限责任公司(以下简称为辽宁大学出版社)。辽宁大学出版社,从"草台初创"到现在的"小有规模",风雨中已经走过25年的历程。现有编辑人员54人,全部大学以上学历,博士2人、硕士18人;副编审以上高级职称24人,中级职称17人,是一支业务水平高、编辑力量强的专业出版队伍。下设五个编辑部(包括辞书编辑部)、营销部、排版中心和一个图书零售书店(2002年被全国大学出版协会批准设为全国高校图书代办站)。拥有5000平方米自建的办公大楼,总资产3200万元,是国内具有一定实力的综合性大学出版社。

25年来,辽宁大学出版社始终不忘李鹏总理当年为我社题写的"出版为教学科研服务"的办社宗旨。它像一面镜子,伴随着辽宁大学出版社的成长、发展、壮大。25年来,辽宁大学出版社已出版各类图书8000余种,约85%的图书为教材、教辅、学术专著、工具书,其中有600余种图书分别获得国家图书奖提名奖、首届中华优秀出版物奖、"三个一百"原创图书出版工程奖、中国图书奖及省、市级优秀图书奖以及入选向全国青少年推荐百种优秀读物。多部图书在国内外受到好评,深受读者赞誉。同时还出版国家规划和省编职教教材300余种,被国家教育部职成司定为国家职教教材出版基地之一。2007年辽宁大学出版社又被确定为新闻出版总署国家特大型重点出版工程《中华大典》的出版单位之一(出版项目为《中华大典·军事典》)。

辽宁大学出版社具有良好的社会信誉。多次被辽宁省新闻出版局评为新闻出版战线先进集体,并被国家新闻出版总署评为全国良好出版社;2008年又被国家新闻出版总署评为全国B级(良好)出版社。

一、优化出版结构,打造优势品牌,实施精品战略

1. 辽宁大学出版社依据高校出版社特点,出版了一系列学术水平高、文化品位上乘的优秀学术专著。例如,获第四届国家图书奖提名奖的《走出疑古时代》(修订本),获第五届国家辞书二等奖的《汉字标准字典》,获第三届鲁迅文学奖及首届中华优秀出版物奖的《〈手稿〉的美学解读》,分获第七、八、九、十届中国图书奖的《中日消费者保护制度比较研究》《中国的主旋律——改革与发展》《现代新儒学研究丛书》《西藏高原森林生态研究》,分获第七、八、九届辽宁省五个一工程奖的《转轨中的经济运行问题研究》《当代大众文化论》《女性生存与女性文化诗学》,获新闻出版总署"三个一百"原创图书出版工程奖的《开发性金融理论与实践》。这些学术专著均反映了学科学术前沿的研究水平,出版后社会反响很好,对学校的学科建设大有裨益,从而扩大了出版社的知名度。此外,《满族大辞典》《日汉辞海》《英汉字典》等大型工具书的出版,也受到广大读者的欢迎和好评。特别是大学出版社转企改制后,我社依托辽宁大学学科优势,形成自己的品牌和鲜明特色,国有资产保值、增值水平稳步提高,经济实力进一步增强,在服务高校教学科研的同时,实现了自身的较快发展及社会效益和经济效益的良好结合。

2. 我社依托辽宁大学学科优势及科研力量,出版了一系列高水平、高质量、适应多层次教育教学的高校教材及教辅。如本科层次的教材、自学考试教材、高职高专教材、社会培训教材,以及与系列教材配套的教学参考书、习题集、自学辅导等教学辅助用书,并且有些教材还被列入国家级教材及省部级教材,并多次被辽宁省新闻出版局、中国书刊发行业协会评为优秀畅销书及全行业畅销书品种。可以说辽宁大学出版社出版的教材、教辅书畅销多年不衰,创下了可喜的销售业绩,已具备了广泛的社会认知度,形成了很好的品牌效应,其质量得到了广大用书师生的好评。

作为地方综合性大学出版社,如何贴近高校实际,发挥重点学科优势,为高校的教学科研服务,为辽宁经济建设服务是我社思考发展的重心任务。为此,辽宁大学出版社在资金困难的情况下,每年拿出20万元作为校内教师出版教材、学术专著的补贴。还专门设立了"辽宁大学学术出版基金"和"辽宁大学博士论丛基金",已经出版500余种图书,其中获奖图书占60%左右,逐渐形成了以经济、文史、法律、外语、计算机图书为主体的出版特色。为辽宁大学"211工程"建设与整体验收、重点学科建设、重点专业及优秀学术骨干力量的成长作出了较大贡献。

二、更新观念,推进改革,在改革中谋发展

时光流转,辽宁大学出版社现已步入全面建设小康社会的21世纪知识经济时代,2005年1月,在辽宁大学党委的领导下,出版社率先进行干部体制的改革试点,面向国内公开招聘出版社社长兼总编辑,经过笔试、答辩、职工投票等严格选拔程序,最后确定具有博士学位的董晋骞同志为出版社社长兼总编辑,并很快组建了新一届领导班子。如何在激烈的图书市场竞争中,深化改革,创新发展,提高企业经营效率,成为2005年新一届领导班子的头等重任。社委会和广大员工统一思想,认真调研,制订方案,着手改革,最大限度减少行政人员和行政开支;充实一线研发生产队伍,大力发展生产力;进一步深化和完善人事聘任制度和奖金分配制度。努力建设和谐社会,体现以人为本;经过科学论证大力调整分配政策,将编辑人员的利润指标降为零起点,为编辑开展工作提供优惠政策等,调动了编辑的积极性;进行了编辑和发行队伍的重新整合和建构,编辑人员统分为5个相对独立的编辑部,计划在适当时机转变成具有较大研发能力的出版事业部;将发行部改编为自主经营的营销部,设营销部总经理;将排版中心、书店确定为自负盈亏的经济实体,进行经营体制改革探索;采取切实有效的廉政措施,社委会成员不拿综合奖,带头大幅度降低津贴系数,不用公车上下班,不用公款变相出国旅游等。

2006年,出版社又推出旨在促进出版社跨越发展的"四大工程项目":选题项目制实施工程、营销部改革工程、图书质量保证工程、精打细算降低成本工程。几年来这四项工程逐步完善实施,并取得良好成效。

2008年7月,因辽宁大学出版社运营良好,社内外反响颇佳,经辽宁大学党委批准,本届领导班子获得继续连任资格,并进一步扩充了社委会,因而为出版社继续深化改革和发展创造了有利条件和提供了坚强的组织保障。

2009年,辽宁大学出版社全面完成了转企改制。面对日新月异的出版改革紧迫形势,辽宁大学出版社一如既往,坚持改革和发展不动摇,坚持体制和机制不断创新的发展战略,为社会主义文化事业的繁荣作出新的贡献!

三、强化队伍建设,构建和谐企业文化

加强班子及队伍建设是出版社中心工作,新一届领导班子学历层次高,年轻有为,团结一心,保证了出版社健康有序的发展。出版社的发展和竞争归根结底是人才竞争,我社进一步加大了人才队伍建设和培养力度,先后引进和招聘了一批研究生以上高学历人才,为出版社发展增强核心竞争力。为此,出版社出台了《关于新编辑责任培养制度的决定》,由资深编辑对新编辑进行师傅带徒弟式业务培养和指导,同时还两次举办了(2007、2009年)编辑培训系列讲座活动,这些举措的实施,使一批年轻人脱颖而出,成为出版社的骨干力量,解决了出版社新老交替

的问题。继续教育、学历教育、进修研修等途径,为人才成长提供事业发展平台。

四、出版社工作重点及发展规划

1. 加强管理,狠抓质量,严把选题论证制度、稿件"三审"责任制度和"三校一通读"制度及图书质量各项管理措施,全面强化出版流程规范执行力度,以确保图书出版内容质量、编校质量和印刷质量。

2. 以高校教材教辅出版为基础,进一步拓展社会培训、资格考试、高职高专及研究生选题图书范围,努力为各层次教育教学服务。

3. 加强品牌建设,多出精品图书及传世之作,做好《中华大典·军事典》出版准备工作,该项目是经国务院批准的国家重大文化出版工程项目,是传承五千年中华优秀文化的宏大载体,我社对此非常重视,凝聚集体智慧,举全社之力扎实推进,树立责任意识、质量意识、精品意识,优质高效地保障此工作的顺利完成,为社会主义精神文明和物质文明建设服务,为教学科研服务,全面提升出版社的社会竞争力,扩大出版社的知名度和影响力。

4. 在做大做强企业的同时,有计划、有步骤地拓展文化传播渠道和模式,提高辽宁大学出版社的经营规模能力和资产运营能力,盘活现有资产,促使国有资产保值增值,使辽宁大学出版社尽快完成从传统出版向现代出版的转变,以实现出版社跨越式的发展。

东北师范大学出版社

东北师范大学出版社成立于1983年8月(2001年经国家新闻出版总署批准又成立了东北师范大学音像出版社)。出版社现有员工158人。设有教育分社、教材分社、教研分社、期刊分社、质量管理与编辑加工中心、总编办公室、读者服务部、出版部、财务部、综合办公室、物流中心、激光照排中心等12个业务和行政部门。在教师教育教材、高职高专教材、大中专教材、中小学生教辅出版上正形成一定的规模和优势,在读者中享有很高的声誉。

建社以来,依据国家新闻出版总署关于高等学校出版社出版方针、任务和出书范围的原则规定,结合学校办学方向,确定了"为教学科研服务(即为东北师大的学科建设,学术成果的出版以全力支持),为教师教育服务(即为国家基础学科的发展服务,出版一批国内外知名学者的前沿性成果,提升东北师范大学出版社的学术地位),为基础教育服务(即注重师资的培养,为基础教育服务,注重素质教育)"的办社宗旨,艰苦奋斗、文明经营,出版了一大批具有较高学术价值、受社会广大读者欢迎的优秀图书,连续获得了中宣部"五个一"工程奖,第九、十、十一、十二届中国图书奖,第六届国家图书奖,国家教育部优秀学术著作奖及优秀教材奖,长白山优秀图书奖等400多种奖项。尤其是"十一五"以来,东北师范大学出版社逐步建立了一支有一定数量和相对稳定的作者队伍;加强了编辑队伍建设,更加注重政治学习与业务学习的结合,不断引进具有一定学历层次和有较强个人能力的专业人才。在此期间东北师范大学出版社也取得了显著的成绩。2006、2007年图书质量通过"国检",受到新闻出版总署表彰。其中2006年《春秋左氏传旧注疏证续》《编辑学丛书》《生活德育论》《未成年人思想道德建设新问题与对策》《汉语语义指向论稿》《课程与教学论丛书》获得了省级优秀图书奖;2007年获得首届吉林省新闻出版奖优秀图书出版奖,同年荣获"全国十佳高校出版社"(《腾讯网》《中国青年报》《现代教育报》主办的"回响中国2007年中国教育年度总评榜")。2008年《春秋左氏传旧注疏证续》再获首届中国出版政府奖图书奖。2009年《教育与数学教育:史宁中教授教育研究录》《小句中枢说》《元认知的理论与实证研究》《基础量子化学》《景观生态学》获得了第二届吉林省新闻出版精品奖。除此之外,出版社在教辅图书销售方面也取得了跨越式的发展。如《解题题典丛书》《北大绿卡》《教材动态全解》等,其中《解题题典丛书》连续畅销十一年,仅2008年一年,发行码洋就达到6000万元,实现利润400余万元,特别是在2008年5月,此套图书版权成功输出韩国,签约金额达100多万元,开了国内教辅图书版权输出的先河。2008年7月,新闻出版总署副署长邬书林在参加东北西北地区大学出版社座谈会期间专程考察了东北师范大学出版社,并对东北师范大学出版社教辅图书的出版给予了极大的肯定。

在坚持办社宗旨的同时东北师范大学出版社一直把提高两个效益作为工作目标,处理好"两个关系",即社会效益和经济效益的关系,政治方向与学术价值、艺术价值的关系,始终把政治方向、社会效益摆在首位。东北师范大学出版社认为一个部门两个效益的好坏,重点在管理上。因此东北师范大学出版社把管理工作作为重要工作来抓。在提高两个效益的工作中实行目标责任制、全员聘任制,完善社长负责制,实行集体领导、分工负责,充分发挥各科室的管理职能。东北师范大学出版社锐意改革,不断进取,在出书特色、质量、社会效益、经济效益、获得各级各类优秀图书奖励等方面都名列全国大学出版社前列。东北师范大学出版社深知质量是出版物的生命,也是出版社的生命。为了贯彻国家对出版事业提出的从数量规模增长的粗放型经营向优质高效的集约型转移的战略,东北师范大学出版社把全面提高图书质量视为深化改革的重要任务。向管理要效益,向质量要效益。通过质量来树立出版社的形象。东北师范大学出版社正以"解放思想、实事求是、与时俱进、开拓创新"为指导思想,以深化改革,推动结构调整和市场整合,促进优化升级和规模效益,在出版业界站稳脚跟,扎实发展。

总结东北师范大学出版社在"十一五"的五年里的得与失、经验与教训,我们深深体会到,只有选准自己的位置,才能有一个发展的最佳立足点;而在自己的发展方向上形成优势,才能实现稳定、强劲、持续的发展。展望未来,东北师范大学出版社更知任重而道远。东北师范大学出版社是一个充满生机和力量的团队,我们将继续深化改革,不断进取,激发创新思维,实现跨越式发展,为广大读者献上更多、更优秀的图书!

吉林大学出版社

吉林大学出版社（以下简称吉大社）成立于1983年，是全国最早成立的综合性大学出版社之一，2000年经国家新闻出版总署批准又成立了吉林大学音像出版社。

建社伊始，吉大社即以新闻出版总署有关高校出版社的规定、方针、政策、任务和出书范围为依据，结合吉林大学的办学特色确立了"为学校教学科研服务"的立社宗旨。此后，出版社始终以此为依托，在教育部、新闻出版总署、吉林省新闻出版局、吉林大学党委的正确领导下，坚持社会效益和经济效益的统一，以自身的不懈奋斗和开拓，历经二十多年的成长，不断发展壮大，造就了吉大社今日的骄人的发展新局面。

2006—2010年，是国家"十一五"规划全面推进，文化体制改革走向深入的五年。在此期间，吉大社以教育部、新闻出版总署、吉林省新闻出版局的要求、指导为导向，以把我社建设成为与吉林大学国际国内地位相称的出版社为目标，秉持宗旨，顺势而动，紧跟市场，积极推进自身体制改革，不断进行选题调整和产业升级，并在加强管理和资源整合的基础上，使出版社的各项业务有了全面的提升，保持了良好快速发展。

一、积极推进体制改革，发展迎来新的契机

吉大社是新闻出版总署和教育部确定的第二批高校出版社体制改革单位。体制改革是大势所趋，是激发出版社活力、实现出版社良好发展的重要举措，也是出版社的一项重要政治任务。

为此，从2009年开始，吉大社按照新闻出版总署、教育部对出版社转企改制工作的要求，积极主动地推进各项体制改革措施。经过认真调查研究，相继完成了体制改革的筹备、转制方案的制订，并按计划和时间表做好了转企改制中涉及的各项具体工作，切实落实好了清产核资、人员调整、机制转换等各项工作，积极稳妥地将转企改制工作一步步推向深入。体制改革是出版社发展的重要契机，一系列改革措施激发了出版社的内部活力，进一步理顺了相关管理、业务、人员关系，为出版社下一步的更大更好发展夯实了基础。

二、选题调整收到实效，推出了一系列有影响的自主图书

2006年至2010年间，在秉持宗旨、坚持社会效益和经济效益统一的基础上，面对新的出版形势和自身发展要求，吉大社立足发挥优势，紧抓市场机遇，以保持优势、自主创新、推出精品为要求对原有选题进行了调整，初步形成了出版社图书出版的系列化、板块化和品牌化。

1. 秉承立社宗旨，学术权威地位得到加强。

秉承为学校教学科研服务的宗旨，同时，为发挥自身作为综合性高校出版社的优势，经过选题调整，五年来，吉大社以学术精品为重点，出版了大批高水平的学术专著、高校教材等教学类用书，提高了出版社在学术领域的地位和影响，产生了良好的社会效益和影响。在已出版的图书中，教材占图书出版总量的42%，专著占图书出版总量的24%，两种共占图书出版总量的66%，凸显了出版社的办社宗旨。

2. 加强自主开发，实施精品战略。

在2006年至2010年间，为实现自身出版结构转型与产业升级，面对新的形势和市场机遇，吉大社对年度选题进行了整合调整，结合自身优势，在优势和看好领域逐年有计划地突出了自主开发选题的分量,推出的部分图书取得了较好的社会效益和经济效益。

首先,实现了出版模式由依托合作为主向依托自主开发为主的转变。为了使出版社真正形成自己的拳头产品、发展的自主驱动力,从 2007 年,吉大社以自主开发优先为主导思想,开始进行选题调整。通过对选题进行事先筛选、板块优化、资源整合,使出版社在教材、专著、教师用书、学生阅读、历史社科、少儿和辞书等领域形成了具有一定优势和品牌影响力的优势板块,相继推出了《日汉名著对照阅读系列》《韩汉名著对照阅读系列》《欠儿头班长》《新黑马阅读》等一系列自主开发图书。

其次,实施精品战略,优秀图书得到业界肯定。五年来,在保持编、校、审图书质量流程管理的同时,出版社以精品战略为要求,进一步加强了对图书内容、装帧、印刷质量的管理,图书质量有了进一步提升,得到了读者和业界的认可。

《教师走向成功的 22 条军规》获"2008 年全国大学出版社图书订货会畅销图书一等奖";《经济周期波动的分析与预测》《东北地方史论》《公木文集》《金景芳晚年自选集》等获吉林省优秀图书奖;《现代诗歌创作论》《中国地方史纲》《欧盟区域经济开发》《教师走向成功的 22 条军规》《中国东北对外开放》《汉语正音手册》《3S 支持下的中国典型沼泽地景观时空动态变化研究》七本图书获第二届吉林省新闻出版奖,与吉林人民出版社并列第一名。

三、出版社规模不断壮大,各项事业有了大幅提升

在各项事业不断发展的同时,出版社的规模也在不断地壮大,社内办公条件得到不断改善,员工人数不断增加,培养起了一支政治素质好、有事业心、业务能力强的出版队伍。五年间,出版社员工从 2006 的 40 多人增加到了 2010 年的 90 人,自身的图书出版能力、发行能力、盈利能力等各项能力有了很大提升,从而带动出版社整体事业的良好快速发展,每年在图书出版品种、发行码洋、毛利润等方面都能有一个大的突破。

吉大社 2007 年以前年图书出版品种仅为 100 多种,到 2010 年年出版品种达到近千种。发行码洋也由原来的不足每年 500 万元,到 2010 年达到 1 亿多元。

2006 到 2010 的五年,是国家实施"十一五"规划,推进文化体制改革向纵深发展的五年,也是出版社良好快速发展的五年。在这五年里,吉大社借体制改革契机,在研判市场和自身优劣的基础上,通过长期而有计划的选题调整,促成出版社自身出版模式的由合作向自主的转变,同时,也通过一系列加强管理、量化指标、激发活力的措施促进了自身各项能力的提升,从而实现了出版社的良好快速发展。

延边大学出版社

一、出版社概况、理念、办社方向、出版特色

延边大学出版社成立于1986年11月17日,是吉林省省属大学出版社之一,是延边大学全资创办的具有鲜明民族特色的高校出版社。

延边大学出版社(以下简称延大社)的办社宗旨,是"为高校教学科研服务,为发展民族教育服务,为地方两个文明建设服务"。

自成立以来,延大社立足本校,面向社会,出版一大批高校教材、教学参考书和参考资料、学术著作、工具书及古籍整理图书,尤其是致力于朝鲜文高校教材的出版,推动了我国高校民文教材的建设;同时,还充分发挥地缘优势,出版了一批朝汉双语研究方面的图书。1995年延边五大高校合并为新的综合性大学——延边大学,延大社也随之变为综合性大学出版社。合并后的延大社相继编辑出版了师范、人文、理工、农学、医学、体育、科技等领域的教材和学术著作。

建社以来,延大社共出版了2600多种图书。其中有80种图书在各级评奖活动中获奖,18种图书获东北三省(北京)朝鲜文优秀图书一等奖,有12种获吉林省优秀图书一等奖。

经营模式上,2000年以前延大社一直沿用事业单位的管理模式。2001年,为了更好地适应市场竞争,壮大出版社自身的规模,出版社开始采取事业单位企业化管理,通过几年的努力出版社竞争力得到明显增强。2009年底出版社完成转企改制工作,完全进入市场化、企业化运作,进一步解放和发展了生产力。

二、"十一五"期间我社改革发展的成绩与经验

"十一五"期间是进入新世纪后我国社会经济发展的重要时期,国家大力实施科教兴国战略,进一步深化改革,扩大开放,加快经济发展,不断提高国际竞争力和综合实力;与此同时,我国高等教育和出版事业也得到快速发展,给高校出版社带来良好的发展机遇。我社抓住这一历史机遇,充分利用高校独特的教育背景和出版资源,以发展为主题,以改革为动力,不断推进出版创新,取得了一定的成绩。

"十一五"期间,延大社总体工作思路是:坚持以邓小平理论和"三个代表"重要思想为指导,坚持党的社会主义出版方向,坚持为人民服务,坚持"为高校的教学科研服务,为发展民族教育服务,为地方两个文明建设服务"的办社宗旨,贯彻落实科学发展观,以发展为主题,以优化选题结构为主线,以改革创新、强化科学管理为动力,以提高出版社的综合实力为目标,解放思想、开拓创新、奋发图强,实现了社会效益和经济效益的双丰收。

以下为延大社"十一五"期间的一组对比经营数字:2006年发货2599万元,2010年发货为7104万元,增幅为173%;单本图书发货量由2006年的1万套上升到2010年的5万套,增幅400%;全年总收入由2006年的1133万元上升到2010年的2329万元,增幅为106%。

延大社在"十一五"期间的具体措施:

(一)始终坚持为学校的教学科研服务

"十一五"期间,延大社本着积极为学校的教学科研服务的宗旨,承担为学校免费出书、优惠出书的义务,共出版了150多种教材和学术著作,有力地支持了学校的科研教学工作。同时延大社在校内创办的书城也迎合了学校师生对学科前沿动态和学科信息的渴求。

（二）倾力开发图书市场，全力培育精品图书

"十一五"期间，延大社自主策划图书市场的适应度日趋完善，选题策划更为贴近市场，并从市场的可能需求当中摸索出了图书策划的基本框架，提高了选题的命中率。

延大社一手打造的 QQ 教辅系列图书，自从 2007 年 1 月陆续上市以来，经过 4 年多的历练与打磨、精耕与细作，其中的解题方法系列丛书累计发行 213 万册，基础知识系列丛书累计发行 70 万册，这两套书已经成为我社的主打产品，为图书市场和广大读者所接受和熟知。

（三）注重营销渠道建设，培养过硬发行队伍

对企业而言，营销的核心是营销人员，打造出一流营销团队是我社在十一五期间重中之重。为此延大社采取了如下措施：

1. 营销人员构成：以本科生为主，适度加大研究生的比重。
2. 营销人员的培养方向：营销的专职人员；社内选题策划编辑；出版社核心骨干及领导。
3. 营销人员的培养方式：实行培训和实践有机结合，以实战为主的动态管理。营销部实行绩效考核方案，各种指标全部量化，实行能上能下的动态用人机制，竞聘上岗。

"十一五"期间，延大社营销部苦练内功，强化队伍建设，营销理论同市场实践相结合，营销队伍上了一个新台阶，为今后发行工作的开展提供了强有力的保障。

（四）加强了北京公司管理，提升了我社市场竞争力

随着延大社市场依赖度的提高和自立选题比重的加大，北京公司的重要性日益凸显，无论是从市场动态的掌握上，还是从前期制作的环节上，无论从纸张及印刷的费用上，还是物流所需时间和费用上，北京和延吉根本不可同日而语。所以加强北京公司的管理，是提升出版社市场竞争力的重要环节，也是与其他参与市场竞争的出版社站在同一起跑线上的前提。

北京公司现有员工 33 名，其中出版业务 17 人，EEC 英语项目 12 人，后勤管理 4 人。在 33 人中，出版社直接聘任的有 9 人，公司聘任的有 24 人，出版方面出版社直接聘任的有 7 人，公司聘任的有 10 人。聘任方式的不同保证了人员的稳定性和合理的流动性。北京公司的员工每周工作 6 个工作日，每个工作日保证足额的 8 小时工作时间，每个人的工作全部量化，每个工作组的组长负责记录当天工作任务完成的情况，并由业务总监逐一核查。每周又进行一次总检。

在图书印制方面延大社建立了北京公司—总编办—印制部门—财务部紧密互动的图书印制监管体系。在涉及纸张选择、纸张价格、印刷费等资金调度问题时，坚持公开透明，以性价比高、质量第一为原则。同时，北京公司注重提升图书商品的制作质量，有效提升了图书印制质量，降低了图书成本。

现在北京公司已适应了市场节奏，成为体现延大社市场竞争力的窗口。

（五）经营方式多元化

延大社转企后，在经营方式上，不仅加大了自主开发制作及销售图书的力度，而且还经深入研究多方策划实行了共同开发制作、单方包销的合作形式，与国内知名民营图书企业世纪金榜书业有限公司、金星书业有限公司、山东星火传媒集团强强联合，共同开发选题，打造出了世纪金榜、科力英语、金牌每课通等一批优质品牌图书，实现了共赢。

（六）顺利进行了出版社"转制"工作

2009 年 9 月，根据上级规定和要求，延大社向学校提交了《延边大学出版社改制方案》。学校根据国家有关转制文件精神，开展了延边大学出版社转制工作。

2009 年 6 月，延大社委托长春岳华会计师事务所和吉林东方资产评估有限公司以出版社

2009年6月30日为界定点对我社账目和资产进行了审计、评估。2009年10月13日,延大社召开了改制工作职工大会,对改制方案予以表决通过。其次,在清产核资和产权登记基础上,到国有资产管理部门办理了改制审批手续。根据转企的需要,学校于2009年12月6日召开了党委常委会,讨论了拟建立延边大学出版社有限责任公司的董事会成员,并决定由朴秀豪同志担任延大出版社有限责任公司的董事长兼总经理。

出版社转制过程中人员社会保障和劳动人事关系的处理,遵照相关文件规定,按照"老人老办法、新人新办法"的原则,在确保队伍稳定、维护员工利益的前提下稳妥进行。并实行全员聘用制,不再增加新的事业编制人员,并将继续逐步减少事业编制。转制后,聘任的延边大学出版社有限责任公司的高级管理人员,继续由延边大学按相关干部管理规定考核聘任,学校承认其相应级别的干部任职资历,并相应记入档案工资。

(七) 完善现代企业用人机制

延大社在全面落实聘任制的同时,进一步完善了现代企业用人机制。打破了以往年龄、身份、职称的限制,打破以往论资排辈的传统思维,真正启用有德有才之士。同时我们还实行了配套的奖励机制,将个人收入与贡献率相挂钩,与实际的工作量相挂钩,上不封顶,下不保底。"十一五"期间,出版社自上而下形成了能上能下的动态用人机制,只要个人努力,不论你是何种身份何种资历,都有机会成为企业中坚。

展望未来,"十二五"期间,延大社的总体目标是以《新闻出版业"十二五"时期发展规划》纲要为指导,结合实际运营情况,把出版社建成中等规模的强社,进一步增强企业的综合竞争能力。

东北林业大学出版社

东北林业大学出版社成立于1985年3月,在国家教育部、国家林业局及东北林业大学的领导和关怀下,建社二十多年来始终坚持党的出版方针,坚持为高等学校教学和科研服务的办社方向和宗旨,秉承东北林业大学开拓进取的优良传统,依托学校丰富的学科资源优势和雄厚的师资力量及人才优势,出版了一批具有鲜明学科特色的林学、生态与环境保护、野生动植物资源保护与管理、林业机械、木材加工与利用、林业经济、农业技术等方面的优秀学术著作、高等教材及科普、应用技术类图书,逐步形成了自己的出版特色,也逐渐为广大读者所认可和接受。

"十一五"期间,东北林业大学出版社(以下简称林大社)按照新闻出版体制改革的要求,经历了由事业单位转变为企业的"转企改制"过程。面对新的形势,林大社坚持"专、精、优、特"的出版方向,及时调整出版战略,始终坚持高等学校出版社的办社方向和办社宗旨,依托学校的学科优势和行业特色,不断拓展适合自身学科特点的精品图书和精品教材的出版,在延续特色品牌图书的出版上下工夫,挖掘潜力,开拓创新,不断提升出版社的竞争力。

"十一五"期间,林大社在农林特色专著、教材出版方面形成了一定的特色和优势,出版了一批反映我国林业高等院校教学水平和科研实力,具有较高社会效益和影响的优秀学术专著,如国家"十一五"规划重点图书《中国木本植物病原总汇》,获梁希林业图书奖的《中国经济树木原色图鉴》,获黑龙江省精品工程项目资助的《中国花卉原色图鉴》(1—3卷)等,而且还围绕相关学科的教学和科研需要出版了一大批理论创新并能体现农林专业特色、社会与经济效益俱佳的教材,均得到了广大读者的认可和称赞。但由于图书的专业性和读者资源的限制,我社的图书在发行量和市场占有度方面明显处于劣势,还无法形成明显的竞争优势。

"十一五"期间,林大社共出版图书近千种,其中专著、教材类图书占新版图书的约70%。国家及省部级重点图书数十种。"十一五"期间,我社多部图书获得国家及省部级奖励,如《成长百字经》被评为新闻出版总署2010年(第七次)向全国青少年推荐的百种图书;《木质材料流变学》《麦秆表面特性及麦秆刨花板胶接机理的研究》分别获得中国大学出版社图书奖首届优秀教材、专著二等奖;《中国木本植物病原总汇》获得黑龙江省出版奖(优秀图书奖);《有机化学试验》《信息系统理论与技术》获得第二届高(中)等院校林(农)类优秀教材奖二等奖;《中国经济树木原色图鉴》获得第三届梁希林业图书期刊奖;《黑龙江植物资源志》《黑龙江省植物志(七)》《野生动物管理学》等分获得黑龙江省第十一届优秀图书一等奖等。

文化体制改革的现实提示我们:只有把握机遇,不断完善和优化发展战略,深化转换出版资源,才是林大社的根本出路。在今后的发展中,我们一方面要不断壮大出版社的实力,提高出版社的整体竞争力,要真正把专业出版社的"小"和"专业"的优势发挥出来,不断创新,不断发展,切实走出一条"专、精、优、特"的出版之路。另一方面要依托重点规划项目,继续实施精品战略,深入挖掘品牌和特色图书的潜力。作为高校出版社,我们只有继续打好"品牌战、特色战",充分发挥我社所依托的学科优势和作者优势,做强、做大已有品牌,并不断挖潜、延伸,形成以国家重点出版规划和黑龙江省精品出版工程等重点项目为依托,以林业特色教材、专著、农业科技、科普图书为支撑的出版模式,才能在日益激烈的竞争中占有一席之地。而且我们还要加快出版人才培养,为出版社的发展提供人才保证。要通过公开招聘、定向培养、业外引进等多种方式,吸引出版社发展所需的各级、各类专业技术人才,培养一批既懂经营又懂出版的复合型人才。我们通过公开招聘的方式,向全社会广泛征集优秀的出版人才。招聘进来一批文化素质好,具备相关专业知识,文字功底深厚,具有社会活动能力的新员工,及时充实到出版社一线岗位。硕士、博士毕业人员均补充进编辑室,为选题的策划和开发增添了新鲜的血液。我们还制订了科学合理的培训和培养计划,通过开办专题讲座和走访图书市场、印刷企业等多种方式全方位地培养和锻炼这批新员工,老员工则手把手地传帮带,在实际工作中锻炼他们。在当年的全国编辑职业资格考试中,我社新编辑人员的通过率在黑龙江省名列前茅。出版社还注意发挥他们的优势和特长,及时调整岗位,让他们有施展才华的机会和空间。这些人员队伍的发展和壮大,为出版社的进一步发展和提升打下了坚实的基础。

面对出版转制的新形势、新机遇、新挑战,我们要时刻保持清醒的头脑,明确目标,争取在"十二五"期间,使东北林业大学出版社迈上一个新的台阶。

哈尔滨工程大学出版社

哈尔滨工程大学出版社原名哈尔滨船舶工程学院出版社，成立于1985年2月。由哈尔滨工程大学主办，中华人民共和国工业与信息化部主管。

哈尔滨工程大学出版社拥有梯次完整的出版队伍。全社现有在职员工60人，有专职编辑35人，其中高级职称8人，中级职称24人。出版社目前设有行政总编办公室、船核特色编辑部、理工编辑部、综合编辑部、数字编辑部、出版科、发行科、教材中心、财务部和读者服务部十个部门。

哈尔滨工程大学出版社建社近30年来，始终不变的是生机勃勃的热情和无私奉献的精神。这支高校出版业的主力军始终贯彻党的出版方针，坚持正确的政治方向。以"合作、创新、责任"为座右铭，坚持把社会效益放在第一位，本着为教学、科研服务，为国防工业服务的宗旨，不断开拓进取，为我国的图书出版事业作出了应有的贡献。出版社多个系列的教材、教学辅导用书以及科技图书等在全省乃至全国都具有一定的影响，尤其是在船海类专业图书的市场开发上，分阶段、有层次的突出重点学科，在该领域内堪称国内一流。并先后获得中国出版政府奖、"三个一百"原创出版工程等奖励。

哈尔滨工程大学出版社近些年在改革方面，根据不同的岗位、不同工作要求分别实行了岗位责任制、目标管理责任制和承包责任制，先后制定了"出版社改革实施方案"和"出版社生产经营财务管理办法"，大力推行绩效管理以及一系列的生产经营和管理办法，极大地调动了职工的积极性和创造性，使图书规模和数量大大增加，进一步扩大了出版社的积累，真正做到了以书养书、以社养社。并在有了一些盈余的情况下，出版社主动出资设立了"教材专著出版基金"，以支持学校的教材建设和中青年教师优秀学术著作的出版。

2012年3月哈尔滨工程大学出版社完成转企改制，正式更名为哈尔滨工程大学出版社有限公司。出版社转企改制，也为出版社的发展带来了新的机遇和挑战。因此，如何扬长避短、推陈出新已成为哈工程大学社亟须破解的一道难题。本着为教学、科研服务，为国防工业服务的宗旨，已形成了以船舶与海洋工程、核科学与技术应用、自动控制、电子工程、机械工程、化学工程、建筑工程等学科专业的教材、学术著作、工具书、参考书为主，自然科学基础、素质教育、外语教学、计算机科学、科普读物为辅的出版格局，并始终坚持以出版船舶类图书为特色，图书重点突出"三海一核"（船舶工业、海军装备、海洋开发、核能应用），体现"专、精、优、特"的发展方针，充分将我校的学科优势转化为出版优势，尤其是我社的船舶与海洋领域（涵盖由低到高包括职工培训、本科研究生教材、学术专著、行业规范等四大层次）图书在我国大陆图书市场占有率和权威认证率常年稳居同类图书首位。累计出版船舶类图书近千种，成为国内出版该领域图书数量最多、品种最全的出版社。

经过近30年的不懈努力，哈尔滨工程大学出版社培养了一支具有现代意识、肯于钻研、勤奋向上的编辑队伍。目前，哈工程大学社每年推出新书300余种。哈尔滨工程大学出版社在选题策划上始终具有长远眼光，在新版图书大量涌现的同时，再版率已接近50%，其中有的图书销售经久不衰，重印达十多次。有的图书已形成品牌效应，为出版社的进一步发展奠定了基础。自建社以来，有近百种图书获得国家级和省部级等的奖励，受到社会各界和同行业的好评。

长期以来,哈尔滨工程大学出版社致力于船海类专业图书的市场开发,分阶段、有层次突出重点学科,形成了具有专业特色的自主品牌。"要用8～10年的时间把哈尔滨工程大学出版社打造成为全国唯一以船舶图书为特色的,具有良好信誉的出版社"是我们的办社方向。我社先后承担过国防科工委"十五"国防立项教材25种;"十一五"国防立项教材103种;"十二五"国家重点图书出版规划115种——《核(科学)技术与应用进展丛书》55种,《舰船现代化丛书》60种;2012年度国家出版基金项目10种。《舰船隐身技术》荣获第十四届中国图书奖,《潜艇光电装备技术》荣获新闻出版总署第二届"三个一百"原创出版工程,《民船国防动员技术途径探索与实践》荣获第三届"三个一百"原创出版工程,另有多种图书荣获省部级奖项,二十余种图书获行业优秀畅销书奖。

在今后的发展中,哈尔滨工程大学出版社将坚持走"专""优""精""特"的具有专业特色的发展道路,实现社会效益、经济效益双丰收。锐意进取,把握机遇,艰苦创业,为我国先进文化的建设和传承作出应有的贡献。

哈尔滨工业大学出版社

  哈尔滨工业大学出版社成立于1983年，是我国成立较早的大学出版社之一，由工业和信息化部主管、哈尔滨工业大学主办，主要出版高校教材、科技著作以及市场图书。2012年，在国家号召下，哈尔滨工业大学出版社由事业单位转企改制为企业，更名为哈尔滨工业大学出版社有限公司。目前，出版社拥有3600平方米的独立现代化办公大楼和2800平方米的大型书库；有百余名专业面广、学历层次高、经验丰富的专业人才队伍；已出版图书7000余种，承担国家、省部级"九五""十五""十一五""十二五"重点和精品图书近千种，300余种图书获得国家、省部级奖项。

  进入"十二五"时期，哈尔滨工业大学出版社各项工作取得了突破性进展，在全国纸质图书与回款都大幅下降和出版行业改制后的大社资源垄断的形势下，实现了出版规模和主要指标年增20%的发展目标。在各级重大奖项和重点项目方面取得了历史性突破：《激光器动力学》荣获第三届中华优秀出版物奖图书奖，《纵弯模态压电金属复合梁式超声电机》获得第四届中华优秀出版物奖图书奖提名奖，《超宽带天线理论与技术》荣获第二届中国出版政府奖图书奖提名奖，《模糊数据统计学》入选国家"三个一百"原创出版工程，20余种图书获得其他省部级奖项；6个系列441种图书被列为国家"十二五"重点图书，其中《航空航天精品系列图书》入选重大出版工程规划；《航天科学与工程专著系列》入选2011年度国家出版基金资助项目，《影响数学世界的猜想与问题》《诚信天下》入选2012年度国家出版基金资助项目；《材料科学研究与工程技术系列图书》入选2012年度文化产业发展专项资金资助项目；《材料科学研究与工程技术系列图书》等3个项目入选新闻出版改革发展项目库；400余种图书入选黑龙江省精品图书出版工程及书博会项目图书。

  哈尔滨工业大学出版社有限公司将遵循"传承文化，弘扬科学，服务教育"的宗旨，按照"特色鲜明，多元发展"的指导思想，坚定"教材立社，学术强社，市场兴社"的办社方针，坚持"至诚至强，尽善尽美"的理念，恪守"文以载道，书行天下"的社训，树立"快速发展，扩大规模"的信心，创造"积极向上，全面提升"的氛围，在"十二五"期间努力实现跨越式、可持续发展，力争将出版社办成国内外知名的大学出版社，为我国科技、文化、教育事业发展作出应有贡献。

黑龙江大学出版社

黑龙江大学出版社成立于2007年8月,是黑龙江省第一家企业法人出版社、第一家综合性大学出版社。出版社成立六年来,已出版社科、教材、大众类图书600余种,其中新版图书524种,占选题总量的86%;重印78种,占选题总量的12.8%;再版7种,占选题总量的1.2%。学术专著类图书占出版图书总量的29.9%;教材类图书占出版图书总量的41.2%;市场类图书占出版图书总量的6.8%。目前已实现图书码洋1500余万。

黑大社现有员工45人,下设文科、理工、外文以及新媒体四个编辑部,编辑人员中拥有硕士及以上学历比例接近90%,是一支具有高素质、高学历的出版团队。

一、依托策划精品图书系列,打造出版品牌

作为黑龙江省内唯一的综合性高校出版社,黑龙江大学出版社自成立以来积极依托黑龙江省地域优势和黑龙江大学的综合学科优势,为推广黑龙江省内的优秀学术研究成果,传播黑龙江大学学术声誉,努力成为展示黑龙江大学学术实力的平台而努力。六年来,先后策划出版了包括《国外马克思主义研究论丛》《东欧新马克思主义译丛》《东欧新马克思主义理论研究》《西方著名法哲学家丛书》《当代中国俄语名家学术文库》《高俊超艺考素描系列》以及涵盖了《东北流人文库》《黑龙江与俄罗斯文化关系丛书》《黑龙江大界江百村纪行》《萧红全集》《抗战时期黑土作家丛书》等众多子系列在内的"黑龙江历史源流与流寓文化系列"等一大批重点图书项目,其中多个项目入选国家级、省级重点图书项目,并荣膺各大图书奖项,得到了学术界和出版界的高度赞誉和广泛关注,也为出版社进一步发展奠定了坚实的基础。

同时积极开展跨行业合作拓宽自身选题渠道,如顺利完成了黑龙江省普通高等学校优秀学术著作出版资助项目(2012年已出版17部,2013年计划出版15部)的出版工作;圆满实现了黑龙江省社会科学学术著作出版资助项目(2012年12部)的出版工作;持续承揽了绥化学院学术文库的出版工作等。同时,出版社还积极通过跨媒体合作等方式策划了《叶文有话要说》《夜航十年》等一批大众类图书选题,取得了良好的社会效益和经济效益。

二、坚持特色出版理念,发展出版企业

在全国五百余家出版社和一百余家大学出版社中,黑龙江大学出版社是后来者。就整体综合实力而言,出版社自身尚处在求生存求发展的关键时期。出版社充分认识到,出版领域作为一个竞争性极大、挑战性极强的领域,唯有以特色求生存,以特色求发展,才能走出可持续经营的发展道路。因此,出版社紧密结合黑龙江省地缘优势以及黑龙江大学的学科特色与优势来确立自己的出版特色。六年来,依托学校历史悠久、根基深厚、实力强大的俄语教学与研究优势,以及黑龙江省边境与俄罗斯毗邻的地缘优势,黑龙江大学出版社积极努力在中俄文化图书的出版交流方面形成自己的特色。出版社以俄语的教学、研究为基础,整合全校对俄研究的全部资源,逐渐开拓全省乃至全国对俄研究资源,然后辐射全省,推至全国,并影响到俄罗斯国内,力争使出版本社成为国内对俄研究的重要学术成果出版地以及俄罗斯研究中国重要学术成果的引进出版基地,成为中俄文化图书出版的第一门户。在这一特色的带动下,拉动其他领域的图书出版增长,从而形成一条以特色树形象,以形象立品牌,以品牌求发展的康庄大道。目前已推出的主要出版系列包括:《当代中国俄语名家学术文库》《商务俄语专业系列教程》《俄语常用词词典》《俄语教学与研究论丛》《俄汉双向全译实践教程》《俄汉汉俄谚语手册》等。

三、广泛通过媒体协作,成功参与评奖立项

六年来,出版社通过积极参与国家级和省级的奖项评选,积累了一定的经验,从而对选题结构和方向予以调整。同时出版社还通过与多家省内外知名媒体如《中国新闻出版报》《中国图书商报》《中国社会科学报》《新书书目报》《黑龙江日报》以及东北网、黑龙江电视台等单位的合作,扩大对自身图书的宣传和影响。目前出版社已荣获多项国家级和省部级奖项,其中《国外马克思主义研究论丛》荣获第二届中华优秀出版物奖(图书奖);《当代中国俄语名家学术文库》荣获第二届中国政府出版奖图书奖提名奖以及第三届中华优秀出版物奖图书奖提名奖;《大学使命与文化启蒙》荣获第八届高校出版社优秀畅销书一等奖,2007—2008年度中华印制大奖;《智能隔震与高层隔震的理论与实验》荣获第八届高校出版社抗震救灾特别奖;爱心公益图书《大爱无疆——39小时生死时速》荣获黑龙江省精神文明建设指导委员会授予的"跨省爱心救助行动突出贡献奖";《一得集》和《拾遗集》荣获第二届中国大学出版社优秀学术著作奖一等奖;《俄罗斯艺术文化简史》荣获第二届中国大学出版社优秀教材奖一等奖;《中国传统道德举要》荣获第二届中国大学出版社优秀学术著作奖二等奖;《夜航十年》荣获第二届中国大学出版社优秀畅销书奖二等奖。《东欧新马克思主义译丛》《东欧新马克思主义理论研究》先后入选2010年度、2011年度国家出版基金资助项目;《国外马克思主义研究论丛》《满文档案文献整理集成》《黑龙江与俄罗斯文化关系丛书》《西方著名法哲学家丛书》4个项目入选国家"十一五"重点图书出版规划;《东欧新马克思主义译丛》《东欧新马克思主义理论研究》《满文档案文献整理集成》3个项目入选国家"十二五"重点图书出版规划;《东欧新马克思主义译丛》《萧红全集》《满文档案文献整理集成》《商务俄语教材系列》等70余种图书入选黑龙江省精品图书出版工程;"东北流人文库"入选黑龙江省社科规划重大委托项目。

四、多方创新管理机制,推进企业快速发展

出版社成立以来,领导班子高度重视出版社的网站和信息化建设工作,积极倡导出版新技术的引进和使用。六年来,相继完成了出版社网站、办公平台以及ERP编印发办公系统软件的全面引进和建设工作,极大地提高了办公管理的工作效率。

出版社也充分认识到人员队伍建设的重要性,六年来,坚持定期开展人员培训,并通过调研考察确定了人员工资和绩效考核方案,极大地调动了员工的工作积极性。与此同时,为解决长期存在的图书出版周期过长、校对人员不足的实际问题,出版社对人员结构进行了调整,单独成立了负责图书校对业务的图书编校中心,负责后期文字的校对质检工作,从而保障了图书出版工作的高效运行。

同时为保障出版社各项工作有章可依,出版社先后出台了《黑龙江大学出版社图书出版工作流程》《黑龙江大学出版社审稿规定》《黑龙江大学出版社编辑加工基本要求》《黑龙江大学出版社书稿档案管理规定》《黑龙江大学出版社编校质量标准及编校质量差错率计算方法》《黑龙江大学出版社图书印前编校质量检查流程》《黑龙江大学出版社封面装帧设计基本要求》《黑龙江大学出版社关于制版、改版差错率的要求》等制度,规范了出版各环节的质量及要求。

此外,通过参与相关的行业论坛和会议,出版社也充分意识到了新型出版业务在未来图书出版领域的重要性,大力推进出版社由传统出版模式向现代出版模式的转型,并在现有传统出版业务的基础上向国家新闻出版总署成功申请了数字出版业务。2010年初,出版社与东北网合作成功建立了"黑龙江东北网络台——黑龙江大学出版社数字出版基地"。该基地作为黑龙江省第一个数字出版基地,在全省有着重大的引导示范作用,对探索黑龙江省数字出版业发展模式,积累数字出版业态发展的经验,加快实现传统出版产业的跨越式发展具有十分重要的意义。

山东大学出版社

山东大学出版社有限公司(山东大学出版社)成立于1983年,是教育部主管、山东大学主办的综合性大学出版社,具有图书出版权和音像出版权。

"十一五"期间的五年是山大社快速发展、各项工作取得突出成就的五年。改革、发展工作思路更加明确,两个效益稳步增长,队伍建设不断加强,管理队伍和从业人员的素质有了新的提高。截至"十一五"末,年均出版新版图书200多种,码洋过亿元,销售收入达到4000多万元。产品结构有了很大的改善,出版物覆盖了人文科学、社会科学、自然科学各领域,并正在逐步向工程技术领域拓展。现有产品中,教材占65%,学术著作占25%,一般图书占10%;图书重印率达到55%,并在品种上首次超过新版图书。

"十一五"期间,出版品牌不断涌现。出版了17种国家"十一五"规划教材;在学术专著方面,坚持大学出版社的出版方针,依托高校的资源优势,面向社会推出了一系列人文社科精品图书:《人文前沿丛书》《文明之旅》《环境政治学译丛》《汉译犹太文化名著》《新史学沙龙》《全球化与当代中国文化发展研究丛书》等;出版完成了教育部人文社会科学研究"九五""十五""十一五"规划重点项目、全国古籍整理出版资助项目——《两汉全书》,近年出版的《山东文献集成》(4辑200册)也引起了学者和专家的关注与好评。2009年出版的《科学发展观大学生学习读本》在科学发展观进课堂工作中发挥了重要作用,是全省大学生人手一册(210万册)的重要学习辅导材料。中央和山东省委领导对此项工作给予了高度评价,并作出重要批示。同时,推出了一批群众喜闻乐见、贴近市场的优秀出版物,如《关注邻国丛书》《解码2012》《清代皇陵地宫探秘丛书》《天堂泪》等。在出好书、出精品图书的前提下,不断提高图书的印刷装帧质量,图书印装质量部优、省优品达到90%以上。在"十一五"期间,山东大学出版社获两项国家级大奖:《两汉全书》获第二届中国政府出版奖图书奖;《全球化与当代中国文化发展研究丛书》获得了第三届中华优秀出版物奖图书奖。

"十一五"期间,山东大学出版社在快速发展的同时,体制改革不断推进。按照中央和教育部的部署,在学校党委的正确领导下,认真履行程序,进行了清产核资、财务审计和资产评估等工作,完成了资产备案、出版许可证变更、企业变更登记、新公司注册登记等,建立了以董事会、监事会和职工代表大会"三会"为基础的高校出版社法人治理结构,已经初步完成转企改制的工作,并成为山东省首批文化事业单位改制单位。同时,加强队伍建设,人才队伍不断发展壮大,形成了一个有凝聚力的创新型团队。从业人员达105人,引进和新招聘编辑16人,发行人员7人。"十一五"期间,1名同志获新闻出版系统先进工作者并记二等功,1名同志荣获山东省百名突出贡献新闻出版工作者称号。2006年还被山东省新闻出版局和省人事厅授予"山东省出版系统先进集体"称号。2名同志享受国务院特殊津贴。

中国海洋大学出版社

中国海洋大学出版社成立于1989年,是国家教育部主管、中国海洋大学主办的大学出版社,是我国唯一的以海洋与水产科学学术专著与教材出版为特色的大学出版社。成立24年来,出版各类图书3000余种。依托中国海洋大学完整、强大的海洋学科综合实力,出版了400余种高水平的海洋与水产科学领域的教材专著,如《海水贝类养殖学》《海洋无脊椎动物学》《海洋化学》《海洋地质学》《海藻学》《潮汐原理与计算》《海洋调查方法导论》《海洋水团分析》等,具有鲜明的海洋特色;外语类优势板块出版了《新编英美概况》《医学英语视听说》《临床医学英语》《基础医学英语》《英文原版文学理论丛书》等一批双效益图书。中国海洋大学出版社成立以来,先后获得省部级优秀图书奖、政府出版奖等200余项,为中国海洋大学学科建设、为国家海洋科技事业发展、为国家文化振兴作出了积极而重要的贡献。

中国海洋大学出版社现有员工50人,拥有一支思想素质好、专业水平高、结构合理的编辑队伍,硕士研究生以上学历占70%,其中3人具有博士学位。

中国海洋大学出版社根据教育部教技发函[2010]37号文的批复,于2010年6月30日完成改制工作,并于2010年7月8日注册登记成立中国海洋大学出版社有限公司。改制后,中国海洋大学出版社确立了"特色立社,文化引领,学术为本,教材先行"的企业发展理念,结合高等学校的特点和需求,依托海大的特色优势学科,以大中专教材、专著出版为基本任务,深入挖掘海洋的文化内涵,坚持市场化、专业化、特色化,改制后的中国海洋大学出版社正逐步走出一条具有自身特点与优势的发展道路。

十一五期间出版社根据校党委、行政的部署和要求,在分管校长的领导下,按照新闻出版总署和省、市局对出版工作的要求和部署,不断深化改革,创新工作。坚持走"专、精、特、新"型出版社的发展道路,以海洋领域图书出版为显著特色,注重文化品位,突出大中专教材出版的中心地位,巩固和发展外语与教育图书的出版优势,全面推进图书的策划、出版和营销工作,取得了一定成绩。

一、出版改革(2006—2010)

按照总署、教育部对高校出版社体制改革工作的要求和部署,及时向学校汇报国家文化体制改革进展、政策规定和有关会议精神。出版社转企改制工作列入学校的重要工作日程。

1. 出版社转企改制。

中国海洋大学于2008年6月21日向教育部社科司申请参加第二批高校出版社体制改革试点。

2008年11月25日,中国海洋大学出版社正式列入试点单位。通过工作会、研讨会,积极主动地学习、解读国家政策文件,了解第一批改制试点工作的重点和难点,加强与同类出版社的沟通交流,结合学校和出版社工作实际,提出转制设想和方案(草案)。

2008年12月4日,教育部、新闻出版总署联合发出通知同意我社等62家出版社列入第二批高校出版社体制改革名单。

2008年12月5日,学校研究决定成立出版社体制改革领导小组和工作小组,转制工作得到学校、出版社两个工作层面上积极稳妥地推进。

2008年12月31日,转制方案通过学校党政联席会的审定,上报教育部社科司。转制方案中,学校明确了两项重要的基本原则:(1)转制后的出版社为学校的独资公司,党政工作由学校直接领导。依据《公司法》和出版行业的特殊要求,建立法人治理结构,从而明确了中国海洋大学出版社转制后在学校的地位。(2)按照"老人老办法,新人新办法"的原则,结合我校和出版社的实际,学校明确了转制中劳动、人事和分配的总体原则,妥善解决了事业编制人员身份问题和企业编制劳动分配改革的方向和内容。

2009年2月27日,新闻出版总署批复同意我社体制改革实施方案。

2009年3月起出版社全面开展内部资产清查工作,2009年6月11日学校向教育部发出了清产核资立项的请示。

2009年7月23日,教育部财务司批复同意我社清产核资立项,确定出版社清产核资工作基准日为2009年6月30日。

2009年8月3日至6日开始,学校委托北京中兴新世纪会计师事务所有限公司对我社开展清产核资、财务审计和资产评估工作,并上报教育部财务司。

2010年4月28日,教育部财务司批转财政部关于确定我社等8家转制单位清产核资结果的通知。

2010年6月10日,青岛市工商行政管理局同意我社由"中国海洋大学出版社"更名为"中国海洋大学出版社有限公司"。

2010年7月1日,成立了出版社第一届董事会、监事会。

2010年7月8日,中国海洋大学出版社成功注册为"中国海洋大学出版社有限公司",并按照现代企业制度的要求,组建了董事会、监事会和社委会(经营管理班子)等企业法人治理结构,完善了相关制度。这标志着海大出版社企业改制取得成功,出版社的发展踏上了新的征程。

2. 内部运行机制改革。

根据国家文化产业政策的需要,结合本社发展的实际,为了使出版社更好地服务国家和社会的文化需求,同时实现出版社自身的跨越式发展,必须对出版社运行机制进行改革。我社自2010年2月起开始酝酿内部运行机制改革,并于3月正式拉开了内部运行机制改革的序幕。经过出版社社委会广泛调研、借鉴其他高校出版社的成功经验并数次征求本社相关干部职工的意见建议,确定了出版社内部运行机制改革实施方案。方案包括六大部分:出版社发展目标与办社思路、机构与岗位设置、岗位职责薪酬体系、业务考核政策、内部管理制度建设。

根据企业运营的要求,2010年3月起,出版社改革了内部核算机制,实行图书的内部采购制,调动了编辑和发行两方面的工作积极性,为出版社更好地对接市场打下了良好的基础。

3. 内部机构设置。

2010年内部运行机制改革,根据工作需要,出版社进行机构调整,下设办公室(与总编室合署)、一编室、二编室、三编室、四编室、发行部(含教辅部)、储运部(含书库)、财务部、高校图书代办站(含读者服务部)、技术部,并施行全员聘任制,重新确定了员工岗位。

4. 队伍建设与培养。

出版社十分重视编辑、经营两支队伍的建设,制定了引进计划并上网招聘。"十一五"期间,出版社通过企业招聘,引进管理、编辑、发行人员12人,其中编辑5人全部具有研究生学历。同时出版社十分注重对在职人员的深造和培养,其中1人攻读硕士学位,2人攻读博士学位。出版社也派人按期参加教育部和新闻出版总署组织的培训。对新进人员,除业务培训外,还由社内有经验的同志带领到组织选题、市场销售一线锻炼,以此加深认识、积累经验。做好出版、以人为本,坚持新生力量的引进与培养,意义重大。

中国海洋大学出版社共有正式编制人员38人,编辑23人,编辑队伍思想素质好、专业水平高、结构合理,编辑中硕士研究生以上学历的占60%以上,其中3人具有博士学位。

二、图书出版

1. 坚持党的出版方针,注重社会效益。

"十一五"期间,出版社坚持正确的出版导向,正确处理社会效益和经济效益的关系,把社会效益放在首位,力求实现两个效益的最佳结合。高举邓小平理论伟大旗帜,坚持以科学的理论武装人,以正确的舆论引导人,以高尚的精神塑造人,以优秀的作品鼓舞人,为人民服务,为社会主义服务。严格执行党的各项出版政策和国家的出版法规,多出好书,不出坏书。坚持大学出版社的办社宗旨,积极为学校的教学科研服务,出版一批高层次、高质量的教材和学术专著,为学校的建设和人才培养提供有力的支持。"十一五"期间,出版社出版了一大批社会效益显著的图书:

2010年12月《医学英语视听说》被山东省出版工作者协会授予山东省优秀图书、音像电子出版物编辑奖。

2009年10月《走进海大园》获2009年度山东省优秀图书、音像、电子出版物装帧艺术奖。

2009年9月《海水健康养殖丛书》2009年被山东省新闻出版局授予纪念新中国成立60周年"山东省出版成就奖"。

2009年8月《海洋微生物学》《地域文化与现代乡土小说生命主题研究》被华东地区大学出版社研究会授予华东地区高校出版社第八届优秀教材学术专著一等奖。

2009年8月《医学英语视听说》《医学伦理学》《中国大学培育民族精神的历史研究》被华东地区大学出版社研究会授予华东地区高校出版社第八届优秀教材学术专著二等奖。

2008年10月《经济法教程》被中国大学出版社协会授予第八届高校出版社优秀畅销书二等奖。

2008年10月《海水虾类健康养殖技术》《海水鱼类健康养殖技术》被中国大学出版社协会授予第八届高校出版社优秀畅销书一等奖。

2008年《海洋工程数值计算方法》获2007年度山东省优秀图书编辑奖。

2007年《海水健康养殖丛书》被山东省优秀图书评选委员会评为2006年度山东省优秀图书奖。

2007年《哲学视野中的高等教育》获2006年度山东省优秀图书编辑奖。

2006年《海洋工程环境概论》获2005年度山东省优秀图书编辑奖。

2006年9月《创新与创业教育》《海藻学》被中国大学出版社协会授予七届全国高校出版社优秀畅销书奖。

2. 经济效益。

出版社继续坚持2003年确定的"大海洋、大教育"两大板块带动一般图书发展为出版社以后选题建设的思路。"十一五"期间,出版社出版各类新书699种,重印266种,引进版权27种,销售码洋10064万元,销售收入4570万元。

3. 重点图书。

2005年,《海洋水产科学书系》(包括《水产养殖生态学》《实验生态学》《养殖池塘水质管理》《渔业生态学》4本)、《中国海洋文化史》(包括《先秦两汉卷》《魏晋南北朝隋唐卷》《宋元卷》《明清卷》《近代卷》5本)、《海洋生命科学书系》(包括《海洋生物学》《海洋生态学》《生物海洋学》《海洋生物技术》4本)等3种选题入选"十一五"国家重点图书出版规划。

《高等教育新理念丛书》(包括《战略视野中的高等教育》《改革视野中的高等教育》《经济视野中的高等教育》《全球视野中的高等教育》等6本)入选"十一五"山东省重点图书出版规划。

三、图书发行

1. 本版图书。

"十一五"期间,中国海洋大学出版社发行部门加强重点市场的开发,不断完善发行方式,努力提高本版图书的发行量。

(1) 按照分类指导原则,突出重点市场的开发和销售,一、二级市场建设取得新进展,重点市场的发行量和销售额明显增加。通过引导,积极的、良性的发行观念和方式在具体实践中有了更多的体现。

(2) 积极参加北京图书订货会、全国书市和大学出版社订货会。利用订货会,加大图书的宣传、推广和交流,推动本版图书市场发行量的持续增长。

(3) 人才是事业发展的根本保证,期间我社共引进发行人员3名,全部具有本科学历。

"十一五"期间海大社本版图书发行能力有了较大提高,图书发行保持了较快的发展速度。

2. 图书代办站。

"十一五"期间,海大图书代办站发挥自身优势,积极服务用书单位,不断拓宽业务范围,与上百家出版社建立了长期业务关系,供书单位不仅有驻青各高校,还辐射到烟台、潍坊、济南、淄博、日照、威海、泰安等地区的高校。

图书代办站积极应对激烈的市场竞争,在稳定老客户、扩大新客户方面开展了有效的工作,服务质量和水平不断提高。进一步加强图书代办站和读者服务部的管理,以"质量、周到、迅捷"为服务宗旨,在残酷的图书批发市场竞争中赢得了客户的信任和支持,创造了较好的经济效益。在巩固原有市场资源的基础上,增加了包括海洋大学青岛学院在内的多家新客户。通过建章立制和签署协议,保持了与150多家出版社和客户的良好合作关系。在经营中,强化了成本核算和供退管理规范。

"十一五"期间,出版社已经完成改制,在新的领导班子的领导下,我们将进一步完善管理服务体系,加强编辑队伍建设,继续深化发行体制改革,使出版社走上快速发展的道路。

中国石油大学出版社

"十一五"期间,中国石油大学出版社以出版体制改革为动力和契机,坚持正确出版导向,坚持"为教学科研服务、为培养人才服务"的宗旨,坚持"学术出版、专业出版"发展方向,以"和谐出版、特色出版、百年出版"为长远发展目标,"加强管理,优化结构,提高质量",努力形成特色、形成品牌,实现了稳定、健康、快速发展。

一、"十一五"期间改革发展历程及主要成就

"十一五"期间,出版社发展实现新的跨越。总体规模、图书品种、资产总量、经济效益均实现翻番,图书出版及获奖数量和层次均实现了突破;发展理念日臻成熟,出版特色进一步彰显,图书品质进一步提升,服务进一步改善,管理进一步强化,社会影响日趋显著。

1. 以体制改革为契机促进科学发展

体制改革顺利完成。按照新闻出版总署、教育部的要求,在主办学校的大力支持下,体制改革包括所属企业(中国石油大学音像电子出版社有限公司,2007年10月成立)改制工作已圆满完成。2010年3月29日,"中国石油大学出版社有限公司"已正式注册。企业注册资本为1100万元,资产总额为3335.56万元,音像电子出版社有限公司注册资金500万元。组建成立了中国石油大学出版社有限公司董事会、监事会及经理班子;按照企业规范化运营要求,建立和完善《有限公司章程》、人事和财务管理等规章制度;形成了产权清晰、权责明确、管理科学的现代企业制度。出版社成为自主经营、自我发展、自负盈亏、自我约束的市场主体。

2. 以内部机制改革为抓手激发内部活力

以体制改革带动和深化内部机制改革。企业人事制度改革更加符合市场运作的要求,包括招聘制度、用人制度、分配制度、劳动保障等制度。

2005年,新一届社领导班子上任后,着眼长远,深入分析论证出版社发展状况,针对运作过程中存在的弊端和员工反映强烈的问题,首先着手内部机构、岗位改革,进行全员聘任和人员整合。主导思想是:下决心改变以往单兵作战的局面,编辑室改革为事业部,由单兵改革为团队。同时出台一系列配套措施,给予事业部更大的自主权,包括人事权、财务权,实际上可以理解为"分社"模式的雏形。经过一年的实践,事业部运作模式取得明显成效,改变了以往各自为战、人力资源不能有效利用的局面,增强了凝聚力和战斗力,极大地拓展了选题和市场,同时提高了中层干部的组织协调能力,有效促进了中层干部的成长。

核算分配机制采取按事业部核算办法,个人收入分配坚持"两保一平"原则,实现了不同岗位之间收入指数的动态平衡。新的分配机制从本社实际出发,注重可操作性和职工的整体承受能力,旨在鼓励先进、照顾弱者、淘汰落后。新管理、分配机制充分体现了发展的主导思想,注重了整体协调发展。实践效果证明内部机制改革充分调动了员工积极性和创造性。

在人员聘任和使用方面,实行双轨并行机制。具体采取了学校编制和人事代理双轨制运行模式。几年的实践充分证明了这一机制的灵活性和在吸引优秀实用人才方面的优势。在政策制定上对关键岗位、关键人才予以倾斜,吸引人才、留住人才。专职编辑51人,有编辑能力的人员达到65人。出版社员工达到83人,其中大学本科以上学历的72人,占全体职工的87%。制定和完善了《编辑聘任管理办法》《社聘人力资源管理办法》《编辑培训方案》等有关队伍管理办

法、制度。按需设岗,竞争上岗,不拘一格选人才,人才队伍专业化水平不断提升。企业编制职工待遇稳步提高,完善"五险一金"保障制度,劳动报酬及福利水平不断提高。

二、出版成就、特色

"十一五"期间,共出版图书2245种,其中初版图书1070种,再版、重印图书1175种,重印率达52%。新版图书中,高校教材教参348种,占33%,学术著作93种,占9%。石油类图书占50%以上,"教育""石油"出版特色更加鲜明。

教材建设成果丰硕。18种选题(30种图书)入选"十一五"国家级规划教材。"十一五"校级规划教材81种;国家级重点图书规划选题4种。教材体系不断完善,双语类教材、研究生教材、成人教育教材全面启动。

教材及学术著作获奖数量、层次大幅度提升。2007年,李世春教授的专著获新闻出版总署"三个一百"原创出版工程提名,2008年,李根生教授的专著《自振空化射流理论与应用》获"三个一百"原创出版工程奖。

社会效益、经济效益双丰收,经营规模进一步扩大。年均生产码洋8000多万元,销售码洋7000多万元,较"十五"末期增长近70%。生产码洋和发货码洋动态平衡,退货码洋逐年减少,不足200万元,不良库存逐年减少,资产质量不断提高。实现国有资产保值增值的同时,经营规模不断扩大。

1. 石油化工高等教育类图书。

作为石油石化行业唯一一家大学出版社,做好石油教育类图书,特别是石油高等教育类图书出版,是我社的宗旨和义务,也是体现特色的重要标志。建社至今,我社一直将此类图书的出版作为核心业务,从未动摇。截至目前,为本校及石油院校教师出版800余种教材、400多种教学参考书,包括部分双语专业教材,专业涉及石油地质、勘探开发、钻井采油、石油化工、钻采机械、石油储运等。其中,《采油化学》《采油工程原理与设计》《电工学》《泵和压缩机》《实用岩石可钻性》《石油钻采设备及工艺概论》等几十种教材获教育部优秀教材奖。

2. 石油化工科技学术著作。

涵盖了石油化工上下游、多专业学科方向,包括勘探、开发、化工、储运、经营管理等。其中《水射流理论与技术》《机械端面密封》《剩余油形成与分布》《柔性管理》《滇黔桂地区早中三叠纪岩相古地理》等学术专著获得了山东省"十佳"图书奖、优秀图书奖和教育部优秀学术著作奖等。出版的《国际石油合作管理》《中国油气勘探项目管理》《实用钻井速成英语》等适销对路的图书,为油田企业拓展海外市场作出了积极贡献。学术著作的出版对科技成果的推广起到积极作用,促进了企业的生产经营和技术进步,有的已经产生了显著的经济效益和社会效益。

3. 石油化工职业培训鉴定类图书。

服务于石油石化建设发展大局,出版工人培训鉴定类图书、石油石化行业特有工种技术标准等各类图书300余种,同时进行多媒体、多介质产品开发,制作出版教学光盘100余种;以此为基础,出版国家职业技能鉴定图书100余种。这一类别图书的出版,有力地支持了石油石化行业工人培训和鉴定工作,为石油企业员工素质的提高作出了贡献,取得良好的社会效益和经济效益。

4. 高校教育教材。

追踪教学变化,关注教学改革,积极打造"学术精品工程""创新教材工程",努力实现"学术为本、争创一流"的目标,高校教材出版成绩显著。建社至今累计出版高校教材2400余种,占出版总数的60%以上。出版教材的种类涵盖全日制普通高等教育教材、研究生教材、高职高专及成人继续教育教材等。80余种教材被列为"九五""十五""十一五"及"面向21世纪课程建设"国家级、省部级规划教材。百余种教材获教育部优秀教材奖、山东省及华东地区优秀教材奖。

5. 基础教育类图书。

我社与素质教育全国领先的山东省潍坊市合作开发高中教辅选题;依托山东省社会科学重点课题"中小学生人文素质的培养与研究"课题组,开发中小学素质教育选题。年出版图书160余种,包括中小学校本教材、学生教辅、教师培训、教育理论、普及性读物等,已经在基础教育领域形成了一定的出版规模。

6. 数字出版。

2007年我社经新闻出版总署批准拥有了音像、电子出版资质,书配盘、教学课件、电子图书、网络出版等已经成为我社的又一出版领域。多种教材实现了纸质图书与音像电子出版物同时出版。

充分开发和利用网络资源,提高技术创新的意识和能力。加大对技术设备的投入,通过技术创新,建立和完善了出版社信息化管理系统,实现了社内信息资源共享和出版流程再造,提高出版社的整体管理水平和经营能力。

积极推进资源平台建设和图书资源数字化转换,做好纸质资源的数字化建设和整合工作,在为作者和读者提供基于网络的内容和服务方面进行了有益的尝试。搭建了两个平台,包括资源平台、网络平台;构建了两个数字出版管理系统。

"十二五"期间,我社将继续坚持"专、精、特"发展道路,坚持学术出版、特色出版发展方向,加强人才队伍建设,不断优化图书结构,扩充出版范围品种,积极实施"走出去"战略,大力发展数字出版,深化改革,加快发展,改善服务,强化管理,奋力提升出版能力,扩大出版规模,提高出版效益,更好地履行大学出版应尽的责任和义务。

中国科学技术大学出版社

中国科学技术大学出版社经原文化部出版局批准,成立于1985年8月,中国科学院主管,中国科学技术大学主办,经营住所在安徽省合肥市金寨路96号中国科学技术大学东校区内,出书范围和经营特色为高水平科技著作、以理科及工科基础学科为主的高等教育教材及教学参考书。现任领导班子成员为:社长郝诗仙,副社长张春瑾,总编辑高哲峰,副总编辑李攀峰;董事会成员为:董事长朱长飞,董事(以姓氏笔画为序)刘斌、朱长飞、汤书昆、杨定武、罗喜胜、郝诗仙(执行董事)、屠兢,监事会主席丁望斌,监事(以姓氏笔画为序)丁望斌、胡文军、黄素芳。

自2005年转换经营体制以来,中国科学技术大学出版社审时度势,明确定位,积极开展第二次创业,在出版高端精品图书、探索转型期我国高校出版社发展路径、面向市场经营、创新企业文化等方面作出了突出贡献。

一、长期坚持致力于高水平科技著作的出版,获得的全国性奖项、承担的国家重点图书出版任务、国家出版基金资助项目出版任务,在中小型单体出版社中名列前茅

2010年,我社获得新闻出版行业的最高奖——中国出版政府奖3项:《北京谱仪Ⅱ:正负电子物理》和《非线性科学若干前沿问题》获得图书奖,出版社社长郝诗仙获得优秀出版人物奖。

此外,我社还连续获得中华优秀出版物奖和"三个一百"原创出版工程等国家级奖项、安徽省出版政府奖荣誉奖和一等奖、中国大学出版社首届优秀教材奖及优秀学术著作奖一等奖、教育部优秀教材奖、国家科技进步奖在内的各种奖项二百余种。

我社获得国家出版基金资助项目2项、国家古籍整理出版基金资助项目2项、"经典中国"出版基金资助项目1项,资助总额度达1500多万元,占属地各出版社同类基金资助总额近50%,在全国高校出版社中位居前列。

我社有23种图书入选教育部"十一五"国家级规划教材,5套约150种册图书入选"十一五"国家重点图书出版规划项目,229种教材入选安徽省"十一五"省级规划教材。这三组数字在属地出版社均居前列。

经过几年的努力,我社在若干个学科领域组织出版了一批代表国家原始创新水平的科技专著。在古地质生物学、中国古代科技文明、现代新型复合交叉学科的若干领域,形成了品种规模和特色出书板块,在这几个领域有一定的国内外影响,所出版的图书,具有良好的国际学术评价。在高等教育多个学科门类的教材建设上形成了专业特色和学科优势。在本科层次的教材建设方面,进行研究型教材开发,实行素质教育和因材施教,在以理工为特色的多个学科门类形成了课程覆盖和品种优势。

新闻出版总署在总结"十一五"国家重点图书、音像、电子出版物的出版情况时重点表扬了我社:"中国科技大学出版社出版的《北京谱仪Ⅱ:正负电子物理》,是国家863计划重大科研成果,获国家科技进步特等奖。该书总结了我国自主研发的大型粒子物理实验装置——北京谱仪近10年取得的最新研究成果,该成果处于国际领先地位,得到国际学术界的密切关注和高度评价。该社另一部《核色动力学导论》是一部具有独创性和前沿性的国家科研成果,获得国家科技进步一等奖,该书几乎涉及核子物理和现代核物理所关心的所有最新前沿问题,是国际上量子色动力学领域第一部较全面、系统地用量子色动力学(QCD)研究核体系的专著,填补了学术上的空白。"

二、创新经营模式,明确市场定位,突出主业,主要经营指标连续5年逐年增长20%以上,实现了经营体量和年度经济效益"翻两番"

2005年本届领导班子上任伊始,就创新经营模式,明确市场定位,充分释放了企业活力。

早于改制启动前,我社就主动向主办上级提出并实施了以取消行政级别为中心内涵的适应企业化运行的经营管理体制,继而设计了以基于大流程的目标责任分解为特点的内部薪酬分配方案及考评细则,实行了全员聘岗,以及一系列相应的规章制度。这是一部后来在国内部分高校出版社引起反响的薪酬考评办法。2005年我社就实质性地完成了面向市场的经营机制的转换,2009年在高校出版社中较早地按要求规范顺利完成了转企改制的各项工作,进一步完善了企业法人治理结构,健全了公司治理所需要的各项制度建设。

在面向市场的出版物研发方面,以基于市场细分的专业出版为市场定位,设计和梳理产品线,调整产品结构,坚持学术为本、教材为先,以高水平学术著作的出版为品牌追求,以体现因材施教的高校教材及教学参考书的出版服务社会,"传播知识创新成果,培育科学文明素养"。

以体现"长尾"特征的学术著作销售模式,传统片区销售的深耕细作,教材推广的事业部模式,基于动员媒体、渠道、读者的市场营销,几者的分工和合作,形成了体现我社产品特征的营销体系。

2006年以来,发行实洋、销售收入、经营利润等主要经营指标连续5年逐年增长20%以上。与2005年相比,2010年企业的经济效益翻了两番多。

三、探索转型期中小型大学出版社的发展路径

面对转型期中小型大学出版社的经营和发展,我社坚守大学出版社的办社宗旨和办社方向,依托中国科学技术大学及中国科学院的品牌声誉和学术资源,以研究型、学术性、专业化为办社目标,坚持选题和产品的自主创新,培育出版社的自身品牌和社会影响力。

坚定服务于学校一流大学建设的办社宗旨,在为学校教学和科研提供多元介质支撑的基础上,把高等教育的知识成果向社会传播,以出版活动为载体和手段教书育人,延伸和丰富学校教育的功能,扩大学校的社会影响和品牌声誉,把出版活动当成另一种类型和形式的教书育人。几年来,出版社依托学校、校友及"所系结合,全院办校"的延伸资源,参与学校及中科院的学科建设和人才培养。如我社结合学校的科学史与科技考古系的研究方向,申报了国家出版基金资助项目和全国古籍整理出版资助项目。《中华人民共和国科学技术发展史》《中国手工纸文库》《海外珍稀中国科学技术经典集成》入选,之后科技古籍整理出版继续得到全国古籍整理出版规划领导小组办公室的支持,《崇祯历书合校》列为年度重点资助项目。这些科技史和科技古籍的出版,使学校成为科技史和科技古籍整理基地,培养一批科技史研究人才和科技古籍整理人才的同时,也把我社打造成为科技史和科技古籍出版基地。

坚持市场化语境下的学术担当,着力探索可持续发展的学术专著出版和盈利模式。通过几年的实践,通过数据库销售、网络销售、版权贸易、多介质组合出版和强化针对性宣传,初步形成了学术著作产品的经营模式,使学术出版成为可长久坚持的行为。

在数字出版方面,开展了以语音为特色的数字出版,在汉语普通话测试、英语听说读学习和考试等方面,和科大讯飞进行了合作,起步晚,但起点较高,避开了一般数字出版开始阶段的摸索。

四、出书育人,创新企业文化

我社着力建立现代企业制度要求和现代出版职业特征相结合的现代出版企业文化,贴近出版使命,凝聚出版理念,打造学习型组织,提升核心竞争力。

设计了以基于市场经营、产品质量和人才成长为目的的企业运行机制,把出版过程当作对外提供高质量产品、影响读者培育作者,对内使优秀出版人才迅速成长的过程。

以薪酬考核为实施保障,时点控制和质量管理相对接的流程再造,在保证出版物质量的前提下,大大提高了出版效率,是为数不多的强化实施新闻出版总署《图书编辑工作规程》的出版社,在历次质检中出版物合格率均名列前茅,并在业内多次会议中做经验交流。

严格的时点控制和质量管理,放手让年轻人承担重大出版项目,不拘一格地启用年轻人,激发员工无穷的潜能和创造力,快速提升了员工的工作能力和综合素质,打造了一支使出版社可持续发展的具有核心竞争力的、充满活力的团队。其中获得"全国百佳出版工作者"称号1人,评为第二届中国出版政府奖优秀出版人物奖1人,评为"全国新闻出版业有突出贡献的中青年专家"1人,评为全国新闻出版行业第二批领军人才1人,评为首届中国大学出版社高校出版人物1人,获得"安徽省十佳出版工作者"称号1人。多位编辑在核心期刊上发表论文数十篇,将理论研究、经验总结与出版实践紧密地结合。

在"十二五"期间,我社将努力建设为与学校品牌和体量相称,学术性、研究型、市场化的,在若干个学科领域的学术著作出版和一流研究型办学层次的教材建设及数字化出版形成国内知名度和世界影响的高校出版社,为我国转型期中小出版社的发展探索提供经验和实例。

合肥工业大学出版社

合肥工业大学出版社成立于2002年3月,由教育部主管、合肥工业大学主办。按照中宣部、新闻出版总署、教育部的部署与要求,于2009年12月完成出版体制改革,更名为合肥工业大学出版社有限责任公司(以下简称合肥工大社)。2007年10月12日,新闻出版总署批准合肥工业大学出版社增加音像出版权(新出音【2007】1342号);2012年4月9日,又核准了互联网出版业务(新出审字【2012】256号)。2009年,在新闻出版总署首次公布的全国经营性图书出版单位等级评估中,我社被评为国家二级出版社。

建社以来,合肥工大社始终坚持党的出版方针政策,深入学习实践科学发展观,用中国特色社会主义理论体系武装头脑,更加明确"政治家办社"的重要意义,严把政治关、质量关;加强对现代出版规律的认识和把握,进一步拓宽视野,全面提升全社员工的战略思维、辩证思维、系统思维和创新思维的能力;结合出版社实际,逐步明确"立足安徽,面向全国,夯实基础,加快发展"的发展思路,确立"以高校教材为主,以学术专著和大众读物为两翼"的出版方向,落实"立足高校,服务教育,面向全国"的服务宗旨,出版了一大批高层次、高质量的教材和学术专著,为出版社的可持续发展打下了坚实的基础。

"十一五"期间,合肥工大社抓住高等教育大发展机遇,重点开发高等学科、高职高专、中等专科等基础课、专业课教材,形成了艺术设计、新闻传播、旅游学、广告学以及建筑学、材料学、机械设计、计算机等优势板块,在全国图书销售市场中占有一席之地,出版了《简明中外新闻事业史》《食品免疫学》《西方设计艺术史》等国家级"十一五"规划教材和100余部安徽省"十一五"规划教材。同时,南京大学《李良玉教授与其博士生文丛》、苏州大学《中国铁路史研究丛书》、合肥工业大学《斛兵博士文丛》、中国社科院《清代旅游文化通史》等颇具亮点的学术专著的出版,提升了出版社的品位。此外,为服务地方文化建设,出版了《徽州古村落文化丛书》《安徽省签约作家丛书》《皖江文化与中国现代文化丛书》等颇具地方特色和深厚文化底蕴的图书,较好地促进了文化传承与学术发展。

生产经营方面,一年一个新台阶。出版社作为精神产品的生产单位,出好书、多出书是我们义不容辞的责任。"十一五"期间,合肥工大社累计生产图书1821种,其中新版图书992种,重印、再版829种;总册数近1008万册,生产总码洋近21302万元,并实现年均两位数的增幅。

在图书获奖方面,"十一五"期间,合肥工大社图书获奖的数量、质量均有较大的提高,特别是《杨叔子院士文化素质教育演讲录》获得新闻出版总署第二届"三个一百"原创图书出版工程奖,实现了出版社国家级图书奖项"零"的突破;该书还被中国书刊发行业协会评为"2008年度全行业优秀畅销品种"。《火柴棒医生手记》被中国书刊发行业协会评为"2007年度全行业优秀畅销品种"(科技类)。《发现徽州建筑》获安徽省第十一届精神文明建设"五个一工程"优秀作品奖。《装饰基础》获教育部高等学校高职高专艺术设计类专业教学指导委员会第二届精品教材奖。

《CRI2002企业铁路智能运输调度综合信息平台》《安徽湿地》获第七届安徽图书奖二等奖,《智能家居系统与技术》《中国社会生活史》《计算结构力学》获三等奖;《安徽省陆生野生动植物资源》《科学教育和人文教育》获2005—2006年安徽省社会科学文学艺术出版奖(图书三等奖);

《安徽扬子鳄国家级自然保护区综合研究》《简易X形平衡法》《中国资本市场专题研究》获2007—2008年安徽省社会科学文学艺术出版奖(图书三等奖);《建筑艺术简史》《设计美学》获2007—2008年安徽省社会科学文学艺术出版奖(分获印刷复制和装帧设计三等奖);《和自己的心情单独在一起》《金色湖滩》《一碗千年月》获2007—2008年安徽省社会科学文学艺术出版奖(文学类二等奖、三等奖)。《安庆沿江湖泊湿地生物多样性及其保护与管理》《太平天国文书制度再研究》《数值分析(英文版)》获2009—2010年安徽省社会科学文学艺术出版奖(图书三等奖)。

《概率论与数理统计》获中国大学出版社"第七届全国高校出版社优秀畅销书奖"二等奖;《科学教育和人文教育》《高职体育》《远离医疗纠纷——做个好医生好护士》分获中国大学出版社"第八届全国高校出版社优秀畅销书奖"一等奖、二等奖;《结构动力学》获中国大学出版社图书奖首届优秀教材奖二等奖,《简易X形平衡法》获中国大学出版社第九届优秀畅销书奖二等奖;《出生缺陷环境病因及其可控性研究》《Ti(C,N)基金属陶瓷材料》《太平天国文书制度再研究》《安庆沿江湖泊湿地生物多样性及其保护与管理》获中国大学出版社图书奖第二届优秀学术著作奖二等奖,《中国文化概论》获第二届优秀教材奖二等奖。

《中国油画图式研究》获江苏省教育厅第三届学术专著奖;《阳光电力》被安徽省电机工程学会评为2007—2008年度优秀科普作品。

质量建设方面,合肥工大社始终认为质量是图书出版的"重中之重"。出版社逐步建立了覆盖图书出版全流程的质量保障制度,"关口前移",适时成立"审读室",使图书质量获得了充分的保证。在选题策划过程中,我们严把政治关,把政治导向作为选题策划的"第一标准",明确责任,创新思路,努力做到选题策划工作中"两个统一",即党和国家的要求与出版社的社会责任相统一、出版社编辑与书稿作者思想相统一。同时,严格重大、敏感选题的备案审查制度,对于重大选题的备案报审形成了社内、校内和校外的"三道关口",确保选题、书稿不出政治性问题。

在版权贸易方面,经过多年不懈的努力,合肥工大社在2008年成功引进了台湾版图书《竞争力的探求》,实现了图书版权贸易"零"的突破;2009年我社经与多家香港、台湾的出版社接洽、谈判,实现了《火柴棒医生手记》《人体X形平衡法》《人体药库学》《简易X形平衡法》《人体生态平衡论》等多部图书的版权输出,实现了版权贸易双向互动的目标;2010年,出版社又向台湾地区输出了第一本高校教材《世界现代设计史》。同时,出版社通过每年的"北京国际图书博览会",以及其他各种形式的图书展会、网上图书展示等渠道,全面展示合肥工大社图书的版权贸易潜力和前景,不断提高出版社图书市场的影响力,实现"两个效益"的有效结合。

队伍建设方面,合肥工大社始终把人才队伍培养和企业文化建设放在首位。2005年底,出版社共有员工27人,其中硕士5人,本科10人;正高职称1人,副高职称7人,中级职称4人。2010年年底,员工增加到37人,其中有博士生3人,硕士15人,本科8人;正高职称2人,副高职称7人,中级4人。结合工作实际,出版社主动调整编辑人员的专业知识结构,连续三年招聘有理工科背景的硕士研究生充实到编辑队伍,通过导师加项目制的培养模式,使新编辑快速转换角色,顺利进入编辑工作。为提高现有员工的专业能力,出版社出台了相关政策,鼓励员工加强专业学习和层次提高,"十一五"期间,有多人考取在职博士或硕士研究生,在全面提升了专业能力和工作效率的同时,也带来了高层次的出版资源。经过多年的投入与建设,出版社已经基本拥有一支学历层次结构合理、学科专业背景较为全面、年龄梯度较为适宜的人才队伍,为出版社的可持续发展储备了人才资源。不仅如此,我社还通过"走出去、请进来"的方式,积极派送相关人员参加教育部、新闻出版总署等组织的专业培训,并约请上级领导和行业专家来社讲座,提升了员工的整体工作水平。

人员管理方面,合肥工大社始终认为人才是出版社发展的关键性因素。出版社坚持"以人为本",关心人、爱护人、培养人,努力营造凝聚人心的社内氛围。出版社建立了科学民主、责任明晰的决策机制,通过各种渠道,加快信息传递,实现了决策的民主化和透明化,逐步形成了"人人是出版社主人、人人关心出版社发展"的良好氛围;出版社还在力所能及的范围内提高全体员工的福利待遇,如组织员工分批外出学习、调研,为聘用制员工购买社会保险、医疗保障、住房公积金等"五险一金",同时把个人收入与工作实绩紧密挂钩,按绩效进行考核分配,真正体现了"多劳多得"原则,建立了重实绩、重贡献、向优秀人才和关键岗位倾斜的分配激励机制。

热心公益,回报社会。出版社的发展离不开社会方方面面的支持和帮助,因此在这几年的时间里我们时刻不忘自身所肩负的社会责任,总是尽自己的能力,通过图书捐赠等方式,热心公益,回报社会。"十一五"期间,我们先后向新疆、西藏、四川灾区等地的大中小学校、海南三亚某部队和省内外贫困地区捐赠图书近20次、约1.8万册、码洋40余万元,受到了社会各界的一致好评。

安徽师范大学出版社

安徽师范大学出版社前身是成立于2005年的安徽人民出版社安徽师范大学编辑部。2010年2月21日,新闻出版总署批准设立"安徽师范大学出版社有限责任公司"(以下简称安徽师范大学出版社)。2010年6月28日,安徽师范大学出版社挂牌成立。

一、申报历程

1. 申报筹组阶段(1984—2004)。

安徽师范大学是一所历史悠久的高等学校,经过八十多年的努力,已经形成了博士—硕士—学士教育等不同层次,全日制高等教育、成人高等教育、留学生教育等不同类型的完整的人才培养体系,已经发展成为一所融文学、历史学、哲学、经济学、管理学、法学、教育学、理学、工学、农学等学科门类于一体,师范与非师范并举,在安徽乃至全国有较大影响,被安徽省委、省政府确定为优先建设的综合性大学。

20世纪80年代初开始,学校多次向有关部门报告,申报成立安徽师范大学出版社。历经多届校领导的努力,安徽省新闻出版局的支持,省委、省政府相关领导和老领导的关心,国家新闻出版总署相关领导认同,直到2004年才获得阶段性进展:同意安徽师范大学成立编辑部,挂靠安徽人民出版社。

2. 编辑部阶段(2005—2009)。

2005年3月,安徽人民出版社安徽师范大学编辑部正式成立。6月26日,根据新闻出版总署和安徽省新闻出版局指示精神,安徽师范大学和安徽人民出版社就成立安徽人民出版社安徽师大编辑部事宜签署协议。

在编辑部运行的5年中,师大人继续坚持申报出版社。在师大80年发展丰厚积淀的基础上,在学校党政领导的努力下,在上级主管部门的支持下,最终实现了几代师大人的夙愿。

3. 出版社阶段(2010年至今)。

2010年6月28日上午,学校隆重举行安徽师范大学出版社有限责任公司成立暨揭牌仪式。中共安徽师范大学党委副书记、校长王伦教授主持成立大会,党委书记吴良仁同志代表学校党委和行政致辞。中共安徽省委常委、省委宣传部部长臧世凯,副省长谢广祥,国家新闻出版总署综合业务司司长余昌祥,省政府副秘书长张武扬,省委教育工委书记、省教育厅厅长程艺,省新闻出版局局长郭永年,教育部社科司出版管理处处长魏小波,芜湖市委、市政府等单位领导到会祝贺。安徽省委原书记卢荣景、安徽省原省长王郁昭以及《求是》杂志社、人民出版社等280多家单位和个人发来贺信、贺电。安徽省直有关单位,芜湖市委、市人大、市政府、市政协,在芜高校,部分出版发行单位和地市文化、教育部门的领导以及安徽师范大学党政领导、师生代表出席成立大会。

安徽师范大学出版社是在行业体制改制背景下批准设立的。安徽师范大学出版社的成立,凝聚着众多领导和校友的关心和支持,是全体师大人奋斗的结果,也是安徽师范大学教学和科研水平的实至名归。出版社的成立,为安徽师范大学发展提供了一个新的平台。

二、发展状况

1. 服务宗旨:传承文明,服务社会。

根据国家新闻出版总署、教育部社科司、省新闻出版局、省教育厅和学校领导指示精神,我社坚持为学校的教学、科研服务,为地方的文化建设服务,为我国的文化事业繁荣发展服务,传承文明,服务社会。

2. 发展规模:综合性中型出版社。

计划五年内把出版社办成具有安徽师范大学特色的综合性中型出版社,在编人员达到50人左右(2010年末,全社共有员工27名),年均出版新书500个品种左右。

3. 队伍建设:招才纳贤与培养提高相结合。

针对人手不足、专业不全的实际,积极招才纳贤,加强队伍建设,引进专业人才和招聘高学历人才相结合。与此同时,还在校内外聘请了多名学科专家承担审稿工作。为了提高编辑水平和编校质量,采取专家上课、以老带新、现场点评、外出参观学习和接受培训等方式,积极开展岗位培训,千方百计提高全社人员责任意识,力争培育一批"金牌策划""金牌编辑"和"金牌发行"。

4. 出版选题:自主策划与合作开发相结合。

坚持两条腿走路,一方面,根据市场需求,自主策划选题,遴选作者队伍,组织优秀稿源,为读者出好书;另一方面,与上规模、上档次、信誉良好的图书公司合作开发具有市场前景的畅销书,特别是各级各类教育教学用书。

5. 品种结构:一主三翼。

"一主"即弘扬主旋律和优秀传统文化类图书,"三翼"即学术著作、一般图书和教育类图书。社委会认真分析出版环境,依托本校优势,发挥教育特色,弘扬主旋律和优秀传统文化,为我国文化的大繁荣、大发展服务,并把服务学校教学科研和地方文化建设作为出版社的中心任务。

6. 出版质量:坚持社会效益第一,力求社会效益和经济效益双丰收。

坚定不移地贯彻落实《出版管理条例》《图书质量管理规定》《图书质量保障体系》等系列法规、规章和规范性文件,确保内容质量、编校质量、装帧设计质量和印制质量,始终把社会效益放在第一位,努力实现社会效益和经济效益双丰收。

7. 发行思路:造船出海与借船出海相结合。

根据发行队伍新、力量相对薄弱的现实,在学术著作和一般图书发行上,以"造船出海"为主,即主动和各大发行集团、新华书店总店、部分图书发行公司、网上书店等建立客户关系,及时供货;在教育类图书发行上,以"借船出海"为主,即借助多种发行渠道尤其是民营发行渠道发行。

8. 日常管理:建章立制,严格管理。

为了保证图书出版质量、工作运转有序,制定了从社长到一般员工的全员岗位职责,从选题策划到收稿、发行等涉及出版流程各环节的工作规程等系列规章制度,并且分级分岗位检查落实,初步建立了分层管理、责任到人、环环相扣的管理制度体系。

三、初步业绩

1. 图书出版进展良好。

编辑部成立以来,共出版图书400多种(2010年出版图书200多种)。其中:《甲骨文金文释林》一书入选国家新闻出版总署第一届"三个一百"原创图书出版工程,10种图书获华东地区及

安徽省图书出版奖,22种图书入选安徽省高等学校"十一五"省级规划教材。

2. 为学校教学、科研做实事。

编辑部成立以来,先后为安徽师范大学教师出版学术著作和教材近百部,为展示教研成果、培养学术队伍、建设学术梯队、申报学位点和课题等奠定了坚实的基础。出版社成立后,为将坚持为本校科研和教学服务落到实处,每年出资30万,设立安徽师范大学学术著作出版基金和安徽师范大学教材出版基金。

出版社来之不易,我们倍加珍惜。尽管前进的道路上困难重重,但我们绝不退缩。路是有理想的人走出来的,事业是有志气的人干出来的。我们坚信,有安徽师范大学的品牌、资源和智慧,一定能把师大出版社越办越好!

东南大学出版社

东南大学出版社成立于1985年3月,是教育部主管、东南大学主办的综合性大学出版社。"十一五"时期,东南大学出版社认真贯彻国家新闻出版总署和教育部以及江苏省有关出版工作的部署,始终坚持服务教育、服务社会、繁荣学术、培育人才的办社宗旨,秉承"发挥优势、突出特色、打造品牌"的出版理念,凝心聚力出精品,集成创新促发展。经过"十一五"的积淀,进一步强化了东南大学出版社的图书品牌和鲜明的特色,特别是通过转企改制,国有资产保值增值水平得到提高,经济实力逐步增强。年均实现销售码洋超2亿元,取得了较好的社会效益和经济效益。

一、依托学校学科优势,突出图书板块建设

依托东南大学雄厚的工科实力、学科优势和人才优势,广泛吸纳社会优质出版资源,出版社严格按照国家新闻出版总署核定的出版范围出书,坚持以出版多层次、高水平的高等学校教材、学术著作和科技图书为主,以各类教学辅导书为辅助,围绕教育做出版。"十一五"期间年均出版新书400余种,其中高等教育教材、学术专著、译著占到70%以上,充分体现了大学出版特色。

突出图书板块建设是东南大学出版社走内涵式发展之路的重要体现。"十一五"期间出版社铆住板块建设不放松,形成了城市规划和建筑、土木和交通、医学和卫生、电子和机械、经济和管理、能源与环保、人文社科和外语等特色鲜明的板块,同时积极扶持系列化丛书、市场类图书和学科交叉类图书的出版,成功引进了O'Reilly等国际高端计算机图书的授权出版。在整个板块建设中,城市规划和建筑板块发展势头比较强劲,在国内图书市场上的显示度不断跃升。医学和卫生板块发展步伐比较大,特别是医卫类的教材市场占有率不断提高。同时电子音像出版积极配合教学、科研和本版图书的出版,推出了配套的系列音像新品和电子出版物。

二、坚持社会效益第一,实施精品战略工程

东南大学出版社在两个效益方面始终保持着清醒的认识,坚持把图书的社会效益放在首位,着力构建精品积聚优势。"十一五"期间东南大学出版社有8项50余种图书选题列入国家"十一五"重点图书出版规划项目。《中国城市化建设丛书》被列为国家"十一五"重大出版工程和江苏省品牌图书工程。45种教材被列为教育部"十一五"国家级规划教材,其中《土木工程测量》《集成电路设计技术与工具》《医学信息检索教程》《食品原料学》等入选普通高等教育精品教材。

"十一五"期间已经形成了一批优势品牌图书。《新世纪城市规划与建设丛书》《中国城市化建设丛书》《城市设计与城市建筑丛书》《城市规划新镜域丛书》等,都是国内建筑学领域泰斗级大师担任主编,如齐康、钱七虎、郑时龄、邹德慈等。品牌图书既引领当下建筑领域的理论前沿,又突出实践性、操作性,对助推我国城市化建设发展战略具有重要的理论与实践意义。《中国城市规划·建筑学·园林景观·博士文库》,秉承为科学研究服务的理念,将出版目光投向学术"新生代"的博士研究生,是国内城市规划·建筑学·园林景观系统前瞻性研究的大型学术丛书,已出版60部,其影响力正不断向欧美国家地区渗透。《O'Reilly丛书》,堪称世界级计算机高端图书,"十一五"期间出版了148种。

在推出一批重点项目的同时,也有一批高质量图书在"十一五"期间获得重要奖项:反映中国建筑风格的《斗拱》获第一届中国出版政府奖图书奖,《中国桥梁建设新成就(1991—)》获第

二届中国出版政府奖装帧设计奖,《中国城市设计文化思想》入选第三届"三个一百"原创出版工程,《世界地下交通》获"中国最美图书"。其间共获得省部级各类出版物奖项近100项,充分展现了东大社图书的精品效益。

三、强化质量监管,加大营销力度

面对图书市场日益激烈的竞争环境,东南大学出版社视图书质量为生命,时刻绷紧质量这根弦。一是对涉及重大敏感的选题,本着"研究无禁区,出版有纪律"的原则,坚持慎之又慎,坚持集体论证把关,坚持报审制度,坚持责任到人。二是重视提高书稿编校质量,坚决落实书稿"三审三校一通读"制度;定期组织编校质量检查,坚持奖优罚劣。三是抓好图书印制质量,严格执行印制合同,保证印制质量优良。各项措施落实比较到位,确保了出版的图书为合格品。

"十一五"期间加大对内部营销力量的整合,挖掘资源优势,大力拓展发行渠道,提高绩效考核标准,充分调动营销人员的积极性;利用各种机会和方式进行图书推介,抓住农家书屋、教材集中采购以及馆配的契机,加大发行力度,非常重视网络营销工作,密切与网络经营商的合作,均取得了比较明显的成效。加强储运工作科学管理,最大限度压缩了储运成本。

四、加强经营管理,注重制度建设

2007年,东南大学出版社被教育部、国家新闻出版总署列为全国首批18家大学出版社体制改革试点单位,在上级主管部门的正确领导下,经过全社员工的共同努力,比较顺利地完成了转企改制任务。2008年在实行公司制运作后,出版社不断探索和适应在新的公司制模式下运行,逐步完善法人治理结构,较好地发挥了董事会、监事会、经营班子以及党组织、工会的各自作用,初步建立了决策权、执行权、监督权既相互制约又相互协作的市场经济条件下的现代企业制度。强化了市场意识,创新了经营管理模式和理念,进一步提高了领导班子经营管理的能力和水平。实施了责任到人、制约有效、奖优罚劣的管理办法,进一步完善了以质量效益为中心的岗位目标管理责任制,重点规范成本管理、资金管理和质量管理;完善了以岗定薪、按劳取酬、优劳优酬的以岗位工资为主要内容的社内分配方法;健全并完善了内部财务和会计管理办法、核算体系,实施全成本核算,提高了财务监控水平;进一步改进了计算机网络管理,提高工作效率和管理水平,使定性定量考核指标落到实处。先后修订完善、出台发布了各类制度30余项,保证了转企改制工作的顺利完成和现代企业制度建立。

五、坚持以人为本,注重队伍建设

东南大学出版社一直注重人才培养和队伍建设,"十一五"期间新进员工21名,重视加强员工培训,除了每年尽可能多地安排员工参加各种培训之外,社内也常常安排一些业务培训,针对实时出现的问题进行汇总分析,员工之间相互学习探讨,共同促进。通过培训学习,大力培养了新生力量,提高了编辑选题策划的自主性和灵活性,调动了员工的工作积极性,从而使东南大学出版社的员工无论是对出版工作的宏观认识还是在具体的业务能力方面都在逐步提高,取得中高级职称人数已达70余人,占员工总数的70%。

在提高员工业务水平的同时,也把增强职工的凝聚力、向心力提到重要议事日程。切实创造以人为本的组织氛围和用人环境,做好"事业留人、待遇留人、感情留人"的工作,给予员工足够的工作空间和发展空间。调动职工工作的积极性、主动性和创造性,积极倡导互助协作的团队精神,营造全社和谐的氛围,一批具有较强策划能力的年轻编辑正不断成长。

展望未来,新的"十二五"时期,在党的十七届六中全会精神的指引下,大力发展文化产业被提到重中之重的位置,出版业肩负的文化使命进一步得到强化和提升,东南大学出版社已经翻开了发展的新篇章,东大出版人充满信心,将迈着坚实稳健的步伐走出一个更加辉煌的"十二五"!

南京大学出版社

2006—2010年是南京大学出版社锐意改革、快速发展的五年。在教育部、新闻出版总署和江苏省新闻出版局的正确领导下,在南京大学党政领导的关心和支持下,社委会带领全社员工以科学发展观统领出版工作,以"学术立社、品牌兴社""重特色、重品牌"为出版宗旨,着力优化选题结构、提高图书质量、拓展图书市场、强化内部管理,社会效益和经济效益稳步提升,图书品种、销售码洋和实洋增长率每年都保持在15%以上,呈现出持续稳步快速发展的良好态势。

一、以"学术"为核心,策划组织重大出版项目,实施精品化战略

十一五期间,我社按照"学术立社、品牌兴社"的办社理念,确立了以学术出版为主体,教育出版和大众出版为辅翼的"一体两翼"的发展思路。我社背靠母体百年名校南京大学,身处科研重镇、学术前沿和知识密集之地,南京大学的学术资源是我们最大的优势。近年来,我们以南大优质学术资源为核心,并广泛联合全国高等院校、科研院所的优质资源,策划组织了不少学术精品。其中,《中国思想家评传丛书》历时20年于2006年8月完成了200部的编撰工作。《中国思想家评传丛书》在各级各类图书评奖中荣获了如"中国图书奖"、全国高校"人文社会科学研究优秀成果奖"、江苏省"哲学社会科学成果奖"等多种奖项;2008年2月,又荣获了"首届中国出版政府奖"(图书奖),同年又荣获"首届中国文化产业创新奖",赢得了出版界的最高荣誉。除《中国思想家评传丛书》外,我社还启动了国家"十一五"重点规划项目——《全清词》的整理出版,这将是又一项保存和继承我国古代珍贵文化遗产、打造和彰显学科研究优势与成果的重大文化工程。《全清词·顺康卷补编》(全四册)已于2008年5月出版;《全清词·雍乾卷》(第一至十册),也于2010年12月完成。《全球视域下的国际关系》系一部综合性的国际问题研究学术丛书,是南京大学教育部国家985工程"经济全球化与国际关系研究"创新基地项目历时多年的重要成果,作为"十一五"期间的重点规划图书,已于2010年12月完成出版,该丛书的出版对于促进我国国际问题研究的学术事业,更好地服务于我国国家战略目标与和平崛起具有重要意义。此外,《南京大学学术文库》《南京大学博士文丛》《当代学术棱镜译丛》《中华民国史》等学术图书也在发挥较大的学术影响力。《中华民国史》获得江苏省"五个一工程奖"一等奖、江苏省精品图书奖一等奖、江苏省哲学社会科学一等奖等重要奖项,该书还获首届中国出版政府奖印刷复制奖提名奖。《地球历史》(网络版、DVD-ROM)获得第二届中国出版政府奖音像电子网络奖提名奖。

这些项目主要来自以南京大学为主的专业的学术机构,由权威的专家学者牵头,都是经由专家在众多项目中遴选评审出来的优秀科研项目,内容涉及国家重大战略研究、重大古籍整理、重大社会经济文化研究等方面,从而成为我社的核心产品,也给南京大学出版社带来了较高的学术影响力与美誉度。

二、以转企改制为契机,进一步深化体制改革,拓展资源,加强营销、提高市场经营能力,实施市场化战略

按照国家对文化体制改革的总体部署和新闻出版总署、教育部对高校出版社体制改革的要

求,我社严格按照国家有关规定顺利完成了清产核资、资产评估、产权登记、法人治理结构建立等改制程序,于2010年6月正式注册成立南京大学出版社有限公司,成为真正的市场主体。改制后南京大学出版社深化了制度改革,实行绩效挂钩,针对不同的市场主体实行个人考核与团体考核相结合的方针,以及兼顾社会效益和经济效益相结合的量化、多元化考核;在干部任命、任务布置、利益分配等方面打破以往论资排辈的传统模式,极大地调动了员工的工作积极性。同时,在出版社发展战略上,把开拓资源、加强营销、提高市场竞争力作为重中之重,大力实施市场化战略。

1. 重视外部合作,积极开拓出版资源。

十一五期间,我社解放思想,创新开拓,主动积极地选择优秀的、具有出版潜质的部门、机构合作。江苏是文化大省,地方特色文化、历史文化在全国也极具影响力。为此,我们与江苏特色地方城市的有关部门合作,先后成立了南京大学出版社淮安中心、常州中心、连云港中心、盐城中心等,充分挖掘地方的优质文化资源。比如,常州的动漫产业比较发达,我们的常州中心推出了动漫图书"晶码战士"系列,销售状况良好;常州文脉悠久,常州中心与地方部门合作推出了大型地方性文献资料《常州先哲遗书》,共113卷,成为常州的文化名片和常州文化遗产的历史丰碑,取得了良好的社会效益和经济效益。我们与社会上的研究机构、科研单位、文化集团签订战略合作协议,大大拓展了自己的出版资源。比如,我们与现代传媒企业合作,在新华社江苏分社主办的《现代快报》成立出版中心;与中国计算机函授学院、江苏省美术家协会、安徽儒林图书公司、南京商务电子化研究院签订战略合作协议;与江苏省高职研究会签订建立"江苏高职网"的协议;与江苏省电教馆签订共建南京大学电子音像出版社的合作协议等。正是这样积极开展"圈地运动",为我们带来了丰富多样的出版资源。有了这些资源,我们才能进行遴选、整合、优化,做出有竞争力的产品来。

2. 努力提高市场能力,打造市场畅销书和长销书。

畅销书是出版企业市场化能力的一个标志。因此,我们鼓励编辑深入市场、大胆尝试,努力策划贴近市场需求的畅销书和长销书,以提升出版社的品牌形象、美誉度和经济效益。近年来,我社市场能力逐年增强,单品种销售有所提升。根据"开卷"数据,2010年南大社在全国近600家出版社中零售市场排名显著上升,各个图书中心和板块均有亮点,在实现出版转型升级、推动产业发展壮大的道路上又向前迈了一步。

首先,选题策划中注重现有优质学术资源的后续开发,厚积薄发,变艰深为通俗。《中国思想家评传丛书》是比较专业的著作,但具有品牌影响力,因此,我们抓住中国政府大力推动图书"走出去"和"农家书屋"工程的契机,策划了《中国思想家评传丛书·简明读本》的中英文对照本、日文本、中日文对照本等。目前,已推出中文本近20种,中英文对照本15种,日文本和中日文对照本5种。《中华传统美德丛书》(8种)入选"农家书屋"推荐目录,累计销售超过10万套。

其次,立足自身的学术优势和文化优势,策划品位高、可读性强的文化类图书,积极尝试打造一般(学术)图书方面的畅销书。我社在2007年策划了"精典文库"这套丛书,所遴选的作品都属名家名作,没有专业学术著作的艰深,又比一般昙花一现的畅销书更有思想性和艺术性,更经得起时间的检验。丛书推出5年多以来,逐渐产生品牌效应。比如,2010年,英国作家伊恩·麦克尤恩的《最初的爱情,最后的仪式》销售达8万册;法国引进的《刺猬的优雅》销售超过5万册;《安吉拉·卡特的精怪故事集》销售逾3万册;叶兆言的《南京人》及《南京人续》受到南京市委书记杨卫泽的推荐,累计销售达3万册。从销售数据看,这类图书中具有畅销书潜力的品种,已经突破了以往销售徘徊在5000册左右的瓶颈,并且,随着品牌影响力的增强和营销宣传的成熟化,这个数据还有增长的空间。

最后,在大众类图书,包括实用类、经管励志类等图书领域,我们也尝试抓住机遇策划推出畅销书。比如,2008年推出的"杨百万股经系列"共三本,两年来累计销售近三千万码洋。2010年著名教育专家王金战的《好孩子是怎样培养的:"高考战神"王金战秘授家长100招》,销售5万册;我们推出著名生活励志类栏目"非诚勿扰"节目主持人孟非的《非说不可》,销售达6万册等。

3. 加强营销,提高市场销售能力。

面对不断萎缩的纸质图书市场和激烈的市场竞争,我社在营销方面加大力度。我们不仅要出好书,还要卖好书;不仅要会出书,还要会卖书。这方面的措施有:在北京、上海、广州、成都等一线大城市,实施图书信息员制度,聘请书店员工担任我社的图书信息员,及时反馈图书上架、码堆和销售情况。在高校教材营销方面,联合实施推广制度,在全国19个省份,聘请了推广商和推广员;营销中心多次在全国各地召开经销商会议,听取他们对我社图书的意见;积极组织新书沙龙、新书发布、签名售书等活动推介重点产品;积极进行网络销售平台的建设,一方面重新设计我社自己的网站,加强其宣传和营销功能,增加网络销售;另一方面,在各大门户网站开设我社的官方博客、微博等,直接面向终端读者,及时传递我社图书信息,聚集人气,扩大宣传。另外我们还根据图书本身的特点和市场契机做工作,比如,我社抓住国家大力支持建设"农家书屋"这个市场契机,专门编制农家书屋图书目录、青少年图书目录等,积极和有关部门沟通交流,使得我社的《中国思想家评传丛书·简明读本》《中华传统美德丛书》《人文社会科学通识文丛》等丛书被列入国家农家书屋的图书采购推荐目录,销量大增。

三、响应国家政策,积极开拓国际市场,实施图书"走出去"战略

为响应国家文化"走出去"号召,我社近年积极行动,通过多种途径,如主动向国外大学、研究机构、出版社介绍南大社图书;借助南京大学作为综合性大学,与国外大学有诸多联系的优势,与之展开合作;积极与有利于推动图书"走出去"的各类机构合作,如国家汉语推广办公室、德国歌德学院、法国傅雷基金会、荷兰文学基金会、韩国文学翻译院、日本北陆大学出版会、日本笹川基金会、日本国际交流基金会等。莫砺锋教授所著的《朱熹文学研究》被韩国Youkrack出版公司引进版权;赵毅衡著《符号学原理与推演》被台湾秀威出版社购买版权;《中国思想家评传丛书·简明读本》先后与国家汉办合作推出中文版、中英对照版;与日本北陆大学合作推出日文版、中日文对照版;美国宾州大学出版社与我社洽谈,有意将《中国思想家评传丛书·简明读本》中英文对照版引入美国市场。从2006年至今,南大社已有多个图书品种分别被日本、韩国、越南、土耳其等国家以及台湾、香港地区购买了版权,为向海外推广中华优秀文化作出贡献,同时也取得了版权输出的经济收益。

四、以人为本,招聘、引进、培养、选拔人才,实施人才战略

人才是企业竞争的关键,人才是企业最宝贵的资源,建立长远的人才战略则是企业持续发展的根本保证。"十一五"期间南京大学出版社以人为本,千方百计引进人才,不拘一格选拔人才,继续教育培育人才,大力实施人才战略。我社每年通过公开招聘,补充新员工到编辑、营销、管理等岗位,为出版社持续发展提供人力资源保障。在出版行业内精挑细选,瞄准"尖子"人才,极尽所能提供优厚的条件,引进有经验、有业绩、有资源、有影响力、能独自撑起一片天的成熟出

版人才。为了激励人才,选用人才,让人才脱颖而出,我们从2008年开始实施了"青年骨干人才培养计划",在社内选拔35岁以下的青年骨干,为他们提供更好的发展平台,使他们能够更快地成长为独当一面的人才。首批4名青年骨干人才,在两年内迅速成长,业绩突出,不负众望,目前都已经担任中层领导职务。同时注重员工知识更新和业务学习,建立健全员工的培训体系,积极地委派员工参加国家新闻出版总署、省新闻出版局以及行业协会组织的各类培训,鼓励员工进行学术研究和交流,提供参加图书订货会、国际书展等学习实践机会,促使员工业务素质和工作能力不断提高,使弱者变强,强者更强。同时,我们也不拘一格使用人才,提拔过去意义上的"临时工"为储运部主任助理。这些措施的实施,都为我社转变用人机制、深入改革打下了良好的基础。

总之,经过"十一五"期间五年的改革与发展,南京大学出版社步入了快速发展的良性轨道。面对新的发展形势,我社将以转企改制为事业发展的新起点,以深化体制改革、打造市场核心竞争力为内涵驱动,以现代企业制度为保障,以创造优质内容为核心价值,以转型升级、推动产业发展为目标,创新创业,锐意进取,为我国的出版事业和文化产业作出更大的贡献。

南京师范大学出版社

南京师范大学出版社自1995年成立以来,一直坚持"教字当头,以师为本"的办社方针,以"为高校教学科研服务、为文化教育事业服务、为广大教师学生服务"作为矢志不渝的办社宗旨。依托百年名校——南京师范大学这颗参天大树的科学优势,办社靠特色、出书重名品,持续挖掘、整合、创新出版资源,在确保以教育理论著作、教材、教师读物为主体的同时,着重围绕素质教育开发重点图书选题,编辑出版有重大价值的学术著作和大学教材。

一、围绕教育教学和科研,服务学校中心工作

为促进学校的学位点、重点学科和重点实验室的建设,扶持新兴、边缘和交叉学科的发展,促使优秀学术著作和大学教材的尽快出版,建社不到三年的出版社,就主动推动学校设立了"南京师范大学出版基金",成立了《随园书库》《青年学者文丛》和《优秀教材》系列图书评审委员会,每年遴选约20部书稿全额资助出版。计划出版《随园文库》100卷,是代表南京师范大学最高学术水准的著作。

2009年我社幼儿教育引进版权项目获江苏省文化厅文化产业引导基金100万元,2010年我社申报的幼教数字平台建设项目获江苏省文化厅文化产业引导基金80万元。2009—2010年我社共有26种图书分获新闻出版系统各类相关图书奖。

二、抓重点图书,创品牌特色,出图书精品

2006—2011年,我社继续明确发展思路,优化选题结构,强化图书特色,落实"强调特色、注重积累、打造名品、立体发展"的选题指导思想,形成幼儿教育、基础教育、高等教育、人文社科四大图书产品结构,板块清晰,特色鲜明。所出版图书荣获国家各类奖项95种,为繁荣发展我国的文化事业和文化产业,满足人民群众不断增长的精神文化需求作出了积极贡献。

幼儿教育类图书,力争打造"中国幼教图书第一品牌",形成引进版幼儿教育理论、原创幼儿教育理论、各种教学和培训用书、幼儿园教学课程指导用书和幼儿用书五大出版层次。在引进版幼儿教育理论方面,关注学科前沿理论研究动态,开拓全球化学术研究视野。与培生教育出版集团等合作,引进出版《幼儿教师专业发展译丛》《幼教理论前瞻》丛书等。在原创幼儿教育理论方面,出版了《幼儿园课程与教学论丛》《幼教课程》丛书、《幼教理论》系列、《给幼儿园教师的101条建议》丛书、《幼儿园课程研究论文集萃》系列等。在各种教学和培训用书方面,出版《幼儿园渗透式领域课程》丛书、《渗透式幼小衔接课程》丛书、《幼儿园活动整合课程》丛书、《我要上学啦》丛书、《我要学拼音》丛书等。在幼儿园教学课程指导用书方面,出版《幼儿园渗透式领域课程实施指导》丛书、《幼儿园渗透式领域课程教学资源库》系列、《幼儿园暑期活动指导》丛书、《小天鹅幼儿园艺术教育》丛书、《儿童成长启蒙读本》丛书、《零点起步》丛书。在幼儿用书方面,出版《幼儿园早期阅读课程》丛书、《幼儿阅读指导新方案》丛书、《幸福的种子》丛书、《看看学学又画画》丛书、《熊宝宝乐园系列》丛书、《乐在棋中》丛书、《游戏大王》丛书以及从全球各国引进的多种绘本等,其中《幸福的种子》丛书荣获全国"2009年度引进版社科类优秀图书奖"。

基础教育类图书,紧跟市场动态,加快从"教辅"向"辅教"的转变,缩减同步教辅的品种和数量,增加教师教育用书、精品教辅等选题的开发力度,出版了《向40分钟要效益·一课一练》丛书、《新编一课一练·金牌课时练》丛书、《小学生提优训练新阅读》丛书、《新课程新奥赛系列》

丛书、《新课程新理念新思维》丛书、《新课程教学资源》丛书、《新课标疑难题解》丛书、《高效课堂·模块教与练》丛书、《大学自主招生试题解析与模拟系列》丛书、《大学自主招生真题汇编与训练》丛书、《自主学习一点通》丛书、《如东高级中学精致作业》《新课程教学技能发展》丛书、《走进新课堂》丛书、《小学英语美文诵读》丛书、《生活教育》丛书、《金陵中学教育》丛书、《校长管理智慧》丛书、《中国乡村发展系列》丛书、《中国青少年数学论坛》丛书、《走进美妙的数学花园》丛书、《点击身边的科学》丛书、《科学少年》丛书、《科学读本》丛书等，广受市场好评。其中，《科学少年》丛书荣获"2011年新闻出版总署向全国青少年推荐百种优秀图书"。

高等教育类图书，强调"注重积累，形成特色"，"有所为，有所不为"，加大高校教材的开发力度，在教师教育、艺术等领域形成特色，出版了《新世纪学校党建工作》丛书、《中小学班主任培训教材》《21世纪班主任工作文库》《21世纪管理者文库》《21世纪校长继续教育文库》《全国中小学校长任职资格培训教材》《校长领导力》丛书、《学科课程与教学研究三十年》《课程与教学变革研究》丛书、《来自法治现场的报告》丛书、《金陵法学论丛》《当代伦理学文库》《当代语言学新视野》丛书、《应用心理学系列》《中国符号学》丛书、《中小学心理教育》《南京大屠杀系列》丛书、《名师工程书系》《高校学校教师培训丛书》《教师专业化教育新课程》《新世纪高师基础课教材》《新闻学国家特色专业系列教材》《广播影视艺术辅导系列》丛书、《大学体育课程系列教材》《高等院校汉语言文学专业教材》《全国高等师范院校音乐专业系列教材》《师范院校音乐舞蹈系列教材》《乐器演奏与教学系列》《学前教育专业音乐系列教材》《走进音乐殿堂》《走进艺术殿堂》《走进美术殿堂》《高等院校美术学系列教程》《美术史与观念史》丛书、《全国普通高等院校艺术设计专业教材》丛书、《高等院校环境艺术设计专业教材》《大学制度改革理论研究》丛书、《社会学视野中的教育》丛书、《当代教育名家札记》丛书、《高等职业教育新理念》丛书等，为高校教学科研服务，为学术积累与创新作出了积极贡献。其中，《全国普通高等院校艺术设计专业教材》被评选为"江苏省精品教材"。

人文社科类图书，注重文化的传承与积累，打造精品和名品，追求双效，出版了《随园文库》《青年学者文丛》《外交官品味世界》丛书、《城市文化》丛书、《地名文化》丛书、《鸡鸣读书文丛》《凤凰读书文丛》《中国历代民歌整理与研究丛刊》系列、《非物质文化遗产》丛书、《第二语文》丛书、《阳光少年》丛书、《文化人生》丛书、《知性妈妈》丛书、《扬州盐商遗迹》《古籍丛书发展史》《随园诗脉传承集》等，均为知名作家和学者所著，可读性强，装帧精美，好评如潮，对传承优秀传统文化，弘扬当代先进文化作出了积极贡献。其中《知性妈妈》丛书中的《有一种毒药叫"成功"》荣获"第五届冰心散文集奖"。

继上述传统四大板块的选题发展后，我社将关注智障、听障、残障等特殊人群的教育图书的出版纳入研究与出版视野，将特殊教育图书出版作为一项长远发展战略和新的选题发展方向。2011年11月，我社与南京特殊教育职业技术学院共同组建了"南京师范大学出版社、南京特殊教育职业技术学院特殊教育出版分社"，这项战略标志着我社以社会责任为己任，通过特殊教育图书的出版为残疾人提供专业服务，让他们共享社会经济发展成果，更重要的是为残疾人提供所需的教育康复知识与技术，使他们在教育阶段补偿身心障碍，提高适应能力，成为对社会有用的人，此举对推进社会文明进程、构建社会主义和谐社会具有重要意义。2011年，我社《特殊儿童教育与康复文库》(20册)入选国家出版基金项目，本文库是面向残疾人及残疾人事业的一套文库，具有明显的公益性质，也是我国目前唯一一套关注残疾儿童及其他特殊需要儿童生存与发展的系列图书，对全社会关注、保障残疾儿童及其他特殊需要儿童生活与发展，向社会、家长科学普及服务于残疾儿童及其他特殊需要儿童的教育实践技能与知识,改善、提高残疾儿童的生活自理能力等具有推进作用。

截至2010年,我社"十一五"重点出版物出版规划基本完成,承担了国家级重点图书出版规划项目1项:《唐律疏义新注》,该项目同时系国家古籍整理出版资助项目。教育部"十一五"国家级教材规划选题7项:《现代教育学基础》《教育伦理学》《教育技术研究方法》《新编基础心理学》《儿童心理咨询与治疗》《中国新闻史》和《健身性体操职业课程》。省级重点图书出版规划项目8项:《吴敬梓研究》《秦宣夫文集》《英国散文史》《20世纪中国转型语法学》《李白与唐代文史考论》《武士刀下的南京——日伪统治下的南京殖民社会研究》《中国经济伦理学年鉴》和《新时期盗版问题研究》。江苏省"农家书屋"精品图书3项:《儿童成长启蒙读本》(5册)、《中国乡村发展系列丛书》(4册)和《来自法治现场的报告》系列(10册)。

在"十二五"期间,我社将进一步做好重点出版物出版规划和落实工作,进一步提升品牌图书的竞争力。2011年,我社共计组织申报"十二五"重点出版规划项目12项,9项入选,其中《马克思主义法律思想史》《特殊儿童教育与康复文库(20册)》《中国残疾人职业教育与就业服务》《残疾人社会融合及支持体系研究》《中国古代民间俗曲曲牌及词谱考释》5项入选国家"十二五"重点项目,《民国教育社会学经典丛编》《二十一世纪中国文学大系(2001—2010)》《陈鹤琴教育著作读本——活教育》《与科学家同行》4项入选江苏省"十二五"重点项目。

三、广拓营销渠道,整合各方资源,提升销售业绩

大力加强市场控制力度,在网点布置、销售折扣、数量、网络营销等营销手段上进行规范管理。针对已形成的合理的幼儿教育、基础教育、高等教育、人文社科四大领域的图书以及各个块面的重点图书现状,积极拓展与我社图书结构相适应的营销渠道和发行网络,强化终端、渠道、系统和会展四个推广方向,制订合理的营销计划和各类、各种图书销售方案,将整体营销和专项营销结合,全面突击,实现了有效、高效营销。对营销人员开展定期和不定期的业务培训、指导,加强营销的有效管理,使营销纳入理性、规范的轨道。不断丰富营销手段,助推图书销售业绩不断提升。不断建立健全网络营销渠道,积极开展网络营销,利用各种媒体加强图书宣传力度,将网络营销与传统营销相结合。在全国图书市场竞争炙热化的情况下,营销人员通过卓有成效的营销策略,圆满完成年度销售任务。

在社领导的大力支持下。我社广州办事处于2011年2月底正式成立。这是我社营销中心营销阵地走出去的第一步。近一年来的实践表明,广州办事处的成立,对于我社做好广东图书出版业务和市场开拓工作意义重大。

四、抓住机遇,努力创新,积极发展合作战略,加快数字出版步伐

合作是我社长期坚持的发展战略。2008年5月,与人民教育出版社签订了《代理协议》:人教社中小学教材在江苏省的宣传推广、印制发行、师资培训以及售后服务等相关事宜,均由南京师范大学出版社全权代理。我社人教版教材工作组全部、高效地完成了人教教材核价、生产印制、教材发行任务,实现了江苏省连续30年教材"课前到书"无障碍、无差错。经江苏省出版物质量监督检测中心检验,品种批次合格率为100%,其中品种批次良好率为28.2%;总体单册合格率为100%。在人教版教材暑期教师培训工作中,尝试新的培训模式或与常规教研活动相结合,很好地完成了培训任务,各方面反映良好。在教辅图书方面,合作出版了如《新课程时间引领》《走进美妙的数学花园》《新课程·新思维·新理念》等一系列图书。

五、转企改制,深化内部运行机制改革

2006年12月,《江苏省文化体制改革试点工作方案》把我社列为江苏省文化体制改革第一批试点单位。2008年11月,教育部把我社列为第二批高等学校出版社转制工作单位。学校党委、行政高度重视,结合我校的实际,认真贯彻落实中央文化体制改革精神,按照新闻出版总署、教育部的文件要求,全面动员、精心部署,尤其是抓住贯彻落实江苏省文化工作会议精神这一契机,在江苏省文化体制改革领导小组的指导和江苏省新闻出版局的直接领导下,锐意改革,稳妥推进,在改革中突破,在突破中发展,学校出版社的改革工作取得了阶段性成果。我社于2009年11月24日顺利通过江苏省工商行政管理局的审查,领取南京师范大学出版社有限责任公司新的《营业执照》,并于2010年1月1日起正式启用了"南京师范大学出版社有限责任公司公章"。

制定《南京师范大学出版社有限责任公司章程》。建立和完善企业财务、税收、劳动人事、社会保障等内部管理制度;明确企业的投资、借贷、担保、大额资金调用等重大事项的决策权限和程序,规避经营风险。建立激励约束机制。认真做好各类人员的选拔、培养、指导和考核工作,积极推行竞争上岗制度、职位管理制度和离任审计制度,并结合出版社所属各单位的转制改革,调整充实和加强各级各类经营管理干部。努力形成一支结构合理、素质优良、善经营、会管理的人才队伍。修订完善劳动用工管理办法。实行全员聘用制,明确岗位责任目标,量化指标,考核业绩,形成干部能上能下、职工能进能出、收入能高能低的劳动用工机制。用"老人老办法,新人新办法",妥善处理转制中的人事问题,做好人员分流安置,落实相关社会保障。加大收入分配改革力度。薪随岗定,重业绩、重贡献,与社会效益和经济效益挂钩,向优秀人才和关键岗位倾斜。在确保国有资产保值增值的前提下,实行年薪制、经济(工作)责任考核制和绩效奖励等多种收入分配方法,调动经营管理层和出版社员工的积极性与创造性。

六、数字出版工作取得了阶段性成果

我社于2011年上半年获批了"互联网出版权",正在积极探寻数字化出版的发展模式,逐步实现出版内容和互联网技术的融合。

幼儿教育信息交互平台是2010年江苏省文化产业引导资金资助的项目,2011年历经需求调研、需求界定、网站设计等几个阶段,网站建设已基本完成;此项目也顺利通过了省文化产业引导资金项目专家组的验收。

顺利完成与南京移动合作的"第二课堂"项目一期任务。为配合产品推广,与南京移动联合组织了两场线下讲座和英语、语文征文大赛。目前产品用户超12万。经过一期的合作,我社与南京移动形成了紧密、长久的战略性合作关系,顺利签订二期合作合同。

立足"第二课堂"项目,数字出版部与基础教育图书事业部共同申报了2011年度江苏省文化产业引导资金项目——"基于移动终端设备的基础教育数字出版项目",该项目获得2011年度江苏省文化产业引导资金资助,资助金额100万元。

七、审时度势,开拓进取,在加强对外合作、开展文化交流方面亦提供了成功范例

《东方娃娃》是由江苏少年儿童出版社与南京师范大学出版社联合打造的一种幼儿期刊。自1999年创刊以来,这本全彩色、大16开本的刊物一直履行着文化载体的社会责任,坚持"打开一扇阅读的门,开始一生爱的旅程"的宗旨,以"蹲下来与儿童说话"的姿态,以全新的早期阅读理念、全新的图画书创意、全新的贴近童心的设计,充分展示幼儿期刊的特有魅力,精心呵护孩子唯一的童年。2004年,《东方娃娃》荣获中国第六届装帧插图金奖,荣获"第六届国家期刊奖提名奖",成为此次评选中唯一获此殊荣的婴幼儿类刊物。

江苏宁谊文化实业有限公司是由南京师范大学出版社有限责任公司和信谊控股股份有限公司合作成立的中外合资公司,成立于2002年4月29日。信谊控股股份有限公司是由台湾信谊基金出版社投资建立的公司,台湾信谊基金出版社成立于1978年,是一家专门出版幼儿教育图书的出版社。创办了《学前教育月刊》,建立了学前教育资料馆,在此基础上成立了专门出版幼儿教育图书的信谊基金出版社。信谊基金出版社在二十多年的发展过程中,还办起了"幼儿家长学校""实验托儿所""亲子活动中心""幼儿图书馆""小袋鼠说故事剧团"等分支机构,全方位地推动幼儿教育事业的发展。其中于1978年创设的"信谊幼儿文学奖"已经具有国际影响。信谊基金出版社自1978年成立以来,以每年大约150种图书的出版规模,积累了大量优质的幼儿教育图书资源,在全球华语出版物中有很大的影响。

我国的幼儿教育图书市场广阔,但是高质量的精品图书较少,难以满足广大幼儿、家长及教师的需要。宁谊公司成立之后,将可以利用双方所拥有的资源和优势,积极开展学术交流与合作,努力开发幼儿教育方面的出版资源。这些出版资源通过南京师范大学出版社出版,合资公司销售之后,将会满足我国幼教类图书读者的需要,从而产生良好的社会效益和经济效益。

八、尽己之力,服务读者,回报社会

自2006年至2011年期间向四川、云南、贵州、西藏等地区累计捐书113263余册,价值1404560.6元,参与对希望小学的各种捐助、捐赠,向社会图书馆的捐书,对贫困地区的无偿支援等活动,捐赠图书累计143121余册,价值1220416.07元。继续组织幼儿教育专家给幼儿教育研究室和幼儿园一线教师举办"幼儿园课程建设"讲座,平均每年80多场;继续聘请各类专家和学者数十次地走进中小学举办各类讲座。

为激励先进,不断提高学生的学习积极性、主动性和创造性,积极支持和推进南京师范大学本科层次精英人才培养的改革,为社会培养高素质、具有创新精神和较强科研能力的优秀人才,我社研究决定出资一百万元人民币,设立"南京师范大学出版社'行知英才'奖学金"基金,用于奖励我校强化培养品学兼优、科研创新能力强的学生。为便于管理、实施"行知英才"奖学金,成立"行知英才"奖学金评审委员会。对于满足条件的同学每年评比10名,每人奖励2000元。

河海大学出版社

河海大学出版社创建于1986年,由河海大学主办、教育部主管,设有水利科技编辑部、教材编辑部、大众读物编辑部、总编办、社办、生产部、营销部、财务部等内设机构。2009年,在国家新闻出版总署开展的全国500多家经营性出版单位等级评估中,河海大学出版社被评为二级出版社。

一、出版社的定位与特色

"十一五"期间,河海大学出版社坚持"以水利为特色,立足高校,面向市场,走可持续发展之路"的发展思路,充分发挥和挖掘学校在水文学及水资源、水利水电工程、港口海岸工程、农业水土工程、岩土工程、地质工程、环境工程等学科的专业优势和人才优势,将资源优势转化为出版优势,形成了鲜明的水利特色和品牌,出版了一大批学术价值高、实用范围广的精品科技图书和高校教材,五年中,出版图书近1200种,其中新书近600种,重版、重印书600多种,先后有30种图书获国家、部、省和行业图书奖;发行图书820多万册,生产码洋近2亿元。图书选题结构不断优化,种类和数量均呈现稳步增长的态势,确保了国有资产的保值增值和出版社的可持续发展。

二、出版社的改革与发展

1. 积极推进出版社转企改制。

2008年11月,在教育部与新闻出版总署联合召开的第二批高校出版社体制改革工作会议上,我社被列入第二批转制单位。为顺利推进出版社的转企改制工作,学校成立了出版社体制改革领导小组,研究制定了出版社转企改制工作实施方案。2010年6月,我社完成了清产核资、资产评估、产权变更登记和工商变更登记等工作,将出版社改制为学校独资的有限公司。2011年完成资产划转工作,成为由河海大学资产经营有限公司出资的"南京河海大学出版社有限公司"。

2. 不断优化出版物选题结构。

"十一五"期间,我社主动调整选题结构,不断增大高校教材和学术著作的出版比重,逐步压缩中小学教辅图书的选题品种,尽力减少内容平庸、简单重复、缺乏创新的选题出版。一方面充分发挥学校在水利、土木、资源、环境等领域的学科优势、人才优势和出版优势,另一方面积极关注学校的专业建设和教学改革,策划、出版了一系列高水平、有特色的学术著作和高校教材,彰显了水利特色和品牌。

3. 着力提高出版物出版质量。

我社始终坚持正确的出版导向,努力提高全体从业人员的职业道德和业务素质,强化阵地意识、大局意识和责任意识,做到守土有责。严格执行出版物选题论证、报批和备案制度、三审制度,确保出版物思想内容的正确性,努力提高出版物内容质量、编校质量、印制质量和装帧质量。五年来,在省局和总署检查中,我社的参检图书全部合格,《马克思主义政治经济学原理》一书在江苏省新闻出版局组织的"三审制"检查评比中获"优秀一审单"奖。

4. 逐步开展跨媒体出版业务。

随着市场经济的迅猛发展和科学技术的不断进步,出版业日益朝着多媒介方向发展,电子出版与网络出版方兴未艾。为了顺应这一发展趋势,我社申请了电子出版物出版权并于2006年获教育部和新闻出版总署批准。五年来,我社出版了38种与图书相配套的光盘类电子出版物,出版数量近27万余盘,初步实现了出版业务的多元化,开拓了新的经济增长点。

5. 主动服务新农村文化建设。

2010年,我社启动了"服务'三农'多媒介出版工程",计划滚动打造200种"新农村 新农民"系列丛书。同时,以大学生暑期社会实践活动为载体,以文化下乡为主题,以农家书屋为平台,以"新农村 新农民"网站为延伸,通过送书、讲座、辅导、引导阅读、网络培训与延伸服务等多种形式的活动,向广大农民、农村基层干部宣传党和国家有关"三农"的方针、政策,普及科学文化知识和文明健康的生活方式,调查、分析农民的阅读需求,进而建立"新农村 新农民"图书出版、宣传、推广的良性循环机制。

三、出版社的发展成果

"十一五"期间,我社共有7个项目列入国家和江苏省重点出版规划项目。其中,《太湖流域水资源保护规划及新技术丛书》(5册)、《水稻控制灌溉理论与技术》列入国家"十一五"重点出版规划项目,《水利工程管理运行丛书》(6册)、《江苏省农民培训工程系列教程》(11册)等5个项目列入江苏省"十一五"重点出版规划项目。《太湖流域水资源保护规划及新技术丛书》获2008—2009年度国家出版基金项目资助,"服务'三农'多媒介出版工程"获江苏省文化产业引导资金项目资助。

"十一五"时期,我社有30种图书荣获国家、部、省和行业图书奖。其中,吴中如院士等撰写的《大坝与坝基安全监控理论和方法及其应用》入选新闻出版总署首届"三个一百"原创出版工程;卢耀如院士编著的《地质—生态环境与可持续发展》获得第十届江苏优秀图书奖一等奖,《农民用水协会理论与实践》获得第十届江苏优秀图书奖二等奖;《村镇建设基础知识与实践》和《供电企业典型诉讼案例评析》分别获得第七届和第八届全国高校出版社优秀畅销书一等奖;《全国节水规划纲要及其研究》获得华东地区大学出版社第七届优秀教材、学术专著一等奖,《喷微灌工程规划设计指南》等10本书获得第七届优秀教材、学术专著二等奖;《水利工程管理运行丛书》《汉语作为外语的需求分析》获得华东地区大学出版社第八届优秀教材、学术专著一等奖,《中国土壤科学的现状与展望》等9本书获得华东地区大学出版社第八届优秀教材、学术专著二等奖;《水利工程管理运行丛书》同时获安徽省水利科技进步二等奖。

"十二五"期间,我社将以2011年中央一号文件精神为指导,以国家加快水利改革发展为契机,以学科优势为支撑,以水利科技为特色,做强学术精品图书,彰显河海出版品牌;以新兴出版产业为发展方向,以内容产业为重点,调整产业方向和出版结构,进一步促进出版社的可持续发展。

中国矿业大学出版社

"十一五"期间(2006—2010)是国家及学校创新发展取得重大成就的时期,也是中国矿业大学出版社改革发展取得显著进步的时期。在教育部、新闻出版总署、省新闻出版局及学校党委和行政的正确领导下,我社坚持走专业立社、精品兴社、特色强社之路,坚持面向煤炭行业,服务教育、服务煤矿职工技术培训、服务煤炭能源科技进步的办社定位,艰苦奋斗谋发展,推进了本社工作的科学发展,多项事业取得了新的成绩。

这一时期也是我社承担国家和省出版规划项目历史上最多的五年,也是完成任务最为艰巨的五年。我社延续了"专、精、特、新"的出版思路,发扬了艰苦奋斗的工作作风,克服了时间紧、任务重、资金少、力量弱等诸多困难,保量更保质地完成了国家赋予的光荣使命。

一、坚持走特色发展的道路,出版能力和综合实力进一步增强

出版能力和综合实力得到较大提升。"十五"末的 2005 年出书 431 种,全年图书出版码洋 5148.53 万元,而"十一五"末的 2010 年全年出书约 700 种,出版码洋过亿元,增长 100%。

在 2007 年教育部和新闻出版总署召开的第六次全国高校出版社工作会议上,有 6 所高校领导及 10 家出版社社长向大会做了典型发言,我社社长在会上作了《坚持专业优势,着力塑造品牌,走特色发展之路》的发言,产生了很好的反响,教育部李卫红副部长、总署邬书林副署长对矿大社的做法给予了充分肯定和赞扬。2009 年在全国首次出版单位等级评估中,我社被评为国家一级社,并荣获"全国百佳图书出版单位"称号。

二、图书获奖有新突破

"十一五"期间中国矿业大学出版社获国家级图书奖和教材奖 6 项,其中,中国出版政府奖图书奖提名奖 2 项:《中国煤矿灾害防治理论与技术》,《中国洁净煤》;中华优秀出版物奖 1 项:《煤矿瓦斯防治技术与工程实践》;总署"三个一百"原创出版工程项目 1 项:《煤炭灾害防治技术与对策》;全国 100 种迎接党的十七大重点图书 1 项:《中国绿色循环现代农业与社会主义新农村建设》;普通高等教育精品教材 1 项:《测量学》。"十一五"期间获省部级图书奖和教材奖 71 项,获国家级奖和省部级奖均大大超过"十五"。

三、切实加强人才队伍建设,为出版社可持续发展奠定了坚实基础

"十五"末的 2005 年全社职工 37 人,"十一五"期间,引进专业技术人员 40 余人,大部分为我社学科所需的矿大毕业的博士和硕士,优化了编辑队伍结构,人才素质得到较大提高。

四、业务发展领域得到新的拓展,获得电子出版权和网络出版权

改革创新,在坚持做好传统纸质出版工作的同时,与时俱进,抢抓机遇,谋求多元多媒体发展。获一级出版社后,利用国家对一级社的扶持做大做强政策,在充分调研和积极创造条件基础上,2010 年先后获得网络出版权和电子出版物出版权。这两项出版权的相继取得,标志着出版社业务拓展取得了突破性的进展,将对我社涉足数字出版等新型出版业态领域,综合利用出版社的现有优势资源,将纸质图书进行多方面、立体式的开发,以更好地服务于煤炭科技发展和教育,更好地服务于行业培训以及为出版社的持续健康发展起到重要的推动作用。

五、获得江苏省文化产业引导资金 140 万元资助

2010 年度江苏省文化产业引导资金项目入选 151 项。我社申报的《煤炭专业出版数字平台建设与利用》项目榜上有名,获得资助 140 万元。

六、我社成功申报一级学科硕士点

凭借办社 26 年的历史和雄厚的编辑出版队伍实力,2010 年中国矿业大学出版社与中国矿业大学文法学院联合申报国家一级学科硕士点——中国语言文学(二级学科点:编辑出版与媒介传播)已获教育部正式批准,将于 2012 年正式招生。通过学科点的建设,培养编辑出版人才,推动重大出版课题研究,对于推进国内外出版学术交流,培养出版专业高级专门人才,建成文化产品研发基地,均具有开创性的重要意义。

七、完成体制改革工作,初步建立了现代企业管理制度

按照国家领导部门的要求,矿大社 2008 年年底启动体制改革工作。经过两年的扎实工作,于 2010 年 8 月底完成转企改制工作,2010 年 9 月 2 日,正式注册为中国矿业大学出版社有限责任公司。与之同步,社内进行了各项管理机构和管理制度改革,以适应现代企业管理的需要。体制改革,为出版社的发展进入一个新的历史起点打下了良好的基础。

八、较好地完成了多项国家重点图书出版任务

1. 所承担项目的完成情况。

矿大社共承担国家"十一五"重点图书出版规划项目 4 项,省"十一五"重点图书出版规划项目 5 项。

《中国煤炭科学技术全书》共 6 个分册,已出版 4 项;《全民应急科普丛书》共 6 个分册已全部出版;《选煤实用技术手册》共 3 个分册已全部出版,《法制教育故事丛书》共 4 个分册已全部出版;《中国绿色循环现代农业与社会主义新农村建设》《煤矿瓦斯治理技术集成与示范》均为单册已全部出版。

"十一五"国家重大工程出版项目《中国煤炭科学技术全书》剩余的 2 个分册,程远平教授《煤矿瓦斯防治理论与工程应用》,缪协兴教授《综合机械化固体废物充填采煤方法与技术》于 2011 年上半年出版。"十一五"国家重点图书《中国煤矿瓦斯爆炸机理及防治技术》和江苏省"十一五"重点图书《城市水文区位与可持续发展》,2011 年出版。

2. 项目出版取得显著的社会和经济效益。

国家和省"十一五"出版规划项目的组织和出版产生了良好的社会效益。如《中国煤炭科学技术全书》,共有 6 个分册,涉及煤矿灾害、瓦斯防治、煤炭加工等方面,代表着我国在煤炭能源领域内的最高学术成果。已经出版的 4 个分册,在煤炭能源领域内引起了强烈反响。分册《中国煤矿灾害防治理论与技术》荣获首届中国出版政府奖(图书奖)提名奖,这项我国煤炭能源领域灾害防治的重要技术成果和重大荣誉被众多媒体争相宣传报道;分册《煤矿瓦斯防治技术与工程实践》获第三届中华优秀出版物奖(图书奖),实现了此项国家级图书奖的新突破;分册《中国洁净煤》荣获第二届中国出版政府奖(图书奖)提名奖,是国内第一部全面介绍我国煤炭清洁化利用的大型书籍,受到了学者和现场专家的一致赞誉。《全民应急科普丛书》入选国家新闻出版总署第四届向全国青少年推荐百种优秀图书(2006 年)、江苏省 2007 年向全省青少年推荐"百种优秀苏版图书";《法制故事教育丛书》"青少年版"入选江苏省 2008 年向全省青少年推荐"百种优秀苏版图书"。

苏州大学出版社

2006—2010年是苏州大学出版社(以下简称苏大社)实现快速、稳步和可持续发展的五年。随着我国建立和完善社会主义市场经济步伐的逐步加快,国家提出了大力发展文化和出版产业的战略决策,有效促进了高等教育事业和教育图书市场蓬勃发展,加之网络技术的广泛运用和迅速更新,高速推进了出版业的国际化、市场化程度,从而为苏大社五年中各项工作的全面进步提供了良好的发展环境和前所未有的发展机遇。

5年中,苏大社积极抢抓机遇,在顺利完成"十五"规划任务后,全力实施"十一五"发展规划目标,坚持改革管理发展齐抓并举,努力开创健康快速发展的新局面。

一、坚持出版方向,实施精品图书工程,创名牌出好书

1. 弘扬先进文化,打造精品力作。

5年中,苏大社坚持正确的出版方向,大力实施精品图书工程,有多种图书先后获国家及省部级各类优秀图书奖:1种图书获首届中国出版政府奖图书奖;1种图书获第二届中华优秀出版物图书奖特别奖;1种图书获第三届中华优秀出版物图书奖提名奖;2种图书入选新闻出版总署"三个一百"原创图书出版工程;1种图书获江苏省精神文明建设"五个一工程"优秀图书奖;1种图书获江苏省精神文明建设"五个一工程"入选作品奖;2种图书获江苏优秀图书奖;2种图书列入江苏省"十一五"重点图书出版规划;2种图书获全国高校出版社优秀畅销书一等奖,4种图书获全国高校出版社优秀畅销书二等奖;2种图书获引进版社科类优秀图书奖;4种图书获华东地区大学出版社优秀教材学术专著一等奖。

《中国丝绸通史》一书历经5年精心打磨,填补了我国丝绸研究领域的空白,该书获首届中国出版政府奖图书奖,入选新闻出版总署第一届"三个一百"原创图书出版工程,并获得江苏省第六届精神文明建设"五个一工程"优秀图书奖。2006年4月21日,国家主席胡锦涛访美时作为国礼图书之一赠送给耶鲁大学图书馆。

汶川地震后,苏大社组织出版的《爱在燃烧:汶川诗草》一书展示了中华民族面对自然灾害所表现出来的万众一心的抗灾精神,2009年度获得第二届中华优秀出版物图书奖特别奖。《现代新闻编校实用手册》入选新闻出版总署第二届"三个一百"原创出版工程。

2010年出版的《中华锦绣》丛书荣获第三届中华优秀出版物图书奖提名奖,该书系国家"十一五"重点出版规划项目、经典中国国际出版工程和国家出版基金资助项目。

2. 服务教学科研和大教育,奉献社会高质量的精神食粮。

苏大社始终坚持大学出版社的办社宗旨,多年来为服务大教育和学校的教学科研不懈努力。2006年以来,苏大社所出版的各类教材及学术专著均占每年出书总量的60%以上,推出了一大批具有广泛影响力的教材和学术专著,获得学术界专家和高校广大师生的普遍认可。"现代传播学丛书"中的《大众传播理论解读》一书2006年获引进版社科类优秀图书奖;2010年,《半导体器件物理与工艺》一书列入"十二五"国家重点图书出版规划;2010年,《现代出版学丛书(第一辑)》《光学非球面的设计、加工与检验》分获华东地区大学出版社第七届优秀教材、学术专著一等奖。

苏大社坚持社会效益第一,关注社会热点问题,以出版人特有的方式奉献和回报社会。

2008年,当手足口病在全国蔓延时,苏大社及时出版了《手足口病防治手册》,并向相关幼儿园及中小学赠书,向疾控中心宣传送书;2009年,当甲型流感在国内刚刚蔓延时,苏大社又组织赶制出版了《甲型H1N1流感防治手册》,还举办了普及性健康专题讲座;为配合纪念改革开放30周年,苏大社推出《苏州精神》一书,从理论到实践,多视角、全方位总结了苏州改革开放30年来的成功经验,为全国率先实现现代化提供了一个可供借鉴的蓝本;由苏大社出版、被赞誉为"村官宝典"的《大学生村官工作手册》,在江苏省大学生村官出征仪式上被省领导作为特殊礼物赠送给大学生村官,为基层大学生村官开展好工作提供了智力支持。

二、强化内部管理,提升图书质量,提高经营效益

苏大社采取多种有效措施,从图书的选题、编校、装帧、印制质量上层层把关,狠抓制度落实,严格规范管理。2007年制定了《苏州大学出版社关于进一步强化编辑专业分工的意见》《关于调整我社工作量系数的意见》两项规定,进一步严格规范编辑工作流程,实行按专业或相近专业审稿制度,策划组稿提倡专业相应对口,跨学科的选题策划原则上要有相关专业的编辑参与,从源头上保证书稿质量,以提高图书的整体质量。

苏大社的图书印制质量始终位于全国出版社前列位置,这与苏大社有一套完整、健全的出版付印流程、图书印制质量内控标准以及严格高效的管理密不可分。与此同时,苏大社坚持每年定期召开印装质量研讨会的制度,至2010年已经连续召开了十四届。社、厂双方共同探讨确保印制质量的多种举措,为苏大社图书印制质量的不断提高起到了保障作用。

2006年至2010年,苏大社经营效益稳步增长,一直保持发行和销售码洋过亿的良好业绩。

三、明确定位,形成特色,打造"专、精、特"型高校出版社

多年来,苏大社努力探索适合自身特点的发展之路。根据新闻出版总署提出的"中社中而特、小社小而专"的指导思想,苏大社找准定位——中小型出版社,向"专、精、特"方向发展,以谋求在激烈的图书市场竞争中占有一席之地。

为强化特色,苏大社于2007年1月初实行了新的编辑机制运行模式,对编辑部进行重组与调整,成立了文、理科编辑部,组建了基础教育图书策划部及职业教育图书策划部,引导编辑选题策划向已基本形成的模块靠拢。

转企改制后,为进一步加快特色化发展,凸显专业化方向,苏大社于2010年又一次进行组织机构的调整与重组。按照特色化、专业化的要求,整合重组与新建了编辑部,形成了基教部、职教部、高教部、大众部和书稿加工中心五个编辑部,又按专业板块形成不同的主攻方向,以求做大做强各自所熟悉的优势专业,达到增强市场竞争力的目的。

四、以人为本,加强队伍建设,创建文明单位

1. 重视学习与培训,建设学习研究型出版社。

社内业务学习和培训活动建立起长效机制。每年对新进员工进行上岗培训,组织新编辑参加江苏省青年编校人员培训等各种业务学习研讨和专业培训活动。通过走出去、请进来等多种形式进行出版业务交流,拓展员工视野,提升业务能力。苏大社坚持与复旦大学出版社举行每年一次的编辑工作研讨会,并已形成制度,借此给两社编辑提供相互学习、交流的机会。

苏大社采取多种形式推动社内出版科研工作的开展。2008年,依托学校学科优势和苏大社出版理论研究、出版发展实践等特色,建立了苏州大学出版研究所,并成为中国出版科学研究所的苏州研究基地。先后获第一届和第二届江苏出版科研先进单位(2006—2007年度,2008—2009年度),第二届江苏出版科研优秀论文组织奖(2008—2009)等荣誉。1篇论文获中华优秀出版物论文奖,1篇论文获江苏出版科研优秀论文一等奖,1篇论文获江苏省出版科研优秀论文奖二等奖,1篇论文获江苏出版科研优秀论文三等奖,多篇论文获江苏出版科研优秀论文入围奖。

2. 加强企业文化建设,持续文明单位创建。

苏大社十分注重企业文化建设,一直将加强企业文化建设、廉政诚信建设及优良社风建设作为重点,大力倡导"和谐出版",全力营造有利于事业健康发展的和谐企业文化,各项群众性文体活动开展得有声有色。苏大社积极参加学校组织的各项文体活动,在校教工运动会、教职工乒乓球比赛、排球比赛等活动中获多项集体和个人荣誉;每年元旦新年,工会组织的迎新系列活动多姿多彩。寓教于乐、丰富多彩的各类文体活动加深了员工之间的感情,增强了企业的凝聚力和向心力。

苏大社坚持不间断的文明单位建设,形成了"敬业爱岗,无私奉献"的文明社风。出版社员工积极参加各种"送温暖、献爱心"活动,捐款捐物,常年为贫困地区及困难群体送温暖送关怀,尽一份文明企业的社会责任。2010年,苏大社向青海玉树地震灾区捐款,员工踊跃为苏州市党员关爱基金募捐活动、党员进社区活动和"同在蓝天下,慈善一日捐"活动捐款。苏大社还积极参与江苏省新闻出版局倡导的"农家书屋"工程,支持社会主义新农村的文化建设,扶持帮助建立了太仓市太丰村、姜堰李庄村等"苏州大学出版社农家书屋"。苏大社通过各种途径和形式,每年各类捐赠累计达10余万元。

因成绩突出,苏大社获多项文明单位等集体及个人荣誉称号:新闻出版总署颁发的"全国首届新闻出版行业文明单位"荣誉称号(2010年度),江苏省文明单位(2005—2006、2007—2009年度),江苏省首届新闻出版行业文明单位标兵(2007—2009年度),苏州市文明单位标兵(2006—2008年度),江苏省文化科技卫生"三下乡"先进集体(2010年度);党支部"心系汶川 情动书展"获江苏省委教育工委颁发的高校"最佳党日活动"优胜奖。1人入选"2007年全国新闻出版行业领军人才",1人荣获我国出版界的最高荣誉奖——"韬奋出版奖"。

五、深化改革,转企改制,加强现代企业制度建设

为全面贯彻落实中央关于深化文化体制改革的决定,苏大社于2008年3月向教育部提交转企改制的申请,期间积极进行转企改制的各项准备工作,同年11月被教育部列入全国第二批大学出版社体制改革单位,转企改制工作正式启动。在转企改制的近两年中,苏大社在苏州大学党委、行政的高度重视、关心和支持下,历经清产核资、财务审计、资产评估等全部转制程序,于2009年10月经工商注册为苏州大学出版社有限公司,顺利完成了转企改制。经转企审计评估,苏大社净资产近亿元,注册资本从最初的46.5万元(1992年)增至5000万元人民币(2009年),使苏大社在今后参与市场竞争和对外合作方面大大提高了企业的资信度。

加强现代企业制度建设是转企改制的核心。苏大社将加强现代企业制度建设和"促发展促提高"贯穿于转制的全过程。在操作各项转制程序的同时,积极引入现代企业的先进管理理念,建立了公司法人治理结构,构建并不断完善现代公司制组织框架;同步从内部机构设置、岗位与薪酬体系、管理体制、运行机制、经营机制等方面进行全方位调整与改革,逐步形成了科学有效的管理体制,充满活力与竞争力的运行机制;建立了职工代表大会制度,召开了苏州大学出版社有限公司首届职工代表大会第一次会议;完成了转制后的首轮全员竞争上岗及聘用工作,增强了员工的竞争意识和主人翁责任感,调动了全体员工为企业的发展尽责尽力的积极性和创造性;完成了转企改制后的薪酬体系改革,取消身份差别,统一按照全新的岗位目标职责、考核办法及薪酬标准来考核,实行岗位、业绩与薪酬挂钩,同工同酬的薪酬体系;加强制度化规范化建设,重新制订了《苏州大学出版社有限公司关于岗位考核及薪酬管理实施方案》《苏州大学出版社有限公司全员聘用实施办法》等10余项规章制度。在新的体制和机制运行中,管理网络更加清晰,激励机制更加明显,促进了苏大社事业的发展。

  2010年,苏大社顺利完成了新老班子的交替。新领导班子坚持"创新体制、转换机制、面向市场、增强活力"的方针,承前启后,稳定发展,全面完成了出版社2010年度各项任务。

  经过五年的建设与发展,尤其是在完成转企改制工作后,苏大社已初步构建了符合现代企业制度要求的管理体制和运行机制,已基本建成具有显著特色和相当实力、管理科学规范、充满活力并具一定竞争力的高校出版社。苏大社将在下一个五年的发展中借助转企改制后新的发展平台,在新的领导班子集体的带领下,开拓进取,奋发有为,团结拼搏,勇攀高峰,争取为社会奉献更多文化精品,努力为把苏州大学出版社有限公司建设成为"专、精、特"的现代出版企业而不懈努力,为繁荣出版事业作出应有贡献。

江苏大学出版社

一、申办与创立

建设高水平综合性研究型大学是江苏大学组建以来的重要使命,江苏大学的教学、科研、学科建设等方面工作都取得了长足的发展,而拥有大学出版社,对学校的教学、科研、学科建设等起着重要的支撑推动作用,且能迅速扩大学校影响,提高知名度,所以,江苏大学一直非常重视出版社的申办成立工作。江苏大学向有关部门提出成立出版社的申请始于1998年,在近十年的时间里,学校在教学、科研等方面取得进步的同时,对学术期刊的出版工作也予以高度重视,对办公条件、软硬件设施、人员配备等方面进行大力支持,出版工作取得了骄人的业绩。同时,进一步对成立、运行出版社进行可行性论证,并不断地与有关部门进行沟通,接受上级主管部门的悉心指导。这些工作为申办出版社打下了坚实的基础。经过不懈的努力,2007年2月国家新闻出版总署批准成立江苏大学出版社有限公司(简称江苏大学出版社)。2007年5月江苏大学出版社完成工商税务登记注册手续以及其他筹备工作,6月初挂牌运营(注册资本500万元,江苏大学独资)。出版社设有综合办公室、第一编辑部、第二编辑部、营销部、出版部、财务部等机构,至2010年底有员工36人,其中拥有高级职称人员9人,硕士学历(学位)人员18名。出版社还聘有兼职编辑数名。出版范围为:出版本校设置的主要学科、专业、课程所需要的教材;本校教学需要的参考书、工具书;与本校主要专业方向一致的学术专著、译著;适合高校教学需要的通俗政治理论读物;根据学校主管部门确定的分工和安排,为尚未成立出版社的高校出版高校教材。

出版社成立之时恰逢国家大力推进文化体制改革,出版社全部进行企业化改制,同时,产业数字化发展非常迅猛,出版业态快速变化,这把图书市场竞争推向了空前激烈的程度。面对严峻的形势,出版社坚定信念,迎难而上,树立"时不我待挑重担,艰苦奋斗创事业"的意识。依据筹备阶段的认识,结合实际确立了"转换角色、调查研究,围绕市场、主动出击,质量第一、信誉至上"的起步阶段的经营思路。具体业务中,迅速精心打造几本内容、编校质量均上乘的精品图书,在行业内初步得到认可,并形成良好声誉。同时,按现代企业制度要求,初步建立起适合自身的内部组织机构、工作机制,以及质量监控、行政管理等一系列的制度。经过一年左右的努力,出版社各项工作初步打开局面。期间,经过不断摸索和学习,初步确立了出版社创业阶段的办社宗旨、经营理念和发展思路。在后来几年的工作实践中,这些都有效指导、推进了我们业务工作和整体的发展。

二、内部管理

(一) 指导思想

在艰苦创业的工作实践中,出版社一直非常重视指导思想的指引作用,逐步确立了创业阶段的办社宗旨、经营理念和发展思路。

办社宗旨:传播先进文化,弘扬学术民主,繁荣科技事业,促进社会进步。

经营理念:练足内功建队伍,立足高校求生存,积极探索走市场,摸索前进求突破。

发展思路:紧紧围绕高校、地方,充分挖掘高校、地方资源,为高校教育管理、人才培养、科学研究服务,为地方历史文化传承和经济社会建设服务,加强教育、文化阵地建设,构建核心出版领域,走精品化、特色化之路,注重品牌,通过为社会、读者不断提供高层次、高质量的图书创造出版社价值。

出版方向:立足高校与地方,但又放眼全行业,跳出地方。依托母体学校的学科优势和人才资源,策划出版一批较有影响的、高质量的学术图书,力争在一些学科领域形成特色板块;充分挖掘地方资源,出版一批反映地方经济建设、文化建设特色的图书;为高校的教学改革、人才培养服务,策划出版适应新课改、新要求的教材和教辅读物。同时,图书出版应随着对图书出版行业认识的不断深入和对行业发展趋势的进一步把握以及对自身资源的进一步挖掘进行必要的修正和调整。

(二) 制度建设

出版社从筹备阶段就开始进行制度建设,并根据创办和发展初期遇到的问题以及内部条件的变化及时进行调整和完善。

出版社成立以来,相继制订出台了《选题申报管理规定》《三审管理规定》《编校流程管理规定》《审稿管理实施意见》《图书出入库管理规定》等业务管理制度,《员工工资实施办法》《绩效工资实施意见》等人事管理制度,以及《会议管理暂行规定》《对外接待及报销管理规定》《差旅费经费管理规定》和其他日常行政管理制度。以上制度基本涵盖了出版社目前的业务开展和日常行政工作的主要方面,对确保各项工作高效、有序、规范开展起到了有效的作用。

(三) 增强活力、强化激励

活力和生机是文化企业创造力的来源,出版社通过多种形式增强企业活力和生机。

1. 改革岗位聘任办法,灵活用人机制。

在岗位聘任中实行个人与部门之间双向选择,使管理重心适当下移,强化部门的责任意识、目标意识,增强基层活力,提高员工的工作积极性和主观能动性,同时,适当加大工作压力。

2. 灵活调整内部机构和人事安排。

针对创业期业务模式未完全定型等情况,根据业务开展需要、人力资源状况,灵活调整内部业务部门设置和人事安排,提高人力资源使用效率,向业务一线倾斜,进一步发挥业务骨干的带头作用。这种调整能适时适应业务需要,同时引导部门及员工朝着出版社要求的方向努力。

3. 制度激励。

充分运用制度的杠杆作用激励和引导员工增加才干和能力,在用人制度、考核办法及其他日常管理工作等方面处处体现对符合出版社核心竞争能力构建要求的员工行为和能力的激励。出版社成立不久,就制定了《员工绩效工资暂行办法》,至今已几经修改和完善,不断加大激励力度,突出对业务能力的要求,加强对员工实绩、能力、贡献的考核,对应的奖励也大大提高。

(四) 质量控制

质量是出版企业的生命线,出版社从成立之初就确立了"质量立社"的理念。质量管理一刻不放松,从提高员工业务素质和增强质量意识入手,严格执行质量管理制度,加大考核处罚力度,加强对图书印前、印后的质量监控。这些措施为图书的内容、编校、装帧等质量提供了保证。

(五) 队伍建设

队伍建设是出版社核心竞争能力建设的重中之重。由于地域和财力等因素,出版社很难引进有一定工作经验和较强能力的人才,因此,目前队伍几乎全是出版社自身培养成长起来的。员工招聘进来后,采取"送出去、请进来、传帮带"三位一体的做法,使员工尽快成长。不惜成本送员工到兄弟社脱产学习、培训,组织员工参加有关主管部门组织的业务培训;经常邀请一些专家来社开设讲座、实地指导、交流;内部员工新老之间结成对子,发挥骨干的传、帮、带作用,快速提高新人的业务能力。鼓励员工参加出版专业资格考试并尽早通过。此外在社内一些人事管理、业务考核等方面制度设计时充分向业务岗位,向高能力、高实绩的员工倾斜,激励、引导他们尽可能多地创造业绩。通过以上措施,员工的业务素养和能力、综合素质都得到了较大的提高,特别是编辑队伍的质量意识、市场意识、编校业务能力和营销队伍的责任意识、市场意识、沟通交流能力有了明显的提高。此外,出版社在人文关怀、情感留人等方面做了大量的工作。如主动关心员工工作、学习、生活,帮助解决其实际困难。如社会保险及公积金的种数和基数的确定、福利制度设计(如体检、慰问费等)、后勤服务等方面都尽可能从员工角度就高就多安排,切实提高员工待遇,还组织员工加入学校工会组织,增强员工的归属感和凝聚力。

三、业务经营

(一) 选题工作

选题策划能力是出版社的核心竞争能力,出版社一直高度重视选题工作。

1. 重视选题规划和重点项目策划。

出版社根据自身出版资源和方向,结合党和国家的重大工作部署以及社会热点、市场需求,对一段时期的选题工作进行研讨,作出初步的选题布局、时间安排等方面的计划,并集中力量组织重大、重点项目的落实。出版社成立以来,先后策划了《当代台湾文化研究新视野丛书》《新中国农村发展60年丛书》《海峡文丛》《新世纪高校教育管理研究》《江大学人》《杨海明词学文集》《校园道德生活丛书》《流体研究文库》《赛珍珠研究》等学术专著系列,以及《灾难医学》《梦溪笔谈注》《先进激光制造技术》《高等传热和流动问题的数值计算》《飘舞的黄丝带》《张雅琴:一位女支书和她的新农村创业传奇》等重要或重大选题,其中大部分获得了不同级别的奖项或政府资助。此外,《飘舞的黄丝带》还被改编成电影《小城大爱》,取得了良好的社会效益。

2. 提高编辑队伍策划能力,不断提高选题品种和质量。

编辑队伍策划能力的提高是出版社整体策划能力提高的关键。经过2～3年培养和锻炼,一些编辑具备了选题策划的基础条件。出版社适时推进该项工作,加大舆论宣传,在业务工作中加强指导,在岗位聘任与考核中明确提高选题策划的要求,大幅增加奖励力度,引导他们走出去、动起来,围绕出版社选题规划和自身努力方向,主动与作者联系沟通,主动寻求各种资源和信息,并进行跟踪,逐步转化为选题项目。目前,一些编辑的选题策划能力有了明显的提高,截止到2010年底,出版社按照申领书号统计共出版图书205种。

3. 大力加强教材策划与推广工作。

教材出版是高校出版社提高办社实力的必由之路。但它的竞争也是异常激烈的,一个新社想进入正在使用的教材出版行列绝非易事,而且一个教材项目的培育和落实是一个相对漫长且需大投入的过程,风险也很大。出版社在加强教材的市场调研和合理规划的基础上,投入大量的人力、物力进行教材项目的培育、跟踪、策划,加强与作者的联系,召集研讨会、编委会等,主动与有关领导和主管部门联系,争取他们的指导和对工作的推进,使教材策划与推广有序进行。出版社成立以来,相继策划了《21世纪大学数学丛书》《高等院校会计系列特色教材》《高校信息素质教育丛书》《成人高等教育(本科)专业教材》等高校教材系列,还有《大学生安全教程》《特殊儿童心理健康教育》等以及涵盖理、工、医、经济等学科的教材教辅。其中一些教材还获得了不同级别的奖项(如精品教材奖等)。此外,还在《新时期高职高专特色系列教材》《21世纪应用型人才培养特色教材》等项目的策划上进行了大量的基础性工作,有望很快进入出版程序。

（二）营销工作

营销工作是出版社连接图书与市场的工作，影响着市场信息对图书出版工作的参考价值和图书的销量。所以，它也是出版社核心能力的重要组成部分。

出版社把营销工作放在重要位置，从政策支持到人员、条件等资源配备上都给予营销工作极大的倾斜。出版社成立之初，从队伍建设入手（新聘员工几乎都是未从事过图书营销工作的），以联系客户建议网点为切入点，大力加强渠道建设。通过细致的思想工作、手把手的业务指导和实际的工作锻炼，增强员工的责任意识和工作主动性，提高他们的沟通交流能力和业务开展能力。根据出版社的图书出版方向和结构，有针对性地收集、整理信息，为出版社相关决策提供有价值的参考。主动与书商联系，并努力与之建立合作关系，逐步建立起有一定覆盖面的销售网络。通过定期发送书目、主动拜访业务人员等方式，密切往来，加深感情，并不断丰富营销手段和方式，摸索能有效传递图书信息、影响客户采购行为的新方法。经过几年的努力，已建立了一张覆盖20多个省份、包括40余家各类书商的销售网络，书商中业务各有所长，有进行综合业务的、有专事馆配的、有主要进行零售的，也有从事专业板块业务的，我社单品种图书的销售量也有了较为明显的提高。此外，我社还根据市场导向，积极寻求新业务领域，在网络宣传与销售、政府采购项目及其他重大团购项目（如农家书屋项目等）、图书直销等方面大胆摸索，加大工作力度，着力提高营销队伍的市场信息梳理与分析能力，不断锻炼队伍，提高素质。

四、主要规划立项及获奖情况

在重点规划立项方面，《灾难医学》被列入国家"十一五"重点图书出版规划项目，《新中国农村发展60年丛书》和《梦溪笔谈注》被列入江苏省"十一五"重点图书出版规划赠补项目；《当代台湾文化研究新视野丛书》入选国家"十二五"重点出版物规划项目，《先进激光制造技术》入选江苏省"十二五"重点出版物规划项目，《高等传热和流动问题的数值计算》入选江苏省"十二五"重点出版规划增补项目，《张雅琴：一位女支书和她的新农村创业传奇》入选江苏省社会主义核心价值体系建设"双百"出版工程重点项目。

在各类评奖当中同样成绩不菲：《飘舞的黄丝带》2010年获得江苏省第七届精神文明建设"五个一工程"奖（文艺图书类），以及两年一次的镇江市第六届文学艺术奖；《与成功相约》2010年荣获"全国百种优秀青少年读物——我最喜爱的一本书"；《特殊儿童心理健康教育》获得由中国教育学会组织的"2009影响教师成长百部科研论著"一等奖；《医学影像技术》和《李德桃教授论文选集》2009年在大学版协华东地区大学出版社第八届优秀教材、学术专著评比当中获得一等奖；《高等数学》2010年被评为江苏省高等学校精品教材；在2010年"江苏省第十一届哲学社会科学优秀成果奖"评选中，《学校道德生活的教育叙事》荣获二等奖，《流光溢彩：中国古代灯具研究》《高等教育教学理念与模式创新》和《齐梁萧氏故里研究》荣获三等奖；在2010年江苏省教育厅举办的"江苏高校第七届哲学社会科学研究优秀成果奖"评选中，《特殊儿童心理健康教育》获一等奖，《高等教育课程体系理论新探》《法伦理文化视野中的和谐社会》和《学校道德生活的管理透视》获二等奖，《高职教育行动导向教学体系》《法学视野中的大学自治：以大学权力为中心的分析》和《高职院校管理新论：基于营销学范式的研究》获三等奖；《印记与重塑：镇江博物馆考古报告集（2001—2009）》获江苏省文物局组织的首届江苏省田野考古奖优秀成果奖。

经过近4年的发展，江苏大学出版社正由初创时期的稚嫩走向成熟。

复旦大学出版社

复旦大学出版社(以下简称复旦社)自1981年建社以来,不断开拓,立志创新,事业不断得到发展。遵循邓小平理论、"三个代表"重要思想和科学发展观的指导,在上级主管部门和学校的大力支持下,依托教育事业迅速发展的大背景,复旦社领导班子抓住机遇,全社干部职工齐心协力,在激烈的市场竞争中勇立潮头,获得快速发展,位居全国前列。一批好书受到广大读者、学界及业界的关注与好评,形成了广泛的社会影响力。作为国家新闻出版总署授予的"全国百佳图书出版单位",复旦社始终坚持正确的出版方向,图书出版品种稳中有升,不断获得良好的社会效益和经济效益。

一、复旦大学出版社概况、理念及特色

(一)以服务大学的教学、科研为使命,不断努力、不懈追求

1. 是学术组织的一个组成部分。

复旦社对坚持大学出版社宗旨的必要性、重要性,始终有着清醒的认识,毫不动摇地从出版工作的各个方面坚持服务教学、科研的定位。复旦社领导认为,复旦社应当成为继教学、科研之外,与大学图书馆、重点实验室并列的为教学、科研服务的第三种力量,通过秉承大学出版的优良传统,立足为高校教学科研服务的明确定位,从而为大学的教学与学术研究提供全方位的出版支持。复旦社领导坚信,强调为教学、科研服务,并不会限制缩小复旦社的生存空间,恰恰相反,学校的思想成果、学术成果及人才辈出,为复旦社提供了丰富的出版资源和发展机遇。

2. 学者优秀成果的展示平台。

复旦社自成立起,就确定了为高等教育教学科研服务的明确定位。30多年来,复旦社筚路蓝缕,兢兢业业,立足本校,面向全国,主动为经济和社会发展、文化教育进步服务,为高校教学和社会提供了8000多种图书,其中4000多种是重印书。图书结构中70%为优秀高校教材,20%为原创性学术著作,10%为大众读物,为复旦大学以及其他兄弟高校的教学、科研提供了有力的出版支持,同时也为社会奉献了不少优秀的社会读物。

3. 一流作者是复旦社生存和发展的坚实基础。

复旦社从建社的那一天起,就把争取一流作者的工作视为重中之重的生命线。要推出优秀的出版物,就需要优秀学者和教授的支持和扶助。多年来,复旦社紧密团结本校教授和学者,广泛联系海内外各大学、研究机构的知名专家,推出了一批批优秀著作,为优秀文化的传承作出了贡献。

(二)执著于原创性学术著作出版,为繁荣学术而努力

复旦社始终坚持一流原创性学术著作与高水准教材的出版理念,近年来在各类图书评奖中,复旦版图书获奖数名列全国100多家大学出版社前茅。其中,《七世纪前中国的知识——中国思想史》荣获第五届国家图书奖提名奖和首届长江读书奖,《复杂系统中的电磁波》荣获第三届国家图书奖,《高分子科学中的Monte Carlo方法》《手的修复和再造》《现代神经外科学》分别获得第二届、第三届和第六届国家图书奖提名奖;《现代肿瘤学》荣获第八届中国图书奖,《现代西方经济学》《手的修复和再造》荣获第十届中国图书奖,《国际投资争端仲裁》荣获第十三届中国图书奖,《晚明史》荣获第十四届中国图书奖,《旧五代史新辑会证》荣获首届中华优秀出版物

奖图书奖,《中国人口史》和《中国出土古文献十讲》荣获第四届中国高校人文社会科学研究优秀成果奖一等奖,《中国人口史》和《名家专题精讲》(30种)荣获首届中国出版政府奖图书奖提名奖,《法国诗选》荣获首届中国出版政府奖装帧设计奖提名奖,《中国文学史新著》和《历代文话》荣获第二届中华优秀出版物奖图书奖,《上海图书馆未刊古籍稿本》获得第三届中华优秀出版物奖图书奖,《历代文话》还荣膺中国出版政府奖图书奖提名奖。在国内,复旦社是获得国家级图书奖最多的大学出版社之一,同时也是获得国家图书奖和中国图书奖为数不多的几家大学社之一。

此外,复旦社还陆续推出了《中国通史教程》《晚明史》《中国古代行政制度史》《江南市镇——传统的变革》《唐代文化史》《中国游侠史》《中国经济史》《上海文学通史》《中国当代政治制度》《中国行政区划通史》《西方史学通史》等一批原创史论专著,又规划出版了《复旦学人文库》《复旦博学论丛》《上海市社会科学博士文库》(《复旦学人文库》涵盖了复旦大学各个学科成就斐然的学者的重要代表作;《复旦博学论丛》和《上海市社会科学博士文库》则收录了一大批卓有成就的中青年学者的学术著作)等一大批彰显当代学术风采和文化成就的优秀学术著作。2007年,教育部社会科学司组织编写的《全国高校出版社2000—2006获奖出版物荟萃》一书,复旦社和北大社并列榜首,各有77种。其中多数获奖图书都是极具原创价值的学术著作。

(三)重视品牌建设,打造高品质优秀大学教材出版基地

2001年,复旦社选用校训的开头两字"博学",在工商部门注册,并将品牌教材统一冠名为"复旦博学",开创我国大学出版社推出图书品牌的先河。"复旦博学"已推出人文、社科、经管、科技、外语、医学等6个系列近千种高校教材。这套书以原创性、高质量以及名校、名家、名作为追求目标,现在已经形成较大影响。图书品种还在不断优化和扩充中。2004年,复旦社又推出了"复旦卓越"系列。"十一五"期末,"复旦卓越"已推出经济、管理、物流、会展、保险、外语、学前教育等7个系列的数百种高校教材。

(四)提升出版人员素质,着眼于复旦社的长期、稳定、持续发展

加强人才队伍的建设,是复旦社保持活力的关键所在。近几年来,前后有5位博士、20余位硕士被吸纳入社。现有职工148人,专职编辑超过一半以上,其中正高8人、副高26人,博士、硕士以上学历占编辑总数50%以上。复旦社还为在岗的编辑攻读在职的硕士博士提供方便。有三位已经通过学习获得了博士学位,有两位已经通过学习获得了硕士学位,目前还有两位博士在读,一位硕士在读。这样就保证了复旦社的编辑在各学科领域里都有较高的学术造诣,能够胜任高难度的学术专著的编辑工作。

二、"十一五"时期复旦社的改革发展及成就

"十一五"期间,在校领导的关心和学校相关部门的支持下,复旦社顺应中央提出的"文化事业大发展大繁荣"要求,2009年9月,如期完成了复旦社改制这一重大任务,成立复旦大学出版社有限公司,经学校批准,成立董事会,按现代企业制度要求完善了公司治理结构。同年,在新闻出版总署对全国500多家经营性出版单位的等级评估中,复旦社被评为一级出版单位,获得"全国百佳图书出版单位"称号。五年间,获得中华优秀出版物奖、中国出版政府奖、教育部高等学校教学优秀成果奖以及上海市哲学社会科学优秀成果奖等图书奖励256项。其中,国家级图书奖项7项。版权输入输出规模有大幅提升,被国家新闻出版总署、国家版权局评为版权贸易先进单位。

"十一五"期间,复旦社本着大学出版为大学教学与科研服务的宗旨,继续坚持一流教材与

原创性学术著作的出版理念,强化学术出版功能,为繁荣学术和优秀文化的传承作出贡献,社会效益与经济效益取得丰硕成果。五年间,复旦社的事业规模不断扩大。2006—2010年,复旦社共出版新书2761种,重版、重印累计7061种,比"十五"期间增长了30%。2010年,销售码洋超过3.3亿元,利润3268万元,相比"十五"期末,分别增长了65%和63%。在重要图书项目评选中,也收获颇丰:列入教育部"十一五"国家级规划教材共计155种;上海市及新闻出版总署"十一五"重点学术著作28种,入选数量居全国大学出版社第3位、京外出版社第一位。

五年间,复旦社继续秉持学术出版的理念,继续坚持为大学教学、科研服务的宗旨,取得了社会效益和经济效益的双丰收:

2006年,《旧五代史新辑会证》荣获首届中华优秀出版物奖图书奖;《中国人口史》《中国出土古文献十讲》荣获教育部第四届中国高校人文社科研究优秀成果奖一等奖,占一等奖总数的13%;《旧五代史新辑会证》等3种书获上海市第八届哲学社会科学优秀成果奖一等奖,占一等奖获奖著作总数(10种)的30%。在社会效益彰显的同时,本年度销售码洋达到2.4亿元。

2007年,六卷本《中国人口史》《名家专题精讲丛书》荣获首届中国出版政府奖图书奖提名奖。《江南市镇:传统的变革》等3种书入选国家新闻出版总署第一届"三个一百"原创出版工程。在教育部"十一五"国家级规划教材评审中,复旦社有155种教材入选。本年度销售码洋超过2.7亿元。

2008年,《中国文学史新著》和《历代文话》荣获第二届中华优秀出版物奖图书奖,《中国文学史新著》等3种著作还入选国家新闻出版总署第二届"三个一百"原创出版工程。15种著作荣获上海市第九届哲学社会科学优秀成果奖,其中一等奖4种。本年度销售码洋超过3亿元。

2009年,《历代文话》荣获第五届教育部高等学校人文社会科学研究优秀成果奖一等奖,《维特根斯坦哲学转型期中的"现象学"之谜》等十种图书荣获第五届教育部高等学校人文社会科学研究优秀成果奖二、三等奖,《古代中国文化讲义》荣获第五届教育部高等学校人文社会科学研究优秀成果奖普及著作奖。本年度销售码洋达到3.1亿元。

2010年,《上海图书馆未刊古籍稿本》获得第三届中华优秀出版物奖图书奖,《五种形象》获得鲁迅文学奖,《历代文话》荣膺中国出版政府奖图书奖提名奖。此外,出版社有多项优质选题获得国家出版基金、国家及上海科技出版基金、上海文化基金、复旦基金等各类基金资助。本年度销售码洋超过3.3亿元。

复旦社出版的文化积淀深厚的多种学术著作也引起媒体的广泛关注,包括新华社在内的国内外多家知名媒体对复旦社致力于学术出版的理念及复旦社的重要学术出版物给予了重点报道:

2006年3月22日,新华社刊发了新闻通稿——"复旦社,'想不到'的背后",对复旦社兼顾两个效益,立足文化,弘扬学术,服务教学科研,以自身实际行动追求并实践"科学出版观"的事迹作了专题报道,赞扬了复旦社为大型学术著作《旧五代史新辑会证》悉心服务、耐心等待11年的出版精神。3月24日的新华每日电讯在文化版头版以"'摇钱'书不出,为本好书等11年——复旦大学出版社:'另类'与两个效益兼收的背后,是追求'科学出版观'"为题转载了这篇稿件;3月27日的《文汇报》,也在文化版头条转载了这篇报道。此外,另有数十家媒体转载了这篇报道。

2007年4月,新华社以《〈中国文学史新著〉"新"在哪里》为题对章培恒、骆玉明主编的《中国文学史新著》的出版给予报道。报道以"五四新文学是中国文学发展必然归宿""文学的进步与人性的发展同步"、全新解读与诠释中国文学为线索,指出这部新著进一步突破了以前长期流行的文学史模式,是中国文学古今演变研究的成果;强调文学发展的内在联系,而不是机械地以朝代划分;对文学艺术形式的重要性有了充分认识,把艺术形式与作品思想内容置于同样重要地位,更加注重阐述作品的艺术特色与文学形式的演变过程。《文汇读书周报》也在头版头条对此给予重点报道。

2008年,入选国家古籍整理出版"十一五"(2006—2010)重点规划项目的《上海图书馆未刊古籍稿本丛书》,共47种,346卷,60部全部出齐。这套丛书由复旦社和上海图书馆历史文献研究中心共同整理,从数以千计的馆藏稿本中精选最具学术参考价值的明清学人著述未刊稿本46种,成60册之数。每种之前,各冠以特请朱维铮、邹逸麟、葛兆光、周振鹤、陈尚君等名家精心撰作的解题文字,介绍并评述作者生平行略、治学专长造诣及本书学术价值所在等。这套丛书的出版,不仅能使那些长期深藏的未刊稿本化身数百、孤本不孤,更可借此方便学界研究利用,为学术研究创造必备条件。丛书出版后受到媒体的好评。

2009年6月,《解放日报》《文汇报》《新闻晚报》《中华读书报》、台湾"中央日报"等报道了复旦社出版的国内第一套专门针对文科硕士研究生编写的学术入门指导丛书——《研究生学术入门》新书发布会。该套丛书中的每本入门书,都邀请一位学界知名学者,就自己擅长的研究领域进行撰写,并在体例上做统一规定,要求体现本研究领域的学术史回顾、当前国内外学术界研究的一般方法和取向、研究典范个案的介绍以及参考阅读文献的推荐。其编撰目的是为了给刚进入硕士研究阶段的学生提供基本的研究方法的指导,并循序渐进地引导其进入更专深的研究阶段。这是一套集学术性、指导性和示范性于一体的丛书。

2010年6月,复旦社出版了大型文献丛书《越南汉文燕行文献集成(越南所藏编)》,丛书由复旦大学文史研究院和越南汉喃研究院国际合作,经过三年的精心编纂。越南汉文燕行文献,是指历史上越南官方使节北使中国,或民间人士来华旅行而撰述的相关汉文记录,其主要形式为燕行记、北使诗文集和使程图。《越南汉文燕行文献集成(越南所藏编)》搜集了现存于越南的79种独立成书或成卷的燕行文献,以影印文献原书并为每一种文献撰著提要的形式,从一个特殊的侧面,系统地展示了公元1314年至1884年这五百多年间中越两国友好交往的历史,同时也通过"异域之眼",直观地呈现了元明清时期中国的感性样态。本书的出版,必将促使国内各界较以往更多地关注中国和越南等周边国家的历史因缘,并进而关注中华民族复兴历程中如何适当地利用东亚汉文文献资源,妥善处理双边和多边国际关系,重新确立中国在东亚和世界的重要地位等一系列现实问题。丛书出版后,先后在中国上海和越南河内举行了新书发布会。6月8日的上海发布会上,国内数十位文史学界的专家出席会议并给予高度评价。新华社、中新社、《人民日报》《光明日报》《解放日报》《新民晚报》《中华读书报》《文汇读书周报》《深圳晶报》、"台湾中央社""台湾中国日报"等四十余家媒体纷纷给予报道。6月19日的河内发布会上,越南社会科学院副主席等数十位越南学术界一流学者和中方学者葛兆光教授、贺圣遂,中国驻越南大使馆覃翊等出席会议。越共胡志明市委机关报《解放日报(华文版)》等专门报道了《越南汉文燕行文献集成》新书发布的消息。在两次新书发布会上,中越双方代表踊跃发言,纷纷表示该书的出版对中越两国学术发展有着重要的价值,特别是在中越建交60周年暨首个"中越友好年"之际,这样一次合作出版的成功更有着积极的意义。

在做好原创性学术著作出版的同时,复旦社也非常重视高水平的文化普及工作。五年间,陆续推出了葛兆光著《古代中国文化讲义》,朱杰人、傅杰、陈引驰等著"悦读经典一百句",葛剑雄、樊树志、江晓原、骆玉明等著"我们的国家"丛书,易中天著《帝国的终结》,吴中杰著《鲁迅传》,吴思著《潜规则》,骆玉明著《权力玩家》,姚大力著《读史的智慧》,哈尔·赫尔曼著《数学恩仇录:数学家的十大论战》,莫里斯著《裸猿三部曲》等一大批广受读者欢迎的著作。其中,"悦读经典一百句"还输出了繁体字版和韩文版,"我们的国家"也输出了繁体字版。

由于出色的出版成绩,复旦社多位同志还收获了韬奋出版奖、新闻出版总署颁发的"优秀出版企业家"称号、中国大学出版社首届高校出版人荣誉奖、中国大学出版社高校出版人物奖、上海出版人奖、上海出版新人奖等多个个人出版奖项。同时,因复旦社在出版业中的影响,贺圣遂董事长还当选中国编辑学会副会长、中国出版协会常务理事、中国大学出版社协会副理事长、上海市社会科学界联合会理事、上海出版协会副理事长、上海编辑学会会长等职。

成绩的取得也源自复旦社多年来对人才培养的重视。多年来,复旦社一直重视引进吸收高学历、高素质的专业人才,同时为广大员工提供了良好的在职学习和对外交流的机会。很多同志在做好编辑出版工作的同时,个人科研能力也取得了很大成绩。仅近几年中,出版社在职员工共撰写出版了十多部学术著作,撰写了数百篇学术论文。其中,有四篇论文获得全国优秀出版科研论文奖,不少论文被《新华文摘》《人大报刊复印资料》等权威期刊转载,并受到学校科研奖励。

作为一家蜚声国内的学术出版机构,复旦社一直极为重视员工的在职教育和培养,鼓励员工在做好编辑工作的同时,努力学习,成为各个领域内的专家。自动进行课题研究,是复旦社的一个优良传统,上至社领导,下至普通员工,或致力于本专业的深钻精研,或瞩目于出版业的发展探究,孜孜不倦地进行学习与研究在复旦社蔚然成风,使其成为卓尔不凡的自主学习型出版社。

同济大学出版社

同济大学出版社成立于1984年,建社以来一直秉承优质教材与优秀学术著作并重的出版理念,强调作为大学出版社所应承担的繁荣学术和弘扬优秀文化的社会责任,坚持为高等学校教学与科研服务的宗旨,依托同济大学学科特色鲜明、师资力量雄厚的优势和兄弟院校的人才与学科优势,积极汇聚海内外优秀作者资源,励精图治,锐意进取,不断开拓出版社发展的新局面。"十一五"时期(2006—2010),全社上下坚持正确的出版导向,坚持以发展为第一要务,坚持走专业化、特色化的发展之路,实现了社会效益与经济效益的稳步发展,把全社各项工作提高到一个新的水平。

一、基本情况

"十一五"时期,本社出版发行职工人数稳定在70～80人,学历水平与职称水平实现了稳步提升。出书总品种和出版总码洋同比"十五"时期均实现了44.92%的增长,年均增长约9%。其中,新书品种增长稍高于重印书品种增长,新书码洋增长稍低于重印书码洋增长。销售收入、利税及资产净值增长显著,职工收入和福利稳步提升,职工办公条件得到极大的改善。

"十一五"时期,本社始终坚持正确的出版导向,坚持出版为社会主义服务、为人民服务的宗旨;始终坚持重大选题备案制度;始终坚持把社会效益放在首位,在保证社会效益的前提下实现社会效益与经济效益的有机统一;始终坚持以教育为出版特色,把为人才培养服务、为知识的总结和传承服务作为主要任务;始终坚持提高出版质量,坚持为社会、读者提供高质量的产品和高水平的服务。

"十一五"时期,本社在土木建筑、德语与欧洲文化交流、交通工程、基础学科、人文社科、医学等领域出版了一系列极具影响的学术专著、重点教材和实用性图书,在土木工程、建筑、城市规划、德语与欧洲文化交流等学科领域形成了鲜明的出版特色,尤其在土木建筑、德语与欧洲文化交流等专业图书的出版方面更取得了深厚的积累和丰富的经验,在国内形成了一流的出版品牌。获得包括中国出版政府奖(网络出版奖)、中华优秀出版物奖在内的各类奖项100余项。"十一五"末,本社在巩固原有出版品牌的同时,不断加强版权合作和参与高等学校的教材建设与学术著作出版,并不断拓展新的出版领域,在医学护理、人文社科、工程经济管理、新农村建设、汽车工程与循环经济等专业图书的出版方面也取得了显著增长。

二、五年改革发展历程和主要成就

(一) 通过深化内部改革,创新内部体制和机制,提高了内部管理水平

为了加强出版社内部管理,自2006年以来,全社组织进行了三轮基于绩效考核管理的内部改革,特别是从2007年开始,按照中央的要求和新闻出版总署、教育部的统一部署,在市委宣传部的领导和同济大学的支持下,进行了转企改制工作,前后历时三年不到的时间,于2009年基本完成。组建了董事会、监事会,由董事会任命了经营班子成员,完成了工会、职代会的换届选举工作;制订了企业薪酬体系,完善了内部体制和机制,为出版社的健康和可持续发展奠定了基础。

(二) 加强了队伍建设,优化了队伍结构,提高了队伍层次

"十一五"期间,通过公开招聘,先后招聘了一批具有较高素质、适应出版社发展需要的优秀

毕业生和出版从业人员 29 人。其中，研究生学历占 61%，编辑人员占 55%，专业队伍的专业、年龄结构得到优化。队伍的层次也有所提高。一些优秀的年轻同志被选拔到重要岗位，加强了出版社的经营管理力量。

（三）社会效益成绩显著，获奖情况、重点图书和规划教材列选情况达到历史最好水平

"七五"到"十五"时期，本社获省部级（含）以上出版物奖项分别为 4、10、9、7 项，而"十一五"时期，获省部级（含）以上出版奖项达 100 余项，是过去 20 年获项总和的 3 倍多，包括中国出版政府奖（网络出版奖）1 项、中华优秀出版物奖 1 项、新闻出版总署"三个一百"原创图书出版工程奖 1 项、上海市优秀图书一等奖 2 项、上海市优秀图书二等奖 3 项以及教育部、大学版协、建筑行业、华东地区大学版协及有关省级奖项等 90 余项。

"八五"到"十五"时期，国家和上海市重点出版物列选分别为 12、16、25 种，而"十一五"时期共列选 104 种，包括国家重点出版规划项目 71 种（含国家级规划教材 65 种）、上海市重点出版项目 33 种。

另外，"十一五"时期还获得国家出版基金资助项目 2 项，有多种图书荣获中国国际封面文化博览会优秀奖、上海市书籍设计优秀奖，有 100 多种图书被上海市新闻出版局检测为书刊印刷质量优等品和一等品，其中有近 20 种图书被新闻出版总署检测为优等品。

（四）选题板块集聚明显，选题结构得到进一步优化，选题规划执行情况较好

（1）土木建筑类。"十一五"期间，土木建筑类选题（包括教材、科技实用图书）完成 12 个大系列。新增较有影响的有建筑历史类，主要有《中国桥梁史纲》《上海百年建筑史》《大都市从这里开始》等；建筑遗产保护类图书，主要有《历史城市保护规划与设计实践》《乡土建筑遗产的研究与保护》等；建筑文化类图书，主要有《中华民居》《上海光影》等；建筑园林古文献整理类图书，主要有《中国古代建筑典章制度汇编》《〈园综〉注释》等。另外，还配合 2010 年上海世博会举办出版了有关图书 10 余种。

（2）德语及中德、中欧文化交流类。此类图书新选题的开发稳定增长，"新求精系列教材"、《基础德语》《现代德语实用语法》等图书的市场影响力和经济效益实现了快速增长。"十一五"国家重点出版规划项目《德汉科技大词典》顺利出版，该词典是我国目前德汉科技词汇最丰富、最权威的大型工具书。另外，围绕中德、中欧文化交流出版了一批以介绍德国和法国哲学以及社会科学经典为主要方向的图书，在学术界和出版界反响良好。

（3）基础学科类。"十一五"期间开发了大量新选题，其显著特点一是选题面大幅拓宽，开发了大量公共基础类选题，二是在教材及部分图书定向开发与销售方面做了大量有益的探索，取得了良好的业绩，为本社经济效益的提升作出了突出贡献。

（4）综合类。本社综合类图书主要集中在制图教材、医学类教材教辅和实用图书，城市发展类专著和哲学社科类专著，电气、汽车等学科方向，为本社新出版品牌的培植和特色的聚集作出了积极的贡献。其中部分图书被列为国家或上海市重点出版项目，也获得了一些较重要的奖励，如《吴孟超肝脏外科基础与临床》《法国近代哲学》等。同时，此类图书在经济效益方面总的来说成绩不俗。

（五）坚持为教学科研服务，为本校出版了大量教材和学术专著

"十一五"期间，本社坚持为学校教学科研服务的宗旨，立足学校，服务社会，为本校出版了大量的教材和学术专著。在同济大学全校本科生教材供应方面，本社供应品种数占总量的 15% 左右；在教材的出版方面，本社出版数量占全校的 30% 左右，大部分学术专著均由本社出版。在

同济大学百年校庆中,本社为学校出版校庆图书《同济大学百年志》等106种,资助学校出版经费150余万元。

（六）精神文明建设成绩显著

"十一五"时期,本社积极参加由团中央和新闻出版总署共同发起的"光华公益书海工程",连续5年共向该工程捐赠200多万元码洋的图书。同时,积极参加社区文化建设和公益活动,先后多次向出版社驻地附近的四平社区、五角场社区、杨浦区农民工子弟小学等单位捐赠图书共计23万余元。2006年2月,全社职工积极响应学校党委的倡议,开展资助西部贫困地区困难学生的活动,共募集善款1.35万元,资助甘肃省定西市安定区大城小学27名特困学生。2008年5月,全社职工向四川汶川地震灾区捐款2万元,全社42名党员以交纳特殊党费的形式向灾区捐赠1.405万元。

本社从2004年1月开始同中国人民解放军94826部队开展军民共建活动。2006—2010年,为部队义务编辑图书《防线从这里筑起》和《兼职党务工作者手册》,价值3万元;向部队指战员捐赠部分图书并赠送电视机、电脑各一台;2007—2009年分别向战士们赠送防寒内衣100套等;每逢春节均送约3000元年货到部队慰问战士,共营共建军民之间同呼吸、共命运、心连心的鱼水之情。

"十一五"时期,本社多次荣获上级单位精神文明等方面的奖励,包括校先进基层党支部、校精神文明单位等;土建编辑部荣获校"三八"红旗集体、上海市教育系统巾帼文明岗;本社女子合唱队荣获上海市新闻出版系统"'迎世博、展风采'优秀歌队"。

东华大学出版社

东华大学出版社(原中国纺织大学出版社,简称东华社)由教育部直属、全国重点大学东华大学主办。1986年筹建,1993年正式成立。建社迄今,东华社历经创建、巩固、发展之路,组织机构几经更替,形成了图3的组织架构。2010年4月29日,完成工商注册登记,改制成为"东华大学出版社有限公司"。

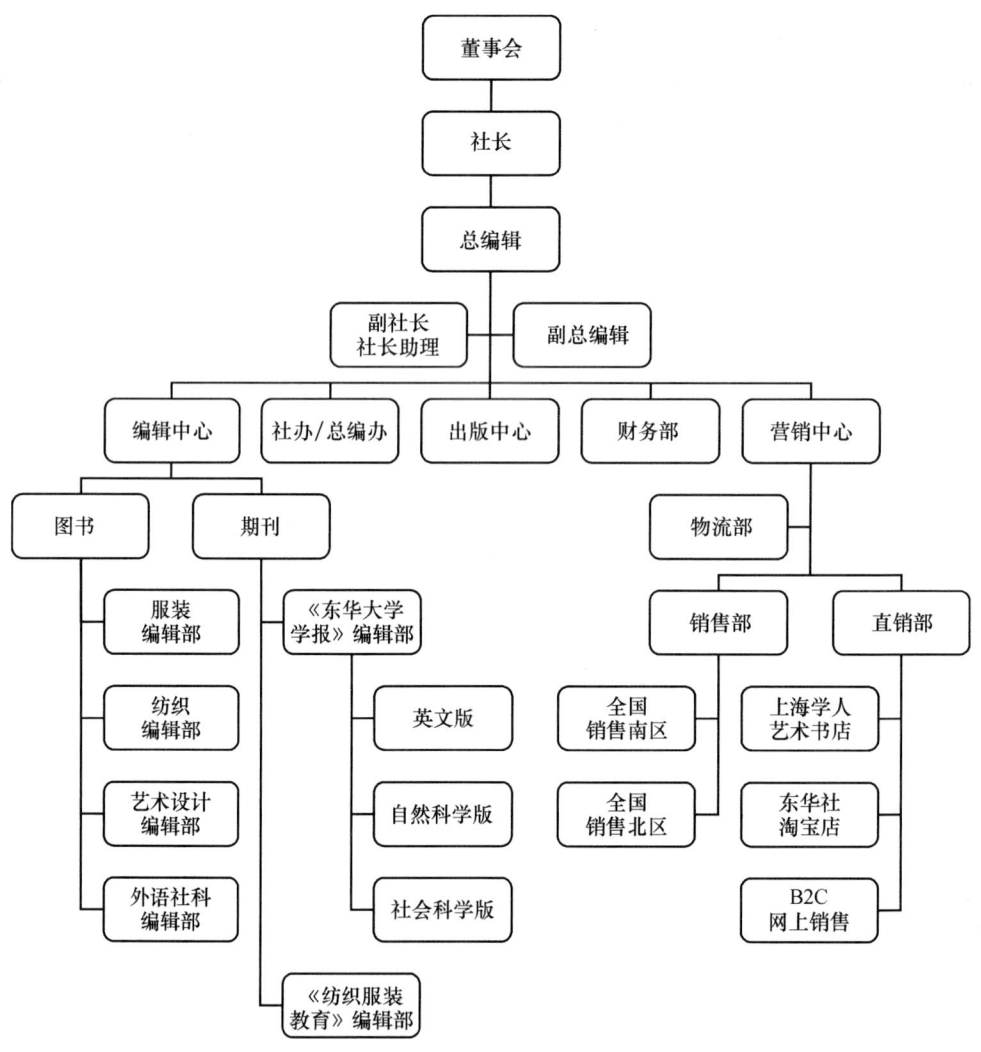

图3 东华大学出版社有限公司组织架构图

东华社在册员工(事业编制和企业编制)60余人,其中大学本科学历以上人员占80%,中级以上职称人员占2/3。除图书板块外,有3本学术期刊和1本行业期刊,分别是《东华大学学报(英文版)》《东华大学学报(自然科学版)》《东华大学学报(社会科学版)》和《纺织服装教育》。

在2010年度,东华社出版图书258种,其中新书129种、重印书98种、再版书31种,生产码洋为3199万元,收入1400.31万元,利润192.38万元。

面对发展机遇,东华社坚持以"以改革促发展,向开放要空间,问管理要效益"为核心理念,遵循"以人为本""和而不同"的管理原则,提出"东华书业·跨界组合"的经营方针,传播"尚实图书·东华出品"的品牌口号。

东华社致力于建成以纺织、服装、艺术设计类出版物为特色,具有相当专业化程度和品牌效应的中小型图书出版企业。

"十一五"期间,东华社在坚持出版特色、努力做精做强的同时,不断拓展出版领域,挖掘市场需求,加快特色发展的步伐。在我国纺织、服装、艺术设计学科建设方面,发挥了重要作用。走出了一条特色发展之路,逐步形成了以纺织、服装、艺术设计出版物为主要特色,兼有其他学科教材、外语教育、文化生活类出版物,注重质量、规模、结构、社会效益和经济效益协调发展,在特色领域出版上,初步形成了纺织、服装图书出版物的品牌优势,被上海市新闻出版局认定为"专业特色出版社"。

"十一五"期间,东华社紧紧围绕纺织、服装、艺术设计专业特色出版项目建设。其中,2006年,《敦煌丝绸艺术全集》入选"十一五"国家重点图书出版规划项目;2008年,《新型纺织纱线(英文版)》入选第二届"三个一百"原创出版工程,并获上海图书奖二等奖;2010年,《敦煌丝绸艺术全集》项目获得2010年度国家出版基金资助。

与"十五"相比,在获得各类出版基金资助和国家级规划教材出版等方面,东华社均取得了长足进步,参见下表。

表2 "十五"与"十一五"期间东华大学出版社获得各类出版基金资助和国家级规划教材项目一览表

编号	名称	"十五"期间获得数量(种)	"十一五"期间获得数量(种)
1	上海文化发展基金	0	6
2	上海科技专著基金	0	2
3	上海科普创作基金	1	2
4	国家科技专著基金	0	1
5	国家出版基金	0	1
6	国家级规划教材	4	21

华东理工大学出版社

华东理工大学出版社成立于1986年11月17日,由华东理工大学主办,前身为华东化工学院出版社。1995年更名为华东理工大学出版社,2003年12月成立华东理工大学电子音像出版社;2007年1月,学校教材科划归出版社管理,成立华东理工大学教材中心。2009年7月,经国家工商总局核准,改制为华东理工大学出版社有限公司,注册资金1100万元,是一家集图书、电子、音像制品出版于一体的综合性大学出版单位。

出版社年出版图书500余种,重印率50%以上。作为一家以理工、外语、人文社科等为主要出版方向的高校出版社,坚持"专、精、特"的出版理念。图书出版质量逐年提高,出书结构进一步优化。出版社在以化学、化工为主的理工类图书、外语类(英、日语)图书、社科类(社会工作)图书等方面形成了一定的出版规模和特色,并取得了良好的社会和经济效益。

"十一五"期间,"十一五"重点图书出版规划项目顺利完成,完成率达100%。完成"十一五"国家重点图书6项,共65种;"十一五"上海市重点图书7项,共46种;普通高等教育"十一五"国家级规划教材13种。2011年,又有4个项目22种选题列入"十二五"国家重点图书出版规划;10个项目56种选题列入"十二五"上海重点图书出版规划,截至2011年底,"十二五"规划项目已完成25%。另外出版社获得多项基金资助,仅2011年,共有9项15种选题获得基金资助立项。2010—2011年间,出版社多种图书获得各类奖项:《功能高分子材料》《量子化学》等多种图书获得上海图书奖;《日本留学大全》《现代设计史》等图书获"优秀整体设计"奖。

改制后,出版社成为市场经营主体,按照市场化运作和现代企业制度进行管理,完善法人治理结构,实行独立核算、自主经营、自负盈亏,独立承担经济和民事责任。出版社正在公司化、市场化的道路上阔步前进。同时,建立健全党工团组织,企业的发展,离不开党团及工会组织的引导和支撑。改制前,出版社归属于学校党工团体系,没有自己的相应组织。改制后,出版社积极建立健全党工团组织,并组织了一系列活动,他们在出版社日常工作中起到了先锋模范作用。

一直以来,出版社始终坚持弘扬和传承先进文化、服务学校教育科研、服务社会大众的办社宗旨,秉承"出版优质教材 塑造品牌图书"的出版理念,取得了一定的成绩。改制后在市场化经营的道路上,华理出版人将继续探索,积极应对挑战和困难,变压力为动力,再创辉煌。

华东师范大学出版社

2012年10月,距离华东师范大学出版社(以下简称华东师大出版社)2009年全面完成转企改制,已经三年有余。改制后的华东师大出版社,在新一届领导班子的带领下,站在以往取得的成绩之上,摒弃旧体制的弊端,勇于创新,将转企改制后的出版道路日益拓宽,新时期的发展战略也日益明晰。全社员工奋发图强,实现2011年销售码洋6.62亿元,回款码洋6.51亿元,销售收入2.81亿元,净利润4370万元的好成绩;企业银行存款和现金流也达到了历史最好水平,业务保持着稳定增长的态势。2012年上半年经济指标的完成情况全面超越2011年同期,可以肯定,华东师大出版社的改革措施是得力的,方向是正确的,成效也是巨大的。随着改革的进一步深入,华东师大出版社的第三次腾飞指日可待。

一、回顾:一个"伤筋动骨"的改制方案

2007年,在全国文化体制改革的热潮中,华东师大出版社成为全国高校出版社转企改制的19家试点单位之一,在一片争议声中,踏上了摸索前行的改制之路。

自2003年文化体制改革伊始,华东师大出版社就积极响应,即便遇到困难无数,也从未动摇。因为,在出版界的摸爬滚打,让我们清醒地认识到:旧体制越来越不适应市场竞争的需要,大学社已经走到了历史的拐点,唯有改制,才能发展。这样的改制,不是作秀,不是出风头,而是在充分理解国内、国际市场和形势的条件下,从出版业的发展趋势和本质规律出发,深思熟虑后作出的必然选择。选择一经作出,我们将坚持到底,义无反顾。

为了系统而科学地推进改革,少走弯路,2008年,华东师大出版社聘请专业咨询机构,结合社内业务人员,经过仔细的调研和广泛的学习,量身订制了改革方案。

在组织架构上,华东师大出版社整合专业优势,在总社之下,按照产品线划分分社,并根据市场规律和出版社发展的需要,几经调整。截至2011年,华东师大出版社共设9个分社,每个分社都在一定程度上拥有独立的财权、人权和选题权,是一个独立的利润中心,从策划、编辑到销售实行一体化基础上的责任制。

总社和分社之间的关系,虽然基本利益是一致的,但永远存在着各种微妙的博弈。譬如,用人权、选题权、分配权,是总社统一调控,还是全部放到分社去?权力收得太紧,无法充分调动起分社的积极性;权力放得过宽,就有可能无法实现总社的宏观调控。一个具体的例子就是选题。无一例外,总社只能给分社下销售额和利润的指标,对于分社而言,可能就是只要能够赚钱的选题,它都去做,但对总社来说,还有一个选题方向的问题。

对此,前社长、现任董事长朱杰人认为,问题的关键在于选任的分社社长是不是一个具有全局观的人,"因为我们任用了有大局观的人才,所以这个问题对我们来说是不存在的"。虽然华东师大出版社将三方面的权力基本下放到了分社,但同时有一个创新的总监制度在协调总社与分社之间、分社与分社之间的关系。在总社层面,华东师大出版社设立了策划、编务、印务、市场、行政、财务、新媒体等几位总监,由社领导兼职。总监的职能,就是协调、指导和监督。就选题而言,分社的选题论证都要求总监参加,总监有很高的权重,其意见分社一般都会尊重,但是如果分社坚持要做,总监也会尊重。无论如何,总社对分社的最终考核,主要就是年初定好的指

标,分社能否达成。

在华东师大出版社的改革方案中,薪酬体系、绩效考核也是一大亮点。很多改制后的出版社其实是强化了提成制,而华东师大出版社却改变了原来的分配方法和激励机制,不搞创利提成和效益提成,而是为每个员工定岗定薪。全社按工种划分为四个序列,管理类、行政后勤类、编辑类和市场类,每个序列又有若干层次上的岗位,每个岗位定级;同时,设有足够可供个人发挥的空间,完成工作拿基数薪酬,上不封顶。

定岗位的时候,华东师大出版社整整讨论了十几天,200多位员工,一个人一个人过场。而岗位也是能上能下,完成任务就能自然晋升。一定的岗位就有一定的绩效目标,绩效目标完成得如何,就意味着可以拿到什么样的工资,拿到什么样的奖金。年终奖金按照全年每一位员工的绩效来确定,而根据员工绩效完成的情况,经过计算得出一个系数,比目标完成得好,这个系数就大于1,超得越多,系数越高,甚至可能达到2、3,而且上不封顶。没有达到目标的,这个系数就小于1。这个系数不仅影响员工的奖金等级,还影响员工的晋级。而这个复杂指标的权重由两方面组成,一半是利润,这是可以量化的,比如书赚了多少钱,还有一半是非量化的标准,比如对团队的奉献等。

很多出版社在改制之前,都是企业编制和事业编制混合的,事业编制的员工收入比较高,企业编制的相对低一些。定岗定薪有一个很大的好处,就是企业编制与事业编制的人标准一致,消除企业编制和事业编制的分配不公。由于编制问题,原来的企业编制员工常常抱怨同工不同酬,甚至出现企业编制比事业编制干活干得多,但是拿得少得多的情况。经过薪酬改革,大部分的员工收入明显提高,并且分配更加合理,调动了大家的工作积极性。

纵览中国出版业的改制风云,像华东师大出版社这样深度的改制方案并不多见,朱杰人当时曾经用八个字概括这场改革:"大刀阔斧,伤筋动骨"。

二、坚持:直面困难,勇于创新,收获成果

2009年,经历了一年多的摸索、磨合和调整之后,华东师大出版社迎来了一个重要变化:全面完成转企改制,原"华东师范大学出版社"的单位名称变更为"华东师范大学出版社有限公司"。这一年,社里的销售回款码洋首次突破6个亿,改革成果初步显现。年底核算各项数据的时候,摸着石头过河、战战兢兢走了一年的管理层稍稍松了口气,因为这份成绩单,让大家悬了一年的心,得到了安慰。

2010年初,因为部分管理人员的流动,各种困难迎面压来。但是华东师大出版社的改制塑造了一个科学合理的体制,锻炼出了一个强有力的团队!在全社员工的共同努力之下,出版社很快克服了这些困难。那一年,出版社的销售码洋、经济利润保持了一贯的发展态势,取得了较大增长,现金流也处于历史上最好的水平。同时,改制的成绩也得到了新闻出版总署领导、业界同仁和读者朋友的高度肯定,取得了社会效益和经济效益的双重丰收。进入2011年,华东师大出版社实现了经营管理层新老班子的平稳更替,出版社继续保持良好的发展势头。

2010年以来,华东师范大学出版社先后荣获"全国百佳图书出版单位""最有号召力的十家出版社""上海市知识产权示范企业""上海市版权贸易先进单位""上海市著名商标"等殊荣。图书方面,《一课一练》被评为上海市著名商标;《中国教育史研究》获第二届中国出版政府奖图书奖,《中古汉字流变》和《儿童心理学手册》获图书奖提名奖,《私想者》获装帧设计奖。① 人才方面,朱杰人先后被评为"中国百名优秀出版企业家""第二届中国出版政府奖优秀人物奖"。经济效益方面,2011年底,回款码洋再创新高,达6.51亿元。据新闻出版总署公布的《2011年新闻出版产业分析报告》,华东师大出版社的总体经济规模在高校出版社中位居第九。根据北京开卷信息技术有限公司公布的2012年上半年(1—6月)的市场数据统计,华东师大出版社的市场排名在高校出版社中位居第五。

华东师大出版社在这三年多来的改革深化过程中用成绩证明,这一阶段的改革是成功的。转企改制为我们战胜困难提供了制度的保证,更为我们的可持续发展提供了可能。

三、扬帆:畅想未来,深化改革,加速发展

回顾华东师大出版社的历史,我们已经走过了两个重要的阶段:从1980年到1998年中期是出版社的初创时期,也是"第一次创业"阶段,在这个阶段,华东师大出版社社形成了完整的组织架构,具备了一定的出版能力,但品牌影响力和经济实力都还不足以应付市场的风浪;从1999年到2008年是出版社的高速成长期,也是"第二次创业"的阶段,在这个阶段,华东师大出版社销售码洋从几千万增长为5.5亿,以迅猛的势头跻身全国大社、强社的行列。2009年至今,我们身处改革的"深化落实"阶段。从企业内部看,来自旧体制的冲突越来越弱,员工的思维和心态都已转变到新体制的轨道上;从企业外部看,整个出版业处在结构调整期,改制、兼并与收购是业内主旋律,集团化、资本化以及数字化是中国出版业发展的大趋势。正是在这个改革初见成效、形势大好的阶段,华东师大出版社居安思危,敏锐地认识到企业的发展又到了一个新的十字路口,"第三次创业"的口号就是在2009年提出的。

创业,就是一切归零,从头开始。过去的已然是历史,我们不能躺在过去的成绩上自我陶醉,不能停在过去的经验上故步自封,不能安于过去积累的财富而悠然自得,不能滑行在已经自然成习惯的行为方式和思维方式上不思进取。2011年5月,出版社完成了经营管理层的更替。适逢"十二五"开局之年,全社员工以创业的心态,进一步明确了企业发展方向,确定了新时期发展目标,从五个方面规划了出版社的未来——将华东师大出版社建设成为一家集集团化、数字化、资本化、专业化、国际化为一体的专事教育出版及教育服务的大学出版机构。

在改革的深化落实过程中,我们清醒地认识到出版企业不仅有现代企业的共性,还有其文化特殊性。华东师大出版社作为一家服务于教育的大学出版社,我们要在改革中坚持自身的教育特色,在教育领域作出更多亮点。专业化是我们长期坚持的一个方向。首先,专业化直接关系到我社的企业定位,我们建社之初就本着"服务教育"的目的,多年的发展使我们在高等院校教材及教学参考书、基础教育教材及教学参考书领域、教育学及心理学领域颇有建树,培养了一批品牌常青树,确立了我们在教育领域的优势地位。在我们的发展战略中,我们集中考虑的是,如何将传统优势演化为核心竞争力,使其成为教育领域或其某一细分市场中顶级品质图书的标志,同时向教育领域的细分市场渗透,孕育新的品牌,两相结合,在改革发展中确立我们的品牌方阵。改革三年多来,专业化的努力已初具成效,我们不仅进一步强化王牌产品如《大学语文》《英语听力入门》《一课一练》等品牌的市场地位,还先后培育了多个新品牌,如教师教育类的品牌图书"大夏书系";坚持尝试实施学术图书的大众化,坚持我们传统文史哲领域的高品位,同时

---

① 我社在第二届中国出版政府奖中共揽获五项大奖,在全国新闻出版行业中名列第二,在全国高校出版社中名列第一,在上海市新闻出版行业中名列第一。

出版文化内涵丰富的大众阅读类图书,如《解读敦煌》等。其次,我们要进一步向人才专业化的方向迈进。专业化的企业需要专业化的人才,我们计划在涉及出版企业的各岗位,如管理人员、编辑人员,以及营销和发行人员,推行系列的人才培育计划,已投入实施的有针对本社青年骨干的"新智慧"青年训练营(第一期已结营),其他如针对编辑专业化、营销专业化的培训计划都在积极筹备中。我社"第三次创业"的目标不同于前两次的飞跃,我们现在是站在历史最高点向未知的高度冲击。我们所面临的企业管理、人才管理、产品管理等挑战都是前所未有的。我们只有在专业化上更进一步,使我们的特色更加明显,才能在整个出版产业的结构调整中,凭借专业优势获得更多发展机会。

改制以后,我们对组织架构进行了根本性的改变,实行分社制度,这是我们模拟集团化而尝试的道路。改革的前3年,我们并没有要求业务大幅度增长,这3年是消化改革的时间。管理体系、工作流程以及绩效考核的大变化,ERP管理系统的上线、分社社长角色的转变都需要一定时间的磨合,这是建立现代企业制度必须经历的过程,也是出版社实现新的飞跃所要突破的瓶颈。2009年底,我社开始试行责任会计制度,对每个分社细化管理,把财务管理贯彻到分社的经营中去,以期进一步提高资金的运用效率,降低资金使用成本,提升出版社企业管理的水平。截至2011年,已有9个分社,2家子公司。每个分社,都是出版社的一个利润中心,具有很大的自主性,它们拥有相对独立的人事权、财权、选题权。这种发展模式,将使成立集团成为一个水到渠成的选择。实现集团化的科学管理,将主业做强的同时实施多元经营,并将内涵发展与并购、联合相结合,是我们走集团化所坚持的原则。2009年、2010年、2011年这三年的业务实际上呈稳步增长的态势,现实表明,我们对分社制度的尝试很有成效。

数字化发展是我们特别重视的发展方向,也是我社中长期发展工作的重点之一。数字化有两层含义,一是实现企业内部管理的数字化。2009年8月,华东师范大学出版社内容管理系统(CMS)上线,目前已建成图书库、封面库、音视频库等资源库,实现了资源的一次入库,多次、多种方式使用的目标。2012年,我社建成了全社集成的管理信息系统,包括编辑编务模块、生产模块、发行和物流模块、财务模块、HR模块和OA模块全部上线,实现了无纸办公,大大地提高了出版社的工作效率。数字化的第二层含义是数字化出版。我们数字出版的发展战略是,坚持"大教育"的理念,打造一个集"内容提供、教学支持、辅导评估、平台服务"为一体的教育信息服务提供商。我们需要整合资源向数字化转型,寻找适合本社特点的赢利模式,抢占制高点和市场份额,培养一大批数字出版人才和经营人才。这也是我们改制以来一直在重点投入和大力发展的模块。早在七八年前,我们就已经开始了前期的数字化建设。2009年,我们实施数字出版人才蓄水池计划,一次性选拔了十多个专业人才,组成了一支具有强大战斗力的数字出版队伍。在教育出版方面,我们开发了"数字互动教室"(在2010年上海世博会主题馆·城市未来馆中得以展示)、学生公共安全教育平台、大学英语教学平台、电子书包、IPTV教学频道等数字化教育产品,逐渐得到教育部门和师生的认可。在大众出版方面,我们积极推进数字阅读,开发了《解读敦煌》、阅读树等将近40个产品在苹果店APP中销售,在手机阅读方面已经有可观的收益。

我们的国际化包括产品的国际化、销售的国际化和组织的国际化。多年来,华东师范大学出版社积极开展版权贸易,引进优秀版权的同时,积极开发优秀的本土原创作品,实施"走出去"的战略,让我们优秀的原创文化走出国门,走向世界。比如我们的学前读物,从选题确立时就瞄准国际市场,多套本土原创图书一经推出就能版权输出到东南亚等华语地区,为我们出版业务国际化积累了宝贵经验。在企业发展方面,我们还要放眼国内外,寻求更大的市场,寻找更好的资源,学习新的技术、管理经验,积累对市场的需求的认识,把我们的出版团队塑造成国际化的组织,打造更强的竞争力。

在企业化、集团化、数字化和国际化转型的时代背景下,出版企业要做大做强,必须加强资本经营能力和资本运作力度,借助资本化手段,优化出版资源配置,扩张资本规模,实现最大限度增值。如何让资本化带动出版业起飞,是华东师范大学出版社接下来重点考虑的一个问题。所以,华东师范大学出版社资本化的目标是使资本运作更加合理、科学,并使其不断增值。

转企改制后三年多过去了,我们已全面进入"十二五"规划的实施过程,我们的改革也在进一步深入,坚持我们的教育特色,同时为实现企业的集团化、数字化、资本化、专业化和国际化而努力,是我们"第三次创业"的核心任务,也是深化改革、实现我社可持续发展的核心和基础。虽然实现梦想的旅程可能异常艰难而漫长,但我们正在向另一个巅峰进发。

立信会计出版社

"十一五"期间,立信会计出版社以科学发展观为指导,以转企改制为契机,坚持正确的政治方向,解放思想,开拓进取,探索特色发展之路,实现了出版事业的平稳健康发展。

一、概况及特色

立信会计出版社由上海立信会计学院主办,是全国唯一一家以"会计"命名的,以出版财经类教材闻名的大学出版社,自1941年由中国现代会计之父潘序伦先生创办以来,经过几代立信出版人的不懈努力,在财经类图书领域形成了"专、精、特"的鲜明出版特色。

立信会计出版社现有职工60多人,其中高级职称9人。下属一家全资子公司——上海立信会计用品总公司,托管一家校办企业——上海申松立信印刷有限责任公司。

"十一五"期间立信会计出版社共出版图书2600余种,其中新版1000余种,重印、再版图书1600余种,年重印率保持在60%以上。有相当一批产品经受了市场的考验,保持了旺盛的生命力,有的图书单本年销售量连续数年达到20多万册,销售总量近300万册,连续8年被中国书刊发行业协会评为优秀畅销书。

2009年转企改制以来,立信会计出版社继续坚持以"为财经教育服务,为社会大众服务"的办社宗旨,坚持"立足教材,立足原创,立足大财经,服务大教育"的办社方向,走"专业化、精品化、数字化、国际化"的特色发展之路,在出版界、教育界、学术界声誉日隆,核心竞争力不断增强。

二、五年改革发展历程

(一)建立质量保障体系,保证图书质量

质量是出版社的生命线,立信会计出版社建立了从选题申报、编辑加工、印制管理、质量检查全流程构建的质量保障体系,并严格监督实施。

在选题策划环节,成立选题论证委员会,对选题的政治性、学术性、实用性、导向性加以论证;对作者的写作能力进行评估,保证图书内容质量;做好选题规划,不出版未经上级主管部门审批的选题;严格执行《出版管理条例》,坚持重大选题备案制度,对属于重大选题备案范围的图书严格按照程序申报。

在审读环节,坚持三审责任制度和责任编辑制度,对重点图书除实行社内三审制度外,聘请"咬文嚼字"的专家和相关学术领域的专家进行审读;对涉及民族、宗教的图书按要求送相关部门审读,把好书稿的政治关、知识关、文字关,对书稿的学术质量和社会效益负责。在校对环节,坚持责任校对制度和"三校一读"制度,对重点书相应增加校次,在书稿付型前进行审读,把好图书印制前的最后一关。

在印制环节,坚持印刷质量标准和《委托书制度》,设置专职质量管理员,在不断健全社内质量管理规范的同时,要求合作的各主要印装厂必须设立专门的质量管理员,对出版物在出厂前进行严格的质量检查,竭力防止印装质量不合格的出版物流入市场。

在检查环节,坚持订前样书检查制度和出书后编校质量自查制度,确保图书印制质量、设计质量和编校质量符合相关要求。

(二) 以转企改制为契机,实现制度创新

作为高校出版社改制工作第二批单位,立信会计出版社的转企改制工作严格按照新闻出版总署、教育部的要求稳步推进,于2008年5月从法律程序上完成了转企改制,成为公司制法人。立信会计出版社以转制为契机,健全制度体系,推进企业化管理模式,促进了出版事业新的发展。

2010年7月,立信会计出版社成功召开了二届一次职工大会暨工会会员大会,建立了现代企业制度管理体制的人事分配制度改革方案,明确了各个岗位的职责和目标任务,初步形成了营销人员以回款、编辑人员以利润、管理人员以服务为主要考核指标,参考其他考核要素的综合考核体系,员工的成本意识、市场意识明显增强;开展了与之配套的全员聘任和企业经理人骨干的选拔工作,以市场为导向,及时调整内部组织架构,由原来的一个综合编辑室分为高等教育、职业教育、大众读物、学术精品与版权贸易、数字出版五个编辑室,顺利实现新老交替,并按分工到位,卓有成效地开展工作;在出版流程上也做了有益的尝试,提高了工作效率;初步建立了档案管理制度,为各项业务工作的开展提供了便利。

此外,制定质量保障体系相关环节的规章制度,并严格执行,明确规定每个部门、每个环节、每个岗位的质量管理责任,奖优罚劣,对在出版物质量方面工作成绩突出的部门和个人,给予表扬和奖励;对于由于主观原因而造成质量事故,或者发生重大责任问题的,视情节轻重对有关责任人给予批评和处罚。

(三) 发挥专业出版优势,提升品牌影响力

"十一五"期间,立信会计出版社发挥专业出版优势,立足会计为主的财经领域做文章,组织编辑经常走出去,从市场中寻找热点、难点、卖点;深入高校,联系作者,开辟稿源,不断提高图书策划能力,拓宽选题渠道。

面对竞争激烈的市场,有的放矢地进行销售渠道的系统梳理,一方面增加了图书馆馆配的品种和数量;另一方面拓展了新华书店为主渠道的销售途径。从产品的市场特点出发,与各地新华书店改善关系,做好新书的推介,使得新书能够快速与读者见面,不但大大地增加了销售量,并且还赢得了市场广泛的赞誉。以在全国图书零售业居领导地位的江苏省新华书店和浙江省新华书店为例,近年来立信会计出版社的销售额都取得了较快的增长。

(四) 积极探索新思路,数字出版蓄势待发

为了更好地应对以数字化、网络化为特征的出版业态转化的要求,立信会计出版社建立数字产品编辑室,一靠合作,与北京方正Apabi、北京书生、清华同方知网等公司建立了电子书的合作销售关系;二靠自主开发,为主要教材配备了电子课件和视听材料,形成教材立体化。成熟的数字产品正在酝酿之中,在按需印刷和跨媒体合作等方面也将做出有益尝试。

三、工作成效和社会影响

(一) 精品力作不断涌现,社会效益显著

"十一五"期间,立信会计出版社出版了"会计经典丛书"、《潘序伦文集》《葛家澍会计文集》《顾准会计文集》《21世纪100个会计学难题》等一批社会效益显著的精品图书,已初步形成高等教育、学术精品、职业教育和大众读物"四大板块"为主的财经教育出版格局。

"十一五"期间,立信会计出版社有近70种图书先后在新闻出版总署、上海市新闻出版局、中国版协、中国大学版协等组织的各类图书评比中获奖。其中,《潘序伦文集》获第三届中华优秀出版物奖(图书奖)提名奖,这是当届会计学科领域唯一一种获奖图书;《会计准则理论研究》

《中国经济运行风险研究报告2008》等获上海市优秀图书奖;有18种图书被评为"中国书刊发行业协会年度全行业优秀畅销品种";有13种图书获中国大学版协奖励;有29种图书获华东地区大学版协奖励;"中国社会经济制度变迁前沿研究丛书"列入国家"十一五"重点图书出版规划。十多种教材入选国家级精品教材,有的被列为教育部重点推荐教材,有几十种教材被各省(市)教育管理部门评为省(市)级精品课程教材;多种图书被列入《农家书屋重点出版物推荐目录》。

（二）多元化营销策略,销售业绩稳步增长

"十一五"期间,立信会计出版社确立了以上海为中心、以华东及沿海地区为重点、影响周边、辐射全国的销售市场。针对图书结构的变化,在全国建立了与图书结构相对应的、成熟的销售渠道和网络,建立了与市场相适应的销售策略和机构,保证特色类图书达到最大的销售量和最大的利润,保证各项选题发展策略的实现,进而保证了各项经济指标的全面完成。"十一五"期间,立信会计出版社销售码洋逐年稳步增长,2010年达到8200万元,主营业务收入4200万元,创历史新高。

（三）国际合作稳步推进

围绕出书特色,"十一五"期间,立信会计出版社不断尝试各种对外合作形式,并取得了很好的效果,与美国等国家和台湾地区的许多出版社建立了良好的合作关系,将引进一批在国际会计学界具有较高文化价值的传世经典著作。此外,依托"中国会计名人堂"项目,立信会计出版社与"美国会计名人堂"建立了交流和合作机制,在图书版权输出方面也找到了突破口。

（四）服务教育,奉献社会

立信会计出版社不负使命,积极参加社会主义新农村建设,在上海市崇明县的庙镇庙西村建立了"立信农家书屋",举办知识讲座,提高农民的科技意识,深受农民朋友的欢迎。同时,"十一五"期间,立信会计出版社先后为云南、四川、新疆、西藏、安徽、青海、上海等学校、图书馆、资料室、农家书屋和"希望工程"捐款捐书,累计金额达100多万元。

展望未来,"十二五"期间立信会计出版社将勇敢面对困难和挑战,以科学发展观为指导,以体制改革和完善为重点,开创立信会计出版事业的新篇章。

上海财经大学出版社

上海财经大学出版社自 1995 年建社以来,特别是在"十一五"期间,在教育部社科司和上海市新闻出版局的关心和支持下,在学校党委和行政的领导下,依托学校平台,以转企改制为契机,坚持社会主义新闻出版方向,严守出版分工,深入挖掘和利用优质出版资源,努力走自身发展道路,"双效"图书不断涌现,企业核心竞争力不断增强,管理体制、运作机制、选题策划、营销渠道等方面的创新能力得到了进一步的提升,形成了自身新的增长点。

一、"十一五"期间取得的成绩

1. 坚持正确政治导向,贯彻科学发展理念。

上海财经大学出版社始终以坚持正确的政治导向为己任,牢记大局意识、责任意识、阵地意识,坚持把"为人民服务"作为工作的根本宗旨,把宣传社会主义核心价值体系贯彻到出版社建设的各个方面,对政治、宗教、民族等各类问题严格把关,确保了出版社在"十一五"期间的顺利发展。

2. 企业经营稳健发展,社会效益与经济效益明显。

"十一五"期间,金融危机的冲击也给出版业带来了严重的影响,但全社的发行码洋依然保持稳定增长。出版图书品种(包括重印图书和修订版图书)从 2006 年的 560 种,发展到 2009 年的 630 种,年图书的重印率和重版率保持在 45%～50% 之间。其余各项指标,如销售收入、利润、用纸总令数、印制总册数、印制总印张、印制总码洋等,均保持平稳态势。

"十一五"期间,上海财经大学出版社高度重视图书出版的社会效益,以为人民服务、为社会主义服务、为学校教学科研服务作为出版社的宗旨和使命,在社会效益方面取得了显著成绩。在上海市新闻出版局对全市 37 家出版社的历年考评中,评分均在 90 分以上。

在重视社会效益的前提下,上海财经大学出版社在图书出版的经济效益方面,也取得了长足的进步。《会计学》《市场调研与预测》等精品教材,以及《股票作手回忆录》《1929 年大崩盘》等引进版图书,发行量超过数万册;商业图书,例如,《黄金游戏》《短线点金》系列自出版后三年间,不断重印,累计印刷 185 次,发行量合计超过 100 万册,屡次登上"东方数据·全国财经图书 50 强排行榜";同时,这些图书也大多获得了各类奖项。这从一个方面说明,上海财经大学出版社在兼顾产品的社会效益和经济效益方面,均取得了较好的成绩。

3. 实施精品战略,提升品牌形象。

"十一五"期间,上海财经大学出版社继续坚持以学术为本,大力弘扬精品意识、实施精品战略,组织学术精品出版,相继推出了一批高水平、高质量的学术精品。通过"十一五"国家重点出版规划图书和国家级规划教材的建设,不断将精品推向社会,服务广大读者和师生,使出版社的学术图书和教材的品牌效应逐步显现。《汉译经济学文库》《常青藤·汉译学术经典》《汉译财经辞库》《会计大百科辞典》等图书获得学术界专家学者的好评,进一步确立了我社高端图书的地位;而这反过来又对出版社以品牌美誉度吸引学术图书资源,起到了良好的促进作用。

4. 以市场为导向,推动商业图书出版。

上海财经大学出版社作为一家高校出版社,在教材出版领域具有一定的资源优势和市场优势。但随着教材出版的竞争日益激烈,要确保出版社的进一步发展,就必须不断开拓出版新的天地。在"十一五"期间,上海财经大学出版社在商业图书的出版方面,取得了一定的进步,涌现出一批适合市场阅读趋势的品牌类图书。这些图书的出版,帮助出版社打开了商业图书市场,为出版社规模复制同类型的图书提供了可能。通过近几年的不断积累,我社的投资类图书品牌效应开始显现,《黄金游戏》《短线点金》发行量突破百万册,此外,《散户宝典》《金融交易学》《操盘手》《证券物理学》等系列图书,也相继出版,取得了一定的经济效应。通过这一系列的工作,上海财经大学出版社商业图书的市场影响力不断提升。

5. 开展合作,谋求双赢。

出版社的发展,首先依靠的是自身的原始积累,但在当前市场竞争白热化的局面下,还需开动脑筋,探索快速发展的新路径。"十一五"期间,我社与民营书商的合作,既对出版社的经济效益产生了正向的影响;也通过与这些书商的合作,引入了他们的运营机制,学习和借鉴他们的策划思路,这对出版社的发展,起到了很好的补充作用。

2006年下半年,上海财经大学出版社与湖北众邦文化传播有限公司开展教材出版合作,出版教材20余种。2010年下半年,与北京磨铁公司开展财经商业图书的出版合作。通过这些合作,一方面借用民营资本的人力资源、资金实力、渠道优势,将合作项目快速推向市场;另一方面,通过合作,使上海财经大学出版社的品牌辐射面进一步扩大,并使我社进一步积累了各个财经图书领域的出版经验。

6. 获奖图书不断涌现。

"十一五"期间,上海财经大学出版社获奖图书达百余种,其中,《战略资产配置》获首届中华优秀出版物(图书)奖提名奖;《回溯历史——马克思主义经济学在中国的传播前史》获第二届中国出版政府奖图书奖提名奖和第十届上海市哲学社会科学优秀成果一等奖;《中国经济发展史(1949—2005)》入选第二届"三个一百"原创图书出版工程,并获评"上海图书奖一等奖"(2008—2010);《1929年大崩盘》被评为"改革开放30年最具影响力的300本书""新中国60年最具影响力的600本书",并获评上海图书奖一等奖(2005—2007);《会计大百科辞典》,获得国家出版基金资助;《汉译财经辞库》《中国经济史学文苑》等十余种图书,获得上海文化基金资助;《股票作手回忆录》《企业会计准则实用指南》,获2007年全行业优秀畅销品种;《短线点金》,获2008年全行业优秀畅销品种;《黄金游戏》获2009年、2010年、2011年全行业优秀畅销品种。

7. "十一五"国家重点出版规划图书和国家级规划教材顺利完成。

"十一五"期间,上海财经大学出版社共出版新书品种1553种,其中教材861种、学术图书523种,分别占出版总量的54.5%和33.1%。

《汉译财经辞库》《全球视野下的中国经济前沿问题研究丛书》《中国经济史学文苑》6项54种图书,入选"十一五"国家重点出版规划图书。《基础会计》《成本会计》《现代物流管理学》《供应链管理》《经济法概论》《投融资学》等44种教材,入选教育部普通高等教育"十一五"国家级规划教材。以普通高等教育"十一五"国家级规划教材为代表的我社教材图书,成为出版社"十一五"时期的主力品种,构成了上海财经大学出版社"十一五"发展的基础。目前,上述"十一五"图书基本全部出版。

8. 版权贸易成果丰硕。

"十一五"期间,上海财经大学出版社在版权贸易的引进和输出两个方面,取得了显著的成效,引进版权图书超过100种;输出版权图书超过20种。获得上海市新闻出版局和版权局颁发的版权贸易先进单位称号,三人次获得版权贸易先进个人称号。《现代政治经济学》《微观经济理论》《金融市场计量经济学》《商业银行理论与实务》等获得上海市优秀输出版图书奖;《世界资本经典译丛》《常青藤·汉译学术经典》《汉译财经辞库》等系列的数十种图书,获得上海市优秀引进版图书奖。

9. 顺利完成转企改制。

2007年11月29日,上海财经大学出版社被国家新闻出版总署列入第一批高校出版社转企改制试点单位。由于在转企改制前,出版社就陆续开展了一些改制的探索,故改制阻力相对较小,如在出版社成立之时就办理了工商登记、实行企业财务税收制度、开展了全员聘任工作等探索。2005年,又通过了以岗位工资为主要内容的分配办法,以岗定薪,按劳取酬,优劳优酬,收入分配向优秀员工和关键岗位倾斜。所有这些早期的探索,都为转企改制创造了良好的制度环境。

为做好出版社的转企改制工作,上海财经大学出版社从理顺企业的领导管理体制、构建法人治理结构、建立完善内部管理机制等三个方面,提出了改制方案要点。至2010年,已完成了清产核资和资产评估备案,完成了以公司制为目标的工商变更注册,并成立了董事会和监事会,聘任了总经理。

2010年下半年,对编辑部门进行了重组,划分了高等教育、职业教育、商业图书三个事业部和一个以审稿工作为主的编辑部,并制定了针对策划编辑和审稿编辑的考核办法,更加凸显专业化分工。这一改革将为今后划小成本核算单位、成立分社奠定基础。此外,出版社还制定了针对发行部门的新的考核办法;并根据能者多劳、多劳多得的原则,确定了新的薪酬体系。这一系列举措,旨在激发出版社内部的竞争活力。

10. 积极探索数字出版。

在过去的五年间,上海财经大学出版社在电子出版、数字出版方面不断探索,共计出版电子出版物34种;先后与北大方正、台湾华艺等公司合作,出版电子图书795种。

2010年8月份开始谋划建设以我校会计学、经济学和金融学等优势学科为基础的AES创新平台,努力跟上数字出版的科技浪潮。该项目经过层层筛选,最终入围上海市新闻出版局和上海市经信委的联合资助项目,并入选新闻出版总署"2011年度新闻出版改革发展项目库"。

2011年4月,上海财经大学出版社开始与上海市新闻出版局合作,开展本版图书第一期数字化工程。

二、"十二五"时期发展的目标

"十二五"时期,我社要以邓小平理论、"三个代表"重要思想、科学发展观为指导,坚持社会主义文化前进方向,以建设社会主义核心价值体系为根本任务,以满足人民精神文化需求为出发点和落脚点,按照《中共中央关于深化文化体制改革、推动社会主义文化大发展大繁荣若干重大问题的决定》提出的全面协调可持续发展的要求,以教育出版为主线,以商业出版、学术出版为两翼,遵循出版专业化发展的道路,同时按照相关相近原则积极延伸产业链,通过内生式发展和走联合发展之路等,积极拓展新的市场空间;要大力推进品牌创新战略、市场拓展战略、数字化和信息化平台建设战略等三大战略,通过数字化、市场化、差异化的竞争策略,做厚产品、做大市场、做强实力,争取在"十二五"期末实现发行码洋超亿元,努力把我社建设成为以内容提供为主体,技术手段较先进,能够参与市场竞争和国际竞争,在国际上具有一定知名度,在国内具有较大影响力的财经专业出版企业。

上海大学出版社

上海大学出版社成立于1996年,其创始人为我国著名科学家、教育家和社会活动家、上海大学原校长钱伟长院士。2009年底出版社完成转企改制,正式更名为上海大学出版社有限公司(简称"上海大学出版社")。

作为一家融文、理、工于一体的综合性高校出版社,上海大学出版社始终突出为教育、教学和科研服务的宗旨,多年来为学校和社会提供了一大批学术价值较高和社会影响显著的优秀图书。近年来,上海大学出版社共获第三届中华优秀出版物奖图书奖提名奖一项、国家出版基金资助项目两项、上海市文化发展基金会图书出版项目资助二十余项,在"十一五"国家级规划教材的出版工作中,也有几十部优秀教材获得国家、省、部委等的嘉奖。2010年上海世博会期间,我社出版的《美好城市的百年变迁——明信片上看上海》《走进上海世博丛书》等入选世博会精品图书之列。

2010年底出版社新一届领导班子成立后,更加明确地提出了"十二五"时期出版社"两个服务,四个优先"的发展战略,即服务于上海大学及其他高校广大师生教学科研工作,服务于上海建设"四个中心"的城市发展战略,坚持优先满足本校教材及学术专著出版、优先支持重大项目及重点选题出版、优先开发优质合作出版项目、优先鼓励数字出版项目。

今天的上海大学出版社,将继续发扬"团结、务实、勤奋、创新"的精神,努力成为一家具有学术影响力和品牌号召力,在国内外具有较大影响的高校出版社。

上海大学出版社有限公司法人代表、董事长兼社长:郭纯生。

"十一五"期间,上海大学出版社获得的部分奖项:《清史纪事本末(1—10)》获2005—2007年度上海图书奖一等奖;《黎族研究大系(1—4卷)》获2009—2011年度上海图书奖一等奖;《谢晋电影选集》获2005—2007年度上海图书奖二等奖;《美术考古学丛书》获2007—2009年度上海图书奖二等奖;《黎族研究大系(1—4卷)》2009年获得国家出版基金资助;《甲骨文书法大字典(双色精装版)》2010年获得国家出版基金资助;《中国历史上的科学发明(图文本)》获得第三届中华优秀出版物奖图书奖提名奖;《中国改革开放三十年文化发展史》获改革开放30年百部重点图书奖;《中国殷墟》入选2007年度中国书标;《徐匡迪文选》《钱伟长文选(1—5)》获第七届全国高校出版社优秀畅销书一等奖;《中国古代美术史纲》等8种图书分获中国大学出版社图书奖首届优秀教材、学术专著一、二等奖;《当代文学六十年(1—4)》等9种图书分获中国大学出版社图书奖第二届优秀教材、学术著作奖一、二等奖;《近代高等数学引论(上下册)》等11种图书分获华东地区大学出版社第七届优秀教材、学术专著一、二等奖;《20世纪中国文艺思想史论》等28种图书分获华东地区大学出版社第八届优秀教材、学术专著一、二等奖;《常用歇后语分类词典(第二版)》等3种图书获中国大学出版社图书奖第九届优秀畅销书奖二等奖;《日本现代流通论》获2009年度引进版社科类优秀图书奖。

上海交通大学出版社

"十一五"时期,是上海交通大学出版社发展史上极其不平凡的五年,也是改革创新、奋发有为的五年。在"十一五"开局之年,上海交通大学正式宣布出版社新领导班子成立。新领导班子上任之初,即着手制定五年发展规划,确定了出版社的基本定位:"依托交大,教材为本,弘扬学术,市场优先";2009年11月,又进一步明确了发展思路:"专业规模化、产品经营化、业态数字化、平台国际化",将出版社的奋斗目标确定为"文理兼备,市场融通,面向国际的一流学术大社"。

五年来,在上级领导的关怀下,在上海交通大学领导和董事会的重视和指导下,上海交通大学出版社全社上下共同努力,致力于出版具有上海交大优势和特色的专业图书,在专业出版领域取得了丰硕成果,相继策划出版了《江泽民学术著作系列(5种)》《钱学森系列》《大飞机出版工程》等一系列有重要影响的优秀图书。出版社无论是在选题建设、社会影响、经济效益,还是体制改革等方面都取得跨越式的发展。

一、基本概况

2009年8月,上海交通大学出版社正式转制为上海交通大学出版社有限公司,迎来了全新的发展时期。截至"十一五"末期,全社员工120人,其中编审4人,副编审23人;35岁以下员工占员工总数的60%;具有硕士及以上学位的占员工总数的50%。

"十一五"期间,上海交通大学出版社共出新书2572种,重印2262种。其中,2010年出书总品种1302种(新书722种,重印书580种),2006年出书总品种738种(新书386种,重印352种),2010年较2006年增长76%;2010年销售码洋2.4亿元(2006年1.03亿元),较2006年增长133%;2010年销售收入1.18亿元(2006年5988万元),较2006年增长97%;2010年利润925万元(2006年285万元),较2006年增长224%。

"十一五"期间,上海交通大学出版社出版的《超声速空气动力学及飞行力学》荣获第二届中国出版政府奖图书奖提名奖,《走进殿堂的中国古代科技史》荣获第三届中华优秀出版物奖图书奖及上海市图书奖(2007—2009)一等奖,《湿空气透平循环的基础研究》荣获第二届"三个一百"原创图书出版工程技术类原创著作奖,《从量子力学到量子光学——数理进展》荣获上海市图书奖(2005.11—2007.10)一等奖。另有近300种图书荣获各种奖项。

"十一五"期间,上海交通大学出版社被上海市新闻出版局授予"上海市版权贸易先进单位"称号,被上海市委宣传部、上海市科协联合授予"上海科普工作先进集体"称号,被共青团上海市委员会授予"共青团号",被上海交通大学授予"改革创新奖""校长奖"等荣誉称号。"江泽民学术著作英文版全球首发式"获法兰克福国际书展中国主宾国优秀活动一等奖。上级领导部门和上海交通大学对上海交通大学出版社改革发展所取得的成就给予了充分肯定。

短短的几年,上海交通大学出版社的社会影响、品牌建设和经济效益都跃上了新台阶。

二、发展理念和定位

1. 依托交大。

这是上海交通大学出版社发展的特色和优势所在。上海交通大学出版社充分依托母体上海交通大学强大的学术文化资源和人脉资源,把这些文化优势和学术优势转变为出版优势。如相继组织出版的交大学长江泽民同志与钱学森同志的《江泽民学术专著译著系列》和《钱学森研究著作系列》以及《大飞机出版工程》(交大校友顾诵芬院士任总主编)等。

2. 教材为本。

上海交通大学在全国高校排名中名列前茅,理工科学科优势尤其明显,船舶航运、机械动力、材料科学、力学等学科都在全国排名第一。依托这些优势学科资源,上海交通大学出版社出版了一系列品牌教材;为了配合教学需要,组织策划了与系列教材配套的习题集、教学参考资料、自学辅导丛书等教学参考、辅助用书;积极开发网络化系列教材,努力构建立体化的教材、教学用书体系。其中,《船舶与海洋出版工程》《材料科学及工程系列》《新核心大学英语》等多种教材被列入国家级、部委级教材规划。

3. 弘扬学术。

对于大学出版社而言,"弘扬学术"是义不容辞的责任。上海交通大学出版社强调学术创新,出版高水准、原创性、开拓性学术著作,不断推出高水平的基础学科和新兴前沿学科、边缘学科著作,同时注重文化积累,积极组织挖掘、整理、出版优秀传统文化典籍。上海交大版学术著作和优秀典籍已成为上海交通大学出版社的重要学术品牌,如《光物理前沿系列》《晚清人物年谱长编》等。针对学术书籍市场面窄、经济效益不明显的现状,上海交通大学出版社提出了"出版上游效益中心理论"。真正好的专业图书都有清晰的专业市场,出版社鼓励策划编辑像学者那样策划、开发出版项目,既策划选题,也策划市场和渠道,积极争取各种资助,2010年开发的各种选题获得基金资助和出版补贴近2400万元。

4. 市场优先。

面对转企改制的挑战,上海交通大学出版社确立了"市场优先"的战略思路,加大出版市场图书的力度,扩大品牌图书的市场影响。2009年启动遴选了面向市场的"交大之星"系列、"周末读史读城"等涉及学术著作、科学史著作和大众休闲读物等10个重点项目的市场图书,当年销售码洋与利润分别较前一年增长14.06%与14.98%,其中专业图书和教材占70%以上,出版社的社会影响也日益增大,成为学校继教学、科研之外的"第三种力量"。

三、发展思路及特色

1. 坚定不移走专业出版之路。

大学出版社在专业出版方面有着得天独厚的学术资源,上海交通大学出版社始终注重系统地策划出版学术著作和大学教材。"十一五"期间,已累计投入资金700余万元,建立了四个专项出版基金,出版了一大批学术水平高、得到师生和学界高度评价的交大版图书。这些学术著作和大学教材,走进了全国的大中专院校、科研院所和图书馆,走到了专业人士手中。同时,许多学术著作通过上海交通大学出版社成功获得国家科技著作出版基金、全国古籍整理出版规划项目、中国图书对外推广计划、上海科技专著出版基金、上海文化发展基金等项目的资助,不少著作还获得了"三个一百"原创图书出版工程奖、文津图书奖、全国优秀科技图书奖等各类奖项。2009年,上海交通大学出版社累计获得各种基金资助和出版补贴2000余万元。

以获得国家出版基金资助的《大飞机出版工程》为例。大飞机承载着几代中国人的梦想,其研制涉及数学、机械、电子、空气动力学、材料、冶金、仪表、化工、控制等多门学科。上海交通大学出版社积极服务于国家战略,紧紧依托上海交大和全国的优质学术资源,全面整合既有相关各学科选题,在品质方面上层次,在品种方面上规模,积极策划启动《大飞机出版工程》,汇集国内航空领域最高水平的科研和教学力量,集中编辑出版一大批大飞机相关的学术著作、译著和教材,不但成功获得2009年度国家出版基金近百万元的资助,提升了品牌知名度,同时也为大飞机的研究、制造和人才培养奠定了扎实的知识基础,提供了有力的技术支撑。2009年底,首批图书成功出版,并在北京图书订货会上亮相,受到了科技、教育、工业、出版等各方面专业人士和广大读者的高度赞誉。

另外,在科学史、新能源(尤其是太阳能)、材料科学、船舶与海洋工程、传播学、古籍整理等专业领域,上海交通大学出版社也取得了一定的成绩。

2. 创新专业化营销思路,实现书与人的相遇。

第一,上海交通大学出版社为每个事业部配备专职营销编辑,从选题策划阶段开始,不但策划内容,而且策划专业营销渠道和目标市场,为40%以上的重点图书和专业图书制定有针对性的营销方案。例如,《中国学会史丛书》《船舶工业手册》等书,出版社与相关学会、期刊社、学术会议等机构在策划、编著、营销方面深度合作,全面利用其专业知名度、影响力以及会员和订户资源。第二,引入重大选题遴选制度,通过策划编辑参加项目策划答辩的方式,让专家学者、书店代表和出版社共同确定下一年度出版社重点打造和营销的系列图书。第三,为重点省区配备地区营销经理达20多位,他们不但在新华书店、高校书店等实体书店的推广上把工作做足做细,还积极深入相关高等院校针对相关学科教师进行教材终端推广。第四,积极开发与维护新兴营销渠道,如网上书店、门户网站和专业性网站,通过专家推介和内容连载等方式来吸引专业读者,如《走近钱学森》等图书由于其在网络上的高曝光度一举登上了网上书店排行榜。通过这些举措,将图书信息及时、准确地告知最有阅读和购买需求的研究人员和专业读者,最终完成有效销售,专业图书的"精准营销",实现了书与人的相遇。

3. 借助数字出版和国际化战略,做好专业出版工作。

数字化是传统出版社在21世纪面临的最大挑战。出版社依托上海交大优秀科研资源建设各类数据库,积极探索业态数字化与专业规模化相融合的模式。出版社与上海交大外国语学院、电信学院合作开发的"科技文献双语语料库及翻译与教学平台",获得2009年上海市科委数字出版重点项目资助。另外,出版社与上海交大医学院合作开发的"超声影像医学资源库"、与上海交大图书馆合作开发的"科技论文数据库",也都进入了实质性操作阶段。

科技出版"走出去"可以有效地增强我国科技成果的国际影响力,出版社正是国内、国外学术交流的枢纽。上海交通大学出版社敏锐地发现近年来太阳能科研和产业发展突飞猛进,而国内相关权威著作相对缺乏,联合澳大利亚新南威尔士大学、上海交大能源研究所等科研院所,集中翻译出版《21世纪新能源译丛》,不但在专业领域内产生了较大影响,其市场表现也超过预期。目前,我国优秀学者已具备创作高水平英文版科技专著的能力,上海交通大学出版社抓住此契机,致力于与国际主流科技出版集团合作出版中国学者的英文版学术专著,面向全球发行,努力使上海交通大学出版社成为上海交大乃至全国的科技成果走向世界的桥头堡之一。2008年,上海交通大学出版社向爱思唯尔出版集团(Elsevier)成功输出了江泽民学长的重要学术著作《论中国信息技术产业发展》和《中国能源问题研究》,并在法兰克福国际书展上成功举办了"江泽民学术著作英文版全球首发式"。此外,《Blind Signal Processing》等一批高端前沿专著与施普林格出版集团(Springer)联合出版,由施普林格向全球主流科技图书渠道发行。《Quality-Based Content Delivery over the Internet》还荣获上海市版权贸易优秀输出图书奖。

4. 向一流学术大社迈进。

专业规模化思路使上海交通大学出版社在传播学术成果、推动科研教学等方面贡献了较大的社会效益,同时也取得了较好的经济效益。"十一五"期间,上海交通大学出版社年出新书和重印率逐年快速增长,其中专业图书和教材占到60%以上,其经济效益贡献率达到70%。随着经济效益的稳步提高,出版社经营实力进一步增强。上海交通大学出版社一如既往地坚定走"专业规模化、产品经营化、业态数字化、平台国际化"发展道路,正在向"文理兼备、市场融通、面向国际的一流学术大社"的发展目标快速迈进。

四、主要成就

1. 成功出版江泽民学长重要学术著作,并在法兰克福书展上成功举办"江泽民学术著作英文版全球首发式",为世界认识中国作出贡献。

2008—2009年,上海交通大学出版社成功出版了江泽民同志的重要著作《论中国信息技术产业发展》《中国能源问题研究》和译著《机械制造厂电能的合理使用》。2009年,上海交通大学出版社将两部重要著作的英文版版权授予爱思唯尔出版集团,并在法兰克福国际书展上成功举办了"江泽民学术著作英文版全球首发式",习近平副主席还将这两部著作作为国礼赠送给了德国总理默克尔。在首发式上,柳斌杰署长指出:"中央文献出版社和上海交通大学出版社,联合爱思唯尔出版集团,以向世界传播当代中国顶尖科技和文化成果为己任,以良好的敬业精神和专业水准,下大工夫打造精品,使两部著作编校规范,设计典雅,印装精美。他们奉献给全球研究人员和广大读者这两部力作,必将对于促进国际能源和信息技术的战略研究和产业发展,产生积极而深远的影响,为世界认识中国作出重大而独特的贡献。我认为,这两部重要著作的出版发行,也是中国图书'走出去'的成功范例,必将激励中国出版界加快国际化步伐,为不断促进和深化中外科技文化交流和版权合作,作出更多更大的贡献。"

2. 集中力量打造钱学森著作出版基地,大力弘扬钱学森爱国主义精神。

从20世纪90年代起,上海交通大学出版社就集中策划出版钱学森著作,包括《物理力学讲义》《水动力学讲义手稿》《论系统工程》等,以及研究钱老学术成就和爱国精神的著作十几种,包括《人民科学家钱学森》等,奠定了钱学森图书出版基地的地位。

2009年11月,我社出版了《民族之魂——人民科学家钱学森的精神风采》;12月,我社出版了著名作家叶永烈先生撰写的《走近钱学森》一书。2010年5月,中央电视台六集传记电视纪录片同名书《钱学森》正式出版。2010年11月,《钱学森》在中国军事博物馆隆重首发。

3. 积极服务国家战略,着力策划《大飞机出版工程》,促进大飞机理论和应用研究以及紧缺人才培养。

自2008年国家"大飞机"立项以来,上海交通大学出版社积极服务国家宏观发展战略,针对国家确定的"重大科技专项",积极策划启动《大飞机出版工程》,汇集国内航空领域最高水平的科研和教学力量,集中编辑出版一批商用大飞机相关的学术著作和重点教材,不但成功获得国家出版基金资助,也为大飞机的研究、制造和人才培养奠定了深厚的知识基础,提供了有力的技术支撑。《大飞机出版工程》(一期、二期)20部著作的成功出版受到科技界、工业界、出版界等各方面专业人士和广大读者的高度赞誉,更是被国家出版基金规划管理办公室树立为"出版为国家经济建设服务"的典范,向全国通报表扬。

4. 依托交大学科优势,加强学术图书阵地建设,奠定成长为一流学术大社的坚实基础。

近年来,由上海交通大学翁史烈院士所著的《湿空气透平循环的基础研究》荣获"三个一百"原创图书出版工程技术类原创著作奖。"十一五"期间,上海交通大学出版社还出版了《船舶与海洋工程系列》《材料科学与工程系列》等大学理工类本科精品系列教材,以及《从量子力学到量子光学——数理进展》《微传感器》《纳米芯片学》《应用光伏学》《交通航运系列》《高速光纤传输系统》《海洋自升式移动平台设计与研究》《肝炎病毒感染与肾脏疾病》《中华心血管丛书》《强直性脊柱炎》《实用肝胆胰脾手术学》等科技专著。这些专著和教材获得了研究人员和广大师生的高度认可。

"十一五"期间,上海交通大学出版社《大飞机出版工程》《全乐府》获得国家出版基金资助,全部结项并获得90分以上的优异成绩。另外,《朱载堉集》等2项获国家古籍整理出版基金资助,《微型扑翼式仿生飞行器》等12项获国家科技专著基金资助,《论中国信息技术产业发展》(英文版)等2项获国家对外推广项目资助,《走进殿堂的中国古代科技史》(英文版)等2项入选"经典中国国际出版工程",《太阳能光伏电池原理及其应用》等32项获上海科技专著资助,《中国财政思想史》等24项获上海文化发展基金资助,《决策科学化译丛》等7项获上海科普基金资助,《民国书法篆刻史》获"文汇·彭心潮优秀图书出版基金"资助。开发的数字出版项目"基于科技文献双语语料库的翻译和教学平台开发"获上海市科学技术委员会资助,《超声医学资源库的建设与应用》获上海市经信委的数字出版专项基金资助。

5. 以科学文化类图书为突破口,文理兼备,"理工社绽放人文之花"。

2009年,上海交通大学出版社出版了由全国人大常委会副委员长、中科院院长路甬祥院士主编的《走进殿堂的中国古代科技史》,得到中央领导同志的肯定,荣获第三届中华优秀出版物奖图书奖、上海图书奖一等奖、2009年度上海市优秀科普作品(书籍)。近几年,出版社还出版了填补国家空白的《中国学会史丛书》,以及《当代大学读本·科学文化系列》(4种)、《江南建筑文化丛书》(6种)、《世界一流大学研究文库》(2种)、《科学大师启蒙文库(第二辑)》(5种)、《中国思想史研究大系》(3种)、《周末读史系列》《周末读城系列》(共13种)、《世界著名大学人文建筑之旅》(5种),以及《东京审判·中国检察官向哲浚》《中国历史地理文献辑刊》(10编70册)、《中国世界文化和自然遗产历史文献丛书》(40卷)、《晚清人物年谱长编系列》等一批具有重大文化与历史价值的图书。这些图书的出版赋予了上海交通大学出版社一个崭新的面貌,被媒体评论为"理工社绽放人文之花",使上海交通大学出版社一跃成为科学文化出版领域的领跑者之一。

上海外语教育出版社

一、"十一五"时期发展的总体情况

上海外语教育出版社有限公司(简称"外教社")是由上海外国语大学主办、国家教育部主管的一家大学出版社,成立于1979年12月,2009年转企改制为有限公司。外教社始终坚持出版为人民服务、为社会主义服务、为全党全国工作大局服务的办社方针,坚持社会效益第一、力争社会效益与经济效益统一的原则,全心致力于中国外语教育事业的发展,服务于外语学科建设、学术研究与繁荣、人才和队伍建设,服务于全国与地方经济建设。如今,外教社已发展成为我国最大、最权威、国际知名的外语教材、学术著作、工具书、教学参考书、外语读物、学术期刊和数字出版物出版基地之一。至2010年底,外教社累计出版了近30个语种的图书和数字出版物6500余种,总印数6.5亿余册,复制各类光盘1.2亿余张,销售总额超过68亿元,逾600种图书和数字出版物获省部级和国家级奖项。外教社先后荣获"先进高校出版社""上海市模范集体""良好出版社""上海市著名商标"等称号。2009年,外教社在首次全国经营性图书出版单位等级评估中,被新闻出版总署评为国家一级出版社,荣获"全国百佳图书出版单位"称号。在2011年揭晓的第二届中国出版政府奖评选中,外教社荣获"先进出版单位"称号。

"十一五"期间,外教社实现了快速、健康、协调和可持续发展,5年中共出版新书和数字出版物2300余种,其中国家级重点项目500余种,编校质量全部合格,优秀品达到20%;实现产值34亿元,完成销售册数1.35亿册,码洋30亿元,主要数据均创历史最好水平。"十一五"期间,外教社深入贯彻和落实科学发展观,坚持与时俱进,勇于改革,积极转变和完善办社机制,在教育部、新闻出版总署和上海外国语大学的领导下,完成了转企改制,经营和管理水平得到进一步提升。全社员工的工作积极性、主动性和创造性得到充分调动,全社员工振奋精神,勇于迎接市场竞争和挑战,不断开拓进取,辛勤耕耘,为我国外语教育事业的发展,为上海外国语大学的建设作出了积极的努力和富有成效的贡献。至2010年底,外教社在编员工198人,分布在编辑部各部(室、中心)、印制中心、营销中心、市场部、教育培训中心、财务部和经营管理部门,构建起适应现代出版业的组织结构体系和较强竞争力的编辑、出版、营销、培训和经营管理队伍。"十一五"期间,外教社下辖的外教社北京文化发展中心、外教社外语教师俱乐部、外教社出版物研究所、外教社出版发展研究所和7家下属图书发行公司等机构,也为外教社"出版—科研—教育互动"的综合化、复合型发展道路发挥了积极的作用。

经过三十多年的积累,特别是"十一五"期间的快速、健康发展,外教社已确立了在我国出版界乃至世界出版界专业外语出版社的领先地位,为"十二五"期间的蓬勃发展奠定了良好的基础。

二、品牌建设,铸就金字招牌

注重品牌建设,实施品牌战略,创新办社理念和思路,提升办社层次和水平,是外教社提升内涵,打造品牌,创造名牌,塑造良好企业形象的重要战略举措。外教社清楚地认识到,实施品牌战略,就是使出版社的各种资源,主要是出版物和服务,按品牌的需求形式进行打造、维护、优化配置和有效运行,通过内涵的发展和提升、优质的产品和服务形成特色鲜明的品牌,从而推动出版社科学、健康、稳定、可持续地快速发展。

坚持正确的办社宗旨和准确定位是最重要、最大的品牌建设。出版社只有始终坚持正确的办社方向和宗旨，坚持正确的定位，才能在建设品牌、打造名牌、创立品牌方面有所作为。外教社坚信，坚持科学发展观和社会效益第一是品牌建设的根本。品牌建设和塑造必须坚持科学发展观，以科学发展观来指导出版社的决策和管理。出版社的品牌建设和发展要遵循出版的发展规律，切忌浮躁和急功近利，要坚守出版单位所承担的职责和使命。

外教社将精品战略、营销和服务、科学管理作为品牌建设的基础和抓手。外教社坚持将产品开发放在品牌建设的第一位。产品打造反映了一个出版社的办社理念、宗旨、方向、专业和特色。没有优质产品、支柱性产品、特色鲜明的产品群，打造品牌、创立名牌只是一句空话。有了优质的产品，能否使其产生和创造应有的社会效益和经济效益，营销和服务是关键。好的产品的诞生，仅仅完成了品牌建设的第一步。广告宣传、营销推广是品牌建设中接力跑的关键一棒，甚至比产品打造须付出更多的辛劳和汗水。外教社始终将高效有序的管理视作品牌建设的保障。无论是产品设计、开发制作、营销推广、广告宣传、经营活动还是出版社的每一项工作，都必须有科学的符合现实需要的规章制度来保障。

为此，外教社从成立之初，便将全心致力于中国外语教育事业的发展，全心服务于外语学科建设和学术繁荣，服务于教学、科研成果的反映和推广，服务于人才培养和文化建设作为办社的宗旨和使命，始终不渝坚持自己的定位。在坚持正确导向的前提下，坚定不移走专业化、特色化的道路，不动摇、不折腾，按照国家赋予的出版任务，坚持专业分工，始终将出版各级各类外语教材、学术著作、辞书、读物、学术期刊、数字出版物、教学参考书作为自己义不容辞的职责和使命，不断做强、做大、做深、做精、做好。在做好产品的同时，外教社对内努力提升管理质量，打造和谐企业文化，对外全心全意为读者服务，创建以人文本的服务理念和体系。2010年，为了响应《国家中长期教育改革和发展规划纲要（2010—2020）》"努力造就一支师德高尚、业务精湛、结构合理、充满活力的高素质专业教师队伍，把提高教学质量作为教育改革发展的核心"的号召，外教社联合教育部高等学校外语专业教学指导委员会、教育部高等学校大学外语教学指导委员会，共同主办了首届"外教社杯"全国大学英语教学大赛，对促进、推动我国大学英语教学水平的进一步提升以及大学英语教师队伍建设产生了积极影响与示范效应，进一步提升了外教社的品牌形象和社会影响力。

如今，外教社出版物、营销、管理和服务理念等已在读者中打下了深刻的烙印，赢得了很好的声誉和信誉，塑造和创立了良好的品牌形象，铸就了外教社在全国乃至世界外语专业出版领域的金字招牌。在2010年上海市图书出版单位社会效益评估中，外教社三年中第二次列上海第一，出书质量连续三年列上海第一。同年，外教社被评为上海市诚信五星级企业，"外教社"商标被评为上海市著名商标。

三、专业出版，主业越做越强大

作为立足上海、辐射全国的我国最大、最权威的外语出版基地之一，外教社始终坚持"服务外语教育、传播先进文化、推广学术成果、促进人才培养"的发展方向，坚持走专业出版道路。"十一五"期间，外教社更加注重特色发展和品牌建设，围绕基本产品继续调整和优化图书结构，发挥资源优势、人才优势，开发高端产品，不断提升产品的质量、特色、前瞻性和市场适应性，做专业出版社应该做的产品和项目，承担起专业出版社的使命和责任，特别是在外语教材、学术著作等领域打造品牌、形成优势。

外教社在国家级大型外语教材的设计、开发、编辑和出版领域积累了丰富的经验。教材出版,承载着很多的社会责任与教育期望,关系着我国几亿学生的学习质量与成长发展。教材编写的理念是否先进,教材体系是否科学、完备,质量是否上乘、可靠,教学资源是否丰富,教学方法是否正确,教学过程是否合乎学生认知特点等,直接关系到教学内容、教学方法与手段、教学质量、学科建设和人才培养。20世纪80年代外教社出版的《大学英语》多次修订,历时二十余载,使用学生达数千万,总发行量上亿册,是我国体系最完备、久经时代和市场考验的大学公共英语教材。从20世纪90年代中期开始,外教社的教材出版逐步形成了自己的理念与原则,即教材出版要满足外语教学改革的需要、满足外语学科建设的需要、满足外语人才培养的需要,教材出版的过程应借鉴和应用语言学与语言教学理论研究的最新成果、紧密结合中国人学习外语的特点、紧密结合教学实际、及时采纳教学研究成果,确保教材的科学性、系统性、前瞻性与适用性。在普通高等教育"十一五"国家级规划教材评审中,外教社共有17个项目(系列)入选,涵盖英、日、德、法、俄、西、阿7个语种的外语专业和公共外语教材,其中《新世纪大学英语系列教材》完全按照教育部最新颁布的《大学英语课程教学要求》编写,强调学生英语综合应用能力培养,尤其是听说能力培养,为我国外语教学改革的深入推进注入了新的活力。"十一五"期间,外教社出版的教材共15个项目被教育部评为普通高等教育精品教材。

外教社秉承服务教学科研为己任的学术出版理念,每年出版的学术著作、论文集和学术参考书占出书总量的30%以上,始终走在学术出版的前沿,为外语学科建设和科研提供有价值的学术参考资料。20世纪80年代,外教社策划出版了由著名专家王宗炎、许国璋教授任主编的《现代语言学丛书》,为学术成果的推广作出了积极贡献。"十一五"期间,外教社出版的大量学术专著,包括《牛津语言学入门丛书》《剑桥应用语言学丛书》《剑桥文学指南》《国外翻译研究丛书》《21世纪修辞学丛书》《外语教学法丛书》《21世纪语言学新发展丛书》《外教社认知语言学丛书》和《外教社跨文化交际丛书》等促进了学术队伍的培养,提升了外教社的学术品牌和社会影响力。近年来,外教社引进出版了多套高端百科全书类学术工具书,包括《牛津英国文学百科全书》(5卷本)、《牛津美国文学百科全书》(4卷本)、《美国文学百科辞典》(4卷本)、《语言与语言学百科全书(第2版)》(14卷本)、《语言与教育百科全书》(10卷本)、《MIT认知语言学百科全书》和《不列颠简明百科全书(英文版)》等。虽然出版社承担了风险,但这些典藏性文献的出版为我国相关领域学科建设和教学科研作出了积极的贡献,具有里程碑意义。

至2011年,外教社共计17个项目入选"十一五"(3项)和"十二五"(14项)国家重点图书出版规划。根据《中国高被引频指数分析》,在语言文字领域高被引前10种图书中,外教社出版的图书占5种。在第二届中国出版政府奖评选中,外教社出版的《汉俄大词典》获图书奖,《新牛津英汉双解大词典》获图书奖提名奖;《汉俄大词典》还获得第三届中华优秀出版物奖图书提名奖。

纵观外教社选题开发,在经历了建社初期品种单一和中期过分依赖教材的阶段后,如今已经形成了纵横立体化发展的格局,产品链贯穿教材、学术专著、工具书、外语读物、教辅等外语教学的各个领域。如今,外教社每年新书品种近500种,重版率近70%,在外语专业出版领域越做越强大。

四、数字化转型,道路越走越宽广

出版企业的数字转型是传统出版社适应信息化时代的必由之路。外教社走专业化道路的同时也在探索外教社特色的数字出版之路。

1997年,外教社着手开发数字产品,第一套产品用的还是软盘。1998年,外教社率先尝试在教材后附光盘,这一做法在当时外语教学界产生了巨大影响,研发的多媒体教学光盘获教育部"国家级教学成果二等奖"(一等奖空缺)。2008年,外教社在电子出版物编辑室基础上组建成立数字出版中心,大举进行数字出版改革探索,在传统纸媒介出版的基础上,注重图书的横向立体化发展,开发音像、电子、多媒体光盘、网络、学习型网站等配套的多元化产品,运用不同的出版手段和载体,打造集声、像、网络互动于一体的立体化内容信息平台。

外教社的数字出版从大学英语多媒体配套教学光盘起航。如今,外教社每推出一个系列的外语教材,都要同步研发供学生自学使用的多媒体配套光盘和供教师使用的电子教案,对于教材立体化的建设,为外语学科的发展,起到了积极的促进作用。光盘毕竟容量有限,且难以满足更多教学互动的要求,教材立体化建设需要以新的模式来继续深入。2003年,受教育部委托开发的"新理念大学英语(全新版)网络教学系统"在专家评审中获一致通过,在全国180所示范院校推广使用。经过不断版本升级和功能完善,如今的"新理念外语网络教学平台"已建成教学中心、测试中心和备课中心,全国上千万注册用户使用。此外,外教社本着服务外语教育的宗旨,在数字产品的研发中,根据外语教学活动各个环节、各类人群的不同需求,相继研发推出了"外教社大学英语分级测试题库""外教社新理念视听说网络考试系统""中国高校外语专业多语种语料库建设和研究——英语语料库(CEM语料库)"和"外国语言研究论文索引平台"等独立数字产品,为我国外语科研成果服务于实际教学谱写了新的篇章。

"十一五"期间,外教社的数字出版发展正逐步向互联网领域稳步开拓,初步建成了以外教社官网为核心的由十几个子网站组成的外教社网站群。"外教社高等英语教学网"有效拓展了教学发展空间,为高校外语教与学提供了交流和互动的平台;"外教社有声资源网"为外语学习者下载语音资源提供了便捷的途径;"四八级在线"为考生提供在线测试、视频讲解、在线答疑、考试资讯等全方位服务;"外国语言研究论文索引平台"利用现代信息处理技术将分散于各报刊中有价值的各种论文信息进行系统地选择、收集整理、分类,实现数字化和网络化;根据小学生英语学习特点建成的形式活泼多样、内容新颖有趣的"思飞小学英语网"荣获第二届中国出版政府奖网络出版物奖提名奖。

至2011年,外教社有6个项目入选"十一五"(3项)和"十二五"(3项)国家重点电子出版物出版规划。外教社深信,数字出版对传统出版是挑战,更是机遇。凭借规模化、长效化、多元化发展的理念,外教社的数字出版已初步形成特色鲜明、行之有效的发展模式,产生了可观的社会效益和经济效益。外教社的数字出版之路必将越走越宽广。

五、出版—科研—教育互动,努力创造"十二五"新的辉煌

在出版业转制的改革机遇下,外教社将出版—科研—教育互动作为谋求科学、全面、协调和可持续发展的战略规划:以出版为主业,继续做大做强,为教学科研服务;以科研为支撑,提升出版层次,优化选题结构,实施精品战略;以教育为契机,传播先进出版理念,推广先进教育思想,创造出版机遇。外教社通过建立良性循环的出版、科研、教育产业链,通过出版、科研、教育的互为促进,充分发挥了大学出版社的优势和特点,形成独具特色的办社模式。

2005年,外教社建立了出版物研究所和出版发展研究所,以科研为决策提供咨询、以科研提升出版的层次、以科研优化选题结构、以科研实现品牌战略,切实保障外教社出版主业健康、稳步、快速、可持续地发展。外教社出版物研究所旨在通过对目前我国出版物,尤其是外语教育类出版物的性质、内容、品种结构等方面的系统研究,为出版社选题策划和市场运作提供理论指导。出版发展研究所专门从事出版业发展过程中遇到的体制、机制、运作模式、人力资源、管理制度、营销战略和经营管理等诸方面的问题，为外教社可持续的快速发展提供决策咨询和智力支持。2005年底，外教社与上海外国语大学共建成立"中国外语教材与教法研究中心"，致力于外语教材的开发和外语教学研究。中心利用资源优势和人才优势，研究国内外各级各类外语教材的特点，探讨不同文化背景的学习者学习外语的规律和特点，解决令中国学习者长期感到困惑的语言学习问题，并对我国外语教育水平的提高和普及提供教材解决方案。

2006年5月，外教社教育培训中心成立。中心实施专业化运作，由专人负责教师培训理论研究、教学策划、教学组织、会务安排和专家队伍建设。培训主题以外语教学、科研需求为第一要务，课程设计、教学内容、研修形式贴近教学需要。经过"十一五"期间的快速发展，教培中心培训种类从单一的综合培训，逐步转化为分专业、分专题、分板块、分课型的多种培训类型，培训模式从单一的主题讲座，到师生齐动手的教师工作坊、解惑答疑的座谈讨论、教学示范课、微课堂技艺展示与专家点评等互动性较强的研修模式。如今，教培中心为外教社出版主业的发展提供了大量反馈信息，更为众多外语教师的职业发展和再教育创造了机会，为教学理念的研讨、学术思想的交流、教学科研的发展提供了平台，成为我国外语教学新理念、新方法、新手段重要的传播阵地。

与时俱进，实施出版—科研—教育互动的战略构想，"十一五"期间，外教社朝着科学、全面、协调发展的方向大步前进。在党的十七届六中全会决定深化文化体制改革、推动社会主义文化大发展大繁荣，进一步兴起社会主义文化建设新高潮的政策指引下，外教社将更加振奋精神、勇于探索、勤于思考、大胆实践，努力构建集科研、教育功能于一体的出版集团，努力创造"十二五"新的辉煌。

上海浦江教育出版社(原上海中医药大学出版社)

2010年12月,经新闻出版总署批准,上海中医药大学出版社有限公司更名为上海浦江教育出版社有限公司,主办单位由上海中医药大学变更为上海海事大学和上海中医药大学。"十一五"期间的所有出版工作均由上海中医药大学出版社有限公司完成。

一、概况综述

"十一五"期间,上海中医药大学出版社的硬件条件得到了较大的改善。2006年,由于上海中医药大学的整体东迁,出版社随之搬迁至位于浦东新区张江高科技园区的蔡伦路1200号,同时,扩大了工作用房,升级了书库、样书库和门市部,使整个社"旧貌换新颜"。在管理体制方面,仍然维持此前的"两社合一"制,即上海中医药大学出版社与上海中医药杂志社实行"两块牌子、一套班子",其意旨在"出版资源共享、出版优势互补"。出版社还同时拥有副牌上海中医药大学音像出版社;杂志社编辑发行《上海中医药杂志》(月刊)、《上海中医药大学学报》(双月刊)、《中医药文化》(季刊)三种期刊。由此,上海中医药大学出版社在"十一五"期间,基本形成了从图书出版到期刊出版、从纸质出版到音像出版的门类较为齐全的"立体出版"体系。

二、主要特色

根据本社的出版范围、中医药学的特点、十几年的发展过程与积累,上海中医药大学出版社在"十一五"期间,形成了"一个中心四个点,围绕中心拓一点"的基本特色,即以"中医药学"图书的出版为"中心",并以"发掘"——整理研究中医药古典医籍类图书、"提高"——反映现代中医药及中西医结合研究成果类图书、"外向"——外文版及中外文对照版中医药图书、"普及"——中医药科普图书为四个选题、出版"点";在确保"中心"的同时,向高校自编教材、学校和社区的精神文明建设读物、全市性或行业性重要活动等方面适当"拓一点"。代表性出版物如:《黄帝内经文献研究》《历代名家验案类编》(丛书),《中医肾脏病学》《中医神志病学》,《(英汉对照)现代中医诊疗图谱》(丛书),《(中日—日中对照)中医专业用语辞典》,《与健康同行》(丛书),《菜篮子与健康》(丛书),《物理康复学基础》《运动员科学选材》《可爱的闵行人》《青春"沪"动 扬帆闵行》《激扬人生》《中医"三基"临床手册》等。

期刊出版方面,为三种期刊明确了定位与特色:《上海中医药杂志》立足于为临床一线人员服务,所刊论文以临床研究、临床报道、临床经验为主;《上海中医药大学学报》立足于为中医药科研人员服务,所刊论文以理论研究、实验研究、文献研究为主;《中医药文化》则以传承中医药文化精粹、提升中医药工作者文化素养、普及中医药文化知识为方向。

三、主要工作

1. 在出版人才培养方面。新时期的竞争,主要是人才的竞争,出版也不例外。由此,上海中医药大学出版社在"十一五"期间,从多方面入手加强了人才培养工作:一是严把"入门"关,新进人员如是医药(含中医药、中西医结合、西医药)专业者多必须具有博士学历(学位),非医药专业者必须具备出版专业背景。二是强化专业"深造",即在职人员加强中医药与编辑二级学科的造诣,努力使其同时成为某一学科的专家。至2010年底,出版社拥有中华中医药学会编辑出版专业委员会(国家二级学会)副主任委员1人、中国医学气功学会(国家一级学会)常务理事1人,另有上海市反邪教协会理事、上海市健身气功协会副主席1人。三是加强"通识"培养,积极参与各级出版管理部门和中医药管理部门组织的各种学习,以增强贯彻党和政府有关出版工作方针政策、中医政策的自觉性,在上海市新闻出版局、上海市出版工作者协会、韬奋基金会组织的"上海市出版行业'三项学习教育'活动知识竞赛"中,出版社获得"优秀组织奖",1人次获个人"优胜奖"。

2. 在重点图书出版方面。在这5年中,上海中医药大学出版社积极组织重点图书的选题,先后有《(英汉对照)现代中医诊疗图谱》《(英汉对照)中医经典文库》《中医肾脏病学》《中医神志病学》,以及《名医典藏》(光盘),被列入国家"十一五"重点图书(音像制品)出版规划。另有多个选题被列入上海市"十一五"重点图书出版规划。后虽因作者调动等原因,《(英汉对照)中医经典文库》《名医典藏》无奈申请撤销,但组织的过程为做好出版社的其他工作提供了经验,这几年中取得的成果多少与此有关。如:《汉字中医解码》获新中国成立六十周年中医药科普图书著作一等奖,《小药丸 大故事》获上海市优秀科普作品(书籍)提名奖,另有多种图书获华东地区大学版协优秀教材、学术专著一等奖。

3. 在服务学校工作方面。5年中,为上海中医药大学及其5所附属医院的教学、科研、医疗,提供了大量的出版支持。一是教材,包括研究生教材和本、专科生的选修课教材;二是反应建校50年来学校办学成果、老中医学术经验等的专著;三是附属医院特色诊疗技术、名老中医工作室成果等学术著作。此外,为落实时任国务院分管领导提出的"六名"工程,出版社与中华中医药学会合作,推出了《国医英才》系列图书;与上海市卫生局中医处、上海中医药大学医院管理处联合打造的《中医临床"三基"手册》,成为整个"十一五"期间,上海全市中医、中西医结合从业人员终身教育必考科目的唯一参考用书,并已逐渐向外地中医、中西医结合医院及上海市的西医医院推广。

4. 在期刊出版方面。"十一五"期间,三种期刊在业内外的影响力不断增强,《上海中医药杂志》的影响因子和在医药(包括西医西药)界的口碑,在同类期刊中一直名列前茅;《上海中医药大学学报》尽管复刊时间不长,但已引起了国内外同行的重视,并成为美国《化学文摘》(CA)收录源期刊;原《医古文》杂志在"十一五"期间成功地更名为《中医药文化》,为提升其学术地位创造了条件,上海世博会上其增刊《中医,让人类更健康》一经推出,几成"洛阳纸贵"。

四、改革发展

虽然上海中医药大学出版社在"十一五"期间取得了不俗的成绩,但由于没有教材这一大学出版社赖以生存的基础,加上中医药专业范围较窄,面对日益增多的出版集团,其原本不多的优势不断丧失,人才逐渐流失、资金链几近断裂、出书范围无法突破……凡此种种,严重地制约了其发展。有鉴于此,出版社的主管部门——上海中医药大学,审时度势,借全国出版社转企改制的契机,决定寻找合作伙伴,共同重组上海中医药大学出版社。历时近年,几经比较,最终选定同属上海市地方院校,又同时具备出版人才优势、出版资源优势及资金优势的上海海事大学作为合作方,将上海中医药大学出版社改制为股份制的上海浦江教育出版社有限公司。在教育部、上海市新闻出版局、上海市教育委员会的大力支持、指导下,形成的方案于2010年12月获新闻出版总署的批准。新社将以"立足上海、面向全国,依托高校、服务教育"为宗旨,以为上海的国际航运中心建设、健康城市建设提供出版支持为己任,以打造海事海洋和中医药图书的出版高地为发展目标。

上海音乐学院出版社

上海音乐学院出版社成立于2002年10月,以出版专业音乐类学术理论、教材、专著译著、工具书等为主要出版范围。

2006—2010年间,是出版社快速发展的时期,进一步明确了音乐专业特色、出版市场定位、图书结构品种、人员队伍建设等重大发展方向和决策。在全体员工的共同努力下,产品积累在继续递增,社会效益和经济效益比以往几年有更出色的表现,专业特色的发展前景看好,竞争能力得到加强和提高。2009年底,出版社成功转制为企业,建立健全了企业制度,形成了更加有效的运行机制,实现更快更好的发展,并保障全体职工的利益。

五年间,出版社对图书出版定位有了新的认识,在原有品种的基础上,以本社的优势和品牌以及上海音乐学院丰富的教学资源,立足出版两个方面的音乐图书,即精品理论读物和社会音乐教育普及读物。作为上海音乐学院出版社,理所当然地担当起音乐理论图书出版的重任,每年的选题出版计划中音乐理论图书的出版为上海音乐学院乃至全国音乐理论界的学术研究提供了一个科研平台,其学术研究成果在我国音乐理论界具有代表性的水平。一如既往,出版社将社会普及音乐读物作为一定选题比例的重要的出版项目。繁荣社会艺术活动、普及社会音乐教育、提升群众艺术修养是专业音乐出版社责无旁贷的社会使命,因此这两年扩大了社会普及类图书的选题计划比例。

上海音乐学院出版社依托上海音乐学院深厚的传统优势、优良的教学资源、知名的品牌效应,高起点地策划出版蓝图,其一为学院教学科研服务,其二又为做大做强自身打下坚实的基础。学院的出版社首先是教学科研的展示平台,既体现教学科研成果又提高教学科研水平;其次为迎合学院精品教育、培养精品人才而出版精品教材,同时这些教材又能为其他音乐院校所采用。同样,学院的专业出版社也能为社会音乐教育服务,如社会艺术水平考级曲集和教材、普及类的乐谱、工具性的音乐资料手册等,这类图书具有社会效益和经济效益双重意义。上述院内外两大类品种都有优化结构和潜在功能可以开拓创新,这几年我们已经作了这方面的尝试,取得了初步的成效,促进和推动了我社的发展。今后我们还是继续本着"人无我有、人有我优、人优我新"的策略来增强市场竞争力,誓将优势进行到底。出版社在积极参加各类书市、书展和销售活动的基础上,进一步建立健全图书销售网络,产品的覆盖率已达97%。

第二军医大学出版社

第二军医大学出版社于1997年经国家新闻出版署批准成立,系由解放军总后勤部主管、第二军医大学主办的中央级医学科技专业出版社。出版社下设编辑部、发行部、出版部、储运部、财务部、办公室等。现有员工30余名,其中长期从事医学编辑的专家教授近20人。多年来出版社依托本校及附属医院高水平的科研成果和临床技术经验,已逐渐形成临床医学出版强项。出版社成立15年来已出版医学卫生类图书近2000种,近100部学术著作获中国人民解放军图书奖、上海图书奖、引进版科技类优秀图书奖、全国高校出版社优秀畅销书奖、优秀教材学术专著奖等。出版社坚持"以学术专著为主体,以教材建设和科普养生为衍生"的"一体两翼"发展战略,秉持"博观而约取,引领学术文化;厚积而薄发,打造学术精品"的理念,继承并发扬大学精神,力争将出版社打造成国内重要的医学学术专著出版基地之一。同时出版社以市场为导向,优化选题,突出重点和特色,在医学图书出版领域得到广大专业读者和医学师生的支持和认可,销售业绩持续增长,出版社全面进入快速发展阶段。

一、办社宗旨

以本校门类齐全的学科、雄厚的师资力量、高水平的科研成果和地处上海的优势为依托,面向全军,服务全国,努力实施精品战略,多出优秀作品。为振兴医学教育和出版事业不懈努力,为社会主义物质文明和精神文明建设服务。

二、业务范围

出版发行本校设置的学科、专业课程所需教材及教学参考书、教学工具书;与本校主要专业方向一致的学术专著、译著;以及医学科普读物等相关实用性图书。

三、出书结构

学术专著;医学教材、教辅;临床参考书;中医、中药;医学科普、养生。

四、重点书系

《21世纪高等医学院校教材应试辅导丛书》《医学复习多选题系列丛书》《高等职业教育理论专业实用教材丛书》《中医经典名著丛书》《住院医师诊疗手册》《现代临床骨科学丛书》《常见病诊疗思维丛书》《名医科普社区行丛书》《肿瘤防治进社区丛书》《患者宜忌丛书》《常见疾病食疗丛书》《生殖热点问题面对面丛书》《养生益寿大讲堂丛书》《泌尿系肿瘤家庭防治丛书》《普通高等医学专科院校"十二五"规划教材》《高等医学职业教育"十二五"重点教材》《高等医学职业技能型实用教材》《中等医护职业教育教材》《中国外科年鉴》《中国内科年鉴》《中国药学年鉴》《中国泌尿外科学史》《脊柱影像测量学》《脊柱侧凸外科学》《针灸推拿临床与解剖》《传染病护理学》《外科学及战创伤外科学》《内科学及野战内科学》。

五、部分获奖图书

1998年　《肝胆病理学》获第二届中国人民解放军图书奖

2000年　《护理心理学》获第四届全国高校出版社优秀畅销书奖

2000年　《护士英语必读》获第四届全国高校出版社优秀畅销书提名奖

2000年　《实用外科重症监护与治疗》获第三届中国人民解放军图书奖

2002年　《脊柱侧凸三维矫形理论与技术》获第五届全国高校出版社优秀畅销书一等奖

2002 年	《走进小儿智能》获第五届全国高校出版社优秀畅销书二等奖
2002 年	《神经肽基础与临床》获第四届中国人民解放军图书奖
2003 年	《中国内科年鉴(2001)》获上海市第一届年鉴优秀成果三等奖
2003 年	《中国儿童素质早教工程》获冰心儿童图书奖二等奖
2004 年	《百名专家谈百病》获2004年度全国优秀畅销书奖(科技类)
2004 年	《心脏能量学——代谢与治疗》获上海图书奖二等奖
2005 年	《中国内科年鉴(2004)》获第三届中国年鉴综合评比奖二等奖
2006 年	《人体系统解剖学实物图谱》获第七届全国高校出版社优秀畅销书一等奖
2007 年	《残缺肢体的修复重建》获第六届中国人民解放军图书奖提名奖
2009 年	《气管和支气管外科学》获中国出版工作者协会引进版科技类优秀图书奖
2009 年	《新编皮肤软组织扩张术》获中国大学出版社图书奖首届优秀学术著作二等奖
2010 年	《气管和支气管外科学》获上海市出版工作者协会上海图书奖提名奖
2010 年	《危险穴位临床解剖学》获上海市出版工作者协会上海图书奖一等奖
2010 年	《肝移植》获中国出版工作者协会引进版科技类优秀图书奖
2010 年	《中国腔道泌尿外科手术视频图谱》获第六届华东书籍双年展整体设计二等奖
2010 年	《危险穴位临床解剖学》获第七届中国人民解放军图书奖提名奖
2011 年	《髋关节表面置换手术学》获中国出版工作者协会引进版科技类优秀图书奖
2011 年	《养身其实很简单》获中国书刊发行行业协会"2011年度全行业优秀畅销品种"
2012 年	《重症肌无力》获中国大学出版社第二届优秀学术著作一等奖
2012 年	《前列腺疾病100问》分别获中国大学出版社第二届优秀畅销书二等奖、第二届中国科普作家协会优秀科普作品奖

浙江大学出版社

浙江大学出版社创立于1984年5月。新的浙江大学成立后,1999年由原浙江大学出版社和原杭州大学出版社合并成立新的浙江大学出版社,并于2009年年底转企改制为浙江大学出版社有限责任公司(简称浙江大学出版社)。现任社长傅强、总编辑徐有智、副社长袁亚春、陈晓嘉。

浙江大学出版社植根于闻名遐迩的高等学府,得古越文化悠久历史之厚蕴,承浙大几代学人"求是""创新"之精神,通过26年发展,已成长为一个具有图书、期刊、电子音像、网络出版功能的,集理工农医和人文社科多学科出版为一身的综合性出版单位。

出版社设有社长办公室、总编办公室、人力资源部、版权贸易部、财务部等6个行政管理部门,教材事业部、外语事业部、人文事业部、艺术事业部等7个事业部,理工编辑室、农医编辑室、社科编辑室、文字编辑室等6个编辑部门,数字出版中心、电子音像部2个非纸质媒质出版部门,并设有图书发行中心、期刊中心、北京启真馆文化传播有限责任公司3个机构。出版社有员工147人,其中高级职称40人,中级职称43人,初级职称52人,具有博士学历人员11人。拥有用房建筑面积约6600平方米,固定资产678万元,流动资产15786万元。

2006—2010年"十一五"期间是浙江大学出版社改革发展十分重要的时期。五年来,浙江大学出版社高举邓小平理论伟大旗帜,以"三个代表"重要思想为指导,全面贯彻落实科学发展观,紧密围绕学校建设世界一流大学的战略目标,始终坚持正确的出版导向,以深化改革为动力,以提高质量为重点,以培育品牌为核心,不断解放思想,开拓创新,推动出版社事业又好又快发展,进入了建社历史上最好的发展时期,取得了社会效益和经济效益的双丰收。

一、规模不断扩大,实力继续提高,奖励明显增加,声誉显著提升

五年来,出版社事业规模不断扩大,出版实力显著提高。年出书品种由2005年的565种增加到2010年1284种,增加127%;在销图书由2005年的2938种增加到2010年的5846种,增加99%;发货码洋从2005年的1.55亿元增长到2010年3.2亿元左右,翻了一番多;销售收入从2005年的7000万元增长到2010年超过1.34亿元,增长超过90%;资产总额从2005年的1.06亿元增长到2010年的1.64亿元,同比增长了55%。

五年中出版的图书、期刊累计获得中国出版政府奖6项,其中,2010年获第二届中国出版政府奖5项(正式奖2项,提名奖3项),获中华优秀出版物奖3项,入选全国"三个一百"原创图书出版工程项目8项,以上奖项均名列全国图书出版单位前列。此外,在我社出版的图书、音像、电子产品中,获得浙江省"树人"出版奖22项,列全省首位,并获浙江省"五个一"工程奖3项;《宋画全集》《西部地理——甘肃印象》两种图书获第七届全国书籍设计艺术展最佳作品奖。

2009年在首届全国经营性图书出版单位等级评估中,出版社被评为全国一级图书出版单位,荣膺"全国百佳图书出版单位"称号。2010年12月又被国家新闻出版总署评为"首届全国新闻出版行业文明单位"。2010年1月,出版社被商务部、文化部、广电总局和新闻出版总署评为年度"国家文化出口重点企业"。此外先后获得"全国新闻出版行业服务社会主义新农村先进集体""为全国科技出版事业作出突出贡献"和浙江省"走出去先进集体""浙江文化出口重点企业"等荣誉称号。

在《中国图书商报》发布的 2010 年全国出版社、出版集团图书出版能力排行中,浙江大学出版社居全国出版社第 68 位、大学出版社第 12 位,比 2007 年的全国出版社第 97 位、大学出版社第 13 位有了较大幅度提高。

二、重大出版工程项目显著增长,原始创新能力不断提升

五年来,浙江大学出版社倾全力抓住重大出版工程和体现原始创新能力的高水平原创著作出版工作,取得一系列成果。

《宋画全集》重大国家出版项目为我社在艺术出版领域和传统文化整理领域取得了很大的声誉。自 2006 年启动《宋画全集》工程以来,至《宋画全集》(第一卷)2008 年 12 月 28 日在故宫博物院首发,标志《宋画全集》主要编纂工作基本结束。《宋画全集》累计出版有《宋画全集》第一卷(故宫博物院藏品)、第二卷(上海博物馆藏品)、第三卷(辽宁省博物馆藏品)、第六卷(欧美国家藏品)、第七卷(日本藏品)等。在 2009 年首届国家出版基金评审中,《宋画全集》项目获得 1250 万元的大额资助,是全国最大的基金资助项目之一。

高水平原创出版取得优异成绩。在 2006 年和 2008 年两次国家新闻出版总署评选的"三个一百"原创图书出版工程评选中,以《人机智能系统与理论》《微光学与系统》《磁电子学》为代表的原创八本图书获奖,连续两年居全国出版社第一名。2009 年、2010 年分别有 14 种和 8 种选题入选国家科技出版基金资助项目,入选数量居全国大学出版社首位。

在国家实施文化"走出去"战略中,跻身于国家队的行列。与国际著名施普林格出版集团共同出版的《中国科技进展》丛书项目取得令人瞩目的成果,在国际国内产生了重要影响。《中国科技进展》丛书是入选全国首批"中国文化著作翻译出版工程"五个项目之一,五年来共计出版 20 余种。《中国教育》丛书(8 种)入选新闻出版总署"2009 法兰克福书展中国翻译出版资助书目"首批 80 种图书目录。《未来建筑·上海世界博览会》等系列丛书入选 2009 年国务院新闻办"中国图书对外推广计划"项目。2010 年作为京外唯一单体出版单位,成为国务院新闻办"中国对外推广计划"工作小组正式成员。

承担国家重点图书出版项目能力不断加强。浙大出版社承担国家"十一五"重点图书出版项目总数比"十五"期间增长了约 6 倍,多项选题入选国家重点出版项目。《沈括全集》《黄震文集》等两种选题入选 2009 年度全国古籍整理出版规划资助项目。《中国教育 60 年》等 9 种图书被增补列入国家"十一五"重点图书出版规划目录。另外还承担出版浙江文化工程文献集成项目《郁达夫全集》《孟宪承集》《经亨颐集》等多种。

积极服务"三农"建设。《观光农业与乡村旅游》等 7 种选题入选浙江省 2009 年度"三农"重点出版物规划。在 2009 年浙江省政府"三农"图书采购中,《农民学法用法 300 问》、"浙江省最新民生政策法规解读系列丛书"(5 册)两种图书均在评比招标中脱颖而出。

三、图书产品结构逐步优化,竞争能力继续提高

五年来,浙江大学出版社不断优化产品线,着力提高出版竞争能力。

教材和学术著作出版有较大发展。代表大学出版社主要出版方向的教材和学术著作的比例由 2005 年的 55% 提高到 2010 年的 72%。教材已形成研究型大学本科、应用型大学本科、高职高专三个层次较为完整的体系。在人文社科、英语、计算机、收藏艺术、新闻传播等几个专业方向上形成相当规模。"十一五"初期,经过学校和各个院系及出版社共同努力,申报教育部"十一五"国家级规划教材共计 133 种。经过不懈工作,已出版《数据仓库与数据挖掘》等 120 多种规划教材。以《启蒙运动经典译丛》《奥地利学派译丛》《社会经济史译丛》《西方社会建设译丛》

为代表的学术图书至今已出版 110 余种,在学术界获得了较好反响。

市场图书进一步开拓。《蒋介石传》《等待香港》《李开复:从心选择的智慧》《富士康真相》《战胜政策市》《我们房地产这些年》等一系列品牌畅销书在市场上销售良好,多种图书屡登数据排行榜,扩大了出版社的市场品牌与影响。

销售和营销有新的发展。五年来在新华书店等传统性网点布局进一步加强外,发行渠道建设取得新的突破,机场书店、网络售书等新兴渠道的成功开拓为图书销售打开了新的渠道,也为提升浙大社的影响力提供了有力支撑。营销宣传取得较大进展,仅 2010 年累计在《读书》《中华读书报》《光明日报》等主要平面媒体发表书评 200 余篇,举办首发式、作品座谈会、教材推广会、图书签售等营销活动 60 余次。

四、学术期刊保持领先地位,服务教学科研能力持续增强

五年来,期刊中心下属的 9 份学报以服务教学科研学术为己任,瞄准国际国内一流为目标,通过不懈努力,取得优异成绩。

2010 年《浙江大学学报》(英文版 A 辑)获第二届中国出版政府奖期刊奖。《浙江大学学报》(英文版 A、B、C 辑)均被 SCI 数据库收录,尤其是英文版 C 辑在 2010 年 1 月创刊后即成功通过评估,被 SCI 数据库收录。2008 年《浙江大学学报》(英文版 B 辑)在综合性大学学报中首家荣获国家自然科学基金资助,在 SPRINGER 的网络付费平台下载量列所有中国期刊中前三位。

《浙江大学学报》人文社会科学版在 2010 年中国科学院信息研究所期刊影响力排名中位列第二;在全国社科院系统理论期刊和高校人文社科类学报的五年影响因子和总被引频次排名中均名列前茅,总排名稳居第三。

《浙江大学学报》英文版、工学版、农学版均获第三届全国高校科技期刊"精品科技期刊奖";理学版、医学版获"优秀科技期刊奖";《工程设计学报》获"特色科技期刊奖";《浙江大学学报》人文社会科学版获第四届华东地区优秀期刊奖和中国高校学报研究会"全国高校社科名刊"称号。

五、数字出版起步顺利,加速发展态势初显

五年来,围绕数字化战略目标,出版社积极跟踪研究国内外数字出版的发展趋势,认真开展数字出版工作机制、内容资源与服务平台等方面的建设工作,逐步探索数字出版的产品形态、服务方式、技术手段及商业盈利模式,并开拓数字出版市场渠道与资源整合渠道。通过不断努力,电子图书、移动出版、网络游戏、教学课件等数字出版产品类型逐渐增多,市场渠道逐步充实,整体收益快速增长,对外合作机制逐步建立,影响力不断提升,为推动出版社向数字出版转型奠定了良好的基础。2010 年,总收入已超过 1300 万元。

承担的浙江省社会发展重大项目"面向家庭的个性化数字出版服务关键技术研究和应用示范"已完成并通过验收。该项目获得发明专利 3 项,软件著作权 2 项,并于 2010 年入选首批国家新闻发展项目库。

出版社的数字出版业务相继成为中国移动、中国电信、中国联通阅读基地内容合作伙伴,并成为中国移动阅读基地首批 5 个战略合作伙伴之一。2010 年在中国移动、中国电信移动阅读平台的收入和浏览量均居全国出版社和出版集团的第二位。

五年来持续实施"浙江省义务教育学生用电子音像教材学习资源包"和"浙江省初中各学科多媒体教案电子与互联网出版"重点项目。每年出版数量达到 200 万片电子光盘,销售码洋每年达 1000 万元以上。

六、综合素质逐步优化,可持续发展能力稳步增强

大力加强党的建设。五年来,党组织认真贯彻党的出版方针政策,坚持导向,守土有责,为出版社改革发展提供强有力的思想政治保证。2008年上半年,党总支以开展学习实践科学发展观试点工作为契机,紧密结合出版工作实际,精心谋划,周密布置,扎实推进,使得学习实践科学发展观试点工作及其后续的"回头看"活动取得明显成效,有力地推动了出版社各项工作的健康快速发展。2010年下半年,出版社党总支开展了以"和谐出版促发展,岗位奉献创一流"为主题、以创建先进党支部、争当优秀共产党员为内容的创先争优活动。各个支部和每个党员立足本职工作,进行公开承诺和切实践诺,涌现出一批先进典型。2010年12月21日召开了浙江大学出版社党员大会,提出了出版社新五年的指导思想、目标和主要任务,并顺利完成了出版社党总支换届选举工作。

创建以人为本和谐出版文化。以大力弘扬"求是、创新"精神为核心,在社内开展"爱社、荣社、兴社"教育活动,加强企业文化建设,努力创建一个和谐的出版环境。针对群众最直接、最关心、最切身的利益问题,释疑解惑,注重人文关怀,化解矛盾情绪,调动一切积极因素,把思想政治工作落在实处。建立健全教职工代表大会制度,将之作为推进社务公开和民主办社、保障职工权益的重要平台,作为党政班子密切联系职工群众的重要纽带。放手工会开展各项工作,深入开展各类文明创建活动,不断丰富文明创建工作内涵。

外部环境逐渐优化。与国务院新闻办、教育部、新闻出版总署、省委宣传部、省新闻出版局等主管部门,中国工程院、中国科学院、中国计算机学会、浙江省科技厅、浙江省社科联等学术机构以及有关行业中介机构建立了密切联系,与16个国家和地区30多个出版机构开展版权贸易,与施普林格出版集团建立战略合作关系。

支撑条件大为改善。办公面积由2005年的3900平方米增加到2010年6600平方米,增加了69%;建立了完整的计算机信息网络,初步建成了以企业资源规划(ERP)系统、对外网站、内部交流信息平台和内容数据库组成的完整的信息环境,员工工作环境亦逐步改善。

体制创新卓有成效。各类人员按才干、能力和专业进行分类管理,面向学科组建事业部、编辑部等团队的内部改革措施稳步推进。2009年制定并试行了编辑与发行部门模拟市场化的运行机制,进一步建立以市场为导向的选题开发机制、以用户为导向的发行营销机制、以效益为导向的考核评价机制,从而调动了全社职工的积极性和创造性,大力促进了产品的竞争能力和发行能力的提高,全面推动了出版社整体效益提升。

人员结构日趋合理。平均年龄由2005年41.03岁下降到2010年38.3岁;本科以上学历人员从2005年的67.8%提高到2010年的90.30%,其中具有博士、硕士学位的人员从2005年的6人和25人提高到2010年的11人和50人;高级职称人员从30人增加到2010年的40人,其中正高职称从2005年的8人提高到2010年的10人。有1人获得浙江省宣传文化系统首批"五个一批"人才。

员工培训不断加强。多年来通过集中培训、学历教育、学术研讨、国外进修等多种形式,系统深入有效地提高企业员工理论学习水平与实际工作能力,并逐步形成制度。同时坚持不懈地实施中层干部提升培训、青年员工职业素养培训和新员工轮岗培训制度,取得了相当的效果。

与民营企业合作稳步推进。出版社积极拓展与民营机构合作出版发行高校教材、国内外系列名著、助学读物等,规模达到8700余万元。通过图书产品的结构分化、层次错开,在若干产品上充分利用外部优质资源,扩大了出版规模与品牌影响。

七、未来五年发展的目标、战略和理念

在未来五年的发展中,浙江大学出版社将与时俱进,以科学发展为主题,以加快转变发展方式为主线,围绕国家和地方重大发展战略,围绕浙江大学建设世界一流大学的战略目标,继续坚持大学出版社的办社宗旨,不断解放思想,开拓创新,争取把浙江大学出版社建设成为特色鲜明、品牌凸显、效益显著的一流大学出版社。未来五年浙江大学出版社将进一步坚持高品质内容的出版,进一步挖掘和整合出版资源,通过实施"精品化、数字化、国际化"战略,科学、全面、又好又快地发展,力求社会效益和经济效益双丰收。未来五年浙江大学出版社还将全力树立服务国家文化发展战略、服务科技学术教育、服务广大读者的理念,进一步营造"求是、创新、和谐、卓越"的企业文化。

浙江工商大学出版社

浙江工商大学出版社坐落于风景秀丽的浙江省会城市杭州,建于2008年5月6日,由浙江省教育厅主管,浙江工商大学主办。

浙江工商大学出版社所依托的母体浙江工商大学,为浙江省重点建设的大学,其创建历史可追溯到1911年(清宣统三年),曾任院长有许绍棣、蒋梦麟等知名教育家,涌现出经济学家骆耕漠、爱国人士章乃器等一大批著名校友,是近代中国最早培养商业专门人才的学校之一。学校拥有管理学、经济学、工学、文学、法学、理学、历史学、哲学、艺术学等九大学科,博士后流动站、博士学位、硕士学位、学士学位授予权,硕士专业学位授予权,外国留学生、港澳台学生招生权和同等学力人员申请硕士学位授予资格。在校学生34400余人,其中全日制普通在校生26500余人。学校科研特色鲜明,尤其是在社会科学研究方面在浙江省高校居领先位置,拥有现代商贸研究中心(教育部省属高校人文社科重点研究基地)、浙商研究中心(浙江省哲学社会科学重点研究基地)、日本学研究重点基地、鲍莫尔创新研究中心等省部级重点基地,以及全球金融保险业(LOMA、CPCU)教育考试中心(浙江省唯一)、教育部国外考试中心(负责 TOEFL、GRE、GMAT 等考试,浙江省省属高校唯一)、教育部公共外语考试中心(浙江省省属高校唯一)、日本语能力测试考点(浙江省省属高校唯一)等考试中心。所有这些都为浙江工商大学出版社的发展提供了特色鲜明且能持续发展的出资资源。

浙江工商大学出版社为浙江工商大学全额出资成立的出版企业。出版社成立之初就确立了"聚天下英才,创出版伟业"的人才观,广揽出版精英,建立了一支老中青相结合的高素质的出版队伍,目前专职员工34人,具有高级和中级职称的员工23人,约占68%,年龄在35周岁以下的员工20人,约占58%;兼职员工28人,分别由学校各二级学院名誉院长、学科带头人、退休教授和校外其他出版社、报刊社特聘审校专家组成。出版社下设"六部三室一中心一基地":综合编辑部(由经管编辑室、人文编辑室和外语编辑室组成)、北京编辑部、营销部、读者服务部、财务部、出版制作部;办公室、美编室、审读室;校对中心;学生实习基地。出版社2008年共上报并获批选题65种,正式出版图书21种,其中新书20种,重印图书1种;2009年共上报并获批选题116种,正式出版标准书号图书141种,其中新书117种(标准书号97种,统一书号20种),重印图书24种;2010年出版社上报并获批选题385种,正式出版图书205种,其中新书174种(标准书号128种,统一书号46种),重印图书31种。从2008年至今,签订出版合同355份,实现销售码洋3000多万元,销售收入900多万元,2010年年底实现了当年盈利。

浙江工商大学出版社策划并出版的图书实现了一个个零的突破:《钱塘文库(文艺哲学卷)》荣获第十九届浙江树人出版奖提名奖,《让悲不再痛 让哀不再伤——灾后心理自我调适手册》荣获第八届全国高校出版社优秀畅销书奖抗震救灾图书特别奖,《中国医疗保障制度创新研究》入选国家"十一五"重点图书出版规划,《浙江社区建设60年》《新中国60年人口老龄化研究》和《中国环境法治60年》入选浙江省纪念新中国成立60周年重点选题,《养生八宝书》《农村水电管理知识百问》《农家乐经营宝典系列》《蔬菜育苗培育技术》入选国家和浙江省"农家书屋"采购,《本体性否定——穿越中西方否定理论的尝试》《当代中国陶行知教育思想实验研究》《养生八宝书》分别荣获浙江省第二十五届优秀图书编辑奖一、二、三等奖,

《外国文学简明教程》《中国近现代思想与哲学传统》《新中国人口老龄化与养老制度研究》分别荣获浙江省第二十六届优秀图书编辑奖一、二、三等奖,《社会经济和谐发展度综合评价体系研究——基于主客观双重系统的实证分析》荣获浙江省出版协会"第二十六届优秀图书装帧设计奖"的封面设计奖。

浙江工商大学出版社两年多来还先后推出了商帮研究系列:《中国样本(上下卷)》《中国杭商——穿越资本的经营者》《宁波帮百年风云录》《婺商:600年历史传承与60年飞速发展》《浙商崛起与危机应对》《浙商版图——浙商在安徽》《浙商发展报告》《浙商投资评估蓝皮书》《浙商金论》《诗论浙商》《杭商的文化学特征与杭州人文精神》等,以及社会热点市场图书系列:《首富落榜》《人才为王——猎头谭》《80后小半辈子》《谁能给你一个亿》《融资密码》等,其中《人才为王——猎头谭》上市不到两周,就登上了亚马逊卓越网人才学销售榜第二名、当当网新书热卖榜第二名以及博库网浙版畅销书第一位,《都市快报》等媒体均在其图书栏目做了重点推荐。

浙江工商大学出版社在2009年和2010年北京图书博览会上两次得到中共中央政治局常委李长春同志的充分肯定。

在今后的发展过程中,浙江工商大学出版社将继续发扬"艰苦创业、大胆创新、锐意进取"的拼搏精神,秉持"立足教育、服务教育、发展教育"的创社宗旨和"坚守、坚忍、坚强"的办社理念,以"教育类图书"为主体、"商贸类图书"为特色,本着"聚天下英才、创出版伟业"的用人之道,出版有价的图书,提供无限的服务,为努力开拓浙版图书发展道路、促进我国文化产业大发展大繁荣作出新的更大贡献。

厦门大学出版社

厦门大学出版社(简称厦大社)成立于1985年5月,是福建省唯一的大学出版社。厦门大学出版社是以学术出版和教育出版为主体的综合出版社,拥有图书出版、电子出版、网络出版等多项出版权,出版物涵盖人文社会科学、自然科学、技术科学等众多学科。在20多年的发展历程中,厦门大学出版社坚持党的出版方针,坚持为高校教学科研服务的办社宗旨,形成了高质量、高水平、有特色的图书结构,已成为一家特色鲜明、品牌成熟、有较强市场影响力和社会影响力的中小型高校出版社。2009年被新闻出版总署评为"国家一级出版社",并荣膺"全国百佳图书出版单位"的光荣称号,是福建省唯一的一级出版社。

出版社年生产图书500多种,90%为学术著作和高校教材,特色图书和品牌图书占60%,所出版的图书获省部级以上奖励505项,其中全国性大奖94项。《透视中国东南:文化经济的整合研究》荣获中国图书奖。在第二届中国出版政府奖评选活动中,我社图书《东亚华人社会的形成和发展:华商网络、移民与一体化趋势》榜上有名(图书奖提名奖)。2006—2010年期间其他获奖图书有:国家"十五"规划重点图书《台湾文献汇刊》被选送作为2006年胡锦涛主席访美赠耶鲁大学图书馆的赠书之一,同时获福建省第六届社会科学优秀成果奖特别奖;《固体表面物理化学若干研究前沿》《中国农村社会保障法律问题创新研究》分别入选新闻出版总署首届、第二届"三个一百"原创图书出版工程;《军事理论教程》2006年被评为"全国高校优秀国防教育教材"(全国仅5套教材入选);《吧城华人公馆(吧国公堂)档案丛书》《东亚华人社会的形成和发展:华商网络、移民与一体化趋势》被列入"十一五"国家重点图书出版规划;《物理化学》等11种图书入选教育部"十一五"国家级教材规划;《民事诉讼法原理(修订版)》荣获第二届全国法学教材与科研成果奖一等奖;《奥林匹克运动会邮票集》荣获北京奥林匹克博览会集邮展览镀金奖;10种图书荣获中国大学出版社优秀教材、优秀学术著作、优秀畅销书奖;3种图书荣获教育部第五届中国高校人文社会科学研究优秀成果奖;2种图书荣获福建省优秀图书编辑奖;4种图书获福建省优秀出版物奖;33种图书荣获福建省社会科学优秀成果奖;3种图书荣获福建省优秀法学研究成果奖;44种图书荣获华东地区大学出版社优秀教材、学术专著奖。

出版社坚持学术为本,实施精品战略;发挥学科优势,实施品牌战略;立足高校阵地,实施目标市场战略。这三大战略的实施,使出版社的图书形成自己的品牌与特色。

在坚持学术为本,实施精品战略的过程中,出版社形成了以台湾研究和东南亚与华人华侨研究图书为特色的精品图书体系。

福建与台湾隔海相望,有着很深的历史渊源,厦门大学台湾研究院是我国最早成立的台湾研究机构,有着雄厚的研究力量。我社充分发挥厦门大学的学科优势和人才优势,近年来出版了一大批台湾研究图书,成为我社图书的鲜明特色。这些学术图书都有较强的原创性、前沿性,为促进两岸互信提供了有力的学术支撑。厦大社出版的台湾研究大系已具有规模,内容包括台湾政治、经济、文化、历史、教育、文学等领域,这一大批高质量研究台湾的图书的出版,产生了重大的社会意义。如出版的国家"十五"重点规划图书《台湾文献汇刊》是迄今为止大陆最大型的台湾历史文献出版工程,全书100册,涵盖了目前有关台湾的珍稀历史文献。这些文献资料,绝大多数是分藏于祖国大陆各地的图书馆、档案馆以及散落于民间的孤本、珍本、抄本,也有一部分是近年在中国台湾、日本等地新发现的珍贵文件,具有很高的史料价值和研究价值。这些文献资料,为揭示台湾历史发展变迁,揭示两岸不可分割的文化渊源关系,提供了最原始、最有力的证据。《台湾文献汇刊》的整理出版,弥补了台湾方面在文献史料建设上的不足,更重要的是能够以扎实厚重文化积累的形式,有力地揭露"台独"分子进行"文化台独"的图谋,因此不仅具有学术意义,而且具有现实意义。2005年1月《台湾文献汇刊》出版座谈会在北京人民大会堂举行,2006年该书被选送作为胡锦涛主席访美赠耶鲁大学图书馆的赠书之一。最近厦大社策划了"泛台海地区国学家文库"出版项目,以厦门大学国学研究院和台湾"国史馆"、台湾"中研院"的骨干力量为主组成编委会,并聘请中国社科院、厦门大学、台湾大学等有关专家学者参加,整理出版泛台区域近当代在国学研究方面具有卓越贡献、顶尖学者的生平著述全集,计划出版30套,目前已启动《陈荣捷全集》的整理编辑工作。陈荣捷是全球公认的研究朱子学的权威,台湾"中研院"院士。朱熹理学是中国封建社会后期的统治思想,影响后世七百余年,在国学热的今天,朱子理学在现实生活中仍发挥着影响力,整理出版《陈荣捷全集》对两岸的文化交流有重要意义。

在华人华侨与东南亚研究方面,我们出版的图书涵盖政治、经济、历史、文学、教育等多个领域,成为全国出版这方面学术图书的重镇。如《东南亚华人企业集团研究》《近现代中国与东南亚经贸关系史研究》《当代海外华人社团研究》《东南亚与中国关系:持续与变化》《马来西亚华人与马来人经济地位变化比较研究》等200多种学术价值和现实意义结合较好的系列专著为该学科的建设产生了重要的作用。国家"十一五"重点规划图书《吧国公堂档案丛书》是近年来学术界在印尼发现的18世纪印尼华侨社会内部的档案,内容丰富,历时久远,是研究当时华侨社会历史的非常珍贵的唯一的档案资料,该档案的整理出版对华侨史、东南亚史等领域的研究将是十分有益的,有很高的学术价值。国家"十一五"重点规划图书《东亚华人社会的形成和发展:华商网络、移民与一体化趋势》首次对东亚华人社会进行了整合研究,深入剖析中国崛起与华人社会资源之关系,多角度探究东亚经贸圈与华人社会的互动,是首部泛东亚华人社会整合研究的学术大书。该书荣获第二届中国出版政府奖图书奖提名奖。

出版社依托厦门大学,坚持为教学科研服务的办社宗旨,将学校学科优势转化为出版优势,实施品牌战略,逐步形成了一批在书界颇具影响的品牌图书,经管类、法律类、广告类、人文类、古籍整理类图书和计算机、高职高专教材,形成了自己的品牌和优势。厦门大学在经济学科和管理学科方面学术影响位居全国前列,出版社立足本校,向全国辐射,经管类图书占总选题量的30%,其中李建发教授主编的《应计制政府会计改革研究》、厦大会计系主编的《21世纪会计学教材系列》、南开大学金融系主编的《南开大学金融学本科教材系列》、福友公司主编的《福友现代企管书系》影响广泛。出版社的法律类图书在全国异军突起,已出版了400多种专著、高校教材和普及读物,朱崇实教授主编的《高等学校法学精品教材系列》、陈安教授主编的《国际经济法文库》、江平教授主编的《共和国六十年法学论争实录丛书》等20多套丛书的作者涵盖全国主要法学高等院校,近两年来法律类图书零售排行居全国第13~15位之间。厦门大学广告学专业被誉为广告人才的"黄埔军校",出版社和该学科联手进行学科建设,实现了双赢。如《21世纪广告丛书》是全国第一套系列化的广告教材,为该学科的建设作出了重要贡献,经多次修订和改版,历经16年畅销不衰。随后出版的《广告传播与艺术丛书》《先锋广告人丛书》《厦门大学广告学丛书》《厦门大学广告与传播艺术丛书》《广告史研究丛书》《品牌与广告研究书系》等一批有影响的学术专著和高校系列教材的出版,壮大了这一品牌。人文类图书是出版社的主要图书构成,以历史和文学研究图书为主要基干,国学研究、海关史研究、闽南地方文化、女性文学研究和戏剧影视研究方面的图书形成特色。在古籍整理方面以史料文献和旧方志图书为主,如《中国稀见史料》第一辑收纳海内外现存复本十部以内乃至孤本的稀见史料78种,《中国稀见史料》第二辑收海内外现存复本大约10部以内乃至孤本的明清史料13种(明代3种,清代10种),其中孤本4种(含稿本3种),是海内外图书馆、大学、学术机构非常重视的珍贵史料,具有保存、传播珍贵史料的价值。计算机教材的出版在全省占有优势,多个版本十多年来一直被福建省高校所采用。高职高专教材已形成规模,特别是外语、计算机、经管、服务性专业方面的教材具有地方特色和较强的实训性。

出版社在立足高校阵地,在实施目标市场战略过程中,以品牌图书为基干,开发多学科多层次教材系列,并立体化地整体推进:组织一系列精品专业课教材、高校公共课教材、职业考试培训用书;开发研究生、本科、专科院校等不同层次适用的教材;配套出版高校教辅图书以及供教学使用的电子出版物。与此同时,在市场营销上,出版社确立了以高校市场为主要目标市场。遵循市场规律加强产品营销策划,切实抓好图书质量,提高售后服务水平,以品牌力、完善的服务和诚信力赢得市场。

在数字出版、网络出版方面,厦大社组织出版高等教育类电子出版物,既满足了教学的需要,又促进了有关专业的学科建设,为提高福建省乃至周边省份高校的教学科研水平,作出了积极的贡献。通过教材配套电子课件的出版,促进了本版教材的发行工作。通过网游客户端光盘的出版,为今后开展网络游戏的出版积累了宝贵的实践经验。出版社还与北大方正携手,充分利用现有的图书资源,或扫描或利用方正系统排版的电子文档,陆续将1000多种纸质图书(包括大量珍贵的绝版图书)制作成电子书并销售,使有价值的绝版图书重新回到读者中间,使新版图书有更多与读者见面的机会,进一步彰显图书出版工作的意义。出版社正在规划的大型台湾研究数据库出版工程,将通过台湾研究数据库的建设,促进海峡两岸经贸、文化等方面的交流,对促进两岸的和平统一具有重大意义。

厦大社在信息化建设方面起步较早,在内部信息管理系统方面,从1996年起即组织本社的技术力量,开发出版管理系统。2007年开发成功基于B/S结构的南强出版管理系统,使用该系统后,管理流程与业务流程完全吻合,能采集到出版社全业务流程的数据,对出版社的工作真正起到了促进和规范作用。2008年厦大社将"南强出版管理系统"注册成为商标并取得国家版权局颁发的计算机软件著作权登记证书,该系统目前已被全国同行多家单位所使用。

厦门大学出版社拥有一支朝气蓬勃的出版团队,有稳定、富有事业心和凝聚力的领导班子,更有长期形成的温馨和谐、团结奋进的企业精神。"十二五"期间,出版社将抓住文化大发展大繁荣的大好机遇,进一步强化已有的特色优势,持续健康发展,为建设社会主义文化强国作出应有的贡献。

河南大学出版社

河南大学出版社成立于1985年2月,为河南省第一家大学出版社。自建社以来,河南大学出版社始终坚持以邓小平理论和"三个代表"重要思想为指导,贯彻落实科学发展观,始终坚持正确的出版方向,坚持为教学和科研服务,为地方经济建设服务,依托河南高校的学科优势和河南大学丰厚的学术积淀,整合出版资源,打造学术精品,把出版高校教材、学术专著、教学参考书放在首位,为高校的教学、科研和学科建设作出了应有的贡献。在"十一五"期间,河南大学出版社全体职工团结一致,锐意进取,改革创新,与时俱进。在上级领导的支持下,在社领导班子的带领下,在全体员工的积极努力下,取得了较好的社会效益和经济效益。

一、以转企改制为契机,积极进行战略转型,构建发展新格局

2008年11月,教育部和新闻出版总署召开第二次高校出版社体制改革工作会议,包括河南大学出版社在内的61家大学出版社体制改革工作全面启动,这标志着高校出版社体制改革工作进入全面推进阶段。河南大学出版社自觉适应改革进程,围绕建立现代企业法人治理结构、形成机制灵活的管理体制等进行企业内部调整,推进人事、劳动、分配等制度改革,并于2009年底成立了河南大学出版社有限责任公司,初步完成了转企改制任务。转企后的河南大学出版社进入重要转型期和持续发展期。为克服出版资源短缺、人力资源匮乏、经营成本大的弊端,谋求更大的发展,河南大学出版社以转企改制为契机,积极进行战略转型,构建发展新格局。出版社的战略转型主要表现为空间布局的转移和产业结构的调整。在战略空间布局上,出版社根据出版资源和市场划分,在开封出版基地之外,又先后分别在郑州和北京购置办公用房两处,计两千余平方米,并将主体迁驻郑州,在北京组建了上河卓远出版传播公司,初步形成了以北京为前沿、以郑州为主体、以开封为依托的新的发展格局。

随着我国文化产业的不断发展,河南大学出版社自觉进行了产业结构调整。近年来,出版社与河南报业集团联合投资成立了"大河大图文传播有限公司",利用主流媒体的出版资源,结合出版社的力量,丰富选题面貌,扩大出版社影响,形成良性互动。同时响应出版局要创建社刊工程的号召,整合学校基础教育类的期刊资源,与河南省基础教育教研室联合投资组建"河南大中基础教育书刊出版策划公司",打造河南基础教育期刊品牌,逐步扩大在本省乃至全国的市场份额。随着出版社转企改制的完成,出版社适时提出了"以出版产业为主体,拓展壮大文化产业"的产业调整思路,利用河南大学新闻传播、编辑出版、旅游策划、设计创意等学科优势,以河南大学出版社为主体,成立"河南大学文化产业基地(郑州)",力争把它打造成河南省高校文化产业示范基地。

二、不断深化体制改革,调整内部管理机制,优化人员结构,逐步建立现代企业制度

随着我国出版体制改革的不断深化,河南大学出版社的发展也进入关键时期。面对出版业日趋激烈的竞争和变幻莫测的图书市场,在出版业改制、出版集团组建、外资进入发行、民营书业崛起的新形势下,社领导班子审时度势,客观地分析了当前的形势和自身的优势,科学地制定出"大学术、大教育、大市场"这一新时期、新形势下的出版理念,提出"在改革中求创新,在创新中求突破,在突破中求发展"的工作思路,坚持"立足河南,走向全国"的发展思路,以学术出版走市场,以大教育出版打基础,开辟出版社发展的新道路。

五年来,河南大学出版社不断深化三项制度改革,调整内部管理机制,优化人员结构,逐步建立现代企业制度。在人事制度方面,形成了优胜劣汰、能上能下、能进能出的机制;政企分开,淡化职工身份,取消员工干部身份和级别,实行全员聘用合同制。在分配制度方面,体现效率优先,兼顾公平,以按劳分配为主、其他分配形式并存的分配制度;推进以全成本核算为核心的分公司考核体系,提高全体员工的创效积极性。在队伍建设方面,通过公开招聘、重点物色等手段,先后引进30余名各方面的专业人才充实到编辑营销和管理队伍。在劳动保障方面,积极推行社会保障制度改革,统一社会医疗保险、养老保险和基本生活保障制度。改革和创新使出版社的效益突飞猛进:五年来,出版社共出版图书1500余种,实现利润3461万元,上缴学校利润346.1万元,提取出版基金346.1万元,总资产达1.36亿元。所出版的图书获中国政府出版奖提名奖1项;获河南省优秀图书一等奖8项、二等奖7项、优秀图书校对奖项1项;获第三届中国女性文学奖2项;获二届中国妇女研究优秀成果专著一等奖1项;获中国大学出版社图书奖首届优秀学术著作奖一等奖2项。在全国经营性图书出版单位等级评估中取得二级等级。目前,河南大学出版社已发展成为拥有4个分公司、4个出版分社、2个出版中心,职工近百人,编、印、发配套齐全,书、刊互为补充,具有一定影响的中上等规模的高校文化出版企业。

三、紧紧围绕学校学科优势和地方特色,树立特色出版,创建图书品牌

五年来,河南大学出版社始终坚持正确的出版方向,在"为高校教学和科研服务,为社会主义文化教育事业服务"的办社宗旨、"打造学术精品,服务教育事业"的办社方向和发展定位的引导下,紧紧围绕学校学科优势和地方特色,策划出版了一大批精品图书,逐步形成了自身较为突出的专业特色,并在市场竞争中形成了有影响的特色板块:学术出版和教育出版。

在学术出版方面,立足全国,面向世界,不断整合出版资源,积极打造学术精品,逐渐形成鲜明出版特色,走出了专业出版、特色出版和品牌出版之路。目前以《元典文化丛书》《国学新读本系列丛书》《新中国学案丛书》《汉文化研究丛书》《百年河大国学旧著新刊》为代表的国学典籍与传统文化,以《明伦学术书系》《中国学术批评书系》《追求卓越丛书》《新人文书系》为代表的现代学术与文化批评,以《赫尔墨斯国际前沿论文书系》《国外文化理论研究丛书》《人文科学译丛》《现代斯拉夫文论大家丛书》为代表的西方学术与前沿理论等,都具有重要的学术价值和品牌意义,在学界引起广泛关注,产生了较大的社会反响,受到同行和学术界的好评。

在教材出版方面,河南大学出版社始终围绕学校及全国相关高校设置的学科、专业及课程出版有益于其建设与发展的教材。先后出版了《新世纪课程改革设计专业系列教材》《新世纪课程改革美术专业系列教材》《高等院校音乐专业教学教材》《高等院校广告学专业应用型教材》《研究生外语教学系列教材》《高职高专国家规划教材》等图书,它们对高等院校的教学工作具有积极的推动作用,为教育事业的发展,尤其是对高校的学科发展和教材建设作出了重要贡献。

为实施学术精品带动战略,相继出版了《宋代研究丛书》《新中国出版60年》《差异》《晚清佛学与近代社会思潮》《英语博士文库》《汉语专书语法研究丛书》《开封文化丛书》《河南经济通史》《白寿彝文集》《于安澜书画学四种》等。这些高水平的人文社科类图书的出版,体现了高校出版社的学术文化内涵,在学术界、出版界形成了自己的品牌。

注重特色出版和图书品牌建设带来的显著效应是承担国家重点出版工程项目的重大突破。近年来,出版社先后获准承担了国家重大文化出版工程《中华大典·农业典》和国家清史工程《袁世凯全集》的编辑出版任务。《中华大典》是新中国成立以来最大的文化建设工程,而且在整个中华民族文化史上也是罕见的盛举,对于全面整理中国古籍,抢救、保存、传承和弘扬中华优秀传统文化,建设社会主义先进文化,具有伟大的现实意义和深远的历史意义。该书由国务院批准立项,新闻出版总署将其列为"十一五"国家重大工程出版规划之首,由我社承担出版任务的《中华大典·农业典》总字数4500万,划拨项目经费共1573万元。在全国100多家大学出版社中,仅有3家申请到出版任务,我社是河南省唯一的1家。它既体现了国家新闻出版总署对我社编辑水平、图书质量、综合出版实力的认可,也体现了对河南大学这所百年老校在古籍文献整理方面学术实力的信任。《袁世凯全集》是国家重大文化建设项目"清史工程"子项目之一,当《袁世凯全集》作为"清史工程"的子项目立项的消息传出之后,有许多出版社与作者或编委会联系,希望能够列入自己的选题计划。作者出于对河南大学出版社的充分信任,在经过认真考察和比较以后,毅然把三千五百余万字的书稿交由我社出版。这两项国家重点出版工程任务的参与,不仅在河南大学,而且在河南省出版史上,都将写下崭新的一页。

四、积极参加公益事业,支持学校建设,服务社会发展,承担企业的社会责任

长期以来,河南大学出版社在注重经济效益的同时,也同样注重社会效益,社会效益和经济效益的有机结合是出版社应当承担的社会责任。特别是作为一家文化企业的大学出版社,服务学校、服务教育、服务社会是她的根本职责。

河南大学出版社根植于河南大学这片沃土,河南大学为出版社的发展提供了强有力的支持,出版社也牢记服务河南大学、服务社会的职责,积极参与学校的各种活动以及社会公益性项目。比如,为成立河南大学百年校庆活动基金会提供1000万元的注册资金支持、为校医院捐赠价值近30万元的大型医疗设备、为中国残联和青少年基金会捐赠价值150多万元的图书、为汶川和玉树地震灾区捐款捐物100万元,多次为新疆、青海、贵州、江西等贫困地区的学校和图书馆捐赠图书,还冠名赞助河南省高校老干部乒乓球比赛、为河南大学参加CUBA篮球赛赞助服装、为河南大学潭头附中捐赠图书和现金、为大学生社会实践活动提供奖品等。所有这些活动都体现了河南大学出版社为学校、为社会服务的责任意识,提高了学校和出版社的社会美誉度。

为支持学校的教学、科研和学科建设,支持学术专著和教材的出版,作为一种长效机制,河南大学出版社为学校专门设立了"河南大学学术著作和教材出版基金",每年拨出50万元资助优秀教材和学术著作出版,资助《河南大学学人文库》和一批较高学术水平的专著出版。其中《师陀文集》《于赓虞诗文辑存》《孙作云文集》《任访秋先生纪念集》等均代表了河南大学学者的学术水平,不仅扶植了一大批中青年学者,也为河南大学的学科建设和人才培养作出了贡献。近年来,为了加强高校教材的开发力度,提高河南大学教师编写教材的积极性,鼓励更多的优秀教材脱颖而出,河南大学出版社又增加40万元和教务处联合设立50万元的教材出版基金,使50多种高质量的教材得以顺利出版,有力地支持了河南大学高水平教材建设工作。

"打造学术精品,服务教育事业"是我们坚定不移的办社方向,而"辨章学术、考镜源流;融会中外、贯通古今"则已成为河南大学出版社在学术出版方面的鲜明特色。河南大学出版社将一如既往地秉承实事求是、解放思想的奋斗精神,继续发扬面向市场、开拓创新的办社传统,进一步发挥优势,彰显特色,力求达到社会效益与经济效益的同步提高,自觉地为出版文化事业和教育事业发展服务,为社会的全面进步服务。

郑州大学出版社

郑州大学出版社是一家综合性大学出版社,其前身是河南医科大学出版社(成立于1995年),2009年完成转企改制,注册为郑州大学出版社有限公司(以下简称郑大社)。公司下设社长办公室、总编辑办公室、财务部、出版部、对外合作办公室、高等教育教材中心、基础与职业教育中心、学术出版中心、职教教育教材策划部、编校中心、审读质检部、发行服务中心、学苑出版中心、创新书局等部门。

郑大社始终坚持为人民服务、为社会主义服务的办社方针,以传播科学文化知识,传承民族文化精神,张扬创新学术思想为己任,坚持教育出版和学术出版,以出版高水平学术专著、高等学校教材教辅、传播新知精品图书为主,为我国教育事业、科技创新和社会发展提供优质服务。近年来,公司根植中原文化沃土,依托新郑州大学雄厚的人才资源和学科优势,在保持医学出版特色前提下,有选择地加强人文社会科学和理工科的专业出版,完成了由医学专业社向综合社的成功转型。特别是在旅游管理、法学、新闻传播、幼师教育、经济管理、公民教育以及土木工程、食品科学与工程等图书出版领域形成了新的优势,正在形成多学科、多领域、多品种图书比翼齐飞的新格局。截至2010年12月底,郑大社共出版图书4000多种,有120余种图书获得国家和省、部级奖励,先后获得第十一届、第十二届、第十三届、第十四届"中国图书奖"和第二届、第四届中华优秀出版物奖图书奖。有十余种图书列入国家出版基金资助项目、国家重点图书出版规划和全国古籍整理出版资助项目,16种教材被列为普通高等教育"十一五"和"十二五"国家级规划教材,10种教材分别被列为普通高等教育卫生部"十一五"规划教材和住建部"十二五"规划教材。

近年来,郑大社坚持发展才是硬道理,坚持以人为本,转变发展观念,不断深化内部体制机制改革,按照现代企业制度建立了一系列管理制度,完善了企业法人治理结构,大大提升了经营管理效益;重构内部机构和岗位,进一步完善薪酬体系和绩效考核体系,构建科学的激励机制;不断优化选题结构和出版流程,积极开拓新的增长点,加强精品力作的策划出版和图书质量的提升,进一步做大了出版规模;加强成本和费用控制,不断加强市场营销、发行回款力度,使公司经营利润得到快速提升。2012年,郑大社年出版图书达到700多种,重印率超过45%,图书销售总码洋过亿元,销售实洋5000多万元。公司出版规模、销售实洋、销售回款和利润连续三年均实现了20%以上的增长,使出版社走上了快速、健康发展的道路。

今后,郑大社将继续深化改革,进一步探索建立平衡股东、公司治理层和员工三方利益的激励机制,按照现代企业制度要求加强科学管理,完善内部运行机制,进一步提升公司的市场竞争力和盈利能力,加快公司的健康发展。

武汉大学出版社

武汉大学出版社成立于1981年12月。2001年,原武汉大学出版社、原武汉测绘科技大学出版社、原武汉水利电力大学出版社三社合并,组建成新的武汉大学出版社,沿用原武汉大学出版社出版者前缀。

武汉大学出版社拥有图书、地图、音像制品、电子出版物和网络等多项出版权,出版物涵盖人文社会科学、自然科学、技术科学等众多学科。建社30年来,出版图书近10000种,音像制品、电子出版物1000多种。先后有1200余种次出版物获得省部级以上奖励。其中,13次荣获国家图书奖、中国出版政府奖图书奖、"五个一工程"一本好书奖、中国图书奖、中华优秀出版物奖图书奖等全国三大图书奖,获奖总数始终名列全国大学出版社前茅。

1995年1月,武汉大学出版社被教育部命名为"先进高校出版社",1998年12月又被中宣部和新闻出版总署授予"全国优秀出版社"称号。

武汉大学出版社长期把建设一支职业化的编辑队伍、专业化的出版发行队伍和高水平的管理队伍作为发展的战略性任务来抓,推动全社涌现出全国新闻出版行业领军人才、湖北省宣传文化系统"五个一批"人才、湖北省新闻出版系统先进个人、湖北出版政府奖先进出版人物、中国大学出版社高校出版人物等获得各界认可的优秀出版工作者,成功地建立起一支素质过硬、业务精干的专业化人才队伍,现有高级职称人员45人,成为出版社可持续发展的核心和支柱力量。

武汉大学出版社不断深化体制机制改革、推进产业发展,"十一五"以来,适时进行了加强团队建设的事业部制,强调从选题到营销全程策划的策划人负责制,以及加强专业化分工的分社制等一系列改革和调整。2007年,作为全国大学出版社转企改制18家试点单位之一,率先建成符合现代企业制度要求的国有独资公司,极大地增强了发展活力。

武汉大学出版社秉承"弘扬学术,关怀人生"的办社理念,成立了学术、教育、大众等多个图书出版分社,确立了学术著作、高校教材、大众化出版物三大板块三足鼎立的出版战略,逐渐形成"大学教材系列化,学术著作精品化,一般图书大众化"的持续发展局面,出现了规模和效益同步快速增长的良好发展势头,品牌建设进一步取得令人瞩目的成就。

(1) 5年来,努力追求有品质的规模增长,始终保持年重印品种数超过新书品种数的有利发展态势。2010年,出版社全年出书近2000种,全面超额完成"十一五"发展规划目标,实现了生产规模、发行码洋等主要经济指标比"十五"同期翻一番的发展蓝图。

(2) 2005年以来,出版"十一五"国家级规划教材100多种,进一步大批量地推出经济、管理、法律、新闻与传播、信息管理、公共管理、测绘、计算机等学科教材以及高职高专教材,动销的高校教材达2000多种,占有相当的市场份额,形成自己的特色和优势,是出版社发展的重要经济来源。

(3) 以《武汉大学学术丛书》为代表的学术著作已经成为重要的学术品牌。该丛书至2010年已连续出版22年,出书200多种,在出版界尤其是大学出版界和学术界具有较大影响。出版社先后13次荣获国家三大图书奖的著作几乎都出自其中。"八五"至"十一五",出版社列选国家重点图书出版规划的选题数始终位居全国高校出版社前茅;"十一五"共有15个项目94(卷)册列选,列选项目总数约占湖北省全省的30%。在《武汉大学学术丛书》之外,5年来,又着力推出了《名家学术》《武汉大学百年名典》《中国十大杰出中青年法学家文丛》《历代科举文献整理与研究丛刊》《反法西斯战争时期的中国与世界研究》《楚地出土战国简册研究》《当代中国马克思主义哲学中青年名家文库》《数字时代图书馆学情报学研究论丛》等大批高品质的精品学术著作,广泛受到学术界好评。武汉大学出版社是全国高校学术著作出版的重镇之一,其人文社科出版物所获教育部人文社科成果奖在全国高校出版社居于前列。

(4) 5年来,共有200多种图书获得中国出版政府奖、中华优秀出版物奖图书奖、中国高校人文社会科学研究优秀成果奖、全国高等学校优秀测绘教材奖、湖北出版政府奖等各种奖励,其中获得国家级图书奖3项。连续两届共4种图书列选新闻出版总署"三个一百"原创图书出版工程,2种图书分别列选新闻出版总署纪念抗日战争胜利60周年重点图书和迎接党的十七大重点图书出版规划。在2007年"湖北省100种好书"评比中,成为全省唯一有2种图书荣获"十大精品图书"奖的出版单位。《楚地出土战国简册研究》等重点图书,共获得国家和湖北省专项出版资助120多万元。多次荣获省新闻出版局北京国际图书博览会"成果突出单位"称号和"组织奖";2006年被评为全省"图书三审先进单位",并被湖北省委宣传部和省新闻出版局授予全省新闻出版系统"先进集体"荣誉称号。

武汉大学出版社设立数字出版分社,积极跟踪发展先进技术,探索"学习型社区"网络教育和出版的新路子,寻求数字出版有效盈利模式的工作取得可喜进展;接手承办的《中外女性健康》杂志也取得良好开端。

武汉大学出版社借改制之机,积极拓宽业务领域,取得了广告制作和发布经营权;还充分利用各种社会资源,与社会力量一起成立了基础教育出版中心、天图出版公司等合作单位。通过一系列改革与发展的新举措,武汉大学出版社已经初步形成图书出版、数字出版、期刊出版、教育培训和广告传媒等多种经营,产业多元化发展,领域空间倍增的良好态势,正朝着出版传媒集团的方向迈进。

武汉理工大学出版社

"十一五"期间,出版社的转企改制、出版集团的整体上市和走出去战略的逐步实施,使得中国的新闻出版业生机勃勃,成绩斐然。武汉理工大学出版也抓住了这一发展机遇,紧跟潮流,团结一心,群策群力,不仅取得了良好的社会效益和经济效益,而且在多方面有了长足的进步。

一、"十一五"期间的成绩和经验

1. 坚持正确的办社方向,自觉遵守国家的出版法令和法规。

"十一五"期间,出版社始终坚持为人民服务、为社会主义服务、为全党全国工作大局服务的办社方向,坚持以马列主义、毛泽东思想和邓小平理论为指导,贯彻"三个代表"的重要思想,努力践行科学发展观,落实党中央的一系列大政方针,坚持为教学、科研、学科建设和人才培养、教师队伍建设服务的办社宗旨,坚持以科学的理论武装人,以正确的思想引导人,以高尚的精神塑造人,以优秀的作品鼓舞人,自觉遵守国家的法令法规,保证了出版社政治上的先进性,管理上的严格性,生产上的有序性,质量上的可靠性,市场上的竞争性,为出版社的社会效益和经济效益的稳步提高奠定了良好的政治基础。

"十一五"期间,图书、电子出版物的内容质量全部合格;依法纳税,诚信经营,经济运行情况良好,经济秩序稳定。

2. 发挥党总支的战斗堡垒作用,加强思想政治工作。

出版社是学校的二级部门,实行的是事业单位企业化管理。随着学校人事政策的调整,出版社出现了两种员工身份,一种是学校的在编员工,他们一般进出版社的时间比较长,为出版社所作的贡献也比较多;一种是"十一五"期间面向社会招聘的大多具有研究生学历的"人事代理"员工,他们处于认知、学习阶段,对出版社的各个生产流程充满了强烈的好奇心,希望自己快速成长,融入这个集体,从而造成了新老员工的碰撞、隔阂乃至矛盾。此外还有编辑与发行的矛盾、生产部门之间的矛盾、生产流程不畅引发的矛盾,等等。如果不及时、认真地处理这些矛盾,就会影响生产乃至出版社的发展。出版社党总支高度重视各种矛盾的化解,采取的主要办法有:

(1) 组建了三个党支部。"十一五"期间,出版社的党支部是以"条块"为单位建立的,如编辑(包括校对、质检、电子出版部)、发行、行政。支部内党员相互较为了解,思想认识很容易趋于一致;重要的是他们之间在生产流程上没有任何冲突,较少出现矛盾。为了加强沟通,党总支打破条块,将三个岗位的党员混合编成了新的支部,不仅加强了党员之间的联系,而且通过民主生活会、党员活动、党员教育等形式,增加了党员之间的了解和沟通,使生产流程中的矛盾逐步减少。

(2) 党支部依照工作计划经常性地进行各种活动,如组织党员赴井冈山考察,组织党员向学校新校园献爱心、向四川地震灾区捐款,宣讲党的十七届四中全会精神等。党总支的活动,强化了党员的组织意识和纪律意识以及党员意识,并时时提醒他们不要忘记自己的党员身份,不要忘记党员应该时时、处处、事事起先锋模范带头作用。

(3) 严格有序的思想政治教育活动。共产党员是出版社劳动、生产的骨干,是出版社事业发展的中坚,是出版社企业文化建设、弘扬正气去掉不正之风的榜样。共产党员的政治思想素质高,先锋模范作用发挥得好,出版社就能发展,社会效益和经济效益就能提高,基于这一认识,党总支对党员进行了认真的思想政治教育。学习党的十七大以来的各种文件及中央领导同志的讲话,研讨美国金融危机的影响,学习中央有关出版社转企改制的重要指示。一事一议,一个活动紧扣一个活动,每项活动强调效果,因此党员的思想政治素质均有不同程度的提高。

(4)党员的组织生活、政治思想教育活动均有周详的规划、计划、安排。中心明确,重点突出,有的放矢,落在实处,因此,党组织的全部活动规范,而且效果比较明显。共产党员的模范带头作用得到了比较好的发挥。

3. 认真学习实践科学发展观。

根据学校党委的要求,出版社组织了学习实践科学发展观的活动。活动参加者为全体共产党员及非共产党员的科室干部。活动分三阶段进行:(1)学习调研。即抓好起步,搞好学习动员及学习活动;针对各种问题,搞好调查研究。学习采取的办法是个人自学,集中培训,专题辅导,集体研讨。(2)分析检查。党员、社委会(即党总支委员会)按照科学发展观的要求查找自己的不足并写出书面材料,之后进行专题的组织生活会或社委会民主生活会。在此基础之上,寻找出版社存在的问题。(3)整改落实。在广泛听取员工意见的基础上,制订整改落实方案,解决突出问题。学习实践科学发展观,摆正了学习与生产(工作)的关系,一边学习,一边生产;一边学习,一边针对相关问题提出整改方案,一边进行整改,既使学习的有效性提高,又使生产一如既往地发展,同时也解决了出版社发展过程中存在的问题。

4. 转企改制。

在国家统一部署下,出版社进入了大学出版社第二批改制行列。改制是为了更加明晰产权关系,使出版社以企业的全新面目进入市场,参与市场竞争,自主经营,自负盈亏。改制,可以加强企业文化建设,重新审视三项(劳动、人事、薪酬)制度,放下包袱,轻装上阵,充分调动员工的积极性,使出版社能更好更快地发展。其具体做法是:(1)认真学习文件,让每位员工知晓出版社为什么要改制,统一认识,减少阻力与干扰。(2)将改制转变成学校的行动。出版社改制纳入了学校工作的议事日程,学校专门成立了由学校主管领导为组长的"出版社转企改制工作领导小组",多次召开会议,研究改制的各项工作,对改制工作进行具体指导。(3)按照教育部、新闻出版总署制订的改制步骤,出版社更名为"武汉理工大学出版社有限责任公司",成立了董事会、监事会;制订了出版社有限责任公司章程,稳妥细致地推行出版社运行机制的各项改革。

5. 继续健全完善规章制度。

规章制度是出版社的"大法",是出版社民主决策、科学管理、生产发展、效益提高的根本保证,是对每位员工的要求与约束,是发扬成绩、纠正缺点错误的依据,因此,出版社十分重视对规章制度的补充、修订、完善与健全。2005年7月第四届社委会建立之后,结合出版社实际,认真检讨了出版社规章制度,进而广泛征求各部门的意见,发动群众对已有的规章制度进行了修订。新的规章制度于2007年8月正式公布,其特点有:(1)内容翔实,能够指导、约束每个部门、每位员工的行为;(2)岗位职责清晰,目标明确;(3)新添了《中国出版工作者职业道德准则》及《社务委员会章程》《干部任职、自律条例》;(4)对生产流程亦有明确的规定;(5)简明扼要,浅显通俗,可操作性强,便于施行。

6. 努力提高员工素质,加强出版社队伍建设。

员工素质的提高,并非一朝一夕的事情,也非口头的空喊,而是要有政策、规划、计划和行动。针对学校编制员工逐年减少的"青黄不接"及"断层"情况,出版社面向社会,招聘了一批学历(硕士研究生)比较高、与出版社出版特色吻合的专业毕业生。新员工入社后,一方面采取师傅带徒弟的方式,让他们在各个部门实习,了解情况,熟悉环境,增强在出版社工作的信心与信念;另一方面直接进入发行科,在老员工的指导下,尝试在一个片区(即一个省)进行图书宣传、营销、推广活动。这样不仅使他们了解了市场,也为其今后成为编辑准备了条件;同时由出版社牵头,组织他们学政治、学业务、学做人。这些办法措施,使新员工很快融入了集体,能力、水平也在逐步提高。

对老员工素质的提高,出版社也抓得比较紧,如进行经常性的业务培训,或借助省出版局质量检查以及出版社的成书审读活动,总结经验,提醒注意事项;开展形式多样的政治学习,了解世界局势,了解国情,了解党和政府的大政方针,坚定正确的出版理念。

7. 坚持以市场为导向,以教材出版为中心。

"十一五"期间,出版社继续贯彻执行"发展总量,优化结构,保持特色,拓宽方向,面向市场,力争双效"的办社理念和办社方向,继续在教材出版上下工夫,不仅提高了教材的内容质量,而且拓展了教材的专业方向,同时,认真维护已有教材,使其保持旺盛的生命力。

(1) 拓宽了教材的专业方向。据统计,"十一五"期间,出版社在原有学科基础上,又新添了20个方向,如工程管理(土木建筑类)、建筑设备、房地产、工程造价、航海与海事等。其中汽车类(高职高专)、航海与海事类是出版社先前没有涉足的,此为填补空白之作。

(2) 年度选题数不断增加。"十五"期间的年度选题申报呈逐年上升趋势,最高年份为2005年,共申报选题231种,年均(2002—2005年)选题申报数为181种。"十一五"期间与"十五"期间的情况大体相同,最高年份为2009年的357种,四年平均(2006—2009年)为357种。选题申报情况表明,编辑的自主策划能力有了较大提高,市场意识有了进一步的加强。

(3) 重印率始终保持在60%以上,最好年份达到了74%。

(4) 为了打造教材精品,更好地为教学服务,在激烈的市场竞争中占有一定的市场,出版社采取了多种措施:第一,延请学界名师做教材的主编、主审,要求他们在教材内容质量上把关,将最新的理念、规范、成果、动向充实在教材之中;同时,结合教学改革的总体趋势,不让教材的结构、体系、特色落后于时代。第二,教材在被选用后,编辑、发行人员及时跟进,认真征求任课教师的意见,并将征集到的意见体现在教材的修订之中。为此,出版社还专门组织过"百人审读教材"活动,即针对同一种教材,发动教这门课的教师(无论使用本出版社的教材与否)进行审读,每位教师至少阅读一章(相同章节允许数位老师同时审读)。一种教材如此,系列教材也如此。

(5) 为了更好地配合教与学,出版社对教材进行了立体开发。所谓的立体开发,就是围绕教材编制录像片,或者制作多媒体课件,或者在出版社的"理工图书网"上建立学习平台,将各种课后习题、标准答案、参考资料附着在课件与平台之中,既方便了教师教学,又方便了学生的预习、复习及知识的巩固。另外,我们还有目的、有计划地进行一些课件制作竞赛活动,通过竞赛,选择设计合理、紧扣教材中心内容、音像结合的优秀课件正式出版,从而极好地帮助了教师的教学活动,也促进了教师教学水平的提高。

(6) 注重教材质量,认真打造了一批教材精品。教材的质量也是一项系统工程,其中的任何环节都不能出现纰漏,都需花大力气注意。对于教材的质量,我们不仅抓了源头(编写),而且注意了结尾(出版之后的维护)。尽全社之力,责任到人,齐抓共管,因而打造了一批教材精品。"十一五"期间,教育部组织了优秀教材的评选,改变了"十五"的做法,不再由学校申报,而是由出版社申报。这次申报获得了较大成功,共有82种教材获得"十一五"国家级规划教材,在中南地区大学出版社中,武汉理工大学出版社斩获第一。同时,26种教材获国家教育部职业教育与成人教育的"中等职业教育国家规划教材",91种入选国家教育部职业教育与成人教育司推荐教材。由于高职、中职教材的出版特色,出版社被教育部职成司遴选为"教材出版基地"。

(7)在凸显教材特色的同时,开始调整图书出版结构。大中专教材也需要进行认真的选题策划,也需要大力进行宣传营销,争取最好的市场空间。但是,大中专教材的内容更新快,它有受众面,但受众面不是很宽,它虽有"著"的含意,但侧重点在"编"。其社会影响和社会效益存在着一定的局限性,能够放在书架上数十年仍吸引读者的"能力"还有欠缺。因此,出版社在认真出版教材的同时,也出版了一些知识含量高的学术著作和科技类图书。如《水泥十万个为什么》(共8册)、《智能复合材料结构体系》《金属耗能减震结构设计》(共4种)、《风险管理博导学术丛书》(共4种)等。这些图书,有的入选了"国家重点图书",有的成了"湖北省100种好书",有的获得了"湖北省政府图书奖",有的则进入了"湖北省社会公益出版专项资金"之"奖励项目"或者"入围项目"。

(8)电子出版物之内容、方向稍有改变。电子出版物虽然不是出版社的强项,但它代表了今后图书出版的发展趋势,一种媒体取代另一种媒体的先导。因此,出版社依然高度重视电子出版物的出版,在其内容结构上,也就是与本社教材内容的配套上更加紧密了;电子书的制作、销售已有了较大的进步。

表3 "十一五"期间电子出版物的基本情况

年份	出版品种数	再版品种数	总定价(万元)	电子书出版数
2006	24			132
2007	13	13	202.9	190
2008	18	10	116.9	178
2009	40	10	303	756

表4 2006—2009年图书生产、销售情况

年份	图书品种	其中新书品种	总定价(万元)	销售总码洋(万元)
2006	522	137	5793	5219
2007	516	133	5344	4968
2008	656	222	6995	6074
2009	583	220	6693	6602

8. 经济运行情况良好。

出版社以利润为中心,调动了编辑、发行以及相关部门员工的积极性,所以无论是选题策划、营销宣传,还是打字排版、下厂印刷,都特别讲究成本;以尽量节省开支为原则,以追求最佳利润为目标,出版社形成了一个比较好的经济良性循环基础,基本解除了发展之中的后顾之忧。

二、"十一五"期间的问题与不足

"十一五"期间,出版社还存在着诸多问题与不足。这些问题与不足虽然是发展的伴生物,但不引起重视也许危害较大。

1. 企业文化需要强势打造。

企业文化的核心是团结和谐,体现在员工身上,是爱岗敬业,追求最好的社会效益与经济效益以及较强的市场竞争力。通过打造企业文化,使出版社形成一种人人想干事,又都能干成事的良好氛围。

2. 重新思考出版社的定位与战略发展。

出版社在战略发展上还存在问题,如出版特色问题,虽然凸显了教材出版这一特色,但是系

列教材、精品教材、有社会影响的教材开发、策划还很不够,教材之外的科技图书、学术专著的出版所占比重远未达到要求。从微观上看,最具特色的土木教材的开发、创新缺乏目标,发展欠缺后劲,品种还不够丰富。

3. 图书编校质量必须高度重视。

由于主客观方面的原因,出版社的图书编校质量存在较大问题,合格率最近几年均不太理想。

4. 图书的宣传营销没有引起足够的重视。

编辑与发行的互动、互助、互促、资源共享还没有真正实施,各自为政的现象比较严重。编辑对新版图书的宣传营销不太重视,发行对相关图书的出版、内容、特色了解不多或者没有了解,因此,编发矛盾还是比较突出。

5. 队伍建设需要提上议事日程。

队伍建设有比较好的配套政策,但缺少必要的、有利于员工素质提高的办法措施,所以也就影响了员工生产力、创造力的提高。

三、"十二五"发展思路和战略目标

1. 发展战略。

坚持一个中心:研究、编写、出版大中专教材;尽力发展两个侧翼:学术著作(科技图书)和数字出版;争创三个一流:一流的编辑、发行队伍,一流的作者队伍,一流的教材;实施四个确保:确保良好的社会效益,确保出版社事业的发展与学校的发展同步,确保出版社综合实力的增强,确保职工收入的合理稳步提高。

2. 发展思路。

(1) 加强学习培训,打造一支优良的编辑、发行队伍。这支队伍政治素质、业务素质高,爱岗敬业,能正确处理集体和个人的关系,具有团结协作奉献精神,具有强烈的市场意识。

(2) 解决编辑、发行两部门工作之间的矛盾。编辑要多做内容质量好、编校质量优秀、读者面广的图书,并且有周详的宣传营销计划;发行则必须认真配合事业部(工作室),随时掌握图书的出版情况、内容特点,用经济、快捷、有效的形式将其推销至读者手中。

(3) 打造图书精品。只有精品图书方能占领市场,方能拥有持久的生命力。精品图书的内容包括:全新的知识及其理念,不人云亦云;编校质量优秀;装帧设计印制能紧跟时代潮流;认真、细致、系统、多角度地保养维护。

(4) 扩大图书品种。将已出版图书打造成精品的同时,开辟新的图书出版方向与领域。

(5) 认真制订数字出版规划,扎实实施数字出版工程,用数字出版推动纸质图书的出版。

(6) 加强企业文化建设。

(7) 加强对外合作,实施"走出去"战略。

3. 目标定位。

(1) 发展速度:从2011年开始,每年产值的增长速度为10%,2015年总产值将达到1.2亿元,发行码洋1.1亿元,回款实洋7500万元。

(2) 出版方向:巩固、提高大中专教材出版的质量与速度,加大学术著作、科技图书、数字出版的力度,实施走出去、请进来的计划,使特色教材更有规模,更具社会影响。

(3) 资源占有:与作者(主要是大中专学校的教师)建立持久、稳定、坚实的合作关系,并且成为精神、思想、学术上的最好朋友;借助作者,扩大作者群。

(4) 特色图书:将土木类教材做深、做透、做专、做精,力争涵盖"大土木"的所有方向;同时,要将土木类的学术著作、科技图书作为重点发展方向。

华中科技大学出版社

华中科技大学出版社成立于1980年12月,建社以来,始终坚持正确的舆论导向,依托名校优势,植根学术沃土,服务于高校教学与科研,为促进科学技术成果的传播,为科学文化的传承和积淀不懈奋斗。"十一五"时期的五年,是华中科技大学出版社(以下简称华中科大社)改革创新,开拓进取,迈上新台阶的五年。

一、转企改制焕生机

2006年年底,华中科大社被确定为全国18家大学出版社转企改制试点单位之一。2007年11月,华中科技大学出版社有限责任公司正式注册成立,在短短10个月内顺利完成转企改制工作,成为全国首家按照正常程序完成改制注册的高校出版社。

转企改制不只是单纯的注册变更工作,更重要的是"洗脑"与"修身",转变企业经营机制,更新员工观念,实现企业与员工经营观念、意识、行为方式的相应转变。

在"洗脑"方面,出版社不断在实践中强化员工的市场意识,强调与关联产业的互动融合,每年定期组织内部培训学习,外部考察取经,扩展员工思维视野,树立员工企业观念。例如把管理人员送到海尔、东风汽车去观摩学习现代制造业的先进管理模式;与上海国家会计学院合作举办中高级出版人才管理培训班,提升管理人员的管理意识和管理技能;将数字出版的工作人员全部融入软件园,使他们能与IT行业的工作人员充分接触,充分交流。

在"修身"方面,出版社通过实施部门整合及分公司管理体系,不断优化策划、编校等业务流程,建立科学完善的薪酬管理体系,对各业务单元实行目标任务考核与薪酬总额直接挂钩,争取激励的公平、公开、公正和及时推动分公司团队化运作,充分发挥分公司的主观能动性和自我管理能力。2010年,出版社顺利通过ISO9000质量管理体系认证,围绕可持续发展,强化流程规范管理。通过建章立制,初步建立起规范的现代企业管理体系,保证公司的快速、持续、健康发展。

通过以上一系列的"洗脑修身",拥有30年历史的华中科技大学出版社重新焕发了生机,整个企业的核心竞争力不断增强,员工的专业化、职业化水平不断提升,公司各项经济指标年均达到30%以上的增长。2010年公司共出版图书1530种,全年图书造货码洋2.37亿元,发货码洋2.28亿元,总回款10445万元,实现主营业务收入10089万元,各项经营指标相比改制前的2006年,均达到了100%以上的增长,实现经营规模和效益翻番的目标。

二、纵横突破谋发展

华中科大社改制前,主要出版相关高校教材和学术著作,在机械、电子信息与电气、人文等学科教材和专著出版领域树立了自身的特色。改制后,在巩固传统优势产品的同时,向建筑、医学、大众经管图书等新方向拓展,加大了市场图书的开发力度,形成教育出版与大众图书双轮驱动、平分秋色的产品格局,出版规模不断扩大,行业影响力持续提升。

建筑类图书从无到有,经过4年持续发展,目前出版规模和相关市场占有率指标稳居全国建筑图书出版前列;图书产品结构、产品质量、影响力稳步提升,其中室内设计类图书仅次于中国建筑工业出版社,排名全国第二,建筑设计和建筑考试类图书排名连续进入全国前三;2011年建筑图书销售码洋超过1亿元,当年回款接近4000万元,实现了建筑出版领域的规模化、品牌化发展。

在医学出版方向上,依托华中科技大学同济医学院的学科优势,经过两年多的努力,策划和出版实现了突破性发展和质的飞跃。以精品医药教材为主体、以医学专著和科普读物为两翼的"一体两翼"的医学图书出版格局已初具规模;一支高素质、专业化、能力强的医学编辑团队已经形成。

以大众图书出版为方向的北京分社成立以来,充分利用北京的出版资源和人才条件,探索方向,树立特色。已在经济管理、人物传记等出版方向上出近100个品种,已经初步形成了一定的市场影响。

目前,出版社初步构建起符合自身特色、适应未来发展的产品体系,教育出版和大众出版两大板块齐头并进、相得益彰,逐步形成"华中机械""华中建筑""华中医学""华中人物传记"等出版品牌。

三、数字出版发力而为

面对来势汹汹的数字出版大潮,出版社重点加强与产业链上下游的交流与合作,积极探索内容集成和数字传播的新方法、新路径和新模式,并在某些具体业务上有所突破。

在数字出版业务上,华中科大社电子音像类重点选题入选数连续多年保持湖北省内领先地位。出版的电子出版物《中国手语互动教学软件》获第二届中国出版政府奖;音像出版物《孔子的故事》获第三届中华优秀出版物奖提名奖;契合时代热点、再现重大历史事件的电子出版物《共和朝晖——辛亥革命数字博物馆》获得2010年国家出版基金资助、入选国家"十二五"重点电子出版物规划,也是全国唯一一项入选新闻出版总署"纪念辛亥革命100周年重点选题"的数字出版物,出版上市后得到国内主流媒体的广泛关注和赞誉;同时,围绕建筑、医学等优势出版方向内容数字化开发及应用产品也不断推出,大大延伸了传统纸质图书的影响面和价值链。

四、"走出去"成果斐然

在国家大力实施文化产业"走出去"战略的背景下,出版社提出要努力成为国内优秀内容的提供商,也要做世界优秀文化产品的集成商,将"走出去"战略变成公司提升核心竞争力和谋求企业跨越式发展的重要手段。

自2009年起,出版社连续在法兰克福国际书展上设置独立展位,成为中国高校出版企业中的第一家。通过这个国际窗口,全方位展示企业形象和产品,广泛开展版权国际交流合作和图书贸易往来。在2009年北京国际图书博览会上,签订版权输出合同数居湖北展团第三,而这一成绩在2010年进一步得以提升。

2010年年初,出版社成立了国际合作部,组建了一支专业国际业务合作团队;2010年公司成功申请获得图书进出口权资质,成为高校出版企业中第一家,也是全国出版业中少数获准开展图书进出口业务的出版企业。在取得图书进出口资质之前,2009年出版社出口图书77种,共2500余册,只有15万元的图书出口业务量,而在图书自主进出口权资质取得的2010年,出版社图书出口实洋达到500万元,同比增长30多倍。

通过以上一系列举措,出版社在版权国际合作、图书国际贸易上成果丰硕,成绩斐然。在图书产品的国际贸易上,以建筑类图书为龙头,累计出口实洋近1000万元,输出国家涵盖亚、非、欧十余个国家和地区,形成一批稳定的渠道和客户资源。"走出去"业务已成为公司新的业务增长点。

华中科技大学出版社将秉承"超越传统出版,影响未来文化"的企业使命,继续完成从文化单位到文化企业,再到文化事业的转变,在积极成为内容提供商的基础上,努力做优秀的内容集成商,在文化创意产业领域不断延伸产业链和价值链,向具备优秀综合竞争力的国内一流大学出版社目标迈进。

华中师范大学出版社

"十一五"期间,我社始终坚持以马克思列宁主义、毛泽东思想、邓小平理论、"三个代表"重要思想和科学发展观为指导;坚持出版工作为人民服务、为社会主义服务、为全党全国工作大局服务的方向;以科学的理论武装人,以正确的舆论引导人,以高尚的精神塑造人,以优秀的作品鼓舞人。我们注重强化政治意识、大局意识和责任意识,始终把社会效益放在首位,我社社会效益和经济效益获得了双丰收。

"举师范旗帜,铸教育品牌"是我社一直坚持的出版定位。作为国家教育部直属的师范大学出版社,"教育"是我们的立社之基、发展之本。出版社自成立以来就一直将"为教学科研服务,为师范教育服务,为基础教育服务"作为工作方针,始终坚持立足教育,弘扬学术,打造精品。自建社以来,我社精心磨砺了"桂岳书系""桂苑书丛""重难点手册"等系列知名品牌以及"华大博雅""华大精制"两大大学教材品牌群。"十一五"期间,我社进一步丰富发展了这些品牌,在基础教育、高等教育出版领域形成了鲜明特色。一直围绕教育出版这个中心,在做好做足"大教育"出版方面做文章,下工夫。

作为一家大学出版社,我社始终坚持为教学科研服务的办社宗旨。为满足学校的教学需要和支持学科建设,我社于1994年全额出资设立华中师范大学出版基金,用于资助本校教师学术专著和教材的出版。自设立以来,出版基金每年拨出专项经费50万元。1996年为历史、中文和理科基地各增加了10万元专项基金。2003年,出版社将每年50万元的出版基金提高到每年80万元。2007年,又将出版基金从80万元增加到100万元。新增的20万元作为百年华大优秀图书再版工程基金,专门用于优秀论著的再版。出版基金的设立和增量,为学校的教学科研和学科建设作出了应有的贡献,得到了学校领导和广大师生的高度评价。

自成立以来,我社就始终坚持把社会效益放在首位,努力做到社会效益和经济效益的最佳结合。在这一思想的指导下,我社在注重社会效益的前提下,努力提高出版物质量,打造精品,扩大销售,从而在提高社会效益的同时不断提高经济效益。建社以来,我社出版了一大批品牌图书,如《韦卓民:康德哲学译著系列》《辛亥人物文集丛书》《科举学丛书》等学术文化精品在海内外产生了广泛而深远的影响;"华大博雅""华大精制"高校教材品牌深入人心;"重难点手册"问鼎教辅市场二十年畅销不衰。"十一五"期间,我社获奖图书就达数十种:《张舜徽集》获第三届中华优秀出版物奖图书奖,《中国古典文献学》被评为2008年度普通高等教育精品教材,《谎言长着红耳朵》入选百家出版单位百种优秀图书,《现代教育技术》《学前教育概论》《生物课程教育学》被评为全国教育教师课程资源优秀资源,《秦与楚》荣获湖北出版政府奖,《科举学导论》入选湖北省十大精品图书并获得教育部人文社会科学研究成果一等奖,《张舜徽集》(前10种)、《张难先文集》《教育学博士文丛》(共8种)、《科举学导论》《道家道教文化研究书系》(共7种)、《季羡林画传》《农村乡镇发展的体制性困境与出路》等入选湖北省一百种好书。

在"十一五"国家级规划教材评选中,我社共有32种图书入选。其中,中文教材入选数量在大学出版社中排名第二。这一成果充分体现了我社编辑出版高校教材的实力,也为"十一五"期间的高校教材品牌建设奠定了良好基础。

"十一五"期间,我社有22种图书入选国家和湖北省"农家书屋"目录,分别是:《处世寓言故事(上)》《处世寓言故事(下)》《从前,有只猴子》《石头 棍子 叶子》《大自然如何工作》《经历长大》《妈妈小调》《水稻病害与防治》《公众防灾应急手册》《别和青春期的孩子较劲》《谎言长着红耳朵》《怎样使您的孩子健康成长——献给农村孩子的父母》《读书趁华年——与青年朋友谈读书》《现代实用礼仪》《新编剪纸基础》《青春舞台——特色集体活动精选集》《实用体育康复》《食品营养与卫生》《中国幼儿教育名著选读》《外国幼儿教育名著选读》《少儿小百科启蒙丛书(上)》《少儿小百科启蒙丛书(下)》。

优质的出版物也使我社在申报国家和湖北省出版基金方面屡有斩获。2008年、2009年我社共有18种出版物(含图书、电子出版物)获得资助,总计金额86万元;《张舜徽集》(第四辑)获得国家出版基金资助,资助金额高达50万元;《湖北省新民主革命史》(四卷本)、《刿庵学术讲论集》《校园突发事件应急管理》入选湖北省公益出版基金资助项目(一等),资助金额共10万元;《绿色长城家庭版》(电子出版物)、《钱基博集·中国文学史(一)》《教育哲学论稿》《中国古典文学精华》(共六册)、《康德的经验形而上学》入选湖北省公益出版基金资助项目(二等),资助金额13万元;《谁动了我的"心态"》(电子出版物)、《公众防灾应急手册》《乡土民主的成长》《基础教育政策与公平问题研究》《中国古典美学》《湖北省湿地百年时空演化研究》《四维金匙(电子出版物)》《中国环境变迁史·明清卷》《城乡结合带涉农法律问题研究》入选湖北省公益出版基金资助项目(三等),获得资助金额13万元。

建社之初,我社的经济支柱是教辅图书,但由于教辅市场的无序竞争,利润下滑,我社从2001年起开始涉足并举全社之力开发中小学教材。中小学教材的出版改变了我社经济结构,其发行码洋一度超过教辅,成为我社新的经济增长点。但"十一五"后期,随着国家政策的调整,我社中小学教材的发行受到了很大的影响与冲击。

"十一五"期间,我社领导班子就认识到无论是中小学教辅还是中小学教材都有政策性强、风险性高的特点,仅靠这两块还不足以支撑出版社的经济大厦。因此,强调围绕教育出版这个中心,策划具有双效益的高校教材及学术专著,力争形成中小学教材、中小学教辅、高校教材及学术著作"三足鼎立"的经济结构。"十一五"期间,我们对本科层次的传统优势学科如中文系列教材进行了修订,对教育、政治、旅游等学科教材进行了拓展,对研究生、高职、独立学院等层次的教材进行了开发,并将高校教材统一到"华大博雅"和"华大精制"两个品牌旗下,对其进行了整体包装。到"十一五"末,这两个品牌旗下各自有200多个品种,已初具规模。

随着数字技术的发展和互联网的普及,数字出版已成为一项产业,发展强劲。我社电子音像出版部成立于1997年,已推出电子出版物30多种,音像出版物10余种。网络出版方面我们进行了有效探索,与企业合作推出了200多种网络出版物。

版权贸易有利于图书"走出去""引进来",既扩大了对外交流,又丰富了出版资源。我社开始版权贸易很早,20世纪80年代末,我社就开展了对港台地区的版权输出,目前已向这些地区输出版权40余种。90年代中期,我们开始引进版权,至今我们先后从台湾地区、加拿大、美国等引进了近20种图书。"十一五"期间,我社共引进《谎言长着红耳朵》《体育场馆管理》《记录我们自己》和《商务印书馆百年经营史》共四种图书的版权;输出版权的图书有《官商之间》(译著名为《中国近代绅商》)和《比较文学教程》。

合作双赢是现代企业发展的趋势。我社也一直在这方面进行有益的尝试。"十一五"期间,我社斥资100万元与教育部考试中心的国试书业公司、湖北省新华发行集团等共同成立了"国试书业(武汉)有限公司",希望在教育考试产品市场有所作为;向华中师范大学数字媒体公司注资100万元,合作发展数字教育与培训产业。与北京画中画印刷集团达成合作协议,成立了华中师范大学出版社北京中心,在京策划出版大众文化类图书。

根据中央关于深化文化体制改革的部署,经营性出版单位都将在2010年完成转企改制工作。按照国家和学校的部署,我社于2009年着手相关工作,华中师范大学出版社有限责任公司于2010年10月份挂牌。此前,我们已经进行了社内机构改革和薪酬改革。成立了高教分社和基教分社,便于集中优势资源,做强做大业务板块。2010年底,又在基教分社和教辅发行科的基础上,成立了华大鸿图书文化发展有限责任公司,按股份制运作。转企改制之后,我社进一步深化了内部人事、劳动、分配三大制度改革,转换机制,调动积极性。在劳动制度方面,实行全员竞争上岗,做到人员能进能出。人事制度方面,管理人员实行公开竞聘,择优上岗,并实行任期制。尽量减少中间管理层,做到"两头(编辑和市场)大,中间(管理)小"。在分配制度方面,我社2010年年初已经制定了《华中师范大学出版社有限责任公司在岗职工薪酬分配办法(试行)》,该办法遵循"强化岗位,淡化身份,以岗定薪,岗变薪变""强化绩效,淡化职称,按劳分配,多劳多得"和"效率优先,兼顾公平,突出重点,鼓励冒尖"的原则,通过制定积极的双效目标,科学严格的考评办法,实现薪酬分配直接与岗位绩效挂钩。分配制度的科学制定及良好执行有利于发挥分配政策的导向、激励作用。

出版业的竞争实质是人才的竞争。出版社的可持续发展需要一支高素质的人才队伍。"十一五"期间,我社涌现了一批优秀领军人物,社长范军入选国家首批新闻出版行业领军人才,还荣获湖北出版政府奖之"优秀出版人物奖";社长范军和总编辑段维同时荣膺"首届高校出版人物奖"。

企业文化是企业的灵魂,是企业形成核心竞争力的源泉,是推动企业发展的不竭动力,其核心是企业的精神和价值观。我社建社20多年来,历任领导和员工都以勤奋务实的态度、忠诚敬业的精神、乐于奉献的品质大胆开拓,锐意进取,形成了具有自身特色的企业文化。我们总结了"举师范旗帜、铸教育品牌"的办社方针,提出了"态度决定一切,负责就是能力"的工作理念,倡导"建成学习型企业,实现产学研三位一体"的办社目标。今后,我们将进一步发挥党政工青妇的合力,开创既有民主又有集中,既有自由又有纪律,既有统一意志又有个人心情舒畅,生动活泼的工作局面。用积极向上的企业文化引导员工,形成强大的向心力,使出版社成为一个具有战斗力的整体。建设和谐的企业文化,为改革发展提供智力支持和精神支撑。

中国地质大学出版社

一、"十一五"期间生产经营概况

"十一五"期间,我社共组织、策划、申报各类选题680种,出版图书815种,其中新书459种、重印、再版356种(重印率达到43.68%,比2005年提高7.8个百分点),总产值达8000多万元,年均1600多万元,比2005年增长6%左右;总发货码洋6300多万元,年均1300多万元,比2005年增长12%;实现销售码洋6000多万元,年均接近1300万元,比2005年增长55%;实现营业收入3300万元,年均660万元,比2005年增长21%;实现利润近500万元,年近100万元,比2005年增长45%;净资产比2005年增长180%,资产负债率从2005年的76%下降到50%左右。

据不完全统计,我社图书五年共获各种奖励60多项,其中"三个一百"原创图书出版工程2种,首届中国大学出版社图书奖优秀教材一等奖1种、二等奖1种,全国大学出版社优秀畅销书一等奖1种、二等奖2种,中南地区大学版协优秀教材一等奖25种、二等奖7种,优秀学术著作一等奖2种、二等奖9种,湖北省"100本好书"10种……

二、"十一五"的改革发展历程

1. 以体制改革为突破口,积极探索建立符合我社特点的体制和运行机制。

我社2008年11月启动转企改制工作,经过清产核资、财务审计、资产评估、产权变更登记、变更企业名称、出版单位更名、组建董事会监事会、验资、注销事业法人、工商登记注册等手续,于2010年6月取得教育部同意我社改制为法人独资的中国地质大学出版社有限责任公司的批文,9月完成工商登记,取得新的营业执照,从程序上完成了转企改制的各项任务。

与此同时,我社按照《劳动法》《劳动合同法》的精神和按需设岗、公开聘任、平等竞争、择优录用、严格考核、强化责任及按劳分配、同工同酬的原则,结合社内实际,经过充分调研论证和反复修改,建立了以《中国地质大学出版社关于岗位聘任、考核和薪酬分配的暂行办法》为基础的新的人事和分配制度,将全社岗位归为编辑、营销、管理3大类9个等级,明确界定各级各类岗位的职责和考核标准,并直接与薪酬待遇挂钩;将薪酬待遇规范为创业工资、岗位工资、薪级工资、绩效工资和奖励五部分,三年一个聘期,社里根据发展需要确定和公布各级各类岗位的职数、受聘条件,经职工自愿报名申请、社岗位聘任考核领导小组评议、社务会审定、公示等程序,最终确定聘任结果,并签订岗位聘任任务书,兑现工资待遇,不再执行学校的分配政策。

2. 以科学发展观为指针,制订我社中长期发展规划指导未来发展。

五年间,我社先后制订了《中国地质大学出版社"十一五"发展规划纲要》《中国地质大学出版社2007—2012年发展规划纲要》和《中国地质大学出版社"十二五"发展规划纲要》三个指导性文件,进一步明确"学术为本、教育立社"的办社理念和"依托地大图生存,立足教育谋发展,服务社会创'双效',围绕特色立品牌"的办社思路,继续以编辑、出版、传播、交流、推广我校及国土资源行业的优秀成果、弘扬和发展先进学术文化为己任,以建设小而专、小而精、小而特、小而优的学术型专业出版社为发展目标,重点实施"体现地大特色和水平的地学经典教材专著出版工程""代表我国国土资源大调查科技水平和最新成果的《中华人民共和国区域地质调查成果集成》出版工程"等五大计划强化公司的特色和品牌,通过做强基础地学、资源、环境、珠宝、地调等优势和特色领域增强公司的专业出版实力和品牌影响力,为拓展公司发展空间提供支持;通过发展教育出版、大众出版等实现跨领域扩张和扩大生产经营规模,丰富产品供应;通过合作出版、多元化发展、股份制改造等实现体制机制创新,为公司最终实现跨越式发展奠定基础。

3. 以专业出版和精品战略为主轴,组织策划选题强化我社特色和品牌。

五年间,我社有目的、有计划地组织编辑、市场营销人员开展市场调研,足迹遍及长三角、泛珠三角、环渤海、华中、西南等地区的20多个省市,走访的单位包括国土资源部、中国地质调查局等政府机关及其所属的六大地调中心、地勘单位、学校、工厂、矿山、企业、书店、展览馆、会场等,深入了解和收集行业的发展动态,寻找有价值的信息和资源,提炼选题策划思路,制订选题开发方案,陆续推出《地质调查成果专报》系列、《中华人民共和国1:25万区域地质调查成果》——青藏高原系列、《中部地区经济发展研究丛书》系列、《中国区域经济发展研究丛书》系列、《中国地质大学地学精品教材》系列、《中国地质大学实验教学系列教材》《户外运动专业教学训练系列教程》《高职高专教育珠宝类专业教材》系列、《高等教育珠宝首饰类专业规划教材》系列项目和产品,先后组织申报"十一五"和"十二五"国家重点图书出版规划、国家"三个一百"原创图书出版工程、国家级规划教材及湖北省重点图书出版计划6批次,分别有6种、82种、3种、4种、9种选题入选,通过公开竞标取得"青藏高原1:25万区域地质调查成果出版"项目(该项目被国家确定为2009年国土资源大调查十大重大项目之一,并入选"十二五"国家重点图书出版规划)。这不仅改变了公司产品凌乱、缺乏影响力和难以推广的弊端,而且具有较好的社会效益和经济效益,强化了我社的特色和品牌效应。

4. 以加强市场营销和保障货款安全为突破口,完善营销体系和提升销售能力。

为了适应选题结构和产品结构调整对市场营销工作提出的新要求,切实加大市场开拓力度,我社连续多年召开全社市场营销专题研讨会,认真研究图书市场形势,研讨我社图书市场开拓、推广、发行、销售、对账、回款、客户管理、信息化建设等问题,探索建立新的营销渠道和管理机制,推行目标管理、任务落实到人、费用包干的考核和管理体制,将发行任务、回款、费用控制等指标逐级下达到人,并将任务完成情况与个人的工资、奖酬金、续聘等直接挂钩,收到显著效果。在宣传推广上,我社积极参加全国书市、北京国际图书博览会、全国大学出版社图书订货会、南国书香节等大中型订货活动,努力向客户推介我社产品。为了加强发行管理,切实保障发出货物及款项的安全,我社在及时清理历史遗留旧账、加强客户监控与管理的基础上,通过充分调研、分析,果断调整市场部职能设置、人员配置、岗位职责、隶属关系、进出库程序和相关制度,加强社内库存图书和在途代销图书的账目、实物核对和管理,查找管理漏洞,完善制度。

5. 以增强公司核心竞争力为目标,强化职工队伍职业化建设。

五年来公司新补充博士1名,硕士10名,应届本科9名,具有高级职称专业技术人员2名,有从事出版工作经验员工2名。同时,公司有目的、有计划地开展职工业务培训活动,派出7人次参加总署和教育部举办的社长总编辑岗位培训班学习,派出20多人次参加总署、中国编辑学会、湖北省编辑学会等举办的编辑业务培训班学习,选派10多人次参加总署、教育部、湖北省新闻出版局、大学版协等方面举办的新书号、条形码、书号实名制、市场营销、经营管理、印刷新技术、财税法规等业务学习和研讨活动,聘请社内外专家为职工做出版改革、选题策划、数字出版、编校质量控制等专题讲座,组织职工学习国家新闻出版政策法规,引导和鼓励编辑人员积极参加人事部组织的出版专业技术人员职业资格考试,有计划地安排编辑人员参加书市、订货会、交易会等,鼓励编辑深入市场、书店、学校、企业等学习、调研,为所有编辑配备便携电脑和《现代汉语词典》《作者编辑实用手册》《作者编辑常用标准及规范》《书刊印制常用标准及规范》等工具书,为所有人事代理制职工办理了养老、医疗、失业、生育、工伤保险,以学校事业单位全员岗位聘任制改革和出版单位转企改制为契机对所有员工重新定级聘岗、签订岗位任务书。目前,职工队伍稳定,学历结构和业务素质逐步提高,44名职工中,有博士4名,硕士17名,本科学历18名,专科学历3名,其他2名,正高级职称3名,副高级职称7名,中级18名,5名公司领导全部持证上岗,22人取得责任编辑注册资格,是一支学历层次高、专业素质过硬、敬业爱岗、年轻而富有朝气的专业出版队伍。

6. 以提高产品质量和经营效益为中心,完善规章制度强化内部管理。

2006年第三季度,公司按照湖北省新闻出版局的统一安排,组织全体职工,尤其是编校人员,深入开展书稿"三审制"检查评比,对全社书稿"三审制"制度建设、执行和"三审单"设计、填写等情况进行全面的检查评比,查找存在问题,提出改进措施,并根据检查中发现的问题,结合出版业发展的新要求,全面制(修)订、完善内部管理规章制度,新制定的制度有《中国地质大学出版社领导班子岗位职责》《中国地质大学出版社保密工作规定》《中国地质大学出版社关于规范图书定价的暂行规定》等,新讨论、修订、完善的制度有《中国地质大学出版社管理规程》《中国地质大学出版社关于兼职(业余)编辑聘用与管理的暂行规定》《中国地质大学出版社出版合同》《地大出版社工价一览表》等,草拟了《中国地质大学出版社岗位聘任、考核、分配制度改革暂行规定》。通过完善制度,强化过程管理和落实岗位责任制,建立和推行社内编、排、印工价制度,生产加工费用实行五级审核制(责编、出版科、分管生产副总编、分管编务副总编、社长),试行非常规开支费用预算制度,强化财务管理与成本核算,严格控制成本和费用支出,优化支出结构,切实提高办社效益。

7. 以市场为导向积极寻求对外合作业务,努力为公司实现跨越式发展探索经验。

经过几年的调研和探索,目前公司的合作出版业务正在按计划推进,主要的合作方式包括:(1)增资扩股,引进长江出版集团战略资本把主营业务做大做强。在省新闻出版局的亲切关怀下,在学校党委的正确领导和直接支持下,我社引进长江出版集团资本进行股份制改造的框架协议已经签署,"关于引进长江出版集团资本对我校出版社进行股份化改革"的申请已经取得教育部批准,成为教育部正式批复可以开展股份制改革的第一家大学出版社,目前正在按照相关规定推进股份制改革工作。(2)整合民营资本借力发展,在众多有意合作的候选对象中最终选定3家以经营大中专教材为主业的民营书商作为合作伙伴,分别成立职教教材中心、北京教材中心、华东教材中心,委派重要干部进入其中管理生产过程,监控生产质量。其中有两个实体已正式运作,且目前运转良好。(3)以资本为纽带搭建新的营销平台,整合和发展图书发行业务,拓展高校教材、图书馆采购和经营外版图书等新业务,具体方案尚需进一步磋商和落实。

今后,我们将站在公司跨越式发展的战略高度认真谋划、精心组织实施公司的品牌建设战略,着力提升公司的品牌价值和影响力;我们将进一步增强深化改革、加快发展的紧迫感和自觉性,按照中央的部署谋划公司的改革、发展大计,找到解决自身面临的各种问题的有效办法,使公司的跨越式发展得到保证。

湖南大学出版社

湖南大学出版社系教育部主管、湖南大学主办的教育类学术型专业出版社,以出版与本校学科相关的教材、教参、专著、工具书及一般读物为主。湖南大学出版社现有职工60余人,内设社办公室、总编室、财务部、编辑部、营销部、出版部、事业拓展部、高校图书教材代办站。建社以来一直坚持为人民服务、为社会主义服务的出版方向和为教学科研服务的办社宗旨,迈上了一条健康稳定的发展之路。"十一五"期间,湖南大学出版社在主管部门和学校的指导下,按照"做实、做顺、做强"的办社理念,以学校改革发展为背景,积极探索以改革促发展,以管理求效益的办社思路,取得了一定成效。

一、社会效益显著,取得了一批标志性成果

"十一五"期间,在上级主管部门的领导和支持下,在学校党委和行政的具体指导和帮助下,出版社全体员工牢记出版社的办社宗旨,锐意改革创新,奋发图强,出版社各项事业健康发展,取得了较大成绩。

1. 坚持把社会效益放在首位,出版了一批优秀重点图书。共有5种图书列入国家"十一五"重点图书出版规划,其中《人与自然关系中的伦理与法》列选迎接党的十七大重点图书选题项目并获资助8万元。《湖南精细化农业气候资源区划》获得首次国家出版基金资助,经费10万元,项目已完成并顺利通过验收,获得国家出版基金规划与管理办公室的高度评价。《车辆乘员碰撞安全保护技术》和《大爱千秋》获得中华优秀出版物奖。有13种图书获得湖南省图书奖、湖南省"五个一"工程奖和湖湘优秀出版物奖。有20多种专著获得全国性协会奖和湖南省社会科学成果奖。有5种图书获得湖南省重点图书出版项目资金资助。

2. 教材开发成效显著,品牌效应初步显现。出版社共有46种教材列入"十一五"国家级规划教材。其中4种教材被评为国家精品教材,10多种图书被评为中国大学版协优秀教材和优秀畅销书。2008年,在湖南省教育厅组织的首届优秀大学教材评选中,出版社有10种教材列选,在全部参评出版社中列第一名。这些优秀教材为出版社赢得了市场声誉,产生了良好的社会效益和经济效益。"十一五"期间,出版社在教材的系列化开发上卓有成效,陆续开发了"设计艺术类"6套系列教材,"财经管理类"4套系列教材,"机电类"系列教材3套,"旅游类"系列教材2套,共计200余种,形成了出版社图书产品的基本平台。

3. 积极参与湖南省重大文化工程项目——"湖湘文库"的出版,出版社承担22种"湖湘文库"图书出版任务。与湖南省社科联共同开发社会科学普及系列丛书——"益人文丛",其中两辑共10种图书获得湖南省首届优秀社科普及读物奖。

4. 国际图书贸易取得新进展。出版社《建筑装修设计效果图丛书》中《卧室》《卫生间》2种图书版权输出到印度。共有2种图书引进版权。2010年9月参加越南、印尼中国图书展,我社图书深受欢迎。

5. 积极支持学校教学、科研工作。五年中每年出资30万元资助本校10项优秀学术著作和教材的出版,共立项51种,已出版39种,对学校科研、教学特别是青年教师的成长作出了实质性的贡献。

二、经营绩效稳步增长

"十一五"期间,出版社共出版图书1463种(含重印书),其中新书品种837种,发行码洋18054万元,销售收入9902万元。2006年出书238种,新书品种113种,销售收入1522万元。2007年出书250种,新书品种146种,销售收入2027万元。2008年出书354种,新书品种241种,销售收入2053万元。2009年出书323种,新书品种172种,销售收入2173万元。2010年出书298种,新书品种165种,销售收入2127万元。

据统计分析,2010年与2005年相比,出书品种增长20.6%,新书品种增长了22.2%,销售收入增长了11.18%。

湖南大学出版社所属的高校图书教材代办站"十一五"期间努力开拓市场,提升服务质量和水平,取得了突出成绩。主要经济指标及增长情况:2006年销售码洋1397.5万元,销售收入1008.2万元;2007年销售码洋2005.1万元,销售收入1429.1万元;2008年销售码洋2169.5万元,销售收入1536万元;2009年销售码洋2573.8万元,销售收入2073.5万元;2010年销售码洋3100万,销售收入2200万元。2010年与2006年相比,销售码洋增长121%,销售收入增长118%。湖南大学出版社高校图书教材代办站已成为湖南首屈一指、在全国有一定影响的高校图书代办站。

三、人才队伍建设成效明显

"十一五"期间,出版社狠抓人才队伍建设,进行了两轮面向校内外的人员聘任,引进了一批素质较高的人才,人才队伍的学历结构、年龄结构、学科结构、学缘结构得到了改善。出版社注重使用和培养相结合,创造了良好的以人为本的工作环境和工作氛围。新进员工进行了系统培训,大多数通过了编辑岗位资格考试,取得了编辑岗位资格证书。现有人员结构:正高职称2人,副高职称7人,高级职称占15.5%;硕士以上学历的17人,占29.3%,大学本科学历的31人,占53.4%;30岁以下的15人,占25.9%,31—40岁的17人,占29.3%,41—50岁的20人,占34.5%,51岁以上6人,仅占10.3%;专职编辑22人,占45.8%,发行人员8人,占16.7%。

四、机制改革进一步深化

一是进一步完善了"十五"期间已实行并卓有成效的"目标管理方案",从以结果考核为主,向工作结果与工作过程相结合考核的方向转变,突出过程管理;由个人考核向个人考核和团队考核相结合的方向转变,注重团队建设。二是编辑室改革为项目室,以项目为纽带组建工作团队,整合资源,明确权利义务,加强团队合作,提高选题营运水平、效率和效益。目前员工的积极性提高,合作意识增强,项目板块优势显现。三是再造管理流程,建立以项目制管理为龙头,向出版印制和发行延伸的一体化管理模式,业务主管领导按照项目室—印制或项目室—营销的管理服务模式进行分工。

五、跟进数字出版,加强信息化建设

"十一五"期间,出版社相继获得电子、音像和互联网出版资质,为进入新的出版业态奠定了基础。"十一五"期间,与相关公司共同合作开发了出版社管理信息系统,已完成一期和二期工程,已基本实现编务、印务、发行、仓储、财务的全流程信息化管理。出版社申报的"中国工程教育在线——交互式可视化工程训练数字网络出版平台"项目已列入2010年度新闻出版总署"新闻出版改革发展项目库"。

湖南师范大学出版社

以"立足教育,传播文化,传承文明,壮大产业"为办社宗旨,全面贯彻科学发展观,始终坚持正确的出版导向,坚持社会效益和经济效益的统一,继续弘扬"以社为家,勤俭治社"的思想,艰苦创业,科学管理,积极推进出版体制改革,创新内部运行机制,不断探索企业发展的新途径,出版社的综合实力和品牌影响力不断提升。

一、主要社会效益

1. 喜获"全国百佳"荣誉。

2009年12月,国家新闻出版总署授予我社"国家一级出版社、全国百佳图书出版单位"荣誉称号,这是我社发展历史上的一件大喜事,是对我社各方面工作的全面肯定和高度评价,也为我社的发展提供了一个更高更宽的平台。

2. 重点出版物精彩纷呈。

(1) 2006年:由时任国家副主席曾庆红同志作序的《永远的培民》一书顺利出版,并与湖南省委宣传部、湖南省新闻出版局共同举行了隆重的首发式,时任中共湖南省委书记张春贤作了重要的书面讲话,时任省委常委宣传部长蒋建国到会并发表了重要讲话,他们对该书的出版予以了充分的肯定。

《晚清思想史》获第八届湖南图书奖二等奖,《现代湖南女性文学史》《魏晋南北朝佛经语言研究丛书》获第八届湖南图书奖三等奖。《青年毛泽东思想研究》一书获湖南省第八届哲学社会科学优秀成果三等奖。《英语阅读技巧与实践》被评为教育部普通高等教育"十一五"国家级规划教材。

(2) 2007年:《社会救助与建设和谐社会》入选迎接"十七大"全国100种重点图书,获得新闻出版总署的出版资助。

在中南地区大学版协优秀图书的评选中,我社共有23种图书获奖,其中,《执政党执政安全多维探究》等获学术著作一等奖,《21世纪汉语言文学丛书》等获优秀教材一等奖。

《新农村之路》丛书首发式暨出版座谈会在长沙召开,时任湖南省人大常委会副主任庞道沐出席会议并讲话。2008年起,该丛书入选新闻出版总署《农家书屋推荐书目》,被多省市选用。

(3) 2008年:《洞庭湖脊椎动物监测及鸟类资源》获第二届中华优秀出版物奖图书奖,《中国儿童教育30年》一书入选国家新闻出版总署"纪念改革开放30周年100种重点图书选题"。国家"十一五"重点选题《湖南崛起之路》丛书按计划完成了出版任务,与《民生视点》丛书中的《社会救助与建设和谐社会》一起获得湖南省重点出版物专项资金资助。

(4) 2009年:《中国基础教育60年》列选中宣部和新闻出版总署组织的纪念新中国成立60周年重点图书选题——《辉煌历程书系》,全国仅有两家高校出版社有图书入选。《国歌》入选湖南省纪念新中国成立60周年重点图书。

(5) 有8个项目入选国家"十二五"重点图书出版规划。其中《农村基层党建历程》《外国人亲历的辛亥革命》分别作为纪念"建党90周年"和纪念"辛亥革命100周年"重点图书选题,在2011年已经出版。

"十一五"期间,我社承担了湖南省委省政府的重点文化工程《湖湘文库》的编辑出版工作。

按计划完成了13种23册图书的出版和相关配套产品的开发。出书质量和效率得到了文库编辑出版委员会的充分肯定。

我社主办的《科学启蒙》杂志2009年被评为第三届国家期刊奖百种重点期刊,并且连续两年被评为"新闻出版总署向全国少年儿童推荐的优秀少儿报刊"。2010年,获得了第二届中国出版政府奖期刊奖提名奖。

3. 其他主要荣誉。

(1) 自2006年以来,连续5年被评为"湖南省纳税信誉A级单位"。

(2) 我社被评为"湖南省2007年度农村出版物出版发行先进单位"。

(3) 2008年,出版社直属党支部被评为"湖南省直属高校先进基层党组织";《科学启蒙》被中国期刊协会评为"抗震救灾宣传报道先进集体"。

(4) 2009年12月18日光明日报以《硕果满园书香浓》为题,大篇幅报道了湖南师大出版社的"两个效益";建社20周年之际,教育部、新闻出版总署、湖南省委宣传部分别致函祝贺。

二、主要经济效益

自建社以来特别是"十一五"以来,我社在维护已有市场品牌的基础上,逐年增加新品种,逐步形成了以"湖湘文化""教师教育""学科奥赛"为主要特色的图书出版格局,拥有了稳定的销售市场,并受到海外客户的青睐,取得了较好的经济效益。

1. 特色产品。

湖湘文化板块已独具规模和影响,湖湘文化研究图书出版重镇已开始形成。代表性图书如《湖南近现代史》《近代湖南报刊》《湖湘文史资料汇编》《湖湘专题史》丛书、《湘籍近现代文化名人》丛书、《湘籍政治家思想研究》丛书("十五"国家重点图书出版规划项目)、《湘籍史学家研究》丛书、《湘方言研究》丛书、《走近电视湘军》丛书、《湘西非物质文化遗产》丛书等,共11个系列,近100个品种。其中《湘方言研究》丛书已被北京大学、澳大利亚墨尔本大学等国内外多所著名大学选入研究生必读书目。《教师职业技能训练》丛书、《中学教师继续教育用书》《班主任工作》丛书等成为教师教育经典畅销图书。

自主开发了从基础教育到高等教育的各类教材,如国标教材《思想品德》(全国15个省、市使用),地方教材《信息技术》《写字》。国家"十一五"规划教材《英语阅读技巧与实践》丛书(销售近20万套)等。研究生教材《黑洞物理学》(获第十三届中国图书奖)、《新闻与传播教育》系列教材、《高等院校动画专业精品课程》系列教材、《医学实验学》等优秀教材。《科学启蒙》每期发行量平均20万册以上,已与龙源期刊共同开发电子出版物。

2. 规模效益。

学科奥赛图书是我社的拳头产品,历时10多年打造的《奥赛经典》丛书已成为全国知名的图书品牌。现共有13个系列、100多个品种,单品种最高销售码洋达1000万元。

"十一五"期间我社共出版图书2086种,累计出版图书1164.7万册,销售收入17617万元。单品种图书平均利润、人均创造利润都居全国出版社前列。上缴国家税收和学校利润4000万元,有效出版规模不断扩大。实现了国有资产的保值增值,对学校、对国家都有较大的贡献。2009年7月,自主投资兴建的17000余平方米出版文化大楼投入使用。

3. 版权贸易。

(1) 版权引进:2006年从日本引进的图书《我的世界交友录》(第一卷)成功出版并反响良好。2008年《我的世界交友录》(第二卷)成功出版。2009年、2010年分别引进出版了《走在大道上》第一卷和第二卷。

（2）版权输出：2007年《湖南方言的介词》《湖南方言的代词》《湖南方言的动态助词》《湖南方言的语气词》《湖南方言的副词》《湘西瓦乡话风俗名物彩图典》等6种图书向澳大利亚输出版权。2009年，《奥林匹克中的几何问题》《奥林匹克中的代数问题》《奥林匹克中的组合问题》成功向韩国输出版权。

三、队伍建设与制度创新

1．人才队伍建设。

截至2010年12月，我社共有员工52人，平均年龄38岁。员工中有博士10人，具有硕士、博士学历人员较"十五"期间有所增加，80%以上的员工具有本科以上学历。具有发稿能力的专兼职编辑25人，其中编审2人，副编审9人，编辑14人。社领导4人中，2人为编审，1人为副编审，1人为副教授，全部具有博士学位。

我社一直重视职业教育，强调终身学习。例如每年进行一次编校知识竞赛与讲座，鼓励、支持员工开展学术研究。推出了《湖南师范大学出版社在职职工攻读学位的办法》等一系列人才培养措施。

2．制度文化建设。

经过几年的实践与探索，2008年，推出了《湖南师范大学出版社企业文化理念体系》，成为构建优秀企业文化的纲领性文件。在国内率先形成了一个完整的出版企业文化理念体系。

近年来，对原有规章制度进行了完善，并根据新形势的变化及时出台了《图书出版流程管理》等40余项制度，尽量扫除制度盲区，使出版工作的每一个环节都能做到有法可依，制度文化建设取得初步成果。

中南大学出版社

一、概况

中南大学出版社成立于1985年6月28日,主管单位为教育部,主办单位为中南大学。截至2010年底,有正式职工93人。其中,博士学历4人,硕士学历36人,本科学历20人,大专学历16人;事业编制职工80人,人事代理制职工15人。有中高级专业技术职称的60人(含具有副高以上职称33人)。是承担图书出版和学术期刊出版的教育型学术性专业出版社,具有图书、期刊、音像和互联网出版权。

出版社分设图书出版和期刊出版两大部分:图书出版设编辑部(含两个理工科编辑室、两个文科编辑室)、有色金属出版中心、数字出版部、营销发行部(含发行科和营销科)、教材科、书店、财务科、总编室和综合办公室。期刊出版设《中国有色金属学报》编辑部、《中南大学学报》自然科学版编辑部、《中南大学学报》医学版编辑部、《中南大学学报》社会科学版编辑部,出版8种有影响的学术期刊;其中《中国有色金属学报(英文版)》和《中南大学学报(英文版)》均为SCI和EI源刊;《中国有色金属学报》和《中南大学学报(自然科学版)》均为EI源刊;《中南大学学报(医学版)》为MEDLINE源刊;《中南大学学报(社会科学版)》为中国人文社科学报类核心期刊;《国际病理科学与临床杂志》为中国科技论文统计源期刊(中国科技核心期刊)。

二、办社方向

坚持以马列主义、毛泽东思想、邓小平理论和"三个代表"重要思想为指导,深入贯彻落实科学发展观。坚持正确的出版导向,执行党和国家关于新闻出版的方针、政策、法规和纪律,坚持为教学科研服务、为国民经济建设服务的办社宗旨,坚持把社会效益放在首位,努力实现社会效益与经济效益的统一,力争为我国新闻出版业大发展大繁荣、为提升我国的文化软实力作出应有的贡献。

三、办社理念

出版理念:服务教育,弘扬学术,传播文化。

发展定位:坚持为教学、科研服务的办社宗旨,立足教育出版,开拓大众出版,着力强化特色图书(有色金属、医卫及铁道图书)和高水平精品学术期刊的出版,打造学术出版和专业出版的特色品牌,做优做强。

四、出版特色

依托中南大学在有色金属方面的学科优势和人才优势,从图书出版和期刊出版、传统出版和数字出版等多个层面全方位立体开发有色金属特色出版,将中南大学出版社打造成为有色金属的出版中心,出有色精品,创有色品牌。同时还依托中南大学在医学、铁路交通方面的学科优势和人才优势,在医卫、铁路交通方面打造特色图书品牌。

五、五年改革发展的历程和成就

五年来,出版社建立和完善各项管理制度,加强人才队伍建设,加大教材出版力度,着力打造特色图书,全面进行信息化建设和着力开展数字出版;努力提升学报各项质量指标,积极探索与强化学报的国际化合作,扩大影响,提升品牌影响力。

1. 加强过程管理。

出版社不断深化劳动、人事、分配制度改革,建立、修订和完善各项管理规章制度。对编辑、发行、书店、排版等部门实行科学合理的量化考核,对不便量化考核的职工实施由职工代表评议、中层干部评议和社领导评议相结合的考评办法,从岗位职责、工作质量和服务质量等三个方面对职工及干部实行考核,激励员工在工作中积极主动,尽职尽责。

2. 建设人才队伍。

出版社始终将人才队伍建设放在重要位置,用培训职工和引进人才等办法建设人才队伍,先后招聘有色金属学科的编辑6人,信息化建设和数字出版人员3人。积极组织业务骨干到兄弟社学习取经,安排新编辑到国家新闻出版总署组织的培训班学习,邀请出版专家到社里传经送宝,还要求职工每年完成一篇研究论文或调研报告。

3. 强化教材出版。

出版社通过政策引导,调整选题结构,大力推进高等教育教材的开发与建设,先后策划和出版了覆盖材料、地质、采矿、矿物加工、机械、交通运输、土木、电子、计算机、经济管理、艺术设计、新闻与传播、广告学、法律以及医学类等多个专业的一系列教材,涵盖本科生、研究生、高职高专、网络教育及技术培训等多个层次。

4. 打造特色出版品牌。

出版社倾力打造有色金属出版中心,依托学校有色金属学科和我国有色金属行业的知名专家学者,出版有色金属领域的学术著作、教材、工具书和技术培训图书近400种,其中教育部地矿学科和材料学科两个教学指导委员会的规划教材近百种,完整涵盖了有色金属的地质、采矿、选矿、冶金、材料和加工等各个学科专业。3种有色金属图书获国家级图书奖。106种有色金属图书被列入"十一五"国家重点图书出版规划;1种有色金属图书入选第二届"三个一百"原创图书出版工程;《有色金属理论与技术前沿丛书》获国家出版基金资助。这些图书的出版及时和充分反映了我国有色金属学科的重大研究成果,为我国有色金属的行业发展和科技进步产生了重要的推动作用。

出版社还依托学校在医学卫生和铁道交通学科专业的优势,出版了高质量的医卫及铁道图书。其中《列车脱轨分析理论与应用》获首届中国出版政府奖图书奖提名奖;《高级临床内科学》获国家图书奖。

5. 全面实现信息化。

2006年出版社成立信息化部,全面推进信息化建设。图书出版建立了ERP系统,在省内率先实现了编辑、出版、发行和财务的全流程计算机管理。每个学报均建立了稿件远程处理网络系统,可实现作者的在线投稿和查询、专家在线审稿、编辑在线办公、期刊内容在线发布和利用等。

6. 数字出版成果突出。

作为省内首批获得网络出版权的出版社,通过省文化产业引导资金项目的建设,建立了具有自主知识产权的出版资源数字加工平台,实现了有色金属图书与期刊的纸质与电子版同步出版,开发了涵盖有色金属地质、采矿、选矿、材料及加工等相关专业领域的综合数据库,即"中国有色金属知识库",并通过"有色金属在线"(www.cnnmol.com)为有色金属行业提供全面的知识内容服务。有色金属数字出版正成为我社的优势品牌。

7. 学报影响力持续提升。

通过实现与纸质版同步的全文在线,与爱思唯尔公司和施普林格公司的合作,以及进入相关论文数据库等途径,各学报的论文下载率呈现大幅上升的态势。《中南大学学报(医学版)》实现与 Medline 电子数据库的全文链接。2010 年,反映学报质量的指标得到显著提升:《中国科技期刊引证报告》的权威数据表明,《中国有色金属学报》总被引频次和影响因子在同类期刊排名第 1 位,在全国 1964 种统计源期刊中总分综合排名第 4 位;《中南大学学报(自然科学版)》影响因子在同类期刊排名第 3 位;《中南大学学报(医学版)》影响因子在同类期刊排名第 7 位;《中南大学学报(社会科学版)》进入 CSSCI 源刊扩展版。

8. 荣获多项国家出版大奖。

五年间共获 5 项国家级图书大奖:《陈国达全集》(9 卷)荣获国家出版最高奖——中国出版政府奖图书奖;《隧道凿岩机器人》获国家首届中华优秀出版物奖图书奖;《列车脱轨分析理论与应用》获首届中国出版政府奖图书奖提名奖;《钪和含钪合金》获国家第二届中华优秀出版物奖图书奖;此外还有 1 种图书荣获第三届中华优秀出版物奖图书奖提名奖,1 种图书荣获首届"湖湘优秀出版物(图书奖)"一等奖。

《中国有色金属学报》和《中南大学学报(自然科学版)》各项指标名列全国同类期刊前茅,多次被评为"中国百种杰出学术期刊",还双双荣获首届"湖湘优秀出版物奖(期刊奖)"一等奖。《中国有色金属学报》影响因子位居冶金科技工程类期刊第一名,入选"中国科协精品科技期刊工程";《中南大学学报》中、英文版和医学版多次被评为"中国高校精品科技期刊",《国际病理科学与临床杂志》被评为"中国高校优秀科技期刊";《中南大学学报(社会科学版)》再次被评为"全国百强社科学报"。

湘潭大学出版社

湘潭大学出版社成立于2007年。自成立起,出版社认真执行国家的出版方针和政策,按照"特而强、专而强"的发展思路,遵循"高起点立社,高标准建社,高品位办社"的宗旨;以教育出版为中心,以铸造精品为使命;力争打造红色文化出版基地。

出版社自成立以来,秉承湘潭大学"博学笃行、盛德日新"的校训,将湘潭大学的特色学科、优势学科转化为特色出版、优势出版,注重文化追求,强化对国家民族的文化贡献,确保出版物的高品位,实现社会效益与经济效益协同发展。

一、出版社四年来的基本情况

出版社分图书出版和期刊出版,从图书来看,自2007年8月出版第一本图书以来,至2010年底共出版图书300余种。其中2010年出版图书100余种,印制码洋一千多万,回款400余万元。从期刊来看,出版三种期刊:《社科学报》,双月刊,每年出版6期;《自科学报》,季刊,每年出版4期;《中国韵文学刊》,季刊,每年出版4期。全年出刊14期。

出版社成立四年来,在上级领导正确领导下,出版社全体同仁艰苦创业,开拓进取,取得了一定成绩,表现在:

第一,获奖图书与立项选题多,且层次高,社会效益显著。其中《共和国粮食报告》获中国出版政府奖(图书奖);《红藏》(期刊)获国家出版基金资助,资助金额1146万,这是湖南省获国家出版基金资助最多的一个项目;另有四个项目入选总署"十二五"重点图书出版规划,《红藏》项目被列为国家新闻出版业"十二五"期间重点规划项目之一;在2009年庆祝新中国成立60周年的百种图书评选中,湘大社有两种入选。

第二,发展思路清晰,产品质量优良。一个新社刚成立,如何发展,有没有战略思维,对出版社的发展至关重要。经过几年的摸索,明确了湘大社的发展思路就是走"特而强,专而强"的路子。社领导提出:要高起点立社,高标准建社,高品位办社。要诚信办事,以质量取胜。不管是教材、学术著作还是市场图书,首先要保证质量,讲究诚信。从一开始出书,湘大社就强调要抓图书内容质量、编校质量。不少作者和读者认为湘大社的图书设计大方,编校认真,印刷优良。

二、未来五年湘大社的总体思路

未来五年湘大社将以国家出版基金项目和"十二五"规划项目为选题重点,以《红藏》(期刊)项目为中心,打造红色文化出版品牌。以毛泽东思想及其发展创新研究为中心,全方位开发《毛泽东研究系列》图书;加大原创图书的出版,努力培育国家级规划教材。到"十二五"末产值达到5000万元,年出图书400种(其中新出图书300种),具体措施是:依托高校,争取政府,开发市场。

依托高校,就是60%的出版物是高职以上的教材,重点开发职业教材。没有教材,或者教材比重太小,出版社难以生存。争取政府,就是要充分挖掘政府资源,加强与政府部门的合作。争取各级政府部门的项目经费,如出版基金、各种文化产业引导资金。开发市场,这是发展方向。一个出版社如果没有几本在市场上有影响的图书,就难以发展。

广西师范大学出版社

一、发展现状

广西师范大学出版社自1986年成立以来,认真执行党和国家的出版政策、法规,坚持为教学科研服务的出版方向和社会效益优先的指导思想,积极贯彻宣传国家的大政方针,迄今共出版各类教育图书、学术人文类图书和珍稀文献类图书1万多种,总印数达11亿多册,多次荣获国家、省部级各种荣誉和奖励。企业已建立起集团化的经营格局,现拥有杂志社、印刷厂、大学书店、电子音像出版社等4家全资子公司,北京、广州、南京、南宁、上海五家地方公司,连同其他控股、参股企业,共有22个独立法人单位和6个非独立法人经营实体,业务范围涉及图书、期刊、电子音像及数字出版,文化产品的设计制作、印制、销售,以及教育培训、会展、咨询、旅游、艺术品、地产等,员工近700人。

广西师范大学出版社自成立以来,就坚持市场化运作的原则,2006年以来更是积极实践出版社转企改制,被教育部、新闻出版总署列入全国高校出版社第一批转企改制试点单位。2009年5月11日,转企改制方案获得国家新闻出版总署正式批复。同年6月28日,改制成立广西师范大学出版社有限责任公司。

新世纪以来,广西师范大学出版社在广西文化产业单一法人实体中经济总量排名领先,在西部地区出版队伍中保持相对领先。据《中国图书商报》的调查(《谁是书店眼中有影响力出版社》,《中国图书商报》2009年6月19日第一版),在书店经营者心目中,广西师范大学出版社的影响力在全国排第9位。同年,获得《出版商务周报》评选的"学术建设榜样"称号,入选凤凰网"出版社机构十强"。新闻出版总署2010年7月发布的《2009年新闻出版产业分析报告》表明,广西师范大学出版社在我国图书出版单位总体经济规模综合评价中排名第六,在大学图书出版社总体经济规模综合评价中排名第二。

截至2010年底,广西师范大学出版社总资产达4.5亿,净资产达2.5亿,年发行码洋6.3亿,主营业务收入3.36亿,呈逐年递增态势。25年来,共实现税前利润5.6亿元,共缴纳3.1亿税款支援国家建设,上缴1.4亿支持学校发展,为国家和地方的经济建设和文化教育事业作出了积极的贡献。

二、主要业绩

广西师范大学出版社长期以来,积极向上,服务人民,经营规范,管理完善,重视图书品牌建设和社会形象的塑造。出版的教育类图书内容科学,制作精良,长期受到广大师生的喜爱。新世纪以来,为了更好地实现传播新知、弘扬学术的追求,广西师范大学出版社主动转型,出版了大批优秀的学术人文类和珍稀文献类图书,内容厚重,格调高雅,得到了社会各界的广泛赞誉,形成了独特的品牌,促进了高校学术和先进文化的发展。所出版的图书先后13次获得国家图书奖提名奖、中国图书奖、"五个一工程奖"图书类入选作品、中华优秀出版物(图书)奖和中国出版政府奖图书奖等国家图书大奖。在首届中国出版政府奖评选中,获得先进出版单位奖;时任总编辑何林夏获得优秀出版人物奖;出版物《荷兰现代诗选》获得装帧设计奖;《桂林老板路》获得印刷复制奖提名奖。

在国内文化机构、各类媒体推荐评比和年度排名盘点等活动中,广西师范大学出版社更是屡屡榜上有名,仅 2010 年粗略统计就有 80 多项,如《蚁族:大学毕业生聚居村实录》获得第六届国家图书馆文津图书奖,《别想摆脱书》《汉字书法之美》《中国教育怎么了》三种获得提名;"第十届深圳读书月藏书与阅读推荐书目"100 种书里,广西师大出版社同时有《中国历史风云录》《靠不住的历史》《历史大脉络》《贾志刚说春秋(3 本)》《荒废集》《常识》《爱默生家的恶客》《难以企及的人物/数学天空的群星闪耀》《写给孩子的哲学启蒙书(共 6 卷)》等 9 种图书入选。

此外,广西师范大学出版社出版的《中国思想学说史》和《阎宗临史学论著(3 种)》入选第二届"三个一百"原创图书出版工程人文社科类图书书目;推出的建设社会主义新农村"双百工程"(即百种图书和百部电教片)受到中央的高度重视和表彰,其中《建设社会主义新农村百部电教片》被中共中央组织部评为全国第九届党员教育电视片观摩评比特别奖。2008 年,策划出版的《变化——人民生活三十年》和《村史——五十六个民族村的三十年》入选中宣部和新闻出版总署组织的纪念改革开放 30 周年 100 种重点图书。

此外,广西师范大学出版社还组织编写了《广西开放大典》《广西改革大典》《广西画卷》,展示广西改革开放 30 年来的辉煌成就;在宣传泛北部湾经济合作方面,有《中国—东盟博览会发展报告》《中国—东盟文化产业论坛全纪录》《中国—东盟自由贸易区丛书》《中国—东盟自由贸易区论坛系列图书》等;在学习科学发展观和社会主义核心价值观方面,有《科学发展在广西》《我们的精神旗帜——社会主义核心价值体系导读》《社会主义核心价值体系通俗读本》等。在党建方面,有《党员素质丛书》(100 种)、《党员阅读》系列、《旗帜——中国共产党在广西历史读本》《光辉历程 八桂印记——广西庆祝中国共产党成立 90 周年新闻报道选编》等,《党旗飘飘》《中国共产党历史图集》还被自治区党委宣传部列为广西庆祝建党九十周年文艺作品出版项目。这些图书,得到自治区、中央有关领导的好评和社会各界的赞赏。

近年来,为了保证和提高图书质量,广西师范大学出版社在印制、装帧设计上也下足了功夫,取得了可喜的成绩。图书印装质量已达到区内领先和国内先进水平。在国家新闻出版总署举行的全国图书印装质量评比中,广西师范大学出版社 1999 年以来连年荣获铜奖或银奖(其中银奖 4 次),2006 年居全国第 7 名,2007 年至 2010 年图书印制质量排名广西第一。在装帧设计上,也屡屡获得各种大奖。在 2006、2007 年连续获得全国大学出版社图书装帧设计第一名后,2009 年的第七届全国书籍设计艺术评比活动中,广西师范大学出版社共有 35 件作品获奖,获奖总数和综合排名在全国出版社中名列第一。

由于出版了大批的优质图书,取得了良好的社会效益和经济效益,出版社在 2010 年度的深圳读书月被评为"年度致敬出版社",年底在由北京图书订货会组委会联合《中国图书商报》、新浪读书频道主持评选的"读者最喜爱的出版社"中获奖,同时获评 2008—2009 年度做强做大广西新闻出版业突出贡献奖(先进出版单位奖)。

全资子公司杂志社出版的期刊质量过硬,在"争创名优期刊工程"中成绩斐然。2008 年,《作文大王》《英语大王》《数学大王》均获自治区优秀期刊奖;《英语大王》编校质量继 2007 年取得全国第一名后,2008 年在总署外语传媒研究所年度质量评审中取得免检资格,2009 年、2010 年编校质量被新闻出版总署、教育部评为优秀。《作文大王》2007 年 12 月被中国少儿报刊协会评为全国少儿期刊奖金奖,2008 年又被自治区新闻出版局列为未来五年广西重点发展的五种期刊之一,2009 年获得广西社科期刊编校质量第一名。

广西师范大学出版社积极响应国家号召,大力实施"走出去"战略,与东亚、东南亚、港澳台、欧美地区的二十余家出版机构建立了密切的合作关系。在近年每届北京国际书展上,都吸引了大批国际书商前来洽谈业务。2009年,成为法兰克福书展国际记者团一行20余人来华调研研讨的唯一出版机构,并首次实现了对越南的版权输出。由于持续多年均有相当数量的优秀学术人文和珍稀文献图书产品、版权销往海外,得到海内外文化界的好评,广西师范大学出版社入选2009—2010年度国家文化出口重点企业,《美国哈佛大学哈佛燕京图书馆藏中文善本汇刊》入选国家文化出口重点项目。

广西师范大学出版社之所以不断取得新的成绩,源于各级领导的大力支持,得益于出版社有一支素质过硬、团结奋斗的领导班子和员工队伍。出版社党委连年被评为广西高校先进基层党组织。现公司董事长兼总裁何林夏2008年被列为全国宣传文化系统"四个一批"人才、全国新闻出版行业首批领军人才,总编辑刘瑞琳2009年被《中国新闻周刊》评为"十年影响力之出版界人物",并被新闻出版总署评为"百名有突出贡献的新闻出版专业技术人员"之一,2010年入选全国新闻出版行业第二批领军人才。出版社共有高级职称人员36名,博士8名,高级人才数量在广西出版单位一直保持领先。

三、改革成果

25年的发展历程,广西师范大学出版社已在国内外华文出版界和思想文化领域形成了较强的影响力,这有赖于出版社一直坚持改革创新的发展思路。

20世纪90年代末,为适应新形势的变化,出版社开始了战略结构调整,结合出版社的实际情况,对企业的产业结构、产品结构、组织结构等方面做出了新的规划,开始探索一条"自我裂变,内涵发展"的道路,形成以教育出版为中心,以学术人文图书和珍稀文献图书出版为两翼的产品格局;通过推动"社刊工程"和整合其他企业来延长产业链,寻找新的经济增长点;依托区内区外和国内国外两大市场、两种资源,积极推进出版社的新一轮发展;以现代企业管理制度为目标,开展出版社内部管理制度的建设;寻找出版社体制改革的突破点,积极探索出版社的跨地域跨领域发展道路,相继在北京、上海、南京、广州、南宁组建了五家以"贝贝特"命名的地方公司,充分利用异地资源,拓展了出版社的生存空间。由此形成的"自我裂变,内涵发展"的集团化建设模式和发展道路,被业界称之为"广西师大社模式",也成为广西师范大学出版社二十多年发展中最有战略价值和实践意义的经验。

2009年,出版社完成转企改制工作,成立广西师范大学出版社有限责任公司。自治区党委郭声琨书记发来贺信说,"广西师范大学出版社经过20多年的艰苦努力,已发展成为我国出版界、文化界的一个知名品牌,在传承文明、传播文化、促进文化繁荣和发展方面作出了积极贡献,在学术界和广大读者中享有良好声誉。广西师范大学出版社集团的成立,为我区深化文化体制改革积累了鲜活经验,标志着我区文化体制改革迈出了新的步伐,文化产业发展进入了新的阶段,是全区出版界、文化界值得庆贺的一件大事喜事。希望你们以此次成功转企改制和成立集团为契机,坚持以科学发展观为统领,坚持正确的政治方向,坚持经济效益和社会效益相结合,建立健全现代企业制度,不断优化管理、壮大实力、增强活力、提高竞争力,多出精品、多出人才、多出经验,努力建设国内一流的出版集团,为建设富裕文明和谐新广西作出新的更大贡献。"

为了进一步促进经营机制的转变和生产力的解放,实现做强做大的目标,出版社根据《关于进一步推进新闻出版体制改革的指导意见》(新出产业〔2009〕298号)精神,启动了对出版社的一些部门微观机制搞活层面的改革,开始了出版社转企改制、通过多元融资走向资本经营之路的一个尝试。这种尝试体现了对国家、集体和个人三者利益的提高,体现了企业对员工意愿和首创精神的尊重,与此前的各项改革一样,在国内出版界尚不多见,引起了业界的高度关注。

2010年底出台的《自治区人民政府关于加快文化产业发展的实施意见》,充分考虑到广西出版业的发展需要和实践经验,提出了很多尊重现实、顾及长远的指导方针,如提出组建包括广西师范大学出版社集团在内的一批骨干企业,深化文化体制改革,鼓励非公有资本进入文化产业,建立健全文化产业投融资体系,对重点文化产业项目建设和大型骨干文化企业上市等给予重点支持,允许文化企业对有突出贡献的优秀人才以股权、期权等形式进行鼓励,等等,将进一步为广西出版企业的改革和发展注入动力。

改革是为了更好地发展,不改革最终将失去发展的机会。广西师范大学出版社成立25年来的实践鲜明地印证了这个道理。过去,出版社坚持改革,与时俱进;未来,出版社将以培养起一支高素质的出版职业队伍为基础,坚持科学发展观,通过观念革新和实践创新实现企业的科学发展、和谐发展,从而为建设社会主义先进文化事业作出更好更多的贡献。

中山大学出版社

中山大学出版社成立于1983年,1997年中山大学音像出版社并入中山大学出版社,2007年中山大学出版社成为首批大学出版社转制试点单位之一,2009年初完成转企改制工作,2011年获得"互联网出版许可证"。转制后,中山大学出版社更名为"广州中山大学出版社有限公司",公司业务范围有:出版高校设置专业所需的教材、教学参考书、工具书;出版与高校专业方向一致的学术专著、译著以及通俗政治理论读物和科普读物等;与本公司图书出版范围相一致的互联网图书出版。设计、制作、代理、发布:国内外各类广告;展览展示服务;投资管理咨询;礼仪服务;文化交流活动的策划;电脑图文设计、制作;企业形象策划;商务信息咨询;企业管理咨询;等等。与改制前一样,中山大学出版社由中山大学主办,隶属于教育部,成为国内较少的,同时具有图书和音像、互联网、广告、设计等出版功能较为全齐的大学出版社。

中山大学出版社下设编辑部(含人文、社科、理工、医科、外语、教育、音像、校对等部门)、发行部(含市场服务部、营销推广部)、出版部、储运部、财务室和办公室(含编务室)六个职能部门。有一支学科全、素质高的编辑队伍,本科学历以上占全员70%以上,其中博士6人、硕士19人;具备了有较高出版技能的、有思想的、强有力的编辑团队,为出版社的稳定和发展打下坚实的基础。

自成立以来,中山大学出版社共出版新书近4500种,图书品种逐年增加,产品覆盖全国各大省市自治区乃至海外。其中,大学教材、教参和学术专著占70%,依托高校教育、人才与学术的优势,校内作者的比例超过40%,成为学校一个重要的"学术窗口"。

近五年以来,中山大学出版社出版了大量高质量、高品位的图书,社会效益与经济效益并重,其中获得国家、部委、省市各项图书奖上百种次,在读者中树立了良好的品牌形象。同时,中山大学出版社积极参加各种社会公益活动,为抗震救灾捐赠近30万元,为老少边穷地区、图书馆建设和各种基金会捐赠图书百万元。

"面向大教育"是中山大学出版社为发挥优势、开拓市场、适应社会需求而确立的选题思路。具体来说,以高等教育为主,以职业教育和基础教育为辅;以学历教育为主,以社会培训和自学为辅,尽可能多层次、全方位地开发教育类选题。在数字出版和互联网出版方面,成绩也较为突出。目前,已实现纸质书与电子书的同步出版。中山大学出版社将在激烈的市场竞争中继续谋求生存和可持续发展空间。

暨南大学出版社

"十一五"期间,暨南大学出版社本着求真务实、积极进取的精神,认真学习实践科学发展观,以图书出版工作为核心,进一步完善制度建设,稳步推进体制改革,实现了图书出版效益的双丰收。

一、加强制度建设和人才培养,为企业发展创造良好环境

2007年以来,出版社面向社会招聘,引进高学历、高素质的编辑和营销人才,并公开竞聘选拔中层管理干部,形成"能上能下、能进能出"的用人机制。为提高中层干部的大局意识和创新精神,出版社打破常规,每年选派中层骨干参加教育部、新闻出版总署组织的大学出版社社长、总编培训班,为发展储备充实的后备力量。加大对办公技术设备的投入,启动办公自动化系统和财务、进销存和编务ERP系统,促进生产管理的现代化、数字化和无纸化,提高工作效率。

出版社按照现代企业制度组织构建新的管理体系,陆续出台《暨南大学出版社十年发展规划(2008—2017)》《岗位与薪酬考核办法》等制度,对今后的发展方向、业务发展规模、人力资源建设等方面做出明确规划,使各项工作有章可循,实现制度管人。

二、积极落实方针政策,顺利完成转企改制

2007年,我社被列为第二批高校出版社体制改革的单位。为平稳推进改制工作,我社积极开展"解放思想,出版社战略发展大讨论"的思想动员工作,组织员工以出版社改制和出版单位评级为契机,对出版社的图书品牌建设、图书营销与推广以及数字出版发展方向等进行实事求是的讨论。将主要精力集中在改革建设与发展上,制定改制实施方案,进行清产核资,改组内部结构,解决生产与经营上的突出问题、紧迫问题和遗留问题,不断健全和完善制度。截至2009年12月,我社编写出版社公司治理的规章制度、人力资源管理制度、财务制度、职工代表大会制度等二十多个文件。经国家财政部批复国有资产变动产权登记后,我社于2010年5月办理工商注册手续,成立"广州暨南大学出版社有限责任公司"。

三、认真学习科学发展观,强化企业优势和特色

"出好书、多出书"是出版社实现又好又快发展的必然路径。在坚持走特色发展之路、品牌建设之路的同时,出版社领导亲自带领编辑深入市场调研,加强选题策划论证,并在选题质量和图书质量上狠下工夫。短短几年间出版社组织召开大型专业选题会议30余次,策划或组织承担国家级和省级重点出版项目20余项。教材出版呈系列化与专业化发展,在经济管理、新闻传播、语言学、心理学等方面特色和优势更加凸显。《华侨华人与新中国》《海外华人与辛亥革命》与《岭南文化书系》等重点出版项目的成功申报与出版——这样的成绩在出版社是具有突破性意义的。

作为华侨学府的出版社,我们积极发展华文教育图书和华文文化读物,突出"侨"字特色,逐步开发华文教育图书数据库。"十一五"期间,组织小学版《中文》《汉语》的修订,并推出初中版《中文》《汉语》《娃娃学华语》以及第一套立足印尼本土教育的《千岛娃娃学华语》,策划出版的《海外华文文学读本》(五卷)填补了国内世界华文文学全景展示和系统研究的空白。

为贯彻新闻出版总署《关于加快我国数字出版产业发展的若干意见》,我社及时推出积极启动我社数字出版工作、不断完善数字信息化建设的举措。2008年3月,我社取得互联网出版权,出版业务新增网络图书、网络学术、网络教育出版等三项,形成图书、电子、网络并存的立体化出版结构。"十一五"期间,与多家公司合作,进一步加强电子图书事业发展,大力开发华文教育网络平台,推进出版社数字出版流程改造和实现多功能网络书店的自主经营。由于数字出版各项工作的有效推进,2010年,我社网站被中国出版工作者协会、中国新闻出版研究院评为"全国出版业网站百强"。

四、争创双效业绩,树立良好企业形象

"十一五"期间,出版社不仅改变了前几年艰苦维持的经济状况,而且在图书品种、营业收入、净利润、现金流以及员工福利待遇方面逐年增长,创历史新高。出版社合法经营、依法纳税,近四年来纳税额达1300多万元,2010年被广州市地税局、国税局评为"2008—2009年度纳税信用等级A级单位"。

图书品种逐年增加,社会效益与经济效益明显。"十一五"期间,有60多种图书获得各类奖项,其中有20多种图书入选国家级或省级重点出版项目。2006年,我社与清华大学出版社联合出版的《院士科普书系》荣获国家科学技术进步二等奖;著名经济学家茅于轼先生的《生活中的经济学》2007年被评为"我最喜欢的一本书·首届百种优秀青年读物";《地震灾后心理康复完全手册》获第二届中华优秀出版物奖"抗震救灾特别奖";在广东省纪念改革开放30周年出版工作中,我社成为重点选题最多、图书出版品种最多的出版单位;《广州地铁三号线盾构隧道工程施工技术研究》《中国文化心理学》和《经济昆虫种质资源描述规范、数据标准和数据质量控制规范(四卷)》等入选"十一五"国家重点图书出版规划项目;《少儿国学读本(修订版)》被中国少先队事业发展中心选为"红领巾国学教育系列活动指定用书",等等。图书质量近年也一直位居广东省前四名。出版社正在步入健康、有序、高效的良性发展轨道,社会效益、经济效益都迈上了历史新高。

另外,在倡导勤俭节约、艰苦创业精神的同时,我社也大力倡导和谐、团结、爱心、责任与奉献,以社会公益为己任,承担更多的企业社会责任。出版社多次组织赈灾捐款、扶贫助学等活动来表达对社会的爱心。

出版社以转企改制为契机积极参与市场竞争,以现代企业制度为准则严格规范企业生产运营方式,不断解放思想、深化改革,在全社上下形成一种"团结一致迎挑战、奋发努力抓机遇"的合力。

华南理工大学出版社

"十一五"期间,我社严格遵守党和国家的出版方针、政策法律和各项出版管理规定,把握正确的出版导向,始终坚持为高校教学、科研和学科建设及社会服务的办社宗旨,秉承"服务教育,传承文明,致力原创,追求卓越"的出版理念,着力做专做特,做实做精,优化选题,调整图书结构,强化管理,细化责任,量化考核,深化营销,出版社稳步向前发展。

一、坚持精品立社战略,着力做专做特做精

"十一五"期间,我社坚持学术精品为立社之本,深入开展"学术精品""创新教材""大众精品"三大工程建设,出版了一系列反映广东乃至华南地区特色和优势的影响力较大的学术精品和创新教材。

1. 多种(系列)图书列入国家级重点出版规划和省级重点图书。

《客家研究文丛》《新型材料科学与技术》《生物医用陶瓷材料》《南方传统村镇与民居建筑的保护与发展》等7种选题被列入"十一五"国家重点图书出版规划项目,数量之多位列广东出版社之首。

《岭南建筑经典丛书》列入广东省委宣传部重点图书出版项目。该丛书包括岭南古村落、岭南园林、岭南民居、岭南宗祠、书院和学宫、岭南精品建筑五个系列共30种图书,展示了岭南建筑厚重的历史、灵巧的风格、丰富的内涵和深远的文化,具有极大的文化积累价值。2009年列入广东省文化产业发展专项资金资助项目,获得150万元资助。

2010年,在世博会开幕前夕,我社精心策划组织出版《2010年上海世博会中国馆》《何镜堂建筑创作》以及《何镜堂建筑人生》,并于2010年4月举行首发仪式,来自全国各地的中国建筑设计大师、行业专家等出席了首发式。本套书的问世,不仅成为全球建筑界专业人士及社会各界建筑爱好者了解与研究岭南现代建筑的珍贵资料,而且还引发社会多层面、多角度的思考与探讨,对中国现代建筑的未来发展走向产生积极而深远的影响,得到广东省委宣传部和广东省新闻出版局的高度赞誉。

2. 多种教材列入国家级规划教材和核心教材。

"十一五"期间,我社充分利用学校的资源优势,继续拓展已形成品牌和特色的"土木工程系列""食品与生物工程系列""工程图学系列"以及"自动化工程系列"等系列教材,并纵向层次开发《21世纪职业技术教育类工程图学系列教材》。同时深入高校挖掘出版资源,精心组织具有丰富教学经验的一线教师编写出版多个适合当前高校教学改革和学科建设需要的特色鲜明的系列教材,如《21世纪高等院校旅游管理专业联编教材》《21世纪高等学校公共管理系列教材》《21世纪日语本科系列多媒体教材》《21世纪高等院校经济管理实验实践教材》《21世纪汽车技术服务与营销系列教材》《21世纪高职高专机电类系列规划教材》《21世纪高职高专院校会计专业联编教材》等。大力组织开发高职高专院校"工学结合、校企合作"教材,如《21世纪高职高专国家示范院校物流管理专业工学结合系列教材》《21世纪高职高专经管类系列规划教材》《高职高专院校会计专业校企合作教材》,等等。

"十一五"期间我社共出版创新教材500多种,教材出版逐渐系列化、规模化、特色化、品牌化,被全国几百所高等院校选用,深受广大师生欢迎。其中,《建筑结构》《可编程控制器原理及应用》《计算机工程制图》《食品生物化学》等33种教材入选普通高等教育"十一五"国家级规划教材,《工程硕士研究生英语教程》《高等工程数学》等5种教材被列入"全国工程硕士教育核心教材",入选数量位居广东出版社首位。

3. 多种图书获得省部级以上图书奖项。

"十一五"期间,我社坚持原创,牢牢把握时代脉搏和图书市场的发展方向,优化选题结构,精心组织与策划了一批重点图书和创新教材,在国家、省部级等各类图书奖评选中获奖,累计有182种图书和教材获得189项国家各类图书奖项,其中有86种图书和教材获得省部级以上图书奖项。

《企业社会责任在中国——广东企业社会责任建设前沿报告》一书,被业内专家认为是"我国企业社会责任研究的重大突破",2008年获得广东省优秀出版奖(图书奖),2009年入选新闻出版总署第二届"三个一百"人文社科类原创图书出版工程,成为广东高校出版社唯一入选图书,同年获得中国大学出版社图书奖首届优秀学术著作奖。

《转型中的中国企业战略行为研究》为国家自然科学基金重点项目"我国企业战略管理研究"的研究成果,该书的出版对推动中国企业战略管理理论的研究走上国际化有积极的推动作用。2009年分别获得教育部高等学校科学研究优秀成果奖(人文社会科学类)一等奖和广东省哲学社会科学优秀成果奖一等奖。

《从远古走向现代:黎族文化与黎族文学》一书通过对黎族文化与黎族文学主要特征和概貌的描述、介绍,在中华民族多元一体格局中为黎族定位,在黎族文化和黎族文学的研究领域具有开拓性意义。2006年获得第六届全国当代少数民族文学研究优秀成果奖。

二、强化全程营销理念,大力拓展专项营销

强化全程营销理念,大力培育图书市场,扩大市场份额。"十一五"期间,我社每年组织编辑和营销人员开展多种形式的营销推广活动,先后有200多次走进广东及广西、江西、湖南等邻近省市高校召开教材展示会以及教材建设研讨会,及时了解高校教材建设需求,将出版的教材直接推向终端用户,取得良好效果。

大力拓展专项营销。联合广州市教育局教学研究室,组织广东省100多位具有丰富备考经验的特级教师和骨干教师精心编写出版《高考备考指南》,组成专项营销小组,深入广东各地中学进行营销推广,并与当地教育局一起组织召开由当地区教育局教研室主任、各高(完)中校长或主管高考备考工作的副校长以及部分骨干教师参加的"高考备考研讨会",同时邀请广州市教育局教研室的有关领导和广州市重点中学的校领导做专题讲座,收到良好的宣传推广效果。2006年,本套书的发行册数达156万册,总发行码洋超过2000万元,占出版社总发行码洋的1/3多,全广东省有1/3的考生使用;2007年本套书的发行册数达130多万册,发行码洋1700多万元。《高考备考指南》成为广东省最具品牌的高考复习丛书,产生巨大社会影响。

三、积极整合学校资源,构建多元出版平台

2007年7月我社获得电子出版物出版权,2008年2月获得网络出版权。2010年,结合改制工作,根据教育部关于高校科技产业规范化建设"非改即撤"的原则,按照新闻出版总署以及省新闻出版局要求,学校决定关闭我校音像教材出版社。我社积极整合学校出版资源,及时向新闻出版总署申请增设音像制品出版权,2010年5月获得音像制品出版权。至此,我社形成了纸质图书、音像制品、电子和网络出版的多元化跨媒体发展格局。

依托学校丰富的音像、电子与网络资源,积极开拓音像、电子和网络出版业务。"十一五"期

间,我社与方正、书生、超星、汉王科技等国内最大的几家数字出版服务商签订了数字图书出版、销售合作协议,累计出版电子书3200多种,约占我社初版书种数的80%;电子书复本销售收入超过100万元。同时,大力拓展数字出版业务,逐步建立适合数字出版的管理机制,建立数字出版平台,迈开跨媒体立体化出版的步伐。

四、加强改革创新力度,圆满完成改制任务

按照新闻出版总署和教育部要求,我社充分做好出版社体制改革工作的宣传、动员工作,深入学习和领会体制改革精神,根据本社的实际情况,制定出切实可行的改制方案。于2009年12月21日进行了公司工商注册登记,正式成立了华南理工大学出版社有限公司。

在学校的支持下,我社提出并初步拟定了现代出版大楼(广东现代出版创意产业园)的构建规划,为实现出版社下一步做强主业、做大产业的发展目标奠定基础。

通过改制,我社确定了今后的发展目标和方向:以重大出版工程和高水平学术原创专著为龙头,以创新教材、精品教材为主体,以市场畅销图书为新的增长点,继续坚持精品立社的发展战略,做专做特、做实做精,做强主业、做大产业,把我社建设成为具有较高学术内涵和科技文化品位,具有良好社会效益和经济效益的中而强的高水平大学出版社。

广东高等教育出版社

广东高等教育出版社成立于1983年8月,是广东省教育厅主管、广东省教育研究院主办的具有各级各类教育教材、教学指导用书、教辅读物出版资质的教育类出版社。1995年以来被教育部评为"全国先进高校出版社",连续两次被新闻出版总署评为"全国良好出版社";2008年,被广东省委宣传部等9部门确立为首批"广东省文化产业示范基地"。

广东高等教育出版社始终坚持正确的办社方向,坚持为教育改革发展服务,为各级各类学校的教学科研服务,为教师专业成长、学生全面协调可持续发展服务。主要出版高等学校、职业院校的学术专著、教材、教学指导用书和中小学各学科教材、教学指导用书、教辅读物,以及教师继续教育培训教材、职业技能培训教材、学前教育、社会文化生活图书。

建社以来,累计有200多种图书受到省部级以上奖励,出版的高水平学术著作、教材、教学指导用书、教辅读物深受各级各类学校和社会各界好评。出版的文史、心理学、教育学图书达到较高的原创水平。《屋檐下的宁静变革——中国家庭30年》《东南亚华侨史丛书》《高等教育大众化研究丛书》等11种图书入选"十一五"国家重点图书出版规划项目,《屋檐下的宁静变革——中国家庭30年》一书同时还入选第一届南粤图书奖优秀出版物奖;《社会心理学》《英语教学研究方法》《市场营销》《医学伦理学》等17种图书入选教育部普通高等教育"十一五"国家级规划教材或被教育部等部门评为优秀高校教材;《东南亚华侨史丛书》《主思的理学——王夫之的四书学思想》《中国高等教育思想演变——从20世纪到21世纪初》《校本管理——理论 研究 实践》分别入选新闻出版总署第一届、第二届"三个一百"原创图书出版工程,《校本管理——理论 研究 实践》一书同时还入选第二届广东省优秀出版物奖图书奖;《瘟疫,人类的影子——"非典"溯源》获第三届鲁迅文学奖(报告文学)一等奖(2007年);《护卫生命——青少年学生应急自救实用读本》获第二届中华优秀出版物奖(2008年);《关汉卿全集》被新闻出版总署评为古籍整理优秀项目。《广东民俗大典》《廉正箴言》入选第一届广东省优秀出版物奖(2007年);《广州碑刻集》《明代剧论与画论》等入选第二届广东省优秀出版物奖(2008年)。《马克思主义哲学原理》《当代世界经济与政治》(2004年)、《小学英语教学技能培训教程》(2006年)、《立志·修身·博学·报国 21世纪大学生成才之路》(2008年)等数十种图书获全国高校出版社优秀畅销书一等奖。近10年来出版了一大批高质量的基础教育课程改革教材,如初中《信息技术》、高中《综合实践活动》等,以及中等职业技术教育、高等职业技术教育教材、教学指导用书。

在教育改革发展不断推进、文化体制改革不断深化的新时期,广东高等教育出版社以"广东需要、国家标准、世界眼光"要求自己,进一步关注各级各类人才培养与学科、专业、课程、教材、教学的改革发展,着力出版高质量的各级各类教育教材、教学指导用书、教辅读物;进一步关注具有较大影响和创新意义的原创性成果,着力出版高品位的学术著作;进一步关注教师的专业成长和学生的全面协调可持续发展,着力出版以教师和广大中小学生为主要读者对象的具有广东精神、广东文化特质的精品图书。

汕头大学出版社

汕头大学出版社成立于1993年,成立后近十年,主要出版汕头大学专业课程所需要的教材、教学参考书与教学工具书以及致力于潮汕文化及科研学术著作的发掘累积。年均出版图书50余种。2002年与香港TOM.COM及台湾HMG建立紧密的战略合作伙伴关系,立足于国内与国际广阔而深厚的媒体资源,以期在知识的权威性、专业性和实用性上架起桥梁,走出一条大学出版社依托国际资源、勇于创新的新模式。21世纪的汕头大学出版社将面向财经企业管理、医学生活、传媒科普、外国语言、音像多媒体等跨学科跨国际发展,初步发展成为以市场为导向、兼顾潮汕文化和大学及中小学教育、管理规范的中型出版社。2006年至2010年五年改革发展历程和成就如下:

一、完成出版体制改革

根据中共中央国务院《关于深化文化体制发展的若干意见》、国务院办公厅《关于印发文化体制改革试点中支持文化产业发展和经营性文化事业单位转企改制为企业的两个规定的通知》精神和教育部新闻出版总署《关于高等学校出版体制改革工作实施方案》的要求,于2009年6月组建了出版社董事会,制定转制后的《公司章程》、董事会决策议事规则和工作制度,制定出版社决策议事规则、出版社内部管理制度、编辑政策委员会议事制度和工作制度。8月,成立出版社体制改革领导小组和工作小组,并制定汕头大学出版社体制改革实施方案。9月,先后向学校及省教育厅、新闻出版局、教育部报送转制工作方案,并向省财厅报送清产核资立项函。10月,完成清产核资、财务审计和资产评估,并报上级管理部门审批。11月,总署批复同意改制。12月,转变人员身份,与职工签订劳动合同,建立法人治理结构。

2010年5月,省财政厅对清产核资资金核实结果进行批复。6月,省教育厅对清产核资审计结果进行批复。7月,完成出版许可证变更。12月,完成企业工商注册登记及产权等项变更登记,改制工作完成。

二、传统出版和数字出版并行发展

1. 纸质阅读的传统出版。

2006年至2010年共出版新版图书1078种,2006年152种,2007年165种,2008年185种,2009年345种,2010年231种。主要门类为教材教辅类、生活保健类、财经管理类和潮汕文化类。其中组织编写出版的中小学教材《心理健康》于2008年5月通过广东省教育厅初审,在全省中小学中试验。组织编写出版的《做个现代好公民》列入广东省文明办2008年现代公民系列活动内容之一。2010年8月,组织编写出版的《公民教育读本》通过广东省教育厅教材立项。

2. 新媒体阅读的数字出版。

2006年,在汕头大学、香港TOM集团、TAI技术研发团队的共同支持下,成立汕头大学出版社数字出版部,致力于TAI信息内容语义智能分析技术在数字出版产业的运用开发,自主研发和建设基于语义智能分析技术的数字出版公共服务平台。2008年5月,汕头大学出版社成为广东省新闻出版局确定的广东省"数字出版流程再造工程"的四家试点单位之一,并获得40万元的资助。2010年6月,与现代传播控股有限公司一同成为广东省新闻出版局确定的"数字出版服务及管理平台工程"试点单位,并获得80万元的资助。

在互联网时代,我社推进数字出版工作的基本思路是:绑定基于自然语言理解的大数据语义分析技术,自主研发基于大数据语义智能分析技术的知识资源数据库和基于知识资源数据库的知识生产服务平台,实现出版社的整体转型升级。

大数据语义分析技术是新闻出版产业的先导型、关键性技术,对整个产业的未来具有决定性影响。我社数字出版的战略规则,就是立足于大数据语义分析技术这一产业先导型技术的自主研发,并以此技术为底层技术,建立基于大数据语义分析技术的数字出版公共服务平台以及知识服务平台(一期、二期)。其中,一期工程的技术研发工作的核心部分已经完成,"基于语义分析的文献计量方法""基于语义分析的搜索引擎排序方法""大规模真实语言材料的自动语义分析方法""基于心理需求的文本挖掘框架""非结构化文本的数据挖掘方法"5项核心技术正在申报专利。未来3年二期工程的核心是建设大数据时代从海量复杂数据分析中精准获取知识的能力。这些平台能将新闻出版业内的非结构化知识数据转化为计算机可以理解和处理的结构化知识数据,从而充分发挥新闻出版业内容资源优势,推动融合传统媒体和新兴媒体的数字出版新业态的实现。

自2006年以来,我社主要工作已转入数字出版,80%的人力、物力集中于数字出版。已建立数字内容创意部、数字产品营销部、后端技术部、前期技术部,截止到2010年已投入资金1600多万元。

电子科技大学出版社

一、出版社基本情况

电子科技大学出版社（以下简称出版社）成立于1985年7月，是国家首批"211工程"及"985工程"重点建设高校所属出版社，2009年被新闻出版总署评定为二级出版社。

出版社下设编辑部、营销部、数字出版中心、总编室、办公室、财务部、印务部七大部门。

出版社始终坚持为高校教学科研服务的宗旨，出版了大量的学术著作、研究生和本科生教材、高职高专教材、中职中专教材、社会培训教材，形成了门类齐全、层次完整的图书结构。《计算机系列教材》《电子技术系列教材》《电子工程系列教材》《电子信息技术学术专著丛书》已形成电子科技大学出版社的优势和特色。"十一五"期间，80多种图书荣获全国优秀科技图书奖、全国优秀畅销书奖、教育部优秀教材奖、全国高校出版社优秀畅销书奖、四川省优秀图书奖等各类奖项，取得了较好的社会效益和经济效益。

出版社拥有一支优秀的专业编辑队伍。先后有1人荣获"全国百佳优秀中青年编辑"称号，1人获得"全国百佳出版工作者"称号，1人荣获"中国大学出版社图书奖首届高校出版人物奖"，5人获得"四川省中青年优秀编辑"称号，2人获得"四川省优秀出版工作者"称号。

二、办社宗旨和理念

出版社以贯彻落实党的出版方针、坚持服务高校教学科研为宗旨，以"关注教育发展，传播创新科技"为出版理念，依托电子科技大学在电子信息领域的人才和学科优势，坚持走电子科技特色的出版之路，逐步形成了电子科技、计算机、通信工程等领域的出版特色。

三、"十一五"期间的主要成绩

"十一五"时期是出版社实施中期战略规划的第一阶段。出版社制定了"十一五"规划目标，明确方向，凝练核心竞争力。在"十一五"期间，通过转企改制、不断调整业务方向、探索和创新业务模式、培养人才队伍、锻炼各项能力和凝聚企业文化，出版社的各项业务按照既定的方向和目标有序推进，逐步提升了出版社的核心竞争力。

1. 重视图书板块建设。

图书开发的指导思想是：扩大教材基础，巩固学术出版，发展馆配与店销优势，体现教材、学术专著、店销"三大板块"的建设和发展思路。

（1）"教材是立社之基，质量是生命之线"，教材出版占出版总数的50%，其中电子信息类占教材的90%，成为工作的重点。

现已形成覆盖高等教育、职业教育、继续教育、网络教育的电子信息类多学科、多层次的教材体系，并逐渐向相关学科拓展和延伸。"十一五"期间先后有《有机电子材料化学基础》《微波固态电路》《微型计算机控制技术》等50多部教材入选国家"十一五"规划教材，10余部教材在"高等教育百门精品课程教材建设计划"中立项。

（2）"学术专著是立社之本，学术价值是专著之脉"，学术专著出版占出版总数的25%，其中90%为电子信息类。

出版社依托电子科技大学电子信息学科和专业优势，积极整合和开发本校及其他相关高校、研究院、企业、行业协会等资源，组织出版了《微波通信》《新型材料》等10多个系列，200多种学术专著。其中,《复杂地质艰险山区修建大能力南昆铁路干线成套技术》等图书荣获总署颁发的全国优秀科技图书二等奖,《税收流失及其治理研究》荣获2009年国家科学技术学术著作出版基金支持。

(3)"店销书是强社之路,创新是发展之魂",占出版总数25%的店销类图书,其中90%是电子信息技术类实用图书和培训图书。

计算机培训类图书的市场占有率排名前列,形成了"电子信息时代,读电子科大书"的良好影响力。《电脑短期培训班教程系列》《图形图像设计技术系列》《家电维修系列教程》等30多种图书荣获各级各类畅销书奖。

2. 重视数字出版。

出版社成立了数字出版中心,搭建了从生产制作到出版发行的数字化出版平台,出版各类电子出版物,并通过和中国移动、北大方正Apabi公司、超星、书生之家以及中文在线的深度数字化出版合作,共出版e-book 5000余种。

3. 积极参加国家工程和社会公益活动。

出版社积极参与国家农家书屋工程建设,2007年以来一批质量好、通俗易懂、适合农村阅读的图书,入选新闻出版总署和四川省新闻出版局农家书屋书目,并与四川四家大学出版社一道捐建了四川乐至县农家书屋。出版社还十分关心社会公益事业,"十一五"期间向地震灾区捐款10万元,向贫困地区和贫困学校捐赠图书总计69万码洋,计25500册,为社会作出了应有的贡献。

四川大学出版社

四川大学出版社(简称川大社)是教育部直属、四川大学主办的综合性大学出版社,她的前身是成立于1985年的原四川大学出版社和原成都科技大学出版社。2000年两社合并后,整合了原四川大学、成都科技大学和华西医科大学的教育科研资源和出版资源,逐步形成了自己独特的出书风格,其出版范围横跨文、理、工、农、医等领域,出版物形式包括图书、电子、音像和网络等数字出版物。

2006年到2010年的5年间,四川大学出版社围绕四川大学"以人为本,崇尚学术,追求卓越"的办学理念,立足服务中国高等教育,服务学校教学科研的办社宗旨,抓住几次重组、整合的有利时机,以改革促发展,逐步实现了管理创新、机制创新、人才创新和产品创新。

一、以改革促发展

出版社领导在分析过去出版社取得的成绩和存在问题的基础上,统一认识,把发展作为第一要务,向全社员工提出了"不争论,埋头搞发展"的要求;强调深化人事制度、劳动制度和分配制度的改革,坚定不移地转变职工观念,依法治社,用制度管人。

2001年出版社的改革实行全社职工实行双向选择,全员竞争上岗后,赋予了编室更大的权力。2006年明确提出,要更好地发挥编室的集体力量和团结精神,把目标、责任与工资、奖金和效益挂钩,调动各编室和科室的整体积极性。根据工作的需要,出版社调整编室结构,成立了文科事业部、理工医事业部、电子音像事业部、外语编辑室、师范教育与高职高专教材部。每一个员工都能根据自己的能力和特长选择岗位。与此相应,采取多种分配体制,沿袭了多年的大锅饭被彻底打破,"爱岗敬业,不爱岗就下岗,不敬业就失业"深入人心。

2008年川大社被教育部列为第二批转制单位。2009年4月学校上报了转制实施方案,2009年教育部和新闻出版总署批准了转制实施方案;2009年9月18日教育部批复我社的清产核资立项报告;2010年4月财政部批复我社的清产核资工作结果;2010年8月财政部批复了我社的资产评估报告;2010年12月15日完成工商注册登记,出版社按照教育部、新闻出版总署要求按时完成改制。

因为深化改革,出版社业绩快速发展,效益不断增长。五年间,发行码洋由2005年的六千万左右增加到2010年接近亿元;2005—2010年出版新书2116种,重印1956种,总计码洋3.92亿元。数字出版5年间共出版50余种。

二、根据市场需要调整图书出版结构,进一步突出出版特色和优势

随着各项改革的顺利施行,出版社进一步明确了自己的发展理念和发展思路,坚持把出版精品教材和高水平的学术著作作为出版的核心,坚持为学校的教学科研服务。思路决定出路,有了发展理念和发展思路,广大员工精诚团结,立足学校重点学科和特色专业,围绕中国高等教育改革需求,出版了大量质量水平高、代表学科前沿的教材和学术著作,建立了多层次的教材出版体系。

1. 完成国家"十一五"重点图书《元史地理校释》《宋元珍稀地方志(甲乙丙编)》的出版;完成教育部"十一五"规划教材18种的出版;完成四川省"十一五"重点图书《儒藏》《21世纪文化产业前沿丛书》等书的出版。

2. 经过近几年的出版积累,出版社在古籍整理类图书的出版方面已逐渐形成了品牌,以《儒藏》(180册)、《儒学研究丛书》为代表的古籍整理和学术研究类图书已在市场上获得好评,取得不错的社会效益和经济效益,带动了出版社其他古籍图书的出版。古籍图书《欧阳玄全集》《宋代诏令总集》简帛逐字索引大系之——《秦简逐字索引之一》得到新闻出版总署古籍办的出版资助,《司马光集》《四川古籍珍品名录》《青少年心理深呼吸丛书》等书被列为四川省重点图书得到资助。

3. 抓好各类教材和学术专著的出版。作为川大社主打品种的教材和学术专著,既是出版社的主要出版方向,又能很好地为教学、科研服务。2006—2010年的五年间,出版社的新闻传播书系、医学院校系列教材、法学系列教材、经济类教材和研究生教材等品牌图书每年都有新品种充实,成为持续出版发行的图书品种。几年来与四川大学社科处合作出版《四川大学哲学社会科学出版基金项目——哲学社会科学丛书》,已经出版50余种。

4. 适应国际化趋势,加强版权交流。五年来,出版社引进国外心理学教育系列图书、婚姻·家庭系列和生活技巧系列图书的出版,该系列图书继2005年启动出版后,3年已连续引进出版63个品种,在市场上逐步树立了自己的品牌。同时不断扩大合作范围,川大社和美国、德国、法国、英国、瑞士、日本、澳大利亚、加拿大的作者和出版社都有了交流和合作。国外作者在出版社出版的图书有《巴蜀老照片》《古希伯来语》《四川旅游指南(日文)》《The IBC of Writing(论文写作课堂教与学)》《病理解剖摄影图谱》等。引进出版的图书《生产消费者力量》《成功的策略》(此两种被评为高校出版社优秀畅销书)等10余种平均销量达6万册左右。《写作要义》作为大学教材已经出第二版,印刷7次,销量2.5万册。在版权输出方面,向韩国和香港地区成功输出的版权图书有《奥林匹克数学(初级、中级、高级读本)》《小桐梓生产技术》等15种图书。

三、积极参与抗震救灾

"5·12"汶川大地震发生后,川大社作为灾区的出版社,没有人员伤亡,只有库房和部分图书受损。在余震中出版社一直坚持做好本职工作,做好本社的防震救灾工作,落实办公房和库房的安全防震措施,减少受灾损失。同时,我社心系灾区人民,积极投入抗震救灾活动,组织力量用三天时间编辑完成《大震之后——心理援助与疾病预防》,于2008年5月22日正式出版,前后共印刷74000册,码洋432000元,及时送达汶川、马尔康、理县、都江堰、广元、彭州、雅安、绵阳、德阳等灾区;还出版了《国殇》《多难兴邦》《生命之歌》等图书,以纪念地震中遇难的同胞,讴歌灾难发生后各种可歌可泣的感人事件,鼓舞灾区人民重建家园。

除此而外,出版社还积极组织广大职工向地震灾区捐款捐物,组织出版社党员交纳特殊党费,参与中央电视台组织的大型赈灾义演,通过中国大学出版社协会向灾区捐赠20000元,分别向阿坝师专图书馆、绵竹市中小学、彭州市教委等捐赠80万码洋的图书。2010年为纪念"5·12"汶川大地震两周年,系统反思和总结中华民族精神核心要素,彰显四川大学引领社会、服务国家和人民的川大精神,出版社出版了由四川大学校长谢和平院士任主编,四川大学"中国汶川与海地震后20天比较研究"课题组编写的《中国的力量——从汶川与海地震后20天看中国的制度、文化和精神》,并在全国第20届图书交易博览会上举办了首发新闻发布会。

四、加强编辑队伍培训,狠抓质量管理

在抓编辑队伍建设方面,出版社结合新的用人机制,从2006年开始招聘了8名综合素质较高的合同制硕士毕业生,为出版社注入了新的生机和活力。之后又根据专业和出版的需要,在双向选择的基础上不断更新和充实编辑队伍,提高了编辑的整体素质,增强了编辑队伍适应市

场的能力。经过几年的队伍建设,现在出版社有一支政治素质强、业务素质过硬的编辑队伍,全社编辑队伍完成了老中青梯队建设,全社员工97人,其中编辑人数68人。

几年来川大社十分重视编辑人员的学习培训,出版社先后参加了教育部、新闻出版总署、四川省新闻出版局等上级机关组织的培训,中国出版协会、中国大学版协等协会组织的培训,以及本社的各项业务学习。对新员工还进行上岗培训和编辑业务知识培训等。

五、获奖情况

"十一五"规划教材《法医学》《市场价格机制与生产要素价格研究》等7本教材和专著2009年获得第二届四川出版奖图书奖;《体育教程》获得2008年度全行业优秀畅销书一等奖;《媒介新闻评论学》等专著2007年获得四川省第十二次哲学社会科学优秀成果奖;音像产品《中国李庄》《导听图说英语》2006年度获得四川出版奖音像、电子出版物奖。

回顾过去,展望未来,压力与动力同在,挑战与机遇并存。川大社于2010年底在改制完成后,组建了新的领导班子,新班子成员分别来自学校外联部、教务处、出国培训中心和原出版社,新班子给出版社带来了活力和新的发展动力,现社长熊瑜、书记宋绍峰、总编邱小平。四川大学出版社领导和员工一定会抓住文化体制改革的契机,以邓小平理论和"三个代表"重要思想为指导,贯彻落实科学发展观,以体制机制创新为重点,不断探索出版社发展壮大的新思路和新举措,在教育部、新闻出版总署及学校的关心支持下,不断进取,实现新的跨越!

西南财经大学出版社

"十一五"期间,成都西南财大出版社有限责任公司(简称:西南财经大学出版社)坚持"教材为先,学术为本"的办社理念,突出财经特色,走专业出版的发展道路,坚持社会效益第一,以社会效益带动经济效益,出版规模不断扩大,实力不断提升。2010年,出版社全面完成改制工作,依法建立完善的现代法人治理结构,成为真正的市场主体。

一、狠抓选题策划,出版规模不断扩大

以出版经济管理类图书为主要目标,强化为教学和科研服务的办社宗旨,整合校内外出版资源,走财经特色鲜明的专业出版道路,在选题策划组织上下工夫,出版规模不断扩大,销售码洋快速提升。"十一五"期间,出版品种增长210.41%,销售码洋增长264.89%,资产年均增长23.53%,利润年均增长35.46%。

二、突出财经特色,教材建设成效显著

"十一五"期间,出版社恪守出版专业分工范围,立足财经,强化"突出特色、彰显优势"的教材建设思路,力求"变学校的优势为出版社的优势,变学校的特色为出版社的特色",分类策划,精心组织,教材建设成效显著,出版适合研究生、本科生、成人教育、高职高专、中职等多层次精品教材487种。

三、打造精品图书,社会效益不断彰显

本着"打造精品"的原则,注重内容质量和编校质量,及时将教师的教学和科研成果转化为出版成果,出版了一大批高水平的教材和学术专著,推动了学科建设,提升了教学质量,为繁荣经济科学、服务金融事业、发展地方经济建设贡献了应有的力量。

有15种教材被评为普通高等教育"十一五"国家级规划教材,其中2种被评为普通高等教育精品教材。

有4种教材入选国家级精品课程立项教材,一大批教材跻身省级精品课程立项教材之列;10种教材获全国高校优秀教材和畅销书奖;成人(网络)教育系列教材获得了全国高校现代远程教育协作组评比"网络教育教材建设奖金奖"。

经济管理系列学术著作、博士文库、"211工程"建设项目系列学术专著、财经译库等是有代表性的精品学术著作。《西部资源开发与生态补偿机制研究》选题作为西部高校出版社唯一的项目,获得国家出版基金首批资助;《中国的经济改革与产权制度创新研究》等100多种图书分获"三个一百"原创图书出版工程奖、全国引进版社科类优秀图书奖、"四川出版奖·图书奖"等省部级以上奖励。

热心社会公益事业,先后向地震灾区、老少边穷地区捐赠图书、财物累计30余万元。公司所属光华财经书城先后获得"成都市示范书店""代言成都十佳书店"、成都市出版物发行企业"四星级企业""全国出版物发行行业文明殿堂"等称号。

四、推进数字出版,出版方式逐步转变

根据出版业的发展趋势,开展大量的数字出版调研和探索工作,通过经验积累和实践创新,稳步推进数字出版。"十一五"期间,完成数字出版的平台构建和资源积累,探索销售渠道和盈利模式,逐步推进传统出版向数字出版转变。

独立研发并建立"光华财经数字资源网"数字出版平台,独立开发、转换和制作电子图书、教学课件、财经案例、在线习题、多媒体视频等数字出版产品3600余个(套),合作和引进有独立版权的电子图书5000余种。

构建和完善了数字出版管理机制和人才队伍,并荣获"中国2010年最具潜力网站""中国2010年数字出版标兵"等多种数字出版奖项。

五、重视人才培养,发展后劲不断增强

以制度建设为重点,以人才培养为抓手,形成科学、完善的人才制度体系和运行机制,为出版社的可持续发展奠定坚实的人力资源基础。

坚持实行持证上岗、资格准入制度,尤其重视出版从业资格的取得,鼓励新进员工参加出版从业人员资格考试。"十一五"期间,出版社12人顺利通过编辑资格考试,取得中级职称,1人晋升高级职称。2005年以来,公司中高级专业技术人员每年以30%的速度递增。

六、完善规章制度,内部管理不断规范

完善图书质量管理规定体系,建立健全内部质量管理长效机制,图书质量不断提高。

根据出版业发展的趋势,结合出版社的实际情况,制定和完善业务、技术、人事、薪酬、管理等规章制度,形成了有自己特色的内部控制体系、职工薪酬体系、绩效考核体系。

以绩效管理为核心,创新性地采用绩效考核的管理办法。定岗定员,明确岗位职责,对部门采取二级考核,以绩效考核结果为依据,把收入和业绩挂钩,完善分配制度。奖金分配合理拉开差距,使员工收入向岗位价值、人员素质和工作贡献倾斜。

七、加强文化建设,构建和谐出版社

以办公信息网为平台,营造企业文化的良好氛围。在充分利用好现有的党团活动室等文体设施的基础上,有计划、有重点地调整、补充、完善文化设施和场所,以满足员工日益增长的文化需求,丰富员工生活。

以提高员工队伍的综合素质为目标,通过外培、内培、自培等多种形式对员工进行教育培训,倡导创建学习型团队,组织引导广大员工用新思想、新知识、新技术提升素质,进一步发挥工作潜能。

以人为本,关心关爱员工,开展多种文体活动促进团结、和谐,建设积极进取、富于活力和凝聚力的企业文化。

八、依法规范改制,转企工作顺利完成

根据中央改制的精神,按照学校关于出版社实施转企改制工作的部署,成立了以校长为组长,国资、财务、教务、审计、组织人事、校产等部门参加的出版社改制领导小组,启动出版社的转企改制工作。2007年末启动改制程序,经过两年多的工作,完成方案制订、清产核资、资产评估、财务审计和工商注册等工作,于2010年12月29日成都西南财大出版社有限责任公司挂牌成立,依法、规范、全面完成出版社的改制工作。

改制后,以《公司法》为准绳,公司建立了完善的现代法人治理结构,成为真正意义上的市场主体。

西南交通大学出版社

西南交通大学出版社成立于1985年,同时拥有图书、音像制品和电子出版物的出版权。在新闻出版总署首次全国经营性出版单位等级评估中被评为二级出版社。是四川省首批文化产业重点企业,出版发行骨干企业。

西南交通大学出版社始终遵循党的出版方针,把握正确的出版导向,坚持"诚信、质量、创新、服务"的办社理念,以传播科技信息、促进学术交流、推广科技成果、普及科学知识为己任,面向全国各类本科院校、高职高专、中等职业学校及全社会,出版以工、理、管、经、文、医、农为主的各种教材、教学参考书、学术专著、科普读物、工具书及国外先进科学技术译著等。同时还配合本版图书,出版音像制品和电子出版物。

西南交通大学出版社拥有一支专业知识和学术水平都非常过硬的编辑队伍,80%以上的编辑具有硕士学位,四川省新闻出版行业领军人才两人,全国优秀中青年编辑一人。编辑的专业涵盖了土木、机械、电气、交通运输、信息、材料、环境、数学、物理、化学,以及文史哲、经济、政法、外语等。很多编辑都曾经在教学科研第一线工作,他们能够及时掌握学科动态、课程体系、教材建设等情况,充分了解教师的教育理念和学生的实际需要,其策划和组织编写的教材,具有很强的科学性和实用性。

西南交通大学出版社紧紧围绕我国高速铁路建设和既有铁路全面提速的科技战略,努力依托本校的土木工程、交通运输工程、铁道电气化工程、机械工程、管理科学与工程等传统优势学科和特色学科,以及在轨道交通、磁浮交通、高速铁路、大型桥梁隧道、现代交通信息等领域所处的国内领先或国际先进地位,组织出版了一批高水平、高质量的学术专著和国家建设急需的高、精、尖科技图书。同时,西南交通大学出版社充分发挥本校在轨道交通领域的学科和人才优势,积极致力于将这些优势转化为出版优势,形成了以"轨道交通"为核心的"大土木、大交通"的出版特色,取得了良好的社会效益和经济效益。

西南交通大学出版社出版的图书获得了全国、铁道部、教育部、西南地区、四川省等的多种奖项。《高速铁路安全建设工程技术研究与应用系列丛书》3卷、《高速铁路与区域经济发展研究》5卷分别获得2012、2011年度国家出版基金资助,《泥巴山深埋特长隧道岩体工程问题研究》入选第三届"三个一百"原创图书出版工程,《汶川大地震工程震害分析》荣获第二届中华优秀出版物奖图书奖,《铁路选线设计(第三版)》被评为普通高等教育精品教材,《修路一本通》被中央宣传部、新闻出版总署、农业部联合推荐为"三农"优秀图书,《高速铁路四电系统集成》《中国铁路教育史》《煤矿安全知识问答》等荣获四川出版奖图书奖。

"十一五"期间,西南交通大学出版社实现了跨越式发展,总资产增长233%,净资产增长344%,资产优良率达到95%。列入"十一五"国家重点图书出版规划的有4种15册,如《铁路客运专线(高速)轨道结构关键技术丛书》(9册)、《客运专线牵引供电系统关键技术丛书》(4册)、《等离子体材料表面工程》等;列入普通高等教育"十一五"国家级规划教材的有18册,如《高等学校土木工程专业系列教材》(7册)、《高等学校交通运输专业规划教材》(3册)等;列入四川省"十一五"重点图书出版规划的有14种18册,如《城市轨道交通供电系统设计原理与应用》《机车车辆虚拟样机技术》《高速铁路电气化工程》《西南交通大学博士学位论文精品文库(全国百篇优秀博士学位论文）》（5 册）等。

"十二五"开局之初,《高速铁路与区域经济发展研究丛书》《铁路客运专线(高速)轨道结构关键技术丛书》《高速铁路安全建设工程技术研究与应用系列丛书》《现代轨道焊接》《建筑物火灾人员安全疏散研究丛书》等共 5 种 26 册图书列入"十二五"国家重点图书出版规划;《工程材料的棘轮行为和棘轮—疲劳交互作用》《重大灾难应急心理指导丛书》等多种图书列入四川省"十二五"重点图书出版规划;《龙之脉——中国铁路发展史话》《锦江春色来天地——成都:统筹城乡发展的生动实践》《新时期共产党人的民生观》《信仰之旅——重温中国共产党人的红色传奇(英文版)》入选迎接党的十八大和推进社会主义核心价值体系建设主题出版重点规划项目和四川省 2012 年度第二批图书出版重点规划项目;《高速铁路焊接工程系列:高速列车铝合金车体焊接结构、残余应力及强度》《地下工程专业系列丛书:山岭隧道》《物联网技术丛书》(4 本)、《光纤通信系统与仿真》《中国马克思主义发展规律问题的历史回答》入选四川省 2012 年度第一批图书出版重点规划项目;21 种教材入选第一批四川省"十二五"普通高等教育本科规划教材。

西南交通大学出版社始终坚持"诚信、质量、创新、服务"的办社理念,以"诚信"为根本,以"质量"为生命,以"创新"为动力,以"服务"为保障,坚持走特色发展之路,以特色立社、以特色强社。西南交通大学出版社密切关注高等教育教学改革形势,时刻跟踪国内外学术研究前沿,紧密结合国家重点建设工程,深入反映重大科研项目及成果,通过加强科学规划与发展,将资源优势转化为出版优势,在实践中不断强化自己的图书品牌,已发展成为在业界具有一定知名度且专业特色十分鲜明的出版社。

西南师范大学出版社

"十一五"时期,西南师范大学出版社(以下简称"西南师大社")以邓小平理论和"三个代表"重要思想为指导,深入学习实践科学发展观,进一步加强和改进出版工作。通过促改革、强产品、抓经营、重管理,打造精品、营销、队伍三大工程,实现出版社大改革、大发展、大变化、大跨越。

一、学习实践科学发展观,坚持正确出版方向

1. 深入贯彻落实科学发展观,努力构建和谐出版

西南师大社认真把握出版发展规律,深入思考出版发展思路,积极开拓出版发展路径,努力破解出版发展难题,巩固了"以重大项目为龙头,以教材建设为中心,以艺术图书为特色,以学术品牌为支撑,以数字出版为创新,以人才建设为根本,以规模经营求发展"的发展道路、发展模式和发展战略,努力构建科学出版。

2. 坚持正确出版方向,全方位保证图书质量

西南师大社认真贯彻落实党和国家的出版方针政策和出版法律法规,坚持正确的出版方向,严格把好图书质量关。每年及时报送年度选题计划,严格执行选题论证制和重大选题备案制,加强选题管理;严格"三审",执行"三校一读",执行书号实名申报制度,实行印前质检,确保图书编校质量;层层把关,在工作过程中严格执行出版程序,确保图书内容质量;高度重视国家和省市组织的图书质量检查活动,以质量检查为契机,不断加强图书质量管理工作;制定《西南师范大学出版社图书编校质量管理办法》等管理制度,完善质量保障体系,使图书质量得到切实保障和不断提高。

二、促改革,推进规模发展

1. 完成工商登记注册,成功实现转企改制。

西南师大社2008年启动转企改制,完成清产核资后,按照财政部关于企事业单位财务、资产管理的规定,委托具备资质的会计师事务所进行财务审计;按国有资产评估管理有关规定,聘请有资格的资产评估机构进行资产评估并完成验资工作。按照"产权清晰、权责明确、政企分开、管理科学"的原则积极建立现代企业制的公司法人治理结构。2010年12月,在重庆市工商局核准使用"重庆西南师范大学出版社有限公司"企业名称后,及时申报工商登记注册,12月30日获得北碚区工商局批准,完成登记注册。至此,西南师大社成功实现转企改制。

2. 实行二元管理,进一步深化出版社内部改革。

西南师大社以改制为契机,2006年制定颁布、2010年修订《西南师范大学出版社分社管理试行办法》,推行并完善分社(中心)模式,进一步深化出版社内部改革。为使部门机构设置能更好地适应中长期发展的需要,西南师大社于2006年、2008年、2010年进行三次机构调整。成立高等教育分社、基础教育分社、职业教育分社、艺术教育分社四个分社,成立审读质检中心、电子音像中心、数字网络中心三个中心,通过系列调整,切实推进二元管理模式。

3. 面向市场,开门办社。

2010年3月,人民出版社、西南师大社与中国出版工作者协会签订协议,股份制改造和发展线装书局。2010年9月总署批准了这一方案,中央电视台、中央广播电台报道并肯定了改制发

展方向。西南师大社开创性地探索改制和开门办社的有效路径,使出版社向集团化方向发展,逐步实现产业结构和经营结构的转型。一是对德奎纸业公司增资扩股,成立纸业股份制公司;二是与民营图书文化企业合作组建经营性股份制公司;三是成立"名师在线"全媒体教育服务公司。

三、强产品,打造精品工程

西南师大社大力实施图书精品战略,打造精品工程,通过精品图书的积累,形成图书精品群,由精品群形成名牌图书、品牌出版社效应,形成"专、精、特、新"的出版特色。

1. 以重大项目为龙头,打造重大文化工程。

西南师大社全力积极组织"国家'十一五'时期文化发展规划纲要"重大出版工程规划项目《域外汉籍珍本文库》和《中华大典·法律典》的编撰出版。2008年《域外汉籍珍本文库》第一辑出版,2010年着力准备修订本和第二辑的出版。2010年8月29日,该项目获得国家出版基金3600万元资助,是国家出版基金最高金额的资助项目之一。2010年,《中华大典·法律典》的《刑法分典》《法律理论分典》完成送审工作,2011年出版。2010年积极组织申报重庆市重点出版项目,其中《域外汉籍珍本文库(第二辑)》《中华大典·法律典》《羌族文献集成》《巴渝古代文献集成》《渝水流泽——重庆历史文化遗产品鉴》《农家丛书》6个项目入选重庆市新闻出版局重点选题库。《域外汉籍珍本文库》《中华大典·法律典》《羌族文献集成》《农家丛书》《西三角历史发展溯源》等项目获得重庆市2009年、2010年度公益出版专项资金资助。

2. 抓好国标教材的建设工作,强化立社之本。

西南师大社抓住国家新一轮课程改革机遇,组织专家学者编写义务教育课程标准教材,创立了国家课程标准义务教育教材品牌。小学《语文》《数学》《音乐》、初中《音乐》等三个学科四个项目共42种经教育部立项并由全国中小学教材审定委员会审定通过,形成了以国家课程标准义务教育教材为主的基础教育特色板块。"十一五"期间,每年出版国家义务教育课程标准教材及配套读物占年总品种数的三分之一以上。西南师大社先后出版了各科的教学参考书、同步助学读物、优秀教案、视频课例、教学软件等;出版《新课程实验研究》内部期刊1种,自建、合建教材资源网站3家,形成了以西南师大版课标教材为中心的产品群。西南师大版课标教材在四川、重庆、贵州、安徽、河南、广东等省市近400个实验区县使用,每年国标教材均达到2000万册以上,2010年发行码洋超过2亿元,产生了很好的社会效益和经济效益,为国家义务教育和课程改革作出了贡献。

3. 突出艺术特色,进一步塑造艺术特色和品牌。

通过10余年不懈努力,出版畅销、常销艺术教育图书《21世纪美术教育丛书》《21世纪全国高师音乐教材》等400余种,形成艺术教育特色板块。美术、音乐类教育丛书每年再版重印率达到70%以上,构建起西南师大版艺术教育图书强势品牌,形成了西南师大社此类图书明显的市场优势。

4. 完善和强化教育理论与教师教育图书品牌。

就如何实现素质教育和优质教育,西南师大社经过两三年的调研,把立足点放在教师教育上,从2007年开始策划组织中小学"名师工程"系列书,2009年完成"青蓝工程"图书的策划论证组稿工作,2010年申报选题29种,2011年整体推出。经过四年打造,出版了《教学通识用书系列》《名师讲述系列》《教学提升系列》等100多种图书,形成了在教育理论和教师教育领域具有广泛影响的教育图书品牌,销售跻身全国教师教育品牌图书的前三甲。中国教育学学会会长、著名教育家顾明远先生给予该套书高度称赞,并出任学术委员会主任。

5. 努力实现由传统出版向数字出版的转型。

"十一五"期间,西南师大社积极推进由传统出版向数字出版的转型,2009年开始实施"12345"数字出版战略工程。2010年,我社内容资源库入库400余种图书;组织编制了40多万道习题,其中录入题库管理系统10万道题;在平台建设方面,完成了内容资源管理系统、条目管理系统、题库管理系统、题库应用系统;在产品应用方面,建设了针对中小学生实现差异化、个性化教育服务的"名师e课堂"应用服务平台。2010年的一期项目因具有新技术、新平台、新出版三大特点,好用、易用、耐用三大优势而成功通过验收,这标志着西南师大社从传统出版到现代数字出版的转型迈出了重要的步伐。

四、抓管理,打造队伍工程

西南师大社始终坚持以人为本,不断加强内部管理,树立科学的人才观,整合人力资源。通过加强队伍建设,打造队伍工程,提高出版社整体竞争能力、工作效率和经济效益。

1. 加强队伍建设,打造优秀团队,提升员工素质。

西南师大社高度重视队伍建设,通过实施"引进来"和"走出去"措施,加强培养员工的思想素质、业务素质。"十一五"期间先后邀请复旦大学出版社有限公司董事长贺圣遂,广西师范大学出版社集团董事长何林夏,北京语言大学出版社戚德祥社长,国家版权局原副局长、中国版权协会理事长沈仁干,国家版权局版权司巡视员许超等专家到社为编辑职工作专题讲座。社领导5人次参加中宣部、新闻出版总署、教育部主办的社长总编辑培训班,中层干部、编辑骨干、青年编辑100余人次参加新闻出版总署、重庆市新闻出版局等举办的编辑培训班。通过讲座、座谈会和培训等多种形式,提升员工的整体人文素养和技术能力,形成了一支政治素质较强、业务较精、科研能力较强、作风正、纪律严的干部职工队伍。

为适应转企改制,充分调动员工积极性,西南师大社制定了《西南师范大学出版社聘用制人员管理试行办法》,修订了《西南师范大学出版社职工年休假暂行办法》,新制定了《西南师范大学出版社专业技术人员管理办法(试行)》《西南师范大学出版社专业技术人员职务任职资格评聘工作试行条例》《西南师范大学出版社宣传及科研成果津贴发放办法》,完善了《西南师范大学出版社获奖奖励办法》《西南师范大学出版社员工在职攻读学位的管理暂行办法》,提出了以社会化评聘为主兼顾学校评审的职称评审思路,使人才发展得到充分的制度保障。

2. 加强管理,量化目标,追求质量,保障发展。

西南师大社合理调整机构,实现分社(中心)"授权经营,独立核算,目标管理,自主发展"的二元管理模式,修订了《西南师范大学出版社分社管理试行办法》,加强对分社(中心)的管理。还制定了《西南师范大学出版社编校质量管理办法》《关于进一步规范书号实名申领工作的通知》《西南师范大学出版社出版印制管理办法》《西南师范大学出版社图书印前工作管理办法》等,加大了对图书出版等各个环节的监控力度,要求全社员工牢固树立产品质量第一、工作质量第一、服务质量第一的理念,努力提高图书质量。此外,还修改完善了《西南师范大学出版社考勤暂行办法》《西南师范大学出版社工作人员差旅费报销暂行规定》《西南师范大学出版社用车管理暂行办法》《西南师范大学出版社通讯费报销管理暂行办法》等。通过抓质量,抓特色,抓市场,抓队伍,抓管理,抓效益,形成出版社品牌效益。

五、重经营,两个效益显著

"十一五"时期,西南师大社一如既往地加强管理、开拓创新,实施精品战略,打造优秀团队,取得了良好的社会效益和经济效益。

1. 社会效益显著。

西南师大社围绕中心,服务大局,积极投入公益事业,在出版了一大批优秀图书的同时,在人才队伍培养、科学研究等方面也取得了可喜的成绩,收获了很好的社会效益。

(1)图书获各级各类奖励。国家级大奖有4项:2008年,《21世纪首届中国黑白木刻展览作品集》获得首届中国出版政府奖装帧设计奖提名奖;2009年,《教育策划研究》获"三个一百"原创图书出版工程奖,《时间之殇》获中华优秀出版物奖抗震救灾特别奖;2010年2月,《社会主义荣辱观教育读本》被中宣部、新闻出版总署评为第二届优秀通俗理论读物推荐图书(全国仅10本书入选,我社是唯一入选的大学出版社)。西南师大社有三种图书《域外汉籍珍本文库》《家蚕基因组计划 2000—2007》《南方鲶解剖》获首届重庆出版政府奖优秀图书奖。《新闻采访理论与实践》《媒介管理学概论》《中国民族音乐形态学》获得首届中国大学出版社图书奖优秀教材奖一等奖,《南方鲇解剖》《宋朝民间慈善活动研究》获得首届中国大学出版社图书奖优秀学术著作奖二等奖,《祖国在我心中——重庆校园传唱经典歌曲45首》《教育从心灵开始——名师讲述最能感动学生的心灵教育》《施教先施爱——名师讲述班主任的核心教导力》获得首届中国大学出版社图书奖优秀畅销书奖二等奖。《社会主义荣辱观教育读本》《时间之殇》等图书入选重庆读书月活动"十佳渝版图书"。《拜耳钢琴基本教程》《成为有思想的教师》被中国书刊发行业协会评为"年度全行业优秀畅销品种"。《名师工程》系列图书在2010首都大学生读书节中获得"大学生最喜爱图书奖"。《音乐鉴赏》《冲破思想的藩篱》入选"全国中小学数字读物推荐书目"等。

(2)集体获各级各类奖励。获省市及以上的奖励有:2006年获重庆市新闻出版局全市新闻出版系统践行八荣八耻演讲大赛组织奖、重庆市新闻出版系统廉政文化建设理论研讨征文活动组织奖、先进出版单位。2008年获中共重庆市委宣传部精神文明建设"五个一"工程奖,北碚区国家税务局、北碚区地方税务局纳税信用等级A级单位称号,荣获新闻出版总署"文轩杯"全国新闻出版系统学法用法知识大赛组织奖优秀奖。2009年被新闻出版总署评为国家一级出版社、全国百佳图书出版单位,还被评为中国十佳教育出版社。2010年在重庆市举办的"全国库存图书调剂会暨第三届重庆读书月书市"上,西南师大社被评为"优秀组织单位"。2010年,西南师大社荣获第二届中国出版政府奖先进出版单位奖。

(3)人物获各级各类奖励。获省市以上的奖励有:社长周安平先后获得重庆市委教育工委"优秀共产党员"称号、第十七届全国书市"十佳编书人"称号、首届中国出版政府奖优秀出版人物奖、新中国60年百名有突出贡献的新闻出版专业技术人员、首届中国大学出版社高校出版人物奖。李远毅总编辑先后获重庆市宣传文化系统"五个一批"部门级人才称号、首届重庆出版政府奖优秀出版人物奖、重庆读书月活动"十佳编书人"称号。程鹏副社长获重庆市委宣传部"巴渝新秀"青年人才称号。胡小松获重庆读书月活动"十佳编书人"称号,陈亦民获重庆读书月活动"十佳售书人"称号。王正端获第十七届全国书市"十佳编书人"称号。

(4)出版科学研究方面,全社人员在《中国出版》《出版发行研究》《中国版权》《知识产权》等业内主要刊物发表论文100余篇。其中周安平社长的论文《论中美版权侵权行为结构的差异》获第二届中华优秀出版物奖全国优秀出版科研论文奖,论文《民间文学艺术的知识产权保护模式研究》荣获第三届中华优秀出版物奖全国优秀出版科研论文奖。

(5) 勇于担当社会责任,积极捐助公益事业。"十一五"期间,西南师大社累计捐赠图书100多万册,价值700多万元。尤其在2008年"5·12"汶川大地震后,西南师大社举全社之力支援灾区,累计捐款67万余元,捐赠价值约150万余元大中小学教材,出版《时间之殇——"5·12"汶川大地震图文报告》和《重庆摄影人见证汶川大地震》两种抗震救灾公益图书。

2. 经济效益良好。

"十一五"时期,出版图书4744种,其中新版图书1454种,再版重印图书3280种,平均重印率为69%。销售收入86151万元,上缴学校4417万元,缴纳国家税收5169万元,总资产23939万元,2010年比2005年分别增长138.2%、13.5%、437.2%、231.2%。西南师大社已经连续5年实现了持续增长的目标,基本实现了由数量型增长向质量效益型增长的转变,实现了国有资产的保值增值。详见下表:

表5 西南师范大学出版社经营工作量统计表

时间(年)	出书种数	新版书种数	重版书种数	重版率%	印数(万册)	总码洋(万元)
2006	778	260	518	67	3616	25111
2007	861	258	603	70	4481	30215
2008	976	280	686	70	5581	40159
2009	1085	310	775	71	5390	40843
2010	1044	346	698	67	5652	33255
合计	4744	1454	3280	69	24720	169583

表6 西南师范大学出版社经营效益基本情况统计表 (单位:万元)

年份	销售收入	增长比例	资产总额	增长比例	税收	增长比例	上缴学校	增长比例
2006	10831	8.9%	9872	26.8%	527	8.9%	815	0
2007	14226	44.3%	9769	35.1%	618	27.7%	864	6.0%
2008	18638	89.1%	11157	54.3%	668	38.0%	906	11.2%
2009	18975	92.5%	16234	124.6%	756	56.2%	907	11.3%
2010	23481	138.2%	23939	231.2%	2600	437.2%	925	13.5%
合计	86151		70791		5169		4417	

(注:以2005年数据为基数。2005年,销售收入9858万元,资产总额7227万元,税收484万元,上缴学校815万元。)

3. 排名进一步提升。

出版社取得良好的社会效益和经济效益,排名进一步提升。2010年出版能力在全国561家出版社中,西南师大社总排名第26位;在社科类231家出版社中居第7位;在101家大学出版社中居第7位。这既是对出版社20多年来特别是直辖市建立以来发展业绩的高度肯定,也是对出版社未来改革旅程的鼓励。

通过抓改革、抓管理、抓经营、抓队伍建设,进行资源整合,培育企业文化,"十一五"时期成为我社稳定发展、提升质量、塑造和展示形象、深化改革、人才队伍培养的五年。我社将深入贯彻落实科学发展观,坚持以科学的理论武装人,以正确的舆论引导人,以高尚的精神塑造人,以优秀的作品鼓舞人,以科学发展观为指导,努力构建和谐出版,按照党和国家出版方针、政策、法规的要求,继续深化出版改革,拟订新措施,搞好出版社的管理和发展,为我国的教育事业、出版事业作出应有的贡献。

重庆大学出版社

重庆大学出版社(以下简称重大出版社)成立于1985年1月。作为教育部直属的全国重点大学出版社、全国高校教材出版中心和职教教材出版基地,集图书、电子、音像和网络出版为一体,植根历史久远的"985"综合性高等学府——重庆大学,在艰苦中创业,在改革中奋进,在竞争中发展,不断发展壮大,形成了持续、健康、稳定、发展的良好局面,"十一五"期间被评为"国家一级出版社"。

2006—2010年,重大出版社共出版图书5672种,其中新书2491种,再版和重印书3181种。到"十一五"末,销售码洋达1.75亿、总资产1.58亿、销售收入1.1亿、利润1700万,比"十一五"初(2005年末)分别增长了67.83%、112.53%、54.68%、15.05%,在全国大学出版社中排名前20名。从以上数据可见,五年来,出版社不仅实现了国有资产的保值增值,利润的持续稳步增长,而且其他各项指标均明显呈现良好的发展态势。

到2010年底,出版社拥有职工近200人,下设理工分社、科技分社、经管分社、社文分社、外语分社、电子音像社、图书编辑室、国际合作部、营销中心、物流部等部门,独资合资建立了重大书店(重庆高校图书代办站)、重庆书源排校公司、重庆日报报业集团图书出版有限公司、重庆迪帕数字传媒有限公司、北京楚尘文化公司,形成了集团化发展雏形。

一、办社理念、方向、出版特色

多年来,重大出版社一直秉承"以科学的理论武装人,以正确的舆论引导人,以高尚的精神塑造人,以优秀的作品鼓舞人"的要求,坚持出版必须"为人民服务,为社会主义服务"的方针,坚持社会效益第一的原则,积极出版为教学、科研服务的教材和学术专著,出版反映时代特征和新兴科学技术的优秀图书。

"十五"末,出版社通过总结"十五"发展规划的经验教训,研究下一步发展的外部环境和内部条件,经过出版社上上下下反复研讨,制定出"十一五"发展规划。

其指导思想:坚持科学的发展观,把加快发展作为主题;把优化图书结构、形成出版特色作为主线;把提高出版物的质量和效益作为出发点和落脚点;把深化出版改革、强化出版管理作为动力和保证,力求通过规划的制定和实施,激励全社职工团结奋进,实现重大出版社的更大发展。

其总体目标:坚持"一主二翼"(以教材和学术专著出版为主,以出版反映新兴科学技术和时代特征的图书为两翼)的发展战略,把出版社建设成为具有鲜明特色,在国内同类型出版社中名列前茅且有一定国际知名度的大学出版社。

根据新的发展态势,2009年又提出新的"一主两翼"发展战略:在未来5~10年间,坚持以出版为主业,并向文化产业相关领域和教育产业相关领域拓展的发展方针。即:用5~10年的时间,把出版社建设成为在科技、经济、人文、社科、外语出版五大方面和大众图书出版领域具有鲜明特色,在电视、电影、杂志、图书销售、文化服务等文化产业领域有一定经营规模,在教育与培训领域有一定实力,经营触角开始伸向国际舞台的中型产业集团。

二、五年改革发展历程

1. 集团化发展格局初步形成,转企改制顺利完成。

2006年,出版社在规模扩张已有一定基础的条件下,经过整合,内部裂变成立了5个分社和两个公司,即理工分社、科技分社、经管分社、社文分社、外语分社,图文制作中心和重大书店,加上已有的电子音像出版社,8个部门各自独立核算,迈上了集团化发展轨道。

2007年,图文制作中心独立,成立了出版社独资的书源排校公司;同年重大出版社与远望咨询公司合资成立了博科乐图书有限公司,年底,在分社制发展比较平稳的基础上,又将营销一、二科以及市场部合并成立营销中心,实行模拟公司运行。至此,出版社模拟集团化运作格局基本形成,出版社的大发展有了基本的组织保证。

2008年,重大出版社作为第二批转企改制单位正式进入改制日程。

2009年12月,出版社顺利完成了转企改制,成立重庆大学出版社有限公司,并被重庆市委宣传部、重庆市文化广播电视局和重庆市新闻出版局联合授予"全市文化体制改革工作先进单位"称号。

同年,出版社审时度势,结束了"博科乐"公司的业务活动,在总结"博科乐"经验教训的基础上,与重庆日报报业集团合作成立重庆日报报业集团图书公司。

2010年,出版社又与北京麦田文化公司合资成立了北京楚尘文化有限公司,有力地推动了重大出版社市场图书的开发。同年出版社新成立了文字编辑室,让分社的编辑将主要精力用于策划组稿,文字加工任务主要由专职文字编辑和社外编辑完成。

经过2006—2010年的不断整合与发展,集团化发展的格局已初步形成。5个分社的独立性越来越明显,自立于市场的能力进一步提高,在各自的学科领域内已有一定的知名度和竞争力;重大书店实行公司化运作以来,市场化程度不断提高,知名度和信誉度不断增强,已成为重庆市内颇具影响力的中型书店;书源排校公司已经比较熟练地掌握了市场运作规律,业务范围正不断扩大。为了发展重大出版社的一般图书,两家合资公司运行正常,大大弥补了重大出版社在一般图书出版方面的劣势。

2. 适应形势变化,大力发展职业教育教材。

根据国家转向大力发展职业技术教育和职业培训的形势变化,2007年,重大出版社确定了战略调整思路,即巩固已有的大学教材规模,提高质量,搞好立体化配套,增强其市场竞争力;立足重庆,面向中、西部,大力开发职业技术教育特别是中等职业教育教材和职业培训教材;在某几个方面积极开发市场图书,实现教材和图书的合理结构,使"两翼"真正地飞起来。

战略调整达成共识以后,战术措施马上紧跟其后。有关社领导和分社全体出动,积极策划和组织新的中职选题,中职教材的开发取得突破性进展,中等职业教育计算机专业、工业与民用建筑专业、机械类专业、模具设计与制造专业、机电技术专业、财经商贸类专业等几十套中职系列教材已经出版,在新一轮的中等职业教育文化课和大类专业基础课国家规划新教材的立项编写出版中,重大出版社出版的《体育与健康》《电工技术基础与技能》两种教材成为国家规划新教材。

中等职业教育教材的大量开发与出版是对重大出版社教材出版空间的有力拓展,使重大出版社教材不论在规模上还是在层次上都有了进一步的提升和扩充,展示了新的增长点和发展空间。

3. 图书板块已具雏形,正在成为出版社新的经济增长极。

根据出版社的战略调整规划,即将教材与图书的比例调整为6∶4。经过几年的调整,在出版社内部和重庆报业集团图书出版有限公司、北京楚尘文化有限公司的努力下,重大出版社的图书板块已经成长起来,并在心理学和社会科学研究方法、科技和科普、小众阅读和时尚阅读等方面形成了特色。

在开发图书的同时注重多方面开发社会效益明显的重点图书和公益出版物。策划的《中国经济改革30年》大型丛书,在社会各界尤其是经济学界取得了一致好评和广泛影响。该套丛书还入选"十一五"国家重点图书出版规划,获得多项荣誉:渝版"十佳"图书;重庆首届"读书月活动"优秀图书;2008年《市场化进程卷》也入选国家纪念"改革开放30周年"百种重点图书;2009年第一届重庆市政府出版奖;2009年西南地区大学版协优秀图书奖等。

响应国家号召,积极为建设社会主义新农村服务。2007年出版了《进城务工实用知识与技能丛书》共10个系列106个品种。该套丛书在第十七届全国书市上引起强烈反响,一面世便受到广大农民朋友的欢迎。该选题列入新闻出版总署"十一五"重点图书出版规划,在《中国新闻出版报》上连续3次进行宣传,在重庆市首届"农民工日"上向农民工无偿赠送5000册,在社会上引起广泛关注。之后,重大出版社又积极参与由市新闻出版局组织的《农家丛书》图书的策划组稿,有14个系列65种。《农家丛书》的出版,为新农村建设、城乡统筹作出了贡献。

到2010年,重大出版社的战略调整已见成效。图书品种已经超过40%,销售码洋也大幅增加,已有图书进入当当网销售前20位。图书板块的形成尤其是一些优秀图书在市场上的行销,大大提升了重大出版社的形象。

4. 数字出版工作取得了实质性的进展。

2008年1月新闻出版总署批准重大出版社获得互联网出版权,从而使重大出版社具有了图书、电子、音像和网络出版四个完整的媒体出版权。2009年为了适应新形势的要求,出版社出台了《关于加强重大出版社数字出版工作的若干指导意见》,该意见是指导今后若干年重大出版社数字出版的纲领性文件。

重大出版社首先实现了电子书的制作、加密、阅读、销售一体化流程,大大提高了数字出版效率;同时与11家公司开展业务合作,由单一的电子书网络出版,转向手机报出版、学习机出版等多种模式综合出版,大大提高了重大出版社的互联网出版经济收益。

为配套教材宣传及网络教学,自建重庆大学出版社商务网和重庆大学出版社教育资源网,提供了宣传出版社图书及进行电子商务的平台和方便读者下载数字资源的平台,为出版社出版的各类教材提供了大量的后续增值服务。

2010年重大出版社新成立了数字出版部,启动了中国职业学习网项目的建设,为职业教育的发展创造专业的网络环境。

截至2010年年底,重大出版社"十一五"期间共出版电子书1200种,网络出版总收益83万元,标志着重大出版社在"十一五"期间互联网出版业务上了一个新台阶。

同时,2010年重大出版社出版管理ERP系统建设取得进展,编、印、发、财几个模块整体上线,特别是决策模块的使用,为出版社的精细化管理打下非常好的基础。

5. 实施"走出去"发展战略并初见成效。

2006年重大出版社开始了"走出去"发展的尝试,从以前单一的引进版权,开始向外输出:重大出版社同英国皇家工程师学会建立合作关系,将该学会的有关资料由重大出版社组织印刷发行,此举使得重大出版社的影响遍及20多个国家和地区;同台湾五南出版社合作,向对方成功输出版权4种。

五年来,重大出版社分别从美国、英国和我国的香港、台湾地区引进版权245种,出版173种,输出版权5种,并与Pearson Education出版集团、德国Springer、英国ICON、香港指南针集团等多家出版集团建立了合作伙伴关系。其中出版社精心打造的《万卷方法》丛书已成为中国社会科学研究方法第一品牌;心理学、心理自助系列图书,已逐渐形成品牌和影响;2008年,重大出版社与国外知名生活哲学出版社 Philosophy for Beginners 合作,引进翻译《哲学与生活》丛书,以启迪智慧、普及哲学、提高人的思维能力、传播文化为宗旨,成为国内出版社打造的首套通俗哲学品牌。

三、"十一五"期间所获部分奖项

"十一五"期间重大出版社在改革中发展壮大,顺利完成转企改制,取得了可喜的成绩,获得多项奖项:

（1）被新闻出版总署评为"国家一级出版社",被授予"全国百佳图书出版单位"荣誉称号。

（2）被重庆市委宣传部、重庆市文化广播电视局和重庆市新闻出版局联合授予"全市文化体制改革工作先进单位"称号。

（3）获全国"服务'三农'图书出版发行工作先进单位"称号。

（4）获"国家'十一五'重点出版规划出版工作先进单位"称号。

（5）《进城务工实用知识与技能丛书》(116种)入选"十一五"国家重点图书出版规划项目,重庆市"十一五"重点选题;2009年获得第一届重庆出版政府奖优秀图书奖。

（6）《中国经济改革三十年》系列丛书(13种)入选"十一五"国家重点图书出版规划项目,重庆市"十一五"重点选题;2009年获得第一届重庆出版政府奖优秀图书奖。

（7）《昆虫之美》入选新闻出版总署向全国青少年推荐百种优秀图书。

（8）《装饰之源——原始装饰艺术研究》入选新闻出版总署"三个一百"原创图书出版工程。

（9）《教育故事:可乐男孩》获得由中国大学出版社协会、教育部社会科学司颁发的"第八届全国高校出版社优秀畅销书奖抗震救灾图书特别奖"。

（10）《商务谈判（第二版）》等4种教材和图书获得第八届全国高校出版社优秀畅销书奖。

云南大学出版社

云南大学出版社（以下简称云大社）成立于1988年2月；2005年8月，获得音像出版权，并以"云南大学音像出版社"名义开展音像制品出版业务；2006年4月，获得电子出版权，并将该业务与云南大学音像出版社业务合并，同时将云南大学音像出版社更名为云南大学电子音像出版社。至此，在"十一五"开局之年，云南大学出版社初步形成以教育、学术、大众为主要出版特色，出版形式涵盖图书出版、电子出版、音像出版、数字出版和手机出版等多种媒体，发行网络辐射全国市场的地方综合性大学出版社。

出版社现有职工56人，设置有办公室、总编室、财务室、编辑部、校对室、审读质检室、事业部、发展部、市场部（含储运部）、设计部、出版部（含数字出版部）以及电子音像出版部共12个部门，形成了一支学历层次高、高级职称人数多的出版队伍。

"十一五"时期，云南大学出版社始终坚持正确的出版方向，坚持社会效益第一和发展是第一要务的原则，坚持"创立学术品牌，弘扬民族文化"的办社理念，遵循科学发展，不断整合出版资源，充分实现大学出版社的功能定位和社会使命，以建设"小而特""小而精"的学术出版单位为发展方向。

"十一五"期间，云南大学出版社出版图书近1600种。其中，重印书占30%，高校教材占新书的20%，学术专著占新书的59%。其间，出版社共有二百余种图书在国家级、省部级的评奖中荣获多个奖项，获奖率超过10%。

经过多年的探索和积累，云南大学出版社在民族学、人类学、东南亚和南亚研究、旅游管理、文化产业研究、经济史、云南地方史、对外汉语教育等学科领域逐渐形成了鲜明的出版特色。《高等学校文化管理类专业系列教材》《泰国六年制小学汉语课本》《李元阳集》《云南聚落研究》等多种图书列入国家"十一五"重点图书出版规划；《李元阳集》《二十五史音乐志》等图书列入国家古籍整理出版规划；《现代旅游经济学》《民俗风情旅游》《酒水服务与酒吧管理》等多种图书入选教育部普通高等教育"十一五"国家级规划教材。

由于有了比较厚实的出版积淀，云南大学出版社在学术图书和高校教材领域的出版能力越来越得到社会的认同。云南省高校学术著作出版基金评审办公室落户云大社，云大社还成为云南省哲学社会科学学术著作出版专项基金的重要出版单位，先后出版了百余种优秀学术图书。"十一五"期间，中文社会科学引文索引（CSSCI）期刊、中国核心期刊（遴选）数据库期刊《出版科学》公开发布的"对＊＊学科最有学术影响的百家出版社分析"系列专题研究报告中，云南大学出版社在民族学、文化学、宗教学、经济学等学科领域均榜上有名。通过竞标，云大社成功参与我省"重大文化工程"——《云南文库》（"大家文丛""名家文丛""百人百部"三个层次）的出版工作。

云南大学出版社充分利用地缘优势，响应国家将云南建设成为面向南亚、东南亚的国际大通道的发展战略，积极实施出版"走出去"战略，推出了《泰国六年制小学汉语课本》中泰双语教材、《缅甸小学汉语课本》中缅双语教材、《警务中英泰三语教程》和《实用汉语新编》等一批外向型图书。与越南教育出版社联合编写的《越南小学汉语课本》中越双语教材在越南国内正式出版后，被越南教育部指定为越南小学学习汉语的首选教材。由于成绩突出，云南大学出版社获得"2006年全国图书版权输出先进出版单位"称号。

"十一五"期间,云南大学出版社出版音像制品、电子出版物近百种。音像、电子出版探索出了一条紧紧围绕主旋律,服务云南民族文化强省建设,以及弘扬云南丰富多彩的民族文化等领域开发音像、电子出版物的发展思路。如弘扬主旋律的《心手相牵 共铸辉煌——云南民族工作60年纪实》《丹心为民——郑垧靖同志先进事迹》,服务云南民族文化强省建设的"声动云南"系列、"绝色云南"系列,以及地域特色鲜明、格调高雅的《中国城市影像志——大理》等音像制品。《云南民族民间文化艺术影像系列》《云南少数民族的历史与文化》分别列入"十一五"国家重点音像、电子出版物出版规划;系列音像制品《中国传统文化经典读本》入选全国100种重点"有声读物"。在中华优秀出版物奖的评奖中,音像制品《彝音天籁》(CD)、《大理上下四千年》(DVD)分获2008年第二届、2010年第三届音像奖的提名奖。

从2003年起,出版社积极探索数字出版(电子图书)业务,并于"十一五"期间积极发展手机出版业务,不断为出版资源的再利用开拓新途径。2009年2月,由方正阿帕比公司制作的,包含云南大学出版社704种电子图书的光盘,被温家宝总理作为国礼赠送给英国剑桥大学,温总理亲自为此套电子图书数据库题字——"中华数字书苑"。

今天的云南大学出版社,正以鲜明的出版特色走向全国,不仅为高校的学科建设和发展、社会学术的成长和繁荣作出了应有贡献,而且为自身的未来奠定了坚实的发展基础。

陕西师范大学出版总社

陕西师范大学出版总社有限公司(以下简称陕西师大出版总社)是教育部主管,由原陕西师范大学出版社、陕西师范大学《中学教学参考》杂志社、陕西师范大学电子音像出版社合并转企改制组建的出版企业。

陕西师范大学出版总社有限公司的《中学教学参考》八种系列杂志创刊于1972年,已有近40年的办刊历史;出版社、杂志社成立于1985年;2005年原陕西师范大学出版社、杂志社、电子音像出版社合并组建陕西师范大学教育出版集团;2010年4月完成转企改制,成立陕西师范大学出版总社有限公司。

改制后的陕西师大出版总社,按照公司化的运营模式,不断完善法人治理结构,优化组织机构,组建出版总社党总支和工会,建立现代企业管理制度,先后颁布管理制度和办法30多个。出版总社现有26个部门、6个公司,拥有一支素质高、业务精的编辑、出版、发行和管理队伍。现有职工308人,其中高级职称53人,中级职称103人。

二十多年来,我们始终坚持以"建百年名社,立文化大业"的目标,"高品位出版,大市场经营"的理念,"创新、创优、创业,做强、做大、做长"的经营战略,形成了"品牌优势明显,机制活力旺盛,技术应用先进,人才群体突出"的核心竞争力。累计出版图书6100余种,出版《中学教学参考》杂志近万期。现已形成了年出版新书500余种、重版图书500余种、《中学教学参考》杂志228期、电子音像制品300余种的生产能力和年销售产值4亿元的经营规模,成为在全国有影响的,集图书、期刊、电子音像出版为一体的出版企业。

"十一五"期间,陕西师大出版总社坚持为教育、教学、科研服务的宗旨,立足资源整合,谋划转企改制,不断深化管理体制和运行机制的创新,实施书刊出版精品战略,坚持以人为本、人才第一的人才观。策划、编辑、出版高水平的教材和学术专著,一流的教学参考、教学辅导图书,一流的社科文化类图书,并围绕自身资源优势和专业特色优势,重点开发拥有自主知识产权、市场占有率高的原创性作品,打造具有核心竞争力的出版物品牌。同时,着力研发、出版、服务一体化的机制创新,培育和形成了相关产业链,实现由单一教育出版向教育产业和多介质文化传媒产业综合互动发展的转变,由图书、杂志出版商向内容提供商、教育文化服务提供商角色的拓变,出版能力显著增强,多元经营收效明显,社会效益和经济效益显著提升,使出版总社成为自主经营、自我发展的新型市场竞争主体。

社科文化出版在全国同类出版社中名列前茅。陕西师大出版总社精品社科图书的策划出版以"把脉时代、对接读者、出版精品"为理念,高起点策划,规模化切入,追求创新和突破,走出了一条社科精品图书出版的创新实践之路。2010年在全国561家出版社中社科出版能力排名第14位。我们已经形成"大家名作""图解经典""读行天下""百家讲坛""影视图书""版权引进"六大板块的社科类图书结构体系;先后出版近现代80多位学术大家、名家著作700余种,引进版权130余种,输出版权110余种。多种图书常年居畅销书排行榜前列,并获得多种奖励。2007年,《中国学术编年史(六卷本)》入选新闻出版总署首届"三个一百"原创图书出版工程。

2008年,出版职场小说十余种,《杜拉拉升职记》年销量60万册,《浮沉》年销量突破30万册,陕西师大社被业内誉为"职场小说的黄埔军校"。2010年,《杜拉拉升职记》荣获第三届中华优秀出版物奖提名奖。《杜拉拉升职记》更大的成功在于它给中国图书出版提供了一种由图书出版做起点、建立跨越多种媒体的文化产业链的范例,《人民日报》以"杜拉拉现象"为题进行了整版报道。《杜拉拉2:华年似水》《浮沉2》《铁梨花》三种图书入选新闻出版总署组织评选的"2010年大众喜爱的50种图书",成为入选图书最多的出版社之一,也是陕西省唯一一家有图书入选的出版单位。

"努力成为助推学校发展的第三种力量"是陕西师大出版总社的理想。始终把为学校教学科研服务放在首位,全面调研学校教育教学需求与出版资源,不断提升服务学校教学与科研发展的针对性和有效性。先后出版校内专家学者的研究专著430余种,大学教材320余种,承担了学校教师教育平台建设项目《中学教师科研论文写作》《中学教师技能》等五个系列教材的策划、组稿、编辑与出版工作;为陕西省和全国其他省市的40多所高校出版专著和教材360余种。2006年,《语文教学论》《英语教学论》《历史教学论》三种教材被教育部确定为普通高等教育"十一五"国家级规划教材。2009年,编辑出版的内蒙古师范大学"高等师范院校双学位教师教育"教材获"2009年高等教育自治区教学成果一等奖";《现代教育技术》《学校教育学》《大学语文》三种教材荣获陕西省普通高等学校优秀教材,四种图书进入教育部"国培计划"资源库。

服务基础教育是陕西师大出版总社的特色。八种《中学教学参考》杂志的期刊方阵,办刊近40年,6种为全国中文核心期刊,每年被人大报刊复印资料全文转载量达300余篇。始终贯彻执行"一刊引领,综合开发,多元经营"的方针,创新创优,研发服务互动,不断提升"中教参"的品牌优势,在全国同类期刊中名列前茅,在全国基础教育教学界享有较高声誉。基础教育图书出版坚持品牌引领,多元开发,出版基础教育研究专著近千种,教材百余种,教辅图书3000余种。持续畅销20余年,成为图书市场的亮丽品牌。

陕西师大出版总社把服务陕西文化发展作为重要使命。先后出版14卷本《陕西通史》《陕西五千年》《可爱的陕西》以及22卷本《长安学》《陕甘宁边区革命史》等陕西地域文化图书近百种,《红色延安口述·历史丛书》被列入"十二五"国家重点图书出版规划。2010年,我社启动了"陕西文化研究出版工程",全面汇集陕西文化研究成果,充分展现陕西文化的独特魅力,为陕西社会、经济、文化的发展提供精神动力。

陕西师大电子音像出版虽起步较晚,但经过几年的发展,产品研发队伍不断壮大,计算机系统及辅助设备能完全满足电子音像出版需求,推出电子音像出版物品种数量逐年增加。2010年完成的国务院侨办重点立项项目《中文》及《汉语》多媒体学习光盘,填补了陕西电子出版物在海外发行的空白。大型数字化古籍文献《汉籍数字图书馆》,收入中文古籍文献近9万种,120余万卷册,数据量达1814GB,并荣获首届陕西图书奖优秀音像电子出版物奖。

陕西师大出版总社积极支持公益事业,担当社会责任。积极参与陕西"全民读书月"活动、西安"中国诗歌节"活动,举办西安"惠民书市"活动;向中国残联、西藏大学、阿坝州理县教育局、新疆喀什师院、四川灾区、井冈山学院、吉林白城师范学校、贾平凹博物馆、贵州台县教育局、蓝田中学等27家单位捐赠图书三万余册,为贫困地区捐书、款、物总价值600多万元;为陕西农家书屋配书22个品种,名列前茅。

陕西师大出版总社创新优化产业结构,促进产业升级。为创新经营模式,探索全媒体经营新路径,积极加强与西安曲江文化产业团队的深度合作。2010年6月,与西安曲江两家投资公司发起组建了西安曲江出版传媒股份有限公司。以做中国城市化进程的推手为理念,按照"传统出版创新经营+数字化出版快速发展+广告传媒综合突破"全媒体出版发展模式进行运营。这是陕西迄今唯一一家国有股份制出版传媒企业。同时,联合投资摄制电视剧,不断拓展经营新领域,参与摄制的《新安家族》电视连续剧荣获中国电视剧"飞天奖"。2010年,陕西师范大学出版总社有限公司被西安曲江新区评选为"十佳文化企业"。

2010年,陕西师大出版总社出版能力在全国101家大学出版社中名列第10位,在全国561家出版社中名列第43位。

目前,陕西师范大学出版总社以出版转型为核心,以教育出版为主体,以学术文化和文化产业为两翼,正努力朝着西部一流、全国知名的全媒体出版企业的目标迈进。

西安交通大学出版社

西安交通大学出版社(以下简称西交大社)是具有图书、音像、电子出版资质的综合性大学出版社。依托西安交通大学百年名校学科齐全、师资力量雄厚的优势,抓住学校建设世界一流大学的契机,出版了一大批特色鲜明的教材、学术专著、教学参考书以及教育类音像制品和电子出版物。2009年在国家新闻出版总署首次全国经营性图书出版单位等级评估中,西安交通大学出版社被评为一级出版社,并获得"全国百佳图书出版单位"荣誉称号。2010年7月19日,国家新闻出版总署署长柳斌杰同志、副署长邬书林同志一行在陕西省新闻出版局局长薛保勤同志的陪同下视察我社。根据国家新闻出版总署、教育部的有关规定和要求,西安交通大学出版社按期完成改制的各项工作,于2010年10月23日挂牌,正式成立西安交通大学出版社有限责任公司。现任董事长(社长)林全,副董事长、总经理(常务副社长)张伟。

建社近30年来,共出版新书5000种,音像制品950种,电子出版物260种。出版物中有280种获得国家、省部级奖励,其中《火电厂热系统节能理论》获"国家图书奖"提名奖,《裂纹端部场》等三种图书获"中国图书奖",《西安鼓乐古曲谱集——四调八拍坐乐全套》等两种图书获"中华优秀出版物奖",《中国针灸交流通鉴》等项目获2010年国家出版基金资助,《内燃机替代燃料燃烧学》等3种图书获"陕西首届图书奖",《大学物理》等多种教材获"全国普通高等学校优秀教材奖"和"陕西普通高等学校优秀教材奖",《电机学》等20多种教材被评为"普通高等教育'十一五'国家级规划教材",《高等车用内燃机原理》等6种图书被列入"'十一五'和'十二五'国家重点图书出版规划",《剑桥少儿英语》等获"全国优秀教育音像制品奖",《任汝芬教授考研政治》等多个系列图书获"全行业优秀畅销品种"。

近年来,西交大社推出的《西安交通大学学术文库》《西安交通大学研究生创新教育系列教材》《西安交通大学"十一五"规划教材》《国外名校最新教材精选》《任汝芬教授考研政治》《剑桥少儿英语系列》《21世纪研究生英语》《21世纪英语专业系列教材》《普通高等教育"十二五"金融学专业规划教材》《全国高职高专医学类规划教材》等在全国产生了较大影响。

一直以来,西交大社注重国际合作与交流,目前已同培生教育集团、麦格劳—希尔出版公司、圣智学习出版公司、剑桥大学出版社等许多国家和地区的出版机构建立了良好的合作关系。

西交大社将继续坚持"为教学科研服务"的办社宗旨,依靠西安交通大学百年名校雄厚的师资力量,瞄准教育市场,把出版具有西安交通大学学科优势的教材、学术专著、教学参考书作为重要目标,大力抓教育类畅销出版物,努力推进高科技、新知识的传播,积极发展数字出版,为我国出版事业的发展作出贡献。

西安电子科技大学出版社

"十一五"期间,西安电子科技大学出版社坚持正确的办社方向,励精图治,改革创新,着力转变不适应出版社发展的思想观念,着力解决影响出版社发展的突出问题,着力提高出版社的市场经营能力,解放思想、转变作风、求真务实、大胆改革、积极探索,加快出版社的发展步伐。

"十一五"期间,西安电子科技大学出版社共出版新书 949 种,发行图书 1103 万册,码洋 28740 万元,实现销售收入 16010 万元。

一、突出出版特色,发挥品牌优势

"十一五"期间,西安电子科技大学出版社不断拓展相关专业教材的出版领域,努力形成结构合理、品种丰富、质量良好的教材出版体系,巩固和扩大我社在通信电子这一特色出版领域的影响力和品牌的知名度。在原有国家规划教材的基础上组织、编写和修订了一批研究生、本科、高职高专等不同层次十几个系列的电子、通信、计算机、机电、汽车等专业的教材。西安电子科技大学出版社系列教材的出版基本涵盖了高等教育不同层次电子信息类专业的需求,教材专业特色明显、实用性强,而且配有教学辅导书和电子教案,深受各个学校的欢迎,获得了良好的社会效益和经济效益。同时,出版社以项目为依托,突出重点、打造亮点,精心策划和组织国家出版基金项目、国家科学技术学术著作出版基金项目、陕西省图书奖、农家书屋工程等重大项目的申报出版工作。有 66 种教材入选"十一五"国家级规划教材。

二、加强管理,深化改革

"十一五"期间,西安电子科技大学出版社根据发展的需要,进行了一系列改革措施:进一步调整制订了策划编辑和发行人员绩效挂钩的政策,大大提高了职工工作的积极性;创新管理办法,通过竞争上岗、绩效考评和编校质量竞赛等一系列措施的实施,增强广大员工的竞争意识和质量意识;逐步完善各部门的规章制度,通过观念创新、管理创新、科技创新挖掘内部潜力,向管理要效益,将出版社工作推到一个新的高度。

2009 年出版社转企改制工作全面启动,出版社以体制改革为契机,深入研究出版政策导向、科技发展趋势、市场竞争态势和读者需求,根据国务院《文化产业振兴规划》和总署《关于进一步推动新闻出版产业发展的指导意见》,进一步转变经营理念,不断提高管理水平,建立现代企业制度,力争早日成为市场主体。

三、以质量求生存,以特色求发展

图书质量是出版社实力的体现,是出版社品牌建设的核心,是市场竞争的重要因素,更是出版社持续发展的基础。选题质量、作者质量、书稿质量、编校质量是体现贯彻落实新闻出版总署《图书质量管理规定》的标志。为此,出版社把建立和完善各出版部门的规章制度,创新质量管理体系的管理作为出版工作的重中之重。

出版社书稿在出版流程中,严格执行书稿"三审三校"制度和责任校对制度;加大图书质量检查力度,由资深编辑组建审读与质量监督室,定期抽查书稿质量,并制定了"出版社关于提高图书编校质量的工作要点""关于提高编校质量的实施意见"等,把创精品图书工作真正落到实处。我社还将质量"关口前移",即从选题调研、精心策划、由资深专家组成编委会到全国招标精选作者等,到书稿精心编校、规范出版流程,全面实施科学管理。

四、以人为本,加强人才队伍建设

企业之间的竞争说到底是人才的竞争。出版社在人才队伍建设中,以人为本,充分体现绩效考评机制。在新员工中,积极开展职业道德和文化素质的培训,做好老同志的传帮带等工作;边工作,边学习,培养他们的社会责任感和尽责敬业的精神;积极提供有力的学习机会,搭建业务交流平台,尽快使他们进入角色;树立精品意识和质量意识,倡导通过创造性的劳动,提高图书质量;支持和鼓励编校人员积极参加从业资格考试,持证上岗逐步到位。已形成了较为成熟的编、校、印、发队伍,高质量的选题、良好的编校质量和优质的售后服务已是我社的特色和强项,不仅为图书整体质量提供了保证,而且为出版社的稳步发展奠定了良好基础。

五、应用新技术,实现出版科学管理

"十一五"期间,数字出版发展迅猛,产业模式、产业价值链日趋成熟,数字出版已打破传统出版业按介质区分的行政分割,延长出版物的产品线,实现内容资源价值的最大化。作为电子信息类专业方向的大学出版社,西安电子科技大学出版社在新结构调整和新业态建设的过程中,积极面对出版领域的又一个新的挑战,分析自身在产业链中的角色和地位,重视网络出版和手机出版等形式,加大对出版内容资源的利用力度,在不断提高对网络出版认识的同时,加强网络管理和建设。西安电子科技大学出版社已全面实现社内局域网计算机管理,不断充实网站内容,每年对网站进行更新改造。

西北大学出版社

西北大学出版社成立于1983年,由陕西省教育厅主管、西北大学主办,是我国西部地区成立较早的大学出版社。现有职工58人,其中学校编制职工21人,人事代理身份职工28人,其他形式用工9人。设有2个编辑出版事业部、1个社工程编辑部和发行部等共4个核心业务部门。近年来坚持深化改革,坚持体制创新,保持了年均30%左右的增长速度,实现了又好又快的发展。

5年来,共出版图书1813种,其中新版图书780种,重印再版1033种,平均再版率达56.98%。总印数3534.248万册,总码洋达33515.983万元,实现销售收入15738.897万元,上缴国家税金516.84万元,实现利润2265.133万元。上缴学校547万元,取得了显著的经营成果。资产总额3879万元,比"十一五"初期增长272.62%;净资产为2497万元,是"十一五"初期的15倍。

5年来,充分利用政府资源与资金,申报并完成多项政府基金支持的出版项目。学术著作出版取得重大进展。完成了转企改制工作。各级各类教材在提高质量、优化结构的前提下,品种和销量大幅度上升。在总署组织的全国出版社等级评估中被评为B类出版社,两次被评为西北大学精神文明建设先进单位,党支部被学校党委评为"创先争优"先进党支部;有8名同志获得学校和总支表彰;有40多种图书获得省部级以上奖励。图书出版的对外宣传、交流与合作工作进展良好。办社条件极大改善。全社精神面貌焕然一新。

西北大学出版社"十一五"期间的主要做法是:

一、以转企改制工作为抓手,进一步深化改革,建立现代企业运行机制

"十一五"期间,出版社继续深化体制机制改革,以新的出版形势、任务和环境条件为依据,对运行了四年的《出版社改革方案》《分配及奖惩办法》《发行科改革实施办法》《教材项目责任制度》《聘用人员的招录和管理办法》等基本制度进行了调整、充实,进一步明确了以事业部制为核心,社内其他职能科室紧密配合的编辑出版运行机制。从2008年开始,按照总署要求,积极开展转企改制工作。我们以"边建设边改制,改制为发展服务,改制为深化改革服务"为思路,全力整顿经营秩序,清理债权债务,完善管理制度,提高经营水平。对建社以来的资产、账物、权益以及经营活动进行了全面清理,依法清产核资、核销不良资产,依法对全部资产进行评估。截至2010年11月底,已顺利完成转企改制工作。

二、充分利用政府资源及资金扶持,努力实现以项目带动发展

出版社长期依托西北大学作为综合大学的教学科研优势,同时面向社会,吸引社会各方面的学术资源,策划设计选题,争取政府项目基金支持,推动出版社实现转型与提高。"十一五"期间,出版了列入陕西省重大文化精品项目、陕西省"金版工程"项目,全景式介绍陕西五千年历史文化成果的大型图书《话说陕西》一套6卷。由于该丛书编写获得了政府专项资金支持,经过三年的努力,图书出版精美,效益俱佳,获得首届"陕西图书奖"。出版了由西安市委宣传部资助的重点出版项目《节日长安》丛书一套10种,分别为《春节》《清明节》《端午节》《七夕节》《重阳节》《中元节》《中秋节》《节日饮食》《节日娱乐》《佛教节日》,丛书出版后社会反响良好,获得"2008年陕西省首届节庆最佳研究成果奖"、中国大学出版社协会"十佳最美图书奖"。同时,还与教育部国家人文社科重点研究基地——华中师范大学中国农村问题研究中心通力合作,连续推出《中国农村调查书系》一套8种,记述并分析研究2006—2010年五年间全国近百个乡村选举与治理不同时期,农村社会出现的问题、解决途径及实际效果。出版了获得学科建设资金扶持的《20世纪中国翻译史》《清末民初政治制度研究》《实现从权力政府向责任政府的转变》《论延安的民主模式》等图书,从总体上带动了出版社的发展。其中《话说陕西》《节日长安》销量均已过三万套,成为常销书,在出版界和学术界产生了广泛影响。

2010年8月,西北大学出版社在充分调研论证基础上,提出编写出版全面研究和总结关中理学优秀成果的《关学文库》一套41种的选题计划,获得158万元国家出版基金资助,项目已经正式启动。

三、关注学术研究最新动态和社会热点问题,推进基层民主政治类图书出版

我社在反复实践的基础上,创新了学术著作出版模式。一是提前介入,在学术著作的立项、审批和起步阶段就达成意向,全程跟踪作品的创作过程;二是与国内外知名学术研究机构紧密合作,借重学术研究机构的学术眼光、团队力量,推出系列学术著作;三是关注学校科研态势,积极为学校科研著作出版贡献力量。"十一五"期间,出版社关注基层民主政治建设和"三农"问题,重点出版《选举与治理丛书》1套3种,《中国农村调查·百村十年观察》1套5种,《中国农村调查书系》一套8种,这些著作为政府决策和学术研究提供了丰富材料,具有极其重要的出版价值和学术价值。出版社出版的《超越自由主义——宪政社会主义的思想言说》一书,在学术界引发强烈反响,著名学者高放、江平、周瑞金、包心鉴等人或为该书作序,或在《南方周末》《南方都市报》《炎黄春秋》《领导者》等报刊上撰写评论文章,对该书给予很高的评价。出版国内民主政治建设和"三农"问题研究图书已成为出版社一大特色。

四、积极跟进农家书屋建设,拓展图书市场

"农家书屋""社区书屋"是切实解决群众买书难、借书难、看书难,保障群众的基本文化权益的公益性文化建设盛事,受到了党和政府的高度重视。"十一五"期间,出版社积极调整出版物品种结构和可供书目,将范围拓宽到历史文化、省情、基层民主、农村妇女参政议政、经营管理以及小说、励志和传统文化普及等领域。社领导亲自抓落实,各科室密切配合,使这项工作取得了突破性进展。累计为陕西省"农家书屋"配书2批次,101个品种,25.88万册,650.204万码洋;为陕西省"职工书屋"配书2批次,86种,2.333万册,83.778万码洋。为四川、河南、安徽等省"农家书屋"选配图书23种,5.246万册,113.685万码洋。参与"农家书屋"建设,在为群众送去知识和文化的同时,也为出版社找到了一条新的营销渠道,实现了出版业为和谐社会建设提供强有力的智力支持,营造良好舆论环境的正确导向作用。

五、"前向"拓展与"后向"延伸相结合,为高等教育教材建设服务

一方面围绕教改实践,研究和总结教育规律。另一方面紧抓教师培训,跟踪教材使用。"十一五"期间,配合省教育行政主管部门的教改实践和教材建设立项活动,围绕"陕西省高等教育面向21世纪教学内容和课程体系改革研究项目"和"陕西省21世纪初高等教育教学改革工程"策划选题,编写出版教材。5年间,编写出版的新版教材数量达到800余种,为省内外百余家普通高校、网络学院、独立学院、高职高专、成人教育及中等职业技术教育院校选用,满足了部分院校研究生、全日制本专科、成人教育、中等职业教育等不同教育层次的教学需要,已经涵盖了经济管理、计算机应用、美术、数控与机械制造等学科类别。《管理学》《大学语文》《大学计算机基础》《色彩教程》等一大批图书被大学版协评为优秀教材。这些图书的出版和发行,不但树立了

出版社的整体形象和品牌特色,也为可持续发展打下了良好的经济基础。

六、坚持市场导向,狠抓图书营销,保持良好经济效益

5年来,西北大学出版社每年都要组织编辑、发行和部分管理人员,深入省内外的各级各类高等院校、中等专业学校和基层书店做市场调研和推广工作;每年都要结合教材编写现状和需要,召开专门的教材编写研讨会,分析高校教材使用现状,座谈教材编写的优劣得失,从中总结高等教育改革与发展的规律,慎重选择开发项目。社领导则将工作重心放在研究高等教育教学改革实际,着重疏通高校内部教学管理关系,组织和协调市场供应等方面。还采取请进来、走出去等方式对一线教师、骨干教师进行教材建设与教学教法培训,使其尽快熟悉新版教材,掌握课堂教学组织技巧,结合本版教材制作的多媒体、课件、电子教案、电子书等进一步丰富了教学手段,深受院校师生好评。在以上因素共同作用下,出版社图书出版、市场营销、社会反响都有了十分明显的变化。

七、积极探索出版新业态,寻求新的增长点

"十一五"期间,西北大学出版社除继续开展电子书、数据库等出版业务外,对出版新业态建设进行了大胆探索。2008年8月,出版社投资300万元,注册成立西北大学电子出版社有限责任公司;2010年5月,出版社与陕西数字出版传媒有限公司签署合作框架协议,与陕西移动通信公司合作,把出版社部分纸质图书制作成数字出版物和数字产品上网销售。累计制作成功、上网销售的图书达170多种,电子图书600余种,实现销售收入70余万元。改变了单一纸介质出版的局面,拓展了出版形式,成为我社新的利润增长点。

2011年3月初,陕西省新闻出版局发布了《陕西新闻出版产业发展研究报告(2007—2009)》,对全省3年间整个新闻出版产业取得的主要成就、社会贡献及其在文化产业中的地位、作用进行了全面总结。报告在谈到全省新闻出版产业制度创新时,对西北大学出版社已有做法及取得的经验进行了专门介绍。

报告认为,"西北大学出版社根据出版项目性质,以用人制度改革为核心进行体制改革。特别是建立了畅销书、教材和学术著作的考核办法、分配原则等一系列不同的管理制度,在出版社内实现了社会公益类和市场竞争类项目的分类考核、评价和管理。制度创新保证了出版规划的顺利实施,在出版数百种高等教育教材的同时,陆续出版了关注社会变革的《当代中国乡村治理与选举观察研究丛书》3辑18种;对促进和加强全球一体化中的文明对话、文化交流、意识形态沟通以及构建多极世界具有重大意义的美国前总统卡特的著作——《我们濒危的价值观——美国道德危机》和《牢墙内的巴勒斯坦》;具有较好社会反响的哲学大师牟宗山翻译的《康德的道德哲学》和《纯粹理性批判》等著作。2007年4月,西北大学出版社申报并承担了陕西省委宣传部重大文化精品项目、陕西省新闻出版局'金版工程'图书出版计划中的《话说陕西》编辑出版任务。行之有效的制度创新成果,保证了这部全方位展示陕西五千年历史文化的大型故事体图书于2009年12月如期出版,实现了社会效益和经济效益的双赢。"

报告指出,新闻出版是具有意识形态属性的行业,坚持社会效益第一,保证社会效益和经济效益的统一,是我国出版业发展的重要原则。如何保证产业化后的出版机构自觉地将追求利润最大化的企业目的与坚持文化职责的社会目的有效统一起来,除了道德规范和法律约束之外,鼓励出版企业进行管理制度创新,不失为切实可行的手段和方法。这方面,西北大学出版社的经验可资借鉴和推广。

西北工业大学出版社

一、建设发展概况

西北工业大学出版社创建于1985年2月,是由国家工业和信息化部主管,由国家"211工程""985工程"全国重点大学西北工业大学主办,以出版科技图书、高等教育教材、学术著作以及音像出版物为主的大学出版社。2004年5月,经国家新闻出版总署批准,西北工业大学音像电子出版社成立;2008年1月,新增互联网出版权。至此,包括图书、音像、电子和互联网等多种载体形成的出版工作进入了规范、协调、全面发展的新时期。

根据《中共中央 国务院关于深化文化体制改革的若干意见》《教育部 新闻出版总署关于印发〈高等学校出版体制改革工作实施方案〉的通知》精神和工作部署,2011年,西北工业大学出版社、音像电子出版社全面完成了转企改制工作。这标志着一所按照现代企业经营管理模式、体制、机制运行的全新的出版企业——西北工业大学出版社有限公司/音像电子出版社有限公司开启了新的发展历程。

西北工业大学出版社有限公司/音像电子出版社有限公司(简称西北工大社)是一所具有国防科技特色、出版物涵盖工、理、文、管、经、法等学科门类的综合性大学出版社。当前,拥有一支素质高、业务精、开拓创新意识强、经营管理观念新的策划、编辑、出版、发行和管理队伍。现有职工80人,其中教授、编审4人,副编审、副研究员10人。

建社以来,西北工大社共出版图书4000多种,电子书2400多种,音像制品600多种。先后获得国家级和省部级以上各类出版物奖项300余项,其中六次荣获国家级图书大奖——"中国图书奖";2002年,西北工大社被中共陕西省委、陕西省人民政府表彰为"全省'创佳评差'竞赛活动最佳单位"。

二、坚持宗旨抓导向,走质量效益型发展道路

"十一五"以来,西北工大社始终坚持为高等教育的教学科研服务、为学科建设和人才培养服务、为国防科技工业科研生产服务的办社宗旨,解放思想,创新观念,努力学习实践科学发展观,坚持和贯彻了在坚持办社宗旨和出版方向的前提下,突出重点、培育特色、强化品牌,重质量、出精品,以机制创新为基础,以特色强社、全面提升综合办社实力为目标;在发展定位上确定了把出版高等教育教材、学术著作和实用科技图书作为主要选题和出版方向,走质量效益型发展道路这一明晰的经营发展思路。在每年的出版品种结构中,教材、学术著作、实用科技和教学参考书占新书出版总量的80%以上。由于坚持落实这一明晰的经营发展思路,坚持高水平的作者队伍以保障高质量的稿源,使得出书质量、社会效益和经济效益稳步提升。

2006年以来,西北工大社先后出版了原国防科工委重点教材建设规划、工业和信息化部国防特色规划教材、专著和院士文库等共计110种;普通高等教育国家级规划教材、国家出版基金项目、全国重点图书出版规划项目、国家级重点电子出版规划项目以及高等教育教材、学术著作约600种。先后获得国家级、省部级和行业协会的出版物奖共45项(计69册图书)。其中:《拟齐性偏微分算子的分析》等3种图书入选"三个一百"原创图书出版工程;《新编计算机操作综合教程》等9种图书获得全行业优秀畅销书奖;《青少年国防科技知识普及丛书》等2套(14册)图书被评为"向全国青少年推荐的百种优秀图书";《计算机应用基础》《传热学》《飞行器结构设

计》等23种(33册)分别获得中国大学出版社优秀畅销书奖、优秀教材一、二等奖和优秀学术著作一、二等奖;《工程热力学》等6种图书分别获得陕西省优秀双效书奖、优秀教材奖;《景象匹配与目标识别技术》等2种专著荣获陕西省首届优秀科技图书奖。

三、实施品牌战略,构建特色优势选题体系

"十一五"初期,西北工大社在分析总结了"十五"及以往出书结构的基础上,确立了突出重点、提升品牌、优化结构、扩大规模的选题开发思路。历经五年来的努力,体现西北工大社"三航"(航空、航天、航海)特色、国防科技品牌优势的"一特两高"(国防特色,高水平、高效益)选题结构体系已基本形成。

突出重点。五年中选题策划突出了以高等教育教材、学术著作和国防科技类图书选题为重点的选题开发发展思路,形成了以这些重点图书为主体的选题与出版物架构。

提升品牌。"十一五"以来,西北工大社在继续坚持"三航"特色选题、学术著作、系列教材、国防科技和实用技术类图书的基础上,大力扩充规模,使已经形成的优势品牌得以巩固和提升。五年中每年出版的凸显西北工大社特色的教材、学术著作和国防科技等新版图书有100多种。

优化结构。"十一五"以来,西北工大社在保持大力策划开发高等教育教材、学术著作和国防科技类图书选题的基础上,重点策划开发计算机类图书、大学教辅图书、高职高专教材、外语系列教材、音像制品和电子出版物等,使彰显西北工大社优势特色的选题和出版物结构体系得以进一步的优化和完善。

扩大规模。"十一五"期间出版的国防重点规划教材、特色规划项目、国家级规划教材、全国重点图书出版规划项目、国家出版基金项目以及高等教育教材、学术著作、计算机图书、高职高专教材、大学教学辅导书、外语类图书、国防和实用科技类图书等新版图书品种数量较"十五"增长了68%,音像、电子品种数量较"十五"增长了约40%;2010年,西北工大社启动了"现代国防科技学术文库"系列的策划、组稿和出版工作。这些都为"十二五"选题开发发展和优化结构、突出重点、提升品牌、构建特色优势选题和出版物结构体系,扩大规模提高效益奠定了基础。

四、创新理念科学发展,综合实力持续提升

"十一五"初期,西北工大社确定了:全面实践科学发展观,紧紧围绕树品牌、求效益、谋发展、提高核心竞争力、以特色强社,以选题工作为先导、提高质量为重点、市场营销为关键、强化管理为保障这一建设发展的指导思想,并采取了一系列行之有效的措施,使图书、音像、电子出版品种数量、重印、重版率以及发行码洋、回款实洋稳步增长,综合经济实力持续增强。

图书出版总品种年增长率为12.4%;图书重印率以及图书、音像、电子出版生产码洋保持着稳中有升的态势。

发行码洋增长了40%,年增长率为7%;年总销售收入5年增长了53.3%,年增长率为9%。

西北工大社历来重视经营管理、规章制度和管理体制机制建设,对选题开发、发展思路、生产规模、进度和发行营销策略等以制度来规范,宏观全局把握,使各项出版业务、生产、经营得以有条不紊地推进。现代企业的经营管理离不开现代化的管理手段,从2005年开始,购置"出版管理系统"软件,逐步充实、完善了"出版社管理信息系统"必需的技术设施。目前西北工大社的编务管理、发行销售管理、储运管理、印制管理、财务管理、网络信息管理以及排版和照排发片等信息流畅通,为西北工大社的业务、生产和经营决策提供了全面、可靠的依据。

鉴于"十一五"以来出版经营规模和经济效益稳步增长,西北工大社在保证经营、发展生产、企业积累和向学校上缴经营利润的前提下,适时提高职工的工资、津贴和福利待遇。先后提高

了职工社内分配的"职务津贴""业绩奖酬""生活补贴"等,按国家有关规定给职工缴纳了"五险""一金",职工的经济收入有了明显增长,西北工大社公共积累和综合经济实力也得以持续提升。

西北工大社正在现代化企业的道路上迈着坚实的步伐向着"特色鲜明"的强社这一目标奋进。西北工大社将进一步优化选题结构、强化特色优势、创新营销思路、拓宽销售渠道,保证产品质量、提高产品的市场占有率,全面实施与现代企业生产经营相适应的经营管理运行模式和工作机制。

27年的建设与发展锻炼了西北工大社人,也给予了西北工大社人以信心和勇气。西北工大社将全面实践科学发展观,牢固树立政治意识、品牌意识、质量意识、危机意识和市场竞争意识,以开拓创新的精神奉献更多的文化精品,开创西北工大社更加繁荣辉煌的明天。

西北农林科技大学出版社

西北农林科技大学出版社有限责任公司是由教育部主管、国家"985""211"重点建设高校——西北农林科技大学主办的一家大学出版社,2002年3月经国家新闻出版总署批复同意成立,2002年8月开始对外开展业务,2003年3月28日正式挂牌成立。2010年8月改制为有限责任公司。出版社下设社办总编办、编辑部、发行部、财务部、校对室、排版室、审读室等科室,目前共有职工32人。

出版社成立以来,始终坚持正确的出版方向,认真贯彻为人民服务、为社会主义服务的出版方针,牢固树立大局意识、责任意识、阵地意识。将质量立社、精品强社作为办社方针,坚持为高校教学、科研、学科建设、人才培养和科技推广服务,为科技兴农、科教兴国和社会主义新农村建设服务,为两个文明建设服务。在发展中逐步确立了以出版高校各级各类教材为中心,以学术专著和农业实用技术图书出版为重点,一般图书为补充的出版方向。走出了一条以质量立社、以精品强社,向"专、精、特、新"出版方向发展的办社之路。

在高校教材出版方面,我们充分发挥自身优势,积极开发了大学本科和研究生以及高职高专等多个层次的精品教材。出版的《农林气象学》《植物学》《兽医组织与胚胎学》《水利水电工程组织与造价》等4种教材被教育部评为普通高等教育"十一五"国家级规划教材,《植物学》和《兽医组织与胚胎学》还分别荣获第二届大学出版社优秀教材一、二等奖,同时还组织出版了信息技术类与经济管理以及国家示范性高职院校建设项目成果工学结合课程等高职高专系列教材。在学术著作出版方面,紧盯最新科技成果,组织了一批具有独创性和最能反映当前农林科学研究水平的专著予以出版;策划的《中国古代农业灾荒史研究文丛》被列入国家"十二五"重点图书出版规划,已出版的《第十届国际荞麦会议论文集》相继被ISTP和SCI收录。在农业实用技术图书出版方面,我们充分利用和依托学校及杨凌农业高新技术产业示范区的农林科教资源和学科优势,根据市场和农业生产实际需要,组织有关农业科技推广专家及教授,有针对性地编写出版了一批农民朋友看得懂、用得上、买得起的服务"三农"系列图书。建社以来我社出版的服务"三农"图书共5个系列,上百个品种,分别为《蔬菜高效优质生产新技术丛书》《果树周年管理新技术丛书》《安全、优质、高效农业生产新技术丛书》《新农村建设实用技术丛书》和《农业科技推广图书入户工程系列图书》。这些图书内容新、指导性强;文字表述通俗易懂,最大限度地满足了农民朋友的阅读习惯和消费水平,出版发行后受到了业内和农民朋友的好评,其中《桃树栽培新技术》被中宣部、农业部、新闻出版总署评为向全国推荐的优秀"三农"图书。先后共有80多个图书品种被国家新闻出版总署列入向全国农家书屋推荐的重点书目,两个品种列入"农家书屋必备出版物目录"。由于我社在服务三农图书出版方面所取得的成绩,2006年我社被新闻出版总署授予"全国新闻出版行业服务社会主义新农村建设出版发行先进集体"荣誉称号。

第四军医大学出版社

第四军医大学出版社是一所国家级的医学专业出版社,由总后勤部政治部主管、第四军医大学主办,是部队系统中成立最晚的出版社。自成立以来,我社充分利用本校的资源优势,坚持以"服务军队,服务医学教育"为使命,秉持"传播医学知识、推动医学普及"的理念,推出了一大批在教育界、学术界以及读者中产生较大影响的医学教材、著作和优秀的科普读物,在实践探索中走出了一条"稳中求快、精细管理、特色经营"的发展之路。按照全军的出版工作部署,第四军医大学出版社暂时没有进行转企改制。但是在各级领导的关怀和支持下,在学校首长的高度重视和直接领导下,出版社坚持改革创新,积极推行企业化管理模式,内涵式发展,逐步实现了稳步、持续、健康的发展,连续五年快速增长,资产总额增长至建社之初的20余倍;在医学教材和学术出版上形成了鲜明特色,取得了较大的影响;在开拓市场方面,取得了良好的效益,为出版社下一步的发展壮大奠定了坚实的基础;在服务社会的一系列重大活动当中,作出了重要贡献,受到了各方关注。这些成绩的取得无不得益于现代化的管理理念和敢于创新的发展思路。

一、加强管理、完善机制

1. "编发结合",创新经营管理机制,提高职能管理水平。

第四军医大学出版社员工不到30人,为了解决人少活多的矛盾,创新地实施了"编发结合"的管理模式。编辑和发行人员在多年的一线工作中,都积累了一定的资源和资讯,虽然侧重不同,但是在很多方面可以做到整合应用。编辑懂专业,但弱于对市场的把握;发行懂市场,对教材的实际需求了如指掌,但弱于专业知识的架构;编发结合,既解决了人手不足的问题,又弥补了各自的不足,充分实现了信息共享和优势互补。事实证明,这种做法非常适合于中小型专业出版社,尤其在教材建设方面,编辑和发行紧密结合,从前期策划到后期维护,共同参与,配合得非常到位,对我们教材事业的发展起到了不容忽视的合力作用。

2. 服务项目外包,放活经营方式。

为了解决人员紧张的问题,第四军医大学出版社积极推行服务项目"外包"的出版方式,将图书的加工、排版、印制等工序全部委托给专业的稿件加工公司、排版公司和印务公司完成。采取"外包"形式是我社在寻求"内涵式"发展过程中的一项重要举措,多年实践证明,这种做法一方面减少了出版社在设备和人员方面的投入,使核心工作集中在选题策划和图书营销上;另一方面也有利于通过竞争调动这些单位的积极性,极大地提高了图书质量。

3. 推进薪酬体系改革,加强员工培训,实施人才强社战略。

近年,为提高员工的工作积极性,适应出版社企业化管理的需要,第四军医大学出版社积极推进薪酬改革,通过广泛调研、反复论证和不断优化,逐步确立了更加合理、更具竞争力的员工薪酬体系。新的薪酬体系以基本工资、岗位工资和效益工资为主体;岗位工资和效益工资的核定兼顾了出版社和员工的共同利益,既将员工的收入与出版社的经济效益挂钩,又充分体现员工综合能力,以员工的实际业绩、岗位技能和德才表现等为主要考核指标,弱化学历、职称和资历;同时适当构造工资档次落差,适当向责任重大、有定量指标的岗位倾斜。通过改革,一方面员工可以从自己的工资收入中切实感受到出版社的市场经营变化,由此提高对单位经营状况的关注,增强对组织的责任意识;另一方面,以胜任工作岗位的能力和工作表现为价值导向,鼓励员工不断提高自身的专业能力和工作业绩,获得更高的报酬,更好地体现了工资收入的激励作用。

在员工培训方面,第四军医大学出版社素来有很多好的做法。新员工入社后要接受系统的入职培训,学习基本的编校发行流程、出版知识和有关法律法规,了解行业发展现状和出版社发展定位;同时各部门会定期开办各种专题讲座,涉及新书介绍、图书销售和市场分析、数字出版、利润分析等,形式多样,内容丰富,为大家提供了共同学习的机会,同时每个人也都有机会作为主讲人来分享自己的业务收获;所以出版社的员工基本功扎实,知识面广,专业技能全面发展;很多年轻的员工既懂发行又懂出版还懂些财务,这在一定程度上确保了图书策划和营销工作的高效、优质开展。同时出版社要求编辑和发行人员必须取得出版职业资格中级证书、发行培训证书,每年要发表与业务相关的论文,以此来提高整体素质。

二、把握机遇,创新发展

1. 密切关注市场,围绕教育改革动向,全力推进教材建设。

作为大学出版社,教材建设是我们的立社之本和强社之基。建社初期,得益于本校的大力支持,出版社在本科教材建设方面取得了一定的成绩,出版了一批有特色的、填补国内空白的本科教材和优秀的双语教材,其中有多种进入了教育部和卫生部规划,这为出版社全面进军教材市场奠定了良好的基础。从2005年起,第四军医大学出版社放宽视野,开始进军卫生职业教育教材建设领域,并逐步确立起"以教材建设为主体,以专著和科普为两翼"的"一体两翼"特色发展思路。

这几年,出版社在教育部、卫生部相关部门的指导下,以教育发展新动向为风向标,捕捉机遇,以"快鱼吃大鱼",出版了几套具有开创性意义的职业教育教材,成功树立了在职业教育领域的品牌形象。

2008年,国务院颁发《护士条例》,允许职业院校护理专业应届毕业生参加国家护士执业资格考试,由此第四军医大学出版社推出了国内首套与教学配套的护士执业资格考试辅导教材。该套教材由国内近百所院校承担编写,充分考虑到在校生的学习特点,将护士执考考点融入日常学习,并与教学阶段相适应,为护理专业学生在毕业前参加执业资格考试奠定坚实的基础。期间,通过组织多次研讨会及师资培训会,为院校提供了强有力的智力支持,扩大了图书影响力。本套丛书得到了众多职业院校的广泛认可,累计销售达十万余套,销量引领市场。

2010年,《护士条例》颁布后,全国卫生职业学校陆续开始尝试"毕业证书+护士执业资格证书"的"双证书"教学模式。在此背景下,出版社组织出版了国内首套《中等卫生职业教育护理专业"双证书"人才培养规划教材》。本套教材的编写思想强调由传统的"以学科体系为引领"向"以解决护理岗位问题为引领"转变,由"学科知识为主线"向"以实际应用和能力提高为主线"转变,坚持"贴近学生、贴近岗位、贴近社会"的基本原则,以学生的认知规律为导向,以培养目标为依据,结合国家护士执业资格考试的"考点",根据新时期护理岗位的实际需求,形成了"理论—实践—测试"三位一体的"双证书"人才培养教材体系,赢得了院校教师和业内同行的高度评价。

2. 在民营公司中发掘优秀作者资源,通过合作、收购的方式培育品牌项目。

执业医师资格考试辅导书是医学图书市场的竞争焦点之一。在此领域,不乏有一些民营出版公司或培训机构独具慧眼,占有了较大的市场份额。既要积极参与市场竞争,抢占这块"蛋糕",又不贸然介入、草率选择作者,经过冷静的市场分析和反复考量,出版社选取了一家较有市场经验的民营公司开展合作,共同论证选题、共同开辟市场、共享收获利润,大胆走出了"公民联营"的合作步伐。在合作中,双方充分发挥各自优势,不仅市场最大化,而且凭借独到的讲解、较高的图书质量、立体化的服务和丰富的读者互动活动,使得该套辅导书在市场中形成了较好的口碑。经过几年的合作,出版社积累了丰富的市场经验和资源,与此同时,出版社在管理方面和长期规划方面的优势逐步显现,伴随着综合实力的逐步壮大,最终收购民营公司。目前,本套执业医师考试书已成我社的品牌项目,连续多年畅销,被众多网友评选为"最受考生欢迎的复习资料",多次获得图书发行业"优秀畅销品种"称号。

3. 抓住政策机遇,推进农家书屋出版。

近年来,公益性文化事业的发展越来越得到重视。"十一五"规划明确提出,加大政府对文化事业的投入,逐步形成覆盖全社会的比较完备的公共文化服务体系。近年来,各级财政对农村地区、西部地区,特别是老、少、边、穷地区文化建设的扶持力度不断加大,积极推行农家书屋工程等重大文化惠民项目。紧抓政策机遇,我社立足公益,精心策划,出版了上百种适合广大农民朋友、社区读者以及中小学生阅读的医学普及读物,成功装备了全国二十多个省份的农家书屋、文化馆站和社区书屋,并与福建关心下一代工作委员会等机构合作,装备了全国多个省份的中小学图书馆,以通俗的医学知识和大众化的科普图书丰富了公益文化生活。

在今后的发展中,第四军医大学出版社将继续发挥优势,在增强出版社的实力上迈出更加坚实的步伐;坚定不移地拓宽发展思路,大胆尝试,加快发展,不断创造医学精品;力求做专、做深、做精,在一个或者几个领域内建立自己不可取代的优势,进一步提升核心竞争力。

兰州大学出版社

"十一五"时期,兰州大学出版社认真贯彻国家新闻出版总署的有关要求,认真贯彻教育部社科司的有关精神,扎实推进出版社的改革和发展。五年来,出版社的各项经营指标快速增长,社会效益和经济效益显著提高,为"十二五"时期的进一步发展奠定了坚实的基础。

"十一五"期间的主要工作业绩表现在以下几个方面:

1. 出书规模稳步增长,图书结构不断优化。

五年来,新出版图书852种,总印数28315千册,总码洋25338万元。

图书结构不断优化。突出了以教育、学术类图书为主的图书结构。从品种看,大学教材占32%,学术专著占32%。从收入看,大学教材占17%,学术专著占10%,基础教育教材教辅占54%。

出版社有19种大学教材被评为普通高等教育"十一五"国家级规划教材。

2. 主要经营指标快速增长。

五年来,兰州大学出版社主要经营指标实现了快速增长。总资产年均增长20%,净资产年均增长85%,总产值年均增长23%,销售收入年均增长16%,税前纯利润年均增长100%以上。

3. 社会效益不断改善。

五年来,兰州大学出版社始终坚持为教学科研服务的办社宗旨,坚持专注教育、专业出版、专心服务的办社理念,出好书,出精品,关心社会公益事业,社会效益日益突出。

2006年,《赵俪生文集(第六卷)》获第四届中国高校人文社会科学研究成果(历史学)一等奖;《贬谪文化与贬谪文学》等分获第四届中国高校人文社会科学研究成果二等奖2项;《高等理科教育改革与发展概论》获第三届全国教育科学研究优秀成果三等奖;《西北通史(清代卷)》获2006年度甘肃省高等学校社科成果一等奖。

2007年,《西北通史》等分获第七届甘肃省优秀图书奖一等奖1项、二等奖3项、三等奖7项;兰州大学出版社编辑获首届"全国出版社青年编校技能竞赛"个人二等奖;《网络思想政治教育概论》获全国思想政治工作创新研究优秀成果一等奖;《行政职业能力测验》等分获甘肃省第十届社会科学优秀成果二等奖3项、三等奖5项。

2008年,《镍毒性与中医药防治研究》入选第二届"三个一百"原创图书出版工程;《大学人文导读》等分获中国大学出版社协会第八届高校出版社优秀畅销书一等奖2项、二等奖3项;《冷石斋沉思录》获第七届中国大学书籍封面设计金奖;获得甘肃省2006年、2007年出版物印刷质量管理奖。

2009年,《汉英医学常用词表达词典》等获第八届甘肃省优秀图书奖二等奖1项、三等奖5项;《中国年报2008版》获第四届甘肃省文化产业博览交易会文化产品金奖;《计算机应用基础》等分获第五届甘肃省中等职业教育教学科研优秀成果奖一等奖3项、二等奖2项、三等奖7项。饶慧同志获新中国成立60周年甘肃出版突出贡献奖;雷鸿昌同志获新中国成立60周年甘肃新闻出版模范人物称号;兰州大学出版社代表队获第二届韬奋杯全国出版社青年编校大赛团体三等奖、个人三等奖1项、个人优秀奖1项。

2010年,《党政领导干部淘汰机制研究》等分获甘肃省第十二届社会科学优秀成果二等奖2

项、三等奖5项;《大爱无垠——提灯女神黎秀芳》等分获中国西部第十六届书籍艺术交流及优秀作品评选会设计一等奖1项、二等奖1项、三等奖1项;获第八届大学出版社图书封面装帧设计一等奖2项、二等奖1项。

五年来,累计向社会各界捐赠图书70000册,码洋100万元;向灾区捐款30200元。

4. 完成出版社体制改革。

遵照中央文化体制改革的精神,按照国家新闻出版总署的要求,按照教育部社科司的统一部署,兰州大学出版社进行了清产核资、财务审计和资产评估工作,建立了法人治理结构,妥善处理人员安置和劳动关系调整,完善企业内部管理制度和机制。2010年9月20日,教育部批复同意兰州大学出版社改制并无偿划转,10月29日,兰州大学出版社有限责任公司完成工商注册登记,出版社完成了体制改革工作。

五年来,兰州大学出版社核心竞争力显著增强,体制机制日趋完善,积累了许多宝贵经验。这些经验体现在以下几个方面:

1. 准确的定位和清晰的发展战略。

兰州大学出版社确立了学术型、教材型出版社的定位,形成了以高等教育教材、职业教育教材、基础教育教材教辅、学前教育用书、学术专著为主的五个业务板块,初步形成了教育出版的核心竞争能力。在市场定位方面,依托兰州大学,立足西北地区,面向全国市场,形成了以甘肃省及周边市场为主的市场格局。出版社制定了5~8年的发展战略,推动了出版社业务的稳步可持续发展。

2. 有序高效的业务运营体系和管理执行体系。

按照现代出版企业价值链运行的基本规律,兰州大学出版社建立了以"两抓一促"为主要内容的业务运营体系,即一手抓选题开发,一手抓市场营销,全面促进图书质量的提高。为保证业务运营效果,建立了矩阵式组织机构,完善了项目运营管理制度,推行"两书两表一会"的执行性管理模式,建立健全以岗位绩效工资制为主要内容的收入分配机制,有效保证了社会效益和经济效益的稳步增长。

3. 积极向上的企业文化。

兰州大学出版社认真总结二十多年的办社经验,不断丰富出版社的企业文化内涵,持续完善出版社的价值观体系。确定"专注教育、专业出版、专心服务"的发展理念;塑造"敬业实干、致胜致远"的企业精神;崇尚"严谨、求真、务实、高效"的工作作风;培养"目标第一、结果至上"的管理观、"精益求精、质量为王"的质量观、"读者至上、市场为先"的市场观,形成了较为完整的出版社企业文化体系。出版社积极开展丰富多彩的企业文化活动,使得企业的核心价值观入心、入脑、入行,极大地激发了员工的积极性和创造性。

4. 不断优化人力资源队伍。

兰州大学出版社注重加强五支队伍建设,加强领导班子和管理干部队伍建设,加强策划编辑队伍建设,加强文字编辑队伍建设,加强营销队伍建设,加强行政后勤服务队伍建设。高度重视现有干部和职工的学习和培训。有计划地引进人才,不断优化队伍结构。队伍建设和人才培养为出版社的健康发展提供了有力支撑。

新疆大学出版社

新疆大学出版社成立于1986年11月18日,是新疆大学主办、新疆维吾尔自治区教育厅主管的新疆唯一一家大学出版社。现有员工32人。其中,汉族14人、维吾尔族18人。现任社长于付恩,副社长兼副总编辑合力力·买买提。

新疆大学出版社以出版学术著作和高校教材为品牌,以出版新疆地域性、民族性文化及各类图书为特色,具有使用汉文、维吾尔文、哈萨克文、蒙古文以及英文、俄文、日文等多种语言文字出版各类图书的能力。新疆大学出版社立足新疆、面向中国,充分依托新疆大学及新疆其他各高校雄厚的师资力量,发挥优势,以西域研究、中国西北少数民族语言文学、民俗研究、双语教学类图书为品牌,着力打造学术著作、教材及民族图书精品,开拓文教社科类普及图书,先后策划出版了西域研究、中国西北少数民族语言文学、民俗研究、双语教学等多种多系列图书,形成了鲜明的特色。出版社成立20多年来,累计出版图书2300多种,获得省部级及以上奖励130多项,为自治区新闻出版事业的发展、为自治区改革发展稳定大局作出了积极的贡献。特别是"十一五"以来,新疆大学出版社进一步明确了发展目标,进一步理清了发展思路,进一步加大了改革力度,各项事业呈现出蓬勃向上的发展态势。

一、进一步明确了发展目标与思路

出版社的战略定位。在追求一定规模的基础上,把新疆大学出版社建设成为新疆具有"精""尖""特""同"鲜明特征的"强社"。"精",就是要始终注重开发培育一批高质量、高水平的品牌图书,有所为有所不为;"尖",就是要体现大学出版社的学术品位和文化特质,做先进思想文化的传播者;"特",就是要积极培育核心竞争力,树立优良的出版社形象,在差异化市场竞争中劈波斩浪;"同",就是不断增强责任意识和服务意识,与外部环境和谐共生,自觉地融入社会。

发展思路。高举中国特色社会主义伟大旗帜,以邓小平理论和"三个代表"重要思想为指导,深入贯彻落实科学发展观,以实现科学发展为中心;以改革为动力;以体制和机制创新为重点;以人才培养为根本;以提高选题策划能力和图书发行能力为依托;以出版学术著作、本土特色图书为品牌;以出版高校教材和常销图书为基础;积极策划出版政府项目图书、畅销图书;把社会效益放在首位,科学管理,优化服务能力,确保图书产品质量,实现社会效益和经济效益双丰收。

二、进一步加大了改革力度

根据国家及自治区出版改革形势,积极开展转企改制工作,设置了新的机构和岗位,步入企业化运行的轨道。

新的机构和岗位设置方案包括了三个方面的系统设计:一是直接生产经营系统,主要由教材事业部、综合图书事业部、文化产业中心组成,它们是图书研发经营主体,有分工、有侧重、相对独立地从事图书产品的策划、编辑、印制、发行等完整工作;二是宏观管理系统,主要由经营管理部组成,它们是出版社生产经营管理主体,不干预生产经营系统的直接生产经营活动,但代表出版社通过计划、编务、调度、财务、物流等对生产经营系统活动进行监督和管理;三是保障系统,主要由综合办公室、审读质检室组成,通过党务、行政、审读、数字化建设等为出版社政治导向以及生产经营活动发展方向提供保障。

三、社会效益和经济效益取得重大突破

改革是解放和发展文化生产力的根本动力,随着体制改革探索的深入,新疆大学出版社的经营状况发生根本性变化,社会效益和经济效益取得重大突破。"十一五"期间主要标志性成果包括:

(1) 46 种图书入选国家及自治区"农家书屋"项目;

(2) 3 种图书获国家"走出去"图书项目资助;

(3) 19 种图书入选"自治区庆祝新中国成立 60 周年献礼出版物项目";

(4) 2 种 21 本图书入选自治区及国家"十二五"重点图书出版规划;

(5) 获省部级图书奖 10 多项;

(6) 汉文编辑部荣获"自治区庆祝新中国成立 60 周年献礼出版物项目"先进集体,出版社荣获自治区"东风工程一期建设先进集体"。

附 录

◎ 历届全国高等学校出版社工作会议简介
◎ 大学版协工作机构和制度
◎ 大学版协工作大事记
◎ 获奖出版单位和个人
◎ 获奖图书书目
◎ 出版社统计数据
◎ 全国大学出版社名录
◎ 全国高校出版社图书代办站名录

历届全国高等学校出版社工作会议简介

第一次全国高等学校出版社工作会议

主办单位：国家教委和国家出版局

时　　间：1986年7月21日至25日

地　　点：内蒙古自治区呼和浩特市

参加人员：高校出版社社长及部分印刷厂厂长、主管校长、有关省市出版局负责人，共101人。国家教委副主任朱开轩、国家出版局副局长刘杲、中央宣传部出版局副局长袁亮等领导同志出席会议。

会议背景：党的十一届三中全会以后，高校出版社得到迅速发展，已成为出版战线上的重要力量。1986年上半年，全国恢复和新建的高校出版社已有66家。高校出版社如何抓紧各项建设，在推动高校教材建设和繁荣学术方面发挥应有的重要作用，是迫切需要研究和解决的课题。

会议主要任务与内容：一是通过学习党的出版方针、政策和有关文件，正确认识新时期高校出版社的地位和作用，进一步端正业务指导思想，明确面临的工作任务和今后发展方向。二是建立和健全一些必要的规章制度。会议讨论了高校出版社和印刷厂有关加强管理的若干规定。三是交流经验，相互学习，推动高校出版社的建设和管理工作，使它沿着正确的方向发展得更快、更好。

会上，朱开轩同志作了《坚持党的出版方针，办好高等学校出版社》的主题报告，并在闭幕式上作了总结讲话。刘杲同志在开幕式和闭幕式上先后以《努力发挥高等学校出版社的积极作用》和《在改革中开拓前进》为题发表了讲话。袁亮同志作了《办好高校出版社需要明确的几个问题》的讲话。

会上，有北大、人大等校出版社的14位同志介绍了办社经验。

会议成果：会议经过讨论，确定了高校出版社的地位、作用、方针和任务，以及主办学校等有关部门的领导责任。会议特别强调高校出版社是学术性很强的单位，它的办社方向要与学校的办学方向相一致。高校出版社在初创时期，要坚持边出书、边建设，特别要发扬艰苦奋斗的精神。会后，国家教委与国家出版局于1986年10月27日联合发布《高等学校出版社若干问题的暂行规定》和《高等学校出版社所属印刷厂管理工作的暂行规定》。

第二次全国高等学校出版社工作会议

主办单位：国家教委和新闻出版署

时　　间：1988年8月1日至6日

地　　点：黑龙江镜泊湖哈尔滨工业大学招待所

参加人员：高校出版社社长、广东高教出版社社长、黑龙江省教委和新闻出版局等有关单位负责同志，共112人。国家教委副主任朱开轩和新闻出版署副署长刘杲出席会议。

会议背景：自全国高等学校出版社第一次工作会议以后，高校出版社由原来的66家发展至1988年上半年的81家。高校出版社取得了很大的成绩，同时也面临着社会主义商品经济日益发展的新情况，出现了纸张涨价、印刷费加价、出版成本提高以及出版的专业分工等各类实际问题，给出版社工作带来了不少经济困难。一些出版社出现不顾出书质量，单纯追求经济效益的偏向。

会议主要任务与内容：总结近两年来高校出版社所取得的成绩，交流工作经验，分析当前形势和面临的困难，研究深化改革、克服困难所应采取的措施。

会上，国家教委教材和图书情报管理办公室主任沈友益同志作了主题报告。刘杲同志先后两次就如何坚持正确出版改革方向、如何学会适应和驾驭商品经济、坚持发展社会主义商品经济的要求和建设社会主义精神文明要求相结合等问题作了深刻的阐述。朱开轩同志在闭幕式上就如何正确对待当前困难以及如何处理好出版社与学校之间的关系等问题，着重从思想认识和指导思想上作了重要讲话。

在大会和分组会上，部分出版社社长进行了经验交流。

会议成果：这次会议是高校出版社发展过程中的一次重要会议。会议要求代表回校后，及时向学校领导汇报，制定一个为期两三年的建设和深化改革的方案。会后，国家教委和新闻出版署于1988年11月4日联合发出《关于当前高等学校出版社改革的若干意见》和《全国高等学校出版社第二次工作会议纪要》。

第三次全国高等学校出版社工作会议

主办单位：国家教委和新闻出版署

时　　间：1991年4月24日至28日

地　　点：武汉市华中理工大学校内

参加人员：有关高等学校、高校出版社及其他承担大中专教材任务的出版社、中央各部委教育司(局)、有关地方新闻出版局、有关新华书店、中国印刷公司等单位负责人共200人。国家教委副主任朱开轩、新闻出版署副署长刘杲出席会议。

会议背景：

1. 根据中央制定的第八个五年计划和90年代工作方针以及全国教育工作会议精神，加强高校教材建设和出版发行工作。

2. 高校出版社发展较快，至1991年4月已有90家（不包括音像出版社），在发展过程中，由于受到错误思潮的影响，有些出版社偏离了办社方向。因此高校出版社一家被停办，4家受到停业整顿、处分。

会议主要任务与内容：一是学习党和国家的出版方针、政策，了解高等教育教材建设规划；进一步明确高校出版社的发展方向及工作任务；二是根据"一手抓整顿，一手抓繁荣"的方针，研究讨论高校出版社管理的法规文件及出版社制定"八五"规划的意见；三是交流经验，相互学习，推动高校出版社健康发展。

会上，朱开轩同志和刘杲同志作了重要讲话。教委条装司副司长高炳章、新闻出版署图书管理司司长杨牧之分别作了《关于高等学校出版社情况及今后工作的意见》和《对繁荣高等学校出版事业的思考》的专题性报告；在大会和分组会上一些出版社进行了经验交流。

会议成果：会议研究讨论了《高等学校出版社管理办法》《关于大、中专教材发行工作管理规定（征求意见稿）》以及制定"八五"期间大、中专教材发行工作的指导方针和主要措施等。国家教委办公厅于1991年8月1日发出《关于印发〈全国大、中专教材出版发行工作会议纪要〉的通知》。

第四次全国高等学校出版社工作会议

主办单位：国家教委和新闻出版署

时　　间：1995年1月4日至9日

地　　点：北京市京西宾馆

参加人员：各高校出版社社长，部分高等学校、省教委及省新闻出版局有关负责同志近200人。中宣部、国家教委、新闻出版署的领导以及有关部门负责同志出席会议。

会议背景：高校出版社取得新的发展，至1994年底已有94家。在高校出版社取得成绩的同时，从1992年到1993年，少数出版社出现了程度不同的问题。高校出版社有4家的14种图书受到新闻出版署的通报批评或取缔；有4家被整顿，5家被限制了出书范围。问题的产生和集中程度是多年来少见的。如何正确评价高校出版社的现状、成绩与问题，如何实现新闻出版署提出的从以规模数量增长为主要特征的阶段向以优质高效为主要特征的阶段转移，都需要在思想上统一认识，行动上付诸实施。

会议主要任务和内容：一是学习贯彻全国宣传思想工作会议和全国教育工作会议精神，认清新时期高校出版社建设和发展的方针、任务，统一思想认识；端正办社指导思想，明确新形势下坚持方向，加强管理、深化改革、促进繁荣的工作思路。二是讨论有关加强管理等方面的几个文件。三是出版社之间进行经验交流。

会议开幕式由朱开轩同志主持，新闻出版署署长于友先同志发表讲话，国家教委副主任韦钰同志作了主题报告和会议总结，中宣部副部长龚心瀚同志出席闭幕式并讲话，在会上讲话的还有中宣部出版局局长高明光、新闻出版署图书管理司司长杨牧之同志。各位领导同志的讲话都充分肯定了近年来大学出版社所取得的成绩，同时也严肃指出了少数出版社存在的违背出版正确方向的错误；并强调指出，高校出版社在任何情况下，都要坚持为党和国家大局服务，坚持办社宗旨，坚持把社会效益放在首位。学校领导要进一步端正办社指导思想，出版社是学术性很强的单位，是学校的一个重要窗口，不能给它很重的经济指标，不能把出版社当成学校第三产业对待。

为了鼓励先进，发挥先进典型示范、引导作用，国家教委在会上表彰了17家先进高校出版社。部分先进出版社代表在会上发言，介绍了办社经验。

会议成果：这是一次高规格通力合作的会议，收到了"共识、务实、鼓劲"的效果。经过会议讨论修改的《关于高等学校出版社加强管理深化改革的若干意见》文件，国家教委和新闻出版署于1995年4月发布施行。国家教委并于1995年6月14日下发《高校出版社社长负责制暂行办法》《高校出版社总编辑岗位规范》和《高校出版社评估暂行办法》等文件。

第五次全国高等学校出版社工作会议

主办单位：教育部和新闻出版总署
时　　间：2001年11月26日至28日
地　　点：北京国家教育行政学院
参加人员：会议代表共有217人，其中高校出版社的主管校长87人，高校出版社社长94人，高校音像出版社社长8人；教育部直属的高等教育出版社、人民教育出版社、语文出版社和教育科学出版社的社长出席了会议。中宣部、教育部、新闻出版总署的领导以及有关部门负责同志出席会议。

会议背景：我国加入WTO后高校出版社面临着新情况、新问题，国际国内经济社会和科技发展的新形势给高校出版社带来了新的机遇和挑战，教育大发展和出版业改革进一步深化。

会议主要任务和内容：会议以江泽民同志"三个代表"重要思想和党的十五届五中全会、六中全会精神为指导，按照《中央宣传部、国家广电总局、新闻出版总署关于深化新闻出版广播影视业改革的若干意见》的要求，总结交流高校出版社的发展经验，研究高校出版社面临的新情况和新问题，进一步明确新世纪，特别是"十五"期间，以及我国加入WTO、开始进入全面建设小康社会和加快推进现代化建设新阶段之际，高校出版社发展的新思路和新任务。一是学习贯彻中央关于新闻出版改革发展的精神；二是总结高校出版社"九五"期间建设、改革与发展取得的主要成绩和经验；三是出版社之间进行经验交流；四是讨论《高校出版社管理办法》。

教育部副部长袁贵仁同志在开幕式上作了题为《贯彻"三个代表"重要思想，开创新世纪高校出版社工作的新局面》的主报告。新闻出版总署副署长杨牧之同志就高校出版社的主要成绩和值得重视的问题、新闻出版业面临的形势、抓改革抓管理促进新闻出版业的繁荣三个方面的内容作了重要讲话。中宣部出版局局长邬书林同志作了题为《总结经验，深化改革，推动新世纪高校出版工作的新局面》的重要讲话。

有13个单位的代表在大会上介绍了出版社建设发展的做法和经验：清华大学副校长顾秉林同志、广西师范大学副校长刘健斌同志、南京大学校长助理张异宾同志、北京大学出版社社长彭松建同志、中国人民大学出版社社长王霁同志、东北师范大学出版社社长贾国祥同志、复旦大学出版社社长贺圣遂同志、上海外语教育出版社社长庄智象同志、大连理工大学出版社社长王海山同志、中国矿业大学出版社社长解京选同志、北京师范大学出版社社长常汝吉同志、华中科技大学出版社社长韦敏同志、外语教学与研究出版社社长李朋义同志从不同的角度生动地介绍了出版社如何与时俱进，深化改革，不断创新，提高出版社综合实力，推进出版社发展的做法和经验。

会议成果：会议对《高等学校出版社管理办法（讨论稿）》《高等学校出版社"十五"发展规划要点（讨论稿）》进行了讨论修改。经过会议讨论修改的《高等学校出版社管理办法》于2002年2月21日颁发。《办法》旨在加强对高等学校出版社的宏观指导和管理，推动高等学校出版社在新形势下的改革与发展，促进高等学校出版事业的繁荣。《办法》明确了高等学校出版社的地位、性质、宗旨和任务；明确了高等学校出版社的管理体制及其主管部门、主办单位的职责；规定了高等学校出版社的管理体制，实行社长负责制；明确了出版物的管理和高校出版社的经营管理；明确了高等学校出版社要进行内部三项制度的改革；提出要加强高等学校出版社队伍的建设。《高等学校出版社"十五"发展规划要点》于2002年年初印发，《要点》为高校出版社"十五"期间的发展规划了宏伟的蓝图，提出了对高校出版社分类指导、不均衡发展的原则，为不同类型出版社、不同发展阶段出版社都指出了发展的目标。

第六次全国高等学校出版社工作会议

主办单位：教育部和新闻出版总署

时　　间：2007年9月2日至4日

地　　点：北京国谊宾馆

参加人员：会议代表共有150人，其中高校领导25人、出版社社长102人，以及教育部直属出版单位负责人。中宣部、教育部、新闻出版总署的领导以及有关部门负责同志出席会议。

会议背景：落实"十一五"规划关键的一年。国家提出推动文化大发展大繁荣，迎接党的十七大胜利召开。国家大力推进文化体制改革，高校出版社面临着"六个化"的严重挑战：企业化、集团化、市场化、国际化、数字化和网络化。

会议主要内容和任务：会议以邓小平理论和"三个代表"重要思想为指导，深入贯彻落实科学发展观，回顾总结了第五次全国高校出版社工作会议以来，高校出版社取得的主要成绩和经验，分析研究了新形势下高校出版社面临的新情况和新问题，明确了今后一个时期高校出版社的发展目标和主要任务。教育部李卫红副部长作了《全面贯彻科学发展观，积极推进出版体制改革，实现高校出版社更好更快发展》主旨报告，新闻出版总署邬书林副署长作了《深化改革　加快发展　改善服务　强化管理　促进高校出版业的更大发展》重要报告，中宣部出版局张小影局长作了重要讲话，杨光司长作大会总结。

中国人民大学副校长冯俊、复旦大学校长助理桑玉成、大连理工大学党委副书记孔宪京、苏州大学校长朱秀林、东北财经大学副校长武宪华、西安交通大学副校长卢天健和北京大学出版社社长王明舟、清华大学出版社社长李家强、外语教学与研究出版社社长于春迟、北京语言大学出版社社长戚德祥、华东师范大学出版社社长朱杰人、上海外语教育出版社社长庄智象、广西师范大学出版社社长肖启明、中国矿业大学出版社社长解京选和重庆大学出版社社长张鸽盛介绍了经验。

会议讨论修改了《教育部 新闻出版总署关于进一步推进高校出版社改革发展的意见（征求意见稿）》，并于2008年12月29日正式颁发。该文件对高校出版社在新形势下的性质、地位、作用与指导思想进行了全面阐述，提出了新时期推进高校出版社健康发展，深化高校出版社体制改革，完善高校出版社管理，加强高校出版社队伍建设的各项任务，对于推进高校出版工作具有指导意义。

中国大学出版社协会章程

(2008年12月修订)

总　则

第一条　本会名称为：中国大学出版社协会（China University Presses Association，缩写为：CUPA）。

第二条　本会是中国大学出版界的全国性、专业性、行业性、群众性的社会团体。

第三条　本会宗旨是在中国共产党领导下，坚持马列主义、毛泽东思想、邓小平理论和"三个代表"重要思想，贯彻落实科学发展观，遵守宪法、法律、法规和国家政策，贯彻党的教育方针和出版方针，遵守社会道德风尚，开展大学出版方面的学术研究，探索建设有中国特色社会主义大学出版体系的规律，推进海峡两岸和海内外文化交流，依法维护本行业及会员单位的权益，为繁荣我国教育文化出版事业作出贡献。

第四条　本会接受教育部、民政部的业务指导和监督管理。

第五条　本会住址：北京市。

第二章　业务范围

第六条　本会的业务范围：

（一）组织和推动会员学习马列主义、毛泽东思想、邓小平理论和"三个代表"重要思想，贯彻落实科学发展观，贯彻党的方针、政策，坚持正确的政治方向，发扬理论联系实际的学风，不断提高政治理论水平；

（二）积极组织学术研讨活动，开展对大学出版社管理体制、改革发展、队伍建设、编辑出版发行、经营管理等问题的研究，总结推广先进经验；

（三）组织大学出版社各类人员的培训，不断提高队伍素质；

（四）组织出版社之间的业务协作，促进出版社之间的横向联合；

（五）开展出版物的评优活动，表彰先进集体和个人；

（六）开展职业道德教育，加强行业自律，规范行业行为；

（七）依法维护会员单位合法权益，向领导机关反映会员要求；

（八）按国家有关规定开展与行业有关的咨询服务和经营活动；

（九）关心大学出版社的离退休人员，支持和帮助他们开展力所能及的有益活动；

（十）开展国际交流与考察，召开各种研讨会；

（十一）主办协会刊物；

（十二）管理本会各工作机构。

第三章　会　员

第七条　本会实行团体会员制。

第八条　申请参加本会的会员必须具备下列条件：凡高等学校的图书出版社、电子音像出版社及教育部直属的出版单位，拥护本会章程，均可申请并被批准为团体会员。团体会员法定代表人变动时，由继任者接任理事，报本会常务理事会予以确认。

第九条 会员入会程序：

（一）提交入会申请书；

（二）经本会批准后发给会员证。

第十条 会员享有下列权利：

（一）有选举权、被选举权和表决权；

（二）参加本会的活动；

（三）获得本会服务的优先权；

（四）对本会工作的批评建议权、监督权；

（五）入会自愿，退会自由。

第十一条 会员履行下列义务：

（一）执行本会的决议；

（二）维护本会的合法权益；

（三）完成本会交办的工作；

（四）按时交纳会费；

（五）向本会反映情况。

第十二条 会员退会应书面通知本会并交还会员证。会员如果一年不交会费或不参加本会活动，视为自动退会。

第十三条 会员如有严重违反本章程行为，经理事大会或常务理事会表决通过，予以除名。

第四章 组织机构和负责人产生、罢免

第十四条 理事会是本会的最高权力机构。成员主要由各大学出版单位法定代表人或负责人组成，也可以根据高校出版事业改革和发展的需要聘请少数特邀理事。本会设常务理事会，常务理事会（人数为会员人数的1/3，由各大区按比例协商推举）是本会的权力执行机构，在理事会闭会期间领导本会开展日常工作，对理事大会负责。

第十五条 理事会的职权是：

（一）制定和修改章程；

（二）选举和罢免常务理事；

（三）审议常务理事会的工作报告和财务报告，并作出决议；

（四）审议并决定本会的终止；

（五）审议并决定其他重大事宜。

第十六条 理事会须有2/3以上理事出席方能召开，其决议须经到会理事的2/3以上表决通过后，方能生效。

第十七条 本会常务理事会每届任期5年。因特殊情况需提前或延期换届，须由理事会表决通过，报业务主管单位审查，并经社团管理机关批准同意。提前或延期换届最长不超过1年。

第十八条 常务理事会的职权是：

（一）执行理事大会的决议；

（二）选举和罢免理事长、副理事长；

（三）筹备召开换届大会；

（四）向理事大会报告工作和财务状况；

（五）决定会员吸收和除名；

（六）决定设立办事机构、分支机构、代表机构和实体机构；

（七）决定秘书长、副秘书长；

（八）决定增减本会各工作机构，聘任工作机构的负责人；

（九）制定内部管理制度，管理内部财务；

（十）决定其他重大事项。

第十九条 常务理事会每年至少召开两次会议，情况特殊时，也可采用通讯或网络的形式召开。

第二十条 常务理事会须有2/3以上常务理事出席方能召开，其决议须经到会常务理事2/3以上表决通过方能生效。

第二十一条 本会设理事长1人，副理事长若干人；设秘书长1人，副秘书长若干人。

本会理事长、副理事长、秘书长必须具备下列条件：

（一）坚持党的路线、方针、政策，政治素质好；

（二）在本会业务领域有较大影响和热心为本会会员单位服务；

（三）理事长、副理事长、秘书长最高任职年龄不超过70周岁；

（四）身体健康能坚持正常工作；

（五）未受过剥夺政治权利的刑事处罚；

（六）具有完全民事行为能力。

第二十二条　本会理事长、副理事长和秘书长因工作或个人原因可向常务理事会提出辞职要求。常务理事会应认真研究并做出决定是否接受辞职。

第二十三条　本会理事长、副理事长、秘书长任期5年。任期最长不得超过两届，因特殊情况需延长任期的，须经理事会2/3以上表决通过，报业务主管单位审查并经社团登记管理机关批准同意后方可任职。

第二十四条　本会法定代表人应由理事长担任，如因特殊情况需由他人担任，应报业务主管单位审查，并经社团登记管理机关批准。本会法定代表人不得兼任其他社团法人代表。

第二十五条　本会理事长、副理事长行使下列职权：

（一）理事长召集主持常务理事会、理事会，检查理事会、常务理事会决议的执行情况，代表本会签署有关文件。

（二）副理事长协助理事长分管大学版协有关工作。

第二十六条　本会秘书长行使下列职权：

（一）受理事长委托，主持常务理事会和大学版协日常工作；

（二）主持办事机构开展日常工作，组织实施年度工作计划；

（三）协调各分支机构、代表机构、实体机构开展工作；

（四）提名副秘书长以及各办事机构、分支机构、代表机构和实体机构主要负责人，交常务理事会决定；

（五）决定办事机构、代表机构、实体机构专职人员聘任。

第二十七条　理事长、副理事长因工作变动或其他原因不能履行职责时，由所在地区常务理事推荐人选，报常务理事会批准增补。常务理事调离原单位或工作变动，由所在地区的会员推荐人选，报常务理事会确认。

第五章　资产管理、使用原则

第二十八条　本会经费来源：

（一）会费；

（二）捐赠；

（三）政府赞助；

（四）在核准的业务范围内开展活动和服务的收益；

（五）利息；

（六）其他合法收入。

第二十九条　本会按照国家有关规定收取会员会费。为了保证本会工作的正常开展，理事长、副理事长单位在交纳正常会费的基础上，自愿交纳特别会费，以补充经费不足。

第三十条　本会经费必须用于本章程规定的业务范围和事业发展，不得在会员中分配。

第三十一条　本会建立严格的财务管理制度，保证会计资料合法、真实、准确、完整。

第三十二条　本会配备具有专业资格的会计人员，会计不得兼任出纳，会计人员必须进行会计核算，实行会计监督，会计人员调动工作和离职时必须与接管人员办清交接手续。

第三十三条　本会资产管理必须执行国家规定的财务管理制度，接受会员大会和财务部门的监督。资产来源为国家拨款或者社会捐赠、赞助的，必须接受审计机关的监督，并将有关情况以适当方式向社会公布。

第三十四条　本会换届更换法定代表人之前必须接受业务主管单位和社团登记管理机关组织的财务审计。

第三十五条　本会资产，任何单位、个人不得侵占、私分和挪用。

第三十六条　本会专职工作人员工资和保险、福利待遇，参照国家对事业单位的有关规定执行。

第六章　章程的修改程序

第三十七条　对本会章程的修改，必须经

常务理事会通过,报理事大会审议。

第三十八条　本会修改的章程,须在理事大会通过后 15 日内,经业务主管单位审查同意,并报社团登记管理机关批准后生效。

第七章　终止程序与终止后的财产处理

第三十九条　本会完成宗旨或自行解散,或由于分立、合并等原因需要注销的,由常务理事会提出终止动议。

第四十条　本会终止动议须经理事大会表决通过,报业务主管部门审查同意。

第四十一条　本会终止前须在业务主管单位及有关机关指导下成立清算组织,清理债权债务,处理善后事宜。清算期间,不开展清算以外的活动。

第四十二条　本会经社团登记管理机关办理注销登记手续后即可终止。

第四十三条　本会终止后的剩余财产,在业务主管单位与社团登记管理机关监督下,按照国家有关规定,用于发展与社团宗旨有关事业。

第八章　附　　则

第四十四条　本章程经 2008 年 12 月 10 日理事大会表决通过。

第四十五条　本章程的解释权,属本会常务理事会。

第四十六条　本章程自社团登记管理机关核准之日起生效。

第六届中国大学出版社协会工作规程

根据国务院颁布的《社会团体登记管理条例》和本协会章程的规定,本协会是服务型的事业性社会团体,为了做好本协会的学习、服务、研讨和交流工作,在总结本协会前几届理事会工作经验的基础上,现补充制定中国大学出版社协会工作规程(规则和程序)细则,以便规范本协会各项工作,指导本协会全体会员和工作人员正确有序地开展工作,进一步建设和发展具有中国特色的社会主义的大学版协,推动我国大学出版事业和大学出版产业的持续健康发展。

第一章 组织机构和运作程序

第1条 组织结构

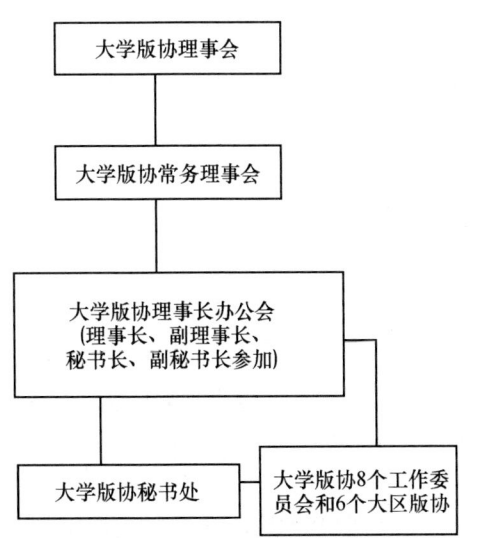

第2条 本协会各机构的职责和运作管理的层次

1. 中国大学版协理事会是本会的最高权力机构,常务理事会为权力执行机构。

2. 中国大学版协理事长办公会为决策机构。

3. 中国大学版协秘书处和8个工作委员会为办事机构。

4. 中国大学版协实行理事长领导下的集体负责制,各位副理事长协助理事长分管本协会的相关工作。

5. 秘书长在理事长和常务理事会领导下负责本会的日常工作。秘书长(含副秘书长)和各工作委员会主任(含副主任)执行本协会理事大会、常务理事会和理事长办公会议的决议和决定,主动而又独立地开展相关领域的工作。

6. 秘书处在秘书长的指导下完成执行性、事务性和技术性的日常工作任务。其工作范围是:调查研究,信息收集与交流,文件报告的起草与保存,印章的保管与使用,受版协理事长办公会委托安排各类研讨、出访和培训以及内外交流工作,承办必要的工作会议会务,协调版协各机构之间关系,筹办协会换届工作,管理本协会的财务工作,等等。

7. 各工作委员会是协会下属的专业性的办事机构。工作范围是组织本专业范围内的研讨、交流,总结和推广先进经验,提高业务水平。

8. 按照本会章程第十五条、第二十条等条款的规定,本协会实行民主集中制的原则,各级机构对主要事项进行表决时,采用无记名投票方式,少数服从多数的原则。理事会、常务理事会和理事长办公会通过的决议、决定,本会全体理事单位和各级机构负责人及其工作人员都应认真执行。

第3条 本协会机构及其负责人的产生程序

除本协会章程已对理事大会、常务理事会和领导集体产生程序有明确规定外,现做如下补充规定:

1. 本协会秘书长由理事长提名,经理事长、副理事长集体讨论确定;副秘书长由秘书长提名,经理事长办公会批准产生。

2. 本协会各工作委员会组成人员采取理事单位、常务理事单位自愿申报和本协会秘书处统一协调相结合的办法产生。

3. 本协会常务理事单位应参加一个以上(含1个)工作委员会,参加本协会开展的有关工作。

4. 本协会各工作委员会主任由理事长从常务理事单位中提名,理事长办公会会议讨论确定,工作委员会主任可聘请1~3名副主任。

5. 担任各工作委员会的主任、副主任人选应具有较高的组织能力,团结协作,热心工作,有奉献精神。

6. 各工作委员会副主任和委员人选,由各委员会主任提名,报本协会秘书处审查后提请理事长办公会批准。

第二章 会议制度

第4条 中国大学版协理事大会

主持人:理事长

每年召开一次全体理事大会

第5条 中国大学版协常务理事会

主持人:理事长

每年召开一至两次常务理事会

第6条 中国大学版协各工作委员会

主持人:工作委员会主任

每年召开一次工作委员会全体成员会议,各个工作委员会原则上每2年组织一次全国性活动,专业性或区域性研讨活动可视情况而定。

第7条 中国大学版协理事长办公会议(或扩大会议)

主持人:理事长

原则上每个季度召开一次理事长办公会议或理事长扩大会议。根据上级指示或情况的变化而决定提前或延缓开会。理事长、副理事长和秘书长因工作需要可随时召集小型协商、协调会议。

第三章 中国大学版协会费及其他经费的收支管理

第8条 根据国务院颁布的《社会团体登记管理条例》及民政部有关社会团体的相关财务工作的规定,按照国务院颁布的事业单位会计工作准则管理好本协会的会费和其他经费。本协会财务工作依法接受本会理事的监督和接受民政部门以及该部承认的会计师事务所的审计和监督。

第9条 会费标准:按照《关于调整社会团体会费政策等有关问题的通知》(民发[2003]95号)第一条中规定:社会团体可依据章程规定的业务范围、工作成本等因素,合理制定会费标准。

按照民政部、财政部文件的规定,根据事业性社会团体的组成方式和公益服务工作的特点,依据大学版协的组成方式、本章程规定的业务范围、工作任务和权力,本版协采用支付能力的原则,每年向会员单位收取会费,按各会员单位前一年的销售码洋(以新闻出版总署和教育部社科司的统计数字为依据)分为几个档次:

(一)年销售码洋在2千万元以下的会员单位,每年交纳会费1000元;

(二)年销售码洋在2千万元至5千万元(不含5千万元)的会员单位,每年交纳会费2000元;

(三)年销售码洋在5千万元至1亿元(不含1亿元)的会员单位,每年交纳会费3000元;

（四）年销售码洋在1亿元至2亿元（不含2亿元）的会员单位，每年交纳会费4000元；

（五）年销售码洋在2亿元至3亿元（不含3亿元）的会员单位，每年交纳会费5000元；

（六）年销售码洋在3亿元至4亿元（不含4亿元）的会员单位，每年交纳会费6000元；

（七）年销售码洋在4亿元至5亿元（不含5亿元）的会员单位，每年交纳会费7000元；

（八）年销售码洋在5亿元及以上（含5亿元）的会员单位，在每年交纳会费7000元的基础上，每增加1亿元销售码洋，增交1000元的会费；

（九）新建立的大学出版社在两年内免交会费，第三年应交纳会费的50%，从第四年起，按照上述条款标准交纳会费，有特殊困难的大学社可向本会申请特殊减免会费，经本会理事长办公会议批准后，可获特殊减免；

（十）本协会领导集体成员（理事长、副理事长）单位除交纳前述标准的会费外，交纳特别会费，标准为：理事长单位10000元，副理事长单位5000元，并对大学版协工作做出力所能及的贡献，做好服务工作。

第10条 各会员单位应按协会秘书处的通知要求，于每年3月31日前交纳本年度的会费，也可一次交齐若干年的会费。本协会在收到会费后由协会会计开具民政部颁发的社会团体会费统一收据。

第11条 本协会接纳各会员单位（个人）或非会员单位（个人）的各类捐赠款项。本协会按民政部的规定对捐赠单位或个人颁发荣誉证书，并邀请捐赠单位或个人参加本协会的相关活动。本协会将捐赠款项在5万元以上（含5万元）的单位名称或个人姓名制作捐赠牌放置在本协会办公处，以作永久纪念。

第12条 本协会财务工作实行两条线的管理原则：

1. 会费收支两条线；

2. 研讨、出访、培训和捐赠等费用收支两条线。

将会费和研讨、出访、培训和捐赠等经费按不同类别进行分类管理：会费用于版协的日常工作各项支付，不得挪作他用；研讨、出访、培训和捐赠等费用必须专款专用，实行专门项目费用管理。

第13条 本协会为各项活动费用单独建账，分类核算。本协会举办相关活动的经费结余全部交给本协会财务入账；各工作委员会举办活动的经费结余全部上交本协会财务入账，结余经费的60%由大学版协支配，其余40%可由各工作委员会支配。

第14条 本学会经费支出实行预算管理。本协会财务工作实行理事长和秘书长负责和分级理财的原则，会费重大支出（5万元以上10万元以下）由理事长签批，10万元以上（含10万元）会费支出须经理事长办公会审议，理事长签批；预算内经常性开支由秘书长签批。各个工作委员会举办活动的经费收支，由理事长授权分管副理事长签批。

第15条 本协会的会费收支和其他活动经费的结余情况由秘书处每年年底向本协会理事长办公会和常务理事会报告一次；其他活动经费的收支应由举办者将经费结算报告交本协会秘书处备案，以备检查。

第16条 本协会的会员单位无故拖欠会费一年或一年以上者，由本协会秘书处特别催收，或由本协会领导成员与该单位负责人谈话催收。

第四章 中国大学版协组织各类评奖、研讨、出访、培训等活动的安排

第17条 本协会秘书处每年12月31日前向本协会理事长提交下一年度的工作要点和经费预算报告。该工作要点和预算报告经理事长办公会议和常务理事会研讨决定之后向全体理事单位发布。

第18条 本协会各个工作委员会每年11

月30日前应向本协会秘书处报告第2年全年工作计划,由秘书处审议协调后报本协会理事长办公会审议。

第19条 本协会和各个工作委员会举办各类活动,按职责分工分管的原则,由相关分管的理事长、副理事长、秘书长和工作委员会主任负责。

第20条 本协会的对外交流工作由秘书处和对外合作工作委员会共同组织,本协会的会员单位和其他各个工作委员会未经秘书处授权不得以大学版协名义开展对外交流活动。

第21条 本协会和各工作委员会举办评奖、研讨、出访、培训以及其他有关工作需要委托本协会会员单位以及有关饭店旅行社承担相关工作时,应采取公平竞争、择优录用的原则和公开的招标方式,选择资质和诚信良好的单位,并与其签订合同,执行合同。

第22条 本协会的有关招标工作由秘书处负责组织临时招标工作小组。该工作小组由部分大学版协领导成员、秘书处人员、相关工作委员会负责人等人员组成(3~5人),应由一位分管理事长或一位秘书长主持招标小组工作。招标工作结束时该工作小组自行解散。

第23条 本协会和各工作委员会举办评奖、研讨、出访、培训活动的经费出自各个参加单位,各项费用应本着符合标准、尽量节省、服务满意的精神,组织好相关活动。每次活动完成之后,举办者应及时做好经费结算并向参加者公布,以接受监督。

第24条 本协会由秘书处或委托的工作委员会组织评奖活动。评奖工作应组织公正、公平的评审小组,掌握标准,严格把关。评审小组应将评审结果向本协会理事长办公会申报,经批准方可公布。

第25条 本协会收到有关投诉后,应根据投诉类别,由秘书处将投诉提交有关部门处理或本协会自行处理。

第五章 本协会工作人员的待遇

第26条 本协会工作人员分为兼职者和专职者(含聘用者)两类。所有聘用人员,必须经秘书长批准方可聘用。

第27条 本协会兼职工作人员享受其所在单位的各项待遇,均不从本协会获得工资、津贴等待遇。

第28条 本协会专职工作人员从所在单位领取档案工资,本协会根据其工作责任、表现和贡献发放津贴和奖金。

第29条 本协会因工作需要聘用少量合同制工作人员和退休人员,工作人员的待遇和保险按照北京市有关规定办理。聘用退休人员年龄不得超过65岁,聘用期间待遇通过劳务协议约定。

第30条 本工作规程应由本协会常务理事会讨论通过,报教育部社科司和教育部办公厅(社团管理处)批准后生效。并报民政部民间组织局备案。本工作规程从2009年1月1日起实行。

第六届中国大学出版社协会领导班子成员名单

(2008.11)

理 事 长：王明舟(北京大学出版社社长)
副理事长：(15人，排名不分先后)
　　　　　魏小波(教育部社科司出版管理处处长)
　　　　　宗俊峰(清华大学出版社社长)
　　　　　贺耀敏(中国人民大学出版社社长)
　　　　　杨　耕(北京师范大学出版社社长)
　　　　　于春迟(外语教学与研究出版社社长)
　　　　　陆银道(北京大学医学出版社社长)
　　　　　刘　军(对外经济贸易大学出版社社长)
　　　　　贾国祥(东北师范大学出版社社长)
　　　　　贺圣遂(复旦大学出版社社长)
　　　　　庄智象(上海外语教育出版社社长)
　　　　　朱杰人(华东师范大学出版社社长)
　　　　　陈庆辉(武汉大学出版社社长)
　　　　　何林夏(广西师范大学出版社社长)
　　　　　陈国弟(四川大学出版社社长)
　　　　　林　全(西安交通大学出版社社长)
秘 书 长：刘　军(对外经济贸易大学出版社社长)
副秘书长：毕研林(中国大学出版社协会)
　　　　　汪春林(中国农业大学出版社社长)
　　　　　左　健(南京大学出版社社长)
　　　　　郝诗仙(中国科学技术大学出版社社长)
　　　　　周安平(西南师范大学出版社社长)
　　　　　雷　鸣(湖南大学出版社社长)
　　　　　岳凤翔(中国大学出版社协会)

常务理事单位名单

华北地区(12家)

王明舟	北京大学出版社
宗俊峰	清华大学出版社
贺耀敏	中国人民大学出版社
杨　耕	北京师范大学出版社
陆银道	北京大学医学出版社
蔡剑锋	外语教学与研究出版社
刘　军	对外经济贸易大学出版社
汪春林	中国农业大学出版社
戚德祥	北京语言大学出版社
张德生	北京航空航天大学出版社
林　杰	北京理工大学出版社
杨　欢	天津大学出版社

东北地区(4家)

金英伟	大连理工大学出版社
王　星	辽宁师范大学出版社
吴长安	东北师范大学出版社
陈守权	哈尔滨工业大学出版社

华东地区(10家)

贺圣遂	复旦大学出版社
庄智象	上海外语教育出版社
韩建民	上海交通大学出版社
朱杰人	华东师范大学出版社
左　健	南京大学出版社
张建初	苏州大学出版社
傅　强	浙江大学出版社
于良春	山东大学出版社
蒋东明	厦门大学出版社
郝诗仙	中国科学技术大学出版社

中南地区(6家)

何林夏	广西师范大学出版社
祁　军	中山大学出版社
陈庆辉	武汉大学出版社
阮海洪	华中科技大学出版社
常喜增	国防科技大学出版社
张云鹏	河南大学出版社

西南地区(3家)

熊　瑜	四川大学出版社
周安平	西南师范大学出版社
周永坤	云南大学出版社

西北地区(3家)

林　全	西安交通大学出版社
马　来	西北大学出版社
崔　明	兰州大学出版社

历届大学版协领导班子成员、常务理事名单

第一届中国大学出版社协会
领导成员、常务理事
（1987.6—1991.4）

理 事 长：	罗国杰
副理事长：	郭豫适　姚启和　袁　华
顾　　问：	边春光　许力以
秘 书 长：	高旭华
副秘书长：	万中一　焦里仁
常务理事：	万中一　王景佳　叶尚思　刘万全
	朱桂元　罗国杰　陈克强　杨家宽
	陆永良　时惠荣　施福升　郭豫适
	赵清慧　高旭华　姚启和　夏木俊
	袁　华　麻子英　蒋丽音

第二届中国大学出版社协会
领导成员、常务理事
（1991.4—1995.12）

理 事 长：	高炳章
副理事长：	高旭华（常务）　麻子英　万中一
	牛太臣　吴枫桐
秘 书 长：	魏小波
副秘书长：	邱金利　李　峰　黄国新　董兆钧
常务理事：	万中一　于　超　王文涌　王益康
	牛太臣　石　家　金庄昭　刘万泉
	刘培华　沈永思　沈达德　吴枫桐
	李振民　时惠荣　陈克强　周勇胜
	施福升　党玉敏　赵清慧　赵世星
	姚令海　高炳章　高旭华　徐余麟
	郭鸿懋　梁连城　麻子英　符景垣
	谢洪方　魏小波

第三届中国大学出版社协会
领导成员、常务理事
（1995.12—1997.7）

理 事 长：	邬沧萍
副理事长：	高旭华（常务）　牛太臣　吴枫桐
	王民阜　许传安　时惠荣　王益康
秘 书 长：	焦里仁
副秘书长：	赵文海　池源淳　王海山　张天蔚
	杨晓光　徐怀东　向万成
顾　　问：	刘　杲　麻子英　万中一
常务理事：	王民阜　王海山　王益康　王　霁
	牛太臣　田荣璋　许传安　池源淳
	向万成　吴枫桐　何钧正　李禹河
	余健棠　邬沧萍　张天蔚　张　军
	张增顺　陈天择　杨鸿森　杨晓光
	赵文海　洪本健　徐怀东　时惠荣
	高旭华　党玉敏　焦仁里　谢洪芳
	韩兆熊　彭松建

第四届中国大学出版社协会
领导成员、常务理事
（1997.7—2003.9）

理 事 长：	彭松建
副理事长：	王　霁　常汝吉　张天蔚　熊玉莲
	贾国祥　贺晓军
秘 书 长：	刘　军
副秘书长：	徐志伟　肖启明　胡美香　毕研林
	岳凤翔
常务理事：	李家强　清华大学出版社社长
	彭松建　北京大学出版社社长
	王　霁　中国人民大学出版社社长
	常汝吉　北京师范大学出版社社长
	李朋义　外语教学与研究出版社社长

于国华	高等教育出版社社长
张世甲	南开大学出版社社长
陆银道	北京医科大学出版社社长
李传敢	中国政法大学出版社社长
刘 军	对外经济贸易大学出版社社长
王海山	大连理工大学出版社社长
李毓兴	东北大学出版社社长
贾国祥	东北师范大学出版社社长
肖锦清	哈尔滨工程大学出版社社长
贺晓军	西安电子科技大学出版社社长
高经纬	陕西师范大学出版社社长
张天蔚	上海交通大学出版社社长
徐志伟	复旦大学出版社社长
朱杰人	华东师范大学出版社社长
庄智象	上海外语教育出版社社长
姚恩瑜	浙江大学出版社社长
任天石	南京大学出版社社长兼总编
陈天择	厦门大学出版社社长
王荣森	中国科学技术大学出版社社长
刘宗寅	青岛海洋大学出版社社长
熊玉莲	武汉大学出版社社长
韦敏华	华中理工大学出版社社长
徐镜昌	中山大学出版社社长
肖启明	广西师范大学出版社社长
刘石年	中南工业大学出版社社长
刘书振	河南大学出版社社长
宋绍南	西南交通大学出版社社长
何志勇	西南财经大学出版社常务副社长

第五届中国大学出版社协会领导成员、常务理事单位

（2003.9—2008.11）

理 事 长：李家强
常务副理事长：彭松建
副 理 事 长：（以姓氏笔画为序）
　　　　　张天蔚　李朋义　肖启明　陈国弟
　　　　　贺耀敏　贾国祥　高经纬　魏小波
秘 书 长：刘 军
常务副秘书长：毕研林
副 秘 书 长：贺圣遂　乔少杰　陈庆辉　岳凤翔

大学版协机构设置及负责人

机构负责领导

刘 军	秘书处
肖启明	培训工作委员会
李朋义	编辑工作委员会
张天蔚	发行工作委员会
高经纬	经营管理工作委员会
彭松建	对外合作工作委员会
贺耀敏	代办站工作委员会
贾国祥	书籍装帧设计工作委员会
李家强	《大学出版》编委会
彭松建	中国高校教材图书网管理委员会
陈国弟	维权工作委员会

常务理事会名单

华北地区（11家）

王明舟	北京大学出版社社长
李家强	清华大学出版社社长
李朋义	外语教学与研究出版社社长
贺耀敏	中国人民大学出版社社长
赖德胜	北京师范大学出版社社长
刘 军	对外经济贸易大学出版社社长
陆银道	北京大学医学出版社社长
刘志鹏	高等教育出版社社长
杨 欢	天津大学出版社社长
钱辉镜	中央广播电视大学出版社社长
孙景元	河北大学出版社社长

东北地区（4家）

贾国祥	东北师范大学出版社社长
金英伟	大连理工大学出版社社长
董晋骞	辽宁大学出版社社长
辛玖林	哈尔滨工业大学出版社社长

华东地区（9家）

庄智象	上海外语教育出版社社长
贺圣遂	复旦大学出版社社长
蔡袁强	浙江大学出版社社长
左 健	南京大学出版社社长
朱杰人	华东师范大学出版社社长
张天蔚	上海交通大学出版社社长
蒋东明	厦门大学出版社社长

| 孔令栋 | 山东大学出版社社长 |
| 郝诗仙 | 中国科学技术大学出版社社长 |

中南地区(6家)

陈庆辉	武汉大学出版社社长
肖启明	广西师范大学出版社社长
韦　敏	华中科技大学出版社社长
邓世平	郑州大学出版社社长
文援朝	中南大学出版社社长
范家巧	华南理工大学出版社社长

西南地区(2家)

| 陈国弟 | 四川大学出版社社长 |
| 向万成 | 电子科技大学出版社社长 |

西北地区(3家)

林　全	西安交通大学出版社社长
高经纬	陕西师范大学出版社社长
张近乐	西北工业大学出版社社长

| 魏小波 | 教育部社科司出版管理处处长 |
| 彭松建 | 北京大学出版社原社长 |

大学版协工作大事记

2006年

质检评优

举办第七届全国高校出版社优秀畅销书评选。大学版协主办的第七届全国高校出版社优秀畅销书评选,在教育部社科司指导下,按照坚持正确导向、内容、编校质量、销量综合考评,公平、公正的原则,经过初评、复评和终审,已产生最终结果,94家出版社的328种图书荣获优秀畅销书奖,其中一等奖167种,二等奖161种。

协助教育部社科司做好图书质量专项检查。2006年教育部社科司对部直属和18家在京大学出版社进行"教辅读物和地图类图书质量专项检查",大学版协助具体检查的实施,组织相关学科的专家组,对18家大学社的54种图书进行了认真检查评审,结果是54种图书均为合格品。

研讨交流

7月27—30日 在北京召开全国大学出版社图书出版质量管理工作研讨会。新闻出版总署图书司副司长王英利和处长于青、教育部社科司出版管理处处长魏小波、大学版协理事长李家强等出席会议,80多家出版社98人参加。研讨会就图书出版质量管理工作展开了深入交流和热烈研讨,就大学社应进一步全面加强图书出版质量管理的工作达成共识。

8月8—14日 第六届中国大学装帧工作会议和第六届中国大学书刊装帧艺术评奖活动在成都举行。来自全国大学出版社、大学学报、装帧艺术设计艺术院、系的代表参加了本届会议。中国出版工作者协会、中国大学出版社协会、中国美术家协会装帧艺术委员会等单位的领导出席。会议组织美术编辑进行了重走长征路,学习长征精神,到革命圣地采风的活动。

对外交流

5月16—29日 由14家大学出版社28位代表组成的中国大学版协代表团赴美,参加美国国际图书博览会,考察观摩了美国及其他国家著名出版社图书出版情况;并作访问交流,与全美学术出版社、霍普金斯大学出版社和媒体集团三家出版社就双方共同面临和关心的问题进行了广泛的交流与探讨。

8月23—26日 以彭松建常务副理事长为团长、由20家大学社26人组成的中国大学出版社协会代表团,赴日本出席了第十届中日韩三国大学出版社研讨会。2006年恰逢中日韩大学版协研讨会举办10周年,研讨会的主题定为"过去10年中日韩三国大学出版社的交流回顾和今后展望"和"大学出版社学术出版的国际交流",三国代表围绕主题进行了深入研讨。代表团还走访了东京大学出版社。

10月3—16日 大学版协组织由40余人组成的中国大学出版社代表团赴欧洲,参加了第58届法兰克福书展,并访问法国樱桃时光出版社、德国维茨拉市日报社,进行参观、交流,以便进一步了解国际出版业情况,开展版权贸易、开拓国际市场。

其他重要工作

组织大学社向西藏大学、安徽蚌埠学院捐赠图书。受教育部社科司的委托,2006年组织全国大学出版社向西藏大学和安徽蚌埠学院捐赠图书。全国69家大学出版社、教育部直属出版社共捐赠图书16504种103351册,码洋2223518元。2005年华东地区大学出版社曾组织向西藏大学捐赠图书。8月15日,中国大学出版社协会向西藏大学捐赠图书仪式在西藏大学中心会议厅举行,教育部社科司出版管理处处长魏小波及大学版协理事长李家强等24家出版社领导参加了捐赠仪式。

举办第19届全国大学出版社图书订货会。本届订货会共有108家大学出版社、教育部直属出版社及两家大学音像出版社参展,参展图书、电子音像出版物5万多种;上千家国有、民营书店、高校图书代办站、高校图书馆参会,看样订货、沟通交流。订货会期间,还举办大学出版论坛、大学出版社与高校图书馆论坛,召开大学版协理事长办公会、常务理事会、全国大学出版社社长大会、全国高校图书代办站大会等。这次订货会是大学版协第一次和地方政府(青岛市政府)合作举办的尝试。

协助教育部有关部门做好远程教学光盘政府采购方案制订和推广工作。大学版协秘书处受教育部政府采购中心委托,参与教育部2005—2006年度农村中小学现代远程教育工程教学光盘政府采购工作实施方案的起草工作,协助了解大学社的电子、音像出版物出版情况,向各有关大学电子、音像出版社(部)介绍政府采购的政策和方案。据初步统计,2006年已有5家大学社推出的116部电子、音像出版物被政府采购,码洋总计达1亿元。

《中国大学出版社概览》编辑工作取得较大进展。由大学版协组织的《中国大学出版社概览(1997~2005)》的资料收集、审核与编辑工作取得了一定的进展,已有75家大学社将有关资料发给版协。

组织评选优秀高校图书代办站。适应改革发展形势的需要,为推动全国代办站改革体制、联合协作、做大做强、快速发展,大学版协代办站工作委员会2006年组织开展了评选优秀高校图书代办站工作,对在近几年工作中坚持"服务高校、服务高校出版社"宗旨,改革创新、勤奋工作、守法经营、业绩显著的代办站授予"优秀代办站"称号,给予表彰,20家代办站获此荣誉。

2007年

重要会议

3月9—12日 中国版协在北京召开出版社转企改制政策座谈会。出席座谈会的有中央部委、省市地方以及大学的50余家出版社的负责人。清华、北大、北大医学部、人大、北师大、北航、中央广播电视大学、华东师大、广西师大、大连理工等首批改制试点出版社的社长社领导,由李家强理事长带队参加会议,进一步学习上级精神,了解了中央和地方出版社的改制经验,对改制工作提出有益建议。

4月22—23日 高校出版体制改革试点工作会议在北京召开,就贯彻落实中央深化文化体制改革的精神,加快高校出版体制改革试点工作进行安排部署。教育部副部长李卫红、新闻出版总署副署长邬书林出席会议并讲话,教育部社科司司长杨光、中宣部改革办副巡视员高书生、新闻出版总署图书司副司长王英利也出席了会议。首批试点单位"18+1"家大学出版社的社长和主管校长及中国人民公安大学出版社、中国协和医科大学出版社、南京师范大学出版社的社长参加会议,学习领会教育部和新闻出版总署联合下发《关于高等学校出版体制改革工作实施方案》,并对即将下发的《关于高校出版社体制改革试点工作的若干意见》提出建议。

9月4日 大学版协在北京国谊宾馆召开大会,隆重纪念中国大学出版社协会成立20周年。教育部、新闻出版总署、中国出版工作者协会的领导、大学版协各会员单位的领导、协会的老领导、行业媒体记者出席大会。教育部社科司司长杨光发表讲话,充分肯定了大学版协20年来的成绩,进一步明确了大学版协的定位、性质和作用,提出了今后的工作任务和努力方向。大学版协理事长李家强作了主题为"回顾历史、总结经验、展望未来,开辟大学出版事业的辉煌明天"的讲话。中国版协常务副主席谢明清、复旦大学出版社社长贺圣遂、大学版协前常务副理事长高旭华先后热情洋溢地发言,代表中国版协、大学出版社和协会老同志,向大学版协成立20周年表示祝贺。

11月10—12日 第20届全国大学出版社图书订货会在昆明国际会展中心举行。本届订货会规模宏大,中心会场占用展位面积达9000m²,设有220个展位,展示样书5万余种。上千家国有、民营书店、高校图书代办站、大学书店,近千家大学图书馆与会看样订货、进行交流。展会期间,召开了大学版协理事长办公会议、大学版协常务理事会议、大学出版社社长大会、全国高校出版社图书代办站大会,举办了社店合作论坛、大学出版社与高校图书馆座谈会等活动。本届图书订货会是在党的十七大胜利召开和第六次全国大学出版社工作会议之后举行的,对大学出版社全面贯彻科学发展观,努力落实"十一五"规划和推动出版产业化建设具有重要意义。

工作会议

4月8日 大学版协发行工作委员会在昆明召开工作会议,研究、安排工作,研讨大学出版社发行工作形势及对策。委员们考察了昆明国际会展中心,研究了第20届全国大学出版社图书订货会筹备工作。会议还对将于7月在银川举办的第三届全国大学出版社营销论坛进行了研究。

4月24日 大学版协维权工作委员会在重庆召开工作会议,研究、安排大学出版社维权工作。会议总结了维权工作委员会2006年工作,研究了2007年及今后工作。拟启动征集各社维权的典型案例,为出版案例汇编和2008年召开全国大学出版社维权工作交流大会做准备。

4月26日 大学版协高校图书代办站工作委员会扩大会议在重庆召开。会议就代办站如何适应经营环境、经营方式变化的新形势,"走联合经营、联合采购"的路子等问题,进行了研讨,达成了共识。与会同志还介绍了各自的经营情况,对代办站的经营、发展发表了建设性意见。

研讨交流

5月12—13日 全国大学出版社数字出版工作会议在北京召开。新闻出版总署音像电子网络出版司司长王国庆、教育部社会科学司副司长徐维凡、出版管理处处长魏小波等出席会议并讲话。大学版协理事长李家强主持会议。与会领导、国内外专家和出版社代表通过讲话、报告或发言,从不同层次与侧面探讨了发展数字出版的重点、焦点问题。

7月21—22日 第三届全国大学出版社营销论坛在宁夏回族自治区银川市举行。近七十家大学出版社及高校图书代办站的百余名代表到会,大学版协常务副理事长彭松建、副理事长张天蔚、陈国弟等参加会议并讲话。论坛围绕"渠道建设与客户管理"的主题,以专家报告、大会交流、论文交流等形式进行了深入研讨。论坛讨论了近年来高校教材发行市场出现的低价倾销、恶意窜货、严重拖欠书款等问题,为规范各环节的运作,保障各方面的权益,通过了《建设和谐高校教材图书市场倡议书》。

对外交流

8月27—29日 第十一次中日韩三国大学出版社研讨会在杭州市召开,中日韩三国大学出版社代表80多人出席研究会。中国、日本、韩国大学出版社的六位代表在会上就体制改革和经营管理问题作了主题演讲,代表们围绕共同关心的大学出版社管理体制演变以及出版物市场的新变化进行深入研讨。

10月8—19日 中国大学出版社代表团访问俄罗斯的莫斯科大学、芬兰的赫尔辛基大学出版社等单位,与国外同行举办了研讨会,开展了版权贸易,访问交流工作取得了成效。

其他重要工作

2月 中国大学出版社协会与北京方正阿帕比技术有限公司经过认真磋商,签署战略合作协议,决定在原有协作的基础上进行更深入的合作,充分发挥各自优势,共同促进网络出版事业的健康发展。双方还将利用各自的网络平台及其他工具、方式,相互进行工作和形象宣传。这项合作将会推动大学出版社数字出版工作的更好更快发展。

捐赠图书。受教育部社科司的委托,中国大学出版社协会2007年组织全国大学出版社和教育部直属出版社向新疆财经学院、新疆塔里木大学、吉林省白城师范学院、贵州省台江县民族中学、井冈山大学捐赠图书31073种,183944册,折合码洋4218258元。捐赠图书活动得到了各出版社的高度重视和大力支持,捐赠了大量新书、适用书,受到有关部门和受赠院校的好评。五所院校分别发来信函,对大学出版社的支持表示衷心感谢。

中国高校教材图书网开通五周年,联合各大学出版社推出了"5周年庆 让利读者,优惠售书"活动,得到读者和出版社的普遍欢迎;配合大学社改制等重点工作和重大活动,开设了"大学出版社体制改革""第六次高校出版社工作会议""第三届大学出版社营销论坛""中国大学出版社协会成立二十周年庆典"专栏,开设专栏全程追踪报道第20届大学出版社图书订货会。教材网继续在信息宣传、电子政务、网上售书等方面发挥重要作用。

2008年

重要会议

4月25日 大学版协维权工作委员会在河南大学出版社召开工作会议,分析全国大学出版社当前的维权态势,研究、安排2008年的维权工作。大学版协副理事长、维权工作委员会主任陈国弟主持会议。会议提出,2008年大学版协维权工作委员会的工作重点是:就维护权益、反盗版问题开展市场调研;筹办全国大学出版社反盗版信息系统;准备在适当的时候召开全国大学出版社反盗版工作研讨会。

4月26日 大学版协发行工作委员会在郑州大学出版社召开工作会议,研究、安排2008年大学出版社图书订货会各项工作。大学版协副理事长、发行工作委员会主任张天蔚主持会议。经教育部社科司、新闻出版总署发行司批准,确定第21届全国大学出版社图书订货会于2008年11月12—15日在合肥市安徽国际会展中心举办。

7月31日 全国高校出版社图书代办站工作研讨会在山西绵山召开,高校图书代办站和大学出版社80余人出席,大学版协副秘书长、全国高校图书代办站服务中心主任岳凤翔主持会议。会议对高校图书代办站在4、5月间举办的全国大学出版社教材巡展活动进行了总结,对代办站设立大学出版社院校代表的方案做了商讨。

8月31日 大学版协理事长办公会扩大会议在北京外研社国际会议中心召开。大学版协理事长、副理事长、秘书长、副秘书长和各大区大学版协理事长、教育部社科司出版管理处魏小波处长、林丽副处长出席。李家强理事长主持会议。会议听取了第六届大学版协换届的前期准备工作报告,通过了新一届大学版协领导班子的产生办法;研究了全国大学出版社纪念改革开放30周年活动方案。

10月9日 大学版协理事长办公会议在北京九华山庄召开。大学版协理事长、副理事长、秘书长、副秘书长、教育部社科司出版管理处魏小波处长、林丽副处长出席。会议由大学版协理事长李家强主持。会议通报、研究了全国大学出版社纪念改革开放30周年活动的准备工作;讨论、确认了"高校出版人荣誉奖"获奖人员名单;研究、确定了大学版协领导班子换届会议的安排。

对外交流

1月21—28日 以大学版协常务副理事长彭松建为团长的中国大学出版社协会代表团赴台湾,出席2008两岸大学出版社与学术传播研讨会,台湾图书出版事业协会理事长陈恩泉、五南图书出版公司董事长杨荣川等出席。在台期间,代表团还到五南文化事业机构观摩座谈;到台北诚品书店作了考察。

5月13—20日 以大学版协副理事长张天蔚为团长的中国大学出版社协会代表团赴韩国参加在光州市举行的第12届中韩日三国大学出版社研讨会,并出席2008首尔国际书展。研讨会围绕"大学出版社学术出版的市场地位和发展战略""各国大学出版社间的版权交流"两个主题进行了研讨交流。

10月11—21日 以西安交通大学出版社社长林全为团长的中国大学出版社协会代表团,出席第60届法兰克福书展,参观、考察,并与国外几个大的出版集团进行了业务交流。代表团还前往巴黎,访问法国大众媒体出版集团,进行参观、座谈。

培训工作

3月31—4月4日 大学版协主办,大学版协发行工作委员会、新闻出版总署教育培训中心上海分中心承办的第三届全国大学出版社发行骨干培训班在上海举办。全国大学出版社近百名发行业务骨干参加培训。培训班安排业内专家、学者为学员传道、解惑,还邀请贺圣遂、朱杰人、庄智象、姜革文等社长、社领导给学员讲课,组织学员在上海进行实地参观和交流。通过学习,学员深入了解了图书市场现状和发展趋势,进一步掌握了客户管理、营销策略和技巧、相关法律法规,收到了预期效果。

其他活动

向四川地震灾区捐款。5月12日四川汶川发生强烈地震以后,大学版协在第一时间发起了大学出版社为地震灾区募捐的活动,各大学出版社纷纷捐款,表达他们对灾区人民的真挚爱心。短短几天,62家大学出版社就筹集善款532万元。还有许多大学出版社通过其他渠道和方式向灾区捐款。在5月18日中央电视台举办的"爱的奉献——2008抗震救灾大型募捐活动"晚会上,大学版协理事长李家强代表所有大学出版人登台捐款。

纪念改革开放30周年,是党和国家政治生活中的一件大事,也是贯彻落实党的十七大精神的重要举措。中国大学出版社协会受教育部社科司的委托,于2008年12月在北京组织召开了纪念改革开放30周年座谈会。会议回顾了改革开放以来中国高校出版业的改革发展历程,总结交流了高校出版社发展壮大的宝贵经验,展示了高校出版社取得的丰硕成果,深入探讨了新形势下高校出版社的发展思路。在纪念活动中,高校出版社代表作了大会交流,并展示了高校出版社取得的丰硕成果和精品出版物。协会还编印了《高校出版社改革开放三十年》纪念册。在大会上,大学版协向为大学出版业发展作出突出贡献的现已离任的老社长、老总编进行了表彰并颁发了获奖证书及奖杯。

捐赠图书。在教育部主管部门指导下,大学版协积极组织大学出版社、教育部直属出版社捐赠图书,支援革命老区、贫困地区、地震灾区的教育事业。各出版社积极响应、热情参与,今年共向江西井冈山大学、云南保山高等专科学校、安徽蚌埠经济技术职业学院、安徽六安等革命老区中小学,以及四川地震灾区的阿坝地区、都江堰市、理县等地中小学,捐赠图书28342种,211537册,折合码洋4404595.6元。

高校图书代办站举办教材巡展。在大学版协代办站工作委员会领导下,由全国高校图书代办站服务中心主办、各地代办站承办的全国性的高校出版社教材巡展月活动于今年4、5月间举办。北京、天津、内蒙古、吉林、安徽、福建、江西、湖南、广西、重庆、四川、贵州、陕西、新疆14个省、市、自治区举办了巡展活动，参加巡展的大学出版社、教育部直属出版社有61家，直接涉及院校270余所，接待高校师生数万人，取得了宣传、推介、订货、交流的预期效果。举办全国大学出版社教材巡展活动，使代办站的服务迈上了一个新的层次，业务功能得到了进一步拓展，也为社站合作、共同发展开辟了一条新路。

第八届全国高校出版社优秀畅销书评奖。大学版协举办的第八届全国高校出版社优秀畅销书奖评奖，经过半年多的认真评选，结果已经产生。全国101家大学出版社报送参评图书590种，最终225种图书获得一等奖，188种图书获得二等奖，获奖率70%。此次还增设了抗震救灾图书特别奖，有31家出版社的43种图书荣获这个奖项。两年一次的高校出版社优秀畅销书评奖，是检阅大学出版社出版成果、鼓励出版社多出社会和经济效益兼备的好书、促进图书质量提高，树立大学出版社图书品牌的重要活动。

第21届全国大学出版社图书订货会。中国大学出版社协会主办、大学版协发行工作委员会承办的第21届全国大学出版社图书订货会，11月12—15日在合肥市安徽国际会展中心举行。本届订货会有全国百余家大学出版社、教育部直属出版社及安徽省地方出版社，上千家国有、民营书店、高校图书代办站、大学书店，千余家大学图书馆参加。订货会期间，举行了大学出版论坛、社馆合作论坛、全国大学出版社社长大会、向安徽革命老区贫困地区中小学捐赠图书活动。本届订货会在深入贯彻科学发展观、全面推进出版体制改革的形势下举行，对大学出版社进一步适应市场、开拓渠道起到了积极作用。

2009年

重要会议

4月25日　大学版协维权工作委员会在山东大学出版社召开工作会议。大学版协副理事长、维权工作委员会主任陈国弟主持会议，近20位委员出席。会议通报了第六届大学版协维权工作委员会的组成情况。会议经过认真研究、讨论，确定了委员会五年工作规划和2009年工作计划；与会同志还深入分析了全国大学出版社当前的维权态势，特别是转企改制中的出版社权益维护问题。

4月26日　大学版协代办站工作委员会工作会议在济南召开。本次会议是大学版协换届后新组建的代办站工作委员会召开的第一次工作会议，受大学版协副理事长、代办站工作委员会主任贺耀敏的委托，大学版协副秘书长、代办站工作委员会常务副主任岳凤翔主持会议。会议通报了第六届大学版协代办站工作委员会的组成情况。会议研讨了新形势下代办站的建设、发展以及2009年代办站重点工作等问题。

4月27日　大学版协培训工作委员会工作会议在济南召开。本次会议是大学版协换届后新组建的培训工作委员会召开的第一次工作会议，由大学版协副理事长、培训工作委员会主任何林夏主持。会议通报了第六届大学版协发行工作委员会的组成情况。会议根据当前出版形势和大学版协工作规划精神，研究制订了大学版协培训工作委员会五年规划及2009年工作计划。

4月28日　大学版协发行工作委员会在北京召开工作会议。新一届发行工作委员会13位委员参加会议。会议由第六届大学版协副理事长兼秘书长、发行工作委员会主任刘军和大学版协副理事长、发行工作委员会主任宗俊峰主持。会议通报了第六届大学版协发行工作委员会的组成情况及工作计划。会议提出今年发行委的重要工作是举办第22届全国大学出版社图书订货会，通报了订货会的准备情况，通过了订货会的方案及日程安排。

4月29日　第六届中国大学出版社协会第三次理事长办公会在北京北发大酒店召开。

大学版协理事长、副理事长、秘书长、副秘书长共19人出席会议，第六届大学版协理事长王明舟主持会议。副理事长兼秘书长刘军通报了第22届全国大学出版社图书订货会筹备情况、2009年大学出版社图书奖和高校出版人物奖评奖准备情况。经认真研究讨论，会议通过了订货会方案、日程安排和首届大学出版社图书奖和高校出版人物奖评奖办法。教育部社科司出版管理处魏小波处长出席并讲话。

5月23日 《高校教材图书征订目录》座谈会在山西大同召开，来自全国各大学出版社和高校图书代办站的40余位代表出席了会议，会议中心议题是：总结工作，交流经验，听取各方面建议，进一步做好《高校教材图书征订目录》各项工作。中国大学出版社协会副理事长何林夏出席会议并讲话，他指出：要做好《高校教材图书征订目录》的各项工作，需要各方面的努力，共同维护好这个品牌；要整合资源，大学社要联合发展，整合信息，整体提高，才能守住阵地。要集思广益，进一步做好书目的各项工作。与会代表充分肯定《高校教材图书征订目录》的工作和作用，提出了许多好的建议。

7月10日 "2009全国高校出版社教材巡展"总结座谈会在贵州省贵阳市召开。来自全国各大学出版社、高校图书代办站、高等院校的90余位代表出席了会议。会议的中心议题是：总结2009年全国高校出版社教材巡展工作，交流经验；进一步磋商"院校代表"工作；商讨其他有助于社站合作、推动出版社教材发行的办法和方式。大学版协副秘书长、高校图书代办站服务中心主任岳凤翔主持会议。各承办巡展活动的代办站站长就2009年教材巡展活动情况一一做了工作汇报；与会出版社和院校的领导、代表就教材巡展、设置院校代表、教材出版与发行合作等问题进行了认真深入的研讨，提出了很多好的建议。与会同志对这种借助代办站的综合平台、全国大学出版社共同参与的教材巡展形式给予了充分肯定，认为教材巡展活动已经成为沟通社、站、校三方的重要纽带，希望长期健康地开展下去。

7月29—30日 为学习高校出版体制改革的新政策、新精神，进一步明确转企改制的工作流程，交流经验，研究解决遇到的困惑和问题，中国大学出版社协会在北京组织召开"教育部直属高校出版社体制改革工作研讨会"。六十多家教育部直属大学出版社的社长（社领导）、各大区大学版协的理事长等七十余人参加会议，大学版协理事长王明舟主持会议。教育部社科司出版管理处魏小波处长、新闻出版总署出版管理司王志成处长在会上发表讲话。与会同志集中学习了《财政部关于中央级经营性文化事业单位转制中资产和财务管理问题的通知》（财教〔2009〕126号），教育部财务司迟玉收副处长对这个文件作了解读。通过这次会议，各直属大学出版社的领导进一步明确了高校出版体制改革的精神、要求和工作流程，增强了做好转企改制工作、完成转企改制任务的信心。

重要活动

2009全国高校出版社教材巡展。由中国大学出版社协会代办站工作委员会、高等学校出版社代办站服务中心主办，全国各地代办站联合承办的"2009全国高校出版社教材巡展"，在北京、天津、内蒙古、辽宁、吉林、陕西、甘肃、新疆、江苏、江西、安徽、福建、河南、湖南、四川、重庆、广西、贵州等18个省、自治区、直辖市举办，有近40家代办站参与承办，70余家出版社参加教材巡展，涉及各地多所高等院校。各地代办站准备工作充分细致，各大学出版社广泛参与，各高等院校热情支持，使教材巡展活动圆满举行，取得了显著效果。教材巡展是在出版业市场化和高校教材供应形式转变的背景下，一个较好的高校教材宣传、推广、发行方式。2009年全国高校出版社教材巡展活动，得到了出版社、代办站、大中专院校的充分肯定，已经成为沟通社、站、校三方的重要纽带。

向贵州凯里学院、陕西省宜君县人民政府

捐赠图书。受教育部社科司的委托，中国大学出版社协会2009年组织全国大学出版社、教育部直属出版社向贵州凯里学院、陕西省宜君县人民政府捐赠了图书。共有96家大学出版社、教育部直属出版社捐赠图书7438种，45949册，码洋为1012656.27元。其中捐给：贵州凯里学院5336种，28658册，码洋为710308.27元；陕西省宜君县人民政府2102种，17291册，码洋为302348.00元。各大学出版社积极响应教育部社科司和大学版协的号召，高度重视、大力支持，选择优质、适用、新版图书，及时发运到两地，反映了各社为国分忧、为国家教育事业多作贡献的高尚精神。

中国高校教材图书网作为大学出版社的公共门户网站，继续努力服务大学出版社、取得新发展。2009年，教材网利用信息平台，根据大学出版社各个时期工作重点，积极开展全方位宣传，如配合大学社改制工作开设"大学出版社体制改革"专栏，全程报道了2009年全国高校出版社教材巡展，为高校教材征订目录制作网络版，全程跟踪报道全国大学出版社图书订货会；利用电子政务平台暨社科司出版管理系统，完成了年度大学出版社及电子音像出版社的出版经营数据统计分析工作；利用电子商务平台，满足读者购书需求，为大学社开辟了一条图书销售渠道。在2009年中国出版科学研究所举办的全国出版界网站排名中，以较高的综合评分，排在全国出版服务类网站的第5位。

举办中国大学出版社图书奖和高校出版人物奖评奖活动。为进一步提高高校出版社的图书质量，更好地为教学科研服务，为社会服务，总结经验、多出精品；为表彰和奖励在高校出版改革和发展中作出突出贡献的版协会员单位工作人员，弘扬奉献精神，树立表率，多出人才，中国大学出版社协会从2009年开始举办中国大学出版社图书奖和高校出版人物奖评奖活动。图书奖下设优秀教材奖、优秀学术著作奖和优秀畅销书奖三个奖项。各奖项设立一等奖、二等奖两个等级，评奖活动每两年举办一次。近90家出版社参加了本次评选活动，参评图书共1364种，参评高校出版人物奖48人。

举办第22届全国大学出版社图书订货会。中国大学出版社协会主办、大学版协发行工作委员会承办的第22届全国大学出版社图书订货会，2009年10月29—31日在福建省厦门市厦门国际会展中心举行。本届订货会有全国百余家大学出版社、教育部直属出版社及福建省地方出版社，上千家国有、民营书店、高校图书代办站、大学书店、大学图书馆参加。订货会期间，举办了大学出版论坛，召开了全国大学出版社社长大会。本届大学出版社图书订货会与第五届海峡两岸图书交易会同场同期举办，进一步扩大了两会的规模和影响，极大地提升展会效果，成为图书出版发行界的一次盛会。

中国大学出版社协会被评为全国新闻出版行业抗震救灾先进集体。2009年年初，新闻出版总署下发《关于表彰全国新闻出版行业抗震救灾先进集体和先进个人的决定》，并颁发了光荣册和奖状。中国大学出版社协会荣获全国新闻出版行业抗震救灾先进集体的称号，这是中国大学出版社共同的荣誉，也是大学出版人爱心的体现。2008年"5·12"汶川大地震发生后，大学版协立即组织募捐活动，发挥了强有力的组织作用，短短几天，就有六十多家大学出版社捐款532万元，还有许多大学出版社通过其他渠道和方式纷纷向灾区捐款捐物，并赶制了一批抗震救灾图书，捐赠了大批课本和文具，为灾区的教育重建奉献自己的力量。

2010年

重要工作

贯彻党中央有关文化体制改革与发展等方面的精神，协助政府推动大学出版社的改制和发展工作,多次组织座谈、交流。2010年8月,积极配合教育部社科司调查了解目前高校出版社在职人员的事业编制情况,给各高校出版社发函,为各高校出版社真实准确地填报《高校出版社在职人员的事业编制情况调查表》做了大量积极的工作,使此项工作得以顺利进行。

重要会议

1月7日 全国高校图书代办站站长工作会议在北京召开。全国各高校图书代办站站长参加了会议。教育部社科司出版管理处处长魏小波、大学版协理事长王明舟出席并讲话,大学版协副理事长、代办站工作委员会主任贺耀敏主持会议。会议总结了2009年高校图书代办站工作,提出了今后的工作思路,对2010年的工作做了全面部署;还讨论通过了《关于高校出版社图书代办站体制改革机制建设的意见》《2010年全国高校出版社教材巡展活动方案》《关于设立大学出版社院校代表的意见》,设立了高校图书代办站服务中心各大区工作委员会,表彰了2008、2009年度全国高校出版社教材巡展先进单位。

6月20日 2010年全国高校出版社教材巡展总结座谈会在西安召开。大学出版社、高校图书代办站、高等院校的100余位代表出席会议,一起总结2010年全国高校出版社教材巡展工作,深入研讨代办站与出版社协作的途径和方式。大学版协副理事长兼秘书长刘军出席会议并讲话。大学版协副秘书长、全国高校图书代办站服务中心主任岳凤翔主持会议并对巡展工作作了总结。

7月17日 高校出版社数字出版研讨会在长春召开。教育部社会科学司副司长徐维凡、新闻出版总署科技与数字出版司副司长寇晓伟、东北师范大学副校长刘益春、吉林省新闻出版局副局长迟学智,以及30多位高校出版社领导出席会议。大学版协王明舟理事长、宗俊峰副理事长分别主持会议。徐维凡副司长和寇晓伟副司长在会上讲话,与会社长就数字出版工作进行了大会交流。与会代表通过此次会议,进一步认清了数字出版形势和技术发展趋势,明确了数字出版发展的思路,坚定了信心。

重大活动

4至6月 全国高校出版社教材巡展活动举行。由大学版协主办、全国各地高校图书代办站承办的第三届全国高校出版社教材巡展活动,在北京、山西、广东等19个省、自治区、直辖市举办。近40家代办站参与承办,70余家出版社参加巡展,涉及各地多所高等院校。各地代办站准备工作更加充分细致,各大学出版社广泛参与,各高等院校热情支持,新版、品牌教材进校园,为高校师生提供了了解、选择、征订教材,提出建议的机会,促进了出版社教材的发行和建设,取得了很好的效果。

7月 中国大学出版社图书奖、高校出版人物奖评选结果揭晓。中国大学出版社协会主办的"2009年度中国大学出版社图书奖"和"首届高校出版人物奖"评奖结果揭晓,551种图书获奖(一等奖252种,二等奖299种),其中优秀教材奖255种,学术著作奖168种,优秀畅销书奖128种;20人荣获"首届中国大学出版社高校出版人物奖",21位2008年12月31日仍在岗、获得过韬奋出版奖等政府奖项的同志被授予"中国大学出版社高校出版人物奖"。本届获奖图书体现了较高的思想和质量水平,是作者和出版工作者辛勤劳动创造的优秀作品的集中体现;获得首届高校出版人物奖的41位同志,是认真执行党的出版方针政策、爱岗敬业、业绩显著的大学出版人的优秀代表。

8月 全国大学出版社编辑培训班在上海举办。8月15日至21日,由中国大学出版社协会主办,大学版协培训工作委员会、编辑工作委员会与新闻出版总署教育培训中心上海分中心合作承办的全国大学出版社编辑培训班在上海举办。全国大学出版社的50名编辑参加培训。培训班针对大学社的现状和发展趋势策划课程，内容具有很强的针对性和实用性，课程安排科学、系统。授课教师有大学出版社的资深专家、出版研究所的高级专家、全国著名的语言文字专家等。

10月 第八届大学出版社图书封面、装帧设计评奖结果揭晓。大学版协装帧艺术工作委员会组织、东北师范大学出版社协办的"第八届大学出版社图书封面、装帧设计评奖"，评出装帧设计奖39个，其中一等奖16个、二等奖14个、三等奖9个；封面设计奖78个，其中一等奖25个、二等奖38个、三等奖15个。评奖活动对检验和展示大学出版社图书产品封面设计、装帧设计的艺术水平和新的成绩，探索图书封面设计、装帧设计在以高科技为先导的全新创作时期的设计模式和设计理念，提高大学出版社图书产品的影响力，起到了积极作用。

11月 举办第23届全国大学出版社图书订货会。由中国大学出版社协会主办、大学版协发行工作委员会承办的第23届全国大学出版社图书订货会于11月11日至14日在南昌举行。全国百余家大学出版社、教育部直属出版社参展，数百家国有、民营书店、高校图书代办站、大学书店、大学图书馆参加。订货会期间召开了大学版协理事长办公会、大学版协常务理事会会议、全国大学出版社社长大会，举办了以"数字出版"为主题的大学出版论坛，举行了向江西革命老区捐赠图书活动。订货会取得了展示宣传、看样订货、学习交流的新收获。

对外交流

5月 大学版协组团参加美国书展。代表团由大学版协副理事长宗俊峰任团长，大学版协副理事长林全和北京航空航天大学出版社社长张德生任副团长，大学版协副秘书长毕研林为领队，由部分大学社数字出版负责同志组成。代表团在美还考察了国际著名出版机构的数字出版和网络出版情况，与夏威夷大学出版社、哥伦比亚大学出版社、培生出版集团举办了研讨会，并考察了常青文化集团及多家书店。

10月 大学版协组团参加法兰克福书展。由旅游教育出版社社长刘权任团长，中国海洋大学出版社社长杨立敏、人大书报资料中心党委书记李明霞任副团长的大学版协代表团参加了在德国举办的第62届法兰克福书展。参展期间，代表团与德、法等国知名出版社举行了研讨会，就教材建设、版权贸易等方面的问题进行了研讨和交流，并考察了有关物流与出版的先进技术与管理模式。

公益活动

向青海玉树藏族自治州玉树县捐款。4月14日青海省玉树藏族自治州玉树县发生强烈地震以后，大学版协积极组织全国大学出版社向玉树灾区紧急捐款，通过大学版协捐款的出版社共84家，捐款总额367.9万元，其中北京大学出版社、清华大学出版社和教育科学出版社各捐款50万元。还有出版社通过教育部、中国红十字基金会捐款，其中高等教育出版社、人民教育出版社各捐款400万元，北京师范大学出版社捐款200万元，中国人民大学出版社、外语教学与研究出版社、上海外语教育出版社各捐款60万元，语文出版社捐款50万元。不少出版社还通过各种形式、其他渠道捐款、捐物、捐赠图书。

向老少边穷地区捐赠图书。受教育部社科司的委托，大学版协2010年组织全国大学出版社、教育部直属出版社向四川省洪雅县教育科技局、井冈山大学、新疆喀什地区教育局、新疆洛浦县委等革命老区、边疆少数民族地区和贫困地区捐赠了图书。共有103家大学出版社、教育部直属出版社捐赠图书14087种，111142册，码洋约255万元。

其他工作

《大学出版》更名为《现代出版》重新出刊。

因工作需要，经国家新闻出版总署批准，原《大学出版》杂志更名为《现代出版》重新出刊，首期刊物于9月10日正式亮相，获得了好评。《现代出版》将立足时代前沿，密切联系出版实践，注重对出版界重大的政策理论问题进行解读剖析，关注出版业最新的研究成果和发展趋势，以促进出版界的学术交流，弘扬现代出版文化，展示当代大学出版人的风貌，力争为出版业特别是大学出版业的发展发挥自己最大的能量。

中国高校教材图书网发挥门户网站作用。作为全国大学出版社的公共门户网站，中国高校教材图书网注重发挥特色，及时全面地聚焦全国大学出版社信息资讯，配合协会助推大学出版业的工作和发展。2010年，教材网在信息宣传、电子政务、电子商务方面，针对大学社体制改革、数字出版、"首届大学社图书奖、人物奖"、全国高校出版社教材巡展、大学出版社图书订货会等重点工作，开设专栏进行全面深度报道；协助教育部社科司完成了年度大学社及电子音像社的数据统计分析工作；图书零售系统满足了读者购书需求，为大学社开辟了又一条图书销售渠道。目前，教材网的总访问量已突破2567万人次。

《高校教材图书征订目录》功能和作用不断增强。以宣传、征订大学出版社教材图书为重点的《高校教材图书征订目录》，在全国大学出版社和高校图书代办站的努力下，功能不断增强，力度不断扩大，已经成为高校师生、书店、经销商了解、征订大学出版社教材图书的工具，大学出版社教材图书发行的重要媒介，全国大学出版社教材共同推广和形象整体宣传的品牌，为促进大学出版社教材图书推广发行和服务高等院校的教学、科研发挥着越来越重要的作用。

中国出版政府奖先进出版单位奖

第一届(2007年)

清华大学出版社
中国人民大学出版社
广西师范大学出版社
高等教育出版社

第二届(2010年)

北京大学出版社
北京师范大学出版社
上海外语教育出版社
西南师范大学出版社
人民教育出版社

全国百佳图书出版单位

(2009年8月,按拼音排序)

1. 北京大学出版社
2. 北京大学医学出版社
3. 北京师范大学出版社
4. 北京语言大学出版社
5. 重庆大学出版社
6. 东北财经大学出版社
7. 复旦大学出版社
8. 湖南师范大学出版社
9. 华东师范大学出版社
10. 清华大学出版社
11. 上海外语教育出版社
12. 外语教学与研究出版社
13. 西安交通大学出版社
14. 西南师范大学出版社
15. 厦门大学出版社
16. 浙江大学出版社
17. 中国矿业大学出版社
18. 中国人民大学出版社
19. 中国人民公安大学出版社
20. 中国政法大学出版社

中宣部全国宣传文化系统"四个一批"人才

2008 年全国宣传文化系统"四个一批"经营管理人才

王明舟　北京大学出版社
贺耀敏　中国人民大学出版社
于春迟　外语教学与研究出版社
何林夏　广西师范大学出版社
方红星　东北财经大学出版社
李家强　清华大学出版社

2008 年全国宣传文化系统"四个一批"专门技术人才

张　泽　高等教育出版社

2009 年全国宣传文化系统"四个一批"出版人才

王　岳　人民教育出版社
尹　洪　高等教育出版社

2010 年全国宣传文化系统"四个一批"经营管理人才

戚德祥　北京语言大学出版社

中国出版政府奖优秀出版人物奖

第一届(2007 年)

陆银道　北京大学医学出版社
李朋义　外语教学与研究出版社
何林夏　广西师范大学出版社
周安平　西南师范大学出版社

第二届(2010 年)

贺耀敏　中国人民大学出版社
杨　耕　北京师范大学出版社
戚德祥　北京语言大学出版社
朱杰人　华东师范大学出版社
贺圣遂　复旦大学出版社
郝诗仙　中国科学技术大学出版社
张增顺　高等教育出版社

全国新闻出版行业领军人才

第一批(2007年)

方红星	东北财经大学出版社
缪宏才	华东师范大学出版社
庄智象	上海外语教育出版社
吴培华	苏州大学出版社
范军华	华中师范大学出版社
刘爱松	武汉大学出版社
肖启明	广西师范大学出版社
何林夏	广西师范大学出版社
周蔚华	中国人民大学出版社
杨　耕	北京师范大学出版社
吴　向	高等教育出版社
王　岳	人民教育出版社
郑　伟	北京北大方正电子出版社
汤　帜	北京北大方正电子出版社

第二批(2010年)

王明舟	北京大学出版社
贺耀敏	中国人民大学出版社
于春迟	外语教学与研究出版社
王　星	辽宁师范大学出版社
刘瑞琳	广西师范大学出版社
张　宏	上海外语教育出版社
李小娟	黑龙江大学出版社
杨秦予	郑州大学出版社
金英伟	大连理工大学出版社
郝诗仙	中国科学技术大学出版社
饶帮华	重庆大学出版社
刘立德	人民教育出版社
苏雨恒	高等教育出版社

在改革开放中为出版事业作出突出贡献的从业人员

| 彭松建 | 北京大学出版社 |
| 闫萘荣 | 人民教育出版社 |

中国百名优秀出版企业家

贺耀敏	中国人民大学出版社
戚德祥	北京语言大学出版社
杨　耕	北京师范大学出版社
于春迟	外语教学与研究出版社
庄智象	上海外语教育出版社

朱杰人	华东师范大学出版社
贺圣遂	复旦大学出版社
李志军	人民教育出版社
所广一	教育科学出版社

百名有突出贡献的新闻出版专业技术人员

周蔚华　中国人民大学出版社
周安平　西南师范大学出版社
徐启平　东南大学出版社
袁喜生　河南大学出版社
刘瑞琳　广西师范大学出版社

首届高校出版人物奖获奖名单

(2010.7)

于春迟　外语教学与研究出版社
马小泉　河南大学出版社
方红星　东北财经大学出版社
王　焰　华东师范大学出版社
王建周　广西师范大学出版社
左　健　南京大学出版社
刘　军　对外经济贸易大学出版社
刘　志　中国人民大学出版社
刘子贵　吉林大学出版社
刘爱松　武汉大学出版社
庄智象　上海外语教育出版社
严　凯　上海外语教育出版社
何林夏　广西师范大学出版社
吴艳玲　电子科技大学出版社
吴培华　苏州大学出版社
张天蔚　上海交通大学出版社
张文定　北京大学出版社
张其友　北京师范大学出版社
张鸽盛　重庆大学出版社
张增顺　高等教育出版社
杜荣根　复旦大学出版社
汪春林　中国农业大学出版社
陆银道　北京大学医学出版社
陈晓嘉　浙江大学出版社
陈福郎　厦门大学出版社
周玉波　湖南师范大学出版社
周安平　西南师范大学出版社
周蔚华　中国人民大学出版社
所广一　教育科学出版社
林　全　西安交通大学出版社
罗时嘉　中国矿业大学出版社
范　军　华中师范大学出版社
姜新祺　华中科技大学出版社
施惟达　云南大学出版社
段　维　华中师范大学出版社
贺圣遂　复旦大学出版社
郝诗仙　中国科学技术大学出版社
莫久愚　内蒙古大学出版社
贾国祥　东北师范大学出版社
蔡剑峰　外语教学与研究出版社
蔡鸿程　清华大学出版社

获奖图书书目

中国出版政府奖

首届中国出版政府奖(2007年)

图书奖获奖名单

序号	书 名	出版单位
1	中国思想家评传丛书(共200部)	南京大学出版社
2	知识产权基本问题研究	中国人民大学出版社
3	现代教学论(共3卷)	人民教育出版社
4	春秋左氏传旧注疏证续(共4册)	东北师范大学出版社
5	中国丝绸通史	苏州大学出版社
6	斗拱(上、下)	东南大学出版社

图书奖提名奖获奖名单

序号	书 名	出版单位
1	迈向理性刑事诉讼法学	中国人民公安大学出版社
2	从人口大国迈向人力资源强国	高等教育出版社
3	开发性金融论纲	中国人民大学出版社
4	中国人口史(共6卷)	复旦大学出版社
5	中华文明史(共4册)	北京大学出版社
6	名家专题精讲(共30册)	复旦大学出版社
7	中学西渐丛书(共5册)	首都师范大学出版社
8	晚清佛学与近代社会思潮	河南大学出版社
9	中国煤矿灾害防治理论与技术	中国矿业大学出版社
10	多足步行机器人运动规划与控制	华中科技大学出版社
11	列车脱轨分析理论与应用	中南大学出版社
12	水轮机控制工程	华中科技大学出版社
13	中国早期文化意识的嬗变——先秦散文发展线索探寻(共2卷)	武汉大学出版社
14	明代文学史	浙江大学出版社
15	古人名字解诂	语文出版社
16	出土夷族史料辑考	安徽大学出版社

音像电子网络奖获奖名单

序号	书　名	出版单位
1	环境保护与可持续发展	高等教育出版社、高等教育电子音像出版社
2	鲁迅笔下人物	人民教育出版社、人民教育电子音像出版社
3	盛世钟韵	人民教育出版社、人民教育电子音像出版社
4	汉语900句	外语教学与研究出版社、北京外语音像出版社
5	中国学术期刊网络出版总库	中国学术期刊(光盘版)电子杂志社

音像电子网络奖提名奖获奖名单

序号	书　名	出版单位
1	中国名著半小时	高等教育出版社、高等教育电子音像出版社
2	中国国家自然地图集——中国自然资源与环境的形象显示与虚拟数字物理教学演示	高等教育出版社、高等教育电子音像出版社、中国地图出版社
3	电工技能与实训	高等教育出版社、高等教育电子音像出版社
4	中国年鉴全文数据库	中国学术期刊(光盘版)电子杂志社
5	中国优秀博硕士学位论文全文数据库	中国学术期刊(光盘版)电子杂志社

印刷复制奖获奖名单

序号	书　名	出版单位
1	中华艺术通史	北京师范大学出版社

印刷复制奖提名奖获奖名单

序号	书　名	出版单位
1	中华民国史	南京大学出版社
2	桂林老板路	广西师范大学出版社

装帧设计奖获奖名单

序号	书　名	出版单位
1	曹雪芹扎燕风筝图谱考工志	北京大学出版社
2	荷兰现代诗选	广西师范大学出版社

装帧设计奖提名获奖名单

序号	书　名	出版单位
1	法国诗选	复旦大学出版社
2	21世纪首届中国黑白木刻展览作品集	西南师范大学出版社
3	汉英对照论语	高等教育出版社

第二届中国出版政府奖(2010年)

图书奖获奖名单

序号	书　名	出版单位
1	当代学者视野中的马克思主义哲学	北京师范大学出版社
2	潘尗全集(共10卷)	人民教育出版社
3	郑成思版权文集(共3卷)	中国人民大学出版社
4	中国教育史研究(共7卷)	华东师范大学出版社
5	非线性科学若干前沿问题	中国科学技术大学出版社
6	Atlas of Woody Plants in China: Distribution and Climate(中国木本植物分布图集)	高等教育出版社
7	家畜兽医解剖学教程与彩色图谱(第3版)	中国农业大学出版社
8	北京谱仪Ⅱ:正负电子物理	中国科学技术大学出版社
9	陈国达全集(共9卷)	中南大学出版社
10	当代药理学(第二版)	中国协和医科大学出版社
11	废名集(共6卷)	北京大学出版社
12	汉俄大词典	上海外语教育出版社

图书奖提名奖获奖名单

序号	书　名	出版单位
1	回溯历史——马克思主义经济学在中国的传播史(上、下)	上海财经大学出版社
2	中国思想学说史	广西师范大学出版社
3	中古汉字流变(上、下)	华东师范大学出版社
4	人与自然关系中的伦理与法	湖南大学出版社
5	东亚华人社会的形成和发展:华商网络、移民与一体化趋势	厦门大学出版社
6	当代中国俄语名家学术文库	黑龙江大学出版社
7	儿童心理手册(第六版)(共4卷)	华东师范大学出版社
8	超声速飞机空气动力学和飞行力学	上海交通大学出版社
9	磁场辅助超精密整加工技术	湖南大学出版社
10	超宽带天线理论与技术	哈尔滨工业大学出版社
11	科学的旅程(插图版)	北京大学出版社
12	中国洁净煤	中国矿业大学出版社
13	冉氏释名本草	北京大学医学出版社
14	肾活检病理学(第二版)	北京大学医学出版社
15	膝关节交叉韧带外科学	北京大学医学出版社
16	郁达夫全集(共12卷)	浙江大学出版社
17	历代文话(全10册)	复旦大学出版社
18	共和国粮食报告	湘潭大学出版社
19	内蒙古珍宝(共6卷)	内蒙古大学出版社
20	两汉全书(共36卷)	山东大学出版社
21	闽台族谱汇刊(共50册)	广西师范大学出版社
22	新牛津英汉汉英双解大词典	上海外语教育出版社

音像制品、电子出版物和网络出版物奖获奖名单

序号	书　　名	出版单位
1	魅力中国(中英双语)	高等教育电子音像出版社
2	百集大型纪录片《世界历史》	人民教育电子音像出版社
3	汉语乐园	北京语言大学出版社有限公司
4	北京印象	人民教育电子音像出版社
5	中国手语互动教学软件	华中科技大学电子音像出版社

网络出版物

序号	书　　名	出版单位
1	中国工具书网络出版总库	中国学术期刊(光盘版)电子杂志社
2	全国教育数字音像资源总库	高等教育电子音像出版社
3	CNKI"三农"网络书屋	中国学术期刊(光盘版)电子杂志社
4	"复印报刊资料"系列数据库	中国人民大学书报资料中心
5	摩尔庄园	同济大学电子音像出版社有限公司

音像制品、电子出版物和网络出版物提名奖获奖名单

序号	书　　名	出版单位
1	《智慧之城》——40集保护知识产权普及教育动画系列片	高等教育电子音像出版社
2	高校思想政治理论课电子课件	高等教育电子音像出版社
3	思飞小学英语网	上海外语教育出版社有限公司
4	天龙八部	南京大学电子音像出版社

印刷复制奖获奖名单

序号	书　　名	出版单位
1	季羡林全集(1—12卷)	外语教学与研究出版社
2	宋画全集(第七卷)	浙江大学出版社

印刷复制奖提名奖获奖名单

序号	书　　名	出版单位
1	《新集藏经音义随函录》研究	湖南师范大学出版社
2	饶宗颐二十世纪学术文集	中国人民大学出版社
3	中国艺术动画30年	浙江大学电子音像出版社

装帧设计奖获奖名单

序号	书　　名	出版单位
1	私想者	华东师范大学出版社
2	中国桥梁建设新进展(1991—)(中英文双解)	东南大学出版社

装帧设计奖提名奖获奖名单

序号	书　名	出版单位
1	西部地理——甘肃印象	浙江大学出版社
2	比较文字——图说中西文字源流	重庆大学出版社
3	魅力中国——中国文化精粹、中国文艺珍宝、中国非物质文化遗产	高等教育出版社

中华优秀出版物奖

第一届中华优秀出版物奖(2006年)

中华优秀出版物(图书)奖

序号	书　　名	出版单位
1	法律科学文库(19册)	中国人民大学出版社
2	《手稿》的美学解读	辽宁大学出版社
3	中国劳动力流动与"三农"问题	武汉大学出版社
4	徽州文书(第1辑)(10册)	广西师范大学出版社
5	中国丝绸通史	苏州大学出版社
6	华夏意匠:中国古典建筑设计原理分析	天津大学出版社
7	隧道凿岩机器人	中南大学出版社
8	生物大灭绝与复苏——来自华南古生代和三叠纪的证据	中国科学技术大学出版社
9	新型有限元论	清华大学出版社
10	泌尿外科内镜诊断治疗学	北京大学医学出版社
11	中国人群死亡及其危险因素流行水平、趋势和分布	中国协和医科大学出版社
12	旧五代史新辑会证(12册)	复旦大学出版社

图书奖提名作品

序号	书　　名	出版单位
1	教育与发展:创新人才的心理学整合研究	北京师范大学出版社
2	战略资产配置——长期投资者的资产组合选择	上海财经大学出版社
3	史证	中国人民公安大学出版社
4	中草药与民族药药材图谱	北京大学医学出版社

中华优秀出版物(音像)奖

序号	书　　名	出版单位
1	歌声与微笑——谷建芬儿童歌曲选(CD)	人民教育电子音像出版社
2	高级中学国防教育(DVD)	高等教育出版社
3	蓓蕾之歌(DVD)	人民教育电子音像出版社

音像奖提名作品

序号	书　　名	出版单位
1	中国名著半小时(CD)	高等教育出版社

中华优秀出版物(电子)奖

序号	书　名	出版单位
1	盛世钟韵(DVD-ROM)	人民教育电子音像出版社
2	数字物理教学演示(CD-ROM)	高等教育电子音像出版社
3	地理教学信息系统——超级地图(CD-ROM)	人民教育电子音像出版社

电子奖提名作品

序号	书　名	出版单位
1	蒙古族传统乐器(CD-ROM)	外语教学与研究出版社
2	多维童话英语(CD-ROM)	上海外语音像出版社/上海外语电子出版社
3	雷锋——永恒的珍藏(CD-ROM)	华中科技大学电子音像出版社

中华优秀出版物(论文)奖

序号	书　名	出版单位	
1	对专业出版核心竞争力的认识	中国传媒大学出版社	蔡　翔
2	出版企业文化的层次及特征	东北大学出版社	郭爱民
3	关于科学出版观的初步思考	复旦大学出版社	贺圣遂
4	定位·理念·战略——论大学出版社走有自身特色的可持续发展道路	湖南大学出版社	王和君
5	从出版物的双重属性看出版者的社会责任	中国人民大学出版社	周蔚华
6	实用图书成本控制模型及应用	湖南师范大学出版社	周玉波 向绪言
7	论创新型编辑人才的激励	北京交通大学出版社	孙秀翠
8	利用教师资源库，助推高校教材营销	东北财经大学出版社	李翠梅
9	论网络时代的版权保护与社会主义精神文明建设	华中师范大学出版社	段　维

第二届中华优秀出版物奖(2008年)

中华优秀出版物(图书)奖

序号	书　名	出版单位
1	国外马克思主义研究论丛(6册)	黑龙江大学出版社
2	中国思想学说史(9册)	广西师范大学出版社
3	中国经济问题丛书(33册)	中国人民大学出版社
4	历代文话(10册)	复旦大学出版社
5	五卷本英国文学史(5卷)	外语教学与研究出版社
6	中国文学史新著(上中下卷)	复旦大学出版社/上海文艺出版总社

(续表)

序号	书　名	出版单位
7	中华艺术通史(13卷)	北京师范大学出版社
8	钪和含钪合金	中南大学出版社
9	精神测验——健康与疾病定量测试法(RTHD)及案例评定(第一版)	中国协和医科大学出版社
10	康有为全集(12卷)	中国人民大学出版社

图书奖提名作品

序号	书　名	出版单位
1	中国特色社会主义基本问题研究	武汉大学出版社
2	公司治理·内部控制前沿译丛(3册)	东北财经大学出版社
3	法国文化史(4册)	华东师范大学出版社
4	车辆乘员碰撞安全保护技术	湖南大学出版社
5	洞庭湖脊椎动物监测及鸟类资源	湖南师范大学出版社
6	蓟县独乐寺	天津大学出版社
7	大黄的现代研究	北京大学医学出版社
8	中华小儿外科学	郑州大学出版社
9	潘菽全集(10卷)	人民教育出版社

中华优秀出版物(音像)奖

序号	书　名	出版单位
1	第一套全国中小学校园集体舞(DVD)	人民教育电子音像出版社
2	《大梦王小书包》系列动画片(DVD)	人民教育电子音像出版社

音像奖提名作品

序号	书　名	出版单位
1	彝音天籁(CD)	云南大学电子音像出版社

中华优秀出版物(电子)奖

序号	书　名	出版单位
1	水墨时空(CD-ROM)	人民教育电子音像出版社
2	诗词鉴赏(DVD-ROM)	南京大学电子音像出版社

电子奖提名作品

序号	书　名	出版单位
1	九年义务教育课本小学数学多媒体教师用教学课件、多媒体学生用学习软件(CD-ROM)	上海复旦大学电子音像出版社

中华优秀出版物(游戏)奖

序号	书　名	出版单位
1	凯玛历险记(PC单机)	大连理工大学出版社
2	天机online(PC网络)	浙江大学电子音像出版社

中华优秀出版物(论文)奖

序号	书　名	出版单位	
1	建国前大学出版的理念、运营及得失	复旦大学出版社	姜　华
2	微观改制:事业部的效绩与演变——兼论"扁平化管理"在出版社内部体制改革中的作用	南开大学出版社	张　彤
3	当前我国出版生态十大失衡现象	中国人民大学出版社	周蔚华
4	关于编辑职能演变的思考	复旦大学出版社	贺圣遂
5	我国编辑加工社会化的现状与探索	高等教育出版社	王友富
6	编辑职责"后移"的现象应该引起重视	苏州大学出版社	吴培华
7	专职校对的公平激励机制探究	苏州大学出版社	刘　海
8	论中美版权侵权行为结构的差异	西南师范大学出版社	周安平 陈　庆

第二届中华优秀出版物奖"抗震救灾特别奖"(图书类)

序号	书　名	出版单位
1	爱在燃烧:汶川诗草	苏州大学出版社
2	大爱千秋——记汶川大地震抗震救灾英雄谭千秋	湖南大学出版社
3	大力弘扬伟大抗震救灾精神——记抗震救灾中的英雄教师	人民教育出版社
4	地震伤残的康复与护理	中国协和医科大学出版社
5	地震灾后心理康复完全手册	暨南大学出版社
6	惊天地泣鬼神:汶川大地震诗钞	华东师范大学出版社
7	让爱一路陪伴:灾后心理救助手册	中国人民大学出版社
8	时间之殇:5·12汶川大地震图文报告	西南师范大学出版社
9	汶川大地震工程震害分析	西南交通大学出版社
10	汶川地震灾后重建学校规划建筑设计参考图集	同济大学出版社
11	灾后心理危机研究:5·12汶川地震心理危机干预的调查报告	北京航空航天大学出版社

音像电子游戏类

序号	书　　名	出版单位
1	地震的防护与自救(DVD)	中国人民大学出版社

第三届中华优秀出版物奖(2010年)

中华优秀出版物(图书)奖

序号	书　　名	出版单位
1	马克思主义经济学与西方经济学	中国人民大学出版社
2	清代道光至宣统间粮价表(23册)	广西师范大学出版社
3	煤矿瓦斯防治技术与工程实践	中国矿业大学出版社
4	激光器动力学	哈尔滨工业大学出版社
5	走进殿堂的中国古代科技史(上中下)	上海交通大学出版社
6	张舜徽集	华中师范大学出版社
7	上海图书馆未刊古籍稿本	复旦大学出版社
8	汉字文化大观	人民教育出报社
9	西安鼓乐古曲谱集——四调八拍乐全套	西安交通大学出版社
10	当代学者视野中的马克思主义哲学(4卷)	北京师范大学出版社

图书奖提名作品

序号	书　　名	出版单位
1	汉俄大词典	上海外语教育出版社
2	当代中国俄语名家学术文库(11册)	黑龙江大学出版社
3	科学的旅程(插图版)	北京大学出版社
4	潘序伦文集	立信会计出版社
5	完善体制阶段的和谐社会建设	东北财经大学出版社
6	发达国家发展初期与当今发展中国家经济发展比较研究	武汉大学出版社
7	陈国达全集	中南大学出版社
8	生命科学与工程	高等教育出版社
9	高性能多相复合陶瓷	清华大学出版社
10	中国历史上的科学发明(插图本)	上海大学出版社
11	再造一个地球——人类移民火星之路	北京理工大学出版社
12	呼吸危重病学(上、下册)	中国协和医科大学出版社
13	饶宗颐二十世纪学术文集(14卷20册)	中国人民大学出版社
14	中华锦绣(8册)	苏州大学出版社
15	杜拉拉升职记	陕西师范大学出版社

中华优秀出版物(音像)奖

序号	书名	出版单位
1	世界历史(DVD)	人民教育电子音像出版社
2	大型音像出版工程——魅力中国(中英双语)(DVD)	高等教育电子音像出版社

音像奖提名作品

序号	书名	出版单位
1	大理上下四千年(DVD)	云南大学出版社
2	智慧之城——40集保护知识产权谱集教育动画系列片(DVD)	高等教育电子音像出版社
3	谁说青春无烦恼——为青少年心灵解惑(DVD)	中央教育科学研究所音像出版社
4	孔子的故事(DVD)	华中科技大学电子音像出版社
5	"小海豚"中华典故亲子读物(DVD)	大连理工大学电子音像出版社

中华优秀出版物(电子)奖

序号	书名	出版单位
1	北京印象(DVD-ROM)	人民教育电子音像出版社
2	中国文化、历史、地理常识(DVD-ROM CD-ROM)	中央广播电视大学音像出版社
3	小演奏家之友(钢琴、手风琴、长笛)(CD-ROM)	大连理工大学电子音像出版社

电子奖提名作品

序号	书名	出版单位
1	数字物理(CD-ROM)	人民教育电子音像出版社
2	文学理论课程智能教学系统(CD-ROM)	高等教育出版社
3	外研社手机词典系列(英法德西俄意韩日)(其他)	外语教学与研究出版社
4	汉语乐园(1级、2级、3级)(CD-ROM)	北京语言大学电子音像出版社

中华优秀出版物(游戏)奖

序号	书名	出版单位
1	摩尔庄园(网络)	同济大学电子音像出版社有限公司
2	龙腾世界(网络)	北京青鸟科教电子出版社有限公司
3	兽血沸腾Online(网络)	北京青鸟科教电子出版社有限公司

中华优秀出版物(科研论文)奖

序号	书名	出版单位	
1	民间文学艺术的知识产权保护模式研究	西南师范大学出版社	周安平
2	时政读物策划出版的着力点研究	广西师范大学出版社	李庭华
3	新形势、新视角、新策略——以科学发展观促图书编校质量的提高	人民教育出版社	李红

(续表)

序号	书　　名	出版单位	
4	接受理论与编辑的读者观念	南京大学出版社	左　健
5	掌握出版规律逐步走向成熟	北京大学医学出版社	陆银道
6	二十一世纪卖的就是品牌——出版社品牌建设的若干思考	上海外语教育出版社	庄智象
7	出版社体制改革要处理好十大关系	高等教育出版社	张增顺
8	数字时代内容出版选题策划的走向	华中师范大学出版社	段　维
9	数字出版：新的革命	浙江大学出版社有限公司	傅　强
10	为出版插上飞翔的翅膀——论技术在成本变迁中的作用	复旦大学出版社	贺圣遂
11	出版社图书退货的全程控制分析	中山大学出版社有限公司	周建华
12	大学教材营销策略研究	武汉大学出版社	何　晧
13	图书物流成本与物流模式演化分析	西安交通大学出版社	陈　丽

第七届全国高校出版社优秀畅销书奖

一等奖(167种)

书名	著译者	责任编辑	单价(元)	出版单位
中国现代化报告2004——地区现代化之路	中国现代化战略研究课题组,科学院中国现代化研究中心	周月梅	52.00	北京大学出版社
保险学(第三版)	孙祁祥著	陈 莉	35.00	北京大学出版社
知识产权法学(第三版)	吴汉东主编	邓丽华	33.50	北京大学出版社
刑法学(第二版)	高铭暄等主编	冯益娜	58.00	北京大学出版社
寓言中的经济学	梁小民著	赵 婕等	28.00	北京大学出版社
全球通史:从史前史到21世纪(第7版,上、下册)	〔美〕斯塔夫里阿诺斯著 董书慧等译	徐文宁等	88.00/套	北京大学出版社
哲学修养十五讲	孙正聿著	刘 方	25.00	北京大学出版社
临床助理医师实践技能考试站站通	郭晓蕙主编	冯智勇	39.80	北京大学医学出版社
影响孩子一生的36种好习惯	唐伟红等编著	黄晓云	26.00	北京工业大学出版社
PIC单片机原理 PIC单片机实践	李学海著	崔肖娜等	49.00/套	北京航空航天大学出版社
单片机轻松入门	周坚编著	崔肖娜	28.00	北京航空航天大学出版社
工业设计专业英语(第2版)	何人可等编	梁铜华等	23.50	北京理工大学出版社
产品设计效果图技法	〔日〕清水吉治著 马卫星编译	陈 玹	68.00	北京理工大学出版社
中华经典诵读文库(第二册)	中华经典诵读文库编委会编	张洪玲等	6.50	北京师范大学出版社
普通心理学(修订版)	彭聃龄主编	张丽娟等	55.00	北京师范大学出版社
陈氏太极拳108式	王振华著	张备亮等	20.00	北京体育大学出版社
HSK中国汉语水平考试应试指南(初、中等)(修订本)	倪明亮主编	周婉梅	62.00	北京语言大学出版社
ASP.NET程序设计	尚俊杰编著	孙秀翠	34.00	北京交通大学出版社
网络操作系统——Windows 2000 Server管理与应用	万振凯等编著	韩 乐	18.00	北京交通大学出版社
世界贸易组织(WTO)教程	薛荣久主编	尹政英	24.00	对外经济贸易大学出版社
新时代交互英语(共8册)	李荫华总主编	宫 力	311.30/套	清华大学出版社
新英语教程(第四版,共7册)	吕中舌主编	徐梦非等	196.60/套	清华大学出版社
C++程序设计	谭浩强编著	张 民	36.00	清华大学出版社

(续表)

书名	著译者	责任编辑	单价(元)	出版单位
计算机网络(第4版)	〔美〕特南鲍姆(Tanenbaum, A.S.)著 潘爱民译	龙启铭	60.00	清华大学出版社
JAVA2实用教程(第二版)	耿祥义等编著	魏江江	36.00	清华大学出版社
Visual Basic程序设计(第二版)	谭浩强等编著	张为民	28.00	清华大学出版社
Java语言程序设计(第二版)	邵丽萍等编著	徐跃进	25.00	清华大学出版社
梁思成、林徽因与我	林洙著	马庆洲等	42.00	清华大学出版社
中国特色的社会主义	刘美珣主编	周菁	40.00	清华大学出版社
C++程序设计教程(第二版)	钱能著	陶萃渊	39.50	清华大学出版社
SAP财务管理大全	王纹等著	崔伟	46.00	清华大学出版社
搜主义:Google持续成长的秘密	张远昌著	崔伟	30.00	清华大学出版社
国际战略与新军事变革	熊光楷著	马庆洲	28.00	清华大学出版社
老板是怎样炼成的	辛保平等著	陈莉	28.00	清华大学出版社
国际商务谈判	刘园主编	田玉春	30.00	首都经济贸易大学出版社
新世纪汉英大词典	惠宇主编	周懿行等	188.00	外语教学与研究出版社
现代汉语规范词典	李行健主编	蓝小奁等	69.90	外语教学与研究出版社
朗文当代高级英语辞典(英英·英汉双解)	英国培生教育出版有限公司编	杨镇明	128.00	外语教学与研究出版社
即学即用日语会话词典(日汉篇)	〔日〕吉村千绘,李凌燕编著	凌波	22.90	外语教学与研究出版社
"快乐星球"系列图书(小说版,共8册) 快乐星球之电脑奇遇记 快乐星球之星球保卫战 快乐星球之逃出星球 快乐星球之快乐到永远 快乐星球之超酷地球行 快乐星球之四一班的三剑客 快乐星球之网络怪物 快乐星球之太空垃圾站	胡红兵等编	张健等	15.00/册	外语教学与研究出版社
实战口译(学习用书)	〔英〕林超伦编著	张黎新	27.90	外语教学与研究出版社
中国广播电视通史	赵玉明主编	陈友军	78.00	中国传媒大学出版社
养猪与猪病防治(第2版)	王连纯等主编	杨建民	18.50	中国农业大学出版社
社交礼仪教程(第二版)	金正昆著	孟彦弘等	26.00	中国人民大学出版社
一个自由而负责的新闻界	〔美〕新闻自由委员会 展江等译	孙眉等	23.00	中国人民大学出版社
大学生文化读本(共8册) 阅读的欣悦 爱国的理由 人生天地间 事业的境界 情感的故事 认识科学 文化的血脉 享受健康	靳诺总主编	王尧等	123.00/套	中国人民大学出版社
国家公务员制度教程(修订版)	舒放等主编	陈丹	26.00	中国人民大学出版社
学哲学 用哲学(上、下)	李瑞环著	徐莉等	95.00/精装	中国人民大学出版社
社会保障概论(修订版)	孙光德等主编	于波等	33.00	中国人民大学出版社

(续表)

书名	著译者	责任编辑	单价(元)	出版单位
管理学原理(第二版)	杨文士等编著	邢伯春	20.00	中国人民大学出版社
管理学(第7版)	斯蒂芬·P.罗宾斯等著 孙健敏等译	张　磊等	68.00	中国人民大学出版社
经济法(第二版)	潘静成主编	易玲波	36.00	中国人民大学出版社
西方经济学(第三版)	高鸿业主编	沈丽萍等	65.00	中国人民大学出版社
财政学(第四版)	陈共编著	赵俊磊等	29.80	中国人民大学出版社
今日说法故事精选1	中央电视台《今日说法》栏目组编	孙　静	16.00	中国人民公安大学出版社
乡镇卫生院卫生技术人员在职培训指导手册	席彪主编	吴桂梅等	49.00	中国协和医科大学出版社
最大回报　健康投资	黄建始编著	吴桂梅	20.00	中国协和医科大学出版社
公共关系学	张践主编	李永强	37.00	中央广播电视大学出版社
全国高校网络教育大学英语(B)网考直通车	全国广播电视大学英语教研中心组编	许　岚	29.00	中央广播电视大学出版社
法律文书教程(第二版)	宁致远主编	徐东丽	25.00	中央广播电视大学出版社
爱我中华——百首爱国主义教育歌曲	中宣部宣教局、文化部艺术司编	邢媛媛	12.00	中央音乐学院出版社
朱永新教育文集(10卷)	朱永新著	吕　达	280.00/套	人民教育出版社
教育经济学(第三版)	靳希斌编著	曾红梅	31.10	人民教育出版社
实验心理学	郭秀艳著	曾红梅	56.20	人民教育出版社
为了太阳底下最美好的事业:师德楷模郑琦同志先进事迹报告集	中宣部宣教局、教育部师范教育司编	赵云来	27.00	人民教育出版社
教育心理学(第二版)	张大均主编	曾红梅	26.90	人民教育出版社
电工学(第六版)(上、下册)	秦曾煌主编	金春英	63.00/套	高等教育出版社
有机化学(第四版)	汪小兰编	岳延陆	25.90	高等教育出版社
机械制图(第五版)	何铭新等主编	肖银玲	30.70	高等教育出版社
计算机网络(第二版)	冯博琴等主编	陈红英	29.00	高等教育出版社
材料力学(第4版)(Ⅰ,Ⅱ)	刘鸿文主编	黄　毅	31.10 16.00	高等教育出版社
物理学(第三版)(上、下卷)	刘克哲等编	钟金城	50.20	高等教育出版社
高等学校经济管理学科数学基础(第二版) 微积分、线性代数、概率论与数理统计	范培华等主编	马　丽等	62.80/套	高等教育出版社
管理学(第二版)	周三多主编	荣　誉等	28.50	高等教育出版社
市场营销学(第二版)	吴健安主编	曾飞华	33.30	高等教育出版社
李岚清音乐笔谈	李岚清	苏雨恒	68.00	高等教育出版社
数学(基础版)第一册(修订版)	丘维声主编	薛春玲	20.80	高等教育出版社
新大学法语(2,3,4)	李志清总主编	陈　薇	85.30/套	高等教育出版社
体验英语写作(学生用书,1—3)	杨永林编著	梁　宇等	125.00/套	高等教育出版社
体验英语图解学习词典	《体验英语图解学习词典》改编组编	洪志娟	158.00	高等教育出版社

(续表)

书名	著译者	责任编辑	单价(元)	出版单位
新编实用英语综合教程4 新编实用英语学学·练练·考考4	教育部《新编实用英语》教材编写组编	闵　阅等	57.80/套	高等教育出版社
英语学术论文写作	刘洊波主编	徐艳梅	19.00	高等教育出版社
英语国家社会与文化入门(第二版,上、下册)	朱永涛等主编	梁　宇	29.00/册	高等教育出版社
英语专业文学类教材(第二版) 英国文学选读 美国文学选读	王守仁等主编	贾　巍等	59.10/套	高等教育出版社
综合英语教程(学生用书,第二版,1—4)	黄源深等总主编	张歆秋等	105.30/套	高等教育出版社
国际贸易理论与实务(第二版)	陈宪等主编	刘悦珍	43.00	高等教育出版社
现代教育技术——走进信息化教育(修订版)	祝智庭等编著	张尓琳	27.50	高等教育出版社
小学生全笔顺字典(修订本)	曹先擢主编	南保顺	19.00	语文出版社
新课程教学问题与解决丛书(共5册) 新课程教学组织策略与技术 新课程教学评价方法与设计 新课程说课、听课与评课 新课程教学现场与教学细节 新课程备课新思维	杨九俊主编	樊慧英	82.20/套	教育科学出版社
女性学导论	韩贺南等主编	刘明堂	25.00	教育科学出版社
学会学习——大学生学习引论	王言根主编	祖　晶	19.00	教育科学出版社
陈省身传	张奠宙等著	李　冰	56.00	南开大学出版社
中学生爱国主义教育	本书编写组编	石　斌	8.80	内蒙古大学出版社
有机化学(第二版)	陈宏博主编	刘新彦	25.00	大连理工大学出版社
国际学术交流英语	王慧莉等主编	韩　露等	28.80	大连理工大学出版社
多媒体CAI物理化学(第四版)	傅玉普主编	刘新彦	39.80	大连理工大学出版社
中级财务会计	刘永泽等主编	李　彬	28.00	东北财经大学出版社
临床医疗实践指南	中国乡村医生培训中心编	赵光辉	40.00	辽宁大学出版社
信息技术小学五年级(全一册)	叶金霞等主编	晨　星等	14.00	辽宁师范大学出版社
未成年人思想道德建设新问题与对策	鞠文灿主编	张含鋆	15.60	东北师范大学出版社
新编小学生字典(2005年第三次修订)	郝翼芳等主编	杨　枫	11.80	吉林大学出版社
大学生心理健康教育导论	于成学主编	戴艳萍	16.00	哈尔滨工程大学出版社
漫漫自由路	纳尔逊·曼德拉著 谭振学译	黄福武	58.00	山东大学出版社
计算机文化基础(2005版)	解福主编	刘玉兰	26.80	中国石油大学出版社
新时代大学英语	臧金兰等主编	徐　伟等	23.80	中国石油大学出版社
建筑画——麦克笔表现	夏克梁著	曹胜玫	65.00	东南大学出版社
园林规划设计	杨向青编著	姜　来	26.00	东南大学出版社

(续表)

书名	著译者	责任编辑	单价(元)	出版单位
大学计算机信息技术教程(第三版)	张福炎等编著	丁 益	21.00	南京大学出版社
村镇建设基础知识与实践	建设部城乡规划司、江苏省建设厅组织编写	陈玉国	21.00	河海大学出版社
煤矿职工安全手册	古惠田等编	马跃龙	7.80	中国矿业大学出版社
邓小平理论和"三个代表"重要思想概论	王德宝等主编	谢长耕	14.40	苏州大学出版社
文化江苏	刘克明等主编	张 凝	7.98	苏州大学出版社
中国现代小说史	夏志清著	杜荣根	60.00	复旦大学出版社
公共政策分析	张国庆主编	邬红伟	35.00	复旦大学出版社
服装市场营销	杨以雄主编	张 煜	29.00	东华大学出版社
英语背诵范文精华(第二版)	谭卫国主编	陈 勤	22.00	华东理工大学出版社
大学工程制图	钱自强等主编	徐知今	38.00	华东理工大学出版社
化工设备机械基础(第二版)	汤善甫等主编	钱四海等	36.50	华东理工大学出版社
大学语文(第八版)	徐中玉等主编	姜汉椿	29.80	华东师范大学出版社
英语听力入门2000(学生用书,1—4册)	张民伦主编	朱文秋等	57.00/套	华东师范大学出版社
基础汉语40课(上、下册)	陈绥宁主编	范剑华	86.00/套	华东师范大学出版社
小企业会计实务	陈玉菁等编著	戎其玉	23.00	立信会计出版社
外贸会计	丁元霖主编	蔡莉萍	27.60	立信会计出版社
徐匡迪文选——钢铁冶金卷(A、B卷)	徐匡迪著	汪元章等	180.00/套	上海大学出版社
钱伟长文选(1—5卷)	钱伟长著	王悦生等	290.00/套	上海大学出版社
初中英语语法300题	冯大雄编著	陈 岳	8.00	上海交通大学出版社
新编高等学校英语专业四级考试指南(TEM4,修订版)	陈汉生主编	刘 芯	30.00	上海外语教育出版社
新编汉英翻译教程	陈宏薇等主编	邵海华	15.30	上海外语教育出版社
中西医护理学操作指导	王珏主编	倪项根	23.00	上海中医药大学出版社
人体系统解剖学实物图谱	陈尔瑜等主编	王 楠	75.00	第二军医大学出版社
管理学(第二版)	邢以群著	朱 玲	28.00	浙江大学出版社
中医药概论	余润民等主编	魏文清等	29.00	江西高校出版社
军事理论教程(第二版)	宋毛平等主编	骆玉安	19.80	郑州大学出版社
社会主义经济理论	张秀生等主编	刘成奎	33.00	武汉大学出版社
物流管理学(第二版)	王槐林等主编	任 翔	30.00	武汉大学出版社
英语词汇学引论(第三版)	林承璋等编著	春 风	37.00	武汉大学出版社
土力学与基础工程(第2版)	赵明华主编	孙成林	31.50	武汉理工大学出版社
土木工程(专业)概论(第3版)	罗福午主编	吴晓琴	21.00	武汉理工大学出版社
药理学学习与解题指南(第二版)	胡文淑等主编	叶 兰	19.80	华中科技大学出版社
新编AutoCAD 2004应用教程	汤柳明主编	曾 巍	27.00	华中师范大学出版社
大学生心理健康教育与指导	谢炳炎等主编	邹 彬	16.00	湖南大学出版社
大学英语口语教程(上、下册)	熊丽君主编	彭亚非等	35.00	中南大学出版社
人生十论	钱穆著	徐昌琴	15.00	广西师范大学出版社
晚学盲言(上、下)	钱穆著	徐昌琴	56.00	广西师范大学出版社

(续表)

书名	著译者	责任编辑	单价(元)	出版单位
中医文化对谈录	张大钊编著	范萍萍	19.80	广西师范大学出版社
计算机基础教程Windows 2000与Office2000(第二版)	林卓然编著	里 引	26.00	中山大学出版社
班主任工作案例教程	赖华强编著	苏彩桃	26.00	暨南大学出版社
C语言程序设计教程 C语言程序设计实验教程	祝胜林主编	胡 元	36.30/套	华南理工大学出版社
园林工程制图(第二版)	吴机际编著	王魁葵	40.00	华南理工大学出版社
小学英语教学技能培训教程	广东省教育厅组编	林宏新	25.00	广东高等教育出版社
计算机应用基础(第二版)	杨明广主编	朱 丹	23.00	电子科技大学出版社
人民币常识	宋永清等编著	李慧宇	4.00	四川大学出版社
大学心理学	吕建国主编	王 锋	32.50	四川大学出版社
经济法	高晋康主编	全 佳等	39.80	西南财经大学出版社
社会主义市场经济理论	刘诗白主编	何 静等	28.80	西南财经大学出版社
结构力学教程	杜正国主编	刘莉东	42.00	西南交通大学出版社
煤矿安全知识问答(第二版)	隆泗等主编	唐元宁	26.00	西南交通大学出版社
Visual FoxPro面向对象程序设计实用教程	匡松等主编	王 婷等	28.00	西南交通大学出版社
设计色彩(第二版)	张继渝编著	雷少波	35.00	重庆大学出版社
找回大学精神(第三版)	董云川著	蔡红华	28.00	云南大学出版社
大学生心理健康教程	张满堂等主编	龙宝珍	24.00	云南大学出版社
小学生新作文大全(珍藏版)	李虹宾主编	刘东风等	29.80	陕西师范大学出版社
21世纪研究生英语(综合教程1、2,听说教程1,2)	杜瑞清主编	秦茂盛等	104.00/套	西安交通大学出版社
计算机应用基础——案例教程	王津等主编	葛赵青	26.00	西安交通大学出版社
计算机应用基础(第三版)	丁爱萍主编	龙 晖等	20.00	西安电子科技大学出版社
编译原理(第3版)	蒋立源等主编	季 强	32.00	西北工业大学出版社
史诗《江格尔》校勘新译	贾木查主编	宋鸿忠	300.00	新疆大学出版社

二等奖(161种)

书名	著译者	责任编辑	单价(元)	出版单位
数学的美与理	张顺燕编著	刘 勇	26.00	北京大学出版社
科学技术发展简史(第二版)	王士舫等编著	刘金海	20.00	北京大学出版社
管理学教程(第二版)	戴淑芬主编	张静波	28.00	北京大学出版社
大学英语教程(1—4)学生用书	黄必康总主编	李 颖等	110.00/套	北京大学出版社
大学的逻辑(增订版)	张维迎著	江清莲	25.80	北京大学出版社
蒙牛内幕	孙先红等著	陈 宇等	49.00	北京大学出版社
初级汉语口语(第二版)(1,2,提高篇)	戴桂芙等编著	郭 力等	215.00/套	北京大学出版社
美学十五讲	凌继尧著	王立刚	25.00	北京大学出版社
组织学与胚胎学	刘斌主编	娄艾琳等	39.80	北京大学医学出版社
新形势下大学生思想政治教育探索	周长春主编	齐 欣	25.00	北京工业大学出版社

(续表)

书名	著译者	责任编辑	单价(元)	出版单位
ARM 嵌入式系统基础教程	周立功等编著	王鑫光	32.00	北京航空航天大学出版社
新世纪研究生英语教程——视听说(第二版)	吴树敬等主编	梁铜华	23.00	北京理工大学出版社
咖啡	〔美〕查克·马丁著 崔姜薇译	李 娜等	16.80	北京师范大学出版社
幼儿园快乐与发展课程教师指导用书(大、中、小班)	幼儿园快乐与发展课程编写组编	张丽娟	81.00/套	北京师范大学出版社
教育的智慧——写给中小学教师	林崇德著	周雪梅	25.00	北京师范大学出版社
全国高校网络教育公共基础课统一考试用书　大学语文	全国高校网络教育考试委员会办公室组编	周光明	33.00	北京师范大学出版社
李昌镐围棋基础训练初级班	李昌镐围棋基础教研室编	毕　莹等	24.00	北京体育大学出版社
新一代信息通信技术书系·无线通信专辑(共6册) 无线资源管理 移动通信中的先进信号处理技术 宽带移动互联网 无线通信安全技术 多天线无线通信原理与应用 端到端重配置无线网络技术	王莹等编著	王晓丹等	172.00/套	北京邮电大学出版社
公交乘务英语100句	卢小萍等编著	余心乐	15.00	北京语言大学出版社
计算机网络安全教程	石志国等编著	谭文芳	27.00	北京交通大学出版社
Flash MX 动画设计	汪刚等主编	谭文芳	25.00	北京交通大学出版社
国际营销学教程(第二版)	张景智主编	宋志红	25.00	对外经济贸易大学出版社
模拟导游	马树生等编著	杨晓娟	20.00	旅游教育出版社
英汉互译实践与技巧(第二版)	许建平编著	宫　力	38.00	清华大学出版社
Internet 应用基础教程	杨小平主编;尤晓东编著	霍志国	22.00	清华大学出版社
会计电算化系统应用操作(第2版)	何日胜编著	刘志彬	32.00	清华大学出版社
计算机文化基础(第5版)	李秀等编著	张　龙	29.00	清华大学出版社
数据结构教程	李春葆编著	霍志国	28.00	清华大学出版社
牛津英汉汉英小词典	牛津大学出版社编	周懿行等	17.90	外语教学与研究出版社
现代韩中中韩词典	李武英等编	王维国等	65.90	外语教学与研究出版社
新视野大学英语 视听说教程1、2、3	徐钟等主编	祝文杰等	104.7/套	外语教学与研究出版社
摄像基础(第三版)	〔美〕赫伯特·泽特尔著 王宏等译	欣　雯	48.00	中国传媒大学出版社
普通测量学	杨国范主编	张苏明	21.00	中国农业大学出版社
机械制图与计算机绘图	周静卿等主编	张秀环等	28.00	中国农业大学出版社
科学养猪手册	李同洲主编	孟　梅	20.50	中国农业大学出版社

(续表)

书名	著译者	责任编辑	单价(元)	出版单位
国外毛泽东研究译丛(共8册) 中国的共产主义与毛泽东的崛起 毛泽东的思想 历史与意志:毛泽东思想的哲学透视 马克思主义、毛泽东主义与乌托邦主义 毛泽东的政治哲学 毛泽东政治思想的基础 毛泽东传 从革命到政治:长征与毛泽东的崛起	石仲泉等主编 陈玮等译	师　哲等	310.00/套	中国人民大学出版社
证券投资学(第二版)	吴晓求主编	杨松超	29.00	中国人民大学出版社
刑事诉讼法学	樊崇义主编	程　怡	37.00	中央广播电视大学出版社
现代教育管理专题	邬志辉主编	马浩楠	35.00	中央广播电视大学出版社
社会调查研究	周孝正等主编	钟　和	28.00	中央广播电视大学出版社
爱我中华——抗战歌曲六十首	中宣部宣教局、文化部艺术司编	邢媛媛	7.00	中央音乐学院出版社
新课程教师专业能力培养与训练丛书(共5册)	吕达总主编	赵运来等	76.00/套	人民教育出版社
我和语文教学	于漪著	胡兰江	36.40	人民教育出版社
儿童学习指导	《儿童学习指导》编写组编	曾红梅	18.20	人民教育出版社
学校发展性辅导	刘宣文著	曾红梅	22.70	人民教育出版社
课堂管理技巧	《课堂管理技巧》编写组编	胡兰江	17.60	人民教育出版社
幸福教育论	刘次林著	韩华球	24.10	人民教育出版社
团结互助友爱　共建和谐社会(小学生读本)	赵国柱等主编	陈　涓	4.20	人民教育出版社
教育问题案例研究	傅维利主编	韩华球	37.00	人民教育出版社
大学计算机基础(第四版) 大学计算机基础上机实验指导与测试(第四版)	杨振山等主编	陈红英	44.00/套	高等教育出版社
数学教育概论	张奠宙等主编	王文颖	32.20	高等教育出版社
管理信息系统(第三版)	黄梯云主编	巨克坚	32.00	高等教育出版社
《市场营销学》学习指南与练习(第二版)	吴健安主编	巨克坚	18.70	高等教育出版社
应用写作(第二版)	张德实主编	贺有祁	25.60	高等教育出版社

(续表)

书名	著译者	责任编辑	单价(元)	出版单位
银领工程系列丛书(共8册) 必由之路——高等职业教育产学研结合操作指南 教学相长——高等职业教育教师基础知识读本 点击核心——高等职业教育专业设置与课程开发导引 纵横职场——高等职业教育学生就业与创业指导 育才通道——高等职业教育专业建设探索 提升内涵——高等职业教育教学与科研管理工作指南 架设桥梁——高等职业教育现代教育技术应用 职场必修——高等职业教育学生职业素质培养与训练	教育部高教司 全国高职高专校长联席会	尹 洪	200.00/套	高等教育出版社
会计电算化(第二版)	赵合喜等主编	陈伟清	17.10	高等教育出版社
语文(基础版)第一册(修订版)	倪文锦主编	许 耘	13.20	高等教育出版社
体验商务英语综合教程(1—4)	《体验商务英语》改编组编	张毅达等	148.80/套	高等教育出版社
班级管理	李学农主编	贺有祁	21.80	高等教育出版社
现代教育学(第2版)	扈中平等主编	肖冬民	32.60	高等教育出版社
小学英语教学法教程	王蔷主编	禹明秋	22.80	高等教育出版社
小学词语9用词典	林风主编	张双亭	15.00	语文出版社
结构方程模型及其应用	侯杰泰等著	葛 都	39.00	教育科学出版社
生命与教育	冯建军著	郑豪杰	38.00	教育科学出版社
学校文化研究——对一所中学的学校文化透视	杨全印等著	韦 禾	21.00	教育科学出版社
信息技术课程论	王吉庆著	马 力	36.00	河北大学出版社
小学生爱国主义教育	本书编写组编	石 斌	7.80	内蒙古大学出版社
港口机械技术管理	阮海北主编	李雪芳	7.00	大连海事大学出版社
航海学	郭禹主编	史洪源等	69.00	大连海事大学出版社
大学普通化学(第五版)	大连理工大学普通化学教研组编著	王 纪	19.80	大连理工大学出版社
《小企业会计制度》讲解	《小企业制度研究组》编著	李智慧等	30.00	东北财经大学出版社
高等数学	沙萍等主编	刘淑芳	25.00	东北大学出版社
大学生就业指导	陈岩松等主编	张石宁	17.00	哈尔滨工程大学出版社

(续表)

书名	著译者	责任编辑	单价(元)	出版单位
文明之旅丛书(插图本,共6册) 走进中国政治殿堂 走进中国哲学殿堂 走进中国科技殿堂 走进中国文学殿堂 走进中国艺术殿堂 走进中国民俗殿堂	高奇等编著	朱以青等	200.00/套	山东大学出版社
海藻学	钱树本等主编	魏建功	58.00	中国海洋大学出版社
创新与创业教育	于连涛等主编	纪丽真	16.00	中国海洋大学出版社
概率论与数理统计	合肥工业大学数学教研室编	汤礼广	15.50	合肥工业大学出版社
实用临床护理三基——理论篇、操作篇、习题篇	唐维新主编	张 慧	44.00/套	东南大学出版社
现代西方经济学原理(第四版)	刘厚俊编著	府剑萍	32.00	南京大学出版社
科学 艺术 教师用书·小班	赵寄石等著	韦 娟等	15.00	南京师范大学出版社
大学生文化素质教育丛书 中国传统文化概论 口语表达艺术 现代社会	马树杉主编	魏 连	29.70/套	河海大学出版社
Visual Foxpro学习与实验指导	王维民主编	代江滨	26.00	河海大学出版社
会计学	杨玉凤等主编	孙 浩	23.00	中国矿业大学出版社
现代出版学丛书(第二辑,共6册) 现代书评学 现代校对概论 现代出版选题学引论 版权贸易新论 图书营销案例点评 出版法规及其应用	徐柏容等著	史创新	170.00/套	苏州大学出版社
奥林匹克中华情	吴经国著	朱坤泉等	20.00	苏州大学出版社
微观经济学	杨长江等编著	盛寿云	26.00	复旦大学出版社
现代物流管理	黄中鼎主编	李 华	33.00	复旦大学出版社
饮食宜忌手册	戴豪良编著	王龙妹	23.00	复旦大学出版社
画法几何(第三版)	同济大学建筑制图教研室编	缪临平	20.00	同济大学出版社
新世纪高级应用型人才培养系列教材 高等数学(上、下册) 线性代数 概率论与数理统计	同济大学应用数学系主编	卞玉清	79.00/套	同济大学出版社
市民防灾必读手册	上海减灾领导小组办公室、上海市民防办公室编	武 钢	3.60	同济大学出版社
英美文学精华导读	龙毛忠等编著	何 蕊等	28.00	华东理工大学出版社
日本语能力测试2级词汇必备	叶琳主编	王耀峰	22.00	华东理工大学出版社
信息检索与利用	徐庆宁主编	李国平	22.00	华东理工大学出版社
普通心理学(修订二版)	叶奕乾等主编	金 勇等	39.80	华东师范大学出版社

(续表)

书名	著译者	责任编辑	单价(元)	出版单位
中国文化通论	顾伟列著	李惠明	27.00	华东师范大学出版社
新编教育法教程	吴遵民等著	洪九来	15.00	华东师范大学出版社
"数学奥林匹克"小丛书(共5册)	单墫等著	陈信漪等	12.00/册	华东师范大学出版社
普通高中新课程方案导读	钟启泉等主编	王焰等	34.20	华东师范大学出版社
新编行政事业单位会计	刘学华主编	洪梅春	17.5	立信会计出版社
金融工程学	周洛华著	曹均伟	20.00	上海财经大学出版社
现代企业管理教程	陈富生等主编	宋澄宇	30.00	上海财经大学出版社
证券投资分析	王明涛编著	李宇彤	23.00	上海财经大学出版社
直面就业——大学生职业发展指导(第三版)	王宏等主编	鲍正熙	15.00	上海交通大学出版社
英语专业八级考试模拟与解析	何兆熊主编	金英爱	17.00	上海交通大学出版社
中国文化概述	郭建庆编著	李阳	21.00	上海交通大学出版社
高中英语课程标准3500词汇手册	陈辉岳主编	施茵	12.00	上海外语教育出版社
基础口语教程	罗杏焕等编著	李健儿	8.00	上海外语教育出版社
名贵中药的家庭进补	汪文娟等主编	钱静庄	17.20	第二军医大学出版社
中国教师缺什么？	黄燕编著	叶抒	20.00	浙江大学出版社
国家公务员制度	许法根编著	王利华	28.00	浙江大学出版社
体验设计·素描	周刚编著	孙丽英	28.00	中国美术学院出版社
体验设计·色彩	周刚编著	孙丽英	35.00	中国美术学院出版社
民事诉讼法原理(修订版)	田平安主编	施高翔	48.00	厦门大学出版社
体育与健康	毛振明主编	舒平等	19.50	江西高校出版社
中小学教师多媒体课件制作培训教程	董丞明主编	靳开川	36.00	河南大学出版社
金庸评传	孔庆东著	杨莉	20.00	郑州大学出版社
名院学术厅丛书(共4册) 北京同仁医院眼科专题讲座 上海仁济医院消化内科专题讲座 上海第二医科大学附属第九人民医院口腔医学专题讲座 北京朝阳医院呼吸内科专题讲座	王宁利等主编	李同奎等	300.00/套	郑州大学出版社
数字测图原理与方法	潘正风等编著	王金龙	33.00	武汉大学出版社
数字图像处理	贾永红编著	王金龙	24.00	武汉大学出版社
英汉互译实用教程(修订第三版)	郭著章等编著	游径海	35.00	武汉大学出版社
计算机文化基础	丁文华等主编	段超	30.00	武汉理工大学出版社
现代社会调查方法(第三版)	风笑天著	钱坤	24.00	华中科技大学出版社
大学英语自主阅读教程(第1册)	何立红主编	杨鸥	12.60	华中科技大学出版社
21世纪高等职业教育规划教材·计算机公共课系列 计算机应用基础教程 计算机应用基础实训指导	郭江平等主编	沈辉宇等	50.00/套	华中师范大学出版社
现代教育技术	杨九民主编	梁上启	24.00	华中师范大学出版社

(续表)

书名	著译者	责任编辑	单价(元)	出版单位
别和青春期的孩子较劲	关承华著	雷先莲	22.00	华中师范大学出版社
基础工程学	刘昌辉等编著	徐润英	32.00	中国地质大学出版社
平面构成及应用	李中杨等主编	胡建华	32.00	湖南大学出版社
就业指导(高教篇)	湖南省教育厅毕业生就业办公室、湖南省大中专学校学生信息咨询与就业指导中心组编	黄道见	14.80	湖南师范大学出版社
机械制图(修订版)	王志泉等主编	谭平	23.00	中南大学出版社
医疗纠纷的理论与实践	赵衡文编著	谢新元	25.00	中南大学出版社
熊猫虎子	潘文石著	龚风光	22.00	广西师范大学出版社
书天堂	钟芳玲著	曹凌志	68.00	广西师范大学出版社
新课标英语考点词汇大全	张庆圭主编	韦晟妮等	14.50	广西师范大学出版社
人力资源管理(第二版)	陈天祥等编著	郑吴志等	35.00	中山大学出版社
外汇交易快速入门(第二版)	许强著	钟永源等	25.00	中山大学出版社
大学生就业心理辅导	宋专茂主编	古碧卡等	14.60	暨南大学出版社
心理学与人生	黄希庭主编	张仲玲等	33.00	暨南大学出版社
媒介经济学——经济学在新媒介与传统媒介中的应用	〔加〕柯林·霍斯金斯等著；支庭荣等译	翁红宇等	32.00	暨南大学出版社
金工实习教材	萧泽新主编	毛润政	16.00	华南理工大学出版社
大学生心理健康教育	邱鸿钟主编	张敏芝	18.00	广东高等教育出版社
潮汕老屋	林凯龙	胡开祥等	38.00	汕头大学出版社
软件技术基础(第二版)	黄迪明主编	吴艳玲	25.00	电子科技大学出版社
新课程:教师怎样上课	严先元编著	徐丹红	12.00	四川大学出版社
现代礼仪教程(第三版)	李道魁编著	汪涌波	22.50	西南财经大学出版社
资产评估学	潘学模主编	涂洪波	38.80	西南财经大学出版社
投资经济学	史本山等编	唐元宁	25.00	西南交通大学出版社
桥梁工程概论(第二版)	李亚东主编	张波	30.00	西南交通大学出版社
煤矿重大事故处理与救灾技术	华道友主编	孟苏成	18.00	西南交通大学出版社
Visual FoxPro面向对象程序设计上机与级考实训教程	匡松等主编	王婷等	28.00	西南交通大学出版社
音乐 八年级	王世康等主编	王菱	4.95	西南师范大学出版社
电脑音乐理论与应用	陈启云著	贾晖	38.00	西南师范大学出版社
电子商务案例分析	司林胜等主编	孙英姿等	19.00	重庆大学出版社
中学生新作文大全(珍藏版)	李虹宾主编	刘东风等	29.80	陕西师范大学出版社
Linux操作系统实用教程	梁广民等编著	刘锋利等	20.00	西安电子科技大学出版社
微型计算机原理	工忠民主编	雷鸿俊	22.00	西安电子科技大学出版社
亲历红土地上的民主	虞烈东著	张萍	24.00	西北大学出版社
初等数学(五年制·修订版)	吉耀武等主编	兰世雄	20.00	西北大学出版社
英语写作——段落·短文(第3版)	余宝珠主编	雷鹏	22.00	西北工业大学出版社
漫画普通外科手术	〔日〕下间正隆等著	土丽艳等	68.00	第四军医大学出版社

第八届全国高校出版社优秀畅销书奖

一等奖(225种)

书名	著译者	责任编辑	单价	单位
经济学原理(第四版)宏观经济学分册	〔美〕曼昆著 梁小民译	李 娟	44.00	北京大学出版社
经济学原理(第四版)微观经济学分册	〔美〕曼昆著 梁小民译	张 燕 张慧卉	52.00	北京大学出版社
新全球史——文明的传承与交流(上、下)	〔美〕杰里·本特利等著 魏凤莲等译	岳秀坤 张 晗	120.00/套	北京大学出版社
艺术学概论(第三版)	彭吉象著	谭 燕	38.00	北京大学出版社
政治学基础(第二版)	王浦劬等著	耿协峰 张盈盈	36.00	北京大学出版社
公共行政学(第三版)	张国庆主编	金娟萍	59.00	北京大学出版社
中国崛起之路	胡鞍钢著	徐少燕	52.00	北京大学出版社
IP理论——网状经济时代的全新商业模式	王建国著	董淑娟	39.00	北京大学出版社
你拿什么吸引我——创业者必知的风投规则	卢爱芳等著	袁 博	45.00	北京大学出版社
民法(第三版)	魏振瀛主编	邹记东	59.80	北京大学出版社
一生的理财计划	王在全著	李 宁	39.00	北京大学出版社
做最好的中层	吴甘霖等著	赵 易	36.00	北京大学出版社
抗肿瘤药物手册	孙燕主编	白 玲	17.80	北京大学医学出版社
积水潭骨科教程	田伟主编	许 立	139.90	北京大学医学出版社
浙商是怎样炼成的	杨宏建著	齐 欣	35.00	北京工业大学出版社
深入浅出西门子Win CCV6(第二版)	西门子(中国)有限公司自动化与驱动集团	王 实 刘晓明	37.00	北京航空航天大学出版社
单片机原理及接口技术(第三版)	李朝青编著	王 瑛 崔肖娜	27.00	北京航空航天大学出版社
国际贸易理论与实务(第三版)	董瑾主编	孙金芳	32.00	北京理工大学出版社
《中华人民共和国义务教育法》学习与宣传读本	全国人大教科文卫委员会教育室编	仇春兰 姚贵平	22.80	北京师范大学出版社
儿童的文学世界——我的文学课(共7册)学龄前、一年级～六年级	陈晖主编	张丽娟 郑宜等	177.00/套	北京师范大学出版社
幼儿教师专业发展	张燕著	张丽娟	16.00	北京师范大学出版社
通信电源	漆逢吉主编	李欣一	29.00	北京邮电大学出版社
1700对近义词语用法对比	杨寄洲等编著	苗 强	108.00	北京语言大学出版社

(续表)

书名	著译者	责任编辑	单价	单位
汉语乐园(英文版)学生用书(共6册)	刘富华等编著	鲁 霞 于 晶等	164.00/套	北京语言大学出版社
网站全程设计技术(修订本)	姜铧等编著	谭文芳	35.00	北京交通大学出版社
商务英语谈判	何英编著	张利军	20.00	北京交通大学出版社
统计学原理	史书良主编	韩 乐	23.00	北京交通大学出版社
新编外贸英语口语教程	廖瑛主编	单晓晖	22.00	对外经济贸易大学出版社
中国旅游客源国概况(第四版)	王兴斌主编	董茂永	25.00	旅游教育出版社
基金经理	赵迪著	张立红 况淑芬	29.00	清华大学出版社
现代企业管理(第二版)	王关义等编著	龙海峰 王巧珍	39.00	清华大学出版社
建筑速写技法	陈新生著	徐晓飞	29.80	清华大学出版社
工程硕士研究生英语基础教程(学生用书)	罗立胜等主编	蔡心奕	28.00	清华大学出版社
英汉互译实践与技巧(第三版)	许建平编著	宫 力 屈海燕	38.00	清华大学出版社
TCP/IP协议族(第三版)	〔美〕福罗赞著 谢希仁等译	龙启铭	98.00	清华大学出版社
软件测试方法和技术	朱少民主编	丁 岭 许振伍	36.00	清华大学出版社
大学计算机公共基础	阮文江编著	索 梅	29.80	清华大学出版社
数据库技术与应用——SQL Server	刘卫国等主编	魏江江 赵晓宁	35.00	清华大学出版社
信息检索与分析利用	谢德体等主编	梁 颖	18.50	清华大学出版社
大话设计模式	程杰著	陈 冰	45.00	清华大学出版社
C++面向对象程序设计	谭浩强编著	张 民	26.00	清华大学出版社
C程序设计教程	谭浩强著	张 民	25.00	清华大学出版社
微型计算机系统原理及应用(第五版)	周明德编著	张瑞庆 李 晔	38.00	清华大学出版社
计算机网络应用技术教程(第二版)	吴功宜等编著	焦 虹	25.00	清华大学出版社
数据库原理及应用(Access)(第2版)	姚普选编著	焦 虹 徐跃进	29.00	清华大学出版社
ASP网络编程从入门到精通	顼宇峰等主编	欧振旭 马子杰	49.00	清华大学出版社
Photoshop中文版图像处理教程	郑瑶等编著	欧振旭 马子杰等	29.80	清华大学出版社
C#入门经典(第三版)	〔美〕沃森等著;齐立波译	曹 康 李 阳	98.00	清华大学出版社
当代德国职业教育主流教学思想研究——理论、实践与创新	姜大源主编	束传政 宋 方	40.00	清华大学出版社
公共关系原理与实务	陶应虎等主编	温 洁 许瑛琪	33.00	清华大学出版社

(续表)

书名	著译者	责任编辑	单价	单位
计算机应用基础	贾昌传等主编	刘天飞 宣 颖	32.00	清华大学出版社
国际市场营销学(修订第二版)	寇小萱等编著	赵 侠	32.00	首都经济贸易大学出版社
国际服务贸易	饶友玲等主编	赵 侠	26.00	首都经济贸易大学出版社
体态秘语——肢体语言手册	〔英〕彼得·卡雷特著 季广茂等译	杨小兵 喜崇爽	35.00	首都师范大学出版社
英语课程标准与教学实践丛书 (共4册) 英语课程标准在课堂教学中的应用(小学阶段)、(初中阶段)、(高中阶段) 教师发展档案与业绩标准(教师手册)	陈琳主编	祝 玲 华宝宁等	150.50/套	外语教学与研究出版社
麦克米伦高阶英汉双解词典	麦克米伦出版公司编 杨信彰等译	沈中锋	99.00	外语教学与研究出版社
外研社最新简明英汉词典	三民书局编	杨书旗 孟 祥等	43.90	外语教学与研究出版社
新世纪日本语教程(二外、自学用)	清华大学外语系编	蓝 佳	39.90	外语教学与研究出版社
外研社现代英汉汉英词典	郭世英主编	陈 忠	76.00	外语教学与研究出版社
电视节目导播	郑月著	李钊祥 欣 雯	39.80	中国传媒大学出版社
普通化学(第三版)	赵士铎主编	张秀环 丛晓红等	28.00	中国农业大学出版社
辩证法随谈	李瑞环	沈小农 王海龙	48.00	中国人民大学出版社
财务管理学(第四版)	荆新等主编	杜俊红 雷丹宇	33.00	中国人民大学出版社
马克思传(插图本)	〔英〕戴维·麦克莱伦著 王珍译	李艳辉 符爱霞	58.00	中国人民大学出版社
当代世界经济与政治(第三版)	李景治等主编	郭晓明	22.00	中国人民大学出版社
毛泽东传(最新版全译本)(插图本)	〔美〕罗斯·特里尔著 胡为雄等译	潘 宇 田立新等	55.00	中国人民大学出版社
知识产权法教程	王迁著	郭燕红 郭 虹等	45.00	中国人民大学出版社
今日说法精华本2007	《今日说法》栏目组编	赵学颖 邵红岩	20.00	中国人民公安大学出版社
公安基础知识(修订本)2006版	公安部政治部编	魏 耘 黎 黎	12.00	中国人民公安大学出版社
健康管理师	陈君石等主编	左 谦 何海青等	72.00	中国协和医科大学出版社
英语语法	牛健等著	许 岚	27.00	中央广播电视大学出版社
民事诉讼法	杨荣馨主编	徐东丽 韦 鹏	36.00	中央广播电视大学出版社
计算机应用基础(修订版)	郑纬民主编	何勇军	36.00	中央广播电视大学出版社

(续表)

书名	著译者	责任编辑	单价	单位
中国民族理论新编	吴仕民主编	满福玺 吴 云	22.00	中央民族大学出版社
大学物理学(上、下册)	毛骏健等主编	陶 铮	79.00/套	高等教育出版社
大学文科数学(第二版)	张国楚等主编	于丽娜 崔梅萍	18.90	高等教育出版社
概率论与数理统计(第二版)	王明慈等主编	李 蕊 崔梅萍	20.10	高等教育出版社
机械原理(第7版)	孙桓等主编	卢 广 贺 玲	23.50	高等教育出版社
工程数学——线性代数(第五版)	同济大学数学系编	王 强	12.10	高等教育出版社
电工学简明教程(第二版)	秦曾煌主编	金春英 唐笑慧	33.90	高等教育出版社
电气工程概论	范瑜主编	金春英 唐笑慧	39.50	高等教育出版社
物理化学(第5版,上、下册)	傅献彩等编	耿承延 岳延陆	73.50/套	高等教育出版社
市场营销学(第三版)	吴健安主编	张冬梅 童 宁	36.90	高等教育出版社
计算机公共基础	孔令德主编	洪国芬 冯 英	29.90	高等教育出版社
高职应用写作	杨文丰编著	潘莹莹 王 冰	25.00	高等教育出版社
经济法(第三版)	曲振涛等编著	赵 洁 王清云	24.20	高等教育出版社
机械制图(第三版)	王幼龙主编	张春英 王瑞丽等	23.80	高等教育出版社
新大学日语标准教程(基础篇)1 新大学日语标准教程(基础篇)2	陈俊森总主编	李 炎 祝大鸣等	41.30/套	高等教育出版社
管理英语(第2版)	《管理英语》编写组编	张慧勇 闫 阅	26.60	高等教育出版社
新编实用英语听力教程1 新编实用英语听力教程2	《新编实用英语》编写组编	蔺启东 梁宇等	39.60/套	高等教育出版社
新编实用英语综合教程1(第二版) 新编实用英语综合教程2(第二版) 新编实用英语综合教程3(第二版)	《新编实用英语》编写组编	闫 阅 孙云鹏等	78.80/套	高等教育出版社
新托福一遍通系列 阅读应试指南(冲刺篇) 写作应试指南(冲刺篇) 口语应试指南(冲刺篇) 听力应试指南(冲刺篇)	改编组改编	洪志娟 吕艳萍	158.80/套	高等教育出版社

(续表)

书名	著译者	责任编辑	单价	单位
大学英语泛读教程（预备级、1、2、3、4）	王建芳总主编	肖　琼 梁　宇等	117.00/套	高等教育出版社
新视角研究生英语读说写1、2、3	张文鹏等主编	邓中杰	84.00/套	高等教育出版社
体验商务英语听说教程1—2	《体验商务英语》改编组编	贾　巍 张毅达	57.00/套	高等教育出版社
英语1—2（第二版）（非英语专业专科用）	《英语》教材编写组编	闵　阅 孙云鹏等	50.00/套	高等教育出版社
英语国家社会与文化入门（上、下，第二版）	朱永涛等主编	贾　巍 梁　宇	58.00	高等教育出版社
英语写作基础教程（第二版）	丁往道等主编	贾　巍 艾　斌	27.00	高等教育出版社
社会心理学	金盛华主编	林丹瑚 张　然	33.50	高等教育出版社
中学语文教学法（第二版）	王世堪主编	魏振水 潘莹莹	25.00	高等教育出版社
教育技术培训教程（教学人员·初级）	何克抗主编	王宏凯 苏伶俐等	19.00	高等教育出版社
新时期文学（第2版）	王万森主编	肖冬民 杨　莉	20.00	高等教育出版社
大学语文（第三版）	徐中玉等主编	孙振威	28.00	高等教育出版社
政治经济学（第三版）	程恩富等主编	孔全会 郭立伟等	29.80	高等教育出版社
知荣明耻从我做起（小学生读本）	赵国柱等主编	陈　涓	4.20	人民教育出版社
会计学基础	韩辉主编	张天宝	22.90	人民教育出版社
会计学基础实验教程	张凯等编著	张天宝	19.60	人民教育出版社
教育新理念（修订版）	袁振国主编	杨晓琳	18.00	教育科学出版社
为思维而教（修订版）	郅庭瑾著	杨晓琳	28.00	教育科学出版社
教学论	裴娣娜主编	韩敬波	30.00	教育科学出版社
陶行知教育名篇	方明编	樊慧英	24.90	教育科学出版社
机械制图（非机类）	徐健等主编	尚丽娜	35.00	天津大学出版社
传感器原理及应用（第三版）	王化祥等编著	赵淑梅	30.00	天津大学出版社
职务与法规	杨学辉主编	黎　为	28.00	大连海事大学出版社
高等学校日语教材——初等日语听力教程	刘晓华等主编	宋锦绣 高　颖	38.00	大连理工大学出版社
世纪英语综合教程1（第二版）	龚耀主编	梁　雁	26.00	大连理工大学出版社
新编基础会计（第四版）	曲洪山等主编	郑淑芹	28.00	大连理工大学出版社
世纪商务英语函电与单证（第二版）	刘杰英主编	周　晔	28.00	大连理工大学出版社
新版商务谈判日语	刁鹏鹏编著	宋锦绣	25.00	大连理工大学出版社
成本会计习题与解答（第二版）	鲁亮升主编	孙晓梅 卢　悦	15.00	东北财经大学出版社
经济法概论	华本良主编	孟　鑫	19.00	东北财经大学出版社

(续表)

书名	著译者	责任编辑	单价	单位
新天地高职高专英语规划教材（12册） 听说教程 1—4、读写教程 1—4、综合教程 1—4	金启军等总主编	刘宗玉 孟 颖等	177.00/套	东北大学出版社
大学生健康教育	本书编审委员会	肖德运 文 辰等	15.00	东北大学出版社
企业文化	高闯等主编	刘东杰	17.00	辽宁大学出版社
教师走向成功的22条"军规"	刘经华编著	陈颂琴	25.00	吉林大学出版社
经贸韩国语	崔羲秀主编	宋昌洙	36.00	延边大学出版社
船舶概论	金仲达编著	刘江明	19.50	哈尔滨工程大学出版社
平面几何证明方法全书	沈文选著	刘培杰 李广鑫	35.00	哈尔滨工业大学出版社
大学使命与文化启蒙	衣俊卿著	管小其	39.00	黑龙江大学出版社
中国文学名篇鉴赏（诗卷、文卷、词赋卷）	薛涤非等主编	马银川	176.00/套	山东大学出版社
海水虾类健康养殖技术	刘洪军等编著	魏建功	20.00	中国海洋大学出版社
海水鱼类健康养殖技术	张美昭等编著	魏建功	26.00	中国海洋大学出版社
计算机文化基础（第六版）	解福主编	刘玉兰	26.80	中国石油大学出版社
新时代大学英语（第一册）（学生用书）	臧金兰等主编	徐 伟 王美霞	23.80	中国石油大学出版社
当代大学生安全知识读本	高开华主编	张莹莹 高哲峰	12.00	中国科学技术大学出版社
高职体育	王德森主编	陆向军	23.00	合肥工业大学出版社
科学教育和人文教育	王青松主编	朱移山	22.00	合肥工业大学出版社
传感器技术（第三版）	贾伯年等主编	张 煦	30.00	东南大学出版社
生理学	汪光宣主编	常凤阁	27.00	东南大学出版社
国际金融学（第3版）	裴平等编著	府剑萍 梅 洁 唐甜甜	36.00	南京大学出版社
要做股市赢家——杨百万股经奉献	杨怀定著	王燊娉	28.00	南京大学出版社
高等数学（基础）	冯宁主编	吴 华	18.80	南京大学出版社
管理学原理	周三多等编著	府剑萍	28.00	南京大学出版社
中小学班主任培训教材——小学班主任	高谦民等主编	王 瑾	20.00	南京师范大学出版社
供电企业典型诉讼案例评析	周建海主编	陈玉国	12.00	河海大学出版社
测量学（第四版）	高井祥主编	耿东锋 潘俊成	26.00	中国矿业大学出版社
煤矿重大安全生产隐患认定办法图解	国家安全生产监督管理总局等组织编写	罗时嘉 孙 浩	15.00	中国矿业大学出版社
英语（1）（非英语专业专科用）	孙倚娜等主编	李寿春	29.00	苏州大学出版社
新编军训教程	徐子良等主编	陈孝廉	16.50	苏州大学出版社
古代中国文化讲义	葛兆光著	史立丽	25.00	复旦大学出版社
大学语文实验教程	张新颖主编	孙 晶 邵丹等	30.00	复旦大学出版社

(续表)

书名	著译者	责任编辑	单价	单位
帝国的终结——中国古代政治制度批判	易中天著	宋文涛	28.00	复旦大学出版社
新潮大学英语阅读教程(修订版)(1—4册)	新潮大学英语编写组编	林 森 唐 敏	92.00/套	复旦大学出版社
军事理论教程(第二版)	上海市教委学生军训办公室等组织编写	武 钢	25.00	同济大学出版社
建筑力学(第三版)	周国瑾等编著	解明芳	30.00	同济大学出版社
服装画技法(第二版)	钱欣等著	杜亚玲	39.00	东华大学出版社
人类行为与社会环境(第二版)	王瑞鸿著	高 虹 刘德顺	25.00	华东理工大学出版社
外经贸函电教程	蔡惠伟编著	陈 勤	28.00	华东理工大学出版社
道德教育的20个细节	高德胜著	曹利群 朱建宝	17.00	华东师范大学出版社
初中英语语法全解	朱崇军主编	金洪芹 沈若慧等	22.80	华东师范大学出版社
高中英语语法全解	朱崇军主编	金洪芹 沈若慧等	28.00	华东师范大学出版社
中国民俗学	陈勤建著	曹利群 姜汉椿	25.00	华东师范大学出版社
会计专业英语(第四版)	常勋等编	张立年	29.50	立信会计出版社
新编会计学原理——基础会计(第13版)	李海波主编	洪梅春	24.00	立信会计出版社
货币金融学(第二版)	戴国强主编	王 芳	36.00	上海财经大学出版社
清史纪事本末(1—10)	南炳文等主编	姚铁军	580.00	上海大学出版社
论教育	钱伟长著	李顺祺 张光斌等	90.00	上海大学出版社
Visual FoxPro 程序设计上机实验指导(第二版)	吴妍等主编	冯 颖	19.00	上海交通大学出版社
高校军事理论教程(第三版)	朱建明等主编	郁金豹	25.00	上海交通大学出版社
初中英语写作300篇(第二版)	唐莹等主编	张国华	11.00	上海交通大学出版社
新牛津英汉双解大词典	本词典编译出版委员会编译	张春明 潘 敏	398.00	上海外语教育出版社
新世纪大学英语系列教材《视听说教程》(1—4,学生用书)	杨惠中编著编	钱明丹	28.00/册	上海外语教育出版社
朗文英汉双解活用词典(第三版)	培生教育出版亚洲有限公司编译	章俊德	65.00	上海外语教育出版社
农产品经纪人	郑小兰主编	阮海潮	20.00	浙江大学出版社
大学计算机基础教程	陆汉权等编著	邹小宁 黄娟琴	36.00	浙江大学出版社
毕业论文写作与范例	李炎清编著	王鹭鹏	26.00	厦门大学出版社
英语应用能力导学	王爱琴主编	吕双喜 智文祥	30.00	郑州大学出版社

(续表)

书名	著译者	责任编辑	单价	单位
中国共产党反腐倡廉历程	窦效民等主编	王 锋 戚 鹏	39.00	郑州大学出版社
安全警示录——大学生安全教育读本	李洪渠等主编	王雅红	18.50	武汉大学出版社
基金投资理财实用指南	王峰编著	夏敏玲 小 易	15.00	武汉大学出版社
证券投资理财入门	汪贻文等编著	夏敏玲 小 易	15.00	武汉大学出版社
社交礼仪	李荣建等编著	陶洪蕴	18.00	武汉大学出版社
金融企业会计	孟艳琼主编	崔庆喜 李开明	31.00	武汉理工大学出版社
企业资源计划应用教程	杜作阳主编	陈培斌 苏克超	29.80	华中科技大学出版社
社交礼仪教程	刘维娅主编	刘晓嘉	22.00	华中师范大学出版社
大学生入党培训教程	郝翔主编	张 华	16.00	中国地质大学出版社
统计学原理	黄正祥等主编	王和君	20.00	湖南大学出版社
高等学校教师职业道德修养	湖南省教育厅组编	刘 锋	11.50	湖南大学出版社
高等教育法规概论	湖南省教育厅组编	刘 锋	13.50	湖南大学出版社
工程制图	刘潭玉等主编	卢 宇	26.00	湖南大学出版社
新农村之路丛书(5种)	周发源主编	周立波 何海龙等	10.00/册	湖南师范大学出版社
CAD/CAM应用——Master CAM9.0	梁旭坤主编	周兴武	28.00	中南大学出版社
大明日落——崇祯王朝的人与事	蔡磊等著	曹凌志	26.00	广西师范大学出版社
成都方式:破解城乡改革难题的观察与思考	易中天著	赵运仕 农雪玲等	28.00	广西师范大学出版社
我的精神自传	钱理群著	郑纳新 武春野等	35.00	广西师范大学出版社
领导学:理论、实践与方法(第三版)	王乐夫编著	施国胜	38.00	中山大学出版社
法学概论	卢修敏主编	嵇春霞	36.00	中山大学出版社
普通话训练教程	马显彬主编	张仲玲 李 艺等	25.00	暨南大学出版社
当代大学生军事教育教程	曾峥主编	苏彩桃 秦志强	28.00	暨南大学出版社
统计学原理	姚忠云等主编	袁 泽 乔 丽	33.00	华南理工大学出版社
立志·修身·博学·报国——21世纪大学生成材之路	邝邦洪主编	黎明湘	20.00	广东高等教育出版社
模拟法庭教科书	申君贵主编	黎 毅	40.00	湘潭大学出版社
2007版电脑短训班教程	李飞编著	吴艳玲	12.80	电子科技大学出版社
科学技术及其思想史	谢名春主编	黄文龙	36.00	四川大学出版社
统计学导论	向蓉美等主编	李 雪	25.00	西南财经大学出版社
水力学教程(第三版)	黄儒钦主编	万 方	16.00	西南交通大学出版社

685

(续表)

书名	著译者	责任编辑	单价	单位
大学计算机基础	景红主编	唐　晴 万　方	39.50	西南交通大学出版社
农村公路施工技术指南	四川省交通厅公路局编	阳　晓 张　波	14.90	西南交通大学出版社
通村公路建设资金管理一本通	四川省交通厅编	阳　晓 郭发仔	13.60	西南交通大学出版社
永远的三峡(小学卷)	董小玉主编	刘江华	8.00	西南师范大学出版社
永远的三峡(中学卷)	董小玉主编	卢渝宁	8.00	西南师范大学出版社
商务谈判(第二版)	徐春林主编	马　宁	29.00	重庆大学出版社
立体构成(第二版)	王天祥等编著	张菱芷	33.00	重庆大学出版社
研究生英语综合教程(中高级本)	沈毅等主编	周晓群 韩　鹏	31.00	重庆大学出版社
中职学生八荣八耻教育读本	周利兴等主编	徐　曼 冯　峨	8.00	云南大学出版社
学生成语词典	贾沫青主编	乔树雄 郭永新	45.80	陕西师范大学出版社
大学英语四六级710分冲关快训——英语四级阅读	苏蕴文等编著	周　冀 陈　丽	15.00	西安交通大学出版社
移动通信(第四版)	李建东等编著	张晓燕 马乐惠	30.00	西安电子科技大学出版社
机床电器与PLC	李伟主编	马晓娟 张　友	14.00	西安电子科技大学出版社
教育心理学	霍涌泉等主编	柴　洁 强　薇	23.50	西北大学出版社
硕士研究生学位课程考试——英语统测试题集(第4版)	白靖宇主编	雷　鹏	25.00	西北工业大学出版社
轻松告别抑郁症——森田养生法	〔日〕中村敬等主编	土丽艳 严青利	15.00	第四军医大学出版社
大学人文导读	程金城等主编	张爱民 锁晓梅	32.00	兰州大学出版社
公共关系原理与应用(第三版)	王维平编著	陈红升 高士荣	39.00	兰州大学出版社
丝绸之路·新疆佛教艺术(彩图本)	霍旭初等编著	周　轩	200.00	新疆大学出版社

二等奖(188种)

书名	著译者	责任编辑	单价	单位
唐宋诗十七讲	叶嘉莹著	徐丹丽	48.00	北京大学出版社
法理要论(第二版)	张恒山著	孙战营	39.50	北京大学出版社
影响美国的100个专利	薛维珂著	周　菲	29.00	北京大学出版社
木腿正义(增订版)	冯象著	杨剑虹	26.00	北京大学出版社

(续表)

书名	著译者	责任编辑	单价	单位
中国现代化报告2007——生态现代化研究	中国现代化战略研究课题组等编	周月梅	62.00	北京大学出版社
双相障碍防治指南	沈其杰主编	李小云	10.00	北京大学医学出版社
马斯魁勒博士的健康观点	〔荷兰〕施维特著 林凯利译	曹 霞	21.50	北京大学医学出版社
领军之道——毛泽东军队管理思想的现代价值	李凯城著	谢桂生	39.00	北京工业大学出版社
多媒体CAI课件基本原理与制作技术(第二版)	张森编著	刘晓明	34.00	北京航空航天大学出版社
从51到ARM——32位嵌入式系统入门	赵星寒等编著	孔祥燮	38.00	北京航空航天大学出版社
嵌入式系统接口设计与Linux驱动程序开发	刘淼编著	王慕冰 朱胜军	39.00	北京航空航天大学出版社
矩阵分析(第二版)	史荣昌等编著	董双洪	16.00	北京理工大学出版社
摄影技术:影像艺术创作基础(修订版)	毕根辉著	景 宏	46.00	北京师范大学出版社
世界中古史	孔祥民主编	刘东明	28.00	北京师范大学出版社
田径运动教程	李老民主编	熊西北 叶莱等	50.00	北京体育大学出版社
C语言程序设计	夏涛主编	周 堃	23.00	北京邮电大学出版社
信息安全概论(第二版)	牛少彰等编著	张珊珊	28.00	北京邮电大学出版社
网络安全(第二版)	徐国爱等编著	方 瑜	28.00	北京邮电大学出版社
信息安全专业科技英语	李剑编著	李欣一	28.00	北京邮电大学出版社
想说就说:汉语口语完全手册	马箭飞等主编	王 轩 武思敏	28.00	北京语言大学出版社
新基础韩国语(上、下册)	李红梅等主编	刘 楠	101.50	北京语言大学出版社
SQL Server 2000数据库与应用	蒋秀英主编	吴嫦娥	29.00	北京交通大学出版社
动画角色设计	李铁等编著	韩 乐	29.00	北京交通大学出版社
国际贸易	薛荣久主编	宋志红	29.00	对外经济贸易大学出版社
旅游实践英语(上、下册)	吴云编著	李红丽 刘春芳	52.00	旅游教育出版社
筚路蓝缕:王永庆开创石化产业王国之路	李荣融等主编	曾 刚	38.00	清华大学出版社
"奔奔族"理财:献给七八十年代生人	周一著	荣春献	25.00	清华大学出版社
现代市场营销学(第四版)	吕一林等主编	刘志彬 陆浥晨	28.00	清华大学出版社
设计大师Sketchup入门	鲁英灿主编	徐晓飞 赵从棉	78.00	清华大学出版社
Visual Basic程序设计实用教程(第3版)	王栋编著	闫红梅	29.50	清华大学出版社
Java程序设计之网络编程	李芝兴主编	付宏宇	39.00	清华大学出版社
大学计算机基础(第2版)	冯博琴等编著	张 民	29.00	清华大学出版社

(续表)

书名	著译者	责任编辑	单价	单位
微型计算机原理与接口技术(第二版)	冯博琴等主编	焦　虹 孙建春	29.80	清华大学出版社
Visual Basic 程序设计简明教程	刘炳文编著	焦　虹	27.00	清华大学出版社
C 程序设计教程(第二版)	崔武子等编著	谢　琛	29.00	清华大学出版社
电子商务概论(第2版)	宋文官编著	谢　琛	25.00	清华大学出版社
TCP/IP 网络与协议	兰少华等编著	袁勤勇	29.00	清华大学出版社
SQL Server 教程	郑阿奇主编	张瑞庆	39.00	清华大学出版社
计算机网络(第2版)	吴功宜编著	张瑞庆 顾　冰	34.90	清华大学出版社
经济法概论(第二版)	胡德华主编	康　蓉	25.00	清华大学出版社
人力资源管理(第二版)	张佩云主编	康　蓉 马　非	25.00	清华大学出版社
商务谈判	冯华亚主编	彭　欣 杨作梅	26.00	清华大学出版社
社会学导论(修订第二版)	孙立平主编	孟岩岭	25.00	首都经济贸易大学出版社
国际物流(修订第二版)	杨长春等主编	赵　侠	34.00	首都经济贸易大学出版社
最新五年中考满分作文大全	季小兵主编	陈　明	22.00	首都师范大学出版社
俄语初级实践语法	陈国亭等编著	周小成 陈海青	19.90	外语教学与研究出版社
文艺复兴简史	JerryBrotton 著;赵国新译	徐　宁	18.00	外语教学与研究出版社
高级英汉百科图解词典	加拿大 QA 国际图书出版公司编	李　云	119.90	外语教学与研究出版社
新编大学语文(第二版)	丁帆等主编	王　琳 时　娜	35.00	外语教学与研究出版社
日语精读(第一册)	宿久高等主编	田秀娟 王　维	38.90	外语教学与研究出版社
形势与政策(第八版)	李明主编	张秀环	13.50	中国农业大学出版社
饲料分析及饲料质量检测技术(第三版)	张丽英主编	魏秀云 王艳欣等	36.00	中国农业大学出版社
动物药理	李春雨等主编	陈巧莲 姚慧敏等	26.00	中国农业大学出版社
美国的知识生产与分配	弗里茨·马克卢普著 孙耀君译	宋艳艳 周华娟等	49.00	中国人民大学出版社
营销量化指标	保罗·W.法里斯等著 何志毅等译	王　前 丁　一等	59.00	中国人民大学出版社
赢者的诅咒——经济生活中的悖论与反常现象	理查德·H.泰勒著 陈宇峰等译	马学亮 赵文荣等	35.00	中国人民大学出版社
中国维和警察	简嘉等著	赵学颖 张　强等	29.80	中国人民公安大学出版社
现代警察战术理念——如何避免致命错误	何贵初著	王　哲 梁　立	26.00	中国人民公安大学出版社
内科疑难病诊断——协和医生临床思维例释(第二集)	单渊东等主编	吴桂梅	50.00	中国协和医科大学出版社

(续表)

书名	著译者	责任编辑	单价	单位
实用心理学(第二版)	许燕主编	来继文 马浩楠	30.00	中央广播电视大学出版社
金融学(第二版)	李健主编	李 朔 李永强	36.00	中央广播电视大学出版社
传热学(第四版)	杨世铭等编著	宋 晓	38.00	高等教育出版社
经济管理数学模型案例教程	谭永基等编著	徐 刚 宋瑞才	33.90	高等教育出版社
机械基础(第二版)	刘跃南主编	陈大力 赵 亮	26.70	高等教育出版社
高级英语视听说教程1—3册(引进改编版)	张敬源等主编	贾 巍 张歆秋等	78.10/套	高等教育出版社
新世纪标准大学英语学术英语写作教程	〔英〕麦科马克等著 清华大学外语系改编	徐艳梅	25.00	高等教育出版社
中外文学经典翻译教程	王宏印编著	贾巍巍 张慧勇	39.00	高等教育出版社
实用沟通英语综合教程1—2	《实用沟通英语》编写组编	闵 阅 孙云鹏	52.80	高等教育出版社
全国计算机等级考试二级教程——Visual FoxPro数据库程序设计(2008年版)	教育部考试中心编	何新权	34.90	高等教育出版社
管理心理学(第2版)	朱永新主编	林丹瑚 单 玲	27.30	高等教育出版社
心理咨询的理论与实务	江光荣著	林丹瑚 岳永华	26.20	高等教育出版社
组织学与胚胎学	石玉秀主编	秦致中 薛 玥	46.00	高等教育出版社
植物学	强胜主编	王 莉 张晓晶	30.20	高等教育出版社
微生物学(第2版)	沈萍等主编	吴雪梅 潘 超	36.00	高等教育出版社
生物技术制药(第2版)	夏焕章等主编	王 莉 张晓晶	25.70	高等教育出版社
教育激扬生命——再论教育走向生本	郭思乐著	冯卫斌	23.50	人民教育出版社
幼儿园现代化研究与实践	韩梦凤编著	杜继钢	26.70	人民教育出版社
班主任工作艺术一百例——触及心灵的足音	李庾南著	冯卫斌	37.40	人民教育出版社
大师背影书系(共7册) 蔡元培教育名篇 陶行知名篇精选 夏丏尊教育名篇 叶圣陶教育名篇 朱自清语文教学经验 作文入门 文章作法	蔡元培等著	樊慧英	11.80～19.80	教育科学出版社

(续表)

书名	著译者	责任编辑	单价	单位
教育心理学	莫雷主编	祖晶	32.00	教育科学出版社
报关原理与实务	张援越主编	赵宏志 康东	38.00	天津大学出版社
唐音评注(上、下)	陶文鹏等评注	杨金花	54.00	河北大学出版社
高职高专毕业生就业指导	何瑞芝主编	张国柱	15.00	内蒙古大学出版社
航道与引航	范晓飚等主编	李雪芳	29.00	大连海事大学出版社
新编计算机文化基础(第五版)	王海主编	潘弘喆 周力维	22.00	大连理工大学出版社
标准日本语中级复习指导一册通	南海编著	宋锦绣	14.50	大连理工大学出版社
催化剂与催化作用(第三版)	王桂茹主编	刘新彦 于建辉	25.00	大连理工大学出版社
分析化学(第三版)	刘志广主编	刘新彦 于建辉	25.00	大连理工大学出版社
机械设计基础(第二版)	罗玉福等主编	刘芸	23.00	大连理工大学出版社
基础会计	陈国辉等主编	田世辉 李彬等	24.00	东北财经大学出版社
创新能力开发与训练教程	罗玲玲主编	肖德运 郭爱民	20.00	东北大学出版社
现代企业经营管理	高闯等主编	刘东杰	15.00	辽宁大学出版社
让快乐伴你成长——大学生心理健康教育读本	房素兰主编	贾海英	19.00	辽宁大学出版社
见证——中国职业教育年度亮点报告	于志晶等著	闫长星	48.00	东北师范大学出版社
现代木材干燥技术	郝华涛主编	李兴贵 杨秋华	38.00	东北林业大学出版社
大学生荣辱观教育	旷永清编著	田新华	19.80	哈尔滨工业大学出版社
经济法基础教程	张婷等主编	韩玉堂	25.50	中国海洋大学出版社
石油天然气工业概论	王瑞和等主编	高颖	26.00	中国石油大学出版社
机械制造工程技术基础	赵仕俊主编	袁超红	26.00	中国石油大学出版社
普通高等学校军事学概论	任宏权等主编	谈青	14.80	安徽大学出版社
远离医疗纠纷——做个好医生好护士	吴叶生著	权怡	20.00	合肥工业大学出版社
食品原料学	蒋爱民等主编	顾金亮 史建农	37.80	东南大学出版社
Perl语言入门(第四版)	O'Reilly Taiwan公司编译	张烨	42.00	东南大学出版社
公共财政学(第二版)	洪银兴等编著	周春芳 府剑萍等	42.00	南京大学出版社
英语·第二册(非英语专业专科用)	晨梅梅主编	匡里	40.00	南京师范大学出版社
企业管理学	曾旗等主编	姜华	29.50	中国矿业大学出版社
焊接与热切割作业(初训)(第二版)	朱兆华主编	马跃龙	19.80	中国矿业大学出版社
英语语言学实用教程	陈新仁编著	杨华	29.00	苏州大学出版社

(续表)

书名	著译者	责任编辑	单价	单位
现代出版专业英语教程	王清主编	李寿春	24.00	苏州大学出版社
细读精典	马原著	孙 晶	25.00	复旦大学出版社
中华文化	曹顺庆主编	陈麦青	42.00	复旦大学出版社
高等数学(上、下)	黄立宏等主编	白国信	49.00	复旦大学出版社
基础德语(第三版)	王志强等主编	吴凤萍	36.80	同济大学出版社
口译二阶段备考训练	陶伟主编	华 泽 朱振华	40.00	同济大学出版社
服装出口实务	卓乃坚编著	马文娟	29.00	东华大学出版社
环境科学与工程概论	龙湘犁等编著	周永斌	23.00	华东理工大学出版社
功能高分子材料	王国建等编著	周永斌	39.00	华东理工大学出版社
优等生数学(1—9年级)	熊斌主编	倪 明 徐维简等	12.00～19.80	华东师范大学出版社
英语快速阅读与完形填空(6—9年级)	钱蔚家等主编	张蝶英 张 媛等	14.00～15.00	华东师范大学出版社
给年轻班主任的建议	张万祥主编	吴法源 张万珠	22.00	华东师范大学出版社
中国现当代文学简史	杨剑龙主编	夏 玮 项晓英	32.50	华东师范大学出版社
客户信用分析技巧	陈玉菁等编著	戎其玉 方 辉	25.00	立信会计出版社
会计学原理(第二版)	邵瑞庆主编	洪梅春	41.00	立信会计出版社
谢晋电影选集(六卷本)	谢晋著	李顺祺 张光斌等	280.00	上海大学出版社
中国殷墟	杜久明主编	李 旭	39.00	上海大学出版社
殷墟甲骨学	马如森著	李 旭	55.00	上海大学出版社
最新雅思高分范文(第四版)	房挺主编	任 云	32.00	上海交通大学出版社
机械制造基础(第四版)	鞠鲁粤主编	倪 华	25.00	上海交通大学出版社
新世纪高等院校英语专业本科生系列教材 英语散文选读	黄源深主编	杨自伍	18.00	上海外语教育出版社
高等学校英语专业基础阶段考试(TEM4)语言技能训练指导	邹申主编	包 洁	27.00	上海外语教育出版社
自我保健大讲堂	《上海支部生活》编辑部等编	钱静庄	20.00	第二军医大学出版社
明代文学史	徐朔方等著	曾建林 钟仲南	52.00	浙江大学出版社
二维设计基础教程	张越著	祝平凡	25.00	中国美术大学出版社
素描	全山石主编	徐新红	38.00	中国美术大学出版社
品牌资产积累十八法	冯帼英等编著	王鹭鹏	38.00	厦门大学出版社
计算机绘图	涂晓斌等主编	黄红冈	28.00	江西高校出版社
现代教育理论	赵诗安等主编	黄海珠 戴玉琴	18.00	江西高校出版社
让孩子从此不怕写作文	储晋编著	屈琳玉 陈林涛	28.00	河南大学出版社

(续表)

书名	著译者	责任编辑	单价	单位
音乐鉴赏	朱英萍主编	吕双喜 翟慧丽	18.50	郑州大学出版社
科学(四册)： 奇妙的生命科学 物质运动的形态和规律 化学物质与化学反应 人类生存的环境	王保林等主编	戚　鹏	77.60/套	郑州大学出版社
计算机文化基础	刘大革主编	杨　华 黄金文	35.00	武汉大学出版社
建筑设备工程(第三版)	韦节廷主编	于应魁	20.00	武汉理工大学出版社
建筑应用电工(第三版)	关光福主编	徐秋林	27.00	武汉理工大学出版社
拿什么感动明天(第二版)	王前新等著	刘丽昆	10.00	华中科技大学出版社
大学生健康教育	陈叶坪主编	周小方 苏克超	22.80	华中科技大学出版社
现代商务谈判	吴亚平主编	高东军	30.80	华中师范大学出版社
高考重难点手册——生物	钱国芳主编	李　蓉	30.80	华中师范大学出版社
大学英语写作教程	葛亚非主编	王凤林	25.00	中国地质大学出版社
室内装饰材料与装修施工	张秋梅主编	胡建华	32.00	湖南大学出版社
英语阅读技巧与实践·基本阅读技巧(Book1)	刘学明主编	李　阳	23.00	湖南师范大学出版社
英语阅读技巧与实践·计时阅读技巧(Book2)	刘学明主编	李　阳	26.00	湖南师范大学出版社
财经法规与会计职业道德	肖淑兰等主编	谭晓萍	28.00	中南大学出版社
《论语》讲义	李里著	汤文辉 刘云霞	28.80	广西师范大学出版社
欧洲经典游	德昆主编 《米其林旅游指南》编辑部译	龚凤光 于铁红等	58.00	广西师范大学出版社
杜甫诗歌讲演录	莫砺锋著	赵明节 赵运仕	32.00	广西师范大学出版社
芳香乐园	江平等主编	周建华	38.00	中山大学出版社
21世纪高职高专经济管理系列教材： 市场营销、人力资源管理、基础会计、市场调查与预测、《基础会计》学习指导与思考练习、管理学教程、经济学教程	张亚丽编著	蔡浩然 刘学谦等	226.40/套	中山大学出版社
现代心理学	莫雷等主编	潘雅琴 章　敏	39.00	暨南大学出版社
职业生涯与就业辅导	周炳全等主编	吴俊卿 吴兆强	19.00	华南理工大学出版社

(续表)

书名	著译者	责任编辑	单价	单位
画法几何与机械制图(第二版)	冯开平等主编	王魁葵	40.00	华南理工大学出版社
现代教育技术学	李方等主编	张敏芝	29.80	广东高等教育出版社
心理学研究方法	莫雷等著	庞小娟	59.00	广东高等教育出版社
《中学教材学习讲义》高中语文必修(3)人教版	杜志建主编	胡开祥	15.05	汕头大学出版社
王永民五笔字型标准字典	五笔学习研究会编	罗 雅 陈建军	8.00	电子科技大学出版社
计算机应用基础(第三版)	杨明广主编	朱 丹	28.00	电子科技大学出版社
大学生健康教育(第三版)	陈天翔主编	罗 杨 胡兴戎等	22.00	四川大学出版社
职业道德与就业指导	刘伟林主编	张明星	13.80	西南财经大学出版社
纳税会计(第三版)	王红云编著	涂洪波 李玉斗	29.80	西南财经大学出版社
大学英语实用写作	罗明星等主编	祁素玲	28.00	西南交通大学出版社
工程流体力学(水力学)(第二版)	禹华谦主编	万 方	19.80	西南交通大学出版社
环境科学基础(第三版)	黄儒钦主编	孟苏成	18.00	西南交通大学出版社
高速铁路电气化工程	李群湛等编著	黄淑文	30.00	西南交通大学出版社
Auto CAD2006 工程绘图教程	汪勇等主编	张华敏	21.00	西南交通大学出版社
派往明天的教师	李源田主编	雷雪梅	26.00	西南师范大学出版社
经济学原理(第二版)	张瑞恒主编	邱 慧 邱烈勋	29.80	重庆大学出版社
文化产业概论	胡慧林主编	李兴和 马翀伟	32.00	云南大学出版社
商务礼仪	金正昆著	周 宏	35.00	陕西师范大学出版社
剑桥少儿英语天天练:预备级、一级、二级、三级	剑桥少儿英语培训及研究中心编	张 瑞 周 冀等	160.00/套	西安交通大学出版社
剑桥少儿英语随课练:预备级、一级、二级、三级	剑桥少儿英语培训及研究中心编	张 瑞 周 冀等	196.00/套	西安交通大学出版社
电工技能实训基础	张仁醒编著	马乐惠 李惠萍等	14.00	西安电子科技大学出版社
管理学	王柏林主编	刘秀玲	24.00	西北大学出版社
新编计算机操作综合教程	李杰红等编	王春玲	39.00	西北工业大学出版社
饲料学	龚月生等主编	徐 瑛	20.00	西北农林科技大学出版社
口腔正畸——生物渐进技术	曹军编著	徐文丽 杨耀锦	28.00	第四军医大学出版社
循证医学入门——临床科研方法与实例评价(第二版)	徐德忠主编	土丽艳	42.00	第四军医大学出版社
化学专业英语(修订版)	马永祥等编	张爱民	28.00	兰州大学出版社
毕业论文写作方法精要	任遂虎等编著	陈红升	17.00	兰州大学出版社
大学体育教程	乔德平等主编	王永强 张 仁等	28.00	兰州大学出版社

第八届全国高校出版社优秀畅销书抗震救灾图书特别奖

(31家出版社 43种图书获奖)

书名	编著者	责任编辑	单价	单位
灾难与心理重建:心理危机干预实务手册	梅尔斯著 陈锦宏等译	陈小红	15.00	北京大学出版社
和谐生态家园重建工作手册	北京大学景观设计学研究院主编	王树通	8.00	北京大学出版社
灾后儿童心理救援核心信息和培训手册	马弘 Chee Ng 主编	药 蓉	7.10	北京大学医学出版社
灾后儿童心理救援核心信息	马弘 Chee Ng 主编	药 蓉	3.50	北京大学医学出版社
灾后心理卫生服务技术指导要点	于欣	药 蓉	8.00	北京大学医学出版社
灾后心理危机研究——5·12汶川地震心理危机干预的调查报告	沃建中主编	胡性慧	38.00	北京航空航天大学出版社
帮孩子重建心灵家园(小学版)——团体活动辅导手册	北京师范大学心理学院编著	尹莉莉	18.00	北京师范大学出版社
帮孩子重建心灵家园(中学版)——团体活动辅导手册	北京师范大学心理学院编著	周雪梅	18.00	北京师范大学出版社
让爱一路陪伴:灾后心理救助手册	王晓菁编	齐 力	6.00	中国人民大学出版社
紧急救助心理手册	李世棣等编著	赵学颖	18.00	中国人民公安大学出版社
地震伤残的康复与护理	中国残疾人联合会康复部等	谢 阳 韩 鹏	6.00	中国协和医科大学出版社
用心托起未来——灾难临床心理救助理论与实务	郑毅主编	林丹瑚 龙 杰等	13.60	高等教育出版社
大力弘扬伟大抗震救灾精神:记抗震救灾中的英雄教师	教育部人事司编	陈 涓等	51.10	人民教育出版社
用艺术抚慰心灵	BIAD传媒《建筑创作》北京减灾协会主编	韩振平 金 磊等	15.00	天津大学出版社
蜀道有我——写在"5·12"震难之际	兰鸽著	刘东杰	20.00	辽宁大学出版社
智能隔震与高层隔震的理论与实验	付伟庆著	陈雪峰	19.00	黑龙江大学出版社
地震灾后心理防护与干预手册	江苏省心理卫生协会等	刘庆楚	8.00	东南大学出版社
幼儿心灵抚慰活动手册	南京师大学前教育专业编写组	魏 丽 张 春	8.00	南京师范大学出版社
爱在燃烧:汶川诗草	黄葵著	吴培华	20.00	苏州大学出版社
教师感动中国——汶川大地震英雄教师事迹选	中国教师报编	张万珠 林茶居	25.00	华东师范大学出版社

(续表)

书名	编著者	责任编辑	单价	单位
惊天地泣鬼神——汶川大地震诗钞	赵丽宏等主编	阮光页 王 焰	25.00	华东师范大学出版社
生死不离——中国汶川抗震救灾纪实	王冬梅	焦贵平 张光斌等	18.00	上海大学出版社
人民至上:汶川大地震纪实	上海市希望工程办公室,青年报社编著	陈克俭 李广良	28.00	上海交通大学出版社
让我们共同面对灾难——世界诗人同祭四川大地震	聂珍钊等编	李振荣	38.00	上海外语教育出版社
四川大地震生死24小时	新华社新闻信息中心 文汇报要闻部	杨莹雪	58.00	上海外语教育出版社
震后心理援助指南	马建青主编	俞亚彤 曾建林	25.00	浙江大学出版社
中国精神——汶川抗震救灾英雄颂	郭曰方、李小雨主编	戴 萍	32.00	江西高校出版社
震撼——汶川抗震诗歌选	教育部语用司组编	陈东林 戴玉琴	35.00	江西高校出版社
让悲不再痛让哀不再伤——灾后心理自我调适手册	彭何芬主编	余欣然	5.12	浙江工商大学出版社
公众防灾应急手册	喻发胜主编	谢 琴	15.00	华中师范大学出版社
地震灾后心理康复完全手册	郑希付主编	张仲玲 沈凤玲等	33.00	暨南大学出版社
第三军医大学新桥医院抗震救灾丛书:多棱折射、多难砺人、多纬透视	王卫东等主编	姚家文 钱文艺等	88/套	暨南大学出版社
公民防险自救与互救手册	卓翔、肖哲编	黎 毅	25.00	湘潭大学出版社
大爱·大勇——"5·12"汶川特大地震灾害 成都市教育系统抗震救灾纪实	成都市教育局主编	王 利 李 才等	28.00	西南财经大学出版社
磐石心语——西南交通大学辅导员抗震手记	桂富强主编	郭发仔	25.00	西南交通大学出版社
震撼与守护——西南交通大学"5·12"特大地震抗震救灾纪实	西南交通大学党委宣传部编	郭发仔	35.00	西南交通大学出版社
农民自建住宅基本知识读本	赣州市城市规划建设局编	张 波	8.00	西南交通大学出版社
汶川大地震工程震害分析	李乔等著	阳 晓 万 方	98.00	西南交通大学出版社
重庆摄影人见证汶川大地震	冯建新主编	李远毅 李 玲	80.00	西南师范大学出版社
时间之殇——5·12汶川大地震图文报告	中共重庆市委宣传部组编	周安平 李 玲等	39.00	西南师范大学出版社
教育故事——做一个"可乐男孩"	廖文胜主编	唐启秀 罗 杉	10.00	重庆大学出版社
震撼世界的十天:汶川大地震的日日夜夜	郑思礼主编	柴 伟	22.00	云南大学出版社
汶川大地震亲历——华商传媒46记者采访手记	华商传媒集团	曹联养	38.00	陕西师范大学出版社

首届中国大学出版社图书奖暨第九届优秀畅销书奖

优秀教材一等奖

序号	书　名	出版单位
1	韩中翻译教程(第二版)	北京大学出版社
2	概率论	北京大学出版社
3	媒介批评	北京大学出版社
4	商法学——原理·图解·实例(第二版)	北京大学出版社
5	电子工艺学教程	北京大学出版社
6	DSP技术及应用	北京大学出版社
7	变态心理学	北京大学出版社
8	保险学(第三版)	北京大学出版社
9	艺术学概论(第三版)	北京大学出版社
10	融资、并购与公司控制(第二版)	北京大学出版社
11	中国史纲要(增订本)上、下	北京大学出版社
12	牙体牙髓病学	北京大学医学出版社
13	生物化学(第三版)	北京大学医学出版社
14	营养与食品卫生学	北京大学医学出版社
15	化学原理和无机化学	北京大学医学出版社
16	医学寄生虫学	北京大学医学出版社
17	自动控制原理(修订版)	北京工业大学出版社
18	线性代数	北京航空航天大学出版社
19	固体火箭发动机传热学	北京航空航天大学出版社
20	光电成像原理与技术	北京理工大学出版社
21	坦克构造与设计(上、下册)	北京理工大学出版社
22	文学理论新编(第2版)	北京师范大学出版社
23	人力资源管理与开发	北京师范大学出版社
24	执教成功之道	北京体育大学出版社
25	宽带通信网原理	北京邮电大学出版社
26	管理信息系统原理	北京交通大学出版社
27	计算机网络安全教程(修订本)	北京交通大学出版社
28	现代企业管理	北京交通大学出版社
29	客户关系管理	北京交通大学出版社
30	网络程序设计——ASP案例教程	北京交通大学出版社
31	电路原理	清华大学出版社

(续表)

序号	书　名	出版单位
32	有机合成化学与路线设计(第2版)	清华大学出版社
33	C++面向对象程序设计	清华大学出版社
34	大学计算机基础(第2版)	清华大学出版社
35	Java程序设计教程(第2版)	清华大学出版社
36	数据结构(C++版)	清华大学出版社
37	TCP/IP网络与协议	清华大学出版社
38	C/C++程序设计教程(第二版)	清华大学出版社
39	汇编语言(第2版)	清华大学出版社
40	经济模型实用教程	首都经济贸易大学出版社
41	知识经济学	首都经济贸易大学出版社
42	心理学基础——原理与应用(修订第二版)	首都经济贸易大学出版社
43	整合营销传播理论与实务	首都经济贸易大学出版社
44	高级英语视听说	外语教学与研究出版社
45	新编语言学教程	外语教学与研究出版社
46	跨文化交际实用教程	外语教学与研究出版社
47	电视节目导播	中国传媒大学出版社
48	土地法学(第2版)	中国农业大学出版社
49	新闻理论教程	中国人民大学出版社
50	刑法总论	中国人民大学出版社
51	财税法学	中国人民大学出版社
52	管理经济学(第四版)	中国人民大学出版社
53	研究生英语听说教程(提高级/第二版)	中国人民大学出版社
54	组织行为学(第10版)	中国人民大学出版社
55	文学概论	中央广播电视大学出版社
56	构成艺术	中央广播电视大学出版社
57	应用文写作教程	人民教育出版社
58	特殊教育学	人民教育出版社
59	教育管理学	人民教育出版社
60	教育概论	人民教育出版社
61	矫正教育学	教育科学出版社
62	技术经济学	天津大学出版社
63	机械制图(非机类)	天津大学出版社
64	民族理论与民族政策	内蒙古大学出版社
65	管理学基础(第二版)	大连理工大学出版社
66	塑料成型工艺与模具设计	大连理工大学出版社
67	世纪英语综合教程Ⅲ(第二版)	大连理工大学出版社
68	新编统计基础(第四版)	大连理工大学出版社
69	新世纪日语(第一册)	大连理工大学出版社
70	仪器分析(第二版)	大连理工大学出版社
71	中级财务会计	东北财经大学出版社

(续表)

序号	书　名	出版单位
72	经典力学	中国科学技术大学出版社
73	土木工程测量(第三版)	东南大学出版社
74	英语语言学实用教程	苏州大学出版社
75	现代出版信息检索	苏州大学出版社
76	病理生理学	复旦大学出版社
77	医学心理学(第四版)	复旦大学出版社
78	高级财务管理	复旦大学出版社
79	品牌学教程	复旦大学出版社
80	合同法学	复旦大学出版社
81	大学语文实验教程	复旦大学出版社
82	新编艺术概论	复旦大学出版社
83	改变世界的物理学(第三版)	复旦大学出版社
84	品牌服装设计(第2版)	东华大学出版社
85	大学语文(第九版)	华东师范大学出版社
86	会计学原理	立信会计出版社
87	基础会计(第三版)	上海财经大学出版社
88	信息平台——网站的建设(第五版)	上海大学出版社
89	中国古代美术史纲	上海大学出版社
90	电子文件管理学	上海大学出版社
91	国际会计(第五版)	厦门大学出版社
92	统计学(第二版)	厦门大学出版社
93	中国外贸法	武汉大学出版社
94	中外广告史	武汉大学出版社
95	中国文化概论	武汉大学出版社
96	现代设计概论	华中科技大学出版社
97	矿产勘查理论与方法	中国地质大学出版社
98	文学原理	湖南师范大学出版社
99	政治经济学(第2版)	中南大学出版社
100	体育舞蹈	广西师范大学出版社
101	生态学研究方法	中山大学出版社
102	土木工程测量(第二版)	华南理工大学出版社
103	色彩构成(第二版)	广东高等教育出版社
104	学术论文写作ABC	广东高等教育出版社
105	计算机应用基础(第三版)	电子科技大学出版社
106	法医学(第三版)	四川大学出版社
107	现代市场营销(第二版)	四川大学出版社
108	中国民族音乐形态学	西南师范大学出版社
109	新闻采访理论与实践	西南师范大学出版社
110	媒介管理学概论	西南师范大学出版社
111	机械制造基础	重庆大学出版社

(续表)

序号	书　名	出版单位
112	全新英语写作	西安交通大学出版社
113	传热学	西北工业大学出版社
114	航空发动机原理	西北工业大学出版社
115	新编英语泛读教程(1—4册)	西北工业大学出版社

优秀教材二等奖

序号	书　名	出版单位
1	现代出版学	北京大学出版社
2	管理学教程(第二版)	北京大学出版社
3	人体解剖学(第二版)	北京大学医学出版社
4	口腔修复学	北京大学医学出版社
5	病理学	北京大学医学出版社
6	国际企业管理	北京工业大学出版社
7	航空航天概论	北京航空航天大学出版社
8	电子技术	北京航空航天大学出版社
9	载人航天生命保障技术	北京航空航天大学出版社
10	火炮设计理论	北京理工大学出版社
11	物流基础	北京理工大学出版社
12	运动训练学导论	北京体育大学出版社
13	实用日语教程(上、下)	北京语言大学出版社
14	汉语会话301句(第三版)(上、下)	北京语言大学出版社
15	公务员汉语精读(上、下)	北京语言大学出版社
16	微型计算机原理与接口技术(修订本)	北京交通大学出版社
17	MATLAB实用教程	北京交通大学出版社
18	国际贸易实务(第四版)	对外经济贸易大学出版社
19	大学外贸英语(第二版)	对外经济贸易大学出版社
20	国际贸易运输与保险	对外经济贸易大学出版社
21	管理统计学	清华大学出版社
22	C++语言程序设计教程	清华大学出版社
23	现代密码学(第2版)	清华大学出版社
24	商务英语入门	外语教学与研究出版社
25	科技英语翻译	外语教学与研究出版社
26	商务秘书实务	外语教学与研究出版社
27	动物营养与饲养	中国农业大学出版社
28	中国茶文化	中国农业大学出版社
29	园艺植物栽培学(第2版)	中国农业大学出版社
30	植物组织培养教程(第3版)	中国农业大学出版社

(续表)

序号	书　名	出版单位
31	刑事诉讼法学	中国人民大学出版社
32	统计学(第三版)	中国人民大学出版社
33	大学英语翻译教程(第二版)	中国人民大学出版社
34	研究生英语写译教程(基础级/第二版)	中国人民大学出版社
35	研究生英语阅读教程(基础级/第二版)	中国人民大学出版社
36	大学英语高级读写教程(第二版)	中国人民大学出版社
37	战略品牌管理(第2版)	中国人民大学出版社
38	国际商务(第5版)	中国人民大学出版社
39	高等数学(理工类上、下册)	中国人民大学出版社
40	公安基础知识2006版(修订本)	中国人民公安大学出版社
41	物流学概论(第2版)	中央广播电视大学出版社
42	课程与教学论(第二版)	中央广播电视大学出版社
43	中国现代文学	中央广播电视大学出版社
44	民法学(第二版)	中央广播电视大学出版社
45	民事诉讼法学	中央广播电视大学出版社
46	简明中国文学史(上)	中央广播电视大学出版社
47	简明中国文学史(下)	中央广播电视大学出版社
48	公共行政学(第二版)	中央广播电视大学出版社
49	金融学(第2版)	中央广播电视大学出版社
50	精神病学	人民教育出版社
51	新编教育学	人民教育出版社
52	教育心理学	人民教育出版社
53	教师法治教育读本(修订版)	教育科学出版社
54	教学论	教育科学出版社
55	大学生心理健康读本	教育科学出版社
56	课程论	教育科学出版社
57	化工原理(上册)修订版	天津大学出版社
58	报关原理与实务	天津大学出版社
59	管理统计学	天津大学出版社
60	航海业务与海商法	大连海事大学出版社
61	模具材料与热处理	大连理工大学出版社
62	SQL Server 2000实用教程(第二版)	大连理工大学出版社
63	人力资源管理(第三版)	大连理工大学出版社
64	线性代数	大连理工大学出版社
65	无机化学基础教程	大连理工大学出版社
66	世纪商务英语语音教程	大连理工大学出版社
67	市场营销	大连理工大学出版社
68	日语本科论文写作指导	大连理工大学出版社

(续表)

序号	书 名	出版单位
69	工程流体力学(第三版)	大连理工大学出版社
70	学校教育心理学	东北师范大学出版社
71	世界上古史	吉林大学出版社
72	田野考古学	吉林大学出版社
73	木质材料流变学	东北林业大学出版社
74	船舶螺旋桨理论与应用	哈尔滨工程大学出版社
75	高等烟火学	哈尔滨工程大学出版社
76	控制理论基础与应用	哈尔滨工业大学出版社
77	中国通史教程(第三版)(古代卷、近代卷、现代卷)	山东大学出版社
78	计算机文化基础(第六版)	中国石油大学出版社
79	地震波理论与方法	中国石油大学出版社
80	经典力学概论	中国科学技术大学出版社
81	结构动力学	合肥工业大学出版社
82	土地评价学	东南大学出版社
83	大学研究型课程专业系列教材·中国语言文学类(共8册)	南京大学出版社
84	高等数学(基础)	南京大学出版社
85	实用科技信息资源检索与利用	南京大学出版社
86	国际金融学(第三版)	南京大学出版社
87	国际贸易实务	南京大学出版社
88	混凝土材料学	河海大学出版社
89	数学模型	复旦大学出版社
90	高等统计物理	复旦大学出版社
91	现代生物分离工程	华东理工大学出版社
92	基因工程	华东理工大学出版社
93	教育统计学(第四版)	华东师范大学出版社
94	英语写作教学的原则与策略	上海大学出版社
95	新公共法语(初级教程)	上海外语教育出版社
96	德语综合教程(1)	上海外语教育出版社
97	公共关系学教程(第二版)	浙江大学出版社
98	研究生英语:公众演讲	浙江大学出版社
99	操作系统原理及实验	浙江大学出版社
100	民法总论(二版)	厦门大学出版社
101	网络广告原理与实务	厦门大学出版社
102	概率论与数理统计(第四版)	江西高校出版社
103	大地测量学基础	武汉大学出版社
104	控制测量学(第三册)(上、下册)	武汉大学出版社
105	地籍测量学(第二版)	武汉大学出版社

(续表)

序号	书　名	出版单位
106	砌体结构(第3版)	武汉理工大学出版社
107	模糊数学方法及其应用(第三版)	华中科技大学出版社
108	经济法概论(第三版)	华中科技大学出版社
109	教师专业发展导论	华中师范大学出版社
110	宝石琢型设计及加工工艺学	中国地质大学出版社
111	产品包装设计	湖南大学出版社
112	土木建筑工程图学(含习题集)	湖南大学出版社
113	网络营销实务	湖南大学出版社
114	管理学教程(第二版)	湖南大学出版社
115	人员测评理论与技术	湖南师范大学出版社
116	版式设计	中南大学出版社
117	社会体育概论	广西师范大学出版社
118	大学生心理健康教育读本	广西师范大学出版社
119	新闻传播方法论	中山大学出版社
120	国际商务单证实务	暨南大学出版社
121	微生物工程工艺原理(第二版)	华南理工大学出版社
122	大学英语阅读策略训练	华南理工大学出版社
123	中小型企业出口与管理实务	广东高等教育出版社
124	中西医结合内科急症学	广东高等教育出版社
125	新编吉他入门教程	四川大学出版社
126	统计学(第二版)	西南财经大学出版社
127	物流学基础	西南财经大学出版社
128	经济学管理数学基础	西南财经大学出版社
129	初级会计学(第二版)	西南财经大学出版社
130	轨道	西南交通大学出版社
131	大学生心理健康教育	西南交通大学出版社
132	工程造价确定与控制(第四版)	重庆大学出版社
133	基础英语教程Ⅰ	重庆大学出版社
134	英汉翻译教程	重庆大学出版社
135	电机学(第2版)	重庆大学出版社
136	国际贸易实务	重庆大学出版社
137	21世纪工程硕士研究生英语:综合教程(上、下)	西安交通大学出版社
138	数学建模实验(第2版)	西安交通大学出版社
139	计算机系统结构(第四版)	西安电子科技大学出版社
140	管理学	西北大学出版社

优秀学术著作一等奖

序号	书　　名	出版单位
1	中国经济再崛起——国际比较的视野	北京大学出版社
2	现代冠心病(第二版)	北京大学医学出版社
3	儿童神经系统肿瘤	北京大学医学出版社
4	乳腺癌	北京大学医学出版社
5	肾活检病理学	北京大学医学出版社
6	外科病理学(第9版)(上、下卷)	北京大学医学出版社
7	米勒麻醉学(第六版)	北京大学医学出版社
8	中医舌象的采集与分析	北京工业大学出版社
9	生物电磁特性及其应用	北京工业大学出版社
10	图像信源压缩编码及信道传输理论与新技术	北京工业大学出版社
11	化工结晶过程原理及应用	北京工业大学出版社
12	电磁散射的计算和测量	北京航空航天大学出版社
13	断裂动力学原理与应用	北京理工大学出版社
14	价值观的理论与实践:价值观若干问题的思考	北京师范大学出版社
15	基于软交换的下一代网络解决方案	北京邮电大学出版社
16	软交换与IMS技术	北京邮电大学出版社
17	异构网络中间件与开放式API技术	北京邮电大学出版社
18	企业财务战略研究——财务质量分析视角	对外经济贸易大学出版社
19	对等网络:结构、应用与设计	清华大学出版社
20	胡文仲英语教育自选集	外语教学与研究出版社
21	动物营养学(第六版)	中国农业大学出版社
22	中国法律发展报告——数据库和指标体系	中国人民大学出版社
23	理性与自由	中国人民大学出版社
24	刑事诉讼的前沿问题(第二版)	中国人民大学出版社
25	刑事诉讼法再修改理性思考	中国人民公安大学出版社
26	叶圣陶年谱长编(四卷)	人民教育出版社
27	论教育家	人民教育出版社
28	学记研究	人民教育出版社
29	教育哲学	人民教育出版社
30	"新基础教育"论——关于当代中国学校变革的探究与认识	教育科学出版社
31	教育优先法理研究	教育科学出版社
32	职业教育基本问题研究	教育科学出版社
33	笛卡尔的错误:情绪、推理和人脑	教育科学出版社
34	水资源与防洪系统可变模糊集理论与方法	大连理工大学出版社
35	野生园林树种原色图谱与繁育技术	辽宁大学出版社

(续表)

序号	书　名	出版单位
36	社会主义荣辱观理论研究	辽宁大学出版社
37	马克思主义哲学应用释义	辽宁大学出版社
38	中国近代文化史	辽宁大学出版社
39	薄互层低渗透油藏开发技术	中国石油大学出版社
40	聚合物驱后深部调驱理论与技术	中国石油大学出版社
41	中国科学翻译史	中国科学技术大学出版社
42	中国辛香料植物资源开发与利用	东南大学出版社
43	拉萨建筑文化遗产	东南大学出版社
44	城市空间:形态、类型与意义——苏州古城结构形态演化研究	东南大学出版社
45	中华民国史(四卷)	南京大学出版社
46	走近《金蔷薇》——巴乌斯托夫斯基创作论	南京大学出版社
47	中草药生物技术	复旦大学出版社
48	台湾通史	华东师范大学出版社
49	清史记事本末(1—10)	上海大学出版社
50	资本的历史极限与社会主义——回归马克思的理论基础上的整合研究	上海大学出版社
51	中国领导思想史	上海交通大学出版社
52	英诗汉译学	上海外语教育出版社
53	我国翻译专业建设:问题与对策	上海外语教育出版社
54	翻译研究的语言学探索	上海外语教育出版社
55	俄语句法语义学	上海外语教育出版社
56	工作流系统设计与关键实现	浙江大学出版社
57	产业演进、协同创新与民营企业持续成长:理论研究与浙江经验	浙江大学出版社
58	中国象征主义百年史	河南大学出版社
59	面向机器翻译的汉英句类及句式转换	河南大学出版社
60	马克思主义与现时代	武汉大学出版社
61	明清长江流域山区资源开发与环境演变	武汉大学出版社
62	遗传资源获取与惠益分享的法律问题研究	武汉大学出版社
63	比较出版学	武汉大学出版社
64	哲学与美学问题——一种无原则的批判	武汉大学出版社
65	中国文学流派意识的发生和发展(第2版)	武汉大学出版社
66	"封建"考论	武汉大学出版社
67	电子商务信任	华中科技大学出版社
68	多元文化视野中的西方女性文学	华中师范大学出版社
69	硅纳米线分析	湖南大学出版社

(续表)

序号	书　名	出版单位
70	网络传播伦理	湖南师范大学出版社
71	《新集藏经音义随函录》研究	湖南师范大学出版社
72	周易讲座	广西师范大学出版社
73	中国科学哲学论丛(共5种)	中山大学出版社
74	简帛文献与文学考论	中山大学出版社
75	珠江流域的族群与区域文化研究	中山大学出版社
76	校本人力资源:开发与管理	广东高等教育出版社
77	教育文本理解论	广东高等教育出版社
78	古代戏曲小说叙事研究	广东高等教育出版社
79	综观经济学研究	广东高等教育出版社
80	儒藏·史部(1—100册,共四部分:孔孟史志/历代学案/儒林碑传/儒林年谱)	四川大学出版社
81	四川近代新闻史	四川大学出版社
82	社会及行为科学研究法(上、下)	重庆大学出版社
83	寻找文化身份——一个嘉绒藏族村落的宗教民族志	云南大学出版社

优秀学术著作二等奖

序号	书　名	出版单位
1	口腔颌面骨疾病临床影像诊断学	北京大学医学出版社
2	光学投影曝光微纳加工技术	北京工业大学出版社
3	汽车噪声与振动——理论与实用	北京理工大学出版社
4	太阳能海水淡化技术	北京理工大学出版社
5	现代性与教育——后现代语境中教育观的现代性研究	北京师范大学出版社
6	句式语义的形式分析与计算	北京语言大学出版社
7	英语修辞学	北京交通大学出版社
8	磷与生命化学	清华大学出版社
9	基于Agent的计算	清华大学出版社
10	中国海外直接投资理论与实务	首都经济贸易大学出版社
11	承续与超越——20世纪中国美学与传统	首都师范大学出版社
12	朗文语言教学与应用语言学词典(第3版英汉双解)	外语教学与研究出版社
13	文化想象与人文批评——市场逻辑下的中国大众文化发展研究	中国传媒大学出版社
14	奶牛科学(第4版)	中国农业大学出版社
15	测土配方施肥技术要览	中国农业大学出版社
16	经验与理论	中国人民大学出版社
17	美国的知识生产与分配	中国人民大学出版社

(续表)

序号	书　名	出版单位
18	罪犯改造论——罪犯改造的犯因性差异理论初探	中国人民公安大学出版社
19	非公有制经济刑法规制与保护论纲	中国人民公安大学出版社
20	国际论坛:现代远程教育的理念与实践(中英文版·第三册)	中央广播电视大学出版社
21	日本侵华教育全史(四卷)	人民教育出版社
22	李吉林文集(共8卷)	人民教育出版社
23	现代心理健康教育——心理卫生问题对社会的影响及解决对策	人民教育出版社
24	后现代主义课程理论	人民教育出版社
25	现代教学论纲要	人民教育出版社
26	德性的探询:关于品德教育的道德对话	教育科学出版社
27	教育活动的社会学分析:一种教育社会学的研究(修订版)	教育科学出版社
28	内蒙古辽代石刻文研究	内蒙古大学出版社
29	内蒙古通史(1—4卷)	内蒙古大学出版社
30	数学方法论十二讲	大连理工大学出版社
31	企业资金安全性控制研究——基于信息不对称的分析框架	东北财经大学出版社
32	国有经济改革论	辽宁大学出版社
33	基础量子化学	东北师范大学出版社
34	中国地方史纲	吉林大学出版社
35	李晬光文学批评研究	延边大学出版社
36	麦秆表面特性及麦秆刨花板胶接机理的研究	东北林业大学出版社
37	红外辐射特性与传输的数值计算——计算热辐射学	哈尔滨工业大学出版社
38	超宽带天线理论与技术	哈尔滨工业大学出版社
39	有色合金真空熔炼过程熔体质量控制	哈尔滨工业大学出版社
40	定向钻井设计与计算	中国石油大学出版社
41	外国建筑史——从远古至19世纪	东南大学出版社
42	世界文化遗产西递古村落空间解析	东南大学出版社
43	城市成长管理的空间策略	东南大学出版社
44	文本与文化:跨语际研究(共7册)	南京大学出版社
45	中国图书发行史	复旦大学出版社
46	长江下游考古地理	复旦大学出版社
47	世界贸易组织概论	立信会计出版社
48	中国经济发展史(1949—2005)上、下	上海财经大学出版社
49	殷墟甲骨学	上海大学出版社
50	和谐社会与新农村建设	上海大学出版社
51	新人文主义的桥梁	上海交通大学出版社

(续表)

序号	书　名	出版单位
52	动态联盟的期权分析	上海交通大学出版社
53	从复杂到有序——神经网络智能控制理论新进展	上海交通大学出版社
54	浮动担保法律问题比较研究	上海交通大学出版社
55	新编皮肤软组织扩张术	第二军医大学出版社
56	女性学导论	厦门大学出版社
57	海明威在中国	厦门大学出版社
58	中国古籍版本学（第2版）	武汉大学出版社
59	粘弹性阻尼减震结构设计	武汉理工大学出版社
60	椭圆曲线密码体系研究	华中科技大学出版社
61	落地生根：三峡农村移民的社会适应	华中科技大学出版社
62	灰色数理资源科学导论	华中科技大学出版社
63	群体行为的定性模拟原理与应用	华中科技大学出版社
64	民营经济与对外贸易	湖南大学出版社
65	资源开发环境重金属污染与控制	中南大学出版社
66	Bayes试验分析方法	国防科技大学出版社
67	欧洲思想史	广西师范大学出版社
68	湖南客家	广西师范大学出版社
69	唐方镇文职僚佐考（修订本）	广西师范大学出版社
70	"生命·实践"教育学论丛（第一辑）回望	广西师范大学出版社
71	妇产科超声监测	中山大学出版社
72	文学会消亡吗	中山大学出版社
73	理论心理学	暨南大学出版社
74	企业社会责任在中国——广东企业社会责任建设前沿报告	华南理工大学出版社
75	自主创新探源：中国研究与开发的实证分析	华南理工大学出版社
76	当代学校自主发展：理论与策略	广东高等教育出版社
77	简明周易读本（增订本）	广东高等教育出版社
78	法庭生物学	四川大学出版社
79	四川大学博物馆藏品集萃	四川大学出版社
80	爱与思——生活儒学的观念	四川大学出版社
81	南方鲇解剖	西南师范大学出版社
82	宋朝民间慈善活动研究	西南师范大学出版社
83	旅游投资与管理	云南大学出版社
84	实现从权力政府向责任政府的转变	西北大学出版社
85	非线性动力学系统的几何积分理论及应用	西北工业大学出版社

优秀畅销书一等奖

序号	书　　名	出版单位
1	猎头局中局	北京大学出版社
2	如何成为卓越的大学教师	北京大学出版社
3	中国经济专题	北京大学出版社
4	科学的旅程(插图版)	北京大学出版社
5	咬文嚼字学英语	北京工业大学出版社
6	现代北京地理科普丛书"奥运北京系列"	北京工业大学出版社
7	来自心理医师的101个贴心叮咛	北京理工大学出版社
8	哲学心语——我的哲学人生	北京师范大学出版社
9	幼儿园教育活动指导策略	北京师范大学出版社
10	质量管理学(第3版)	北京邮电大学出版社
11	导游业务	旅游教育出版社
12	圈子圈套1战局篇	清华大学出版社
13	会计模拟实训教程(修订第二版)	首都经济贸易大学出版社
14	新编应用写作教程(修订第2版)	首都经济贸易大学出版社
15	悦读联播(初一上)、(高一上)	外语教学与研究出版社
16	心理学与工作	中国人民大学出版社
17	管理工作的本质	中国人民大学出版社
18	决断	中国人民大学出版社
19	我们真的理解金融危机吗	中国人民大学出版社
20	聚焦:大学生关注的思想理论问题	中国人民大学出版社
21	心理学导论(第二版)	人民教育出版社
22	小学教育学(第二版)	人民教育出版社
23	心系奥运健康成长(小学生读本)	人民教育出版社
24	教育大国的崛起	教育科学出版社
25	改革开放30年中国教育重大理论成果	教育科学出版社
26	职业教育学研究新论	教育科学出版社
27	普通话水平培训测试读本	内蒙古大学出版社
28	商务英语口语大全	大连理工大学出版社
29	冲击波系列(英语专业八级改错)(第二版)	大连理工大学出版社
30	最新企业会计准则讲解与操作指南	东北财经大学出版社
31	大萧条	东北财经大学出版社
32	会计业务速成指南(第二版)	东北财经大学出版社
33	计算机应用技能教程	哈尔滨工业大学出版社
34	宋词三百首全解	复旦大学出版社
35	红楼梦诗词曲赋全解	复旦大学出版社
36	外教社柯林斯英汉双解学习词典	上海外语教育出版社

(续表)

序号	书　名	出版单位
37	外教社简明英汉——汉英词典	上海外语教育出版社
38	英译中国现代散文选（一）	上海外语教育出版社
39	陈嘉庚精神读本	厦门大学出版社
40	汽车驾驶人科目——考试备要	河南大学出版社
41	一个中学校长与学生116次谈话	武汉大学出版社
42	汶川情·中华魂——人民网"心系汶川"征文诗歌精选	华中师范大学出版社
43	蒙曼说唐：乱世红颜	广西师范大学出版社
44	历史的裂缝：近代中国与幽暗人性	广西师范大学出版社
45	心灵的成长——关爱心灵的礼物	中山大学出版社
46	健康从水开始——电解还原水全攻略	华南理工大学出版社
47	走进毛泽东遗物馆	湘潭大学出版社
48	文学艺术产业——趋势与前瞻	四川大学出版社
49	行政职业能力倾向测验(第三版)	西南财经大学出版社
50	剑桥少儿英语全真模拟题——一级、二级、三级	西安交通大学出版社
51	2009年宫东风教授考英语系列——阅读基础过关	西安交通大学出版社
52	2009年宫东风教授考英语系列——词汇复习指南	西安交通大学出版社
53	军事理论与技能教程	西安交通大学出版社
54	税收学	西安交通大学出版社
55	20世纪中国翻译史	西北大学出版社
56	社交恐怖症的森田疗法	第四军医大学出版社

优秀畅销书二等奖

序号	书　名	出版单位
1	领袖性格	北京大学出版社
2	灵芝从神奇到科学	北京大学医学出版社
3	护理学专业(执业护士含护士)资格考试习题集	北京大学医学出版社
4	培养孩子记忆力的50种方法	北京工业大学出版社
5	话题中国文学史	北京工业大学出版社
6	教孩子学围棋(入门班)	北京体育大学出版社
7	数字信号处理基础(第2版)	北京邮电大学出版社
8	智弈	清华大学出版社
9	工程硕士研究生英语测试习题集(第三版)	清华大学出版社
10	决定孩子命运的12个习惯	清华大学出版社
11	国际经济合作教程	首都经济贸易大学出版社
12	月球密码	首都师范大学出版社
13	中国文化读本	外语教学与研究出版社
14	淡水小龙虾高产高效养殖新技术	中国农业大学出版社

(续表)

序号	书　名	出版单位
15	销售中的心理学	中国人民大学出版社
16	行为背后的心理奥秘	中国人民大学出版社
17	进了外企再学英语	中国人民大学出版社
18	改革开放30年中国教育重大历史事件	教育科学出版社
19	新版常用日语900句	大连理工大学出版社
20	常用英语会话2600句	大连理工大学出版社
21	冲击波系列(英语专业八级阅读、英语专业八级听力、英语专业八级写作)(第二版)	大连理工大学出版社
22	新流行英语口语	大连理工大学出版社
23	职称英语(综合类)	辽宁大学出版社
24	创新能力培训教程	辽宁大学出版社
25	大爱无疆——39小时生死时速	黑龙江大学出版社
26	简易X形平衡法	合肥工业大学出版社
27	上班族必懂的OFFICE天择定律	东南大学出版社
28	欧美流行音乐指南(增订版上、下册)	南京大学出版社
29	手足口病防治手册	苏州大学出版社
30	职业道德与就业创业指导(修订版)	苏州大学出版社
31	教师的20项修炼	华东师范大学出版社
32	做一个幸福的教师——陶继新教育讲演录	华东师范大学出版社
33	做一个专业的班主任	华东师范大学出版社
34	教师专业成长——刘良华教育讲演录	华东师范大学出版社
35	在与众不同的教室里:8位美国当代名师的精神档案	华东师范大学出版社
36	用心灵赢得心灵——李镇西教育讲演录	华东师范大学出版社
37	内向者优势	华东师范大学出版社
38	《中华人民共和国企业所得税法实施条例》释义与实用指南及案例精解	立信会计出版社
39	破解诸葛亮的智慧	上海大学出版社
40	破解鬼谷子的智慧	上海大学出版社
41	常用歇后语分类词典(第二版)	上海大学出版社
42	大学计算机基础(第三版)	上海交通大学出版社
43	迎世博礼仪英语基础教程	上海外语教育出版社
44	点亮心灵的明灯	江西高校出版社
45	大学生职业生涯规划	华中科技大学出版社
46	公众防灾应急手册	华中师范大学出版社
47	大学生学习与谋职指南	中南大学出版社
48	后宫·甄嬛传5(终结篇)	广西师范大学出版社
49	戒毒矫治康复手册	暨南大学出版社
50	可编程控制器原理及应用(第四版)	华南理工大学出版社

(续表)

序号	书　　名	出版单位
51	广东省交通行业突发公共事件应急管理	广东高等教育出版社
52	当代世界经济与政治	西南财经大学出版社
53	教育从心灵开始——名师讲述最能感动学生的心灵教育	西南师范大学出版社
54	施教先施爱——名师讲述班主任的核心教导力	西南师范大学出版社
55	祖国在我心中——重庆校园传唱经典歌曲45首	西南师范大学出版社
56	自我训练:改变焦虑和抑郁的习惯	重庆大学出版社
57	导游业务知识	云南大学出版社
58	云南导游基础知识	云南大学出版社
59	旅游政策与法规	云南大学出版社
60	2009年宫东风教授考英语系列——疑难句分析	西安交通大学出版社
61	外贸英语函电——商务英语应用文写作(第4版)	西安交通大学出版社
62	成本会计学(第2版)	西安交通大学出版社
63	电子商务基础与应用(第六版)	西安电子科技大学出版社
64	大学语文(第二版)	西北大学出版社
65	大学计算机基础	西北大学出版社
66	三国大谋略	西北大学出版社
67	大学物理学习与指导	西北工业大学出版社
68	计算机应用基础	西北工业大学出版社
69	实用英语300句	西北工业大学出版社
70	农村沼气与庭园生态农业	西北农林科技大学出版社
71	眩晕(第2版)	第四军医大学出版社

2010年全国高校出版社基本情况表

(以建社时间排序)

序号	出版社	建社时间	主管部门	类别	工商登记 有限公司	工商登记 全民所有制	音像出版权	电子出版权	网络出版权
1	中国人民大学出版社	1955	教育部	文科	●		●	●	●
2	华东师范大学出版社	1957	教育部	师范	●		●	●	●
3	北京大学出版社	1979	教育部	综合	●		●	●	
4	外语教学与研究出版社	1979	教育部	文科	●		●	●	●
5	上海外语教育出版社	1979	教育部	文科	●		●	●	
6	清华大学出版社	1980	教育部	理工	●			●	
7	北京师范大学出版社	1980	教育部	师范		●		●	●
8	复旦大学出版社	1980	教育部	综合	●		●	●	
9	华中科技大学出版社	1980	教育部	理工	●		●	●	
10	中央广播电视大学出版社	1982	教育部	综合		●			
11	武汉大学出版社	1982	教育部	综合	●		●	●	●
12	南京大学出版社	1983	教育部	综合	●		●	●	
13	中山大学出版社	1983	教育部	综合				●	
14	浙江大学出版社	1983	教育部	综合	●		●	●	●
15	南开大学出版社	1983	教育部	综合		●	●	●	
16	上海交通大学出版社	1983	教育部	理工	●		●	●	
17	吉林大学出版社	1983	教育部	综合			●		
18	东北师范大学出版社	1983	教育部	师范	●		●	●	
19	西安交通大学出版社	1983	教育部	理工	●			●	
20	山东大学出版社	1983	教育部	综合	●			●	
21	同济大学出版社	1983	教育部	理工	●		●	●	
22	哈尔滨工业大学出版社	1983	工信部	理工			●		●
23	西北大学出版社	1983	陕西省教育厅	综合	●			●	
24	西安电子科技大学出版社	1983	教育部	理工	●			●	
25	对外经济贸易大学出版社	1983	教育部	文科	●		●	●	
26	东南大学出版社	1985	教育部	理工	●		●	●	
27	兰州大学出版社	1985	教育部	综合	●				
28	大连理工大学出版社	1985	教育部	理工	●		●	●	●
29	陕西师范大学出版社	1985	教育部	师范	●		●	●	
30	四川大学出版社	1985	教育部	综合	●		●		
31	厦门大学出版社	1985	教育部	综合		●		●	●

（续表）

序号	出版社	建社时间	主管部门	类别	工商登记 有限公司	工商登记 全民所有制	音像出版权	电子出版权	网络出版权
32	天津大学出版社	1985	教育部	理工	●		●	●	●
33	北京语言大学出版社	1985	教育部	文科	●		●		
34	华中师范大学出版社	1985	教育部	师范	●			●	
35	华南理工大学出版社	1985	教育部	理工	●			●	●
36	重庆大学出版社	1985	教育部	理工	●		●		
37	西南师范大学出版社	1985	教育部	师范	●		●		
38	东北大学出版社	1985	教育部	理工	●		●		
39	湖南大学出版社	1985	教育部	理工		●			●
40	中南大学出版社	1985	教育部	理工	●				
41	电子科技大学出版社	1985	教育部	理工	●			●	
42	西南财经大学出版社	1985	教育部	文科	●				
43	河南大学出版社	1985	河南省教育厅	综合	●				●
44	中国美术学院出版社	1985	浙江省教育厅	文科	●				
45	中国矿业大学出版社	1985	教育部	理工	●		●		●
46	西南交通大学出版社	1985	教育部	理工	●		●	●	
47	中国科技大学出版社	1985	科技部	理工	●		●	●	
48	辽宁大学出版社	1985	辽宁省教育厅	综合	●				
49	西北工业大学出版社	1985	工信部	理工		●			●
50	中国政法大学出版社	1985	教育部	文科					
51	中国地质大学出版社	1985	教育部	理工	●				
52	中央民族大学出版社	1985	国家民委	文科					
53	中国农业大学出版社	1985	教育部	理工					
54	北京体育大学出版社	1985	国家体育总局	理工		●	●	●	
55	中国传媒大学出版社	1985	教育部	文科			●	●	
56	东北财经大学出版社	1985	辽宁省教育厅	文科	●			●	
57	哈尔滨工程大学出版社	1985	工信部	理工					
58	东北林业大学出版社	1985	教育部	理工					
59	上海中医药大学出版社	1985	上海市教委	理工	●		●		
60	中国人民公安大学出版社	1985	公安部	文科		●			
61	北京航空航天大学出版社	1985	工信部	理工	●			●	
62	北京理工大学出版社	1985	工信部	理工	●			●	
63	首都师范大学出版社	1985	北京市教委	师范	●				
64	内蒙古大学出版社	1985	内蒙古自治区教育厅	综合		●			
65	华东理工大学出版社	1986	教育部	理工	●		●	●	
66	武汉理工大学出版社	1986	教育部	理工	●		●	●	
67	河海大学出版社	1986	教育部	理工	●			●	
68	新疆大学出版社	1986	新疆维吾尔自治区教育厅	综合		●			
69	大连海事大学出版社	1986	交通部	理工					
70	广西师范大学出版社	1986	广西壮族自治区教育厅	师范	●		●		●

（续表）

序号	出版社	建社时间	主管部门	类别	工商登记		音像出版权	电子出版权	网络出版权
					有限公司	全民所有制			
71	延边大学出版社	1986	吉林省教育厅	综合	●				
72	立信会计出版社	1986	上海市教委	文科	●				
73	北京邮电大学出版社	1987	教育部	理工		●		●	
74	中国石油大学出版社	1987	教育部	理工	●			●	●
75	旅游教育出版社	1987	北京市教委	文科	●			●	
76	首都经济贸易大学出版社	1987	北京市教委	文科	●				
77	北京工业大学出版社	1987	北京市教委	理工	●				
78	云南大学出版社	1988	云南省教育厅	综合		●		●	
79	中国海洋大学出版社	1989	教育部	理工	●				
80	河北大学出版社	1989	河北省教育厅	综合	●				
81	暨南大学出版社	1989	国务院侨办	文科	●			●	●
82	湖南师范大学出版社	1989	湖南省教育厅	师范		●			●
83	北京大学医学出版社	1989	教育部	理工	●			●	
84	中国协和医科大学出版社	1989	卫生部	理工		●	●		
85	东华大学出版社	1992	教育部	理工	●				
86	苏州大学出版社	1992	江苏省教育厅	综合	●				●
87	汕头大学出版社	1992	广东省教育厅	综合	●				
88	辽宁师范大学出版社	1995	辽宁省教育厅	师范	●				
89	南京师范大学出版社	1995	江苏省教育厅	师范	●				●
90	安徽大学出版社	1995	安徽省教育厅	综合	●				
91	郑州大学出版社	1995	河南省教育厅	综合	●				
92	上海财经大学出版社	1995	教育部	文科	●			●	
93	上海大学出版社	1996	上海市教委	综合	●				
94	北京交通大学出版社	2001	教育部	理工	●			●	
95	合肥工业大学出版社	2002	教育部	理工	●			●	
96	西北农林科技大学出版社	2002	教育部	理工	●				
97	上海音乐学院出版社	2002	上海市教委	文科	●				
98	中央音乐学院出版社	2003	教育部	文科		●			
99	江苏大学出版社	2007	江苏省教育厅	综合	●				
100	贵州大学出版社	2007	贵州省教育厅	综合	●				
101	湘潭大学出版社	2007	湖南省出版局	综合	●				
102	黑龙江大学出版社	2007	黑龙江省教育厅	综合	●				●
103	浙江工商大学出版社	2008	浙江省教育厅	理工	●				
104	安徽师范大学出版社	2010	安徽省教育厅	师范	●				

注：表中●表示"是"或"有"。

出版社人员情况表

序号	出版单位	年份	职工总数	其中		专业职称					文化程度					年龄结构			
				事业编制	其他人员	正高职称	副高职称	中级职称	初级职称	博士研究生	硕士研究生	大学本科	大学专科	高中及以下	30岁及以下	31岁—40岁	41岁—50岁	51岁及以上
1	北京大学出版社	2006	326	103	223	6	41	61	69	13	112	84	39	78	114	106	75	31
		2007	347	98	249	10	40	93	86	12	119	91	40	85	146	94	71	36
		2008	340	98	242	12	38	97	86	12	117	86	38	87	137	102	68	33
		2009	323	78	245	9	30	95	70	13	122	83	36	69	97	128	70	28
		2010	360	80	280	14	39	116	30	17	141	91	41	70	103	156	71	30
2	北京大学医学出版社	2006	57	34	23	9	8	16	8	1	15	18	8	15	23	7	12	15
		2007	64	34	30	10	7	15	10	2	18	21	10	13	29	8	12	15
		2008	70	34	36	10	8	27	13	6	21	22	7	14	30	10	15	15
		2009	74	34	40	10	11	27	7	6	22	22	8	16	30	14	15	15
		2010	67	33	34	9	10	23	21	6	25	22	8	6	25	13	14	15
3	北京工业大学出版社	2006	47	22	25	1	7	14	0	1	8	27	4	7	16	18	8	5
		2007	45	20	25	0	6	11	10	1	6	10	7	21	14	11	9	11
		2008	47	18	29	0	6	14	8	1	9	14	7	16	12	11	12	12
		2009	57	15	42	0	6	10	4	0	11	24	11	11	18	15	9	15
		2010	63	13	50	3	8	22	6	0	12	37	3	11	18	20	10	15
4	北京航空航天大学出版社	2006	54	18	36	4	9	12	20	1	7	33	11	2	28	9	11	6
		2007	69	18	51	4	9	12	21	1	11	39	11	7	31	12	15	11
		2008	82	17	65	1	10	13	39	1	20	42	9	10	32	24	17	9
		2009	77	17	60	3	9	39	26	1	23	35	12	6	27	25	17	8
		2010	69	0	69	3	9	43	14	1	18	36	4	10	29	23	11	6

（续表）

序号	出版单位	年份	职工总数	其中		专业职称				文化程度					年龄结构			
				事业编制	其他人员	正高职称	副高职称	中级职称	初级职称	博士研究生	硕士研究生	大学本科	大学专科	高中及以下	30岁及以下	31岁—40岁	41岁—50岁	51岁及以上
5	北京理工大学出版社	2006	92	51	41	3	24	18	10	2	26	38	17	9	31	15	32	14
		2007	95	51	44	2	17	23	10	3	22	35	20	15	36	17	28	14
		2008	96	50	46	2	17	24	9	2	21	39	18	16	36	17	25	18
		2009	105	45	60	1	15	24	12	1	25	46	17	16	45	20	24	16
		2010	119	38	81	2	14	20	7	2	36	61	17	3	54	29	27	9
6	北京师范大学出版社	2006	262	62	200	14	27	37	5	10	73	58	50	71	108	54	61	39
		2007	256	60	196	11	25	60	35	8	81	62	32	73	95	66	53	42
		2008	232	57	175	10	28	56	31	9	78	61	31	53	76	68	51	37
		2009	241	56	185	11	28	59	48	10	82	67	31	51	70	82	50	39
		2010	238	6	232	12	25	56	61	15	81	71	28	43	76	83	47	32
7	北京体育大学出版社	2006	68	43	25	6	14	24	24	1	8	34	16	9	13	21	15	19
		2007	70	40	30	5	15	27	23	2	5	39	14	10	14	20	14	22
		2008	68	43	25	6	14	24	24	1	8	34	16	9	13	21	15	19
		2009	65	43	22	6	14	24	21	1	8	31	16	9	10	21	15	19
		2010	70	26	44	6	18	18	15	1	11	38	15	5	22	15	15	18
8	北京邮电大学出版社	2006	71	25	46	5	7	26	14	2	14	31	22	2	35	12	19	5
		2007	79	23	56	1	7	30	24	2	20	47	8	2	49	15	7	8
		2008	67	23	44	1	5	24	30	1	17	41	8	0	37	16	8	6
		2009	66	20	46	1	5	30	4	1	16	34	14	1	36	12	10	8
		2010	60	20	40	1	4	24	4	0	12	33	13	2	22	13	16	9
9	北京语言大学出版社	2006	102	42	60	2	12	15	6	8	22	31	14	27	38	27	25	12
		2007	105	41	64	4	10	15	6	9	35	29	17	15	37	31	22	15
		2008	104	40	64	4	10	17	7	9	38	27	16	14	35	33	23	13
		2009	100	38	62	6	21	28	3	9	39	27	13	12	27	34	23	16
		2010	102	38	64	8	18	46	13	11	47	23	11	10	34	31	23	14

（续表）

序号	出版单位	年份	职工总数	其中		专业职称				文化程度					年龄结构			
				事业编制	其他人员	正高职称	副高职称	中级职称	初级职称	博士研究生	硕士研究生	大学本科	大学专科	高中及以下	30岁及以下	31岁—40岁	41岁—50岁	51岁及以上
10	北京交通大学出版社	2006	76	10	66	9	10	41	16	1	28	41	6	0	29	23	9	15
		2007	79	16	63	8	15	27	15	1	21	36	18	3	30	18	12	19
		2008	78	15	63	10	26	34	7	2	30	42	3	1	30	19	15	14
		2009	82	15	67	10	26	34	12	2	30	42	7	1	32	21	15	14
		2010	92	15	77	12	16	38	26	2	34	45	9	2	35	24	18	15
11	对外经济贸易大学出版社	2006	48	30	18	2	5	13	7	0	17	12	17	2	11	13	13	11
		2007	46	27	19	2	5	14	6	1	9	20	14	2	11	13	10	12
		2008	66	25	41	2	5	9	12	0	18	14	17	17	22	18	16	10
		2009	67	24	43	3	4	12	3	0	11	14	18	24	14	20	14	19
		2010	69	20	49	3	3	12	2	0	19	14	14	22	16	21	14	18
12	旅游教育出版社	2006	54	38	16	4	9	16	12	0	18	17	12	7	17	15	10	12
		2007	54	38	16	4	9	16	12	1	18	16	12	7	17	15	10	12
		2008	45	24	21	1	7	20	15	1	16	16	10	2	6	24	10	5
		2009	44	21	23	1	7	20	14	2	16	16	9	2	7	22	10	5
		2010	40	17	23	0	5	17	3	2	15	12	10	1	11	20	8	1
13	清华大学出版社	2006	435	59	376	17	46	101	54	10	92	189	60	84	166	155	81	33
		2007	482	60	422	23	48	116	53	12	96	208	75	91	167	183	94	38
		2008	486	59	427	19	48	120	39	12	104	210	73	87	185	183	89	29
		2009	486	46	440	17	51	109	56	14	104	224	61	83	166	199	100	21
		2010	539	45	494	16	56	126	87	16	117	245	70	91	184	222	111	22
14	首都经济贸易大学出版社	2006	32	24	8	1	9	9	13	1	13	14	3	1	11	5	8	8
		2007	38	23	15	2	8	10	10	1	15	13	4	5	3	12	13	10
		2008	37	24	13	2	8	16	4	1	17	13	3	3	7	10	13	7
		2009	36	23	13	1	8	16	4	1	16	13	3	3	5	11	12	8
		2010	34	20	14	1	6	23	4	1	13	9	7	4	1	13	10	10

（续表）

序号	出版单位	年份	职工总数	其中		专业职称				文化程度					年龄结构			
				事业编制	其他人员	正高职称	副高职称	中级职称	初级职称	博士研究生	硕士研究生	大学本科	大学专科	高中及以下	30岁及以下	31岁—40岁	41岁—50岁	51岁及以上
15	首都师范大学出版社	2006	56	31	25	4	8	23	4	3	6	29	6	12	10	15	14	17
		2007	58	31	27	5	5	13	12	3	5	32	6	12	14	12	16	16
		2008	53	28	25	3	5	10	11	2	4	28	6	13	10	13	17	13
		2009	53	26	27	3	7	10	7	2	4	26	7	14	10	15	14	14
		2010	60	21	39	2	5	13	4	3	4	29	9	15	17	17	15	11
16	外语教学与研究出版社	2006	676	120	556	8	17	105	34	6	244	216	141	69	402	179	58	37
		2007	657	123	534	9	19	157	29	6	229	217	115	90	383	201	59	14
		2008	805	112	693	9	19	156	29	7	278	273	135	112	424	282	74	25
		2009	868	130	738	2	29	214	43	11	332	289	132	104	415	347	78	28
		2010	929	106	823	8	25	176	15	11	387	296	116	119	393	398	105	33
17	中国传媒大学出版社	2006	50	18	32	3	8	21	18	5	15	21	5	4	12	20	8	10
		2007	50	18	32	3	8	21	18	5	15	21	5	4	12	20	8	10
		2008	50	18	32	3	8	21	18	5	15	21	5	4	12	20	8	10
		2009	50	18	32	3	8	21	18	6	15	21	5	4	12	20	8	10
		2010	42	15	27	3	4	19	16	2	14	12	7	3	6	20	8	8
18	中国农业大学出版社	2006	50	29	21	1	11	11	13	2	15	14	6	13	17	16	13	4
		2007	55	27	28	2	13	14	13	2	18	17	7	11	13	23	15	4
		2008	54	27	27	2	13	14	13	2	18	17	7	10	12	23	15	4
		2009	53	26	27	2	15	11	13	2	18	17	7	9	12	20	17	4
		2010	56	25	31	3	15	16	9	2	17	19	6	12	10	21	19	6
19	中国人民大学出版社	2006	372	169	203	15	40	105	47	16	96	101	90	69	161	110	75	26
		2007	413	155	258	15	39	106	61	16	110	125	100	62	210	95	72	36
		2008	452	154	298	15	40	101	73	19	111	132	98	92	187	139	76	50
		2009	486	149	337	14	39	130	80	19	135	140	100	92	223	135	78	50
		2010	490	144	346	14	34	131	69	15	147	157	72	99	217	155	76	42

(续表)

序号	出版单位	年份	职工总数	其中		专业职称				文化程度					年龄结构			
				事业编制	其他人员	正高职称	副高职称	中级职称	初级职称	博士研究生	硕士研究生	大学本科	大学专科	高中及以下	30岁及以下	31岁—40岁	41岁—50岁	51岁及以上
20	中国人民公安大学出版社	2006	149	38	111	1	19	58	6	0	10	73	41	25	50	31	39	29
		2007	154	53	101	0	20	3	4	0	14	64	50	26	47	30	66	11
		2008	92	34	58	1	13	31	2	2	11	58	18	3	30	28	28	6
		2009	153	42	111	2	13	34	2	1	11	73	41	27	51	44	38	20
		2010	157	33	124	2	10	34	2	2	13	78	44	20	61	40	34	22
21	中国协和医科大学出版社	2006	45	14	31	4	1	8	4	1	3	13	21	7	6	14	14	11
		2007	55	6	49	5	3	15	11	2	5	40	5	3	14	13	14	14
		2008	55	7	48	5	3	19	11	3	10	35	6	1	10	19	14	12
		2009	65	16	49	5	1	29	30	6	8	27	19	5	15	22	14	14
		2010	72	21	51	7	12	24	0	8	14	25	21	4	21	25	14	12
22	中国政法大学出版社	2006	70	40	30	4	16	18	12	0	12	16	30	12	18	30	16	6
		2007	70	40	30	4	16	18	12	0	12	32	10	16	18	30	16	6
		2008	70	40	30	4	16	20	10	0	14	34	12	10	20	28	17	5
		2009	83	21	62	4	6	16	3	0	9	37	18	19	38	23	13	9
		2010	80	11	69	4	11	17	6	0	13	40	16	11	40	21	12	7
23	中央广播电视大学出版社	2006	202	68	134	0	13	18	18	1	14	75	68	44	69	55	57	21
		2007	226	66	160	0	12	20	17	2	23	89	64	48	89	60	39	38
		2008	244	65	179	0	12	19	17	1	33	98	77	35	94	67	54	29
		2009	178	64	114	0	13	35	19	1	24	65	74	14	71	30	40	37
		2010	309	61	248	0	11	44	12	1	31	153	75	49	155	78	47	29
24	中央民族大学出版社	2006	35	31	4	2	12	13	3	0	7	16	11	1	2	8	17	8
		2007	39	31	8	3	12	14	3	0	6	18	12	3	4	6	16	13
		2008	39	31	8	4	11	14	4	0	7	17	10	5	3	4	17	15
		2009	37	29	8	5	8	13	4	0	8	14	10	5	4	3	14	16
		2010	37	26	11	5	8	14	4	0	8	13	12	4	2	6	16	13

（续表）

序号	出版单位	年份	职工总数	其中		专业职称				文化程度					年龄结构			
				事业编制	其他人员	正高职称	副高职称	中级职称	初级职称	博士研究生	硕士研究生	大学本科	大学专科	高中及以下	30岁及以下	31岁—40岁	41岁—50岁	51岁及以上
25	中央音乐学院出版社	2006	24	18	6	5	6	2	7	3	8	8	2	3	9	6	4	5
		2007	28	9	19	3	1	3	7	2	8	8	3	7	10	5	7	6
		2008	23	11	12	3	1	7	5	0	5	8	5	5	5	10	3	5
		2009	21	11	10	1	1	4	4	0	5	7	5	4	3	7	3	8
		2010	20	9	11	1	1	2	6	0	8	6	2	4	3	7	3	7
26	高等教育出版社	2006	718	600	118	46	132	224	175	45	255	295	65	58	239	247	145	87
		2007	929	625	304	49	159	275	143	54	301	324	105	145	242	320	231	136
		2008	965	625	340	56	159	300	336	50	344	336	98	137	246	345	235	139
		2009	983	625	358	58	167	293	306	67	358	344	95	119	231	366	251	135
		2010	808	625	183	51	149	458	125	69	386	283	48	22	231	338	159	80
27	人民教育出版社	2006	658	434	224	55	127	210	118	37	225	177	123	96	183	185	140	150
		2007	566	461	105	39	101	163	38	38	277	152	74	25	72	193	148	153
		2008	620	422	198	70	123	179	86	41	299	169	77	34	116	223	139	142
		2009	561	444	117	42	121	197	62	42	231	203	67	18	74	230	152	105
		2010	530	0	530	47	149	194	54	42	296	115	57	20	67	223	142	98
28	教育科学出版社	2006	156	46	110	5	18	46	15	2	41	54	30	29	59	37	31	29
		2007	163	45	118	3	17	61	11	2	51	56	29	25	66	38	33	26
		2008	170	46	124	5	22	66	12	1	53	63	26	27	62	44	38	26
		2009	193	47	146	8	21	76	12	3	63	67	28	32	68	55	42	28
		2010	167	0	167	4	16	68	8	2	63	57	20	25	58	63	34	12
29	语文出版社	2006	100	90	10	3	21	20	7	2	11	36	39	12	19	28	24	29
		2007	103	89	14	3	20	22	6	2	13	35	37	16	22	28	24	29
		2008	103	89	14	3	20	22	6	2	13	35	37	16	22	28	24	29
		2009	103	89	14	3	20	22	6	2	13	35	37	16	22	28	24	29
		2010	103	84	19	2	20	22	7	2	13	35	37	16	23	28	24	28

(续表)

序号	出版单位	年份	职工总数	其中		专业职称				文化程度					年龄结构			
				事业编制	其他人员	正高职称	副高职称	中级职称	初级职称	博士研究生	硕士研究生	大学本科	大学专科	高中及以下	30岁及以下	31岁—40岁	41岁—50岁	51岁及以上
30	天津大学出版社	2006	122	92	30	14	26	28	35	1	13	57	23	28	23	45	38	16
		2007	127	94	33	12	28	26	25	6	24	42	16	39	40	25	21	41
		2008	89	51	38	9	16	21	43	3	16	59	8	3	33	27	10	19
		2009	95	44	51	1	16	26	2	2	23	50	13	7	28	28	12	27
		2010	92	46	46	1	15	37	39	2	16	48	12	14	36	28	18	10
31	南开大学出版社	2006	84	49	35	11	15	18	0	3	12	26	21	22	13	28	24	19
		2007	83	48	35	10	15	18	1	5	10	26	20	22	11	30	21	21
		2008	84	46	38	9	14	18	1	5	13	25	19	22	14	30	21	19
		2009	87	47	40	10	15	19	1	7	14	25	19	22	16	31	20	20
		2010	85	45	40	11	15	17	3	7	14	26	18	20	18	19	31	17
32	河北大学出版社	2006	44	27	17	2	7	10	3	2	4	21	14	3	6	25	6	7
		2007	58	29	29	5	7	13	6	3	11	19	18	7	16	26	9	7
		2008	58	29	29	5	7	13	6	3	11	19	18	7	22	18	12	6
		2009	58	28	30	7	6	8	3	3	12	24	14	5	8	27	18	5
		2010	58	28	30	7	6	8	3	3	12	24	14	5	8	27	18	5
33	内蒙古大学出版社	2006	42	19	23	5	5	9	10	2	2	23	8	7	9	19	7	7
		2007	42	19	23	5	5	9	10	0	2	22	8	10	12	15	5	10
		2008	42	18	24	6	6	10	8	2	4	24	7	5	11	16	6	9
		2009	43	16	27	5	6	12	3	1	5	24	8	5	9	19	7	8
		2010	43	16	27	7	4	15	14	1	5	25	9	3	6	23	7	7
34	燕山大学出版社	2006																
		2007																
		2008																
		2009																
		2010																

（续表）

序号	出版单位	年份	职工总数	其中		专业职称				文化程度					年龄结构			
				事业编制	其他人员	正高职称	副高职称	中级职称	初级职称	博士研究生	硕士研究生	大学本科	大学专科	高中及以下	30岁及以下	31岁—40岁	41岁—50岁	51岁及以上
35	中国人民大学书报资料中心	2006																
		2007																
		2008																
		2009																
		2010																
36	大连海事大学出版社	2006	40	31	9	2	9	12	4	0	7	14	12	7	4	13	10	13
		2007	40	29	11	2	8	11	4	0	10	11	12	7	7	5	14	14
		2008	42	31	11	3	8	11	4	0	12	11	12	7	6	5	16	15
		2009	43	29	14	3	7	15	18	0	13	13	10	7	6	8	15	14
		2010	41	26	15	3	9	12	2	0	16	11	12	2	7	11	14	9
37	大连理工大学出版社	2006	160	39	121	0	12	34	52	4	14	126	10	6	64	65	18	13
		2007	155	36	119	0	15	31	57	3	31	91	17	13	31	62	38	24
		2008	181	36	145	2	13	56	57	3	51	96	18	13	45	54	46	36
		2009	176	34	142	1	16	94	9	3	45	112	16	0	35	71	50	20
		2010	143	33	110	1	17	81	20	3	37	88	12	3	62	41	28	12
38	东北财经大学出版社	2006	85	37	48	5	10	37	7	1	23	43	13	5	32	30	19	4
		2007	90	37	53	5	12	35	6	3	26	50	7	4	32	34	19	5
		2008	88	36	52	5	14	38	6	4	26	47	7	4	24	41	17	6
		2009	92	34	58	7	12	48	4	4	31	46	7	4	30	36	19	7
		2010	103	33	70	7	9	41	4	4	39	42	13	5	38	42	12	11
39	辽宁师范大学出版社	2006	92	92	0	3	9	15	31	0	14	49	10	19	50	28	10	4
		2007	92	16	76	3	9	15	31	0	10	59	7	16	61	13	14	4
		2008	90	90	0	4	8	15	29	0	14	47	10	19	48	28	10	4
		2009	92	72	20	4	6	26	27	0	14	54	9	15	42	32	13	5
		2010	84	16	68	4	6	37	18	1	15	55	6	7	22	41	12	9

（续表）

序号	出版单位	年份	职工总数	其中			专业职称				文化程度					年龄结构			
				事业编制	其他人员	正高职称	副高职称	中级职称	初级职称	博士研究生	硕士研究生	大学本科	大学专科	高中及以下	30岁及以下	31岁—40岁	41岁—50岁	51岁及以上
40	东北大学出版社	2006	49	41	8	2	14	15	9	0	8	23	14	4	9	6	20	14
		2007	45	38	7	2	14	8	10	0	7	22	13	3	9	4	20	12
		2008	43	28	15	1	11	9	14	0	8	20	15	0	10	6	15	12
		2009	43	24	19	1	9	9	15	0	8	20	15	0	12	6	14	11
		2010	43	22	21	1	8	9	15	0	10	20	13	0	14	6	13	10
41	辽宁大学出版社	2006	70	63	7	11	13	24	10	1	9	19	36	5	3	10	29	28
		2007	69	62	7	9	13	26	10	1	9	18	36	5	6	9	29	25
		2008	64	53	11	7	13	19	6	1	11	15	32	5	9	6	28	21
		2009	77	55	22	8	14	21	6	1	16	18	34	8	15	8	29	25
		2010	79	55	24	9	9	12	11	3	10	21	34	11	17	9	23	30
42	东北师范大学出版社	2006	196	79	117	7	22	20	29	8	17	90	36	45	56	72	46	22
		2007	260	76	184	7	23	24	32	8	18	129	50	55	98	76	59	27
		2008	237	71	166	7	23	29	20	1	26	119	43	48	75	103	33	26
		2009	220	69	151	6	24	34	19	3	20	107	36	54	67	82	46	25
		2010	193	66	127	7	25	35	39	7	22	97	33	34	56	92	23	22
43	吉林大学出版社	2006	38	38	0	3	11	23	1	2	10	19	5	2	0	10	18	10
		2007	51	38	13	9	14	13	6	3	11	27	8	2	7	4	25	15
		2008	64	37	27	9	11	12	2	4	11	29	7	13	22	8	21	13
		2009	80	32	48	11	14	7	1	4	11	44	12	9	37	7	21	15
		2010	97	32	65	15	9	4	1	5	11	49	18	14	44	12	23	18
44	延边大学出版社	2006	71	27	44	4	7	18	42	0	9	34	22	6	34	18	11	8
		2007	42	24	18	4	7	9	4	0	5	22	10	5	11	15	9	7
		2008	106	25	81	5	15	17	24	0	14	41	45	6	48	29	11	18
		2009	106	22	84	5	15	17	24	0	14	41	45	6	48	27	14	17
		2010	108	22	86	46	11	20	11	5	16	54	26	7	34	27	23	24

（续表）

序号	出版单位	年份	职工总数	其中			专业职称				文化程度					年龄结构			
				事业编制	其他人员	正高职称	副高职称	中级职称	初级职称	博士研究生	硕士研究生	大学本科	大学专科	高中及以下	30岁及以下	31岁—40岁	41岁—50岁	51岁及以上
45	东北林业大学出版社	2006	47	38	9	5	13	8	5	2	9	16	7	13	5	15	19	8
		2007	43	36	7	4	12	7	5	2	13	12	8	8	5	14	19	5
		2008	43	36	7	4	12	7	5	2	13	12	8	8	5	14	19	5
		2009	33	26	7	3	6	8	4	0	7	13	6	7	3	8	14	8
		2010	36	16	20	1	7	5	8	0	12	13	7	4	11	3	16	6
46	哈尔滨工程大学出版社	2006	51	30	21	1	6	10	10	3	5	21	13	9	17	16	14	4
		2007	57	17	40	1	3	8	16	1	8	23	12	13	16	15	12	14
		2008	71	38	33	2	11	21	23	4	18	33	10	6	23	18	22	8
		2009	68	24	44	5	4	20	15	1	11	30	12	14	17	18	17	16
		2010	78	12	66	6	4	27	16	2	10	39	15	12	23	18	18	19
47	哈尔滨工业大学出版社	2006	64	28	36	4	11	12	6	1	13	29	15	6	20	18	14	12
		2007	65	25	40	4	9	20	11	1	12	31	15	6	19	21	13	12
		2008	71	39	32	7	12	18	21	4	16	37	12	2	20	22	15	14
		2009	74	34	40	7	12	20	21	4	16	40	12	2	19	26	15	14
		2010	82	32	50	9	13	20	20	4	14	39	20	5	21	26	17	18
48	黑龙江大学出版社	2006	0	0	0	0	0	0	0	0	0	0	0	0	0	0	0	0
		2007	41	8	33	10	6	9	16	10	15	10	6	0	10	15	9	7
		2008	40	16	24	6	5	10	19	7	15	13	5	2	14	16	5	5
		2009	33	7	26	1	2	10	3	6	10	15	2	0	4	25	1	3
		2010	44	13	31	4	7	9	11	6	17	20	1	0	21	12	6	5
49	山东大学出版社	2006	64	52	12	11	12	14	12	4	13	29	16	2	12	12	32	8
		2007	54	43	11	13	20	18	3	4	19	22	7	2	10	10	27	7
		2008	52	40	12	10	13	23	6	4	15	29	4	0	10	10	27	5
		2009	52	38	14	10	13	23	6	4	15	29	4	0	10	10	27	5
		2010	52	38	14	11	12	21	8	4	16	28	4	0	10	10	27	5

(续表)

序号	出版单位	年份	职工总数	其中		专业职称				文化程度					年龄结构			
				事业编制	其他人员	正高职称	副高职称	中级职称	初级职称	博士研究生	硕士研究生	大学本科	大学专科	高中及以下	30岁及以下	31岁—40岁	41岁—50岁	51岁及以上
50	中国海洋大学出版社	2006	52	31	21	11	10	8	5	1	11	23	11	6	12	18	16	6
		2007	50	20	30	9	7	12	8	2	13	23	12	0	10	20	13	7
		2008	44	20	24	6	8	12	7	2	14	16	9	3	12	14	13	5
		2009	44	18	26	6	8	11	9	3	14	15	9	3	13	17	9	5
		2010	38	18	20	5	3	8	6	3	11	15	8	1	12	12	8	6
51	中国石油大学出版社	2006	72	44	28	2	16	28	13	0	16	35	16	5	37	16	14	5
		2007	70	32	38	2	16	19	12	0	15	35	13	7	35	17	13	5
		2008	69	30	39	2	13	21	13	0	16	34	14	5	37	15	13	4
		2009	70	30	40	2	13	26	8	0	21	30	14	5	35	16	14	5
		2010	75	29	46	2	14	29	10	0	24	32	14	5	37	17	15	6
52	中国科学技术大学出版社	2006	48	27	21	4	6	11	19	1	5	27	10	5	16	10	11	11
		2007	59	28	31	6	11	18	11	1	5	38	13	2	21	16	14	8
		2008	34	16	18	4	3	15	3	1	7	19	3	4	11	10	9	4
		2009	62	17	45	4	3	22	12	1	18	25	9	9	36	13	8	5
		2010	70	0	70	4	2	15	6	2	17	32	8	11	39	12	10	9
53	安徽大学出版社	2006	30	28	2	5	7	9	4	0	12	11	7	0	4	8	10	8
		2007	42	30	12	5	8	7	4	1	11	9	18	3	14	10	10	8
		2008	48	32	16	4	10	8	3	2	13	20	7	6	12	14	13	9
		2009	48	24	24	3	5	16	3	0	14	19	9	6	16	14	8	10
		2010	52	20	32	2	6	14	30	0	10	28	9	5	14	20	10	8
54	合肥工业大学出版社	2006	31	10	21	1	6	10	10	0	10	10	9	2	5	15	7	4
		2007	28	11	17	1	7	7	9	1	8	5	13	1	6	10	9	3
		2008	28	11	17	1	10	5	6	2	7	9	9	1	5	11	7	5
		2009	31	11	20	1	10	5	6	3	10	9	8	1	8	12	7	4
		2010	36	11	25	1	10	7	14	3	15	10	7	1	11	12	9	4

(续表)

序号	出版单位	年份	职工总数	其中		专业职称					文化程度					年龄结构			
				事业编制	其他人员	正高职称	副高职称	中级职称	初级职称	博士研究生	硕士研究生	大学本科	大学专科	高中及以下	30岁及以下	31岁—40岁	41岁—50岁	51岁及以上
55	安徽师范大学出版社	2006	0	0	0	0	0	0	0	0	0	0	0	0	0	0	0	0
		2007	0	0	0	0	0	0	0	0	0	0	0	0	0	0	0	0
		2008	0	0	0	0	0	0	0	0	0	0	0	0	0	0	0	0
		2009	0	0	0	0	0	0	0	0	0	0	0	0	0	0	0	0
		2010	35	11	24	7	4	11	12	3	26	6	0	0	10	11	9	5
56	东南大学出版社	2006	134	40	94	4	15	38	18	2	37	65	27	3	67	25	25	17
		2007	123	39	84	3	15	56	12	2	29	62	28	2	55	25	26	17
		2008	114	36	78	1	10	51	13	2	25	58	27	2	49	29	21	15
		2009	108	36	72	1	13	54	2	2	24	54	26	2	46	28	21	13
		2010	105	31	74	0	12	65	2	2	22	53	26	2	45	29	20	11
57	南京大学出版社	2006	92	45	47	2	14	30	24	1	16	44	16	15	26	31	28	7
		2007	105	42	63	2	17	26	28	2	15	43	17	28	28	32	31	14
		2008	111	43	68	3	16	28	28	3	16	45	19	28	31	34	32	14
		2009	119	43	76	4	15	39	16	3	23	53	18	22	32	37	37	13
		2010	135	43	92	4	15	45	16	3	23	66	22	21	45	42	35	13
58	南京师范大学出版社	2006	80	31	49	2	15	11	8	4	16	30	17	13	28	18	22	12
		2007	79	30	49	2	14	24	30	4	17	28	19	11	25	19	22	13
		2008	84	29	55	3	13	36	28	3	28	32	15	6	34	19	19	12
		2009	86	26	60	4	10	37	35	3	30	29	20	4	30	25	21	10
		2010	97	27	70	6	8	39	44	3	33	37	20	4	30	33	22	12
59	河海大学出版社	2006	39	33	6	1	12	13	1	1	10	18	8	2	3	20	12	4
		2007	41	35	6	0	14	13	2	1	10	20	8	2	2	20	15	4
		2008	39	33	6	0	8	22	1	0	9	22	7	1	4	8	15	12
		2009	40	31	9	0	11	12	1	0	12	15	11	2	4	8	20	8
		2010	36	29	7	0	9	12	1	0	11	14	9	2	1	8	20	7

(续表)

序号	出版单位	年份	职工总数	其中		专业职称					文化程度					年龄结构			
				事业编制	其他人员	正高职称	副高职称	中级职称	初级职称	博士研究生	硕士研究生	大学本科	大学专科	高中及以下	30岁及以下	31岁—40岁	41岁—50岁	51岁及以上
60	中国矿业大学出版社	2006	58	46	12	6	11	25	15	3	8	36	8	3	12	19	21	6
		2007	58	46	12	6	13	25	14	3	10	38	4	3	12	19	21	6
		2008	66	37	29	4	14	22	13	3	22	33	5	3	29	17	17	3
		2009	66	42	24	4	11	26	14	6	26	27	6	1	24	18	18	6
		2010	57	31	26	3	13	34	7	6	20	27	3	1	15	18	21	3
61	苏州大学出版社	2006	83	57	26	8	22	22	14	1	29	33	11	9	24	24	15	20
		2007	81	51	30	6	18	25	16	1	34	26	5	15	25	22	16	18
		2008	78	49	29	6	14	22	8	1	32	25	12	8	22	23	19	14
		2009	81	49	32	7	13	24	6	1	35	25	10	10	19	25	21	16
		2010	92	44	48	5	17	25	18	0	42	31	10	9	31	21	22	18
62	江苏大学出版社	2006	0	0	0	0	0	0	0	0	0	0	0	0	0	0	0	0
		2007	44	27	17	2	11	7	0	1	23	15	3	2	12	16	11	5
		2008	48	28	20	1	12	20	0	1	27	15	3	2	11	22	11	4
		2009	30	12	18	0	8	12	1	0	15	10	3	2	6	11	7	6
		2010	36	12	24	0	8	11	0	0	19	11	6	0	12	12	8	4
63	复旦大学出版社	2006	126	106	20	8	29	43	9	6	28	48	22	22	24	34	34	34
		2007	138	106	32	9	29	49	33	8	37	52	25	16	28	39	36	35
		2008	147	105	42	9	29	54	34	8	38	60	23	18	31	42	38	36
		2009	149	92	57	7	26	53	51	10	41	68	18	12	43	40	39	27
		2010	181	113	68	9	27	54	47	12	50	69	23	27	45	48	49	39
64	同济大学出版社	2006	104	63	41	4	21	30	11	5	13	29	25	32	14	19	43	28
		2007	108	60	48	3	21	34	14	4	12	42	26	24	25	13	36	34
		2008	101	56	45	4	18	28	16	5	14	38	23	21	22	13	35	31
		2009	103	41	62	4	20	32	47	5	16	41	9	32	23	13	39	28
		2010	96	48	48	5	20	30	23	6	18	32	18	22	23	18	28	27

（续表）

序号	出版单位	年份	职工总数	其中		专业职称				文化程度					年龄结构			
				事业编制	其他人员	正高职称	副高职称	中级职称	初级职称	博士研究生	硕士研究生	大学本科	大学专科	高中及以下	30岁及以下	31岁—40岁	41岁—50岁	51岁及以上
65	东华大学出版社	2006	44	29	15	2	7	17	12	3	16	11	8	6	11	10	13	10
		2007	44	26	18	2	6	18	11	3	16	12	9	4	11	15	11	7
		2008	45	26	19	2	7	18	11	3	17	13	8	4	12	15	11	7
		2009	42	20	22	1	4	21	16	3	18	13	8	0	7	17	13	5
		2010	46	20	26	1	5	19	16	4	21	15	6	0	15	14	15	2
66	华东理工大学出版社	2006	65	29	36	2	10	13	5	3	15	22	13	12	28	15	17	5
		2007	63	23	40	1	9	28	12	1	17	23	13	9	30	11	15	7
		2008	61	22	39	2	8	24	10	3	17	23	7	11	30	13	11	7
		2009	62	17	45	1	6	21	8	1	23	16	9	13	30	15	12	5
		2010	68	18	50	1	6	24	9	1	26	17	9	15	34	17	11	6
67	华东师范大学出版社	2006	192	74	118	7	17	44	20	5	42	46	44	55	72	38	45	37
		2007	211	73	138	7	19	42	11	3	51	54	55	48	85	44	45	37
		2008	252	67	185	5	18	61	23	2	61	63	64	62	106	59	43	44
		2009	285	63	222	5	21	65	22	2	78	76	66	63	122	78	44	41
		2010	284	63	221	6	22	83	21	2	76	78	64	64	115	76	42	51
68	立信会计出版社	2006	55	41	14	1	8	17	4	0	8	14	10	23	11	11	23	10
		2007	56	37	19	1	7	16	4	0	16	11	11	18	15	12	22	7
		2008	42	26	16	1	7	12	9	0	12	11	9	10	12	10	14	6
		2009	55	30	25	1	8	12	4	0	11	10	8	26	12	14	20	9
		2010	44	25	19	1	10	13	3	0	9	16	18	1	13	11	14	6
69	上海财经大学出版社	2006	67	19	48	2	3	19	25	2	16	26	12	11	25	22	15	5
		2007	78	34	44	3	11	24	22	3	26	38	11	0	22	28	18	10
		2008	73	30	43	3	11	27	15	3	25	26	11	8	24	29	9	11
		2009	74	30	44	3	11	32	10	3	25	26	11	9	24	30	9	11
		2010	69	28	41	2	8	34	11	3	18	30	18	0	11	24	27	7

（续表）

序号	出版单位	年份	职工总数	其中		专业职称				文化程度					年龄结构			
				事业编制	其他人员	正高职称	副高职称	中级职称	初级职称	博士研究生	硕士研究生	大学本科	大学专科	高中及以下	30岁及以下	31岁—40岁	41岁—50岁	51岁及以上
70	上海大学出版社	2006	85	35	50	7	20	25	3	5	13	53	10	4	30	23	22	10
		2007	95	72	23	8	25	36	26	5	28	34	13	15	22	19	38	16
		2008	37	21	16	2	8	2	2	1	8	9	3	16	18	1	13	5
		2009	35	19	16	2	7	6	6	1	6	9	3	16	19	1	13	2
		2010	43	22	21	2	7	12	6	2	10	18	6	7	10	9	13	11
71	上海交通大学出版社	2006	100	66	34	4	23	16	7	4	18	19	12	47	23	17	36	24
		2007	109	61	48	4	25	27	16	2	28	38	14	27	33	18	29	29
		2008	109	57	52	4	22	26	48	2	35	35	16	21	24	35	21	29
		2009	121	51	70	4	23	43	23	2	37	45	19	18	33	34	26	28
		2010	123	39	84	3	14	33	31	3	41	42	24	13	50	33	22	18
72	上海外语教育出版社	2006	166	51	115	2	14	60	30	3	57	53	32	21	69	44	26	27
		2007	172	44	128	2	13	71	38	4	65	53	31	19	81	44	27	20
		2008	193	43	150	2	16	71	44	4	77	59	34	19	67	71	30	25
		2009	196	40	156	2	17	77	41	4	83	58	33	18	73	72	30	21
		2010	198	36	162	2	18	75	40	4	89	58	33	14	80	72	27	19
73	上海浦江教育出版社	2006	42	35	7	0	9	11	11	3	10	12	9	8	9	12	12	9
		2007	39	33	6	1	7	12	8	4	10	12	10	3	7	20	6	6
		2008	29	23	6	1	4	7	7	2	6	8	7	6	8	8	5	8
		2009	26	20	6	0	2	7	9	1	7	4	7	7	3	12	4	7
		2010	27	21	6	1	3	7	6	1	6	7	6	7	5	9	3	10
74	上海音乐学院出版社	2006	15	9	6	1	2	4	1	1	1	8	3	2	4	1	4	6
		2007	16	8	8	1	2	4	2	1	2	6	3	4	6	1	3	6
		2008	16	8	8	1	2	7	7	2	2	7	2	3	5	2	2	7
		2009	16	7	9	1	2	7	2	2	2	6	4	2	4	4	1	7
		2010	16	7	9	1	3	4	0	1	3	8	4	0	3	4	3	6

（续表）

序号	出版单位	年份	职工总数	其中		专业职称				文化程度					年龄结构			
				事业编制	其他人员	正高职称	副高职称	中级职称	初级职称	博士研究生	硕士研究生	大学本科	大学专科	高中及以下	30岁及以下	31岁—40岁	41岁—50岁	51岁及以上
75	第二军医大学出版社	2006	28	22	6	2	4	4	3		4	9	5	4	5	6	5	7
		2007	28	22	6	2	4	4	3		4	9	5	4	5	6	6	7
		2008	27	21	6	2	5	4	3		5	8	5	4	5	6	6	7
		2009	26	20	6	2	6	5	2		5	8	5	4	5	6	7	7
		2010	26	20	6	2	6	5	2		7	9	5	4	5	6	7	7
76	浙江大学出版社	2006	125	77	48	9	32	36	28	6	32	59	15	13	41	32	33	19
		2007	143	76	67	11	30	41	26	8	34	75	23	3	52	32	33	26
		2008	140	75	65	10	31	42	35	9	40	63	22	6	52	30	30	28
		2009	162	70	92	10	30	42	49	10	47	75	24	6	63	33	42	24
		2010	147	66	81	10	30	43	52	11	50	70	10	6	50	31	43	23
77	中国美术学院出版社	2006	43	37	6	3	3	17	9	0	7	9	7	20	1	10	25	7
		2007	40	25	15	3	2	11	4	0	7	7	6	20	2	5	23	10
		2008	37	22	15	2	1	12	6	0	5	7	4	21	1	6	13	17
		2009	35	20	15	2	1	12	6	0	5	8	3	19	0	7	12	16
		2010	36	21	15	3	2	12	6	1	5	7	6	17	2	7	11	16
78	浙江工商大学出版社	2006	0	0	0	0	0	0	0	0	0	0	0	0	0	0	0	0
		2007	0	0	0	0	0	0	0	0	0	0	0	0	0	0	0	0
		2008	21	4	17	3	4	3	3	0	8	10	3	0	11	3	4	3
		2009	31	3	28	4	6	7	4	0	8	17	6	0	18	3	4	6
		2010	34	3	31	4	7	11	3	0	9	18	7	0	16	5	5	8
79	厦门大学出版社	2006	52	26	26	3	7	12	1	0	12	20	7	13	22	6	18	6
		2007	60	24	36	3	7	9	11	2	10	25	11	12	19	14	21	6
		2008	61	24	37	3	9	16	13	2	12	27	8	12	17	15	22	7
		2009	63	24	39	3	9	17	18	2	14	27	8	12	18	16	23	6
		2010	64	22	42	3	9	17	20	3	16	25	12	8	25	16	13	10

(续表)

序号	出版单位	年份	职工总数	其中		专业职称				文化程度				年龄结构			
				事业编制	其他人员	正高职称	副高职称	中级职称	初级职称	博士研究生	硕士研究生	大学本科	大学专科	高中及以下	30岁及以下	31岁—40岁	41岁—50岁	51岁及以上
80	江西高校出版社	2006																
		2007																
		2008																
		2009																
		2010																
81	河南大学出版社	2006	60	47	13	6	11	19	12	1	16	26	13	4	13	11	22	14
		2007	69	47	22	7	12	21	10	3	17	21	17	11	12	16	24	17
		2008	78	46	32	6	11	25	20	3	28	26	16	5	22	16	24	16
		2009	81	42	39	6	11	24	20	3	29	21	16	12	21	22	24	14
		2010	79	41	38	6	11	24	14	3	28	26	12	10	11	29	26	13
82	郑州大学出版社	2006	52	26	26	4	8	22	8	0	8	31	11	2	7	21	19	5
		2007	73	33	40	1	13	22	8	0	10	40	11	12	15	21	28	9
		2008	72	32	40	4	12	20	6	1	8	38	11	14	19	22	21	10
		2009	73	29	44	9	6	22	6	1	14	38	11	9	13	28	21	11
		2010	103	26	77	9	7	23	7	1	18	64	11	9	34	36	22	11
83	武汉大学出版社	2006	140	123	17	13	34	36	14	2	34	69	22	13	23	51	44	22
		2007	146	119	27	12	33	35	17	3	41	66	24	12	31	48	46	21
		2008	149	115	34	13	32	30	27	4	43	69	24	9	30	43	53	23
		2009	151	108	43	14	26	35	33	4	43	71	26	7	31	44	57	19
		2010	145	105	40	15	24	45	31	4	43	70	25	3	26	40	62	17
84	武汉理工大学出版社	2006	68	39	29	3	11	18	2	2	8	30	20	8	19	17	22	10
		2007	74	35	39	3	14	29	11	1	19	30	12	12	24	20	19	11
		2008	79	34	45	3	15	29	11	1	22	31	12	13	28	21	19	11
		2009	80	34	46	4	16	29	11	1	22	31	12	14	29	21	19	11
		2010	76	34	42	3	16	29	8	1	18	31	12	14	26	21	19	10

（续表）

序号	出版单位	年份	职工总数	其中		专业职称				文化程度					年龄结构			
				事业编制	其他人员	正高职称	副高职称	中级职称	初级职称	博士研究生	硕士研究生	大学本科	大学专科	高中及以下	30岁及以下	31岁—40岁	41岁—50岁	51岁及以上
85	华中科技大学出版社	2006	125	78	47	7	22	40	9	1	27	65	14	18	34	30	45	16
		2007	215	75	140	5	25	32	2	1	55	119	19	21	100	48	51	16
		2008	220	73	147	5	22	30	2	2	62	101	36	19	93	63	49	15
		2009	252	73	179	5	30	73	144	3	72	123	37	17	123	56	52	21
		2010	256	70	186	6	27	81	22	5	76	118	37	20	115	68	53	20
86	华中师范大学出版社	2006	74	52	22	4	14	14	20	2	21	39	6	6	17	13	28	16
		2007	77	52	25	4	16	14	23	2	25	34	9	7	20	9	37	11
		2008	80	50	30	5	15	16	21	2	27	33	10	8	24	11	32	13
		2009	82	50	32	5	15	16	23	2	28	34	10	8	26	11	32	13
		2010	91	46	45	5	16	23	17	2	39	32	11	7	24	25	30	12
87	中国地质大学出版社	2006	33	25	8	1	10	9	13	1	7	14	5	6	3	8	14	8
		2007	35	25	10	1	9	12	7	4	7	17	2	5	5	9	14	7
		2008	35	25	10	2	9	12	7	4	7	17	2	5	5	9	14	7
		2009	37	25	12	2	8	12	7	4	7	19	2	5	7	9	14	7
		2010	42	21	21	3	8	16	15	4	13	19	2	4	11	10	14	7
88	湖南大学出版社	2006	61	34	27	1	8	12	8	2	9	27	6	17	10	26	15	10
		2007	57	32	25	2	7	11	10	1	10	26	4	16	10	23	16	8
		2008	55	33	22	2	7	19	12	1	14	30	4	6	16	15	17	7
		2009	58	33	25	2	7	19	12	1	16	31	4	6	15	17	19	7
		2010	53	31	22	2	8	17	8	2	14	29	4	4	11	19	17	6
89	湖南师范大学出版社	2006	61	40	21	3	7	18	10	7	8	29	7	10	11	28	17	5
		2007	60	40	20	3	7	23	7	7	9	27	7	10	11	26	18	5
		2008	59	37	22	2	8	19	12	7	12	22	8	10	16	24	14	5
		2009	54	34	20	2	8	18	7	5	12	28	4	5	16	17	18	3
		2010	57	34	23	2	9	22	7	5	14	29	4	5	12	20	21	4

(续表)

序号	出版单位	年份	职工总数	其中		专业职称					文化程度					年龄结构			
				事业编制	其他人员	正高职称	副高职称	中级职称	初级职称		博士研究生	硕士研究生	大学本科	大学专科	高中及以下	30岁及以下	31岁—40岁	41岁—50岁	51岁及以上
90	中南大学出版社	2006	58	52	6	4	13	17	4		2	9	24	16	7	5	11	32	10
		2007	61	53	8	4	13	17	12		2	15	20	16	8	8	10	34	9
		2008	65	52	13	4	13	21	17		2	18	21	16	8	12	10	34	9
		2009	65	51	14	3	13	21	17		1	19	21	16	8	12	10	34	9
		2010	65	49	16	3	10	21	17		1	19	21	16	8	12	10	34	9
91	湘潭大学出版社	2006	0	0	0	0	0	0	0		0	0	0	0	0	0	0	0	0
		2007	17	10	7	5	0	5	7		2	7	6	2	0	5	5	6	1
		2008	29	11	18	5	2	9	11		4	13	6	4	2	11	9	8	1
		2009	30	11	19	5	2	12	11		4	13	7	4	2	11	10	8	1
		2010	27	11	16	5	2	11	9		5	12	6	4	0	11	7	8	1
92	国防科技大学出版社	2006																	
		2007																	
		2008																	
		2009																	
		2010																	
93	广西师范大学出版社	2006	410	87	323	14	28	87	85		9	62	210	45	84	216	104	66	24
		2007	405	91	314	19	22	120	81		10	76	214	65	40	197	116	64	28
		2008	267	70	197	17	18	81	49		9	56	130	31	41	106	81	58	22
		2009	260	66	194	14	18	98	34		9	40	138	30	43	73	97	67	23
		2010	251	62	189	15	16	94	33		6	36	138	30	41	56	101	66	28
94	中山大学出版社	2006	160	34	126	7	24	70	31		6	25	78	30	21	41	49	38	32
		2007	152	31	121	4	17	79	26		8	24	77	27	16	33	42	50	27
		2008	133	31	102	4	17	42	25		8	21	61	25	18	30	39	48	16
		2009	78	28	50	1	9	30	7		4	15	28	18	13	19	22	28	9
		2010	77	27	50	1	10	32	8		3	15	30	19	10	17	23	28	9

(续表)

序号	出版单位	年份	职工总数	其中		专业职称				文化程度					年龄结构			
				事业编制	其他人员	正高职称	副高职称	中级职称	初级职称	博士研究生	硕士研究生	大学本科	大学专科	高中及以下	30岁及以下	31岁—40岁	41岁—50岁	51岁及以上
95	暨南大学出版社	2006	65	36	29	1	6	18	14	1	16	26	17	5	11	30	20	4
		2007	64	33	31	0	6	21	14	1	21	19	10	13	16	27	15	6
		2008	63	28	35	0	3	17	13	0	20	25	10	8	12	29	15	7
		2009	67	27	40	0	4	23	21	0	20	29	13	5	15	29	18	5
		2010	73	26	47	1	4	24	44	1	20	26	8	18	26	24	18	5
96	华南理工大学出版社	2006	65	45	20	0	10	25	8	1	14	24	16	10	14	30	14	7
		2007	65	45	20	1	13	27	10	1	14	27	14	9	12	31	15	7
		2008	67	43	24	1	11	19	11	1	13	30	9	14	14	29	17	7
		2009	67	44	23	1	12	19	7	1	13	30	11	12	13	23	26	5
		2010	67	44	23	0	15	17	7	1	13	33	10	10	13	22	27	5
97	广东高等教育出版社	2006																
		2007																
		2008																
		2009																
		2010																
98	汕头大学出版社	2006	71	5	66	0	4	31	7	0	5	50	4	12	35	30	4	2
		2007	63	5	58	0	4	29	7	0	4	42	6	11	27	30	4	2
		2008	40	6	34	—	—	—	—	0	3	24	13	0	12	15	9	4
		2009	42	4	38	0	1	8	2	0	6	23	7	6	7	24	8	3
		2010	51	0	51	3	11	11	2	3	13	24	4	7	6	19	18	8
99	电子科技大学出版社	2006	64	64	0	1	18	10	5	1	6	20	21	16	2	29	28	5
		2007	74	47	27	1	16	8	2	1	12	38	16	7	27	25	19	3
		2008	74	42	32	1	16	6	4	1	10	45	10	8	24	22	22	6
		2009	63	41	22	1	14	19	11	1	9	39	9	5	18	22	20	3
		2010	63	41	22	1	13	17	0	0	9	45	2	7	16	23	21	3

(续表)

序号	出版单位	年份	职工总数	其中		专业职称				文化程度					年龄结构			
				事业编制	其他人员	正高职称	副高职称	中级职称	初级职称	博士研究生	硕士研究生	大学本科	大学专科	高中及以下	30岁及以下	31岁—40岁	41岁—50岁	51岁及以上
100	四川大学出版社	2006	100	77	23	5	28	25	13	2	8	65	15	10	24	23	32	21
		2007	108	81	27	5	27	24	10	2	14	62	17	13	24	26	37	21
		2008	103	77	26	6	26	26	8	2	18	54	17	12	19	20	37	27
		2009	99	74	25	6	25	25	7	2	17	52	16	12	18	20	37	24
		2010	96	73	23	8	23	28	28	4	18	53	16	5	14	29	36	17
101	西南财经大学出版社	2006	64	22	42	3	6	10	7	2	3	36	12	11	20	19	22	3
		2007	67	22	45	4	5	18	7	2	6	44	10	5	20	21	21	5
		2008	57	24	33	4	5	19	5	2	7	29	13	6	15	14	20	8
		2009	56	20	36	3	5	28	5	2	8	31	10	5	22	12	15	7
		2010	56	18	38	3	5	19	5	1	8	31	12	4	18	15	15	8
102	西南交通大学出版社	2006	37	27	10	2	11	10	4	0	8	17	8	4	7	16	13	1
		2007	48	30	18	2	12	16	12	0	9	24	12	3	13	23	10	2
		2008	52	37	15	4	14	18	16	1	17	30	4	0	16	16	16	4
		2009	58	36	22	5	16	20	16	1	22	32	3	0	18	20	16	4
		2010	60	31	29	5	16	20	16	1	23	33	3	0	20	20	16	4
103	西南师范大学出版社	2006	168	106	62	6	34	62	45	4	62	72	27	3	80	51	24	13
		2007	170	103	67	6	33	60	46	4	63	73	27	3	82	51	24	13
		2008	148	77	71	4	27	53	45	4	56	62	24	2	69	45	22	12
		2009	148	78	70	4	28	53	44	4	57	61	24	2	70	45	22	11
		2010	148	54	94	8	32	47	47	16	43	68	20	1	55	40	37	16
104	重庆大学出版社	2006	163	48	115	3	12	28	75	1	36	74	21	31	95	34	28	6
		2007	119	38	81	3	11	20	48	2	34	57	9	17	49	31	29	10
		2008	136	39	97	3	13	27	4	1	21	88	11	15	70	32	24	10
		2009	127	37	90	2	12	36	77	2	19	79	13	14	61	31	27	8
		2010	136	31	105	3	11	37	6	3	26	84	10	13	57	45	27	7

（续表）

序号	出版单位	年份	职工总数	其中		专业职称				文化程度					年龄结构			
				事业编制	其他人员	正高职称	副高职称	中级职称	初级职称	博士研究生	硕士研究生	大学本科	大学专科	高中及以下	30岁及以下	31岁—40岁	41岁—50岁	51岁及以上
105	云南大学出版社	2006	52	27	25	8	11	15	11	1	16	16	13	6	14	14	11	13
		2007	60	27	33	7	14	13	10	1	17	20	15	7	15	17	13	15
		2008	56	26	30	8	12	13	10	1	12	25	10	8	11	16	13	16
		2009	59	21	38	8	9	15	11	1	14	25	11	8	17	16	10	16
		2010	57	20	37	8	8	12	6	1	12	25	12	7	16	16	9	16
106	贵州大学出版社	2006	0	0	0	0	0	0	0	0	0	0	0	0	0	0	0	0
		2007	25	12	13	1	1	11	0	1	1	23	0	0	2	15	7	1
		2008	—	—	—	—	—	—	—	—	—	—	—	—	—	—	—	—
		2009	—	—	—	—	—	—	—	—	—	—	—	—	—	—	—	—
		2010	25	1	24	2	2	3	10	2	10	11	2	0	5	17	1	2
107	陕西师范大学出版社	2006	129	53	76	4	13	34	45	0	14	71	24	20	41	40	30	18
		2007	134	51	83	3	15	34	64	0	21	77	23	13	44	43	32	15
		2008	215	97	118	4	31	64	86	1	32	147	19	16	51	78	65	21
		2009	289	100	189	4	34	55	86	1	67	174	35	12	72	101	88	28
		2010	294	103	191	5	37	58	23	1	71	169	32	21	121	68	74	31
108	西安交通大学出版社	2006	72	49	23	2	16	38	16	2	11	38	5	16	10	28	25	9
		2007	75	48	27	2	15	12	1	2	5	47	7	14	14	24	24	13
		2008	115	53	62	2	15	13	5	2	11	54	24	24	37	37	27	14
		2009	106	45	61	3	11	23	41	2	25	63	11	5	36	27	28	15
		2010	143	51	92	3	15	29	44	2	34	65	12	30	43	40	38	22
109	西安电子科技大学出版社	2006	119	35	84	1	16	27	33	0	2	59	35	23	33	59	19	8
		2007	108	34	74	1	14	15	22	0	1	48	29	30	36	33	29	10
		2008	105	33	72	1	14	12	65	0	2	61	36	6	40	25	31	9
		2009	92	29	63	1	13	10	6	0	1	33	58	0	32	19	31	10
		2010	87	29	58	1	12	15	6	0	1	51	30	5	18	22	39	8

(续表)

序号	出版单位	年份	职工总数	其中			专业职称					文化程度					年龄结构			
				事业编制	其他人员	正高职称	副高职称	中级职称	初级职称	博士研究生	硕士研究生	大学本科	大学专科	高中及以下	30岁及以下	31岁—40岁	41岁—50岁	51岁及以上
110	西北大学出版社	2006	47	22	25	2	8	11	14	0	2	20	16	9	12	12	18	5
		2007	51	22	29	3	8	12	8	0	3	24	14	10	15	11	17	8
		2008	53	22	31	5	7	14	15	0	3	25	16	9	15	13	17	8
		2009	55	22	33	5	5	15	15	0	3	24	16	12	15	11	16	13
		2010	58	21	37	5	5	17	13	0	3	27	16	12	19	11	16	12
111	西北工业大学出版社	2006	74	28	46	4	9	21	24	0	9	33	18	14	30	28	10	6
		2007	73	28	45	4	8	11	8	0	7	27	16	23	17	28	20	8
		2008	83	27	56	4	9	11	27	1	9	37	21	15	16	41	17	9
		2009	76	27	49	4	9	21	24	0	9	33	20	14	30	30	10	6
		2010	79	27	52	4	9	22	24	1	11	31	20	16	13	27	29	10
112	西北农林科技大学出版社	2006	27	17	10	0	7	10	4	0	3	20	4	0	6	19	2	0
		2007	34	21	13	0	5	11	3	1	1	23	9	0	6	20	7	1
		2008	32	19	13	1	5	11	12	0	0	21	11	0	9	10	12	1
		2009	30	17	13	1	5	10	11	0	1	20	9	0	9	10	11	0
		2010	32	19	13	5	2	12	5	1	3	19	7	2	9	18	5	0
113	第四军医大学出版社	2006	19	10	9	1	1	6	6		4	11	2	2	3	4	3	1
		2007	25	12	13	1	1	12	6		9	13	2	1	13	8	3	1
		2008	31	12	19	1	1	12	9		5	21	2	3	18	8	4	1
		2009	31	12	19	1	1	12	9		5	21	2	3	18	8	4	1
		2010	30	9	21	2		13	10		5	20	2	3	18	7	4	1
114	兰州大学出版社	2006	82	39	43	1	11	22	13	3	10	29	24	16	17	25	34	6
		2007	76	36	40	3	12	26	6	6	10	36	14	10	21	18	31	6
		2008	71	34	37	1	14	19	15	6	12	34	11	8	21	10	34	6
		2009	76	30	46	0	10	16	21	2	7	31	14	22	14	32	26	4
		2010	76	30	46	0	10	16	21	2	7	31	14	22	14	32	26	4

(续表)

序号	出版单位	年份	职工总数	其中		专业职称				文化程度				年龄结构			
				事业编制	其他人员	正高职称	副高职称	中级职称	初级职称	博士研究生	硕士研究生	大学本科	大学专科	高中及以下	30岁及以下	31岁—40岁	41岁—50岁	51岁及以上
115	新疆大学出版社	2006	33	33	0	2	4	15	12	0	1	24	6	2	2	12	11	8
		2007	34	29	5	1	4	15	9	0	1	22	7	4	3	4	23	4
		2008	33	26	7	1	5	18	5	0	2	19	5	7	3	5	20	5
		2009	34	25	9	0	5	15	2	0	2	26	3	3	1	2	25	6
		2010	36	24	12	0	6	15	3	0	3	20	10	3	2	0	28	6

出版社图书出版情况表

单位:种

序号	出版单位	年份	全年出版图书（含重印）	其中		
				新版	重版	重印
1	北京大学出版社	2006	3309	1497	430	1382
		2007	3353	1379	470	1504
		2008	3324	1579	374	1371
		2009	3998	1535	396	2067
		2010	3069	1660	151	1258
2	北京大学医学出版社	2006	370	200	21	149
		2007	473	243	21	209
		2008	625	284	64	277
		2009	592	182	48	362
		2010	697	227	12	458
3	北京工业大学出版社	2006	193	104	0	89
		2007	208	146	0	62
		2008	222	146	0	76
		2009	229	174	0	55
		2010	448	396	0	52
4	北京航空航天大学出版社	2006	329	196	17	116
		2007	375	249	0	126
		2008	465	283	0	182
		2009	501	306	0	195
		2010	571	333	0	238
5	北京理工大学出版社	2006	541	282	0	259
		2007	905	423	58	424
		2008	1166	499	55	612
		2009	1984	963	110	911
		2010	1643	938	73	632
6	北京师范大学出版社	2006	1781	593	182	1006
		2007	2495	782	375	1338
		2008	4195	785	584	2826
		2009	3993	862	443	2688
		2010	3136	1028	251	1857
7	北京体育大学出版社	2006	480	188	0	292
		2007	527	244	0	283
		2008	490	193	297	0
		2009	521	206	315	0
		2010	510	261	87	162

(续表)

序号	出版单位	年份	全年出版图书（含重印）	其中		
				新版	重版	重印
8	北京邮电大学出版社	2006	625	198	7	420
		2007	711	242	13	456
		2008	651	234	21	396
		2009	686	245	19	422
		2010	847	359	20	468
9	北京语言大学出版社	2006	618	236	10	372
		2007	752	286	8	458
		2008	725	304	12	409
		2009	890	278	4	608
		2010	1017	402	0	615
10	北京交通大学出版社	2006	531	243	0	288
		2007	606	250	0	356
		2008	640	288	23	329
		2009	946	418	20	508
		2010	1281	487	29	765
11	对外经济贸易大学出版社	2006	420	198	12	210
		2007	436	218	26	192
		2008	431	251	20	160
		2009	426	246	48	132
		2010	508	281	32	195
12	旅游教育出版社	2006	256	108	23	125
		2007	293	147	13	133
		2008	327	144	32	151
		2009	303	132	27	144
		2010	377	169	49	159
13	清华大学出版社	2006	4689	2073	100	2516
		2007	5523	2115	190	3218
		2008	5735	2016	196	3523
		2009	5957	3630	276	2051
		2010	6447	2593	0	3854
14	首都经济贸易大学出版社	2006	226	85	30	111
		2007	226	80	40	106
		2008	244	113	33	98
		2009	243	118	0	125
		2010	270	107	4	159
15	首都师范大学出版社	2006	344	171	50	123
		2007	361	144	0	217
		2008	489	214	65	210
		2009	501	265	68	168
		2010	621	338	74	209
16	外语教学与研究出版社	2006	3519	766	0	2753
		2007	4343	972	0	3371
		2008	4987	1274	0	3713

(续表)

序号	出版单位	年份	全年出版图书（含重印）	其中		
				新版	重版	重印
16	外语教学与研究出版社	2009	4616	1306	0	3310
		2010	3974	1224	0	2750
17	中国传媒大学出版社	2006	335	244	0	91
		2007	338	230	2	106
		2008	362	266	0	96
		2009	338	230	2	106
		2010	397	272	0	125
18	中国农业大学出版社	2006	256	124	0	132
		2007	493	256	12	225
		2008	549	222	17	310
		2009	762	253	0	509
		2010	557	222	0	335
19	中国人民大学出版社	2006	1687	902	86	699
		2007	2196	1199	174	823
		2008	2196	1144	205	847
		2009	2503	1395	197	911
		2010	2765	1442	205	1118
20	中国人民公安大学出版社	2006	673	255	30	388
		2007	727	342	23	362
		2008	670	390	20	260
		2009	751	445	34	272
		2010	640	399	21	220
21	中国协和医科大学出版社	2006	217	107	5	105
		2007	213	82	35	96
		2008	264	119	43	102
		2009	194	142	10	42
		2010	243	134	9	100
22	中国政法大学出版社	2006	378	153	12	213
		2007	447	190	77	180
		2008	434	190	22	222
		2009	385	207	8	170
		2010	432	224	19	189
23	中央广播电视大学出版社	2006	981	231	32	718
		2007	802	183	43	576
		2008	840	183	12	645
		2009	990	423	16	551
		2010	868	285	12	571
24	中央民族大学出版社	2006	253	209	0	44
		2007	209	168	0	41
		2008	144	129	0	15
		2009	193	167	0	26
		2010	173	154	0	19
25	中央音乐学院出版社	2006	69	49	0	20

(续表)

序号	出版单位	年份	全年出版图书（含重印）	其中		
				新版	重版	重印
25	中央音乐学院出版社	2007	60	43	0	17
		2008	56	39	0	17
		2009	41	26	0	15
		2010	51	24	0	27
26	高等教育出版社	2006	7051	1606	403	5042
		2007	7730	1801	465	5464
		2008	8991	1906	587	6498
		2009	9087	1970	665	6452
		2010	10561	2242	595	7724
27	人民教育出版社	2006	2463	791	109	1563
		2007	3596	619	185	2792
		2008	3183	428	86	2669
		2009	3334	652	25	2657
		2010	3439	669	99	2671
28	教育科学出版社	2006	939	306	31	602
		2007	971	263	6	702
		2008	1079	326	8	745
		2009	1390	529	46	815
		2010	1922	995	11	916
29	语文出版社	2006	594	147	0	447
		2007	683	137	55	491
		2008	764	104	51	609
		2009	495	112	23	360
		2010	602	114	26	462
30	天津大学出版社	2006	384	177	16	191
		2007	453	268	1	184
		2008	481	275	0	206
		2009	647	444	53	150
		2010	788	489	4	295
31	南开大学出版社	2006	517	213	107	197
		2007	435	174	55	206
		2008	435	229	17	189
		2009	498	227	90	181
		2010	498	265	26	207
32	河北大学出版社	2006	104	42	1	61
		2007	114	63	1	50
		2008	162	124	0	38
		2009	193	150	0	43
		2010	283	213	24	46
33	内蒙古大学出版社	2006	228	150	70	8
		2007	330	200	130	0
		2008	388	249	139	0
		2009	357	227	0	130

(续表)

序号	出版单位	年份	全年出版图书（含重印）	其中		
				新版	重版	重印
33	内蒙古大学出版社	2010	286	122	0	164
34	燕山大学出版社	2006				
		2007				
		2008				
		2009				
		2010				
35	中国人民大学书报资料中心	2006				
		2007				
		2008				
		2009				
		2010				
36	大连海事大学出版社	2006	285	125	3	157
		2007	248	94	4	150
		2008	327	128	6	193
		2009	312	138	2	172
		2010	302	122	0	180
37	大连理工大学出版社	2006	979	348	126	505
		2007	1144	391	150	603
		2008	1750	702	230	818
		2009	1897	663	308	926
		2010	1991	670	283	1038
38	东北财经大学出版社	2006	640	161	43	436
		2007	649	234	55	360
		2008	697	246	89	362
		2009	707	255	88	364
		2010	770	210	114	446
39	辽宁师范大学出版社	2006	1371	181	0	1190
		2007	765	195	0	570
		2008	551	162	0	389
		2009	777	261	0	516
		2010	1032	280	0	752
40	东北大学出版社	2006	203	120	0	83
		2007	213	145	4	64
		2008	230	148	6	76
		2009	259	139	0	120
		2010	225	125	0	100
41	辽宁大学出版社	2006	308	222	24	62
		2007	476	271	82	123
		2008	403	209	78	116
		2009	415	260	14	141
		2010	407	262	21	124
42	东北师范大学出版社	2006	1352	340	60	952
		2007	1596	415	64	1117

（续表）

序号	出版单位	年份	全年出版图书（含重印）	其中		
				新版	重版	重印
42	东北师范大学出版社	2008	2408	597	29	1782
		2009	2001	738	211	1052
		2010	2284	802	65	1417
43	吉林大学出版社	2006	184	159	4	21
		2007	268	229	7	32
		2008	384	342	6	36
		2009	1111	1012	20	79
		2010	1868	1436	113	319
44	延边大学出版社	2006	153	129	0	24
		2007	245	130	0	115
		2008	338	175	0	163
		2009	550	380	0	170
		2010	747	453	0	294
45	东北林业大学出版社	2006	159	133	2	24
		2007	182	159	8	15
		2008	217	198	9	10
		2009	173	156	3	14
		2010	183	141	3	39
46	哈尔滨工程大学出版社	2006	222	155	65	2
		2007	338	217	101	20
		2008	481	255	23	203
		2009	362	219	38	105
		2010	547	308	0	239
47	哈尔滨工业大学出版社	2006	308	153	10	145
		2007	459	221	52	186
		2008	479	211	119	149
		2009	452	168	131	153
		2010	504	216	37	251
48	黑龙江大学出版社	2006	0	0	0	0
		2007	10	10	0	0
		2008	99	90	1	8
		2009	108	95	0	13
		2010	133	107	0	26
49	山东大学出版社	2006	344	160	59	125
		2007	351	155	30	166
		2008	355	163	10	182
		2009	446	236	12	198
		2010	425	227	0	198
50	中国海洋大学出版社	2006	219	172	1	46
		2007	227	154	6	67
		2008	195	149	1	45
		2009	173	109	4	60
		2010	177	144	4	29

(续表)

序号	出版单位	年份	全年出版图书（含重印）	其中		
				新版	重版	重印
51	中国石油大学出版社	2006	459	162	11	286
		2007	462	153	47	262
		2008	466	187	61	218
		2009	420	187	40	193
		2010	666	365	54	247
52	中国科学技术大学出版社	2006	228	146	13	69
		2007	159	102	0	57
		2008	264	123	45	96
		2009	322	166	54	102
		2010	258	127	25	106
53	安徽大学出版社	2006	253	134	15	104
		2007	299	135	16	148
		2008	305	157	63	85
		2009	355	161	167	27
		2010	326	165	9	152
54	合肥工业大学出版社	2006	366	203	0	163
		2007	404	170	0	234
		2008	448	179	0	269
		2009	646	296	7	343
		2010	468	199	2	267
55	安徽师范大学出版社	2006	0	0	0	0
		2007	0	0	0	0
		2008	0	0	0	0
		2009	0	0	0	0
		2010	104	85	19	0
56	东南大学出版社	2006	1033	395	105	533
		2007	1650	425	25	1200
		2008	1646	406	40	1200
		2009	1760	500	60	1200
		2010	1330	500	80	750
57	南京大学出版社	2006	861	266	65	530
		2007	860	360	140	360
		2008	1085	485	113	487
		2009	1415	833	52	530
		2010	1673	940	35	698
58	南京师范大学出版社	2006	684	196	168	320
		2007	779	155	154	470
		2008	778	179	179	420
		2009	858	368	114	376
		2010	811	221	83	507
59	河海大学出版社	2006	217	110	107	0
		2007	275	116	44	115
		2008	241	99	33	109

(续表)

序号	出版单位	年份	全年出版图书（含重印）	其中		
				新版	重版	重印
59	河海大学出版社	2009	256	106	28	122
		2010	234	105	25	104
60	中国矿业大学出版社	2006	411	219	63	129
		2007	581	296	12	273
		2008	752	362	33	357
		2009	965	471	60	434
		2010	693	292	38	363
61	苏州大学出版社	2006	464	201	0	263
		2007	492	210	0	282
		2008	519	179	0	340
		2009	517	219	0	298
		2010	594	221	0	373
62	江苏大学出版社	2006	0	0	0	0
		2007	18	18	0	0
		2008	52	43	1	8
		2009	91	73	0	18
		2010	114	92	0	22
63	复旦大学出版社	2006	1030	442	28	560
		2007	1066	475	23	568
		2008	1147	485	78	584
		2009	1606	546	90	970
		2010	1715	570	116	1029
64	同济大学出版社	2006	508	234	16	258
		2007	522	312	17	193
		2008	511	215	42	254
		2009	568	218	38	312
		2010	518	224	39	255
65	东华大学出版社	2006	302	154	20	128
		2007	295	157	21	117
		2008	290	160	20	110
		2009	327	182	0	145
		2010	258	147	15	96
66	华东理工大学出版社	2006	383	185	12	186
		2007	415	181	29	205
		2008	474	226	19	229
		2009	423	166	22	235
		2010	454	232	31	191
67	华东师范大学出版社	2006	1579	511	244	824
		2007	1853	513	288	1052
		2008	2105	743	292	1070
		2009	2485	796	375	1314
		2010	2784	824	220	1740
68	立信会计出版社	2006	516	171	0	345

(续表)

序号	出版单位	年份	全年出版图书(含重印)	其中		
				新版	重版	重印
68	立信会计出版社	2007	488	180	0	308
		2008	524	240	0	284
		2009	486	217	23	246
		2010	665	263	21	381
69	上海财经大学出版社	2006	548	280	19	249
		2007	598	336	38	224
		2008	625	272	54	299
		2009	630	256	51	323
		2010	553	207	66	280
70	上海大学出版社	2006	312	126	7	179
		2007	340	152	0	188
		2008	336	150	6	180
		2009	180	125	0	55
		2010	191	121	23	47
71	上海交通大学出版社	2006	944	386	352	206
		2007	752	388	96	268
		2008	954	458	18	478
		2009	1088	618	18	452
		2010	1286	722	77	487
72	上海外语教育出版社	2006	1205	388	17	800
		2007	1049	279	0	770
		2008	1217	438	46	733
		2009	1193	440	52	701
		2010	1231	438	0	793
73	上海中医药大学出版社	2006	125	85	5	35
		2007	75	61	0	14
		2008	60	55	0	5
		2009	48	46	0	2
		2010	27	27	0	0
74	上海音乐学院出版社	2006	81	70	0	11
		2007	123	87	6	30
		2008	113	61	6	46
		2009	139	73	6	60
		2010	178	84	4	90
75	第二军医大学出版社	2006	136	116		20
		2007	142	109		33
		2008	164	132	2	30
		2009	187	151		36
		2010	191	161		30
76	浙江大学出版社	2006	2048	565	212	1271
		2007	2198	751	85	1362
		2008	2192	779	36	1377
		2009	2158	825	148	1185

(续表)

序号	出版单位	年份	全年出版图书（含重印）	其中		
				新版	重版	重印
76	浙江大学出版社	2010	2794	1284	70	1440
77	中国美术学院出版社	2006	170	115	55	0
		2007	212	119	1	92
		2008	210	124	0	86
		2009	134	94	0	40
		2010	169	123	0	46
78	浙江工商大学出版社	2006	0	0	0	0
		2007	0	0	0	0
		2008	32	31	0	1
		2009	118	94	0	24
		2010	249	157	0	92
79	厦门大学出版社	2006	415	198	2	215
		2007	420	208	0	212
		2008	448	210	86	152
		2009	459	239	55	165
		2010	513	290	60	163
80	江西高校出版社	2006				
		2007				
		2008				
		2009				
		2010				
81	河南大学出版社	2006	308	138	0	170
		2007	318	133	2	183
		2008	419	189	0	230
		2009	475	222	11	242
		2010	465	190	12	263
82	郑州大学出版社	2006	313	219	0	94
		2007	307	183	0	124
		2008	479	241	0	238
		2009	374	183	0	191
		2010	370	189	0	181
83	武汉大学出版社	2006	858	456	23	379
		2007	971	531	43	397
		2008	1469	721	0	748
		2009	1599	733	0	866
		2010	1856	906	0	950
84	武汉理工大学出版社	2006	267	73	0	194
		2007	514	131	0	383
		2008	631	178	43	410
		2009	574	176	24	374
		2010	655	173	46	436
85	华中科技大学出版社	2006	702	298	52	352
		2007	870	425	40	405

(续表)

序号	出版单位	年份	全年出版图书（含重印）	其中		
				新版	重版	重印
85	华中科技大学出版社	2008	1180	684	87	409
		2009	1278	762	84	432
		2010	1532	894	101	537
86	华中师范大学出版社	2006	524	203	56	265
		2007	518	165	112	241
		2008	596	169	94	333
		2009	537	215	46	276
		2010	1092	587	47	458
87	中国地质大学出版社	2006	139	70	62	7
		2007	142	75	2	65
		2008	142	66	4	72
		2009	171	105	3	63
		2010	183	103	4	76
88	湖南大学出版社	2006	238	113	10	115
		2007	250	146	28	76
		2008	354	241	22	91
		2009	323	172	30	121
		2010	298	165	48	85
89	湖南师范大学出版社	2006	365	120	10	235
		2007	230	119	4	107
		2008	306	189	15	102
		2009	362	210	6	146
		2010	326	160	2	164
90	中南大学出版社	2006	345	212	1	132
		2007	270	136	0	134
		2008	332	184	0	148
		2009	348	197	0	151
		2010	315	147	0	168
91	湘潭大学出版社	2006	0	0	0	0
		2007	15	14	0	1
		2008	49	46	0	3
		2009	91	82	0	9
		2010	121	108	0	13
92	国防科技大学出版社	2006				
		2007				
		2008				
		2009				
		2010				
93	广西师范大学出版社	2006	3188	597	1800	791
		2007	2776	565	1566	645
		2008	3651	607	2594	450
		2009	3658	1274	1541	843
		2010	3916	1067	1689	1160

(续表)

序号	出版单位	年份	全年出版图书（含重印）	其中		
				新版	重版	重印
94	中山大学出版社	2006	402	166	20	216
		2007	498	168	21	309
		2008	474	194	12	268
		2009	557	320	16	221
		2010	486	262	0	224
95	暨南大学出版社	2006	311	153	7	151
		2007	296	151	15	130
		2008	334	169	29	136
		2009	417	241	20	156
		2010	459	247	39	173
96	华南理工大学出版社	2006	546	168	50	328
		2007	508	168	51	289
		2008	510	160	48	302
		2009	537	175	36	326
		2010	523	166	42	315
97	广东高等教育出版社	2006				
		2007				
		2008				
		2009				
		2010				
98	汕头大学出版社	2006	269	139	5	125
		2007	129	77	0	52
		2008	239	216	2	21
		2009	336	306	0	30
		2010	232	225	0	7
99	电子科技大学出版社	2006	403	267	13	123
		2007	476	344	17	115
		2008	496	310	3	183
		2009	481	330	1	150
		2010	474	326	1	147
100	四川大学出版社	2006	502	296	42	164
		2007	528	279	10	239
		2008	712	318	8	386
		2009	774	498	4	272
		2010	903	478	13	412
101	西南财经大学出版社	2006	351	230	53	68
		2007	390	223	19	148
		2008	457	203	54	200
		2009	654	382	53	219
		2010	686	323	45	318
102	西南交通大学出版社	2006	389	268	15	106
		2007	604	301	11	292
		2008	605	290	22	293

(续表)

序号	出版单位	年份	全年出版图书（含重印）	其中		
				新版	重版	重印
102	西南交通大学出版社	2009	682	341	29	312
		2010	845	412	15	418
103	西南师范大学出版社	2006	778	260	52	466
		2007	861	258	67	536
		2008	976	335	71	570
		2009	1234	348	98	788
		2010	1040	354	155	531
104	重庆大学出版社	2006	776	304	68	404
		2007	1085	453	95	537
		2008	975	332	58	585
		2009	1024	441	32	551
		2010	1285	502	49	734
105	云南大学出版社	2006	269	184	0	85
		2007	343	229	0	114
		2008	283	178	0	105
		2009	343	256	0	87
		2010	327	257	0	70
106	贵州大学出版社	2006	0	0	0	0
		2007	11	11	0	0
		2008	—	—	—	—
		2009	—	—	—	—
		2010	149	144	5	0
107	陕西师范大学出版社	2006	591	237	10	344
		2007	591	237	10	344
		2008	731	401	12	318
		2009	694	296	8	390
		2010	696	373	12	311
108	西安交通大学出版社	2006	396	214	20	162
		2007	422	252	28	142
		2008	597	342	56	199
		2009	494	289	22	183
		2010	749	476	21	252
109	西安电子科技大学出版社	2006	384	137	24	223
		2007	468	154	41	273
		2008	549	226	33	290
		2009	481	196	23	262
		2010	439	106	31	302
110	西北大学出版社	2006	346	154	192	0
		2007	292	143	31	118
		2008	336	157	0	179
		2009	397	157	0	240
		2010	406	153	0	253
111	西北工业大学出版社	2006	319	136	0	183

(续表)

序号	出版单位	年份	全年出版图书（含重印）	其中		
				新版	重版	重印
111	西北工业大学出版社	2007	330	158	0	172
		2008	331	173	0	158
		2009	343	172	0	171
		2010	541	314	0	227
112	西北农林科技大学出版社	2006	72	70	0	2
		2007	80	67	0	13
		2008	100	69	0	31
		2009	115	84	0	31
		2010	123	93	0	30
113	第四军医大学出版社	2006	90	75		15
		2007	178	124	2	52
		2008	191	100	4	87
		2009	230	179	2	49
		2010	249	142		107
114	兰州大学出版社	2006	224	200	0	24
		2007	179	155	0	24
		2008	354	141	0	213
		2009	418	242	0	176
		2010	215	144	0	71
115	新疆大学出版社	2006	82	78	0	4
		2007	68	61	0	7
		2008	88	70	7	11
		2009	79	65	0	14
		2010	106	91	10	5

出版社国家重点图书出版情况表

单位:种

序号	单 位	入选国家"十一五"重点图书出版规划项目数	入选"十一五"国家规划教材项目数
1	北京大学出版社有限公司	17	322
2	北京大学医学出版社有限公司	16	127
3	北京工业大学出版社有限责任公司		1
4	北京航空航天大学出版社有限公司	6	41
5	北京理工大学出版社有限责任公司	6	42
6	北京师范大学出版社(集团)有限公司	6	106
7	北京体育大学出版社		17
8	北京邮电大学出版社	3	75
9	北京语言大学出版社	8	8
10	北京交通大学出版社有限责任公司		36
11	北京对外经济贸易大学出版社有限责任公司		29
12	北京旅游教育出版社有限责任公司		45
13	清华大学出版社有限公司	14	587
14	北京首都经济贸易大学出版社有限责任公司	3	7
15	北京首都师范大学出版社有限责任公司		1
16	外语教学与研究出版社有限责任公司	15	46
17	中国传媒大学出版社		20
18	中国农业大学出版社	8	122
19	中国人民大学出版社	14	370
20	中国人民公安大学出版社	1	13
21	中国协和医科大学出版社	9	4
22	中国政法大学出版社	10	32
23	中央广播电视大学出版社		6
24	中央民族大学出版社	1	3
25	中央音乐学院出版社	1	
26	高等教育出版社	16	2536
27	人民教育出版社	12	
28	教育科学出版社	6	
29	语文出版社		
30	天津大学出版社有限公司	1	49
31	南开大学出版社	1	22
32	河北大学出版社有限责任公司		
33	内蒙古大学出版社有限责任公司		
34	燕山大学出版社		
35	中国人民大学书报资料中心		

(续表)

序号	单 位	入选国家"十一五"重点图书出版规划项目数	入选"十一五"国家规划教材项目数
36	大连海事大学出版社	2	31
37	大连理工大学出版社有限公司	1	72
38	东北财经大学出版社有限责任公司	2	87
39	辽宁师范大学出版社有限责任公司		
40	东北大学出版社	2	5
41	辽宁大学出版社有限责任公司		3
42	长春东北师范大学出版社有限责任公司	1	5
43	吉林大学出版社		4
44	延边大学出版社有限责任公司		
45	东北林业大学出版社	1	1
46	哈尔滨工程大学出版社		
47	哈尔滨工业大学出版社	1	19
48	黑龙江大学出版社		
49	山东大学出版社有限公司	2	17
50	中国海洋大学出版社有限公司	3	1
51	中国石油大学出版社有限公司	3	17
52	中国科学技术大学出版社有限责任公司	3	24
53	安徽大学出版社有限责任公司		1
54	合肥工业大学出版社有限责任公司	1	3
55	安徽师范大学出版社		
56	南京东南大学出版社有限公司	7	46
57	南京大学出版社有限公司	2	29
58	南京师范大学出版社有限责任公司	1	7
59	南京河海大学出版社有限公司	2	1
60	中国矿业大学出版社有限责任公司	2	33
61	苏州大学出版社有限公司		2
62	江苏大学出版社有限公司		
63	复旦大学出版社有限公司	11	158
64	同济大学出版社有限公司	5	66
65	东华大学出版社有限公司	1	16
66	华东理工大学出版社有限公司	4	13
67	华东师范大学出版社有限公司	3	37
68	立信会计出版社	1	7
69	上海财经大学出版社有限公司	6	44
70	上海大学出版社有限公司	1	5
71	上海交通大学出版社有限公司	4	27
72	上海外语教育出版社有限公司	2	17
73	上海浦江教育出版社	2	
74	上海音乐学院出版社		
75	第二军医大学出版社		
76	浙江大学出版社有限责任公司	4	89
77	中国美术学院出版社有限公司		

(续表)

序号	单 位	入选国家"十一五"重点图书出版规划项目数	入选"十一五"国家规划教材项目数
78	浙江工商大学出版社		
79	厦门大学出版社	2	11
80	江西高校出版社		
81	河南大学出版社有限责任公司	1	1
82	郑州大学出版社有限公司	1	14
83	武汉大学出版社有限责任公司	12	77
84	武汉理工大学出版社	1	79
85	华中科技大学出版社有限责任公司	3	66
86	华中师范大学出版社有限责任公司	3	32
87	中国地质大学出版社有限责任公司	4	4
88	湖南大学出版社	4	46
89	湖南师范大学出版社	1	1
90	中南大学出版社	9	18
91	湘潭大学出版社		
92	国防科技大学出版社		
93	广西师范大学出版社有限责任公司	15	5
94	广州中山大学出版社有限公司	3	12
95	广州暨南大学出版社有限责任公司		8
96	华南理工大学出版社有限公司	2	33
97	广东高等教育出版社有限公司		
98	汕头大学出版社		
99	成都电子科技大学出版社有限责任公司		25
100	四川大学出版社有限公司		21
101	成都西南财大出版社有限责任公司		15
102	成都西南交大出版社有限公司	2	17
103	西南师范大学出版社有限公司	6	16
104	重庆大学出版社有限公司	1	116
105	云南大学出版社	3	4
106	贵州大学出版社		
107	陕西师范大学出版总社有限公司	2	3
108	西安交通大学出版社有限责任公司	2	19
109	西安电子科技大学出版社有限公司		66
110	西北大学出版社有限责任公司		2
111	西北工业大学出版社	2	13
112	西北农林科技大学出版社有限责任公司		4
113	第四军医大学出版社		
114	兰州大学出版社有限责任公司		7
115	新疆大学出版社		3
		333	6292

出版社电子出版物出版情况表

序号	出版单位	年份	新版		再版	
			种数	盘数(万)	种数	盘数(万)
1	北京大学出版社	2006	21	11.92	26	21.21
		2007	21	14.80	15	25.30
		2008	64	5.60	15	12.40
		2009	58	11.20	49	15.90
		2010	34	11.60	23	13.40
2	北京大学医学出版社	2006	6	1.65	6	6.60
		2007	4	1.40	11	5.30
		2008	2	0.60	11	7.20
		2009				
		2010	6	1.63	5	2.25
3	北京航空航天大学出版社	2006	36	19.30	24	8.90
		2007	27	14.10	25	11.80
		2008	52	25.00	27	11.00
		2009	44	20.00	27	10.50
		2010	55	29.00	26	9.50
4	北京理工大学出版社	2006	32	15.03	13	6.55
		2007	39	17.00	20	9.00
		2008	32	18.00	23	8.00
		2009	31	22.88	47	12.46
		2010	30	9.45	29	8.42
5	北京师范大学出版社	2006	20	7.25	12	19.90
		2007	18	59.70		
		2008				
		2009	38	27.83	2	5.20
		2010	65	23.25		
6	北京体育大学出版社	2006	5	21.20		
		2007	2	1.20		
		2008	12	3.00		
		2009	7	0.91	1	0.21
		2010	12	3.05	10	4.10
7	北京邮电大学出版社	2006	14	5.80	13	3.60
		2007	7	2.44		
		2008	9	2.18		
		2009				
		2010				
8	北京语言大学出版社	2006	17	3467.00	10	116.71

（续表）

序号	出版单位	年份	新版		再版	
			种数	盘数（万）	种数	盘数（万）
8	北京语言大学出版社	2007	64	34.56		
		2008	2	1.58		
		2009	39	21.65	11	3.51
		2010	34	21.91	26	22.38
9	北京交通大学出版社	2006	3	0.93		
		2007	12	5.60		
		2008	10	4.70		
		2009	11	5.00		
		2010	18	5.65	1	0.50
10	对外经济贸易大学出版社	2006				
		2007	10	5.00		
		2008	20	9.00		
		2009	30	14.00		
		2010	37	15.70		
11	清华大学出版社	2006	331	17.96	364	215.19
		2007	431	297.65	294	149.75
		2008	524	365.34	333	172.52
		2009	558	305.78	288	218.31
		2010	438	257.96	410	231.30
12	外语教学与研究出版社	2006	114	333.48	92	168.41
		2007	165	171.92	131	138.24
		2008				
		2009	258	277.69	250	1746.66
		2010	279	404.94	383	2419.89
13	中国传媒大学出版社	2006	7	1.40		
		2007	6	5600.00		
		2008	6	0.60		
		2009				
		2010				
14	中国人民大学出版社	2006	72	55.65	21	12.21
		2007	42	23.20	20	39.90
		2008	29	15.00	12	38.00
		2009	42	21.40	12	35.00
		2010	20	10.20	12	37.60
15	中国人民公安大学出版社	2006	1	1.00		
		2007	10	5.02		
		2008	4	7.42		
		2009	1	0.45	1	4.00
		2010	4			
16	中央广播电视大学出版社	2006	23	16.05	41	125.26
		2007	34	41.70	219	28.31
		2008	15	18.60	54	172.60
		2009	36	24.85	52	169.75
		2010	26	17.76	50	246.81

(续表)

序号	出版单位	年份	新版		再版	
			种数	盘数(万)	种数	盘数(万)
17	高等教育出版社	2006	12	11.02	365	867.73
		2007	11	1192.00	892	595.00
		2008	17	34.00	641	1145.00
		2009	37	2.62	765	1029.17
		2010	21	11.35	875	1029.38
18	人民教育出版社	2006	95	127.00	187	626.00
		2007	36	97.00	319	151.00
		2008	63	183.06	294	211.50
		2009	49	61.81	279	502.18
		2010	70	552.03	311	4090.73
19	教育科学电子出版社	2006	30	28.70	45	80.33
		2007	13	239.00	32	33.00
		2008				
		2009	60	31.00	47	388.00
		2010	77	196.00	34	375.00
20	天津大学出版社	2006	10	4.15		
		2007	12	4.37		
		2008	16	7.60		
		2009				
		2010	18	6.50		
21	南开大学出版社	2006	25	3.38	6	4.45
		2007	31	28.05	5	22.70
		2008	16	5.00	18	12.00
		2009	19	4.62	19	17.65
		2010	19	4.98	15	15.18
22	大连理工大学出版社	2006	49	41.05	1	0.20
		2007	49	38.00	11	24.00
		2008	42	38.00	52	151.00
		2009	34	33.36	76	169.79
		2010	51	29.83	47	194.72
23	东北师范大学出版社	2006	2	1.20		
		2007	4	3.20		
		2008	2	0.60		
		2009				
		2010	2	0.60		
24	中国石油大学出版社	2006				
		2007	19	20.00	13	46.00
		2008	12	27.07	8	28.61
		2009	3	2.00	12	71.00
		2010	7	31.00	12	37.00
25	合肥工业大学出版社	2006				
		2007				
		2008				
		2009	74	22.10		
		2010				

（续表）

序号	出版单位	年份	新版		再版	
			种数	盘数(万)	种数	盘数(万)
26	东南大学出版社	2006				
		2007				
		2008	20	5.95		
		2009	25	7.53		
		2010				
27	南京大学出版社	2006	11	4.06		
		2007	6	3.15	5	9.10
		2008	4	3.45	14	24.30
		2009	1	0.10	9	11.50
		2010	17	10.00	10	16.20
28	河海大学出版社	2006				
		2007	5	3.80		
		2008				
		2009				
		2010				
29	复旦大学电子出版社	2006	36	24.09	33	165.44
		2007				
		2008	76	51.79	55	265.87
		2009	81	68.50	84	346.62
		2010	84	64.00	108	461.40
30	同济大学出版社	2006	11	4.24	3	6.16
		2007	7	36.40	5	77.71
		2008	10	4.00	5	7.00
		2009	2	0.71	9	3.47
		2010	33	4.34	5	2.27
31	华东理工大学电子出版社	2006	20	22.50	9	4.50
		2007	14	1.63	7	2.60
		2008	19	12.93	9	5.12
		2009	9	5.01	8	3.95
		2010	18	15.30	4	1.50
32	华东师范大学出版社	2006	15	24.50	24	46.00
		2007	20	35.00	21	70.00
		2008	20	46.97	22	46.83
		2009	53	49.18	82	91.27
		2010	47	56.22	57	98.12
33	上海财经大学电子出版社	2006				
		2007	11	8.00	7	2.00
		2008	4	1.00	11	5.00
		2009	4	1.30	6	2.20
		2010	11	4.70	7	2.90
34	上海交通大学出版社	2006	4	1.42	1	0.40
		2007	9	3.14		
		2008	12	5.82	6	1.19
		2009	19	3.80	2	0.51
		2010	22	20.24	5	1.52

(续表)

序号	出版单位	年份	新版		再版	
			种数	盘数(万)	种数	盘数(万)
35	上海外语教育出版社	2006	41	786.84	38	1383.65
		2007	23	24.49	65	1932.01
		2008	21	100.00	75	1783.00
		2009	20	143.45	82	1919.50
		2010	21	53.80	86	1974.05
36	浙江大学出版社	2006	190	206.00		
		2007	92	15.40		
		2008	116	88.00		
		2009	120	90.00		
		2010	79	31.70	6	90.00
37	厦门大学出版社	2006	9	6.81	4	3.62
		2007	22	6.07	3	1.90
		2008	7	0.52	7	2.60
		2009				
		2010	2	0.60	6	2.70
38	江西高校出版社	2006				
		2007				
		2008	12	3.95		
		2009	4	0.71	2	0.60
		2010				
39	武汉大学出版社	2006	16	7.60	9	3.15
		2007	12	3.00	6	3.00
		2008	5	0.95	7	1.56
		2009	9	1.45	6	1.30
		2010	8	4.12	2	
40	武汉理工大学出版社	2006	26	41.11		
		2007	11	11.00	12	7.00
		2008	18	15.13	10	7.21
		2009	40	14.50	10	5.30
		2010	21		9	4.40
41	华中科技大学出版社	2006	58	14.43	2	0.37
		2007	91	48.57	25	0.66
		2008	54	57.00	49	34.00
		2009	109	31.92	133	52.63
		2010	96	118.92		
42	华中师范大学出版社	2006				
		2007	2	0.80		
		2008	6	3.00	2	1.60
		2009				
		2010	2	0.60		
43	中南大学出版社	2006				
		2007				
		2008	1			
		2009	2	0.90		
		2010				
44	华南理工大学出版社	2006	12	10.10	2	1.20

(续表)

序号	出版单位	年份	新版 种数	新版 盘数(万)	再版 种数	再版 盘数(万)
44	华南理工大学出版社	2007	3	3.00	5	3.00
		2008	3	0.90	3	2.10
		2009	5	2.40	1	
		2010	5	0.90		
45	电子科技大学出版社	2006	16	8.40	2	0.60
		2007	40	9.00		
		2008	30	15.00	23	9.00
		2009	18	12.04		
		2010	9	6.30		
46	四川大学出版社	2006	2	0.20		
		2007	7	1.75		
		2008	7	1.30		
		2009	1			
		2010	10	1.20		
47	西南交通大学出版社	2006	1	0.30		
		2007	3	1.00	1	
		2008	4	1.05	1	
		2009	6	5.67	2	
		2010	1		6	5.12
48	西南师范大学出版社	2006				
		2007	20	46.40		
		2008	22	4.80		
		2009	36	20.69	7	1.80
		2010	24	14.50	17	14.90
49	重庆大学电子出版社	2006	33	19.38	3	2.51
		2007	36	21.00	10	5.00
		2008	60	19.18	24	14.05
		2009	82	26.21	14	7.14
		2010	148	28.09	31	11.30
50	云南大学电子出版社	2006	0	0.00	1	0.20
		2007	3	0.60		
		2008	1	1.97		
		2009				
		2010	6	30.91	1	0.50
51	陕西师范大学出版社	2006	3	8.00		
		2007	33	2.18		
		2008	29	3.00		
		2009	7	1.80		
		2010	26	12.70		
52	西安交通大学出版社	2006	8	2.38	2	0.33
		2007				
		2008	6	1.00		
		2009	24	4.50		
		2010	20	130.47	1	

(续表)

序号	出版单位	年份	新版		再版	
			种数	盘数(万)	种数	盘数(万)
53	西安电子科技大学出版社	2006	36	7.90	0	0.00
		2007	13	5.20	7	10.66
		2008	13	4.40	8	4.13
		2009	7	2.80		
		2010	3	0.90		
54	西北大学出版社	2006				
		2007				
		2008	4			
		2009	5	3.40		
		2010	7	1.78	1	
55	西北工业大学出版社	2006	29	8.00	11	4.50
		2007	33	11.00		
		2008	21			
		2009	17	2.68	23	4.72
		2010	26	2.09	8	1.63

出版社音像出版物出版情况表

序号	出版单位	年份	新版			再版		
			种数	盘数	金额(万元)	种数	盘数	金额(万元)
1	北京大学出版社	2006	104	716950	416.60	144	718580	582.80
		2007	96	502000	546.80	116	665000	619.00
		2008	122	1139490	850.60	88	749250	570.80
		2009	168	821000	503.20	157	1002000	606.30
		2010	76	286100	429.60	129	557820	547.20
2	北京理工大学出版社	2006	23	334400	367.60	2	8000	6.40
		2007	4	8000	98.40			
		2008	1	1000	1.50			
		2009	5	20000	1.60			
		2010	5	20250	21.65	1	2000	1.60
3	北京师范大学出版社	2006	61	1930000	994.00			
		2007	26	55000	57.40	490	900000	7375.00
		2008	97	3380300	2554.11			
		2009	55	463137	179.79	56	3582700	892.81
		2010	93	400457	846.51			
4	北京体育大学出版社	2006	22	496340	744.00	38	149360	216.00
		2007	35	382550	1217.00	54	170820	6263.00
		2008	28	94000	256.10	122	313750	384.24
		2009	41	72080	406.35	93	273154	325.89
		2010	26	92000	144.00	77	146400	243.10
5	北京语言大学出版社	2006	88	188497	280.33	343	204498	559.16
		2007	68	282942	334.00	167	720674	608.52
		2008	19	43398	38.40	113	1692947	242.58
		2009	66	314400	417.86	106	453200	972.50
		2010	26	600000	460.33	92	240000	439.12
6	北京交通大学出版社	2006	1	4000				
		2007	12	65000	54.50			
		2008	7	28000	20.20			
		2009	10	99000	74.70			
		2010	16	102000	138.30			
7	对外经济贸易大学出版社	2006	5	19000	15.20	2	6000	4.80
		2007	14	48300	46.14			
		2008	4	26500	18.70			
		2009	1	300	0.24			
		2010	1	300	0.24			
8	旅游教育出版社	2007						

(续表)

序号	出版单位	年份	新版			再版		
			种数	盘数	金额(万元)	种数	盘数	金额(万元)
8	旅游教育出版社	2008	23	117400	195.50	11	111000	
		2009	23	138000	76.00			
		2010	22	117000		2	11000	
9	清华大学出版社	2006	41	340758	188.82	114	971094	568.95
		2007	23	231776	125.02	76	1564418	915.42
		2008	21	359458	180.13	67	740987	427.92
		2009	30	225020	112.51	54	1057393	573.01
		2010	11	224798	112.73	61	1558965	812.83
10	外语教学与研究出版社	2006						
		2007						
		2008						
		2009						
		2010	284	3294813	554.93	441	26392350	14922.66
11	中国传媒大学出版社	2006	9	63000	63.00			
		2007	3	9500	9.50	4	17000	30.60
		2008	18	22869	35.00			
		2009						
		2010				4	1845	2.28
12	中国人民大学出版社	2006	33	135500	148.45	3	60000	143.00
		2007	58	256400	442.45	9	99000	141.80
		2008	87	841000	1875.90	10	72000	155.70
		2009	50	157500	588.00	46	249200	491.19
		2010	160	556000	632.80	45	253000	799.20
13	中国人民公安大学出版社	2006						
		2007						
		2008	8	310000	463.00			
		2009	6	37350	127.50	1	4000	3.10
		2010	3	11200	22.40			
14	中央广播电视大学出版社	2006	212	177287	80.30	1654	6132582	2014.05
		2007	142	22714	29.01	348	6171683	2351.86
		2008	25	56473	28.30	475	8553781	2632.83
		2009	44	1378361	689.18	453	4752982	1842.82
		2010	39	31139	19.98	617	4546639	1526.41
15	高等教育出版社	2006	4	21689	4.26	85	2502796	515.17
		2007	36	32880	61.18	664	2569422	4161.47
		2008	28	36200	50.64	328	1161100	667.30
		2009	21	45600	72.10	490	945000	778.34
		2010				184	766700	1603.74
16	人民教育出版社	2006	434	20454000	5919.93	948	96666000	28976.74
		2007	229	25361118	6058.21	1360	96810632	25908.57
		2008	114	19032880	4988.80	1493	109733802	28762.12
		2009	66	4763501	3047.48	783	73662053	66151.84
		2010	51	1431703	1517.72	1044	84485162	75271.67
17	语文出版社	2006	58	8729	2.74	40	446400	280.41

(续表)

序号	出版单位	年份	新版			再版		
			种数	盘数	金额(万元)	种数	盘数	金额(万元)
17	语文出版社	2007	72	41452	35.00	49	302364	198.98
		2008	33	18600	14.40	52	343423	223.30
		2009	33	18600	14.40	52	338423	223.30
		2010	9	23000	16.00	14	400465	268.32
18	天津大学出版社	2006	4	12800	0.56			
		2007						
		2008						
		2009						
		2010	2	10000				
19	南开大学出版社	2006	4	5500	3.80	12	42000	30.30
		2007	3	14000	7.00	5	9800	7.80
		2008	3	14000	9.80	3	76000	53.20
		2009	5	13000	20.40	3	41000	12.30
		2010	2	6000	4.20	4	28000	19.60
20	大连理工大学出版社	2006	95	492905	422.00	122	726302	641.60
		2007	150	799870	495.00	135	766063	481.00
		2008	193	1068895	174.34	159	835785	108.21
		2009	171	939270	574.43	171	1214962	753.31
		2010	190	956920	622.24	292	1415094	881.53
21	东北大学出版社	2006	8	12500	10.00			
		2007	10	11980	8.38	2	8660	6.06
		2008	8	7500	5.25	1	3000	2.10
		2009	22	7160	8.66	6	11650	7.33
		2010	14	6700	3.06	5	10480	10.24
22	东北师范大学出版社	2006	1	9000	9.00	3	80000	78.00
		2007	5	63000	61.90	1	10000	9.80
		2008	30	380000	42.00	1	10000	7.20
		2009	42	546000	546.00			
		2010	37	274000	204.00	4	400000	200.00
23	吉林大学出版社	2006	7	110000	16.35			
		2007	6	15300				
		2008	7	10000				
		2009	20	25050	29.00			
		2010	5	4000	5.00	12	43000	60.00
24	哈尔滨工业大学电子出版社	2006						
		2007						
		2008	11	37000	19.00			
		2009						
		2010	18	53000	34.00	2	5000	3.20
25	山东大学音像出版社	2006	66	91600	56.60	5	153000	107.10
		2007	7	76000	45.60	5	52300	36.61
		2008	9	8300	7.47	5	44900	20.41
		2009	9	5600	6.00	5	33680	23.58
		2010				5	31510	15.76

(续表)

序号	出版单位	年份	新版			再版		
			种数	盘数	金额(万元)	种数	盘数	金额(万元)
26	中国石油大学出版社	2006						
		2007	15	141360	105.43	8	147500	83.25
		2008	12	66330	72.73	9	32700	30.17
		2009	1	5030	7.50	10	41020	61.50
		2010	4	37330	56.50	9	16660	12.80
27	中国科学技术大学出版社	2006	5	10954		11	27244	0.00
		2007	3	14700		6	13850	6.00
		2008	5	11400	2.30	2	4000	1.30
		2009						
		2010	7	138040	15.50			
28	合肥工业大学出版社	2006						
		2007						
		2008	2	6000				
		2009	3	6000				
		2010	9	39000				
29	东南大学出版社	2006						
		2007						
		2008	7	22000	63.95			
		2009	19	37000				
		2010						
30	南京大学出版社	2006	34	105100	50.40	1	5000	2.50
		2007	37	55200	37.40			
		2008	46	211000	186.92	6	20000	2.51
		2009	43	170600	19.10	3	37500	16.20
		2010	16	140000	4.26	3	50000	28.20
31	复旦大学出版社	2006	46	403580	555.64	64	877496	612.42
		2007	37	197500	164.40	85	1032950	704.60
		2008	6	21500	61.71	52	655124	438.37
		2009	6	16000	204.64	36	472200	169.99
		2010	24	77550	282.68	36	326550	227.06
32	同济大学出版社	2006	22	102039	80.90	39	118269	80.02
		2007	18	150000	115.37	18	70000	50.96
		2008	21	90000	45.75	17	80000	52.96
		2009	61	16600	25.79	46	261248	78.54
		2010	203	7400	67.65	16	76900	38.45
33	华东理工大学出版社	2006	18	119000	71.40	3	17000	10.20
		2007	27	268000	160.80	15	167000	100.20
		2008	61	510000	306.00	14	197000	118.20
		2009	49	346000	207.60	26	203500	122.10
		2010	54	423240	253.94	7	28000	16.80
34	华东师范大学出版社	2006	105	1092000	708.73	44	948000	587.40
		2007	34	349000	279.41	65	1300000	714.74
		2008	64	300000	199.79	92	1360000	963.41
		2009	39	232900	170.90	95	1037900	738.25

(续表)

序号	出版单位	年份	新版			再版		
			种数	盘数	金额(万元)	种数	盘数	金额(万元)
34	华东师范大学出版社	2010	40	271790	194.36	93	769330	493.73
35	上海交通大学出版社	2006	58	344500	331.73	46	120000	38.88
		2007	49	235415	221.25	45	198340	175.62
		2008	25	160750	250.35	25	163770	138.44
		2009	49	300300	314.04	34	140500	140.83
		2010	99	1100000	831.13	29	21	103.45
36	上海浦东教育出版社	2006	6	22450	40.41			
		2007	5	13711	28.02			
		2008	1	1000	8.00			
		2009						
		2010						
37	浙江大学出版社	2006	38	89000	700.00			
		2007	26	395354	753.41			
		2008	17	29000	14.50			
		2009	17	29000	14.50			
		2010	5	15000	246.00			
38	江西高校出版社	2006						
		2007						
		2008						
		2009	8	24000	43.20			
		2010	2	18500	18.50	1	120000	36.00
39	武汉大学出版社	2006	43	649020	367.01	19	47000	38.90
		2007	53	305480	200.16	20	71700	25.88
		2008	40	210000	391.78	23	103900	70.35
		2009	26	184500	421.66	19	60000	32.80
		2010	48	240880	390.50	36	194900	263.85
40	华中科技大学出版社	2006	27	135400	560.08	1	1000	1.00
		2007	32	161300	69.78			
		2008	19	544000	405.00	1	1500	4.50
		2009	71	291000	467.30	92	240700	370.56
		2010	46	179300	220.95			
41	湖南大学出版社	2006						
		2007						
		2008						
		2009						
		2010	19	79000				
42	中南大学出版社	2006	2	8000	26.00			
		2007	1	4000				
		2008	3	7100				
		2009	2	12000	21.60			
		2010	6	18000	2.61			
43	中山大学出版社	2006	20	440000	192.00			
		2007	32	18200	50.00			
		2008	19	724138				
		2009	37	499000				
		2010	40	360500		60	440580	

(续表)

序号	出版单位	年份	新版			再版		
			种数	盘数	金额(万元)	种数	盘数	金额(万元)
44	华南理工大学出版社	2006	3	27000	20.40	5	43000	39.60
		2007	8	73000				
		2008						
		2009						
		2010						
45	四川大学出版社	2006	29	228800	317.00			
		2007	24	34702	42.40			
		2008	7	8600	10.16			
		2009	8	23400	32.04			
		2010	9	38400	47.60			
46	西南交通大学出版社	2006	1	5000	2.70			
		2007	6	10000	3.80			
		2008	6	57500	25.05	1	4000	1.20
		2009	2	2343	0.70	2	3651	1.10
		2010	2	2631	0.79	4	5313	1.59
47	西南师范大学出版社	2006	12	44117	43.50	185	428680	206.74
		2007	53	520814	477.50	132	682945	622.50
		2008	69	641483	569.00	150	850164	781.00
		2009	60	444192	304.00	193	1084485	714.00
		2010	32	56546	55.56	208	810902	788.00
48	重庆大学出版社	2006	17	71400	49.98	7	34600	24.22
		2007	9	50000	34.86	15	70000	52.81
		2008	24	559381	408.71	6	30850	23.32
		2009	7	12100	18.07	18	283111	373.18
		2010	24	376925	500.93	13	82102	113.97
49	云南大学出版社	2006	10	75400	196.65			
		2007	12	51480	123.73			
		2008	15	113430	110.00			
		2009	15	124100	110.00	1	2000	
		2010	20	286530	22.15	3	32500	38.00
50	陕西师范大学出版社	2006	7	92000	155.60			
		2007	23	16400	96.60			
		2008	60	130000	218.80			
		2009	16	184500	739.20			
		2010	10	160000	338.30			
51	西安交通大学出版社	2006	21	187000	37.00	23	1443100	1000.79
		2007	59	2886700	88.30	19	229300	51.45
		2008	66	340000	173.40	35	1288100	872.31
		2009	68	472500	239.25	38	915600	617.12
		2010	139	3840000	2030.29	37	350000	213.95
52	西北工业大学出版社	2006	6		0.70	1		0.10
		2007	9	36000	19.00	1	10000	4.00
		2008	13			2		
		2009	6	27250	13.63	1	3050	1.53
		2010	19	73500	36.75			

出版社版权贸易情况表

单位:种

序号	出版单位	年份	版权贸易							
			版权引进	其中			版权输出	其中		
				教材	学术著作	一般图书		教材	学术著作	一般图书
1	北京大学出版社	2006	396	160	173	63	51	32	6	13
		2007	185	69	53	63	59	47	5	7
		2008	255	76	137	42	73	60	3	10
		2009	183	91	65	27	48	33	10	5
		2010	108	34	51	23	71	44	14	13
2	北京大学医学出版社	2006	42	1	35	6	0	0	0	0
		2007	66	7	56	3	1	0	1	0
		2008	67	0	66	1	1	0	1	0
		2009	60	19	41	0	0	0	0	0
		2010	58	11	47	0	0	0	0	0
3	北京工业大学出版社	2006	0	0	0	0	2	0	0	2
		2007	0	0	0	0	0	0	0	0
		2008	0	0	0	0	2	0	0	2
		2009	0	0	0	0	0	0	0	0
		2010	0	0	0	0	1	0	0	1
4	北京航空航天大学出版社	2006	9	0	0	9	0	0	0	0
		2007	11	0	0	11	0	0	0	0
		2008	18	0	0	18	3	0	0	3
		2009	19	0	0	19	4	0	0	4
		2010	7	0	0	7	2	0	0	2
5	北京理工大学出版社	2006	14	2	3	9	0	0	0	0
		2007	25	0	4	21	0	0	0	0
		2008	33	0	4	29	3	0	0	3
		2009	5	1	1	3	11	0	0	11
		2010	29	14	0	15	2	0	0	2
6	北京师范大学出版社	2006	43	10	8	25	3	1	0	2
		2007	24	0	24	0	2	0	0	2
		2008	8	0	4	4	0	0	0	0
		2009	37	0	37	0	54	0	0	54
		2010	27	0	27	0	118	4	114	0
7	北京体育大学出版社	2006	27	0	0	27	9	0	0	9
		2007	9	0	0	9	0	0	0	0
		2008	10	1	2	7	0	0	0	0

(续表)

序号	出版单位	年份	版权贸易						
			版权引进	其中			版权输出	其中		
				教材	学术著作	一般图书		教材	学术著作	一般图书
7	北京体育大学出版社	2009	99	19	29	51	5	0	0	5
		2010	11	0	0	11	7	0	0	7
8	北京邮电大学出版社	2006	4	0	4	0	1	0	0	1
		2007	3	0	3	0	1	0	0	1
		2008	5	1	2	2	2	0	0	2
		2009	3	0	3	0	2	1	0	1
		2010	0	0	0	0	0	0	0	0
9	北京语言大学出版社	2006	30	0	1	29	236	219	0	17
		2007	18	16	0	2	114	94	0	20
		2008	24	5	0	19	46	46	0	0
		2009	94	82	0	12	99	95	0	4
		2010	32	15	0	17	97	97	0	0
10	北京交通大学出版社	2006	0	0	0	0	0	0	0	0
		2007	1	1	0	0	0	0	0	0
		2008	0	0	0	0	0	0	0	0
		2009	0	0	0	0	0	0	0	0
		2010	1	0	0	1	0	0	0	0
11	对外经济贸易大学出版社	2006	4	0	1	3	0	0	0	0
		2007	1	0	0	1	0	0	0	0
		2008	2	0	1	1	0	0	0	0
		2009	2	1	0	1	0	0	0	0
		2010	2	0	1	1	0	0	0	0
12	旅游教育出版社	2006	27	0	6	21	0	0	0	0
		2007	12	0	0	12	2	2	0	0
		2008	31	0	0	31	2	2	0	0
		2009	51	0	1	50	0	0	0	0
		2010	0	0	0	0	0	0	0	0
13	清华大学出版社	2006	316	207	11	98	32	6	22	4
		2007	284	137	111	36	16	2	10	4
		2008	268	107	35	126	28	7	18	3
		2009	322	177	32	113	13	0	10	3
		2010	324	215	12	97	70	0	11	59
14	首都经济贸易大学出版社	2006	1	0	1	0	0	0	0	0
		2007	0	0	0	0	0	0	0	0
		2008	0	0	0	0	0	0	0	0
		2009	0	0	0	0	0	0	0	0
		2010	0	0	0	0	0	0	0	0
15	首都师范大学出版社	2006	3	0	0	3	0	0	0	0
		2007	4	0	0	4	0	0	0	0
		2008	6	0	0	6	0	0	0	0
		2009	17	0	0	17	0	0	0	0

(续表)

序号	出版单位	年份	版权贸易						
			版权引进	其中			版权输出	其中		
				教材	学术著作	一般图书		教材	学术著作	一般图书
15	首都师范大学出版社	2010	16	0	5	11	4	0	0	4
16	外语教学与研究出版社	2006	629	311	74	244	30	11	5	14
		2007	189	120	23	46	30	16	11	3
		2008	499	127	31	341	45	28	0	17
		2009	499	227	30	242	46	18	17	11
		2010	902	524	42	336	182	143	2	37
17	中国传媒大学出版社	2006	14	0	14	0	1	0	0	1
		2007	3	0	0	3	0	0	0	0
		2008	14	0	14	0	0	0	0	0
		2009	3	0	0	3	0	0	0	0
		2010	21	0	2	19	0	0	0	0
18	中国农业大学出版社	2006	8	0	0	8	2	1	0	1
		2007	9	0	9	0	1	0	1	0
		2008	14	0	5	9	0	0	0	0
		2009	9	0	9	0	0	0	0	0
		2010	0	0	0	0	0	0	0	0
19	中国人民大学出版社	2006	285	39	146	100	43	4	20	19
		2007	382	229	118	35	69	14	35	20
		2008	375	0	199	176	89	48	33	8
		2009	520	219	234	67	129	10	81	38
		2010	419	159	82	178	124	15	44	65
20	中国人民公安大学出版社	2006	5	0	4	1	0	0	0	0
		2007	18	0	18	0	0	0	0	0
		2008	3	0	3	0	0	0	0	0
		2009	6	0	4	2	0	0	0	0
		2010	9	0	6	3	0	0	0	0
21	中国协和医科大学出版社	2006	3	0	3	0	0	0	0	0
		2007	4	0	4	0	0	0	0	0
		2008	7	0	0	7	0	0	0	0
		2009	5	1	4	0	0	0	0	0
		2010	1	0	1	0	0	0	0	0
22	中国政法大学出版社	2006	5	0	5	0	0	0	0	0
		2007	3	0	3	0	0	0	0	0
		2008	6	0	6	0	0	0	0	0
		2009	12	1	11	0	0	0	0	0
		2010	21	0	21	0	0	0	0	0
23	中央广播电视大学出版社	2006	18	18	0	0	0	0	0	0
		2007	0	0	0	0	0	0	0	0
		2008	7	0	0	7	0	0	0	0
		2009	18	0	0	18	0	0	0	0
		2010	0	0	0	0	0	0	0	0

(续表)

序号	出版单位	年份	版权贸易							
			版权引进	其中			版权输出	其中		
				教材	学术著作	一般图书		教材	学术著作	一般图书
24	中央民族大学出版社	2006	0	0	0	0	0	0	0	0
		2007	0	0	0	0	0	0	0	0
		2008	1	0	1	0	0	0	0	0
		2009	8	0	8	0	0	0	0	0
		2010	0	0	0	0	0	0	0	0
25	中央音乐学院出版社	2006	5	0	5	0	0	0	0	0
		2007	3	1	2	0	0	0	0	0
		2008	8	0	8	0	0	0	0	0
		2009	3	0	1	2	0	0	0	0
		2010	2	0	2	0	0	0	0	0
26	高等教育出版社	2006	264	255	1	8	0	0	0	0
		2007	103	76	8	19	97	82	2	13
		2008	84	35	38	11	63	29	29	5
		2009	132	81	35	16	66	24	41	1
		2010	80	45	16	19	179	2	173	4
27	人民教育出版社	2006	3	2	1	0	29	27	0	2
		2007	20	0	16	4	62	49	0	13
		2008	3	0	0	3	98	84	0	14
		2009	10	0	1	9	89	77	4	8
		2010	2	0	0	2	99	96	3	0
28	教育科学出版社	2006	30	1	26	3	1	0	1	0
		2007	29	0	26	3	0	0	0	0
		2008	45	1	29	15	1	0	1	0
		2009	50	0	40	10	6	0	0	6
		2010	40	0	26	14	0	0	0	0
29	语文出版社	2006	0	0	0	0	0	0	0	0
		2007	0	0	0	0	0	0	0	0
		2008	0	0	0	0	0	0	0	0
		2009	0	0	0	0	0	0	0	0
		2010	0	0	0	0	0	0	0	0
30	天津大学出版社	2006	6	0	0	6	1	0	0	1
		2007	6	0	0	6	5	0	0	5
		2008	5	0	0	5	0	0	0	0
		2009	9	0	0	9	5	0	0	5
		2010	0	0	0	0	0	0	0	0
31	南开大学出版社	2006	23	23	0	0	0	0	0	0
		2007	23	23	0	0	0	0	0	0
		2008	2	1	1	0	0	0	0	0
		2009	3	1	2	0	0	0	0	0
		2010	25	7	2	16	0	0	0	0
32	河北大学出版社	2006	1	0	0	1	0	0	0	0

(续表)

序号	出版单位	年份	版权贸易							
			版权引进	其中			版权输出	其中		
				教材	学术著作	一般图书		教材	学术著作	一般图书
32	河北大学出版社	2007	0	0	0	0	1	0	0	1
		2008	9	0	5	4	0	0	0	0
		2009	2	0	0	2	0	0	0	0
		2010	0	0	0	0	0	0	0	0
33	内蒙古大学出版社	2006	1	0	1	0	1	0	1	0
		2007	0	0	0	0	0	0	0	0
		2008	0	0	0	0	0	0	0	0
		2009	1	0	1	0	0	0	0	0
		2010	0	0	0	0	0	0	0	0
34	燕山大学出版社	2006								
		2007								
		2008								
		2009								
		2010								
35	中国人民大学书报资料中心	2006								
		2007								
		2008								
		2009								
		2010								
36	大连海事大学出版社	2006	0	0	0	0	0	0	0	0
		2007	0	0	0	0	0	0	0	0
		2008	0	0	0	0	0	0	0	0
		2009	0	0	0	0	0	0	0	0
		2010	0	0	0	0	0	0	0	0
37	大连理工大学出版社	2006	22	4	1	17	2	0	0	2
		2007	62	16	0	46	3	0	0	3
		2008	91	5	2	84	7	0	0	7
		2009	61	0	5	56	0	0	0	0
		2010	21	5	0	16	8	0	0	8
38	东北财经大学出版社	2006	21	20	1	0	0	0	0	0
		2007	30	14	0	16	1	1	0	0
		2008	45	27	3	15	0	0	0	0
		2009	37	26	1	10	0	0	0	0
		2010	43	30	4	9	0	0	0	0
39	辽宁师范大学出版社	2006	0	0	0	0	0	0	0	0
		2007	0	0	0	0	0	0	0	0
		2008	0	0	0	0	0	0	0	0
		2009	0	0	0	0	0	0	0	0
		2010	0	0	0	0	0	0	0	0
40	东北大学出版社	2006	0	0	0	0	0	0	0	0
		2007	0	0	0	0	0	0	0	0

(续表)

序号	出版单位	年份	版权贸易							
			版权引进	其中			版权输出	其中		
				教材	学术著作	一般图书		教材	学术著作	一般图书
40	东北大学出版社	2008	0	0	0	0	0	0	0	0
		2009	1	1	0	0	0	0	0	0
		2010	0	0	0	0	0	0	0	0
41	辽宁大学出版社	2006	1	0	0	1	1	0	0	1
		2007	0	0	0	0	0	0	0	0
		2008	0	0	0	0	0	0	0	0
		2009	0	0	0	0	0	0	0	0
		2010	0	0	0	0	1	0	1	0
42	东北师范大学出版社	2006	2	2	0	0	0	0	0	0
		2007	8	0	0	8	55	0	0	55
		2008	7	0	0	7	4	0	0	4
		2009	7	0	0	7	0	0	0	0
		2010	0	0	0	0	0	0	0	0
43	吉林大学出版社	2006	0	0	0	0	0	0	0	0
		2007	0	0	0	0	0	0	0	0
		2008	0	0	0	0	0	0	0	0
		2009	0	0	0	0	0	0	0	0
		2010	0	0	0	0	6	0	0	6
44	延边大学出版社	2006	0	0	0	0	0	0	0	0
		2007	1	0	1	0	1	0	0	1
		2008	0	0	0	0	0	0	0	0
		2009	0	0	0	0	0	0	0	0
		2010	0	0	0	0	0	0	0	0
45	东北林业大学出版社	2006	0	0	0	0	0	0	0	0
		2007	0	0	0	0	0	0	0	0
		2008	0	0	0	0	0	0	0	0
		2009	0	0	0	0	0	0	0	0
		2010	0	0	0	0	0	0	0	0
46	哈尔滨工程大学出版社	2006	196	84	4	108	0	0	0	0
		2007	0	0	0	0	0	0	0	0
		2008	0	0	0	0	0	0	0	0
		2009	0	0	0	0	0	0	0	0
		2010	0	0	0	0	0	0	0	0
47	哈尔滨工业大学出版社	2006	0	0	0	0	0	0	0	0
		2007	2	1	0	1	1	0	0	1
		2008	12	0	0	12	0	0	0	0
		2009	16	0	0	16	0	0	0	0
		2010	2	0	0	2	0	0	0	0
48	黑龙江大学出版社	2006	0	0	0	0	0	0	0	0
		2007	0	0	0	0	0	0	0	0
		2008	0	0	0	0	0	0	0	0

(续表)

序号	出版单位	年份	版权贸易							
			版权引进	其中			版权输出	其中		
				教材	学术著作	一般图书		教材	学术著作	一般图书
48	黑龙江大学出版社	2009	0	0	0	0	0	0	0	0
		2010	0	0	0	0	0	0	0	0
49	山东大学出版社	2006	5	0	5	0	0	0	0	0
		2007	0	0	0	0	0	0	0	0
		2008	2	0	2	0	0	0	0	0
		2009	3	0	3	0	0	0	0	0
		2010	0	0	0	0	0	0	0	0
50	中国海洋大学出版社	2006	10	10	0	0	0	0	0	0
		2007	7	0	7	0	0	0	0	0
		2008	6	6	0	0	0	0	0	0
		2009	4	0	2	2	0	0	0	0
		2010	0	0	0	0	0	0	0	0
51	中国石油大学出版社	2006	0	0	0	0	0	0	0	0
		2007	1	1	0	0	0	0	0	0
		2008	1	1	0	0	0	0	0	0
		2009	0	0	0	0	0	0	0	0
		2010	0	0	0	0	0	0	0	0
52	中国科学技术大学出版社	2006	0	0	0	0	0	0	0	0
		2007	3	0	1	2	0	0	0	0
		2008	2	0	2	0	0	0	0	0
		2009	0	0	0	0	0	0	0	0
		2010	1	0	1	0	0	0	0	0
53	安徽大学出版社	2006	0	0	0	0	0	0	0	0
		2007	0	0	0	0	0	0	0	0
		2008	0	0	0	0	0	0	0	0
		2009	2	0	1	1	0	0	0	0
		2010	0	0	0	0	0	0	0	0
54	合肥工业大学出版社	2006	0	0	0	0	0	0	0	0
		2007	0	0	0	0	0	0	0	0
		2008	1	0	0	1	0	0	0	0
		2009	0	0	0	0	5	0	0	5
		2010	0	0	0	0	1	1	0	0
55	安徽师范大学出版社	2006	0	0	0	0	0	0	0	0
		2007	0	0	0	0	0	0	0	0
		2008	0	0	0	0	0	0	0	0
		2009	0	0	0	0	0	0	0	0
		2010	0	0	0	0	0	0	0	0
56	东南大学出版社	2006	39	0	0	39	0	0	0	0
		2007	35	0	0	35	0	0	0	0
		2008	32	0	0	32	0	0	0	0
		2009	27	0	0	27	0	0	0	0

（续表）

序号	出版单位	年份	版权贸易							
			版权引进	其中			版权输出	其中		
				教材	学术著作	一般图书		教材	学术著作	一般图书
56	东南大学出版社	2010	58	0	0	58	0	0	0	0
57	南京大学出版社	2006	39	3	24	12	2	0	2	0
		2007	77	8	45	24	1	0	0	1
		2008	150	64	0	86	2	1	0	1
		2009	43	2	19	22	0	0	0	0
		2010	39	2	7	30	4	1	0	3
58	南京师范大学出版社	2006	5	0	5	0	0	0	0	0
		2007	8	2	6	0	0	0	0	0
		2008	6	0	0	6	0	0	0	0
		2009	159	157	1	1	0	0	0	0
		2010	38	24	14	0	0	0	0	0
59	河海大学出版社	2006	0	0	0	0	0	0	0	0
		2007	0	0	0	0	0	0	0	0
		2008	1	0	1	0	0	0	0	0
		2009	0	0	0	0	0	0	0	0
		2010	0	0	0	0	0	0	0	0
60	中国矿业大学出版社	2006	2	1	1	0	0	0	0	0
		2007	0	0	0	0	0	0	0	0
		2008	2	0	2	0	0	0	0	0
		2009	2	0	2	0	1	0	0	1
		2010	1	0	1	0	1	0	0	1
61	苏州大学出版社	2006	0	0	0	0	0	0	0	0
		2007	3	3	0	0	0	0	0	0
		2008	1	0	0	1	0	0	0	0
		2009	2	0	0	2	0	0	0	0
		2010	4	0	4	0	0	0	0	0
62	江苏大学出版社	2006	0	0	0	0	0	0	0	0
		2007	0	0	0	0	0	0	0	0
		2008	1	0	0	1	0	0	0	0
		2009	0	0	0	0	0	0	0	0
		2010	0	0	0	0	0	0	0	0
63	复旦大学出版社	2006	40	24	13	3	5	3	1	1
		2007	46	27	19	0	5	0	5	0
		2008	20	2	9	9	8	4	4	0
		2009	28	5	10	13	9	0	3	6
		2010	33	16	14	3	8	1	7	0
64	同济大学出版社	2006	5	1	4	0	2	1	0	1
		2007	5	0	5	0	1	0	1	0
		2008	11	9	2	0	0	0	0	0
		2009	7	2	4	1	0	0	0	0
		2010	10	3	5	2	0	0	0	0

(续表)

序号	出版单位	年份	版权贸易							
			版权引进	其中			版权输出	其中		
				教材	学术著作	一般图书		教材	学术著作	一般图书
65	东华大学出版社	2006	0	0	0	0	0	0	0	0
		2007	0	0	0	0	0	0	0	0
		2008	0	0	0	0	0	0	0	0
		2009	0	0	0	0	0	0	0	0
		2010	0	0	0	0	0	0	0	0
66	华东理工大学出版社	2006	26	9	5	12	2	2	0	0
		2007	15	0	5	10	0	0	0	0
		2008	46	21	7	18	15	11	0	4
		2009	8	0	4	4	6	0	0	6
		2010	16	0	1	15	40	0	0	40
67	华东师范大学出版社	2006	142	6	113	23	20	0	2	18
		2007	57	8	49	0	9	3	0	6
		2008	126	0	84	42	32	0	0	32
		2009	155	1	57	97	42	0	1	41
		2010	82	0	58	24	25	0	0	25
68	立信会计出版社	2006	2	0	0	2	0	0	0	0
		2007	0	0	0	0	0	0	0	0
		2008	0	0	0	0	0	0	0	0
		2009	1	1	0	0	0	0	0	0
		2010	0	0	0	0	0	0	0	0
69	上海财经大学出版社	2006	36	8	7	21	18	10	8	0
		2007	24	4	1	19	1	1	0	0
		2008	15	3	2	10	0	0	0	0
		2009	14	1	3	10	0	0	0	0
		2010	21	1	5	15	0	0	0	0
70	上海大学出版社	2006	0	0	0	0	0	0	0	0
		2007	0	0	0	0	0	0	0	0
		2008	0	0	0	0	4	0	0	4
		2009	1	0	0	1	3	0	0	3
		2010	1	0	0	1	1	0	0	1
71	上海交通大学出版社	2006	10	0	0	10	0	0	0	0
		2007	7	1	2	4	0	0	0	0
		2008	9	0	0	9	0	0	0	0
		2009	47	4	25	18	4	2	2	0
		2010	50	14	15	21	21	0	2	19
72	上海外语教育出版社	2006	60	16	15	29	1	0	0	1
		2007	41	19	7	15	4	0	0	4
		2008	101	39	32	30	1	0	0	1
		2009	19	6	6	7	2	1	0	1
		2010	78	7	9	62	9	8	0	1
73	上海中医药大学出版社	2006	1	0	0	1	1	0	1	0

(续表)

序号	出版单位	年份	版权贸易							
			版权引进	其中			版权输出	其中		
				教材	学术著作	一般图书		教材	学术著作	一般图书
73	上海中医药大学出版社	2007	0	0	0	0	5	0	5	0
		2008	0	0	0	0	5	0	5	0
		2009	0	0	0	0	0	0	0	0
		2010	0	0	0	0	0	0	0	0
74	上海音乐学院出版社	2006	4	2	2	0	1	0	0	1
		2007	0	0	0	0	0	0	0	0
		2008	3	0	3	0	0	0	0	0
		2009	2	0	2	0	0	0	0	0
		2010	0	0	0	0	0	0	0	0
75	第二军医大学出版社	2006								
		2007								
		2008								
		2009								
		2010								
76	浙江大学出版社	2006	8	2	6	0	15	15	0	0
		2007	28	14	14	0	0	0	0	0
		2008	25	3	21	1	12	1	11	0
		2009	45	0	45	0	33	0	33	0
		2010	46	0	46	0	29	0	24	5
77	中国美术学院出版社	2006	1	0	1	0	0	0	0	0
		2007	1	0	0	1	0	0	0	0
		2008	2	0	2	0	0	0	0	0
		2009	0	0	0	0	0	0	0	0
		2010	3	0	3	0	0	0	0	0
78	浙江工商大学出版社	2006	0	0	0	0	0	0	0	0
		2007	0	0	0	0	0	0	0	0
		2008	0	0	0	0	0	0	0	0
		2009	0	0	0	0	0	0	0	0
		2010	0	0	0	0	0	0	0	0
79	厦门大学出版社	2006	0	0	0	0	0	0	0	0
		2007	0	0	0	0	1	1	0	0
		2008	0	0	0	0	0	0	0	0
		2009	1	0	0	1	0	0	0	0
		2010	0	0	0	0	0	0	0	0
80	江西高校出版社	2006								
		2007								
		2008								
		2009								
		2010								
81	河南大学出版社	2006	0	0	0	0	0	0	0	0
		2007	0	0	0	0	0	0	0	0

(续表)

序号	出版单位	年份	版权贸易							
			版权引进	其中			版权输出	其中		
				教材	学术著作	一般图书		教材	学术著作	一般图书
81	河南大学出版社	2008	3	0	3	0	0	0	0	0
		2009	6	0	6	0	0	0	0	0
		2010	7	0	7	0	0	0	0	0
82	郑州大学出版社	2006	0	0	0	0	1	1	0	0
		2007	2	0	2	0	0	0	0	0
		2008	0	0	0	0	0	0	0	0
		2009	0	0	0	0	176	94	25	57
		2010	0	0	0	0	0	0	0	0
83	武汉大学出版社	2006	36	11	25	0	5	2		3
		2007	13	6	6	1	2	0	0	2
		2008	13	2	5	6	1	0	0	1
		2009	19	1	2	16	0	0	0	0
		2010	14	0	0	14	3	1	0	2
84	武汉理工大学出版社	2006	0	0	0	0	0	0	0	0
		2007	0	0	0	0	0	0	0	0
		2008	0	0	0	0	0	0	0	0
		2009	0	0	0	0	0	0	0	0
		2010	0	0	0	0	0	0	0	0
85	华中科技大学出版社	2006	0	0	0	0	2	0	0	2
		2007	1	1	0	0	6	0	0	6
		2008	14	0	3	11	0	0	0	0
		2009	47	35	0	12	1	0	0	1
		2010	68	0	4	64	1	0	0	1
86	华中师范大学出版社	2006	1	0	0	1	0	0	0	0
		2007	2	1	1	0	0	0	0	0
		2008	7	0	7	0	0	0	0	0
		2009	99	0	94	5	2	0	0	2
		2010	0	0	0	0	1	1	0	0
87	中国地质大学出版社	2006	0	0	0	0	0	0	0	0
		2007	0	0	0	0	0	0	0	0
		2008	0	0	0	0	0	0	0	0
		2009	2	0	1	1	0	0	0	0
		2010	3	0	0	3	0	0	0	0
88	湖南大学出版社	2006	0	0	0	0	0	0	0	0
		2007	0	0	0	0	1	1	0	0
		2008	0	0	0	0	0	0	0	0
		2009	0	0	0	0	0	0	0	0
		2010	0	0	0	0	0	0	0	0
89	湖南师范大学出版社	2006	1	0	0	1	0	0	0	0
		2007	0	0	0	0	0	0	0	0
		2008	0	0	0	0	0	0	0	0

(续表)

序号	出版单位	年份	版权贸易						
			版权引进	其中			版权输出	其中		
				教材	学术著作	一般图书		教材	学术著作	一般图书
89	湖南师范大学出版社	2009	0	0	0	0	3	0	0	3
		2010	0	0	0	0	0	0	0	0
90	中南大学出版社	2006	0	0	0	0	0	0	0	0
		2007	1	0	0	1	0	0	0	0
		2008	0	0	0	0	0	0	0	0
		2009	0	0	0	0	0	0	0	0
		2010	0	0	0	0	0	0	0	0
91	湘潭大学出版社	2006	0	0	0	0	0	0	0	0
		2007	0	0	0	0	0	0	0	0
		2008	0	0	0	0	0	0	0	0
		2009	0	0	0	0	0	0	0	0
		2010	0	0	0	0	0	0	0	0
92	国防科技大学出版社	2006								
		2007								
		2008								
		2009								
		2010								
93	广西师范大学出版社	2006	104	0	58	46	9	0	4	5
		2007	97	0	50	47	9	0	3	6
		2008	86	0	49	37	10	0	2	8
		2009	82	0	32	50	16	5	2	9
		2010	166	0	68	98	21	0	4	17
94	中山大学出版社	2006	0	0	0	0	0	0	0	0
		2007	3	3	0	0	2	2	0	0
		2008	0	0	0	0	2	0	0	2
		2009	1	0	0	1	0	0	0	0
		2010	0	0	0	0	1	1	0	0
95	暨南大学出版社	2006	2	0	0	2	0	0	0	0
		2007	0	0	0	0	0	0	0	0
		2008	1	0	1	0	0	0	0	0
		2009	0	0	0	0	0	0	0	0
		2010	0	0	0	0	0	0	0	0
96	华南理工大学出版社	2006	0	0	0	0	0	0	0	0
		2007	1	0	0	1	1	1	0	0
		2008	1	0	0	1	0	0	0	0
		2009	0	0	0	0	0	0	0	0
		2010	0	0	0	0	0	0	0	0
97	广东高等教育出版社	2006								
		2007								
		2008								
		2009								

(续表)

序号	出版单位	年份	版权贸易							
			版权引进	其中			版权输出	其中		
				教材	学术著作	一般图书		教材	学术著作	一般图书
97	广东高等教育出版社	2010								
98	汕头大学出版社	2006	43	0	0	43	1	0	0	1
		2007	7	1	0	6	0	0	0	0
		2008	43	0	0	43	0	0	0	0
		2009	8	0	0	8	0	0	0	0
		2010	48	0	0	48	0	0	0	0
99	电子科技大学出版社	2006	0	0	0	0	0	0	0	0
		2007	6	0	0	6	0	0	0	0
		2008	0	0	0	0	0	0	0	0
		2009	0	0	0	0	0	0	0	0
		2010	0	0	0	0	0	0	0	0
100	四川大学出版社	2006	17	0	17	0	0	0	0	0
		2007	18	0	18	0	0	0	0	0
		2008	30	0	0	30	10	0	0	10
		2009	1	0	0	1	4	0	0	4
		2010	2	0	0	2	0	0	0	0
101	西南财经大学出版社	2006	2	1	1	0	0	0	0	0
		2007	3	0	3	0	0	0	0	0
		2008	2	2	0	0	0	0	0	0
		2009	1	0	0	1	0	0	0	0
		2010	1	0	0	1	4	0	4	0
102	西南交通大学出版社	2006	0	0	0	0	0	0	0	0
		2007	1	0	1	0	0	0	0	0
		2008	1	0	1	0	0	0	0	0
		2009	1	0	1	0	0	0	0	0
		2010	1	0	1	0	0	0	0	0
103	西南师范大学出版社	2006	0	0	0	0	0	0	0	0
		2007	1	0	1	0	0	0	0	0
		2008	0	0	0	0	0	0	0	0
		2009	0	0	0	0	0	0	0	0
		2010	0	0	0	0	0	0	0	0
104	重庆大学出版社	2006	56	3	0	53	0	0	0	0
		2007	38	0	0	38	1	0	0	1
		2008	57	0	0	57	0	0	0	0
		2009	51	0	0	51	1	0	0	1
		2010	64	0	0	64	3	0	0	3
105	云南大学出版社	2006	5	4	1	0	0	0	0	0
		2007	1	1	0	0	0	0	0	0
		2008	2	0	2	0	0	0	0	0
		2009	1	0	1	0	0	0	0	0
		2010	2	0	0	2	0	0	0	0

（续表）

序号	出版单位	年份	版权贸易							
			版权引进	其中			版权输出	其中		
				教材	学术著作	一般图书		教材	学术著作	一般图书
106	贵州大学出版社	2006	0	0	0	0	0	0	0	0
		2007	0	0	0	0	0	0	0	0
		2008	—	—	—	—	—	—	—	—
		2009	—	—	—	—	—	—	—	—
		2010	0	0	0	0	0	0	0	0
107	陕西师范大学出版社	2006	15	5	1	9	0	0	0	0
		2007	15	5	1	9	15	0	0	15
		2008	9	0	0	9	14	0	0	14
		2009	16	0	0	16	8	0	0	8
		2010	13	0	0	13	1	0	0	1
108	西安交通大学出版社	2006	9	8	0	1	1	1	0	0
		2007	21	5	0	16	0	0	0	0
		2008	48	13	0	35	0	0	0	0
		2009	42	10	0	32	1	1	0	0
		2010	74	6	0	68	0	0	0	0
109	西安电子科技大学出版社	2006	0	0	0	0	0	0	0	0
		2007	1	0	0	1	0	0	0	0
		2008	0	0	0	0	0	0	0	0
		2009	0	0	0	0	0	0	0	0
		2010	0	0	0	0	0	0	0	0
110	西北大学出版社	2006	0	0	0	0	1	0	0	1
		2007	2	0	0	2	1	0	0	1
		2008	3	0	0	3	0	0	0	0
		2009	0	0	0	0	0	0	0	0
		2010	0	0	0	0	0	0	0	0
111	西北工业大学出版社	2006	0	0	0	0	0	0	0	0
		2007	1	0	1	0	0	0	0	0
		2008	0	0	0	0	0	0	0	0
		2009	1	0	1	0	0	0	0	0
		2010	0	0	0	0	0	0	0	0
112	西北农林科技大学出版社	2006	0	0	0	0	0	0	0	0
		2007	0	0	0	0	0	0	0	0
		2008	0	0	0	0	0	0	0	0
		2009	0	0	0	0	0	0	0	0
		2010	0	0	0	0	0	0	0	0
113	第四军医大学出版社	2006	6	0	6	0	2	1	1	0
		2007	0	0	0	0	0	0	0	0
		2008	1	0	0	1	0	0	0	0
		2009	2	0	0	2	0	0	0	0
		2010	0	0	0	0	0	0	0	0
114	兰州大学出版社	2006	0	0	0	0	0	0	0	0

(续表)

序号	出版单位	年份	版权贸易							
			版权引进	其中			版权输出	其中		
				教材	学术著作	一般图书		教材	学术著作	一般图书
114	兰州大学出版社	2007	0	0	0	0	0	0	0	0
		2008	0	0	0	0	0	0	0	0
		2009	0	0	0	0	0	0	0	0
		2010	0	0	0	0	0	0	0	0
115	新疆大学出版社	2006	0	0	0	0	0	0	0	0
		2007	0	0	0	0	0	0	0	0
		2008	0	0	0	0	0	0	0	0
		2009	0	0	0	0	1	0	0	1
		2010	0	0	0	0	0	0	0	0

出版社经营情况统计表

单位:万元

序号	出版单位	年份	生产码洋	销售码洋	销售实洋	销售收入
1	北京大学出版社	2006	64140.48	36403.37	26700.70	23628.94
		2007	70140.00	41768.77	29529.56	23132.35
		2008	70248.00	39145.00	24993.00	22117.00
		2009	64332.64	41961.27	27239.03	24105.34
		2010	70613.00	49111.00	32164.00	28708.01
2	北京大学医学出版社	2006	9069.00	7500.00	4435.00	3925.00
		2007	10600.00	8228.00	4809.00	4255.00
		2008	10369.00	8955.00	5821.00	4045.00
		2009	10743.00	10300.00	6695.00	4749.00
		2010	11891.11	8833.48	5300.09	4690.34
3	北京工业大学出版社	2006	3087.46	3667.65	1774.82	1774.82
		2007	3553.00	3489.00	1879.00	1879.00
		2008	4900.00	4139.00	2254.00	1995.00
		2009	4642.79	4683.70	2492.41	2205.67
		2010	7190.00	6215.00	2863.00	2534.00
4	北京航空航天大学出版社	2006	4570.00	4320.00	2299.40	2034.39
		2007	5544.00	5030.00	2721.31	2408.24
		2008	6830.90	4949.83	3189.30	2421.77
		2009	8030.83	5500.79	3473.20	3073.63
		2010	9067.49	6169.09	4009.91	3548.59
5	北京理工大学出版社	2006	7620.00	5724.12	3648.72	3228.55
		2007	10583.00	7555.00	4442.00	3933.00
		2008	13782.15	10385.00	5853.00	5180.00
		2009	20557.88	14929.63	7930.43	6420.00
		2010	22194.37	19272.45	10005.00	8814.00
6	北京师范大学出版社	2006	106352.00	102017.00	60316.00	52462.83
		2007	110150.00	106571.98	64817.20	56602.63
		2008	131414.32	112486.66	71231.93	58362.10
		2009	113700.00	116806.00	71760.00	63924.00
		2010	132140.00	121256.00	73929.00	66480.00
7	北京体育大学出版社	2006	2787.11	2408.38	2195.64	1943.05
		2007	4773.60	3540.00	2408.00	2408.00
		2008	5465.00	3861.00	2405.00	2647.00
		2009	2652.00	3093.00	2011.00	1841.19
		2010	6403.28	3369.01	2260.36	2000.33
8	北京邮电大学出版社	2006	7019.95	4500.48	2653.04	2248.60
		2007	8556.41	4902.57	2485.32	2485.32

(续表)

序号	出版单位	年份	生产码洋	销售码洋	销售实洋	销售收入
8	北京邮电大学出版社	2008	9128.00	6200.00	2891.00	2891.00
		2009	8360.00	6242.00	2990.00	2990.00
		2010	8990.00	9043.00	3289.00	3289.00
9	北京语言大学出版社	2006	9687.11	7802.12	5495.15	4378.21
		2007	9369.78	6525.91	4482.80	4187.58
		2008	9973.08	7955.96	5518.90	4361.03
		2009	12552.11	12376.26	8140.36	7203.86
		2010	19515.26	16913.08	8076.73	7147.55
10	北京交通大学出版社	2006	6844.19	5157.05	2823.54	2087.53
		2007	7878.61	5890.46	3493.30	2479.39
		2008	8617.00	7267.00	4462.00	4158.62
		2009	9597.48	7673.70	4852.10	4403.00
		2010	12929.00	9104.57	5663.81	4318.77
11	对外经济贸易大学出版社	2006	7347.00	8650.00	5727.00	3158.00
		2007	7300.00	9078.00	2158.60	2979.00
		2008	6716.00	9170.00	5135.00	3184.00
		2009	5501.00	8900.00	5316.00	3296.00
		2010	6264.00	9010.00	5350.00	3317.00
12	旅游教育出版社	2006	3830.40	3228.96	2195.69	1943.00
		2007	4493.50	3401.08	2225.00	1623.00
		2008	6025.06	4512.60	2797.80	2025.00
		2009	3941.17	4512.60	2933.19	1930.41
		2010	4507.00	3630.00	2196.00	2060.00
13	清华大学出版社	2006	83908.00	72366.00	43453.00	39159.58
		2007	93955.38	88082.60	55132.32	41812.43
		2008	100855.11	91173.94	58291.26	42333.23
		2009	86000.00	71200.00	46200.00	40448.85
		2010	104629.17	93971.27	59038.82	45159.47
14	首都经济贸易大学出版社	2006	3423.00	2900.00	1849.00	1637.00
		2007	3200.00	2766.00	1798.00	1591.00
		2008	3800.00	2875.00	1869.00	1645.00
		2009	2554.00	3100.00	2036.00	1802.00
		2010	3003.34	2682.28	1746.30	1679.85
15	首都师范大学出版社	2006	8813.91	6504.24	4070.87	3602.55
		2007	9635.71	7803.44	4640.91	4107.62
		2008	12052.53	6853.00	4078.00	3609.00
		2009	11268.15	8726.15	5186.00	4589.38
		2010	13427.65	11172.85	6169.71	5459.92
16	外语教学与研究出版社	2006	150000.00	140000.00	100800.00	65552.00
		2007	176000.00	132228.00	89853.00	77561.00
		2008	171647.00	164377.00	115328.00	80962.14
		2009	183767.17	154551.00	103563.00	84894.42
		2010	218044.00	186743.00	119158.00	92765.85
17	中国传媒大学出版社	2006	3916.00	3483.29	1200.00	1843.86

（续表）

序号	出版单位	年份	生产码洋	销售码洋	销售实洋	销售收入
17	中国传媒大学出版社	2007	4203.00	2752.00	1943.60	1720.00
		2008	4021.00	2973.00	2163.00	1750.00
		2009	3591.25	3162.84	2033.99	2163.66
		2010	5520.00	4322.00	3022.00	2674.00
18	中国农业大学出版社	2006	2309.58	2076.36	1536.51	1360.36
		2007	3000.00	2785.00	1671.00	1479.00
		2008	5000.00	3566.00	2362.00	2091.00
		2009	6487.07	5859.78	3515.87	3111.38
		2010	5293.60	5925.00	3555.00	3146.00
19	中国人民大学出版社	2006	47870.50	47064.77	29796.71	26357.52
		2007	62000.00	48414.00	31245.00	27651.00
		2008	63840.80	49914.00	31118.00	27538.00
		2009	64500.00	52715.00	33567.00	29705.00
		2010	74500.00	51160.00	33271.00	29415.00
20	中国人民公安大学出版社	2006	6066.54	5650.12	3911.81	3461.78
		2007	7869.85	5968.54	4400.71	5348.00
		2008	8592.00	6880.66	5206.00	5206.00
		2009	10863.82	8107.77	5816.00	5146.68
		2010	12457.64	7414.89	6083.36	5383.51
21	中国协和医科大学出版社	2006	6412.85	3005.06	1953.29	1953.29
		2007	5354.00	3140.00	2140.00	2140.00
		2008	4656.90	3613.46	2348.75	2078.54
		2009	7251.75	3683.73	2418.66	2140.41
		2010	8802.00	3687.00	2205.00	1951.00
22	中国政法大学出版社	2006	6200.00	5689.65	3248.07	2874.40
		2007	7273.00	5477.00	3576.00	3195.00
		2008	6040.00	6285.00	3819.00	3380.00
		2009	6534.00	5470.00	3359.00	3308.00
		2010	6477.00	4755.00	2749.00	2463.00
23	中央广播电视大学出版社	2006	35507.85	46442.83	30075.88	30075.88
		2007	37920.00	34972.00	21822.00	21822.00
		2008	43354.00	38100.00	23700.00	23700.00
		2009	38533.00	34169.00	21392.00	21392.00
		2010	46216.00	37545.00	23298.00	23298.00
24	中央民族大学出版社	2006	2512.77	2302.65	1083.92	1083.92
		2007	1473.75	2093.56	943.99	1069.23
		2008	939.60	908.95	506.69	649.24
		2009	1217.76	1398.34	999.66	1148.48
		2010	1170.13	872.23	677.28	865.94
25	中央音乐学院出版社	2006	714.45	269.45	205.90	182.21
		2007	640.00	440.00	247.00	219.00
		2008	682.08	443.00	288.00	228.00
		2009	566.00	519.00	394.00	349.00
		2010	602.00	502.00	292.00	259.00

(续表)

序号	出版单位	年份	生产码洋	销售码洋	销售实洋	销售收入
26	高等教育出版社	2006	83400.00	85000.00	48881.28	43257.77
		2007	84954.00	85032.00	48045.00	44789.00
		2008	102685.38	105676.00	56859.98	50318.56
		2009	103515.00	106328.00	60324.00	50478.00
		2010	107944.26	109449.00	56515.75	50013.94
27	人民教育出版社	2006	240142.31	236301.12	138180.90	118103.33
		2007	230690.90	234286.58	156974.50	138914.87
		2008	282292.45	257222.11	158408.62	140184.62
		2009	234501.83	246196.94	162901.06	144160.23
		2010	335889.11	284222.38	173528.44	153564.99
28	教育科学出版社	2006	145004.95	141035.11	115130.80	104668.29
		2007	134452.69	135880.17	86565.31	76552.41
		2008	141612.84	143447.28	92569.23	114674.34
		2009	175276.10	180728.10	112030.51	99130.55
		2010	205511.75	203481.76	125235.46	167805.22
29	语文出版社	2006	19863.56	17635.26	11589.76	9905.78
		2007	17944.36	18057.59	11482.90	10161.86
		2008	23388.66	21802.30	13898.74	12299.77
		2009	23895.47	21738.75	13540.36	11982.62
		2010	29422.57	25663.33	15895.55	14066.86
30	天津大学出版社	2006	5536.05	5616.01	2742.31	2748.92
		2007	6541.00	6231.00	4050.00	2928.00
		2008	7532.57	4667.60	3033.94	2995.07
		2009	9449.30	7171.64	3400.00	3060.00
		2010	12630.73	10062.97	4072.00	4072.00
31	南开大学出版社	2006	8088.11	9390.00	5821.80	4075.26
		2007	7683.70	8920.50	5530.71	3871.50
		2008	4566.38	5673.25	3574.14	2915.00
		2009	6405.94	4162.38	3071.00	2718.00
		2010	5693.66	5050.11	3044.57	2777.00
32	河北大学出版社	2006	3985.64	3538.21	2355.16	2084.21
		2007	3016.77	3240.00	1966.00	1875.00
		2008	4277.22	3776.59	2875.67	2660.59
		2009	5636.00	2850.00	1904.00	1685.00
		2010	4706.80	3987.09	2340.56	2071.38
33	内蒙古大学出版社	2006	5600.00	4500.00	2763.31	2393.07
		2007	6100.00	4946.00	3413.00	2873.00
		2008	6800.00	5525.00	3812.00	3374.00
		2009	5100.00	4657.00	3493.00	3493.00
		2010	6317.00	5146.00	3602.00	3602.00
34	燕山大学出版社	2006				
		2007				
		2008				
		2009				

（续表）

序号	出版单位	年份	生产码洋	销售码洋	销售实洋	销售收入
34	燕山大学出版社	2010				
35	中国人民大学书报资料中心	2006				
		2007				
		2008				
		2009				
		2010				
36	大连海事大学出版社	2006	3373.48	2649.70	1987.27	1758.65
		2007	2267.53	2696.74	2023.00	1790.00
		2008	2974.00	2678.00	1950.00	2045.00
		2009	3176.60	3501.00	2626.00	2423.00
		2010	3270.00	3406.00	2555.00	2261.00
37	大连理工大学出版社	2006	12756.05	11234.13	6297.57	6719.78
		2007	16732.00	15826.00	9086.00	7289.00
		2008	24231.57	18667.83	11026.39	10835.00
		2009	25000.00	21773.00	12695.00	12695.00
		2010	26609.00	28302.00	13227.00	13064.00
38	东北财经大学出版社	2006	9174.50	10715.32	5895.84	6072.25
		2007	10513.00	12240.00	7956.00	6768.00
		2008	11400.00	15588.00	9820.00	7070.00
		2009	12435.26	13314.36	10673.00	6865.00
		2010	12264.53	15606.11	10143.94	7095.21
39	辽宁师范大学出版社	2006	19000.00	21100.00	10800.00	9575.00
		2007	37360.00	26010.00	14306.00	12663.00
		2008	26919.00	27558.00	14429.00	12769.00
		2009	27090.00	26430.00	13666.00	12094.00
		2010	26967.00	25918.00	16347.00	14466.00
40	东北大学出版社	2006	1300.00	1153.44	807.41	807.41
		2007	1426.00	1478.00	887.00	785.00
		2008	2058.00	1676.00	788.00	697.00
		2009	2802.00	1890.00	756.00	712.00
		2010	2918.00	1955.00	782.00	771.00
41	辽宁大学出版社	2006	7111.00	4604.00	2762.40	2490.00
		2007	4270.00	3767.00	2260.00	2260.00
		2008	4427.00	3990.00	1769.00	1769.00
		2009	4897.34	5321.02	1927.00	1927.00
		2010	4913.00	5355.00	2023.00	2023.00
42	东北师范大学出版社	2006	32330.00	28340.00	13290.00	9213.00
		2007	38050.00	20955.00	10375.00	10375.00
		2008	43000.00	38000.00	30000.00	13000.00
		2009	44614.00	41200.00	33335.00	11425.00
		2010	44705.00	41500.00	33450.00	12300.00
43	吉林大学出版社	2006	3352.00	2153.00	1347.00	842.00
		2007	4900.00	3200.00	1510.00	1208.00
		2008	7946.00	5348.00	2674.00	1337.00

（续表）

序号	出版单位	年份	生产码洋	销售码洋	销售实洋	销售收入
43	吉林大学出版社	2009	9846.00	8500.00	4250.00	2577.00
		2010	15500.00	12600.00	6300.00	3574.00
44	延边大学出版社	2006	6415.00	5026.00	2407.00	2407.00
		2007	13704.00	12333.00	6735.00	5085.00
		2008	16580.00	14206.00	6748.00	5972.00
		2009	28020.00	25218.00	13556.00	12158.00
		2010	20722.00	23809.00	15101.00	13363.00
45	东北林业大学出版社	2006	722.23	1012.48	647.99	498.45
		2007	566.00	852.00	545.00	419.00
		2008	814.00	573.00	344.00	414.00
		2009	785.00	584.00	512.00	477.00
		2010	1379.31	875.87	616.29	545.39
46	哈尔滨工程大学出版社	2006	1752.96	1044.82	660.75	660.75
		2007	1778.03	1814.50	933.57	694.87
		2008	5924.00	4665.00	3498.00	958.64
		2009	6980.00	5586.00	4251.00	1076.14
		2010	5500.00	5800.00	4900.00	1523.00
47	哈尔滨工业大学出版社	2006	2922.90	2065.00	1280.00	1311.50
		2007	4050.00	3160.00	1833.00	1479.40
		2008	4675.00	3540.00	2052.00	1721.30
		2009	4589.21	3401.00	1925.00	1877.00
		2010	5097.64	5096.95	2597.10	1766.90
48	黑龙江大学出版社	2006	0.00	0.00	0.00	0.00
		2007	61.00	14.00	8.00	29.00
		2008	737.00	500.00	280.00	376.60
		2009	1119.79	884.25	573.32	348.00
		2010	1169.40	1091.00	637.50	637.50
49	山东大学出版社	2006	16324.09	5131.74	2424.82	3079.05
		2007	13339.09	6971.22	4289.19	3795.74
		2008	13727.52	8227.78	4568.78	4042.27
		2009	14130.00	8117.68	3794.28	3720.14
		2010	10208.43	7765.20	5435.64	4810.30
50	中国海洋大学出版社	2006	2050.64	1987.45	1114.10	985.93
		2007	2646.00	1720.00	841.00	841.00
		2008	4252.00	2600.00	1142.00	901.00
		2009	1881.00	1787.00	1108.00	865.00
		2010	2300.00	1565.00	939.00	939.00
51	中国石油大学出版社	2006	6779.00	5913.00	4125.00	3831.00
		2007	6831.00	6131.00	5874.00	3182.00
		2008	9081.00	8499.00	5573.00	4121.00
		2009	8230.00	7714.00	5091.00	4002.00
		2010	12516.00	11655.00	7962.00	5370.80
52	中国科学技术大学出版社	2006	2244.00	1641.00	1083.70	1083.70
		2007	2095.00	2100.00	1352.00	1327.00

(续表)

序号	出版单位	年份	生产码洋	销售码洋	销售实洋	销售收入
52	中国科学技术大学出版社	2008	3227.00	2148.00	1460.00	1460.00
		2009	4520.00	3660.00	2260.00	1800.00
		2010	3213.00	2953.00	2008.00	2008.00
53	安徽大学出版社	2006	5794.15	2927.83	1976.28	1873.82
		2007	7244.70	5977.38	3194.04	3194.04
		2008	9139.01	6587.22	3960.13	3504.54
		2009	6692.92	3689.31	2403.55	2403.55
		2010	16321.90	12044.63	5138.07	4546.96
54	合肥工业大学出版社	2006	3400.00	2200.00	1400.00	957.00
		2007	3945.50	2410.80	1581.10	1085.71
		2008	4500.00	3000.00	2500.00	1277.00
		2009	5722.90	3188.40	2550.70	1594.20
		2010	4270.60	3838.00	2246.20	2155.30
55	安徽师范大学出版社	2006	0.00	0.00	0.00	0.00
		2007	0.00	0.00	0.00	0.00
		2008	0.00	0.00	0.00	0.00
		2009	0.00	0.00	0.00	0.00
		2010	131.80	235.88	158.89	110.00
56	东南大学出版社	2006	28043.96	23337.27	12201.21	10102.44
		2007	28531.98	24330.23	11516.90	9597.42
		2008	24252.18	20675.64	8827.99	7356.66
		2009	18688.98	18447.10	9928.29	8786.10
		2010	18571.00	16478.00	7856.00	7856.00
57	南京大学出版社	2006	13323.20	11588.12	5001.32	5001.32
		2007	11051.00	11028.00	5447.00	5447.00
		2008	11113.00	10979.00	6297.00	6297.00
		2009	15115.00	16079.00	8483.00	8483.00
		2010	22071.00	19292.00	10476.00	10476.00
58	南京师范大学出版社	2006	13400.02	12327.57	5594.05	11758.04
		2007	13430.48	12686.92	5798.17	11933.16
		2008	31491.30	25909.72	14407.31	24442.93
		2009	24411.72	27281.83	15580.47	25489.39
		2010	18225.51	19243.97	7929.96	18331.67
59	河海大学出版社	2006	2452.64	3512.91	2574.70	1790.00
		2007	4016.35	4148.43	2766.80	1677.22
		2008	4050.00	3314.00	1926.00	1704.00
		2009	3517.59	3435.00	1829.24	1829.24
		2010	2548.10	2053.37	1166.73	1166.73
60	中国矿业大学出版社	2006	5548.58	4286.03	3214.52	2844.71
		2007	7113.00	5031.00	2003.00	1968.00
		2008	8592.89	5585.38	4641.00	4107.00
		2009	11850.00	8772.00	5216.00	4615.00
		2010	9590.60	8962.70	5977.00	5289.00
61	苏州大学出版社	2006	10193.00	10987.80	7026.38	7026.38

(续表)

序号	出版单位	年份	生产码洋	销售码洋	销售实洋	销售收入
61	苏州大学出版社	2007	10384.00	10186.81	6246.59	5527.95
		2008	11178.85	14885.13	10012.22	8860.19
		2009	11462.50	19856.74	11601.79	10266.84
		2010	12034.65	11340.20	5806.23	5138.24
62	江苏大学出版社	2006	0.00	0.00	0.00	0.00
		2007	129.05	67.15	46.70	46.70
		2008	640.00	370.00	203.40	180.00
		2009	840.00	450.08	292.55	292.55
		2010	1350.00	635.00	430.80	381.23
63	复旦大学出版社	2006	26091.04	24069.46	14295.38	13755.39
		2007	29320.00	25153.00	15304.00	13543.00
		2008	32165.99	29548.55	17239.00	15282.00
		2009	31817.80	31491.35	19775.60	17500.53
		2010	35732.65	33229.34	22298.63	19733.30
64	同济大学出版社	2006	7000.00	4804.00	2982.00	3194.00
		2007	8901.52	6276.15	3979.00	3203.13
		2008	8174.00	6318.56	4206.07	3562.20
		2009	7725.51	8272.50	6152.50	3533.60
		2010	7204.00	6100.00	3889.00	3496.00
65	东华大学出版社	2006	4066.21	2410.00	1576.00	1300.00
		2007	3300.00	2900.00	1740.00	1342.00
		2008	3230.00	2290.00	1440.56	1440.56
		2009	2879.00	2671.00	1589.00	1378.00
		2010	3100.00	2300.00	1400.00	1400.00
66	华东理工大学出版社	2006	5090.68	5136.17	2590.00	2292.03
		2007	5443.04	4891.75	2386.44	2299.29
		2008	6799.16	5623.37	2956.44	2616.32
		2009	5044.70	5240.92	3038.76	2689.17
		2010	5670.87	4184.60	2600.38	2301.22
67	华东师范大学出版社	2006	50871.58	56061.00	25558.62	22618.25
		2007	50600.00	58000.00	26498.00	23450.00
		2008	59300.00	58866.00	28453.00	25180.00
		2009	60004.00	60661.00	30104.00	26641.00
		2010	55631.00	64716.00	30898.00	27270.00
68	立信会计出版社	2006	7119.12	6333.26	3881.45	3434.91
		2007	8334.00	6540.00	4133.00	3657.00
		2008	7058.00	6553.00	4274.00	3782.00
		2009	6951.29	6652.63	4043.94	3578.71
		2010	8922.05	8179.61	4698.41	4157.88
69	上海财经大学出版社	2006	6987.51	6407.96	4709.37	4148.44
		2007	6251.00	7232.00	3938.00	4075.00
		2008	7441.00	8093.00	4618.00	4087.00
		2009	7832.00	6576.00	4235.00	4306.00
		2010	6786.00	5987.00	4472.00	3958.00

(续表)

序号	出版单位	年份	生产码洋	销售码洋	销售实洋	销售收入
70	上海大学出版社	2006	2823.97	2207.83	1349.04	1193.73
		2007	2484.73	2166.73	1430.90	1266.28
		2008	1904.16	1723.00	1328.44	1175.61
		2009	2297.61	1796.57	1310.01	1159.30
		2010	2653.33	1844.19	1187.76	1051.10
71	上海交通大学出版社	2006	11606.18	10335.00	5414.00	4791.15
		2007	11606.00	10335.00	6175.00	5465.00
		2008	17906.00	15987.00	7334.00	6490.00
		2009	22006.00	18225.00	8201.00	7257.00
		2010	23214.00	22612.00	11202.00	11202.00
72	上海外语教育出版社	2006	57591.07	54352.86	37831.48	33453.21
		2007	55468.15	54384.99	37663.21	33330.21
		2008	63306.68	56974.52	39791.13	35213.40
		2009	52106.10	51575.18	35729.01	31618.59
		2010	59818.75	53437.24	36814.52	32579.22
73	上海浦江教育出版社	2006	1341.29	637.77	382.23	395.91
		2007	825.59	532.09	341.12	301.88
		2008	590.02	342.20	239.80	212.20
		2009	498.00	201.00	137.00	121.00
		2010	336.79	238.84	146.26	146.26
74	上海音乐学院出版社	2006	996.07	854.17	458.95	458.95
		2007	1540.00	1103.00	526.00	526.00
		2008	1109.00	1025.00	586.00	586.00
		2009	1268.00	1034.90	615.30	615.30
		2010	1798.37	1551.01	1092.13	1092.13
75	第二军医大学出版社	2006	1299.56	1235.04	1025.21	405.00
		2007	1902.23	1520.70	1228.06	489.00
		2008	2005.48	1500.00	1345.63	501.28
		2009	2257.80	1636.40	1456.30	535.33
		2010	2463.76	1869.53	1625.40	589.46
76	浙江大学出版社	2006	17900.00	14257.00	8996.28	7960.66
		2007	21120.00	15800.00	8800.00	8800.00
		2008	23300.00	16800.00	9100.00	9100.00
		2009	21000.00	16600.00	11000.00	11000.00
		2010	29860.00	25010.00	12123.00	12123.00
77	中国美术学院出版社	2006	2999.49	1485.75	943.45	943.45
		2007	3028.35	1444.22	938.74	938.74
		2008	3902.00	1539.00	954.00	954.00
		2009	2800.00	1389.09	873.32	873.32
		2010	6312.00	2005.00	1243.00	1243.00
78	浙江工商大学出版社	2006	0.00	0.00	0.00	0.00
		2007	0.00	0.00	0.00	0.00
		2008	281.05	58.97	41.28	36.53
		2009	1250.00	905.00	362.00	294.10

（续表）

序号	出版单位	年份	生产码洋	销售码洋	销售实洋	销售收入
78	浙江工商大学出版社	2010	1510.11	1484.00	492.28	435.65
79	厦门大学出版社	2006	5353.35	5361.18	3667.11	2870.50
		2007	6529.27	5534.73	3884.72	3001.00
		2008	8185.30	5882.20	4244.00	3262.70
		2009	7596.38	6021.50	4112.21	3180.36
		2010	8438.47	6575.55	3812.90	3812.90
80	江西高校出版社	2006				
		2007				
		2008				
		2009				
		2010				
81	河南大学出版社	2006	10004.97	9454.14	4978.01	4405.50
		2007	10449.00	9381.77	4787.49	4236.72
		2008	11430.22	10490.43	4924.38	4357.86
		2009	10503.00	8619.00	3942.00	3489.00
		2010	10351.00	10062.00	4498.00	3980.00
82	郑州大学出版社	2006	4346.00	3689.00	2076.00	2016.00
		2007	4698.00	4274.00	1985.00	4968.00
		2008	2727.08	4784.78	3007.97	2354.53
		2009	4417.00	3669.00	2159.00	1782.00
		2010	4416.00	4416.00	2425.00	2310.00
83	武汉大学出版社	2006	13817.32	15704.62	9447.50	6140.88
		2007	18777.64	12910.20	5942.03	5530.00
		2008	22299.82	20893.93	11491.66	6003.00
		2009	24226.81	13260.00	7478.00	6618.00
		2010	32000.00	18154.00	14722.00	13028.00
84	武汉理工大学出版社	2006	5922.00	5552.00	3800.00	2187.00
		2007	5392.07	4971.00	3495.00	3135.00
		2008	6995.00	6074.00	3980.00	2522.00
		2009	6675.50	6856.47	4474.35	3959.60
		2010	7282.00	6946.00	4885.00	3954.00
85	华中科技大学出版社	2006	10082.90	7721.00	4227.00	3741.00
		2007	15883.85	11955.93	6141.16	5463.90
		2008	19647.75	11779.64	6081.29	6572.40
		2009	20348.58	16576.05	8715.09	8105.35
		2010	24900.00	17061.00	11401.00	10389.00
86	华中师范大学出版社	2006	9939.83	8459.12	5013.25	4436.50
		2007	9768.00	8406.00	5175.00	4580.00
		2008	12129.00	10798.00	5748.00	5748.00
		2009	9936.00	8914.00	4850.00	4850.00
		2010	10529.00	9786.00	4843.00	4843.00
87	中国地质大学出版社	2006	958.12	854.82	543.20	480.71
		2007	1140.68	774.12	647.39	572.91
		2008	1375.80	1171.00	696.00	616.00

(续表)

序号	出版单位	年份	生产码洋	销售码洋	销售实洋	销售收入
87	中国地质大学出版社	2009	1628.45	1651.28	759.88	672.46
		2010	2400.00	1610.00	990.00	876.00
88	湖南大学出版社	2006	4140.00	2762.00	1720.00	1522.00
		2007	4811.80	3882.22	2290.51	2027.00
		2008	5200.00	3693.00	2320.00	2053.00
		2009	5381.84	4828.22	2455.26	2172.78
		2010	5280.00	4437.00	2524.00	2127.00
89	湖南师范大学出版社	2006	8979.00	7577.00	5217.00	4634.00
		2007	6245.00	6034.00	3822.00	3388.00
		2008	8204.00	7368.00	4685.00	4145.00
		2009	7618.00	6412.00	3252.00	2878.00
		2010	7532.00	6947.00	3202.00	2833.00
90	中南大学出版社	2006	3480.00	6821.00	2866.00	2537.00
		2007	3046.83	4986.00	3352.00	2966.00
		2008	3970.77	5524.00	3863.00	3419.00
		2009	4208.00	7196.00	4179.00	3698.00
		2010	3505.00	6648.00	4160.00	3692.00
91	湘潭大学出版社	2006	0.00	0.00	0.00	0.00
		2007	178.57	108.80	76.00	39.79
		2008	550.10	382.00	143.37	143.37
		2009	813.00	609.75	384.15	288.11
		2010	1059.00	604.00	410.72	354.14
92	国防科技大学出版社	2006				
		2007				
		2008				
		2009				
		2010				
93	广西师范大学出版社	2006	48107.00	51111.00	27563.00	24627.00
		2007	56646.00	53048.00	34245.00	30305.00
		2008	66820.00	62365.87	33576.37	26380.65
		2009	67950.00	63554.00	31859.00	38601.00
		2010	78794.00	59699.00	30623.00	31038.00
94	中山大学出版社	2006	6341.56	6834.00	3394.00	3394.00
		2007	9569.00	6189.00	3728.00	3299.00
		2008	8046.00	8403.00	3640.00	2597.00
		2009	10926.50	8543.50	3796.50	3434.00
		2010	7019.00	8110.00	3244.00	2871.00
95	暨南大学出版社	2006	4033.24	3882.99	2604.44	2057.89
		2007	3535.00	3388.00	2212.00	1426.00
		2008	3902.00	3560.00	2164.00	2164.00
		2009	3996.00	4067.00	2698.00	2547.00
		2010	3847.00	4099.00	2912.00	2577.00
96	华南理工大学出版社	2006	6086.30	4586.00	3252.26	2878.11
		2007	6137.00	5865.00	3556.61	3147.44

(续表)

序号	出版单位	年份	生产码洋	销售码洋	销售实洋	销售收入
96	华南理工大学出版社	2008	5158.00	5082.00	3257.00	2882.00
		2009	5684.00	5610.00	3403.00	3012.00
		2010	5517.00	4954.00	3106.00	2749.00
97	广东高等教育出版社	2006				
		2007				
		2008				
		2009				
		2010				
98	汕头大学出版社	2006	4754.92	3802.58	1901.29	1682.56
		2007	3790.00	2997.50	1796.70	1590.00
		2008	6976.02	4066.38	2033.19	1799.28
		2009	2860.00	1977.82	988.91	875.14
		2010	3119.00	4444.00	1956.00	1294.00
99	电子科技大学出版社	2006	2500.00	1220.00	854.63	756.52
		2007	2952.00	2359.00	1363.00	855.00
		2008	8233.00	6085.00	3955.00	3750.00
		2009	8248.00	6091.00	3962.00	3813.00
		2010	8105.00	5928.00	3850.00	3726.00
100	四川大学出版社	2006	5600.00	5040.00	3276.00	2590.00
		2007	8100.00	5922.00	3553.00	2359.00
		2008	6650.00	6573.00	5121.00	2614.00
		2009	9583.00	10172.00	4068.00	2274.00
		2010	9045.11	8356.00	3022.00	2918.00
101	西南财经大学出版社	2006	3446.48	3201.33	2100.42	1294.12
		2007	3660.00	5202.00	3604.00	2820.00
		2008	4076.26	3936.69	2345.23	1692.76
		2009	6907.55	6643.24	4007.79	2256.17
		2010	7925.23	7488.48	4679.29	2543.34
102	西南交通大学出版社	2006	3931.65	3331.90	2165.74	1249.59
		2007	4037.00	4218.00	2742.00	1602.00
		2008	5515.40	4332.00	3015.80	1839.00
		2009	5835.50	4394.00	3062.60	2027.00
		2010	6721.60	5676.70	3860.00	2458.00
103	西南师范大学出版社	2006	25111.00	22300.00	10833.00	9586.00
		2007	30215.00	27067.00	14225.00	12589.00
		2008	40159.60	32004.00	18638.00	16494.00
		2009	40483.63	38183.00	18975.00	16792.00
		2010	33255.86	42832.00	23481.00	20780.00
104	重庆大学出版社	2006	10555.70	11010.37	8599.53	7610.20
		2007	12164.31	11327.00	8039.77	7114.84
		2008	11913.26	14900.00	10239.00	9061.00
		2009	11526.08	13657.88	11360.64	10053.66
		2010	15437.05	15785.96	12082.39	10692.38
105	云南大学出版社	2006	5087.64	2435.73	1771.93	1568.08

(续表)

序号	出版单位	年份	生产码洋	销售码洋	销售实洋	销售收入
105	云南大学出版社	2007	3289.00	2886.00	1818.00	1608.00
		2008	2265.00	2297.00	1463.00	1295.00
		2009	3388.00	2639.00	1575.00	1393.00
		2010	3539.46	4469.57	2856.04	2527.47
106	贵州大学出版社	2006	0.00	0.00	0.00	0.00
		2007	—	—	—	40.97
		2008	—	—	—	—
		2009	—	—	—	—
		2010	2010.94	1096.08	685.05	685.05
107	陕西师范大学出版社	2006	15378.00	17480.00	8650.00	5521.00
		2007	22882.00	24557.00	10364.00	11662.00
		2008	47189.00	47845.00	23922.00	25311.00
		2009	44301.00	45450.00	22725.00	20225.00
		2010	23405.00	21767.00	8489.00	9311.00
108	西安交通大学出版社	2006	12300.00	9000.00	5577.65	4935.99
		2007	13202.00	14204.00	6396.00	5754.00
		2008	18116.00	10751.00	6817.00	6222.00
		2009	27800.00	16800.00	9100.00	8055.00
		2010	25064.00	17285.00	11273.00	9976.00
109	西安电子科技大学出版社	2006	5733.28	4823.18	3112.94	2942.32
		2007	6426.00	5189.00	3327.00	2964.00
		2008	6538.00	5738.00	3676.00	3317.00
		2009	5500.00	4800.00	2726.00	2726.00
		2010	4339.00	4083.00	2450.00	2450.00
110	西北大学出版社	2006	5873.87	4799.07	2324.81	2324.81
		2007	6235.82	4365.07	2971.00	2971.00
		2008	6568.00	6914.00	3531.00	3531.00
		2009	6875.00	6673.00	4051.00	4051.00
		2010	7492.00	5403.00	3782.00	3782.00
111	西北工业大学出版社	2006	3500.00	4300.00	2150.00	1500.00
		2007	3900.00	3600.00	1600.00	1625.00
		2008	3493.00	4009.00	2002.00	1679.00
		2009	5050.00	5100.00	3570.00	2770.00
		2010	3592.00	4061.00	1727.00	2464.00
112	西北农林科技大学出版社	2006	219.80	194.20	133.40	281.34
		2007	329.81	244.66	196.69	230.52
		2008	358.37	188.06	124.68	244.18
		2009	872.17	381.14	182.84	314.82
		2010	1058.40	416.58	196.39	421.38
113	第四军医大学出版社	2006	1075.92	940.64	414.43	414.43
		2007	1745.45	1160.77	543.93	543.93
		2008	1773.05	1440.18	828.00	828.00
		2009	2138.84	1742.61	925.00	925.00
		2010	3112.94	2142.65	1197.80	1197.80

（续表）

序号	出版单位	年份	生产码洋	销售码洋	销售实洋	销售收入
114	兰州大学出版社	2006	4201.00	2227.41	1102.99	1470.92
		2007	2771.00	2241.00	1166.00	1352.00
		2008	2624.00	2548.00	1257.00	1670.00
		2009	4271.00	4160.00	2080.00	2080.00
		2010	5504.00	5722.00	2909.00	2575.00
115	新疆大学出版社	2006	626.00	490.00	255.90	255.90
		2007	665.50	517.00	261.00	494.00
		2008	550.00	462.00	295.00	316.00
		2009	435.00	436.00	262.00	193.00
		2010	521.00	561.00	306.00	347.40

全国大学出版社名录

华北地区

北京大学出版社
地址:北京市海淀区成府路205号
邮码:100871　电话:(010)62752033

北京大学医学出版社
地址:北京市海淀区学院路38号
邮码:100083　电话:(010)82802681

北京工业大学出版社
地址:北京市朝阳区平乐园100号
邮码:100022　电话:(010)67391722

北京航空航天大学出版社
地址:北京市海淀区学院路37号
邮码:100083　电话:(010)82317032

北京理工大学出版社
地址:北京市海淀区中关村南大街5号
邮码:100081　电话:(010)68913944

北京师范大学出版社
地址:北京市新街口外大街19号
邮码:100875　电话:(010)58808007

北京体育大学出版社
地址:北京市海淀区中关村北大街
邮码:100084　电话:(010)62989430

北京邮电大学出版社
地址:北京市海淀区西土城路10号
邮码:100876　电话:(010)62282025

北京语言大学出版社
地址:北京市海淀区学院路15号
邮码:100083　电话:(010)82303654

北京交通大学出版社
地址:北京市海淀区高梁桥斜街44号
邮码:100044　电话:(010)51686312

对外经济贸易大学出版社
地址:北京市朝阳区惠新东街12号
邮码:100029　电话:(010)64492339

旅游教育出版社
地址:北京市朝阳区定福庄南里1号
邮码:100024　电话:(010)65758401

清华大学出版社
地址:北京海淀区双清路清华大学学研大厦
邮码:100084　电话:(010)62783933

首都经济贸易大学出版社
地址:北京市朝阳门外红庙金台里2号
邮码:100026　电话:(010)65065692

首都师范大学出版社
地址:北京市西三环北路105号
邮码:100037　电话:(010)68908523

外语教学与研究出版社
地址:北京市西三环北路19号
邮码:100089　电话:(010)88819709

中国传媒大学出版社
地址:北京市朝阳区东郊定福庄东街1号
邮码:100024　电话:(010)65779140

中国农业大学出版社
地址:北京市海淀区圆明园西路2号
邮码:100094　电话:(010)62732618

中国人民大学出版社
地址:北京市海淀区中关村大街31号
邮码:100080　电话:(010)62511329

中国人民大学书报资料中心
地址:北京市海淀区中关村大街31号
邮码:100080　电话:(010)62514621

中国人民公安大学出版社
地址:北京市西城区木樨地南里甲1号

邮码:100038　电话:(010)83905633

中国协和医科大学出版社
地址:北京市东城区东单三条9号
邮码:100730　电话:(010)85002906

中国政法大学出版社
地址:北京市海淀区西土城路25号
邮码:100088　电话:(010)58908297

中央广播电视大学出版社
地址:北京市海淀区西四环中路45号
邮码:100039　电话:(010)68182522

中央民族大学出版社
地址:北京市海淀区中关村南大街27号
邮码:100081　电话:(010)68932218

中央音乐学院出版社
地址:北京市西城区鲍家街43号
邮码:100031　电话:(010)66425590

高等教育出版社
地址:北京市西城区德外大街4号
邮码:100011　电话:(010)58581895

人民教育出版社
地址:北京市中关村南大街17号院1号楼
邮码:100081　电话:(010)58758870

教育科学出版社
地址:北京市朝阳区安慧北里安园甲9号
邮码:100101　电话:(010)64989228

语文出版社
地址:北京市东城区朝阳门南小街51号
邮码:100010　电话:(010)65241766

天津大学出版社
地址:天津市南开区卫津路92号
邮码:300072　电话:(022)27405111

南开大学出版社
地址:天津市卫津路94号
邮码:300071　电话:(022)23502505

河北大学出版社
地址:河北省保定市七一东路2666号河北
　　　大学新校区教育科技园区D6座
邮码:071000　电话:(0312)5073003

内蒙古大学出版社
地址:呼和浩特市昭乌达路88号
邮码:010010　电话:(0471)4992462

东北地区

大连海事大学出版社
地址:大连市甘井子区凌海路1号
邮码:116026　电话:(0411)84729480

大连理工大学出版社
地址:大连市软件园路80号科技园大厦B座
邮码:116023　电话:(0411)84708337

东北财经大学出版社
地址:大连市尖山街217号
邮码:116025　电话:(0411)84710520

辽宁师范大学出版社
地址:大连市沙河口区黄河路850号
邮码:116029　电话:(0411)82158549

东北大学出版社
地址:沈阳市和平区文化路三号巷11号
邮码:110004　电话:(024)83680267

辽宁大学出版社
地址:沈阳市皇姑区崇山中路66号
邮码:110036　电话:(024)86845119

东北师范大学出版社
地址:长春市净月开发区金宝街118号
邮码:130117　电话:(0431)85691972

吉林大学出版社
地址:长春市朝阳区明德路421号
邮码:130021　电话:(0431)89580877

延边大学出版社
地址:吉林省延吉市公园路977号
邮码:133002　电话:(0433)2733227

东北林业大学出版社
地址:哈尔滨市和兴路26号
邮码:150040　电话:(0451)82190423

哈尔滨工程大学出版社
地址:哈尔滨市南岗区东大直街124号
邮码:150001　电话:(0451)82519362

哈尔滨工业大学出版社
地址:哈尔滨市南岗区复华四道街 10 号
邮码:150006　电话:(0451)86414049

黑龙江大学出版社
地址:哈尔滨市南岗区学府路 74 号
邮码:150080　电话:(0451)86604200

华东地区

山东大学出版社
地址:济南市山大南路 27 号
邮码:250100　电话:(0531)88365088

中国海洋大学出版社
地址:青岛市香港东路 23 号
邮码:266003　电话:(0532)82032643

中国石油大学出版社
地址:青岛市经济技术开发区长江西路 66 号
邮编:266580　电话:(0532)86983015

中国科学技术大学出版社
地址:合肥市金寨路 96 号
邮码:230026　电话:(0551)63607016

安徽大学出版社
地址:合肥市肥西路 3 号
邮码:230039　电话:(0551)65107719

合肥工业大学出版社
地址:合肥市屯溪路 193 号
邮码:230009　电话:(0551)62903038

安徽师范大学出版社
地址:安徽省芜湖市九华南路 189 号
邮码:241002　电话:(0553)5910319

东南大学出版社
地址:南京市四牌楼 2 号
邮码:210096　电话:(025)83790569

南京大学出版社
地址:南京市汉口路 22 号
邮码:210093　电话:(025)83593450

南京师范大学出版社
地址:南京市宁海路 122 号
邮码:210097　电话:(025)83598289

河海大学出版社
地址:南京市西康路 1 号
邮码:210098　电话:(025)83786678

中国矿业大学出版社
地址:徐州市解放南路中国矿业大学校内
邮码:221008　电话:(0516)83884933

苏州大学出版社
地址:苏州市十梓街 1 号 148 信箱
邮码:215006　电话:(0512)65222737

江苏大学出版社
地址:江苏镇江市梦溪园巷 30 号
邮码:212003　电话:(0511)84446464

复旦大学出版社
地址:上海市国权路 579 号
邮码:200433　电话:(021)65104812

同济大学出版社
地址:上海市四平路 1239 号
邮码:200092　电话:(021)65981474

东华大学出版社
地址:上海市延安西路 1882 号
邮码:200051　电话:(021)62373733

华东理工大学出版社
地址:上海市徐汇区梅陇路 130 号
邮码:200237　电话:(021)64252405

华东师范大学出版社
地址:上海市中山北路 3663 号伸大厦 14 楼
邮码:200062　电话:(021)62232613

立信会计出版社
地址:上海市中山西路 2230 号 1 号楼
邮码:200235　电话:(021)64411087

上海财经大学出版社
地址:上海市武东路 321 号乙
邮码:200434　电话:(021)65904347

上海大学出版社
地址:上海市上大路 99 号
邮码:200444　电话:(021)66135118

上海交通大学出版社
地址:上海市番禺路 877 号

邮码:200030　电话:(021)61675300

上海外语教育出版社
地址:上海市大连西路558号
邮码:200083　电话:(021)55396191

上海浦江教育出版社
地址:上海市浦东新区蔡伦路1200号
邮码:201203　电话:(021)51322549

上海音乐学院出版社
地址:上海市汾阳路20号
邮码:200031　电话:(021)64319166

第二军医大学出版社
地址:上海市翔殷路800号
邮码:200433　电话:(021)65344595

浙江大学出版社
地址:杭州市天目山路148号
邮码:310028　电话:(0571)88925868

中国美术学院出版社
地址:杭州市南山路218号
邮码:310002　电话:(0517)87071005

浙江工商大学出版社
地址:浙江省杭州市教工路149号
邮编:310012　电话:(0571)88823073

厦门大学出版社
地址:厦门市思明区软件业二期望海路39号
邮码:361008　电话:(0592)2186128

江西高校出版社
地址:南昌市洪都北大道96号
邮码:330046　电话:(0791)88514424

中南地区

河南大学出版社
地址:郑州市郑东新区商务外环路3号中华大厦
邮码:450046　电话:(0371)86059923

郑州大学出版社
地址:郑州市大学路40号
邮码:450052　电话:(0371)66936215

武汉大学出版社
地址:武汉市武昌区珞珈山
邮码:430072　电话:(027)68754651

武汉理工大学出版社
地址:武汉市洪山区珞狮路122号
邮码:430070　电话:(027)87527948

华中科技大学出版社
地址:武汉市珞喻路1037号
邮码:430074　电话:(027)87542324

华中师范大学出版社
地址:武汉市珞喻路100号
邮码:430079　电话:(027)67867353

中国地质大学出版社
地址:武汉市洪山区鲁磨路388号
邮码:430074　电话:(027)67883572

湖南大学出版社
地址:长沙市岳麓山
邮码:410082　电话:(0731)88823113

湖南师范大学出版社
地址:长沙市河西二里半
邮码:410081　电话:(0731)88872756

中南大学出版社
地址:长沙市河西左家垅
邮码:410083　电话:(0731)88879816

国防科技大学出版社
地址:长沙市砚瓦池正街47号
邮码:410073　电话:(0731)4572638

湘潭大学出版社
地址:湖南湘潭市湘潭大学内
邮码:411105　电话:(0731)58298966

广西师范大学出版社
地址:桂林市中华路22号
邮码:541004　电话:(0773)2100888

中山大学出版社
地址:广州市新港西路135号
邮码:510275　电话:(020)84111995

暨南大学出版社
地址:广州市天河区石牌暨南大学西门
邮码:510632　电话:(020)85226583

华南理工大学出版社

地址:广州市五山华南理工大学17号楼
邮码:510640　电话:(020)87113489

广东高等教育出版社
地址:广州市天河区林和西横路
邮码:510500　电话:(020)87551082

汕头大学出版社
地址:广东省汕头市大学路243号
邮码:515063　电话:(0754)82902299

西南地区

电子科技大学出版社
地址:成都市一环路东一段159号九楼
邮码:610054　电话:(028)83279386

四川大学出版社
地址:成都市一环路南一段24号
邮码:610065　电话:(028)85401107

西南财经大学出版社
地址:成都市光华村街55号
邮码:610074　电话:(028)87352371

西南交通大学出版社
地址:成都市二环路北一段111号
邮码:610031　电话:(028)87600627

西南师范大学出版社
地址:重庆市北碚天生路1号
邮码:400715　电话:(023)68254354

重庆大学出版社
地址:重庆市沙坪坝虎溪大学城西路
　　　(重大西门对面)
邮编:400030　电话:(023)88617000

云南大学出版社
地址:昆明市翠湖北路2号云南大学英华园
邮码:650091　电话:(0871)5031051

贵州大学出版社
地址:贵州贵阳市花溪区贵州大学校内
邮编:550025　电话:(0851)8192971

西北地区

陕西师范大学出版社
地址:西安市南郊师大路1号
邮码:710062　电话:(029)85308694

西安交通大学出版社
地址:西安市兴庆南路10号
邮码:710049　电话:(029)82668316

西安电子科技大学出版社
地址:西安市科技路41号
邮码:710071　电话:(029)88202421

西北大学出版社
地址:西安市太白北路229号
邮码:710069　电话:(029)88303012

西北工业大学出版社
地址:西安市友谊西路127号
邮码:710072　电话:(029)88492314

西北农林科技大学出版社
地址:陕西省杨凌示范区杨武路3号
邮码:712100　电话:(029)87093105

第四军医大学出版社
地址:西安市长乐西路17号
邮码:710032　电话:(029)84776769

兰州大学出版社
地址:兰州市天水南路222号
邮码:730000　电话:(0931)8912614

新疆大学出版社
地址:乌鲁木齐市胜利路14号
邮码:830046　电话:(0991)8582431

全国高校出版社图书代办站名录

北京市

中国人民大学出版社高校图书代办站
地址:北京市海淀区中关村大街31号
邮编:100080　电话:(010)62515853

首都师范大学高校图书代办站
地址:北京市西三环北路105号
邮编:100048　电话:(010)68472512

中国人民公安大学出版社高校图书代办站
地址:北京市西城区木樨地北里2号
邮编:100038　电话:(010)63479181

北京理工高校图书代办站
地址:北京海淀区海淀大街31号海淀图书城
　　　昊海楼5层412
邮编:100089　电话:(010)62639107

北京世纪之光高校图书代办站
地址:北京海淀区海淀大街31号海淀图书城
　　　昊海楼5层412
邮编:100089　电话:(010)62555023

天津市

天津大学出版社图书代办站
地址:天津市南开区卫津路92号
　　　天津大学院内29斋后平房
邮编:300072　电话:(022)27407216

天津商业大学高校图书代办站
地址:天津市北辰区津霸公路东口
　　　天津商业大学院内
邮编:300134　电话:(022)26669590

南开大学高校图书代办站
地址:天津市南开区卫津路94号
邮编:300071　电话:(022)23502200

天津阿奇森科技公司高校图书代办站
地址:天津市南开区白堤路大学道199号
　　　天铁科贸大厦一楼
邮编:300092　电话:(022)60266516

河北省

河北省教育图书发行部高校图书代办站
地址:石家庄市中华北大街122号
邮编:050061　电话:(0311)66005690

山西省

太原市尖草坪区文韬图书代办站
地址:太原市尖草坪区上兰镇学院路
邮编:030051　电话:(0351)3921377

山西天赐高校出版社图书代办站
地址:山西省太原市并州路东坡斜巷1号
邮编:030012　电话:(0351)4606903

内蒙古自治区

内蒙古大学出版社图书代办站
地址:呼和浩特市昭乌达路88号
邮编:010010　电话:(0471)4992463

辽宁省

东北大学图书代办站
地址:沈阳市和平区文化路3号巷11号
邮编:110004　电话:(024)23906319

大连理工大学高校图书代办站
地址:大连市凌工路2号
邮编:116023　电话:(0411)84707298

东北财经大学出版社图书代办站
地址:大连市沙河口区尖山街217号
邮编:116025　电话:(0411)84712239

吉林省

吉林大学高校图书代办站
地址：长春市朝阳区惠民路 436 号
邮编：130023　电话：(0431)85676648

延边大学出版社高校图书代办站
地址：吉林省延吉市公园路 977 号
邮编：133002　电话：(0433)2733050

黑龙江省

哈尔滨工程大学高等学校出版社图书代办站
地址：哈尔滨市南岗区南通街 145-11#楼
邮编：150001　电话：(0451)82519942

哈尔滨工业大学出版社高校图书代办站
地址：哈尔滨市南岗区司令街 11 号
邮编：150006　电话：(0451)86412441

上海市

上海外国语大学高校图书代办站
地址：上海市大连西路 560 号
邮编：200083　电话：(021)65442217

上海交大出版社高校图书代办站
地址：上海市闵行区东川路 800 号
　　　上海交通大学教材科
邮编：200240　电话：(021)54742232

上海文图高教图书代办站
地址：上海市闸北区汶水路 480 号 1 号楼
　　　A 栋 2 楼
邮编：200072　电话：(021)56654145

江苏省

东南大学出版社高校图书代办站
地址：南京市四牌楼 2 号
邮编：210096　电话：(025)83792327

南京河海大学图书代办站
地址：南京市西康路 1 号
邮编：210098　电话：(025)83706746

苏州大学高校出版社图书代办站
地址：苏州市十梓街 1 号 148 号信箱
邮编：215006　电话：(0512)62891090

江苏大学高校图书代办站
地址：江苏省镇江市梦溪园巷 30 号
邮编：212003　电话：(0511)84440882

江南大学高校图书代办站
地址：江苏省无锡市蠡湖大道 1800 号
邮编：214122　电话：(0510)85915990

中国矿业大学出版社高校图书代办站
地址：江苏省徐州市中国矿业大学校内
邮编：221008　电话：(0516)83885031

扬州大学高校图书代办站(图书馆)
地址：江苏省扬州市大学南路 88 号
邮编：225009　电话：(0514)7973631

浙江省

中国美术学院高校图书代办站
地址：杭州市南山路 214 号
邮编：310002　电话：(0571)87070386

安徽省

中国科技大学图书代办站
地址：安徽省合肥市金寨路 96 号
邮编：230026　电话：(0551)3602249

合肥西市高校出版社合工大图书代办站
地址：安徽省合肥市屯溪路 193 号
邮编：230009　电话：(0551)2901098

安徽理工大学高校图书代办站
地址：安徽省淮南市洞山
邮编：232001　电话：(0554)6668938

安徽师范大学高校图书代办站
地址：安徽省芜湖市北京东路 1 号
　　　安徽师大校内
邮编：241000　电话：(0553)3869217

福建省

福建省福大高校出版社图书代办站
地址：福建省福州市工业路 523 号
邮编：350002　电话：(0591)87893417

厦门大学出版社高校图书代办站
地址：福建省厦门市思明南路 422 号

厦门大学校内
邮编:361005　电话:(0592)2185928

三明高等教育书店高校图书代办站
地址:福建省三明市荆东
邮编:365004　电话:(0598)8398763

江西省

江西南大图书代办站
地址:江西省南昌市北京东路339号
邮编:330029　电话:(0791)8325448

江西高校出版社图书代办站
地址:南昌市洪都中大道省军区第二干休所30栋2号
邮编:330002　电话:(0791)8302052

景德镇陶瓷学院高校出版社图书代办站
地址:江西省景德镇陶瓷学院内
邮编:333001　电话:(0798)8499719

山东省

山东大学高校图书代办站
地址:济南市山大南路20号
　　　山东大学出版社书店内
邮编:250100　电话:(0531)88365886

中国海洋大学高校图书代办站
地址:山东省青岛市香港东路23号
邮编:266071　电话:(0532)82032598

河南省

河南省黄河教育图书供应社高校图书代办站
地址:郑州市黄河路104号
邮编:450014　电话:(0371)65957809

河南大学高校出版社图书代办站
地址:开封市明伦街85号
邮编:475001　电话:(0378)2825010

郑州大学出版社高校图书代办站
地址:郑州市大学路40号
邮编:450052　电话:(0371)66658409

河南高教图书发行公司高校图书代办站
地址:郑州市惠济区南阳寨工业园区2号

附1号
邮编:450044　电话:(0371)63752811

湖北省

武汉大学出版社图书代办站
地址:武汉市武昌珞珈山
邮编:430072　电话:(027)68754363

中南财经政法大学高校图书代办站
地址:武汉市武昌武珞路114-38号
　　　武汉市财经书店内
邮编:430060　电话:(027)88055211

华中科技大学出版社高校图书代办站
地址:武汉市珞喻路1037号
邮编:430074　电话:(027)87556600

湖南省

湖南大学高校出版社图书代办站
地址:长沙市湖南大学综合教学楼
邮编:410082　电话:(0731)88823797

湖南师范大学出版社高校图书代办站
地址:长沙市河西二里半
邮编:410081　电话:(0731)88872751

湘潭大学出版社高校图书代办站
地址:湖南省湘潭市湘潭大学内
邮编:411105　电话:(0731)58298960

衡阳师院高校出版社图书代办站
地址:湖南省衡阳市雁峰区黄白路165号
邮编:421008　电话:(0734)8484949

广东省

广东中大岭南图书有限公司图书代办站
地址:广州中山二路74号中山大学北校区内
邮编:510080　电话:(020)87331803

广东森淼文化传播有限公司高校图书代办站
地址:广州天河区五山华南理工大学
　　　国家大学科技园1号楼N103
邮编:510640　电话:13925111166

深圳高校图书代办站
地址:深圳市布吉镇吉政路恒得源工业城
　　　4栋4楼
邮编:518112　电话:(0755)84279091-833/813

广西壮族自治区

广西高校图书代办站
地址:广西南宁市金洲路25号太平洋世纪广场A座
1003室
邮编:530028　电话:(0771)5760114

广西师范大学出版社高校图书代办站
地址:广西桂林市育才路15号
　　　广西师大育才校区内
邮编:541004　电话:(0773)5806963

海南省

海南大学高校图书代办站
地址:海南省海口市人民路海南大学内
邮编:570228　电话:(0898)66257641

海南行文高校图书代办站
地址:海南省海口市龙华路29号
　　　龙华商城小区A幢5A2房
邮编:570102　电话:(0898)66555048

重庆市

重庆大学高校图书代办站
地址:重庆市沙坪坝区正街174号
邮编:400044　电话:(023)65111509

四川省

四川高校图书代办站
地址:成都市新光路9号新加坡花园
　　　2栋2单元11楼C座
邮编:610041　电话:(028)85122332
传真:(028)85122319

四川师范大学电子出版社高校图书代办站
地址:成都市锦江区静安路5号
邮编:610068　电话:(028)84767999

贵州省

贵州高校图书代办站
地址:贵阳市中华北路3号国艺大厦20楼
邮编:550004　电话:(0851)6814052

云南省

云南大学出版社高校图书代办站
地址:昆明市翠湖北路2号云南大学英华园内
邮编:650091　电话:(0871)5033951

云南师范大学高校图书代办站
地址:昆明市121大街298号
邮编:650092　电话:13658817257

云南省高校图书代办站
地址:云南省昆明市学府路2号
　　　云南省教育厅右裙楼1楼
邮编:650223　电话:(0871)5152205

陕西省

西安交通大学高校图书代办站
地址:西安市兴庆南路10号交通大学
出版大厦15层1507室
邮编:710049　电话:(029)82665677

甘肃省

甘肃沁园高校图书代办站
地址:兰州市南滨河东路522号118室
邮编:730030　电话:(0931)8870611

宁夏回族自治区

宁夏大学高等学校出版社图书代办站
地址:宁夏银川市西夏区贺兰山西路489号
邮编:750021　电话:(0951)2077254

新疆维吾尔自治区

乌鲁木齐科技书店高校图书代办站
地址:乌鲁木齐市东风路59号附2号
邮编:830002　电话:(0991)8815768

后　　记

不知不觉间，"十一五"的发展历程又已成为过去。大学出版在"十一五"时期，按照党和国家的方针、部署，经过不懈的探索、努力，在事业发展、体制改革、机制创新上，都发生了崭新的变化，留下了难忘的记忆。经过一年多的资料收集、书稿编辑，作为承载大学出版历程的《中国大学出版社概览》的续篇，新的一部反映"十一五"大学出版业发展进步的《中国大学出版社概览（2006—2010）》（以下简称《概览》）又与大家见面了。

《概览》是记录全国大学出版社（含教育部直属出版社，下同）建设、改革、发展状况，反映大学出版社进步、成就和风貌的史册；是一部大型的全国大学出版业的行业通鉴。本卷《概览》以翔实的资料、权威的数据，全面集中地反映"十一五"时期全国大学出版业的概貌，将给政府主管部门掌握大学出版社发展状况、制定政策提供参考依据；给各大学出版社寻找定位、谋求发展提供参考资料；给社会提供了解大学出版社风貌的一个窗口。

为把这样一部重要的史卷编辑好、出版好，协会专门召开理事长办公会议研究、制订方案，并在编辑过程中几次专题研究、解决各种问题；编辑部多方搜集、认真筛选材料，反复审读、整理稿件和数据，细致进行书稿的编辑加工。

《概览》能够顺利、高质量地出版，还要感谢政府主管部门的亲切关怀、指导，各大学出版社的热情支持、帮助。

我们要感谢教育部、新闻出版总署领导，他们始终关怀着大学出版社的改革、建设和发展，始终关怀着大学出版社协会的工作，也非常关心《概览》的编辑、出版。特别是教育部社会科学司的杨光司长、徐维凡副司长、徐艳国副司长、林丽副处长和新闻出版总署出版管理司的吴尚之司长，一直指导《概览》的编辑出版工作。

要感谢全国大学出版社的积极支持，各社积极献策出力，踊跃提供材料、数据，不少出版社以"宣传彩页"的形式对《概览》的出版给予资助。可以说，各出版社携手谱写了大学出版的辉煌篇章，也共同努力推出了《概览》——《概览》的编辑出版包含着各社领导和干部职工的辛勤劳动。

特别要感谢北京大学出版社承担了《概览》的编辑出版工作。张黎明总编辑亲自挂帅，陈健主任具体负责，与协会工作人员组成编辑部，一起研究策划，认真编辑加工，他们为《概览》的圆满、精彩出版作出了杰出的奉献！

由于资料浩繁、原始材料格式不尽一致等原因，虽然尽可能地做了材料选择和编辑加工工作，但书中难免还会有内容的疏漏、文字的差错。在此，敬请各社同仁、各位专家领导予以谅解，给予指正。

《中国大学出版社概览》编辑部
2013 年 10 月于北京

中国大学出版社概览

宣传彩页

北京大学出版社
PEKING UNIVERSITY PRESS

地址：北京市海淀区城府路205号
网址：http://www.pup.cn
联系电话：
办公室：010-62752033 总编室：010-62752032
市场营销中心：010-62750672
出版部：010-62753362 音像电子部：010-62752035

《批判官员的尺度》

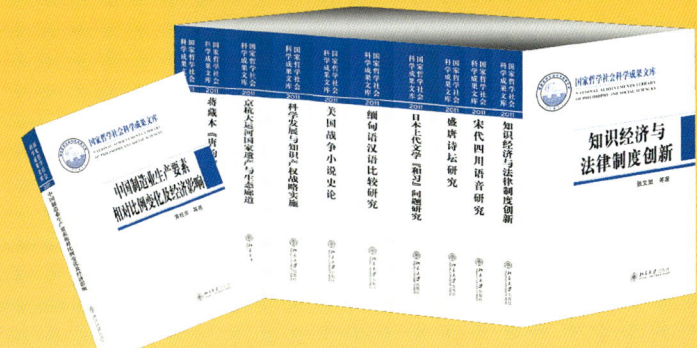

国家哲学社会科学成果文库

《中国现代化报告2011》

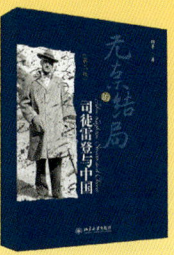

《无奈的结局》

《龚祥瑞自传》

余英时作品系列

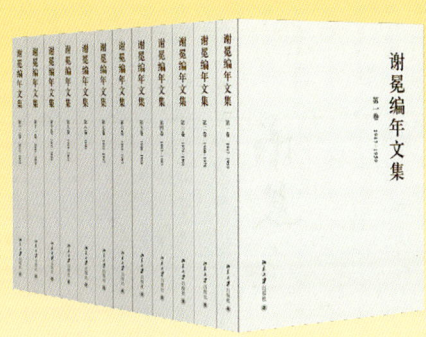

《谢冕编年文集》

《读书的风景》

《奥托手绘彩色植物图鉴》

《生命，如何作答》

《现代汉语》上下册

大美阅读·自然与人文系列

北京大学医学出版社
PEKING UNIVERSITY MEDICAL PRESS

北京大学医学出版社成立于1989年8月，2009年被评为国家一级出版社，并获"全国百佳图书出版单位"的荣誉。

建社20余年来，我社坚持以"高质量、高品位、高水平、多层次"的品牌理念，成为社会信誉度很高的大学出版社，赢得了作者、读者及出版业内的认可。

2006－2010年间我社7种图书获国家级图书奖，40余种图书获其他各类奖项，2个项目获国家出版基金资助。陆银道社长还荣获首届中国出版政府奖优秀出版人物和中国大学出版社首届高校出版人物奖。

- 第三届中国优秀出版物奖提名奖：《大黄的现代研究》
- 首届中华优秀出版物奖：《泌尿外科内镜诊断治疗学》
- 首届中华优秀出版物奖提名奖：《中草药与民族药药材图谱》
- 第三届中华优秀出版物(全国优秀出版科研论文)奖：
  《掌握出版规律，逐步走向成熟》
- "三个一百"原创出版工程入选图书：
  《肾活检病理学》
  《大黄的现代研究》
  《The Neurochemical Basis of Pain Relief by Acupuncture》
- 第一届中国大学出版社图书奖：

  优秀学术著作一等奖：　　　　优秀教材一等奖：
  《米勒麻醉学》（第六版）　　《牙体牙髓病学》
  《肾活检病理学》　　　　　　《生物化学》（第三版）
  《外科病理学》（第9版）（上下卷）　《营养与食品卫生学》
  《乳腺癌》　　　　　　　　　《化学原理和无机化学》
  《儿童神经系统肿瘤》　　　　《医学寄生虫学》
  《现代冠心病》（第三版）

- 输出版/引进版优秀图书：
  《皮肤病理学——与临床的联系》（第3版）
  《临床证据》（第15版）
  《诊断免疫组织化学》（第2版）
  《格氏解剖学》（第39版）
  《手和腕关节手术技术》（1、2卷）

联系地址：北京市海淀区学院路38号（北京大学医学部院内）　邮编：100191　E-mail：booksale@bjmu.edu.cn
电话：010-82802230（发行部）010-82802495（读者服务部）　网址：www.pumpress.com.cn

对外经济贸易大学出版社

我们秉承"服务教育事业，创新品牌价值"的理念，努力做好教材出版和服务工作，为您提供更优质的整体教学解决方案。

高等院校国际经贸专业规划教材

本教材是《国际贸易实务》（第五版）的精简本，每章开篇都增加了"案例导入"的内容，以体现理论与实践的紧密结合，同时本着删繁就简的原则，简化了个别章节的内容，从而使这部教材内容更加精简扼要。

∴ 博鳌亚洲论坛2012年度报告

本报告主要反映了亚洲经济一体化的最新进展，资料数据丰富，描述了2011年亚洲货物贸易一体化的新进展和服务贸易的相互依赖度，以及亚洲金融一体化新进展。提出要依靠内部市场需求来保持增长，要防止亚洲分裂为若干竞争性的区域集团等发展建议。

大学核心商务英语系列教材

本套教材共四册，旨在为了培养学生商务英语交际能力，建构从业的核心竞争力，适应我国经济发展和国际商务人才需求。教材内容的选择本着适应"就业、工作、生存、发展"的原则，选择学生关心的话题。本套教材提供的MP3、光盘、在线平台构成了教材立体化，可作为大学商务英语专业及经管、财经、金融等商科及专业英语课教材及选修课教材。

民商法系列丛书

本书的目标是全面阐释民法中法理、概念与法律规范，为刚刚开始法律学习的学生提供应当了解的民法知识，为此，本书以讲解、阐释我国民法规范的含义及其适用为重点；对民事立法、司法解释和法学理论中有争议的问题，本书均提出明确的见解。本书力求言简意赅，既说理透彻又不作宏篇巨论。

联系方式

联系地址：北京市朝阳区惠新东街10号　　邮政编码：100029
联系电话：010-64492342　64496374　　　传　　真：010-64493919
电子邮箱：uibep@126.com　　　　　　　　网　　站：www.uibep.com

中国大学出版社概览

宣传彩页

铸就教育品牌　领跑出版行业

教育科学出版社是一家在国内外具有重要影响的教育科学专业出版社，由教育部主管、中国教育科学研究院主办，是财政部出资的具有独立法人资格的中央文化企业，拥有图书、电子、音像出版资质。出版品种主要包括教育理论图书、教师教育用书、职业教育与成人教育用书、中小学教材、幼儿教育用书和中小学助学读物以及相关的音像产品等。年出版图书两千余种，重印率达70%以上，数百种图书荣获国家图书奖、中华优秀出版物奖等国家级奖项。综合经济规模和年增长率在全国出版社中名列前茅，被业内权威机构认定为资产质量最优、教育学术品牌最好、最具成长性的出版社。

30余年专注执着，打造全国一流出版品牌

■ 入选首届**全国百佳**图书出版单位
■ 被读者誉为**教育理论图书出版的旗帜**
■ 总资产利润率、净资产利润率、人均产值居**全国前列**
■ 生产码洋和销售码洋均突破**13亿元**，生产能力稳居全国出版**第一阵营**
■ 连续多年被评为海淀区**国税五十强**，被北京市税务系统评为**纳税信用A级企业**
■ 被业界誉为**成长最快**的出版单位

教育科学出版社
ESPH　Educational Science Publishing House

 # 大连理工大学出版社有限公司

依托教改实践，实施教育服务战略；

坚持学术为本，实施精品出版战略；

发挥学校优势，实施品牌推进战略；

立足高等教育，实施目标市场战略；

关注数字出版，实施适度创新战略。

东北财经大学出版社

国家一级出版社 全国百佳图书出版单位

聚合**专业**资源 打造**精品**图书

东北财经大学会计学系列教材

- 国家级重点学科
- 国家级/省级精品课程教材
- 普通高等教育"十一五"国家级规划教材

全行业优秀畅销书
畅销多年，具有较强的市场影响力

21世纪新概念教材·多元整合型一体化系列

- 国家级/省级精品课程教材
- 涵盖会计、市场营销、旅游与饭店管理等六个专业

国内高职高专教育新型教材先锋
案例丰富，训练多样，考核全面
编写理念先进，具有良好的口碑

金融瞭望译丛

- 国家出版基金资助项目
- 国家重点图书出版规划项目
- 引进版优秀图书

探讨最新最热经济问题
作者权威云集

小艾上班记

当当图书榜终身五星书
国内第一本自传体式会计职场励志小说系列
开创了会计类实务图书"看小说学会计"的先河
当当网和卓越亚马逊网会计类图书畅销榜第1名

获奖图书

《20世纪汉语语法八大家》
第六届国家图书奖

《春秋左氏传旧注疏证续》
首届中国出版政府奖优秀图书奖

第九届中国图书奖

第十届中国图书奖

第十一届中国图书奖
教育部人文社会科学一等奖

第十二届中国图书奖

中宣部"五个一工程"一本好书奖

吉林省优秀图书一等奖

领导视察出版社

国家新闻出版总署署长柳斌杰、吉林省新闻出版局时任局长朱彤来我社视察

校长史宁中陪同吉林省省委副书记全哲洙到出版社检查工作

好图书尽在东师社！！！

敬请关注淘宝旗舰店：http://dsdcbs.tmall.com

南京大学出版社

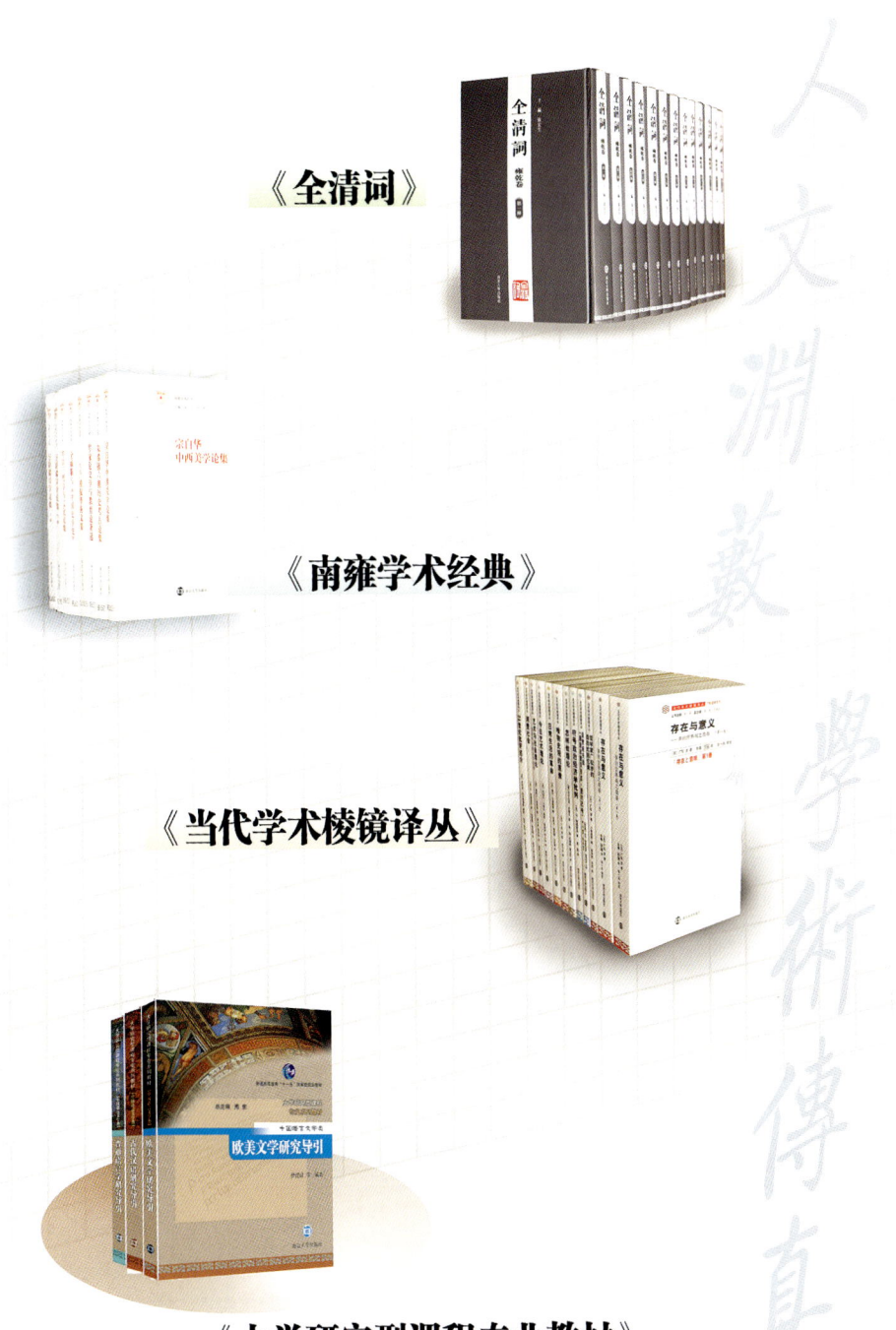

《全清词》

《南雍学术经典》

《当代学术棱镜译丛》

《大学研究型课程专业教材》

南京师范大学出版社
NANJING NORMAL UNIVERSITY PRESS

中华优秀传统文化系列

唐律疏义新注

本书是"全国古籍整理出版规划项目"、"国家'十一五'重点图书出版规划项目"。

全书502条律文（完整律疏），卷帙浩繁，包罗万象，其律学原理、名物制度，均经上下求索、追根究底，再加以句斟字酌、殚精罩思，故能发微阐幽、深得妙意。本书中每条律文都由"引述"、"原文"、"译文"、"注释"四部分组成，其中引述是根据唐律的基本原则为纲，以现代刑法学的视角分层研究概括要旨，结构安排缜密；"注释"之间相互照应，前后互参，形成一个个知识链和注释环，环环相扣，链环衔接，方便读者检阅查找，"注释"着重引证律义及词语之所由，并指示重点及难点之所在；"原文"全用繁体，其他一概简体，既古朴庄重，保存典籍原韵，又便于阅读，易解易懂。

本书是一部真正研读唐代刑律的参考典籍，是广大法律工作者都有兴趣阅读的参考性文献。本书在书名择取、条标改定、译文斟酌、律例解释、体例表述上均体现当今学界研究的最高成果。本书对整理、传承中国传统文化的精粹，促进中国当代刑法研究具有填补空白的重大价值。

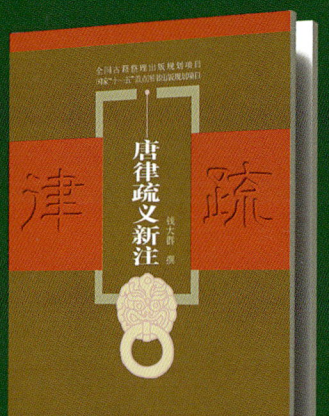

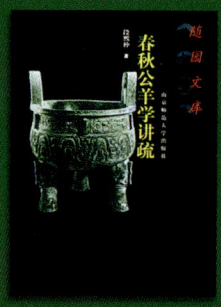
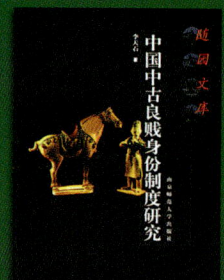
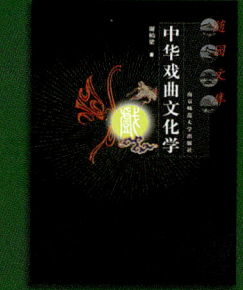

三礼通论	钱　玄	著
春秋公羊学讲疏	葛毅卿	著
隋唐音研究	段熙仲	著
中国中古良贱制度研究	李天石	著
中华戏曲文化学	谢柏梁	著

地址：江苏省南京市宁海路122号　　邮编：210097　　传真：025-83598059
电话：025-83598055　83598412　83598312　　　　　邮购：025-83598297

厦门大学出版社
XIAMEN UNIVERSITY PRESS

国 家 一 级 出 版 社 | 全国百佳图书出版单位

社长：蒋东明　　总编：宋文艳

　　厦门大学出版社成立于1985年5月，是以学术出版和教育出版为主体的综合出版社，拥有图书出版、电子出版、网络出版等多项出版权，出版物涵盖人文社会科学、自然科学、技术科学等众多学科。全社年生产图书90%为学术著作和高校教材，特色图书和品牌图书占60%，所出版的图书获省级以上奖励500多项，其中全国性大奖90多项。在二十多年的发展历程中，厦门大学出版社坚持党的出版方针，坚持为高校教学科研服务的办社宗旨，形成了以台湾研究和东南亚与华人华侨研究图书为特色的精品图书体系，打造出经管类、法律类、广告类、人文类、古籍整理类图书品牌，有着高质量、高水平、有特色的图书结构，已成为一家特色鲜明，品牌成熟，有较强市场影响力和社会影响力的中小型高校出版社。2009年被新闻出版总署评为"国家一级出版社"，并荣膺"全国百佳图书出版单位"的光荣称号。

国家主席胡锦涛2006年访美向耶鲁大学图书馆赠书，其中有我社出版的《台湾文献汇刊》

原全国政协副主席张克辉莅临我社指导工作

厦大庄国土教授向新加坡资政吴作栋先生赠送我社出版的《新加坡人口研究》

社址：福建省厦门市软件园二期望海路39号　　邮编：361008
电话：0592-2181365（兼传真），2184458
网址：www.xmupress.com　　Email: xmup@xmupress.com

上海交通大学出版社成立于1983年，依托百年名校——上海交通大学独有而深厚的学术资源，建社近30年来，出版了一批影响深远的学术著作，如江泽民同志的著作《论中国信息技术产业发展》、《中国能源问题研究》、译著《机械制造厂电能的合理使用》；此外，填补国家空白的《中国学会史丛书》，沟通文理桥梁的《萨顿科学史丛书》，展现钱老传奇一生的《走近钱学森》、《钱学森》，以及《大飞机出版工程》、《船舶与海洋出版工程》，《世界一流大学文库丛书》，《周末读史读城系列》等一批优秀图书，在全国出版业中享有良好的声誉，多次获得国家级和省部级等各级各类奖项。

2009年，出版社进行了转企改制。目前，出版社正以"弘扬学术、传播科学"、"与中青年学者一起成长"的办社理念，坚持"依托交大、教材为本、弘扬学术、市场优先"的基本定位和"专业规模化、产品经营化、业态数字化、平台国际化"的发展思路，致力于将上海交通大学出版社办成一家"文理兼备、市场融通、面向国际的一流学术大社"。

江泽民同志重要学术著作

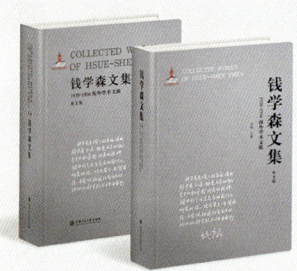

钱学森文集（中、英文版）

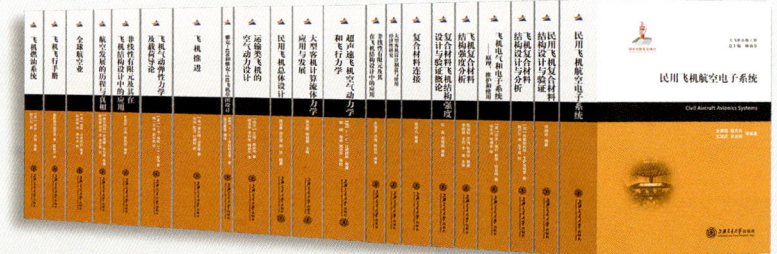

大飞机出版工程

走进殿堂的中国古代科技史

全乐府

地址：上海市徐汇区番禺路951号　邮编：200030　电话：021-64071208　传真：021-64073126　网址：www.jiaodapress.com.cn

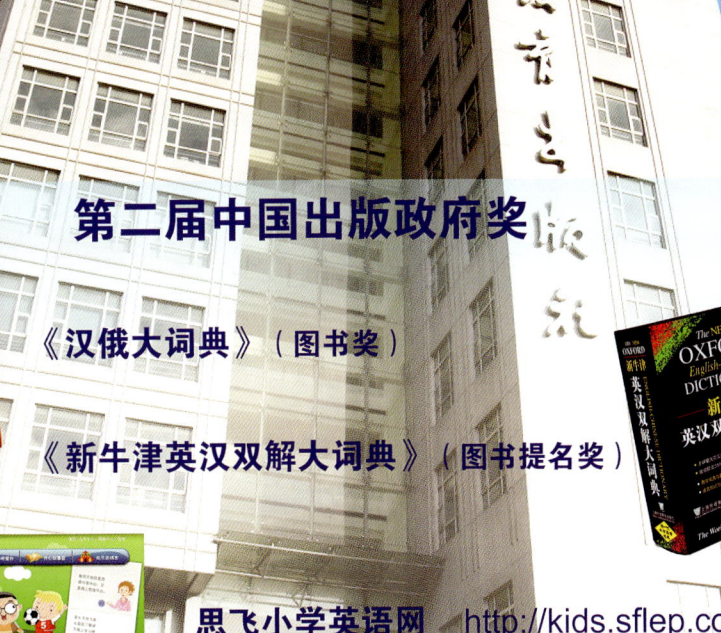

上海外语教育出版社
SHANGHAI FOREIGN LANGUAGE EDUCATION PRESS

中国出版政府奖先进出版单位
全国百佳图书出版单位
国家一级出版社

第二届中国出版政府奖

《汉俄大词典》（图书奖）

《新牛津英汉双解大词典》（图书提名奖）

思飞小学英语网　http://kids.sflep.com

（网络出版物提名奖）

外教社地址：上海市虹口区大连西路558号　邮编：200083　外教社总机：021-65425300　网址：www.sflep.com　Email: bookinfo@sflep.com.cn

求是　创新　和谐　卓越

浙江大学出版社创立于1984年，是教育部主管、浙江大学主办的，具有图书、期刊、电子音像、互联网出版资质的综合性大学出版社。

浙江大学出版社是全国一级图书出版单位、首批"全国百佳出版单位"，2010年荣膺"首届全国新闻出版行业文明单位"称号；并被商务部、文化部、广电总局、新闻出版总署四部委联合评为"2009-2010年度国家文化出口重点企业"。

出版社成立28年来，累计出版教材、学术专著等各种图书一万余种，电子、音像出版物一千余种。获得各类出版奖项六百余种。

近年来多次获得或入选"中国出版政府奖"、"中华优秀出版物奖"、"'三个一百'原创出版工程"、"中国文化著作翻译出版工程"、"中国图书对外推广计划"、"'十一五'国家重点图书出版规划项目"、"国家出版基金"、"国家科学技术学术著作出版基金"等国家级重大奖项。在2010年第二届"中国出版政府奖"评选中，共有五个项目获奖。

获第二届中国出版政府奖期刊奖

获第二届中国出版政府奖印刷复制奖

获第二届中国出版政府奖图书奖提名奖

获第二届中国出版政府奖印刷复制奖提名奖

获第二届中国出版政府奖装帧设计奖提名奖

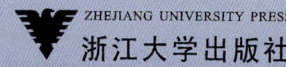

中国大学出版社概览
宣传彩页

传播知识创新成果
培育科学文明素养

部分获国家级奖项图书

"三个一百"原创工程

"五个一工程"一本好书"奖

中华优秀出版物奖

中国出版政府奖

"十一五"国家重点图书出版规划项目

当代科学技术基础理论与前沿问题研究丛书

中国科学技术大学精品教材

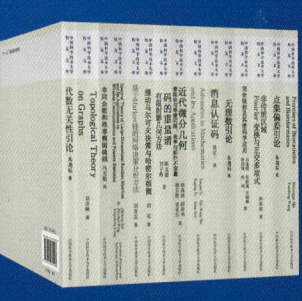

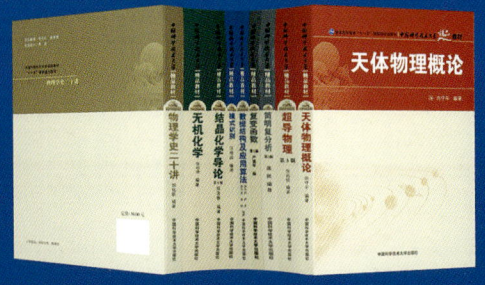

中国科学技术大学出版社

中国石油大学出版社成立 25 周年

中国石油大学出版社成立于1987年11月，是全国石油石化行业惟一一家大学出版社。

中国石油大学出版社已走过25年发展历程，即将迎来25岁生日。25年的洗礼锤炼，其正以昂扬的姿态步入青年黄金时期。"青年者，人生之王，人生之春，人生之华也。"作为年轻的出版企业，生机与活力，责任与义务，是发展的坐标，也是发展的内在动力。

25年的坚守坚持坚定，从未停止进取的脚步。规模在扩大，效益在攀升，羽翼更丰满，根基更扎实，底蕴更深厚，品牌更响亮。2007年10月，成立中国石油大学音像电子出版社有限公司，2012年获批网络出版资质，从此具备了图书、音像电子、网络综合出版能力；同时出版社具备中小学教辅材料全科出版资质。守正出新，与时俱进，形成了重点突出、根基扎实、层次多样的图书结构，在高等教育、科技学术、职业教育、素质教育领域卓有建树，形成品牌影响力。

继往开来，加快发展，深化改革，成就伟业，为教育和科技事业做出更大贡献是我们不懈的追求。

"三个一百"出版工程　　石油化工类学术著作　　首届山东省新闻出版奖图书奖　　音像电子产品

《中小学生人文素质的培养与研究》

石油和化工工程设计工作手册

地址：山东省东营市东营区北一路739号　邮编：257061 / 青岛经济技术开发区长江西路66号　邮编：266555
联系电话：0546-8392443；0532-86981845　　E-mail：uppbook@upc.edu.cn　　网址：http://www.uppbook.com.cn

广东高等教育出版社
Guangdong Higher Education Press

主管　广东省教育厅
主办　广东省教育研究院

广东高等教育出版社成立于1983年8月，是广东省教育厅主管、广东省教育研究院主办的具有各级各类教育教材、教学指导用书、教辅读物出版资质的教育类出版社。1995年以来先后被教育部评为"全国先进高校出版社"，连续两次被新闻出版总署评为"全国良好出版社"；2008年，被广东省委宣传部等9部门确立为首批"广东省文化产业示范基地"。

广东高等教育出版社始终坚持正确的办社方向，坚持为教育改革发展服务，为各级各类学校的教学科研服务，为教师专业成长、学生全面协调可持续发展服务。主要出版高等学校、职业院校的学术专著、教材、教学指导用书和中小学各学科教材、教学指导用书、教辅读物，以及教师继续教育培训教材、职业技能培训教材、学前教育类玩具教玩具、社会文化生活图书。

建社以来，累计有200多种图书受到省部级以上奖励，出版的高水平学术著作、教材、教学指导用书、教辅读物深受各级各类学校和社会各界好评。出版的文史、心理学、教育学图书达到较高的原创水平。《冼星海全集》、《守护生命——来自抗击"非典"第一线的报告》获国家图书奖（含特别奖）；《非典时期 非常感动》获第十四届中国图书奖；《东南亚华侨史丛书》、《主思的理学——王夫之的四书学思想》、《中国高等教育思想演变——从20世纪到21世纪初》、《校本管理——理论 研究 实践》入选新闻出版总署第一届、第二届"三个一百"原创出版工程；《关汉卿全集》被新闻出版总署评为古籍整理优秀项目。一批教材入选教育部普通高等教育"十一五"国家级规划教材或被教育部等部门评为优秀高校教材。 20世纪八九十年代出版面向全国的普通高中思想政治课教科书和九年义务教育沿海版教材《语文》等；近10年出版了一大批高质量的基础教育课程改革教材如初中《信息技术》、高中《综合实践活动》等，以及中等职业技术教育、高等职业技术教育教材、教学指导用书。

在教育改革发展不断推进、文化体制改革不断深化的新时期，广东高等教育出版社以"广东需要、国家标准、世界眼光"要求自己，进一步关注各级各类人才培养与学科、专业、课程、教材、教学的改革发展，着力出版高质量的各级各类教育教材、教学指导用书、教辅读物；进一步关注具有较大影响和创新意义的原创性成果，着力出版高品位的学术著作；进一步关注教师的专业成长和学生的全面协调可持续发展，着力出版以教师和广大中小学生为主要读者对象的具有广东精神、广东文化特质的精品图书。

广东高等教育出版社联系方式
地址：广东省广州市天河区林和西横路
邮编：510500
电话：（020）87551052
传真：（020）87550735
邮箱：gdhep@163.com
网址：http://www.gdgjs.com.cn

广东高等教育出版社教材研发中心联系方式
地址：广州市越秀区广卫路14号
　　　广东省教育研究院四楼407室
电话：13826113114　陈日轩
　　　18922388336　邱丽芳
邮编：510035

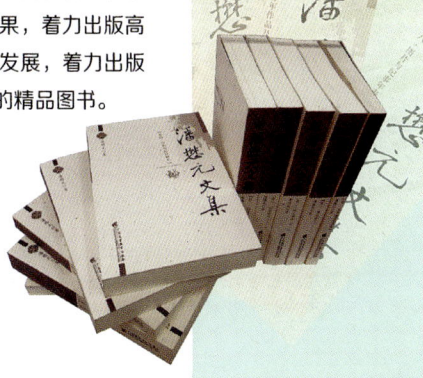

GUANGXI NORMAL UNIVERSITY PRESS
广西师范大学出版社

闽台族谱汇刊（50册）
　　获第二届中国出版政府奖图书奖提名奖

中国思想学说史（9册）
　　获第二届中国出版政府奖图书奖提名奖、第二届中华优秀出版物图书奖，入选第二届"三个一百"原创图书出版工程

徽州文书（第1辑）（10册）
　　获第一届中华优秀出版物图书奖

清代道光至宣统间粮价表（23册）
　　获第三届中华优秀出版物图书奖

阎宗临史学论著（3册）
　　入选第二届"三个一百"原创图书出版工程

桂林老板路
　　获首届中国出版政府奖印刷复制奖提名奖

荷兰现代诗选
　　被评为2007年度"中国最美的书"，获首届中国出版政府奖装帧设计奖

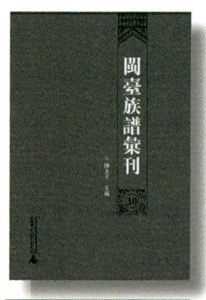
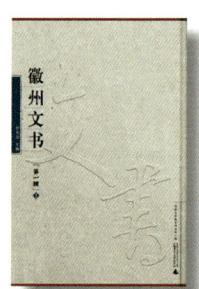
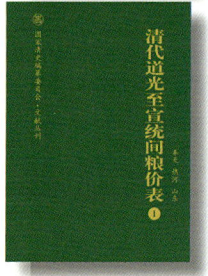

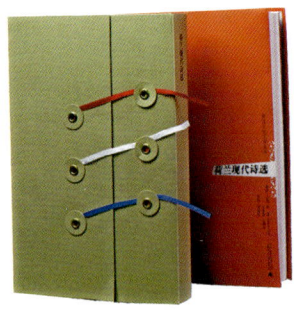

地址：广西桂林市中华路22号（541001）　　电话：0773-2802178　　网址：www.bbtpress.com

《钱基博集》

2012年度国家出版基金资助项目
国内收录最为齐备的钱基博先生文集

《钱基博集》是华中师大社继《张舜徽集》之后推出的又一位国学大家的著作集，也是国内收录最为齐备的钱基博先生文集，共约五辑25册，2011年推出第一辑，收录《中国文学史》、《现代中国文学史》、《经学论稿》和《孙子章句训义》四部著作。第二辑于2012年10月推出，包括《国学必读》、《集部论稿初编》、《文范四种》、《江苏学风 近百年湖南学风》、《韩愈志 韩愈文读》。

《苏州商会档案丛编》

《苏州商会档案丛编》由华中师范大学中国近代史研究所和苏州市档案馆根据馆藏苏州商会档案联合整理编辑，共分六辑。苏州商会档案是中国档案文献遗产、江苏省珍贵档案，共3326卷，涵盖了苏州商会各个阶段的存续过程，涉及该时期苏州商会的组织制度、治理机构、政治活动、经济功能和社会参与情况等，极具系统性，是研究近现代商人团体乃至近现代政治史、经济史、社会史不可多得的珍贵史料。

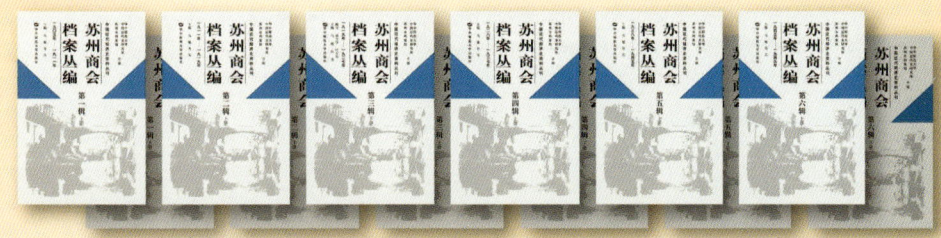

"文化：资源与产业"文库

"文化：资源与产业"文库隶属国家"211工程"三期项目"中华民族文化保护、创意与数字化工程"，现已出版12种，350余万字。它是紧跟国家"十二五"规划纲要"加快发展文化产业"、"推动文化产业成为国民经济支柱性产业"步伐的力作。该文库的推出，能对读者进一步了解和把握民族文化资源的特点与价值、文化产业的本质与规律、文化事业与文化产业的联系与区别，以及文化产业发展的方向与路径等有所帮助，对我国的文化传承与创新、改革与发展起到积极的推动作用。

地址：武汉市洪山区珞喻路152号
电话：(027) 67863426
传真：(027) 67863291

武汉大学出版社精品图书

大型文化遗产出版工程《历代科举文献整理与研究丛刊》是新中国成立以来第一套经过系统整理的大型科举文献丛刊（17种，22卷，近3000万字），该丛刊由于其经典的科举文献、权威的点校辑注、前沿的学术研究，被誉为新世纪科举学的最新成果

百卷《武汉大学百年名典》

著名经济学家谭崇台 学校为已故著名学者重印遗著，体现了慎终追远、缅怀先贤之德意，也彰示了珍惜传统、尊重人才的宏旨，在校史中是一件大事。

著名哲学家陶德麟 大学之生命在学术，学术之结晶在论著。武汉大学立校百有余年，大师荟翠，名著迭出。然散而不聚，则隐而不彰，不为无憾。今武汉大学出版社出版百年名典，汇珍宝于一炉，使学脉昭然，足以激励今人，垂范后世，其意义必将久而弥显，远在大楼之上，实为卓识之举，厥功甚伟。

著名文化学家冯天瑜 武大出版社近年隆重推出诸前辈扛鼎之作，集合为"武汉大学百年名典"，展示有着一个多世纪历史积淀的名校厚重而峻拔的学术风范。治学须有"坚忍之志，永久之注意"，如此方有可能成就"绵密之科学，深邃之哲学，伟大之文学"（王国维语）。百年名典便是"坚忍之志，永久之注意"的产物，诚如名典之一《墨辩发微》作者谭戒甫先生所说："学问是无穷的，即注释古人的著作，尤其涉及名辩、科、哲诸学更是无限的。"百年名典作为先哲竭尽心力建树的丰碑，批示着后学者前行的进路。

"十一五"国家重点图书、教育部哲学社会科学重大课题攻关项目、国家古籍整理出版专项经费资助项目——《楚地出土战国简册研究》（10种）

中国大学出版社概览

宣传彩页

重庆大学出版社

　　风雨兼程二十八，砥砺前行写春秋。重庆大学出版社作为国家一级出版社、国家百佳图书出版单位，在艰苦中创业，在改革中奋进，在竞争中发展，迄今为止，已出版图书6000余种，多套图书选题列入国家、教育部重点选题出版计划，200余种图书分别获得国家图书奖、部委和省级优秀图书奖及优秀畅销书奖。在纵向的学生层次上，已经出版研究生、大学本科、高等职业技术教育、中等职业技术教育和基础教育等层次的系列教材。国家"十一五"规划教材达到130种；高等职业技术教育教材特色明显，套系全、品种多，出版规模名列全国出版社前10名；多套中职教材列为国家中等职业教育新兴专业、教学改革试验、技能型紧缺人才培养培训教材，《体育与健康（南方版）》《电工技术基础与技能》被列为国家规划教材，《建筑材料》等多种教材入选"十二五"中职国家规划教材，《美术设计与制作》等多个专业的系列教材获得"十二五"中职国家规划教材立项；《小学英语》《高中英语》入选国家中小学课程标准教材；在市场图书品种上，形成了研究方法、心理自助、教育管理、文学艺术、休闲读物等几大板块。精心打造的《万卷方法丛书》已成为中国社会科学研究方法第一品牌，成为社会科学各领域的学者和研究生以及社会调查、市场调查实务工作者的"研究方法工具箱"。

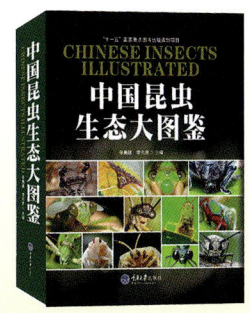

地　址：重庆市沙坪坝区大学城西路21号
电　话：（023）88617179
　　　　（023）88617190

重庆大学出版社
http://www.cqup.com.cn

21

陕西师范大学出版总社有限公司
SHAANXI NORMAL UNIVERSITY GENERAL PUBLISHING HOUSE CO.,LTD.

地址：西安市长安南路199号
邮编：710062
电话：(029)85268142
传真：(029)85264069
网址：www.snupg.com

陕西师范大学出版总社是集图书、期刊、电子音像于一体的综合出版传媒企业。

陕西师范大学出版社成立于1985年，始终以"建百年名社，立文化大业"为目标，逐步构建起了"以高水平教材和学术著作图书为重点，以高质量大教育图书为主体，以高品位社会读物为支干"的图书结构体系，先后有《古新星新表与科学史探索》《唐代美学史》《河山集》《陕西通史》《中国学术思想编年》等300余种学术著作和教材获得国家或省部级大奖；近年来注重版权贸易，引进版权150余种，输出版权130余种，版权输出量、引进量均列陕西省第一位。

在中国出版业大变革的时代背景下，陕西师范大学出版总社有限公司与时俱进，深化改革，整合出版资源，努力打造品牌优势鲜明、机制活力旺盛、技术应用先进、人才群体突出的核心竞争力，逐步成为综合实力强、社会形象好，西部一流、全国知名的现代出版传媒企业。

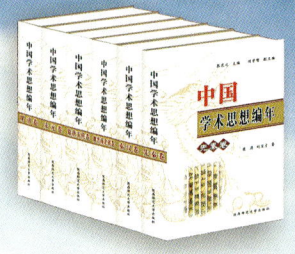

《中国学术思想编年》入选新闻出版总署首届"三个一百"原创出版工程

教学论教材被教育部确定为国家普通高校"十一五"规划教材

《杜拉拉升职记》荣获第三届中华优秀出版物奖

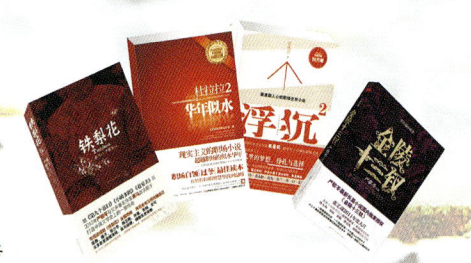

4种图书入选新闻出版总署"大众喜爱的50种图书"

《中国民间泥彩塑集成》《神话学文库》等5个项目入选"十二五"国家重点出版规划
《中国民间泥彩塑集成》《神话学文库》获得国家出版基金资助

西安电子科技大学出版社

凝聚专家智慧·传递科技价值

▶ 亮相全国图书订货会

周密严谨的策划会议 ◀

科技及专著类

品牌图书

品质服务

我社共 66 种图书入选"普通高等教育'十一五'国家级规划教材"

西电教材 专业品牌

◇地址：西安市科技路41号　　◇邮编：710071　　◇传真：029-88232746
◇电话：029-88202421　029-88201467　◇Http：//www.xduph.com

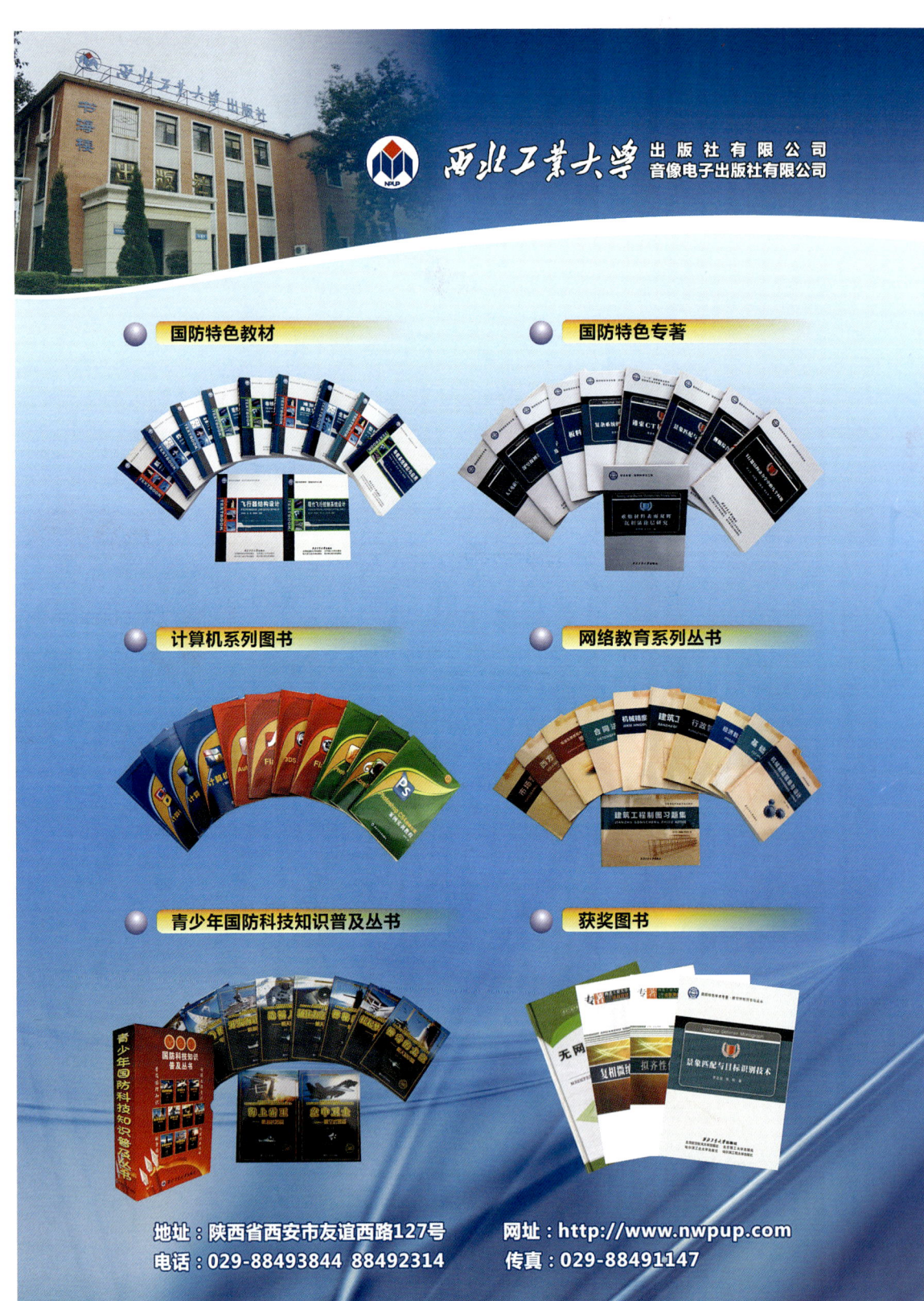